福州年鉴 2013

（总第26卷）

《福州年鉴》编纂委员会　编

方志出版社

图书在版编目（CIP）数据

福州年鉴. 2013/《福州年鉴》编纂委员会编. —
北京：方志出版社，2013. 10
ISBN 978 - 7 - 5144 - 1009 - 9

Ⅰ. ①福… Ⅱ. ①福… Ⅲ. ①福州市—2013—年鉴 Ⅳ. ①Z525. 71

中国版本图书馆 CIP 数据核字（2013）第 244246 号

福州年鉴（2013）

编　　者：《福州年鉴》编纂委员会
责任编辑：刘方圆

出 版 者：方 志 出 版 社
（北京市东城区夕照寺 14 号院富瑞苑公寓 6 层）
邮编　100061
网址　http://www. fzph. org
发　　行：方志出版社出版发行部
（010）67110500
经　　销：各地新华书店
法律顾问：北京市大禹律师事务所
印　　刷：福州贞祥印刷有限公司

开　　本：889×1240　　1/16
印　　张：33. 75
字　　数：1232 千
版　　次：2013 年 10 月第 1 版　2013 年 10 月第 1 次印刷
印　　数：0001～2000 册

ISBN 978 - 7 - 5144 - 1009 - 9/K · 818　　定价：220. 00 元

《福州年鉴》编纂委员会

（以2012年12月31日在职者为准）

《福州年鉴》编辑部

《福州年鉴(2013)》撰稿人名单

（按姓氏笔画为序）

丁可锋　马　宁　马师钦　方善明　王小雨　王公略　王东曜　王　宇　王宇平　王庆全
王　均　王其斌　王学兴　王明新　王　勉　王春蕾　王香双　王香花　王晓锋　王珠琴
王　翀　王绮萍　王　鸿　史中华　叶　巧　叶伟奇　叶彭清　叶　智　申家驹　刘　仁
刘必华　刘婷婷　刘　煜　刘慧冰　吕南勋　孙珅瑾　庄亚辉　庄希闪　朱祖强　朱晓春
朱　颖　江　轩　池信坚　许　宁　许信证　许彭多　严　平　何仲武　何红蓼　余　芳
余荣发　余新赦　余端乐　吴旭华　吴陈勇　吴建雄　吴玫颖　吴金捷　吴恭济　吴晓鹰
吴　薇　宋增清　张力勤　张大仁　张开洪　张先玲　张兴亮　张　灵　张其顺　张　林
张　春　张　洁　张洪新　张晓江　张　雄　李诗婷　李　勇　李宣庆　李昭赢　李海峰
李爱娟　李　莉　李　敏　李　颖　杜武义　杨兰英　杨　威　杨济亮　杨晓翔　汪天安
沈冰娟　肖登峰　肖增华　肖　燕　苏燕铃　邱长新　陈小平　陈中钦　陈为杰　陈云林
陈云娟　陈少东　陈少华　陈　军　陈成铜　陈丽燕　陈　坚　陈张玲　陈　秀　陈国栋
陈　炜　陈直华　陈若冰　陈茂华　陈俊忠　陈俏彬　陈剑雄　陈　勇　陈　洁　陈洲凤
陈　娟　陈　艳　陈　敏　陈雪洪　陈琳颖　陈　琼　陈　辉　陈　锋　陈　嘉　陈毓彪
周　兰　周龙敏　周泽胜　周珊珊　周培灿　周韶辉　林小凤　林为城　林文亮　林木荣
林艺芳　林　风　林　东　林　卉　林巧文　林希文　林志鸿　林秀忠　林　忠　林　怡
林明忠　林秉钦　林　英　林　勋　林徐峰　林　浚　林　涛　林培斌　林寅生　林　捷
林智方　林　焱　林　楠　林颖青　林　磊　林燕芳　欧阳彪　罗长武　罗明生　郑　丹
郑永平　郑宝捷　郑春辉　郑荣火　郑海云　郑润生　郑彩蝉　郑鑫欣　侯伟平　侯存真
姚　颖　姜　炜　施理光　胡仁杰　胡志顺　胡艳霞　赵彦邦　唐　宜　唐泳玲　唐炎曦
唐夏芸　唐　晨　夏飞飞　徐　飞　徐本元　桑　莹　翁发春　翁建锋　翁锦昕　谈张德
郭进绍　郭莉萍　郭斯宁　郭耀武　钱聪海　高列法　高佳景　高剑旻　高爱静　曹友权
梁　瑜　盖　凌　符　燕　黄庆华　黄绍梁　黄剑锋　黄　威　黄荣谋　黄　闽　黄　敏
黄梦融　黄　强　黄增华　曾庆生　曾彩华　温昌经　温贵平　温盛楠　游元秦　游向东
程　栩　董似瑾　董炳强　董　颖　谢宏峰　谢冠君　谢美梅　谢　辉　谢　鑫　简素玉
詹志勤　赖仕贤　赖庆明　廖友新　蔡志远　潘　珍　潘鸿杰　颜新华　黎发明　薛超进
戴建伟　戴　新　魏文忠

编辑说明

一、《福州年鉴》创刊于1988年,由福州市人民政府主办,《福州年鉴》编纂委员会编纂,每年出版1卷。《福州年鉴(2013)》为总第26卷,主要记载2012年度福州市的基本情况、发展变化及年度大事要闻。

二、《福州年鉴(2013)》设有41个栏目、251个分目、1457个条目。全书配有49幅彩页、131张内文照片、81幅图表。卷中内容主要有三个部分:(1)卷首设特载、专文、大事记、市情概貌;(2)主体部分为各类事业;(3)卷末设县(市)区,人物,调研课题,法规、规章政策选录以及统计资料。

三、本卷年鉴在保持2012卷基本篇目的基础上,增设"建筑房地产业"栏目(内设2个分目18个条目);在相关栏目增设"发展的政策环境""地铁""特殊教育"和"福州市荣誉市民"等4个分目。在相关栏目删除"建制沿革""对民营经济的支持""重点民营企业""图书馆"4个分目和"民族""宗教"2个条目。"教育"栏目增设"综述"分目,取消"中小学德育""中小学体育卫生艺术""中小学教师工作"3个分目。将"人民政府"栏目的"市委市政府为民办实事"分目上调至"专文"栏目中;将"农垦业"分目内容并至"种植业"与"畜牧业"中;原"交通邮政"栏目中的"邮政"内容移至原"通信与信息化建设"栏目中,并将栏目名分别更名为"交通""邮政通信与信息化建设";原"银行业"与"保险证券"两栏目合并为"金融"栏目,下设"综述""银行业""证券期货业""保险"4个分目。原"社会民生"栏目的"人力资源和社会保障"分目拆分为"劳动就业"和"社会保障"2个分目。"社会团体"栏目中删减"福州市金门同胞联谊会"分目,并将"科学技术"栏目的"福州市科学技术协会"调整至"社会团体";"经济管理与监督"栏目更名为"综合经济管理";"商贸服务业"栏目更名为"服务业";"文化出版传媒"栏目的"群众文化"分目更名为"公共文化","文物　博物"分目更名为"文博事业";"市委市政府重点调研课题"栏目更名为"市委市政府调研课题",且首次将调研文章具体内容实现条目化。

四、本卷年鉴的稿件主要由市直部门、各县(市)区、驻榕部队、省直单位提供。有些全局性的工作,考虑到各部门、各单位在职能上有所交叉、工作上分工不同,在相关条目中存在少量详略不同、角度各异、交叉描述的现象,以做到既不遗漏各部门的主要工作,又避免简单重复的问题。此外,由于各供稿单位资料来源、统计口径及统计时点不尽相同,个别数据可能略有差异,读者在引用相关数据时应以福州市统计局正式公布的统计数据为准。

五、本卷年鉴的组稿、撰稿及编纂工作得到全市各级领导的关怀和重视,得到各部门、各县(市)区和有关企(事)业单位的大力支持,谨此,《福州年鉴》编辑部向所有关心、支持和直接参与本卷编纂工作的人员深表谢意与敬意。

福州市城区图
省政府
福州市
鼓楼区
晋安区
台江区
仓山区
新店镇
鼓山镇
洪山镇
建新镇
上街镇
仓山镇
盖山镇
城门镇
福州开发区
管委会
福州站
福州南站
长途汽车北站
长途汽车南站
福州汽车
客运西站
闽江
乌龙江
西湖公园
左海公园
金牛山公园
江心公园
高盖山公园
福州森林公园
旗山森林公园
鼓山风景名胜区
鼓山涌泉寺
鼓山摩崖石刻-千佛陶塔
鼓岭避暑山庄
三山陵园
淮安窑址
地藏寺
西禅寺
三坊七巷
G1501福州绕城
S1531机场高速
316国道
104
闽江大桥
解放大桥
洪塘大桥
桔园洲大桥
浦上大桥
图例
省政府驻地
市政府驻地
区政府驻地
开发区管委会
镇政府驻地
机关企事业单位
学校 医院
公园
体育场
山峰
景点
汽车站
火车站
地图审图号：闽S（2013）74号

南
平
市
宁
德
三
明
市
泉
州
市
莆
田
市
兴
化
古田县
G3京台
古田水库
九龙山
峰福
水口水库
尤溪
闽江
鳌峰山
后洋
宝湖
桔林
东桥镇
南坑
洋里
莲花峰
1213
雄江镇
尚坑
合福
小箬
大溪
梅山
桥头
白云
马洋
G316
闽清县
（梅城镇）
梅溪镇
下炉
G70福银
金沙镇
白中镇
白樟镇
云龙
宝峰
云际
上演
黄石
柿兜
坂东镇
三溪
东洋
池园镇
溪源
洋坊
东前
上汾
塔庄镇
张帽峰
1238
卑溪
佳头
上莲
下庄
高峰
石漏
林中
省璜镇
盘谷
红星
和平
上丰
佳垄
礼柄
福斗
岭兜
东洋
霞拔
大洋镇
山田
埔头
S202
村尾
彭洋
清凉镇
上洋
上漈
下园
旗东
永泰县
（樟城镇）
城峰镇
长庆镇
昌福
赤岭
漈头
上坊
富泉
王峰
同安镇
三捷
盖洋
下坂
嵩口镇
白社
占柄
岭路
石塘
后寨
梧埕
山寨
洑口
S203
大喜
丘演
赤锡
埔埕
云岭
赤水
光荣
念后
吉坑
梧桐镇
东湖尖
1682
紫山
后溪
里洋
戴云山
S1512湄渝
S35泉厦复线
S202
永莆
洪山
廷坪
西坑
渡塘
下祝
曹地
流源
罗山
牛母山
1403
后溪
兰口
长基
碾坑
雪峰
兰田
大湖
岭兜
坂头
角洋
洋头
大坪
梧洋
尚格
联坑
G3京台
汤院
大目溪
井下
仁洲
白沙镇
上岐
汶溪
青岐
闽侯县
（甘蔗街道）
古洋
鸿尾
源格
竹岐
南坑
福州竹岐直升机场
南洋
南园
安樟
罗洋
山洋
春光
叶洋
里洋
天台
溪源宫
白云
樟江
丹云
前洋
岭下
翠云
小洲
立洋
蒲边
溪洲
台口
葛岭镇
赤壁
塘前
古崖山尾
1000
万石
岭头
七斗
瑞云山
东山
后溪
一都镇
王坑
东张镇
东张水库
（石竹湖）
金芝
大帽山
963
风迹
建新
钟前
侨丰
霍童溪
长柄丘
西禄
仓前
塘下
后宫
上洋
川边
潘洋
下际
霍口畲族乡
飞竹
溪前
山垄湾
佳湖
东园亭
六锦
利洋
山仔水库
小沧畲族
日溪
铁坑
东坪
汶石
汶洋
旗山
1130
长基
优山
芹石
红寮
九峰
吾洋
寿山
荆溪镇
风池
福州市
鼓楼区
上街镇
洪山镇
建新镇
仓山区
仓山镇
高盖
五都
南屿镇
城门
螺洲镇
桐南
文山
九都
窗厦
南通镇
双龙
尚干镇
青口镇
西台
东台
红星
磨石
镜洋镇
石竹街道
宏路街道
（玉屏街道）
上迳
渔溪镇
岭脚
新厝镇
东楼
南曹
下石
东圳水库
莆田市
涵江区
城厢区
荔城区
G15沈海
仙游县
S10莆永
兰溪
G324
福厦
秀屿区

福州市地图
青山岛
三都澳
浮鹰岛
西洋岛
东洛岛
东引岛
西引岛
鉴江镇
白马山
罗源县
（凤山镇）
碧里
罗源湾
起步镇
洪洋
白塔
松山镇
马鼻镇
可门港区
下宫
苔菉镇
安凯
黄岐镇
黄岐半岛
丹阳镇
长龙镇
透堡镇
坑园镇
官坂镇
筱埕镇
黄岐湾
定海湾
潘渡
东湖镇
浦口镇
东岱镇
晓澳镇
敖江镇
连江县
（凤城镇）
江南
琯头镇
粗芦岛
川石岛
高登岛
大丘岛
小丘岛
马祖列岛
北竿塘岛
（长屿山）
马祖
马祖岛
（南竿塘岛）
福州至沙埕104海里（193千米）
福州至温州174海里（322千米）
福州至上海433海里（802千米）
福州至三都67海里（124千米）
闽江口
琅岐镇
琅岐岛
亭江镇
马尾区
猴屿
潭头镇
梅花镇
金峰镇
文岭镇
长乐市
（吴航街道）
湖南镇
营前街道
航城街道
鹤上镇
漳港街道
首占镇
福州长乐国际机场
白犬列岛
西犬岛
东犬岛
福州至基隆149海里(276千米)
福州至淡江109海里(202千米)
福州至马口海
玉田镇
古槐镇
文武砂镇
罗联
江田镇
风洞山
566
东洛列岛
东洛岛
西洛岛
南岭镇
松下镇
海口镇
城头镇
福清湾
大练岛
大练
白青
屿头
屿头岛
苏澳镇
平原镇
芦洋
君山
435
东庠岛
东庠
流水镇
龙田镇
江镜镇
港头镇
三山镇
四屿群岛
中楼
海坛海峡
海坛湾
平潭综合实验区
平潭县
北厝镇
岚城
澳前镇
高山镇
平潭海峡大桥
东瀚镇
敖东镇
沙埔镇
南海
草屿
塘屿
东甲岛
南横岛
目屿
大蛇岛
兴化水道
东海
台湾海峡
图例
省级行政中心
设区市行政中心
综合实验区
县级行政中心
街道办事处 镇、乡
居委会 村委会
设区市行政区域界
县级行政区域界
山峰
铁路
在建铁路
高速公路
在建高速公路
国道及编号
省道及编号
街道
一般道路
比例尺 1:830 000
地图审图号：闽S（2013）74号
福建省制图院 编制

总面积：11968平方公里

市区面积：1786平方公里

年末户籍总人口：655.27万人

年末常住总人口：727万人

地区生产总值：4210.93亿元

第一产业总产值：367.73亿元

第二产业总产值：1905.5亿元

第三产业总产值：1937.7亿元

财政总收入：597.39亿元

地方财政收入：382.01亿元

全社会固定资产投资：3266.49亿元

社会消费品零售总额：2319.82亿元

（仓山区政府办供）

商品出口总额：211.31亿美元

商品进口总额：99.29亿美元

实际利用外资：13.39亿美元

施工房屋建筑面积：5704.68万平方米

竣工房屋建筑面积：534.33万平方米

商品房销售额：941.49亿元

高等院校：32所

中等职业技术学校：61所

公共图书馆：13个

卫生机构数：1950个

卫生机构床位数：28611张

卫生技术人员数：42397人

城市道路长度：1170.8公里

城市道路面积：2562.8万平方米

建成区绿化覆盖面积：9750公顷

公共绿地面积：2544公顷

人民币存款余额：7707.28亿元

人民币贷款余额：6711.77亿元

储蓄存款余额：2939.46亿元

职工年平均工资：48089元

城镇居民人均可支配收入：29399元

城镇居民人均消费性支出：20040元

农村居民人均纯收入：11492元

农村居民人均生活消费支出：8336元

6月11日，省委书记孙春兰、省长苏树林率检查组在福州市进行工作检查，图为检查组在市行政服务中心了解行政服务情况。（黄立新 摄）

4月25日，市政府与省海洋与渔业厅签订《推进福州市在更高起点上加快建设“海上福州”战略性合作框架协议》。省委常委、市委书记杨岳，市长杨益民出席签约仪式。（市海洋与渔业局 供）

1月7日，政协十二届一次会议闭幕。省委常委、市委书记杨岳（右二）向新当选的市人民政府市长杨益民（左二）、市人大常委会主任周振华（右一）、市政协主席方清海（左一）表示祝贺。（俞松 摄）

12月6日，由市政府与神州数码（中国）有限公司共同推出的福州市民融合服务平台正式发布，为国内首个G2C信息交互平台。省委常委、市委书记杨岳，市长杨益民出席签约仪式。（俞松 摄）

10月22日，由中共福州市委、市政府主办的“宏伟的战略　跨越的足迹——福州市‘3820’工程20周年成就展”在福建省经贸会展中心开幕。1992年，时任中共福州市委书记习近平倡议并主持编制《福州市20年经济社会发展战略设想》，谋划福州3年、8年、20年经济社会发展的战略目标、步骤、布局、重点等，简称“3820”工程。

“宏伟的战略　跨越的足迹——福州市‘3820’工程20周年成就展”开幕式。（俞松 摄）

省市领导参观“3820”工程成就展。（俞松 摄）

市民参观“3820”工程成就展。（俞松 摄）

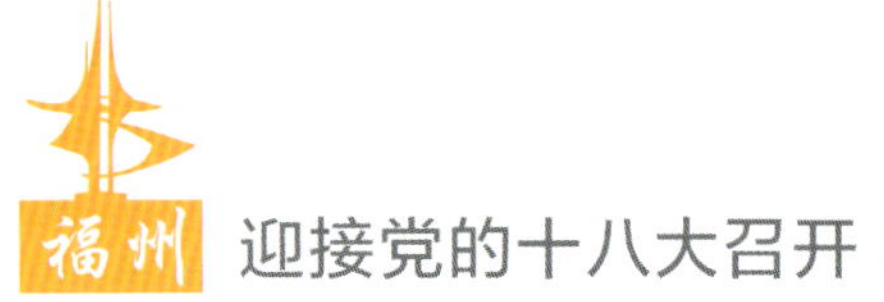

11月8—14日，中国共产党第十八次全国代表大会在北京召开。福州社会各界举办各类活动，迎接、庆祝党的十八大召开，学习、宣传党的十八大精神。

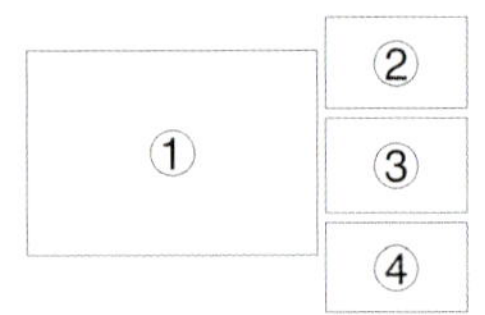

① 11月13日，由市委宣传部、市文化新闻出版局联合主办的“欢庆十八大·颂歌献给党”——福州市庆祝党的十八大胜利召开文艺晚会在温泉公园举行。（俞松 摄）

② 9月13日，“喜迎十八大·激情颂党恩”——福建省首届“激情广场”歌咏比赛开幕式暨福州分会场比赛在温泉公园开幕。（市文新局 供）

③ 11月14日，30多名来自全市各工作领域的职工艺术家在金山劳动者公园举行“丹青颂党恩 喜庆十八大”书画笔会。（俞松 摄）

④ 11月29日，省委常委、市委书记杨岳在福州市老年大学会议厅为全市近300名离退休老干部作学习党的十八大精神宣讲报告。（俞松 摄）

9月30日晚8时，焰火绽放、火树银花，“福州月·中华情”2012年中央电视台中秋晚会正式开始。（杨婀娜 摄）

中华情

9月30日，“福州月·中华情”2012年中央电视台中秋晚会在福州海峡会展中心举行。晚会在策划创意和编排设计上体现福州特色、福建元素、中华情怀、世界眼光，许多典型的福州符号被搬上舞台，如黑瓦白墙的三坊七巷、玲珑精致的水榭戏台、长须及地的古榕树、洁白无瑕的茉莉花等，展示出八闽悠久的历史，丰厚的人文积淀，鲜明的侨、台优势以及“爱国爱乡、海纳百川、乐善好施、敢拼会赢”的福建精神。

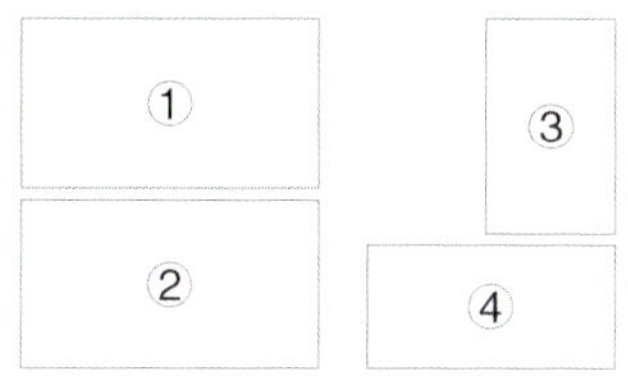

① 三坊七巷、水榭戏台等福州元素亮相晚会。

② 大型歌舞《海上明月》。

③ 明月照古塔。

④ 约1.5万名观众到现场观看晚会。

（俞松 摄）

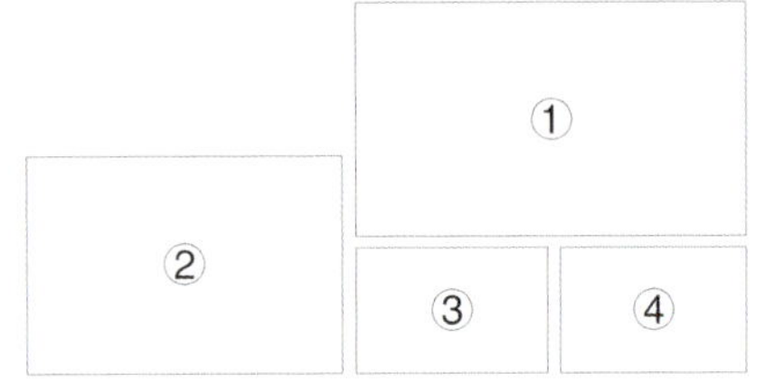

① 1月2日，福建省第一条城市快速环形路——福州三环快速路主线闭合通车，图为举行通车仪式的淮安大桥。（俞松 摄）

② 3月5日，福州绕城高速公路闽侯段试通车，福州市区外围高速公路正式闭合成环，标志国道主干线福州绕城高速公路西北段全线贯通。（俞松 摄）

③ 2012年，福州市中心城区75条内河基本完成清淤，西湖和内河综合整治初见成效。年内西湖、左海环境景观综合提升工程完成芳沁园改造、林荫广场提升等一期工程。（杨娴娜 摄）

④ 2012年，福州市加快实施保障性安居工程建设，全年基本建成保障性住房3.43万套。图为东山新苑社会保障房项目。（俞松 摄）

东山新苑

2012年，福州市组织实施鼓岭古街整治和历史建筑修复工程，首批历史建筑（宜夏别墅、教堂旧楼、历史文化展览馆、洋人游泳池及配套用房、加德纳别墅、邮局、万国公益社）修复工作完成并对外开放。8月28日，省旅游局正式批准授予鼓岭省级旅游度假区称号。

宜厦别墅（俞松 摄）

历史文化展览馆（晋安区政府办 供）

洋人游泳池及配套用房（晋安区政府办 供）

鼓岭邮局（晋安区政府办 供）

教堂旧楼（俞松 摄）

5月10日，国内最先进的钢管生产线——中石油渤海装备福建钢管项目奠基仪式在连江可门经济开发区举行。（连江县政府办 供）

9月17日，首届福州论坛——创业与创投（2012）在福州海峡国际会展中心举行。（俞松 摄）

6月7日，位于闽侯经济开发区二期的福建中铁乾达装备制造有限公司制造出首台福州产隧道掘进机（盾构机）。（廖云岚 摄）

10月18—21日，第八十七届全国糖酒会在福州海峡国际会展中心举行，图为体现三坊七巷特色的展位布置。（俞松 摄）

福建省最大的饮料厂——厦门太古可口可乐饮料有限公司闽侯分公司位于荆溪镇的首条生产线正式投产。（张铁国 摄）

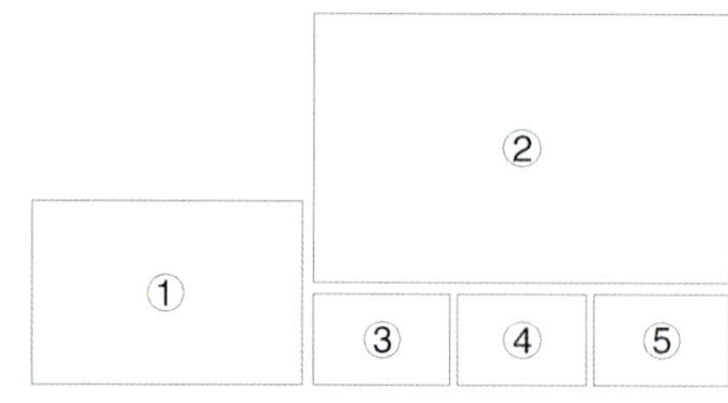

① 4月3日，三坊七巷首批国家级文艺创作基地签约、授牌仪式在光禄坊公园举行。中国文联副主席，中国音乐家协会分党组书记、驻会副主席徐沛东，中国戏剧家协会分党组成员、副秘书长周光，中国民间文艺研究所副所长王锦强，分别代表中国音乐家协会、中国戏剧家协会、中国民间文艺家协会，与三坊七巷管委会、三坊七巷保护开发有限公司签约，并为“中国音乐家协会三坊七巷创作基地”“中国戏剧家协会三坊七巷创作基地”“中国民间文艺家协会创作基地”授牌。（三坊七巷管委会 供）

② 9月28日，国家级文艺创作基地和全国首家篆刻印吧“左海印吧”在南后街揭牌，该印吧是全国首家推广篆刻艺术走向大众的文化平台。（俞松 摄）

③ 9月16日，由市委宣传部、中国保利集团联合主办的“2012中国保利·圆明园国宝南北朝石佛像珍品展”在宗陶斋艺术馆展出。（三坊七巷管委会 供）

④ 1月16日，参加“首届闽都文化与中国现代化”论坛的专家学者参观二梅书屋。（杨婀娜 摄）

⑤ 9月28日，“跨越海洋中国‘海上丝绸之路’八城市文化遗产精品联展（福州站）”在市博物馆开幕。该联展是由蓬莱、扬州、宁波、福州、泉州、漳州、广州、北海八城市共同举办的首个关于“海上丝绸之路”的文化遗产精品展览。（市文新局 供）

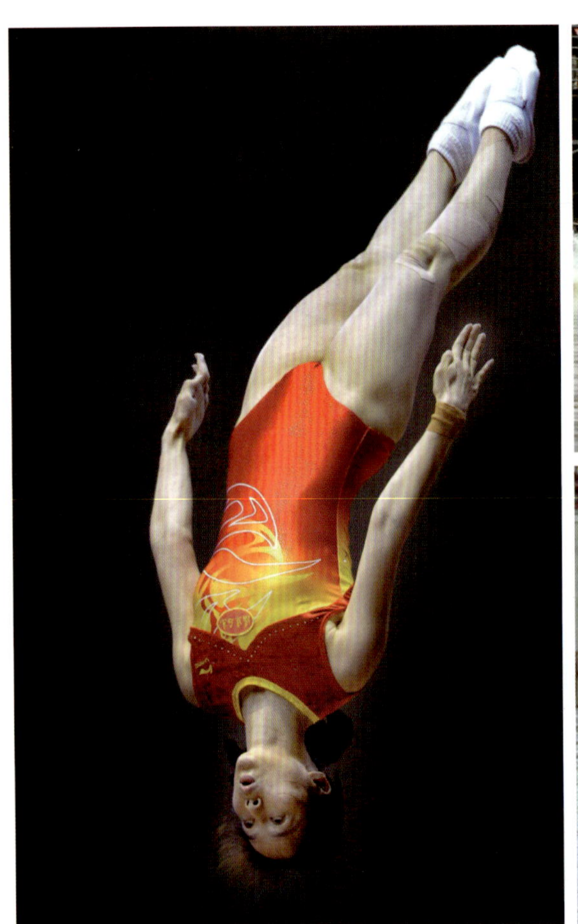

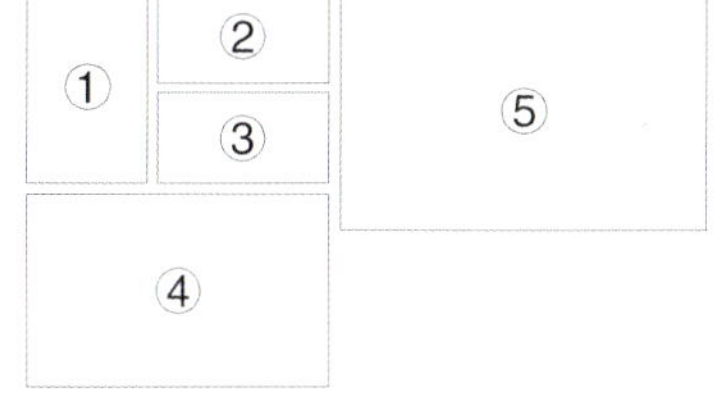

① 4月28—29日，2012全国蹦床系列赛暨伦敦奥运会选拔积分赛在福州举行，福州籍选手黄珊汕在女子网上个人决赛中夺冠。（叶义斌 摄）

② 4月28—29日，2012年福州国际铁人三项赛开赛，来自23个国家和地区的500多名选手参赛。（叶义斌 摄）

③ 6月23日端午节之际，10多支民间龙舟队相聚福州西湖举行龙舟赛，再现西湖八景之一——“湖天竞渡”的情景，吸引众多游客驻足岸边观赛。（俞松 摄）

④ 10月13日，福州市第二十三届运动会在市体育馆举行开幕式。该届市运会设县（市）区组25个大项395个小项，行业组14个大项78个小项，37支县(市)区、行业系统代表队参加比赛。（市体育局 供）

⑤ 11月18日，“瑞士名表绮年华杯”2012年环福州·永泰国际公路自行车赛开赛仪式在五一广场举行。该赛事是福州市首次举办的国际性自行车赛事。

（俞松 摄）

11月10日，第十三届中国美食节暨第十一届国际美食博览会在海峡国际会展中心开幕。来自台湾的各种美食吸引众多观众欣赏、品尝。

（俞松 摄）

2月4日，2012年（福州）海峡两岸民俗文化节在闽江公园北园开幕。

（俞松 摄）

9月16日，海峡两岸渔业资源增殖放流活动启动仪式在福州海事局马江码头举行，同时投放346万尾鱼苗。

（市海洋与渔业局 供）

8月28日，福州居民赴台个人游启动仪式在五一广场举办。（市旅游局 供）

12月1日，以“福州船政与台湾近代化”为主题的第三届海峡两岸船政文化研讨会在福州开幕。（俞松 摄）

① ② ③ ④

① 4月28日，市人大常委会主任周振华对福州市保障房建设情况开展专题调研。（市人大常委会 供）

② 3月9日，福州市首家红十字青少年教育基地在闽侯职业中专挂牌成立。（俞松 摄）

③ 5月19日，首批“福莆宁旅游一票通”向市民免费发放，凭票可在三市36家重点旅游景区享受票面价格5折起的优惠。（俞松 摄）

④ 6月29日，晋安区组织党员律师开展义务法律援助咨询活动。（晋安区政府办 供）

目　　录

特　载

比学赶超　干事创业
——中共福建省委常委、福州市委书记杨岳 2012 年 5 月 11 日在市委市政府工作检查总结会上的讲话 …… (1)
政府工作报告
——福州市人民政府市长杨益民 2013 年 1 月 5 日在福州市第十四届人民代表大会第二次会议上的报告 …… (4)

专　文

2012 年市委市政府为民办实事项目完成情况 …… (10)
2012 年福州市“五大战役”建设工作情况 …… (15)
“数”说 2012 …… (16)

大事记

…… (18)

市情概貌

自然资源 …… (23)
地理 …… (23)
资源 …… (23)
气候 …… (24)
表 1　2012 年福州市各县(市)平均气温、雨量、日照评价 …… (25)
行政区划 …… (26)
概况 …… (26)
表 2　2012 年福州市县(市)区行政区划一览 …… (26)
人口 …… (27)
概况 …… (27)
人口自然变动 …… (27)
人口机械变动 …… (27)
国民经济和社会发展情况 …… (27)
概况 …… (27)
农业 …… (27)
工业 …… (27)
科技 …… (27)
固定资产投资 …… (28)
城乡建设 …… (28)
贸易 …… (28)
旅游 …… (28)
对外经济 …… (29)
交通 …… (29)
邮电 …… (29)
金融、证券和保险 …… (29)
教育 …… (29)
文化 …… (30)
卫生 …… (30)
体育 …… (30)
民生保障 …… (30)
环境保护 …… (30)
机构及负责人 …… (31)

中共福州市委

重要会议及活动 …… (41)
市纪委十届二次全会 …… (41)
市党政代表团赴珠三角、长三角地区学习考察活动 …… (41)
市委十届三次全会 …… (41)
绩效管理和“五大战役”工作表彰会 …… (41)
市委市政府工作检查活动 …… (41)
市委十届四次全会 …… (41)
“3820”工程成就展 …… (41)
全市工作大调研活动 …… (42)
市委十届五次全会 …… (42)
重要接待 …… (42)
纪检监察 …… (42)
概况 …… (42)
惩防体系建设 …… (42)
教育及廉政文化建设 …… (42)
廉政风险防控 …… (43)
规范权力运行 …… (43)
公共资源市场化 …… (43)
专项治理 …… (43)
案件查办 …… (43)
政风行风建设 …… (43)
监督检查与执法监察 …… (43)
基层党风廉政建设 …… (44)
绩效管理 …… (44)

效能问责 …… (44)
效能投诉办理 …… (44)
组织工作 …… (44)
概况 …… (44)
干部队伍建设和改革 …… (44)
干部监督管理 …… (44)
干部教育培训 …… (45)
人才队伍建设 …… (45)
基层党组织建设 …… (45)
党员队伍建设 …… (45)
宣传工作 …… (45)
概况 …… (45)
理论工作 …… (45)
新闻宣传 …… (46)
文化惠民工程 …… (46)
闽都文化 …… (46)
文化体制改革 …… (46)
文化创意产业 …… (46)
榕台文化交流 …… (46)
统战工作 …… (47)
概况 …… (47)
多党合作和政治协商 …… (47)
非公有制经济工作 …… (47)
回归工程 …… (47)
“春风·春雨·光彩”行动 …… (47)
社会各界捐赠公益事业表彰 …… (48)
民族宗教 …… (48)
联谊工作 …… (48)
党外代表人士队伍建设 …… (48)
精神文明建设 …… (48)
概况 …… (48)
文明城市建设活动 …… (48)
公民道德素质建设 …… (49)
社会志愿服务活动 …… (49)
农村精神文明建设 …… (49)
未成年人思想道德建设 …… (49)
基层创建活动 …… (49)
机关党的工作 …… (50)
概况 …… (50)
基层组织建设 …… (50)
创先争优活动 …… (50)
党建品牌建设 …… (50)
学习型党组织建设 …… (50)
廉政文化建设 …… (50)
作风效能建设 …… (51)
“道德讲坛”建设 …… (51)
党员志愿服务活动 …… (51)
群团组织工作 …… (51)
信访工作 …… (51)
概况 …… (51)
畅通信访诉求渠道 …… (52)
排查化解信访问题 …… (52)
领导接访活动 …… (52)
维护信访正常秩序 …… (52)
群众工作统揽信访工作机制探索 …… (52)
老干部工作 …… (52)
概况 …… (52)
落实政治待遇 …… (52)
保障生活待遇 …… (52)
丰富文化生活 …… (53)
离退休干部创先争优报告团宣讲活动 …… (53)
发挥老干部作用 …… (53)
老干部工作政策落实情况大检查 …… (53)
学习活动阵地建设 …… (53)
日常服务管理 …… (53)
党校工作 …… (53)
概况 …… (53)
教学工作 …… (53)
科研工作 …… (54)
队伍建设 …… (54)
政策研究 …… (54)
概况 …… (54)
课题调研 …… (54)
调研成果转化 …… (54)
决策信息服务 …… (54)
文稿服务工作 …… (54)
保密工作 …… (54)
概况 …… (54)
保密管理 …… (55)
技术防护 …… (55)
监督检查 …… (55)
宣传教育 …… (55)
党史研究 …… (55)
概况 …… (55)
专题研究 …… (55)
迎接十八大系列活动 …… (56)
福州、宁德两市党史部门“申苏”工作座谈会 …… (56)
革命遗址调研 …… (56)
党史刊物 …… (56)
驻村帮扶工作 …… (56)
档案工作 …… (56)
概况 …… (56)
档案规范管理 …… (56)
档案开发与利用 …… (57)
政府信息公开档案 …… (57)
档案信息化工作 …… (57)
新农村档案工作 …… (57)
档案库馆建设 …… (57)
民族宗教 …… (58)
概况 …… (58)
少数民族乡村发展 …… (58)
民族团结进步创建 …… (58)
宗教事务管理 …… (58)
政策法规宣传教育 …… (58)
榕台宗教文化交流 …… (58)

人民代表大会

综述 …………………………………………………………（59）
重要会议 ……………………………………………………（59）
市十四届人民代表大会第一次会议 ……………………（59）
市十四届人大常委会会议 ………………………………（59）
地方立法 ……………………………………………………（60）
福州市河道采砂管理办法 ………………………………（60）
福州市物业管理若干规定 ………………………………（60）
福州市气象探测环境和设施保护规定 …………………（60）
福州市荣誉市民称号授予条例 …………………………（60）
监督工作 ……………………………………………………（61）
专题询问 ……………………………………………………（61）
开展《福州市人大常委会关于加强地方税收保障的决定》实施情况检查 ……………………………………（61）
开展《福州市城市供水管理办法》执法检查 …………（61）
开展《福建省旅游条例》执法检查 ……………………（61）
听取和审议市人民政府关于2012年1—7月份国民经济和社会发展计划执行情况的报告 …………………（61）
听取和审议市人民政府2012年1—7月份预算执行情况的报告 ……………………………………………（62）
听取和审议市人民政府关于2011年市本级预算执行和其他财政收支情况的审计工作情况的报告 …………（62）
听取和审议市人民政府关于海洋环境保护工作情况的报告 ……………………………………………（62）
听取和审议市人民政府关于社区矫正工作情况的报告 ……………………………………………………（62）
听取和审议市人民政府关于公共文化服务体系建设工作情况的报告 ……………………………………（62）
听取和审议市人民政府关于道路交通管理工作情况的报告 ……………………………………………（62）
听取和审议市人民政府关于城市道路建设与管理工作情况的报告 ……………………………………（63）
听取和审议市中级人民法院关于改进调解工作，推动社会管理创新情况的报告 ………………………（63）
听取和审议市人民检察院关于惩治和预防职务犯罪工作情况的报告 ……………………………………（63）
评议公安（边防）派出所工作 …………………………（63）
其他监督工作 ……………………………………………（63）
代表工作 ……………………………………………………（63）
代表议案办理 ……………………………………………（63）
代表建议办理 ……………………………………………（64）
保障代表依法履职 ………………………………………（64）
规范代表工作机制 ………………………………………（64）
调研宣传 ……………………………………………………（64）
调研工作 ……………………………………………………（64）
宣传工作 ……………………………………………………（64）
人事任免 ……………………………………………………（64）
表3　2012年福州市人大常委会及“一府两院”副职以上领导任免情况 ……………………………………（64）
表4　2012年福州市人大常委会工作机构负责人任免名单 ……………………………………………………（65）
表5　2012年福州市政府职能部门主要领导人事任免名单 ……………………………………………………（65）

人民政府

重要会议及活动 ……………………………………………（67）
市政府常务会议 …………………………………………（67）
签署“福莆宁同城化发展框架协议” …………………（68）
三坊七巷设立首批国家级文艺创作基地 ………………（68）
市政府与省海洋渔业厅签订战略性合作框架协议 ……（69）
举办第十四届海交会第九届商交会 ……………………（69）
举办第十届中国·海峡项目成果交易会福州市专场签约仪式 ……………………………………………（69）
举办2012海峡（福州）渔业周暨第七届海峡（福州）渔业博览会 ………………………………………（69）
首届创业与创投福州论坛 ………………………………（69）
闽台（福州）蓝色经济产业园开工 ……………………（70）
“福州月·中华情”2012年中央电视台中秋晚会 ………（70）
2012世界茉莉花茶文化鼓岭论坛 ………………………（70）
举办第87届全国糖酒商品交易会 ………………………（70）
福州市“3820”工程20周年成就展开幕 …………………（70）
2012年环福州·永泰国际公路自行车赛 ………………（70）
中国（福州）智慧城市高峰论坛举行 …………………（71）
政务督查 ……………………………………………………（71）
概况 …………………………………………………………（71）
综合性工作督查 …………………………………………（71）
领导批办件督查 …………………………………………（71）
人大建议、政协提案督查 ………………………………（71）
重点项目完成情况 …………………………………………（71）
概况 …………………………………………………………（71）
交通项目 …………………………………………………（71）
能源项目 …………………………………………………（71）
城建项目 …………………………………………………（72）
工业项目 …………………………………………………（72）
商贸项目 …………………………………………………（72）
旅游文化项目 ……………………………………………（72）
民生项目 …………………………………………………（72）
政府信息公开 ………………………………………………（72）
概况 …………………………………………………………（72）
重点推进八大领域信息公开 ……………………………（72）
政府管理相关的公共信息公开 …………………………（73）
政府政策制定过程及执行情况信息公开 ………………（74）
公共企事业单位信息公开 ………………………………（74）
依申请公开政府信息 ……………………………………（74）
政府信息公开渠道建设 …………………………………（74）
“福州发布”政务微博群开通 …………………………（74）
行政服务中心建设 …………………………………………（74）
概况 …………………………………………………………（74）
智能化服务 ………………………………………………（74）
标准化建设 ………………………………………………（75）
简化审批事项与流程 ……………………………………（75）
行政审批服务协调工作机制 ……………………………（75）
实施并联审批 ……………………………………………（75）

市县联动审批 ……(75)
监督监察 ……(75)
政府法制 ……(75)
概况 ……(75)
组织领导 ……(76)
简政放权、扩权强区(县、市) ……(76)
行政决策 ……(76)
立法 ……(76)
行政复议与应诉 ……(76)
行政执法监督 ……(76)
规范性文件备案审查 ……(76)
机关事务管理 ……(76)
概况 ……(76)
财务管理 ……(76)
办公用房管理 ……(76)
公务车辆管理 ……(77)
公共机构节能管理 ……(77)
政府采购工作 ……(77)
后勤保障与服务 ……(77)
机构编制 ……(77)
概况 ……(77)
地方政府机构改革 ……(77)
事业单位分类改革 ……(77)
行业体制改革 ……(77)
机关机构编制管理 ……(77)
机构编制实名制管理 ……(77)
事业单位登记管理 ……(78)
事业单位编制调配 ……(78)
经济民生发展相关机构编制资源配置 ……(78)
人事人才 ……(78)
概况 ……(78)
闽都人才集聚区建设 ……(78)
公务员管理 ……(79)
专业技术人员管理 ……(79)
事业单位人事管理 ……(80)
工资收入分配制度改革 ……(80)
人事人才公共服务 ……(80)
军转干部安置 ……(80)
高校毕业生就业 ……(80)
工勤人员岗位考核培训 ……(80)
人才中介机构管理和人事争议仲裁 ……(80)
离退休干部管理服务 ……(80)
发展研究工作 ……(80)
概况 ……(80)
重点课题调研 ……(80)
政策咨询服务 ……(80)
地方志工作 ……(81)
概况 ……(81)
二轮市志编修工作 ……(81)
县(市)区志指导工作 ……(81)
《福州年鉴》编纂 ……(81)
福州地情网建设 ……(81)
地方志学术研讨会 ……(81)
专题研讨 ……(81)
专业培训与考察交流 ……(82)
驻北京联络处 ……(82)
概况 ……(82)
项目与招商工作 ……(82)
信访维稳工作 ……(82)
公务接待工作 ……(82)
驻上海办事处 ……(82)
概况 ……(82)
招商引资 ……(82)
服务榕籍在沪企业工作 ……(82)
接待工作 ……(82)
驻深圳(广州)办事处 ……(83)
概况 ……(83)
招商工作 ……(83)
商会工作 ……(83)
接待工作 ……(83)
信息工作 ……(83)

政治协商

综述 ……(84)
重要会议 ……(84)
政协福州市第十二届委员会第一次会议 ……(84)
市政协十二届常委会 ……(84)
主要工作 ……(85)
提案工作 ……(85)
协商工作 ……(85)
民主监督 ……(85)
视察调研 ……(85)
委员工作 ……(86)
文史信息 ……(86)
交流联谊 ……(86)

民主党派与工商联

民革福州市委会 ……(87)
概况 ……(87)
参政议政 ……(87)
政治学习 ……(87)
组织建设 ……(87)
服务榕台交流 ……(87)
社会服务 ……(88)
民盟福州市委会 ……(88)
概况 ……(88)
参政议政 ……(88)
政治学习 ……(88)
组织建设 ……(88)
社会服务 ……(88)
农工党福州市委会 ……(89)
概况 ……(89)
参政议政 ……(89)
政治学习 ……(89)

组织建设 …… (89)
社会服务 …… (89)
民建福州市委会 …… (90)
概况 …… (90)
参政议政 …… (90)
政治学习 …… (90)
组织建设 …… (90)
社会服务 …… (90)
致公党福州市委会 …… (91)
概况 …… (91)
参政议政 …… (91)
政治学习 …… (91)
组织建设 …… (91)
纪念致公党福州市委会成立30周年 …… (92)
海外联谊 …… (92)
社会服务 …… (92)
台盟福州市委会 …… (92)
概况 …… (92)
参政议政 …… (92)
政治学习 …… (92)
组织建设 …… (92)
服务榕台交流 …… (92)
社会服务 …… (92)
九三学社福州市委会 …… (92)
概况 …… (92)
参政议政 …… (92)
政治学习 …… (93)
组织建设 …… (93)
社会服务 …… (93)
民进福州市委会 …… (94)
概况 …… (94)
参政议政 …… (94)
政治学习 …… (94)
组织建设 …… (94)
社会服务 …… (94)
福州市工商业联合会 …… (95)
概况 …… (95)
参政议政 …… (95)
回归工程 …… (95)
规范商会管理 …… (95)
会员服务 …… (95)
社会服务 …… (95)

社会团体

福州市总工会 …… (96)
概况 …… (96)
职工技能竞赛 …… (96)
职工技术创新 …… (96)
职工素质教育 …… (96)
职工权益维护 …… (96)
职工帮扶服务 …… (97)
工会组织建设 …… (97)
共青团福州市委员会 …… (97)
概况 …… (97)
共青团福州市第十七次代表大会 …… (97)
服务经济社会发展 …… (97)
青少年思想道德教育 …… (98)
青年就业创业服务 …… (98)
青少年权益维护 …… (98)
团组织建设 …… (98)
福州市妇女联合会 …… (98)
概况 …… (98)
新"两纲"实施推动 …… (98)
创业就业服务 …… (98)
参与和谐社会建设 …… (99)
家庭教育宣传实践活动 …… (99)
妇女儿童权益维护 …… (99)
帮扶特殊困境儿童 …… (99)
基层组织建设 …… (99)
福州市文学艺术界联合会 …… (99)
概况 …… (99)
文艺品牌建设 …… (100)
文艺精品获奖 …… (100)
特色文艺活动 …… (100)
文化惠民工作 …… (100)
文化交流活动 …… (100)
福州市社会科学界联合会 …… (100)
概况 …… (100)
中共十八大精神座谈会 …… (100)
学术活动 …… (100)
文化活动 …… (101)
社会科学宣传普及 …… (101)
社会科学优秀成果评奖启动 …… (101)
福州市科学技术协会 …… (101)
概况 …… (101)
企业科技工作 …… (101)
人才工作 …… (101)
科普活动 …… (102)
科普惠农兴村 …… (102)
科普创先争优 …… (102)
科普设施建设 …… (102)
学术活动 …… (102)
青少年科技活动 …… (103)
榕台科技交流 …… (103)
福州市红十字会 …… (103)
概况 …… (103)
召开第十二次全市会员代表大会 …… (103)
援助帮扶 …… (103)
"三献"工作 …… (103)
募捐活动 …… (103)
社区红十字服务 …… (104)
"5·8"世界红十字日活动 …… (104)
应急救护培训 …… (104)
志愿者服务 …… (104)
对外对台交流 …… (104)

福州市残疾人联合会 …………(104)
概况 …………(104)
助残工程项目 …………(104)
康复工作 …………(104)
就业工作 …………(105)
扶贫助学 …………(105)
生活环境改善 …………(105)
维权工作 …………(105)
宣传文体活动 …………(105)
福州市归国华侨联合会 …………(106)
概况 …………(106)
侨资侨智引进 …………(106)
引导侨胞参与公益事业 …………(106)
侨胞权益维护 …………(106)
联络联谊 …………(106)
市侨联成立60周年活动 …………(107)
侨联基层组织建设 …………(107)
福州市台湾同胞联谊会 …………(107)
概况 …………(107)
榕台交流活动 …………(107)
台胞参政议政 …………(107)
台胞权益维护 …………(107)
在榕台胞联谊 …………(107)
福州市个体劳动者协会私营企业协会 …………(107)
概况 …………(107)
服务企业用工需求 …………(107)
服务商贸发展和银企对接 …………(107)
服务企业年检 …………(108)
拓展服务项目 …………(108)
私企党建工作 …………(108)
福州市消费者权益保护委员会 …………(108)
概况 …………(108)
"3·15"消费者权益日活动 …………(108)
社会监督检查 …………(108)
蜜饯质量抽查检验 …………(109)
消费教育引导宣传 …………(109)
价格调整听证 …………(109)
案例举要 …………(109)

外事　侨务　港澳台事务

外事　侨务 …………(110)
概况 …………(110)
部级团组访问福州 …………(110)
经贸团组访问福州 …………(110)
文化教育交流 …………(111)
市领导出访活动 …………(111)
服务商贸交易会 …………(112)
荣誉市民称号授予 …………(112)
加入世界城市和地方政府联合组织 …………(112)
鼓岭系列活动 …………(112)
赠送树苗给友城乔治敦市 …………(113)
派遣研修生 …………(113)
涉外事务 …………(113)
因公出国(境)管理 …………(113)
侨资侨智引进 …………(113)
侨资企业帮扶 …………(113)
侨务联谊工作 …………(113)
社区侨务工作 …………(113)
侨务法制宣传 …………(114)
归侨侨眷权益维护 …………(114)
华侨农场工作 …………(114)
侨胞捐赠兴办公益事业 …………(114)
港澳事务 …………(114)
概况 …………(114)
交流合作 …………(114)
台湾事务 …………(114)
概况 …………(114)
经贸合作 …………(115)
"海峡两岸交流基地"建设 …………(115)
参与海峡论坛福州市活动 …………(115)
宗亲民俗交流 …………(115)
教育与卫生交流合作 …………(115)
青少年交流 …………(115)
榕台直航 …………(115)
媒体交流 …………(116)
服务台胞台商 …………(116)

政　法

政法委 …………(117)
概况 …………(117)
社会管理 …………(117)
综治维稳 …………(117)
平安建设 …………(118)
审判 …………(119)
概况 …………(119)
刑事审判 …………(119)
民商事审判 …………(119)
行政审判 …………(119)
执行工作 …………(119)
审判监督 …………(119)
调解工作 …………(119)
涉诉信访 …………(119)
司法服务 …………(120)
平安综治 …………(120)
畅通监督渠道 …………(120)
队伍建设 …………(120)
检察 …………(121)
概况 …………(121)
刑事检察 …………(121)
职务犯罪侦查和预防 …………(121)
诉讼监督 …………(122)
畅通监督渠道 …………(122)
队伍建设 …………(122)
公安 …………(123)

概况 …… (123)
"三访三评" …… (123)
刑事犯罪侦查 …… (123)
十大刑事要案 …… (123)
经济犯罪侦查 …… (124)
经济犯罪要案举例 …… (124)
禁毒工作 …… (125)
社会治安管理 …… (125)
特警工作 …… (125)
社区警务 …… (126)
出入境及往来港澳台管理 …… (126)
网络安全监察 …… (127)
警卫工作 …… (127)
道路交通管理 …… (127)
重大交通事故案例 …… (128)
消防工作 …… (128)
重大火灾案例 …… (128)
边防管理 …… (128)
森林公安 …… (129)
"110"指挥中心 …… (129)
监所管理 …… (129)
公安法制 …… (129)
公安科技信息通信建设 …… (130)
队伍建设 …… (130)
司法 …… (130)
概况 …… (130)
人民调解 …… (131)
社区矫正 …… (131)
安置帮教 …… (131)
医患纠纷调解处置 …… (131)
普法依法治理 …… (131)
律师工作 …… (131)
公证工作 …… (132)
法律援助 …… (132)
司法鉴定 …… (132)
国家司法考试 …… (132)

国防建设

征兵工作 …… (133)
概况 …… (133)
征兵宣传 …… (133)
落实廉洁征兵机制 …… (133)
民兵 …… (133)
概况 …… (133)
民兵组织调整建设 …… (133)
民兵政治工作 …… (133)
民兵专业训练 …… (134)
民兵预备役"八大员"工作 …… (134)
国防动员 …… (134)
概况 …… (134)
国防教育宣传 …… (134)
国防动员信息化建设 …… (134)
国防动员潜力调查 …… (135)
双拥共建 …… (135)
概况 …… (135)
拥军支前 …… (135)
拥军优属 …… (135)
文明共建 …… (135)
抢险救灾 …… (136)
人民防空 …… (136)
概况 …… (136)
人防宣传教育 …… (136)
人防工程建设 …… (136)
指挥通信建设 …… (136)
人防法制建设 …… (136)
武装警察 …… (136)
概况 …… (136)
政治思想教育 …… (137)
基层建设 …… (137)
执勤处置突发事件 …… (137)
"四防一体化"建设 …… (138)
后勤保障 …… (138)

综合经济管理

宏观经济管理 …… (139)
概况 …… (139)
政策研究 …… (139)
规划制订 …… (139)
"五大战役"项目 …… (139)
城市轨道交通及铁路项目 …… (140)
重大产业项目 …… (140)
促进项目成果对接转化 …… (140)
体制改革 …… (140)
经济运行监控及协调 …… (141)
统计与调查 …… (141)
概况 …… (141)
普查与专项调查 …… (141)
常规调查 …… (142)
调查服务 …… (143)
开展"企业一套表"改革工作 …… (143)
统计法制建设 …… (143)
工商行政管理 …… (143)
概况 …… (143)
助力产业转型升级 …… (143)
商标品牌培育和保护 …… (144)
企业注册登记 …… (144)
促进榕台交流 …… (144)
市场监管执法 …… (145)
消费维权 …… (145)
国有资产监督管理 …… (146)
概况 …… (146)
国资履职监管 …… (146)
国企改革发展 …… (146)
国有资本运作 …… (147)

价格管理 …… (147)
概况 …… (147)
价格总水平调控 …… (147)
商品价格改革与监管 …… (147)
非商品价格收费监管 …… (148)
表6 参照福建省实施居民生活用电价格表 …… (148)
表7 参照福建省实施居民生活用电峰谷分时价格表 …… (148)
表8 2012年福建省成品油价格变动情况表 …… (148)
表9 暂扣留机动车辆停放服务收费标准 …… (148)
价格监督检查 …… (149)
价格服务 …… (149)
药品医疗器械管理 …… (149)
概况 …… (149)
药品医疗器械生产监管 …… (149)
药品医疗器械流通监管 …… (150)
保健食品化妆品监管 …… (150)
质量技术监督 …… (151)
概况 …… (151)
质量认证 …… (151)
实验室管理 …… (151)
表10 2012年度获福州市产品质量奖产品名单 …… (151)
计量管理 …… (153)
标准化管理 …… (153)
食品安全监管 …… (153)
产品质量监督 …… (153)
特种设备监察 …… (153)
安全生产管理 …… (154)
概况 …… (154)
安全工作部署 …… (154)
安全生产标准化建设 …… (154)
道路交通安全综合整治 …… (154)
重点行业(领域)专项整治 …… (154)
“打非治违”专项行动 …… (155)
应急救援能力建设 …… (155)
审计 …… (155)
概况 …… (155)
社会保障资金审计 …… (155)
农村中小学布局调整情况审计调查 …… (156)
财政收支审计 …… (156)
政府投资审计 …… (156)
民生资金审计 …… (156)
经济责任审计 …… (156)
企业金融审计 …… (156)
审计整改检查 …… (156)
审计信息采编 …… (157)
审计信息化建设 …… (157)
内部审计 …… (157)

财政　税务

财政 …… (158)
概况 …… (158)
促进经济转型发展 …… (158)
支持民生幸福工程 …… (158)
推动社会事业发展 …… (159)
优化人居环境 …… (159)
推进财政管理改革 …… (159)
国家税务 …… (160)
概况 …… (160)
法制建设 …… (160)
税收管理 …… (160)
货物劳务税 …… (161)
企业所得税 …… (161)
国际税收 …… (161)
出口退税 …… (161)
纳税服务 …… (161)
地方税务 …… (161)
概况 …… (161)
依法行政 …… (162)
营业税管征 …… (162)
企业所得税管征 …… (162)
个人所得税管征 …… (162)
财产行为税管征 …… (162)
国际税收管理 …… (163)
规费征收 …… (163)
专业化税收征管 …… (163)
纳税服务 …… (163)

农村经济

新农村建设 …… (164)
概况 …… (164)
实施强农惠农政策 …… (164)
农村沼气建设 …… (164)
村财监督管理 …… (164)
农产品质量安全监管 …… (164)
产业化龙头企业 …… (165)
概况 …… (165)
休闲农业 …… (165)
农业科技服务与培训 …… (165)
概况 …… (165)
农技建设项目 …… (165)
农业科技服务 …… (165)
农业科技培训 …… (165)
“五新”技术入户工程 …… (165)
种植业 …… (166)
概况 …… (166)
粮食生产 …… (166)
经济作物 …… (166)
植物病虫害防控 …… (167)
林业 …… (167)
概况 …… (167)
集体林权制度改革 …… (167)
造林绿化 …… (167)
森林资源保护 …… (167)

林业产业 …………………………………………（167）
林业科技 …………………………………………（167）
世界湿地日宣传活动 ………………………………（167）
畜牧业 ……………………………………………（168）
概况 ………………………………………………（168）
重大动物疫病防控 …………………………………（168）
海洋与渔业 ………………………………………（168）
概况 ………………………………………………（168）
海洋综合管理 ……………………………………（168）
海洋环境保护 ……………………………………（168）
水产养殖业 ………………………………………（169）
水产加工业 ………………………………………（169）
远洋渔业 …………………………………………（169）
渔业监管 …………………………………………（170）
渔业惠民政策 ……………………………………（170）
科技兴渔 …………………………………………（170）
综合执法 …………………………………………（170）
海峡渔业周 ………………………………………（171）
水利 ………………………………………………（171）
概况 ………………………………………………（171）
水利工程建设 ……………………………………（171）
水行政工作 ………………………………………（171）
防汛抗旱 …………………………………………（171）
概况 ………………………………………………（171）
防汛防台 …………………………………………（171）
较大台风及洪涝灾害 ………………………………（172）

工　业

综述 ………………………………………………（173）
机械冶金 …………………………………………（174）
概况 ………………………………………………（174）
金属制品业 ………………………………………（174）
设备制造业 ………………………………………（174）
汽车制造业 ………………………………………（174）
电气机械及器材制造业 ……………………………（174）
冶金行业 …………………………………………（175）
建材行业 …………………………………………（175）
电力工业 …………………………………………（175）
概况 ………………………………………………（175）
电力供应 …………………………………………（175）
电网建设 …………………………………………（175）
新农村电气化建设 …………………………………（175）
技术创新 …………………………………………（175）
安全生产 …………………………………………（175）
客户服务 …………………………………………（176）
医药化工 …………………………………………（176）
概况 ………………………………………………（176）
政策扶持 …………………………………………（176）
重点项目建设 ……………………………………（176）
技改搬迁 …………………………………………（176）
安全生产 …………………………………………（177）
电子信息产业 ……………………………………（177）
概况 ………………………………………………（177）
表 11　获“2012 年福州市产品质量奖”电子信息产品 ……………………………………………（177）
重点项目建设 ……………………………………（177）
企业获奖情况 ……………………………………（177）
平板显示转型升级 …………………………………（177）
POS 机产量增速 …………………………………（177）
企业上市与融资 ……………………………………（177）
三网融合试点 ……………………………………（177）
移动互联产业 ……………………………………（178）
软件产业及产品 ……………………………………（178）
云计算产业 ………………………………………（178）
动漫游戏产业 ……………………………………（178）
物联网产业 ………………………………………（178）
轻纺塑料 …………………………………………（178）
概况 ………………………………………………（178）
纺织工业 …………………………………………（178）
食品及加工制造业 …………………………………（178）
塑胶制品业 ………………………………………（178）
鞋类及皮革制品业 …………………………………（179）
家具制造业 ………………………………………（179）
技术改造 …………………………………………（179）
工艺美术 …………………………………………（179）
概况 ………………………………………………（179）
工艺美术传承与创新 ………………………………（179）
展会赛事 …………………………………………（180）
宣传交流 …………………………………………（180）
行业管理 …………………………………………（180）

城市建设与管理

城乡规划 …………………………………………（181）
概况 ………………………………………………（181）
重点规划编制 ……………………………………（181）
规划管理 …………………………………………（181）
规划监察 …………………………………………（182）
国土资源管理 ……………………………………（182）
概况 ………………………………………………（182）
土地利用总体规划修编 ……………………………（182）
土地整理复垦开发 …………………………………（182）
基准地价更新 ……………………………………（183）
国家级开发区土地集约节约利用评价结果更新 ………（183）
地籍管理 …………………………………………（183）
农村集体土地所有权确权登记发证 …………………（183）
征地补偿 …………………………………………（183）
地质灾害防治 ……………………………………（183）
矿产管理 …………………………………………（183）
执法监察 …………………………………………（184）
行政审批服务 ……………………………………（184）
城市地质调查 ……………………………………（184）
数字城市地理空间框架建设 …………………………（184）
“一张图”建设项目 …………………………………（184）
市政建设 …………………………………………（184）

概况 …… (184)
市政路桥项目 …… (184)
市政设施维护 …… (185)
“数字城管”建设 …… (185)
内河综合整治 …… (185)
社会公益代建项目 …… (185)
城市景观整治 …… (185)
小城镇试点改革和村庄整治 …… (185)
“城建战役”和“点线面”环境整治 …… (185)
供水 …… (185)
供电 …… (186)
供气 …… (186)
污水处理 …… (186)
温泉保护利用 …… (186)
园林绿化 …… (186)
概况 …… (186)
道路花化绿化 …… (186)
公园景区建设 …… (187)
园林管理 …… (187)
市容管理与执法 …… (187)
概况 …… (187)
制度法规建设 …… (188)
市容环境综合整治 …… (188)
环境卫生管理 …… (188)
垃圾无害化处理 …… (189)
建筑垃圾工程渣土管理 …… (189)
环卫基础设施建设 …… (189)
行政审批 …… (189)
行政处罚 …… (189)

环境保护

综述 …… (190)
环境质量 …… (190)
大气环境 …… (190)
水环境 …… (190)
声学环境 …… (191)
生态环境治理 …… (191)
表12 2012年福州市3条河流水质达标情况 …… (191)
环境监察整治 …… (191)
环保专项整治 …… (191)
污染减排 …… (192)
水环境综合整治 …… (192)
固体废弃物处置 …… (192)
机动车尾气治理 …… (192)
环境安全应急体系建设 …… (192)
环境监测与科研 …… (192)
环境监测 …… (192)
环保信息化建设 …… (193)
环保科研 …… (193)
环保宣教与环境信访 …… (193)
环保宣传教育 …… (193)
环境信访 …… (193)

建筑　房地产业

建筑业管理 …… (194)
概况 …… (194)
行政审批 …… (194)
建筑市场监管 …… (194)
安全施工监管 …… (194)
工程质量监管 …… (195)
建筑勘察设计监管 …… (195)
可再生能源推广 …… (195)
商品混凝土推广和新型墙体材料监管 …… (195)
造价定额制定 …… (195)
城建档案管理 …… (195)
房地产登记管理 …… (195)
概况 …… (195)
市场监管 …… (196)
住房保障 …… (196)
表13 福州市2012年度保障性安居工程项目建设进展情况表 …… (196)
住房公积金归集和使用 …… (197)
房屋征收补偿 …… (198)
物业管理 …… (198)
表14 2012年福州市区商品房交易网上签约登记情况表 …… (198)
解决历史遗留两权证难题 …… (198)
房地产市场信息系统建设 …… (198)

交　通

公路建设与养护 …… (199)
概况 …… (199)
重点项目建设 …… (199)
绕城高速公路东南段 …… (199)
农村公路建设 …… (199)
管理养护 …… (200)
路政管理 …… (200)
公路运输与城区交通 …… (200)
概况 …… (200)
表15 企业规模奖励标准 …… (200)
表16 牵引车补助标准 …… (200)
表17 挂车补助标准 …… (200)
客运市场管理 …… (200)
货运市场管理 …… (200)
城市出租车管理 …… (201)
机动车维修管理 …… (201)
运输驾驶从业人员培训与管理 …… (201)
公共交通 …… (201)
铁路 …… (201)
概况 …… (201)
福州机务段机车年走行7014.4万千米 …… (201)
福州铁路枢纽改造工程建设 …… (202)
地铁 …… (202)

概况 …… (202)
福州市城市地铁有限责任公司 …… (202)
城市轨道规划 …… (202)
地铁1号线建设 …… (203)
水路 …… (203)
概况 …… (203)
闽江游 …… (203)
水上交通安全 …… (203)
水路运输行业管理 …… (204)
船员培训与注册 …… (204)
港口 …… (204)
概况 …… (204)
《福州港总体规划》整合编修 …… (204)
港口建设 …… (204)
港口物流体系建设 …… (204)
对台港口运输 …… (205)
港口安全生产监管 …… (205)
港口宣传 …… (205)
机场 …… (205)
概况 …… (205)
航空运输 …… (205)
航空安全 …… (205)
航空服务 …… (205)
基础设施建设 …… (206)

邮政通信与信息化建设

邮政 …… (207)
概况 …… (207)
业务经营 …… (207)
邮运网建设 …… (207)
便民服务站 …… (207)
客户经营与服务 …… (207)
专业化改革 …… (207)
中国电信福州分公司 …… (207)
概况 …… (207)
通信业务 …… (208)
网络建设 …… (208)
信息化服务 …… (208)
客户服务 …… (208)
中国移动福州分公司 …… (208)
概况 …… (208)
通信业务 …… (208)
网络建设 …… (209)
通信保障 …… (209)
信息化服务 …… (209)
客户服务 …… (209)
中国联通福州分公司 …… (209)
概况 …… (209)
通信业务 …… (209)
网络建设 …… (209)
信息化服务 …… (209)
客户服务 …… (210)
市政府信息化建设 …… (210)
概况 …… (210)
举办数字福建·中国(福州)智慧城市高峰论坛 …… (210)
“中国福州”门户网站群 …… (210)
行政权力阳光运行平台 …… (210)
便民呼叫中心“12345”系统 …… (210)
市直党政部门办公自动化系统 …… (211)
空间地理基础数据库 …… (211)
数字化城市管理系统 …… (211)

口 岸

口岸管理 …… (212)
概况 …… (212)
口岸开放 …… (212)
口岸建设 …… (212)
表18 2012年福州口岸客运统计表 …… (212)
表19 2012年福州海港口岸对台客货直航统计表 …… (212)
表20 2012年福州口岸海运统计表 …… (212)
口岸通关 …… (213)
海关监管 …… (213)
概况 …… (213)
服务海西 …… (213)
对接重大项目 …… (213)
通关监管 …… (213)
税收征管 …… (213)
检验检疫 …… (214)
概况 …… (214)
表21 2012年主要出口货物(以货值排序) …… (214)
表22 2012年主要进口货物(以货值排序) …… (214)
出口货物检验检疫 …… (214)
进口货物检验检疫 …… (215)
进境疫情检疫 …… (215)
进出境集装箱检验检疫 …… (215)
卫生检疫 …… (215)
对台检验检疫 …… (216)
产地证业务 …… (216)
创新举措 …… (216)
边防检查 …… (216)
概况 …… (216)
服务海西建设 …… (216)
口岸管控 …… (216)
中国边检服务品牌集中推介活动 …… (217)
服务32万载重吨“中海繁华”轮首航入境 …… (217)
海防管理 …… (217)
概况 …… (217)
“六国论坛”专家会议安保 …… (217)
“3·16”聚众哄抢公私财物案 …… (217)
基层建设 …… (217)
舆论宣传 …… (217)
基础设施建设 …… (218)
打击走私 …… (218)
概况 …… (218)

落实责任部署行动 …… (218)
各部门打私成效 …… (218)
销毁走私冻品 …… (219)
打击走私调研与宣传 …… (219)

园区建设

福州经济技术开发区 …… (220)
概况 …… (220)
基础设施建设 …… (220)
招商引资 …… (220)
重点项目建设 …… (220)
融侨经济技术开发区 …… (221)
概况 …… (221)
基础设施建设 …… (221)
招商引资 …… (221)
重点项目建设 …… (221)
探索自主创新 …… (221)
新兴企业 …… (221)
福州高新技术产业开发区 …… (221)
概况 …… (221)
扩区建设 …… (221)
基础设施建设 …… (221)
招商引资 …… (221)
重点项目建设 …… (221)
重点入驻项目 …… (221)
福州保税(港)区 …… (222)
概况 …… (222)
保税港区信息化平台建设 …… (222)
保税港江阴汽车进口口岸建设 …… (222)
保税区进口酒类交易中心建设 …… (222)
对接武夷山陆地港 …… (222)
元洪投资区 …… (222)
概况 …… (222)
基础设施建设 …… (222)
招商引资 …… (222)
重点企业 …… (222)
青口投资区 …… (223)
概况 …… (223)
基础设施建设 …… (223)
招商引资 …… (223)
重点项目建设 …… (223)
福州软件园 …… (223)
概况 …… (223)
招商引资 …… (223)
重点项目建设 …… (224)
动漫产业 …… (224)
技术与产业服务 …… (224)
人才体系建设 …… (224)
滨海工业集中区 …… (224)
概况 …… (224)
基础设施建设 …… (224)
招商引资 …… (225)
重点项目建设 …… (225)
重点企业 …… (225)
用地报批 …… (225)
罗源湾经济开发区 …… (225)
概况 …… (225)
基础设施建设 …… (225)
招商引资 …… (226)
重点项目建设 …… (226)
福兴经济开发区 …… (226)
概况 …… (226)
基础设施建设 …… (226)
重点项目建设 …… (226)
城市设计和产业发展规划 …… (226)
安全生产专项整治 …… (226)
连江经济开发区 …… (226)
概况 …… (226)
基础设施建设 …… (226)
招商引资 …… (227)
重点项目建设 …… (227)
金山工业集中区 …… (227)
概况 …… (227)
基础设施建设 …… (227)
招商引资 …… (227)
项目土地审批及征迁交地 …… (227)
服务企业 …… (227)
金山投资区 …… (227)
概况 …… (227)
基础设施建设 …… (227)
招商引资 …… (227)
重点项目建设 …… (228)
江阴工业集中区 …… (228)
概况 …… (228)
新一轮总体规划 …… (228)
基础设施建设 …… (228)
招商引资 …… (228)
化工新材料专区 …… (228)
重点项目建设 …… (228)
港区建设 …… (229)
上街投资区 …… (229)
概况 …… (229)
基础设施建设 …… (229)
招商引资 …… (229)
重点项目建设 …… (229)

民营经济

综述 …… (230)
主要民营行业 …… (230)
概况 …… (230)
机械制造业 …… (230)
冶金行业 …… (231)
医药行业 …… (231)
石化行业 …… (231)

电子信息行业 …… (231)
轻工纺织行业 …… (232)
民营对外贸易 …… (232)
民办教育 …… (232)
民营医疗卫生 …… (232)
发展的政策环境 …… (232)
《关于进一步推进回归工程的若干意见》出台 …… (232)
市小微企业商会成立 …… (233)
涉企商事诉调对接 …… (233)
非公经济代表人士教育研修班 …… (233)
市国税部门多举措促民营经济发展 …… (233)
民营企业产业项目投资推介会 …… (233)

服务业

商贸经济 …… (234)
概况 …… (234)
零售业 …… (235)
物流业 …… (235)
会展业 …… (235)
全国性会展 …… (235)
表 23　2012 年海峡蔬菜批发市场蔬菜价格指数 …… (236)
餐饮业 …… (236)
家政服务业 …… (236)
典当业 …… (236)
拍卖业 …… (236)
副食品业 …… (236)
粮油贸易 …… (237)
概况 …… (237)
粮油储备管理 …… (237)
粮食安全保障体系建设 …… (237)
粮食流通产业发展 …… (237)
粮油市场监管 …… (237)
烟草 …… (237)
概况 …… (237)
营销网络建设 …… (237)
专卖市场管理 …… (238)
企业标准管理 …… (238)
石油 …… (239)
概况 …… (239)
业务拓展 …… (239)
自助加油推广 …… (239)
服务业标准化 …… (239)
安全管理 …… (239)
供销合作 …… (239)
概况 …… (239)
农资供应服务 …… (239)
“新网工程”建设 …… (240)
项目建设 …… (240)
为农服务平台搭建 …… (240)
再生资源回收体系建设 …… (240)
农村社区综合维修服务体系建设 …… (240)

对外及港澳台经济贸易

利用外资及港澳台资 …… (241)
概况 …… (241)
外商及港澳台商投资项目 …… (241)
服务贸易 …… (241)
重大利用外资项目 …… (241)
小分队招商 …… (242)
海峡两岸经贸交易会和中国国际投资贸易洽谈会 …… (242)
对外及港澳台投资与劳务合作 …… (242)
概况 …… (242)
劳务输出 …… (242)
对外及港澳台贸易 …… (242)
概况 …… (242)
国家级外经贸平台建设 …… (242)
表 24　2012 年福州市出口额 3000 万美元以上商品情况 …… (243)
表 25　2012 年福州市主要出口市场情况 …… (243)
表 26　2012 年福州市进口额 3000 万美元以上商品情况 …… (244)
表 27　2012 年福州市主要进口市场情况 …… (245)

金融业

综述 …… (246)
银行业 …… (246)
概况 …… (246)
中国人民银行福州中心支行 …… (247)
表 28　2005—2012 年辖内企业在银行间市场发债融资情况 …… (247)
中国农业发展银行福建省分行营业部 …… (249)
中国工商银行福建省分行营业部 …… (250)
中国农业银行福建省分行营业部 …… (251)
中国银行福州地区直属支行 …… (251)
中国建设银行福建省分行 …… (252)
兴业银行福州分行 …… (253)
中信银行福州分行 …… (253)
中国光大银行福州分行 …… (254)
招商银行福州分行 …… (254)
中国民生银行福州分行 …… (255)
华夏银行福州分行 …… (255)
平安银行福州分行 …… (256)
浦发银行福州分行 …… (256)
邮储银行福州市分行 …… (257)
福建省农村信用社联合社福州办事处 …… (257)
福建海峡银行 …… (258)
浙江稠州商业银行福州分行 …… (258)
证券期货业 …… (259)
概况 …… (259)
上市公司直接融资 …… (259)
证券期货经营机构创新发展 …… (259)
整治违法违规行为 …… (259)

保险业 …… (259)
概况 …… (259)
中国人民财产保险股份有限公司福州市分公司 …… (260)
表29 2012年福州市财产险经营情况表 …… (260)
表30 2012年福州市人身保险经营情况表 …… (260)
中国人寿保险股份有限公司福州分公司 …… (261)
中国太平洋人寿保险股份有限公司福州中心支公司 …… (262)
中国太平洋财产保险股份有限公司福州中心支公司 …… (263)

科学技术

综述 …… (264)
科技创新体系建设 …… (265)
国家级创新型试点城市建设 …… (265)
行业技术创新中心建设 …… (265)
现代农业技术创新基地建设 …… (265)
科技企业孵化器建设 …… (265)
生产力促进体系建设 …… (266)
科学技术经费 …… (266)
表31 福州市科学技术支出占2012年市本级财政一般预算支出比例 …… (266)
表32 福州市科学技术支出使用情况 …… (266)
高新技术产业 …… (267)
高新技术企业 …… (267)
火炬计划与高新技术研究开发计划 …… (267)
表33 2012年国家级火炬计划等科技项目 …… (267)
表34 2012年省级高新技术科技项目 …… (268)
农业科技 …… (268)
农业科技园区 …… (268)
星火计划 …… (268)
表35 2012年省级星火计划项目 …… (269)
表36 2012年市级星火计划项目 …… (269)
科技成果管理 …… (273)
科学技术奖励 …… (273)
表37 2012年福州市获省科学技术奖项目 …… (273)
表38 2012年获福州市科技进步奖项目 …… (274)
技术市场管理 …… (277)
产学研活动 …… (277)
技术市场建设 …… (277)
知识产权 …… (277)
知识产权示范城市建设 …… (277)
企事业单位知识产权试点示范 …… (277)
扶持与培育自主知识产权 …… (277)
专利行政执法 …… (278)
知识产权宣传培训 …… (278)
知识产权强县工程 …… (278)
表39 2012年各县(市)区专利申请量与授权量统计 …… (278)
表40 2012年第十四届中国专利奖福州市获奖项目 …… (279)
表41 2012年第三届福建省专利奖福州市获奖项目 …… (279)
表42 2012年第七届国际发明展览会福州获金奖项目 …… (280)
科学普及 …… (281)
科技政策培训 …… (281)
科普宣传活动 …… (281)
防震减灾 …… (281)
地震监测预报 …… (281)
地震社会服务工程项目 …… (281)
地震灾害防御工作 …… (281)
防震减灾宣传教育 …… (281)
防震减灾规划前期调研 …… (282)
地震应急救援 …… (282)
地震应急救援队建设 …… (282)

社会科学

综述 …… (283)
表43 福州市2012年度获国家社科基金项目立项课题 …… (283)
表44 福州市2012年度获福建省社会科学规划项目立项课题 …… (284)
表45 2012年度福州市中国特色社会主义理论体系研究基地立项课题 …… (284)
学术活动 …… (285)
首届“闽都文化与中国现代化”论坛 …… (285)
“闽都教育与福州发展”研讨会 …… (285)
“老年文化与发展”研讨会 …… (285)
首届乌山高爷庙民俗文化节 …… (285)
其他学术活动 …… (286)
社科研究成果 …… (286)
学术社团研究成果 …… (286)
市社科院研究成果 …… (286)
市委党校研究成果 …… (286)
市政府发展研究中心研究成果 …… (287)
闽江学院研究成果 …… (287)
福州职业技术学院研究成果 …… (287)

教　育

综述 …… (288)
教师 …… (288)
“做一个有道德的人”主题活动 …… (289)
榕台青少年交流 …… (289)
体育艺术活动 …… (289)
表46 2012年教育先进人物 …… (289)
学前教育 …… (290)
概况 …… (290)
“三年行动计划”实施 …… (290)
保教质量提高 …… (290)
初等教育 …… (290)
概况 …… (290)
科技教育 …… (290)
初招工作 …… (290)
新设学校 …… (291)

农村薄弱学校委托管理试点 …………………… (291)
普通中学教育 …………………… (291)
概况 …………………… (291)
普通高中多样化办学 …………………… (291)
科技实践活动 …………………… (291)
表 47　2012 年福州市参加全国机器人大赛、青少年科技创新大赛获奖名单 …………………… (291)
中招工作 …………………… (292)
普通高中会考 …………………… (292)
特殊教育 …………………… (292)
概况 …………………… (292)
标准化验收 …………………… (292)
福州星语学校设立 …………………… (292)
中等职业教育 …………………… (292)
概况 …………………… (292)
中职招生就业 …………………… (292)
重点专业建设 …………………… (292)
校企合作 …………………… (292)
技能竞赛 …………………… (292)
表 48　2012 年福州市参加全国职业院校技能赛获奖学生及指导教师名单 …………………… (293)
高等教育 …………………… (293)
概况 …………………… (293)
高招工作 …………………… (293)
组织各类考试 …………………… (293)
表 49　在榕普通高校(34 所)一览表 …………………… (294)
校园文化建设 …………………… (294)
思政课教学及专业建设 …………………… (294)
闽江学院 …………………… (294)
福州职业技术学院 …………………… (295)
福州教育学院 …………………… (297)

文化　出版　传媒

专业文艺 …………………… (299)
概况 …………………… (299)
央视“2012 中秋晚会” …………………… (299)
“欢庆十八大　颂歌献给党”文艺晚会 …………………… (299)
“回报父老——文化惠民”公益演出 …………………… (299)
“八一”拥军慰问演出 …………………… (299)
福州道德模范故事汇基层示范巡演 …………………… (299)
“鼓岭 · kuliang”文艺演出 …………………… (299)
情满榕城双拥文艺晚会 …………………… (299)
“中国戏曲学院教学实践基地”揭牌 …………………… (299)
福州闽剧艺术周 …………………… (300)
《红裙记》晋京展演 …………………… (300)
福州语歌曲《金厝边银乡里》晋京 …………………… (300)
十番伬《春回坊巷》参加全国学术交流展演 …………………… (300)
《闽剧史稿》出版 …………………… (300)
省第四届曲艺节与第五届艺术节福州市获奖项目 …………………… (300)
福州画院活动 …………………… (300)
艺术展览 …………………… (301)
公共文化 …………………… (301)
概况 …………………… (301)
县区文化场所建设 …………………… (302)
群众文化赛事 …………………… (302)
“激情广场大家唱” …………………… (302)
演出活动 …………………… (302)
艺术培训 …………………… (303)
福州市图书馆 …………………… (303)
福州市少儿图书馆 …………………… (303)
读书月活动 …………………… (304)
文化市场 …………………… (304)
概况 …………………… (304)
文化市场管理 …………………… (304)
市场稽查与综合执法 …………………… (304)
第五届海峡两岸文博会 …………………… (304)
宣传与培训 …………………… (304)
非物质文化遗产 …………………… (304)
概况 …………………… (304)
非物质文化遗产项目代表性传承人 …………………… (304)
海峡两岸民俗文化节 …………………… (304)
文博事业 …………………… (305)
概况 …………………… (305)
历史文化街区历史风貌区保护修复 …………………… (305)
名街、名镇、名村保护建设五年规划的编制 …………………… (305)
“海上丝绸之路:福州史迹”和三坊七巷列入中国世界文化遗产预备名单 …………………… (305)
第八批省级文物保护单位申报 …………………… (305)
涉台文物保护 …………………… (305)
挖掘鼓岭历史文化内涵 …………………… (305)
鼓岭历史建筑修复和古街建设完成 …………………… (305)
陈绍宽故居主体建筑修缮 …………………… (306)
三坊七巷社区博物馆开工建设 …………………… (306)
考古勘探与发掘 …………………… (306)
闽王墓周边违法建设项目处理 …………………… (306)
博物馆展览 …………………… (306)
市博物馆陈列展览更新展启动 …………………… (307)
第四期文博志愿者培训班 …………………… (307)
福州市古建筑培训班 …………………… (307)
“牵手市博　欢聚周末”活动 …………………… (307)
禁毒宣传活动 …………………… (308)
“我们的节日 · 清明”主题活动 …………………… (308)
“唱林公精神　颂民族大义”歌曲征集活动 …………………… (308)
捐赠文物资料 …………………… (308)
移交出水文物 …………………… (308)
全省博物馆、纪念馆讲解员培训班暨“则徐杯”讲解比赛 …………………… (308)
国有文博馆所评估定级 …………………… (308)
市民道德讲坛开办 …………………… (308)
免费鉴宝活动 …………………… (308)
对外交流合作 …………………… (308)
文化交流活动 …………………… (308)
概况 …………………… (308)
两岸文化交流活动 …………………… (308)
内地文化交流活动 …………………… (309)

新闻出版 …… (309)
概况 …… (309)
出版管理 …… (309)
打击非法出版物 …… (309)
文化创意产业 …… (310)
培训与交流 …… (310)
新华书店 …… (310)
福州日报社 …… (311)
概况 …… (311)
贯彻十七届六中全会的宣传 …… (311)
迎接中共十八大和学习宣传贯彻十八大精神的宣传 …… (311)
经济建设宣传报道 …… (312)
建设马尾新城和“福州大都市区”的宣传 …… (312)
“加快建设开放文明和谐幸福的新福州”的宣传 …… (312)
开展“三服务”活动的宣传 …… (312)
加强和创新社会管理的宣传 …… (312)
重大会议和重大经贸活动的宣传 …… (313)
对台对外宣传 …… (313)
“走转改”活动 …… (313)
报业体制机制改革 …… (313)
广播电影电视 …… (314)
概况 …… (314)
新闻宣传报道 …… (314)
专业频道频率 …… (315)
广播电视文艺宣传 …… (315)
精品与品牌栏目 …… (316)
“走转改”活动 …… (316)
电影与动画 …… (316)
新媒体传播与和新技术应用 …… (316)
市场份额与创收 …… (317)
广播电视公共服务建设 …… (317)
合作与交流 …… (317)
文化生活报 …… (318)
主流媒体看福州 …… (318)
概况 …… (318)
“科学发展 成就辉煌”主题宣传报道 …… (318)
“3820”工程宣传报道 …… (318)
大开放战略主题宣传 …… (318)
“三服务”活动主题宣传 …… (319)
第十四届海峡两岸经贸交易会、第九届中国福建商品交易会宣传报道 …… (319)
“福州月·中华情”2012年央视中秋晚会宣传 …… (319)
“135”社区党建工作模式宣传报道 …… (319)
“中国鼓岭——有福之州新名片”系列活动宣传报道 …… (319)
第五届海峡两岸合唱节宣传报道 …… (320)

卫生 体育

卫生事业 …… (321)
概况 …… (321)
国家基本药物制度实施 …… (321)
新型农村合作医疗工作 …… (321)
基本公共卫生服务 …… (322)
基层医疗卫生服务 …… (322)
公立医院改革试点 …… (322)
疾病预防与控制 …… (322)
卫生监督执法 …… (322)
卫生应急 …… (322)
妇幼卫生 …… (322)
医疗服务管理 …… (323)
爱国卫生月活动 …… (323)
健康社区试点项目 …… (323)
卫生城镇卫生村创建 …… (324)
城区除“四害” …… (324)
农村改厕 …… (324)
体育事业 …… (324)
概况 …… (324)
群众体育 …… (324)
竞技体育 …… (325)
环福州·永泰国际公路自行车赛 …… (325)
体育交往 …… (325)
后备人才培养 …… (325)
体育设施建设 …… (326)

旅 游

综述 …… (327)
资源开发 …… (327)
资源规划 …… (327)
项目建设 …… (327)
景区管理 …… (327)
表50 2012年福州市A级景区名单 …… (327)
创建鼓岭省级旅游度假区 …… (328)
乡村旅游 …… (328)
“海峡旅游”品牌 …… (328)
旅游服务 …… (329)
星级饭店 …… (329)
旅行社 …… (329)
导游队伍 …… (329)
表51 福州市五星级、四星级饭店名单 …… (329)
表52 福州市金牌和AAAAA级、AAAA级旅行社名单 …… (329)
宣传营销 …… (329)
媒体宣传营销 …… (329)
“走出去、请进来”营销 …… (329)
旅游节庆活动营销 …… (330)
旅游管理 …… (330)
安全管理 …… (330)
服务质量管理 …… (330)

三坊七巷

综述 …… (331)
街区规划 …… (331)
三坊七巷规划 …… (331)
朱紫坊规划 …… (331)

南街规划 …… (331)
两山两塔两街区规划 …… (331)
上下杭、烟台山规划 …… (331)
保护修复 …… (332)
拆迁工作 …… (332)
工程建设 …… (332)
社区博物馆建设 …… (332)
世界文化遗产申报 …… (332)
朱紫坊项目 …… (332)
上下杭、烟台山项目 …… (332)
文化宣传 …… (333)
文化活动 …… (333)
宣传活动 …… (333)
旅游开发 …… (333)
旅游接待 …… (333)
创建国家AAAAA级旅游景区 …… (333)
旅游营销 …… (333)
景区服务 …… (334)
主题活动 …… (334)
鄢家花厅 …… (334)
刘齐衔故居 …… (334)
南后街展览馆 …… (334)
郎官巷二梅书屋 …… (334)
衣锦坊水榭戏台 …… (334)

社会民生

人民生活 …… (335)
概况 …… (335)
城镇居民收入 …… (335)
城镇居民消费支出 …… (335)
农村居民收入 …… (335)
农村居民消费支出 …… (335)
市场价格 …… (335)
概况 …… (335)
居民消费价格 …… (335)
工业生产者价格 …… (335)
房地产价格 …… (336)
人口和计划生育 …… (336)
概况 …… (336)
计生政策宣传 …… (336)
突破人口计生工作难点 …… (336)
"生育文明·幸福家庭"促进计划 …… (337)
计生检查 …… (337)
健全利益导向机制 …… (337)
流动人口计生服务管理 …… (337)
计生服务机构建设 …… (337)
劳动就业 …… (337)
概况 …… (337)
就业工作 …… (337)
职业培训和技工教育 …… (337)
劳动关系维权 …… (338)
社会保障 …… (338)
概括 …… (338)
养老保险 …… (338)
医疗保险 …… (338)
失业、工伤、生育保险 …… (338)
社会保障基金监管 …… (338)
民政 …… (339)
概况 …… (339)
优抚安置 …… (339)
社会救助 …… (339)
救灾工作 …… (339)
社会福利 …… (339)
基层政权和社区建设 …… (339)
老区建设 …… (340)
老龄事务 …… (340)
殡葬管理 …… (340)
婚姻、收养登记 …… (340)
区划地名管理 …… (340)
民间组织登记管理 …… (340)
边界管理 …… (340)
福利彩票销售 …… (340)

县(市)区

鼓楼区 …… (341)
概况 …… (341)
经济建设 …… (341)
城区建设与管理 …… (341)
社会事业 …… (341)
高新技术产业 …… (342)
表53 2012年鼓楼区街道(乡镇)基本情况一览 …… (343)
台江区 …… (343)
概括 …… (343)
经济建设 …… (343)
城区建设与管理 …… (344)
社会事业 …… (344)
表54 2012年台江区街道(乡镇)基本情况一览 …… (344)
仓山区 …… (345)
概况 …… (345)
经济建设 …… (345)
城乡建设与管理 …… (345)
社会事业 …… (346)
表55 2012年仓山区街道(乡镇)基本情况一览 …… (346)
晋安区 …… (347)
概况 …… (347)
经济建设 …… (347)
城乡建设与管理 …… (348)
社会事业 …… (348)
表56 2012年晋安区街道(乡镇)基本情况一览 …… (348)
马尾区 …… (349)
概况 …… (349)
经济建设 …… (349)
城乡建设与管理 …… (349)
社会事业 …… (350)

表57　2012年马尾区街道(乡镇)基本情况一览 ……… (350)
福清市 ……… (350)
概况 ……… (350)
经济建设 ……… (350)
城乡建设与管理 ……… (351)
社会事业 ……… (351)
江阴港区获批设立汽车整车进口口岸 ……… (352)
表58　2012年福清市街道(乡镇)基本情况一览 ……… (352)
长乐市 ……… (353)
概况 ……… (353)
经济建设 ……… (353)
城乡建设与管理 ……… (353)
社会事业 ……… (353)
长乐市行政服务中心投入使用 ……… (354)
表59　2012年长乐市街道(乡镇)基本情况一览 ……… (354)
闽侯县 ……… (355)
概况 ……… (355)
经济建设 ……… (355)
城乡建设 ……… (356)
社会事业 ……… (356)
闽侯上街根雕展示交易中心投入使用 ……… (356)
表60　2012年闽侯县街道(乡镇)基本情况一览 ……… (356)
连江县 ……… (357)
概况 ……… (357)
经济建设 ……… (357)
城乡建设与管理 ……… (358)
社会事业 ……… (358)
表61　2012年连江县街道(乡镇)基本情况一览 ……… (359)
闽清县 ……… (359)
概况 ……… (359)
经济建设 ……… (359)
城乡建设与管理 ……… (360)
社会事业 ……… (360)
表62　2012年闽清县街道(乡镇)基本情况一览 ……… (361)
罗源县 ……… (361)
概况 ……… (361)
经济建设 ……… (361)
城乡建设与管理 ……… (362)
社会事业 ……… (362)
港区建设 ……… (363)
表63　2012年罗源县街道(乡镇)基本情况一览 ……… (363)
永泰县 ……… (363)
概况 ……… (363)
经济建设 ……… (363)
城乡建设与管理 ……… (364)
社会事业 ……… (364)
永泰县行政服务中心建成投入运行 ……… (365)
闽江北水南调(平潭引水)工程动建 ……… (365)
首届环福州·永泰国际公路自行车赛永泰段赛事举办 ……… (365)
表64　2012年永泰县街道(乡镇)基本情况一览 ……… (365)

市委市政府调研课题(选编)

编者按 ……… (367)
老龄事业 ……… (367)
养老保障 ……… (367)
老年人权益保障 ……… (367)
社会养老服务 ……… (367)
老年社会事业服务 ……… (368)
人口老龄化趋势及特点 ……… (368)
老龄事业发展面临的主要问题 ……… (368)
高端服务业发展 ……… (368)
福州市高端服务业发展总体情况 ……… (368)
金融保险业 ……… (369)
现代物流业 ……… (369)
商贸流通业 ……… (369)
总部经济 ……… (369)
文化创意产业 ……… (369)
会展业 ……… (369)
高端服务业发展存在的问题 ……… (369)
高端服务业发展的制约因素 ……… (369)
融资性担保行业 ……… (370)
担保业发展现状 ……… (370)
担保业发展特点 ……… (370)
融资性担保行业发展存在的问题 ……… (370)
“三维”项目对接 ……… (371)
“三维”项目对接工作基本情况 ……… (371)
央企对接合作 ……… (371)
民企对接合作 ……… (371)
外企大项目对接合作 ……… (371)
出台“三维”对接扶持政策 ……… (371)
“三维”项目对接存在的问题 ……… (371)
都市现代农业发展 ……… (372)
休闲农业 ……… (372)
农业示范园区 ……… (372)
农产品基地建设 ……… (372)
农业品牌创建 ……… (372)
农业产业化经营 ……… (372)
都市现代农业发展存在的问题 ……… (372)
临港工业 ……… (373)
临港工业发展现状 ……… (373)
临港工业发展的制约因素 ……… (373)
海洋经济 ……… (373)
海洋经济基本情况 ……… (373)
科技兴海 ……… (374)
海洋经济发展存在的问题 ……… (374)
台资企业转型升级 ……… (374)
福州市台资企业发展情况 ……… (374)
台资企业转型升级存在的问题 ……… (374)
榕台会展合作 ……… (375)

会展业发展情况 …… (375)
榕台会展合作情况 …… (375)
会展业存在的主要问题 …… (375)
医疗卫生服务 …… (375)
医疗机构分布情况 …… (375)
人均医疗资源情况 …… (375)
公共卫生机构情况 …… (375)
新农村合作医疗保险 …… (376)
国家基本药物制度 …… (376)
城乡基本公共卫生服务 …… (376)
公立医院改革试点 …… (376)
卫生信息化建设 …… (376)
医疗卫生服务存在的问题 …… (376)
城乡居民收入 …… (377)
福州城乡居民收入基本情况 …… (377)
福州城乡居民收入增长面临的问题 …… (377)
表65　2011年东部地区省会城市、副省级城市居民总体收入情况表 …… (377)
争创国家创新型城市 …… (378)
争创国家创新型城市工作情况 …… (378)
争创国家创新型城市存在的问题 …… (378)

人　物

2012年在榕工作的院士 …… (380)
2012年福州市先进人物 …… (380)
福州市荣誉市民 …… (382)

福州市2012年地方法规、规章政策(选录)

地方法规 …… (383)
福州市河道采砂管理办法 …… (383)
福州市气象探测环境和设施保护规定 …… (384)
福州市物业管理若干规定 …… (385)
政府规章及政策 …… (388)
福州市人民政府令
第54号 …… (388)
福州市人民政府令
第55号 …… (392)
福州市人民政府关于加强鼓岭地区规划实施管理工作的通告
榕政〔2012〕4号 …… (396)
福州市人民政府关于第87届全国糖酒商品交易会期间加强城市管理的通告
榕政〔2012〕7号 …… (396)
福州市人民政府关于贯彻落实省政府促进工业稳定增长系列政策的实施意见
榕政〔2012〕8号 …… (397)
福州市人民政府关于扶持小微企业发展的若干意见
榕政〔2012〕9号 …… (398)
福州市人民政府关于福州长乐国际机场净空保护区的通告
榕政〔2012〕10号 …… (399)
福州市人民政府关于禁止在福建省闽江防洪工程(福州段)建设征地范围内新增建设项目和迁入人口的通告
榕政〔2012〕11号 …… (400)
福州市人民政府关于禁止在闽江水口水电站枢纽坝下水位治理工程建设征地范围内新增建设项目和迁入人口的通告
榕政〔2012〕13号 …… (400)
福州市人民政府关于贯彻《福建省学前教育三年行动计划(2011～2013年)》的实施意见
榕政综〔2012〕20号 …… (401)
福州市人民政府关于印发福州市行政服务中心和公共资源交易服务中心管理暂行办法的通知
榕政综〔2012〕34号 …… (403)
福州市人民政府关于进一步做好打击侵犯知识产权和制售假冒伪劣商品工作的意见
榕政综〔2012〕73号 …… (405)
福州市人民政府关于加快食用菌产业发展的意见
榕政综〔2012〕85号 …… (407)
福州市人民政府关于促进普通高等学校毕业生创业就业的通知
榕政综〔2012〕127号 …… (408)
福州市人民政府关于进一步加强和改进消防工作的意见
榕政综〔2012〕132号 …… (409)
福州市人民政府关于加快供销合作社改革发展的实施意见
榕政综〔2012〕134号 …… (410)
福州市人民政府关于印发《福州市城乡困难居民临时救助暂行办法》的通知
榕政综〔2012〕158号 …… (413)
福州市人民政府关于进一步加强市属国有独资企业、国有独资公司外派监事会工作的通知
榕政综〔2012〕169号 …… (414)
福州市人民政府印发关于进一步做好退役士兵安置工作的实施办法的通知
榕政综〔2012〕202号 …… (415)
福州市人民政府关于进一步加强保障性住房配租配售和管理工作的意见
榕政综〔2012〕214号 …… (418)
福州市人民政府关于印发福州市城区廉租住房管理办法的通知
榕政综〔2012〕215号 …… (420)
福州市人民政府关于印发加快推进商标发展战略若干意见的通知
榕政综〔2012〕220号 …… (423)
福州市人民政府批转市城乡规划局关于福州市既有住宅增设电梯的若干意见(暂行)的通知
榕政综〔2012〕245号 …… (424)
福州市人民政府关于加快发展茉莉花茶产业的意见
榕政综〔2012〕251号 …… (425)

福州市人民政府关于贯彻落实《福建省价格调节基金管理办法》的通知
榕政综〔2012〕276 号 …………………………………… (427)

统计资料

表 66 2012 年福州市经济社会主要指标完成情况……… (428)
表 67 全国 26 个省会城市主要经济指标 ………………… (433)
表 68 福建省及九个设区市主要经济指标………………… (440)

索 引

…………………………………………………………………… (443)

Contents

Special Issue

Learn advancement and entrepreneurship
——*CPC Fujian provincial Party committee member, Fuzhou municipal Party committee secretary Yang Yue who made the speech on the inspection meeting of municipal party committee municipal government work* ……… (1)
Government work report
——*Fuzhou city mayor Yang Yimin who made the report of the fourteenth session of the people's Congress at the second meeting on January 5, 2013* ……… (4)

Special article

Completion of the tangible things project for citizen of the municipal city hall in 2012 ……… (10)
"Five campaign" construction work of Fuzhou in 2012 ……… (15)
Count 2012 ……… (16)

Memorabilia

……… (18)

City profile

Natural resources ……… (23)
Geography ……… (23)
Resources ……… (23)
Climate ……… (24)
Table 1 The average temperature, rainfall, sunshine evaluation of Fuzhou in 2012 ……… (25)
Administrative divisions ……… (26)
General situation ……… (26)
Table 2 List of administrative divisions of Fuzhou in 2012 ……… (26)
Population ……… (27)
General situation ……… (27)
Natural flow of population ……… (27)
Mechanical flow of population ……… (27)
National economy and social development ……… (27)
General situation ……… (27)
Agriculture ……… (27)
Industry ……… (27)
Science and technology ……… (27)
Investment in fixed assets ……… (28)
Urban and rural construction ……… (28)
Trade ……… (28)
Tourism ……… (28)
Foreign economic ……… (29)
Transportation ……… (29)
Posts and telecommunications ……… (29)
Finance, security and insurance ……… (29)
Education ……… (29)
Culture ……… (30)
Health ……… (30)
Sports ……… (30)
Livelihood security ……… (30)
Environmental protection ……… (30)
Agencies and persons in charge ……… (31)

CPC Fuzhou Municipal Committee

Important meetings and activities ……… (41)
The City Commission for Discipline Inspection of the second session of the tenth plenary session ……… (41)
Fuzhou party and government delegation to do research on the Pearl River delta and the Yangtze

River delta ………………………………………… (41)
Municipal party third plenary session of the tenth ………………………………………… (41)
The commend meeting of performance management and "five campaign" ……………… (41)
Municipal party committee municipal government work inspection activities ……………………… (41)
Municipal party fourth plenary session of the tenth ………………………………………… (41)
"3820" project exhibition ……………………… (41)
The city's working great research activities ………… (42)
Municipal party fifth plenary session of the tenth ………………………………………… (42)
Important reception ……………………………… (42)
Discipline inspection and supervision ……………… (42)
General situation ……………………………… (42)
Punishment and prevention system construction …… (42)
Education and the honest cultural construction …… (42)
Risk prevention and control of a clean and honest administration ……………………………… (43)
Regulate the exercise of power ……………………… (43)
Public resources market ……………………………… (43)
Special treatment ……………………………… (43)
Cases investigated ……………………………… (43)
Industry ethos construction ……………………… (43)
Supervision and law enforcement supervision ……… (43)
Clean and honest construction of grassroots ………… (44)
Performance management ……………………………… (44)
Performance accountability ……………………… (44)
Effectiveness of complaints to handle ……………… (44)
Organizational work ……………………………… (44)
General situation ……………………………… (44)
Cadre team construction and reform ………………… (44)
Supervision and training of cadres ……………… (44)
Education and training of cadres ………………… (45)
Construction of talent team ……………………… (45)
Construction of basic party organization ………… (45)
Construction of party member team ……………… (45)
Propaganda work ……………………………… (45)
General situation ……………………………… (45)
Theoretical work ……………………………… (45)
Propaganda with news ……………………………… (46)
Cultural projects that benefit the people ………… (46)
Mindu culture ……………………………… (46)
The reform of cultural system ……………………… (46)
Cultural and creative industries ………………… (46)
Cultural exchange between Fuzhou and Taiwan …… (46)
The United Front Work ……………………………… (47)
General situation ……………………………… (47)
The multi – party cooperation and political consultation ……………………………… (47)
The work of non – public ownership economy ……… (47)
Return back to mainland project ………………… (47)
"Spring breeze, Spring rain, Luster" activity ……… (47)
Recognition of the community donated public welfare ……………………………… (48)
Ethnic and religious ……………………………… (48)
Solidarity work ……………………………… (48)
The construction of non – party representative team ……………………………… (48)
The construction of spiritual civilization ………… (48)
General situation ……………………………… (48)
The activity of founding a civilized city ………… (48)
The quality of citizens' morality construction ……… (49)
Social service activities of the volunteer ………… (49)
Rural spiritual civilization construction ………… (49)
Ideological and moral construction of minors ……… (49)
Create activity of the grassroots ………………… (49)
The authority of the party's work ……………… (50)
General situation ……………………………… (50)
Construction of basic organization ………………… (50)
Excel in the performances ………………………… (50)
Brand of party building construction ……………… (50)
Learning type party organization construction ……… (50)
Construction of incorruptible culture …………… (50)
Style construction ……………………………… (51)
"Moral pulpit" construction ……………………… (51)
Volunteer service activities of party members ……… (51)
The mass organization work ……………………… (51)
The petition work ……………………………… (51)
General situation ……………………………… (51)
Flow the petition demand channel ……………… (52)
Resolving the petition problem ………………… (52)
The leadership of operational activities ………… (52)
Maintaining the order of petition problem ……… (52)
Explore the mass work taking on the working mechanism of the petition work ……………… (52)
Veteran cadre work ……………………………… (52)

General situation .... (52)
Implement the political treatment .... (52)
Protection treatment of life .... (52)
Enrich cultural life .... (53)
Propaganda activity of excel in the performances of veteran cadre .... (53)
Attach importance to the old cadre role .... (53)
Inspection of implementation of the policy of veteran cadre work .... (53)
The construction of learning activities .... (53)
Daily service management .... (53)
The work of Party School .... (53)
General situation .... (53)
Teaching work .... (53)
Scientific research work .... (54)
Team construction .... (54)
Policy research .... (54)
General situation .... (54)
Research topics .... (54)
Research achievements .... (54)
Policy decision information service .... (54)
Document service work .... (54)
Confidential work .... (54)
General situation .... (54)
Confidentiality management .... (55)
Technology protection .... (55)
Supervision and inspection .... (55)
Publicity and education .... (55)
Party history research .... (55)
General situation .... (55)
Monographic study .... (55)
Celebrate the 18th National Congress of the Communist Party of China series of activities .... (56)
"Shen Su" work forum of history of the party branch of Fuzhou and Ningde .... (56)
Revolutionary site survey .... (56)
Party history Publications .... (56)
In the village to help the work .... (56)
Archives work .... (56)
General situation .... (56)
Standardized management of archives .... (56)
The development and utilization of archives .... (57)
Government information public archives .... (57)
Archives informatization .... (57)
New rural archives work .... (57)
The archives construction .... (57)
Nationalities and religious .... (58)
General situation .... (58)
Minority rural development .... (58)
National unity and progress to create work .... (58)
Religious affairs .... (58)
Policies and regulations propaganda education .... (58)
Religious and cultural exchange between Fuzhou and Taiwan .... (58)

People's Congress

Summary .... (59)
Important meeting .... (59)
The city fourteen sessions of the first of the NPC .... (59)
The fourteenth NPC Standing Committee meeting .... (59)
Local legislation .... (60)
River sand mining management approach of Fuzhou .... (60)
Several provisions on property management of Fuzhou .... (60)
Meteorological environment and facilities protection provisions of Fuzhou .... (60)
The title of honorary citizen award regulations of Fuzhou .... (60)
Supervision work .... (61)
Thematic inquiry .... (61)
Carry out the "Fuzhou Standing Committee on strengthening local taxes safeguards decision" checks .... (61)
Carry out the "Fuzhou city water management approach" law enforcement inspection .... (61)
Carry out the "Fujian Provincial Tourism Ordinance" law enforcement inspection .... (61)
To hear and deliberate the report on 2012 first half of the national economy and social development plan for the implementation from the city hall .... (61)
To hear and deliberate the report on the implementation of the budget from the city hall .... (62)
To hear and deliberate the municipal people's

government on the 2011 first municipal budget implementation and other financial revenue and expenditure audit report on the work ……………(62)
To hear and deliberate the municipal people's government report on the work of Marine Environmental Protection ………………………………(62)
To hear and deliberate the municipal people's government report of the work of community corrections ……………………………………………(62)
To hear and deliberate the municipal people's government on the construction of public cultural service system status report ……………………(62)
To hear and deliberate the municipal people's government on road traffic management report on the work ……………………………………(62)
To hear and deliberate the municipal people's government on urban road construction and management of the report ……………………………(63)
To hear and deliberate Municipal Intermediate People's Court on the improvement of mediation, to promote social management innovation of the report ……………………………………………(63)
To hear and deliberate Municipal People's Procuratorate on punishment and prevention of job – related crimes of the report …………………(63)
Review of public security work of police station (frontier) ……………………………………(63)
Other supervisory work ……………………………(63)
Representative work ……………………………(63)
Motion handling ……………………………………(63)
Handling representative's suggestion ………………(64)
Security representative to perform their duties according to law ……………………………………(64)
Specification on behalf of the working mechanism ……………………………………………(64)
Research publicity ……………………………………(64)
Research work ………………………………………(64)
Propaganda work ……………………………………(64)
Personnel appointments and removals …………………(64)
Table 3 The situation about deputy leader of above who's appointments and removals in Fuzhou in 2012 ……………………………(64)
Table 4 Standing Committee work agency heads appointments and dismissals in Fuzhou in 2012 ……………………………………(65)
Table 5 Fuzhou Hall branch of function of leading personnel list in 2012 ……………(65)

People's Government

Important meetings and activities ……………………(67)
City hall meeting ……………………………………(67)
Signed the "Fuzhou, Putian, Ningde city development framework agreement" ……………………………(68)
The establishment of the first national literary creation base of Three Alleys and Seven Lanes ……………(68)
The municipal government and the Fujian Marine Fisheries Office signed a strategic cooperation framework agreement ……………………………(69)
Held the 14th cross – strait economic and trade fair, the 9th China commodities fair of Fujian publicity ……………………………………………(69)
Held the 10th China Straits Technology and Projects Fair in Fuzhou special signing ceremony …………(69)
Held the 2012 Strait (Fuzhou) Fishery week and the 7th Strait (Fuzhou) Fishery Expo ……………(69)
First venture capitalist Fuzhou Forum ………………(69)
Fujian and Taiwan (Fuzhou) Blue Economy Industrial Park started ……………………………(70)
"Fuzhou moon · China Love" 2012 CCTV Mid – Autumn evening ……………………………(70)
World jasmine tea culture Kuliang forum in 2012 ……………………………………………(70)
Held the 87th national sugar and alcoholic commodities fair ……………………………………(70)
Fuzhou "3820" Project 20th anniversary exhibition opening ……………………………………(70)
Ring Fuzhou and Yongtai international road cycling race in 2012 ……………………………(70)
China (Fuzhou) smart city summit forum …………(71)
Government supervision ……………………………(71)
General situation ……………………………………(71)
Comprehensive supervision work ……………………(71)
Leading contracting out parts inspection ……………(71)
The NPC, CPPCC proposals and suggestions ………(71)
Completion of key projects ……………………………(71)
General situation ……………………………………(71)
Traffic projects ………………………………………(71)

Energy projects ············ (71)
City construction projects ············ (72)
Industrial projects ············ (72)
Business projects ············ (72)
Tourism culture projects ············ (72)
The people's livelihood projects ············ (72)
The disclosure of government information ············ (72)
General situation ············ (72)
The key to promote the eight field information ············ (72)
The government's public management related information ············ (73)
Government policy making process and implementation of information disclosure ············ (74)
Public enterprises information public ············ (74)
The disclosure of government information upon application ············ (74)
Disclosure channel construction ············ (74)
"Fuzhou release" government microblogging group opened ············ (74)
Administrative service center construction ············ (74)
General situation ············ (74)
Intellectualized service ············ (74)
Standardized service ············ (75)
Simplify examination and approval matters and process ············ (75)
Administrative examination and approval service coordination mechanism ············ (75)
Implementation of the parallel approval ············ (75)
Cities and counties for examination and approval of linkage ············ (75)
Supervisory and surveillance ············ (75)
Government legal system ············ (75)
General situation ············ (75)
Organizational leadership ············ (76)
Decentralization and strong expansion area (county and city) ············ (76)
Administrative decision - making ············ (76)
Legislation ············ (76)
Administrative reconsideration ············ (76)
Supervision of administrative law enforcement ············ (76)
Normative documents filing and review ············ (76)
Office management ············ (76)
General situation ············ (76)
Financial management ············ (76)
Official house management ············ (76)
Official vehicles management ············ (77)
Public agencies energy conservation management ············ (77)
Government procurement work ············ (77)
Logistics support and services ············ (77)
Organization ············ (77)
General situation ············ (77)
Local government reform ············ (77)
Institution reform ············ (77)
Industry system reform ············ (77)
Administration of establishment staffing ············ (77)
Name system management of agency and staffing ············ (77)
Registration and management of institutions ············ (78)
Institution establishment deployment ············ (78)
Economic and livelihood development agencies compiled resource allocation ············ (78)
Personnel and Talent ············ (78)
General situation ············ (78)
Talent gathering area construction of Fuzhou ············ (78)
Civil servant management ············ (79)
Professional and technical personnel management ············ (79)
The personnel management of public institutions ············ (80)
The wage and income distribution system reform ············ (80)
Personnel in public service ············ (80)
Demobilized cadres arrangement ············ (80)
Employment of college graduates ············ (80)
Workers position assessment and training ············ (80)
Talent agency management and personnel dispute arbitration ············ (80)
Retired cadre management services ············ (80)
The development of research work ············ (80)
General situation ············ (80)
Key research topics ············ (80)
Policy advisory services ············ (80)
Local chronicles work ············ (81)
General situation ············ (81)
The second round compilation of local history ············ (81)
County (city) and district chronicles guidance ············ (81)
The compilation of Fuzhou Yearbook ············ (81)
Fuzhou network construction ············ (81)
Local Chronicles seminar ············ (81)
Thesis seminar ············ (81)

Professional training and communication …………… (82)
Fuzhou's Beijing liaison office …………………………… (82)
General situation …………………………………………… (82)
Projects and investment work ………………………… (82)
Petition holding and stability work ………………… (82)
The official reception work …………………………… (82)
Fuzhou's Shanghai office ………………………………… (82)
General situation …………………………………………… (82)
Investment work ……………………………………………… (82)
Service Fuzhou native enterprises in Shanghai ……… (82)
Reception work ……………………………………………… (82)
Fuzhou's Shenzhen (Guangzhou) office …………… (83)
General situation …………………………………………… (83)
Investment promotion work …………………………… (83)
Chamber of commerce work …………………………… (83)
Reception work ……………………………………………… (83)
Information work …………………………………………… (83)

Political consultation

Summary …………………………………………………… (84)
Important meetings ……………………………………… (84)
The twelfth CPPCC Fuzhou Municipal Committee at its first session …………………………………………… (84)
The twelfth CPPCC standing committee of Fuzhou …………………………………………… (84)
Main work …………………………………………………… (85)
Proposal work ………………………………………………… (85)
Consultation work ………………………………………… (85)
Democratic supervision ………………………………… (85)
Inspects survey ……………………………………………… (85)
Committee member work ……………………………… (86)
Information of literature and history ……………… (86)
Communication and fellowship ……………………… (86)

The democratic parties and the association of industry and commerce

The RCCK Fuzhou Committee ………………………… (87)
General situation …………………………………………… (87)
Participation in politics ………………………………… (87)
Political study ……………………………………………… (87)
Organization construction …………………………… (87)
Service Fuzhou and Taiwan exchanges ……………… (87)
Social service ………………………………………………… (88)
The NLD Fuzhou Committee …………………………… (88)
General situation …………………………………………… (88)
Participation in politics ………………………………… (88)
Political study ……………………………………………… (88)
Organization construction …………………………… (88)
Social service ………………………………………………… (88)
The Agriculture – industrial party Fuzhou Commission …………………………………………… (89)
General situation …………………………………………… (89)
Participation in politics ………………………………… (89)
Political study ……………………………………………… (89)
Organization construction …………………………… (89)
Social service ………………………………………………… (89)
The CDNCA Fuzhou Committee ………………………… (90)
General situation …………………………………………… (90)
Participation in politics ………………………………… (90)
Political study ……………………………………………… (90)
Organization construction …………………………… (90)
Social service ………………………………………………… (90)
China Zhi Gong Dang Fuzhou Commission ………… (91)
General situation …………………………………………… (91)
Participation in politics ………………………………… (91)
Political study ……………………………………………… (91)
Organization construction …………………………… (91)
The mark of the 30th anniversary of the founding of the China Zhi Gong Dang Fuzhou Commission …………………………………………… (92)
Overseas fellowship ……………………………………… (92)
Social service ………………………………………………… (92)
TSL Fuzhou Committee ………………………………… (92)
General situation …………………………………………… (92)
Participation in politics ………………………………… (92)
Political study ……………………………………………… (92)
Organization construction …………………………… (92)
Service Fuzhou and Taiwan exchanges ……………… (92)
Social service ………………………………………………… (92)
Jiu San Society Fuzhou Committee ………………… (92)
General situation …………………………………………… (92)
Participation in politics ………………………………… (92)
Political study ……………………………………………… (93)
Organization construction …………………………… (93)
Social service ………………………………………………… (93)
Fuzhou Committee of the China Association

for Promoting Democracy ······ (94)
General situation ······ (94)
Participation in politics ······ (94)
Political study ······ (94)
Organization construction ······ (94)
Social service ······ (94)
Federation of industry and commerce of Fuzhou ······ (95)
General situation ······ (95)
Participation in politics ······ (95)
Returning work ······ (95)
Standardize management of the chamber of commerce ······ (98)
Membership service ······ (95)
Social service ······ (95)

Social organizations

Federation of trade unions of Fuzhou ······ (96)
General situation ······ (96)
Workers skills competition ······ (96)
Workers technological innovation ······ (96)
Workers quality education ······ (96)
Safeguarding the rights and interests of workers ······ (96)
Workers helping Service ······ (97)
Trade union organization construction ······ (97)
Communist youth league of Fuzhou committee ······ (97)
General situation ······ (97)
Fuzhou 17th congress of the communist youth league ······ (97)
The service for economic society development ······ (97)
Youth ideological and moral education ······ (98)
Youth employment and entrepreneurship services ······ (98)
Safeguard the rights and interests of youth ······ (98)
Communist youth league organization construction ······ (98)
Women's Federation of Fuzhou ······ (98)
General situation ······ (98)
New "two outlines" implementation ······ (98)
Entrepreneurship and employment services ······ (98)
Participation in the construction of Harmonious Society ······ (99)
Family education propaganda activities ······ (99)
Safeguard the rights and interests of women and children ······ (99)
Help children in special difficulties ······ (99)
Grassroots organization construction ······ (99)
Federation of literary and art circles of Fuzhou ······ (99)
General situation ······ (99)
Cultural brand building ······ (100)
High – quality art award ······ (100)
Characteristics of literary activities ······ (100)
Culture for the benefit of people activities ······ (100)
Cultural exchange activities ······ (100)
Federation of social sciences of Fuzhou ······ (100)
General situation ······ (100)
The symposium of the spirit of the 18th congress of CCP ······ (100)
Academic activities ······ (100)
Cultural activities ······ (101)
Social science popularization ······ (101)
Social science excellent achievement awards launch ······ (101)
Association for science and technology of Fuzhou ······ (101)
General situation ······ (101)
Enterprise science and technology affair ······ (101)
Talent resource work ······ (101)
Activities to popularize scientific knowledge ······ (102)
Scientific popularization benefiting rural area ······ (102)
A good activities to scientific popularization ······ (102)
Scientific equipment construction ······ (102)
Academic activities ······ (102)
Teenage science and technology activities ······ (103)
Scientific and technological exchange between Fuzhou and Taiwan ······ (103)
Red Cross of Fuzhou ······ (103)
General situation ······ (103)
Convene the 12th the member representative assembly ······ (103)
Assistance in helping ······ (103)
"Three offer" work ······ (103)
Endowment drives ······ (103)
Community the service of the Red Cross ······ (104)
"5 · 8" the world Red Cross day activities ······ (104)
Emergency rescue training ······ (104)
Volunteer service ······ (104)
External exchange ······ (104)

Federation of the disabled of Fuzhou ……………… (104)
General situation …………………………………… (104)
Disabled helping project …………………………… (104)
Rehabilitation work ………………………………… (104)
Employment ………………………………………… (105)
Help the poor student ……………………………… (105)
The living environment improvement ……………… (105)
Rights protection work ……………………………… (105)
Publicity and sports activities ……………………… (105)
Federation of returned overseas Chinese of Fuzhou …………………………………………… (106)
General situation …………………………………… (106)
The introduction of overseas project ……………… (106)
Guided returned overseas Chinese to participate in public welfare undertakings ………………… (106)
Maintenance of overseas Chinese interests ………… (106)
Contact friendship ………………………………… (106)
The activity of 60th anniversary of the federation of Fuzhou ………………………………………… (107)
Federation of grassroots organizations …………… (107)
Federation of Taiwan compatriots of Fuzhou ……… (107)
General situation …………………………………… (107)
Fuzhou and Taiwan exchanges …………………… (107)
Taiwan compatriots in politics …………………… (107)
Rights and interests of Taiwan compatriots to maintain ………………………………………… (107)
Taiwan compatriots fellowship …………………… (107)
Association of individual workers association of private enterprise of Fuzhou ………………… (107)
General situation …………………………………… (107)
Service labor demand of enterprise ……………… (107)
Service trade development and banks and enterprises docking ……………………………… (107)
Services business year - inspection ……………… (108)
Expanding services ………………………………… (108)
The work of party building ………………………… (108)
Fuzhou consumer protection committee …………… (108)
General situation …………………………………… (108)
"3 · 15" Consumer Rights Day activities ………… (108)
Social supervision and inspection ………………… (108)
Preserves the quality of random inspection ……… (109)
Consumer education guide ………………………… (109)
Price adjustment hearing ………………………… (109)
Case examples ……………………………………… (109)

Foreign affairs, Hong Kong and Macao Affairs

Foreign affairs ……………………………………… (110)
General situation …………………………………… (110)
Ministerial delegations visit Fuzhou ……………… (110)
Economic and trade delegations visit Fuzhou ……… (110)
Cultural and educational exchanges ……………… (111)
City leaders visiting activities …………………… (111)
Services Trade Fair ………………………………… (112)
The title of the honorary citizen of the city award ……………………………………… (112)
Accession to the World Organization of United Cities and Local Governments …………… (112)
Kuliang series of activities ……………………… (112)
Gift saplings to the sister city Georgetown ……… (113)
Dispatch trainees ………………………………… (113)
Foreign affairs …………………………………… (113)
Public travel abroad management ………………… (113)
Overseas intelligence introduction ……………… (113)
Helping overseas Chinese enterprises …………… (113)
Overseas Chinese friendship project ……………… (113)
Communities' overseas Chinese affairs …………… (113)
Overseas Chinese legal publicity ………………… (114)
Maintenance of returned overseas and their family's interests ……………………………… (114)
Overseas Chinese farm work ……………………… (114)
Overseas Chinese donate to set up public welfare undertakings ……………………………………… (114)
Hong Kong and Macao affairs ……………………… (114)
General situation …………………………………… (114)
Exchanges and cooperation ……………………… (114)
Taiwan affairs ………………………………………… (114)
General situation …………………………………… (114)
Economic and trade cooperation ………………… (115)
The construction of "Base for cross - strait exchanges" ………………………………………… (115)
Participation in activities Fuzhou Strait Forum …… (115)
The clan and the folk custom exchange …………… (115)
Exchanges and cooperation in education and health ……………………………………………… (115)
Youth exchange …………………………………… (115)
Fuzhou and Taiwan direct flights ………………… (115)

Media communication and cooperation ··············· (116)
Service Taiwanese ······································ (116)

Politics and law

Politics and Law Committee ······························ (117)
General situation ··· (117)
Social management ······································ (117)
Comprehensive management of public security and stable maintenance ······························ (117)
Safe construction ·· (118)
Trial ··· (119)
General situation ··· (119)
Criminal trial ··· (119)
Civil and Commercial Matters trial ···················· (119)
Administrative trial ······································ (119)
Execution of work ······································· (119)
Trial supervision ·· (119)
Mediation work ·· (119)
Petition letter work ····································· (119)
Judicial service ··· (120)
Comprehensive management of public security ······ (120)
Smooth channels of supervision ······················ (120)
Team construction ······································ (120)
Prosecution ·· (121)
General situation ·· (121)
Criminal prosecution ··································· (121)
Duty crime investigation and prevention ·············· (121)
Legal supervision ······································· (122)
Smooth channels of supervision ······················ (122)
Team construction ······································ (122)
Police ·· (123)
General situation ·· (123)
"Three types of visiting and review" ················· (123)
Criminal investigation ································· (123)
Ten major criminal cases ····························· (123)
Economic crime investigation ························ (124)
Examples of economic crime cases ··················· (124)
Drug control work ······································ (125)
Social security administration ························ (125)
Police work ··· (125)
Community policing ··································· (126)
Entry－Exit Management ····························· (126)
Network security monitoring ························ (127)
Security work ·· (127)
Road traffic management ····························· (127)
Major traffic accident cases ·························· (128)
Fire protection work ·································· (128)
Major fire cases ······································· (128)
Border management ·································· (128)
Forest Public Security ································ (129)
"110" Command Center ······························ (129)
Prison management ··································· (129)
Public security legal system ························· (129)
The construction of public security science and technology information ······························ (130)
Team construction ···································· (130)
Judicature ··· (130)
General situation ······································ (130)
The people's mediation ······························ (131)
Community correction ································ (131)
Placement assistance and education ················ (131)
Medical dispute mediation disposal ················ (131)
Law popularization according to law ··············· (131)
Lawyers work ··· (131)
Notarial work ··· (132)
Legal aid ·· (132)
Judicial identification ································ (132)
National judicial examination ······················· (132)

National defense construction

Recruitment ··· (133)
General situation ······································ (133)
Conscription propaganda ···························· (133)
The implementation of the clean conscription mechanism ·· (133)
Militia ··· (133)
General situation ······································ (133)
Militia construction ·································· (133)
Political work of the militia ························· (133)
Militia training ·· (134)
Militia and reserve "eight staffs" work ············· (134)
National defense mobilization ···························· (134)
General situation ······································ (134)
National defense education propaganda ············ (134)
Information technology construction of the national defense mobilization ······························· (134)

Potential survey of the national defense mobilization ······ (135)
The double – support construction ······ (135)
General situation ······ (135)
Support the armed forces and support the frontline ······ (135)
Preferential support military families ······ (135)
Building a civilization together ······ (135)
Emergency rescue and disaster relief ······ (136)
People's air defense ······ (136)
General situation ······ (136)
Civil air defense education ······ (136)
Civil air defense engineering construction ······ (136)
Command communication construction ······ (136)
Civil air defense law construction ······ (136)
Armed police ······ (136)
General situation ······ (136)
Ideological and political construction ······ (137)
Grassroots unit construction ······ (137)
On the disposal of unexpected events ······ (137)
Four anti – integration construction ······ (138)
Logistic support ······ (138)

Comprehensive economic management

Macroeconomic management ······ (139)
General situation ······ (139)
Policy research ······ (139)
Planning formulation ······ (139)
Project of "Five big battle" ······ (139)
Urban mass transit and railway project ······ (140)
Major industrial projects ······ (140)
Promoting the transformation of project results and docking ······ (140)
Structural reform ······ (140)
Monitoring and coordination of economic operation ······ (141)
Statistics and surveys ······ (141)
General situation ······ (141)
General investigation and special investigation ······ (141)
Conventional survey ······ (142)
Investigation service ······ (143)
Carry out "enterprises set table" reform ······ (143)
Statistical legal construction ······ (143)
Industrial and commercial administration ······ (143)
General situation ······ (143)
Promoting industrial transformation and upgrading ······ (143)
Brand cultivation and protection ······ (144)
Business registration ······ (144)
Promote the communication of Fuzhou and Taiwan ······ (144)
Market supervision and law enforcement ······ (145)
Consumer rights protection ······ (145)
The state – owned assets supervision and management ······ (146)
General situation ······ (146)
The performance supervision of the state – owned assets ······ (146)
Reform and development of state – owned enterprises ······ (146)
The operation of state – owned capital ······ (147)
Price management ······ (147)
General situation ······ (147)
The overall price level regulation ······ (147)
Commodity price reform and supervision ······ (147)
Non commodity price supervision ······ (148)
Table 6 Table of reference to the implementation of residential electricity prices of Fujian ······ (148)
Table 7 Table of reference to the implementation of residential electricity peak and valley time prices of Fujian ······ (148)
Table 8 Table of statement of changes in oil prices in Fujian in 2012 ······ (148)
Table 9 Temporarily detain a motor vehicle parking service charges ······ (148)
Price supervision and inspection ······ (149)
Price service ······ (149)
Drugs and medical devices management ······ (149)
General situation ······ (149)
Drugs and medical devices production supervision ······ (149)
Drugs and medical devices circulation supervision ······ (150)
Health food and cosmetics supervision ······ (150)
Quality and technical supervision ······ (151)
General situation ······ (151)

Quality certification …… (151)
Laboratory management …… (151)
Table 10 Award for product quality, Fuzhou List in 2012 …… (151)
Measurement management …… (153)
Standardized management …… (153)
Food safety regulation …… (153)
Product quality supervision …… (153)
The management of special equipment …… (153)

Production safety management …… (154)
General situation …… (154)
Safety work deployment …… (154)
Standardization of production safety …… (154)
Comprehensive improvement of road traffic safety …… (154)
Key industries (sectors) special rectification …… (154)
"Crack down on illegal administrative regulations" special action …… (155)
Emergency rescue ability construction …… (155)

Audit …… (155)
General situation …… (155)
Audit of social security funds …… (155)
Rural school restructuring audits investigation …… (156)
Revenue and expenditure audit …… (156)
Government investment audit …… (156)
The people's livelihood capital audit …… (156)
Economic responsibility audit …… (156)
Corporate finance audit …… (156)
Audit corrective check …… (156)
Audit information gathering …… (157)
Audit informatization construction …… (157)
Internal audit …… (157)

Finance and tax

Finance …… (158)
General situation …… (158)
Promote the development of the economic transformation …… (158)
Support the happiness of the people's livelihood project …… (158)
Promote the development of social undertakings …… (159)
Optimize the living environment …… (159)
Promote the reform of fiscal management …… (159)

State Taxation …… (160)
General situation …… (160)
Legal construction …… (160)
Tax administration …… (160)
Goods services tax …… (161)
Corporate income tax …… (161)
International taxation …… (161)
Export tax rebates …… (161)
Tax service …… (161)

Local Taxation …… (161)
General situation …… (161)
Administration according to law …… (162)
Business tax collection and management …… (162)
The collection of enterprise income tax …… (162)
Personal income tax collection and management …… (162)
Property tax collection and management …… (162)
International tax management …… (163)
Fee collection …… (163)
Professional tax collection and administration …… (163)
Tax service …… (163)

Rural economy

The construction of New Countryside …… (164)
General situation …… (164)
Strong agricultural benefits of agricultural policy …… (164)
The marsh gas construction in rural areas …… (164)
The village of financial supervision and management …… (164)
Agricultural products quality and safety supervision …… (164)

Agricultural industrial leading enterprise …… (165)
General situation …… (165)
Leisure agriculture …… (165)

Agricultural science and technology service and training …… (165)
General situation …… (165)
Agricultural science and technology projects …… (165)
Agricultural science and technology service …… (165)
Agricultural science and technology training …… (165)
Home project of "Five new" technology …… (165)

Planting …… (166)
General situation …… (166)
Food production …… (166)
Economic crops …… (166)
Prevention and control of plant diseases and insect pests …… (167)
Forestry …… (167)
General situation …… (167)
The reform of collective forest right system …… (167)
Afforestation …… (167)
The protection of forest resources …… (167)
Forestry industry …… (167)
Forestry science and technology …… (167)
World Wetlands Day campaign …… (167)
Animal husbandry …… (168)
General situation …… (168)
Prevention and control of major animal diseases …… (168)
Ocean and fishery …… (168)
General situation …… (168)
Integrated marine management …… (168)
The protection of the marine environment …… (168)
Aquaculture …… (169)
Aquatic product processing …… (169)
Pelagic fishery …… (169)
Fisheries regulation …… (170)
Fishery management policy …… (170)
Fisheries developing by science and technology …… (170)
Comprehensive law enforcement …… (170)
Strait fishery week …… (171)
Water conservancy …… (171)
General situation …… (171)
Construction of water conservancy project …… (171)
Water administration work …… (171)
Flood and drought control …… (171)
General situation …… (171)
Flood and typhoon control …… (171)
Larger typhoons and floods …… (172)

Industry

Summary …… (173)
Mechanical metallurgy …… (174)
General situation …… (174)
Metal manufacturing …… (174)
Equipment manufacturing …… (174)
Automobile manufacturing …… (174)
Electrical machinery and equipment manufacturing …… (174)
Metallurgical industry …… (175)
Architectural material industry …… (175)
Electric power industry …… (175)
General situation …… (175)
Electric power supply …… (175)
Power network construction …… (175)
Construction of new rural electrification …… (175)
Technological innovation …… (175)
Safety production …… (175)
Customer service …… (176)
Medicine and chemical industry …… (176)
General situation …… (176)
Policy support …… (176)
Construction of key projects …… (177)
Relocation and transformation …… (176)
Safety production …… (177)
Electronic information industry …… (177)
General situation …… (177)
Table 11 The electronic information products that won the "2012 Fuzhou city product quality award" …… (177)
Construction of key projects …… (177)
Enterprise awards …… (177)
Transformation and upgrading of FPD …… (177)
KKPOS output growth …… (177)
Enterprises listing and financing …… (177)
Triple play pilot …… (177)
Mobile internet products …… (178)
Software industry and products …… (178)
Cloud - computing industry …… (178)
Animation game industry …… (178)
IOT industry …… (178)
Plastics textile industry …… (178)
General situation …… (178)
Textile industry …… (178)
Food processing industry …… (178)
Plastic products industry …… (178)
Footwear and leather products industry …… (179)
Furniture manufacturing …… (179)

Technical reconstruction ………… (179)
Industrial art ………… (179)
General situation ………… (179)
Heritage and innovation of the industrial art ………… (179)
Exhibition events ………… (180)
Propaganda and communication ………… (180)
Industry management ………… (180)

City construction and management

Urban and rural planning ………… (181)
General situation ………… (181)
Key plan drawing up ………… (181)
Planning management ………… (181)
Planning monitoring ………… (182)
Land and resources management ………… (182)
General situation ………… (182)
Land use planning ………… (182)
Land consolidation reclamation development ………… (182)
Update of datum land price ………… (183)
Intensive land economical utilization evaluation results update state - level development zone ………… (183)
Cadastral management ………… (183)
Registration and certification of the rural collective land ownership counterpoising truly ………… (183)
Compensation for land acquisition ………… (183)
Geological disaster prevention and control ………… (183)
Management of mineral resources ………… (183)
Law enforcement supervision ………… (184)
Administrative approval ………… (184)
Urban geological survey ………… (184)
Geographic space frame construction of digital city ………… (184)
"One map" project ………… (184)
Municipal construction ………… (184)
General situation ………… (184)
City road and bridge construction ………… (184)
Municipal maintenance ………… (185)
The foundation of "Digital city administration" ………… (185)
Inland river regulation ………… (185)
Construction projects on behalf of social welfare ………… (185)
City landscape construction ………… (185)
Pilot reform of small towns and villages ………… (185)
"Urban construction campaign" and "Point - line - area" environmental management ………… (185)
Water supply ………… (185)
Power supply ………… (186)
Gas supply ………… (186)
Sewage treatment ………… (186)
Protection and utilization of hot spring ………… (186)
Landscaping ………… (186)
General situation ………… (186)
Street greening ………… (186)
Park scenic area construction ………… (187)
Landscape management ………… (187)
City appearance administration and law enforcement ………… (187)
General situation ………… (187)
Construction of system and regulations ………… (188)
Comprehensive urban environmental improvement ………… (188)
Environmental sanitation management ………… (188)
The harmless disposal of domestic garbage ………… (189)
Construction waste residue in management ………… (189)
Construction of environmental sanitation facilities ………… (189)
Administrative examination and approval ………… (189)
Administrative punishment ………… (189)

Environmental protection

Summary ………… (190)
Quality of environment ………… (190)
Atmosphere environment ………… (190)
Water environment ………… (190)
Acoustics environment ………… (191)
Ecological environment ………… (191)
Table 12 Water quality standard of three rivers of Fuzhou city in 2012 ………… (191)
Monitoring of environment ………… (191)
Special environmental protection activities ………… (191)
Emission reduction of pollution ………… (192)
Comprehensive administration for water environment ………… (192)
Solid waste management ………… (192)
Motor vehicles tail gas management ………… (192)

Environmental safety emergency system construction ………………………… (192)
Environmental monitoring and research ………… (192)
Environmental monitoring ………………………… (192)
Informationization construction of environmental protection ………………………… (193)
Environmental protection research ……………… (193)
Environmental protection advertising and environmental letters and visits ………………… (193)
Advertising and education of environmental protection ………………………… (193)
Environmental letters and visits ………………… (193)

Construction and real estate

Construction management ………………………… (194)
General situation ………………………… (194)
Administrative approval ………………………… (194)
Construction market supervision ……………… (194)
Engineering safety supervision ………………… (194)
Engineering quality supervision ……………… (195)
Survey and design supervision ………………… (195)
Renewable energy promotion ………………… (195)
Commercial concrete promotion and new wall materials supervision ………………… (195)
Cost quota making ………………………… (195)
The management of urban construction archives ………………………… (195)
Real estate management ………………………… (195)
General situation ………………………… (195)
Market management ………………………… (196)
Housing security ………………………… (196)
Table 13 The table of Fuzhou low－income housing project construction progress in 2012 The collection and use of housing accumulation fund ………………… (196)
House acquisition compensation ……………… (197)
Property management ………………………… (198)
Table 14 The table of Fuzhou real estate transaction in 2012 ………………………… (198)
To solve historical bequeath problem of certificates handling ………………………… (198)
The real estate market information system construction ………………………… (198)

Transportation

Road construction and maintenance ………………… (199)
General situation ………………………… (199)
Key projects construction ………………………… (199)
Southeast section of Ring Expressway ………… (199)
Countryside road construction ………………… (199)
Management and maintenance ………………… (200)
Road management ………………………… (200)
Road transportation and city transportation ……… (200)
General situation ………………………… (200)
Table 15 Enterprise scale incentive standards …… (200)
Table 16 Tractor subsidy standards ……………… (200)
Table 17 Trailer subsidy standards ……………… (200)
Passenger transport market management ………… (200)
Freight transport market management …………… (200)
City cab management ………………………… (201)
Motor vehicle repair ………………………… (201)
Personal training for transportation and driver occupation ………………………… (201)
Public transport ………………………… (201)
Railway ………………………… (201)
General situation ………………………… (201)
Fuzhou locomotives locomotive walking 7014. 4 million kilometers ………………… (201)
Construction of Fuzhou railway hub renewal project ………………………… (202)
Subway ………………………… (202)
General situation ………………………… (202)
Fuzhou city metro co. , LTD ………………… (202)
Urban rail planning ………………………… (202)
Construction of metro line 1 ………………… (203)
Waterway ………………………… (203)
General situation ………………………… (203)
Minjiang River tourism ………………………… (203)
Aquatic traffic safety ………………………… (203)
Waterway transportation industry management …… (204)
Crew training and registration ………………… (204)
Port ………………………… (204)
General situation ………………………… (204)
Integration and editing for " Overall planning of port of Fuzhou" ………………………… (204)
Port construction ………………………… (204)

Construction of the port logistics system ·············· (204)
Port transportation to Taiwan ························· (205)
Port safety production supervision ···················· (205)
Port propaganda ······································· (205)
Airport ··· (205)
General situation ······································ (205)
Air transportation ···································· (205)
Aviation safety ······································· (205)
Aviation service ······································· (205)
Construction of infrastructural facilities ············· (206)

Postal communication and infomationization construction

Postal service ·· (207)
General situation ······································ (207)
Business management ··································· (207)
Branch construction ··································· (207)
Convenience service station ························· (207)
Customer management and service ···················· (207)
Specialization reform ································· (207)
Fuzhou branch of China Telecom Corporation Limited ····································· (207)
General situation ······································ (207)
Communication service ································ (208)
Network construction ·································· (208)
Informationalized service ····························· (208)
Customer service ······································· (208)
Fuzhou branch of China Mobile Group Fujian Company Limited ································· (208)
General situation ······································ (208)
Communication service ································ (208)
Network construction ·································· (209)
Communication support ································ (209)
Infomationization service ····························· (209)
Customer service ······································· (209)
Fuzhou branch of China United Network Communications Group Company Limited ········· (209)
General situation ······································ (209)
Communication service ································ (209)
Network construction ·································· (209)
Informationalized service ····························· (209)
Customer service ······································· (210)
Infomationization construction of Fuzhou city government ·· (210)
General situation ······································ (210)
Digital Fujian China (Fuzhou) wisdom city forum held in Fuzhou ······························ (210)
"China Fuzhou" portal sites group ··················· (210)
Opening working platform of administration power ·· (210)
"12345" system for convenience calling center ······ (210)
Office automation system for the departments of party and government of the city ·············· (211)
Basic data base of spatial geography ················ (211)
Digital city management system ······················ (211)

Port

Port administration ································· (212)
General situation ······································ (212)
Port opening ··· (212)
Port construction ····································· (212)
Table 18 Statistical table of passenger transportation of Fuzhou port in 2012 ·················· (212)
Table 19 Statistical table of situation on direct transportation of passenger and cargo to Taiwan in 2012 ························ (212)
Table 20 Statistical table of situation on maritime transportation of Fuzhou port in 2012 ··································· (212)
Customs clearance ····································· (213)
Customs monitoring and administration ·············· (213)
General situation ······································ (213)
Service the Western Shore ···························· (213)
Major projects docking ································ (213)
Customs clearance monitoring and administration ······································· (213)
Taxation collecting and administration ·············· (213)
Inspection and quarantine ···························· (214)
General situation ······································ (214)
Table 21 Main export goods in 2012 (Sorting by value) ························ (214)
Table 22 Main import goods in 2012 (Sorting by value) ························ (214)
Export goods inspection and quarantine ············· (214)
Imported goods inspection and quarantine ··········· (215)
Entry epidemic quarantine ···························· (215)

Inbound and outbound container inspection and quarantine (215)
Health quarantine (215)
Inspection and quarantine to Taiwan (216)
Certificate of origin business (216)
Innovation initiatives (216)
Frontier inspection (216)
General situation (216)
Service the Western Shore construction (216)
Port control (216)
Chinese border service brand promotion activities focused (217)
Service 320000 deadweight tons of China shipping busy round first entry (217)
Coast defense administration (217)
General situation (217)
"Six Countries Forum" expert meeting on security (217)
The case of "3 · 16" mob looting public and private property (217)
Primary construction (217)
Consensus propaganda (217)
Infrastructure construction (218)
Combat smuggling (218)
General situation (218)
To carry out the responsibility deployment (218)
The effectiveness of the various departments to combat smuggling (218)
Destruction of frozen goods smuggling (219)
Research and publicity of combat smuggling (219)

District construction

Fuzhou economic and technological development district (220)
General situation (220)
Construction of infrastructural facilities (220)
Attracting investment (220)
Key projects construction (220)
Rongqiao economic and technological development district (221)
General situation (221)
Construction of infrastructural facilities (221)
Attracting investment (221)
Key projects construction (221)
To explore the independent innovation (221)
Emerging enterprises (221)
Fuzhou high and new technology industries development district (221)
General situation (221)
Expansion construction (221)
Construction of infrastructural facilities (221)
Attracting investment (221)
Key projects construction (221)
Key entering projects (221)
Fuzhou bonded area and harbour district (222)
General situation (222)
Information platform construction of the harbour district (222)
Construction of Jiangyin car import port construction of the harbour district (222)
Construction of imported wine trading center of the harbour district (222)
Wuyi mountain dry port docking (222)
Yuanhong investment zone (222)
General situation (222)
Construction of infrastructural facilities (222)
Attracting investment (222)
Key enterprises (222)
Qingkou investment zone (223)
General situation (223)
Construction of infrastructural facilities (223)
Attracting investment (223)
Key projects construction (223)
Fuzhou software park (223)
General situation (223)
Attracting investment (223)
Key projects construction (224)
Animation - cartoon industry (224)
Technology and industrial service (224)
Human resource system construction (224)
Bin - hai concentrating industrial area (224)
General situation (224)
Construction of infrastructural facilities (224)
Attracting investment (225)
Key projects construction (225)
Key enterprises (225)
Land use applying and approving (225)

Luoyuan economic development district …………… (225)
General situation …………………………………………… (225)
Construction of infrastructural facilities …………… (225)
Attracting investment ………………………………… (226)
Key projects construction ………………………… (226)
Fuxing economic development district ……………… (226)
General situation …………………………………………… (226)
Construction of infrastructural facilities …………… (226)
Key projects construction ………………………… (226)
City designing and industry development planning ……………………………………………… (226)
Rectification of the safety in production …………… (226)
Lianjiang economic development district ………… (226)
General situation …………………………………………… (226)
Construction of infrastructural facilities …………… (226)
Attracting investment ………………………………… (227)
Key projects construction ………………………… (227)
Jinshan concentrating industrial area ……………… (227)
General situation …………………………………………… (227)
Construction of infrastructural facilities …………… (227)
Attracting investment ………………………………… (227)
Approval for land use of projects and handover of land ………………………………………… (227)
Servicing enterprises ………………………………… (227)
Jinshan investigation area ………………………………… (227)
General situation …………………………………………… (227)
Construction of infrastructural facilities …………… (227)
Attracting investment ………………………………… (227)
Key projects construction ………………………… (228)
Jiangyin economic development district ……………… (228)
General situation …………………………………………… (228)
The new – round comprehensive planning ………… (228)
Construction of infrastructural facilities …………… (228)
Attracting investment ………………………………… (228)
Chemical new materials zone ………………………… (228)
Key projects construction ………………………… (228)
Construction of the port area ………………………… (229)
Shangjie investigation area ………………………………… (229)
General situation …………………………………………… (229)
Construction of infrastructural facilities …………… (229)
Attracting investment ………………………………… (229)
Key projects construction ………………………… (229)

Private economy

Summary …………………………………………………… (230)
Primary private – owned business …………………… (230)
General situation …………………………………………… (230)
Machine building industry ………………………… (230)
Metallurgical industry ……………………………………… (231)
Pharmaceuticals industry ………………………………… (231)
Petrochemical industry ………………………………… (231)
Electronic information industry ……………………… (231)
Light industry and textile industry ………………… (232)
Trade of private sector ………………………………… (232)
Private education ………………………………………… (232)
Private health care ………………………………………… (232)
Development of the policy environment ……………… (232)
" Several opinions on further promoting regression engineering" introduced ………………………… (232)
Chamber of commerce set up small and micro enterprises ………………………………………… (233)
Butt joint enterprises of commercial litigation mediation ………………………………………… (233)
Non – public economy representatives educational seminar ……………………………………………… (233)
National tax department many measures to promote private economic development ……………… (233)
Private enterprise industry project investment promotion ………………………………………… (233)

Business services

Trade economy ……………………………………………… (234)
General situation …………………………………………… (234)
Retail industry ……………………………………………… (235)
Logistics industry ………………………………………… (235)
Exhibition industry ………………………………………… (235)
National convention ……………………………………… (235)
Table 23 Vegetable prices of Strait vegetable wholesale market in 2012 ……………… (236)
Catering industry ……………………………………………… (236)
Homemaking service industry ………………………… (236)
Pawnbroking ……………………………………………… (236)
Auction industry ……………………………………………… (236)
Non – staple food trade ………………………………… (236)
Grain and oil trade ……………………………………………… (237)
General situation …………………………………………… (237)
Grain reserves administration ………………………… (237)
Construction of food security guarantee …………… (237)

Development of grain circulating industry ··········· (237)
Grain and oil market supervision ···················· (237)
Tobacco ·· (237)
General situation ·· (237)
Marketing network construction ······················· (237)
Monopoly market management ························· (238)
Standardization for enterprise management ··········· (238)
Petroleum ·· (239)
General situation ·· (239)
Business development ·································· (239)
Popularizing self - help refueling ···················· (239)
Standardization for service industry ················· (239)
Safety management ····································· (239)
Supply and marketing cooperation ····················· (239)
General situation ·· (239)
Agriculture materials supply service ················· (239)
"New net project" construction ······················· (240)
Project construction ····································· (240)
Building service platform for agriculture ············· (240)
Renewable resource recycling system construction ··· (240)
Construction of rural community maintenance service system ··· (240)

International and Hong Kong, Macao and Taiwan's business and economy

Utilizing foreign, Hong Kong, Macao and Taiwan's capital ·· (241)
General situation ·· (241)
Investment project of foreign and Hong Kong, Macao and Taiwan's businessmen ················ (241)
Service trade ·· (241)
Significant project of utilizing foreign capital ······· (241)
Small groups attract investment ······················ (242)
"CSTPF" and "CIFIT" ································· (242)
Investment in foreign countries and labour cooperation ·· (242)
General situation ·· (242)
Export of labor services ································ (242)
International and Hong Kong, Macao and Taiwan's business ·································· (242)
General situation ·· (242)
National level business and trade platform construction ·· (242)
Table 24 Situation on export merchandise its value is over than thirty million dollars in Fuzhou in 2012 ···························· (243)
Table 25 Situation on the major export market in Fuzhou in 2012 ···························· (243)
Table 26 Situation on import merchandise its value is over than thirty million dollars in Fuzhou in 2012 ···························· (244)
Table 27 Situation on the major export market in Fuzhou in 2012 ···························· (245)

Financial industry

Summary ·· (246)
Banking ··· (246)
General situation ·· (246)
Fuzhou branch of the People's Bank of China ······ (247)
Table 28 Within the jurisdiction of the enterprises in the inter - bank bond market financing in 2005—2012 ······························· (247)
Fujian branch of Agricultural Development Bank of China ·· (249)
Fujian branch of Industrial and Commercial Bank of China ·· (250)
Fujian branch of Agricultural Bank of China ········ (251)
Fuzhou branch of Bank of China ····················· (251)
Fujian branch of China Construction Bank ·········· (252)
Fuzhou branch of Industrial Bank ···················· (253)
Fuzhou branch of China Citic Bank ·················· (253)
Fuzhou branch of China Everbright Bank ··········· (254)
Fuzhou branch of China Merchants Bank ··········· (254)
Fuzhou branch of China Minsheng Banking Corporation ·· (255)
Fuzhou branch of Huaxia Bank ······················· (255)
Fuzhou branch of Ping An Bank ····················· (256)
Fuzhou branch of Shanghai Pudong Development Bank ·· (256)
Fuzhou branch of China Postal Savings Bank ········ (257)
Fuzhou agency of Fujian Rural Credit Union ········ (257)
Fujian Haixia Bank ····································· (258)
Fuzhou branch Zhejiang Chouzhou Commercial Bank ·· (258)
Securities and futures industry ························ (259)

General situation …………………………………… (259)
Direct financing for listed companies ……………… (259)
Innovation development of stock and futures organization ……………………………………… (259)
Punishing violation activities …………………… (259)
Insurance ……………………………………………… (259)
General situation …………………………………… (259)
Fuzhou branch of People's property Insurance Company of China ……………………………… (260)
Table 29 Table of property insurance business of Fuzhou in 2012 ……………………………… (260)
Table 30 Table of Life insurance business of Fuzhou in 2012 ……………………………… (260)
Fuzhou of China Life Insurance (Group) Company ……………………………………………… (261)
Fuzhou branch of China Pacific Life Insurance Co., Ltd ……………………………………………… (262)
Fuzhou branch of China Pacific Property Insurance Co., Ltd ……………………………………………… (263)

Science and technology

Summary ……………………………………………… (264)
Science and technology innovation system construction ……………………………………………… (265)
Construction of national level innovation pilot city ……………………………………………… (265)
Construction of industrial technology innovation center ……………………………………………… (265)
Construction of modern agricultural technology innovation base ………………………………… (265)
Construction of business incubator center for scientific and technical enterprises ……………… (265)
Construction of promoting productive forces system ……………………………………………… (266)
Funding of science and technology ………………… (266)
Table 31 The ratio of budget for science and technology in general government finance expenditure of Fuzhou city in 2012 …… (266)
Table 32 The expenditure for science and technology of Fuzhou city ……………… (266)
High and new technology industries ………………… (267)
High and new technology enterprises ……………… (267)
Torch program and high technology research and development plan …………………………… (267)
Table 33 National Torch Plan projects, etc. in 2012 ……………………………… (267)
Table 34 Provincial high and new technology projects in 2012 ……………………… (268)
Agricultural science and technology ………………… (268)
Agricultural science and technology area ………… (268)
The Spark Program ………………………………… (268)
Table 35 Provincial Spark Program in 2012 …… (269)
Table 36 City Spark Program in 2012 …………… (269)
Scientific and technological achievements management ……………………………………………… (273)
Science and Technology awards …………………… (273)
Table 37 Projects of the science and technology award in Fuzhou in 2012 ……………… (273)
Table 38 Projects of the advance of science and technology award in Fuzhou in 2012 ……………………………………… (274)
The technology market management ………………… (277)
Activities of producing, studying and researching ……………………………………… (277)
Technology market construction …………………… (277)
Intellectual property ……………………………………… (277)
Intellectual property model city construction ……… (277)
Experiment demonstration of intellectual property affair of enterprises and public institutions ……… (277)
Supporting and incubating proprietary intellectual property rights ……………………… (277)
Patent administration ……………………………… (278)
Intellectual property propagating and training …… (278)
Program of making the county stronger by intellectual property …………………………… (278)
Table 39 Statistics of quantity of patent application and authentication for all counties (cities) in 2012 ……………………………………… (278)
Table 40 Items won by Fuzhou in the 14th Chinese patent award in 2012 ………… (279)
Table 41 Items won by Fuzhou in the third Fujian patent award in 2012 …………… (279)
Table 42 Gold medals won by Fuzhou in the 7th international invention exhibitation in 2012 ……………………………………… (280)
Scientific popularization ………………………………… (281)
Training for scientific policy ……………………… (281)

Scientific popularization propagating activities …… (281)
Earthquake prevention and disaster reduction ……… (281)
Seismic monitoring and forecasting ………………… (281)
Social services projects of earthquake …………… (281)
Earthquake disaster defense ……………………… (281)
Propaganda and education for earthquake prevention and disaster reduction ……………………………… (281)
Planning research for earthquake prevention and disaster reduction ………………………………… (282)
Earthquake emergency rescue ……………………… (282)
Construction of earthquake emergency rescue team ……………………………………………… (282)

Social science

Summary ……………………………………………… (283)
Table 43 Fuzhou won the national social science fund project topics in 2012 ……………… (283)
Table 44 Fuzhou won the social sciences planning project topics of Fujian in 2012 ………… (284)
Table 45 Fuzhou system of theories of socialism with Chinese characteristics research base project topics in 2012 ……………………… (284)
Academic activities ……………………………………… (285)
The first "Mindu culture and Chinese modernization" forum …………………………………………… (285)
"Mindu education and the development of Fuzhou" seminar ……………………………………… (285)
"Older Culture and Development" seminar ……… (285)
The first Gaoye Temple of Wushan folk culture festival ……………………………………… (285)
Other academic activities ………………………… (286)
Research achievement of social science …………… (286)
Achievement of academic associations …………… (286)
Achievement of Fuzhou social science research institute ………………………………………… (286)
Achievement of Fuzhou Municipal Party ………… (286)
Achievement of Fuzhou Municipal Government Development Research Center ………………… (287)
Scientific research achievement of Minjiang University ………………………………………… (287)
Scientific research achievement of Fuzhou Polytechnic ………………………………………… (287)

Education

Summary ……………………………………………………… (288)
Teacher ……………………………………………… (288)
Theme activity of "To be a moral person" ………… (289)
Fuzhou youth exchanges with Taiwan ……………… (289)
Sports and art activities …………………………… (289)
Table 46 Education advanced people in 2012 …… (289)
Preschool education ……………………………………… (290)
General situation …………………………………… (290)
"Three - year plan of action" implementation …… (290)
Early childhood care and education quality improvement ………………………………… (290)
Elementary education ……………………………………… (290)
General situation …………………………………… (290)
Technology education ……………………………… (290)
Junior high school recruiting work ………………… (290)
New schools ………………………………………… (291)
The rural weak schools entrusted management pilot ………………………………………………… (291)
Secondary education ……………………………………… (291)
General situation …………………………………… (291)
Diversification of average high school education …………………………………………… (291)
Technology practice ………………………………… (291)
Table 47 List of winners of the scientific innovation competition and robot competition of Chinese teenage in 2012 ……………… (291)
Recruiting middle school graduate ………………… (292)
High school graduate examination for graduation ………………………………………… (292)
Special education …………………………………………… (292)
General situation …………………………………… (292)
Standardized acceptance …………………………… (292)
Xingyu school set up in Fuzhou …………………… (292)
Secondary vocation education …………………………… (292)
General situation …………………………………… (292)
Enrollment and employment of secondary vocation education ……………………………………… (292)
Key speciality construction ………………………… (292)
Cooperation between school and enterprises ……… (292)
Skill competition …………………………………… (292)
Table 48 List of Fuzhou winners and their instructors

of vocation school skill competition nationwide in 2012 …… (293)
Higher education …… (293)
General situation …… (293)
Recruiting students from high school graduate …… (293)
Organizing various examination …… (293)
Table 49 List of universities (34) in Fuzhou …… (294)
Construction of campus culture …… (294)
Ideological and political teaching and professional development …… (294)
Minjiang University …… (294)
Fuzhou Polytechnic …… (295)
Fuzhou Educational College …… (297)

Culture, publication and media

Professional literature and art …… (299)
General situation …… (299)
CCTV's "2012 Mid – Autumn evening" …… (299)
"Celebrate the 18th congress of CCP, ode dedicated to the party" variety show …… (299)
"Return hometown – culture benefits the mass" public performances …… (299)
"August 1" support for sympathy performance …… (299)
Fuzhou moral models story grassroots demonstration tour …… (299)
Kuliang theatrical performances …… (299)
Double support variety show of Fuzhou …… (299)
"Chinese Opera Institute teaching practice base" inaugurated …… (299)
Fujian opera art week of Fuzhou …… (300)
"The story of the red dress" to show in Beijing …… (300)
Fuzhou dialect song "Golden Neighbor, silver village" come to Beijing …… (300)
Shifanze "Spring Back to square Lane" to participate in the national academic performances …… (300)
"Fujian opera history" published …… (300)
Fuzhou winning projects of fourth drama festival and fifth art festival of Fujian …… (300)
Fuzhou Academy of Painting activities …… (300)
Art exhibitions …… (301)
Public culture …… (301)
General situation …… (301)
County cultural venues construction …… (302)
Mass culture sports …… (302)
Everybody sing in the passion square …… (302)
Performance activities …… (302)
Arts training …… (303)
Fuzhou library …… (303)
Fuzhou children's library …… (303)
Reading month activities …… (304)
Cultural market …… (304)
General situation …… (304)
Cultural market management …… (304)
Market inspection and comprehensive administration …… (304)
The fifth ICIF on both sides of Taiwan Strait …… (304)
Propaganda and training …… (304)
Intangible cultural heritage …… (304)
General situation …… (304)
Intangible cultural heritage inheritors representative …… (304)
Folk culture festival on both sides of Taiwan Strait …… (304)
Cultural relic and museum career …… (305)
General situation …… (305)
Historical and cultural blocks protection and restoration of historic district …… (305)
The compilation of a five – year plan for the protection construction of the famous street, town and village …… (305)
"Maritime Silk Road: Fuzhou Historic" and Three Alleys and Seven Lanes included in the Chinese world heritage tentative list …… (305)
Eighth provincial units reporting …… (305)
Taiwan – related heritage …… (305)
Historical and cultural connotation mining of Kuliang …… (305)
Historic building restoration and completed building of old streets of Kuliang …… (305)
The main building of Chen Shaokuan former residence repairs …… (306)
Three Alleys and Seven Lanes community museum construction …… (306)
Archaeological exploration and excavation …… (306)
Dealing with the surrounding illegal construction

projects of Fujian king's tomb ········· (306)
Museum exhibitions ········· (306)
Fuzhou museum exhibition display and exhibition update start ········· (307)
The Fourth Issue cultural relic and museum volunteer training course ········· (307)
Fuzhou ancient architecture training course ········· (307)
"Hand in hand Fuzhou museum, togetherness weekend" activity ········· (307)
Anti - drug publicity activities ········· (308)
"Our festival · Qingming" theme activities ········· (308)
"Sing Lin public spirit, celebrating national interests" song solicitation ········· (308)
Cultural relics donated ········· (308)
Transfer of water heritage ········· (308)
The training course of the province's museums and monuments and "Zexu Cup" race to explain ········· (308)
Grading evaluation of state museums ········· (308)
Citizen moral forum set up ········· (308)
Free treasure evaluation activities ········· (308)
Foreign communication and corporation ········· (308)
Cultural exchange ········· (308)
General situation ········· (308)
Cultural exchange between both sides across the strait ········· (308)
Inland cultural exchange ········· (309)
Press and publication ········· (309)
General situation ········· (309)
Publishing management ········· (309)
Fight against illegal publications ········· (309)
Cultural and creative industries ········· (310)
Training and exchange ········· (310)
Xinhua bookstore ········· (310)
Fuzhou daily agency ········· (311)
General situation ········· (311)
Implement the 7th session of the 6th plenary session of publicity ········· (311)
To meet the 18th congress of CCP and publicity and implement the spirit ········· (311)
Media coverage of economic construction ········· (312)
Ppropagandas of Mawei metro construction and the "Fuzhou metropolitan area" ········· (312)
Ppropagandas of "speed up the construction of an open, civilized and harmonious happy new Fuzhou" ········· (312)
Carry out the "three services" campaigns ········· (312)
Strengthen social management and innovation promotion ········· (312)
Major conferences and major trade promotion activities ········· (313)
Propagation to Taiwan and foreign countries ········· (313)
"Go, transfer and change" activity ········· (313)
Newspapering system reform ········· (313)
Broadcast, movie and television ········· (314)
General situation ········· (314)
News propagation and report ········· (314)
Special channel frequency ········· (315)
Radio and television art propaganda ········· (315)
Elaborate works and brand programs ········· (316)
"Go, transfer and change" activity ········· (316)
Movie and cartoon ········· (316)
New media and new technology application ········· (316)
Market share and income ········· (317)
Public service system construction of broadcast and movie and TV ········· (317)
Cooperation and exchange ········· (317)
Cultural life newspaper ········· (318)
Watching Fuzhou by major media ········· (318)
General situation ········· (318)
"Scientific development achievement" publicity theme ········· (318)
"3820" project publicity ········· (318)
Open Strategy thematic campaigns ········· (318)
"Three services" propaganda theme ········· (319)
The 14th cross - strait economic and trade fair, the 9th China commodities fair of Fujian publicity ········· (319)
"Fuzhou moon · China Love" 2012 CCTV Mid - Autumn evening publicity ········· (319)
Publicity "135" community party construction mode ········· (319)
"Kuliang of China — blessed state new card" series of publicity activities ········· (319)
Propagation and report of the fifth chorus festival of two sides of Taiwan Strait ········· (320)

Health service and physical culture

Health service ········· (321)

General situation ………………………………………… (321)

National essential drug system …………………… (321)

The work of New – style rural cooperative medical care ……………………………………………… (321)

Essential public health service …………………… (322)

Health services for primary level ………………… (322)

Public hospital reform experimentation …………… (322)

Disease prevention and control …………………… (322)

Health supervision ………………………………… (322)

Health emergency ………………………………… (322)

Women and children health care ………………… (322)

Medical treatment service management …………… (323)

Patriotic health activities ………………………… (323)

Healthy communities pilot project ………………… (323)

Establishing healthy town and village ……………… (324)

Removing "The four pests" in urban area ………… (324)

Rebuilding restroom in rural area ………………… (324)

Physical culture ……………………………………… (324)

General situation ………………………………………… (324)

Mass sports ……………………………………………… (324)

Competitive sports ……………………………………… (325)

Ring the Fuzhou and Yongtai international road cycling race ……………………………………… (325)

Sports exchange ………………………………………… (325)

Reserve talent cultivation …………………………… (325)

Sports facility construction ………………………… (326)

Tourism

Summary ……………………………………………… (327)

Resource development ……………………………… (327)

Resource planning ……………………………………… (327)

Project construction …………………………………… (327)

Scenic area management ……………………………… (327)

Table 50 List of A – level scenic spots of Fuzhou in 2012 ……………………………………… (327)

Creating Kuliang provincial resort ………………… (328)

Rural tourism …………………………………………… (328)

Brand of "Strait tourism" …………………………… (328)

Tourism service ……………………………………… (329)

Star grade hotels ……………………………………… (329)

Travel agencies ………………………………………… (329)

Guides …………………………………………………… (329)

Table 51 List of the five stars and four stars hotels in Fuzhou ……………………………… (329)

Table 52 List of gold medal, AAAAA and AAAA level travel agencies …………………… (329)

Advertising and marketing ………………………… (329)

Media advertising and marketing …………………… (329)

Marketing of "Going out, inviting coming in" …… (329)

Marketing of tourism festival celebration activities ……………………………………………… (330)

Tourism management ……………………………… (330)

Security management ………………………………… (330)

Service quality management ………………………… (330)

Three Lanes and Seven Alleys

Summary ……………………………………………… (331)

Block Planning ……………………………………… (331)

Planning of Three Lanes and Seven Alleys ……… (331)

Planning of Zhuzi Lane ……………………………… (331)

Planning of Nanjie …………………………………… (331)

Planning of two hills, two towers and two blocks ………………………………………………… (331)

Planning of Shanghang、Xiahang and Yantai hill ……………………………………………………… (331)

Protection and restore ……………………………… (332)

Demolition ……………………………………………… (332)

Engineering construction …………………………… (332)

Community museum construction ………………… (332)

Application of world cultural heritage …………… (332)

Zhuzi Lane project …………………………………… (332)

Shanghang、Xiahang and Yantai hill project ……… (332)

Cultural propaganda ………………………………… (333)

Cultural activity ……………………………………… (333)

Propagating activity …………………………………… (333)

Tourism development ……………………………… (333)

Traveler reception …………………………………… (333)

Establishing nation level AAAAA tourism area …… (333)

Tourism marketing …………………………………… (333)

Scenic area service …………………………………… (334)

Theme activities …………………………………… (334)

Yan family's parlour ………………………………… (334)

Liu Jixian former residence ………………………… (334)

Exhibition hall of Nanhou street …………………… (334)

Ermei study in Langguan alley ……………………… (334)

Waterside pavilion and drama stage in Yijin

Lane …… (334)

Social life

People's livelihood …… (335)
General situation …… (335)
Urban resident income …… (335)
Urban resident consuming expenditure …… (335)
Rural resident income …… (335)
Rural resident consuming expenditure …… (335)
Market prices …… (335)
General situation …… (335)
Resident consumption prices …… (335)
Industrial producers prices …… (335)
Housing prices …… (336)
Population and birth control …… (336)
General situation …… (336)
Birth control policy propagation …… (336)
Breaking through difficulties of birth control …… (336)
"Birth civilization · Happy family" promotion programs …… (337)
Family planning check …… (337)
Improving system of benefit guide …… (337)
Service management of flowing population birth control …… (337)
Service organization of birth control construction …… (337)
Employment …… (337)
General situation …… (337)
Employment …… (337)
Professional training and mechanic education …… (337)
Rights of labor relations …… (338)
Social security …… (338)
General situation …… (338)
Old - age insurance …… (338)
Medical insurance …… (338)
Unemployment, workers´compensation and maternity insurances …… (338)
Supervision of social security funds …… (338)
Civil affair administration …… (339)
General situation …… (339)
Special care work, arrangement and placement work …… (339)
Social assistance …… (339)
Disaster relief …… (339)
Social welfare …… (339)
Grassroots political power and community construction …… (339)
Old liberated area construction …… (340)
Old people affair …… (340)
Funeral management …… (340)
Marriage and adoption register …… (340)
Regional place name management …… (340)
Nongovernmental organization management …… (340)
Boundary administration …… (340)
Welfare lotteries sales …… (340)

County (city) and district

Gulou District …… (341)
General situation …… (341)
Economic development …… (341)
Urban construction and management …… (341)
Social undertaking …… (341)
High and new technology industries …… (342)
Table 53 Basic information of subdistricts (townships) in Gulou District in 2012 …… (343)
Taijiang District …… (343)
General situation …… (343)
Economic development …… (343)
Urban construction and management …… (344)
Social undertaking …… (344)
Table 54 Basic information of subdistricts (townships) in Taijiang District in 2012 …… (344)
Cangshan District …… (345)
General situation …… (345)
Economic development …… (345)
Urban construction and management …… (345)
Social undertaking …… (346)
Table 55 Basic information of subdistricts (townships) in Cangshan District in 2012 …… (346)
Jin'an District …… (347)
General situation …… (347)
Economic development …… (347)
Urban construction and management …… (348)

Social undertaking …… (348)

Table 56 Basic information of subdistricts (townships) in Jin' an District in 2012 …… (348)

Mawei District …… (349)

General situation …… (349)

Economic development …… (349)

Urban construction and management …… (349)

Social undertaking …… (350)

Table 57 Basic information of subdistricts (townships) in Mawei District in 2012 …… (350)

Fuqing City …… (350)

General situation …… (350)

Economic development …… (350)

Urban construction and management …… (351)

Social undertaking …… (351)

Jiangyin Port approved the establishment of automobile import port …… (352)

Table 58 Basic information of subdistricts (townships) in Fuqing City in 2012 …… (352)

Changle City …… (353)

General situation …… (353)

Economic development …… (353)

Urban construction and management …… (353)

Social undertaking …… (353)

Administrative Service Center of Changle put into use …… (354)

Table 59 Basic information of subdistricts (townships) in Changle City in 2012 …… (354)

Minhou County …… (355)

General situation …… (355)

Economic development …… (355)

Urban construction and management …… (356)

Social undertaking …… (356)

Root carving exhibition and trade center of Shangjie of Minhou put into use …… (356)

Table 60 Basic information of subdistricts (townships) in Minhou County in 2012 …… (356)

Lianjiang County …… (357)

General situation …… (357)

Economic development …… (357)

Urban construction and management …… (358)

Social undertaking …… (358)

Table 61 Basic information of subdistricts (townships) in Lianjiang County in 2012 …… (359)

Minqing County …… (359)

General situation …… (359)

Economic development …… (359)

Urban construction and management …… (360)

Social undertaking …… (360)

Table 62 Basic information of subdistricts (townships) in Minqing County in 2012 …… (361)

Luoyuan County …… (361)

General situation …… (361)

Economic development …… (361)

Urban construction and management …… (361)

Social undertaking …… (362)

Harbour district construction …… (363)

Table 63 Basic information of subdistricts (townships) in Minqing County in 2012 …… (363)

Yongtai County …… (363)

General situation …… (363)

Economic development …… (363)

Urban construction and management …… (364)

Social undertaking …… (364)

Administrative Service Center of Yongtai put into use …… (365)

Constuction of the North – South diversion of Minjiang River (Water diversion from Pingtan) …… (365)

Yongtai segment of the first ring Fuzhou and Yongtai International Road Cycling Race organized by Yongtai …… (365)

Table 64 Basic information of subdistricts (townships) in Yongtai County in 2012 …… (365)

Research projects (elected) of municipal party committee

The editor's notes …… (367)

Cause for the aging population ……………………… (367)
Old - age security ………………………………… (367)
Elderly protection ………………………………… (367)
Social endowment service ………………………… (367)
Elderly services social programs …………………… (368)
Aging population trends and characteristics ……… (368)
The ageing of the main problems in the development ………………………………… (368)
High - end service industry development …………… (368)
The overall situation of high - end service industry development of Fuzhou ……………………… (368)
Finance and insurance industry …………………… (369)
Modern logistics industry ………………………… (369)
Commercial circulation …………………………… (369)
Headquarters economy …………………………… (369)
Cultural creative industry ………………………… (369)
Conference and exhibition industry ……………… (369)
Problems in the development of high - end services ……………………………………… (369)
High - end services development constraints ……… (369)
Financing guarantee industry ……………………… (370)
Guarantee industry development status …………… (370)
Guarantee industry development characteristics …… (370)
Financing guarantee industry development problems ……………………………………… (370)
"Three dimensions" project docking ………………… (371)
The basic situation of "Three dimensions" project docking …………………………………… (371)
Central enterprises cooperation …………………… (371)
Private enterprises cooperation …………………… (371)
Foreign enterprises cooperation in large projects ……………………………………… (371)
Make policies for providing "Three dimensions" project ………………………………………… (371)
Problems of "Three dimensions" project docking …………………………………… (371)
Urban modern agriculture development …………… (372)
Leisure agriculture ………………………………… (372)
Agriculture demonstration park …………………… (372)
Base construction of agricultural products ………… (372)
Agricultural brand creation ………………………… (372)
The industrialization of agriculture ………………… (372)
The existing problems in the development of urban modern agriculture ……………………………… (372)
Harbor industry ……………………………………… (373)
Harbor industry development present situation …… (373)
Harbor industry development constraints ………… (373)
Marine economy ……………………………………… (373)
The basic situation of the marine economy ……… (373)
Technology and the sea …………………………… (374)
The existing problems in the development of Marine economy ………………………………………… (374)
Transformation and upgrading of Taiwan - funded enterprises ……………………………………… (374)
Fuzhou Taiwan - owned enterprise development …… (374)
Taiwan - funded enterprises transformation and upgrading of the existing problems ……………… (374)
Fuzhou exhibition cooperation with Taiwan ………… (375)
Exhibition industry development ………………… (375)
The situation of Fuzhou exhibition cooperation with Taiwan ………………………………………… (375)
The main problems of exhibition industry ………… (375)
Medical and health services ……………………… (375)
Distribution of medical institutions ……………… (375)
Per capita medical resources ……………………… (375)
Public health institutions ………………………… (375)
The new rural cooperative medical insurance ……… (376)
National system for basic drugs …………………… (376)
Urban and rural basic public health services ……… (376)
Reform of public hospitals ………………………… (376)
Health information construction ………………… (376)
The problems existing in the medical and health services …………………………………… (376)
Income of urban and rural residents ………………… (377)
The income of urban and rural residents basic situation of Fuzhou ……………………………… (377)
Urban and rural residents´income growth problems of Fuzhou ……………………………………… (377)
Table 65 Residents overall income statement of eastern capital city and sub - provincial city in 2011 ……………………………… (377)
Striving for national innovation - oriented city …… (378)
Striving for the work of national innovation - oriented city ……………………………………………… (378)
Striving for national innovation - oriented city problems …………………………………… (378)

Person

Academicians working in Fuzhou in 2012 …………… (380)

Advanced persons of Fuzhou in 2012 ……………………… (380)
Honorary citizens of Fuzhou ……………………………… (382)

Local laws and regulations, regulatory policies of Fuzhou in 2012

Local laws and regulations ……………………………… (383)
River sand mining management approach of Fuzhou ……………………………… (383)
Meteorological environment and facilities protection provisions of Fuzhou ……………………………… (384)
Several provisions on property management of Fuzhou ……………………………… (385)
Government regulations and policies ……………………… (388)
Order of the people's government of Fuzhou (*No. 54*) ……………………………… (388)
Order of the people's government of Fuzhou (*No. 55*) ……………………………… (392)
Fuzhou people's government on strengthening Kuliang area management planning and implementation notice
No. 4 comprehensive file of Fuzhou goverment [2012] ……………………………… (396)
Fuzhou people's government of the 87th session of the national sugar &wine trade fair to strengthen urban management during the period of notice
No. 7 comprehensive file of Fuzhou goverment [2012] ……………………………… (396)
Fuzhou people's government on the implementation of the provincial government to promote the stable growth of industrial series of policy implementation
No. 8 comprehensive file of Fuzhou goverment [2012] ……………………………… (397)
Views of Fuzhou people's government on the development of small and micro enterprises
No. 9 comprehensive file of Fuzhou goverment [2012] ……………………………… (398)
Notice of Fuzhou people's government on the Fuzhou Changle International airport clearance protection zone
No. 10 comprehensive file of Fuzhou goverment [2012] ……………………………… (399)
Notice of Fuzhou people's government on the prohibition of the Minjiang River in Fujian Flood Control Project (Fuzhou section) within the scope of land acquisition and new construction projects and move into population
No. 11 comprehensive file of Fuzhou goverment [2012] ……………………………… (400)
Fuzhou people's government to ban under the Minjiang River hub of Shuikou hydropower station dam water treatment project construction within the scope of land requisition and immigration population's announcement of new construction projects
No. 13 comprehensive file of Fuzhou goverment [2012] ……………………………… (400)
Views of Fuzhou people's government on the implementation of the "three - year action plan preschool of Fujian (2011—2013)"
No. 20 comprehensive file of Fuzhou goverment [2012] ……………………………… (401)
Notice of Fuzhou people's government on the issuance of administrative service centers and public resources trading service center management interim measures
No. 34 comprehensive file of Fuzhou goverment [2012] ……………………………… (403)
Views of Fuzhou people's government on further completes the work to crack down on intellectual property rights and to produce fake and inferior commodities
No. 73 comprehensive file of Fuzhou goverment [2012] ……………………………… (405)
Views of Fuzhou people's government on accelerating the development of mushroom industry
No. 85 comprehensive file of Fuzhou goverment [2012] ……………………………… (407)
Notice of Fuzhou people's government on the promotion of college graduates´employment ordinary
No. 127 comprehensive file of Fuzhou goverment [2012] ……………………………… (408)
Views of Fuzhou people's government on further strengthening and improving the fire control work
No. 132 comprehensive file of Fuzhou goverment [2012] ……………………………… (409)
Views of Fuzhou people's government on the reform and development of supply and marketing cooperatives to speed up the implementation

No. 134 comprehensive file of Fuzhou goverment[*2012*] ······ (410)

Notice of Fuzhou people's government on the issuance of "interim relief Fuzhou urban and rural residents in difficulty interim measures"

No. 158 comprehensive file of Fuzhou goverment[*2012*] ······ (413)

Notice of Fuzhou people's government on further strengthening the municipal state - owned enterprises, state - owned company assignment of the supervisory committee

No. 169 comprehensive file of Fuzhou goverment[*2012*] ······ (414)

Notice of Fuzhou people's government on further Improving the implementation of the resettlement of demobilized soldiers approach

No. 202 comprehensive file of Fuzhou goverment[*2012*] ······ (415)

Views of Fuzhou people's government on further strengthening the placing of affordable housing with rent and management

No. 214 comprehensive file of Fuzhou goverment[*2012*] ······ (418)

Notice of Fuzhou people's government on the issuance of Fuzhou urban low - rent housing management approach

No. 215 comprehensive file of Fuzhou goverment[*2012*] ······ (420)

Notice of Fuzhou people's government on several opinions about print and distribute accelerate the brand development strategy

No. 220 comprehensive file of Fuzhou goverment[*2012*] ······ (423)

Notice of Fuzhou people's government on forwarded urban planning bureau, Fuzhou existing residential additional lift on a number of observations (provisional)

No. 245 comprehensive file of Fuzhou goverment[*2012*] ······ (424)

Views of Fuzhou people's government on accelerating the development of jasmine tea industry

No. 251 comprehensive file of Fuzhou goverment[*2012*] ······ (425)

Notice of Fuzhou people's government on the implementation of the "Fujian price adjustment fund management approach"

No. 276 comprehensive file of Fuzhou goverment[*2012*] ······ (427)

Statistical data

Table 66 *Situation on economic and social indicators of Fuzhou completed in 2012* ······ (428)

Table 67 *Major economic indicators of 26 provincial capitals of China* ······ (433)

Table 68 *Major economic indicators of Fujian and 9 municipalities and districts* ······ (440)

Index

······ (443)

比学赶超 干事创业

——中共福建省委常委、福州市委书记杨岳 2012年5月11日在市委市政府工作检查总结会上的讲话

同志们：

今天我们召开市委市政府工作检查总结会，主要任务是总结交流这次工作检查情况，研究部署下一阶段推动工作的思路举措，进一步在全市上下掀起比学赶超、干事创业的热潮，推动福州科学发展新跨越。

这次工作检查，既是全市各地展示实施大开放战略、发展开放型经济成效的一次大比拼，也是对全市广大干部工作作风和精神面貌的一次大检阅。检查活动历时4天半，风雨兼程1500多公里，先后察看了60多个项目。检查中我们看到了各地抓项目、搞建设、促发展的新进展新成效，看到了各级各部门抢机遇、谋突破、求作为的新态势新气象，看到了基层干部群众干事创业、开拓进取的新精神新风貌，看到了福州科学发展、跨越发展的新希望新前景。这次工作检查是一次开阔视野、比学赶超的检查，是一次研究问题、谋划思路的检查，是一次凝心聚力、鼓舞干劲的检查，真正起到了统一思想认识、凝聚发展力量、激发创业激情、推动工作落实的积极作用。

这次工作检查，带给我们的启示非常丰富，对当前的福州发展来讲，最重要的就是，干部群众的精神面貌对一个地区的发展至为关键、至为重要。所到的每一个县(市)区，每到的一个考察项目，广大基层干部群众身上所体现出的那股劲，所折射出的那种气概和精神，让我们深受感动、深受鼓舞。这股劲、这种精神就是一代代福州人民所传承弘扬的福州精神，就是深深植根于福州大地的“榕树精神”。福州榕城因榕树而得名，置身城中，满城望去，榕树随处可见，郁郁葱葱。榕树长髯扎地，根深叶茂，象征着一种落地生根、生命如炬的顽强精神；榕树见缝插针，生生不息，诠释着一种坚韧不拔、百折不挠的进取精神；榕树独木成林，枝干举天，彰显着一种众志成城、合力支撑的团结精神；榕树树冠如盖，垂阴满地，体现着一种庇荫众生、厚泽载物的奉献精神。这些精神特质，正是我们在新一轮科学发展、跨越发展创业征程中，必须倍加珍惜和热切呼唤的宝贵财富。榕树精神，植根于福州，植根于榕城，一直是福州城市品格和精神财富，始终激励着福州人民奋力拼搏。今天的福州，更要让“榕树精神”绽放光芒，真正成为福州人民代代传承、大力弘扬的精神力量。

在检查过程中召开的三场点评交流会上，各县(市)区和市直部门负责同志作了精彩的发言，市四套班子和“两院”领导发表了真知灼见，振华同志、清海同志、元邦同志主持点评交流会时总结评述讲了重要的意见，这些发言激荡着思想的火花，洋溢着智慧的启迪。刚才，益民同志就此次工作检查进行了全面评价，对需要引起我们思考和需要关注的重要问题讲了非常好的意见，我完全同意，希望同志们认真学习领会，结合工作实际抓好落实。借此机会，我讲三点意见。

一、要着眼于“大”。人们常说，心有多大，世界就有多大。实施大开放战略，发展开放型经济，发挥省会中心城市的龙头引领作用，要求全市各级各部门和广大干部群众进一步树立大志向、敞开大胸怀、拿出大气魄，全力推进各项工作再上新台阶。

一要有大志向。成大事者历来志向高远。省委、省政府赋予省会中心城市的重大使命、重大责任，客观上要求我们福州的干部和福州的各项工作都要始终走在全省前列，虽然福州的几项重要发展指标仍居全省第二位，但我们不该熟视无睹、得过且过，不能不思进取、甘于现状，而要有一种谋发展、求跨越的远大志向，有一种敢拼会赢、奋力赶超的拼搏精神，有一种坚韧不拔、矢志不渝的豪迈气概，敢与强的比，敢向高的攀，永不言败，奋勇争先。要有敢为人先的气概。唯有敢为人先，方可一马当先。近几年来，各县(市)区经济社会发展都取得了新的进步、新的成效，但我们绝不能沾沾自喜，停留在自己与自己比变化不算小、今年与去年比发展不算慢这样一个层次上。这次检查中我们看到的一些亮点,生动地启示我们,推动跨越发展,一定要进一步强化敢为人先、勇于争先的进取意识,拒绝平庸,拒绝自满,敢于先行先试,敢于激情创业,干出卓越,创出佳绩。要有进位超越的志气。去年工作检查后,各县(市)区都确立了在全省争先进位的目标。一年后再对照,完成情况很不理想。地区生产总值只有长乐、罗源两个县(市)实现赶超目标,地方财政收入只有马尾、仓山、闽侯、罗源、连江等5个县(区)实现赶超目标,有的县(市)区不进反退,甚至还后退多位。大家要明白,处于竞相发展的大格局中,唯进则胜、不进则退、慢进也退。要坚决摒弃"自我陶醉"的心态,坚决破除"甘于现状"的思想,立赶超之志、鼓奋进之气,盯住目标,埋头苦干,全力赶超,不断提升在全市、全省甚至全国的位次。

二要有大胸怀。胸怀广阔、豁达大度,是"海纳百川、有容乃大"福州城市精神的要旨所在。我们抓发展、谋发展、促发展,往往缺乏的不是知识和能力,而是视野、胸襟和境界。在推进大开放、大发展的进程中,我们要大力弘扬、积极践行福州城市精神,以更宽的视野谋划发展,以更广的胸襟集聚资源,以更高的境界凝心聚力,努力以大胸怀推动大发展,促进大提升。要登高望远。眼光决定思路和未来。对于一个地区的发展,用不同的眼光来审视和把握,结果就完全不同。如果我们仅仅盯着眼前的"一亩三分地",只是以狭隘的视野、短视的目光谋发展,则无异于"画地为牢""坐井观天"。各级各部门一定要站位高远,跳出福州,放眼全国,把目光向前看、向远看、向高看,从更大领域、更高站位谋划发展、推动跨越。要开放包容。在经济全球化大潮中,只有摒弃封闭意识和排斥心态,做到开放包容、兼收并蓄,才能海纳百川、博采众长。要进一步打开大门、敞开胸怀,以更加开明的态度、更加积极的姿态,广开合作大门、广交天下朋友、广聚四方资源、广泛借智借力,在广纳要素中推动福州发展。要大气大度。涵养大气,襟怀大度,是一个领导干部引领发展、凝聚合力的必备品质和境界。现在,我们干部身上还存在着一些襟怀不够宽、气度不够大的问题,干工作患得患失、瞻前顾后,抓发展畏首畏尾、拈轻怕重,这与我们正在推进的开放型经济格格不入,必须坚决摒弃,一定要自觉养成宽宏气度,拥有包容雅量,具有坦荡襟怀。

三要有大气魄。气魄体现的是激情、反映的是气势、展示的是魄力。现在,各地比拼发展步伐的快慢、发展势头的好坏,不仅体现在发展思路举措的对比上,而且体现在工作气魄气势的较量上。我们要进一步树大气魄,动大手笔,呈大气势,推动项目大建设、发展大提速、形象大提升。要有大手笔。大家这次都对长乐市首占营前新区建设、罗源滨海新城等项目的大手笔留下了深刻印象,但是,在各地抓项目、搞建设中,小手小脚、小打小闹、"小家子"气的问题还比较普遍地存在。要坚决突破"有多少钱办多少事"的思维,敢想过去不敢想的,敢做过去不敢做的,以大气魄、大手笔推动经济社会发展。特别是福清、长乐、闽侯、连江这四个县(市),一定要放远眼光,拉高标杆,跨越发展,以福州现代化国际大都市新城区的目标定位来谋划经济社会各项建设,提升规划建设水平。要有大气势。这次检查中,相信大家都有共同感受,有的地方项目建设呈现出一种大气势、大效应。比如,连江县东雁旅游文化综合体项目,总部经济、欢乐谷、文化街等10个子项目同步推进建设,在较短时间内形成了一种规模效应,看了令人震撼;可门工业区填方造地1000公顷,开阔的园区、完善的基础设施给大项目落地建立了平台、提供了支撑;江阴石化新材料专区,央企、民企和省属、市属的石化项目集中落地,形成了石化工业区的雏形。不仅产业经济项目如此,像仓山东浦新苑保障房等民生社会事业项目也一样,推进力度大,成效好。各县(市)区要学习借鉴这种建设上的大气势,推动实体经济发展,加快城乡建设步伐,在大上项目、快上项目、争上项目中激发斗志、迸发活力、焕发激情,努力营造大建设、大发展、大赶超的创业氛围。要有大气度。现在有的项目谈不成、引不进、落不下,很大程度上是因为我们一些地方、部门和干部只算近账不算远账,只算小账不算大账。我们引项目、引资金,要看得远、想得开,算大账、算长远账,不要太过计较眼前的一得一失,不要过于在乎一时一地的利多利寡。马尾科立视中华映管项目二期15亿美元的投资能够落地,原因就在于马尾党政班子能够算大账、算长远账,财政补贴4.5亿元作为扶持资金,促使项目成功落地。马尾区每年还拿出1亿元资金扶持企业上市和创品牌,成功帮助近20家企业在境内外上市。这些企业上市回笼资金再投入马尾建设,创造的经济效益远远大于扶持的投入,这样算大账、算长远账的好做法、好经验,值得各地认真学习、认真借鉴。

二、要着意于"新"。当前,改革正处于攻坚阶段,新问题、新矛盾不断涌现,再加上现在我们所做的很多工作都是新的实践、新的探索,必须突破旧有的条条框框,着力更新观念、创新举措、革新模式,不断破解发展难题,突破瓶颈制约,加快发展步伐。

一要拓展新思维。思维决定工作思路、行为方式和实际效果。面对新形势新任务,各级各部门一定要积极拓展思维,更新发展理念,以思想的求新求变打开工作局面。要善于利用资源。资源无处不在,并不只是处于福州区域内、归属于福州管理的资源,才是可以利用的资源。福州大学是省属"211工程"学校,我们上周之所以和福州大学签订战略合作框架协议,推动双方在科技合作服务、人才储备培育、共建闽江学院等方面开展全方位的合作,就是要学会借用省会资源,学会利用福州市外的资源。希望大家在看待资源、利用资源这一问题上,要树立"不求所有、但求所在""不求所有、但求所用"的理念,强化"三维"项目对接,加强与中直、省直部门单位和在榕科研院所的互动协作,切实用好用足市内市外、省内省外、有形无形的各种资源,真正把省会的资源转化为发展优势,实现共建共享,共赢共荣。要善于挖掘潜力。我们一些地方干部在抓项目过程中,经常习惯于把工作主要精力放在招项目、谈项目上,而对于已经落地动建的项目、已经投产经营的企业,往往关心不够、过问不多、扶持不力。对这些潜在的投入,必须倾力扶持、尽心服务,在促进企业增资扩产、裂变延伸中挖掘潜能、发挥潜力,最大限度地转化为现实生产力。要善于借力发力。一个地方的发展，除了发挥自身的能动作用，还要善于借力发力。福州的一大优势就是榕籍在外乡亲众多，企业家、能人不少，“回归工程”大有文章可做。闽清小神龙表业技术研发有限公司，就是实施“回归工程”的一个成功例子。在一般人看来条件并不好的闽清乡下，因为环境营造促成回归，无中生有形成了一条较为完整的产业链，还将带动更多乡亲回来建设特色产业园区。希望大家要从中获取有益启示，主动去研究发现可资借助的外力，在借力发展、借势发力中加快发展步伐。

二要培育新产业。产业是经济的基石、发展的命脉，实现福州科学发展新跨越，一定要紧紧抓住产业发展这个核心，着力培育新产业，抢占发展制高点。要放大资源优势。我市港口、生态、海洋、文化等优势十分突出，中石油渤海钢管项目落户可门工业区，一批央企、民资石化项目落地江阴工业区，大樟溪岸万科开发项目落户永泰葛岭镇等，正是看中这些优势。要继续发挥和放大这些优势，围绕产业把优势做活做足，切实把资源优势转化为产业优势、经济优势。比较遗憾的是，我们这次工作检查没有看到海洋经济项目，这说明我市海洋产业发展还不够快，亮点还不够突出。希望沿海各县（市）要进一步增强“海”的意识，挖掘“海”的优势，做足“海”的文章，加快培育海洋新兴产业，全力推进蓝色经济产业园区建设，推动“海上福州”建设，建设海洋经济强市。都市现代农业的问题也是如此，如何大力引进和积极培育农业龙头企业，发展具有省会特征的设施农业、精致农业、生态旅游和休闲观光农业，真正走出一条省会现代特色农业之路。要瞄准高端定位。产业高端化体现一个地区经济发展水平和综合实力。这次检查看的产业项目不少，但总体感觉能够体现省会城市水平、代表未来发展方向的战略新兴产业项目偏少。要紧紧抓住未来产业的发展方向，坚持一手抓传统产业高端化发展，一手抓高新技术产业和战略性新兴产业规模化发展，着力打造能够展示福州产业高度的新亮点。前两天，市政府刚刚和国际芯片设计领军企业中星微电子有限公司签订了战略合作框架协议，我们要紧抓机遇，力争在物联网安防监控等领域走在全国前列，培育壮大我市战略性新兴产业。这样的项目落地福州，才能够真正促进福州产业优化升级，才能使福州的产业真正走向高端化，真正实现战略性新兴产业的聚集。要突出省会特色。建立具有省会特征的现代产业体系，是福州产业发展的方向。这次检查我们察看了“两翼”装备制造业，已经形成的产业基础和规模，为福州发展现代工业创造了条件。我们也查看了台江苏宁广场、晋安闽台AD创意产业园、仓山中庚大酒店、闽侯高速物流项目等一批服务业项目，这是福州未来发展的战略方向。要进一步把发展服务业特别是高端服务业放在更加突出的位置，加快建设海西现代服务业中心、现代金融中心、总部经济高地和重要旅游目的地，以现代服务业的大发展引领省会经济的大提升。

三要探索新模式。当前，各地发展的困难和问题大同小异，谁敢突破常规套路，谁能探索新模式新办法，谁就能掌握发展的主动权。要创新资金投入模式。现在各地都有推动大建设、大发展的热情和愿望，但也都面临着财力不足、融资困难的瓶颈制约。如果我们的观念还停留在主要依靠政府投入上项目、搞建设，路只能越走越窄。大家一定要冲破思维定势，开动脑筋想办法，大胆创新融资理念，探索BT、BOT等市场化运作的方式，多渠道筹集建设资金，保证项目建设投入需要。同时，要切实做好民资利用这篇大文章，进一步降低门槛，放宽民资准入条件，拓宽民资投资领域，鼓励和引导民资参与地方经济建设。要创新园区建设模式。在福州软件园，我们看到海峡软件新城建设改变了以往分散招标建设的模式，委托中建集团建设，形式新、进度快、质量优、效果好；还有前次考察时见到的广州天安节能科技园，完全依靠社会投资创办，都是创新园区建设的好模式。各县（市）区、各园区要认真学习借鉴先进园区的成功经验，大胆尝试共建、代建、援建等新模式，积极推动园区建设由政府主导向市场主导转变，加快园区向市场化、企业化方向发展。要创新城市管理模式。在市场经济条件下建设现代化国际大都市，各方面对城市管理的要求越来越高。我们要学习国际上先进的城市管理理念，积极探索政府购买公共服务的模式，有效弥补政府公共服务投入不足的问题。要积极推进城市经营，对市政公用设施、基础设施、历史文化街区等城市有形资产，以及冠名权、广告权等无形资产，要创造条件推向市场，进行社会化、资本化运作，达到政府、投资者、群众三方共赢的效果。

三、要着力于“实”。推动跨越发展，求实务实最重要。如果没有求实的作风、实干的精神，再好的蓝图也是海市蜃楼、空中楼阁。在连江茶花塑料项目建设现场，有一幅标语看了让我很受触动，“经济增长看幅度，项目建设看进度，战役组织看力度”，这三个“度”体现了强力推进工作的态势，凸显着求实务实的干事创业精神。我们要大力倡导“马上就办”的优良传统，明实情、做实功、比实绩，锲而不舍，埋头苦干，努力干出一番新天地。

一要明实情。上面千根线，下面一根针。只有对基层做到底子清、情况明，作决策、干工作才能决心大、底气足、举措多、办法实。各级干部特别是领导干部要结合深入开展“三服务”活动，做到眼睛向下、身子沉下，深入基层、深入企业、深入群众，准确了解基层久拖未决的“老”问题、制约发展的“难”问题、群众关注的“热”问题、涉及利益的“大”问题，与基层干部群众一道，一件一件加以剖析、解决，为推动本地经济社会发展号准脉、开好方。要坚持统筹兼顾、全面掌握，不仅要摸清经济工作实情，也要摸清社会发展实情；不仅要摸清民生改善实情，也要摸清社会稳定实情；不仅要摸清推动发展实情，也要摸清干部队伍实情。当前，维稳信访工作任务十分繁重，各级干部都要认真落实维稳第一责任，加强矛盾纠纷排查化解，加大信访积案化解力度，切实把矛盾化解在基层、化解在萌芽状态，全力维护省会中心城市的社会安定稳定。要坚持一级抓一级，一级对一级负责，一级带着一级干，一级做给一级看，在全市上下进一步形成“下基层、摸实情、解民忧、促发展”的良好氛围。

二要做实功。脚踏实地、多干实事，是对党员干部的根本要求。长乐鑫东华实业有限公司负责人向我们介绍，当时为了工厂能尽早建成投产，他们父子两个吃住在工地，公司从注册到投产历时不到10个月。企业家能做到的，我们各级领导干部更应该要做到。大家一定要切实落实"无会周"制度，把更多的时间和精力用在服务基层、服务群众、服务发展上，切实把各项工作抓紧、抓快、抓实。要认真按照工作目标任务，紧密结合具体实际，积极探索新思路，研究新举措，推出新办法，确保各项工作顺利推进。要敢于用改革的办法、创新的手段，有效破解当前最紧迫、最现实的发展难题，在攻坚克难中推动工作。要始终保持一种积极主动的姿态、敬业奉献的精神，履行工作职责用心尽力，落实工作要求不打折扣，在肯干苦干、百折不挠中把工作做细、做实、做出成效。

三要比实绩。一个地方发展速度的快慢、发展成效的大小，固然与发展基础、条件有关，但这绝不是决定性、根本性因素。这次我们看的永泰县县城景观改造、新实验小学、防洪堤南湖段工程项目等，就做得很像样、有水平，这说明发展相对落后、财力比较薄弱的地方，只要想干事、会干事，照样能够实现大变样。因此，我们各级干部要树立正确的政绩观，不比条件比劲头，不比虚功比实功，不比待遇比实绩。要完善领导干部考核评价机制，对干部干与不干、干好干坏、干多干少做出明确的区分，进行科学的评价，着力解决干多干少一个样、干好干坏一个样的问题。要严格兑现奖惩，对工作没激情、发展无作为、坐而论道的干部，要坚决"挪位子""摘帽子"；对崇尚实干、做出实绩的干部，要重奖重用，促使各级干部动起来、快起来、干起来，真正让吃苦的人不吃亏，让有为的人有机会。

总之，通过这次工作检查，我们看到了新成效、新气象，也看到了新精神、新风貌。希望全市各级各部门和广大干部群众进一步弘扬植根榕城大地上的"榕树精神"，推动福州经济社会的又好又快发展，不辜负省委、省政府的关心支持，不辜负福州人民的期盼厚望，以优异的成绩迎接党的十八大胜利召开!

政府工作报告

——福州市人民政府市长杨益民2013年1月5日在福州市第十四届人民代表大会第二次会议上的报告

各位代表：

现在，我代表福州市人民政府向大会作政府工作报告，请各位代表审议，并请市政协各位委员和其他列席人员提出意见。

2012年工作回顾

2012年，在省委、省政府和市委的正确领导下，我市各级政府认真贯彻落实党的十七届五中、六中全会和十八大精神，坚持稳中求进，着力稳增长、扩内需、转方式、调结构、扶企业、惠民生，推动经济社会平稳较快发展。除外贸出口由于外需严重不足负增长14.1%外，总体上较好完成了市十四届人大一次会议确定的各项任务。预计全市生产总值4203亿元，增长12%；公共财政总收入597.39亿元，增长18.1%，其中，地方公共财政收入382.01亿元，增长19.4%；全社会固定资产投资3264亿元，增长20%；按验资口径实际利用外资13.3亿美元，增长4.2%；社会消费品零售总额2246亿元，增长18.4%；居民消费价格总水平上涨2.2%；城镇居民人均可支配收入29400元，增长13%；农民人均纯收入11700元，增长16%；城镇登记失业率2.4%；人口自然增长率6.97‰；省下达的节能减排任务预计可以完成。一年来的主要工作及成效是：

(一)产业转型升级步伐加快。现代农业加快发展，粮食产量保持稳定，农林牧渔业总产值630亿元，比增4.9%。工业新增长点加快形成，规模以上工业总产值5870亿元，增长15.5%，建成投产99项重点工业项目。海西高新技术产业园整合、建设步伐加快，闽台(福州)蓝色经济产业园、临空经济区等新兴产业园区建设前期工作扎实推进。商贸、物流、金融等服务业快速发展，福州成为全国商务诚信建设试点城市，海峡电子商务产业基地入选首批国家电子商务示范基地，渣打银行等世界知名金融机构落户福州。一批文化旅游综合体项目加快实施，福州入选首批国家智慧旅游试点城市。闽台(福州)文化产业园被评为国家级文化产业试验园区。成功举办第八十七届全国糖酒商品交易会等76场全国性、区域性展会。

(二)经济发展后劲显著增强。成功举办一系列投资推介、对接洽谈活动，签约"三维"项目364项、总投资约3111亿元。"五大战役"完成投资1537.7亿元，为年度计划的129.4%；实施市级重点项目622项，完成投资1566.04亿元，为年度计划的125.8%。强化创新驱动，新增15家省级创新型企业，新设立7家省级企业技术中心、11家省级企业工程技术研究中心和4家行业技术创新中心，新认定34家院士(专家)工作站，福州获评首批国家知识产权示范城市，并获批建立全国首个综合性的国家引智试验区。组织开展首届政府质量奖评选活动，新增8件中国驰名商标和2件国家地理标志证明商标。

(三)大开放新格局不断拓展。福州被评为中国钟表产业外贸转型升级专业型示范基地，江阴港区获批成为国家汽车整车进口口岸。大力提高招商实效，积极实施"回归工程"，新批千万美元以上外(台)资项目40项。先后与5家中直、省直部门及36家央属、省属企业，6所高等院校，13家金融机构签订战略合作协议。成功举办央视中秋晚会、福州论坛—创业与创投、中国(福州)智慧城市高峰论坛等一批国际性活动，有效提升福州的全球知名度与影响力。切实加强榕台交流合作，台商投资区扩区获得国务院批准，全国首个涉台商品原产地办公室在福州设立，赴台个人游顺利实施，成功举办第十四届海交会以及海峡两岸合唱节、渔业周暨渔博会等对台特色交流活动。积极支持平潭开放开发，闽江调水、电力专线上岛、长平高速公路等重大项目启动建设。榕港榕澳合作进一步深化，福州成为全国落实CEPA示范城市。新一轮援疆、援藏、援宁等工作扎实推进，侨务、外事、异地商会等工作取得新的成果。

（四）重点领域改革持续深化。国有资产运营监管水平进一步提高，“大国资、全覆盖”监管格局初步形成。BT、BOT等投融资建设模式得到广泛应用，道路清扫保洁等领域市场化运作启动试点。进一步简政放权，取消、调整、合并216项行政审批事项，下放117项行政事权。县（市）区政府机构改革全面完成，事业单位分类改革稳步推进。“营改增”“公务卡”等改革试点顺利开展。市属文化单位改制、公立医院改革、中考中招改革等工作扎实推进，福州获评全国文化体制改革工作先进地区。“135”社区党建工作模式被列为全国社区建设典型。农村综合改革不断向纵深拓展，县（市）区对口协作全面展开。

（五）城乡环境面貌明显改观。加快提升城市建设发展水平，福州大都市区发展规划、马尾新城总体规划基本编制完成。马尾新城建设全面启动，螺洲大桥等项目基本建成。鼓岭综合整治及保护开发成效显著，获评省级旅游度假区。打响城乡环境综合整治大会战，造林绿化2.59万公顷（38.9万亩），新增300万平方米城市公共绿地，中心城区75条内河基本完成清淤，西湖和晋安河、新西河、东西河、新店溪等内河综合整治初见成效，光明港至森林公园绿道等一批项目建设完成。着力缓解群众出行难问题，地铁1号线全线动工，新建和改扩建市政道路22条，实施74公里市政道路亮灯工程建设，新增公交车辆469辆，新辟和优化公交线路79条。道路交通安全、违法建设、户外广告、违法采砂等专项整治活动深入开展，“数字城管”系统投入试运行。福莆宁同城化发展框架协议签订实施，“旅游一票通”等工作取得较好成效。实施重点节能减排项目306项，开展大气PM2.5监测，成功创建5个省级以上生态县（市）区、59个省级以上生态乡镇，城市环境综合整治定量考核成绩持续位居全省前列。

（六）新农村建设扎实推进。坚持以工促农、以城带乡，积极促进强农惠农富农。福州成为全国“农超对接”试点城市，并获得“中国鱼丸之都”“中国纯天然远洋捕捞产品产销基地”等称号，福州茉莉花茶获评“世界名茶”，福州茉莉花种植与茶文化系统被列为中国重要农业文化遗产候选项目。启动建设24项重大水利项目，治理水土流失9200公顷。13个省、市试点小城镇建设取得较好成效。新农村建设“百村竞赛”等活动深入开展，培育出晋安宜夏、福清溪头、长乐青山、永泰芋坑等精品示范村。在全省率先实现行政村体育设施全覆盖，新建改造农村公路280公里，新增更新农村客车108辆，新建农村户用沼气池2000口，新建改建农村卫生户厕5888户，改造提升乡镇卫生院21家和村卫生所1024个，完成1058个村广播电视村村通建设，解决50万农村人口饮水安全问题，实施“造福工程”搬迁3100人。

（七）各项社会事业长足进步。不断巩固提升文明城市创建成果，城市文明程度指数、未成年人思想道德建设工作测评成绩分别位居全国省会、副省级文明城市第5位和第4位，创历史最好名次。加快发展各级各类教育，新建和改扩建中小学50所、公办幼儿园50所，完成400所义务教育标准化学校创建任务，扩容10550个中小学学位，西湖国际学校建成投入使用，在全国率先开办服务自闭症儿童的福州星语学校。进一步提升市级专科医院专业化水平，新增住院床位1600张，建成市级卫生信息综合平台。三坊七巷、“海上丝绸之路：福州史迹”入选中国世界文化遗产预备名录，福州获得“中国寿山石文化之都”“中国脱胎漆艺之都”等称号。国家级文艺创作基地和全国首家篆刻印吧“左海印吧”落户三坊七巷，《百年上下杭》获得中国电视纪录片十优作品奖，新福州人歌手大赛获评全国农民工文化服务示范项目。成功举办第23届市运会和环福州·永泰国际公路自行车赛等活动，在伦敦奥运会上我市运动员取得优异成绩。低生育水平保持稳定，人口计生服务质量进一步提高。民族宗教、民政、新闻出版、广播影视、地方志、档案、妇女儿童、老龄、残疾人等事业加快发展。国防动员、民兵预备役建设、海防、人防等工作扎实推进，福州获得全国双拥模范城“七连冠”。

（八）人民生活水平稳步提升。坚持以人为本、改善民生，集中财力多办惠民实事。全市各级财政用于民生支出292.08亿元，占公共财政支出的71.3%。年初确定的20件93项为民办实事项目全面完成。城镇新增就业14.56万人，转移农业富余劳动力5.37万人，超额完成年度目标任务。城乡居民养老保险制度实现全覆盖，新农合大病保障机制基本建立，城乡低保、企业离退休人员养老金、城乡居民基本医疗保险补助标准进一步提高。市场供应基本做到量足价稳质优，主要食品安全检测指标全部达标。居家养老服务实现社区全覆盖。实施危旧房（棚屋区）改造180万平方米，综合整治老旧住宅小区75个，基本建成保障性住房3.43万套，超额完成省下达的任务。“平安福州”建设成效明显，人民群众对社会治安满意率达95.05%，安全生产事故死亡人数下降25.9%。有效解决了一大批信访积案和历史遗留“两权证”办理等热点难点问题，人民调解、行政复议、法律援助、社区矫正等工作不断加强，省会中心城市保持和谐稳定。

（九）政府自身建设切实加强。大力弘扬“马上就办”的传统，不断改进作风、提高效能、优化服务。市行政服务中心当场办结率72%，群众满意率99.99%，在全省率先推行了市县联动服务。“三服务”“让人民满意”媒体直播民主评议政风行风等活动取得良好成效。政府信息公开和“中国福州”门户网站绩效考核位居全国前列，开通“福州发布”政务微博群。在全省率先开展廉政风险防控工作，行政监察、审计监督不断加强，惩治和预防腐败体系进一步完善。提请市人大常委会审议地方性法规草案5件，制定政府规章和规范性文件25件。认真执行人大及其常委会决定决议，自觉接受人大及其常委会的法律监督、工作监督和政协的民主监督，办复611件省、市人大代表建议、批评、意见和561件省、市政协提案，满意率分别为96.4%和99.8%。

各位代表，回顾过去一年的工作，我们取得的成绩来之不易。这是省委、省政府和市委正确领导的结果，是全市人民团结拼搏、攻坚克难和各方面大力支持的结果。在此，我代表市人民政府，向全市人民，向人大代表、政协委员、各民主党派、工商联、各人民团体、离退休老同志和社会各界人士，向中直、省直机关企事业单位和驻榕部队、武警官兵、公安政法干警，向关心支持福州发展的港澳台同胞、海外侨胞和国际友人,表示衷心的感谢!

在看到成绩的同时,我们也清醒地认识到存在的问题与不足,主要是:思想观念、体制机制某些方面还不适应大开放、大发展的要求;经济总量不够大,综合实力不够强,产业结构不够优;城乡规划建设管理存在薄弱环节;城乡发展、区域发展不平衡;民生保障水平还有待进一步提高;城乡生态环境保护任务较为艰巨;维护社会稳定压力加大;机关作风和效能建设仍需加强,一些干部的思想作风、能力素质与新形势新任务不相适应。我们要正视这些问题,采取有力措施,认真加以解决。

2013 年工作安排

各位代表,2013 年是全面贯彻落实党的十八大精神的开局之年,也是我们在圆满实现"3820"工程宏伟目标的基础上,认真实施"十二五"规划、力争率先全面建成小康社会的重要一年。我们要大力传承弘扬"3820"工程战略精髓,牢牢把握稳中求进的总基调,以提高经济增长质量和效益为中心,进一步开拓创新、全力以赴做好各项工作,加快推进闽江口发展区建设,实现经济持续健康发展和社会和谐稳定。

今年全市经济社会发展主要预期目标是:地区生产总值增长 11.5%;地方公共财政收入增长 13%;全社会固定资产投资增长 12%;外贸出口增长 5%;按验资口径实际利用外资增长 5%;社会消费品零售总额增长 15%;居民消费价格总水平涨幅控制在 3.5% 左右;城镇居民人均可支配收入增长 12%,农民人均纯收入增长 13%;城镇登记失业率控制在 3.5% 以内;人口自然增长率控制在 7.6‰以内;单位地区生产总值能耗下降 3.43%,确保完成减排"十二五"中期目标任务。

为实现上述预期目标,重点抓好以下八个方面工作:

(一)以解放思想为先导,坚定不移地深化改革开放。

更加积极地推进重点领域改革。完善国有资产管理体制,做大做强市属投融资平台,培育若干家上规模的国有企业集团。大力支持与引导非公有制经济发展,进一步拓宽民间资本投资渠道。推行政府购买公共服务等模式,在五城区全面实施道路清扫保洁、内河保洁市场化运作。继续鼓励和引导企业上市。完善公共财政体系,抓好"营改增"试点工作,全面实施"公务卡"制度改革。认真做好简政放权工作,推进事业单位分类改革,加强市、县行政服务中心建设,建立"一站式"为全市人民群众集中便捷办理各种民生事项的市民服务中心。深化教育、文化、卫生等社会事业领域各项改革,规范发展民办教育、文化、医疗机构。创新农业生产经营体制机制,推进农村土地承包经营权流转平台建设。加快改革户籍制度,有序推进农业转移人口市民化。

更加积极地实施大开放战略。继续加强"三维"对接,深入实施"回归工程",大力提高对接项目的履约率和开工率。提升海交会办会水平与实效,积极争取举办一批国际性会议、活动。加快发展现有各类国家级开发区、投资区,推进产业链招商、以商招商。争取罗源湾港区尽快获批对外开放。进一步落实侨务政策,创新侨务机制,用好侨务资源,发挥侨智侨力。加强榕港榕澳在金融、物流、旅游等方面的合作。不断拓展国际友城合作及泛珠三角、闽浙赣皖、闽东北等区域协作、山海协作,继续做好对口支援新疆、西藏、宁夏等工作。

更加积极地推动榕台交流合作先行先试。认真落实《海峡两岸投资保护协议》,支持在榕台资企业发展壮大和转型升级,加快推进台商投资区、闽台(福州)文化产业园、海峡两岸(福州)农业合作试验区建设发展,加快建设两岸金融中心。大力发展海峡旅游,争取开辟黄岐至马祖海上航线。支持建设海峡邮政枢纽中心、邮政电讯直通口岸。深化榕台全方位、常态化交流合作,办好海峡版权(创意)产业精品博览会等对台特色交流活动。

更加积极地支持和对接平潭开放开发。大力支持平潭建设两岸同胞共同家园,扎实推进闽江调水、入岛通道等项目建设,继续在科技、教育、卫生、人才培养、公共服务等方面为平潭开放开发提供良好服务。积极对接平潭至台中等海上直航航线,着力打造两岸人流、物流的"黄金通道"。主动争取平潭综合实验区优惠政策的辐射,促进平潭与周边地区有机联动发展。

(二)着力扩内需稳外需,促进经济持续健康发展。

积极扩大城乡居民消费。拓展教育、文化、旅游、健身、休闲、养老、家政等消费,鼓励发展电子商务、信贷消费。促进房地产市场平稳健康发展,推动装修、家电、家具等大宗商品消费。积极申办全国性、区域性展会,大力发展会展经济。完善便民消费体系,推进商务诚信建设、"农超对接"等工作,坚决治理"餐桌污染",严厉打击侵害消费者权益的违法行为。

大力实施投资拉动。加大现代产业体系、海洋经济、环境整治、农田水利、公共服务、基础设施建设等领域投资力度,进一步打好"五大战役",加强重点项目建设,增加并引导好民间投资。初步安排"五大战役"项目 781 项,总投资 8821 亿元,年度计划投资 1337 亿元;市级重点项目 300 项,总投资 9688 亿元,年度计划投资 876 亿元。

努力稳定和拓展外需。加强电子信息产品、船舶、家具及装饰品、钟表等重点出口商品基地建设,推进加工贸易转型升级,提高服务贸易出口比重。充分发挥福州保税港区、江阴国家汽车整车进口口岸政策功能优势,积极发展国际中转、采购、配送和转口贸易。扩大重要装备、先进技术和紧缺资源进口。积极支持有条件的企业"走出去",进一步争取订单、开拓市场。切实帮扶出口企业更好地防范经贸风险、应对贸易壁垒。

(三)加快调整优化产业结构,大力发展壮大实体经济。

加快制造业转型升级。动工建设恒申合纤三期、中航国际飞机制造等 53 个项目,推进中石油钢管制造、兆元光电等 103 个在建项目建设,争取建成天辰耀隆己内酰胺、科立视触控屏等 70 个项目,力争新增 1 个千亿产业集群和 3 家百亿企业。发展提升金山、福兴、江阴、滨海、青口等工业园区,加快建设可门临港工业集中区、闽侯经济开发区、闽清白金工业区及罗源湾、长乐宝钢不锈钢深加工产业园等一批新兴特色产业园区。实施 163 项工业转型创新重点项目,加强传统产业技术改造。大力实施品牌战略，培育、扶持和保护名优地产品。加大对中小企业扶持力度，切实帮助企业解决融资、用工、用地等实际问题。

加快高新技术产业培育壮大。着力发展新一代信息技术、高端装备制造、生物与新医药、新材料、新能源、节能环保、物联网等战略性新兴产业，认真实施新能源汽车、LED等市场应用示范工程，力争新增50家以上高新技术企业，高新技术产业产值突破2500亿元。加快福州高新区发展，进一步提速建设海西高新技术产业园，积极推进海峡软件新城、仓山科技园区、中海创（永泰）智慧科技园区建设。创建物联网国家级技术研发中心，力争福州经济技术开发区成为国家级物联网产业园。

加快服务业提质增效。加速推进海峡金融商务区、闽江北岸中央商务区、南台岛三江口商务区建设，建成苏宁广场、泰禾城市广场等一批城市综合体，进一步做大做强总部经济、楼宇经济。加大台江海峡电子商务产业基地二期建设力度，做好国家电子商务示范城市建设和鼓楼区国家服务业综合改革试点工作。加快建设海峡钢贸城、海峡商品交易中心，提升海峡汽车文化广场及水产品、农副产品等批发交易中心。积极推进物流服务平台建设，大力发展第三方物流、冷链物流和城市配送体系。支持福建海峡银行、福州农商银行引进战略投资者，争取更多的世界知名金融机构落户福州，鼓励发展创业投资公司、小额贷款公司、村镇银行等金融机构，加快打造海西现代金融中心。着力争创中国服务外包示范城市。全面启动临空经济区和机场保税物流园区建设，争取福州航空有限责任公司尽快获批运营。

加快旅游、文化创意产业做强做优。打响闽都文化、温泉养生、休闲度假、生态旅游等旅游品牌，推进三江口、东雁、桂湖、东壁岛、鼓岭、云顶、下沙等一批在建拟建的文化旅游综合体和高端旅游项目建设，力争三坊七巷成功创建国家AAAAA级旅游景区。打造“船游福州”特色旅游产品，加快闽江北港及连江、罗源等地游艇项目建设。推进国家智慧旅游城市试点工作，力争实现中心城区三环以内旅游标识全覆盖。培育壮大七大文化创意产业，推进船政文化城、国家广告产业园、海峡文化创意产业基地等项目建设，提升福州国家动漫产业实验园发展水平。

加快“海上福州”建设发展。坚持“三群”联动，大力推进江阴海港新城以及罗源湾、可门等港口新城建设。支持发展远洋渔业和海产品精深加工，推动马尾、福清、长乐、连江等地水产品加工基地建设。积极发展临港工业、港口物流、海洋运输、滨海旅游、海洋生物医药等“蓝色产业”，加快建设闽台（福州）蓝色经济产业园、粗芦岛海洋工程装备制造业基地。加强福州港泊位建设、航道疏浚、航线开辟，积极稳妥推进罗源湾养殖清理。

（四）认真实施创新驱动发展战略，切实增强核心竞争力。

充分发挥企业创新主体作用。鼓励和引导企业加大技改、研发投入力度，大力推进技术、产品、品牌、产业组织与商业模式等方面的创新。支持有条件的重点企业建设研发机构，争取新设立20家以上企业技术中心。全面深化产学研用合作，组织实施50项以上区域科技重大项目和100项以上产学研用合作重点项目。

不断加强公共创新平台建设。加快发展行业技术创新中心、科技企业孵化器和加速器，完善产权交易、专利代理等创新服务平台。积极参加“6·18”活动，强化与高等院校、科研院所的对接合作。加强创新驿站建设，支持办好中科院海西研究院。推进国家知识产权示范城市建设，力争专利申请量突破1万件。

加快构筑闽都人才集聚区。大力建设中国福州海西引智试验区，筹建福州国际人才交流中心、国际人才项目孵化器，建成福州留学人员创业园。实施高层次专业技术人员海内外研修培训计划，举办首届海峡两岸（福州）大学生创业创新大赛。着手组建闽都人才市场，加强人才公寓、国际学校建设。

（五）精心打造美丽福州，提高城市宜居宜业和生态文明建设水平。

加速构建福州大都市区。切实把马尾新城作为福州新城建设的核心区、先行区和示范区，全面启动马尾快安、马江、长安、琅岐岛，仓山南台岛，长乐营前和连江琯头等片区开发，推进琅岐环岛路、南江滨东段、环南台岛休闲路、长乐滨江滨海大通道等项目建设，动工建设马尾大桥、东部快速通道、乌龙江过江通道等项目，争取琅岐闽江大桥主线通车。加快福清、长乐、闽侯、连江等周边县（市）融入中心城市发展步伐，培育闽清、罗源、永泰等特色功能承载区。编制完成福莆宁同城化总体发展规划，促进福莆宁融合发展、连片繁荣。

切实增强中心城市承载能力。动工建设绕城高速公路东南段、福银高速公路闽清（梅溪）互通口等项目，争取建成或基本建成向莆铁路福州段、江阴港铁路支线、可门港铁路支线、福永高速公路、新南港大桥等项目。实施快速路网和重点拥堵节点改扩建工程，完成二环路、斗池路等27条市政道路改造建设。全面完成地铁1号线沿线站点土建工程，动工建设地铁2号线。加快公共停车场建设，鼓励发展立体停车、地下停车。优先发展城市公共交通，新增公交专用道3条，新增更新公交车300辆，新辟和优化公交线路20条，建设智能公交系统，积极创建国家“公交都市”建设示范城市。加快闽江下游防洪排涝等工程建设，健全完善城市防灾减灾体系。推进神华煤港电一体化等重大能源项目建设，争取福清核电站首台机组投产发电。

全力打好城乡环境综合整治大会战。编制完善闽江口发展区规划和城市色彩、山体保护等专项规划，争取实现中心城区城市建设用地控规全覆盖，建成城市规划展示馆。认真抓好海峡会展中心、海峡奥体中心周边和东部新城商务办公区、晋安新城等城市组团建设。加快南街改造，实施危旧房（棚屋区）改造230万平方米，综合整治200个老旧住宅小区。精心打造绿城、花城、水城，全面推进城区内河截污和南台岛内河整治，实施内河生态补水工程；提升闽江岸线景观，建设闽江北港驳岸整治一期工程；抓好“点”“线”“面”攻坚，加强“四绿”工程建设，造林绿化2.43万公顷（36.5万亩），改造提升金鸡山公园、金山公园、南公园、江心公园，启动飞凤山、城门山等公园建设,实施二环路、三环路景观线等绿化工程,建设山水路街相衔接的城市"绿道"与慢行系统20公里。争取全面完成市区架空缆线下地。推动"数字城管"系统五城区全覆盖,继续抓好"门前三包"、渣土管理、户外广告清理和集中清理违法建设、治理违法采砂等工作。

积极争创国家生态市。大力发展绿色经济、循环经济、低碳经济,实施50项重点节能项目、310项重点减排项目。推进生活垃圾分类收集试点,加快建设餐厨垃圾处理无害化设施、红庙岭垃圾焚烧发电厂二期扩容工程等环保基础设施项目。加强"三江三溪"等重点流域水环境综合整治,实施空气环境质量达标规划。积极倡导"135低碳出行",推广公共便民自行车服务。强化饮用水源保护区、自然保护区、生态功能区和生态公益林、沿海防护林以及闽江口、乌龙江湿地保护。认真实施重点区域水土流失治理、"碧海银滩"、闽江口生态修复等工程,推进罗源湾污染物排海总量控制试点示范工作。进一步提高土地和海域、岸线等资源节约集约利用水平。探索建立生态资源有偿使用制度,完善生态补偿机制。

(六)统筹抓好"三农"工作,扎实推进城镇化和城乡发展一体化。

大力发展现代农业。稳定粮食生产,积极发展都市现代农业,培育壮大水产、畜牧、果蔬、食用菌、茶叶、花卉、竹木等特色优势产业。推进福清、长乐、连江等地一批国家级、省级现代农业示范园区、农民创业园建设发展,建设福人花卉市场和园林花卉苗木产业闽侯、永泰基地。扶持联户经营、专业大户、家庭农场,争取亿元产值农业产业化龙头企业突破100家。启动福州茉莉花种植与茶文化系统申报世界重要农业文化遗产工作。加强农技推广、动植物疫病防控、农产品质量监管,实施100项以上农业星火计划项目,创建15~20家现代农业创新基地,建设2个国家级、7个省级农业标准化示范区。

全面推进小城镇和精品示范村建设。进一步推进县(市)城关扩容提质、更新改造。深化小城镇综合配套改革,加快省、市试点小城镇建设发展步伐,打造各具特色的工业强镇、商贸重镇、旅游旺镇和历史文化名镇。继续开展新农村建设"百村竞赛"活动,推进"美丽乡村"建设,加快培育发展一批特色示范村。

持续改善农村生产生活条件。加大县(市)区对口协作力度,因地制宜、科学规划、分类指导、因势利导,强化对老少边贫岛地区的政策扶持、资金扶持与项目扶持,增强落后地区"造血功能"。加快推进霍口水库、葫芦门水库等一批重大水利项目建设,新解决60万农村人口饮水安全问题。加强农村环境综合整治,深入实施农村家园清洁行动,新建改造农村公路150公里,新增更新农村客车80辆,新建农村户用沼气池1000口,新建改建农村卫生户厕5000户,争取实现广播电视户户通。广泛开展"春风·春雨·光彩""榕商联村"等活动,实施"造福工程"农村危房改造7000户。

(七)积极建设文化强市,进一步推动文化大发展大繁荣。

大力弘扬闽都文化。加强历史文化名城保护,强化"三山两塔"核心区保护开发,实施朱紫坊、上下杭历史文化街区和烟台山历史风貌区、船政文化遗址群保护修复。规划建设海峡非物质文化遗产生态园、民间传统工艺美术品交易平台,建成东方漆空间创意园。进一步科学开发历史文化名镇(村)资源,发展少数民族民俗文化游等特色项目。

不断提升公共文化服务。加快推进海峡图书馆、海峡群艺馆建设,建成市工人文化宫。加强基层公共文化设施建设,构筑城区15分钟、农村30分钟公共文化服务圈。深入开展"四进社区""农村电影放映""文明小戏进农村"等文化惠民活动。积极培养和引进名家大师,加强文艺精品创作,促进哲学社会科学、新闻出版、广播影视、文学艺术等事业繁荣发展。

切实让文明福州持续文明。深入开展社会主义核心价值体系学习教育,大力弘扬民族精神、时代精神。积极普及科学知识。实施公民思想道德素质、志愿服务系统、文明风尚传播、未成年人思想道德建设、农村文明建设、文明城市长效管理等"六个工程"建设,不断提升城乡文明程度与市民文明素质。

(八)多办惠民实事,加快建设幸福和谐的"有福之州"。

千方百计增加城乡居民就业与收入。深化收入分配制度改革,促进居民收入增长和经济发展同步、劳动报酬增长和劳动生产率提高同步,力争农民收入增速超过城镇居民。积极促进就业,争取城镇新增就业13.3万人,转移农业富余劳动力4.6万人,实施职业技能培训4.8万人次、创业培训5000人次。努力构建和谐劳动关系,依法维护劳动者和企业合法权益。

统筹完善城乡社会保障体系。加大社会保险扩面力度,统筹做好城乡居民社会养老保险和被征地农民养老保险工作,探索建立城镇居民大病保险制度,尽快成立四城区社会保险分中心。适时提高城乡低保标准,强化动态管理,确保应保尽保。加强"菜篮子"工程建设,努力维护正常的市场秩序。推进保障房、安置房建设,新开工建设2万套保障性住房,力争建成1万套保障性住房。积极推行"模拟征迁"等和谐征迁新模式,认真解决被征地拆迁群众和退养渔民生产生活出路问题。完善社区居家养老服务长效机制,支持发展社会化养老服务,新建一批农村敬老院,推进老干部活动中心等项目建设。大力发展社会福利、社会救助、社会慈善事业,动工建设市社会福利中心、残疾人康复就业中心。

努力办好人民满意的教育。新建和改扩建35所公办幼儿园,探索实施学前教育购买服务模式。完善中小学布局,新建和改扩建30所中小学,扩容中小学学位1万个,全面完成义务教育标准化学校创建任务。创建20所多样化特色化建设试点普通高中。进一步提高市属高校办学水平。推动教育资源配置向农村尤其是边远、贫困、民族乡村倾斜,做好家庭经济困难学生资助和农民工子女入学等工作。大力发展职业教育,建成职业教育公共实训基地。支持发展特殊教育、老年教育、继续教育、社区教育。

持续提高人民健康水平。完善省会医疗资源布局,启动市妇幼保健院迁址新建、市二医院内科楼等项目建设。加强基层医疗机构改造提升及设备标准化配置。完善疾病防控、卫生监督、医疗救援、卫生应急和卫生信息体系，创建鼓楼、长乐国家慢性病综合防治示范区和台江宁化等国家级示范社区卫生服务中心。大力扶持中医药事业发展。深入开展爱国卫生运动。认真实施“生育文明·幸福家庭”促进计划，促进人口长期均衡发展。

大力推动全民健身与城运同行。加快推进海峡奥体中心“一场三馆”和运动员村建设，抓紧建设、改造一批县（市）区体育场馆。认真备战第十五届省运会和第八届城运会，精心办好世界沙排巡回赛、国际公路自行车赛、十万人健步行等大型赛事和全民健身活动。加强群众健身场所和设施建设，进一步营造全社会关心城运、支持城运、参与城运的浓厚氛围。

不断加强和创新社会管理服务。全面推行“135”社区党建工作模式，加强社区网格化服务管理。持续推进“数字福州”建设，完善便民呼叫中心12345系统、“中国福州”门户网站、“福州发布”政务微博群等便民利民公共服务平台。健全社会稳定风险评估、应急处置等机制，完善信访制度和“大调解”工作体系，及时排查调处社会矛盾纠纷。不断巩固提升“平安福州”建设成果，深化综合警务改革，加快建设城市视频监控系统，稳步实施流动人口“居住证”制度，有效防范和依法打击各类违法犯罪活动。加强企业安全生产标准化建设，深入开展安全生产专项整治，坚决防范和遏制重特大安全生产事故。进一步做好“六五”普法和法律援助、法律服务、社区矫正、青少年事务社工等工作。扩大基层民主和群众自治，引导社会组织健康有序发展。做好新形势下的民族宗教工作。坚持军民融合式发展，深化双拥共建，加强国防教育、国防动员、国防后备力量建设及武警现代化建设、海防、人防等工作。

全面提高新形势下政府自身建设水平

各位代表，新的形势、新的任务对政府自身建设提出了新的更高的要求。市人民政府将认真贯彻落实中央和省委、市委改进工作作风、密切联系群众的各项规定，不断提高执行力、公信力和战斗力。

切实强化依法行政。进一步增强法治观念，严格按照法定权限和程序行使权力。严格规范行政执法，完善行政复议机制。积极推行公示、咨询、听证等制度。依法接受人大及其常委会的法律监督、工作监督，主动支持政协履行政治协商、民主监督、参政议政职能，积极配合人大、政协开展检查、视察、调研等活动，加强与各民主党派、工商联和各人民团体、无党派人士的沟通联系，提高人大代表建议、批评、意见和政协提案办理的满意率、落实率。

全面改进工作作风。深入开展为民务实清廉教育实践活动，完善深入企业、基层常态化服务机制，多做惠民生、谋民利和打基础、利长远的实事好事。大力倡导敢于担当、勇于负责的精神，强化绩效管理、效能建设和岗位考核，全面提高行政效率，让“马上就办”成为广大公务员的行为规范和福州的品牌标志。不断加强学习，提高把握规律、科学决策的能力与水平。切实改进会风文风，精简会议活动和文件简报。进一步简化和规范接待、警卫、出访等工作。

时刻保持清正廉洁。扎实推进惩治和预防腐败体系建设，深化反腐倡廉教育和廉政文化建设。加强行政监察，强化领导干部经济责任、财政性资金等审计监督，坚决纠正损害群众利益的不正之风，坚决查处违纪违法行为。严格控制一般性支出，勤俭办一切事业。进一步完善行政权力阳光运行平台，加强政务公开、政府信息公开，深入开展民主评议政风行风等活动，主动接受社会公众和舆论的监督。

各位代表，在党的十八大精神指引下，我们将开启福州科学发展跨越发展新的征程。让我们紧密团结在以习近平同志为总书记的党中央周围，在省委、省政府和市委的坚强领导下，进一步敢为、能为、有为，为加快建设开放、文明、和谐、幸福的新福州，率先全面建成小康社会而努力奋斗！

（编辑　黄　铭）

2012年市委市政府为民办实事项目完成情况

一、改善农村生产生活条件

（一）实施农村“村村通客车”工程。投入2.1亿元，建成农村公路280公里（完成率140%）；投入2119万元，落实连江仁山撤渡建桥项目；新增、更新农村客车108辆（完成率108%），符合通客车安全条件等级的农村公路100%通车。

（二）推进公路安保工程。投入640.9万元，落实260公里国、省道安保工程；投入6200万元，落实510.8公里农村公路安保工程（完成率170%）；投入2101万元，新建或改造普通公路危桥10座（闽清石潭溪旧桥、前洋桥和炉坪坑桥，罗源霍口大桥，长乐郑店桥、胪峰桥、珠湖桥和坑田桥，闽侯县举口桥、官坪桥）。

（三）完成625个村庄规划编制任务。其中，晋安区48个、福清市84个、长乐市134个、罗源县144个、闽清县106个、连江县73个、闽侯县22个、永泰县14个。

（四）落实8个县（市）区176个村“家园清洁”行动，并通过省、市级验收。其中，福清市10个、长乐市27个、闽侯县55个、罗源县23个、连江县40个、闽清县19个、马尾区和永泰县各1个。

（五）实施农村饮水安全工程。投入1.79亿元，超额完成50万名农村人口饮水安全问题（完成率166.7%）。其中，晋安区2个项目约2.24万人、马尾区1个项目约3.45万人、福清市5个项目约3.13万人、长乐市6个项目约11.85万人、闽侯县4个项目约10.75万人、永泰县5个项目约8.07万人、闽清县7个项目约7.87万人、罗源县1个项目约0.94万人、连江县1个项目约1.84万人。

（六）修复5座小（1）型病险水库（福清市西溪水库、梨庄水库、庄上水库、占坝水库、乌仔底水库）和8座小（2）型病险水库（永泰县磷阳水库、土洋水库、西安里水库、山坑水库，连江县里山水库、土坂水库、河寺水库，罗源县后山里水库），全年投入4557万元。

（七）完成2处中小河流治理项目。投入2968.6万元，实施罗源县起步溪护国段防洪工程，新砌护岸1973.4米，清淤河道3.5公里，新建排水涵洞11处；投入1727.37万元，实施福清市龙江利桥下游河道整治工程，新建或加高防洪堤2公里，清淤河道2公里，新建排涝闸和灌溉涵闸各1座。

（八）超额实施造福工程搬迁3100人，全年投入2602.5万元。其中，闽侯县259人、闽清县689人、连江县480人、罗源县789人、永泰县883人。

（九）实施新一轮农网改造升级工程。投入3.24亿元，新扩建16座110千伏变电站，容量72.6万千伏变安，110千伏线路198.6公里；新扩建5座35千伏变电站，容量11.75万千伏安，35千伏线路34公里；新建和改造457台10千伏配变，容量14.32万千伏安，10千伏线路1260.4公里，低压线路489.3公里。

（十）建设农村社区综合维修服务体系。闽清县农村社区综合维修服务中心于7月建成开业。服务中心位于梅城镇南北大街151号，占地面积278平方米，下设5个维修站（云龙乡维修站、白樟镇维修站、梅城镇维修站、池园镇维修站、东桥镇维修站）和6个维修点（白中镇维修点、塔庄镇维修点、梅溪镇溪口村维修点、下祝乡维修点、东桥镇北洋村维修点和坂东镇维修点）。

（十一）实施农村沼气工程。投入500万元，建成农村沼气池2000户。其中，晋安区50户、福清市1050户、永泰县450户、闽侯县150户、闽清县100户、连江县200户。

（十二）实施渔船保险。落实渔船投保1542艘（马尾区9艘、长乐市490艘、福清市40艘、连江县945艘、闽侯县58艘），签单保费687.44万元，完成任务数（1220艘）的126%。

（十三）实施渔工责任险。落实渔工责任保险2.33万人（仓山区334人、马尾区415人、长乐市3782人、福清市2347人、连江县1.21万人、罗源县3266人、闽侯县1031人），签单保费770.9万元，完成任务数（2.06万人）的113%。

（十四）实施农村住房保险。全市农村住房127.26万户（含福州市城区12.95万户、七县市114.31万户）全部投保，理赔1543户215.8万元。

（十五）土地整理复垦立项开发20宗1466.67公顷（完成率110%）。其中，福清市4宗152.6公顷、长乐市4宗273.47公顷、闽清3宗366.67公顷、连江县2宗120公顷、罗源县3宗271.33公顷、永泰3宗222.67公顷、闽侯县1宗59.2公顷。

二、加强“菜篮子”工程、食品放心工程建设

（一）超额新建、改造100个便利店（完成率125%），全年投入3000万元。其中，鼓楼区37个、晋安区13个、台江区16个、仓山区和福清市各11个、闽侯县7个、连江县2个、永泰县3个。

（二）超额新建、改造67个农家店（完成率134%），全年投入1340万元。其中，仓山区10个、马尾区5个、晋安区2个、福清市15个、长乐市1个、闽侯县22个、连江县12个。

（三）升级改造20个城乡农贸市场（含农改超），全年投入2600万元。其中，闽侯县和罗源县各3个，福清市、连江县、闽清县和永泰县各2个，鼓楼区、台江区、晋安区、仓山区、马尾区和长乐市各1个。

（四）建设城市副食品调控基地。1. 建成666.67公顷（1万亩）蔬菜基地，全年投入1000万元。2. 落实31个生猪基地（福清市8个，连江县7个，闽侯县5个，罗源县和闽清县各3个，马尾区2个，晋安区、长乐市和永泰县各1个）和22个禽蛋基地（连江县6个、闽侯县4个、福清市和永泰县各3个、罗源县和闽清县各2个、马尾区和长乐市各1个）按既定的生产能力，完成活体储备任务，其中生猪75万头。

（五）支持水产品生产和供应。全年水产品市场供应总量194万吨。其中，海洋捕捞品21万吨，海水养殖品71.3万吨，淡水养殖品101.7万吨。

（六）继续支持以蔬菜为主的钢架大棚建设。建成钢架大棚445.73公顷（完成率111.4%）。

（七）扶持建成3个蔬菜集约化育苗基地，全年投入250万元。一是福清市镜洋镇东山村绿丰蔬菜集约化育苗基地（数控育苗温室规模2610平方米）；二是连江县官坂镇浮泉村绿滋园蔬菜集约化育苗基地（数控育苗温室规模1280平方米）；三是闽侯县南通镇瓜山村集约化育苗基地（连栋钢架育苗大棚1500平方米）。

（八）组织食品安全监管联合执法9851次，出动人员3.1万人次，查处案件617起，涉案金额108.83万元。全年全市主要食品安全检测指标均达标。其中，生猪“瘦肉精”尿样检测合格率100%；蔬菜农药残留快速检测合格率99.88%；大米黄曲霉毒素指标市场抽检合格率100%；水产品药物残留市场抽检合格率99.96%；二次供水水质四项常规指标抽检合格率100%；酱油、鱼露、食醋卫生指标市场抽检合格率100%；豆腐等豆制品卫生市场抽检合格率100%；食用油黄曲霉素B1、过氧化值、酸价市场抽检合格率100%。

（九）建成4个珍稀食用菌示范基地，即罗源县工厂化栽培杏鲍菇示范基地（日产2.5吨）、福清市工厂化绣球菌示范基地（日产2吨）、闽清县真姬菇示范基地（日产2.5吨）、长乐市灰树花示范基地（日产0.5吨）。建成马尾区工厂化金针菇生产基地，实现规模化（日产2吨）和智能化生产。

（十）实施畜禽良种工程。投入13.5万元，落实奶牛良种补贴9000支（荷斯坦种公牛冻精）。投入160万元，落实生猪良种补贴4万头。

三、改善市民出行条件

（一）启动沿江沿河慢行系统建设。完成《福州市慢行系统规划研究》编制工作；建成沿河休闲步行道22公里（晋安河10公里、新店溪3.8公里、东西河2.4公里、新西河和凤坂河各2.8公里、光明港0.2公里），并启动实施光明港自行车道建设；环南台岛自行车休闲道进入方案设计工作。

（二）实施机场高速公路二期、沈海高速公路、福银高速公路、温福铁路、福厦铁路沿线整治。投入4.61亿元，对3条高速公路和2条铁路沿线违章建筑及广告进行拆除，裸房立面粉刷，山林苗木补植。其中，机场高速公路沿线整治项目完成投资1.69亿元，沈海高速公路沿线整治项目完成投资2.54亿元，福银高速公路沿线整治项目完成投资240万元，温福铁路沿线整治项目完成投资1757万元，福厦铁路沿线整治项目完成投资1827万元。

（三）新增进出城南向通道。投入35.7亿元，基本建成螺洲大桥及其南北接线。贯通五虎山隧道，实现螺洲大桥与三环路、福银高速主体结构全线连接。

（四）实施火车北站片区路网改造。桂山路投入1.67亿元，已建成通车。东浦路、站东路、站西路等3条推进改造；其中，东浦路完成投资0.99亿元（占任务65%）；站东路完成投资5.2亿元（占任务76%）；站西路完成投资4.71亿元（占任务68%）。

（五）完成10条道路“白改黑”任务，全年投入1.02亿元。即井大路、福新路、温泉公园路、津泰路、五一南路、树汤路、玉泉路、福寿巷、湖东路和梅峰路。

（六）完成主城区20条主次干道路灯改造，全年投入1300万元。即天泉路、津泰路、湖滨路、铜盘路、公益北路、东街、东大路、华林东路、华林西路、五一路、五四路、二环路（总院—天泉）、湖头街、双湖三路、高昌路、六一路、乌山路、新权南路、海底路、五一广场东侧道。

（七）完成市区交通信号灯四个项目改造和提升工程，全年投入4800万元。即完成信号灯管理平台开发运行和262个路口信号灯无线联网工作，完成市区307个信号灯路口和641个路段的交通流量检测以及307个路口优化配时工作，完成218个路口非国标信号灯灯具更换工作，完成1500个信号灯视频监控和350个视频流量采集前端点位定点工作。

四、优先发展公共交通

（一）超额完成新增城区清洁能源公交车189辆，完成任务数的236%。

（二）超额新增公交线路32条（市本级22条，长乐市2条、闽侯县7条、罗源县1条），完成率457%；超额优化公交线路47条（市本级40条，长乐市4条、永泰县1条、连江县2条），完成率235%；延长20条公交班线服务时间，完成率

100%。

(三)超额改造公交停靠站220个,完成率220%。

(四)建成7个公交场站,全年投入1508万元。其中,市区4个(尤溪洲桥东公交首末站、马尾快安公交枢纽站、远东丽景公交首末站、鼓山下院公交停车场),县(市)级3个(长乐市岱边、上洋公交首末站,福清光电园公交首末站二期)。

五、推进内河整治

实施光明港、东西河、新店溪、新西河、潘墩河、三捷河等6条内河综合整治工作,计划投入59.59亿元。新店溪完成整治,另有5条正在整治。其中,光明港综合整治工程新建驳岸2250米,完成2个茉莉园景观改造提升,新建跨河桥梁正在施工,完成投资的28%;东西河综合整治工程完成部分河段绿化、透水砖和木栈道铺设,完成投资的82%;新西河综合整治工程完成牡丹酒店河段和城管公寓河段整治施工,完成投资的31%;潘墩河综合整治工程完成部分河道搅拌桩施工,挡墙砌筑345米,完成投资的70%;三捷河综合整治工程正在征迁,完成投资的37%。

六、实施保障性安居工程

扩大住房保障范围。1. 启动实施公共租赁房7个建设项目共5000套30万平方米。即盖山新苑(5号楼)264套、首山丽景(一区1号楼)150套、浦口新城(1~5号楼、8号楼、9号楼)972套、螺洲新城(二区7号楼、8号楼)208套、双湖新城(二区1~4号楼)1016套、西园丽景新苑(3~8号楼)1128套、园中新苑1262套。2. 廉租房420套约2.1万平方米正在建设。即远东丽景(14号楼)130套主体封顶,正在装修;园中新苑290套,正在主体施工。

七、实施"四绿"工程,提升园林绿化水平

(一)提升东二环园林绿化工程。投入45万元,完成东二环7处绿化提升工程(锦山名苑、二化分院花坛、双龙花园前、国货路路口、福新路口、东华苑、金晖新村)。

(二)实施城市出入口连接线绿化工程。1. 投入3350万元,完成西北二环浦西、华林路屏东、树兜等26座人行天桥、高架桥的花化,以及南二环路4处3万平方米绿地建设。2. 投入2812万元,完成三环路28处20.88万平方米绿化提升工程。

(三)建成福马路、长乐北路、二环路西北段等3条林荫景观道。

(四)建成3处1000平方米以上绿地,全年投入2400万元。即台江区滨河园、鼓楼区五四园和新店溪滨河绿地。

(五)超额完成非规划造林4806.67公顷(完成率110.9%),全年投入6.56亿元。其中,绿色城市和绿色村镇各2026.67公顷、绿色通道753.33公顷。

八、实施闽江流域水环境整治与水源保护

全年,闽江流域干流水质累计达标率达97.8%;市级集中式饮用水源累计达标率100%,县(市)级集中式饮用水源累计达标率100%。1. 工业污染整治:改造完成福建协展机械工业有限公司污染治理设施。2. 饮用水源保护:建成长乐炎山饮用水源水质自动监测站。3. 养殖污染整治:建成长乐顺利农业发展有限公司污染治理项目,落实福清市新厝镇凤迹村46家2.15万平方米养猪场拆除,落实闽侯县竹岐乡小目溪支流畜禽86家6.15万平方米和青林村13家1.41万平方米养殖户拆除。4. 城乡环保设施建设:完成红庙岭渗滤液处理厂扩容改造、马尾快安污水处理厂脱水污泥技改;建成闽清县坂东镇和池园镇,永泰县大洋镇和长庆镇污水处理设施;另有福州青口新区环境工程正在基础施工。

九、提升教育发展水平

(一)实施中小学扩容工程。投入5457万元,完成1.06万个扩容学位任务(完成率106%)。其中,仓山区3240个、马尾区1800个、晋安区1730个、鼓楼区855个、台江区270个、福清市990个、闽侯县350个、罗源县360、闽清县450个、永泰县505个。

(二)实施特殊教育提升工程。投入520万元,新建连江县特殊教育学校教学综合楼(四层共2600平方米);投入150万元,实施福州聋哑学校明楼改造工程(三层共改造面积1158平方米)。

(三)实施中小学和幼儿园"校车安全工程"。落实更换国标校车236辆(完成率133%)。其中,鼓楼区2辆、台江区1辆、仓山区16辆、马尾区9辆、晋安区8辆、福清市80辆、长乐市62辆、闽侯县23辆、连江县20辆、罗源县9辆、闽清县6辆。

(四)新建、改扩建50所公办幼儿园,全年投入2亿元。已竣工35所(台江区2所、晋安区1所、福清市3所、闽侯县2所、连江县4所、罗源县5所、闽清县7所、永泰县11所);在建15所(福清市5所,闽侯县3所,永泰县2所,仓山区、长乐市、连江县、罗源县和闽清县各1所)。

(五)实施中小学校舍安全工程。投入5.77亿元,落实校舍改造104.59万平方米。其中,市本级2.29万平方米,鼓楼区7.8万平方米、台江区2.47万平方米、仓山区2.21万平方米、马尾区2.03万平方米、晋安区1.77万平方米、福清市37.51万平方米、长乐市11.3万平方米、闽侯县14.19万平方米、连江县9.34万平方米、罗源县2.33万平方米、闽清县4.86万平方米、永泰县6.49万平方米。

(六)免费为全市农村义务教育阶段公办学校学生提供作业本。投入1174万元,从2012年春季开始,在农村义务教育阶段公办学校学生免课本费的基础上,进一步免费提供作业本。其中,小学生每生每年30元,初中生每生每年40元。

(七)实施农村义务教育阶段寄宿生营养改善工程,提高农村义务教育阶段公办寄宿制学校寄宿生生活补助标准。投入1344.5万元,从2012年春季开始,对农村义务教育阶段公办寄宿制学校寄宿生实施营养改善工程,每生每年补助500元;对低保家庭寄宿生小学每生每年1000元,初中每生每年1250元。

十、加快发展公共文化服务

(一)对全市未达标的5个县级公共图书馆、3个县级文化馆进行改扩建。投入540万元,完成台江区、晋安区、罗源县等3个县级图书馆内部提升;建成闽清县图书馆和文化馆、福清市文化馆;另有永泰县图书馆和文化馆正在基础施工。

(二)扶持40个群众性"激情广场大家唱"文化活动示范

点（完成率 133.3%），全年投入 220 万元。其中，鼓楼区 13 个，台江区 7 个，晋安区、闽侯县和闽清县各 3 个，仓山区、长乐市、连江县和罗源县各 2 个，马尾区、福清市和永泰县各 1 个。

（三）推进县（市）城区影院建设工程。全市有 5 个县（市）建成城区数字电影院。其中，福清市和连江县各 2 所（福清市华侨影剧院、福清时代金典数字影城，连江金字塔电影院、连江县鑫凤凰电影院），长乐市、罗源县、闽清县各 1 所（长乐大地数字影院、罗源县 3D 影城、闽清县新会场影院）。另有永泰县人民会堂影院和闽侯县城新区县文化中心影院完成主体施工，正进行装修和设备安装。

（四）提高农村电影放映工程放映场次补贴，全年投入 720.5 万元。即省里对连江县、罗源县、永泰县、闽清县每场补贴 160 元，对其余县（市）区每场补贴 120 元；市里对永泰县、闽清县每场补贴 130 元，对仓山区、晋安区、连江县、罗源县每场补贴 80 元；其他县（市）区由各地财政发放补贴。

（五）实施广播电视村村通工程。投入 2095 万元，落实 1058 个村广播电视村村通工程。其中，晋安区 55 个、福清市 15 个、长乐市 14 个、闽侯县 90 个、连江县 26 个、闽清县 124 个、罗源县 106 个和永泰县 628 个。

（六）建成 252 座科普惠农宣传栏，全年投入 118.78 万元。其中，仓山区 10 座、马尾区和长乐市各 40 座、闽侯县 20 座、连江县 42 座、永泰县和闽清县各 50 座。

（七）推进福州市海峡妇女儿童活动中心建设项目建设，基建总投 2 亿元，已完成 6300 万元（占年度计划投资 114.5%）。晋安、闽清、永泰妇女儿童活动中心均在建。其中，晋安区项目主体封顶并完成外墙装修；闽清县项目（12 层）正进行 11 层主体施工；永泰县项目正进行地下室施工。

（八）建设温泉博物馆。投入 1.2 亿元，项目选址温泉公园东北角，11 月主体结构封顶。

十一、加快卫生事业发展

（一）完成 1024 个村卫生所标准化建设，全年投入 1134 万元。其中，晋安区 84 个、仓山区 88 个、马尾区 48 个、福清市 213 个、长乐市 113 个、闽侯县 159 个、罗源县 79 个、连江县、永泰县和闽清县各 80 个。

（二）提升社区卫生服务中心服务能力，配备心电图、B 超、X 光机、生化分析仪等设备。落实 9 个县（市）区 17 所社区卫生服务中心配备 44 台医疗设备。其中，鼓楼区 2 所 4 台、台江区 3 所 10 台、仓山区 2 所 6 台、晋安区 1 所 4 台、福清市 5 所 14 台、长乐市和闽侯县各 1 所 1 台、罗源县和闽清县各 1 所 2 台。

（三）培训在岗乡村医生。投入 166.59 万元，完成乡村医生规范培训 8 期 3702 人次。其中，福清市 1201 人次、长乐市 308 人次、闽侯县 608 人次、闽清县 413 人次、永泰县 360 人次、罗源县 343 人次、连江县 469 人次。

（四）完成全科医生培训工作。落实省定近 500 人培训任务（含岗位培训、骨干培训、转岗培训和全科规范化培训）。

（五）扩大医疗资源建设，扩充床位资源，加强临床重点专科建设。1. 投入 1.37 亿元，计划 2013 年底前新增床位 1155 张，现已完成年度任务 605 张。其中，妇幼床位 50 张（长乐市）、儿科床位 270 张（福州市区和闽清县各 50 张、福清市和罗源县各 35 张、长乐市和闽侯县各 30 张、永泰县和连江县各 20 张）、康复科床位 135 张（福州市区 30 张，福清市 25 张，长乐市和连江县各 20 张，闽侯县、罗源县、永泰县和闽清县各 10 张）、专科床位 150 张（福州市肺科医院）。2. 各县（市）区医院内部自筹建设和新建民营医院新增床位 995 张。

十二、健全社会保障体系

（一）完成全市 12 个县（市）区农村居民最低生活保障金提标工作（由每人每年 1200 元提高到每人每年 1800 元）。

（二）全市 12 个县（市）区城镇居民社会养老保险实现全覆盖：(1) 晋安区应参保 1.99 万人，已参保 5433 人，其中 60 周岁以上 4548 人，12 月发放养老金 4360 人 24.7 万元；(2) 福清市应参保 3.28 万人，已参保 3.14 万人，其中 60 周岁以上 7846 人，12 月发放养老金 7453 人 41.25 万元；(3) 闽侯县应参保 6000 人，已参保 5738 人，其中 60 周岁以上 2424 人，12 月发放养老金 2390 人 13.3 万元；(4) 长乐市应参保 2999 人，已参保 2799 人，60 周岁以上 2284 人，12 月份发放养老金 2250 人 12.4 万元；(5) 马尾区应参保 5200 人，已参保 4723 人，60 周岁以上 2551 人，12 月份发放养老金 2479 人 14.8 万元；(6) 鼓楼区应参保 11752 人，已参保 8265 人，60 周岁以上 7894 人，12 月份发放养老金 7844 人 43.1 万元；(7) 台江区应参保 1.96 万人，已参保 8049 人，60 周岁以上 7965 人，12 月份发放养老金 7891 人 46.3 万元；(8) 仓山区应参保 5447 人，已参保 4363 人，60 周岁以上 3836 人，12 月份发放养老金 3747 人 32.7 万元；(9) 连江县应参保 3053 人，已参保 2927 人，60 周岁以上 2478 人，12 月份发放养老金 2176 人 12.1 万元；(10) 罗源县应参保 2386 人，已参保 1611 人，60 周岁以上 1302 人，12 月份发放养老金 1279 人 8.2 万元；(11) 永泰县应参保 4984 人，已参保 1961 人，60 周岁以上 1363 人，12 月份发放养老金 1248 人 8.2 万元；(12) 闽清县应参保 3098 人，已参保 1870 人，60 周岁以上 1067 人，12 月份发放养老金 972 人 6.7 万元。

（三）城镇参加居民的政府补助标准由每人每年 220 元提高到每人每年 260 元，参加居民个人缴费标准保持不变。

（四）支持创业促进就业。全市组织 6025 名（完成率 100.4%）有创业意愿的人员参加 SIYB 创业培训；推动各金融经办机构为符合条件人员发放小额担保贷款 1.6 亿元（完成率 200%），促进 2300 名（完成率 230%）劳动者创业，带动吸纳 6900 名就业困难群体人员（完成率 230%）实现就业。

十三、整治无物业小区

《福州市旧住宅小区综合整治实施方案》于 9 月 24 日印发实施。投入 2520 万元，超额落实 75 个无物业小区整治工作。其中，鼓楼区 21 个、台江区 11 个、仓山区和晋安区各 15 个、马尾区 13 个。

十四、实施全民健身工程

（一）建成 500 个农民体育健身工程，全年投入 2703 万元，其中，马尾区 16 个、晋安区和仓山区各 12 个、福清市 112 个、长乐市 30 个、闽侯县 60 个、连江县 50 个、闽清县 48 个、罗源县70个、永泰县90个。超额建成12条登山健身步道(完成率120%),全年投入1854万元,其中,晋安区、马尾区、长乐市、闽侯县、闽清县和永泰县各1条,福清市、连江县和罗源县各2条。

(二)实施健身路径进村工程。投入607.5万元,建成250条健身路径(完成率125%)。其中,晋安区、仓山区和罗源县各15条,马尾区25条,福清市50条,长乐市和闽清县各20条,闽侯县40条,连江县33条,永泰县17条。

十五、加强养老服务

(一)新建11所农村敬老院。已竣工4所(长乐市罗联乡敬老院、永泰县东洋乡敬老院和岭路乡敬老院、罗源县鉴江镇敬老院);主体封顶4所(福清市一都镇敬老院和上迳镇敬老院、罗源县中房镇敬老院、闽清县坂东镇敬老院);在建3所(福清市南岭镇敬老院、闽清县梅溪镇敬老院和金沙镇敬老院)。

(二)新建225个社区居家养老服务中心。其中,鼓楼区29个、台江区23个、仓山区48个、晋安区36个、马尾区5个、福清市20个、闽侯县15个、闽清县11个、永泰县8个、连江县24个、罗源县6个。

十六、加大弱势群体帮扶力度

(一)扶助残疾人就业。1. 完成农村贫困残疾人实用技能培训1006人(完成率100.6%)。2. 扶持100名农村残疾人家庭种植创业就业,每人发放补助金5000元。其中,仓山区3人,晋安区4人,马尾区2人,福清市15人,长乐市和闽侯县各10人,连江县、罗源县和闽清县各13人,永泰县17人。3. 落实扶持110户城镇"零就业"家庭创业就业,每户发放补助金5000元。其中,鼓楼区和台江区各20户,仓山区和福清市各15户,晋安区12户,马尾区6户,长乐市7户,闽侯县、连江县、罗源县、闽清县和永泰县各3户。

(二)实施光明行动。投入135万元,超额完成复明手术983例(完成率122.9%)。其中,鼓楼区20例、台江区16例、仓山区28例、晋安区29例、马尾区20例、福清市120例、长乐市60例、闽侯县218例、连江县135例、永泰县110例、闽清县130例、罗源县97例。

(三)超额落实503名贫困残疾儿童提供康复训练(完成率168%),全年投入582.6万元。其中,鼓楼区43人、台江区21人、晋安区29人、仓山区51人、马尾区和罗源县各9人、福清市128人、长乐市26人、闽侯县35人、连江县24人、闽清县13人、永泰县10人,外地市105人。

(四)实施居家托养,资助重度贫困残疾人开展居家养护。投入350万元,落实700名残疾人居家托养任务。其中,福清市80人,鼓楼区、台江区、晋安区、仓山区各70人,长乐市和闽侯县各60人,连江县和马尾区各50人,闽清县、永泰县和罗源县各40人。

(五)为贫困残疾人免费发放5000件辅助器具,全年投入144.5万元。其中,鼓楼区560件、台江区340件、仓山区440件、晋安区480件、马尾区165件、福清市1000件、长乐市495件、连江县485件、闽侯县430件、罗源县165件、闽清县235件、永泰县205件。

(六)建设市残疾人康复就业中心。计划投资1.5亿元,选址仓山区城门镇城楼261号原省第二公路工程公司地块(占地1.48公顷),完成项目选址意见书、项目建议书、土地预审书的审批办理工作,正进行项目工可研究报告和环境评估报表的编制修改工作。

十七、强化计划生育优质服务

(一)安排计生小额贴息资金273.84万元扶持计生困难户3046户。其中,省级投入80.57万元贴息帮扶954户;市级投入193.27万元贴息帮扶2092户。

(二)实施免费孕前优生健康检查。全市12个县(市)区落实检查3.75万对夫妇(占任务106%)孕前优生健康免费检查工作。

(三)提高特殊计划生育家庭奖励扶助金标准。投入396.48万元,全市826户独生子女伤残、死亡家庭补助从每人每月180元和200元提高到每人每月400元。

(四)提高独生子女父母和生育两个女孩后绝育农村夫妇一次性奖励金标准。农村夫妇生育一个子女并领取独生子女父母光荣证后,一次性奖励金从500元提高到1000元;农村夫妇生育两个女孩后绝育的,一次性奖励金从800元提高到3000元。

十八、实施"信息民生"应用工程

(一)完成WLAN热点建设1639个、宽带小区建设1091个、TD站点建设1343个,"无线城市"完成覆盖并惠及75万名群众(完成率115%)。推进"新农合"和"新农保"等信息惠农网覆盖55万户农民(完成率220%)。

(二)完成1000个3G站点建设任务(完成率100%)。

(三)实施联通福州宽带接入工程项目,小区宽带工程新接入25万户(完成率100%)。

(四)加快建设信息网络基础设施。完成光纤入户165万户项目(完成率100%);实施20兆带宽工程,城市地区覆盖率现已超过90%(完成率100%);建制村宽带普及率达98%(完成率100%),成农村地区网络接入带宽2兆工程;42个试点小城镇提供20兆以上的接入宽带(完成率100%)。

(五)新建3G基站500个(完成率100%);新建AP5000个(完成率100%)。"智慧福州公众门户"已接入用户5万户(完成率100%);接入信息化应用信息源70个(完成率100%)。

(六)加快农村和城市社区信息化。完成120个信息乡镇550个信息村建设任务,为120.23万名农村居民提供村级总机和平安联防服务(完成率100.2%);落实城市484个社区100%建立社区网站工作和新装社区全球眼1000路(完成率100%)。

(七)提高卫生信息化水平。实施智慧医院工程,落实居民健康档案、无线医疗4011部(完成率133.7%)。

十九、加强社会治安技防工程建设

实施技防工程。包含实施视频监控系统续建工程(一期)和"平安福州"社会视频监控资源整合系统工程。1. 投入2000万元,实施视频监控系统续建工程(一期),安装1500个前端高清视频探头,并建设中心管理平台。落实安装前端高清视频探头500个，并完成中心管理平台招标工作。2. 全市47家单位（含政府部门、企事业单位和行业场所）6726个视频监控探头，统一整合到“全球眼”平台，实现视频监控资源的共享共用，健全全市治安防控体系。

二十、继续支持驻榕部队建设

（一）帮助驻榕部队基层连队建成16个“四个一好”项目（即一个好食堂、一个好猪圈、一个好菜地、一个好饮水），全年投入52万元。其中，食堂改造9个、供水或饮水改造4个、菜地改造2个、猪圈改造1个。

（二）帮助驻榕部队建成10个科技、文化拥军项目，全年投入100万元。

（福州市政府办公厅督查室　张兴亮）

2012年福州市“五大战役”建设工作情况

2012年，福州市掀起又一轮“五大战役”项目建设高潮，全面超额完成年度目标任务。实施“五大战役”项目582项，总投资7498.66亿元，年度计划投资1188.5亿元，累计完成投资1537.7亿元，达到年度投资计划的129.4%，比年度投资计划多完成349.2亿元，并于11月底超额完成年度投资计划，提前一个月全面完成市级“五大战役”项目年度目标任务，且五个战役项目完成投资数均超过年度投资计划，具体情况如下：

重点项目建设战役成果丰硕。实施项目53项，总投资2203.76亿元，年度投资计划262.12亿元，累计完成投资299.89亿元、比增27.2%，达到年度投资计划的114.4%，比计划多完成37.77亿元。福州港可门作业区6号和7号泊位工程、台江苏宁广场、福清鲤鱼山风电场等项目开工建设，福州2012年3G工程项目（简称WCDMA）、国道主干线福州绕城高速公路西北段、福州福银高速公路南连接线工程、乌龙江大桥及接线拓宽改造工程、省道202线永泰城关至莆田界段公路等项目建成或基本建成。

新增长区域发展战役发展迅速。实施项目192项，总投资2212.25亿元，年度投资计划327.09亿元，累计完成投资442.75亿元、比增35.5%，达到年度投资计划的135.4%，比计划多完成115.66亿元。中国化学集团与耀隆化工己内酰胺项目（福清）、福顺晶圆6英寸芯片项目、新西药创制中心、闽侯联合动力项目、海西天燃气管网二期（连江段）项目等项目开工建设，马尾上润二期、海峡农副产品批发物流中心商业配套项目、闽侯爱德克斯汽车零部件项目、福顺半导体产能扩充项目、福清南方铝业扩建改造工程等项目建成或基本建成。

城市建设战役强力推进。实施项目201项，总投资1967.78亿元，年度投资计划410.73亿元，累计完成投资521.59亿元、比增15.8%，达到年度投资计划的127%，比计划多完成110.86亿元。晋安鼓岭柱里国际会议中心、南二环路景观建设、三环路景观建设、闽侨大厦、融侨新城商品房等项目开工建设，福州仓山万达广场B区酒店式公寓及C区写字楼、连江西方财富大酒店、连江垃圾焚烧发电处理厂、永泰县火车站站前大道（含站前广场）等项目建成或基本建成。

小城镇改革发展战役全面布局。实施项目13项，总投资354.42亿元，年度投资计划35.93亿元，累计完成投资89.32亿元、比增96.4%，达到年度投资计划的248.6%，比计划多完成53.39亿元。围绕提高城镇化质量，构建科学合理的城镇格局，与区域经济发展和产业布局紧密衔接，13个试点镇基本完成相关规划的编制工作和规划展示厅建设，其中6个省级试点镇全部完成总体规划、主要专项规划和控制性详细规划的编制，重点地段和节点的城市设计正在编制，规划展示厅建成并投入使用。

民生工程战役成效卓著。实施项目123项，总投资760.45亿元，年度投资计划152.63亿元，累计完成投资184.15亿元、比增18.2%，达到年度投资计划的120.6%，比计划多完成31.52亿元。闽侯县农网改造、连江保障性住房建设项目、马尾两馆一中心图书馆、2012年农村饮水安全工程等项目开工建设，金山三期小学、三坊七巷保护修复项目黄任故居主体工程、集友水闸等项目建成或基本建成。

完成年度投资又上新台阶。全市围绕年初确定的目标任务，克服项目实施过程中出现的重大项目审批周期长、征迁滞后、资金缺口大、工程协调难、存在施工干扰等问题，通过强力推进，2012年“五大战役”项目完成投资额比年度投资计划多349.2亿元，5个战役均超额完成年度目标任务，占全社会固定资产投资年度完成额的四成多，为全社会固定资产投资持续较快增长提供保证，支撑带动力度明显增强。同时，省级重点项目建设战役市管项目、新增长区域发展战役、城市建设战役、小城镇改革发展战役及民生工程战役保障性住房等均提前完成年度建设任务，并在2012年度省对设区市绩效评估考核中获得五个战役排名全省第一的成绩。

核心项目拉动作用显著。在“五大战役”项目中，高速公路、铁路、能源、工业等行业的大型项目投资数量大，拉动福州市全社会固定资产投资的持续增长。罗源湾滨海城项目、福清核电站（3号、4号机组）、福州电网完善工程、连江东雁文化旅游综合体、东南电化、晋安东二环泰禾城市广场等27个特大型项目累计完成投资额均超过10亿元，共完成投资548.48亿元，占“五大战役”项目完成投资总额的35.7%（其项目数仅占总数的4.6%），为项目年度建设任务完成作出重要贡献。

建成项目发挥显著效益。“五大战役”中部分建成或基本建成的项目，对增强发展后劲、实现科学跨越发展发挥重要作用。如福银高速公路南连接线工程建成通车缩短闽西北地区通往闽东南沿海的里程和运行时间，对促进海峡西岸经济区建设发挥重要的作用；国道主干线福州绕城高速公路西北段（闽侯段）全线贯通对缓解中心城区交通压力，促进建成以福州为中心向周边辐射的休闲、度假旅游、居住及现代物流为主的宜居宜业的山水新城，具有重要意义；连江北茭风电场项目，新增总装机容量48兆瓦，预计年发电量约1亿千瓦时，每年可节约2.8万吨标准煤，可减少二氧化硫排放量约105吨、二氧化碳排放量约6.8万吨,具有明显的环境效益和社会效益;马尾上润企业二期工程暨智能执行器项目、鼓楼凤湖地块2A安置房项目、鼓楼动漫产业基地二期建设、福州旗山森林温泉度假村等121项重点工程先后建成或基本建成,这些交通能源、工业城建、社会保障、文化旅游等各行业项目,对进一步完善城市基础设施,增强经济发展后劲,提升人民群众生活水平等产生重要社会、经济效益,有效带动全市经济、社会的持续快速发展。

福州市"五大战役"既打得好、又叫得响,得益于市委、市政府强有力的组织领导和强有力的推进措施:

一是加强领导,落实责任。由"四套班子"领导作为各战役的责任人,同时为落实工作任务的责任主体,市委办公厅、市政府办公厅联合印发《福州市2012年"五大战役"项目责任分工表》,采用"市领导挂钩、责任单位负责、项目业主落实"的分级管理机制,把各项任务目标细化分解到月,到具体的单位和责任人,将项目年度投资建设任务分解细化,形成层层落实责任、层层传导压力、确保主要目标任务序时推进、顺利完成。延用往年有效办法,由市发改委作为"五大战役"项目进展情况汇总上报的牵头单位,市重点办作为"重点项目建设战役"的负责单位,市经委作为"新增长区域发展战役"的负责单位,市建委作为"城市建设战役""小城镇建设战役"的负责单位,市房管局作为"民生工程战役"的负责单位,分工合作,强强联手,不定期深入项目建设一线,掌握实际情况,督促参建单位优化施工组织,加大人员、资金、设备投入,及时反馈、协调解决存在困难和问题,确保各项目如期完成。

二是强化督查,提速增效。市委、市政府高度重视"五大战役"实施情况的监督检查工作,市纪委专门成立"五大战役"专项监督检查组,对"五大战役"实施情况进行全面的督查推动,深入项目现场,实地走访察看,听取相关情况汇报,找出原因,分析对策,推动项目早动建、早投产、早发挥效益。同时,抓住省纪委"五大战役"监督检查组每季度到福州市督查的机会,引导项目推动困难的责任单位多谈困难,反映问题,力争省级相关部门协调解决"老大难"问题,为全市"五大战役"工作有效推进争取更有力的政策支持。市发改委牵头对全市"五大战役"项目实施进展情况实行每月通报及逐月考核制度,按照项目完成投资进度,每月通报涉及各责任单位完成投资情况,并分别标注代表完成情况好、中、差的红、黄、蓝三色流动旗进行量化评比,推动全市"五大战役"项目建设再上新台阶。同时,市纪委、监察局、效能办与市发改委在总结往年工作经验的基础上,组织监督检查组分片包干,不定期下基层督促检查,督促牵头各相关责任单位和业主单位制定倒计时工作计划、落实推进责任人,定期跟踪、督查和通报,确保各项目按期完成。创新检查的方式方法,细化项目检查情况,定期梳理汇总一批进度滞后较多、问题久拖不决的重大项目,分级分类协调推进。针对综合性、跨部门的节点、难点问题,召集相关部门进行协调,并指定专人跟踪督办;针对普遍性问题,组织召开调度会、推进会、工作部署会等予以全面协调推动;针对自身难以解决的重、特大问题,报请市委、市政府帮助督查推动。

三是自增压力,再上台阶。根据省、市继续"大力弘扬福建精神,继续打好五大战役"的决策部署,在抓好省级"五大战役"任务的基础上,组织开展2012年市级"五大战役"项目安排工作,在各县(市)区政府、市直有关部门共同参与下,对所选项目逐一进行校核落实,汇总形成2012年市级"五大战役"项目盘子,经市政府常务会、市委常务会逐项研究确定,并由市委办公厅、市政府办公厅联合印发《福州市2012年"五大战役"项目责任分工表》,安排2012年市级"五大战役"项目582项,比2011年增加93项,总投资7498.66亿元、比增18%,年度计划投资1188.5亿元、比增23.8%,使全市"五大战役"工作再上新的台阶,进一步强化"五大战役"项目对稳增长的促进和拉动作用,为福州科学发展、跨越发展作出新的贡献。

四是完善服务,高效运作。各相关部门加强审批服务,严格执行《福州市促进重点项目审批工作进一步提速增效的意见》,对"五大战役"项目和省、市级重点项目实行审批"绿色通道"服务,简化程序,规范流程,统一要件,透明公开,全面提高办事效率,为打好"五大战役"、推动福州科学跨越发展提供支持。此外,加强"五大战役"项目前期审批相关政策的学习和研究,利用召开全市实施"五大战役"工作相关会议期间,向与会各方宣传省市最新政策,引导大家吃透政策,用足用好政策,最大限度发挥好政策作用。组织培训按照规范化操作程序报送"五大战役"信息,让每个工作环节任务责任均落实到具体人员,确保"五大战役"各相关方面能及时准确掌握报送最新"五大战役"工作进展情况。

(福州市发展改革委员会　王其斌)

"数"说2012

1月5日,市长杨益民向市十四届人大二次会议作政府工作报告。报告中的8组数字,展示2012年福州科学发展新跨越的精彩轨迹。

【4203亿元】　预计全市生产总值4203亿元,比增12%;公共财政总收入597.39亿元,比增18.1%,其中地方公共财政收入382.01亿元,比增19.4%。

【1537.7亿元】　"五大战役"完成投资1537.7亿元,为年度计划的129.4%;实施市级重点项目622项,完成投资1566.04亿元,为年度计划的125.8%。

【16%】　农民人均纯收入11700元,比增16%。城镇居民人均可支配收入29400元,比增13%。

【292.08亿元】　全市各级财政用于民生支出292.08亿元,占公共财政支出的71.3%。年初确定的20件93项为民办实事项目全面完成。

【300万平方米】　造林绿化2.59万公顷,新增300万平方米城市公共绿地,中心城区75条内河基本完成清淤,西湖和晋安河、新西河、东西河、新店溪等内河综合整治初见成效,光明港至森林公园绿道等一批项目建设完成。

【50万人】　在全省率先实现行政村体育设施全覆盖，改造提升乡镇卫生院21家和村卫生所1024个，完成1058个村广播电视村村通建设，解决50万农村人口饮水安全问题，实施"造福工程"搬迁3100人。

【10550个】　新建和改扩建中小学50所、公办幼儿园50所，完成400所义务教育标准化学校创建任务，扩容10550个中小学学位，西湖国际学校建成投入使用，在全国率先开办服务自闭症儿童的福州星语学校。

【3.43万套】　实施危旧房（棚屋区）改造180万平方米，综合整治老旧住宅小区75个，基本建成保障性住房3.43万套，超额完成省里下达的任务。

（摘自《福州日报》2013年1月6日A4版，《福州日报》记者组报道）

（编辑　黄　铭）

1月

2日　历经10年建设的福建省第一条城市快速环形路——福州三环快速路实现主线闭合、全线通车。通车仪式在淮安大桥举行。三环快速路全长50公里，宽80米，主路双向6车道，辅路双向4车道，包括12座大型互通立交、6座分离立交、2座隧道、2座跨江大桥，总投资近百亿元。

3—7日　市政协十二届一次会议在福州海峡国际会展中心召开。会议选举产生新一届领导班子，方海清当选市政协主席，雷成才、范美先、郑建闽、林治良、张献勇、林雄、王长鹰、郑清新、林绍彬当选副主席。大会审议通过《市政协十二届一次会议决议》。

4—8日　市十四届人大一次会议在福州海峡国际会展中心召开。会议表决通过《关于福州市人民政府工作报告的决议》等6项决议。杨益民当选市人民政府市长，周振华当选市人大常委会主任，陈大强、徐铁骏、徐凡新、严可仕、黄忠勇、陈晔、林瑞良当选副市长。

5日　福州海峡创意产业园在金山投资区一期启动。园区总投资2.6亿元，总规划建筑面积10万平方米，打造以漆器文化的再生和产业化发展为特色的文化创意产业示范基地。

13日　福州市政府与国家开发银行、兴业银行、招商银行、中国进出口银行及兴业证券等5家在榕金融机构分别签订“十二五”期间战略合作框架协议，签约合作资金近2000亿元。

15日　由福州市闽都文化研究会主办的“首届闽都文化与中国现代化”论坛在福州开幕。《闽都文化概论》首发式同时举行。

同日　2012年全国第二届徒步健身大会开幕式暨“中国体彩杯”第八届10万人健步行活动在福州闽江公园创业园举行。

25日　市总工会首次组织56个外地来榕务工人员家庭参加“新福州人看福州”新春团圆活动。活动内容包括参观福州景点、公园，同吃团圆饭等。

2月

2日　市政府与省公务员局签订共建闽都人才集聚区合作框架协议。根据协议，双方将联合开展高层次人才招聘和推介，举办海外人才与项目对接活动；共建在榕留学人员创业园、博士后工作站，打造高校毕业生创业孵化基地、高层次人才项目对接等平台；创新人才政策信息发布、服务、评价、共享、交流合作等机制，推进省属高校、科研院所与福州的对接合作；共建福州人力资源服务产业园区；共同支持平潭综合实验区人事人才工作发展，推进福莆宁人才同城化和闽东北五市人才交流合作；建立省市人才工作联席会议制度。

同日　由中共仓山区委、区政府主办的仓山区2012年元宵灯会亮灯。该灯会是南江滨首次举办的灯会。

3日　“2011感动中国人物”揭晓，福州籍中国科学院院士、第二军医大学东方肝胆外科医院院长吴孟超入选。

5日　国台办为马尾“海峡两岸交流基地”授牌，马尾船政文化园正式成为“海峡两岸交流基地”。

8日　螺洲大桥南连接线工程五虎山隧道主洞全线贯通。

20日　中国社会科学院法学研究所、社会科学文献出版社联合发布2012年《法治蓝皮书》，其中对43个较大城市政府透明度进行排名，福州市政府透明度（政府信息公开）居较大的市榜首。

25日　由中央文明办主办，中国文明网联合中国网络电视台、人民网、新华网等新闻网站共同推出的“全国文化城市书记（市长）访谈活动”在福州启动。该活动将举办27场访谈，邀请新当选的全国文明城市的书记、市长与市民和网友进行对话交流。市长杨益民代表第三批全国文明城市在启动仪式上致辞，并受邀参加首场访谈活动。

同日　全省首家文化产权交易专业机构“福建海峡文化产权交易所”在三坊七巷揭牌。

27日　全国双拥模范城（县）命名暨双拥模范单位和个人表彰大会召开，福州市获全国双拥模范城“七连冠”。

3月

1日　中共福州市委、市政府官方微博——“福州发布”政务微博在新浪网、腾讯网同步上线。

5日　福州绕城高速公路闽侯段试

通车，福州市区外围高速公路正式闭合成环，标志国道主干线福州绕城高速公路西北段全线贯通。

同日　福建省规模最大的高速公路收费站——福州(荆溪)收费站正式投入使用。

9 日　福州市首个红十字青少年教育基地在闽侯职业中专学校挂牌成立。

20 日　中共福州市委召开历史文化街区(风貌区)保护修复工作专题会，听取“两山两塔两街区”(指乌山、于山，乌塔、白塔，三坊七巷街区、朱紫坊街区)和朱紫坊历史文化街区保护修复情况以及上下杭历史文化街区、烟台山历史风貌区保护性开发前期工作汇报。

同日　市政府与建设银行福建省分行、中国银行福建省分行、中信银行福州分行分别签订“十二五”期间战略合作框架协议。根据协议，3 家金融机构将加强对福州大都市区的重点项目、基础设施、优势产业、新兴产业、对台经贸、小微企业、民生事业等领域的金融服务和信贷支持。

21 日　福州、莆田、宁德三市在福州签订《构建福州大都市区、推进福莆宁同城化发展框架协议》。

22 日　福建省农业领域首个国家级工程技术研究中心——“国家菌草工程技术研究中心”在福州启动建设。该中心依托福建农林大学组建，研究菌草相关行业工程技术领域中的关键技术，加强技术成果转化和人才培养，推动菌草产业发展为战略性新兴产业。

27 日　全球首台 5 兆瓦永磁直驱海上风力发电机组在福清三山镇东沙村的海岸安装成功。

29 日　福州大熊猫血库在海峡(福州)大熊猫研究交流中心正式建立。

同日　闽台农业交流示范基地在连江筱埕镇南山村动建。该基地集名贵农产品种植、闽台农业技术交流与培训、生态农场观光于一体。

4 月

1 日　福州市入选第二批大陆居民赴台个人旅游试点城市名单。

3 日　三坊七巷首批国家级文艺创作基地签约、授牌仪式在光禄坊公园举行。该批基地是由中国音乐家协会、中国戏剧家协会、中国民间文艺家协会与三坊七巷管委会共同签约设立的。

6 日　中共福州市委、市政府印发《关于在更高起点上加快建设“海上福州”的意见》。提出构建“一带一核两翼四湾”的海洋开发新格局，把福州建设成为福建省海洋科技研发创新中心和海洋新兴产业、涉海先进制造业、涉海服务业、涉海企业总部基地。

9 日　福州市曙光教育服务中心正式成立。该中心是福建省首个由政府设立的集食宿、教育、培训、救助为一体的过渡性安置教育基地。

17 日　福州市入选首批“国家智慧旅游试点城市”。

23 日　福州市青年创业中心正式启用。中心位于市行政服务中心 4 楼，面积 300 平方米，配有 5 名专职工作人员，另有超过 600 名创业导师志愿者，可为青年创业项目特别是小微创业项目提供信息咨询、测评、培训、YBC 申请、融资、创业门诊等服务。

26 日　福州市入榜首批“国家知识产权示范城市”。

5 月

5 日　南下服务团纪念碑落成仪式在闽江公园南园举行。纪念碑位于南园“梦里田园”景区，碑石为绿豆青岩巨石，长 4.26 米、高 2.5 米、厚 0.79 米，重 23 吨。

6 日　福州市纪念建团 90 周年大会暨“永远跟党走·青春促跨越”青年群英会举行，会议表彰首届“福州市青年五四奖章”代表和 2011 年底福州市先进基层团组织、优秀团员、优秀团干部代表。

9 日　福州市政府与北京中星微电子有限公司共同签订战略合作框架协议。根据协议，“十二五”期间，中星微电子公司将在榕投资建设物联网安防监控研发中心和产业基地，组建院士工作站、国家级重点实验室。

10 日　国内最先进的钢管生产线——中石油渤海装备福建钢管项目奠基仪式在连江可门经济开发区举行。

同日　在由文化部主办的全国农民工文化建设现场经验交流会上，福州市群众文化品牌活动“新福州人歌手大赛”入选全国农民工文化服务示范项目称号。

12 日　福州市地震灾害紧急救援队揭牌授旗。该救援队由省政府和市政府共建，抽调公安消防、地震技术、工程、急救医疗、通信技术人员等组成，编制人数 175 人。

13 日　新的秀宅收费站于零时正式启用收费，旧站正式停用。秀宅收费站是福州第一座高速公路收费站、福州“南大门”，2009 年 8 月秀宅收费站搬迁工程启动，由闽江南岸迁至乌龙江南岸。

16 日　全省最大钢贸城——福州(连江)海峡钢贸城金属交易市场(简称海峡钢贸城)开始试营业，购买钢材可实现“网上交易、网下物流配送”的一站式电子物流服务。该市场是市政府确定承接福州南方钢材市场转移搬迁的省、市重点项目，是福建省首个钢材电子商务交易平台，主要功能定位为钢铁、金属产品仓储、加工、交易、期货交割、商业配套服务。项目总投资 10 亿元，落成后预计可容纳经营户 3000 多户，实现年物资流通量 300 万吨。

17 日　天辰耀隆年产 20 万吨己内酰胺项目在福清江阴工业园开工。该项目由中国化工集团全资子公司中国天辰工程公司与福州耀隆化工集团公司合资建设。

18 日　大陆首个涉台商品原产地管理办公室——海关总署福州原产地管理办公室揭牌。该办公室是继深圳、拱北原产地管理办公室后，海关总署第 3 个派驻直属海关的原产地管理机构，也是大陆首个专门负责管理对台优惠和非优惠贸易原产地业务的机构。

同日　福州市政府与中国轻工工艺品进出口商会共建“福州·中国时钟产品出口基地”签约暨揭牌仪式举行。该基地是中国钟表行业首个中国时钟产品出口基地。

19 日　首批“福莆宁旅游一票通”向市民免费发放。“一票通”由福州、莆田、宁德三市旅游局联合发行，可在三市 36 家重点旅游景区享受票面价格 5 折起的优惠。

22 日　福州首个专业游艇码头正式投用，码头位于台江江滨中大道鼓山大桥渔政码头旁。首家大型综合游艇销售中心“游艇派”同时开业。

29日　市政府与中国联通福建省分公司签订“幸福数字福州”信息化战略合作协议。根据协议,联通公司将在“十二五”规划期内投资68亿元,以云计算产业园基地为基础,建设“幸福数字福州”信息化项目。

30日　琅岐环岛路正式开工建设。建成后的琅岐环岛路将与琅岐闽江大桥和东绕城高速琅岐段相衔接,初步形成岛内外交通网。

31日　福州市出台《福州市文化创意产业发展“十二五”专项规划(2011—2015年)》。规划提出,要把福州打造为在国内外有一定影响力的海峡西岸文化创意产业中心,到2015年文化创意产业在GDP中的占比力争达到10%左右,成为重要支柱产业。“十二五”期间,福州将重点发展工艺美术、动漫游戏、文化休闲旅游、设计创意、现代传媒、文化会展、广告创意等七大重点文化创意产业,并逐步建设形成“文化创意产业园区、文化创意产业聚集区、创意城市”三层级空间布局架构。

6月

10日　福州市首批学雷锋志愿服务岗揭牌仪式在西湖公园举行,服务岗设在市区主要交通路口,开展各项便民利民服务。

15日　福州市被列为2012年全国13个“农超对接”试点城市之一。

19日　市传染病医院(吴孟超)院士工作站授牌仪式举行。

20日　“融侨杯”2012年亚排联沙滩排球洲际杯决赛暨伦敦奥运会资格赛在南江滨沙滩排球场开幕。该赛事是福州市首次举办的亚洲最高级别沙滩排球赛事。

21日　福州市通信发展管理办公室揭牌。该办公室作为福建省通信管理局的驻地管理机构,是福州市通信行业管理协调机构。

26日　福州市首家村镇银行——闽侯民本村镇银行开业。该银行由主发起行福州农商银行与闽侯县6家大型企业共同出资设立,注册资本1亿元。

7月

6日　福州市首个葡萄主题生态有机农业观光园——晋安区龙晶生态有机农业观光园开园。该园是全市品种最多、规模最大的大棚葡萄园区,被农业部、财政部列为国家现代农业创新体系示范基地。

13日　福州等10个城市被商务部列为全国首批商务诚信建设试点城市。

20日　马尾上润二期暨智能执行器项目投产。该项目固定资产投资6.6亿元,建成中国仪器仪表行业第一个具有自主知识产权、具备高精密光机电一体化技术基础的工程中心。

同日　福州市启动为期1个月的“车德月”主题活动,首次发布《福州市文明驾驶道德公约》。

31日　茶口粉干被批准为国家地理标志保护产品。茶口粉干地理标志产品保护范围为闽清县的塔庄镇、省璜镇、坂东镇和三溪乡现辖行政区域,是福州市(不含平潭)第7个国家地理标志保护产品。

8月

1日　福州旅游“观光1号线”开通。旅游观光巴士由五一广场出发,途经五一广场、西湖、三坊七巷、金牛山公园、西河公园、闽江公园、中洲岛、福州青年会、中亭街、茶亭公园等10个景点,并返回五一广场,形成一条环线观光线。

4日　福州籍运动员黄珊汕在第三十届伦敦奥林匹克运动会女子蹦床比赛中获得银牌。

7日《2011—2012年度中国城市网络形象研究报告》在北京发布,2011—2012年度“中国城市网络形象排行榜”同时公布,福州市入榜2011—2012年度“中国网络形象十佳城市”。该报告依托新华网网络舆情检测系统,是全国首份有关285个重要城市(不含直辖市)网络形象的报告。

10日　市政府与省发改委共同签订关于在更高起点上推进福州大都市区建设战略性合作框架协议。双方将共同推动协议内容落实,加快构建福州大都市区、推进福莆宁同城化步伐。

14日　中共福州市委十届四次全体会议在市委礼堂召开。会议学习贯彻胡锦涛总书记在省部级主要领导干部专题研讨班上的重要讲话精神和省委九届五次全体(扩大)会议精神,研究部署福州市推进科技创新、发展海洋经济、旅游产业等工作。

18日　第四批国家级文化产业示范(试验)园区评选结果公布,闽台(福州)文化产业园入选国家级文化产业试验园区,福州时代华奥入选国家级文化产业示范基地。

28日　鼓岭获评“省级旅游度假区”称号。

9月

3日　福州市学生爱心专用公交线路开行,线路包括20路、28路、42路、74路4条公交线路。

11日　在成都举行的中国工艺美术行业年会上,福州市被中国工艺美术协会正式授予“中国寿山石文化之都”“中国脱胎漆艺之都”中国工艺美术行业特色区域称号。

15日　2012海峡(福州)渔业周暨第七届海峡(福州)渔业博览会在福州海峡国际会展中心开幕,该届渔业周渔博会签约额首次突破百亿元。

同日　中国渔业协会向福州市颁发“中国鱼丸之都”牌匾,福州市成为全国唯一获此称号的城市。

同日　农业部向福州市颁发“中国纯天然远洋捕捞产品产销基地”牌匾。

同日　首届国际金鱼大奖赛颁奖仪式在福州举行,福州金鱼囊括总冠亚季军。

17日　首届福州论坛——创业与创投(2012)在福州海峡国际会展中心举行。第九、十届全国人民代表大会常务委员会副委员长成思危,2006年诺贝尔经济学奖获得者、闽江学院新华都商学院院长埃德蒙·费尔普斯,1999年诺贝尔经济学奖获得者罗伯特·蒙代尔等发表演讲。

25日　福州市加快县域重大项目建设推进会暨闽台(福州)蓝色经济产业园项目动工仪式在福清市江镜镇举行。该产业园位于福清市兴化湾北岸,规划总面积约60平方公里,一期开发面积22.2平方公里,是以涉海服务业、海洋装备、海洋生物医药为主的海洋产业集聚区。

28日　闽江北水南调(平潭引水)

工程和霍口水库工程开工动员大会举行。闽江北水南调(平潭引水)工程总投资约63亿元,计划3年内完工;霍口大型水库工程为省政府“十二五”时期重大水利项目,项目投资约22亿元,计划3年内建成。

同日 福永高速公路门前山隧道实现贯通,标志福永高速全线所有隧道实现贯通。门前山隧道长3631.5米,是福永高速全线最长的隧道。

同日 国家级文艺创作基地和全国首家篆刻印吧“左海印吧”在三坊七巷南后街揭牌。该印吧是全国首家推广篆刻艺术走向大众的文化平台。

同日 正大欧瑞信(福建)生物科技有限公司1万吨微生物制剂项目在闽侯经济开发区开工建设。项目建成后将成为全国最大的环保类微生物制剂生产基地。

30日 “福州月·中华情”2012年中央电视台中秋晚会在福州海峡会展中心举行。

10月

11日 福州市入选全国第三批落实内地与香港澳门地区《关于建立更紧密经贸关系的安排》(CEPA)示范城市名单。

同日 2012世界茉莉花茶文化鼓岭论坛开幕,福州茉莉花茶被授予“世界名茶”称号。

18—21日 第八十七届全国糖酒商品交易会在榕举办。该交易会是福建省迄今举办的规模最大的展会。

22日 由中共福州市委、市政府主办的“宏伟的战略 跨越的足迹——福州市‘3820’工程20周年成就展”开幕。1992年,时任中共福州市委书记习近平倡议并主持编制《福州市20年经济社会发展战略设想》,谋划福州3年、8年、20年经济社会发展的战略目标、步骤、布局、重点等,简称“3820”工程。

同日 神华福建罗源湾港储中转发电一体化项目奠基仪式在连江县可门港举行。该项目是福建省“十二五”时期重要能源保障项目,项目总投资约200亿元,在罗源湾可门作业区规划建设3个大型深水码头,利用大吨位船舶引进煤炭资源,码头后方建设国家级煤炭应急储备基地和火力发电机组。

26日 福州市邮政管理局揭牌成立。该局的主要职责为贯彻执行国家邮政法律法规、方针政策和邮政服务标准,研究拟订本地区邮政发展规划,监督管理本地区邮政市场以及邮政普遍服务和机要通信等特殊服务的实施,负责行业安全生产监管、统计等工作,保障邮政通信与信息安全,承办上级邮政管理部门和地方人民政府交办的其他事项。

11月

1日 福州地铁专业应急救援队揭牌仪式在地铁1号线白湖亭站举行。该救援队有专职队员15人,可对地铁建设中出现的突发性险情进行应急抢险和救助。

6日 中国首条跨越台湾海峡的海底光缆——“海峡光缆1号”工程正式启动。该海缆连接福建福州和台湾淡水,全长约270公里,其中海中段205公里,共计16芯光纤。该项目是首条全部由海峡两岸电信运营商共同投资建设并运营的连接大陆与台湾的直达通信电路。

同日 由省政府发展研究中心和省统计局联合开展的2012年度福建省县域经济实力“十强”、经济发展“十佳”评价结果揭晓,福清市、闽侯县、长乐市入榜“十强”,闽侯县、罗源县、连江县入榜“十佳”。

9日 第十三届中国美食节暨第十一届国际美食博览会在福州海峡国际会展中心开幕。

16日 中国科协海智计划福州工作基地正式成立。海智计划(海外智力为国服务行动计划)于2004年启动,2007年福州、南京、济南、青岛、杭州、宁波、昆明、沈阳和哈尔滨等9个城市在福州签署合作协议,共同推动“海智计划”,并有众多城市相继加入。

17日 中国世界文化遗产预备名单公布,福州的三坊七巷和“海上丝绸之路福州史迹”入榜,是福州市首次有文物项目入围世遗预备名单。其中“海上丝绸之路福州史迹”保护的文化遗产,包括鼓楼区闽王祠内的恩赐琅琊郡王德政碑,仓山区的怀安窑址,马尾区的迴龙桥及邢港码头、东岐码头,长乐市的圣寿宝塔及天妃灵应之记碑、登文道码头等。

18日 中国轻工业联合会正式授予福州市“中国钟表产业基地”称号。

18—20日 “瑞士名表绮年华杯”2012年环福州·永泰国际公路自行车赛举行。该赛事是福州市首次举办的国际性自行车赛事。

27—28日 首届中国国际创意经济合作大会暨第八届世界多媒体与互联网峰会在福州举行。2012年全球数字创意产业发展论坛同期举行。在闭幕式上,来自巴西、俄罗斯、中国、印度、南非五国的代表签署《金砖国家数字创意产业合作福州倡议书》,倡议合作建立金砖国家数字创意产业项目合作中心,进一步推动数字创意产业的全球南南合作和南北合作。

28日 第三届福州国际温泉旅游节暨“中国温泉之都”授牌仪式在连江贵安新天地举行。国土资源部向福州市授予“中国温泉之都”牌匾,向连江县、永泰县授予“中国温泉之乡”牌匾。

同日 时代华奥与国际多媒体协会联盟、香港沙龙影视集团举行海峡国际数字创意产业合作基地签约仪式。该基地将落户福州贵安贵安旅游度假区,由时代华奥有限公司筹备并投资建设。

同日 海西天然气管网二期工程(长乐—罗源段)连江标段正式动建。海西天然气管网二期工程线路总长86公里,其中连江标段最长且最早动建,输气干线约41公里。

12月

3日 由市委文明办主办、市志愿者联合会和省环保志愿者协会共同承办的首届“美丽心灵·幸福福州”志愿服务论坛在福州举办。该论坛旨在弘扬志愿服务精神,推动学雷锋志愿服务活动向更深层次拓展。

4日 陈靖姑金身首次赴中国台湾地区巡安民俗文化交流活动启动仪式,在仓山区陈靖姑故居举行。该次活动以“弘扬闽台文化、促进两岸交流”为主题。

5日 “福州市暨台江区‘12·5’国际志愿者日关爱他人志愿服务大型广场活动”在台江滨江旅游休闲广场开幕,

福州市首个志愿服务广场同日在休闲广场正式揭牌。

6日 “数字福建——中国(福州)智慧城市高峰论坛”在福州举行,论坛的主题为“创新·融合·转型”。同日举行“移动互联的下一个蓝海”“城市特质与智慧化”分论坛和“绿色环保”“城市管理”“平安城市”圆桌论坛。

同日 由福州市政府与神州数码(中国)有限公司共同推出的福州市民融合服务平台正式发布。该平台为国内首个G2C信息交互平台。

11日 全国社区建设经验交流会在福州召开。市长杨益民在会上作《创建“135”社区党建工作模式提升社区服务管理科学化水平》的发言。与会代表参观福州社区建设图片展,并观看《有福之州,和谐社区》专题片。

13日 中央文明办公布2012年全国城市文明程度指数和未成年人思想道德建设工作测评排名结果。福州市城市文明程度指数在省会、副省级文明城市中排名第五,未成年人思想道德建设工作排名第四,是福州市历年来取得的最好名次。

22—23日 在“2012第二届中国文物保护年会暨2011年度十大文物维修工程表彰活动”上,“福州市三坊七巷古建筑壁画保护修复工程”获评“2011年度全国十大文物维修工程”。

26日 仓山区钟表基地被商务部授予第二批“国家外贸转型升级专业型示范基地”称号。

31日 福州港江阴港区获批成为国家汽车整车进口口岸,是海峡西岸经济区首个、也是唯一的汽车整车进口口岸。

(编辑 黄 铭)

自然资源

【地理】 福州市是福建省省会,位于福建省中部东端,介于北纬25°15′~26°39′、东经118°08′~120°31′之间。东临台湾海峡,西靠三明市、南平市,南邻莆田市,北接宁德市。东西最大横距128公里,南北最大纵距145公里,总面积11968平方公里,其中市区面积1786平方公里。南部为福州盆地的大部分;北部为山地,从西南向东倾斜;西部为中低山地;东部丘陵平原相间。山地、丘陵占全区土地总面积的72.68%,其中山地占32.41%,丘陵占40.27%。鹫峰、戴云两山脉斜切南北,闽江横贯市区东流入海。 (市方志委)

【资源】 *土地资源* 土地面积118.58万公顷(不含平潭,下同)。其中,耕地15.32万公顷,园地5.59万公顷,林地69.03万公顷,居民点及工矿用地9.18万公顷,交通运输用地2.33万公顷,水域及水利设施用地11.82万公顷,其他土地4.24万公顷。

矿产资源 境内已发现各类矿产56种(包括亚矿种),优势矿产以砂、石、土为主,金属矿产储量偏少,高品位矿少,能源矿产1种(地热)。已探明列入福建省矿产资源储量表的固体矿产17种,其中金属矿有6种,非金属矿11种。已探明资源储量的矿区和已开发利用的矿山以非金属矿为主。开发利用的矿产有11个矿种,主要矿种为饰面用花岗岩、建筑用花岗岩和建筑用凝灰岩、叶蜡石(寿山石)、地热、砂、高岭土。饰面用花岗岩主要产于罗源、连江、福清等县(市);建筑用花岗岩、凝灰岩主要产于福清、连江、闽侯、永泰等县(市);叶蜡石储量居全国首位,主要产于晋安区,闽清、罗源等县(市)也有开采。产自晋安区北峰山区的工艺雕刻用叶蜡石(寿山石)最为珍稀,其品种达100多种,至今已有1000多年的开发历史。寿山村的“田黄石”和峨嵋村的“芙蓉石”是寿山石的上品,名扬国内外,寿山石被评为国石候选石之首。福州自古有“闽中温泉甲天下”之美誉,地热资源丰富且有特色,27个地热田(点)分布于城区和永泰、闽侯、闽清、连江等县,境内地热资源埋藏浅、水温高、水质好;福州市获“中国温泉之都”称号,永泰县、连江县获“中国温泉之乡”称号。闽江流域福州境内砂矿资源极为丰富,已查明资源储量达4亿吨。高岭土矿主要产于闽清县,为建筑陶瓷、电陶瓷的主要原料,支撑闽清县陶瓷业享誉国内外。

(市国土资源局)

水力资源 2011年,全市地表水资源量为75.52亿立方米(不含平潭,下同),地下水资源量21.80亿立方米,地下水与地表水不重复计算量0.3亿立方米,水资源总量75.82亿立方米,人均水资源拥有量1107立方米。全市年用水总量为31.55亿立方米,其中第二产业用水量最多,为14.36亿立方米,占总用水量的45.5%;其次是第一产业用水量,为11.64亿立方米,占总用水量的37.9%;城镇生活用水量为3.18亿立方米;农村生活用水量1.14亿立方米;其他用水量1.23亿立方米。

2011年,水质评价河长488公里,总体状况同2010年相比有所下降。水质符合和优于《地表水环境质量标准》(GB3838-2002)Ⅲ类水的河长为357公里,占评价河长的73.16%;超标(Ⅳ、Ⅴ类)河长为131公里,占26.84%;污染主要分布在闽江干流水口水库至下埔河段、鳌峰洲河段、螺洲河段及支流梅溪闽清河段,主要超标项目为溶解氧。

(市水利局)

森林资源 全市有林木面积76.8万公顷(不含平潭,下同),其中生态公益林31.54万公顷,商品林45.26万公顷,森林覆盖率54.9%,活立木总蓄积量2785.8万立方米。初步形成以城乡绿化美化为基础,以道路江河绿化为纽带,以森林公园和古文物为景点,功能齐全的环福州绿色生态体系。沿海防护林面积8.07万公顷,基干林带892公里,形成抗御风、沙、水、旱、潮五大灾害的沿海防护林体系。全市有省级以上森林公园12个,其中国家级4个、省级8个,省级以上森林公园经营总面积20550公顷。全市培育各类苗木1600公顷、1.16亿株。主要树种有杉木、马尾松、湿地松、木麻黄、相思树、油茶等。

(市林业局)

海洋资源 全市海域面积10573平

方公里（含平潭，下同），海域辽阔，海岸线绵长，潮间带滩涂面积582.76平方公里；大陆岸线长度920公里，乡级以上海岛海岸线长度390公里。海岛864个，占全省39%，其中无居民海岛830个。0～10米等深线浅海面积1314.13平方公里，10～20米等深线浅海面积1404.64平方公里；潮间带生物1376种，浅海生物2022种，海洋鱼类409种；罗源湾、福清湾、兴化湾是福建省的三大深水良港。（市海洋与渔业局）

【气候】 2012年，福州市气候属较好年景，年平均气温正常，年雨量显著偏多，年日照时数偏少，气象灾害总体较轻。

气温 全市年平均气温20℃（含平潭，下同），比常年平均高0.1℃，属正常。各县（市）年平均气温为19.7℃～20.3℃，距平为－0.2℃～0.3℃，均属正常。12月31日，受强冷空气影响，闽清县最低气温达－0.6℃，是全年全市的低温极值；7月10日，闽侯最高气温达39.6℃，位居全年全市高温榜首。

雨量 全市平均年雨量1820.8毫米，较常年平均多23.1%，属显著偏多，是1981年以来第四偏多年份。各县（市）年雨量在1565.9毫米～2021.9毫米之间，其中闽清、永泰正常，福清偏多，其余县（市）显著偏多—异常偏多。8月3日，受第9号强台风“苏拉”影响，平潭日雨量达189.9毫米，为全年全市日雨量之最。

日照时数 全市平均年日照时数

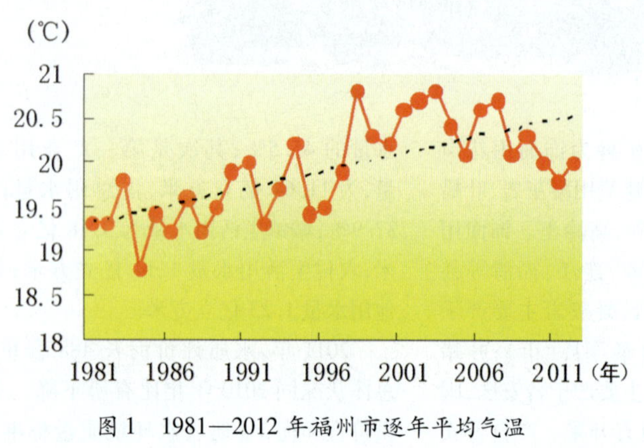

图1 1981—2012年福州市逐年平均气温

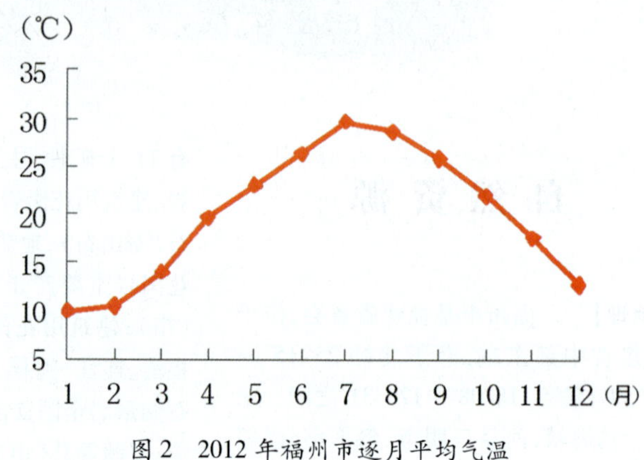

图2 2012年福州市逐月平均气温

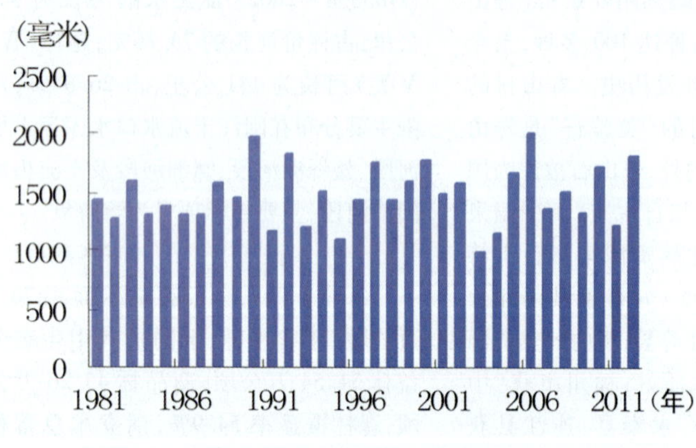

图3 1981—2012年福州市逐年雨量

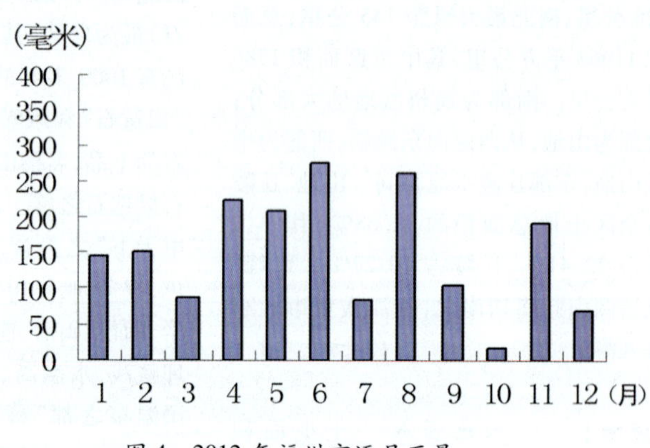

图4 2012年福州市逐月雨量

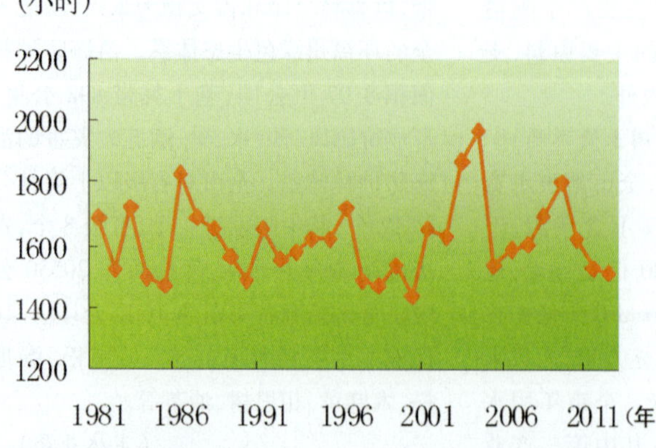

图5 1981—2012年福州市逐年日照时数

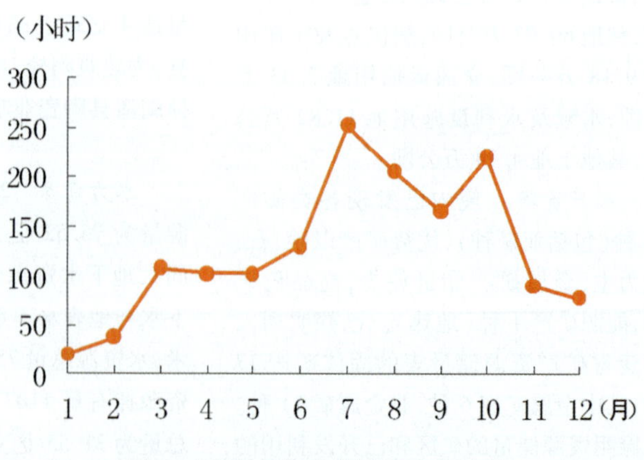

图6 2012年福州市逐月日照时数

表1　**2012年福州市各县(市)平均气温、雨量、日照评价**

	闽清	闽侯	永泰	罗源	连江	长乐	福清	平潭	福州市区	全市平均
平均气温(℃)	20.2	20.1	19.7	19.7	19.7	20.0	20.3	19.9	20.2	20.0
距平(℃)	0.0	0.0	-0.2	0.2	0.3	0.1	0.2	-0.1	0.0	0.1
评价	正常	正常	正常	正常	正常	正常	正常	正常	正常	正常
雨量(毫米)	1565.9	1802.5	1644.4	2021.9	1992.9	1899.0	1819.4	1728.2	1913.4	1820.8
距平(%)	8.1	26.1	8.1	20.9	27.6	31.0	18.4	33.2	37.4	23.1
评价	正常	显著偏多	正常	显著偏多	显著偏多	异常偏多	偏多	异常偏多	异常偏多	显著偏多
日照时数	1495.7	1509.5	1619.4	1487.4	1533.5	1573.0	1507.9	1584.3	1291.3	1511.3
距平(%)	-8.6	-6.4	-3.0	-7.0	-2.2	-5.5	-12.7	-2.9	-17.4	-7.3
评价	正常	正常	正常	正常	正常	正常	显著偏少	正常	异常偏少	偏少

1511.3小时,较常年平均少7.3%,属偏少,是1981年以来第七偏少年份。各县(市)年日照时数为1291.3小时~1619.4小时,其中福州市区异常偏少,福清显著偏少,其余县(市)正常。

灾害性天气　1.低温天气:受强冷空气影响,1月3日起,全市气温持续下降,伴随连日阴雨;5日,各县(市)极端最低气温达2.1℃~3.7℃;4日夜里到5日早晨,内陆和沿海北部的高海拔地区普降雨夹雪,出现霜冻和结冰。永泰县盘谷乡蔬菜受灾60公顷,青梅、李果受灾5.33公顷,饮用水管爆裂500多米,经济损失700多万元;长庆镇毛竹受灾1312公顷,蔬菜受灾29公顷,直接经济损失9000多万元。2.寒潮:12月29日夜里起,受强冷空气影响,全市气温明显下降,除平潭外,各县(市)日最低气温48小时降幅达11.5℃~14.5℃;31日早晨,上述县(市)出现当地年度的最低气温-0.6℃~2.6℃,均达到寒潮标准。3.暴雨(不包含台风暴雨):(1)受低层切变及西南气流影响,4月30日下午,长乐市出现强雷电、短时强降水;14时—19时,全市14个乡镇雨量超过100毫米,雨量最大的是长乐市首占镇,达185.9毫米。受其影响,长乐市12个乡镇受灾,受灾人口3.7851万人,转移人口3991人,倒塌房屋75间,直接经济损失4558万元。(2)5月10日,受低层切变影响,全市普降大雨,福州市区、长乐、永泰出现暴雨。(3)5月15日,受低层切变影响,福州市大部分县(市)出现大雨,福州市区、连江、永泰出现暴雨。(4)6月24日下午到夜里,受高空槽和西南急流影响,福清和长乐南部大部分乡镇出现暴雨或大暴雨。其中福清音西街道雨量202.9毫米,福清城关142毫米,城区低洼地带出现比较严重内涝。福清市受灾人口1666人,紧急转移安置410人;受淹房屋719幢,倒塌房屋37间,店面进水约400间,车辆受损约260部,农作物受灾面积581.33公顷,直接经济损失4963.5万元。(5)11月26日,受西南气流、低层切变和冷空气共同影响,福州市普降大雨,罗源、连江、长乐、平潭出现暴雨。4.强对流天气:(1)4月10日,受西南暖湿气流影响,18时左右闽侯县洋里、小箬、白沙等乡镇出现冰雹、大风等强对流天气。小箬乡84间房屋受灾,经济损失约31.4万元。(2)4月15日,受高空槽、低层切变和西南暖湿气流共同影响,闽清县金沙镇宝峰村出现龙卷风。该村倒塌房屋9间,影响17户67人;126座房屋瓦片被掀翻,影响315间517人;直接经济损失3500万元。(3)4月29日,受低层切变和西南暖湿气流影响,20时左右闽侯县竹岐乡6个自然村出现冰雹。同日,永泰县降水明显,雷雨时局部地区伴有短时7~9级大风、强雷电、短时强降水等强对流天气。永泰县丹云乡20时—20时30分较大降水中夹带冰雹,下洋村、赤岸村、丹云村50余户民房瓦片受损,果树受损1000多株,损失20多万元。(4)12月29日夜里,受西南气流和强冷空气影响,福州市区出现雷电,闽侯上街出现黄豆大的小冰雹,两地均伴有7~8级大风。(5)全年全市发生雷灾18起,直接经济损失45.64万元,间接经济损失10.7万元,无人员伤亡。雷灾集中发生于2月、4—6月和8月。5.干旱:9月25日—10月29日,全市普遍晴热少雨,达到小旱标准;10月30日,全市普降中雨,旱情解除。6.高温:2012年除平潭外,各县(市)均出现气温≥35℃的高温天气。其中闽清、闽侯、永泰、罗源、连江和福州市区气温≥35℃的高温日数达18~47天,上述地区还出现1~8天≥38℃的高温天气。气温≥35℃高温段主要出现在7月1—15日、8月6—9日、8月13—14日、8月27—28日。7.热带气旋:全市受5个热带气旋(不含热带低压)影响,分别是:第5号强热带风暴"泰利"(6月19—20日)、第8号台风"韦森特"(7月24—25日)、第9号强台风"苏拉"(8月1—4日)、第14号强台风"天秤"(8月28日)和第17号超强台风“杰拉华”(9月25—28日),其中第9号强台风“苏拉”影响最明显。第9号热带风暴“苏拉”于7月28日8时在菲律宾以东洋面生成,而后向北偏西方向移动,30日14时加强为台风,8月1日22时加强为强台风,8月3日6时50分在福建省福鼎市秦屿镇登陆,登陆时最大风力10级。受“苏拉”影响,7月31日起,福州市沿海普遍出现8级以上大风,最大为平潭南海30.6米/秒(11级)。7月31日—8月2日各县(市)和福州市区出现6~8级阵风,以平潭20.5米/秒为最大。该次过程全市降雨时间长,总降雨量大;强降雨集中于8月2日夜里—4日早晨,各县(市)均出现暴雨—大暴雨;4日8时—5日8时受风暴残余环流影响,罗源、连江出现大暴雨。统计8月1日8时—8月5日20时过程雨量,全市除永泰外,其余7县(市)和福州市区均超过100毫米,其中罗源和平潭超过300毫米。受“苏拉”影响,全市受灾县(市)区7个,乡镇60个,受灾人口5.88万人,转移人口4.85万人,倒塌房屋87间,直接经济损失1.71亿元。

(郑颖青)

行政区划

【概况】 福州市简称榕,辖鼓楼、台江、仓山、晋安、马尾5个区和闽侯、连江、罗源、闽清、永泰、平潭6个县及福清、长乐2个县级市。总面积11968平方公里,其中市区面积1043平方公里。市人民政府驻鼓楼区乌山路96号。2012年,全市辖43个街道、99个镇、45个乡(含连江县马祖乡)、2个民族乡;500个社区居委会、2392个村民委员会。

表2　**2012年福州市县(市)区行政区划一览**

县(市)区名称	面积(平方公里)	街道、乡(镇)名称	社区居委会(个)	村委会(个)
鼓楼区	35	东街、南街、安泰、水部、温泉、鼓东、鼓西、华大、五凤街道,洪山镇	79	—
台江区	18	茶亭、洋中、后洲、新港、瀛洲、苍霞、义洲、上海、宁化、鳌峰街道	73	—
仓山区	142	仓前、下渡、临江、三叉街、对湖、上渡、金山、东升街道,建新、盖山、仓山、城门、螺洲镇	88	102
晋安区	567	茶园、王庄、象园街道,新店、岳峰、鼓山、宦溪镇,寿山、日溪乡	80	113
马尾区	281	罗星街道,马尾、亭江、琅岐镇	14	62
福清市	1518	玉屏、龙山、龙江、音西、宏路、石竹、阳下街道,东张、海口、龙田、高山、渔溪、城头、江镜、三山、江阴、港头、沙埔、东瀚、上迳、新厝、镜洋、一都、南岭镇	40	438
长乐市	658	吴航、航城、营前、漳港街道,梅花、金峰、潭头、玉田、江田、古槐、鹤上、首占、文武砂、湖南、文岭、松下镇,罗联、猴屿乡	22	231
闽侯县	2136	甘蔗街道,白沙、尚干、祥谦、青口、南通、南屿、上街、荆溪镇,竹岐、洋里、鸿尾、大湖、小箬、廷坪乡	27	297
连江县	1168	凤城、晓澳、浦口、琯头、敖江、东岱、东湖、丹阳、马鼻、透堡、官坂、黄岐、筱埕、苔菉、长龙、坑园镇,潘渡、蓼沿、下宫、安凯、江南、马祖乡,小沧畲族乡	29	243
罗源县	1187	凤山、鉴江、松山、起步、中房、飞竹镇,白塔、西兰、洪洋、碧里乡,霍口畲族乡	7	189
闽清县	1466	梅城、坂东、池园、梅溪、白樟、白中、塔庄、东桥、雄江、金沙、省璜镇,云龙、上莲、三溪、下祝、桔林乡	20	271
永泰县	2241	樟城、嵩口、梧桐、葛岭、城峰、清凉、长庆、同安、大洋镇,塘前、富泉、岭路、赤锡、洑口、盖洋、东洋、霞拔、盘谷、红星、白云、丹云乡	10	254
平潭县	371	潭城、苏澳、澳前、北厝、流水、平原、敖东镇,岚城、中楼、白青、南海、屿头、大练、东庠、芦洋乡	11	192

(市民政局区划地名处)

人口

【概况】 2012年,全市总户数202.63万户(含平潭,下同)、户籍人口655.27万人,流动人口261.7万人,户籍人口比上年增加5.86万人,平均每户3.23人。其中,市区总户数63.67万户,户籍人口192.06万人;八县(市)总户数138.96万户,户籍人口463.21万人。男女比例:男性337.12万人,占51.4%;女性318.16万人,占48.6%;男比女多18.96万人。

【人口自然变动】 全市出生人口8.32万人,出生率12.7‰;死亡人口2.88万人,死亡率4.4‰;人口自然增长5.44万人,人口自然增长率8.3‰。市区人口自然增长率比八县(市)低1.01‰。市区出生人口2.11万人,出生率11‰,死亡人口6541人,死亡率3.4‰,人口自然增长1.46万人,人口自然增长率7.59‰;八县(市)出生人口6.21万人,出生率13.4‰,死亡人口2.22万人,死亡率4.8‰,人口自然增长3.98万人,人口自然增长率8.6‰。

【人口机械变动】 全市迁入12.38万人,迁出11.96万人,迁出少于迁入4205人,人口迁移增长0.64‰。其中,市区迁入7.85万人,迁出7.26万人,迁入多于迁出5871人,人口迁移增长3.1‰;八县(市)迁入4.53万人,迁出4.69万人,迁出多于迁入1666人,人口迁移负增长0.36‰。

(陈茂华)

国民经济和社会发展情况

【概况】 2012年,福州市实现地区生产总值4210.93亿元,比增12.1%,增速连续7年达到12%以上,其中第一产业增加值367.73亿元,比增4.7%;第二产业增加值1905.5亿元,比增14.9%;第三产业增加值1937.7亿元,比增10.6%。三次产业结构由上年的8.7:45.8:45.5调整为8.7:45.3:46。全市人均地区生产总值58202元,比增10.9%。

完成财政总收入(不含基金)597.39亿元,比增18.1%。公共财政预算收入完成382.01亿元,比增19.4%,其中税收收入完成314.84亿元,比增13.4%,占公共财政预算收入比重82.4%。主体税种中,完成增值税34.8亿元,比增19.5%;营业税110.25亿元,比增23.1%;企业所得税50.78亿元,比增25.6%;个人所得税19.11亿元,比增0.5%。公共财政预算支出完成409.37亿元,比增12.7%。

【农业】 完成农林牧渔业总产值625.12亿元,比增4.8%,其中农业产值162.07亿元,比增3.4%;林业产值16.98亿元,比增1.7%;牧业产值73.68亿元,比增4.6%;渔业产值352.64亿元,比增5.8%。全年粮食播种面积10万公顷,比上年减少0.6万公顷;全年粮食总产量56万吨,比降6.7%。水产、畜牧、果蔬、食用菌、茶叶等特色优势产业不断壮大,福州茉莉花茶被授予“世界名茶”称号,福州获“中国鱼丸之都”“中国纯天然远洋捕捞产品产销基地”称号。全市食用菌产量13.08万吨,比增12%;茶叶产量1.95万吨,比增7.5%;肉、蛋、奶总产量41.5万吨,比增3%;蔬菜产量311.96万吨,比增4.2%;水果产量41.04万吨,比增7.9%;水产品产量196.22万吨,比增6.2%。

加快现代农业发展。推进产业化、标准化生产,年末全市有农业产业化龙头企业248家,实现总产值640.6亿元,实现销售收入620.6亿元;有国家级农业标准化示范区12个、省级农业标准化示范区12个;无公害农产品产地认定企业81家,无公害农产品认证企业60家,有效使用绿色食品标志企业34家,有效使用有机食品标志企业4家。加强科技兴农,79个农业项目获国家、省星火科技项目立项,年末有37家现代农业科技创新基地和80家农业科技特派员创业示范基地。休闲农业发展迅速,闽侯县获评全国休闲农业与乡村旅游示范县,全市建成规模超6.67公顷(100亩)的各种休闲农场72家。

【工业】 实现工业增加值1481.99亿元,比增14.1%。全市规模以上工业企业2119家,完成规模以上工业总产值5954.89亿元,比增15.7%,其中产值超亿元企业931家,比上年增加106家,完成产值5369.94亿元,占规模以上工业总产值的90.2%。规模以上轻工业完成产值2665.9亿元,比增21.9%;重工业完成产值3288.99亿元,比增11.3%,轻、重工业产值比例由上年的41.2:58.8调整为44.8:55.2。规模以上工业36个行业中,20个行业增长速度超过全市平均水平。产值超百亿行业中,化学纤维制造业完成产值354.65亿元,比增42.8%;纺织业完成产值570.36亿元,比增29.2%;皮革、毛皮、羽毛及其制品和制鞋业完成产值322.33亿元,比增27%;非金属矿物制品业完成产值286.94亿元,比增25.4%,增幅居各行业前列。产销衔接较好,规模以上工业完成销售产值5767.62亿元,比增15.5%,工业产品销售率96.86%。企业效益稳步提高,规模以上工业综合经济效益指数264.37%,比上年提高16.65个百分点。规模以上工业企业实现主营业务收入5688.49亿元,实现利润385.76亿元。

【科技】 全市有高新技术企业304家,实现高新技术产业增加值631.57亿元;有市级以上企业技术中心188家,其中国家级企业技术中心3家、省级企业技术中心67家;有行业技术创新中心38家,覆盖全市大部分重点行业;有国家创新型试点企业4家,国家创新型企业3家,省级创新型(试点)企业170家;5项产品入选“2012年度国家重点新产品计划”;获2012年度国家创新基金立项33项;14项科技成果获2012年度省科技奖,其中一等奖1项,二等奖4项,三等奖9项。获评首批国家知识产权示范城市,专利申请与授权量稳步增长,全年受理专利申请8998件,比增21.6%,批准授权专利5965件,比增25%,其中发明授权量1261件,比增50.5%;登记各类技术合同2123项,技术合同成交金额12.65亿元。

全市有国家产品质量监督检验中心1个,产品检测实验室101个,法定计量技术机构8个。全市质量技术监督部门抽查生产领域2177家企业产品4743批次,批次合格率为95.51%。全市有8项国家地理标志保护产品,322项产品获得“福建名牌产品”称号,有5家企业获得首届政府质量奖。

【固定资产投资】 完成全社会固定资产投资3266.49亿元,比增21%。完成固定资产投资(不含农户)3234.78亿元,比增21.1%,其中,第一产业投资44.56亿元,比增68.9%;第二产业投资833.6亿元,比增23.9%;第三产业投资2356.61亿元,比增19.5%。工业投资完成829.04亿元,比增23.8%,其中电子信息、机械装备、石油化工等三大主导产业投资增长迅速,完成273.23亿元,比增45.7%。民生工程建设投入力度加大,居民服务和其他服务业投资比增210.1%,文化、体育和娱乐业比增47.2%,卫生和社会工作比增45.8%,教育比增40.9%。全年新开工项目2011个,完成投资1259.33亿元,比增100.1%,其中亿元以上项目268个,完成投资763.47亿元,比增136.8%。房地产开发投资完成972.27亿元,比增0.9%。全年商品房销售面积841.5万平方米,比增35.5%,其中住宅733.96万平方米,比增38%。商品房销售额941.49亿元,比增48.9%,其中住宅781.26亿元,比增53.7%。

推进重点项目建设,地铁1号线加快建设,向莆铁路福州段、合福铁路福州段等铁路项目建设提速,绕城高速公路西北段全线贯通、福银高速公路南连接线工程基本建成,福永高速、沈海复线福州段、渔平高速延伸线等高速项目建设加快,螺洲大桥基本建成,琅岐闽江大桥、闽侯新南港大桥等桥梁项目有序推进,马尾上润二期、海峡农副产品批发物流中心商业配套、闽侯爱德克斯汽车零部件、福顺半导体产能扩充、福清南方铝业扩建改造工程等项目建成或基本建成,福州港可门作业区6号和7号泊位工程、台江苏宁广场、福清鲤鱼山风电场、福顺晶圆6英寸芯片、闽侯联合动力等项目开工建设,福银高速公路闽清(梅溪)互通口、永泰朗宇环保新材料、福清斯泰克笔记本电池等项目前期工作取得突破和阶段性成果。

【城乡建设】 按照“东扩南进、沿江向海”城市发展导向,推动中心城市从单中心向多中心转变,加快构建福州大都市区,马尾新城、东部新城、晋安新城等建设加快实施。年末市区面积1786平方公里,其中建成区面积240.12平方公里,城镇化率64.8%,比上年提高1.5个百分点。

完善市政基础设施配置,新建、改扩建市政道路22条,年末城市道路总长度1170.8公里,道路面积2562.82万平方米,新增道路面积86.12万平方米,人均拥有道路面积11.4平方米。新建改造农村公路280公里,建设完成600公里农村公路安保工程,新增更新农村客车108辆,年末建制村通客车率96.48%,比上年末提高0.09个百分点。坚持公共交通优先发展,年末全市有公交营运线路288条,公交营运车辆4066辆,本年新增更新公交营运车辆469辆,其中新能源车229辆,新辟优化线路79条,市区公交出行率24.91%,比上年提高1.56个百分点;有各类出租车6304辆,本年新投入使用出租车300辆;鼓楼区便民自行车增设34个站点,本年新投放便民自行车800辆。城市供电、供水、供气能力增强,市区有自来水厂8座,日综合生产能力155万吨,全年供水总量29610.87万吨,其中生活用水12245.77万吨。市区全年液化气供气总量6.05万吨,其中家庭用气2.53万吨;天然气供气总量13608.1万立方米,其中家庭用气4052万立方米,燃气普及率99.5%。全社会用电量322.56亿千瓦时,比增2.2%,其中,居民用电65.18亿千瓦时,比增5.5%;工业用电196.39亿千瓦时,比增0.1%。

加快“美丽福州”建设,改造9条城区支路街巷,湖东路、井大路、梅峰路等18条主次干道完成“白改黑”改造,改造10座普通危桥。中心城区75条内河基本完成清淤,西湖和晋安河、东西河、新店溪等内河综合整治成效显现,新增改造沿河绿地15万平方米,建成光明港至森林公园绿道等一批城市滨河景观休闲道,启动沿江沿河慢行系统建设,建成22公里休闲步行道。园林绿化水平持续提升,建成区绿地面积8921公顷,比上年新增317公顷,绿地率37.15%,比上年提高0.15个百分点;建成区绿化覆盖面积9750公顷,比上年新增350公顷,绿化覆盖率40.6%。年末有公园63座,新增公园11座,有公园绿地面积2544公顷,新增公园绿地面积92公顷,人均公园绿地面积11.3平方米。

【贸易】 实现社会消费品零售总额2319.82亿元,比增19.1%。城乡消费市场协调发展,城镇市场实现商品零售额2226.93亿元,比增18.9%;乡村市场实现商品零售额92.89亿元,比增24%。限额以上企业实现商品零售额1220.2亿元,比增26.3%,占社会消费品零售总额比重由上年的51.6%提高到52.6%。改善居住、交通出行、文化娱乐、健康保健、增值保值等相关消费迅速增长。在限额以上企业商品零售额中,建筑及装潢材料类商品零售额比增110.2%,家具类比增50.9%,石油及制品类比增19.4%,电子出版物及音像制品类比增53.8%,中西药品类比增48.9%,金银珠宝类比增73.5%。健全城乡流通体系,全年新建改造“农家店”67家,升级改造城乡农贸市场20个,扶持新建便利店100家。全市拥有大中型专业批发市场50个,总面积213.09万平方米,比增33%;连锁经营企业105家,连锁网点3300个。

全市有会展场馆2个,场馆面积8.45万平方米,周边住宿、餐饮、交通等配套设施不断完善。全年举办各类展会76场,其中全国性展会7场。举办第87届全国糖酒商品交易会、第十三届中国美食节暨第十一届国际美食博览会等一批规模大、影响广的展会。本土展会交易活跃,第十九届福州国际汽车展览会、中国(福州)家具建材装饰品博览会暨海峡西岸(福州)第二十七届住交会等会展消费屡创新高。会展产业链不断延伸,带动物流、住宿、餐饮、旅游等产业发展。

【旅游】 福州入选首批国家智慧旅游试点城市,闽都文化、温泉养生、休闲度假、生态旅游等特色旅游品牌逐步形成。开通旅游观光巴士1号线,城区主要景点实现一站式游览。三坊七巷品牌效益凸显,游客接待量居全市 AAAA 级景区之首。“闽江游”品牌资源整合优化,闽江黄金旅游带形成。白马河、安泰河等内河周边景区品位加快提升,“船游榕城”等特色旅游产品开发加快。环市区温泉休憩圈初步形成,第三届福州国际温泉旅游节掀起“万人泡温泉”热潮。鼓岭综合整治及保护开发成效显著,获评省级旅游度假区。加强旅游区域合作力度,福莆宁“旅游一票通”发行。年末全市有星级酒店62家,客房10413间;A级景区25家,其中 AAAA 级旅游景区9家。全年接待境内外游客3192.55万人次,比增15.8%,其中境外游客85.13万人次,比增11.8%;实现旅游总收入362.13亿元,比增14.3%。实施福州赴台个人游,经福州口岸赴台旅游41277人次,比增179.4%。

【对外经济】 新批合同外资项目148项,新批合同外资金额20.56亿美元,比增16.2%;实际利用外资(按验资口径)13.39亿美元,比增4.8%。全年完成进出口总额310.6亿美元,比降10.53%,其中进口总额99.29亿美元,比降6.28%;出口总额211.31亿美元,比降12.4%。从出口主体看,外资企业出口84.93亿美元,比降1.39%,内资企业出口126.38亿美元,比降18.56%。从出口方式看,一般贸易出口141.15亿美元,比降17.4%;加工贸易出口69.08亿美元,比降0.17%。从出口产品看,高新技术产品出口35.17亿美元,比降2.09%;机电产品出口91.69亿美元,比降7.22%。从出口地区看,产品主要销往美国、欧盟、东盟、日本、荷兰和香港等地。

实施“走出去”战略,鼓励和支持本土企业参与国际经济合作。全年新批境外投资项目39项,新批协议投资总额3.41亿美元,比增42.61%,其中中方协议投资额2.46亿美元,比增15.84%。对外劳务合作完成营业额3858.89万美元,比增9.26%;年末劳务合作在外人员4367人,比增20.64%。

【交通】 全市高速公路总里程421公里,高速铁路总里程158公里,福州港生产性泊位128个,福州空港国内航线(含港澳台)53条、国际航线7条,城市立体化交通格局基本形成。旅客运送量中,公路旅客发送量18395.41万人次,比增4.9%;水路旅客发送量99.46万人次,比增38.6%;民航旅客吞吐量785.2万人次,比增9.1%,其中旅客出港量402.86万人,比增9.3%。货物运送量中,公路货物发送量10676.56万吨,比增11.2%;水路货物发送量6525.61万吨,比增7.7%;民航货邮吞吐量9.69万吨,比增10.7%,其中货邮出港量5.68万吨,比增10.6%。港口货物吞吐量9373.27万吨,比增14.1%;集装箱吞吐量182.5万吨,比增9.9%。两岸往来更加方便快捷,“海峡号”对台高速客滚航线成为海峡两岸往来的“黄金走廊”。全年对台客运直航进出旅客13.87万人次,比增251.5%;对台直航集装箱吞吐量31.37万标箱,比降0.7%;空中直航旅客吞吐量31.43万人次,比降2.1%,货邮吞吐量0.54万吨,比增41.7%。

【邮电】 完成邮政业务收入6.36亿元,比增11%;电信业务收入100.95亿元,比增11.3%。年末全市有邮政局(所)231个,邮路总长度11010公里;固定电话交换机容量327.25万门;固定电话用户198万户,比上年末增加4.49万户;移动电话用户881.31万户,比上年末增加59.54万户,其中3G电话用户191.18万户,比上年末增加82.5万户;互联网宽带接入用户172.5万户,比上年末增加28.75万户。

【金融、证券和保险】 金融机构存贷款平稳增长。年末全市有金融机构(不含保险和证券机构)46家,比上年增加7家,其中银行业存款类金融机构39家,银行业非存款类金融机构1家,其他金融机构6家;各类金融机构营业网点1292个;有4家外资金融机构在福州设立分行。年末全市金融机构存款余额(本外币,下同)7909.63亿元,比上年末增长14.46%,其中储蓄存款余额3010.6亿元,比增14.69%;单位存款余额4193.35亿元,比增15.38%。金融机构贷款余额7054.33亿元,比增15.87%,其中短期贷款余额2358.54亿元,比增20.58%;中长期贷款余额4520.01亿元,比增14.68%。

证券、期货交易额下降,年末全市有境内上市公司29家,比上年末增加2家,总市值3296.35亿元;有证券公司2家,证券营业部85家,股民资金开户总数156.68万户,其中本年新开户数3.68万户,全年股票、基金交易额11773.73亿元,比降25.52%;有期货公司3家,期货营业部24个,全年期货交易额27426.43亿元,比降0.33%。

保险业发展迅速,年末全市有各类保险营业网点398个,外资保险机构在福州设立9家分公司和2个代表处。全年保险业务保费收入127.69亿元,比增11.12%,其中财产险保费收入46.73亿元,比增19.12%;人寿险保费收入67.61亿元,比增4.26%;健康险保费收入9.87亿元,比增21.31%;意外险保费收入3.48亿元,比增28.82%。保险业务赔付支出42.13亿元,比增22.39%,其中财产险赔付支出25.34亿元,比增23.06%;人寿险赔付支出12.45亿元,比增48.23%;健康险赔付支出3.43亿元,比降25.71%;意外险赔付支出0.91亿元,比增11.59%。

【教育】 新建和改扩建中小学50所,公办幼儿园50所,创建400所义务教育标准化学校;西湖国际学校建成投入使用,在全国率先开办服务自闭症儿童的福州星语学校,加快实施特殊教育提升工程;开展中考中招改革,7所一级达标高中向省内户籍考生开放,普通高中多样化特色化建设工作全面启动。各类教育均衡发展,全市有高等学校32所,研究生教育专任教师0.98万人,在校研究生1.84万人,学年初招生0.64万人;高等教育专任老师1.85万人,在校生30.54万人,学年初招生9.3万人。有中等职业技术学校61所,专任教师0.5万人,在校生19.51万人,学年初招生9.26万人。有高中93所,专任教师0.84万人,在校生10.85万人,学年初招生3.55万人。有初中266所,专任教师1.55万人,在校生19.35万人,学年初招生6.48万人。有小学927所,专任教师2.46万人,在校生45.12万人,学年初招生8.45万人。有幼儿园1183所,专任教师1.2万人,在校生24.67万人,学年初招生

10.32万人。有民办小学19所,民办普通中学36所,民办职业中学13所,民办高等学校12所,民办高校在校生7.49万人。

【文化】 举办"福州月·中华情"中秋晚会,《百年上下杭》获中国电视纪录片十优作品奖。三坊七巷、"海上丝绸之路:福州史迹"入选中国世界文化遗产预备名录。首批国家级文艺创作基地、全省首家文化产权交易专业机构"福建海峡文化产权交易所"落户三坊七巷。闽台(福州)文化产业园入选国家级文化产业试验园区,时代华奥入选国家级文化产业示范基地。福州获评全国文化体制改革工作先进地区,获"中国寿山石文化之都""中国脱胎漆艺之都"等称号。完善公共文化服务体系,县级公共图书馆、文化馆改扩建工程加快推进,台江区、晋安区、罗源县等县级图书馆、文化馆投入使用。图书馆服务向基层延伸,全市设立图书流通点400个,形成覆盖城乡的图书流通服务网络。年末全市有市级、县级文化馆12个、群艺馆1个、艺术表演团体10个,艺术表演团体演出3200场次;电影院24个,剧场、剧院2个;博物馆、纪念馆15个,收藏文物2.33万件;公共图书馆13个,总藏书346.91万册;乡镇综合文化站173个,农家书屋2195个。全市有市级广播电台1座,自办广播节目11套;电视台1座,自办电视节目6套。年末广播综合人口覆盖率98.32%,电视综合人口覆盖率99.04%,行政村有线电视联网率83.71%,分别比上年末提高0.06个、0.54个、2.01个百分点。有线电视用户175.68万户,比增2.7%,有线电视入户率92.78%;数字电视用户57.13万户,比增6.4%,数字电视入户率30.17%。

【卫生】 统筹全市医疗资源,推进公立医院改革试点,新区三甲医院加快规划建设,市级专科医院专业化水平提升,乡镇卫生院、社区卫生服务中心服务功能增强。年末全市有卫生机构1950家,其中医院103家,比上年末增加18家;卫生机构床位28611张,比增10.5%,其中医院床位22592张,比增9.2%;专业卫生技术人员42397人,比增9.7%,其中医生16140人,比增7.6%,注册护士17519人,比增11.6%。年末每千人拥有卫生机构床位4.66张,每千人拥有卫生技术人员6.91人。全市有社区卫生服务中心47个,卫生技术人员1283人;社区卫生服务站127个,卫生技术人员1075人;乡镇卫生院123个,卫生技术人员4591人。年末新型农村合作医疗参加人数331.57万人,参合率99.9%,比上年提高0.6个百分点。

【体育】 举办第23届市运会、环福州·永泰国际公路自行车赛、全国田径冠军赛暨大奖赛总决赛、亚排联洲际杯沙滩排球决赛暨奥运会资格赛等赛事活动,福州运动员在伦敦奥运会获得1枚银牌、4个第四名、1个第五名。推动全民健身活动开展,海峡特色仍是活动亮点,举办全国第二届徒步健身大会开幕式暨第八届十万人健步行活动、福州海峡龙舟邀请赛、全国门球公开赛暨福建·福州第六届海峡两岸门球邀请赛、第三个"全民健身日"展示活动等一系列大型群众体育活动。加快城市10分钟健身圈建设,在全省率先实现行政村体育设施全覆盖,完善全民健身公共服务体系建设,年末全市有体育场馆433个,全民健身路径3385条,比增11.5%,其中农村健身路径2785条,比增9.9%。全年举行县以上群众性体育竞赛活动150项。

【民生保障】 城乡居民收入稳步增长,城镇居民人均可支配收入29399元,比增12.9%;农村居民人均纯收入11492元,比增13.7%。农村居民收入增幅连续两年超过城镇居民,城乡居民收入差距缩小,城乡居民收入比例由2007年的2.65:1、2011年的2.58:1缩小到2.56:1。居民消费水平同步提高,城镇居民人均消费支出20040元,比增12.3%;农村居民人均生活消费支出8336元,比增13.4%。旅游、休闲娱乐等精神消费水平提高。

全年居民消费价格总水平上涨2.2%。八大类商品价格"六涨两降",其中食品类上涨5.1%,家庭设备用品及维修服务类上涨3.2%,衣着类上涨3.1%,医疗保健和个人用品类上涨2.3%,居住类上涨2.1%,烟酒类上涨0.2%;娱乐教育文化用品及服务类下降3.7%,交通和通信类下降0.3%。

城乡居民养老保险制度实现全覆盖,新农合大病保障机制基本建立,城乡低保、企业离退休人员养老金、城乡居民基本医疗保险补助标准提高。年末社会养老保险参保人数370.6万人,其中城镇企业职工基本养老保险参保人数128.71万人,城镇居民社会养老保险参保人数8.68万人,新型农村社会养老保险参保人数214.88万人,被征地农民养老保险参保人数5.74万人;城镇基本医疗保险参保人数260.27万人,其中城镇职工基本医疗保险参保人数135.2万人,城镇居民基本医疗保险参保人数125.07万人;失业保险参保人数101.3万人,领取失业保险金人数9809人;生育保险参保人数95万人;工伤保险参保人数106.47万人。帮扶城镇居民最低生活保障对象18457人,农村居民最低生活保障对象75871人,农村五保供养对象8204人。全年保障性安居工程动工建设4.07万套,开工率101.72%,基本建成3.43万套,保障性住房配租配售管理不断规范。

城镇登记失业率2.37%,城镇新增就业14.56万人,转移农业富余劳动力5.37万人,失业人员再就业8904人。全市经工商注册登记的个体工商户15.81万户,比增10.7%,从业人员32.15万人,比增11.9%;私营企业7.75万个,比增15.6%,从业人员70.01万人,比增12.6%,城镇个体私营从业人员85.77万人,比增16.2%。

【环境保护】 加大节能减排力度,单位GDP能耗0.522吨标准煤/万元,比降4.03%;初步建成环境自动监测预警体系,实施重点节能减排项目306项;开展大气PM2.5监测,创建5个省级以上生态县(市)区、59个省级以上生态乡镇,通过国家环保模范城市复核。城区空气污染指数(API)平均值51,空气质量优良率99.45%,空气质量整体状况良好。市区环境噪声56.8分贝,总体保持稳定。水质总体保持良好,闽江流域(福州段)水质达标率98.61%,敖江流域(福州段)水质达标率100%,龙江流域水质达标率83.3%,饮用水水源地水质平均达标率100%,市区污水处理率96.16%,比上年提高11.58个百分点。垃圾无害化处理率98.23%,化学需氧量、二氧化硫、氨氮、氮氧化物排放量分别比上年减少1.63%、6.94%、1.74%和10.95%。全市有自然保护区11个,其中国家级1个,年末自然保护区面积668.69平方公里。

注:1.“国民经济和社会发展”分目(下同)所列数据均为初步统计数,部分合计数或相对数由于单位取舍不同而产生的计算误差,均不做机械调整;

2. 地区生产总值、增加值、工业总产值及农林牧渔业总产值按现价计算,增长速度按可比价格计算;

3. 未包括马祖列岛。

(肖　燕)

机构及负责人

中共福州市委员会领导班子名单

书　记:杨　岳
副书记:杨益民
　　　　周　宏
常　委:骆安生
　　　　陈元邦
　　　　徐启源
　　　　陈大强
　　　　朱　华
　　　　那兴海
　　　　陈为民
　　　　徐铁骏
　　　　吴贤德
秘书长:徐启源
副秘书长:刘卓群
　　　　陈奕辉(援藏)
　　　　郑建平
　　　　吴晓杰
　　　　黄诗杨
　　　　张源生(挂职)

福州市人大常委会领导班子名单

主　任:周振华
副主任:陈　奇
　　　　鄢　萍
　　　　柯有民
　　　　徐诗文
　　　　陈建平
　　　　林厚新
秘书长:陈　斌
副秘书长:赵宝昌
　　　　许燕英
　　　　张修强
　　　　曾纪发(兼)

福州市人民政府领导班子名单

市　长:杨益民
副市长:陈大强
　　　　徐铁骏
　　　　徐凡新
　　　　严可仕
　　　　黄忠勇
　　　　陈　晔
　　　　林瑞良
秘书长:瞿理明
副秘书长:朱汉民
　　　　王国华
　　　　陈希治(兼)
　　　　张性魁
　　　　胡冀闽
　　　　胡孝辉
　　　　林汉隽
　　　　江　海(兼)
　　　　李月健(兼)
　　　　刘晓强(兼)
　　　　罗蜀榕
　　　　朱训志
　　　　游通铃

福州市政协领导班子名单

主　席:方清海
副主席:雷成才
　　　　范美先
　　　　郑建闽
　　　　林治良
　　　　张献勇
　　　　林　雄
　　　　王长鹰
　　　　郑新清
　　　　林绍彬
秘书长:邓达木
副秘书长:陈向上

福州市中级人民法院

院　长:许先丛
副院长:黄贤光
　　　　林智明
　　　　欧阳春
　　　　施　平
　　　　林志雄

福州市人民检察院

检察长:叶燕培
副检察长:杨玉勋
　　　　顾　颀
　　　　董良馨
　　　　盖宣闽
　　　　张　捷

中共福州市委机构及负责人名单

市纪律检查委员会
(与市监察局合署办公)
书　记:骆安生
副书记:陈　旭
　　　　连世潮
　　　　张秀榕
常　委:林子波
　　　　鄢　荣
　　　　黄建新
　　　　肖敦颖
　　　　苏　建
秘书长:黄建新

市委办公厅(市委政策研究室,市委、市政府接待办,机要局,保密局)
主　任:刘卓群
副主任:朱秀兰
　　　　游　昕
　　　　叶　谊
　　　　高明保
政策研究室
副主任:王振松
　　　　戴清泉
接待办
主　任:刘晓强
副主任:江立强
　　　　丁如丹
机要局
局　长:朱秀兰
保密局
局　长:林水华
副局长:王贤伟

市委组织部(市委非公有制企业工作委员会挂靠市委组织部)
部　长:陈元邦

副部长:柳　欣
陈涌华
王玉琴(兼)
李桂义(挂职)
郭荣贵

市委非公有制企业工委
书　记:郭荣贵

市委宣传部
部　长:朱　华
副部长:王　征(常务)
高起平(常务)
余作尧
鲍　闽
陈忠霖
林　矗
张学勇
陈　惠

市委统一战线工作部
部　长:徐启源
副部长:刘少华
莫雪平

市委政法委员会(市社会管理综合治理委员会办公室)
书　记:陈为民
副书记:徐凡新(兼)
齐家麒
陈钦华
许铭忠
唐新文
秘书长:丁　萍

综治办
主　任:许铭忠
副主任:余永佛
陈　长

市委台湾工作办公室(市政府台湾事务办公室)
主　任:郑　晓
副主任:曾秋玲
郭　云
陈国欣(挂职)

市委机构编制委员会办公室(市政府机构编制办公室)
主　任:邱幸青
副主任:高　颐
唐文贵

市委市直机关工作委员会
书　记:周　宏(兼)
常务副书记:王　聪
副书记:陈一飞
林　敏

市委教育工作委员会
书　记:朱　华
副书记:郑　勇
翁桂香(常务)
唐　希

市委老干部局
局　长:王玉琴
副局长:倪为民
高锦利

市委精神文明建设办公室(市精神文明建设指导委员会办公室)
主　任:张学勇
副主任:曾　玉
林家枢

市委信访局(市政府信访局)
局　长:张性魁
副局长:林廷瑞
陈吕南
夏　闽(挂职)

市委农村工作领导小组办公室(市政府农村工作办公室)
主　任:姜卫平
副主任:郭宜超
陈可传
黄礼滨
黄欣祥(兼)

市机关效能建设领导小组办公室
主　任:瞿理明
副主任:林子波(常务)
陈武光
伍南腾

福州市人大常委会机构及负责人名单

市人大常委会法制委员会
主　委:陈公文
副主委:张　诚

市人大常委会办公厅
主　任:赵宝昌
副主任:吴　菁
许海霖

市人大常委会研究室
副主任:丘志强

市人大常委会人事代表工作室
主　任:吕　英

市人大常委会法制工作委员会
主　任:张　诚
副主任:余则连

市人大常委会内务司法工作委员会
主　任:梁文仪
副主任:叶　勇

市人大常委会财政经济工作委员会
主　任:王培德
副主任:唐庆机
张　航

市人大常委会城建环境工作委员会
主　任:林　清

市人大常委会华侨(台胞)工作委员会
主　任:陈　巍
副主任:王询斌

市人大常委会农村经济工作委员会
主　任:陈家炎
副主任:李振泰

市人大常委会教科文卫工作委员会
主　任:吴三八
副主任:官君璧

福州市人民政府机构及负责人名单

市政府办公厅(挂市海防委员会办公室、市爱国卫生运动委员会办公室、市双拥工作领导小组办公室牌子)
主　任:朱汉民
副主任:林　雯
郭春曦
谢　军(挂职)
高　宇

海防办
主　任:朱汉民
副主任:李光宝
陈　明

爱卫办
副主任:钟　军
林　怡

双拥办
主　任:陈希治
副主任:洪小榕
王建荣

市发展和改革委员会
主　任:关瑞祺
副主任:李占卫
李支西
林万震
梁文心
王韶红
陈道辉(挂职)
林开华
林鲤晟

市经济委员会

主　任:陈继鹏
副主任:牛建春
林端雄
王国晓
吴银恕
翁云疆

市城乡建设委员会
主　任:李月健
副主任:林京洪
黄霄辉
张　帆
郑　鸿
兰邵华(挂职)
吴正颜
总工程师:林宝钧

市交通运输委员会
主　任:左美俊
副主任:刘选华
施向文
林昌达
刘起宏
许　潮
钟闻华(挂职)
陈志武

市投资促进局
(挂市金融工作办公室牌子)
局　长:江　海
副局长:王熙云
林榕森
魏明蒂

市教育局
(与市教育工作委员会合署办公)
局　长:郑　勇
副局长:翁桂香
严　星
陈　红
黄　林
陈　亮
杨振坦(挂职)

市科学技术局
局　长:林治良
副局长:郑寿平
林　伟
王建忠
薛　博

市民族与宗教事务局
局　长:林阿善
副局长:杨国富
饶春贵

市公安局
局　长:徐凡新
副局长:林　祥
张　鸿
郑雷声
冯　明
黄作璋
陈红卫

打私办
副主任:罗　锋

市监察局
局　长:连世潮
副局长:程良琛
兰鸣伟

市民政局(挂市革命老根据地建设办公室牌子)
局　长:张维船
副局长:尤典真
林文铨
庄　严
颜培林
吴　越

市司法局
局　长:俞建春
副局长:林　松
方振荣
柯家欣
王信标

市财政局
局　长:林恒增
副局长:林贞华
李小荣
韩芝玲
蒋爱玉
陈龙建(挂职)
金晖辉

市人力资源和社会保障局
局　长:卢　林
副局长:陈荣生(兼)
孙鲁闽
秦　健
袁苏欣
熊玉平
高远忠

市公务员局
局　长:陈荣生
副局长:黄　震
龚家飒
冯　音

市国土资源局
局　长:郑建闽
副局长:彭永麒
陈慧英
李　仲
聂晓梅
俞文峰(挂职)

市环境保护局
局　长:纪建平
副局长:任义文
赵炳荣
汪家升
蒋苏榕(挂职)
总工程师:许爱琼

市城乡规划局
局　长:陈　勇
副局长:林仕滔
黄宇清
林　强
金国栋
刘秋江(挂职)
总工程师:王秀卿
总规划师:吴建青

市住房保障和房产管理局
局　长:李　凡
副局长:兰仰金
张海舟
高学良

市市容管理局
(挂市城市综合执法局牌子)
局　长:林　辉
副局长:郑保胜
李伟贤
江玉坤
金德荣

市安全生产监督管理局
(挂市安全生产委员会办公室牌子)
局　长:程爱国
副局长:梁文凌
林　晞
总工程师:叶　军

市农业局
局　长:吴建成
副局长:石允淦
聂德毅
陈文辉
黄　菁
朱育菁(在榕高校服务团)

市林业局

局　长:陈信平
副局长:张顺恒
冯　平
廖胜彪

市水利局

局　长:黄文希
副局长:陈谋祥
陈济斌
巫贤成
陈文吉(挂职)
总工程师:林　凯

市海洋与渔业局

局　长:林心銮
副局长:陈珍光
陈　钰
赵鸣娟(挂职)
陈佳丁

市商贸服务业局(挂市食品安全工作办公室、市支前办公室牌子)

局　长:蔡福勇
副局长:叶　震
陈燕敦
陈　源
沈鹭滨
马国武(挂职)
杨　辉

支前办

主　任:蔡福勇(兼)
副主任:樊新江

市粮食局

局　长:赵时可
副局长:陈春恩
陈　颖
周　岚

市对外贸易经济合作局(挂市政府口岸工作办公室牌子)

局　长:范建敏
副局长:杨　光
潘　啸
林　周
陈镜清
严周文
梁　勇(挂职)

口岸办

副主任:黄　瑾

市文化新闻出版局(挂市文物局、市版权局牌子)

局　长:杨　凡
副局长:黄修钗
卢　玲
胡　南
陈思源
何经平(挂职)

市广播电影电视局

局　长:陈　燕
副局长:赵　洵
陈炳荣

市卫生局

局　长:郑道新
副局长:于　萍
缪　伟
吴翔天
洪　涛(挂职)
吴锦忠(在榕高校服务团)
杨晓煜

市人口和计划生育委员会

主　任:周应忠
副主任:黄　升
郑维忠
刘惠珍

市体育局

局　长:黄其钦
副局长:陈光华
高慧萍
刘　丹
黄　毅

市审计局

局　长:林良云
副局长:郑子平
郑生明
刘小红
总审计师:翁国荣

市统计局

局　长:郑新清
副局长:王金聚
朱　政
金昌勇
总统计师:曹寿全

市旅游局

局　长:潘　威
副局长:陈学禄
林从宇
李春茂
陈贵松(在榕高校服务团)
沈岳阳

市机关事务管理局

局　长:刘晓强
副局长:林　平
吴光俊
林春贵
总会计师:赵善才

市政府外事侨务办公室(挂市政府港澳事务办公室牌子)

主　任:游晓东
副主任:郑建榕
张　萍
马亚明
张素燕

市人民防空办公室(挂市民防局牌子)

主　任:吴　强
副主任:张景颂
郑清辉

市国有资产监督管理委员会

主　任:连国平
副主任:蔡立福
林敬金
谢建明
蔡道振(挂职)
王　刚

福州保税港区管委会(挂福州保税区管委会牌子)

副主任:陈承茂(常务)
李　平
黄武闽
李克亭

福州台商投资区管委会

主　任:黄　超
副主任:詹和忠
张发春(兼)
兰可明(兼)

市政府法制办公室

主　任:赵彦邦

市物价局

局　长:李占卫
副局长:黄家华
黄敬池

市政府驻北京办事处

主　任:郭建国
副主任:洪　斌
林鲤晟(兼)

市政府驻上海办事处

主　任:林　麟

市政府驻深圳(广州)办事处

主　任:林发希

福州市政治协商委员会机构及负责人名单

市政协办公厅

主　任:陈向上

市政协调查研究室

主　任:曹　波

副主任:陈小刚

市政协提案委员会

主　任:余　松

副主任:张克恭

市政协经济建设委员会

主　任:邱连生

副主任:田虎威

袁诚勇

市政协教科文卫体委员会

主　任:汪芷江

副主任:林忠武

市政协港澳台侨和外事委员会

主　任:李肖琴

副主任:吴瑞成

市政协社会和法制委员会

主　任:高孔霖

副主任:胡慧玲

市政协民族和宗教委员会

主　任:石　亮

副主任:邱孝魁

市政协文史资料和学习宣传委员会

主　任:郑新俊

市政协人口资源环境委员会

主　任:张丰年

副主任:王荔仙

民主党派和工商联机构及负责人名单

民革福州市委会

主　委:夏先鹏

副主委:蔡恩典

民盟福州市委会

主　委:林治良

副主委:刘福莲

江瑞平

农工党福州市委会

主　　委:郑新清

专职副主委:林　澄

民建福州市委会

主　委:王宗华

副主委:林　敦

倪　真

致公党福州市委会

主　　委:鄢　萍

专职副主委:陈京香

台盟福州市委会

主　委:郑建闽

副主委:甘海疆

九三学社福州市委会

主　委:林绍彬

副主委:吴　茗

民进福州市委会

主　委:陈　奇

副主委:李松铨

福州市工商业联合会

主　席:雷成才

副主席:郭荣贵

张翠芳

张　强

林　升

社会团体机构及负责人名单

福州市总工会

主　席:陈元邦

副主席:郑湘国

傅春英

金　纶

张　薇

共青团福州市委员会

书　记:郑立敏

副书记:林　巍

谢志成

陈　忠

福州市妇女联合会

主　席:孙晓岚

副主席:傅春英(兼)

崔兆英

陈小玲

娄月琴

福州市科学技术协会

主　席:付贤智

副主席:刘晓明

陈玲玲

杨信增

福州市文学艺术界联合会

主　席:徐　杰

副主席:米　伟

武夏红

福州市归国华侨联合会

主　席:蓝桂兰

副主席:付小苑

余岸明

林良明

福州市社会科学界联合会

主　席:林　山

副主席:陈由岖

贺晓军

福州市台湾同胞联谊会

会　长:陈小凡

副会长:林鸿榕

中国国际贸易促进委员会福州市支会(中国国际商会福州商会)

会　长:潘邦瑞

副会长:吴毓青

陈晓玲

林连华

福州市人民对外友好协会

会　长:杨　岳(兼)

副会长:郑建榕

福州市残疾人联合会

理 事 长:庞　跃

副理事长:黄大明

陈孔乐

林　支

福州市计划生育协会

副会长:黄　升(常务)

王　锋

福州市红十字会

会　长:严可仕(兼)

副会长:胡晓强(常务)

胡树林

胡经民

福州中华职业教育社

主　　任:陈今明

专职副主任:陈美华

闽江学院

党委书记:王新民

党委副书记、院长:杨　斌

纪委书记:詹　林

副 院 长:赵麟斌

金德凌

陈伙金

狄俊安

福州职业技术学院

党委副书记、院长:林承超

党委副书记:林福荣

副　院　长:金昌余

刘松林

詹碧卿

纪 委 书 记:沈锦华

福州市直属副处级以上事业单位

中共福州市委党校(市行政学院、市社会主义学院)

市委党校(市行政学院)

校（院）长:陈元邦
副校(院)长:陈志昇(常务)
游伯笙
林秀玲
唐为民

市社会主义学院
院　长:陈志昇
副院长:刘少华
游伯笙
林秀玲
唐为民

中共福州市委党史研究室
主　任:刘德洪
副主任:张和琛

福州市档案局(馆)
局　长:李运启
副局长:蔡光荣
宋美榕

福州市社会科学院
党组书记:余作尧
副 院 长:张兰英

福州日报社
社　长:鲍　闽
副社长:黄秀泉
叶向荣

中共福州市委干部理论教育讲师团
团　长:王春生

福州市农业科学研究所
所　长:郭建铭

福州市蔬菜科学研究所
所　长:陈文辉

福州市事业单位登记管理局
局　长:林仁健

福州市人民政府发展研究中心
主　任:郭艳芳
副主任:孙占秋
林高星

福州市地方志编纂委员会
主　任:张　硕
副主任:王小珍
刘必霖

福州市地震局
局　长:黄春鹏
副局长:戴　黎

福州市仲裁委员会
主　任:薛海玲
秘书处副秘书长:黄尚斌

福州市行政服务中心
主　任:胡冀闽
副主任:伍南腾(兼)

福州市土地发展中心
(市地产开发总公司)
主　任:王　松
副主任:张志强
陈韩德
刘　锋

福州市国有房产管理中心
主　任:曾国俊
副主任:陈永辉
肖贤荣

福州市住宅发展中心
主　任:任志强
副主任:何　振

福州住房公积金管理中心
主　任:林　锋
副主任:刘心欣
蔡　颖
郑宗沐

福州市房屋登记中心
主　任:陈　津
副主任:陈明辉
邓世清
林礼岑

福州市供销合作社联合社
主　任:俞昌林
副主任:林洪锦
黄家禄

福州市园林局
局　长:孙　利
副局长:刘用斌
杨　晓
陈锵艳
陈志光
总工程师:杨　晓

福州市三坊七巷管理委员会
主　任:杭　东(兼)
副主任:杨　勇(常务)
叶子文
盖文玲
凌　敏

福州市"数字福州"建设领导小组办公室
主　任:朱汉民

福州教育学院
党委书记:许荔萌
副 院 长:张昌勋
程季平
黄耀荣

福州高新技术产业开发区管理委员会
主　任:徐铁骏(兼)
副主任:许用贵(常务)
吴　力
陈　辉
陈兆勋(挂职)
任　巍
杨信国
张　彪

福州市知识产权局
局　长:何朝晖

福州市第一技工学校
(省机械工业技术学校)
副校长:母安明
刘伟诚
余　丰
陈学祥

福州市第二高级技工学校
校　长:吴宗伦

福州市民用建筑统建办公室
主　任:任志强
副主任:林国良

福州市规划设计研究院
院　长:高学珑
副院长:桂兴刚

福州市政工程管理处
主　任:王家荣

福州市环境卫生管理处
处　长:林长盛

福州市道路运输管理处
处　长:洪德平

福州市水路运输管理处
(福州市地方海事局)
处　长:颜永忠

福州市公路局
局　长:林著惠

福州市海洋与渔业技术中心
主　任:陈国生

福州市海洋与渔业执法支队
支队长:王　林
政　委:朱　斌

福州市文化市场综合执法支队
支队长:吴　跃
政　委:赵民儿

福州市妇幼保健院
院　长:林美华

福州市卫生局卫生监督所
所　长:颜国添

福清卫生学校

校　长:吴　敏

福州市疾病预防控制中心

主　任:张晓阳

福州市第一医院(红十字医院)

院　长:张　帆

福州市第二医院

院　长:朱　琪

福州结核病防治院

院　长:王　琳

副院长:游泳宜

福州市中医院

院　长:张峻芳

副院长:吴水生(在榕高校服务团)

福州市传染病医院

院　长:刘景丰

福州市皮肤病防治院

院　长:王　林

副院长:肖建英

福州市第八医院(福州铁路中心医院)

院　长:江　波

福州市体育运动学校

副校长:郭志农(常务)

福州市业余科技大学

副校长:黄兆津

福州市鼓山风景区管理处

主　任:邱泰斌

福州市建筑设计院

院　长:林兴年

福州市城镇集体工业联合社

主　任:黄济霖

副主任:王昌桃

陈　明

福州广播电视集团

董事长:刘　屏

总经理:王　晋

副总经理:刘义萍

陈　航

总工程师:林钦华

中共各县(市)区委员会　县(市)区人大　人民政府　政协负责人名单

中共鼓楼区委

书　记:杭　东

副书记:林碧芬

常　委:俞章华

陈仁德

黄良平

胡道坦

林　峰

张晓容

林锦辉

林　颖

鼓楼区人大常委会

主　任:李　力

副主任:郭光杰

林文华

张宏荣

严孝义

鼓楼区人民政府

区　长:杭　东

副区长:林　颖(常务)

谢谦华

刘建兴

徐金泰

翁华锋

刘用全

陈　辉

陈明东(挂职)

鼓楼区政协

主　席:陈　亢

副主席:柯岩辉

程建国

谢裕波

倪　真(兼职)

中共台江区委

书　记:张　忠

副书记:陈曾勇

陈宗胜

常　委:邓万铣

程　晖

陈高英

李　辉

何长嘉

叶仁佑

黄建雄

刘　勇

台江区人大常委会

主　任:林培清

副主任:郑琪鸿

郑功敏

宋晓非

卓小明

台江区人民政府

区　长:陈曾勇

副区长:何长嘉(常务)

严立武

郑则传

唐　寅(援藏)

李　强

吴晓云

陈　锦

刘华杰

黄劭蓉(挂职)

黄胜进(挂职)

台江区政协

主　席:林品光

副主席:王建东

陈　飞

姚　强

中共仓山区委

书　记:吴贤德

副书记:杨新坚

谢　促

常　委:梁　栋

阮　锋

翁国平

林建伟

林　宇

卢占忠

邓祥云

仓山区人大常委会

主　任:张为民

副主任:吴文华

陈玉莲

张玉俤

刘玉卿

仓山区人民政府

区　长:杨新坚

副区长:邓祥云

潘仰武

陈　峰

秦　凡

胡森群

王晶晶

林　莉(挂职)

姚　伟(挂职)

仓山区政协

主　席:余凤玉

副主席:杨沂光

郭松钿

魏道航

陈京香(兼职)

中共晋安区委

书　记:阮孝应

副书记:郑云春

张定锋

常　委:郑章干

赵　坚
童桂荣
孟　翔
魏晓辉
陈华辉
郭　勇

晋安区人大常委会

主　任:林圣婉
副主任:林继锵
王乃平
林菊容
许国政

晋安区人民政府

区　长:郑云青
副区长:童桂荣(常务)
陈信英
金昌钦
周志坚
林文福
张里岩
张则铭
叶晓兰(挂职)

晋安区政协

主　席:刘昌棋
副主席:黄　玲
张秉洁
郑喜明

中共福州经济技术开发区、马尾区委

书　记:林　飞
副书记:许毅青
李　明
马尾区常委:沈　甦
吴友习
蓝　锋
郑　毅
王苏闽
倪晓嵘(挂职)
李利民
雷连鸣
开发区党委委员:沈　甦
吴友习
蓝　锋
张　凌

马尾区人大常委会

主　任:范公榕
副主任:吴　强
李　贞
程鸿远
王　峪

福州经济技术开发区管委会

主　任:许毅青
副主任:高洪霖
张　凌
杨木泽
陈　禹

马尾区人民政府

区　长:许毅青
副区长:高洪霖
李利民(常务)
陈秋伸
张　林
游　力
刘晓东
张麒蛰(挂职)

马尾区政协

主　席:施敏华
副主席:郭龙生
江国强
侯爱平
林海鹰

中共福清市委

书　记:陈春光
副书记:林　贤
林　中
常　委:罗若谷
刘　迟
高国富
翁芳明(援藏)
张文胜
叶友琛
蔡和斌
陈　生
陈金友

福清市人大常委会

主　任:王德玉
副主任:陈建文
林茂清
朱育平
严　萍

福清市人民政府

市　长:林　贤
副市长:陈　生(常务)
王建生
陈恒东
陈存枫
吴晓凡(科技,省下派)
叶小斌
俞大军

陈　丹
张永森(挂职)

福清市政协

主　席:游美兴
副主席:陈力奇
陈向群
方朝钦
吴　敏

中共长乐市委

书　记:王绍知
副书记:何杰民
常　委:程小马
林建国
吴文琪
邓　岚
池至清
李　明
晁　旭
陈增国

长乐市人大常委会

主　任:张礼强
副主任:黄玉钗
郑宽挺
林　忠
魏义锋

长乐市人民政府

市　长:王绍知
副市长:林建国(常务)
王命发
郑子记
林秀燕
郑子毅
陈航星
王建刚(在榕高校服务团)
曾志云(挂职)

长乐市政协

主　席:延建霖
副主席:陈　真
曹以强
宋丽晶
林少惠

中共闽侯县委

书　记:赵学峰
副书记:严金官
张大斌
常　委:郑华琼
李永祥
施玉安
许舜举

江智文
陈乐森
陈长泽
任建川

闽侯县人大常委会

主　任:胡光礼
副主任:林善匡
郑铭魁
张德兴
曾小榕

闽侯县人民政府

县　长:严金官
副县长:李永祥(常务)
欧　建
林建善
杜　微
许启华(援藏)
张建彬
张　旗
林琼华(科技,省下派)
郑学锦
陈道清(挂职)
林坤泉(挂职)

闽侯县政协

主　席:王彦强
副主席:叶　玲
周　敏
赖登球
吴文英(兼职)

中共连江县委

书　记:高　明
副书记:林　峰
陈　彪
常　委:曾开寿
陈晓晖
刘　明
李雄平
张金潮
林承祥
杨洪华
李东河(挂职)
黄齐秋

连江县人大常委会

主　任:邱德光
副主任:滕忠华
王大荣
王同生
李　晋

连江县人民政府

县　长:林　峰
副县长:张金潮(常务)
孙祥光
雷言钦
林贤清
张发春
冯慧钦
吴能森(在榕高校服务团)
黄文华(挂职)

连江县政协

主　席:林伦健
副主席:易立群
林　竹
林　文
吴　斌

中共闽清县委

书　记:陈铁晗
副书记:肖　华
蔡劲松
常　委:林裕煌
刘久兴(援疆)
林　健
黄　钢
张新怿
郭家彬
陈诸凯
李福进
黄身勇(挂职)

闽清县人大常委会

主　任:郑子升
副主任:王　强
陈孝贤
陈婉霞
黄　坚

闽清县人民政府

县　长:肖　华
副县长:林　健(常务)
李荣寿
林志斌
郑仕平
江家良
林从娇
黄　斌
赵春荣(挂职)

闽清县政协

主　席:毛行青
副主席:华秀敏
张　文
陈　峰
叶林生

中共罗源县委

书　记:何代钦
副书记:吴兰铮
王命瑞
常　委:吴国辉
陈敏鸿
傅历光
蔡　文
刘延梅
刘毅宙

罗源县人大常委会

主　任:雷光秀
副主任:王永春
邱清崇
周在勤
易建勤

罗源县人民政府

县　长:吴兰铮
副县长:蔡　文(常务)
董志干
兰可明
汪孝敏
黄元祥
刘用场(科技,省下派)
何瑞强
邓　斌
陈明义(挂职)
谢　婧(挂职)

罗源县政协

主　席:何宗乐
副主席:姚建传
于红旗
李恒炎
陈丽霞

中共永泰县委

书　记:林　强
副书记:李新贤
阮文光
常　委:陈家恬
李瑞琨
陈日官
赖颂辉
廖美样
张仁灿
洪长春(挂职)
罗晓晖

永泰县人大常委会

主　任:吴秋惠

副主任:冯常胜
侯文辉
江晓鸣
陈振杰

永泰县人民政府

县　长:李新贤
副县长:赖颂辉(常务)
吴德泉
王寿钦
祝海辉
曾海方
林　实(科技,省下派)

黄修瑜
伍世代(在榕高校服务团)
邹勇志(挂职)
许以章

永泰县政协

主　席:王德冠
副主席:王礼灯
江惠文
官升玲
陈永青

琅岐经济区党工委

书　记:杨木泽
副书记:郑是平
黄志明
许善坤

琅岐经济区管委会

主　任:杨木泽
副主任:吴红城
张依俤
刑鼎斌

(周龙敏)

(编辑　黄　铭)

中共福州市委

重要会议及活动

【市纪委十届二次全会】 2月3日召开。会议深入学习贯彻十七届中央纪委第七次全会和省纪委九届二次全会精神，研究部署2012年全市党风廉政建设和反腐败工作。省委常委、福州市委书记杨岳要求，全市各级党组织和广大党员干部要认真学习，深刻领会，切实把思想和行动统一到中央和省委的部署要求上来，扎扎实实做好保持党的纯洁性各项工作，不断推动党风廉政建设和反腐败斗争取得新成效，为建设开放、文明、和谐、幸福的新福州做出新的更大贡献，以优异的成绩迎接中共十八大胜利召开。

【市党政代表团赴珠三角、长三角地区学习考察活动】 2月15—20日进行。杨岳、杨益民、周振华、方清海等市四套班子有关领导率领福州市党政代表团赴珠三角、长三角地区学习考察。代表团一行先后考察学习了广州、东莞、深圳、杭州、上海、苏州、南京等市在产业发展、精神文明建设、城市建设管理、效能建设等方面的创新和经验，在深圳、上海举办了福州市民营企业产业项目投资推介会。2月22日，市委召开学习考察总结会，省委常委、市委书记杨岳要求，全市各级各部门要认真学习借鉴先进地区发展中的好经验、好思路、好做法，在推进福州新一轮跨越发展的创业进程中，更加突出开放这一主题，始终坚定不移地实施大开放战略，加快发展开放型经济，在持续扩大开放中深度拓展、全面提升、实现跨越，努力建设更加开放的新福州。

【市委十届三次全会】 2月21日召开。会议酝酿确定福州市推荐出席党的十八大代表候选人初步人选，票决通过市直有关单位新任党政正职拟任人选和推荐人选，审议通过关于聘请市科协主席人选的议案，会议还对在“基层组织建设年”中推进“服务基层、服务群众、服务发展”活动进行动员部署。省委常委、市委书记杨岳要求，全市各级各部门要切实按照既定部署、既定步骤，乘势而上、强力推进，推动“三服务”活动深入开展，形成勤下基层、服务基层、深入群众、服务群众的浓厚氛围。

【绩效管理和“五大战役”工作表彰会】 4月20日召开。会议通报了2011年绩效管理、五大战役、重点项目建设工作以及一季度全市经济运行情况，并表彰了2011年度绩效管理工作、实施五大战役、重点项目建设的先进集体和先进个人。省委常委、市委书记杨岳要求，全市各级各部门必须进一步坚定信心、抢抓机遇，奋力拼搏、扎实工作，确保上半年各项经济工作实现时间过半、任务过半。

【市委市政府工作检查活动】 5月5—11日进行。检查组先后深入12个县(市)区，察看了60多个项目，并于11日召开工作检查总结会，总结交流工作检查情况，研究部署下一阶段推动工作的新思路新举措，动员全市上下进一步掀起比学赶超、干事创业的热潮，推动福州科学发展、跨越发展。省委常委、市委书记杨岳要求，全市各级各部门要以这次工作检查为动力，大力弘扬“顽强、进取、团结、奉献”的“榕树精神”，进一步抢抓机遇、奋力拼搏，比学赶超、锐意进取，全力推动科学发展新跨越，加快建设开放、文明、和谐、幸福的新福州。

【市委十届四次全会】 8月14日召开。会议深入学习贯彻胡锦涛总书记在省部级主要领导干部专题研讨班上的重要讲话精神和省委九届五次全体（扩大）会议精神，研究部署福州市推进科技创新、发展海洋经济、旅游产业和当前工作。省委常委、市委书记杨岳要求，全市各级各部门要深入学习贯彻，准确把握胡锦涛总书记重要讲话精神和省委九届五次全会精神，以更加坚定的决心、更加有力的举措、更加完善的制度贯彻落实科学发展观，科学谋划推动福州科技创新体系建设和海洋经济、旅游业发展的思路举措，加快建设创新型城市、“海上福州”和海西重要旅游目的地，在更高起点上推动福州科学发展跨越发展。

【“3820”工程成就展】 10月22—31日举行。本次展览全面系统地展示了“3820”工程实施20年来，福州市在经济建设、政治建设、文化建设、社会建设和党的建设等各个领域取得的成就。历时10天的成就展,吸引了30多万名社会各界群众参观,产生了较大的社会反响。10月23日,市委召开实施“3820”工程20周年座谈会,省委常委、市委书记杨岳要求,全市各级各部门一定要进一步运用好实施“3820”工程的战略精髓和宝贵经验,以高瞻远瞩的战略思维、追求卓越的争先意识、“马上就办”的优良作风和厚植本土的“榕树精神”,干出一片新天地,创出一番新辉煌,不断谱写福州科学发展跨越发展的崭新篇章。

【全市工作大调研活动】 11月18日至12月底,由市四套班子主要领导和市委副书记周宏牵头负责,其他市领导、市直有关部门和各(县)市区主要负责同志参加,围绕建设闽江口发展区,加强党员干部队伍思想作风建设,构建现代产业体系,加快推进城乡一体化发展,实现“两个同步”、提高幸福指数,加强基层社会管理和服务体系建设等6个课题开展调研。通过调研,精心谋划明年全市工作,努力在新的起点上加快建设闽江口发展区,推动福州科学发展跨越发展。

【市委十届五次全会】 12月29日召开。会议深入学习贯彻中共十八大、中央经济工作会议和省委九届六次全会精神,对在更高起点上加快建设闽江口发展区,推动福州科学发展跨越发展作出部署。省委常委、市委书记杨岳要求全市各级党组织和广大党员要紧密团结在以习近平为总书记的党中央周围,以中共十八大精神为指引,解放思想,改革开放,凝聚力量,攻坚克难,在更高起点上加快建设闽江口发展区,推动福州科学发展跨越发展,以优异成绩为全国全省大局做出新的更大贡献。会议审议通过了《中共福州市委十届五次全会决议》。

(张其顺)

重要接待

2月3—6日,第十届全国人大常委会副委员长司马义·艾买提先后考察福清石竹山、三坊七巷等,省委常委、市委书记杨岳,市长杨益民,市人大常委会主任周振华等分别陪同相关活动。

2月8日上午,原国务院副总理曾培炎在省委常委、市委书记杨岳,市长杨益民,市委常委、秘书长、统战部长徐启源等陪同下,考察三坊七巷。

2月18日,国务委员、公安部部长孟建柱在省委常委、市委书记杨岳,市长杨益民,市委常委、秘书长、统战部长徐启源等陪同下,考察鼓楼区军门社区、三坊七巷等。

4月2日下午,国务院总理温家宝在省委书记孙春兰,省长苏树林,省委常委、市委书记杨岳,市长杨益民,市委常委、秘书长、统战部长徐启源等陪同下,视察福耀玻璃有限公司、冠捷电子有限公司、三坊七巷、林则徐纪念馆等,并在冠捷电子有限公司召开座谈会。

6月14日,全国政协主席贾庆林在省委书记孙春兰,省长苏树林,省政协主席梁绮萍,省委常委、市委书记杨岳,市长杨益民,市委常委、秘书长、统战部长徐启源等陪同下,视察福建奔驰汽车有限公司、福州市行政服务中心、三坊七巷等。

6月17—18日,全国政协副主席黄孟复来榕出席海交会活动,省委常委、市委书记杨岳,市长杨益民等陪同出席相关活动。

9月17—18日,第九、第十届全国人大常委会副委员长成思危到榕出席“福州论坛——创业与创投2012”活动,省委常委、市委书记杨岳,市长杨益民等陪同出席相关活动。

11月23日,原中共中央政治局委员、北京市委书记刘淇在省委常委、市委书记杨岳,市长杨益民,市委常委、秘书长、统战部长徐启源陪同下,考察三坊七巷。

12月4日晚,省委常委、市委书记杨岳,市长杨益民,市政协主席方清海,市委常委、秘书长、统战部长徐启源在三坊七巷佳丽花园拜会十届全国政协副主席张思卿。

(郑永平)

纪检监察

【概况】 2012年,全市各级纪检监察机关查处违纪违法案件747件,开展执法监察、监督检查950次,受理群众信访举报6980件(次),组织4800多名党员干部参观福州市反腐倡廉警示教育馆。市效能办组织较大规模的明察暗访6次,效能问责389人次。1561名处级以上领导干部报告个人有关事项,对19名党政领导干部进行任期或任中经济责任审计,新任处级领导干部任前廉政谈话144人,纪委负责人同下级党政主要负责人谈话2032人次,诫勉谈话65人次。

【惩防体系建设】 严格责任考核,由市领导带队,通过听取汇报、查阅资料、个别谈话、民主测评、实地走访基层单位等方式,对12个县(市)区和36个市直单位进行检查考核,突出对重要权力部门、执法部门、公共服务部门及惩防体系建设牵头单位(部门)的党政领导班子及其成员的检查考核。严格责任追究,对16名违反或未能正确履行党风廉政建设责任制的党员领导干部追究责任。抓住关键环节和重点领域,有针对性地建章立制,形成较为完备的反腐倡廉制度体系。梳理和落实惩防体系建设工作的目标和任务,对照要求查找不足,整改落实。福州市落实建立健全惩防体系2008—2012年规划《工作方案》确定的68项惩防体系建设工作任务基本完成。到各县(市)区开展调研,谋划下一个五年惩防体系建设工作方案。

【教育及廉政文化建设】 以“保持党性纯洁、服务科学发展”为主题,在全市党员干部中开展理想信念教育、党性党风党纪教育和从政道德教育。通过汇编党纪条规知识手册、举办廉政主题讲座、廉政知识测试和竞赛、收听收看先进事迹报告会、观看反腐倡廉影片、播放廉政公益广告、加强廉洁过节教育等,增强领导干部廉洁奉公意识。推进廉政文化创建活动,组织152个市直单位主要领导到榕城监狱警示教育基地开展警示教育,组织4800多名党员干部参观福州市反腐倡廉警示教育馆，举办“廉洁福州”反腐倡廉文艺晚会，摄制廉政文化专题片“榕城处处廉花开”，营造反腐倡廉文化氛围。

执行领导干部述职述廉、诫勉谈话、党内询问和质询、党员领导干部报告个人有关事项等制度，落实党政主要领导干部经济责任审计规定。制定《关于领导干部任前廉政谈话的暂行规定》，建立市纪委主要领导同县（市）区党政主要领导、市直部门主要负责人廉政谈话制度，对苗头性、倾向性问题，及时提醒、教育和帮助。

【廉政风险防控】 在全省率先全面部署，各级机关把查找廉政风险点、编制职权目录、制定防控措施、加强动态监管等作为廉政风险防控的重点。县（市）区和市直单位开展职权梳理、廉政风险点查找评估、防控措施制定等，全年评估廉政风险点8.01万个，制定防控措施6.08万项，构建权责清晰、流程规范、风险明确、措施有力、制度管用、预警及时的廉政风险防控机制。

【规范权力运行】 行政权力阳光运行平台 全市3889个审批项目全部纳入网上审批系统管理范围，年内受理审批项目14.49万个，办结14.31万个，办结率98.8%。对全市所有行政处罚事项按照违法情形不同进行全面量化，促进行政处罚裁量“零自由”，网上行政处罚立案3097件，结案2614件，结案率84.4%，处罚金额1368.54万元。推行简政放权，优化行政审批服务，市直部门取消、调整、合并217项行政审批事项，下放117项行政事权，办理环节普遍压缩到3个环节以内。规范网上公共资源交易和网上中介诚信管理，在行政审批、行政处罚和公共资源交易系统设置监察点，通过市、县、乡三级联网的视频监督系统，对各办事窗口的工作秩序、服务态度以及招标投标现场等情况进行实时视频监督。

办事公开工作 规范公开内容、程序、时间和形式，让群众“看得见、看得全、看得懂、能监督”。确定一批办事公开标准化建设联系点，推动办事公开标准化建设。市及12个县（市）区政府、39个市直单位开通政务微博，提高权力运行透明度。在2012年中国社科院中国政府透明度报告中，福州市位居全国43个较大的城市之首。加强信息技术运用，把办事公开标准化建设与福州市办事公开系统、福州农村基层党风网建设结合起来。中国福州门户网站“网上办事公开”栏目获第7届中国特色政府网站评选的“品牌栏目奖”称号。台江区政府政务公开和政务服务示范点建设工作在2012年度绩效评估中位列全国104个试点单位第19名，在福建省4个试点单位中排名第一。

【公共资源市场化】 有47项公共资源实行市场化配置，其中有36项在全市范围内实施。整合市建设工程交易中心、土地矿产交易中心、产权交易服务中心、政府采购中心等有形市场，成立市公共资源交易服务中心，实行统一进场交易、统一平台运作、统一信息发布和统一监督管理。完善网上公共资源交易系统和电子监察系统，共实行建设工程电子招投标424项、政府采购网上交易2590项、国有产权交易电子竞价15项、经营性土地挂牌出让19宗。开通工程建设项目信息和信用信息公开平台，建立工程建设远程信息监控系统，改善工程建设管理。

【专项治理】 加强对领导干部遵守和执行廉洁从政规定情况的监督检查和专项治理，治理领导干部违规送收现金、有价证券、支付凭证、礼品礼金等问题，全市收到主动上缴礼品礼金等折合人民币7.2万元。开展公务用车专项治理，纠正超标准超编制配备使用小汽车的行为，处理违规车辆1024辆。开展查纠“小金库”等专项治理的成果巩固、建章立制、制度落实工作。开展庆典、研讨会、论坛过多过滥问题专项治理，对2011年、2012年举办的44项博览会（展会）活动进行全面梳理，从严控制活动数量和规模，规范领导干部出席和参与此类活动的行为。巩固党政机关厉行节约、制止奢侈浪费工作成果，严格控制因公出国（境）团组数量和规模，压缩市级及以下领导干部出访团组总量，全年审核和审批出国（境）团组373批843人次，制止13批23人次，调整压缩出访13批6人次32天，节约经费101.5万元。

【案件查办】 全市查处违纪违法案件747件，其中县处级干部案件9件，乡科级干部案件80件，贪污贿赂案件176件，经济大案155件，移送司法机关90人，为国家和集体挽回经济损失2976万元。坚持安全文明办案，完善线索管理、初步核实、立案调查、案件审理以及申诉复查等程序，提高办案规范化水平；强化组织协调，健全执纪执法机关相互配合的长效机制；畅通信访举报渠道，受理群众信访举报6980件（次），在了解核实查处的同时也及时为受到失实举报的党员干部澄清是非；对162名受处分党员干部进行回访教育。发挥查办案件治本功效，在全市通报15件典型案件，对34件重大典型案件开展“一案一整改”。

【政风行风建设】 加强纠风专项治理工作，纠正教育、医疗、征地拆迁、金融机构、食品药品安全等领域损害群众切身利益的行为；加强对保障性住房建设、分配和管理过程的监督，对失职渎职工作人员予以党纪、政纪处分；推动出台《关于进一步加强保障性住房配租配售和管理工作的意见》《公共租赁住房管理办法》《城区廉租住房管理办法》，确保保障性住房准入和退出公开、公平、公正。

推进政风行风建设，开展“让人民满意”媒体直播民主评议政风行风活动，构建由人民点名、受人民监督、对人民负责、向人民汇报、让人民满意的民评工作新机制，10个市直单位在福州电视台现场直播接受政风行风民主评议，全市14万多人次参与满意率投票；发挥“12345”便民呼叫热线、“968168”投诉电话和“政风行风热线”等载体作用，受理各类诉求23.13万件，办结率99.18%。

【监督检查与执法监察】 重点对加快水利改革发展、环境保护和节能减排政策落实情况、闽江下游河道采砂管理、交通管理、环境综合整治、清理整治违法建设等，加大监督检查和执法监察力度。开展重大建设项目征迁工作监督检查，建立监督检查、服务推进、纪律保障、制度支撑、查处惩戒机制,确保项目顺利推进,工程优质廉洁。全年,各级纪检监察机关开展执法监察监督检查950次,发现各类违法违规问题444个,制止、纠正违法违规问题292个,提出监察建议81项。全市机关效能建设机构派出督查人员2200多人次,督查项目700多项。其中,市效能办派出督查人员270多人次,督查项目80多项,发出《效能督办单》90多份,《整改通知书》90多份,推进31个央企项目、22个土地出让项目、32个滞后项目建设。

【基层党风廉政建设】 推进鼓楼区地方党组织党务公开和区委权力公开透明运行试点工作。落实《农村基层干部廉洁履行职责若干规定(试行)》,全市95.2%的村(居)推行"五要"工程,95.6%的村(居)实行"五统一",96.2%的村建立村务监督委员会,79.7%的村推行户代表会议制度,保障群众的知情权、参与权、表达权和监督权。严肃村级组织换届纪律,开展任期和离任经济责任审计,对摸底排查出的238个重点村、难点村换届选举纪律执行情况进行重点督查,查处1起原村委会主任伙同他人骗取村集体资金作为贿选资金的违纪违法案件。

【绩效管理】 制定《福州市2012年度县(市)区及市级机关单位绩效管理工作实施方案》和《2012年度福州市政府绩效管理工作实施方案》,全市12个县(市)区和76个市级机关单位纳入绩效管理。组织中期、年终察访核验,强化绩效整改,落实主体责任,促进福州市绩效管理工作上新水平。福州市绩效管理工作获中央纪委监察部绩效管理监察室简报和《中国纪检监察报》专文介绍。

【效能问责】 出台《关于深化机关效能建设工作的意见》,强化"一把手"责任制,整治"庸懒散"现象。建立15个投资环境效能监测点,有针对性地查处庸懒散行为和问题。在日常督查的基础上,全年组织较大规模的明察暗访活动6次,效能问责违规人员389人次,其中效能告诫208人次,诫勉教育181人次。

【效能投诉办理】 全市机关效能投诉中心受理社会各界投诉1634件,应办结1591件,实际办结1587件,办结率99.7%。其中,市机关效能投诉中心受理投诉551件,应办结516件,已办结516件,办结率100%。办理省机关效能投诉中心转办件106件。在整合机关效能投诉中心、市长公开电话基础上,利用"968168"投诉电话,24小时受理效能投诉,实现市、县效能投诉平台一体化。出台办理机关效能投诉事项"路线图"规定,规范办理效能投诉。在受理、批转、办理、审核、评论5个环节,对"12345"便民呼叫热线运行的整个过程进行网上监督,促进各级各部门认真解决群众和企业诉求。2012年群众满意率为97.81%,比上年上升7%。

(廖友新　胡志顺)

8月30日,市委常委、市纪委书记骆安生到福州市公安局出入境管理处调研审批服务窗口建设情况

组织工作

【概况】 2012年,中共福州市委组织部推进干部素质提升工程、组织工作满意度工程、闽都人才集聚工程、基层组织建设固本强基工程和干部人事制度改革、组织部门自身建设等各项工作,健全干部选拔任用的民主机制,增强干部工作的透明度。完成2011年度62名团职军转干部的接收安置工作。2012年春季录用党群系统公务员和机关(单位)工作人员103人,秋季录用193人。

【干部队伍建设和改革】 出台《福州市2012—2017年领导班子和干部队伍建设规划》和《关于领导班子和领导干部加强和创新社会管理工作考核评价的意见》。完善竞争性选拔干部方式,面向全国公开选拔33名处级领导干部和国有企业领导人员,组织县(市)区面向全省、全市公开选拔52名科级领导干部,面向全市竞争性选拔5名市直群团机关处级领导干部工作。继续推行重要干部全委会票决办法,市委全委会对22名市直单位正职拟任(推荐)人选进行票决,在市委全委会闭会期间,对12名市直单位、县(市)区党政正职拟任(推荐)人选征求市委委员、候补委员的意见。

【干部监督管理】 开展满意度工程系列主题活动,分析、研判历年民调情况,加大从源头上防治用人上不正之风的力度。组织全市县处级单位党委(党组)对贯彻执行干部选任工作相关政策法规情况进行自查,对发现的问题及时整改。实行干部选拔任用工作纪实,推进干部选拔任用“一报告两评议”工作，干部群众对2012年度干部选任工作满意度平均分值持续上升，市本级为95.58，县（市）区为94.60。全年受理群众来信（访、电）480件。健全干部监督工作联席机制，密切与执纪执法部门沟通联系，组织召开全市干部监督工作联席会议。执行干部任前函询制度，对拟提任人选征求纪检（监察）、检察、综治、计生、文明办等部门意见，将任职试用期满的领导干部征求市纪委意见。落实立项督查、案件直查以及“带病提拔”、“倒查”制度，严格实行任前公示制度，对公示期间群众反映的问题及时进行了解核实，保证选人用人风清气正。

【干部教育培训】 执行市委《关于加强换届后领导班子思想政治建设的意见》，落实严肃政治纪律、强化理论武装、提高党性修养，以及公正选人用人、加强监督管理等13个方面的具体措施。坚持和完善民主生活会等内部制度建设，推广“双测评一督查”的民主生活会制度。开展读书征文活动，在《福州日报》上开辟“党员干部读书笔记”“挂职笔记”专栏。选送参加上级组织部门举办的学习培训226人次，选调参加市委党校各类班次的学习培训1819人次。选送96人赴台湾学习培训，抽调33名干部赴南京、广州、杭州挂职，打造“学习＋实践＋提升”的培训链。实行挂职锻炼“四个双向工程”，全年接收50名省直优秀年轻干部到福州挂职任职，选派27名市直单位干部到省里挂职锻炼，选派37名干部到平潭综合实验区支持开发建设，选派143名对口协作县（市）区干部进行双向挂职锻炼。

【人才队伍建设】 建立省市、校市、兄弟设区市人才共建机制，与省公务员局、省信息化局签订共建闽都人才集聚区合作框架协议，组成“在榕高校福州服务团”，推动“福宁莆”人才同城化和闽东北五市人才交流合作。优化人才资源配置，出台市属县（市）区人才对口帮扶9条措施。加大高层次人才引进力度，引进海外高层次人才和经济社会发展急需紧缺人才330多人。在引进的海外高层次人才中，有2人入选中央“千人计划”、5人入选省“百人计划”创新人才、3个团队入选省“百人计划”创新创业团队。实施“金蓝领”高技能人才培养计划和闽都文化名家带动工程，建立健全高技能人才培养体系。深化与台湾在人力资源开发、企业管理等方面的交流合作，启动榕港台基层医疗人才培养计划，组团赴香港、澳门开展人才、智力、项目和技术对接与合作。完善人才公共服务保障体系，授予7名外籍高层次人才“福州市荣誉市民”称号。组织实施“科学人才观宣传计划”。

【基层党组织建设】 开展基层组织建设年活动，全市有5个党组织和1名党员获全国表彰，30个基层党组织和14名党员获全省表彰。完成村级组织换届选举，实现“书记主任一人兼”比例达15.9%，72.4%的大学生村官进村“两委”（其中51名大学生村官担任村党组织书记），“交叉任职”比例达21.5%。推进“168”工作机制建设，推广“四议两公开”工作法，第4批选派516名党员干部赴全市未曾派驻过驻村干部的村任职，实施各类党建项目2.15万个，整顿转化后进村171个。总结推广“135”社区党建工作模式，召开全市推进会，并与省委政研室、省委党校、福建日报社等联合举办理论研讨会，《人民日报》《组织人事报》等60多家新闻媒体进行专题报道。“135”社区党建工作模式获评全国基层党建创新案例最佳案例。市委成立非公企业党工委，福建盛辉物流集团被评为全国非公企业“双强、百佳”党组织。推广机关党建“1263”工作机制，加大党建带工建、团建、妇建工作力度，统筹推进国企、中小学校、事业单位等各领域党建工作。

【党员队伍建设】 推进“十百千万”工程，在闽侯县探索建立以党员教育培训工作领导小组办公室、党员创业就业培训中心、党员理论教育培训中心、党员远程教育培训中心和若干个实训基地为内容的“1＋3＋N”实训模式。全市建立党员创业就业培训中心16个、党员实训基地71家、党员轮训课堂173个，举办各类培训班2784期次，培训党员33万人次，帮助1.6万名党员群众实现创业就业。深化鼓楼区军门社区省级党员教育培训示范基地建设，完善示范基地硬件配备、培训软件建设、办班统筹运作，提升培训基地示范带动作用。组织拍摄28部党员教育片，远程教育广场“三定五进”工程在全省得到推广。加大在工人、农民、高知群体和“两新”组织等重点群体中发展党员的力度，完善创新发展党员的“计划核准”“双预审一追究”“全程质量管理”3项工作制度，新发展党员质量不断提高，党员队伍结构进一步优化，全年新发展党员7865人。完善党内关怀帮扶机制，推动建立党内帮扶基金工作，全年走访慰问老党员、老干部、老模范和生活困难党员2.17万人，发放慰问金、慰问品总计1873.21万元。

（陈剑雄　许　宁）

宣传工作

【概况】 2012年，福州宣传思想文化工作以中共十八大为主线，组织迎接宣传贯彻十八大、“3820”工程展、文明福州持续文明、鼓岭开发等重大主题宣传报道活动50多场，开展集中宣讲1万多场次，开展“新福州人歌手赛”“激情广场大家唱”等福州特色文化宣传活动，推动69项文化创意产业重点项目建设。

【理论工作】 学习宣传贯彻中共十八大精神，领导干部带头学习、带头宣讲，组建市、县（市）区、市直12个系统3个层面由238人组成的25个宣讲团和3129个乡镇（街道）、行业和社会团体宣讲小分队，到基层开展集中宣讲1万多场次。实施中国特色社会主义理论体系普及计划，打造百课下基层、理论进闽剧、方言讲理论、时事攀讲乐、社区读报组、村官宣讲和各类讲坛等理论宣传品牌，开展中共创新理论特别是科学发展观和十七届六中全会精神、“科学发展　成就辉煌”等主题形势宣传教育。制定五大类型的学习创建评价体系，开展“双创双争”活动，4月在海口召开的全国学习型党组织建设理论研讨会上，福州作为省会城市唯一的代表在会上交流介绍经验。年内在中央、省、市主要刊物发表理论研究文章61篇,推出《研究与实践——福州市中国特色社会主义理论体系研究基地课题汇编(2009—2011卷)》。

【新闻宣传】 围绕迎接宣传贯彻中共十八大,构建报纸、广播、电视、网络、微博、手机短信立体宣传格局,加强正面、典型、成就、联动宣传,开展“科学发展 成就辉煌”“学习贯彻十八大”主题宣传,组织“3820”工程实施20年成就展,报道全市各级各部门学习贯彻十八大精神、传承弘扬“3820”工程战略精髓、加快建设开放文明和谐幸福的新福州的新作为、新亮点和新成效。围绕市委、市政府中心工作,组织开展学习贯彻中共十七届六中全会精神、文明福州持续文明、全市工作检查、“三服务”、建设海上福州、鼓岭地区综合整治和保护开发等重大主题,海交会、福州论坛等重大活动和“135”社区党建、生态文明建设等重大典型共50多场宣传战役,营造比学赶超、跨越发展的舆论氛围。

围绕提升福州城市形象,举办第十九届全国城市外宣协作大会暨“全国主要城市媒体聚焦福州”大型采访活动,在中央电视台中文国际频道、科教频道、纪录片频道推出《金汤福地》《国宝档案——福州系列专题》等人文旅游专题片25部(集)专题节目,强化与《香港经济日报》、《澳门日报》、凤凰卫视等境外主流媒体合作,在美国ICN电视联播网开设“走进福州”栏目,编印2012年《中国·福州》概览及折页并投放全市星级以上宾馆、重要涉外场所,在厦航和动车上播出《多福之州》《福州欢迎您》宣传片,精选100种外宣品进入美国、南非等海外华人华侨主要聚居地的“闽侨书屋”,扩大福州城市影响力。

健全联动互动宣传机制,召开月度新闻通气会、季谈会等,与中央、省属主流媒体和市直有关部门共同策划,挖掘亮点,形成声势。发挥新兴媒体在疏通民意渠道、引导社会舆论等方面的作用,推动设立“福州发布”大厅暨政务微博群,成立福州互联网新闻中心,组织网上正面宣传,开展网络专项整治,加强网上舆论引导,唱响网上思想文化主旋律。

【文化惠民工程】 推动城乡文化协调发展,海峡图书馆、海峡群艺馆等重大文化设施建设稳步推进,文化资源向农村、社区基层和边远、贫困地区不断倾斜,20户以下广播电视“村村通”、县级城区数字影院、县级文化馆图书馆改造提升、农村电影放映“2131”工程等文化项目建设进展顺利,推进40个激情广场示范点建设、31个村级文化生态示范点和首批30个农家书屋示范点创建评选,组织编制“福州文化地图”。举办2012年央视中秋晚会,累计有2.35亿名观众收看晚会,收视率创央视新高。“新福州人歌手赛”获文化部“全国农民工文化服务示范项目”称号,“激情广场大家唱”经验做法受到中央文明办肯定并在全国推广。与北京国立常升影视公司联合拍摄电视连续剧《原乡》,邀请著名音乐人徐沛东等到榕创作鼓岭题材作品,在三坊七巷设立首批国家级文艺创作基地,市艺术学校成为中国戏曲学院教学实践基地。《王茂生进酒》等4部作品受到省政府表彰,《土豆侠贺岁之龙腾福跃》等一批本土原创动漫作品获国家级大奖。

【闽都文化】 推动朱紫坊、上下杭、烟台山和鼓岭等保护修复,举办“首届闽都文化与中国现代化论坛”“闽都教育与福州发展研讨会”等主题研讨活动。打造海峡两岸民俗文化节品牌,寿山石雕、木雕、软木画、同利肉燕等30多项独具特色的非遗(民俗)手工技艺在主会场集中展示,陈靖姑民俗文化节、畲族风民俗风情展示、马祖澳两岸民俗文化节等子项目在各县(市)区同期举办。举办第二届十邑春节联欢会,打造福州话春晚品牌。举办“美丽榕城、幸福之州”主题元宵灯会,富有闽都民俗特色的花灯和闽江两岸自然景观生态长廊吸引280多万人次参与。福州获“中国寿山石之都”“中国脱胎漆艺之都”特色区域称号,三坊七巷、海上丝绸之路福州史迹入选申报中国世界遗产预备名单,福州诗钟等4个项目入选第四批省级非物质文化遗产项目,全市省级非遗名录的项目达52项。

【文化体制改革】 成立市文化改革发展工作领导小组,文化改革发展工作纳入全市绩效考核体系,制定公共文化服务指标体系和绩效考核办法、文化产业绩效考核办法,推动文化改革发展任务落到实处。推进文化体制机制改革,完成市属2家和县(市)区9家国有文艺院团的转企改制、划转或撤销等工作。基本完成市文化市场综合执法改革,组建下辖12个县(市)区文化市场综合执法大队。基本完成首批非时政类报刊——《家园》杂志的改制工作,协调落实人员安置问题。配合省里成立福建广电网络集团福州分公司,各县(市)基本注册成立广电网络分公司。福州获得全国文化体制改革工作先进地区称号,林则徐纪念馆获评全国先进文化事业单位。

【文化创意产业】 围绕建设海西文化创意产业中心的发展目标,强化项目带动,组织参加香港招商和深圳文博会,海峡文化创意产业基地、海峡动漫创意之都2个项目签约金额6577万美元。推动69项、总投资840多亿元的文化创意产业重点项目建设,年内建成项目19个。强化龙头培育,闽台(福州)文化产业园和时代华奥动漫公司分别获评第四批国家级文化产业试验园区和第五批国家文化产业示范基地,闽台文化产业园三坊七巷核心区列入省十大重点文化产业园区,网龙公司等5家企业进入省文化企业十强,11家企业列为省28家重点上市后备文化企业。制定《福州市文化创意产业发展“十二五”专项规划》《关于利用工业厂房建设文化创意产业园区的管理办法》,对原有产业政策进行归并整理。全年文化产业实现增加值231亿元,同比增长27%,占全市GDP比重5.5%,成长为福州支柱产业。

【榕台文化交流】 深化两岸新闻交流。策划组织第四届境外对外媒体福州采风活动、第四届两岸媒体福州行、闽台电视媒体联合采访、两岸广播媒体福州联合采访等15场系列主题采访活动。举办第三届海峡两岸大学生新闻营,两岸大学生共同采访、共同报道、共同发稿,促进两岸媒体的交流合作和新闻人才培养。推进两岸媒体战备合作,与台湾东森电视台合作，配合福州市经贸代表团随福建省主要领导赴台交流活动，推出6期经济专题系列报道；配合打造鼓岭新名片，播出《鼓岭往事》专题片。福州电台与台湾快乐联播网合作，联合台湾37家广播电台在全岛播出16期系列专题节目，系统介绍福州经济、文化、社会发展成就，加强台湾普通民众对福州的了解。

加强两岸文体交流。举办第五届海峡两岸合唱节，海峡两岸27支合唱团队参加，总参赛人数逾1500人。首次举办的环福州·永泰国际自行车赛，来自德国、荷兰及中国台湾、香港等13个国家和地区的22支专业自行车队伍参赛、300多名运动员和教练员参加职业组比赛，成为两岸同胞"以车会友"的桥梁。加强两岸传统民俗交流。在海峡两岸民俗文化节上，台湾花莲原乡舞蹈团、台湾杨氏郑子太极拳和台湾原风文化艺术团与福州、平潭等15支民俗巡游队伍和民俗表演队伍，共同参与现场表演。"两马同春闹元宵"除传统元宵灯会活动外，还首次在马祖举办"两马"同春摄影展、现场摄影采风以及万人游"两马"等活动。体现镇海楼、三坊七巷、软木画等闽都文化元素的福州花灯参加在新竹举办的台湾灯会。2012年首届闽台城隍庙文化节暨第五届世界城隍庙联谊大会吸引海峡两岸、国内外城隍庙83家1000余人参加。

（薛超进）

统战工作

【概况】 2012年，福州市统一战线提交"两会"议案、提案322件，推动达成榕商回归意向项目216个，协调处理来信来访50多件（次）。全年向中央统战部、省委统战部与市委办公厅报送信息800多条，在全国统战系统61家直报点中位列第18名，获得全国统战信息工作三等奖；在全省统战系统位列第二名，获得全省统战信息工作一等奖。福州市统战理论研究与调研成果在全省评比中获一等奖1篇，三等奖与优秀奖各2篇，并获得全省统战理论研究组织奖。福州市光彩事业促进会获得"中国光彩事业组织奖"和"福建光彩事业组织奖"。

【多党合作和政治协商】 推进多党合作和政治协商制度化、规范化和程序化建设，召开3次中共市委同市各民主党派、工商联季谈会，对市各民主党派、工商联在季谈会上提出的意见建议分解给相关部门办理，由市委督查室督办并反馈。推动市各民主党派自身建设，支持开展"读万卷书籍、筑精神家园"——创建学习型参政党和主委"走基层、讲传统、作表率"等活动。支持市各民主党派、工商联围绕中心工作开展192项课题调研，其中参与市委重点调研课题15项，16篇调研文稿刊发在《福州调研》上；组织党外人士赴鼓岭、马尾新城开展实地调研，促成市政府追加市各民主党派、工商联调研经费90万元，为市各民主党派、工商联提升调研与建言献策水平创造条件、提供保障。出台调研成果汇总、评估、专报、对接和落实督办等8项机制，推动统一战线调研成果转化。九三学社市委会提交的《关于三坊七巷深度开发利用的几点建议》被转化为福州"两山两塔两街区文化遗产保护特区"规划和区域内城市具体规划设计的组成部分。在2012年市"两会"上，市各民主党派、市工商联、市海联会及其成员提出议案、提案322件，其中列为重点提案9件，省市有关领导批示4件，《关于进一步推进福州市公共文化基础建设的建议》被列为市长和市政协主席共同督办件。

【非公有制经济工作】 开展民营企业走访活动，落实福州市在榕异地商会、行业协会和基层商会工作例会等制度。与市工商联在北京大学开办"福州市非公企业家创新发展高级研修班"，邀请北京大学、国务院发展研究中心等著名专家、教授讲授宏观经济形势热点问题、传统文化与现代管理、创新营销和商业模式发现等内容，拓宽企业管理者的视野。先后举办300多名非公企业管理者参加"宏观经济及企业运行（制度）环境分析"、"赢在责任——核心员工的发展"海西高峰论坛等6场专题讲座，采取专家讲授、案例分析、交流研讨等教学方式，提高企业管理者业务素质和管理水平。指导组建杭州、三明福州商会和福州上饶商会、漳州商会、龙岩商会、宁德商会、永安商会、宁化商会、新罗商会，完成沈阳市福州商会、福州市女企业家商会和12个县（市）区工商联的换届工作。

【回归工程】 举办2012年福州市异地商会新春座谈会，邀请全国500强民企、异地榕商参加福州市在珠三角、长三角举办的民企产业项目投资洽谈推介会，国庆、中秋期间开展"榕商回归故乡行"系列活动；推动出台市委、市政府《关于进一步推进回归工程的若干意见》，赴长沙、天津、长春、贵阳等11个城市宣传推介"回归"政策、征集"回归"项目；邀请港澳、海外榕籍社团10个团组260多名侨领侨商参加"5·18"海交会，促成省侨联侨商考察团达成在福清江镜华侨农场筹建侨商工业园、世界华侨中心等多个意向项目。2012年市、县两级回归办推动达成216个榕商回归意向项目，总投资额2241.42亿元，涉及总部经济、城市综合体、商贸物流、温泉旅游、金融服务、文化产业、高科技新兴产业等领域，部分项目实现落地。

【"春风·春雨·光彩"行动】 非公有制经济人士、海外乡亲通过市光彩事业促进会参与海西"春风·春雨·光彩"行动和"榕商联村"活动，实施农村道路、学校、饮水改造和扶贫助困等帮扶项目60个，支出帮扶资金427万元。在2012年海西"春风·春雨·光彩"行动座谈会上，向100名受助大学生及220名"善能助学计划"受助小学生发放助学金33.2万元。各民主党派市委会向结对挂点村和社区困难群众发放慰问金和慰问品5万多元。民建会员企业福建中正药业投资400万元帮扶罗源霍口乡东宅村、永泰东洋村等6个村发展中草药种植项目。

市各民主党派发挥优势开展项目富农、科技兴农、教育支农、医疗惠农等帮扶活动。民盟市委会赴连江开展"农村教育烛光行动"，指导高三教师提升教学成效、开展毕业生考前心理辅导；致公党市委会以捐赠助学金和教学设备、结对帮扶困难学生等举措落实闽清县塔庄镇茶口村“致公小学”帮扶项目;农工党市委会派90名专家开展第五届“中国环境与健康宣传周”活动,受益群众1800多人。“5·18”海交会期间,世界福州十邑同乡会向闽清县医院认捐6台价值96万元的透析仪,改善山区县医疗条件。

【社会各界捐赠公益事业表彰】 牵头开展福州市2010—2011年度社会各界人士、企业(单位)捐赠兴办公益事业情况汇总、统计和表彰工作。有2443人(家)社会各界人士、企业(单位)在福州市行政区域内捐赠兴办公益事业项目3477个,到位款物为21.89亿元,与2008—2009年度相比,总捐赠款物金额增长97.74%。从参与面看,涵盖海外乡亲、港澳台同胞、非公有制企业、国有企业、社会团体等群体;从受益面看,涵盖贫困村、少数民族村、下岗工人、留守儿童、贫困归侨、孤寡老人、贫困学生、低保边缘户、困难家庭等;从公益项目类型看,用于文教、卫生、饮水和道路等民生工程项目捐赠金额为16.07亿元,占捐赠总额的73.41%。

牵头召开福州市“春风·春雨·光彩”行动2010—2011年度社会各界捐赠公益事业表彰大会,全市有324位(家)人士和企业(单位)获得表彰。其中,两年捐赠1000万元以上(含1000万元,下同)的18位(家)人士和企业(单位)获“福州市热心公益事业大榕树金质奖章”,两年捐赠200万元以上1000万元以下的81位(家)人士、企业(单位)获“福州市热心公益事业茉莉花银质奖章”,两年捐赠100万元以上200万元以下的95位(家)人士、企业(单位)获得“福州市热心公益事业贡献奖”,两年捐赠50万元以上100万元以下的130位(家)人士、企业(单位)获得“福州市热心公益事业荣誉证书”。

【民族宗教】 开展“民族团结进步创建活动”,把加快推进民族乡村的经济和社会事业发展作为民族工作重点,市光彩事业促进会与5个少数民族村结对帮扶,全年到位帮扶资金120万元,改善少数民族乡村村容村貌。加强城市民族工作,推进清真寺修缮工作,健全疏导、协调、化解民族矛盾纠纷的机制。

不定期召开由民宗、公安、安全等部门以及相关县(市)区参加的宗教工作联席会议,召开3次全市宗教工作领导小组会议,对宗教领域维稳问题及时研判、部署。与公安、安全部门以及各县(市)区密切联系与沟通,处理宗教信息125件,维护开斋节、古尔邦节和圣诞节等敏感时期宗教领域的安定稳定。开展慰问困难天主教信徒活动,组织部分神父、修女赴湖南省考察学习,协调化解仓山基督教施埔堂内部纠纷等矛盾。支持道教界举办第三届中华梦乡福清石竹山梦文化节。

【联谊工作】 加强旅港乡亲社团特别是县区一级同乡会、联谊会建设,成立继福清、长乐、连江之后的第四个县(市)级旅港同乡社团——香港福州马尾联谊会,召开市海外联谊会部分常务理事座谈会与市海联会(港澳地区)理事会议,派出23批次50多人次参加同乡联谊活动。加强与东南亚传统侨区和欧美地区同乡社团联系,全年接待36个港澳台、海外乡亲团组3000多人次。向50多个海外社团发出一封家书,200多位乡亲受邀返乡参加“福州月·中华情”央视中秋晚会。加强与东南亚传统侨区和欧美地区榕籍乡亲社团的联系,应邀派员赴德国、奥地利、印尼、新加坡等地开展招商引资和联络乡谊等活动。派员赴台参加第四届海峡百姓论坛和开展经贸交流与考察活动,走访拜会台湾有关知名工商社团、各民间姓氏团体组织及宗亲会。

【党外代表人士队伍建设】 贯彻落实中共中央《关于加强新形势下党外代表人士队伍建设的意见》精神,就贯彻落实情况向市委常委会作专题汇报;将贯彻意见作为2012年度市委同市各民主党派、工商联第一季度座谈会主要议题;开展全市党外代表人士队伍建设调研,形成调研报告供领导决策参考。引导市各民主党派、工商联部署学习中共十八大精神,开展树立和践行社会主义核心价值体系主题教育活动,加强市委会新班子和党派成员的思想政治教育。推进具有统战特色的“天和文化”建设,举办4期“天和论坛”、9期“道德讲堂”和4期“天和之窗”;选送19名县(市)区党外人大、政府、政协党外副职参加省社会主义学院任职培训,举办有45名党外干部参加的第五期党外干部培训班,提升党外干部“四种能力”。全市有25名各民主党派成员获29项市级以上各类荣誉称号。在2012年度各民主党派省委会、省工商联换届工作中,福州市有22人当选为民主党派省委会常员,62人当选为常委;有21人当选为省工商联常委、36人当选为执委。完成福州中华职教社、市金门联等团体换届工作。

举办非公经济代表人士“同心思想”主题教育研修班,开展非公经济组织创先争优活动总结工作。盛辉物流集团党委被评为“全国创先争优先进集体”,百洋海味食品有限公司党支部、福州南安商会党支部被评为“全省创先争优先进集体”,春伦茶业有限公司董事长傅天龙被评为“全省创先争优先进个人”。

(何仲武)

精神文明建设

【概况】 2012年,福州市精神文明建设围绕“文明福州持续文明”的目标,在获评全国文明城市的基础上,构建文明城市建设长效机制,开展“迎接十八大、讲文明树新风”主题创建活动。在全国城市文明程度指数和未成年人思想道德建设测评中,福州市分别位列省会、副省级文明城市第五名和第四名,取得历年测评最好名次。中宣部时事报告杂志社以《人文文化托起文明之城》为题刊登福州“人文福州”建设成效。“全国文明城市书记(市长)访谈活动”启动仪式暨首场访谈活动在福州举行,以现场网络视频图文直播的形式,向全国宣传介绍福州市文明建设的经验和做法。

【文明城市建设活动】 制定《福州市2012—2014年度全国文明城市建设工作规划》《福州市文明城市建设工作定期测评方案》,建立完善定期测评、督导点评、省市共建等制度。坚持落实责任，修改完善《福州市文明城市建设工作任务分解表》，形成45项具体整治项目，明确责任单位和整治时限。坚持定期测评，从2012年6月开始，每月对各城区和市直部门系统开展测评，测评的成绩在《福州日报》上公布。同时，把文明城市建设工作纳入绩效考评和创新社会管理考评的内容，与各项工作一起部署落实。坚持督导点评，市创建督导组依据《全国文明城市测评体系》的内容和标准，不间断开展实地检查，特别是把城乡环境整治的各类建设项目列入督查内容，使城市建设和管理督查有机结合起来，推动文明城市建设工作的开展。健全完善《文明城市建设点评会实施办法》，形成市四套班子领导挂钩包区督查、现场和会议点评相结合的工作机制。全年下发16批次红黄牌警告，全市有205家次单位受到红黄牌警告，涉及129个单位，有个别不作为的干部受到效能告诫。坚持省市共建，召开省市共建文明城市推进会，制定《进一步深化省市共建工作，持续推进福州文明城市建设的实施意见》，推动省市共建工作从文明社区共建拓展到文明交通共建、文明窗口共建、优美环境共建、志愿服务共建和道德教育共建，推动文明城市工作的深入开展。

【公民道德素质建设】　推进道德讲堂建设，全市设立1000多所道德讲堂，开展道德宣讲活动5000多场次。开展"我推荐、我评议身边好人"活动，全市有8人登上"中国好人榜"，20人登上"福建好人榜"。组织福州市"道德模范故事汇"示范巡演12场，道德模范进高校巡演5场，城乡基层巡演活动310场，受众近20万人。开展"喜迎十八大、讲文明树新风"主题活动。持续推动"十佳"系列评选，召开第二届"十佳"系列先进表彰大会，表彰全市"十佳农民工""十佳交通协管员""十佳环卫工人""十佳出租车司机""十佳公交驾驶员"等。以"文明福州，书香榕城"为主题，组织"书香人家""读书明星"推荐评选，读书心得交流座谈会，"好书伴我行"读书卡片征集展示、诵读晚会等第七届福州读书月活动。开展首届"车德月"活动，倡导市民不向车窗外丢弃垃圾，慎用远光灯，斑马线前礼让行人，雨天慢行勿溅路人等活动。开展"文明餐桌"行动，倡导节约，反对浪费，中宣部、中央文明办简报、《人民日报》刊登介绍福州市的做法和成效。开展"我们的节日"系列活动，指导制作播出《中华长歌行》"我们的节日"特别节目，"我们的节日"主题活动的工作经验得到省委文明办的肯定并向全省推广，"激情广场大家唱"活动在全国文明办主任培训班上做经验介绍。

【社会志愿服务活动】　依托物业、企业在全市社区建立社区志愿服务站，在公共场所、主要交通路口建立由文明单位冠名的志愿服务岗。举办首届"美丽心灵·幸福福州"志愿服务论坛，邀请省内外及台湾专家学者作主题演讲，探索志愿服务向更深层次拓展。开展"关爱他人、关爱社会、关爱自然"志愿服务活动，组织志愿者为"5·18"海交会、国际铁人三项赛、两岸合唱节、"福州月·中华情"央视中秋晚会和国际环福州自行车赛等活动提供志愿服务。召开志愿服务工作推进会，表彰68个志愿服务工作先进集体、153名优秀志愿者、10个社区志愿服务站示范点、10个公共场所学雷锋志愿服务站示范点。以举办城运会为契机，制定《第八届全国城市运动会志愿服务工作部工作方案》，做好赛会志愿者的招募、选拔、培训工作。

【农村精神文明建设】　制定《福州市深化文明村镇建设实施方案》，把"绿化、净化、美化、亮化"等基本要求和"村容整洁"等文明内涵融入农村精神文明创建活动。组织实施农村家园清洁行动，开展城乡农村环境整治，动员和发动村民集中整治村、居环境，清除卫生死角，开展植树护绿，改善农村生产生活环境。推进乡镇（社区）文化活动中心、农家书屋、文化中心户、"三堂"改造等文化设施建设，开展"我们的节日""美德在农家""生育文明幸福家庭"等活动。推动文明示范村、十星级文明户、文明集市、文化活动广场创建活动，举办最美文化村（社区）评选活动，参与网络投票156万人次，引导农民养成科学、健康、文明的生活方式，重点培育福清市、长乐市争取获评全国文明县（市），培育闽侯等县城进入省级文明县城行列。坚持以城带乡，建立文明单位结队帮扶制度，100多个市直党政机关、企事业单位与欠发达村建立帮扶制度。

【未成年人思想道德建设】　以"做一个有道德的人"为主题，开展"学雷锋·在行动"、"日行一善"、"学习雷锋·做美德少年"网上签名寄语、传唱优秀童谣歌曲、"洒扫应对"等教育实践活动。参加"向国旗敬礼"网上签名寄语活动的中小学生达116万人次，上传寄语72万条，参与率居全省第一、全国前茅。建立健全完善净化社会文化环境的长效机制，加强网吧、网络、荧屏声频、出版物市场、校园周边环境等专项整治，市创建文明城市督导组结合文明城市督查工作，对网吧、出版物市场、校园周边等场所开展日常督查，发现问题及时督促整改。推进心理健康辅导站建设，市未成年人心理健康辅导站面积达350平方米，提供网络咨询和热线电话服务，五城区也都设立心理健康辅导站，形成以辅导站为中心，学校"心理咨询室"为分支，覆盖全市的未成年人心理健康辅导网络。完善网上"数字青少年宫"建设，并向城乡拓展延伸，打造网络德育工作新平台。

【基层创建活动】　在窗口单位和服务行业开展"为民服务创先争优"活动和"创文明行业、建满意窗口"活动，组织33个行业优质服务指数测评。出台《福州市开展道德领域突出问题专项教育和治理活动实施方案》，通过加强道德教育、典型示范引领、开展自查自纠、组织市民巡查、开展道德评议等形式，推动道德领域突出问题专项教育和治理活动的开展。健全完善文明单位和文明行业创建工作机制，实行动态管理制度，开展复查，有16个单位被取消省市级文明单位称号。召开全市社区居委会主任文明建设工作培训班，邀请全国文明社区——南京月安社区主任孙秀英等授课，420名社区（村）主任参加培训。

（何红蓼　汪天安）

机关党的工作

【概况】 2012年,市委市直机关工委实施书香、道德、廉洁、效能、团队五大工程建设,引导机关各级党组织履职尽责创先进、机关党员干部立足岗位争优秀。把重点课题调研、党建信息与机关党的各项工作相结合。全年征集汇总107个单位主要领导党课教案157篇,评选一等奖5篇、二等奖8篇、三等奖10篇。调研论文108篇,评选一等奖3篇、二等奖4篇、三等奖5篇、优秀奖10篇,并汇编成优秀调研成果集。福州研究分会向省机关党建研究会报送6篇调研论文,其中1篇获二等奖、1篇获三等奖。

【基层组织建设】 以"阵地建设规范、运行机制规范、工作制度规范、党员教育管理规范"为主要内容,加强基层党组织制度建设。下发《中共福州市委关于贯彻〈中国共产党和国家机关基层组织工作条例〉实施细则》,开展"基层组织建设年"活动,指导基层党支部普遍建立务实管用制度,市直机关94.2%的党支部被评为"好"或"较好"等次。推进"1263"机关党建工作机制落实,制定实施市直机关党的工作规范及市直系统党委建设、企业党组织建设、机关纪工委工作、基层党支部建设等一系列制度规定,实现市直机关党务公开,同步推行基层党组织领导班子成员公推直选和机关党支部党小组建在处室上,推动"一岗双责"和基层党的生活制度化。

加大对基层财力投入力度,下拨党费、党建经费等200多万元给各基层党组织以及帮扶村、共建社区和非公企业、流动党组织,并为基层党组织配备98套电教设备,规范党建阵地建设和党建活动开展。推进机关党组织公推直选工作,指导41家基层党组织开展换届选举工作。发扬党内民主,组织市直机关1729个基层党支部和3.11万名党员参加推荐福建省出席中共十八大代表初步人选工作,参与率分别达100%和99.64%。

【创先争优活动】 以"学厦航、改作风、促发展、求实效"为主题,采取多角度、多层面集中宣传、推介市直单位"敢为、能为、有为"的先进典型,有43个先进基层党组织和75名先进个人受省、市委表彰,市委市直机关工委表彰193个先进基层党组织和501名先进个人。开展"争创一流业绩、争当岗位标兵"(双争)活动,46个市直窗口单位和文化、卫生、商贸、交通、建设等开展各种创优活动,全市树立"双争"先进典型集体78个、个人299名。表彰26个先进集体和22名先进个人,发挥典型引领作用。突破、创新窗口单位党建工作机制、模式,在窗口单位和服务行业推行党组织党员常设制、"设岗定责"、"服务承诺"和争创"党员先锋岗"、每月"服务明星"评比等活动,评选"共产党员先锋岗"48个。以市直单位服务窗口单位为示范,在市直机关全面推进服务态度、服务环境提升工程,形成机关作风、效能的正能量。

【党建品牌建设】 开展"一单位一系统一品牌"活动,指导各机关党组织探索创新符合时代特征的机关党建工作新模式、新办法,总结借鉴创先争优活动中的经验、做法,培植打造具有福州机关特色的党建工作品牌。市直机关推行"1263"机制面达90%以上,培育推广市行政服务中心"马上就办"等54个具有较强示范引领和辐射带动作用的机关党建品牌,提升机关党建工作影响力和创新力。筹措专项经费381万元用于开展老党员、生活困难党员和党务干部关怀、帮扶和慰问活动。

【学习型党组织建设】 制定市直机关"学习型党组织建设示范点"考评体系,开展学习型党组织建设示范点申报评选活动,建立市委组织部机关党委等6个市直机关"学习型党组织建设示范点";市委宣传部机关党委等14个市直机关"学习型党组织建设联系点",发挥典型的示范带动作用。加强对市直机关学习型党组织建设活动检查指导和督促落实,组织观摩交流,促进工作提升。在110多个市直单位3万多名党员干部中开展以"书香满机关·喜迎十八大"主题读书活动,涌现出近30个学习型党组织与示范点。组织2.5万多名机关干部参观福州市"3820"工程20周年成就展。编写机关干部实用词条读本、党员学习文选等。全年市直各单位开展集中读书活动642场次,参加3.8万人次。领导干部带头上党课467次,举办各类辅导报告会、讲座1745场,理论、业务培训8.12万多人次。十八大后,市直各单位党组(党委)中心组学习150多次,领导干部下基层宣讲400多场次。

【廉政文化建设】 贯彻落实《建立健全惩治和预防腐败体系2008—2012年工作规划》,围绕党风廉政建设和重点工作责任分解、责任考核和责任追究3个环节,加强制度建设,跟踪监督,推进

6月25日,举行福州市直机关创先争优活动表彰大会

落实党风廉政建设责任制。出台《关于进一步规范福州市直机关党的基层组织党务公开工作的实施意见》，推进机关党务公开工作。打造机关“廉洁工程”与“效能工程”建设，以“保持党的纯洁性”为主题，举办市直机关廉政文化建设理论研讨班，开展领导干部上廉政党课、示范教育、警示教育、岗位廉政教育等反腐倡廉宣传教育活动达1160多场次，受教育对象6.3万多人次。开展“双争”“三亮三比三评”和争创“共产党员先锋岗”、评比每月“服务明星”等主题实践活动。不定期配合市效能办等部门开展市直机关执行“六个不准”情况明察暗访，协同开展“五大战役”重点工程项目建设情况督查，对48个“共产党员先锋岗”进行暗访、检查、观摩、点评等。开展廉政风险防控工作，开展廉政文化进机关活动，实行“一案一整改”制度，受理各类案件14件，办结违纪案件11起11人，受理信访件4件。

【作风效能建设】 把机关作风效能建设作为机关党建服务中心、创造优质软环境的切入点，引导党员干部强化服务意识，提升履职效能。开展“保持党性纯洁、服务科学发展”党风廉政主题教育活动，引导党员干部学习厦航服务精神，倡导“马上就办”优良作风，践行“三为”精神，推动跨越发展的思想共识。开展“三结对三服务”活动，引导各级党组织开展“大调研、大下访、大服务”“下基层、解民忧、办实事、促发展”等主题活动，健全落实联系和服务群众工作机制。组织机关党员干部约3万人次参加重点项目建设和各类活动，下拨党建经费26万元支持“五大战役”建设单位党组织开展工作。引导机关党员走进基层，驻村入户，体验群众生活，上情下传、下情上报，接受党性锻炼和实践锻炼，有110多个市直单位与430个村居、社区、“两新”组织等结对共建，建立535个处级党员领导干部挂钩联系点，开展共建活动780多场次，提供帮扶资金610多万元，为共建单位办实事782件，解决基层群众的困难与问题近千个。树立宣传在参与全市重点项目建设、新农村建设等工作中涌现的先进典型，汇编成《走基层转作风促跨越——市直机关“三结对三服务”活动纪实》《立足岗位做贡献创先争优当先锋》等画册、书籍，发挥典型的示范和带动作用。

5月29日，开展福州市直机关道德讲坛活动

【“道德讲坛”建设】 在市直各机关全面开展机关“道德讲坛”建设活动，通过设计福州市直机关“道德讲坛”统一标志，开展“身边人讲道德”专场活动、宣传报道道德典型风采，组织慰问道德典型人物等，推进机关道德建设。市直各单位开设读书心得、国学解读等不同类型的“道德讲坛”，通过“身边人讲身边事，身边人讲自己事，身边事教身边人”，传播传统美德、凡人善举，推进“四德”教育，弘扬“五类”先进典型。全年，市直各单位建立道德讲堂182个，举办专场宣讲498场，参加听讲3.79万人次。

【党员志愿服务活动】 成立101支福州市直机关共产党员志愿者服务队，累计组织4.86万多人次党员志愿者，围绕创“三优”（优良秩序、优美环境、优质服务），“海西建设我先行”，“弘扬雷锋精神、开展志愿服务”等主题开展交通文明劝导、普及文明风尚、整治公共环境、维护社会秩序等志愿服务活动2440多场次，推进弘扬践行“学习雷锋、奉献他人、提升自己”的志愿服务理念。与市旅游局联合在市直机关招募导游志愿者113人，为宣传福州服务游客提供志愿导游服务。开展“我为党旗添光彩”无偿献血活动，发动市直机关党员干部和团员青年1000多人参加无偿献血活动，累计献血35万毫升。首次召开福州市直机关无偿献血志愿活动表彰大会，表彰先进集体9个、先进个人58人。

【群团组织工作】 坚持“党建带三建”，指导工、青、妇组织开展创建工人先锋号、青年文明号、巾帼文明岗以及岗村委村对接等活动。推进机关全民健身行动活动，开展“迎城运会，促全民健身”系列活动，推广、普及第九套广播体操、二十四式太极拳，组织107个市直单位270多名年轻骨干参加4期广播体操和太极拳培训班，84个单位2585名干部职工参加市直机关干部职工全民健身展示大赛。全年，市直各单位围绕“全民健身与城运同行”等主题开展各具特色、形式多样、全员参加的机关群众性体育健身活动1512场次，参加5.19万人次；组织开展青年志愿服务活动1078场次，参加1.94万多人次；开展“巾帼文明岗”、岗村委村对接活动99场次，筹集帮扶资金92万元。

（张洪新）

信访工作

【概况】 2012年，福州市信访工作按照处理信访事项“路线图”督促责任单位及时办理群众信访事项、化解信访积案,配合重大会议活动期间,维护正常信访秩序。到国家信访局上访438人次,比降39.3%;到省上访1824批5680人次,同比批次下降1.3%、人数下降17.2%;到市上访1279批4161人次,同比批次上升1.7%、人数下降20.5%。群众越级到省或进京上访量逐年下降,信访态势总体平稳。

【畅通信访诉求渠道】　市信访局办理国家投诉办交办件344件;办理"省长信箱"邮件2414件;处理群众来信6748件(含上级转办的各类信件)。福州市"12345"平台批转、审核群众网络诉求件22.87万件次。各级职能部门按照处理信访"路线图",办理群众信访事项3.4万件次,受理纯件数13326件,办结12486件,占总量93.7%,其中,经调解处理息诉息访10242件。

【排查化解信访问题】　市信访局在重大活动时段牵头各有关部门对征地拆迁、涉法涉诉、劳动社保、医患纠纷、民间借贷、环境污染等突出信访问题进行排查化解。市、县(市)区两级信访部门定期开展重大敏感信访问题排查工作机制,全面排查、梳理信访维稳工作中存在的突出问题和薄弱环节。对排查出的突出信访问题逐件督促落实包案领导、责任单位和责任人员,督促各责任单位逐案分析,研究解决办法,做好疏导、化解工作。同时成立信访积案化解工作班子,对信访积案逐案制定化解进度表,每半个月通报各地积案化解进展情况,督促落实"倒计时"化解机制。对未息诉息访的信访积案主动启动复查、复核程序,力促合理诉求解决到位,推动终结工作,减少存量。市纪委、政法委、法院、检察院、公安、信访等部门人员组成信访积案督办工作小组,从5月起,开展为期3个月专项督办工作,督促落实积案化解责任,并帮助重点地区因案施策、综合化解,促进信访疑难积案息访息诉。全年排查信访积案560件,其中涉法涉诉类积案92件由各级司法机关办理,行政类468件信访积案息诉息访348件,息访息诉率74.3%。中央信访督导组带案到闽督办涉及福州地区的7件重点信访件,在中共十八大召开前全部化解到位。

【领导接访活动】　形成每月15日、每周一市、县、乡三级党政主要领导或分管领导定点接待群众来访制度。在全国"两会"、中共十八大等重要会议期间,全市各级党政领导干部每日均接待群众来访,加大矛盾问题化解工作力度。信访部门开展领导干部接访、下访活动的计划安排、方案制定、沟通联络和现场引导、后续督办等服务保障工作。公开接访活动,把解决民生问题、化解与群众生产生活息息相关的矛盾纠纷,如征地拆迁补偿安置、农民工工资拖欠、产权证办理及失地农民生产生活出路等突出矛盾问题作为接访的主要内容,及时组织有关部门对各级领导接访件办理工作进行督查督办,为群众排忧解难。全年,市、县、乡三级领导参加接访9376人次,接待群众来访1.07万批次3.41万人次,受理信访事项8969件,年内化解7932件,占接访总件数的88.4%。

【维护信访正常秩序】　在省、市"两会","3820"工程成就展,全国文明城市创建工作检查等重要活动期间,市信访局均牵头各县(市)区抽调工作人员加强省委、省政府大门口及活动场所周边的值班巡查工作,配合开展非正常上访群众的疏导劝返工作,维护正常信访秩序。

【群众工作统揽信访工作机制探索】

市委研究确定将信访工作基础较为扎实的长乐市作为福州市群众工作统揽信访工作试点。6月,长乐市正式成立群工部,与长乐市信访局合署办公。长乐市基层综治信访维稳工作网络也成立相应的群众工作机构,群工部(信访局)负责相关业务的指导、协调与统筹。

(邱长新　叶　智)

老干部工作

【概况】　2012年,福州市县两级老干部局服务管理老干部2793人,其中,离休干部1887人(抗日战争时期参加革命工作的256人、解放战争时期参加工作的1631人),厅级退休干部66人,"5·12"退休干部840人。市委老干部局被选为中共中央组织部老干部工作联系点。

【落实政治待遇】　市县两级及时向老干部通报组织工作情况,组织离退休干部收听收看中共十八大召开情况、学习贯彻宣传十八大精神,组织离退休干部参观福州市"3820"工程20周年成就展及三环快速路、马尾新城数字规划馆等重点项目工程。全年召开通报会、学习报告会、座谈会778场,参加人数3万人次;举办各类读书班、培训班135场,参加人数3240人次;组织310批次近1万人次离退休干部参观考察活动。开展"基层组织建设年"活动,通过30个离退休干部党建工作联系点和18位老干部工作联络员,以点带面,总结推广市委办公厅、市民政局、市司法局离退休干部党支部的经验做法,深化离退休干部"五好"党支部创建和"四好"党员争创活动。

【保障生活待遇】　开展全市老干部工作政策落实情况大检查活动,落实调整非保健对象离休干部住院床位费报销标准、调整离休干部无工作遗偶定期定额生活补助标准、调整企事业单位离休干部死亡一次性抚恤金发放标准、发给易地安置在长江以北地区离休干部冬季取暖费等政策。为187名离休干部无工作遗偶发放困难补助及医药费补助30万元,走访慰问10名省内易地安置离休干部及遗偶。全年主要节日走访慰问老干部和老干部遗偶3249人次,发放慰问金90多万元。及时处理老干部信访件38件,办结率100%,重点解决市经委离休干部张某住房问题、安置厦门离休干部甘某医疗周转金问题和187名离休干部无工作遗偶生活补助费同当地最低工资标准同步提高的执行标准问题等。

开展市委"加强和改善企业离休干部管理办法的研究"年度重点课题调研,撰写《加强和改善我市企业离休干部服务管理工作的对策建议》,省委常委、市委书记杨岳在调研报告上作出批示,市委组织部长陈元邦协调财政等有关部门,确定提高企业离休干部和"5·12"退休干部公务费按机关行政单位标准执行，市财政年增预算约150万元。

【丰富文化生活】 组织全市离退休干部参加全国全省“诗书画影抒情怀、喜迎党的十八大”“喜迎党的十八大知识竞赛”系列活动。举办“喜迎党的十八大暨纪念干部离退休制度建立30周年”专场文艺演出。组织市老干部活动协会开展书画摄影集邮展；市老干部合唱团赴宁夏参加全国第二届“黄河大合唱”邀请赛并获优秀奖；市老年大学协会组团赴台湾开展老年书画交流；市、县(市)区老干部文艺团体到广场、社区、农村，参加公益演出活动。

【离退休干部创先争优报告团宣讲活动】 6月13—26日，市委老干部局组织“福州市离退休干部创先争优报告团”6名成员到市老干部活动中心、老年大学、街道社区、县(市)区、市直离退休干部党支部，为老干部、基层老干部工作者讲述离开工作岗位后发挥余热，在招商引资融资、关心教育下一代、老干部党支部建设、普及全民健身运动等各个领域做奉献的事迹，巡回宣讲5场次，听众1000多人次，发放宣讲材料2000册。

【发挥老干部作用】 市级老领导季度座谈会围绕党风廉政建设、民生工作、社会管理、城市建设、物价问题等方面提出意见和建议81条，市直有关部门均予以整改反馈。

市老干部民生工作志愿督导组围绕全市民生工作推进过程中重大项目和重点难点问题，开展明察暗访、督导、调研490次，提出意见建议411条，提交专题调研报告14份。《人民日报》、新华社等国内近10家主要媒体对督导组的工作进行宣传报道。

各级关工委组织“五老”开展关爱帮教、净化文化市场、推广科技、设立家长学校等活动。全市有3万多名“五老”人员义务担当“五大员”(参谋员、宣传员、监督员、辅导员、示范员)；2万名离退休干部组成466个爱国主义教育报告团；建立230多个基金会，累计筹集基金7000多万元，资助贫困学生11万多人。

部分离退休干部发挥专业特长，参与所在社区建设活动。党校、报社退休干部参与街道《水部夕阳红》小报编辑工作；卫生局离退休干部开设社区保健讲座；中学老校长在社区为青少年传授国学经典。

【老干部工作政策落实情况大检查】 3月，市委老干部局组织局系统党员干部对市直机关、企事业单位1300名离休干部开展以电话访谈、入户调查为主的电话(入户)大访谈活动，全面了解掌握中共十七大之后福州市离休干部政策落实情况，着力解决老干部政策执行不力或拖延等问题，对一些听力不好，或生病、长期住院，或反映问题比较突出的老干部，登门入户慰问访谈，确保信息全面准确。大访谈活动收集老干部反映的离休费发放、医疗服务、服务管理工作等三大类16项问题，通过召开相关主管单位协调会，现场解决44件个案中的21件，23件超出政策规定的问题，由相关主管单位做好老干部思想工作。

【学习活动阵地建设】 *老干部活动中心* 投入120万元修缮市老干部活动中心工程；仓山区、晋安区政府拨专款修缮更新区老干部活动中心硬件设施，闽清县兴建老干部活动中心，永泰县将离退休干部活动学习场所建设列入县“五大战役”为民办实事重点项目。年末全市建成活动学习场所面积4.37万平方米，在建1.15万平方米。

老年大学 创建精品课程，福州市老年大学3门课程入选省级精品课程，晋安区老年大学的书法课、长乐市老年大学的集邮课、福清市老年大学的电脑、音乐、闽剧、国画课等15门课程被评选认定为市级精品课程。台江区、闽侯县老年大学通过市级老年大学示范校评审验收。成立老年远程教育协调小组，推进基层老年教育，全市建立远程教育收视点1314个，参加学习的老年人17.7万人，入学率20.6%。

【日常服务管理】 市委老干部局13名工作人员每月安排与29名空巢、独居、生活不能自理离休干部联系一次，为老干部生活上解难、思想上解困、精神上解闷。依托离退休干部党员电教室全年为62个市直单位离退休干部党支部播放电教片159场，观看人数2000多人次；依托离退休干部电脑班培训老年学员52人，满足老年人接受科技教育的求知需求。

(李　敏)

党校工作

【概况】 2012年，中共福州市委党校发挥党员干部培训主渠道作用，举办各种轮训班、培训班、专题研讨班等83期，受训学员7750人。

【教学工作】 组织中共十八大精神学习培训，成立十八大精神教学领导小组，让党的最新理论成果及时进课堂、进教材、进头脑。先后举办“书香满机关·喜迎十八大”读书活动和“贯彻党的十八大精神，推动福州科学发展新跨越”为主题的市情论坛等系列活动。探索推行理论培训与挂职锻炼相结合的办班模式，举办中青年干部挂职培训班(第31期中青班)，培训班前半个月在校集中学习做理论准备，中间6个月赴广州、杭州、南京三地挂职学习锻炼，最后半个月回校进行研讨总结交流，并将学员挂职心得编印成《学习与借鉴——挂职手记》一书出版。首次在专题研讨班和主体班实行项目制教学，专题研讨班项目制教学是由专业教师组成项目组，负责制定专题研讨班的办班方案，组织教学活动，撰写学习综述；主体班项目制教学是实行项目制分班专题教学，在主体班设立专题小班，项目组按专题策划教学方案，学员结合实际工作自主选择专题，在自主单元实行分专题小班上课、调研。项目制教学的实施，有利于教师深入学员，深入实践，及时掌握市中心工作的第一手资料，使教学科研工作更具有针对性和实效性。采取先国内后国外(法国、新加坡)、先境内后境外、先校内后校外(清华、浙大)等分段培训方式，让学员开拓视野，更新观念，创新机制。先后举办“文化强市”“加强和创新社会管理”“市国有企业高级管理人员专题培训”

“支持与融入平潭开放开发”等8期专题研讨班。

【科研工作】 省社科规划项目立项1项、省中特理论体系研究基地课题立项1项、省党校中特理论研究基地课题立项13项,市中特理论基地课题立项7项,其中重大课题、重点课题各1项,连续7年是市里立项数最多的单位。

首次启动国家行政学院委托课题。组织科研骨干成立课题小组,申报国家行政学院委托课题,具体课题为《省会中心城市对海峡西岸经济区发展的拉动作用研究》《九十年代以来福州经济社会发展回顾与展望》《闽都文化品牌建设与城市竞争力研究》。首次编写福州市本土典型案例教材。选取福州市在征地拆迁、招商引资、基层基础建设等方面的10个成功案例,组织教研人员深入调研,提炼案例成功做法与经验以及其理论指导意义,编写《福州市经济社会发展典型案例教材汇编》,并进入课堂。

【队伍建设】 开展“队伍建设年”活动 制定《学科建设规划》和《2012—2014年师资队伍建设三年规划》,确定一级学科和二级学科,明确每位教师研究方向,使教师更加专注研究某一领域的课题,为培养学科带头人奠定基础,为建设党校智库奠定基础。

举办教学精品课主题活动 2012年度市党校系统师资培训班围绕打造党校教学精品课主题展开,并推荐《领导干部为官要走“正”道的思考》《电子商务的魅力与商务模式创新》等2个专题参加省委党校举办的全省党校系统精品课评选活动,均获二等奖。

实施“双十双百”工程 开展10名教学名师和10个教学名课评选活动,重新调整充实外聘教师队伍,建立百名兼职教师和百个专题库,以提高教学质量,优化师资队伍结构。

(朱晓春)

政策研究

【概况】 2012年,中共福州市委政策研究室编发《福州政研专报》16期、《福州调研》61期、《闽都通讯》12期、《决策参考》24期;撰写调研报告12篇,其中5篇次获市领导批示;编印《2011年福州调研文集》。

【课题调研】 承担全市重点课题调研的组织协调工作,督促各重点课题责任单位、牵头单位制定调研计划,分解调研任务,明确分工安排,推进课题研究。组织开展“党的基层组织建设”“发展都市现代农业”“‘三维’项目对接”“保持党的纯洁性”等12个市领导牵头负责的重点课题和“引入政府购买服务机制,构建综治大调解格局”“打造闽都高层次人才聚集平台”“对台服务外包产业发展”“扩大文化消费”等18个市直部门承担负责的重点课题调研工作。

以《福州政研专报》为平台提供直接快速的研究专报,就“设立闽台蓝色经济产业园区”“国有企业产权制度改革”“高端服务业发展”“借鉴日本经验破解交通管理问题”“发掘和弘扬茉莉花茶文化”“征地拆迁”“推进福州保税港区发展”等选题开展调查研究,提出相关对策建议,推动有关工作和文件起草。

推进社会难点热点调研,开展“构建开放型经济体系”“推动城乡经济社会一体化发展”等课题调研,其中市委主要领导署名调研文稿《构建福州市开放型经济体系的研究》在省委政研室内刊《调研文稿》上刊发。跟踪细化前期课题,完成“提升福州‘中国温泉之都’品牌影响力”课题研究。调研总结福州市探索具有省会特征、福州特色的科学发展跨越发展道路经验,完成市委署名文章《科学发展走新路,榕城大地写华章——科学发展观在福州的生动实践》,并在省委政研室内刊《政研专报》上刊发。

【调研成果转化】 推动调研成果吸收转化为市委具体工作举措和政策性文件。吸收《关于全力打造泛闽江口滨海繁荣带,进一步推进“海上福州”建设的思路与建议》相关对策建议,推动出台《中共福州市委、福州市人民政府关于在更高起点上加快建设“海上福州”的意见》。在《关于进一步简政放权的调研报告》基础上,梳理市委、市政府予以保留、取消、下放及调整合并的行政审批项目,推动出台《中共福州市委、福州市人民政府关于简政放权、扩权强区(县、市)的意见》和《简政放权、扩权强区(县、市)工作实施细则》。在《福州地区大学新校区管理体制机制问题亟待解决》调研报告基础上形成《关于福州地区大学城管理体制机制有关情况的报告》报省委、省政府。

【决策信息服务】 收集整理国内外经济社会形势发展的最新动态、实践经验以及部分部委领导、专家学者的观点论断,进行《决策参考》编发工作,并根据需要增发“文化建设”“开放型经济”“扩权强区”“行政审批改革”“县域经济”等10个专题供市领导参考。全年编发《闽都通讯》12期、《报刊资料索引》12期、《报刊专送件》12期、《福州城市科学》4期。

【文稿服务工作】 全程参与《宏伟的战略 跨越的足迹——福州市“3820”工程20周年成就展》文字材料的起草、修改、征求意见等环节,配合承担“成就展”期间座谈会部分老领导、专家学者等与会人员的组织联络工作和展览现场协调工作。

在省、市“拉练”活动期间,负责车载广播稿的撰写和现场直播的组织服务工作,完成汇报会幻灯片的设计制作任务。参与省领导到榕调研科技创新工作汇报座谈会、市领导与专家顾问座谈会等多场市委活动服务工作。组织各县(市)区、市直各部门开展思路调研,完成《中共福州市委2012年工作要点》和《福州市2013年工作思路(调研参阅稿)》。

(林徐峰)

保密工作

【概况】 2012年,召开5次保密工作会议,各级各单位保密组织召开保密工作会议810多次,召开保密工作报告会、座谈会 240 多场，举办保密培训班 70 期。检查清理各类计算机 2.93 万台次、各类网站 243 个，查处案件 4 起。

【保密管理】 4 月，首次以市委办公厅、市政府办公厅名义印发《“十二五”时期福州市保密事业发展规划》。5 月，市委、市政府《关于印发〈福州市 2012 年度县(市)区及市级机关单位绩效管理工作实施方案〉的通知》，将保密工作纳入福州市县(市)区及市直机关单位绩效管理工作。6 月，市委保密委员会办公室、市国家保密局下发《关于保密工作实行绩效管理有关事项的通知》，分别制定县(市)区和市直单位保密工作考评细则。12 月 24 日起，市保密局组成两个考核组，在各部门自查自评的基础上，分别前往福州市所属各县(市)区和 76 家纳入绩效管理范围的市级机关单位进行保密工作绩效考评。

【技术防护】 出台《关于严禁使用有关网络设备的通知》，在全市范围内开展网络设备清查。9 月 14 日，市保密局召集有关违规外联单位传达福建省国家保密局《违规外联警示通报》、市委秘书长徐启源批示精神，并对内部计算机违规外联监控管理工作提出要求。至年末福州市市直单位和各县(市)区全部安装省、市、县三级联网的保密监控管理系统，安装有监控系统的涉密计算机、内网计算机一旦发生违规外联，内网监控系统将及时阻断并发出警示。

【监督检查】 5 月，开展专项保密检查“回头看”活动，全市各级各单位按照“零差错”和“万无一失”要求进行自查自纠，并上报自查情况。在“5·18”海峡两岸经贸交易会前夕，市保密局组成涉外保密检查组，对市政府办、市委宣传部、市台办、市外经局、市发改委、市贸促会、市外事侨务办等 14 家“海交会”重点单位，通过座谈会和现场查看方式，开展涉外保密工作宣传检查。高考前夕，协同市教育、公安、监察等部门对全市各考点的保密室、考场的保密工作开展专项保密检查。6 月，联合市国土资源局对闽清等有关单位涉密图纸的使用管理进行保密检查。10 月，开展网络清理检查工作。在全市各级各单位自查的基础上，市保密局组织检查人员对部分县(市)区和市直单位进行抽查。年内，市保密局查处 4 起国家保密局和福建省国家保密局通报案件。

【宣传教育】 5 月，开展保密法宣传月活动，向全市各级各单位发放《泄密就在身边——最新失泄密安全警示挂图》150 套，《保密知识简明读本》500 多本。编发保密法宣传月活动简报 1 期，供各级各单位学习宣传。全市各级各单位通过广播(电视)宣传保密法 217 次，受众 130 多万人次；出墙报、黑板报等专刊 497 期，悬挂宣传标语 1300 多条，发放保密宣传材料 3.87 万份。召开保密工作报告会、座谈会 240 多场，参加人数 6600 多人；举办保密培训班 70 期，参加 6200 多人。9 月，为纪念新修订《中华人民共和国保守国家秘密法》(简称《保密法》)施行两周年，向全市各级各单位发放保密书签和鼠标垫，在市委礼堂门口悬挂宣传标语，在全市 3000 多辆公交尾部 LED 显示屏上滚动播放宣传标语。全市征订《保密工作》杂志 1472 份，10 个县(市)区达标，总数比上年增加 78 份。全市各级各单位组织学刊用刊知识测试人数 8800 多人。市保密局前往市委党校、仓山区、市城乡建设委等 20 多家单位作《学习贯彻〈保密法〉，切实做好信息化条件下的保密工作》讲座。全市在党校、行政学院或中小学校上保密教育课 108 次，参加 7100 多人。12 月 20 日，“福州市保密教育培训基地”在市委党校正式挂牌，邀请省委办公厅副主任、省国家保密局局长王佗作保密形势讲座。

（陈云娟）

党史研究

【概况】 2012 年，开展市委《关于加强和改进新形势下党史工作的实施意见》督查落实，召开福州、宁德两市党史部门“申苏”工作座谈会，与市委宣传部、团市委等单位联合开展喜迎十八大系列宣传活动。年内，召开了 4 次全市党史研究室主任会议，开展革命遗址的认证调研，13 处革命遗址获福建省党史教育基地称号，编辑出版《福州市革命遗址通览》、《福州党史》(6 期)，征订《福建党史月刊》2018 份，名列全省第 1 名。

【专题研究】 对党史专题《福州市建设社会主义新农村带头人口述历史》一书进行再编审、再补充，计划 2013 年付印出版。完成《福州市革命遗址通览》丛书的审读和出版。参与“红色文化”论坛和机关党建重点课题的研究，《党史文化产业化之我见》《典型反腐案例及各时期反腐倡廉建设略论》等论文入

12 月 20 日，“福州市保密教育培训基地”在市委党校正式挂牌

选相关研讨会文集。

【迎接十八大系列活动】 6月11日，与市委宣传部、市委教育工委、市国资委联合下发《关于组织开展"回顾辉煌历程·喜迎党的十八大"读书竞赛活动的通知》，在市、县有关部门及各中小学、国有企业中开展读书答题活动，有5万余人参与答题。6月29日，与团市委、市老促会、市少工委联合开展"喜迎'十八大'福州市青少年走进革命传统教育基地"活动，并在福州市八一七革命烈士公园举行启动仪式。10月29日至11月2日，由省委党史研究室主办，市委党史研究室与连江县委协办，福建省革命历史纪念馆、连江县委党史室、连江县博物馆承办的"凝聚全党力量·书写历史辉煌——中国共产党全国代表大会主题展"在连江举行，当地干部群众3000多人参观展览。11月，先后组织召开了2场十八大精神宣讲会，市直卫生和全市党史系统共180余人参加了会议。11月15日，室领导接受《福州日报》社记者采访，就全市党史系统贯彻落实十八精神畅谈了心得体会。

【福州、宁德两市党史部门"申苏"工作座谈会】 5月11日，在连江县召开"福州市、宁德市党史部门'申报中央苏区县'工作座谈会"。连江县副县长冯慧钦到会介绍连江县"申苏"工作情况。省委党史研究室、宁德市委党史研究室以及宁德市蕉城区、福安市，福州市连江县、罗源县党史部门相关人员参加会议。会后成立"申苏"工作领导小组开展具体工作。

【革命遗址调研】 10月12日，陪同省委党史研究室、省革命历史纪念馆调研组赴连江对革命旧址保护等工作开展调研，对进一步保护和开发利用提出具体意见，连江县委常委李东河、副县长冯慧钦等陪同调研。11月15日，陪同市老区建设促进会一行赴马尾琅岐镇调研革命旧址保护工作，实地考察南兜村游击队旧址暨纪念馆"故园"，对革命旧址保护和开发利用提出具体意见。

【党史刊物】 编辑出版《福州党史》季刊4期和增刊2期，发表文章85篇37.5万字。不定期编印《福州党史信息》内刊9期，编发信息14条，均被省委党史研究室采用，每期印数151份，共印2265份，发至省市有关部门领导，并与外省市兄弟单位交流。

【驻村帮扶工作】 1月12日，副调研员、机关党支部书记宋建兴一行赴达道社区看望慰问困难群众，走访了6户困难群众，并送上慰问金。根据市委统一安排，室宣传处副处长严伟明为福州市第四批党员驻村干部，被安排到闽清县东桥镇官圳村支部任第一书记。4月20日，刘德洪主任带工作组深入官圳村调研和指导帮扶，并看望慰问下派干部，就新农村建设相关问题确定具体帮扶措施，还从办公经费中下拨2万元用于帮扶。

（吕南勋）

12月21日，全市党史系统学习十八大精神宣讲会在永泰县召开

档案工作

【概况】 2012年，全市16个各类档案馆接收档案24.74万卷、23.02万件，接收政府公开信息文本2.22万份。全市档案馆馆藏总量为550.47万卷(册)，其中福州市档案馆馆藏总量为41.19万卷(册)、2.7万件。福州市档案馆被列为闽江学院实践教育基地，福清市成为福建省首家全国社会主义新农村建设档案工作示范市，鼓楼区档案馆晋升为国家二级档案馆。

【档案规范管理】 市档案局印发《关于做好2012年度重点项目档案工作的通知》，要求各县(市)区档案局、市直各有关单位、重点项目建设单位按照《福州市重要会议、重大活动、重点建设项目档案管理办法》的要求做好重点项目档案工作；转发《福建省档案局关于开展省重点项目档案执法检查的通知》，要求各县(市)区档案局、市直各有关单位按照文件要求做好迎检工作。市城建档案馆核发《福州市建设项目档案审查意见书》130项，出具市政基础设施工程档案移交清单40项，参加火车南站广场高架工程、金融街周边道路等竣工验收154项，接收金山橘园三期、园中路立交桥、化工路立交桥等建设项目档案180项，现场拍摄记录鼓岭旧貌、内河整治工程、奥体中心工程、三环通车仪式等城市建设动态过程，全年制作音像档案554分钟，照片档案1569张。

市档案局成立档案安全工作领导小组，修订《福州市档案局处置档案系统突发事件应急预案》，开展消防灭火器的演练活动；配合省档案局及省、市安全部门对福清市、闽清县及部分档案服务机构进行档案数据的安全保密检查；按《福建省档案数字化工作安全保密管理规定》要求，对全市档案数字化加工场

4月26日，召开全市档案工作会议

所进行安全保密情况调查，并将调查情况表汇总上报省档案局。全市各级档案馆开展国家重点档案抢救和保护工作，鼓楼区、长乐市开展涉密文件信息、计算机网络保密管理、消防安全等档案安全保密工作检查；连江县投入4万元配置一台服务器及网神防火墙；闽清县组织开展档案馆安全大检查。

各县（市）区档案局分别对乡镇开展档案执法检查，组织开展辖区内档案服务机构备案工作，3家档案服务机构通过备案审查，办理备案手续。福清市档案局、司法局联合印发《福清市"六五"档案法制宣传教育规划》，拓宽档案法制宣传途径。

【档案开发与利用】　接收档案6923卷，9636件，完成福州木材公司、福州制冷设备公司等11家企业7047卷档案的整理工作。市人民检察院的文书档案283卷及其档案电子目录、全文扫描件5万多页，在移交时一并移交全文扫描件在全市尚属首例；鼓楼区档案局将散存在街道的历史婚姻档案和保存于区劳动局的知青档案全部接收进馆，接收原保存于区政协的名家字画档案95件；台江区档案馆征集反映解放前台江区上下杭（双杭）历史的口述档案、声像材料、历史照片等档案史料，制作成"双杭"历史文化影像资料；晋安区档案馆征集一批包括鼓岭手绘图在内的珍贵档案史料；连江县档案局建立退伍军人档案数据库，把婚姻、公证、居民建房用地审批等民生档案提前接收进馆；闽侯县档案馆征集近现代闽剧剧本档案92卷；福州市房地产档案馆接收房地产档案17.76万件；福州市城建档案馆整理入库建设项目档案2400盒、5700卷。全市各档案馆接待社会各界查档利用者10.17万人次，提供档案资料28.71万卷（册），其中市档案馆共接待查档人员1.012万人次，提供利用档案6.75万卷。

整理出版反映鼓岭历史进程的《鼓岭故事》；与《东南快报》联合举办"福州老建筑摄影展"；参加"福州市2012年社会科学普及宣传周活动"，展出"家庭档案""照片档案"等多块档案科普展板。鼓楼区档案局编写《三坊七巷记事》《鼓楼区地方志·档案》，参与筹办首届乌山高爷庙民俗文化节；台江区举办《闽江北岸党旗红——中共台江党史图片展》；马尾区完成《福州经济技术开发区、马尾区企业投资政策文件汇编》。

【政府信息公开档案】　开展政府公开信息纸质文本、电子文本的接收、编目和上架工作，协助当地政府督促各单位按时报送政府公开信息。全年接收政府公开信息纸质文本22233份、电子文本22217份。其中市档案馆政府信息公开查阅场所接收61家单位报送的纸质文本4933份，电子文本4933份，并按时向市政府公开办报送月报。

【档案信息化工作】　建立"三重"声像档案数据库，完成鼓岭有关档案资料、福州丝绸之路申报材料的扫描及上报工作；走访市政府办、市人大、市发改委、市教育局等单位，完成福州市政务电子文件档案接收管理中心项目调研工作，报市数字办审核；承办福建省《电子文件通用元数据规范》适用性试点研讨会。鼓楼区完成重要档案全文扫描2万多页，制作计算机检索目录5万多条。罗源县对档案基础数据库（二期）项目的服务器进行更新换代，在全县立档单位继续统一推行文档一体化档案管理软件；连江县投入26.3万元，对县政府、县委组织部等18个重要全宗档案进行全文扫描87.84万页；闽侯县完成馆藏档案全文扫描5万多页，并以祥谦镇、县水利局为试点，筹备建立闽侯县在线档案利用接收平台；闽清县完成5.42万页婚姻档案等重点档案的全文数字化工作；永泰县共录入馆藏档案文件级目录5万多条，完成房产证存根、土地清册全文数字化扫描6万多页；福清市录入馆藏档案文件级目录126.17万条，完成馆藏重要档案全文扫描23.85万页。

【新农村档案工作】　福清24个镇（街道）普遍建立土地承包、林权改革、村镇建设和低保社保等涉农档案，建档率100%，438个行政村普遍建立档案管理制度，实现档案集中统一管理。建立名人、民情、民俗等一批具有地方新农村特色的档案资料，实现农民群众不出村就能查阅与农民切身利益相关的档案信息。10月10日，福清市通过"全国社会主义新农村建设档案工作示范市"国家验收组验收，成为福建省首家全国社会主义新农村建设档案工作示范市。

【档案库馆建设】　福清市档案新馆竣工，占地2公顷，建筑面积1.46万平方米；闽侯县档案新馆封顶进入内装修阶段，建筑面积1.1万平方米；罗源县档案新馆列入县"五大战役"建设项目，前期投资1200万元，建筑面积4000平方米，完成项目设计招标工作；台江区档案馆正式迁入扩建后的新馆。

（李爱娟　陈　辉）

民族宗教

【概况】 2012年,福州市加大少数民族乡村发展扶持力度,改善少数民族乡村生产生活条件,促进民族团结进步。加强宗教事务管理和宗教团体、宗教活动场所自身建设,引导宗教界参与社会公益慈善事业和榕台宗教文化交流。

【少数民族乡村发展】 投入资金248万元,扶助全市24个民族村安全饮用水工程改造、道路建设以及发展经济生产。投入135万元,在连江县东湖镇天竹畲族村、长乐市航城街道琴江满族村和罗源县起步镇庭洋坂畲族村3个民族村开展民族特色村寨建设。协调落实120万元,帮扶罗源白塔乡南洋畲族村、连江县安凯乡镇安畲族村、永泰塘前乡芋坑畲族村、福清一都镇东山畲族村4个民族村加强新农村建设。落实造福工程补助资金31.74万元,帮助地处偏远的民族自然村少数民族群众140户529人实现造福工程搬迁。投入27万元,帮助福清市三山钟厝村小学、石竹街道棋山村小学,连江县华侨中学、潘渡民族中心小学完善基础设施建设,罗源县起步镇庭洋坂畲族村发展药材种植和罗源县松山镇八井畲族村建设畲医药馆。投入15万元,帮助高山族群众解决生活和生产难题。协调落实连江县小沧畲族乡和罗源县霍口畲族乡2个民族乡从2012年起每年各400万元的发展帮扶资金。开展全市82个民族村大调研,全面汇总整理全市民族村的村情资料,分析民族村社会经济发展状况和存在问题,形成调研报告,提出加快少数民族乡村经济社会事业发展意见和建议。

【民族团结进步创建】 9月,开展第五个民族团结进步宣传月活动。宣传月期间,发放民族宗教政策法规知识等宣传材料4000多本,举办相关法规知识培训班培训100多人次。会同市台联组织少数民族代表参加在台湾举办的第五届海峡两岸少数民族丰收节活动。推进连江和罗源2个民族工作重点县开展社会主义新农村和特色民族村寨建设经验交流。10月,组织福建中医药大学的医学专家和在榕的台湾学生以及宗教界义工等社会力量到连江县东湖镇天竹畲族村、连江后冠畲族村和永泰部分民族村开展义诊活动,义诊少数民族群众700多名,送出价值2万元的药品。

【宗教事务管理】 和谐寺观教堂创建工作 突出安全主题,开展宗教活动场所安全工作培训和场所消防疏散安全演练。邀请消防专家举办消防知识和消防器材的使用知识培训班4场,培训宗教界人士2000多人。印发《福州市宗教活动场所消防安全知识挂图》5000份和《福州市宗教活动场所安全检查手册》2000份,要求宗教活动场所张贴挂图,及时提醒防火安全。对全市宗教活动场所按照"安全工程"防控监管规定实行分级管理,确认备案A级场所9处、B级场所11处。

教职人员认定备案工作 全年备案基督教传道人员149人,并建立福州市宗教教职人员认定备案信息资料库。11月,福州市12名道教人士赴江西龙虎山天师府参加正一派道士授箓仪式。

宗教界自身建设 3月28日,与福建师范大学联合举行福州市首届宗教教职人员网络教育学历班开班仪式,88名宗教教职人员报名参加学习。8月28日至9月1日,与清华大学联合举办福州市宗教界人士(清华大学)高级研修班,45名宗教界中青年骨干参加培训。

社会公益慈善事业 5月,福州市6处宗教活动场所和2个宗教团体获"福州市热心公益事业贡献奖"。9月,举行"慈爱人间、五教同行"宗教慈善周启动仪式,宗教界认捐助学、赈灾、养老、扶贫等公益慈善事业项目1700多万元。

【政策法规宣传教育】 7月3日,与市司法局在福州开元寺联合举行宗教法制宣传教育进民族乡村、宗教活动场所系列活动启动仪式。8月3日,举行宗教政策法规知识竞赛。11月,开展民族宗教政策法规知识进罗源县白塔乡南洋畲族村和长乐航城琴江满族村活动,印制并发放民族宗教政策法规宣传手册1万多份。

【榕台宗教文化交流】 2月,福清石竹山道院举办以"迎春纳福,梦圆两岸"为主题的第三届中华梦乡梦文化节,1万多名海峡两岸的道教界代表人士、信众参加活动。活动内容有迎春纳福大法会、何氏九仙分灵大法会、石竹山道院与台湾道教总庙友好签约仪式及台湾阿里山与石竹山友好结盟姐妹山签约仪式、何氏九仙分炉台湾道教会仪式。4月,福州市基督教两会举办基督教"和谐之声"音乐晚会。5月,晋安鳝溪白马王祖庙与马祖地区开展白马王文化交流活动。6月,鼓山涌泉寺举办第三届"鼓山之光"系列文化活动,海峡两岸600多名宗教界人士参加活动。12月,福州裴仙宫举办首届闽台古榕文化节,福州裴仙宫与台湾基隆代天宫结成"两岸古树信俗文化友好宫庙"。

(郭莉萍)

(编辑 郭进绍 陈 敏)

人民代表大会

综　述

2012年，福州市人大常委会审议地方性法规7项、批准颁布5项，开展立法调研7项。清理地方性法规中涉及行政强制的条款，修改市容和环境卫生管理办法等6项法规的10个条款。开展执法检查3项、专题询问2项，听取和审议“一府两院”专项工作报告21项，备案审查规章和规范性文件22件。

组织办理代表议案、建议，对市十四届人大一次会议主席团交付审议的3件议案、545件代表建议，分别交由市人大常委会有关工作委员会、市人民政府、市中级人民法院、市人民检察院和有关组织（单位）办理。代表对建议办理结果表示满意或基本满意的526件，占总件数的96.5%。

重要会议

【市十四届人民代表大会第一次会议】　1月3—8日在福州海峡国际会展中心举行，出席会议代表470人，出席市政协十二届一次会议的全体委员、市政府组成人员和市直机关团体负责人列席会议，20名公民旁听大会。

会议听取市人民政府代市长杨益民作的《福州市人民政府工作报告》、市发展和改革委员会主任林钟德代表市政府作的《关于福州市2011年国民经济和社会发展计划执行情况及2012年计划草案的报告》、市财政局局长林恒增代表市政府作的《2011年预算执行情况与2012年预算草案的报告》、市人大常委会副主任薛海玲作的《福州市人大常委会工作报告》、市中级人民法院院长李有才作的《福州市中级人民法院工作报告》、市人民检察院检察长叶燕培作的《福州市人民检察院工作报告》。经过审议，会议决定批准上述6项工作报告。

会议选举周振华为福州市第十四届人大常委会主任，选举陈奇、鄢萍、柯有民、徐诗文、陈建平、林厚新为福州市第十四届人大常委会副主任，选举陈斌为福州市第十四届人大常委会秘书长，选举产生福州市第十四届人大常委会委员29人。选举杨益民为福州市人民政府市长，选举陈大强、徐铁骏、徐凡新、严可仕、黄忠勇、陈晔、林瑞良为福州市人民政府副市长。选举许先丛为福州市中级人民法院院长。选举叶燕培为福州市人民检察院检察长，报经福建省人民检察院检察长提请福建省人大常委会批准。会议还通过福州市第十四届人民代表大会法制委员会组成人员名单。

【市十四届人大常委会会议】　第一次会议　1月19日召开。会议审议市人大常委会主任会议关于提请审议《福州市人大常委会评议福州市公安边防派出所工作办法（修订）草案》的议案。会议还进行人事任免。

第二次会议　2月28—29日召开。

4月28日，市人大常委会赴市住宅发展中心对市保障房建设工作开展专题调研

会议审议市人大常委会主任会议关于提请审议《福州市第十四届人大常委会五年立法规划(草案)》《福州市人大常委会2012年立法计划(草案)》《福州市第十四届人大常委会代表资格审查委员会组成人员名单(草案)》的议案;听取和审议市十四届人大一次会议主席团交付市人大常委会审议的代表提出的3件议案办理意见的报告,并作出相关决定;听取市人民政府关于城镇保障性住房建设与管理、城市内河整治与管理等工作情况报告。会议还进行人事任免。

第三次会议　4月26—27日召开。会议审议通过《福州市人民代表大会常务委员会关于修改部分地方性法规的决定》,报省人大常委会批准后公布施行;审议《福州市气象探测环境和设施保护规定修正案(草案)》;听取和审议市人大常委会关于《福州市人大常委会关于加强地方税收保障的决定》实施情况检查的报告、市政府关于水资源环境保护工作情况的报告;听取市政府关于扶持小型微型企业发展、榕台文化交流、行政村体育设施全覆盖和城运会筹建等情况的报告。会议还进行人事任免。

第四次会议　6月26—28日召开。会议作出关于批准《福州生态市建设规划(修编)》的决议;审议《福州市物业管理若干规定修正案(草案修改稿)》《福州市气象探测环境和设施保护规定修正案(草案修改稿)》和市人民政府关于提请审议《福州市荣誉市民称号授予条例(草案)》的议案;听取和审议市政府关于社区矫正、海洋环境保护等工作情况报告;听取市政府关于市重点项目进展、市级医院和乡镇卫生院建设、为民办实事等工作情况报告;专题询问城市内河整治与管理、城镇保障性住房建设与管理工作情况。会议还进行人事任免。

第五次会议　8月28—30日召开。会议传达学习省委九届五次全会和市委十届四次全会精神;审议通过市人大常委会关于修改《福州市气象探测环境和设施保护规定》的决定和《福州市荣誉市民称号授予条例》,报省人大常委会批准后公布施行;审议市政府关于提请审议《福州市消防管理若干规定修正案(草案)》的议案;听取和审议市人大常委会关于《福州市城市供水管理办法》执法检查情况的报告,听取和审议市政府关于2012年1—7月份国民经济和社会发展计划执行、2011年市本级决算(草案)及2012年1—7月份预算执行、2011年市本级预算执行和其他财政收支情况的审计工作、公共文化服务体系建设等专项工作报告,作出关于批准2011年市本级决算的决议;听取和审议市中级人民法院关于改进调解工作,推动社会管理创新情况的报告;听取和审议市人民检察院关于惩治和预防职务犯罪工作情况的报告。会议还进行人事任免。

第六次会议　10月30—31日召开。会议审议通过市人大常委会关于修改《福州市物业管理若干规定》的决定,报省人大常委会批准后公布施行;审议市人民政府关于提请审议《福州市历史文化名城保护条例(草案)》的议案和市人民政府关于提请审议《福州市城市内河管理办法修正案(草案)》的议案;听取和审议市人大常委会关于《福州市消防管理若干规定修正案(草案)》修改情况、省旅游条例执法检查情况的报告;听取和审议市政府关于福州市道路交通管理工作、城市道路建设与管理工作情况的报告;听取和审议市人大常委会、市中级人民法院和市人民检察院关于市十四届人大一次会议代表议案办理情况和代表建议、批评和意见办理情况的报告;听取市人民政府关于城镇居民社会养老保险、义务教育标准化学校建设等工作情况报告。会议还进行人事任免。

第七次会议　11月30日召开。会议学习贯彻中共十八大精神和省委、市委常委(扩大)会议精神;审议市人大常委会主任会议关于提请审议《福州市人民代表大会常务委员会关于召开福州市第十四届人民代表大会第二次会议的决定》(草案)的议案。

第八次会议　12月26日召开。会议听取福州市第十四届人民代表大会第二次会议筹备工作情况和会议安排意见的报告;审议通过福州市第十四届人民代表大会第一次会议主席团交付市人大常委会审议的代表提出的3件议案办理情况的综合报告,福州市第十四届人民代表大会第一次会议代表建议、批评和意见办理情况的综合报告;审议通过福州市第十四届人民代表大会第二次会议日程(草案)、福州市人民代表大会常务委员会工作报告(稿)、福州市第十四届人民代表大会第二次会议选举办法(草案)、福州市第十四届人民代表大会第二次会议有关人员名单(草案),提交市十四届人大二次会议审议;再次专题询问城市内河整治与管理、城镇保障性住房建设与管理等工作情况。会议还进行人事任免。

地方立法

【福州市河道采砂管理办法】　3月29日,新修改的河道采砂管理办法获省十一届人大常委会第二十九次会议批准。4月25日,由市人大常委会颁布施行。修改后的法规进一步规范河砂资源的利用,为打击违法采砂行为提供法律依据,加强自然生态、水利设施和饮用水源地的保护。

【福州市物业管理若干规定】　6月、10月,市十四届人大常委会第四次、第六次会议分别对该法规修正案草案修改稿进行二审、三审。10月31日,市十四届人大常委会第六次会议作出关于修改《福州市物业管理若干规定》的决定。12月14日,省十一届人大常委会第三十四次会议批准,由市人大常委会颁布施行。修改后的法规对业主大会召开、共有部位经营、新旧物业交接、专项维修资金使用等方面作出明确规定,较好地解决物业管理中的突出问题。

【福州市气象探测环境和设施保护规定】　4月、6月、8月,市人大常委会会议3次审议该法规草案。8月30日,市十四届人大常委会第五次会议作出关于修改《福州市气象探测环境和设施保护规定》的决定。9月27日,获省十一届人大常委会第三十二次会议批准,10月24日,由市人大常委会颁布施行。修改后的该法规对气象设施保护范围、气象专项规划等方面进行规范。

【福州市荣誉市民称号授予条例】　6

月、8月，市人大常委会会议两次审议该法规草案。8月30日，市十四届人大常委会第五次会议审议通过。9月27日，获省十一届人大常委会第三十二次会议批准，11月1日，由市人大常委会颁布施行。该条例对到福州投资兴业、从事社会公益事业的国内外人士授予福州市荣誉市民称号工作进行规范。

监督工作

【专题询问】 首次对市民关注和期盼的城市内河整治与管理、城镇保障性住房建设与管理工作进行专题询问。询问注重解决问题、推进工作，不搞“一问了之”，年初听取专项工作情况报告，年中开展询问，年底跟踪追问，并将调研视察、督促检查和推进工作贯穿于全年工作始终。

城市内河整治与管理工作专题询问 2月29日，市十四届人大常委会第二次会议听取市政府关于城市内河整治与管理工作情况的报告，内容包括该项工作的现状、年终目标任务和拟采取的措施办法。6月28日，市十四届人大常委会第四次会议就福州市城市内河整治与管理工作情况进行专题询问，重点询问城市内河规划与建设、河道管理与保洁、水体保质与排涝、土地征用与拆迁、污水接驳与清淤、景观与园林配建等方面情况。12月26日，市十四届人大常委会第八次会议再次就该工作情况开展专题询问，全面了解上半年专题询问有关事项落实及完成情况。并在内河综合治理、内河整治资金使用及工程监督、内河环境保护、内河补水及水位调控、长效管理等方面提出意见、建议。

城镇保障性住房建设与管理工作专题询问 2月29日，市十四届人大常委会第二次会议听取市政府关于城镇保障性住房建设与管理工作情况的报告，内容包括该项工作的现状、年终目标任务和拟采取的措施办法。6月28日，市十四届人大常委会第四次会议就福州市城镇保障性住房建设与管理工作情况进行专题询问，重点询问城镇保障性住房的政策设计和保障范围、规划设计和建设质量、征地拆迁和土地供应、运营管理和配租配售、资金保障和使用等方面情况。12月26日，市十四届人大常委会第八次会议就该工作情况再次开展专题询问，全面了解上半年专题询问有关事项落实及完成情况。并在保障性住房配套政策及制度、保障性住房规划和建设、土地供应及资金使用监管、长效管理等方面提出意见、建议。

【开展《福州市人大常委会关于加强地方税收保障的决定》实施情况检查】

4月10—13日实施检查。强调各级政府要加大宣传力度，建立健全考评奖惩制度和有效运作机制，定期协调、检查，落实责任；各级税务机关要主动牵头，研究具体措施；各涉税单位要增强责任意识，履行协税护税义务，促进“政府主导、税务主管、部门配合、社会参与”格局的形成。各级政府要抓紧建立税收保障信息平台，尽快实现市、县两级联网；加强对信息交换工作的跟踪检查，督促涉税单位履行信息传递义务；健全信息交换、使用和共享制度，规范信息的使用和管理，进一步完善第三方信息清单；加强对信息的分析、应用，实现对税源的有效监管；进一步提高纳税服务质量，不断优化税收环境。推进税源建设，在更高层次上发挥地方税收保障工作的作用，促进福州经济科学发展、跨越发展。

【开展《福州市城市供水管理办法》执法检查】 7月31日至8月3日实施检查。强调各级政府及相关部门要加大饮用水水源保护和“办法”等法律法规宣传力度，提高全社会的爱水节水意识。加强供水企业的法规政策辅导和专业技术培训，加大执法力度，强化部门以及跨县(市)区域间的协调配合，限期完成畜禽养殖禁养区内畜禽养殖项目的取缔、关闭、搬迁工作。尽快建成并投入运行石板材加工集中区配套污水处理设施，确保达标排放。加快城镇截污配套工程管网建设，提高污水接驳力度，严厉查处污水直排及乱倾倒垃圾现象，全面打击非法采沙运沙行为，保障饮用水源的长期安全。加快城市供水专项规划的编制工作，统筹全市用水需求，合理编制供水专项规划。加大供水基础设施建设投入，结合无物业小区整治，全面排查破损供水管网，强化部门监管，确保工程质量。加快户表改造工程进度，力争尽快全面实现抄表到户及向最终用户收费。加强水质监测、报告制度，完善监管体系，定期向社会公布监测结果。尽快出台二次供水管理办法，完善城市供水应急处置预案，确保供水安全。协调解决供水行业体制问题，探索将城市供水系统向镇村延伸，逐步推进城乡供水一体化。

【开展《福建省旅游条例》执法检查】

9月26—28日实施检查。强调市政府及有关部门要全面落实市委十届四次全体(扩大)会议关于加快旅游产业发展的部署要求，加强“条例”等法规的宣传，推动树立大旅游理念。加大文化、旅游契合力度，推动旅游资源的文化提升和创新，推动文化资源、旅游资源相互渗透和转化，增添旅游的文化魅力；注重各旅游要素的文化挖掘和科学衔接，持续推动“四大旅游品牌”的建设和鼓岭国家级旅游度假区的创建，促进大发展。加大城市旅游营销力度，建立和完善旅游联合促销机制，加大在主流媒体上的宣传推介力度，提升福州的知名度和美誉度。加大多元资本投入力度，完善旅游基础设施建设，采取优惠措施鼓励支持各种所有制企业兴办旅游项目，尽快落实宾馆饭店执行与一般工业企业同等的用水、用电、用气价格等一系列扶持和引导旅游发展的政策措施，不断优化大环境。加大人才队伍建设力度，鼓励扶持培养旅游专业技术人才，实施从业人员全员培训，畅通高端旅游领军人才引进的绿色通道。推广数字化服务、智能化管理，推动智慧旅游的发展。

【听取和审议市人民政府关于2012年1—7月份国民经济和社会发展计划执行情况的报告】 要求市政府及有关部门要做好改革发展稳定的各项工作，努力完成全年目标任务。进一步发挥投资支撑作用，打好“五大战役”、强化“三维”项目对接；推动重大项目建设提速增效，突出抓好工业项目和基础设施建设项目；强化督促检查机制，破解要素制约，加快项目前期运作。以科技创新引领工业转型升级,采用先进技术改造提升传统产业,加快培育战略性新兴产业。实施海洋发展战略,发展临港工业,在更高起点上建设"海上福州"。持续提升现代服务业,加快发展旅游业、文化创意、现代物流、电子商务等产业,不断培育经济新增长点。要围绕产业链开展招商引资,帮助外贸企业开拓新兴市场、解决实际困难。加大对扶持企业政策的宣传解读,指导企业用足用活政策;加强各方面政策的协调配合,形成政策合力。加大对低收入群众的扶持力度,加强市场物价管控,提高城乡居民生活水平。做好社会保障工作,维护社会和谐稳定。

【听取和审议市人民政府2012年1—7月份预算执行情况的报告】 要求市政府及财税等部门要狠抓财源建设,整合财税扶持资金,培育壮大后续财源,优化财源结构,增强财政增收的后劲;研究建立招商引资项目的财税扶持与纳税情况相挂钩的机制,提高招商引资的质量和效益;开展经济运行、重点税源动态情况、"营改增"试点等工作的分析研究,及时采取针对性的政策措施。要加强收入的征收工作,落实市人大常委会关于加强地方税收保障的决定,尽快建立税收保障信息平台,加大综合治税的力度;挖掘非税收入的增收潜力,加强土地出让收入的征收和国有资产的保值、增值等工作,确保全年收入目标的顺利实现。要强化对支出的管理,剖析发展性项目支出进度慢的原因,采取措施加快支出进度;发挥财政监管职能,加强对资金使用情况的跟踪监督,提高资金的使用效益;加强政府债务管理,防范和化解财政风险。要做好2013年预算的编制工作,加强项目库建设,做好部门项目前期准备工作,编实、编细预算。要厉行节约,压缩一般性支出,集中财力保证重点项目建设、民生支出等重点支出的需要,发挥公共财政的职能。

【听取和审议市人民政府关于2011年市本级预算执行和其他财政收支情况的审计工作情况的报告】 要求市政府对审计查出的问题要严格落实责任,加大整改力度,确保问题整改到位。财政部门要结合审计工作报告,查找存在的问题及原因,完善预算管理和预算编制工作。各有关部门对审计查出的问题要高度重视,认真整改。要加强部门内部财务管理,堵塞监管漏洞。审计部门要加大对违法违纪问题的揭露和查处力度,严肃财经纪律。加强对审计查出的问题整改情况的跟踪监督,确保审计决定执行到位。要深化预算执行审计,加大对民生支出、重点项目支出等资金的审计监督力度。推进效益审计,促进财政资金使用效益的提高。加大推进计算机联网审计的力度,提高审计效率。要结合财政部门的决算批复工作,完善部门决算审签工作,促进部门决算工作不断规范。要注重审计成果的转化和运用,加强分析研究工作,为政府宏观决策建言献策。

【听取和审议市人民政府关于海洋环境保护工作情况的报告】 强调市政府及有关部门要加大宣传力度,提高全社会对海洋环境保护的法制意识和责任意识。要建立健全海洋环境保护制度,加快出台《福州市海洋环境保护规划》,落实《福州市海洋环保责任目标(2011—2015)》。要突出防治重点,做好陆源污染防治工作。对沿海重点排污企业环保设施全部实现在线监测,落实达标排放措施。加强畜禽养殖污染、海漂垃圾的监管和治理。要加强海水养殖的科学管理,推广"低碳养殖",逐步实现海水养殖生态化。要提高海洋环境预警预报能力,及时发布有关海洋环境状况公报,提高对海上突发性污染事故的应急处置能力。要完善海洋环境保护经费投入机制,加大对海洋环境保护资金的投入,提高科技水平,加强队伍、海洋环境监测系统建设,增强海洋环境保护的监管和执法能力。要建立海洋环境保护综合整治工作机制,加强环保、农业、水利、林业、海洋与渔业等部门协调联动,形成工作合力,提高海洋环境保护效率。

【听取和审议市人民政府关于社区矫正工作情况的报告】 强调市政府及有关部门要加大宣传力度,动员社会各界关心、支持和参与社区矫正工作。要落实经费保障,加大对基层司法所的投入。要加强社区矫正工作队伍建设,建立健全社区矫正专业人才薪酬保障机制,同时通过招录志愿者等形式,吸收社会各类专业人才参加社区矫正工作队伍。要创新监管模式,加强管控,避免重新违法犯罪现象的发生。要理顺工作机制,明确任务和职责,加强司法行政机关与公安机关、法院、检察院的协同与衔接,做到分工协作,密切配合,形成合力,共同做好社区矫正工作。

【听取和审议市人民政府关于公共文化服务体系建设工作情况的报告】 强调市政府要构建和完善公共文化服务体系,发展公益性文化事业,保障人民群众的基本文化权益。要健全公共文化事业财政投入稳定增长机制,公共文化活动和基层文化场馆运营经费应纳入各级财政预算,同时加大资金监管,提高资金使用效益。要加强监督管理,政府文化建设方面绩效考核应向公共文化服务体系建设倾斜,发挥现有资源的公共服务功能,提升公共文化设施向公众开放程度。要完善全市文化设施资源布局,留足公共文化设施用地,加快海峡图书馆建设和海峡群艺馆、美术馆等规划选址,同时,在现有场馆改造搬迁中,选择过渡性场馆,要保障其功能作用的有效发挥。要加强队伍建设,加大文化人才引进和培养力度,重视发现和扶持乡土文化能人和民族民间文化传承人;配备好乡镇、街道、农村文化干部,提高待遇,并确保专人专用。要统筹城乡发展,加大市级财政对农村文化建设的补助力度,并对困难县予以倾斜;发挥各级文体职能部门组织引导作用,因地制宜开展有特色的文体活动;结合农村实际有效管理和使用农家书屋;探索全省广电网络整合后的农村运行管理机制,提供优质广电服务。

【听取和审议市人民政府关于道路交通管理工作情况的报告】 强调市政府及有关部门要坚持以人为本、安全第一,建立更加便捷的综合交通体系。要加大执法力度,强化道路巡逻管控和整治严重交通违法行为,加强重要路段特别是地铁建设项目围挡施工路段的交通引导。要采取有效措施,推进道路改造工程,加快已立项或已动工的斗池路、西洋路、湖东东路、江厝路、登云路、二环至三环铜盘连接线、鳌峰大桥、拓福路口下穿、火车站站东路和站西路等道路建设，缓解乌山路、乌山西路到西二环路乌山路口和北二环路五四路口、西二环路象山隧道、五四路和湖东路交叉口、西湖宾馆周边道路、六一路等重要路段的交通拥挤状况。要加强市区停车场和道路停车泊位的规划和建设，探索停车产业化，尝试引入社会资金，加快停车场建设。要注重对道路交通安全法律法规的宣传教育，提升全民交通安全法治和文明意识。要发挥机制优势，提高交通管理水平和服务效能，确保文明城市持续文明，促进市区道路交通状况改善。

【听取和审议市人民政府关于城市道路建设与管理工作情况的报告】 强调市政府及有关部门要加大法规的宣传力度，增强各级干部和群众的法制观念和道路保护意识。建立健全道路建设与管理长效机制，强化部门间配合，形成统一指挥、综合协调的良性运行机制，提高工作效率。设立工程项目库，把好建设项目立项关，提高立项科学性。简化项目审批程序，提高项目审批速度，力争项目尽快开工。建立有效的监督管理机制，确保市政道路及设施建设质量。加强建设管理能力，加大协调力度，科学安排管线建设和下地，探讨地下综合管廊建设，有效利用地下空间。合理制定拆迁补偿方案，妥善解决征地拆迁补偿安置的问题，保护被拆迁人的合法权益。整合加密区域内部道路，完善城区快速路网架构，尽快实现道路之间的便捷、快速连续交通，缓解交通拥堵状况。同时要加大协调力度，解决工程建设与管理中出现的问题，确保工程进度。加大财政投入，完善道路设施养管机制，强化道路建设管理，提高道路完好率。

【听取和审议市中级人民法院关于改进调解工作，推动社会管理创新情况的报告】 强调全市法院要在司法审判活动中更加重视调解手段，加大调解工作宣传力度，加强诉前调解工作，推动多元矛盾纠纷解决机制建设。对不能调解和调解不成的，要及时依法裁判，发挥调解和判决两种方式在化解矛盾中的作用。要推进法官队伍建设，规范调解工作程序，加强对调解员队伍的培训和指导，建立完善大调解工作机制。努力做到案结事了，促进社会和谐，真正达到法律效果、社会效果和政治效果的统一。

【听取和审议市人民检察院关于惩治和预防职务犯罪工作情况的报告】 强调全市检察机关要坚持“查办案件是成绩，预防和减少犯罪更是成绩”的履职导向，加大惩治和预防职务犯罪的工作力度。要把预防工作放在更加重要位置，创新宣传形式，注重专项预防，推动部门间的工作联动，发挥检察建议在预防工作中的积极作用。要继续加强检察官队伍建设，规范执法办案，提高办案质量，维护法律权威。

【评议公安(边防)派出所工作】 修订评议公安(边防)派出所工作办法，将授予“福州市优秀派出所”称号改为“人民满意派出所”，将人大代表和群众测评由原来的60分提高为70分，公安业务考评由40分改为30分。10月下旬，召开评议公安(边防)派出所工作动员部署会议，全面启动2011—2012年度的评议工作。11月上旬至12月底，各县(市)区人大常委会组织人大代表和群众，采取听取汇报、召开座谈会、明察暗访、发放测评表、随机抽样调查等多种方式进行评议。各县(市)区公安局(分局)向所在县(市)区人大常委会汇报公安(边防)派出所2011—2012年度工作情况，坚持边评边改，确保评议效果。对评议中人大代表、群众反映较为集中的问题，由各县(市)区人大常委会评议工作机构分类整理后，交公安机关整改。

【其他监督工作】 市人大常委会还听取市政府关于扶持小型微型企业发展、重点项目进展、榕台文化交流、行政村体育设施全覆盖和城运会筹建、市级医院及乡镇卫生院建设、为民办实事、城镇居民基本养老保险、义务教育标准化学校建设等工作情况的报告。对新农村建设、春耕备耕、防汛备汛、造林绿化、森林防火和病虫害防治、水利建设、知识产权建设、华侨农场改革发展和台轮停泊点管理等工作开展调研，及时向政府有关部门提出意见、建议。

代表工作

【代表议案办理】 关于尽快制定出台《福州市校车管理办法》的议案　市人大常委会内司委及时与该议案的领衔代表进行面对面沟通，并会同教科文卫委组织召开市政府办公厅、市交通运输委、市教育局、市公安局交巡警支队等有关部门座谈会，就校车管理立法工作开展调研。鉴于福建省已启动校车管理立法工作，省教育厅、省公安厅联合起草《福建省校车管理规定(草案送审稿)》。为此，将继续开展调研，深入了解福州市校车运营管理情况，借鉴其他省、市在立法和管理上的先进做法和经验，待国务院《校车安全管理条例》和《福建省校车管理规定》颁布施行一段时间后，视福州市实际情况再决定是否制定地方性法规，以避免重复立法或出现与上位法相抵触等问题。

关于尽快启动《福州市城市内河管理办法》修订工作的议案　市人大常委会城环委与市政府职能部门专题研究议案的办理工作，并结合市人大常委会内河整治与管理专题询问工作，借鉴国内具有代表性的内河整治与管理模式，对福州市内河管理机构和管理职能、内河管理现状及存在问题等开展调研。城环委召集多场会议研究《福州市城市内河管理办法》的修订工作，并提前介入和督促市政府相关部门草拟法规修正案(草案)初稿。该法规修正案(草案)经市政府常务会议通过，并于2012年10月30日提请市十四届人大常委会第六次会议审议。

关于尽快出台《福州市户外广告设置与管理办法》的议案　市人大常委会城环委与市政府职能部门专题研究议案的办理工作，并会同市政府法制办及相关部门赴外省市就户外广告设置与管理的做法和立法经验等进行考察，同时对福州市户外广告设置与管理工作现状及存在的问题开展调研。考虑到福州市户外广告设置与管理工作尚未形成统一有效的管理模式，该项目正式制定地方性法规条件尚不具备。因此,建议先由市政府根据相关法律法规,结合福州市户外广告设置与管理的实际情况,从扩大适用范围、明确管理职能和执法主体等方面,对《福州市市区户外广告设置与管理办法》进行修改完善,待实施一段时间且条件成熟时,再制定地方性法规。

【代表建议办理】 市十四届人大一次会议期间,代表们围绕政治、经济、文化和社会生活中的重大问题及人民群众普遍关心的问题,就全市各方面的工作向大会提出建议、批评和意见(以下简称建议)共545件。其中534件交市政府办理,2件交中级人民法院办理,2件交市人民检察院办理,7件交市人大常委会办公厅及有关机关和组织办理。代表对建议办理结果表示满意或基本满意的526件,占总件数的96.5%;表示不满意的19件,占总件数的3.5%。

市人大常委会加强代表建议跟踪督办,组织70多名市人大代表走访15个代表建议承办单位,要求承办单位加强与代表的面对面沟通,提高落实率。确定8件代表建议作为重点督办件,由主任会议组成人员和相关工作机构对口督办。同时开展"督办月"活动,对25件有承诺事项的代表建议办理情况进行"回头看",对31件代表建议办理"不满意件"进行跟踪督办。

【保障代表依法履职】 加强代表培训工作,举办代表培训班3期,培训代表460多人次,邀请专家、学者讲授有关法律法规和各类专业知识,帮助代表提高法律知识水平,增强代表依法履职能力。拓宽代表知情知政渠道,实行常委会主任会议组成人员联系代表、邀请代表列席常委会会议、定期向代表通报常委会会议情况、为代表订阅人大刊物等制度,协调有关部门向代表寄送简报信息等相关资料。加强代表履职保障,指导各县(市)区人大常委会建立人大代表活动室,为闭会期间代表履职提供便利。成立市十四届人大代表法律服务团,有针对性地为代表讲授法律知识,为代表参加视察调研等活动及撰写议案建议提供法律咨询。做好全国和省人大代表在榕调研视察的保障工作,组织福州市的省人大代表参加集中培训,为全国和省人大代表履职提供服务保障。

【规范代表工作机制】 制定闭会期间代表活动的若干意见,指导全市29个代表小组制定闭会期间活动计划,保障代表小组依法开展履职活动。举办代表小组召集人培训班,提高闭会期间代表活动组织水平。建立代表履职档案和履职情况通报制度,加强市、县(市)区互通代表履职情况,推动原选举单位依法组织代表履职。向全体市人大代表征集参加常委会监督工作的意愿,有计划地组织代表参加执法检查、工作视察和专题调研。全年,组织代表1580多人次参加常委会组织的各类活动,为福州发展建言献策。

调研宣传

【调研工作】 开展促进"三维"项目对接,推进城乡一体化发展,简政放权、扩权强区(县、市)等专题调研,形成调研报告,提出意见建议供市委决策参考。组织开展"地方人大行使重大事项决定权与服务科学发展跨越发展"课题调研,赴部分县(市)区人大常委会开展课题选题工作指导。承办全省人大制度专题研讨会,由市人大常委会研究室撰写的调研文章《关于建立和完善重大事项报告制度的几点思考》获全省一等奖。

【宣传工作】 加强常委会会议的宣传报道,会前召开记者联席会,明确会议报道重点。全年,《福州日报》刊发新闻报道138篇;福州电视台播出新闻报道120多条,专题节目1期;《福州晚报》刊发新闻报道110余篇;福州电台播出新闻报道35条(不含人代会报道)。组织新闻单位对常委会开展的执法检查、工作调研、代表视察等活动以及全国、省人大到榕开展执法检查、工作调研等进行宣传报道。6月,市人大常委会开展城市内河整治与管理、城镇保障性住房建设与管理工作专题询问活动,组织福州电视台对询问现场进行现场录制,在《福州日报》上开设专版,福州电视台"关注"栏目制作专题。《人民政坛》《人民代表报》《福建日报》等多家省内外报刊杂志也集中对福州市开展的专题询问工作进行报道,共报道文章及信息12条。编发《福州人大信息》50期,增刊11期,《中国人大》《人民政坛》《省人大信息》等刊物以及《福建日报》、中国人大新闻网等媒体,共刊发福州市信息27条。召开全市人大宣传信息工作座谈会,表彰2011年度全市人大宣传信息工作的先进单位和先进个人。举办信息通讯员培训班一期,在《闽都通讯》发表通讯9篇。

人事任免

2012年,市人大常委会任免市人大常委会工作机构负责人10人次,市政府组成人员45人次,审判人员22人次,检察人员29人次。

表3 **2012年福州市人大常委会及"一府两院"副职以上领导任免情况**

时间	被任免人员	通过任免会议	任免职务
10月31日	陈天灯	市十四届人大常委会第六次会议	免去福州市中级人民法院副院长、审判委员会委员、审判员职务
12月26日	林志雄	市十四届人大常委会第八次会议	任命为福州市中级人民法院副院长

表 4

2012 年福州市人大常委会工作机构负责人任免名单

（1 月 19 日福州市第十四届人大常委会第一次会议通过）

被任免人员	任免职务
赵宝昌	任命为福州市人大常委会办公厅主任
吕　英	任命为福州市人大常委会人事代表工作室主任
张　诚	任命为福州市人大常委会法制工作委员会主任，免去福州市人大常委会研究室主任职务
梁文仪	任命为福州市人大常委会内务司法工作委员会主任
王培德	任命为福州市人大常委会财政经济工作委员会主任
林　清	任命为福州市人大常委会城建环境工作委员会主任
吴三八	任命为福州市人大常委会教科文卫工作委员会主任
陈家炎	任命为福州市人大常委会农村经济工作委员会主任
陈　巍	任命为福州市人大常委会华侨工作委员会（台胞工作委员会）主任

表 5

2012 年福州市政府职能部门主要领导人事任免名单

时间	被任免人员	通过任免会议	决定任免职务
2 月 28 日	瞿理明	市十四届人大常委会第二次会议	任命为福州市人民政府秘书长
2 月 28 日	关瑞祺	市十四届人大常委会第二次会议	任命为福州市发展和改革委员会主任
2 月 28 日	陈继鹏	市十四届人大常委会第二次会议	任命为福州市经济委员会主任
2 月 28 日	李月健	市十四届人大常委会第二次会议	任命为福州市城乡建设委员会主任
2 月 28 日	左美俊	市十四届人大常委会第二次会议	任命为福州市交通运输委员会主任
2 月 28 日	江　海	市十四届人大常委会第二次会议	任命为福州市投资促进局局长
2 月 28 日	郑　勇	市十四届人大常委会第二次会议	任命为福州市教育局局长
2 月 28 日	林治良	市十四届人大常委会第二次会议	任命为福州市科学技术局局长
2 月 28 日	林阿善	市十四届人大常委会第二次会议	任命为福州市民族与宗教事务局局长
2 月 28 日	徐凡新	市十四届人大常委会第二次会议	任命为福州市公安局局长
2 月 28 日	连世潮	市十四届人大常委会第二次会议	任命为福州市监察局局长
2 月 28 日	张维船	市十四届人大常委会第二次会议	任命为福州市民政局局长
2 月 28 日	俞建春	市十四届人大常委会第二次会议	任命为福州市司法局局长
2 月 28 日	林恒增	市十四届人大常委会第二次会议	任命为福州市财政局局长
2 月 28 日	卢　林	市十四届人大常委会第二次会议	任命为福州市人力资源和社会保障局局长
2 月 28 日	陈荣生	市十四届人大常委会第二次会议	任命为福州市公务员局局长
2 月 28 日	郑建闽	市十四届人大常委会第二次会议	任命为福州市国土资源局局长
2 月 28 日	纪建平	市十四届人大常委会第二次会议	任命为福州市环境保护局局长
2 月 28 日	陈　勇	市十四届人大常委会第二次会议	任命为福州市城乡规划局局长
2 月 28 日	李　凡	市十四届人大常委会第二次会议	任命为福州市住房保障和房产管理局局长

续表5

时间	被任免人员	通过任免会议	决定任免职务
2月28日	林　辉	市十四届人大常委会第二次会议	任命为福州市市容管理局局长
2月28日	程爱国	市十四届人大常委会第二次会议	任命为福州市安全生产监督管理局局长
2月28日	吴建成	市十四届人大常委会第二次会议	任命为福州市农业局局长
2月28日	陈信平	市十四届人大常委会第二次会议	任命为福州市林业局局长
2月28日	黄文希	市十四届人大常委会第二次会议	任命为福州市水利局局长
2月28日	林心銮	市十四届人大常委会第二次会议	任命为福州市海洋与渔业局局长
2月28日	蔡福勇	市十四届人大常委会第二次会议	任命为福州市商贸服务业局局长
2月28日	赵时可	市十四届人大常委会第二次会议	任命为福州市粮食局局长
2月28日	杨　凡	市十四届人大常委会第二次会议	任命为福州市文化新闻出版局局长
2月28日	陈　燕	市十四届人大常委会第二次会议	任命为福州市广播电影电视局局长
2月28日	郑道新	市十四届人大常委会第二次会议	任命为福州市卫生局局长
2月28日	周应忠	市十四届人大常委会第二次会议	任命为福州市人口和计划生育委员会主任
2月28日	黄其钦	市十四届人大常委会第二次会议	任命为福州市体育局局长
2月28日	林良云	市十四届人大常委会第二次会议	任命为福州市审计局局长
2月28日	郑新清	市十四届人大常委会第二次会议	任命为福州市统计局局长
2月28日	郑　立	市十四届人大常委会第二次会议	任命为福州市旅游局局长
2月28日	刘晓强	市十四届人大常委会第二次会议	任命为福州市机关事务管理局局长
2月28日	游晓东	市十四届人大常委会第二次会议	任命为福州市外事侨务办公室主任
2月28日	吴　强	市十四届人大常委会第二次会议	任命为福州市人民防空办公室主任
2月28日	连国平	市十四届人大常委会第二次会议	任命为福州市人民政府国有资产监督管理委员会主任
6月26日	罗恩平	市十四届人大常委会第四次会议	任命为福州市对外贸易经济合作局局长
10月31日	罗恩平	市十四届人大常委会第六次会议	免去福州市对外贸易经济合作局局长职务
10月31日	郑　立	市十四届人大常委会第六次会议	免去福州市旅游局局长职务
10月31日	范建敏	市十四届人大常委会第六次会议	任命为福州市对外贸易经济合作局局长
10月31日	潘　威	市十四届人大常委会第六次会议	任命为福州市旅游局局长

（市人大研究室）

（编辑　郭进绍）

重要会议及活动

【市政府常务会议】 2012年，市政府共召开29次常务会议，由市长杨益民主持。主要是：

1月8日，第1次市政府常务会议研究市十四届政府领导班子工作分工、福莆宁同城化交通概念性规划方案、推荐评选2009—2011年度福建省反走私工作先进集体和先进个人等有关问题，审议《福州市政府关于贯彻〈福建省学前教育三年行动计划(2011—2013)的实施意见〉》。

2月6日，第2次市政府常务会议审议《福州市"十二五"人力资源和社会保障体系建设专项规划》《〈中国慈善事业发展指导纲要〉实施意见》《中共福州市委福州市人民政府贯彻中共福建省委福建省人民政府关于支持和促进革命老区加快发展的若干意见的实施意见》《福州市行政服务中心和公共资源交易服务中心管理暂行办法》。

2月28日，第3次市政府常务会议研究福州市城市慢行系统规划编制、第十四届海交会总体工作方案、规范设置市区道路中心隔离设施等有关问题，审议《福州市级"五大战役"年度考核评比办法》。

3月22日，第4次市政府常务会议研究福州市2012年小城镇改革发展战役实施方案、福州国际航空港二期建设、国开金融公司与福州市政府签订合作框架协议、2012年福州市促进外贸进出口扶持政策等有关问题。

4月6日，第5次市政府常务会议研究进城务工随迁子女报考福州市省一级达标高中实施方案、福州市政府与福州大学战略合作框架协议及实施细则等有关问题。

4月16日，第6次市政府常务会议审议《福州市文化创意产业发展"十二五"专项规划》《福州贵安温泉旅游度假区总体规划(2011—2030)》《福州市市区城市交通设施项目建设资金管理办法》，研究修订《福州市气象探测环境和设施保护规定》有关问题。

4月23日，第7次市政府常务会议研究加快江阴港区发展、福州市2012年度县(市)区及市级机关单位绩效管理工作实施方案、市行政服务中心建设管理等有关问题，审议《福州市"十二五"现代农业发展规划》。

5月2日，第8次市政府常务会议研究加强福州市人民政府与福州大学战略合作、福州市人民政府与福州海关合作共同促进福州港口和区域经济发展、公交公司开辟市区旅游观光线路等有关问题。

5月28日，第9次市政府常务会议研究福州市参加第十届"6·18"各项筹备工作、福州市2012年度享受国家政府特殊津贴人员、福州市2008—2011年度全省统计系统先进集体和先进工作者推荐评选等有关问题。

6月12日，第10次市政府常务会议传达学习省委、省政府工作检查活动有关会议精神，审议《福州市历史文化名城规划》和《福州市荣誉市民称号授予条例(送审稿)》，研究福州市"十一五"时期创建全国无障碍建设城市表彰方案、推荐评选全国就业创业工作先进集体和先进个人等有关问题。

6月25日，第11次市政府常务会议研究推进福州市安全生产标准化建设工作、福州市促进高校毕业生就业工作、全面完成对口支援三明灾后重建工作等有关问题，审议《关于扶持小微企业发展的若干意见》《关于贯彻落实省政府促进工业稳定增长系列政策的实施意见》。

6月27日，第12次市政府常务会议听取福州市食品安全工作情况汇报，审议《马尾新城总体概念规划及三江口、闽江口组团城市设计》和《福州市人民政府关于加快供销合作社改革发展的实施意见》，研究评选福州市第二批非物质文化遗产名录项目代表性传承人及推荐福建省第三批非物质文化遗产名录项目代表性传承人等有关问题。

7月6日，第13次市政府常务会议研究分析上半年全市经济形势，对做好下半年全市经济发展工作作了部署。

7月23日，第14次市政府常务会议审议《福州市城乡困难居民临时救助暂行办法》，研究市政府与省发改委签订在更高起点上推进福州大都市区建设战略性合作框架协议等有关问题。

8月10日，第15次市政府常务会

议听取2012年福州市为民办实事项目落实办理情况汇报，研究福州市参加第十六届中国国际投资贸易洽谈会有关筹备工作、城乡环境综合整治工作，审议关于贯彻落实省委九届五次全会精神和市委决策部署，进一步深化科技体制改革、加快创新型城市建设，加快建设“海上福州”，加快旅游产业发展等有关政策措施。

8月20日，第16次市政府常务会议审议《福州市消防管理若干规定》，研究2012年海峡（福州）渔业周暨第七届海峡（福州）渔业博览会筹备工作、支持驻榕央企人事人才工作、2011年度福州市政府绩效评估整改工作情况及2012年度绩效管理工作实施方案。

8月30日，第17次市政府常务会议研究福州市营业税改征增值税试点工作、推荐评选全国石油和化学工业劳动模范、推荐评选全国计划生育优质服务先进单位等有关事项，审议《关于加快推进福州市商标战略工作的实施意见》《福州港总体规划（征求意见稿）》。

9月11日，第18次市政府常务会议研究进一步加强福州市“三维”项目招商引资工作、国庆节前全市重点项目开竣工、利用历史名人命名（更名）城区道路和公园、推荐市强制戒毒所参评全省公安系统先进集体、推荐评选全国新型农村和城镇居民社会养老保险工作先进单位和先进个人、推荐评选福建支援三明南平灾后重建先进集体和先进个人等有关问题，审议《进一步加强保障房配租配售和管理工作的意见》《城区廉租住房管理办法》和《公共租赁住房管理暂行办法》。

9月21日，第19次市政府常务会议审议《福州市城市低收入家庭认定试行办法》《关于进一步做好退役士兵安置工作的实施办法》，研究异地榕商回乡创业发展等有关问题。

9月29日，第20次市政府常务会议审议《福州市客运出租车管理办法》，研究第87届全国糖酒商品交易会、福州市苗圃基地建设、福州临空经济区规划建设等有关问题。

10月16日，第21次市政府常务会议研究分析1—9月福州市经济运行形势和政府绩效管理工作、福州市创业创新人才住房保障、修订《福州市城市内河管理办法》等有关问题。

10月24日，第22次市政府常务会议研究修订《福州历史文化名城保护条例》、第十三届中国美食节筹备工作、闽台（福州）蓝色经济产业园开发建设等有关问题，审议《关于建设质量强市提升产品质量的实施意见》。

10月29日，第23次市政府常务会议研究福州市村卫生所实施国家基本药物制度工作方案、闽台（福州）蓝色经济产业园总体规划和产业发展规划、推荐参评福建省第三届科技人才等有关问题。

11月15日，第24次常务会议研究承办首届中国国际创意经济合作大会暨第八届世界多媒体与互联网峰会，举办首届海峡两岸（福州）大学生创业创新大赛，举办第三届海峡版权交易博览会，评选2012年度福州市科学技术进步奖，推荐2009—2012年度全省国土资源系统、全国住房城乡建设系统先进集体和先进工作者以及2010—2012年全省查处无证无照经营工作先进集体和先进工作者等有关问题。

11月17日，第25次市政府常务会议贯彻落实中央和省委、省政府以及市委的部署，认真组织学习贯彻中共十八大精神。

11月19日，第26次市政府常务会议研究福州市贯彻落实全省加强山海协作推进国土资源“双保工程”座谈会精神的有关意见、地方税收保障工作、设立小额贷款公司、2012年福州市优秀新产品奖等有关问题。

12月4日，第27次市政府常务会议研究进一步加强革命“五老”人员生活保障及解决革命“五老”人员遗偶生活困难、促进福州临空经济区发展等有关问题。

12月17日，第28次市政府常务会议审议《进一步加强安置房建设管理工作的暂行意见》，研究贯彻落实《福建省价格调节基金管理办法》，简政放权、扩权强区（县、市）工作，2012年省重点项目建设评选表彰等有关问题。

12月24日，第29次市政府常务会议研究保障性安居工程建设和旧城区改造有关问题、设立小额贷款公司、提高福州市五城区城乡低保标准、市十四届人大二次会议《政府工作报告》（讨论稿）、《福州市2012年预算执行情况和2013年预算草案的报告》（讨论稿）、《福州市2012年国民经济和社会发展计划执行情况及2013年计划草案》（讨论稿）等有关事项。

【签署“福莆宁同城化发展框架协议”】 3月21日，福州、莆田、宁德三市在福州共同签订《构建福州大都市区、推进福莆宁同城化发展框架协议》。协议提出，三市规划先行、交通互联、产业协作、市场一体、资源整合、信息共享，推进城市规划统筹协调、基础设施共建共享、产业发展合作共赢、公共事务协作管理，加快提升中心城区功能品位和同城化进程，逐步形成一体化融合发展新格局；优先推动教科文卫、社会保障、人才就业等社会事业领域的合作，联合兴办惠民实事项目，加快基本公共服务一体化。

省委常委、福州市委书记杨岳出席协议签订仪式并讲话。福州市市长杨益民，莆田市市长梁建勇，宁德市市委书记廖小军、市长郑新聪在会上发言。三市市长分别代表三方在协议书上签字。福州市领导周振华、方清海、徐启源、陈大强、吴贤德、林治良，莆田市领导林庆生、赖军、李辉龙、王国模，宁德市领导谢仰俊、郑民生、李转生出席协议签订仪式。

【三坊七巷设立首批国家级文艺创作基地】 4月3日，三坊七巷首批国家级文艺创作基地签约仪式在光禄坊公园举行。中国音乐家协会、中国戏剧家协会、中国民间文艺家协会分别与三坊七巷管理委员会签约，在三坊七巷设立创作基地并举行授牌仪式，这是市委、市政府贯彻省委、省政府推动文化繁荣与发展的一项重要举措。

中国文联副主席，中国音乐家协会分党组书记、驻会副主席徐沛东，福州市市长杨益民出席签约仪式并致辞。中国戏剧家协会分党组成员、副秘书长周光，中国民间文艺研究所副所长王锦强，市领导朱华、鄢萍、王长鹰，省直有关部门领导，著名音乐家戚建波、车行、沈化方，台湾海峡两岸音乐交流协会理事长郭孟雍等出席仪式。仪式由市委常委、宣传部长、教育工委书记朱华主持。

【市政府与省海洋渔业厅签订战略性合作框架协议】 4月25日,市政府与省海洋渔业厅共同签订加快建设"海上福州"战略性合作框架协议。省委常委、市委书记杨岳出席签约仪式。市长杨益民、省海洋渔业厅厅长刘修德分别代表市政府与省海洋渔业厅签署协议。市领导周宏、徐启源、陈大强、吴贤德,省海洋渔业厅领导张福寿、陈泽銮、黄建生、叶剑平等参加签约仪式。副市长严可仕主持签约仪式。市长杨益民代表市委、市政府在签约仪式上致辞。

按照协议,双方将在加快福州蓝色经济产业园规划建设、保障"海上福州"建设项目用海需求、推进福州市海岛保护与开发、推进海洋生态文明示范区建设、支持福州市发展现代渔业和渔业品牌建设、加强福州市海洋防灾减灾能力建设、探索海洋综合管理的体制机制创新等方面进一步加强合作。

【举办第十四届海交会第九届商交会】

5月18日,由国务院台办、国家海关总署、国家质检总局、中国贸促会和福建省政府共同主办的第十四届海峡两岸经贸交易会、第九届中国福建商品交易会在福州海峡国际会展中心开幕。十届全国政协副主席张克辉宣布开幕,省长苏树林致辞,市长杨益民主持开幕式。

出席开幕式的有全国政协港澳台侨委员会副主任陈明义,中国国民党副主席蒋孝严,国家有关部委领导郑立中、王松鹤、项玉章、许又声,省委书记孙春兰,省领导叶双瑜、徐谦、倪岳峰、郭振家,老同志游德馨,市领导杨益民、周振华、方清海、骆安生、徐启源、陈为民、徐铁骏等,以及外国使领馆和友城代表、重点台湾团组、重点外商团组、重点侨商团组、异地福州商会、省内外兄弟城市代表等海内外嘉宾、客商。

该届"5·18"围绕"对台交流、互利共赢"主题,突出经贸特色、展示交易成果、注重项目对接,着力提升实效,努力打造"立足海西、联结两岸、面向世界"的经贸盛会。展会共设展区面积7.5万平方米,总展位数3376个。活动期间共签约"三维"项目377项,签约总投资约2000亿元,其中央企19项,总投资746.57亿元;外企140项,利用外资29.37亿美元;民企218项,总投资1122.76亿元。

【举办第十届中国·海峡项目成果交易会福州市专场签约仪式】 6月18日,第十届中国·海峡项目成果交易会福州市专场签约仪式在海峡国际会展中心举行。省委常委、市委书记杨岳,市长杨益民,东北石油大学党委书记杨晓龙,市人大常委会主任周振华,市政协主席方清海,市领导周宏、骆安生、陈元邦、徐启源、陈大强、陈为民、徐铁骏、吴贤德出席签约仪式。

签约仪式上,杨益民代表市政府与东北石油大学校长刘扬签订了战略合作协议。双方将在科技交流、经济合作、成果转化、技术咨询与服务、人才培养和交流等方面建立战略合作关系。专场还举行了"6·18"成果转化项目签约、院士(专家)工作站和院士项目签约,以及校(院)企对接项目签约。上台签约的成果转化项目共23项,总投资41.4亿元,主要涵盖电子信息、光机电一体化、机械制造、轻纺、生物医药、新型材料、建材、现代农业等行业和领域。该届"6·18"福州市对接项目总投资超过200亿元,创历届新高。福州市首位引进的海外院士布兰卡·武切蒂奇以及郭孔辉、庞国芳、蒋有绪、戚正武院士,分别与格通电子、东南汽车、神蜂科技、闽榕茶业、新北生化5家企业签订建立院士工作站的合作协议。福州大学材料科学与工程学院郑玉婴教授等12位专家与福建思嘉环保材料科技有限公司等12家福州本土企业,签订了12个项目合作协议,涉及节能环保、电子信息、机械制造、新能源应用、轻工食品等领域。

截至22日,该届"6·18"共对接合同项目4098项,比上届增加20%,总投资980亿元。

【举办2012海峡(福州)渔业周暨第七届海峡(福州)渔业博览会】 9月15日,由农业部和省政府联合主办,市政府、农业部渔业局、省海洋与渔业厅、省政府台湾事务办公室共同承办的2012海峡(福州)渔业周暨第七届海峡(福州)渔业博览会在福州海峡国际会展中心开幕。

农业部国家首席兽医师于康震宣布开幕。省委常委、市委书记杨岳,省委常委、副省长张志南,农业部原副部长、中国渔业协会会长齐景发,中国民生银行总行副行长毛晓峰,农业部渔政指挥中心主任陈毅德,农业部东海区渔政局局长李富荣,缅甸渔业部副部长吴琴貌埃,科摩罗驻华使馆大使穆罕默德·阿布德,亚太水族联盟主席胡兴华,台湾水产协会理事长沙志一,印尼海洋事务与渔业部捕捞局局长亨利安拖·马沃拖,省直有关部门负责人张立先、刘修德,市领导徐启源、陈大强、徐铁骏、鄢萍、严可仕、黄忠勇、范美先出席开幕式。市长杨益民主持开幕式。

展会共设4个展馆,设有国际标准展位2048个,共有537家企业参展,展品有1000多种,涉及水产养殖、海洋捕捞、水产品加工、休闲渔业等产业。活动期间签约项目达38项,签约金额达102.7亿元,首次突破百亿大关。

【首届创业与创投福州论坛】 9月17日,首届福州论坛——创业与创投(2012)在福州海峡国际会展中心举行。600多位来自国内外的专家学者和创业投资精英齐聚一堂,围绕创业与创投这一主题,畅谈发展战略,交流成功经验,分享创业商机。

第九届、第十届全国人大常委会副委员长、"中国风险投资之父"成思危,省委常委、市委书记杨岳,诺贝尔经济学奖获得者罗伯特·蒙代尔、埃德蒙·费尔普斯,省政协副主席郭振家,国务院参事、科技部原副部长刘燕华,科技部原党组成员、全国高新技术产业开发区协会理事长张景安,中国投资协会股权和创业投资专业委员会执行会长沈志群,新华都集团董事长陈发树,市领导周振华、方清海、徐启源、陈大强、朱华、陈奇、林治良,以及省直有关部门、在榕金融机构、知名企业负责人等出席论坛。市长杨益民主持论坛开幕式。杨岳代表市委、市政府致辞。国家发改委副主任连维良发来贺辞。

论坛上,成思危、罗伯特·蒙代尔、埃德蒙·费尔普斯、刘燕华、张景安等国内外著名经济学家、学者分别发表了主题演讲,从分析当前复杂多变的国际、国内经济金融形势入手,深入研讨创业与创投发展的新思维、新举措。

【闽台(福州)蓝色经济产业园开工】 9月25日,福州市加快县域重大项目建设推进会暨闽台(福州)蓝色经济产业园项目动工仪式在福清市江镜镇举行。

市领导杨岳、杨益民、周振华、骆安生、徐启源、陈大强、徐铁骏、陈奇、陈建平、林厚新、徐凡新、黄忠勇、雷成才、郑建闽、林绍彬出席会议暨开工仪式,并共同为项目开工剪彩。市委常委、常务副市长陈大强主持仪式。七县(市)主要领导和闽台(福州)蓝色经济产业园管委会筹备组分别就加快重点项目建设作表态性发言。市长杨益民表示祝贺并致辞。

闽台(福州)蓝色经济产业园位于福清市兴化湾北岸,规划总面积约60平方公里,一期开发面积22.2平方公里。园区将争取平潭优惠政策支持,主动承接台湾高端临港工业和海洋新兴产业,建设闽台蓝色海洋经济园区,形成以涉海服务业、海洋装备、海洋生物医药为主的海洋产业集聚区,打造"水在园中,园在水中,水园交相辉映、人与自然和谐统一、具有滨海特色的生态产业园区"。该项目是福州市着力打造闽台海洋经济合作的新高地。

【"福州月·中华情"2012年中央电视台中秋晚会】 9月30日晚,"福州月·中华情"2012年中央电视台中秋晚会在福州市举行。这是福州市近年来举办的规模最大、影响最广、规格最高、关注最多的一项全国性文艺活动。晚会由中央电视台、中共福州市委、福州市人民政府联合主办。中央电视台综合频道(CCTV-1)、中文国际频道(CCTV-4)等向全球现场直播晚会。

全国妇联副主席陈秀榕,省领导杨岳、庄先、李红、洪捷序,省法院院长马新岚,省级老领导袁启彤、游德馨等,中国工程院院士邓中翰,国家广电总局国际合作司司长马黎,在闽部队领导杨海、曹伯如、李伍军等,市领导杨益民、周振华、方清海、周宏、陈元邦、徐启源、陈大强、朱华、陈为民、徐铁骏、吴贤德等,市级老领导,驻榕部队领导和海内外嘉宾、观众共1.5万人在现场观看了晚会。

【2012世界茉莉花茶文化鼓岭论坛】 10月11日,2012世界茉莉花茶文化鼓岭论坛在福州举行。中国食品土畜进出口商会副会长杨胜军,市领导杨益民、严可仕、林治良出席论坛。各国茶叶协会主席和国内知名专家就茉莉花茶与健康、茉莉花茶文化传承、茉莉花茶产业的发展发表了演讲,共同探讨茉莉花茶文化。国际茶叶委员会、中国食品土畜进出口商会、福州海峡茶业交流协会还签署了三方合作协议,共同打造福州茉莉花茶世界级城市名片。

福州茉莉花茶被授予"世界名茶"荣誉,市长杨益民从国际茶叶委员会主席迈克·奔斯顿手上接过这个世界级荣誉称号牌匾并致辞。

【举办第87届全国糖酒商品交易会】 10月18日,第87届全国糖酒商品交易会在海峡国际会展中心开幕。这是福建省迄今举办的规模最大的展会,逾10万名客商汇聚榕城。

十届全国政协常委、原国内贸易部部长陈邦柱,省委常委、市委书记杨岳,中国商业联合会名誉会长何济海,市委副书记、市长杨益民,中国华孚贸易发展集团公司总经理谷深,中国糖业酒类集团总经理王令义,市领导周振华、方清海、徐启源、陈奇、范美先等出席开幕式。省委常委、市委书记杨岳宣布开幕,杨益民和王令义分别致辞。副市长陈晔主持开幕式。

该届糖酒会由市政府和中国糖业酒类集团公司共同主办,共设展区面积11.7万平方米,折合标准展位近6000个,近3000家食品企业参展。展区按葡萄酒及国际烈酒馆、酒类馆、综合馆、食品饮料馆、食品馆、调味品馆、食品机械馆、包装展区等八大类别进行专业分馆、分区规划,并首次设立"台湾食品专馆"和"茶叶专区"。截至21日,该届交易会商品成交总额为199.59亿元,其中,糖及糖制品成交总额为60.3亿元,酒类成交总额为119.25亿元,罐头类成交总额为17.38亿元,食品机械类成交总额为2.66亿元。

【福州市"3820"工程20周年成就展开幕】 10月22日,由中共福州市委、市政府主办的"宏伟的战略 跨越的足迹——福州市'3820'工程20周年成就展"开幕。

全国人大环资委副主任委员黄小晶,省委常委、市委书记杨岳,吉林省委常委、省纪委书记、时任《福州市20年经济社会发展战略设想》编辑部主任陈伦,省法院院长马新岚,省级老领导袁启彤、游德馨、洪永世、金能筹,驻闽部队领导李卫国等,省直部门领导黄序和、孙希有等,市领导周振华、方清海、骆安生、陈元邦、徐启源、陈大强、吴贤德等,以及市级老领导、参与编制"3820"工程的专家顾问等出席开幕式。省委常委、市委书记杨岳致辞。市委常委、宣传部长、教育工委书记朱华主持开幕式。开幕式后,领导嘉宾参观了"3820"工程20周年成就展。

【2012年环福州·永泰国际公路自行车赛】 11月18日,"瑞士名表绮年华杯"2012年环福州·永泰国际公路自行车赛在福州五一广场开赛,来自国内外的22支专业队伍参赛。省委常委、市委书记杨岳,省委常委、副省长陈桦,国家体育总局自行车击剑运动管理中心主任潘志琛,市长杨益民,省政府副秘书长李强,省教育厅厅长鞠维强,省体育局局长徐正国,市领导周振华、徐启源、朱华、王长鹰出席开赛仪式。杨岳、潘志琛、徐正国分别致辞。副市长黄忠勇主持开赛仪式。

赛事为洲际2.2级,共举行3天,其中福州城区2天、永泰1天,总里程约300公里。18日环福州市区赛段全程约120公里,起点在五一广场,赛段颁奖点设在海峡国际会展中心;19日环福州赛段约95.5公里,起点在海峡国际会展中心,赛段颁奖点设在马尾区管委会门口;20日环永泰赛段约82.8公里,起点在永泰大樟溪休闲度假区,赛段颁奖、赛事总颁奖点设在永泰云顶。10支高校大学生自行车队伍参加18日的大学生组比赛,赛程40公里。

【中国(福州)智慧城市高峰论坛举行】 12月6日,“数字福建”——中国(福州)智慧城市高峰论坛在榕举行,来自国内外400多名智慧城市的业内精英、专家学者、企业领袖围绕“创新·融合·转型”主题展开讨论,旨在深入探讨智慧城市建设新理念、新思路、新方法,增进全球智慧产业的交流合作,带动促进智慧城市建设发展。IBM大中华区董事长兼首席执行总裁钱大群、神州数码董事局主席郭为发表主旨演讲,业内专家学者就如何加快智慧城市、智慧产业、智慧服务发展进行研讨互动。

国家科技部副部长张来武出席论坛。省委常委、市委书记杨岳,副省长洪捷序,国家工信部信息化推进司司长徐愈,国家科技部高新技术发展及产业化司司长赵玉海分别在论坛上致辞。市长杨益民主持论坛。中科院院士梅宏,神州数码董事局主席郭为,市领导徐启源、陈大强、林治良参加论坛。

(市政府办公厅)

政务督查

【概况】 2012年,出台《2012年市政府重点工作督查考核办法》,对市政府召开的“常务会议”和“市长办公会议”302个议题进行跟踪落实。组织办理省、市领导批示(办)件1.08万件。组织开展或配合相关部门开展专项督查63件次。全年编发《政务督办》47期,承办或转办省、市人大代表建议、政协提案1172件。

【综合性工作督查】 以贯彻落实《政府工作报告》八大方面重要工作部署为主线,对市政府召开的29次“常务会议”136个议题196个细项,以及30次“市长办公会议”166个议题276个细项进行逐件、逐项跟踪落实,分期通报。落实督办实事项目20件93项。开展重点项目督办,清理“重点项目”征迁交地,治理违法建设、交通乱象、违章摊点和“三江两溪”水资源污染,以及落实“三维”项目、建设精品示范村、城乡环境综合整治、水土流失整治、老干部民生(公交、卫生)项目督办等63件次。

(张兴亮)

【领导批办件督查】 一是批必查、查必办。2012年组织办理省、市领导批示(办)件10839件。其中承办省委、省政府及领导交办、督办的事项69项(件),办结率100%;市政府主要领导批示件3229件,反馈率100%,办结率99.7%。二是规范办理时限。市政府领导批示件一般应在10日内办结、反馈;特别紧急的事项要立即落实并报告结果。要求承办单位查处问题必须程序合法、事实清楚;处理问题要举一反三、以点带面;办理结果力求群众满意、领导满意。三是每月“回头看”。每半月梳理一次,及时通过电话、催办单等形式跟踪督办,对超期严重的,予以通报。重点批示件重点跟踪落实,对领导交办的重要批示件,持续督办不脱节,确保落实到位。

(杨兰英)

【人大建议、政协提案督查】 各承办单位实行“主要领导总负责、分管领导具体抓”的工作责任制,把建议、提案办理工作列入“一把手”工程。按照《2012年市政府重点工作督查考核办法》,把是否重视代表建议提案办理工作、是否切实解决有关问题、是否得到代表真心认可和“满意”,作为评价建议提案办理工作的重点内容,并纳入机关绩效考核体系。启动“回头看”活动,巩固建议提案办理成果。表彰落实办理工作中表现突出的15个单位和25名个人。

全年承办或转办省、市人大代表建议、政协提案1172件(省人大代表建议49件,省政协提案64件,市人大代表建议562件,市政协提案497件),办复率100%;市人大代表满意率96.8%,市政协委员满意率99.8%。

(陈 敏 林明忠)

重点项目完成情况

【概况】 2012年,全市安排市级重点项目622项,完成投资1566.04亿元,占年度计划投资的125.8%,比上年增加14.8个百分点。其中,310项在建重点项目完成投资1145.98亿元,占年度计划投资的131.7%。福州福银高速公路南连接线、马尾上润企业二期工程暨智能执行器等109个项目建成或部分建成;208项计划新开工重点项目完成投资420.07亿元,占年度计划投资的112%;罗源湾港区碧里作业区6号、7号泊位,福清鲤鱼山风电场等145个项目动工或部分动工建设。福州机场扩能、福顺半导体制造有限公司产能扩充等31个项目建成或部分建成;104项预备、前期重点项目完成投资26亿元,福清捷创电子、长乐万鸿纺织高档混纱高支纱生产线等13个项目提前动工建设。

【交通项目】 铁路 向莆铁路、合福铁路、江阴铁路支线、可门铁路支线、福州火车北站新建北站房和永泰火车站站前大道(含站前广场)等在建铁路工程建设加快推进,全年完成铁路投资约45亿元。永泰火车站站前大道(含站前广场)全面竣工。

公路 高速公路建设:福银高速公路南连接线、国道主干线福州绕城高速公路西北段(闽侯段)建成通车。渔平高速公路延伸线、沈海复线宁德漳湾至连江浦口福州段、福州至永泰高速公路等项目加快建设。湄洲湾至重庆通道福州段、沈海高速公路亭江互通等项目加快推进前期工作。普通公路建设:乌龙江大桥及接线拓宽改造、省道202线永泰城关至莆田界段公路改造完成。琅岐闽江大桥及接线、永泰县南江滨路、长乐营滨路等项目加快建设。

机场 长乐机场扩能工程候机楼、航空业务楼、航空加油站完成建设。

港口 江阴港区6、7号泊位及10号泊位液体化工码头工程,松下港山前作业区18、19号泊位及配套设施,罗源湾港区可门作业区1、2、3号泊位等在建港口项目加快建设,完成投资27亿元。江阴港区11、24号泊位,罗源湾港区碧里作业区6、7号泊位,可门作业区6、7号泊位等工程动工建设。

【能源项目】 福清核电站1~6号机组建设全面加快,完成投资约93亿元。

连江北茭风电场安装24台2百万瓦(MW)风力发电机组,年新增发电量48百万瓦(MW)。福清鲤鱼山风电场、泽岐二期(钟厝风电场)动工建设,总装机容量78百万瓦(MW)。福州电网完善工程、福清110千伏和220千伏输变电工程在建,神华集团有限责任公司煤港电一体化、罗源火电厂一期工程等项目前期工作加快推进。

【城建项目】 道路桥梁 螺洲大桥及南接线、环岛路、螺城路等项目在建。福州市城区出入口道路景观建设启动,三环路、福飞路、北二环路、国货远洋互通路完成景观改造。

城市轨道交通 轨道交通1号线工程全面加快施工,茶亭站、白湖亭站、福州火车南站站西延伸段基本完成主体结构施工。轨道交通2号线项目工可获国家发改委批复。

旧屋区改造 鼓楼区明望新村、仓山区园亭新村、晋安区磐石村等旧屋区改造项目基本建成。鼓楼区杨桥新村、台江区上海东新村、晋安区王庄、仓山南江滨等旧屋区改造项目加快推进。

小城镇建设 各县(市)区园林绿化、景观整治及市政道路建设等小城镇基础配套设施顺利实施,闽侯青口、南屿、荆溪、白沙和福清龙田、高山、渔溪等小城镇建设加快推进,全年完成投资约76亿元。

生态环保 红庙岭垃圾综合处理场渗滤液处理厂、连江垃圾焚烧发电处理厂建成投入使用。光明港、晋安河、磨洋河等7条内河的综合整治全面推进。“四绿建设”超额完成全年造林计划,完成非规划造林4790.47公顷。

水利设施 闽江下游南港防洪工程(盖山、义序、禄家洲段)进入扫尾阶段,具备挡洪功能。南江滨东段休闲路(排涝及护岸部分),三江口水利设施(福州市闽江北港南岸防洪排涝壁头—乌龙江大桥段),闽江下游南港南岸防洪堤一期、二期等项目加快主体工程建设。闽江下游南港农大洪塘段防洪排涝等项目加快推进前期工作。

【工业项目】 马尾上润企业二期工程暨智能执行器、太平洋直达国际海缆福州—淡水传输系统工程(TSE-1海缆)、罗源华东船厂修造船等58个项目建成或部分建成投产,完成投资约166亿元。中江石化35万吨/年聚丙烯、中国化学工程集团与耀隆化工己内酰胺、美得石化66万吨/年丙烷脱氢等57个项目动工建设。长乐吴航不锈钢技改、盘条就地改造及线材拉丝深加工、长乐源嘉轻纺多功能性纤维综合混纺开发高端品种纱线、长乐亚新纺织高档优质纱生产线、福清捷创电子等一批预备重大工业项目前期工作取得突破性进展,提前动工建设。

高新技术产业开发区海西园、福州市生物医药和机电产业园基础设施、晋安区福兴经济开发区整合提升等项目建设全面推进。长乐人创业基地、白沙南山洋工业集中区部分入驻企业建成投产。闽侯经济技术开发区鸿尾园和竹岐园完成前期工作,动工建设。

【商贸项目】 商贸综合 仓山万达广场、鼓楼恒力城、仓山中庚大酒店全面竣工。晋安区五四北、东二环泰禾城市广场、仓山红星美凯龙、名城城市广场、闽侯滨江新城、罗源湾滨海城等一批城市综合体项目在建。仓山红星世博家居广场、晋安区王庄世欧商业广场、台江融侨江滨广场等项目动工建设。

市场物流 海峡农副产品批发物流中心商业配套、福建高速物流有限公司等项目完成主体建设,长乐松下物流园区完成围海造地。福州(连江)海峡钢贸城、仓山海峡西岸国际物流商贸城、马尾海峡水产品交易中心等项目加快推进。蓝海物流、东方新世纪仓储、福清海峡商品交易中心等项目动工建设。

【旅游文化项目】 旅游 连江海峡文化村、连江东雁文化旅游业综合体、中国云顶景区开发二期、福州旗山森林温泉度假村等项目部分建成。福州三坊七巷保护修复工程、鼓楼温泉博物馆、榕树湾三江口文化旅游等项目有序推进。晋安桂湖生态温泉城、永泰汤埕温泉开发等项目动工建设。

文化创意产业 鼓楼动漫产业基地二期18栋多层单体工程完工,附属工程总体完成90%。软件园五期产业区、长乐海西动漫创意之都、连江海峡文化创意产业基地等项目主体在建,海西(永泰)创意产业园区动工建设。

【民生项目】 教育 实施中小学校舍安全工程,完成拆除重建、加固改造校舍120万平方米。金山七期小学、金山三期小学、三江口高级中学、闽江学院六期工程、福州三中江滨分校及教育学院一附小魁岐分校、福州外语外贸职业技术学院长乐新校区建成或部分建成投入使用。新建、改扩建50所公办幼儿园,35所建成。

文体卫生 福清三馆建设(图书馆、档案馆、科技馆)主体竣工,马江举重基地二期、社区服务综合楼、福州神经精神病防治院、福清妇幼保健院新院等项目主体基本建成,福建省闽清精神病防治院改扩建完成。福州海峡奥林匹克体育中心、福州市城市发展展示馆、福州市工人文化宫改扩建、省立医院金山院区(一期)、福州儿童医院病房楼等项目加快建设。福州海峡创意产业园、闽侯县博物馆动工建设。

保障性住房 仓山东部新城8号、14号社会保障房主体竣工,东山新苑、潘墩、东浦新苑和后坂小区、远东丽景、首山丽景、东部新城9号社会保障房加快建设,部分单体竣工。

(刘慧冰)

政府信息公开

【概况】 2012年,福州市首次公布行政机关透明度测评报告,推进政府信息公开工作,各级政府及其工作部门主动公开政府信息2.59万条,受理答复政府信息公开申请536件。在中国社会科学院3月公布的《中国政府透明度年度报告(2011)》中,福州市政府信息公开(政府透明度)评测得分在43个省会城市及较大的市中排名第一位。

【重点推进八大领域信息公开】 财政预算决算和社会公共资金公开 及时公开经人大审议的财政预算、决算报告及预算收支表。推进部门预算公开工作,2012 年确定市经委、商贸服务业局、外经贸局、人力资源和社会保障局、环保局、教育局、农业局、科技局等 8 个市直部门试点公开部门预算。公开各类社保基金、住房公积金等社会公共资金年度收支情况,加大社会公共资金公开力度。

保障性住房信息公开　依托"中国福州"门户网站,及时、主动地发布保障性住房信息,包括年度保障性安居工程建设计划、项目开工和竣工情况、项目名称、建设地址、建设方式和建设总套数,以及保障房申请人公示名单、保障性安居工程建设进展情况等信息。建立"福州市住房保障信息系统",全面公开分配政策、分配程序、分配房源、分配对象、分配过程、分配结果等信息,保障房申请、审核、公示、进度等工作同步在网上公开,方便群众查询和办理。

食品安全信息公开　一是在"中国福州"门户网站增设"食品安全"信息公开专栏,公开食品安全监管法律法规、各类餐饮食品安全专项整治、食品安全常识、食品安全应急演练等信息,公布各食品安全监管部门的投诉电话。二是卫生部门公开卫生行政审批办事依据、办事条件、办事程序、办事时限、办事结果以及餐饮服务许可审批信息,卫生行政审批事项实现网上实时动态查询。公开餐饮服务单位食品安全监管信用信息,消毒产品和涉及饮用水卫生安全产品监督抽检情况,及时发布推行餐饮服务食品安全公示制度、二次供水卫生监管情况、废弃油脂监管情况等信息。三是质监部门公开开展食品添加剂、白酒、明胶、食用油等各类食品安全专项检查和专项整治工作动态。

环境保护信息公开　一是环境核查与审批信息公开。审核管理职能和审批事项,梳理行政权力,规范审批程序,推进审批过程和结果公开。主动公开环保核查规章制度和核查工作信息;要求申请核查公司主动公开环保核查相关信息,包括公司及其核查范围内企业名称、行业、所在地、生产及环保基本情况等。公开建设项目环境影响评价文件受理情况、环境影响报告书简本、环境影响评价文件审批结果以及建设项目竣工环境保护验收结果等信息。公开固体废物进口、危险废物经营许可证、固体废物加工利用企业认定等审批事项的审批程序、标准、条件、时限、结果等信息。发布《2011 年福州市固体废物污染环境防治信息公报》。主动公开国家环境保护模范城市、生态建设示范区创建工作等考核办法、考核指标、考核结果等信息。二是环境监测信息公开。及时向社会公开重点流域水环境质量、城市空气环境质量、重点污染源监督性监测结果等信息。10 月 31 日起,向社会公布福州市 PM2.5 监测数据。每日公布城市空气质量自动监测数据,每周公布地表水水质自动监测数据,每月公布《福州市空气质量月报》和《福州市重点河流断面水质状况》,每年公布《福州市主要污染物总量减排计划》。定期公开违法排污企业名单和环保不达标生产企业名单,全年公开 25 家违法排污企业行政处罚执行情况。三是突发环境事件信息公开。公开突发环境事件应急预案。及时公布辖区内中铁二局京福铁路施工污水影响闽清网箱养鱼事件、新加坡籍"BARELI"轮触礁事故等重大突发环境事件的处理情况等信息,提高处理透明度。

政府采购信息公开　通过"中国政府采购网""福建省政府采购网""福州市政府采购网"和"中国福州"门户网站"政府采购"专栏等及时公布福州市各级单位政府采购信息,主动公开有关政府采购法律法规政策、集中采购目录、采购办事流程、政府采购限额标准和公开招标数额标准、政府采购招标业务代理机构名录、招标公告及更改事项、邀标资格预审公告、评标结果、中标公告等招投标信息。全年公开政府采购类信息 6841 条。

生产安全事故信息公开　确定专职人员负责事故信息报告工作,建立 24 小时值班制度,向社会公布值班电话。对公众依法提出的事故信息公开申请,只要不涉密的都予以公开。

征地拆迁信息公开　征地征收补偿方案报批前履行公告、告知、论证、听取意见等程序,扩大社会公众对征地拆迁工作的参与,提高工作透明度。全年发出《征地告知书》125 份,将拟征土地的用途、位置、权属、地类、面积、补偿标准及安置方案、被征地农民社会保障内容等向社会公布,听取被征地农民和集体经济组织的意见后才上报审批。加强补偿信息公开,依托"中国福州"门户网站,及时、主动地发布征地拆迁信息,内容包括房屋征收告知书、房屋征收补偿方案告知书、房屋征收补偿机构选定情况告知书等信息。

价格和收费信息公开　公开成品油价格、城市供水价格、污水处理价格、电力销售价格、管道燃气价格等重要商品价格信息。公开重要经营服务性价格与收费信息,包括出租车运价、普通住宅物业服务收费等。主动公开国家、省及市本级核定的行政事业性收费信息。全年公开 21 个市直单位的行政事业性收费项目、标准、依据等信息,并对部分涉农收费项目标准进行汇总公开。对于行政事业性收费的项目、标准、依据、范围及其内容的调整或取消,都及时向社会公布。推进价格听证信息公开,扩大公众参与度。召开福州市区城市客运出租车运价调整听证会,会前将听证信息,包括听证会参加人、旁听人员、新闻媒体的名额、产生方式及具体报名办法,听证会举行的时间、地点,定价听证方案要点,听证会参加人和听证人名单等信息向社会公开。定价决定和对听证会参加人主要意见采纳情况及理由等信息在定价机关作出定价决定后也向社会公开。

【政府管理相关的公共信息公开】

一是主动公开国民经济和社会发展规划及专项规划、城市总体规划、重要地区控制性详细规划及土地利用规划等各类规划信息。2005 年之后各年度政府工作报告、国民经济和社会发展计划报告全部公开。二是加大政府投资项目和重大建设项目信息公开力度。每月发布本地区年度为民办实事项目、政府重点建设项目进展情况。国有土地"招拍挂"相关信息全部向社会公开。三是推进行政审批过程和结果公开透明。网上行政审批系统应用范围拓展覆盖到市直各有关部门和各县(市)区。全市有市属 45 个审批部门和 3 个公用企事业单位 591 项审批事项,以及 12 个县(市)区 334 个单位 3304 项审批事项上网运行。四是推进依法行政类信息公开。将全市 46 个执法部门共 5132 项行政处罚事项、处罚依据、处罚标准、处罚结果以及执法人员资格等信息全部在网上行政处罚系统上公开。公开行政机关职责、内设机构、职权目录和权力运行流程图以及调整、变动情况,接受群众监督。公开行政裁量基准制度及相关规定,对行政处罚的事项和流程进行调整和优化,重点对行政处罚裁量标准进一步细化量化。全年在网上行政处罚系统登记案源3567件,立案3097件,结案2614件,处罚金额1368.54万元,基本实现行政处罚裁量"零自由"。

【政府政策制定过程及执行情况信息公开】 一是推进重大公共政策决策过程公开。在编制马尾新城区域规划、福州历史文化名城保护规划,建设大学新校区防洪排涝体系工程项目,调整出租车运价,制定保障性住房配租配售、城区客运出租汽车管理政策等过程中,多方邀请专家参与设计和论证,并广泛听取、吸收市民的意见。二是加大政策公开力度。及时公开涉及社会公众利益的重大公共政策、产业政策和重要事项,重点公开住房保障、促进就业、旧区改造、教育发展、医疗保障、食品安全、养老保障、环境保护等相关政策。对《关于进一步加强保障性住房配租配售和管理工作的意见》《关于福州市中小学幼儿园校车安全工程的实施意见》《福州市城乡困难居民临时救助暂行办法》等社会公众关注度高的信息都通过政府网站、政务微博、新闻媒体等途径向社会公开。三是推进政策执行情况公开。及时关注、收集社会各界对政府政策实施情况的反应,为推进政策实施和完善政策提供依据。

【公共企事业单位信息公开】 构建"福州市网上办事公开平台",丰富政务公开、厂务公开、校务公开、院务公开、村务公开、公用企事业单位公开等内容,公开范围覆盖全市市属学校、医院。围绕社会普遍关注的价格、质量、服务等领域,重点公开收费标准、办事结果、监督渠道等内容。通过"中国福州"门户网站加大教育、社保、就业、医疗、住房、交通、证件办理、资质认定、企业开办、婚育收养、经营纳税、公用事业、招商引资等13个重点民生服务领域信息公开力度。

【依申请公开政府信息】 全年收到政府信息公开申请536件,其中,市政府收到55件,下级政府收到39件,各级政府工作部门收到442件。申请数量居前的事项包括:土地征用与补偿、拆迁许可和补偿安置、城市规划和建设、建设项目立项审批、食品安全、工商管理等。办理答复政府信息公开申请536件,其中,"同意公开"321件,占59.89%;"同意部分公开"25件,占4.66%;"非政府信息、政府信息不存在或者不属于本部门所掌握的信息"167件,占31.16%;"不予公开"23件,占4.29%。

【政府信息公开渠道建设】 一是规范建设各级政府网站信息公开专栏。推进政务公开标准化建设,规范信息公开专栏设置,对社会公众关注度高的信息集中展示,调整优化"政府信息公开年度报告"专栏,直观展示政府信息公开年度报告,方便社会公众查询。全年,福州市各级政府及其工作部门通过门户网站主动公开政府信息2.57万条,网站政府信息公开专栏或网页访问量1145.82万人次。二是构建多样化的公开渠道。开通"福州发布"政务微博服务平台,探索运用政务微博作为政府信息公开的新渠道。发挥政府公报公布政府信息权威性的作用,丰富公开内容,扩大公报赠阅范围。发挥报刊、广播、电视、公共服务平台等媒体渠道的作用。规范档案馆、图书馆、行政服务中心等政府信息公共查阅场所建设。全年,福州市各级政府信息公共查阅场所接待现场查阅的社会公众2.38万人次。三是推动政府信息公开向基层延伸。探索建立社区、农村政府信息公开平台,依托居委会、村委会等基层组织的资源和设施,为公众就近及时获取政府信息提供便利。建立覆盖全市146个乡镇(街道)和2195个行政村,集信息采集、处理、发布和监督于一体的"福州市农村基层党风网"。

【"福州发布"政务微博群开通】 3月1日,中共福州市委、福州市人民政府官方微博——"福州发布"政务微博在新浪网、腾讯网同步上线,在全省各设区市率先开通的政务微博服务平台。年内,12个县(市)区、39个市直单位政务微博上线运行,"福州发布"政务微博群初步形成。至年底,"福州发布"政务微博发布信息3862条,微博粉丝(听众)数量超过43万人。"福州发布"、"福州市公安局"政务微博获新浪网"2012年度华南区政务微博飞跃奖",并入选"2012年福建最具影响力政务微博"。

(叶伟奇)

行政服务中心建设

【概况】 2012年,福州市行政服务中心有45个审批部门和单位入驻,其中,35个部门和单位常设受理窗口,10个部门纳入综合窗口。审批和服务事项由入驻初期的591项减少至367项,除涉及安全、保密外的事项已全部入驻。市招标办、建设工程交易中心、政府采购中心、土地矿产交易中心、产权交易中心等5个单位与公共资源交易相关的单位及其事项整建制入驻,形成市公共资源交易服务中心。银行、快递、印章刻制、数字证书、中介服务等配套服务单位相继入驻。

中心秉承"马上就办"优良传统,实行"一个窗口受理、一条龙服务、一站式办结、一个平台收费"的运作模式。至年底,累计受理申请46.32万件,办结45.37万件,当场办结32.57万件,当场办结率72%,平均每个工作日受理1809件,群众满意率99.99%;累计完成政府采购774项(含网上竞价),预算金额5.96亿元,成交金额5.38亿元,节约率9.70%;建设工程473项,总标的94.19亿元,中标金额87.31亿元,降低率7.08%;土地公开出让13个地块,2个矿产项目,成交金额59.54亿元,土地溢价15.18亿元,溢价率34.37%;产权交易36个项目,底价6688.96万元,成交7419.28万元,增值11%。

【智能化服务】 引入"智慧政务"的服务理念,设置大厅智能化引导系统、窗口多功能电子评价器、视频监控系统、电子触摸屏、自助电脑查询台、自动取款机,开发网络和手机短信告知、预约服务软件,通过手机短信进行办事指南告知、办件提醒、满意度调查(办件评价、反馈)等,推行周末预约、咨询服务。将市网上审批系统、建设工程电子招投标系统、政府采购电子化招投标系统、国有产权交易电子竞价系统等信息系统全部平移到行政服务中心,建成行政服务中心门户网站并投入使用。

【标准化建设】 与省标准化研究院合作,成立标准化项目工作组,制定实施《市行政服务中心服务行为规范标准》和《市公共资源交易服务中心服务标准》,形成908项标准,初步构建标准化服务体系。举办厦航先进事迹报告会,引入"厦航式"优质服务理念。承办全省行政服务中心标准化建设工作会议和全国性的行政服务中心(福州)标准化工作研讨会。参与编制福建省《行政服务中心标准体系与编制规划》。12月,福州市行政服务中心被中国标准化管理委员会批准为国家级服务业标准化试点单位。

【简化审批事项与流程】 围绕"四减一优"(减少审批事项、减少办理环节、减少承诺时限、减少申报材料、优化审批流程),将行政服务中心的审批服务事项从591项减少到367项(含上报国家和省级审批项目),其中,市级审批事项减少到167项,办理时限全部压缩在法定时限的40%以内,审批流程大部分压缩到3个环节(受理初审—审核审批—发证),审批材料、审批流程进一步简化和优化。

【行政审批服务协调工作机制】 1.按照市政府《关于建立市政府领导定期赴市行政服务中心协调工作机制的意见》,市行政服务中心每隔15天对已报省待批复、按照承诺时限正在正常办理、申请人正在补齐材料、涉及市政府或市直部门批复的审批事项进行梳理,并将其上报给市政府分管领导。市政府分管领导根据所呈报的情况每月2次到行政服务中心现场办公,协调解决审批服务遇到的问题。2.建立市政府与省级主管部门沟通协调机制。市行政服务中心对于已上报省直部门待批复的事项,每月定期呈报市政府,由市政府分管领导亲自或指派市直部门与省直相关部门沟通协调,争取省级部门的支持,以促进我市审批工作增效提速。3.建立跟踪督查反馈机制。市行政服务中心对窗口单位受理的审批事项进行抽查跟踪,严格按照承诺时限办理,做到能快则快,督促各窗口单位加快审批速度,提高办结率。对因审批事项申请人本身原因,需要补齐补正相关申请材料的,由窗口单位制作补件告知单,一次性告知申请人。

【实施并联审批】 实施《福州市房屋建筑类建设项目并联审批暂行办法》《福州市房屋建筑市政基础设施工程竣工综合验收及备案并联审批暂行办法》,成立工程项目"联审小组",制定房屋建筑类项目并联审批流程图,方便建设单位顺利快捷完成审批事项,提高办事效率,有效预防腐败。出台《福州市行政服务中心重大项目联合审批暂行办法(试行)》,实行跨部门审批事项的联合会审工作机制,开设"重大项目联合会审"窗口,重大项目直接进入该窗口实行并联审批,有效解决福建闽能燃气公司燃气站、神州数码、罗源湾码头、福州航空等一批企业项目在行政审批服务方面的问题。

【市县联动审批】 市行政服务中心实行与12个县(市)区行政服务中心市县联动审批服务,即需要市县两级审批的事项,由县(市)区完成审批后,网上审批系统自动将申请人的基本信息、电子文档和县(市)区审批意见上传到市直相关部门窗口审批,纸质文档和审批结果由县(市)区代为传递和送达,申请人可不必到市直部门办理。全市有15个部门的63个事项实现市县联动的功能。

【监督监察】 采取现场巡查、网上监察、电话回访、案卷抽查、企业座谈、公众评议、办理投诉、绩效管理以及聘请市人大代表、政协委员、工商联、外商投资协会等人士作为社会监督员的多种方式,强化监督监察,确保审批服务和公共资源交易行为高效便民、规范廉洁。年内,对违反规定的3名入驻单位工作人员效能告诫并退回原单位。

(林希文)

政府法制

【概况】 2012年,福州市政府提请市人大常委会审议5项地方性法规草案,出台政府规章和规范性文件41件。市政府本级办理行政复议案件122件,行政应诉案件38件。保留全市44个部门的行政审批项目288项,取消行政审批项目101项,调整合并行政审批项目从180项减少至64项,下放行政事权项目117项。公布市本级行政执法机关的执法主体资格10个,审核确认行政执法依

5月23日,召开福州市依法行政工作现场观摩会

据200件。梳理审核市直51个行政机关和行使行政职权的事业组织的行政职权。向上级行政机关和权力机关报备规章和规范性文件41件,审查市直部门、各县(市)区人民政府报备的规范性文件181件。

【组织领导】 5月23日,市法制办、市司法局、市依法治市领导小组办公室联合召开"以创新社会管理促进依法行政"为主题的福州市依法行政工作观摩会。10月24日,市政府邀请省政府法制办主任张猛在政府常务会议上作依法行政专题讲座,讲解设区市政府依法应当行使的职权、依法不能行使的职权以及政府决策、制度建设、行政执法、化解社会矛盾纠纷等实际工作中需要重点关注的问题,市长杨益民在讲座后对全市推进依法行政工作提出具体措施和要求。

【简政放权、扩权强区(县、市)】 开展简政放权、扩权强区(县、市)工作,深化行政审批制度改革。市法制办、市发改委组织市直有关部门对行政许可、非行政许可审批和公共服务事项进行梳理、审核,全市44个部门保留行政审批项目288项(其中市级审批项目191项、上报国家和省级的审批项目97项),取消行政审批项目101项,调整合并行政审批项目从180项减少至64项,下放行政事权项目117项。

【行政决策】 健全行政决策机制,提高科学民主决策水平。一是完善合法性审查制度。重大行政决策均经政府常务会议或者部门局务会议集体讨论决定并交由法制机构进行合法性审查。二是完善论证评估制度。对经济建设、社会事业发展中专业性、技术性较强的重大决策事项,邀请相关行业的专家参与。在编制马尾新城区域规划、福州历史文化名城保护规划时,多次邀请专家进行论证、评估。在建设大学新校区防洪排涝体系工程项目时,也多方邀请规划、水利等方面的专家对"二洞"工程建设的必要性、重要性和科学性进行研究论证。三是完善公众参与制度。对于社会涉及面广、与人民群众利益密切相关的决策事项,如出租车运价调整、保障性住房配租配售等,都事先通过报纸、网站向社会公布,或者通过座谈会、听证会等形式听取意见。

【立法】 提请市人大常委会审议《福州市消防管理若干规定》《福州市历史文化名城保护条例》等5项地方性法规草案,出台《福州市客运出租汽车管理办法》等2件政府规章和《关于扶持小微企业发展的若干意见》《福州市城乡困难居民临时救助暂行办法》《福州市行政服务中心和公共资源交易服务中心管理暂行办法》等39件规范性文件。

【行政复议与应诉】 加强对相对集中行政复议审理权、建立行政复议委员会的探索和研究,筹备组建行政复议委员会。全年办理122件行政复议案件,比增18.45%,行政应诉案件38件。土地、城建、劳动仍是案件发生的集中领域。12月27日,市法制办与市中级人民法院行政庭召开联席会议,对行政复议及行政应诉工作中发现的具体行政行为存在的普遍或突出的问题进行交流和研究,促进行政争议得到妥善化解。

指导连江县政府开展行政复议委员会试点工作,该县率先建立行政复议委员会,出台《连江县人民政府行政复议委员会试点工作实施方案》。

【行政执法监督】 开展市本级行政执法主体和行政执法依据的审核确认工作,全年公布10个市本级行政执法机关的执法主体资格,审核确认行政执法依据200件。开展行政强制权实施主体的清理工作,保障和监督行政执法主体依法行使职权。

重新梳理行政职权和办事指南。市法制办联合市相关部门对市直51个行政机关和行使行政职权的事业组织的行政职权进行梳理,重点涉及行政许可、非行政许可审批、行政确认、备案类等事项,并取消和调整部分行政审批项目。

规范行政处罚自由裁量权,对行政处罚的事项和流程进行调整和优化,及时修订、调整处罚标准。

重新规范福州市国有土地上房屋征收流程和集体土地交地规程,制定《福州市国有土地上房屋征收补偿决定规程》,对违法建设强制拆除程序进行规范,出台《福州市城区违法建设查处执法规程》。

开展行政执法案卷评查。中期开展查访核验案卷工作,对存在的执法主体不合法、执法文书不规范、执法程序不完善、未明确告知行政相对人救济权利和途径等问题逐一进行反馈,并发出整改意见书,要求整改到位。年底,开展新一轮行政执法案卷评查工作,要求市、县(市)区各行政执法部门对照《行政处罚案卷评查标准》《行政许可案卷评查标准》及《网上行政审批(行政许可)案卷评查标准》(试行)开展自查,并对环保、农业、林业、海洋与渔业、交通等行政执法部门的行政处罚和行政许可案卷进行抽查。

【规范性文件备案审查】 2012年市政府制定的41件规章规范性文件都按时按要求向上级行政机关、权力机关报备,审查市直部门和各县(市)区政府报备的规范性文件181件。

(赵彦邦)

机关事务管理

【概况】 2012年,推进市直机关东部办公区建设,组织市直单位环境综合整治检查考评,继续开展党政机关公务用车问题专项治理工作。在完成日常工作中确保突出重点,被市委市政府授予"福州市创建全国文明城市先进单位"称号。

【财务管理】 完成市委办公厅、市政府办公厅等20个单位的经费保障任务。开展全市党政机关礼品礼金登记、收缴及处置工作,收缴礼金7.2万元、礼品48件。完成财务代管、工资托管单位干部职工工资发放、个人住房公积金、医保基金变更解缴和个人所得税网上申报缴纳等工作。建立健全国有资产"一体化"管理制度,完善国有资产调配和运行机制。

【办公用房管理】 推进东部新城商

务办公中心区建设，确定入驻单位，制定完善办公区分配方案和交通、餐饮、物业等配套保障方案，确保2013年东部新城商务办公中心区正式投入使用。调整市爱卫办、市互联网新闻中心、市文产办等5个单位办公用房；协调解决市文化产业协会、省铁建办等单位的办公用房需求和市文新局、市文联办公用房续租及租金支付事宜；完成市教育局、市财政局部分资产划转审批工作；完成市委楼、市政府楼、服务综合楼维修改造工作；研究核准市政协、市直机关幼儿园、芳沁园等多家单位的维修申请。

【公务车辆管理】 开展全市党政机关公务用车问题专项治理工作，分类清查处理超标车、超编车、违规借用车等问题；印发《福州市党政机关公务用车配备使用管理实施办法》，规定公务车辆编制标准、配备标准、购置审批程序、牌号管理、日常使用管理和监督检查办法。规范化管理公务车辆，升级"福州市公务车辆管理系统"，单位基本信息、车辆编制、定编证管理以及统计报表等板块投入使用。2551辆公务用车（不含省直垂管单位的车辆）参加统一保险，5332辆（次）公务用车参加定点维修，165家机关事业单位接受车辆维保监督，报废旧车57辆。

【公共机构节能管理】 印发《关于"十二五"时期全市公共机构节能目标任务分解指标的通知》，联合福州市政府节能办等部门开展加快转变经济发展方式监督检查，举办全市能源资源消耗统计网络编报系统培训班，邀请福建省计量科学研究院在福州市进行能耗监测平台试点建设，实现能源资源消耗计量科学采集、综合分析和有效应用。完成乌山大院玻璃贴膜、福州市教育系统照明设备改造、卫生系统电梯节能改造等重点节能示范项目；申报乌山机关大院综合节能改造、规划设计研究院创意产业园一期工程、市一医院电梯节能改造等2012、2013年福建省节能循环经济财政奖励项目4个。

【政府采购工作】 市政府采购中心入驻市行政服务中心。健全内部监督运行机制，公开办事流程，完善独立评审和变声系统，对公共区、评标区实施远程监控，实现政府采购项目的透明性与公正性。全年完成公开招标项目82项，节约资金1606.92万元，节支率14.87%；网上竞价项目285项，节约资金229.88万元，节支率6.87%。

【后勤保障与服务】 完成春节团拜会、"5·18"海交会、"9·8"投洽会、"福州月·中华情"2012年中央电视台中秋晚会、世界茉莉花茶文化鼓岭论坛、全国糖酒会等100余场重大活动和大型会议服务保障工作。福州人民会堂全年完成各种会议、演出及宴会任务300多场次，会议场租收入同比增长10%以上。

市直机关公务车队严格执行公里数、百公里油耗、维修费、过桥过路费、停车费"五公开"制度，规范车辆管理。安全行车135万公里，为市领导调研提供1600余次中巴服务保障。

（程　栩）

机构编制

【概况】 2012年，完成县（市）区政府机构、乡镇机构改革，推进小城镇机构改革，基本完成事业单位的清理规范，推进分类改革工作。全年完成用编审批927余次，办理机关事业单位入编人员2241人次，减编人员2144人次。

【地方政府机构改革】 开展2011年福州市政府机构改革评估工作，督促42个工作机构落实"三定"方案。指导各县（市）区的机构改革和"三定"工作，以及因行政区划和镇改街等需要调整县乡层级间行政编制工作，调整县（市）区计生协、社科联和贸促会等群团机构的编制和领导职数。审核批准县（市）区上报的乡镇机构改革方案，并下发改革指导性意见。从政府职能完善、管理创新等方面加强对闽侯青口镇、长乐金峰镇小城镇机构改革试点工作的指导。简政放权，强化市级宏观统筹能力，激活县（市）区级发展活力，向县（市）区下放117项事权。

【事业单位分类改革】 基本完成清理规范。规范事业单位名称、主要职责、人员编制、人员结构、领导职数、经费渠道等机构编制事项，核减事业机构数87个，精简编制1237人。开展市直事业单位职能分解工作。对已核定主要职责的，对照相关法律法规，结合实际，逐项分析职责变化；对未核定主要职责的，参照相关法律法规及政策文件，给予界定；对仍由行政机构承担的服务性、技术性工作，明确交给所属事业单位承担。

【行业体制改革】 综合行政执法改革　整合公路路政、道路运政、水路运政、地方海事等方面行政执法职责，成立市交通综合行政执法支队并组建县交通综合行政执法大队。

文化体制改革　将具有重要文化遗产价值的文艺院团闽剧院和歌舞剧院，从单纯的经营性文艺团体转轨为公益性的保护传承机构闽剧艺术传承发展中心和闽都文化艺术中心；对家园杂志社进行转企改制，逐步建立适应市场的经营机制。

【机关机构编制管理】 调整市委办公厅机构设置，增设文电审办处。成立非公有制党的工作委员会挂靠市委组织部，增加领导职数、人员编制。市人大、政协办公厅行政处分设行政处、接待处，人大、政协调研室增设调研处。台办联络交流处分设为联络处和交流处。市外国专家局加挂福州市外国人工作管理局牌子。对入驻行政服务中心的25家市属单位加挂审批处牌子。调整市发改委、外经贸局、经委、重点办职责，组建市投资促进局。调整充实市综治办内设机构设置，增加人员编制。市公安局增设反恐怖工作处、维护社会稳定工作处和打击走私工作处，警务督查室、监所管理处更名为警务督察支队和监所管理支队。指导县（市）区警务改革，全市配备294个警务队。增加鼓山地区人民检察院派驻监所检察室领导职数。

【机构编制实名制管理】 规范公务员招录、军转干部安置、选调（聘）大学毕业生审核制度，形成机关、事业单位机构编制实名制管理制度,基本实现对编制资源的动态管理。开展全市机构编制实名制管理督查工作,督促超编严重的县(市)区细化措施、落实责任,完成消化超编任务。连江县消化县直党政机关行政超编36人,晋安区消化行政超编29人。下发《关于切实加快党政群机关和事业单位中文域名注册工作的通知》,6月起在全市全面开展注册工作。全年开通政务域名725个、公益域名1376个。

【事业单位登记管理】 办理事业单位法人设立登记17家,变更登记153家,补领证书1家,办理4家单位登记管辖权移交手续。受理网上登记90项,换发新法人证书79项,登记工作实现网上提交、即时办结、现场领证。市直事业单位年检369家。试行事业单位实地核查,选取市儿童福利院和省广播电视大学福州分校就开办资金和登记名称进行实地核查试点。配合法人治理结构工作,加强监督管理,选取闽侯、连江两家医疗机构作为省级公立医院法人治理结构试点。

【事业单位编制调配】 推进事业单位"撤、并、转"工作,全年撤销事业单位15个,精简编制164人。设立市直机关东部办公区管理中心、市地铁建设工程质量安全监督站、市劳动争议仲裁院等机构。规范机构名称和规格,规范市台胞投资贸易服务中心、建筑安装工程招标投标办公室、农村社会保险管理中心、职业训练中心等机构的名称以及市粮油食品监测机构的设置,明确市火车南站地区综合管理处等单位的规格;调整人员编制和人员结构,增加市海洋与渔业技术中心、研究生培训服务工作总站、人民防空指挥所管理中心等单位的编制,市水政监察支队加挂"闽江下游水域综合执法支队"牌子并增加编制;调整领导职数,将市海外联谊会专职副秘书长职数调整为秘书长;规范经费渠道,将福州市交通基本建设工程质量监督站经费渠道由管理费列支改为市财政核拨;对未明确职责的事业单位重新明确其主要职责,对市国有资产管理中心、房屋登记中心等职责变动较大的单位重新进行"三定"。

【经济民生发展相关机构编制资源配置】 *服务新经济增长区域建设* 开展"闽台(福州)蓝色经济产业园"管理体制及江镜华侨农场改制工作调研并形成初步思路;开展保税港区机构规格升级工作,机构规格获批为副厅级;调整高新技术产业园区的管理体制,促进海峡西岸先进制造业和高效技术产业基地建设;及时调整台商投资区扩区后管理体制。

改善投资软环境 为拓展"三维对接",实施"回归工程",设立招商服务中心隶属市投资促进局;组建"市行政服务中心"提高政府公共服务效能,并规范各县(市)区行政服务机构设置。

促进旅游文化事业发展 推动旅游综合体开发建设,成立鼓岭旅游度假区管委会;确定上下杭历史文化街区和烟台山管理机构规格。

提升城市管理水平 在市"数字福州"建设领导小组办公室增设"数字化城市管理工作处",构建适应新形势的城市管理信息监督和指挥平台。

扶持教育事业发展 核定新成立的教育学院四附小和星语学校的内设机构、人员编制和领导职数;整合福州电子职业中专学校和交通职业中专学校,组建福州机电工程职业技术学校;增加闽江学院、福州职业技术学院人员编制,并核定其教学机构党总支领导职数;增加福州教育学院团委和保卫处2个内设机构,相应增加领导职数。

配置医疗卫生资源 重新核定市第一医院、中医院等医疗机构的人员编制;在鼓楼、台江、仓山、晋安四城区设立医保分支机构。

健全残疾人服务体系 成立市残疾人辅助器具服务中心,开展残疾人公益服务活动和贫困残疾人配置辅助器具救助活动。

健全环境安全保障体系 在市环境保护综合行政执法支队加挂"市危险废物污染监督中心""市水环境污染监督中心""市机动车排气污染监督中心"牌子,相应增加编制,强化污染监督管理职能。

(李宣庆)

人事人才

【概况】 2012年,福州实施闽都人才集聚工程,加强海西大都市区人才高地建设,创建全国首个国家级综合性引智试验区,成立全国首个外国人工作管理局、全省首个人才服务示范区、首个专家服务基层工作站,在全省率先开展公务员岗位考核工作。全年面向社会招考政府系统公务员640人,招聘事业单位工作人员4428人,入选福建省首批博士后创新实践基地单位4家。举办人才集市和专场招聘会109场,提供岗位21.2万个。市属高校毕业生就业率97.3%。市公务员局获评"全国人力资源社会保障系统先进集体",市人事人才公共服务中心获推荐为"全国三八红旗集体"候选单位。

【闽都人才集聚区建设】 *人才共建* 市政府与省公务员局签署《共同建设闽都人才集聚区合作框架协议》,共同举办"'6·18'海外博士海西行福州市汽车机械制造人才与项目对接洽谈会""中国海峡两岸人才交流合作大会""海外大师海西行"和2012年中国·福建海外人才创业周等一系列海外人才交流与合作活动。市公务员局与福州大学、福建师范大学等高校达成人事人才合作协议,与吉林大学等东北高校开展人事人才合作洽谈,与莆田、宁德两市公务员局签订推进福莆宁人才同城化建设框架协议,举行首次福莆宁人事人才联席会议,在平潭综合试验区设立福州市人事人才工作站,参与举办闽东北五市一区人才招聘会。

人才引进和服务 开展福州市第二批引进高层次优秀人才选拔工作,确定23名个人、1个团队为第二批引进高层次优秀人才(团队)候选人。完成福州留学人员创业园一期企业入驻和创业启动资金申报评审工作,确定18个项目首批入驻福州留学人员创业园,11个项目可获270万元创业启动资金。举办高层次人才招聘会。邀请近200名专家到榕参加"6·18"项目对接、专题讲座等活动,组织150余名海外博士到榕参加海

外人才创业周活动。17个项目被列入国家引进国外技术、管理人才项目计划。研究出台《福州市创业创新人才住房保障办法(试行)》,加快建设人才公寓,采取“租售并举”、实物和货币补贴相结合的方式,解决高层次、高技能人才安居问题。挂靠福州市外国专家局成立全国首个外国人工作管理局——福州市外国人工作管理局,对在榕工作外国人实行统一归口管理。创建全省首家人才服务示范区——福州软件园人才服务示范区。

人才选拔和培养　全市有1名外国专家入选国家“外专千人计划”、5人和3个团队入选福建省第二批引进高层次创业创新人才(团队)、6人入选福建省首批产业人才高地领军人才、14人入选首批海西创业英才、8人入选福建省首批优秀人才;6名享受政府特殊津贴专家及高技能人才候选人上报人社部;4家企业入选福建省首批博士后创新实践基地;在连江县成立福建省首个专家服务基层工作站。选送1名第二批“新世纪百千万人才工程人选”赴海外开展中长期访学研修、4名优秀青年高层次专技人才赴境外学习进修,组织规划设计部门技术骨干3个团组65人、党政领导干部2个团组50人分赴新加坡、法国培训;在上海交通大学、中国海洋大学举办专业技术人才高级培训班。邀请台湾师范大学教授郑惠美为全市120名教师举办“农村中小学健康教育工作培训班”,邀请香港专家李国栋到榕举办“福州市全科医疗初级家庭化服务培训班”,培训177名基层全科医生,邀请澳大利亚和美国院士到榕开展IT前沿讲座。

中国福州海西引智试验区设立　中国福州海西引智试验区于9月经国家外国专家局批复设立,10月在榕举行揭牌仪式。该试验区由国家外国专家局与市政府、省公务员局三方共建,是全国首个综合性的国家级引智试验区,重点开展吸引高端外国专家到榕创新创业试验、海峡两岸人才交流与合作机制试验、海外人才聚集区试验3项引智试验工作。

2月2日,福州市人民政府与福建省公务员局签署《共同建设闽都人才集聚区合作框架协议》

【公务员管理】　招考录用　全市政府系统春季公务员计划招考307人,办理录用290人;秋季招考333人,年内完成面试工作。市直政府系统录用有两年以上基层工作经验人员的比例继续保持100%。邀请人大代表、政协委员、媒体记者巡视公务员面试现场,保证招考工作公开透明。

岗位管理　出台《新录用公务员试用期管理办法(试行)》《公务员回避规定》;审核审查机关、事业单位科级职数及任职资格466人;审核9个市直单位18个职位的竞争上岗方案;全年公务员(含参公人员)登记840人。

考核培训　出台《关于进一步加强市直机关公务员岗位考核的意见(试行)》,在全省率先实行公务员岗位考核,全市115个市直单位科级及以下公务员(含参公人员)纳入考核范围,考核结果作为公务员岗位调整、晋职晋级、学习培训、奖励惩处的重要依据。完成市直机关公务员上、下半年考核。全市公务员及参公人员10625人参加年度考核,其中优秀1823人、称职8239人、基本称职17人、不称职8人、不定等次538人。组织全市公务员参加行政强制法、加强与创新社会管理等公共课培训;组织政府系统公务员初任培训班2期,培训新录用公务员356人。

评先表彰　审核推荐上报各系统全国、全省先进集体候选单位492个、先进个人候选人393人。开展公务员记功表彰活动,对2009—2011年连续3年年度考核优秀等次的113名公务员记三等功,表彰“五大战役”优秀集体60家、记三等功30人、嘉奖90人。

【专业技术人员管理】　职称评审　出台《福州市专业技术职务任职资格评审办法(试行)》《福州市专业技术职务任职资格评审答辩考核办法》《福州市有突出贡献的专业技术人才职务任职资格特殊评审办法(试行)》。从2012年起,凡参评由福州市组织的中、高级职称评审和转系列、破格评审人员均须参加答辩考核,全年有20个系列开评,1939人参加职称评审,评审通过1603人。12名专技人员通过特殊评审取得专业技术任职资格,其中正高2人、副高2人、中级8人。全市成立53个评委库,入库人员4210人。

继续教育　出台《鼓励高层次专技人才赴国内外访学进修的实施意见》,计划每年支持100名以上专业技术骨干外出访学进修。健全完善继续教育网络培训平台,组织6200多人次参加专业技术人员网络培训;开办专技人员继续教育公共培训班70期,7100人次参加公共课培训;加强继续教育基地建设,批准各继续教育基地办班92期,培训1.5万余人次。开展继续教育证书验证工作,审验近6.1万人。

专技人才下基层　从2012年起,组织参评教育、卫生、农业等系列中级以上专业技术职称的市属专业技术人才到各县(市),重点到闽清、永泰、连江、罗源等4个结对县从事一年以上对口支援工作。

【事业单位人事管理】 岗位设置管理 出台《福州市事业单位岗位设置管理工作若干问题的处理意见》，核定9635人次聘任相应岗位，完成38家单位第二轮岗位聘任，启动教育系统第二轮岗位聘任工作。

人员公开招聘 计划招聘4428人，实际聘用3592人，公开招聘比例保持100%。审核38家县（市）区和市属单位的招聘方案、20多家市属单位的面试方案。分别举办市教育、卫生系统面试考官培训班，培训考官1500余人。

【工资收入分配制度改革】 核定市直事业单位2011年绩效工资，探索市直医疗卫生事业单位、高等院校奖励性绩效工资实施办法，研究绩效工资总量调整控制的具体办法。调整公务员津贴补贴标准和结构。完成2011年度工资统计汇总分析工作。

【人事人才公共服务】 出台《支持驻榕中央企业人事人才优惠政策的若干意见》，开展"服务企业、服务人才、服务发展"活动，召开企业人事人才工作座谈会，举办非公企业人力资源干部培训班，为各类企业上门服务。开展人事代理工作，市人事人才公共服务中心新增9家代理单位，共办理档案调出2400多份、调入6000余份，办理毕业生报批1800人、毕业生就业协议书签约400多人，新增2家单位的派遣业务。联合海峡人才市场举办"海峡西岸"人才招聘会100期，联合相关单位举办大型专场交流会9场，到场招聘企业8380余家次，提供岗位21.2万个，进场求职30万人次；组织企事业单位赴厦门大学、吉林大学、东北石油大学等高校开展校园招聘活动。加强网上人才市场建设，市人事人才公共服务网发布8000多家次用人单位的6.4万多条人才需求信息，委托招聘单位3600多家次，网上访问200多万人次，网上人才库储备各类人才9.3万人，其中研究生及以上学历650余人、本科学历近2.1万人。

【军转干部安置】 实行军转干部"阳光安置"办法，完成福建省下达的257名军转干部接收安置任务，其中计划安置204人、自主择业53人。调整全市947名自主择业军转干部退役金，对自主择业军转干部开展个性化培训和职业介绍，协助自主择业军转干部就业。落实企业军转干部维稳解困政策，发放企业退休军转干部生活困难补助等各项补贴766万元。

【高校毕业生就业】 出台《关于促进普通高等学校毕业生创业就业的通知》，鼓励引导支持高校毕业生自主创业，面向基层和一线就业。启动首届海峡两岸（福州）大学生创新创业大赛，在福州大学等8所高校建立大学生创业培训基地，依托市留学人员创业园筹建大学生创业孵化基地。招募选调生、大学生村官、省级"三支一扶"等高校毕业生服务基层项目人员221人，对到中小企业就业且符合条件的高校毕业生，其社会保险个人缴交和企业缴交部分分别给予30%和20%的补贴。开展高校毕业生就业见习活动，为参加就业见习的毕业生提供每月800元的基本生活补助，并办理人身意外伤害保险。全年新增毕业生就业见习基地18家，市级就业见习基地达68家。开展毕业生就业指导巡回宣讲活动，在闽江学院等高校设立毕业生就业服务窗口。

【工勤人员岗位考核培训】 组织1700余名工勤人员报名参加等级考核。将工勤人员岗位继续教育培训纳入专业技术人员继续教育网络平台，1万余人次参加工勤人员网络继续教育培训。

【人才中介机构管理和人事争议仲裁】 清理整顿人力资源市场秩序。加强对已核发许可证的人才中介机构的巡查和年检，全市参加年检的人才中介机构24家，21家通过年检。开展福州市第三届人事争议仲裁员聘任工作，聘任仲裁员27名；处理人事争议仲裁案件3起、公务员申诉案件1起。

【离退休干部管理服务】 开展退休干部服务管理工作调研，初步建立福州市退休干部数据库。开展市委老干部民生工作督导组的跟踪服务工作，组织医疗卫生退休专业技术人员送医、送药下乡，更新、充实银色人才信息库，鼓励退休干部为经济社会发展做贡献。组织退休干部参加登山、乒乓球赛等多种文体活动，全年到市退管中心活动的离退休干部4万余人次。

（申家驹）

发展研究工作

【概况】 2012年，市政府发展研究中心完成各类调研成果38项（篇），编发《研究报告》15期，《领导参阅》3期，《福州经济》6期，编印《2011年福州发展研究》文集，研究范围涵盖工业、文化、旅游、港口交通、社会管理、区域经济等方面。《构建现代产业体系研究》等多篇文稿获市领导批示、批阅，《福清、长乐、闽侯、连江四县（市）融入福州大都市区的研究》课题获省发展研究奖二等奖，《福清、长乐融入福州中心城区的路径和策略》《加强我市重点建设项目投融资工作的对策和建议》《大力推进福州家政服务业发展的研究》分别获得2011年度福州市优秀调研课题一、二、三等奖，《促进福州市民营企业回归》课题获省委统战部调研课题一等奖。

【重点课题调研】 完成《进一步深化与平潭综合试验区对接合作的研究》《扩大文化消费的对策研究》《加强"三维"对接的研究》3项2012年度市委重点课题调研。完成《福州通用航空业发展研究》《推进福州城乡居民收入倍增研究》《福州文化产业跨越发展重点与对策研究》等15项中心重点课题研究。其中，《扩大福州文化消费的对策研究》《福州争创国家创新型城市的调查研究》被省委政研室《调研文稿》选用，《推进福州城乡居民收入倍增研究》在省发展研究中心《发展研究》上发表。

【政策咨询服务】 修改《构建福州大都市区，推进福莆宁同城化发展框架协议》，作为福莆宁三市签署框架协议的蓝本，修订《加快构建福州大都市区，推进福莆宁同城化发展思路》，转化为市委、市政府实施意见下发；参与省政府

《关于推动粤港粤澳合作、闽台合作先行先试政策“双延伸”专题研究》《建设环兴化湾福莆工业新城》课题研究；完成第八届泛珠三角省会城市市长论坛的市长讲话稿；联合专家共同完成《上半年福州外经贸运行分析及对策建议》《上半年福州房地产运行分析及对策建议》《上半年福州工业运行分析及对策建议》等福州经济形势分析材料；参与完成市委、市政府关于招商引资奖励政策文件的起草和修改工作；参与完成市委、市政府《关于简政放权、扩权强区（县、市）的实施意见》文件及起草说明工作；参与2012年全市工作大调研活动，完成《构建现代产业体系研究》《实现“两个同步”、提高幸福指数》《加快推进城乡一体化发展研究》调研报告；完成市人大“关于设立海西城市品牌研究中心”的提案答复；参与完成市政协培育发展新兴产业常委会建议案和发展开放型经济主席会建议案的起草；参与市旅游局“5A福州”旅游思路课题论证工作，起草《建设福州5A旅游城市对策建议》；与致公党合作完成课题《加强福州与平潭物流业合作的研究》；完成创业创投福州论坛宣传材料，提供《建设海峡西岸现代金融中心》《福州创业投资》等宣传稿。

（陈　炜）

地方志工作

【概况】 2012年，完成《福州市志（1995—2005）》全书总纂稿并报送省方志委，编辑出版《福州年鉴》2012年卷，完成《船政志》总纂稿并送相关专家审改。召开5场次县（市）区志书篇目、志稿审查评议会。组织召开地方志学术年会。

【二轮市志编修工作】 5月、11月，对《福州市志》进行两次集中审稿，全面清查与前志重复、文表不符、表述拖沓等问题；向市级领导征求志稿意见，其中，市级在职领导3人，市级退休老领导8人，部门领导3人；在《福州日报》和福州地情网站向社会征求意见。8月，《福州市志》二、四册报送省方志委审阅，同时送相关设区市方志委征求意见。9月底，全书5册志稿全面完成自查自审，装订成册，报送省方志委。

【县（市）区志指导工作】 加强对县（市）区二轮修志工作的分类指导。2月14日，召开《连江县志（1995—2005）》篇目审查座谈会，就续志篇目衔接、门类排列、突出特色、层次结构等问题展开讨论。3月19日，召开《闽清县志（1988—2005）》评稿会，要求从涉及地方经济支柱、经济特点方面、涉及影响较大的政治事件方面，涉及对周边区域发展影响等方面突出地方特色。从市场经济建立与发展、物权制度建立与发展、管理体制和行为观念的变化等方面突出时代特色。10月11日，召开《马尾区志（1995—2005）》篇目审查座谈会，要求马尾区志办制定编纂方案，确定主编，重新编写篇目。此外，对永泰、长乐提交审查验收的志稿进行了业务指导。

【《福州年鉴》编纂】 9月中旬，完成《福州年鉴（2012）》的出版，全书120万字，设41个栏目、256个分目、1555个条目。2012卷在框架设置上作出调整，增设“民营经济”和“三坊七巷”栏目，将原“科学”栏目更名为“科学技术”，将原“建筑·房地产业”栏目内容归入“城市建设与管理”栏目等。12月下旬，召开《福州年鉴（2013）》组稿工作会议，部署2013卷组稿任务，表彰优秀撰稿人20人。

【福州地情网建设】 新增一级栏目“图说福州”新闻39条，二级栏目“三坊七巷古建筑群”新闻150条，“辛亥革命福州英杰”新闻63条，其他20多个栏目新增新闻439条，数据库新增《福州年鉴（2011）》1部121.4万字。网站全文数据库有81部书存量，总字数约6129.3万字。福州地情网全年点击量达300万人次，并在全市政府机构网站评比中获第四名。

【地方志学术研讨会】 1月12日，福州市地方志学会召开第十七次学术研讨会。省方志委副主任方清、省地方志学会秘书长滕元明、市地方志学会会长张硕，副会长王小珍、张振玉，市地方志学会顾问黄启权，市社科联、市民政局民间组织管理处代表和40余位学会会员参加。会议由市地方志学会副会长王小珍主持。大会审议通过部分修改章程，投票通过4名县（市）区方志委主任为学会理事，理事会提名增补市方志委副主任刘必霖为市地方志学会副会长。大会收到论文25篇，并首次开展专家评审活动，评出一等奖3篇、二等奖6篇、三等奖6篇。

【专题研讨】 召开总编室会议4次，专题研究推进《福州市志》第二册、第四册报送省方志委审稿的问题和召开《福

12月21日，召开《福州年鉴（2013）》组稿会议暨2012卷优秀撰稿人表彰会议

州市志》总评会的工作。召开24次委务会和全体工作人员会议,研究如何结合福州的实际,贯彻落实省方志委的各项文件、会议精神和评稿意见,提高《福州市志》的编纂水平和质量。

9月,召开年鉴业务专题研讨会,检查2012卷年鉴存在的不足之处。会议就提高年鉴规范性和创新性达成共识:一是年鉴创新从框架的创新入手,在全面反映地方基本情况的同时,突出地方的特色。二是年鉴框架创新要与时俱进,根据形势发展变化随时更新栏目,使年鉴更加贴近现实。三是年鉴创新要从内容入手,增加年鉴的有效信息量。四是要重视定量分析,为未来保存更多具体、准确、客观的数字资料,增加年鉴的直观性和便览性。五是注重借鉴国际经验技术,在比较薄弱的封面、大事记等方面加以改进。六是要学习国外年鉴的检索系统,使年鉴真正具备"易检性",实现查询手段的更新。七是适当调整年鉴编纂的组织动员机制,规范年鉴编写。

【专业培训与考察交流】 3月22—23日,市方志委赴杭州市方志委学习交流。双方就依法修志、突出志鉴地域特色、行政事务、党建工作等方面问题开展交流探讨。8月27—31日,市方志委主任张硕带领《福州年鉴》业务人员赴安徽省铜陵市参加第十三期全国年鉴高级研讨班。11月12—16日,市方志委副主任刘必霖带领部分工作人员赴广州参加第九届全国中心城市地方志工作交流会,在大会上交流福州市方志委提交的《对提高二轮志书质量若干问题的思考》。11月26—30日,市方志委副主任王小珍带领部分工作人员赴深圳参加中国版协第十三届全国年鉴学术年会,《福州年鉴》2010卷、2011卷、2012卷参加会议举办的全国年鉴展示。

(张　灵　郭进绍)

驻北京联络处

【概况】 2012年,福州市政府驻北京联络处推动项目招商、信访维稳、公务接待等各项工作,促成中粮置地、国美物流产业基地等项目在福州落地。

【项目与招商工作】 项目促批方面,配合市交通委,促成国家发改委对福州市绕城公路东南段工程节能评估出具审查意见;配合市发改委,促成国家发改委评审并批复福州市轨道交通2号线工程的可行性研究报告;配合福州建工(集团)总公司,促成国家发改委核准发行期限为7年、总额为5亿元的企业债券。

招商引资方面,保持与重点央企的联络,跟踪"福州市与中央企业项目合作洽谈暨签约仪式"签约项目落地情况;促成特易购在福州金山浦上大道建成福州首个乐都汇购物中心,开工建设在新店的乐都汇购物中心项目;配合市经委,跟踪投资总额120亿元以上的中石油LNG项目选址江阴港区,并启动一期工程;促成中粮置地在长乐松下港建立粮食加工基地;促成国美集团达成在福州投资国美物流产业基地意向。同时,推进回归工程,陪同北京福州商会代表团返榕参加海交会,促成众多商会成员企业回乡投资。

【信访维稳工作】 市驻京联络处通过细化措施,主动作为,扎实工作,多方协调等措施,确保在京信访维稳工作做到"三个不发生"(不发生大规模进京集体上访、不发生集体进京非正常上访、不发生突发性群体事件和个人极端事件)。在全国"两会"和中共十八大召开期间,调整工作思路,着力形成协调有序、文明高效的劝返工作机制。

【公务接待工作】 强化公务接待为信访维稳、项目招商等重点工作服务理念,完成2012年新春座谈会、福州市主要领导进京拜访国家部委及央属重点企业、全国"两会"和十八大期间等大型活动的接待工作和后勤保障工作,实现大型接待任务"零差错"。

(陈国栋)

驻上海办事处

【概况】 2012年,加强与上海各有关部门的联系,积极为国内外大型企业到福州市投资兴办企业牵线搭桥。搜集整理大量投资信息,编辑《上海信息》24期,为家乡建设发展提供服务。

【招商引资】 参与邀请苏宁电器、红星美凯龙、美特斯邦威等24家"中国民营企业500强"企业以及507家知名民营企业负责人参加在上海举办的福州市民营企业产业项目投资推介会。拜访上海绿地集团,上海大华集团,复星集团上海利源商业投资公司,推荐马尾新城的投资机会。拜访德国工商大会上海代表处、上海美国商会与日本贸易振兴协会上海代表处等,搜集大型跨国企业的最新投资信息,有重点地上门拜访瑞典宜家集团中国区负责人,德国电信大中华区总裁和韩国乐天集团中国总部负责人等,介绍福州市产业概况,发展机会及投资软硬环境,促其产生到福州考察、投资的兴趣。德国电信大中华区派出高层管理人员到福州市进行实地考察、投资选址等前期工作。

年内,促成上海的文化领域领军企业——上海红坊文化发展有限公司到福州海峡创意产业园投资。园区由红坊文化公司统一策划、改建及运营,打造以漆器文化的再生和产业化发展为特色的综合性设计产业园,形成福州乃至福建省范围内的文化创意产业示范基地。推动全国最大的家居零售企业——红星美凯龙集团股份有限公司继续在福州进行大规模投资。

【服务榕籍在沪企业工作】 2012年,榕籍在沪企业有1000多家,从业人员达8万多人。为了团结和服务家乡企业,驻沪办通过走访了解企业的现状、发展需求,主动与企业进行互动沟通,为会员企业做了大量与当地政府和综合经济部门协调关系的工作。驻沪办还通过上海市福州商会,积极宣传上海的发展规划、产业导向,引导企业遵纪守法,健康快速发展。同时还积极引导一批会员企业热心为家乡扶危济贫、捐资助学等公益事业做贡献。

【接待工作】 随着上海经济活力和区位优势的不断增强,通过办事处到上海学习考察的人员和团组越来越多。驻沪办克服人员有限、招待所接待能力不足等不利条件，努力为到沪考察的团组和出访中转团组进行前期沟通联络和酒店安排、接送工作，最大限度地提高考察效果。

（吴金捷）

驻深圳（广州）办事处

【概况】 2012年，加强与驻地有关企业、商会联络沟通，引进投资。接待各界人士60批300人次，编辑《广深信息快报》36期。被深圳市政府评为“2012年度全国各地驻深办事处先进单位”，被广州市政府评为“2012年全国各地驻穗机构先进单位”。

【招商工作】 赴深圳、广州、中山、东莞、佛山、珠海等地开展小分队招商，行程约6800公里，走访大中型企业60家。走访广东省高科技产业商会、深圳台商协会等有影响力商会组织，推介福州投资环境；大力开拓中介招商、网络招商等新型招商模式。

全年共组织12批广东知名企业考察团赴榕实地考察，其中：4月组织美国纽英格兰国际公司赴榕考察心脏专科医院项目；6月组织深圳研祥集团赴榕考察物联网技术与应用中心项目；7月组织深圳金地集团赴榕考察城市综合体及旧城改造项目；8月组织由30家企业共49名企业家组成的“广东民营企业家考察团福州行”投资考察活动；10月陪同广州富力集团赴榕考察大型城市综合体项目；11月组织深圳一体集团赴榕考察妇幼保健院和肿瘤医院项目。其中8月“广东民营企业家考察团福州行”考察活动即形成意向投资项目28个，投资金额1327.3亿元。全年共签约项目5个，投资总额1276.5亿元（深圳华侨城集团投资100亿元，广东碧桂园集团投资120亿元，广州恒大集团投资500亿元，广东恒兴集团投资1.5亿元，广州富力集团投资150亿元）。

【商会工作】 走访深圳市福州商会和广州市福州商会会员，宣传福州的区位、资源、产业等优势和市政府出台的各项优惠政策，组织在粤榕籍乡亲回榕参加“5·18”海峡两岸经贸交易会、“6·18”海峡项目成果交易会、“9·8”中国国际贸易投资洽谈会活动，以推动“回归工程”项目。组织深圳市福州商会和广州市福州商会约300人参加市委、市政府在深圳召开的“民营企业项目推介会”和“签约仪式”。组织和引导商会参与爱心公益事业，全年捐款约400万元。

【接待工作】 全年共接待福州市委、市政府、市直机关部门、各县（市）区领导及深圳、广州市政府相关部门领导、企业人士等共计60批300人次，其中厅级领导30人次，处级领导150人次。

【信息工作】 搜集信息，通过网络和纸质2种方式快速报送，纸质版的《广深信息快报》每月3期，每期220份。针对福州市政府即将出台加强对服务外包产业的政策，采集报送《深圳出台关于加快服务外包产业发展的若干规定》等信息；针对省、市即将出台文化强省、强市的政策措施，采集报送《深圳探索“文化+金融”深度融合模式》《深圳园区经济推动高科技与创意文化产业腾飞》等系列信息，为福州市政策的制定提供借鉴参考。

（谢　鑫）

（编辑　郭进绍　陈　敏）

2月15日，召开广州·福州工作交流座谈会

综　述

2012年，政协福州市委员会召开全体委员会会议1次、常委委员会会议4次。收到提案526件，经审查立案504件，立案提案办复率100%。围绕市重点项目建设和教育、医疗、内河整治、保障房建设等组织32次视察活动。开展建设马尾新城、平潭开放开发、完善城区路网建设、完善保障房分配制度等20个课题调研。编发社情民意专报件340条，得到省市领导批示105人次。

重要会议

【政协福州市第十二届委员会第一次会议】　1月2—7日召开。会议审议并同意方清海、郑有光代表政协福州市第十一届委员会常务委员会所作的常务委员会工作报告和提案工作情况的报告。会议期间，委员们列席市十四届人大第一次会议，听取并赞同杨益民代表福州市人民政府所作的《政府工作报告》，赞同市计划和预算报告；听取并赞同市中级人民法院、市人民检察院工作报告。会议选举产生政协福州市第十二届委员会主席、副主席、秘书长和常务委员。选举方清海为市政协主席，选举雷成才、范美先、郑建闽、林治良、张献勇、林雄、王长鹰、郑新清、林绍彬为市政协副主席，选举邓达木为市政协秘书长，选举常务委员84人。

【市政协十二届常委会】　第一次会议　4月24日召开。会议的主要议题包括：视察保障房建设情况、市属医院建设情况；传达学习贯彻全国“两会”精神；审议通过《中国人民政治协商会议福州市第十二届委员会内设机构主任和专门委员会主任、专职副主任职务任免名单》；审议通过《中国人民政治协商会议福州市第十二届委员会各专门委员会兼职副主任任职名单》；听取市教育局、市卫生局、市体育局、市人力资源和社会保障局、市住房保障和房产管理局工作汇报并评议。

第二次会议　7月10日召开。会议的主要议题包括：视察福州市新兴产业发展情况；听取市科技局、市发改委、市经委、市财政局、市外经局工作汇报并评议；审议通过《培育发展新兴产业，推动福州经济跨越发展的建议案》；审议通过《中国人民政治协商会议福州市第十二届委员会内设机构和部分专门委员会副主任免职名单》。

第三次会议　9月20日下午和21日下午召开。会议的主要议题包括：视察2012年市委市政府重大项目建设情况；听取市公安局、市检察院、市法院工作汇报并评议；审议通过《中国人民政治协商会议福州市第十二届委员会副秘书长免职名单》；审议通过《中国人民政治协商会议福州市第十二届委员会专门委员会兼职副主任任职名单》。

第四次会议　12月25日召开。会议的主要议题包括：协商《政府工作报告》；听取市政府关于市政府系统办理市政协十二届一次会议以来提案情况的

12月25日，市政协召开十二届常委会第四次会议

通报；审议政协第十二届福州市委员会常务委员会工作报告、政协第十二届福州市委员会常务委员会关于十二届一次会议以来提案工作情况的报告；审议各专门委员会2012年工作总结和2013年工作思路（书面）；审议通过政协第十二届福州市委员会委员增补名单；审议通过政协第十二届福州市委员会特邀委员调整名单；审议通过政协福州市第十二届委员会部分专门委员会主任任职名单；审议通过关于召开政协第十二届福州市委员会第二次会议的决定及有关文件；审议通过关于授权主席会议审议市政协十二届常委会第四次会议未尽事宜的决定。

主要工作

【提案工作】 全年收到提案526件，经审查立案504件，立案提案办复率100%。提案所提问题已经解决或基本解决的182件，占36%；正在解决或列入规划逐步解决的295件，占58.6%，因条件所限，暂时难以解决的27件，占5.4%。《关于构建无物业管理老旧小区长效治理机制的建议》被纳入为民办实事项目，《关于进一步推进福州市公共文化基础建设的建议》被纳入文化强市建设规划，《加快发展服务外包助推我市产业结构升级》促进市政府相关文件法规的出台。《发挥金融业带动作用助推福州现代服务业发展》促进金融机构新增贷款额度100亿元，争取优惠利率信贷资金48亿元。

【协商工作】 政协全会协商 组织委员围绕政府工作报告等重要会议材料开展分组讨论，集中汇总报送市政府。市政府督查室将市政协十二届一次全会期间委员讨论《政府工作报告》中提出的建议，分解给30多个职能部门落实，推动相关工作的开展。市发改委在实施创意产业人才奖励制度中，采纳委员提出的加大文化创意产业人才培养的建议。市委宣传部在加大城市形象宣传中，吸纳委员加大对“三坊七巷”等文化品牌宣传力度的建议。

常委会议协商 在会前视察的基础上，先后评议市教育局、卫生局、公安局等18个部门的工作，提出的提高社会保障水平、加大拆迁力度确保项目进度、保障和改善民生等数十条意见建议被相关部门吸纳。

专题协商 将调研与协商结合起来。结合市委、市政府的工作重点和市民关注的热点，选择“两山两塔两街区深度开发与利用”和“城市园林绿化美化”2个课题与市政府开展专题协商。协商中分管副市长要求有关部门逐条落实政协委员提出的有关建议，吸纳加大城市绿化美化力度的建议。

对口协商 改进政协专门委员会与市直部门的对口协商方式，从单纯的工作通报转向注重问题的解决，促进相关提案、社情民意信息的吸纳和落实。专委会对口协商中提出的20多条建议得到政府相关部门的采纳。税务部门针对委员反映中小企业享受减税优惠手续复杂、操作较难的问题，简化了相关程序。委员就《福州市荣誉市民称号授予条例》《福州市气象探测环境和设施保护规定》《福州市物业管理若干规定》《福州市历史文化名城保护条例》提出的修改建议，被市人大法制委、市政府法制办吸收，促进法规的健全完善。

【民主监督】 制定《市政协2012年民主监督工作意见》，经市委、市政府办公厅转发后，召开由市直有关部门和政协委员参加的民主监督工作会议，确保10项重点监督任务的落实。扩大政协委员民主监督员的委派范围，向38个市直部门委派166名监督员。召开市直相关部门、民主监督员参加的民主监督员委派工作会议，推进民主监督员工作的开展。修订《关于委派市政协委员担任民主监督员的服务管理办法》，建立民主监督员小组，实现民主监督员活动的制度化管理。注重民主监督的实际成效，通过视察晋安河综合整治工程、螺洲大桥和市工人文化宫改扩建重点项目建设，助推征迁、资金、管理等问题的解决和项目的整体进度。通过对市行政服务中心、市出入境管理运行情况的评议，推动办事窗口人员服务质量的提高和责任意识的增强。

【视察调研】 完善委员视察的组织方式，落实视察前有预案，视察中有讨论，视察后有报告，提高视察工作的计划性，视察内容的针对性，视察建议的可行性，实现委员视察活动的规范有序。探索省政协与市政协、市政协与县（市）区政协、专委会与政协参加单位的联合视察，扩大视察范围，提升视察影响力。全年围绕市重点项目建设和教育、医疗、内河整治、保障房建设等组织32次视察活动。

围绕促进中共福州第十次党代会和市“十二五”规划部署的落实，开展建设马尾新城、弘扬“马上就办”精神、对接

9月，常委一行视察福州市轨道交通1号线工程白湖亭地铁

平潭开放开发、加快培育发展战略性新兴产业、建设开放型经济和建设幸福福州等6个重点课题调研;紧扣民生保障和社会热点,选择完善城区路网建设、完善保障房分配制度等14个课题开展专题调研。在调研中既邀请相关界别专家型委员以及有关社科专家、院校学者参与,也邀请市直相关部门领导和实际工作者加入,以提高调研质量。形成调研报告后,改变单纯文件报送方式,召开调研成果汇报会,由分管副主席采用多媒体课件形式汇报,突出调研成果重点,提升汇报质量。调研报告中提出的争取福清江阴保税港区与平潭关区之间建立保税物流通道、在福清建立专门的对台产业对接园、加快松下港的开发建设、完善马尾新城的规划布局、引进海外人才等建议,被市委、市政府在完善政策措施和产业布局中给予采纳。

【委员工作】 针对换届后新委员比较多的情况,加强委员的业务培训,在武夷山省政协培训中心举办委员暑期读书班。建立委员服务与管理平台,规范委员“五个一”履职活动。落实走访委员制度,了解委员工作和生活情况,帮助协调解决困难和问题,提高政协组织的凝聚力。市政协常委会选择部分履职积极的委员担任专委会的兼职副主任,增强专委会的活力。实行跨界别安排专委会委员,保证每个专委会的委员数量,为委员更好地履职搭建平台。

【文史信息】 编辑出版《鼓岭史话》、《福州文史资料》(30辑)等书。征编出版《福州文史》4期。协助省政协征编出版《畲族百年实录·福建篇》《三峡工程移民安置纪实》《八闽新姿——图说福建城市变迁》《福建农村变迁与发展》等专题资料的征编工作。开展“两山两塔两街区”深度开发利用专题协商课题调研、非物质文化遗产保护传承和利用调研、鼓岭历史建筑保护情况的视察活动,为福州文化事业建言献策。

福州市社情民意信息被全国政协办公厅采用6条,省政协办公厅采用245条,市本级编发社情民意专报件340条,分别得到省市领导105人次批示,保持全省政协系统信息排名领先地位。一些建议被相关政策吸纳,如《福建省人民政府关于做好当前粮食市场调节工作的通知》吸纳“积极应对国际粮价上涨”的建议,市政府《关于贯彻落实省政府促进工业稳定增长系列政策的实施意见》吸纳“建议设立专项基金支持工业设计”的建议。一些关系百姓生活的建议为相关部门提供参考,如“部分群众医保换卡困难问题亟待解决”的建议,促使市医保中心采取加急制作发放新卡等4项补救措施。一些预警性建议发挥维护社会稳定的作用,如“网络、媒体疯传福州频发诱抢儿童未遂事件应引起关注”的建议提出后,公安部门快速反应,及时登报澄清事实,防止事态扩大。

【交流联谊】 加强同经济界人士的联系,鼓励其企业做大做强,帮助协调解决其生产中的困难和问题。走访看望外地榕籍企业家委员,引导他们参与家乡经济社会建设,开展捐资、助学、济困等社会服务。加强与宗教团体的沟通,走访慰问少数民族乡村,协调解决反映的困难和问题,帮助做好化解矛盾、增进共识的工作,促进和谐稳定。推进榕港澳台交流交往,加强与海外的联谊。通过座谈会、视察重点项目、外出学习考察,为港澳台侨委员知情明政、建言献策创造条件。鼓励支持港澳委员参与香港、澳门各项事业的建设,为保持港澳繁荣稳定贡献力量。举办第三届“海峡两岸船政文化”研讨会、第九届榕台青年夏令营之“跨越海峡·真情相约”活动,接待船政后裔和台湾参访团。先后接待15个国家和地区的40多名海外福建社团侨领和一些国外参访团,参与福州十邑青年交流访问团赴马来西亚的交流访问。

(陈雪洪)

(编辑　郭进绍)

民革福州市委会

【概况】 2012年,民革福州市委会下辖5个工委,3个总支,46个支部,党员972人,5个专门委员会,机关设4个职能处室。民革党员中大学以上学历444人,占45.7%;中高级职称589人,占60.6%。担任市级以上人大代表、政协委员17人次,全年提交提案、建议38件。

1人获民革中央"优秀宣传干部"称号,1人获"民革全国社会服务工作先进个人"称号,2人获"民革福建省委会优秀信息员"称号,5个福州民革优秀基层组织和19名福州民革优秀党员受到民革福建省委的表彰。

【参政议政】 在省、市"两会"上,民革福州市委会提交提案、建议38件。其中,市人大建议6件,议案1件,市政协委员提案14件,市政协集体提案8件。《关于加快推进福建海洋新兴产业发展的研究》获民革福建省委优秀调研论文二等奖,并作为福建省政协大会发言;《发挥金融业带动作用,助推福州现代服务业发展》被评为市政协重点提案。

收集、整理、上报社情民意信息85条。其中,《党外人士对防腐倡廉的意见建议》被中央统战部采用,《我会代表人士对全国政协十一届五次全会开幕的反映》《党外人士对进一步推进我省经济平稳较快发展的建议》等信息被省政协采用,《关于对闽侯县金水湖填埋现象进行监查的建议》等信息被市委办采用,《建议尽快出台〈国有土地上房屋征收与补偿实施意见〉》得到省委常委、市委书记杨岳批示。

执行重点调研课题领导负责制,形成调研报告,其中《加强闽江沿岸历史文化保护与推动特色产业发展的研究》《关于建设马尾新城,构建福州大都市区的建议》被《福州调研》采用,《加强闽江沿岸历史文化保护与推动特色产业发展的研究》作为2013年市政协大会发言。落实季谈会研讨制度,《拓展思路,科学扶持在境外拓展业务的优质企业》《加强保护与创新,大力发展动漫产业》等季谈会发言得到政府有关部门的重视和办理。市委会与台江工委、马尾工委、闽侯总支联合开展"推进福州危旧房改造、农村环境整治"等方面的调研,并将调研文稿转化为市、区(县)级的集体提案。

【政治学习】 学习中共十八大和民革十二大精神,民革福建省十三大和中共福州市委十届四次全会精神,通过举办中心学习组集中学习,结合常委会、主委会开展专题学习,提高班子成员的理论素养和认识水平。制定《认真学习贯彻胡锦涛总书记在省部级主要领导干部专题研讨班上重要讲话精神的通知》《民革福州市委会关于学习贯彻中共"十八大"精神总体方案》等文件,部署基层组织学习教育活动,加强思想建设工作的领导性和针对性。把学习和践行社会主义核心价值体系作为思想政治交接的重要内容,将政治交接的原则、精神与内涵,转化为民革党员的价值理念和行为规范,形成活动的长效机制,为民革广大党员增强道路自信、理论自信、制度自信提供思想认识基础。坚持以"同心"思想为教育重点,通过召开座谈会、讲座、征文活动、重走革命故居、出版专刊、制作机关宣传栏等方式,提高民革广大党员的思想认识水平和道德水平。

【组织建设】 新发展党员29人,其中本科以上学历25人,中高级职称19人。调整充实鼓楼区、马尾区工委和福清市总支人员,市委会领导赴各县(市)区统战部门沟通,为民革基层组织打开工作新局面奠定基础。选送15名后备干部到中央、省社会主义学院和中共市委党校学习深造。推进机关干部联系基层支部工作,结合争创双优活动,推动基层组织的制度化、规范化建设。

【服务榕台交流】 加强同台湾法律界人士的联系,共同推动两岸法律界的交流与合作。邀请台湾张北两岸联合法律事务所工作人员与广大党员共度新春佳节,推荐所长苏清文律师任福建工程学院兼职副教授。继续与台湾前海军界人士联系,推动其向中国马尾船政文化博物馆捐赠船政文物资料,促成民革海军支部、中国马尾船政文化博物馆和台湾前海军界人士建立长期、广泛的联络渠道。邀请到闽投资创业的台商与祖统委委员开展座谈,加强与台湾基层民众的联系。组织祖统委委员赴台资企业开展座谈调研,为台胞排忧解难。

【社会服务】 组织民革党员开展文化、科技、卫生“三下乡”活动,热心为“三农”服务。组织农业、教育、医疗、法律等各界民革党员赴“结对帮扶”的连江县下宫乡夏一村开展活动,为当地农民提供义诊、法律咨询、规划公共场所、助学支教等帮助。组织民革医生、律师、书法家赴太平洋社区和琴湖社区送医、送药,书写春联,开展法律咨询。与福州瑞来春堂中医馆联合举办“金秋书画笔会”,邀请福建逸仙艺苑10名书画名家至瑞来春堂挥毫泼墨。民革企业家为周宁一中、福建省姓氏源流研究叶氏委员会捐赠数10万元,为当地村委捐款近10万元,2名民革党员长期资助困难地区的贫困大学生。

(唐 晨)

民盟福州市委会

【概况】 2012年,民盟福州市委会有盟员1647人,平均年龄55.9岁,其中中高级职称占72.7%。担任各级人大代表26人,政协委员86人。全年提交集体提案14件。民盟福州市委会被民盟中央、民盟省委分别授予“民盟思想宣传工作先进集体”和“民盟福建省思想宣传工作先进集体”称号,2名盟员被授予“民盟福建省思想宣传工作先进个人”称号。

【参政议政】 在市政协十二届一次会议上,盟市委提交集体提案14件,《发展海洋文化产业,打造福州经济新增长点》作为大会发言,《做大做强我市文化产业 建设社会主义文化强市的建议》被列为重点提案。《扩大“文化内需”促进福州经济增长》等5篇提案被评为2009—2011年度优秀提案,5名盟员被评为十一届政协优秀委员。在省政协十届五次全会上,盟员撰写的《关于整合资源提升以朱熹为代表的闽学文化影响力的建议》等3篇提案获评2010—2011年省政协优秀提案,1名盟员被评为2010—2011年度优秀委员。

完成各级各类调研课题11个,其中中共福州市委重点课题2个,盟省委课题3个,中共福州市委统战部课题3个,市政协理论研究课题3个。盟员论文《新形势下政协新闻宣传工作的探索实践》在市政协理论研究会上做发言交流。

向市政协、盟省委、市委统战部等报送信息231条。其中,被全国政协综合采用1条,中央统战部综合采用1条,盟中央采用9条,省政协采用25条,省委办、省委统战部采用2条,市委办采用18条,共有13条信息获省市领导批示15件次。民盟福州市委会获评2011年民盟福建省信息工作组织一等奖,获“福州市统战系统信息工作先进单位”称号。3名盟员被评为市政协优秀信息员,1名盟员被评为民盟省委信息工作先进个人,1名盟员被评为统战系统信息工作先进个人。

【政治学习】 组织学习中共十七届六中全会、十八大精神和民盟十一大精神,继承和发扬民盟优良传统,践行“同心”思想和社会主义核心价值体系活动,把中共中央、民盟中央的新精神、新要求贯穿于实际工作之中。学习《关于转发〈中央统战部关于认真学习胡锦涛总书记在党外人士迎春座谈会上重要讲话精神的通知〉的通知》《关于转发胡锦涛总书记在省部级主要领导干部专题研讨班上重要讲话精神的通知》《关于学习贯彻中央统战部〈关于坚定贯彻“同心”思想,奋力推进“同心”实践的通知〉精神的通知》等重要文件精神。组织参观“3820”工程成就展。

【组织建设】 发展新盟员78人,平均年龄37.2岁,其中具有中高级职务或职称的占33.4%,教育、文化、科技3个主界别占46.3%。在市政协十二届一次会议上,主委林治良当选为政协副主席,盟员刘福莲、兰志红、郭丽莎、翁陈岚当选为政协常委;在市人大十四届一次会议上,盟员江瑞平当选为人大常委;在福州市马尾区第九届人大常委会第一次会议上,盟员林群慧被任命为马尾区环境保护局局长;在中国民主同盟福建省第十三次代表大会上,主委林治良当选为民盟福建省委副主委。

【社会服务】 盟市委在挂钩帮扶的永泰县盖洋村、新厦社区开展春节慰问和扶贫活动,送慰问金6000元,更新盖洋村村委办公家具和办公电脑,组织医疗和法律界盟员在社区开展义诊、法律

12月20日,市政协副主席、盟市委主委林治良主持召开常委会学习贯彻中共十八大精神

咨询活动。为盖洋村争取市科技局立项并获得扶持项目经费10万元，帮助盖洋村建立油茶高产试验示范林20公顷。在福清、连江等地开展农村烛光教育行动，就教师中考、高考备考，日常教研及学生考前心理辅导等问题举办专题讲座。配合盟省委开展帮教活动，帮助未教（未成年劳动教养）学员组织乐队，举办书法、国画培训班，举办新春文艺演出；为省未教所和福州市第八医院结对牵线搭桥，协助解决未教人员就医困难的问题；帮助省未教所协调解决其电费从企业收费改为民用和办公收费，缓解其经费困难的问题。

（王 翀）

农工党福州市委会

【概况】 2012年，农工党福州市委会有党员1470人，新发展党员42人。党员平均年龄52.7岁，中高级职称占79.4%，医卫界占60.3%，教育界占24.8%。担任各级人大代表22人，政协委员75人，27人担任各级特约监督员，全年提交集体提案14件。农工党福州市委会主委郑新清当选为农工党福建省第十一届委员会副主委和农工党中央第十五届委员会委员。市委会被市委统战部评为“2011年度社情民意信息工作先进集体”，被农工党福建省委评为“2009—2011年度信息工作标兵单位”“农工党福建省树立和践行社会主义核心价值体系优秀市级组织”。

【参政议政】 向福州市政协十二届一次全会提交集体提案14件，并在大会作《关于加快福州山水城市绿色廊道系统建设的建议》的发言。《关于进一步推进福州市公共文化基础建设的建议》被市政协列为重点提案，相关建议纳入文化强市建设规划并转化为具体的政策举措。《尽快制定〈福建省公共信用信息条例〉的议案》和《关于制定〈福建省城市内河管理办法〉的议案》被福建省十一届人大六次会议主席团立案。

完成调研文章24篇，其中市各民主党派、工商联2012年重点课题2项，农工党福建省委重点课题1项，《综合开发利用海岛资源，促进福州海洋经济发展》调研文章被中共省委政策研究室的《调研文稿》刊登，《推进全民健康生活方式行动，提高我市人民健康水平的建议》和《基于城乡统筹视角的福州乡村旅游发展现状、问题及对策》被《福州调研》采用。《关于福州生态城市建设的若干建议》获“2011年度福州市优秀调研课题成果二等奖”。15篇调研文章报送农工党福建省委，获2012年度农工党全省优秀论文一、二、三等奖各2篇。向农工党中央、农工党福建省委、市政协、市委统战部报送理论文章15篇，其中《民主党派利用微博加强政治参与的思考与探索》获福建省统战理论研究优秀奖，入选市政协第七次理论研讨会论文选编。

上报的200条社情民意信息中，全国政协采用4条，中央统战部采用9条，农工党中央采用10条，省委办公厅和省政协采用51条，市委办公厅和市政协采用49条。《关于打造鼓岭新名片的几点建议》《尽快解决福州市城市内涝问题的建议》等11条信息获省市领导批示13次，1条信息获市政协好信息三等奖，受农工党中央、农工党福建省委、市政协、市委统战部“信息工作先进个人”表彰6人次。

【政治学习】 把学习中共十八大、农工党十五大作为2012年宣传思想工作主要内容，举办4场迎接十八大系列活动，通过制订学习计划、下发学习通知、购买学习资料、邀请省委党校教授作辅导报告等形式学习十八大精神，与学习农工党十五大和中共市委十届五次全会精神结合起来，以开展学习践行社会主义核心价值体系活动推动自身建设，组织骨干党员赴重庆参观中国各民主党派历史陈列馆、赴腾冲参观滇西抗战纪念馆，加强爱国主义教育，增强党员投身农工党事业的责任感。全年组织中心组学习8次，机关干部学习31次。选送31人次党员参加中央社院、福建省社院、福州市委党校、农工党福建省委和市政协组织的培训班，100人次党员参加农工党市委会举办的各类培训班。

【组织建设】 成立中心学习组，制定主委、常委、全委会议工作规程和领导班子工作分工制度，完善《骨干成员述职办法》。全年召开主委、常委、全委会议和中心组成员学习会议13次。制定《基层组织工作考核办法》和《联络员工作规定》，促进基层组织规范化、制度化建设。完成10个支部的换届工作，成立闽江学院支部、市二医院总支和福州东南眼科医院支部。贯彻落实《中共中央关于加强新形势下党外代表人士队伍建设的意见》，向市委统战部推荐处级、科级等后备干部46人。参加农工党福建省第十一次代表大会，主委郑新清当选为农工党福建省第十一届委员会副主委，6名党员当选为委员，常委刘迎红当选为监督委员会委员；6名党员当选农工党全国十五大代表，主委郑新清当选农工党中央第十五届委员会委员。

【社会服务】 组建由170名党员组成的农工党福州市红十字志愿服务队，发挥医卫、法律界别优势，开展各项志愿服务活动。市委会妇女工委与市妇联联合开展“春蕾助学”活动，将基层组织的2.2万元捐款资助2名高中女生和20名九年义务教育阶段的贫困女童。东南眼科医院支部与市人口福利基金会、市残联合作，为福州市各区县1619名贫困患者实施复明手术，免除医疗费用270万元。承办两岸中医药专家健康咨询活动，60多名来自中国台湾地区和新加坡的中医药专家与省市中医药专家一起为2000名福州市民进行健康咨询服务。筹集2.45万元资金开展春风送暖活动。捐资5000元支持永泰同安镇同安村道路硬化建设，为同安村、宁化、凤凰社区特困家庭送4500元的春节慰问金和慰问品。联合市红十字会和五城区工委开展“春风送暖进社区”春节慰问活动，为35户困难群众送去慰问品和春联，为文明共建单位菖蒲社区和洋头口社区捐赠4台电脑。

开展“绿色经济与健康”为主题的第五届“中国环境与健康宣传周”活动9场，90名党员专家参与，受益群众达1800人次，发放药品、毛巾等环保物资和2600多份宣传材料。在第二十四届中国“国际科学与和平周”活动中，各级基层组织围绕“促进科学发展、推动文化建设、共建和谐社会”主题开展义诊活动5场,主题科普宣传活动2场,为社区老年人的普法知识讲座1场,参加党员72人,受益群众近2000人,送药价值4万元,资助3名小学生学费3000元。

(林 风)

民建福州市委会

【概况】 2012年,民建福州市委会有会员922人,平均年龄53.1岁。具有各类专业技术职称的667人,占72.3%;经济界人士751人,占81.2%。担任各级人大代表15人,政协委员61人,特邀人员31人,全年提交提案12件,报送各类信息200条。

民建福州市委被民建福建省委评为2010—2011年度全省新闻宣传工作先进单位。11名会员被民建省委评为2010—2011年度全省新闻宣传工作先进个人。2名会员被民建中央评为2007—2011年度社会服务工作先进个人;民建福州市企业家委员会被民建中央评为社会服务工作先进集体。9名会员被民建福建省委评为2007—2011年度社会服务工作先进个人。民建福清市委、晋安区工委、仓山区工委被民建福建省委评为2007—2011年度社会服务工作先进集体。

【参政议政】 在年初召开的市政协年会上,市委会围绕现代服务业、交通、旅游等方面向大会提交10篇集体提案。大会发言《关于借鉴台湾经验加快发展福州现代服务业的建议》被《福州日报》摘要刊载。《关于构建无物业管理老旧小区长效治理机制的建议》被市政协列为2012年市政协重点提案。

完成调研报告及论文43篇,选出12篇作为提案。其中,《进一步发展我市小微企业的建议》被市委统战部采用报送中共福州市委办公厅;《关于加快福州现代服务业发展的调研》被省民建采用;《进一步发展我市文化创意产业的建议》报送市政协;《关于加强我市物联网产业发展的建议》在《福州调研》第32期全文刊载。完成市委统战部调研课题《发挥党派优势,服务福州科学发展新跨越》的子课题《关于加快马尾新城建设的若干建议》调研任务。《借鉴台湾经验加快发展福州现代服务业的建议》(刊登在《福州调研》第43期)被中共福州市委办公厅评为2011年度市优秀调研课题三等奖。完成统战理论研讨文章2篇,政协理论研讨文章1篇。其中《论民主党派对推进“十二五”民生发展的独特作用》一文获2011年度全市统战理论研究优秀成果三等奖。

召开民建全市信息工作培训会议。全年报送信息200篇,其中被中央统战部采用4篇,省委办公厅采用5篇,省政协采用21篇,市委办公厅采用37篇,市政协采用9篇,8篇得到市领导10人次批示。1名会员被评为2011年度全市政协系统信息工作先进个人。1名机关干部被市委统战部评为2011年度统战系统信息工作先进个人。

【政治学习】 组织学习中共十八大和民建十大会议精神。组织中心组和机关干部集中收看会议召开的实况直播及相关新闻节目,组织机关干部及部分会员参加市委统战部召开的学习贯彻中共十八大精神动员大会和专题辅导报告会,组织学习胡锦涛、温家宝、贾庆林等中央领导重要讲话精神。学习贯彻《关于加强新形势下党外代表人士队伍建设的意见》。组织参观福州市实施“3820”工程20周年成就展,发动会员选送书画、摄影作品参加市政协“迎新年,颂和谐”书画摄影展。

开展同心思想、社会主义核心价值体系主题教育实践活动。向全市各基层组织下发《关于学习贯彻中央统战部〈关于坚定贯彻“同心”思想,奋力推进“同心”实践的通知〉精神的通知》。制订“同心”实践活动实施方案。组织参加省市民建、省直工委会联合举办的《学习孙起孟高尚品德,践行社会主义核心价值体系》专题讲座。

【组织建设】 重新修订主委会、主委办公会议、常委会、全委会等会议制度,建立健全领导班子成员分工、联系基层组织等制度。发展37名新会员,平均年龄36.6岁,大专以上学历占100%,经济界会员占78.4%,新社会阶层人士占62.2%。

在省民建八次代表大会上,有10名会员当选民建福建省第八届委员会委员,其中3名会员当选民建福建省第八届委员会常委,1名会员当选为监察委委员;王宗华当选民建福建省第八届委员会副主委;在民建十次全国代表大会上,王宗华还当选民建十届中央委员。

【社会服务】 民建市委会领导先后到福建中金在线、中正药业等13家会员企业走访调研。组织企业家会员参加省

4月13日,民建福州市委、民建台江区工委和企业家委员会联合在台江中选社区开展服务进社区活动

民建举办的投融资项目论坛，并组团赴厦门参加以"两岸产业合作，绿色物流先行"为主题的"第五届(2012)海峡物流论坛"。

春节前夕及中秋节，赴挂钩帮扶的台江迎晖、中选社区慰问困难户，送慰问金和慰问品。联合民建台江区工委、企业家委员会在台江中选社区开展服务进社区活动，为社区群众提供义诊、法律咨询和就业岗位，捐赠药品，走访慰问8名贫困户。组织企业家会员，会同市审计局到共同挂钩帮扶永泰东洋村开展春节慰问活动，送慰问金5000元。会员企业中正药业有限公司在东洋村建立近20公顷的中药材种植基地。6月，民建福州市妇女委员会、企业家委员会先后前往福州市第二福利院开展献爱心活动，捐赠4万多元的日用品和衣物，并购买爱心工艺品和盆栽近1万多元。9月，民建企业家委员会再次联合鼓楼工委前往市第二福利院开展中秋慰问活动，送上2万元的大米、油、黄豆、猪肉、月饼等物品。市委会和市人大内司委一同前往市第二福利院开展联合调研活动，推动解决人员编制和经费问题。

(余端乐)

致公党福州市委会

【概况】 2012年，致公党福州市委会有党员788人，新发展党员31人。党员平均年龄54.5岁，中上层人士占77.5%；中高级以上职称占70.8%。有18人在政府机关和司法部门担任副科级以上职务，担任各级人大代表19人次、各级政协委员74人次，全年提交提案、议案和建议74篇。

获"致公党中央社会服务工作先进集体""致公党福建省委2007—2011年度先进集体""致公党福建省委2011年度调研和提案工作先进集体""2011年度反映社情民意工作先进集体""2011年度全市政协系统反映社情民意工作先进集体""2011年度全市统战系统反映社情民意工作先进集体"称号，有45人次获市级以上单位表彰。

12月20日，举办"中国致公党福州市委员会成立30周年庆祝大会"

【参政议政】 在省、市"两会"期间，提交提案、议案和建议74篇，其中在省十一届人大六次大会上提交个人建议32篇；在省政协十届五次大会上提交个人提案3篇；在市人大十四届一次大会上提交个人建议6篇；在市政协十二届一次大会上作《构建投资平台，促进榕商产业升级》的大会发言，提交集体提案10篇、委员个人提案23篇。《关于促进福州社会志愿服务体系建设的建议》的集体提案和《对城区内河综合整治的意见和建议》的个人提案被市政协列为重点提案，《关于发展海西戏曲动漫产业》获评省政协优秀个人提案。向省委统战部、市政协及市委统战部推荐提交相关理论文章9篇次，其中《充分发挥民主党派在人民政协中的利益协调作用》被市政协理论研讨会采纳。

组织课题组赴福清、连江、罗源、平潭等地实地参观调查，完成调研文章31篇。其中，《提升福州海洋经济实力，推进"海上福州"建设》被《福州调研》和《闽都通讯》刊登，《加强福州与平潭物流业合作的对策建议》被《福州调研》刊登，《做大做强我省平潭综合实验区物流业的对策建议》获第八届"全面推进海峡西岸经济区建设·建言献策论坛"优秀调研论文三等奖；《在福州城市规划、设计与建设中彰显城市特色的思考》获中共福州市委2011年度重点课题优秀成果一等奖，《福州海洋文化与福州旅游》等3篇调研文章被区域经济发展论坛年会采纳。

编辑上报的社情民意信息233件中，被全国政协、中央统战部采用10件，被致公党中央采用12件，被《八闽快讯》、省政协专报采用52件，被中共福州市委办公厅、市政协专报采用41件。《关于进一步贯彻落实〈民办教育促进法〉的建议》和《党员干部参与宗教、迷信、民间信仰活动日渐增多应引起高度重视》获国家领导人批示，《台胞期盼尽早开通福厦到金马的空中紧急医疗救护航线》等7件信息获中共省委领导批示。

【政治学习】 组织学习中共十七届六中、十八大会议精神、《中共中央关于加强新形势下党外代表人士队伍建设的意见》文件精神和中共福建省委第九次党代会、中共市委第十次党代会精神、中共福州市委落实"八项规定"实施意见，以及致公党中央十四大、致公党省委八大等重要会议精神。完善领导班子、机关干部、骨干党员三级学习教育平台，召开中心组学习4次，举办暑期读书班、新党员培训班、专题报告、宣讲活动等20余场，更新宣传展板4版，选送骨干党员参加省、市社院、中共市委党校以及致公党中央、省委组织的各类学习班12人次，通过市政协、市委统战部等单位的各类教育平台培训党员200多人次。

【组织建设】 召开致公党福州市七届二次全委(扩大)会，选举产生参加致公党省委八大代表34人，推荐出席致公党中央十四大代表候选人6人。完成致公党福清市委14个支部换届和台江工委班子调整工作,增补马尾工委委员1人,增补直属闽侯支部副主委1人。全年,召开主委会8次,主委电话联系会6次,常委会议5次,市委全委扩大会议2次,老同志通报会4次。在致公党福建省第八次代表大会上,市主委鄢萍再次当选为省委副主委,罗恩平、陈京香当选为常委,林茂清、任义文、陈文炳、陈予当选为委员。

【纪念致公党福州市委会成立30周年】

12月20日,举办"中国致公党福州市委成立三十周年庆祝大会",200多名致公党员参会。举办"致公党福州市委成立三十周年回顾展",大会表彰先进集体5个,优秀党员39人,参政议政工作先进个人10人。

【海外联谊】 接待缅甸福州三山同乡会商贸考察团、菲律宾中国洪门联合总会访问团、印尼福清社团总会、澳洲福州同乡会、美国福建同乡会、世界福建青年巴西联会、英国福建企业家协会、希腊驻华总领事康斯坦丁一行等宾客300多人次。出访印尼、菲律宾、新加坡和马来西亚等国家和地区,宣传福州经济社会发展的新成就。涵养新侨资源,与致公党省委联合举办2012年海外华裔青少年"中国寻根之旅"夏令营(福建营)。

【社会服务】 依托海西"春风·春雨·光彩"行动和"同心·民生工程"平台,引导基层组织、骨干党员参与下乡义诊、扶贫助困及"送教下乡"等活动6次,服务对象超过1000人次,捐赠物资3万多元。组织企业家党员赴闽清"致公小学"认助优秀贫困学生12人,捐资改善教学设备,并开展送医、送教活动。为闽清雄江镇梅洋村的金银花种植技术培训基地提供技术帮扶,为20个贫困户送价值1.2万元的慰问品。

(陈　锋)

台盟福州市委会

【概况】 2012年,台盟福州市委会有盟员97人,新发展盟员6人。盟员平均年龄53岁,具有中高级职称39人,担任各级人大代表6人,政协委员26人,全年提交提案、议案、建议34件。在台盟福建省委会第九次盟员代表大会上,市政协副主席、台盟福州市委会主委郑建闽当选台盟福建省委员会主任委员。台盟市委会第四次获评台盟中央2012年度地市级组织参政议政先进集体,1人获评台盟中央信息工作先进个人,并连续5年获评参政议政先进个人。

【参政议政】 在全国以及省、市"两会"提交提案、议案、建议34件,向中共市委统战部、市政协等部门报送信息200多条,87篇次被中央、省、市有关部门采用,12篇得到省、市领导批示。完成《福州市农村土地整治工作调研报告》《关于构建现代农产品流通体系的若干思考》《关于农民工维权难问题的思考与建议》《关于新生代农民工政治参与的思考与建议》《关于加快福州市观光休闲农业产业发展的建议》等调研课题,其中《福州市农村土地整治工作调研报告》被省台盟确定为重点调研报告。

【政治学习】 组织学习中共第十八次全国代表大会精神、"同心思想"、全国"两会"精神、中共中央领导考察福建重要讲话精神、中央统战部《关于加强新形势下党外代表人士队伍建设的意见》文件精神等。邀请省委会原副主委陈正统,省社科院台研所原所长吴能远,全国人大常委、台盟中央常务副主席汪毅夫为盟员,联系台胞开展季度学习讲座,帮助了解台盟盟史,掌握两岸政治经济情势的第一手资料。

【组织建设】 加强台盟梯队建设及后备力量的培养,推荐市委会兼职副主委黄晓东赴中央社院参加民主党派干部进修班,1名盟员机关干部赴市委党校参加党外干部培训班,7名盟员参加台盟福建省委会骨干盟员培训班。全年发展6名台胞入盟。

【服务榕台交流】 协办"榕台青年夏令营"联谊活动,促进两岸学生的交流。协助并参与第三届海峡两岸船政文化研讨会,扩大船政文化在海内外的影响力。通过各种渠道向台湾岛内乡亲宣传福州的各项投资优惠政策,鼓励、动员岛内台商到福州投资。深入台企了解情况,将台商在投资中遇到的问题以及对福建省建设平潭综合实验区的意见建议向有关部门反映。全年接待台湾客人6批62人次,走访慰问台商60人次。

【社会服务】 捐助公益事业3万元。赴永泰慰问挂钩的清凉镇村尾村困难群众和下派干部,同时与村尾村结对共建签约;赴连江县东风村慰问困难学生;走访结对社区鼓楼区福屿社区,慰问困难群体;"三八"节组织女盟员慰问福州第二福利院,送慰问品,并通过捐献衣物、义卖工艺品等方式帮助福利院的孤残人员;组织农业专家帮助规划福利院内的"开心农场",联系爱心企业永泰县丰园蔬菜育苗有限公司为其提供种苗。

(谈张德)

九三学社福州市委会

【概况】 2012年,九三学社福州市委会有社员612人,平均年龄51.71岁,其中高级职称占50%,中级职称占40.2%。有14人担任各级人大代表,69人担任各级政协委员,23人担任各级特约监督员,全年提交提案、议案和建议158件。社市委主委林绍彬当选为市政协副主席、社中央委员和社省委副主委,副主委吴茗、社员林实当选为市政协常委,副主委侯爱平当选为市人大常委,陈宁当选为社省委常委,吴茗、陈向群、罗枫当选为社省委委员。

社市委获九三学社中央第二十三届中国"国际科学与和平周"突出贡献奖,被九三学社福建省委评为2011年度参政议政工作先进集体,3人被评为九三学社中央参政议政工作先进个人,7人被评为九三学社福建省委参政议政工作先进个人。

【参政议政】 围绕党委、政府中心工作热点、难点问题开展调研活动,全年完成9件重点调研课题。其中,中共福州市委重点课题2件,社省委课题4件,市政协理论研讨课题2件,市统战理论研讨课题1件。统战理论文章《民主党派基层组织参政议政刍议》《加强网络舆情引导管理,推动社会管理创新》分获全市统战理论研究优秀成果三等奖和优秀奖。

在2012年召开的各级"两会"上,社市委提交提案、议案和建议158件,其中全国政协13件,省政协7件,市政协48件(其中19件提案为党派提案),市人大17件,区县级人大政协73件。在全国政协十一届五次会议大会上,《关于进一步完善公立医院补偿机制的建议》《关于加强文化创意产业知识产权保护的建议》2件提案被作为书面发言,《廉价药"濒危"需引起高度重视》被社中央作为党派提案。在市政协十二届一次会议上,社市委大会发言《让知识产权保护为创意产业保驾护航》,党派提案《关于扶持小微企业的建议》被市政协列为重点提案,《关于加快福州市"三旧"改造的建议》获省委常委、市委书记杨岳批示。《依靠科技进步推进我省海洋经济发展的建议》《关于加强文化创意产业知识产权保护的建议》2件调研文章被社省委选为省政协大会发言材料,《关于大力推广城市立体绿化的建议》等5件提案被社省委选为省政协党派提案,其中《关于解决城市市区停车难的几点建议》被省政协列为重点提案,得到孙春兰、苏树林、杨岳、王蒙徽等省市领导的批示。

编辑上报社情民意信息226件,其中,被全国政协办公厅采用1件,中央统战部采用14件,九三学社中央采用4件,省政协采用47件,省委办采用12件,市政协采用14件,市委办采用76件,被采用专报件得到省市领导23人次批示。在社省委、市政协和市统战系统2012年信息通报中,社市委信息总得分排名均居第一位。其中,《进一步做好防洪涝防台风工作的工作》被省政协采用并得到省委书记孙春兰批示;《建议加强民用建筑地下防空设施管理维护》被省政协采用并得到省长苏树林批示;《加大福州三坊七巷深度开发利用的建议》《拆除洪山大桥、洪塘大桥重建应慎行》分别被省政协专报和市委办采用,并得到省委常委、市委书记杨岳批示;《农民工子弟学校周边道路和卫生安全亟待整治》《城市路边和公园种植的有毒花草亟待加强管理》《建议规范早教市场,引导科学早教》被省政协采用并得到省领导批示;《抓住习近平副主席访美谈鼓岭机遇做好鼓岭旅游开发》被市政协采用为专报件并分别得到省委常委、市委书记杨岳和政协主席方清海批示;《高昂的园区物业费亟待规范和减免》等6条信息得到市长杨益民批示;《建议关注"三证"不全进城务工人员子女入学难问题》《党外人士建议尽快全面启动第八届全国城运会宣传工作》获市领导批示。《打击非法医疗卫生广告刻不容缓》等2件社情民意信息被社省委评为2011年度好信息。社市委被评为2011年度市统战系统信息工作先进单位,机关信息员被评为市政协反映社情民意信息工作先进个人和市统战系统信息工作先进个人。

2月16日,全国政协委员、市政协副主席、九三学社市委主委林绍彬在全国两会前夕赴永泰县调研小城镇建设和医疗改革工作情况

【政治学习】 社市委和各基层委员会组织并参加各类学习中共十八大会议精神的学习会、报告会和专题讲座。开展树立和践行社会主义核心价值体系活动,召开学习中共十八大会议精神暨践行社会主义核心价值体系总结表彰会。组织开展向杨佳、刘瑞玉学习的活动,以座谈会、征文等多种形式激发社员立足本职做贡献、社务工作出成绩的热情。社市委被评为九三学社学习践行社会主义核心价值体系全国和福建省先进集体、社章社史知识竞赛活动组织奖二等奖,3名社员被社省委评为先进个人。

【组织建设】 完成社马尾区工委及其所属3个支社的换届,台江区工委、仓山区工委、市二医院支社、仓山第三支社的届中调整。全年发展新社员28人,女社员占33.17%。有4名社员当选为市人大代表、14名社员担任市政协委员。安排11人次参加中共省委统战部、社省委、中共市委统战部在中央、省、市社院举办的各类培训班,提高后备干部的理论与实践能力。

【社会服务】 以"同心·智力行"为主题,开展社会服务工作。社市委承办社省委第24届中国"国际科学与和平周"启动仪式活动,在福清东翰镇卫生院组织开展送医送药、健康专题讲座、赠送图书、医疗器械及健康书籍等活动,组织10余名医疗专家为当地群众义诊,受益群众200多人;对晋安区华美、砌池社区10个贫困户进行帮扶,与贫困家庭座谈,送年货和慰问金;联合市红十字会到下派干部捆绑帮扶村罗源县王庭洋村开展春节慰问活动,了解村民生产生活情况,并为10户低保困难户送上慰问品;发动社员捐赠生活、学习用品,为福州市第二福利院残疾人送去慰问品;与社闽侯基层委员会联合在闽侯县洋里乡开展"国际爱眼日"宣传义诊活动,义务为山区群众进行白内障、青光眼疾病检查和眼病预防知识宣传,免费发放老花镜、放大镜200架,发放眼药价值数千元;与社仓山区工委、晋安区工委在晋安区宦溪镇、茶园街道开展健康咨询、义诊、科普宣传和猜谜等活动;连江支社在革命老区连江县透堡镇参加下乡义诊活动,为500多名当地群众进行义诊、健康咨询和测血压、测血型等服务,免费发送近万元药品和近千份健康宣传材料。

(吴陈勇)

民进福州市委会

【概况】 2012年,民进福州市委会有会员700人,新发展会员33人。中高级职称606人,占96.1%。会员主要分布在教育界、文化界、经济界、法律界以及部分行政事业单位。在具有技术职称的会员中,有68名会员担任各级人大代表和政协委员,22名会员当选各级人大、政协常委,全年提交提案和建议案117件。市委会主委陈奇,副主委李松铨、顾顾、张兰英及常委吴文英当选为民进福建省委六届委员会委员,陈奇、李松铨当选为常委。

民进市委会被评为"2011年度福州市统战理论研究工作优秀组织奖",《民主党派民主监督探析》《践行核心体系中的参政党文化建设刍议》分获2011年度福州市统战理论研究优秀成果二等奖和优秀奖。

【参政议政】 在中共市委与民主党派、工商联第一季度座谈会上,围绕贯彻《中共中央关于加强新形势下党外代表人士队伍建设的意见》,就完善党外人士选拔任用和管理、进一步改善民主党派工作条件等方面提出建议。邀请6个对口联系单位的负责人开展座谈,交流工作情况,争取各级党委、政府对市委会工作的支持。

开展2项中共市委确定的民主党派专题调研活动,形成《加大名人故居保护开发力度,努力提升省会城市文化综合实力》和《进一步加强流动人口服务管理工作的调研报告》,刊载于《福州调研》和《闽都通讯》,送呈省、市有关领导作决策参阅。向省民进报送调研课题9项并完成调研任务,形成《合理布局城乡文体设施,发展公共文化事业》等9篇调研报告,全部通过省民进评审验收,被收录于《2012年省民进调研成果选篇》。其中,关于完善农村中小学布局调整、规范中小学课外辅导市场、合理布局文体设施等3篇调研成果被收录于《第八届海西建言献策论坛优秀调研成果选篇》,《促进我省中小学课外辅导机构规范化发展的对策思考》被评为第八届海西建言献策论坛优秀调研成果一等奖。

在2012年各级"两会"上,提交提案和建议案117件。其中,提交市政协提案30件,提交市人大建议案4件,提交县(市)区级提案、建议案86件。内容涉及"完善福州市便民自行车管理""发展我市农村敬老院""强化船政文化大众宣传与普及""加快推进我市工业集群化""规范代驾行为"等方面。在市政协十二届一次会议上,民进市委会作题为《进一步落实产业政策,加快发展我市文化创意产业》的大会发言,《关于进一步加强安置房建设和管理工作的建议》被列为2012年度市政协重点提案。

报送社情民意信息210条,其中,被中央统战部采用1条,全国政协办公厅采用1条,民进中央采用7条,省政协、省委办公厅及省统战部采用37条,省民进采用89条,市委办公厅采用28条,市政协专报件采用6条。《进一步做好防洪防台风工作的建议》(综合采用)、《党外人士对省委省政府即将开展拉练检查的反映及建议》(综合采用)等5条信息获省领导批示。社情民意信息《我市名人故居亟待保护与开发利用》《党外人士建议整治鼓山饮食摊点,实施统一管理》被市委办公厅民意专报采用,《各界人士对孙春兰书记率福建代表团访问港澳的反映及建议》被评为2011年福州市政协优秀社情民意信息二等奖。

【政治学习】 把践行"同心"思想作为思想建设的中心工作,向会员及时传达中共十七届六中全会,中共福建省第九次党代会,中共福州市第十次党代会,2012年全国、省市"两会"和中共十八大等重大会议精神,夯实多党合作的思想政治基础,全年在各类会议上组织领导班子学习10余次。以参观会史教育基地、专题学习会、扶贫助学、举办知识竞答等各种形式开展树立和践行社会主义核心价值体系活动,连江总支被民进中央评为学习践行社会主义核心价值体系先进集体。

【组织建设】 制定《民进福州市委会关于进一步加强基层组织建设的意见》,推动基层组织工作进一步规范化、制度化。完成鼓楼工委等5个区工委的领导班子调整,完成晋安一支部、晋安二支部、马尾综合支部、延安中学支部、鼓楼幼教支部、财金职专支部、屏东中学支部等7个支部的换届工作。制订《民进福州市委会选举产生民进福建省第六次代表大会代表方案》,召开民进福州市代表大会,选举出席民进福建省第六次代表大会的代表30人。

发展新会员33人,具有技术职称的24名会员均为中高级职称。新会员来自于教育、经济、医卫、科技、法律等各界别,其中教育界18人,占54%。组织新会员培训、信息员培训2次,3名新委员、6名骨干会员分别参加各级各类学习培训。

【社会服务】 前往浦下社区、连辉社区和闽清县东桥镇安仁溪村开展春节慰问活动,为贫困户送去慰问金和慰问品。前往福州市第二福利院慰问孤残少年儿童,并送去草席、衣物等生活用品。组织10余名医护界和律师界的会员前往浦下社区开展义诊及法律咨询活动,为社区居民提供医疗及法律咨询服务。为晋安区农民工子弟学校捐赠课桌椅,帮助学校改善教学条件。为安仁溪村协调筹措库区水利建设资金30万元,农业资金15万元和救灾款5万元。

(黄庆华)

福州市工商业联合会

【概况】 2012年,福州市工商联发展新会员2145家,会员总数2.19万家(不含在省外的市级异地商会会员)。上报社情民意专报4篇,征集榕商回归投资意向项目228项,实施社会服务对口帮扶项目383个。福州异地商会工作被全国工商联授予"工商联(商会)工作十大创新"品牌称号。

【参政议政】 就小微企业、纺织业、钢铁业和融资性担保业发展中的共性问题进行调研,及时反映民营企业诉求和建议。《关于建议支持部分商会和民企建设总部大厦的建议》得到市长杨益民批示,促成市规划局和有关商(协)会等进行专题协调;《对制定我市小微企业扶持政策的若干建议》被市政府采纳作为《扶持中小微企业发展若干意见》等政策性文件的重要内容;《扶持和引导非公企业培养技术人员的建议》等4篇民情专报被市委《福州信息民情专报》采用。市政府建议制定《关于促进三维项目对接的实施意见》等政策文件采纳市工商联提出的意见。

【回归工程】 制定《关于进一步推进回归工程的若干意见》,为异地榕商回归创新创业发展提供政策保障。建立健全市县两级和异地商会回归办工作机构,开通回归工作QQ群和回归项目征集邮箱,畅通网上征集回归项目渠道。组织7支小分队分赴异地福州商会,筹备6名市领导分赴11个城市福州商会开展回归政策推介活动。举办"榕商回归故乡行"活动,征集一批回归意向项目。优选3个投资环境优良和发展潜力大的工业园区加挂"回归产业园"牌子,实行"一个园区、两块牌子、一套人马、共同招商"的管理模式,引导榕商回归项目向市产业园区集聚。完善"回归工作流程图",对征集到的回归项目,制定对接跟踪制度和回归项目落实进度周通报制度,形成回归项目征集和跟踪落实的长效机制。全年共征集榕商回归投资意向项目228项,累计全市共投资2734亿元。

10月22日,福州市"回归工程"招商政策宣传推介活动动员部署会

【规范商会管理】 制定《福州市工商联直属行业商会(协会)管理办法》《关于加强异地商会工作制度建设的若干意见》《关于促进异地福州商会发展的若干意见》等文件,促进基层商会治理规范化。协调推动11家在榕异地商会、行业协会完成社团法人登记,确立商会(协会)组织的社团法人地位,依章自主开展活动。设立非公经济健康发展等4个专门工作委员会,加强与会员的沟通联系。

【会员服务】 把促进会员企业特别是中小微企业加快转变发展方式作为工作重点,开设"榕商频道商务平台",推介会员企业及其产品,开发商会资源,拓展新市场,扩大营销渠道。引导基层商会加强银会合作,创新增信授信模式,500多家会员企业获得银行融资超过15亿元,缓解会员企业融资难问题。举办强企惠企政策培训班和专题讲座,鼓励企业用好用足各项政策。促成会员企业建立4个院士工作站、15个专家工作站。开展会员企业专业技术人员职称评审,评定初级职称85人、中级职称68人、高级职称59人。

【社会服务】 全市各类商会(协会)和非公制企业家通过"榕商联村"等形式,对口帮扶383个项目,帮扶金额1.71亿元,惠及群众36万人。实施"结对帮扶'五老'活动",帮助90名"五老"人员缓解生活困难。组织"春风行动",募集助学款19.7万元,发放助学金15.2万元,帮助152名失依儿童圆上学梦。引导会员企业参与"春暖行动""要约行动"和"和谐企业创建活动",主动输送就业岗位,关心关爱员工,筑牢和谐劳动关系。

(余　芳)

(编辑　郭进绍　陈　敏)

福州市总工会

【概况】　2012年，福州市有基层工会组织1.6万家，工会会员190.6万人。全国“五一”劳动奖章获得者5人，福建省“五一”劳动奖章获得者37人。评选命名1000家“工人先锋号”“五一先锋岗”。“两节”期间共筹措资金1581万元，走访慰问困难职工、困难劳模和新福州人2.65万户。

【职工技能竞赛】　开展“比施工进度、比工程质量、比安全文明、创‘工人先锋号’”为主要内容的劳动竞赛活动，推进福州市重点工程项目建设。开展“节能减排职工‘五个一’行动”，为推动优化产业结构升级，加快转变经济发展方式做贡献。举办“我参与·我提升”软件创新应用职工专场技能竞赛活动，推动创新型城市建设。开展“为了内河水更清，为了道路更干净，为了福州更文明”(环卫职工专场)劳动竞赛，以及以“服务优质、环境优美、平安和谐、业主满意”为主要内容的物业行业职工劳动竞赛，推动文明城市建设。全年组织149场县级以上职工技能竞赛，涵盖工种334个，参赛职工6.7万人。

【职工技术创新】　“五一”期间，表彰福州市“十佳技师”“十佳职工发明人”“十佳技术创新能手”“十佳带徒名师”“十佳职工文化工作者”“十佳创新班组”。征集617项职工创新成果参加第七届“6·18”海峡两岸职工创新成果展，获金奖115项，银奖169项，铜奖200项，获奖数占该届成果展奖牌总数的40.2%。征集83项职工创新成果参加第七届国际发明展览会，获金奖21项、银奖26项、铜奖16项，并有5个项目获得专项奖，金奖和专项奖数量位居全省首位，福州展团连续6年被评为优秀展团。举办第四届“我为企业发展献一计”全市职工“金点子”大赛，参与职工34万人，提出“金点子”11万多条，评选出金奖10条，银奖20条，铜奖30条。

【职工素质教育】　开展“坚定不移跟党走”“喜迎党的十八大”“学习宣传贯彻党的十八大精神”职工主题教育活动。全市建立职工道德讲堂117个，开展主题教育活动386场。开展“创建学习型组织，争做知识型职工”活动，推进100个职工职业技能实训基地建设，教育引导职工自觉提高职业技能水平。加强“职工书屋”建设，探索职工网络阅览室、职工电子图书馆等新形式，丰富职工精神文化生活。引导职工参与“清洁家园”“争当文明市民”“负责任做产品”等深化文明城市创建活动。推动职工文化社团和文化阵地建设，推进工人文化宫改扩建工程建设。

【职工权益维护】　加强工会源头参与工作，在坚持政府与工会联席会议制

4月27日，福州市庆祝“五一”国际劳动节大会，省委常委、市委书记杨岳出席大会并向新命名的市级工人先锋号集体授牌

度基础上，与市人大内司委建立联席会议制度，与市中院、市人社局建立劳动争议调解工作联动机制，与市司法局签订法律援助、法制宣传合作协议，与市信访局、市人社局建立职工信访办理工作联席会议制度，在全省率先构建"1+4"社会化职工维权机制。参与涉及职工利益的法律、法规、政策，以及企业改制安置方案的制订、论证，代表职工提出意见、建议。加强"12351"职工维权热线建设，拓宽职工利益诉求渠道，受理职工各类信访案853件次，比降29.1%。推动职代会、厂务公开民主管理工作，全市建会企业职代会、厂务公开建制率均达95%以上，高于全省平均水平。开展劳动法规宣传教育和"安康杯"竞赛活动。加强工会劳动保护监督队伍建设，工会小组劳动保护检查员实现全面培训持证上岗。开展工资集体协商"要约行动"，全市签订工资专项合同4962份，覆盖建会企业3.13万家，覆盖职工138.7万人，占已建会企业的97.7%。推进"和谐企业"创建工作，命名表彰第二批"福州市和谐企业"219家。

【职工帮扶服务】 深化"春风行动"送温暖工作，开展"春送岗位""夏送清凉""金秋助学""冬送温暖"系列帮扶活动。举办为困难职工送温暖，为外地在榕建设者送车票、包专机等，为坚守工作岗位的建设者送文化、送年夜饭等系列活动。举办第三届新福州人集体婚礼，调动新福州人发展、创业的积极性。实施女职工"关爱行动"，为2万名女职工实施免费体检。开展职工医疗互助活动，第二期参加职工13.35万人，补助3016人次，补助金额618.07万元；第三期参加职工19.83万人，补助92人次，补助金额18.47万元。启动"关爱环卫工人10年行动计划"，全市依托职工服务中心建立120多个环卫工人服务站，发动爱心医疗机构为3000多名环卫工人免费体检，帮助改善环卫工人生产生活条件。该活动受到中央电视台新闻频道、新华社、中新社、《工人日报》等媒体的关注，各媒体转载量突破230余条(次)。

开展工会"面对面、心贴心、实打实服务职工在基层"活动，市县两级工会走访企业5583家，访问职工4万多人，与2139名工会干部、职工结对子、交朋友，累计召开86场基层工会干部和一线职工座谈会，下发调查问卷5972份，慰问困难职工2.5万多人，发放慰问金1500多万元，为企业、困难职工解难题、办实事613件次。

【工会组织建设】 开展基层工会建设年活动，开展组建工会和发展会员"百日攻坚"行动，推动基层工会组建工作。抓好非公企业建会工作，推进劳务派遣企业建会和劳务派遣工入会，加大县级以下行业工会联合会的建设。开展"职工之家"创建工作，推荐福建省模范职工之家25家，命名福州市先进职工之家94家、职工小家51家。推荐评选县级工会标准化建设达标单位5家，县级工会工作机制创新项目1个。实施"工会组织亮牌子，工会干部亮身份"工程，举办全国工会"双亮"示范单位推进工作情况汇报交流会。加强工会干部培训工作，选送164名工会干部参加全总、省总举办的各类培训班，市总本级举办各类培训班43期，培训人数达3000余人次。

(陈丽燕)

共青团福州市委员会

【概况】 2012年，福州市有团组织2.4万个，团员总数41.89万人。团市委组织引导青年加强思想政治学习，参与服务"五大战役"重点项目工程建设、大都市区构建、全国文明城市创建等工作，联合金融机构发放青年创业小额贷款2755.5万元，扶持创业青年525人。募集捐款120余万元，帮扶贫困学生近千名。

【共青团福州市第十七次代表大会】 12月11—13日在福州召开。杨岳、杨益民、周振华等省市领导，团省委主持工作副书记何明华，老团干代表赵宗信，市直有关单位领导和团员代表等400余人出席开幕式。会议回顾总结过去5年福州共青团工作，审议并通过题为《认真学习宣传贯彻党的十八大精神，团结动员广大团员青年为在更高起点上推动福州科学发展跨越发展贡献青春力量》的工作报告，选举王诵朝等39人为共青团福州市第十七届委员会委员。共青团福州市第十七届委员会第一次全体会议选举谢玲平等18人为共青团福州市第十七届委员会候补委员，选举郑立敏等11人为共青团福州市第十七届委员会常委，选举郑立敏为共青团福州市委员会书记，选举林巍、谢志成、陈忠为共青团福州市委员会副书记。

【服务经济社会发展】 服务"五大战役"重点项目工程建设、大都市区构建、全国文明城市创建等工作任务。联合国资委中央企业青年联合会，举办"央企青年企业家福州行"活动，助力"三维"项目对接。率先在市行政服务中心开展青年文明号创建，弘扬"马上就办"的工作作风。组织1028家青年文明号集体

12月11—13日，召开共青团福州市第十七次代表大会

与青年突击队结对联建,服务重点项目工程建设提速增效。组织近万人次青年志愿者服务“5·18”海峡两岸经贸交易会、“6·18”海峡项目成果交易会、“福州月·中华情”——2012年中央电视台中秋晚会等重大活动。发动近万名青少年开展“学习长汀经验,共建生态福州”植绿护绿活动。开展“全城公益一小时”和“我们一起让福州变得更美”等系列活动,服务全国文明城市创建;开展以“爱我家乡,美我榕城”为主题的省市环境综合整治系列活动。接待15个团组1300多名台湾青少年到榕考察交流,举办10余场次榕台青年经贸交流活动。

【青少年思想道德教育】 以中共十八大和纪念建团90周年、“五四”运动93周年等为契机,开展“学习十八大,永远跟党走”和“永远跟党走,青春促跨越”等主题教育活动,引导青少年坚持把个人理想与民族复兴、福建发展、福州建设结合起来。开展“红领巾·心向党”、党史宣讲、青年马克思主义者培养工程、“传承雷锋精神,参与志愿服务”等活动178场,引导青少年弘扬福建精神、福州城市精神和厚植本土的“榕树精神”,以实际行动传承“3820”工程的精神财富。

【青年就业创业服务】 在福州市行政服务中心成立福州市青年创业中心,升格YBC(中国青年创业国际计划)福州办公室,召开第一届福州市青年创业促进会会员代表大会,市财政核拨300万元资金,成立福州市青年创业基金。审核通过YBC青年创业项目28个,联合相关金融机构发放青年创业小额贷款2755.5万元,扶持创业青年525人。联合相关专业人力资源机构举办招聘会百余场,1.5万家用工企业提供30多万个就业岗位,吸引20多万人次青年求职。

【青少年权益维护】 推行“政府购买公共服务”理念,推动建立长乐青少年事务社工中心。完善“督导+社工+志愿者团队”的青少年事务社工工作网络,接触各类青少年约3万人次,开案帮扶近600名青少年,为1293名青少年提供心理咨询、法律援助、就业指导、助学帮困等公益服务,鲲鹏青少年事务社工中心获得国家民政部50万元专项财政资金支持。加强“12355”青少年综合服务平台建设,建立起以“社工+志愿者”为前沿主力,以福州青少年事务社工协会、部分县(市)区社工服务机构和市县两级预防成员单位为后台支撑的青少年事务综合服务体系;建立起4064名初中毕业未升学青少年数据库,实施跟进服务;开展“法制先锋·社工先行”“直面中高考·答好人生卷”等活动30多场,并获福建省优秀志愿服务集体等称号。

开展共青团与人大代表、政协委员“面对面”活动,征集并提交涉及青少年权益的提案、建议1013条。开展“暑期支教”“三结对三服务”等系列活动,与晋安区前屿小学等农民工子弟学校结成合作学校,为学校提供长期的针对性服务和支持。通过公益夏令营等活动,为农民工子女提供感受城市、亲情陪伴、学业辅导、自护教育和爱心结对等为主要内容的关爱与帮助,活动惠及近万名农民工子女。开展春风行动、“希望·圆梦”公益活动,全年募集爱心捐款120余万元,帮扶近千名贫困学生。

【团组织建设】 实施非公企业团建巩固提升“百千万计划”,全年实现非公企业工团联建3534家,其中新建非公企业团组织832家。健全规范“流动团员服务站”工作,覆盖服务流动团员4.3万人,建立19家异地驻榕团组织。推进乡镇实体化“大团委”建设工作,建立直属团组织3995家,覆盖团员1.94万人。开展“三进三助三促”福州市千名团干部直接联系万名普通青年活动,通过“三服务”为青年办实事326件。派出第二轮二批共6名机关团干部到基层帮扶指导工作,抽调13名高校团干部到基层锻炼帮扶,选派7名优秀银行干部到基层团委挂职。

(池信坚)

福州市妇女联合会

【概况】 2012年,福州市有县(市)区妇联12个、街道妇联43个、社区妇联487个、乡(镇)妇联130个、村妇联30个、村妇代会2165个。市妇联以建设“坚强阵地”和“温暖之家”为目标,推动解决妇女儿童相关利益问题。全年帮助城乡妇女申请创业贷款1.323亿元,组织农业技术培训7229人,资助贫困女生1394人。

【新“两纲”实施推动】 实施新一轮《福州市妇女儿童发展纲要(2011—2020年)》,深入县(市)区开展新“两纲”宣传活动。配合卫生部门,开展第二轮城乡低保妇女免费妇女病检查和农村妇女“两癌”(宫颈癌、乳腺癌)免费检查工作。入户慰问16名低保“两癌”妇女,发放“母亲天使基金”慰问款8.5万元。推进市、县两级妇女儿童活动中心建设,至年底,海峡妇女儿童活动中心累计完成投资额6263.26万元,完成桩基和地下室施工。连江、台江妇女儿童活动中心基本建成。

【创业就业服务】 搭建妇女创业平台,投入46万元作为农村妇女小额信贷贴息资金。配合财政、人社局、金融部门帮助2566户城乡妇女申请贷款1.323亿元。搭建妇女就业服务平台,举办“庆三八”女性创业就业大型专场招聘会,6000多名妇女参加招聘会。搭建女企业家经济合作交流平台,开展“银企共牵手,合作促发展”主题活动,中国邮政储蓄银行福州市分行等3家银行为市女企业家联谊会22家小微企业提供贷款4719万元。组织女企业家参加“6·18”海峡项目成果交易会,4家企业参加“6·18”对接项目签约,总投资4680万元。

以“新农村建设女性大讲堂”为载体,围绕水产、畜牧、果蔬、食用菌、花卉等五大农业主导产业,联合县(市)区妇联为农村妇女提供培训,举办培训班79期,培训7229人。扶持培育“巾帼示范村”“巾帼示范基地”,福州市满堂香生态农业基地和福清市火麒麟食用菌基地被全国妇联、科技部和农业部联合评选为“全国巾帼现代农业科技示范基地”。福州市妇联、福清市妇联、永泰县妇联被省妇联授予创建巾帼示范村(基地)先进集体称号。

深化“巾帼建功”品牌工作,在全市农信系统和邮储银行系统评选21个市级“巾帼文明岗”;在商贸行业窗口单位开展“服务创一流·巾帼展风采”活动,开展具有妇女特色和本窗口特色的优质服务,形成具有较大社会影响力的服务品牌;组织巾帼文明岗赴兄弟城市交流考察,提升全市巾帼文明岗创新能力和服务水平。

【参与和谐社会建设】 推进特色家庭创建活动。推荐12户省级五好文明家庭,举办“廉政文化、法律知识进社区”活动,在全市开展“廉政文化进家庭示范点”推荐评选活动,并为在“廉政文化进家庭”工作推进会受表彰的17个示范点授牌。拓展“平安家庭”内涵,将家庭反邪教纳入“平安家庭”创评条件。以义诊、关爱空巢老人、关爱农民工子女、机关干部街头文明劝导、植绿护绿等形式,开展巾帼志愿者服务活动。联合结对社区,开展环境卫生整治活动。在迎接全国文明城市复检期间,组织巾帼志愿者走上街头,进行文明劝导、清洁路面工作。

举办“文明和谐”——女性摄影展和“翰墨凝香”——在榕女国画家邀请展。组队参加第四届海峡巾帼健身大赛,取得2个一等奖、3个二等奖和优秀组织奖。开办“传承优秀闽都文化”道德讲堂,提升市民道德水平和城市文明程度。组队代表福建省参加全国妇女民族健身操推广交流比赛,获二等奖。

【家庭教育宣传实践活动】 联合相关部门编制实施福州市“十二五”时期家庭教育规划,组织市、县(市)区两级家庭教育讲师团成员到学校、社区、乡镇开展家庭教育公益讲座45场次,培训家长8677人次;开展福州市第十四届家庭教育论文征集活动,提升家庭教育的理论研究水平和服务实践的能力;加强家长学校建设,全市建立社区家长学校444个,组建率94.27%,同时着手建制村家长学校的组建工作。

【妇女儿童权益维护】 依托“妇女之家”在全市推广妇女维权“三制”(妇女议事制、妇女代理/协理制、妇女互助制)。在全市1676个社区(村)建立妇女议事制、调解矛盾纠纷617件次,建立村级妇女互助组1397个。母亲节期间,为883名优秀母亲、贫困母亲送去慰问款物25.9万元。加强与市中院协作,建立涉及妇女儿童合法权益矛盾纠纷诉调制度,参与婚姻家庭矛盾纠纷诉前、诉中、诉后的调解工作。健全维权网点建设,在台江区洋中街道6个社区警务室成立“反家庭暴力报警点”。开展日常信访接待和“12338”信访投诉热线工作。邀请婚姻家庭咨询师和律师为来访群众提供免费咨询服务。全市妇联系统全年处理来电来访来信1312件次,处理率100%。

利用“三八”节、“6·26”禁毒日、“12·4”法制宣传日等时节,到农村、厂区、社区开展法制宣传活动129场,发放《中华人民共和国妇女权益保障法》、《中华人民共和国婚姻法》、“平安家庭”创建、禁毒等宣传材料、宣传品近10万份。承办国际防拐项目,成立福州市项目指导委员会,在中小学、企业、社区举办5场防拐知识、生活技能、法律和禁毒培训班,受惠群众1000余人。

3月7日,市女企联与海峡银行、邮储银行、民生银行签订战略合作协议

【帮扶特殊困境儿童】 召开福州市农村留守流动儿童专题工作第三次联席会议,再次招募1017名“爱心妈妈(集体)”与留守流动儿童结对子。以“六一”等节假日为契机,组织开展百名留守流动儿童庆“六一”游园、“我心中的榕城”征文暨“走进闽都”公益夏令营等活动。筹集爱心款13.6万元,拓展留守流动儿童活动阵地。“两节”期间,筹集爱心款5.1万元,慰问贫困留守流动儿童102人。发动社会各界为贫困女生捐资助学献爱心,全年募集“春蕾款”102.74万元,资助贫困女生1394人。

【基层组织建设】 推进女性进村“两委”,全市完成2195个村换届选举任务和省妇联的目标要求。其中,女性进支委比例61.7%,较上届提高1.2%;女支书占6.3%,较上届提高1.1%;女性进村委比例100%,较上届提高33.5%;女主任占2.5%,较上届提高0.2%;妇代会主任进两委100%。推进“妇女之家”建设,向省妇联推荐15个“先进妇女之家示范点”;评选表彰198个市级优秀“妇女之家”;全市新拓展成立“妇女之家”140个;成立村级妇联30家。加大女干部培养力度,与市委组织部联合举办乡镇(街)妇联主席岗位培训班,参训65人。推荐21名女干部和女科技人才参加省委组织部、省妇联举办的培训班、研修班,向上级推荐省人大女代表和省政协女委员人选。

(林燕芳)

福州市文学艺术界联合会

【概况】 2012年,福州市文联以宣传贯彻中共十八大精神为主线,开展各类主题文艺活动,打造特色文艺品牌,拓展对台对外文化交流,扶持具有地方特色的诗歌、音乐等艺术创作,重新搭建福州书画研究院。有30余件作品获得省级以上奖项。

【文艺品牌建设】 深化"诗歌榕城"品牌建设,创造性地开展诗歌快闪活动,并将活动常态化、长效化;出版福建首份诗歌刊物《闽都文化·海峡诗人》;邀请谢冕、孙绍振、徐敬亚等名家来榕举办诗歌高峰论坛等。打造中国书画名家海峡两岸采风行品牌活动,与台湾"中华画院"、北京荣宝斋画院联合举办第五届、第六届中国书画名家海峡两岸采风行暨名家名作展活动。推进地域原创歌曲创作推广,承办第二届金源杯福州语歌曲创作、推广、演唱大赛,精选出《福州往事》《三坊七巷》《祷告妈祖》等一批优秀音乐作品。打造福州东方书画社品牌,提倡服务理念,逐渐向文化交流服务平台转型,全年开展50余场展览展示活动,并获红星宣纸闽台总代理。

【文艺精品获奖】 推荐优秀作品参与全国性、区域性文艺展事、赛事。组织美术家参与"中华文明历史题材美术创作工程"作品创作,组织漆艺家参加2012年全国工艺美术大展。柯学刃作品《草书李白诗》获第四届中国书法兰亭奖二等奖。福州语歌曲《金厝边、银乡里》入选2012中国民族民间歌舞乐盛典。周榕清作品《福建土楼长卷》参加第四届中国国际博览会获"金慧奖·最佳创意作品奖"。孙晓东作品《年华》入选第五届中国北京国际美术双年展。王晓峰作品《蓬莱仙境落榕城》获2012年"我的城市我的家"全国摄影大展之"最美我的城"金质收藏奖。徐杰作品《福州往事》获第五届福建省艺术节音乐创作一等奖。在"一市县一歌"优秀歌曲征集评选活动中,代表福州选送的3首作品全部入选,其中《福州往事》《五月来看花》入围18首优秀歌曲。在福建省第四届曲艺节上,福州选送的作品获一等奖2个,二等奖2个,三等奖1个。

【特色文艺活动】 举办"闽都秋韵——2012年福州百名书法家精品展"、"古都·诗歌·传承"五大古都诗歌文化交流会、"三代人眼中的福建"摄影展、福州海峡两岸书画展等10余场与中共十八大相关的庆祝活动。围绕毛泽东《在延安文艺座谈会上的讲话》发表70周年,举办福州书画研究院作品展。配合市委市政府推进鼓岭地区建设、保护和开发,承办《啊,鼓岭》歌曲征集评选活动。

举办第四届"盛东文学奖"评选活动,22部作品获奖,其中林朝晖《英雄的走向》、陈禹希《那些散落在各处的记忆》、笔尖《之间》、何英《抚摸岁月》分获小说、散文、诗歌、纪实文学一等奖;编辑出版《闽都作家文丛》,收录傅翔、林朝晖、康延平等10位作家作品;与省作协共同举办"农村离我们有多远——福州作家笔下的乡村及乡村题材创作研讨会";组织艺术家参与东南拍卖春拍当代漆画名家作品专场;参与首届福州评话艺术展演季汇报演出,并参加"传承创新、你我同行"福州评话发展与未来论坛活动;举办第二十六届榕城之春摄影展、"闽都秋韵"2012福州市百名书法家精品展、2012首届福州青年漆艺家群落展、"芳菲祥瑞"新春福州市美协会员花鸟画展、"翰墨凝香"在榕女国画家邀请展、"融漆入境"漆艺术精品品鉴会等活动。

【文化惠民工作】 全年开展进社区、进军营、进农村文艺演出100余场,逐渐形成"走进美的小区""墨香飘万家""汇报父老文化惠民"等惠民文化活动品牌。成立福州市文艺志愿者队伍,引导文艺家协会和文艺工作者参与写春联、文艺义演、书画义卖等文化惠民活动。开设道德文化讲坛、闽都文化专家讲座,《闽都文化》改版为双月刊。收集整理《福州民谣》,编纂《弟子规书法作品集》和《二十四孝书画作品集》。市音乐协会受市文明委委托,承办"道德新风歌曲征集推广活动",面向全国征集歌曲。市民间文艺家协会参与编撰《闽都慈善群英大典(第一卷)》,弘扬慈善文化。市摄影协会组织摄影家走基层服务队,赴连江、罗源、马尾等地开展免费拍摄全家福活动。市书法协会为白血病人组织现场书法作品创作义卖活动等。

【文化交流活动】 组织摄影家赴台开展摄影采风、交流讲座以及展览等活动,足迹遍及台北、高雄、桃园、马祖等地;举办第五届、第六届中国书画名家海峡两岸采风行活动和海峡两岸摄影名家看福州摄影展;参与省文联组织的"舞动宝岛"文化交流活动;与台湾"中华文化大学"、台湾实践大学、台湾"中华书画院"等文化机构开展学术交流等活动。举办"闽都古韵"——西安、南京、洛阳、杭州、福州五大古都诗歌文化交流会暨诗歌朗诵音乐会;举办2012中国10城10主席摄影作品展;参加"合肥与国内友好城市第二届艺术联展";组织摄影家赴新疆参加"海上陆路丝绸之路"摄影展;与省美协共同主办"烛光翰墨——福建省九地市美术家协会主席团成员作品展";与厦门、三明、南平等地市联合举办诗歌双城记等活动。

(侯伟平)

福州市社会科学界联合会

【概况】 2012年,福州市社科联组织开展中共十八大精神座谈会等理论学习活动,参与"闽都文化"论坛、读书月等学术文化活动,举办"社会科学宣传普及周"等科普活动。成立市社科规划领导小组,统筹促进全市社科事业发展。在全国第十四次社会科学普及工作经验交流会上,市社科联主席林山被评为"全国优秀社会科学普及工作者"。在全国大中城市社科联第23次工作会议上,市审计学会获"全国大中城市标兵学会"称号,市海洋经济学会获"全国大中城市先进学会"称号。

【中共十八大精神座谈会】 11月9日,与市委宣传部联合召开福州市社科理论界学习贯彻中共十八大精神座谈会。省党史研究室、省委党校与市属理论研究基地的专家学者及学会代表等40多人参会,会议围绕十八大报告提到的科学发展观、生态文明建设、文化强国等内容展开讨论。

【学术活动】 1月15日,参与举办

“闽都文化与中国现代化”论坛，台盟中央、光明日报社、北京大学、清华大学、中国社会科学院等著名高校和科研机构专家学者及省、市政界、学术界嘉宾等110人出席会议，收到论文近100篇结集出版。6月20日，与市闽都文化研究会联合举办“闽都教育与福州发展”研讨会，省、市领导及省、市教育与文化界的近百位专家学者参会。7月10日，与市老龄办、市老年学学会联合举办福州市“老年文化与发展”研讨会，各主办单位领导，福州部分养老机构、社区、县（市）区相关单位代表，及在榕高校部分专家学者等50多人参会，收到论文36篇结集成册。

【文化活动】 4月8日，与市传统文化促进会在仓山区林浦村宋末行宫遗址联合举办纪念“宋末三杰”活动，来自福州、厦门、宁德等地的20多名青年代表用传统仪式祭祀“宋末三杰”陆秀夫、文天祥、张世杰。9月，参与举办以“有福之州，书香满城”为主题的第七届福州读书月活动。

【社会科学宣传普及】 7月，晋安区中国寿山石馆、长乐市南阳省委旧址、福清市漈头社会科学普及基地获福州市第三批社会科学普及基地称号。9月22—28日，组织以“学习科学理论，践行福州城市精神，创造幸福生活”为主题的第四届社会科学普及宣传周活动。9月22日，在晋安区茶园街道环南公园举行开幕式暨“社会科学在你身边”咨询活动，举行福州市3批10家社会科学普及基地授牌仪式，同时向15个社区赠送《社会科学概论》《闽都文化概论》《联话福州》等书籍。市闽都文化研究会、市诚信促进会、市城市金融学会等23家学会参加咨询活动，发放各类宣传资料、图书1万多份。活动周期间，各县（市）区委宣传部、社科联举办社会科学报告会、专题讲座、社科咨询活动等10多场，部分人文展馆免费向市民开放。

【社会科学优秀成果评奖启动】 5月，成立由市领导和市直有关部门领导及省、市专家学者组成的27人市评审委员会。6月28日，发布《福州市第八届社会科学优秀成果评奖公告》。收到参评成果174项，按学科组分类：马列科社组26项，社会组45项，经济组37项，教育组21项，文史组45项；按成果形式分类：专著27项，论文（含系列论文）97项，调研报告29项，工具书5项，科普读物3项，教材11项，古籍整理1项，译著1项；按成果来源分类：省直单位64项，市直部门（包括市属中小学校）35项，市属高校及理论研究基地68项，县（市）区7项。

（严　平）

福州市科学技术协会

【概况】 2012年，福州市科协所属市级学会76个，其中新增3个。新成立企业科协62家，总数达349个，会员近2万人。市本级预算内科普经费1016.69万元，市级人均科普经费1.41万元。县（市）区科普经费807.58万元，比增13.2%。市科协获“中国科协海智计划福州工作基地”“2012年全国科普日活动优秀组织单位”“省科协信息宣传报道先进集体”等称号。

【企业科技工作】 推动福州市与福州大学签订战略合作框架协议，并为福州大学与各县合作牵线搭桥，先后与闽清县、福清市、闽侯县开展战略合作，建立校县合作机制。联合相关部门审定第二批院士（专家）工作站34家。新建7个院士工作站，开展11个项目合作研发。至年底，累计推动全市企（事）业设立116个院士（专家）工作站（其中院士工作站22个，专家工作站94个），联合设站企业开展351个科技项目研发攻关。

“科技成果对接网站”累计拥有高校院所（含专业院系、研发机构、工程中心等）、企业会员350家，院士专家会员2132人，发布科研成果信息1914项、技术和人才需求信息789项、科研设备信息488项，发布国家、省、市科技政策信息275项。网站总访问量795万人次，日均访问量6091人次，成为高端科技人才的储备库、可转让技术成果项目库，科技成果对接、转化的有效网络平台。

开展“科技人员服务企业行动”，与福州大学等在榕高校院所合作，组织189名专家服务全市196家企业，帮助企业培训人才，为企业制订技术发展规划、工程环境评价、信息系统开发等提供技术服务。

【人才工作】 开展非公企业专技人员的职称评审，评定132名中、初级职称。举办2012年在京（榕籍）院士专家新春座谈会、福州市科技人才新春联欢会，开展科技人员慰问活动。组织2009—2010年度福州市自然科学优秀论文评选活动，评出一等奖15篇、二等奖56篇、三等

6月19日，举行福州市传染病医院（吴孟超）院士工作站授牌仪式

奖119篇。开展高层次人才岗(职)位需求征集、设立博士后创新实践基地申报、市优秀人才存量情况调查摸底、千人计划申报、市第二批引进高层次优秀人才申报等工作。组织福建省高校8位优秀在读博士生参加中国科协第十届博士生学术年会。推荐格通科技有限公司外聘专家——澳大利亚工程院院士、IEEE国际电气和电子工程师协会院士布兰卡·武切帝奇入选中国第二批"外专千人计划",是福州市唯一入选的外国专家,并促成格通公司与该专家成立全市第一家海外院士工作站。推荐29名科技工作者参加各类表彰评选,6名获奖,其中,福耀玻璃集团股份有限公司总工艺师周遵光获"第五届全国优秀科技工作者"称号,福建马尾造船有限公司高级工程师王颖获中国科协"2012年全国'讲理想·比贡献'活动科技标兵"称号。

9月26日,福州市科协2012年学术年会在福建会堂举行

【科普活动】　5月19—25日,举办福州市"科技·人才"活动周,150个部门和单位、1800多名科技人员参与活动,开展重点科技活动360项,赠送科普图书1万册,科技资料3.5万份,科普挂图3000套,受益城乡群众约23万人次。9月15—21日,举办福州市"全国科普日"活动,300个省、市部门和基层单位、3000多名科技人员、1865名科普志愿者开展近百场科普活动,发放科普资料17.52万份,受益城乡群众约22万人次。同时,结合各类"纪念日",先后以"红红火火过大年""科普进社区,益民暖榕城""防灾减灾""生态福州"等为主题开展志愿服务活动。福州科技馆与在榕高校和高新企业共同举办"新春科普游园"、"你的六一·我作主"亲子游园、"中草药展示及药学"讲座、"世界地球日"、"春伦杯茉莉花·茶文化节"、"第二届在榕高校大学生才艺节"等主题科普活动,到馆观众超过10万人次。全年举办科普大篷车展教活动42场,受众4.3万多人。

【科普惠农兴村】　新建科普惠农宣传栏252座。实施科普惠农兴村计划,安排专项经费60万元,评选表彰市级科普惠农先进单位17个、先进个人9人,择优申报全国和省级表彰评选,其中6个单位、2名个人获全国表彰,获奖补经费130万元;5个单位、3名个人获省级表彰,获奖补经费31万元。

实施科普兴村"三个一"工程,市、县(市)区两级农函大举办农村实用技术培训班340班次,培训新型农民2.26万人次。组织福州市医学会、闽侯县科协等10个市级学会和6个县市科协实施33个"学会联村送科技"项目。开展"三下乡"技术培训、咨询,科普宣传、服务等活动近30场次。

【科普创先争优】　开展第七届福州市科普示范社区(村)创建活动,新命名市级科普示范社区(村)30个;开展创建"第五届福建省科普先进县(市、区)"活动,5城区,闽侯、福清、长乐、连江等4个县(市)受到省科协命名、表彰;开展创建"2012—2014年度福建省科普示范社区"活动,鼓楼开元社区等42个社区被省科协授予该称号。中国电信福州信息科普乐园、福州动漫体验馆2个单位获"福建省科普教育基地"称号,福州动物园、福州左海海底世界、福州市鼓楼区少年科学艺术宫、高鲁天文馆等4个单位获"全国科普教育基地"称号。

【科普设施建设】　福州科技馆过渡馆承接原市规划展示馆整体划拨、整合,总面积增至8000平方米,原规划馆改造成"生态福州"主题展区。福清科技馆实现封顶,马尾科技馆正在建设,闽侯县投入60万元建设科普馆,连江县科普展示馆开始布局设计。

新建标准科普画廊35座,电子科普画廊13座;新建社区科普大学1所;新建社区青少年科学工作室4个(福清凤山社区、长乐三峰社区、连江凤城镇西南街社区、连江江南乡滨江社区),总数达10个;新命名市级科普示范社区(村)30个。

【学术活动】　举办专题性论坛、学术报告会、研讨会500多场次。以"科学利用海洋·建设海上福州"为主题举办福州市科协2012年学术年会,征集论文近1000篇,130多篇入选《福州市科协学术年会论文集(2012卷)》。年会主会场邀请院士金翔龙等11名院士、专家,对如何更好地发展海洋经济、建设海上福州进行研讨,提出意见建议。福清、闽侯等5个县(市)区科协和市医学会、市化学学会等13个市级学会承办18场分会场活动。承办省科协第十二届学术年会区域经济发展论坛,邀请省内外10多名海洋经济领域的专家与福州市海洋产业相关部门负责人、企业家代表等交流研讨,共商建设海上福州发展大计。

开展温泉旅游、茉莉花茶产业、马尾新城建设等调研课题26项,其中重点课题11项,一般课题15项。编印12期《福州科协调研》报送市领导及相关部门。

【青少年科技活动】 10月下旬至12月上旬，联合相关部门举办“第二十八届福州市青少年科技创新大赛”，收到全市各县(市)区、台湾马祖等62所中小学校选拔、推荐的参赛项目(作品)650个(其中台湾马祖4个)，评出优秀项目219项，优秀实践活动30项，优秀科幻画作品160幅，优秀科教作品20件，优秀科技教师10人，优秀组织单位9个。组队参加第二十七届福建省青少年科技创新大赛，47个项目获奖，其中一等奖18项；晋级第二十七届全国青少年科技创新大赛的8个项目全部获奖，获奖总数列全省前茅。举办福州市第八届青少年电脑机器人竞赛，全市45所中小学组成141支代表队报名参赛，评出一等奖队伍24支、二等奖42支、三等奖70支。参加第十届福建省电脑机器人竞赛，76支代表队有65支参赛队获奖，占全省获奖总队数近1/4，9支队伍晋级全国竞赛8支获奖。举办全市青少年科学素养竞赛，五城区27所小学的168名学生参与，评出一等奖6项，二等奖12项，三等奖18项，10所学校获组织奖。举办“2012年海峡两岸大学生(福州赛区)动漫设计作品竞赛”，福州大学、福建农林大学等10所在榕高校142件作品参赛，评出最佳作品8件、优秀作品15件。组织第21届全市教育工作者科技教育论文评选活动，评出一等奖8篇，二等奖11篇，三等奖19篇，推荐8篇优秀论文参加第21届全省教育工作者科技教育论文评选活动，获奖3篇。

【榕台科技交流】 与台湾近百个科研机构、高校、科技社团、企业、科普场馆，400多名专家、学者之间建立起畅通稳定的联系渠道。组织“海峡两岸大学生动漫创意文化交流活动”，与台湾“中国科技大学”、台北科技大学、台中科技大学等大学就两岸在校大学生创意作品征集的方法、途径、数量及参展的形式等达成共识。联合台中自然科学博物馆、台湾马祖经贸文化交流协会等台湾民间科技社团，分别举办2012年榕台中学生自然探索夏令营、“两马”青少年科技创新作品巡回展、福州市青少年科技教育研讨会。邀请台湾大学物理系暨天文所教授、台湾自然科学博物馆馆长孙维新作“天文学家眼中的2012”科普讲座。

（王香花）

福州市红十字会

【概况】 2012年，福州市设立“红十字城乡困难居民重特大疾病医疗救助基金”1000万元，全市有2005人获“省级大病救助”1808万元，有723人获“市级大病救助”984万元。17名白血病患者得到中国红十字基金会“小天使救助基金”共计53万元的救助，211名各种急危险重患者获160多万元救助资金。全年共接收捐款4126多万元，物资价值180多万元，救助弱势群体2560多人次。建设备灾救灾仓库，完成主体设计和交地工作。

【召开第十二次全市会员代表大会】 8月31日，福州市红十字会第十二次全市会员代表大会召开。省委常委、市委书记杨岳出席会议并讲话，市长杨益民，省红十字会党组书记、常务副会长黄毅敏，市领导陈元邦、徐启源、鄢萍、严可仕、王长鹰出席会议并为全市红十字系统先进集体、先进个人颁奖。副市长严可仕当选为会长。会议聘请市委书记杨岳、市长杨益民为名誉会长，市人大常委会副主任鄢萍、市政协副主席王长鹰为名誉副会长。

【援助帮扶】 *“红十字博爱送万家”* 元旦、春节期间，筹集百万元专项款和2000份慰问物资、1000床棉被走访慰问城乡贫困居民3000户。将部分慰问金发放给重特大疾病的患者及其家属，“生育关怀”对象的妇女及家人、孤儿，麻风病院、福利院、精神病院病残老人等。

助学活动 9月，举行“博爱情·学子梦”助学金发放仪式，向百名福州大中小学贫困生发放助学金20万元。永泰县红十字会接收上海慈善总会燎申助学基金捐助款7.2万元，“点点助学金”2.9万元，按照捐助者的意愿，分别支助帮助30名在校贫困学生和嵩口、白云、东洋、同安、霞拔、清凉、伏口等中心小学58名特困学生。

大病救助 设立福州市“红十字城乡困难居民重特大疾病医疗救助基金”1000万元。全年共接收各县(市)区上报的省级大病救助申请2005人次，获得救助金额1808万元；接收市级大病救助申请723人次，发放救助金984万元。救助白血病、地中海贫血、尿毒症、癌症、截瘫、先心等患者211名，救助金额100万元。长乐市红十字会组织实施“33221”救助工程，为患白血病、尿毒症等重大疾病贫困群体发放救助金额达30多万元。闽侯县红十字会救助危困人员122人近百万元。17名白血病儿童获“小天使彩票公益金”53万元。

【“三献”工作】 全年共接受遗体捐献报名95例，器官捐献报名55例；实现遗体器官捐献12例，角膜捐献3例，器官捐献1例。3月31日，在三山陵园人生广场举行福州市遗体和器官捐献者追思悼念活动，有300多人参加。

开展无偿献血七县行公益品牌，举办无偿献血宣传座谈会5场。马尾区红十字会到驻区企业、学校开展“关爱生命，关注无偿献血”专场活动16场，有700多名志愿者参与无偿献血。

开展造血干细胞知识宣传活动，到闽江学院、福建师范大学、福建农林大学等高校进行造血干细胞知识宣传动员6场，全年累计动员198人次，采集51人份高分辨血样入库，体检14人，成功实现捐献2人。

【募捐活动】 *“学雷锋、见行动、献爱心”募捐活动* 福建农林大学、福建工程学院、闽江学院、福建商业高等专科学校，福州三中、十一中和晋安第二中心小学等大、中、小学校红十字青少年上街开展义卖劝募活动。福光公司、五和建设发展公司等爱心企业从企业利润中捐出部分爱心款扶危济困，爱心人士张杰捐赠价值近10万元广谱抗生素药品，福州世纪康源医用材料有限公司捐赠价值10万元常用药品，福建莎莉日用化工产品有限公司捐赠价值10万元的厨卫洁净产品1250箱，滇虹药业集团捐赠价值85万元专用药品。

爱心募捐箱设置 5月28日，市红

十字会在行政服务中心设置2个具有多媒体功能的爱心募捐箱;马尾区红十字会在辖区各酒楼、商场、超市、旅馆布设40个募捐箱;仓山区红十字会在辖区乐购、好又多、好日子、永辉超市等商业场所设置红十字募捐箱,并签订红十字募捐箱协议书。

【社区红十字服务】 2月20日,市红十字会与鼓楼区鼓东街道开元社区联合举办"甜蜜拗九粥、幸福开元情"、"拗九节"孝亲敬老系列活动。3月3日,市红十字会开元社区、鼓东派出所等单位在鼓东街道文化站内举行"学雷锋、关怀弱势群体"系列活动。3月4日,市红十字会派出"红十字急救志愿服务队",在五一广场参加"全省百万志愿者学雷锋十大行动"。8月,鼓楼区红十字会组织9支志愿服务队的骨干联合10个红十字博爱门诊的志愿者深入全区21个红十字志愿服务基地,开展"夏日送清凉"志愿服务活动。

【"5·8"世界红十字日活动】 5月8日,市红十字会在红星美凯龙福州三迪广场举行红十字公益宣传暨大病救助启动仪式。300多名红十字会员、志愿者参加。各县(市)区红十字会也分别开展献血和捐髓宣传、助学助困、救护培训、义诊等"博爱周"活动。

【应急救护培训】 举办培训班56期,颁发急救员证书2660本,开展卫生救护知识讲座37场,普及急救技能相关知识6560人次。与福清市红十字会、福清市慈善总会、福清市卫协会联合举办急救技能培训班12期,培训福清乡村医生710人。闽侯县财政每年拨款40万元用于红十字卫生救护培训工作,对全县公务员、医务人员、教师、学生、导游等1774人进行培训。组织闽侯县职业中专学生参加全国比赛,获三等奖,并授予闽侯职业中专学校"福州红十字青少年教育基地"称号。

【志愿者服务】 组建市级志愿者组织239支,登记红十字志愿者27079人,志愿服务达38336人次,志愿者参与志愿服务总时数12.25万小时。"5·8"红十字日期间,组建农工党福州市市委会及农工党各区县委会等13支红十字志愿服务队和福州市红十字艺术志愿服务队,吸收省卫生厅健康服务队和老年协会志愿者参与红十字志愿服务。

【对外对台交流】 接待亚非国家红十字参访团 4月18日,亚非22国国家红十字会官员到市红十字会参访交流,并看望开元社区智障人士和社区老人院。

对台服务与交流 畅通"两马"绿色通道,双向救助急危险重人员,为"白内障复明"手术专家组提供民间渠道。10月底,市红十字组织赴台交流,落实马尾—马祖、福州—新北红十字组织缔结友好关系的意向,开展总会委托的双向遣返作业联系与见证工作。先后为在榕台胞协调补领证件,为赴台遇难家属领回亲属遗物,为在榕就医台胞协调返台,为在榕台胞返台提供便利。

(林 怡)

福州市残疾人联合会

【概况】 2012年,福州市拥有残疾人综合服务设施16个,残疾人康复训练服务机构10多个,特殊教育学校12所,残疾人就业服务机构14个,"福乐家园"18所,残疾人托养服务机构18个。办理残疾人二代证1.13万本,办证率42.41%。全市有助残志愿者2703人,受助残疾人5426人。

成立市残疾人辅助器具服务中心(正科级事业单位)。召开市残联第四届主席团第三次全体会议暨全市残联工作会议,增补副市长严可仕为市残联第四届主席团主席。

【助残工程项目】 6项"助残工程"列入省、市为民办实事项目。

就业扶助项目 为1000名农村贫困残疾人开展实用技能培训;扶持100名农村贫困残疾人开展种植养殖、生产经营等;扶持100户城镇"零就业"残疾人家庭开展创业就业。

"光明行动"项目 为900名贫困白内障患者实行复明手术,免费筛查眼病患者4431人,发放眼科健康科普宣传资料5970份,筛出基本适应会诊手术的白内障患者1279例,完成手术983例。

"贫困残疾儿童康复救助"项目 为300名贫困残疾儿童提供康复训练,全市20家定点康复机构筛查700多名残疾儿童,对符合救助条件的503人实施救助。

"居家托养服务"项目 资助700名智力、精神和重度残疾人开展居家托养服务项目,每人补助5000元。

"辅助器具发放"项目 为贫困残疾人免费发放用品用具5000件,其中手杖、拐杖、盲杖各1000件,助听器1000台、轮椅1000辆。

"市残疾人康复就业中心建设"项目 完成项目选址意见书、项目建议书及土地预审书的报批工作,着手项目立项、工可编制及环境评估报表编制等相关工作。

【康复工作】 全市4.2万需要康复服务的残疾人中有近2.23万人得到康复服务。完成中央"阳光家园计划"项目,资助1205名智力、精神和重度残疾人,每人2000元。实施国家重点康复项目,为25名聋儿配备助听器,训练自闭症儿童80人、脑瘫儿童30人、智障儿童70人。开展残疾儿童矫治手术对象摸底工作,为4名残疾儿童开展矫治手术。参与"海峡两岸同心光明行"慈善活动,为100名贫困白内障患者实施复明手术。完成2012年省残疾人事业专项彩票公益金贫困精神病患者医疗救助任务及"一元钱安心工程"任务,为620名贫困精神病患者提供门诊服药补贴,补助经费40.4万元。为80名贫困精神病患者提供一次性住院医疗救助,每人救助4000元。完成市残疾儿童康复救助"七彩梦行动计划",发放残疾儿童轮椅40辆、坐姿椅40架、站立架30台、助行器20个、残疾儿童假肢矫形器20件。为350名贫困低视力者适配助视器,为100名贫困重度残疾人适配辅助器具,为30名贫困肢体残疾人安装矫形器,安装大腿假肢和小腿假肢各22例。发放各类残疾人适配用品用具50种、6074件,其中免费发放5235件,近3万人次残疾人享受到社区康复服务或配置康复辅助器材。

对民办康复机构进行全面评估，明确民办康复机构收费标准，要求定点机构不得向受助对象收取文件规定以外的任何费用，违者立即取消其定点资格。对原挂靠市残联的民办康复机构，按照属地管理原则划归各县（市）区管理。

【就业工作】 全市39.31万名残疾人实现就业6.64万人，其中城镇2.11万人、农村4.53万人。全市14家残疾人就业服务机构推荐残疾人就业1070人次，累计建立求职档案5498份。分散按比例安排残疾人就业2334人，新增残疾人就业1227人。举办29场残疾人就业招聘会，推荐残疾人就业163人。鼓励用人单位接纳安置残疾人，市残疾人就业服务指导中心为12家安置16名残疾大学生的企、事业单位发放一次性岗位补助8万元。

创办3所残疾人职业培训机构，全年举办盲人按摩、家电维修、农村残疾人种植、养殖等各类残疾人技能培训44期，培训3456人次。开展盲人初级保健按摩培训，培训盲人学员18人，同时选送12名盲人按摩师参加省残联举办的盲人医疗按摩培训，选送2名盲人医疗人员参加全国盲人医疗按摩人员考试。选送8名残疾人技能选手参加福建省残疾人岗位精英职业技能竞赛，取得团体总分第四名并获优秀组织奖。全市20家"福乐家园"中的400名学员通过职业培训，有20名智障学员找到工作岗位。与市财政、市人力资源和社会保障局联合出台《福州市残疾人职业培训补贴暂行办法》，鼓励残疾人参加社会机构举办的各类培训，推进残疾人职业技能培训工作社会化。

【扶贫助学】 实施残疾人危房改造工程，为400户农村贫困残疾人家庭改善居住条件，每户市级补助5000元，县（市）区按1:1标准配套。大部分受助对象开始动工建设，部分残疾人乔迁新居。省残疾人福利基金会在福州市长乐、福清、连江等经济状况较好的县（市）推广闽侯县"积善嘉年·安居工程"的经验和做法，向社会募集资金，以解决残疾人住房困难问题，其中，长乐募集资金1000万元，福清1100多万元，连江575万元。

对城镇贫困残疾人个体户办理养老保险实施补助，按上年度城镇在岗职工平均工资的25%每月给予补贴。重度残疾人生活补助在原来发放的生活困难救助城镇每人每月50元、农村每人每月30元的基础上，每人每月增发50元。全市9068名残疾人享受购房落户、税费减免、学杂费减免、水电费减免等多项优惠政策。全市2.18万残疾人享受低保。协助人保部门全面铺开城镇居民养老和医疗保险工作，实现城镇重度残疾人免费办理医疗保险，85%的农村残疾人参加新型农村合作医疗，二级以上重度残疾人列入城乡医疗救助对象。

11月，举办福州市第三届残疾人运动会

市残联和市财政局联合出台《福州市扶残助学实施办法（试行）》，将补助标准调整为对残疾人和残疾人子女考入高中、中专、大专、本科、硕士、博士的，分别给予一次性补助2000元、3000元、3500元、4000元、4500元，全年全市助学827人，发放助学金217.4万元。

【生活环境改善】 市政府出台残疾人优惠政策，从2月起残疾人凭第二代中华人民共和国残疾人证即可免费乘坐市内公交车。在全市范围内推广"福乐书屋"，配备盲文书籍和盲人读屏软件，其中4家"福乐书屋"分别被列入为省、市残疾人"福乐书屋"首批示范点。推进城市无障碍建设与改造，各县（市）区将无障碍建设纳入社会主义新农村和城镇化建设内容，与公共服务设施同时规划、设计、施工、验收。推动信息无障碍建设，从12月起福州电视台《新闻110午报》栏目增设周末手语新闻。

【维权工作】 将《中华人民共和国残疾人保障法》《福建省实施〈中华人民共和国残疾人保障法〉办法》《福建省实施〈残疾人就业条例〉办法》等纳入"六五"普法规划。印制条文释义小册子和重点惠及残疾人条款图文解读小册子，及时发放至残疾人和社会公众手中。健全残疾人法律救助工作机制，建立案件登记制度、档案制度和统计制度，强化残疾人法律救助工作。建立市残疾人法律援助站，各级法律援助服务机构为残疾人提供法律服务94人次，法律援助案件72件。建立领导干部解决信访工作问题机制，规范信访网络共享平台建设，处理事涉残疾人权益的来访件7件、来信17件、"12345"投诉件71件。

【宣传文体活动】 开展残疾人法制宣传周、闽台残疾人文化周、体育宣传周、慈善助残周等四大残疾人工作宣传周活动。举办《福建省实施〈中华人民共和国残疾人保障法〉办法》知识竞赛，全市残联系统16支代表队参加。同时组队（其中1人为盲障人士）参加省残联组织的保障法知识竞赛，获全省第一名。

5月,市残联与市教育局举办福州市特奥滚球比赛。与市肢协联合举办第二届“闽台残疾人文化周”闽台文艺交流演出活动。

7月,举办迎残奥会2012年全市残疾人书法作品展,评选表彰优秀作品,收到参赛作品53件。开展迎残奥会第二届福州市残疾人好新闻评选活动,收到作品99件,评选获奖作品31件,推荐优秀作品参加第八届福建省残疾人事业好新闻评选活动,获得一等奖2个、二等奖1个、三等奖2个。

11月,市残联与福州电视台联合开展第21个“国际残疾人日”暨2012年“全省残疾人慈善助残周”庆祝活动,现场为聋人赠送助听器。与市体育局、市教育局联合举办市第三届残疾人运动会,比赛设田径、游泳、乒乓球、羽毛球、飞镖5个大项,全市各县(市)区的12支代表队235名选手参加。

(郑海云)

福州市归国华侨联合会

【概况】 2012年,福州市侨联履行“群众工作,参政议政,维护侨益,海外联谊”四大职能,做好服务中心、服务侨胞,联谊交友、强基固本等工作。至年底,福州市共有基层侨联组织613个,市侨联委员会荣誉主席7名,名誉主席2名,港澳顾问25名,海外顾问39名,海外委员41名,委员155名。

【侨资侨智引进】 组织侨联委员、侨商和侨资企业参与招商会、投资洽谈会,分别组织海外侨商侨领1000多人次到平潭岛、琅岐岛、福州市区考察调研投资环境,联系马来西亚水产协会到福州参加渔业博览会。陪同省侨联重点侨商考察团到福州市考察,宣传福州投资发展环境,配合省侨联筹建“福建省侨商投资区”。全市各级侨联配合当地政府举办各类招商引资推介会21次,邀请参加侨商2000人次,参与引进项目15个,投资4.6亿美元。

联系美籍海洋经济学博士张维维一行到福州考察,邀请英国华人青年联会主席李俊辰举办知识界华侨华人学术讲座,引导美国新泽西福建同乡会会长刘伟与市公务员局对接,为引进涉外高端人才牵线搭桥。全市各级侨联参与引进海外人才20人,引进科技成果项目7项,投资3000万美元。

【引导侨胞参与公益事业】 引导侨胞捐赠公益事业,市侨联副主席、侨资企业家俞培俤向福州市慈善总会捐赠1亿元。市侨联通过东建公司“魏可英助学奖学金”、省侨联“骏马育才”计划、“市海联助学金”、“索高广场奖学金”、“刘建忠助学基金”等渠道筹资57万元,资助163名侨界贫困生上学。全市侨联系统引导侨捐公益项目65项,金额1.92亿元。在2012年“5·17”福州市社会各界捐赠公益事业表彰大会上,63名侨界人士受到表彰,侨界捐赠款物占全市各界捐赠总额的69%。

【侨胞权益维护】 与市司法局合作成立福州市涉侨纠纷人民调解中心,聘请11名涉侨纠纷人民调解员,该中心为全省首家涉侨纠纷调解中心。市侨联法律顾问委员会每周召开工作例会,召开2次(半)年会,探讨、总结维护侨益的工作。不定期到社区、侨企开展侨法宣传和咨询活动,为侨界提供法律服务。运作市法律援助中心侨联工作站与涉侨案件调解衔接机制,服务侨界弱势群体。全年,各级侨联接待海内外侨胞来信来访1600人次,处理信访265件。

全市侨联组织走访慰问贫困归侨980户、侨领侨资企业家和侨界知识分子200余人,对城区80周岁以上的归侨进行定期慰问,累计发放各项帮扶慰问款物金额70万元。关爱侨乡留守儿童,赴闽江口侨界留守儿童集中地区调研走访,为留守儿童送上节日礼物,完成调研课题《关于重视做好侨乡留守儿童工作的建议》。与台江医院、和睦佳医院联合举办“爱侨免费体检大型公益活动”,为侨界育龄女性免费体检,为部分特困患者提供免费手术。组织赴重点侨乡调研,形成调研课题《做好福州市民间侨资引导利用工作的建议》。赴福建山亚开关、南方铝业(中国)等侨资企业走访调研,帮助解决企业在经营、用工、融资及权益保护等方面的困难和问题。支持侨界人大代表、政协委员建言献策,全市各级侨界人大代表和政协委员提出议案78件、提案112件。

【联络联谊】 接待美国福州三山会馆、澳门三山同乡会、美国新泽西福建同乡会、台北福州十邑同乡会、澳大利亚福建总商会、英国福州十邑同乡会、希腊驻广州总领事、印尼北加浪岸三宝垄华英学校同学会、香港侨友社等海外社团乡亲;拜访著名侨领林文镜,拜访重要侨领、重点人士百余人次。随省侨联和市委统战部团组出访中欧、东南亚。主席蓝桂兰赴新加坡参加著名侨领林绍良葬礼。组织福州十邑青少年59人赴马来西亚访问,并牵头接待马中青年交流访问团一行93人回访福州。联系、接待海内外侨胞1692人次。首次组团参加两岸侨联龙年恳亲活动,并与台北福州十邑同乡会、福清台北同乡会、长乐台北同

12月20日,纪念福州市归国华侨联合会成立60周年大会在福建会堂召开

乡会签订友好交流协议。

【市侨联成立60周年活动】　举办纪念福州市侨联成立60周年系列活动，包括：召开纪念福州市侨联成立60周年大会、福州市侨联青年委员会换届、福州市侨界“东盛杯”乒乓球邀请赛、福州市侨界人士书画展等，编辑发行《福州市侨联成立60周年纪念画册》《福州市侨界参政议政资料汇编（第三辑）》《侨界人士书画展汇编》。中国侨联顾问、全国政协港澳台侨委副主任林兆枢，市主要领导，省侨联领导，海外及港澳40多名侨领出席纪念大会。

【侨联基层组织建设】　鼓楼、福清、长乐、连江、闽侯等县（市）区党委把侨联建设纳入基层党建目标责任制，给予镇街侨联分会主席、社区（村）侨联小组长工作补贴；长乐、闽侯、罗源、马尾等县（市）区增加侨联工作经费，有关侨联活动列入财政预算；鼓楼区洪山镇，闽侯县南通镇、上街镇增拨侨联活动经费，安排侨联换届、办公等专项费用支出等。全市各级侨联组织专职负责人进入同级人大、政协常委会班子，其中市人大常委1人、市政协常委1人，县（市）区人大常委5人、县（市）区政协常委6人。

（唐　宜）

福州市台湾同胞联谊会

【概况】　2012年，福州市有台胞1886人，其中担任各级人大代表、政协委员33人。市台联全年接待台湾同胞70多人次，组织各种节日联谊活动4次，慰问困难台胞122户。完成《关于加强中青年台胞队伍建设的几点思考》《进一步做好台湾人民工作的对策研究》等调研课题。

【榕台交流活动】　“5·18”海交会和“6·18”项交会期间，接待广州台联会长率领的当地台商到福州参加海峡经贸活动，接待台湾旺旺集团时报国际总经理吕庭华，探讨合作交流空间。6月，在福清协办首届海峡汽车文化走廊发展论坛。8月，率福州台胞返乡谒祖暨榕台文化渊源交流参访团赴台参访。9月，接待巴西华侨华人促进中国和平统一促进会会长朱玉郎一行、台湾南投县农会总干事长庄瑞麟率领的赴大陆参访团。10月，接待台湾雾峰林家后人代表、台湾抗日志士亲属协进会福建参访团。

【台胞参政议政】　1月，11名台籍人大代表、政协委员分别参加市十四届人大一次会议和市政协十二届一次会议，提交《加强榕台合作，建立榕台农产品流通服务处的建议》《关于扶持福州市第二福利院申报医保定点单位的建议》《关于解决无物业小区存在的问题建议》等多篇提案、议案。2月，召开福州市台湾省籍党员大会，选举福州市出席福建省台湾省籍党员代表会议代表。4月，台联会长参加在北京召开的中国共产党全国台湾省籍党员代表会议，选举出席中国共产党第十八次代表大会的台籍党员代表。12月，15名福州市台籍代表出席省台联第七次台胞代表大会；20日，3名福州市台籍代表出席中华全国台联第九次台胞代表大会。

【台胞权益维护】　开展台胞困难群体和老龄群体的摸底、统计、建档等基础性工作，了解并核实台胞困难情况、享受社会保障和社会救助情况，编制翔实的台胞档案，建立台胞数据库，将“两补”专项资金划入个人账户，有232名台胞受益。商函三明市台联，协助长乐已故台胞林金莲之子（住三明地区）更改为“台湾”户籍籍贯。协调市残联，安排老台胞低保户参加白内障筛查义诊，免费接受复明治疗。

【在榕台胞联谊】　3月1日，组织在榕台胞、台商、台生51人参观长乐建乐（台资）鞋业有限公司，并游览琴江满族村。6月20日，组织在榕台胞43人前往长乐龙潭晓瀑风景区观赏瀑布，并在当地观摩民间划龙舟比赛。8月14—15日，举行暑期读书班，全市台联理事及台胞近50人参加。9月27日，组织在榕台胞109人观看电影《铜雀台》。9月29—30日，组织部分台胞参加在海峡会展中心举行的“福州月·中华情”2012年央视中秋晚会。10月18日，与省台联联办迎接台湾新生联谊活动，在福州高校的台湾新生和部分老生38人参观福州市城市规划馆、马尾船政文化博物馆、三坊七巷等，并举行联欢晚宴。

（叶彭清）

福州市个体劳动者协会 私营企业协会

【概况】　2012年，福州个体劳动者协会、私营企业协会分别有个体会员15.58万户，从业人员31.17万人；私营企业会员7.57万家，从业人员88.88万人。全市个私系统全年为中小企业用工招聘3200多人，牵头银企对接贷款金额3209.2万元，发展私企新党员33人。

【服务企业用工需求】　1月31日，市私协随省个私协会赴贵州、湖南帮助会员企业招聘用工，在铜仁市和江口县举办两场招聘会，发放招聘简介1.5万份，有1500多名当地务工人员达成就业意向，现场签订就业协议500多人。4月13日，在市人才储备中心人才交流大厅举办“2012年福州市私营企业专场招聘会”，福建东方电器有限公司、福建华威交通集团有限公司等70多家用人单位参会，吸引包括应届毕业生和往届毕业生在内的3000多人参与，达成招工意向400多人。12月上旬，甘肃省个私协会与福建省个私协会组成招工结对子活动，市协会组织闽侯东利全佳福酒家、福建国惠大酒店、福建三盛实业有限公司，为甘肃到榕务工人员提供300多个就业岗位。全市个私系统2012年度为中小企业用工招聘3200多人。

【服务商贸发展和银企对接】　市个私协组织会员企业参加2012年中国（福州）家具建材装饰品博览会·海峡西岸（福州）第二十七届住交会。组织400多家经销商参加开幕式及产品订货会，并组织200多家经销商参加演讲活动和互动，让会员企业能够与国内一线品牌进行商贸对接，了解最新行业动态和最新设计趋势，掌握品牌宣传推广手段。

分别与工商银行、建设银行、农业银行、民生银行等多家银行召开联动和银企对接活动8个场次。全市协会系统牵头银企对接贷款金额3209.2万元。

【服务企业年检】 市协会网站发布“关于2011年度私营企业年检有关事宜的通知”,指导服务会员参加年检。开展会员企业年检的宣传和前期准备工作,接待会员年检咨询。帮助不会上网的会员企业下载相关资料;在对逾期年检的会员企业补检勘察中,做到及时看点,真诚服务,依法履职,规范操作,主动协调工商部门予以补检。并以走访看点为契机,进行协会职能及工商法律法规的宣传,为企业排忧解难。年末累计帮助1799家会员企业办理年检。

【拓展服务项目】 市协会联合五城区个私协组织福建春伦茶业集团、福建龙川集团有限公司等有影响力的中小企业17家(49个网点)达成联盟协议价,服务接待会员客户达1800多人次,为会员提供优惠活动。市协会联合工商银行针对个私协会会员发行“福建个私协会商友卡”,宣传并达成100多家商户加入“商友卡”联盟。

市个私协与市劳动主管部门联合组织小微型企业免费创业培训2期,3500人参加,参加培训的个私企业获得由中国就业培训技术指导中心颁发的SIYB创业培训合格证书。印发《福州市私营企业职称评审须知》2300份,在协会的网站及有关的媒体发布有关私企职称评审的信息,会员企业有1500多人申报参加职称评定,评定通过初、中级职称842人。市各级协会建立会员短信平台,市个私协会利用该平台群发“节日问候”、“银企对接宣传”、协会相关活动等短信9652条。

【私企党建工作】 新组建3家企业支部,帮助指导筹建党总支企业1家。发展入党积极分子115人。培养教育考察,有33名发展为新党员,20人列为发展对象,有70名预备党员办理按时转正手续。至年底,福州私企有党员817人,其中女性占33.4%,35岁以下占总数43.5%,大专以上文化程度占总数54.6%,93.14%党员为企业技术管理骨干。

对私营企业基层支部进行分类定级,参加定级的58个私企业基层支部评定为“好”的支部有15个,占25.8%;“较好”支部28个,占49.6%;一般的支部15个,占24.6%。福州私企党委被商贸党委评定为“好”级,列入先进行列。

创建建州集团“福建解放汽车有限公司售销部”等5个单位(企业)“共产党员先锋岗”,“仓山国荣百货店”被评为市“共产党员诚信示范店”。福建龙川集团以及仓山私企联合支部获评市直机关工委级的先进基层党组织,福建天福集团、福建建州物主集团等8家企业党支部获评市商贸系统先进基层党组织,2人获评福州市优秀共产党员,2人获评市直机关工委级优秀共产党员,17人获评商贸系统优秀共产党员,10人获评商贸系统优秀党务工作者。

(王小雨)

福州市消费者权益保护委员会

【概况】 2012年,福州市各级消委会围绕“消费与安全”年主题,与市社科联联合开展“学习科学知识,推动跨越发展,服务海西建设”宣传咨询活动,与市移动公司联合开展评选“百佳放心店”活动,与市工商局联合开展“食品安全进企业”“督促药品经营单位向消费者提供有效消费凭证”“打击传销宣传进校园”维权活动,参与市物价局节日市场物价检查,参与市商贸局“诚信兴商”宣传月活动,参与“六五”普法和“12·4”全国法制宣传日活动。

全年,受理消费者投诉1.45万件,解决结案1.39万件,结案率95.86%,为消费者挽回经济损失1692.71万元,其中欺诈行为得到加倍赔(补)偿23件,赔(补)偿金额12.53万元。应用人民调解得到司法确认19件,二次以上投诉15件,不予受理157件,支持起诉6件。接待来访、咨询1.3万人次,收到消费者锦旗、表扬信10件。年度受理投诉数据统计的商品类别由七大类变更为24小类。家用电子电器类、生活社会服务类、电信服务类位居前三位,分别占投诉总量的18.74%、18.49%、14.11%。商品质量、合同纠纷和售后服务位居投诉性质前三位,分别占投诉总量的37.96%、25.56%、8.74%。

【“3·15”消费者权益日活动】 3月15日,与省、市有关部门在福建会堂召开“消费与安全”——“3·15”国际消费者权益日纪念会。现场回放2011年消费维权重大事件;展示“八闽红盾出击”执法行动成果;签订“企业诚信联盟”承诺;表彰11名“3·15”荣誉奖章获得者。省人大常委会副主任袁锦贵、副省长倪岳峰、省政协副主席李川和有关部门领导为新成立的“福建省消委会金融专业委员会”授牌,同时启动“12315工商百事通”开通试运行仪式。各县(市)区消委会、分会、维权站点也在辖地开展“3·15”进商场、进超市、进市场、进景区宣传、咨询、服务活动。

全市组织各种纪念活动76场次,参加活动6.9万人次,受理消费者投诉196件,查处央视“3·15”晚会转来投诉1件,咨询服务8563人次,为消费者挽回损失12.3万元,发放宣传材料24.75万份,发放各种纪念品1.1万件,各新闻媒体报道63篇。

【社会监督检查】 全市各级消委会针对旅游、商业等服务行业中的“霸王条款”和消费陷阱开展社会监督。对外出旅游“住宿酒店必须12点前退房”“餐馆就餐用包装碗筷要另外付费”“拍婚纱照,底片要另外付费购买”“房屋装修,装修工代买建材收回扣”等潜规则进行社会监督,督促企业、行业整改。会同有关部门对茶叶批发市场、生猪屠宰点、烟草专卖点、旅游景点进行专项检查。组织志愿者在三坊七巷、鼓山风景区进行维权体验,实地观摩“12315”站点的日常运作流程,提高维权志愿者社会监督能力。组织志愿者在商场、超市进行消费体察和监督,针对某超市出现同一种商品出现两种价格的情况要求其进行整改。配合市工商局进行“5·18”海交会及87届全国糖酒展销会参展企业的监督检查。

【蜜饯质量抽查检验】 会同市商品检验所在超市、商场随机采样(购买)5家经销企业销售的36家生产企业生产的50个批次的蜜饯类食品。由商品检验所依据GB14884－2003《蜜饯卫生标准》、GB2760－2011《食品安全国家标准·食品添加剂使用标准》对二氧化硫、苯甲酸、山梨酸、糖精钠、甜蜜素、菌落总数、大肠菌群、霉菌、致病菌等9项指标进行检验监测和比较试验,检验全部合格。检测结果通过媒体予以公布。

【消费教育引导宣传】 制订教育工作计划,通过网站受理投诉、发布警示、刊登常识,开展消费教育工作。在13个社区开设"食品安全知识"消费教育课堂,在媒体开办消费维权专栏3期。"六一"节前夕,在中、小学开展吸烟有害健康和安全知识教育。全年组织专题新闻通报会1场,在国家、省级媒体发表各类新闻报道29篇,市、县级媒体27篇,发布消费警示、提示、忠告242篇,其中31篇被市政府"政风行风热线"采用、14篇在省消委会《民生》杂志发表、19篇在《榕城红盾》刊载。出版维权专栏80期。针对"高额返利风险",发放《中国消费者报》1万份,发送短信10万条。

【价格调整听证】 市消委会推荐12名消费者代表参加福州出租车运价调整听证会,消费者代表占听证会人数的50%。由于出租车运价调整,涉及全市消费者的切身利益,市消委会通过召开消费者代表参加座谈会和问卷调查及收集新闻媒介、网民的意见,在听证会上代表不特定多数消费者发表听证意见。鼓楼消委会推荐1名消费者代表参加全省居民阶梯电价暨用电同价方案听证会,长乐消委会推荐5名消费者代表参加长乐出租车运价调整方案征求意见座谈会。

【案例举要】 6月3日,黄女士等百名消费者投诉罗源县某楼盘开发商。其认购的20号、21号楼商品期房于2012年5月31日交房时,由于楼盘公共设施未能达到交房条件,承诺的住宅质量保证书等相关证书未能兑现,引发群体投诉。经调解:开发商支付每户违约金2000元。100户共计20万元。

9月20日,林女士投诉其一年前委托的福州某家居设计有限公司。该公司为其量身定制整体橱柜、装修房屋,一年后,房间、客厅、橱柜仍然散发出刺激性气味。经委托检测,装修用的板材甲醛超标。调解后,家居公司拆除家具,补偿林女士4万元。

7月3日,肖先生投诉福州某建材公司。其在该公司购买实木地板35平方米,总值1.34万元。安装一个月后,实木地板出现裂痕,双方因质量问题发生争执,经调解,建材公司补偿肖先生5000元,由肖先生自行更换地板。

1月3日,阮先生投诉福州某健康休闲中心。其在该中心进行"拔火罐"保健养身,由于工作人员操作不当致使阮先生被烧伤,烧伤面积达4%,为深二度烧伤。经调解,休闲中心支付医药费1万元,补偿阮先生1万元。

4月5日,陈女士投诉福州某汽车公司4S店。陈女士委托该店对其小车进行维修,4S店为其更换的变速箱等4种配件都是旧的,陈女士自行交涉获补偿1.7万元,投诉调解后追加补偿2万元。

7月5日,先后有55名消费者投诉罗源县某发廊。该发廊在会员中开展预存美容费优惠活动,在卡内预存200～1000元不等的美容费。6月,该发廊关门停业,异地经营,引发群体投诉。经调解,经营者退还会员卡内余额共计3.1万元。

9月10日,高女士投诉长乐某电器商场。其在该商场购买一台46寸液晶彩电,8月29日,电视出现故障,高女士要求包修。售后认为其电视内置主板遭雷电击坏,不予包修。经现场勘察并非雷击所致,厂家予以包修。

2月17日,陈先生夫妇投诉某房地产开发有限公司福州分公司。该夫妇与某房地产开发有限公司福州分公司签订《某VIP会员度假权益承购合同》,购买分时度假权10年期共5周次,缴纳会员费2.2万元。签订合同后,两人多次预约交换事宜均未成功,投诉要求解除合同,退还会员费。调解无效,建议双方按合同约定,由仲裁委仲裁。

9月17日,闽侯县30户农民投诉某大学生产试验基地。其让该基地代购"纳科1号"杂交水稻种子。播种面积6公顷(90亩),种植后有40%的种子不抽穗。经农技人员认定该种子不纯。经调解,基地按100～300元/亩予以补偿,共补偿1万元。

7月14日,林先生投诉平潭县某酒店。林先生一行13日入住该酒店,当晚,林先生在卫生间洗澡时,淋浴房玻璃掉落,致使林先生手被划破,脚被砸伤,即送医诊治。事后,林先生要求赔偿2万元。经调解,酒店免住宿费2000元,补偿林先生4000元。

(陈成铜)

(编辑　郭进绍　陈　敏)

外事 侨务 港澳台事务

外事 侨务

【概况】 2012 年，福州市政府外事侨务办公室接待外宾团组 38 批 450 人次，友城来访团组 9 批 100 人次，其中副部级以上团组 8 批 127 人次。与国际友好城市及地区开展文化交流 12 次，经贸交流 4 次。批准因公出国（境）514 批 1215 人次，制止出访 31 批 37 人次，批准非公企业出国（境）218 批 706 人次。处置各类涉外事件 34 起，接待侨务信访 3000 多人（件）次。接待重点华侨华人 42 批次 600 人次。

年内，市外侨办获外交部颁发“全国外事管理工作优异奖”和“因公护照管理服务协作奖”；获国务院侨办、国家信访局联合授予“全国侨办系统信访工作示范单位”称号；获中国人民对外友好协会、中国国际友好城市联合会颁发“国际友好城市交流合作奖”；获省外办颁发“全省涉外管理服务奖”。

【部级团组访问福州】 2 月 18—21 日，以协调员巴特雷米·达霍加·卡萨为团长的贝宁崛起贝壳力量干部考察团一行 29 人访问福州，参观南江滨公园、三坊七巷、福州金飞鱼柴油机公司，并与企业进行座谈。

2 月 23—24 日，格鲁吉亚阿扎尔自治共和国政府主席瓦尔沙洛米泽一行 6 人访问福州，参观茶叶加工厂、茶叶市场、三坊七巷。

3 月 26 日，以蒙古社会民主妇女联盟副主席策·朝格卓勒马为团长的蒙古人民党干部考察团一行 20 人访问福州，参观三坊七巷。

6 月 14 日，斯里兰卡议会议长恰马尔·拉贾帕克萨一行访问福州，参观三坊七巷和西禅寺。

7 月 6—7 日，印尼中爪哇省省长比彼特·瓦卢一行 13 人访问福州，参观三坊七巷。

9 月 6 日，新西兰国家党主席彼得·古德费洛一行 9 人访问福州，参观马尾船政、三坊七巷。

10 月 25—26 日，以老挝劳动和社会福利部副部长贝坎·卡提亚为团长的老挝干部考察团一行 19 人访问福州，参观统一企业。

12 月 2—4 日，南非总统雅各布·祖马夫人邦吉·恩盖马·祖马率南非妇女代表团一行 11 人访问福州。在榕期间，客人一行与三盛集团开展交流，并参观了三坊七巷。12 月 3 日，副市长严可仕会见客人一行。

【经贸团组访问福州】 2 月 13 日，日本电产三协株式会社社长安川员仁一行 4 人访问福州，副市长陈晔会见客人一行。

2 月 22 日，美国红酒协会一行 7 人访问福州，副市长陈晔会见客人一行。

3 月 5 日，福建联合动力及德国 A&I 投资公司等一行 28 人访问福州，市委常

1 月 29 日，市长杨益民（右一）到市外侨办慰问并进行调研工作，市外侨办主任游晓东（右二）在向杨市长汇报工作

委、副市长徐铁骏会见客人一行。同日，欧洲投资银行一行28人访问福州，市委常委、副市长徐铁骏会见客人一行。

3月9日，美国时代投资集团一行9人访问福州，副市长陈晔会见客人一行。

3月20日，美国通用集团高级副总裁一行访问福州，市委常委、副市长徐铁骏会见客人一行。

3月22日，日本爱德克斯株式会社执行董事、福州爱德克斯汽车零部件有限公司董事长松本修三一行5人访问福州，市长杨益民会见客人一行。

4月6日，福州市荣誉市民、诺贝尔经济学奖获得者菲尔普斯与夫人参加新华都商学院大楼动工仪式，省委常委、市委书记杨岳会见客人一行。

4月19—20日，商务部机电培训班代表团一行47人访问福州。在榕期间，客人参观南江滨公园、福州力鼎动力有限公司、飞毛腿电子有限公司、三坊七巷等，市长杨益民、副市长陈晔会见代表团。

5月17—18日，印度驻广州政治商务领事贝圣迪到榕参加第十四届海交会。

5月17—19日，日本自治体国际化协会北京事务所副所长杉山尚武一行2人到榕参加第十四届海交会。

5月17—19日，哥斯达黎加摩拉维亚市长胡安·帕布罗·赫尔兰德斯一行4人到榕参加第十四届海交会，市长杨益民会见客人一行。

5月17—23日，印尼中爪哇省地区投资厅厅长尤尼·阿斯杜蒂率领的代表团一行17人到榕参加第十四届海交会，并参观网龙公司和星网锐捷公司。

6月12日，爱德克斯公司专务董事松本修三一行5人访问福州。在榕期间，副市长陈晔会见客人一行，了解爱德克斯公司反映在福州投资建厂中遇到的困难，并就配套的道路等进展情况进行沟通。

10月11日，国际茶叶协会主席迈克·奔斯顿到福州参加茉莉花茶鼓岭论坛。在榕期间，市长杨益民会见客人一行。

10月17日，沃尔玛(中国)首席运营官柯俊贤一行5人访问福州，市长杨益民会见客人一行。

11月17—19日，新加坡国会议员谢世儒率新加坡丹戎巴葛集选区代表团一行20人访问福州。在榕期间，客人与军门社区、商贸服务业局进行交流，并参观三坊七巷。

12月11日，美国怀德度假区开发有限公司主席威廉·怀德一行访问福州。在榕期间，市长杨益民与客人举行座谈，就琅岐旅游岛的开发建设等相关事宜进行磋商。

【文化教育交流】　2月12—17日，日本冲绳县教育厅文化财课获尾俊章一行4人访问福州。在榕期间，客人拜访市文物局，了解、调查琉球王国时代与福州交往的史料文物，探讨双方开展历史文物交流的可行性，并参观市博物馆、琉球馆及琉球人墓园。

2月20—23日，日本中青年军官研修团一行15人，由日本财团理事长尾形武寿和中国国际战略协会副会长朱达等陪同到闽访问。在榕期间，客人参观马尾船政博物馆、三坊七巷等。

3月17日，哈佛大学城市设计与规划系主任阿里克斯·魁戈一行2人访问福州。在榕期间，副市长林瑞良与客人就福州市和马尾新城规划问题展开座谈。

3月28日，世界体育总会主席海因·维尔布鲁根一行5人访问福州。在榕期间，客人参观了奥体中心、三坊七巷。省委常委、市委书记杨岳会见并宴请客人一行。

4月1—8日，美国族谱学专家、塔科马—福州友城委员会副主席、林肯高中世界史教师戴维·摩尔斯一行2人访问福州。4月6日，市长杨益民会见客人一行。

4月21日，著名华侨黄双安、印尼《国际日报》总裁熊德龙率领印尼文艺交流团访问闽清，副市长陈晔陪同客人观看“印尼之夜”大型文艺晚会。

4月25—28日，美国塔科马市前副市长比尔·伊万斯夫妇访问福州。在榕期间，客人参观鼓岭风景区。

5月16—19日，日本那霸市教育交流团一行21人访问福州。在榕期间，客人参加海交会，与闽江学院附中、福州外国语学校和福州教育学院附二小开展联欢、听课交流等活动，并参加福州外国语学校与那霸市上山中学结好10周年纪念活动。

6月14日，斯里兰卡议会议长恰马尔·拉贾帕克萨一行访问福州。在榕期间，客人参观三坊七巷和西禅寺。

7月6—7日，印尼中爪哇省省长比彼特·瓦卢一行13人访问福州。在榕期间，客人参观三坊七巷。

7月11日，埃及行政监察署代表团一行9人访问福州。在榕期间，客人考察行政服务中心，参观三坊七巷和林则徐纪念馆。

9月25—29日，美国塔科马市副市长约瑟夫·郎尼根一行4人和7名在鼓岭生活工作过的外国友人后人和友城客人到福州参加鼓岭开园仪式。

【市领导出访活动】　1月，省委常委、市委书记杨岳随中共中央对外联络部代表团赴俄罗斯、爱尔兰、缅甸、纳米比亚、沙特开展友好访问活动。

4月16—28日，市委常委、副市长徐铁骏随省政协团组赴哥斯达黎加、古巴、智利开展经贸合作与交流。

5月13—31日，市委常委、长乐市委书记吴贤德随省委组织部团组赴英国培训。

5月20—31日，副市长陈晔应新加坡驻厦门总领事馆、印尼三林集团、马来西亚郑棣集团邀请，率团赴新加坡、印尼、马来西亚进行经贸考察、洽谈。

5月21日至6月1日，副市长徐凡新应西班牙坎塔布里亚州政府、英国特易购集团、德国安远会计师事务所邀请，率团赴西班牙、英国、德国进行经贸考察、洽谈。

6月17—20日，副市长陈晔率团赴新加坡参加著名侨领林绍良吊唁仪式。

6月27日至7月8日，市委常委、宣传部长朱华应古巴文化遗产委员会、驻加拿大使馆文化处、墨西哥中国华人商会邀请，率团赴古巴、加拿大、墨西哥考察文化遗产保护工作。

7月9—21日，市长杨益民应阿根廷布宜诺斯艾利斯省、美国美东华人社团联合总会、智利福建总商会邀请，率团赴阿根廷、美国、智利洽谈经贸项目，并和阿根廷里奥加耶戈斯市签订建立友好城市关系意向书。

7月22日至8月3日,市委常委、秘书长、统战部长徐启源应肯尼亚中国国际交流协会、毛里求斯华商总会、坦桑尼亚投资中心邀请,率团赴肯尼亚、毛里求斯、坦桑尼亚进行经贸考察、洽谈。

8月19—30日,市委常委、常务副市长陈大强,市委常委、福州市警备区政委那兴海应意大利马泰拉省、德国皇家客集团、英国福清商会邀请,率团赴意大利、德国、英国进行经贸考察、洽谈。

9月1—12日,市政协副主席林治良应澳大利亚阿拉瑞特市、新西兰中国商会邀请,率团赴澳大利亚、新西兰进行经贸考察、洽谈。

9月11—22日,副市长陈晔应德国乌帕塔尔市经济促进局、法中经济文化中心、意大利亚洲贸促会邀请,率团赴德国、法国、意大利进行经贸考察、洽谈。

10月14—26日,市委副书记周宏应波兰科沙林市市政府、奥地利欧中科技文化交流协会、法国阿格拉可集团邀请,率团赴波兰、奥地利、法国进行经贸考察、洽谈。

10月31日至11月9日,市政协主席方清海应斯里兰卡中部省委员会、印度蒙纳克创新技术有限公司邀请,率团赴斯里兰卡、印度进行经贸考察、洽谈。

10月31日至11月11日,市政协副主席林雄应南非西开普敦经济署、肯尼亚米尼控股有限公司、以色列弗里斯基有限公司邀请,率团赴南非、肯尼亚、以色列经贸进行考察、洽谈。

11月12—23日,副市长严可仕应毛里求斯投资促进局、南部非洲华侨华人工商联合总会、华榕(集团)有限公司邀请,率团赴毛里求斯、南非进行经贸考察、洽谈。

12月17—26日,副市长黄忠勇应世界银行、以色列爱曼美坦有限公司邀请,率团赴美国、以色列进行经贸考察、洽谈。

【服务商贸交易会】 5月18—22日,第十四届海峡两岸经贸交易会、第九届中国福建商品交易会在福州举行。市外侨办邀请51个团组454人参加该届海交会和商交会,其中1个国内部级团组3人,4个外国团组69人,4个外国驻华领馆团组9人,1家外国驻华机构团组2人,2家香港驻内地机构团组3人,25个来自世界15个国家和地区的海外华侨华人团组320人、14家侨资企业50人。海交会期间,市长杨益民,市政协主席方清海,副市长陈晔等市领导分别会见使领馆团组、重点海外侨商代表,向客人介绍福州经济社会发展情况、资源优势和发展前景。

9月8日,第十六届中国国际投资贸易洽谈会在厦门举行。市外侨办邀请美国华人社团联合总会、全非洲和平统一促进会、加拿大福建社团联合总会、美国福建同乡会、阿根廷华侨华人总会等5个团组共27人赴厦参会。市外侨办走访应邀参展的日本代表团展位,多方协助参展活动。在投洽会开幕式、市领导参观展馆、省团项目签约仪式、市投资推介会暨重大项目签约仪式、招待午宴、“投资海西”对口洽谈会等6场重要活动中,市外侨办安排翻译全程参与,完成了各项工作任务。

【荣誉市民称号授予】 5月4日,市政府举行仪式,授予美籍华人张易宁、方国伟、赵锰、施林、孙安,马来西亚籍华人冯成丰,日本籍华人福原康太等7人“荣誉市民”称号,市长杨益民授予他们福州市荣誉市民证书和城市钥匙。

9月11—13日,由中国人民对外友好协会和中国国际友好城市联合会主办的“2012中国国际友好城市大会”在成都召开。福州从众多候选城市中脱颖而出,继2010年后再次获“国际友好城市交流合作奖”。

【加入世界城市和地方政府联合组织】

世界城市和地方政府联合组织(the World Organization of United Cities and Local Governments,简称UCLG)于2004年5月成立,秘书处设在西班牙巴塞罗那,是规模最大的世界城市和地方政府国际组织。UCLG代表全世界一半以上的人口,会员包括112个国家的地方政府协会和来自95个国家的1000多个城市。中国大陆有22个会员,主要是北京、上海、广州等一线中心城市。为扩大福州市在国际上的知名度和影响力,拓展对外交往深度,在报经省政府和外交部批准后,2012年5月,由市外侨办主任游晓东赴成都参加UCLG组织年会并作演讲,采用多媒体推介福州。在之后的投票中,福州市成功加入UCLG组织,成为中国率先加入该组织的省会城市。

【鼓岭系列活动】 年初,国家副主席习近平访问美国期间讲述的“鼓岭故事”感动了中美两国友好人士,使“鼓岭”成为热点名词。市委、市政府提出将鼓岭打造成为福州面向全国、走向世界的新亮点、新品牌、新名片,促进中美友谊持续发展。市外侨办开展寻访加德纳和在鼓岭生活工作过的外国友人及其后人,在美国族谱学专家、塔科马福州友城委员会副主席戴维·摩尔斯等人的帮助下,寻访到包括密尔顿·加德纳的侄孙加里·哈罗德·加德纳兄弟在内的5名加德纳后人,麻安德及其夫人任尼后人莎莉·安·帕克斯,程吕底亚后人戈登·特林布和索尼娅·特林布等。

8月,市外侨办加德纳后人寻访团一行5人赴美国访问华盛顿州塔科马市、加利福尼亚州洛杉矶市、佛罗里达州棕榈港市、夏威夷檀香山市等城市,邀请密尔顿·加德纳侄孙加里·哈罗德·加德纳,李·瑞·加德纳,麻安德及其夫人任尼后人莎莉·安·帕克斯,程吕底亚后人戈登·特林布和索尼娅·特林布,美国塔科马市副市长约瑟夫·朗尼根,教育局副局长约书亚·加西亚博士,美国族谱学专家戴维·摩尔斯和助手苏珊·韦斯特伯格到福州参观鼓岭,重拾先辈足迹,续写“鼓岭”故事。伍师姑后人澳大利亚罗伯特·班克斯和琳达·班克斯夫妇听到消息后也主动要求参加仪式。

9月25—29日,密尔顿·嘎登勒侄孙加里·嘎登勒和李·嘎登勒等11名在鼓岭生活工作过的外国友人后人和友城客人访问福州,参加福州市举办的鼓岭开园仪式。25日,加里·嘎登勒兄弟参观白塔和协和医院,到祖父母和父亲生活工作过的地方寻根。26日,8名美国友人上鼓岭,接受福州市电视台的专访,进行3段VCR的拍摄工作。27日,客人参加“鼓岭·Kuliang”演唱会,参观市教院附中和闽江公园南园。28日,客人参观马尾新城规划馆、新大陆公司和三坊七巷,莎莉还赴长乐到麻安德工作过的地方寻根。

客人在榕活动期间，市属媒体福州电视台、《福州日报》和《福州晚报》等对活动进行全程跟踪报道，新华社、人民网、福建电视台、《福建日报》和《海峡都市报》等媒体对活动也进行专门报道。

【赠送树苗给友城乔治敦市】 2012年，适逢福州友好城市圭亚那首都乔治敦市建城200周年和中圭建交40周年，乔治敦市表示愿将该市一条街道或区域命名为"福州路"或"福州园"，并在市中心花园开辟专属区域，栽种具福州特色植物。福州市长杨益民致函乔治敦市市长汉密尔顿·格林表示祝贺，同意并感谢对方的提议。市外侨办协同市园林局挑选一批榕树、橄榄、福橘、脐橙等具有福州特色的树苗寄达乔治敦市，该市市长格林专门就此事召开新闻发布会，并向中国驻圭使馆进行通报。

【派遣研修生】 2月20日至3月23日，福州市海洋与渔业技术中心工程师王洪城赴长崎市水产中心研修水产种苗培育、生产以及水产养殖技术，为期1个月。4月，福州市职业技术学院日语教师陈婧赴日本长崎县立大学留学，学习国际交流专业，为期1年。

【涉外事务】 处置各类涉外事件31件、维稳3起，处理完成年度涉外文书核查工作。代办领事认证585份，接待外国驻华使领馆团组35批181人次。

妥善处置福州市民在瑞典遇害善后问题、连江县货轮在菲律宾沉没、以色列遣返闽清籍非法移民、福州兴晟达进出口有限公司被伊朗企业骗走30万元货款、福清籍公民翁祖强在迪拜被关押等一批影响较大的涉外事件。

【因公出国(境)管理】 审核和审批因公出国(境)514批1215人次，其中，党政干部因公出国(境)122批335人次，约占总数28%，民营企业因公出国(境)218批706人次，占总数58%；制止出访31批37人次，节省经费约128万元。颁发电子护照465本，新颁发新通行证266本共办理各国签证147批759人次，签证成功率99.3%。为福州市63家民营企业向外交部申请APEC商务旅行卡74人次。

1月9日，市外侨办主任游晓东前往闽清县湖头村慰问

【侨资侨智引进】 4月25日，市外侨办组织18家福州市侨资企业参加在山东省威海市举办的投资项目对接推介会活动。

5月18—22日，市外侨办邀请名城企业集团、金纶高纤、元泰茶叶等30多家侨资企业参加第十四届海峡两岸经贸交易会。海交会上，名城地产集团与永泰县政府签订总投资约120亿元建设永泰东部温泉旅游新区项目；举行福建省金纶高纤股份有限公司四期项目建成投产仪式。

6月9—14日，结合国侨办开展的"侨资企业西部行"活动，市外侨办带领6家侨资企业参加在青海省西宁市举办的"2012中国·青海绿色经济投资贸易洽谈会"。

6月18日，市外侨办邀请和组织侨资企业参加第十届中国海峡项目成果交易会。将来自26个国家和地区的45名华侨华人专业人士所带来的项目，有针对性地推荐给福州市侨资企业。亚通科技等侨资企业对高效节能污水处理技术、物联网管理系统等项目进行对接和洽谈。

【侨资企业帮扶】 走访侨资企业52家，还促成上级领导到侨资企业参观考察，协调热点难点问题的解决。3月12日，国务院侨办副主任马儒沛一行参观考察福耀集团、福建鸭嫂食品有限公司等侨资企业；6月5日，中共十七届中央委员、全国人大华侨委员会副主任委员喻林祥，中国侨联副主席李欲晞一行考察飞毛腿(福建)电子有限公司；10月10日，市人大常委会副主任鄢萍一行走访瑞达电子有限公司。

【侨务联谊工作】 接待重点海外华侨华人42批次600多人次，先后向巴西、意大利、马来西亚等国的20多个社团和侨领发去贺电和献词。选送2名小学教师到印尼和菲律宾开展海外中小学华文教育活动。

6月4—11日，市外侨办与福清市外侨办联合举办新加坡培青学校"中国寻根之旅"夏令营，35名来自新加坡的华裔新生代表参加此次夏令营活动。

9月30日，"福州月·中华情"央视中秋晚会在榕举行，市外侨办邀请200多名海内外嘉宾参加，其中榕籍重点侨胞100多人。

11月19日，市外侨办接待新加坡福州会馆恳亲团一行52人。

11月24—29日，市外侨办出席在新加坡举办的第七届世界福建同乡恳亲大会暨第四届新加坡福建文化节，并赴印尼考察华文教育情况。

12月10日，市外侨办接待马来西亚诗巫市赴福建省文化交流访问团19人。

【社区侨务工作】 按照先行试点、分类指导、整体推进的工作思路,开展社区侨务工作。先后数十次到社区调研考察,与社区干部开展10多次座谈会,共同研究探讨推进社区侨务工作的方法。福清市高山镇前王村和马尾区亭江镇亭头村两个社区被授予"全国社区侨务工作示范单位"牌匾,并作为国侨办挂牌联系的全国社区侨务工作示范点单位,国侨办还下拨了活动经费。

【侨务法制宣传】　开展侨法进村镇活动。在闽清文定村、闽侯竹岐乡举行"侨法宣传暨送温暖医疗队专家义诊活动",免费为300多名归侨侨眷现场问诊,赠送日常用药价值1万多元,发放侨法宣传资料200余份。《中国日报》、中新网、网易新闻和《福州日报》等媒体对该项活动进行报道。

编印发放侨法宣传资料。向福州市直有关部门发放省侨办编印的《重要涉侨法律、法规、规章及规范性文件汇编》300本,向各县(市)区侨务部门发放1500本,并印制发放各类侨法宣传资料2000多份。

【归侨侨眷权益维护】　扶助贫难侨　争取各级专项资金89万元,对贫困归难侨实行生活补助。推进并完成全市散居贫难侨纳入当地低保行列,并对627名处在贫困边沿的散居社会贫困归侨每人每月再发给100元生活困难补助,对77户无房归侨每户给予4万元补贴,全年争取相关经费243.24万元。做好关停并转企业归侨退休职工享受特殊补贴的申报和发放工作。

侨务信访工作　接待来信来访3000多人(件)次。主要问题集中在旧城改造的拆迁安置补偿、落实侨房政策、侨资企业在投资生产经营中遇到的困难和问题,散居农村的归侨侨眷宅基地、承包地、祖坟地的纠纷,出入境定居以及其他信访问题。

"三侨子女"身份证明认定　主动到考生相对集中的福清市现场办公,出具各种证明。全年,为全市参加普通高校和成人高考的归侨子女、华侨子女、归侨学生出具"三侨"子女高考升学证明235份。

【华侨农场工作】　市委、市政府决定以江镜华侨农场为主要依托规划建设国家级经济园区——闽台(福州)蓝色经济产业园,并纳入与省海洋渔业厅签署的战略合作框架协议中。市外侨办具体负责华侨农场体制改革工作,参与推进产业园区建设。先后牵头组织开展华侨农场人、财、物调查摸底,草拟《福州市江镜、东阁华侨农场改制方案》上报市政府等。清理解决江镜华侨农场被解除劳动关系人员807人的基本养老保险问题,为闽台(福州)蓝色经济产业园区建设打造安定的外部环境。

【侨胞捐赠兴办公益事业】　福州海外侨胞捐赠社会公益事业2亿元,比增53%。主要集中在教育事业、基础设施建设、医疗卫生等公共事业。加大"侨爱工程——万侨助万村活动"宣传力度,引导海外乡亲将捐赠资金投向福州市欠发达地区,福州市"万侨助万村活动"在建项目13个,涉及项目金额2050万元。

8月11日,市长杨益民到江镜农场调研

港澳事务

【概况】　2012年,市港澳办审批201批421人次因公到港澳,办理港澳通行证352本;接待香港官员和各类团组5批40人次;办理香港居民身份确认62份;帮助香港居民解决困难,处理房屋纠纷、房产问题9起;接待上门了解有关政策、诉求困难、请求帮助的香港居民12起30人次。

【交流合作】　2月27日,香港特别行政区驻福建联络处在福州揭牌成立,香港特别行政区政制及内地事务局常任秘书长罗智光主持揭牌仪式,省外办主任宋克宁、副市长陈晔、市外侨办主任游晓东出席揭牌仪式。

5月17—22日,香港特别行政区驻福建联络处主任苏紫贤带领香港特别行政区相关企事业单位代表参加第十四届海交会。

11月1—2日,香港特别行政区政府公务员清华大学国家事务研习班一行32人访问福州。在榕期间,考察团参访三坊七巷、林则徐纪念馆、马尾船政博物馆、网龙公司、福建奔驰公司等。

12月,经福州市港澳办协调,继香港特区政府之后,澳门特区政府决定将福建联络处的办公地点设在福州。

(林木荣)

台湾事务

【概况】　2012年,福州台商投资区扩区获得批准,福州市被列入第二批居民赴台"个人游"试点城市,大陆首个专门负责对台优惠和非优惠贸易原产地管理业务的海关总署原产地管理办公室在福州市设立，首次举办“离岛采购行”——马祖采购洽谈会对接专场，福州市首个以媒体为主体的新闻类团组赴台交流。全年组织327个团组1554人次赴台。

【经贸合作】 *榕台产业对接* 新批准台资项目47个（含第三地），合同台资2.16亿美元，实际到资0.45亿美元。福州台商投资区扩区获得国家批准。成立台商投资区领导小组，设立台商投资区管委会，在“9·8”中国国际投资贸易洽谈会上专门设立福州台商投资区展区。福州市贸促会与台北市进出口商业同业公会签署合作协议，双方就互相协助在两岸办理各类会展活动、互相提供信息及咨询服务、建立长期合作机制等方面达成合作意向。台湾富邦金融控股有限公司以其关系企业富邦实业（福建）有限公司名义摘牌海峡金融街U地块，兴建富邦金融海西总部大楼。创新委托台湾专业协会协助招商选资的新模式，由福州软件园提供场地，委托新竹经贸及科技产业交流协会协助在台湾招商选资，双方共同负责场地的运营监督、物业管理、企业注册与优惠申请等。闽台（福州）文化创意产业园获文化部批准为“第四批国家级文化产业试验园区”，总面积1448.33公顷，建成1个国家级文化产业示范基地、1个国家影视动漫实验园、5个省级文化产业示范基地，成为两岸文化创意产业合作聚集区。

涉台经贸活动 第十四届海峡两岸经贸交易会签约台资项目39项，利用台资7.12亿美元，分别占项目总数和利用外资总数的28%和24%，其中总投资千万美元以上项目26项，利用台资6.82亿美元。台资签约项目涉及总部及研发中心、软件信息服务、环保科技研发、文化创意、高端旅游及现代农业等各类新兴产业，如台湾友顺科技研发大楼项目、上光眼镜总部项目、华映研发中心项目等。展会期间，共有480家台湾企业的1900个摊位参展。台湾馆现场成交额3200万元，106家企业在展会现场签订代理销售合同，购销协议金额1.15亿元。全国糖酒食品博览会在福州举办，首次在中心馆设台湾产品展区，300多家台湾企业参展。举办第七届海峡（福州）渔业博览会、第十三届中国美食节暨国际美食博览会等。

拓展榕台贸易 5月18日，海关总署福州原产地管理办公室在榕揭牌。福州原产地管理办公室作为海关总署派驻直属海关的第三个原产地管理机构，是大陆首个专门负责对台优惠和非优惠贸易原产地管理业务的机构，便于两岸企业产品原产地认证，有利于推进两岸ECFA协议的实施和监管。组织10个榕台特色乡镇交流团组赴台交流，涉及茶叶、水产养殖、农业休闲观光等各领域。全年，榕台贸易进出口总额19亿美元，进口额14.3亿美元，出口额4.7亿美元；对台小额贸易进出口总额0.7亿美元，出口额0.11亿美元，进口额0.59亿美元。

【“海峡两岸交流基地”建设】 在“两马同春闹元宵”开幕式上，举行马尾船政文化园区“海峡两岸交流基地”授牌仪式。12月，“第三届海峡两岸船政文化研讨会”在福州举行，全国政协副主席、台盟中央主席林文漪为大会发来贺电，中国国民党荣誉主席连战为大会题词“促进交流　造福两岸”。从福州海军学校毕业的一些台湾军界退役“将军”应邀参会，并在会上与海峡两岸专家学者就“福州船政与台湾近代化”展开研讨。来自两岸和美国、加拿大、澳大利亚等国的40多名船政名杰家族派代表参会，参会船政名杰家族人数创历史新高。同月，召开“马尾船政与数字船政建设研讨会”，正式启动“数字船政”建设，马尾区着手规划建设占地1平方公里的“船政文化城”，打造福州文化产业新名片。

【参与海峡论坛福州市活动】 6月15—20日，“第四届海峡论坛·第五届海峡两岸合唱节”在福州举行，28支合唱团队逾1500人参赛，其中台湾队伍10支，创海峡两岸以音乐为载体的文化交流活动规模之最。台湾有2支少儿合唱团队与福州、厦门的合唱团进行联谊演出，两岸合唱团队以“结对子”形式，一起到企业、社区、农村表演。举办“第四届海峡论坛·闽台（福州）特色庙会”，展示榕台两地特色小吃、商品以及民俗表演，开创榕台庙会交流的先河。庙会设立展位130个，其中台湾小吃展位101个。

【宗亲民俗交流】 举办“第十届两马同春闹元宵”“第三届中华梦乡——福清石竹山梦文化节系列活动”“第五届陈靖姑民俗文化节”“第三届闽王王审知文化节暨海峡两岸共祭闽王大典”等榕台特色宗亲民俗文化交流活动。其中，石竹山梦文化节被列入国务院台办2012年重点规划交流项目，石竹山道院何氏九仙君再度分灵台湾。

【教育与卫生交流合作】 3月，福州外语外贸学院分2批5人次赴台湾职业高校进行为期4个月的学习，福州延安中学赴台开展“两岸中学孔子文化研究会第二届年会”，福州鼓楼区实验小学赴台开展校际交流活动。5月，“海峡两岸同心光明行慈善活动”在福州市开展第四站活动，来自两岸的医卫代表200余人参加，由台湾诺贝尔医疗集团、福州市第一医院，为福州100名生活条件困难的白内障患者实施免费复明手术。

【青少年交流】 5月29日至7月22日，“同根同源情相牵——2012年两岸城市青少年创意族谱联展”在台北市举行，福州提供37件作品、台湾提供42件作品参加联展，福州师生代表20人到台湾参加活动。以“文化与科技”为主题的“2012年海峡两岸大学生动漫文化交流活动”在台湾举办，收到作品142件。7月，“第三届榕台大学生新闻营”在福州举行，来自两岸高校的54名学生开展为期5天的在榕学习和联合采访活动。8月，“跨越海峡·相约榕城——2012榕台青年夏令营”在福州开营，来自台湾台南市凤和中学、嘉义永庆高中和福州格致中学、福州第十一中学的师生参加活动。

【榕台直航】 *空中直航* 福州至台北松山、桃园、台中、高雄等4条空中客运直航常态化航线每周开行26个客运航班52个往返架次，福州空港逐渐成为两岸人员往来的热门通道。全年，福州空港往返台湾航班2211架次共运送旅客27.08万人次。

通邮工作　榕台空中直航货邮年吞吐量63.56吨。位于长乐国际机场的“福州邮政速递邮件处理中心”竣工,“福州邮政第二枢纽中心”第一期先行筹建用地6.67公顷(100亩)的建设项目开始启动。10月底,中国联通与台湾固网等公司合资筹建连接福州与台湾淡水的两岸直达海底光缆系统开始施工。

海运直航　散杂货运吞吐量25.57万吨,集装箱吞吐量31.36万标箱。“两马”航线运营1215航次,运送旅客3.58万人次。

【媒体交流】　组织台湾东森电视台驻闽记者拍摄制作“福州市文创产业发展及宜居城市建设”“福州温泉”“闽菜特色”“台商风采”“福州传统小吃”“福州传统手工艺品”6集新闻宣传片,并结合3月底省长苏树林、市长杨益民率团赴台考察活动在东森电视新闻台同步播出。

5月19—20日,国台办和中华全国新闻工作者协会联合主办的“海峡两岸记者海西行”联合采访活动到达福州,宣传报道福州经济文化发展榕台交流合作情况。来自两岸约30家主流媒体的39名记者参加,为福州市近年来接待规格最高、人数最多的一次两岸媒体联合采访活动。

【服务台胞台商】　台商权益保障工作联席会议成员单位增加9个,扩增到35个;福州市台胞投资贸易服务中心更名为“福州市台胞协调服务中心”,增加人员编制,明确受理、调处全市台商、台胞、台属投诉求助案的职能,全年办理涉台诉求件115件,办结率87.8%,台胞救急救难11起11人。市台协会组织座谈会、说明会、推介会31场次,服务在榕台商台胞,帮助台企转型升级。走访企业35家,帮助企业解决问题。协调台商子女就学、代办台胞更换大陆驾照、台资企业集中车检等服务工作,更改台籍28人,出具台籍、台胞学生证明68份。开展6项海建项目的申报工作,总投资310万元,补助62万元。其中,供水工程3项,道路工程2项,对台设施1项。

(陈　坚)

(编辑　郭进绍)

政法委

【概况】 2012年，福州市委政法委围绕市委中心工作，发挥党委助手作用，组织协调全市政法各项工作，维护社会稳定，服务经济发展。市民对社会治安满意率达95.06%。

组织开展“三访三评”深化大走访，为群众办实事2.8万件；开展面向乡村社区群众的“检察开放日”，探索运用“QQ”接访、“微博”举报；开展“司法走转改”活动，走访乡镇村3650个、群众14302人次、企业3315家。

以“政法干警核心价值观教育实践活动”为载体，组织举办全市政法系统核心价值观主题演讲比赛，增强广大干警“忠诚、为民、公正、廉洁”的核心价值观。推进“打黑除恶”专项斗争，加强对重大敏感案件的调查核实、督办协调工作，建立健全政法部门间的工作联动机制。开展“百万案件评查”活动，评查重大疑难信访案件，重点是结案不息访、越级访、重复访的案件；全市完成评查案件1300件。

【社会管理】 社会管理创新 市、县两级对加强和创新社会管理工作进行动员部署，通过举办“加强和创新社会管理”专题研讨班，推进社会管理创新各项工作，确定重点项目，细化实施项目“时间表”和“路径图”。开展综合警务改革创新工作，推进治安防控、交通管理等基础工作创新，流动人口信息采集工作达到基本覆盖。开展社区矫正和安置帮教工作规范化管理年活动，率先在全省启动监所接回机制，落实刑释解教人员必接必送制度。开展“推进检校共建，维护青少年合法权益”活动，在基层检察院探索设立社区（乡镇）检察室或巡回检察室。建立纠纷速裁机制和立案与保全同步进行机制，设立驻金融机构法律服务站。制定实施《关于领导班子和领导干部加强和创新社会管理工作考核评价的意见》和两个考核评价办法，将社会管理创新工作纳入领导班子和领导干部考核奖惩体系，量化评价各县（市）区和市直各单位工作实效。该项工作为全国首创，在中央政法综治动态刊物《长安》上专期刊发介绍。

网格化服务管理 探索有福州特色的管理新模式，制定实施《关于开展网格化社会服务管理工作的实施意见》，在福州五城区逐步推广网格化服务管理工作。推动“135”社区党建从社区走进网格，将党支部或党小组（一个核心）建在网格上，依托三支队伍的力量为各网格配备社区服务管理团队，开展组团式服务。同时将社区综治、计生、民政、市容管理、人力资源和社会保障、精神文明建设等方面社区工作内容也纳入网格化管理。

特殊人群管理 在全省率先推广社区矫正电子监控系统模式，实现对社区矫正对象实施全程跟踪监控、实时预警，全市累计接收社区矫正人员1.08万人，经过社区矫正，5022人解除矫正回归社会，累计矫正人员重新犯罪率仅0.19%（允许比率为3%）。全市安置帮教对象1.99万人，帮教率达99.9%，安置率98%。年内福州市曙光教育服务中心建成并投入使用；宣传推广“鲲鹏青少年事务服务中心”工作经验，通过政府购买公共服务的模式与民间公益社团以及相关部门联合开展各种教育活动。排查管控易肇事肇祸精神病人，对有肇事肇祸、潜在暴力倾向等重性精神病人，按每人每年5000元标准设立救助基金，列入县（市）区财政预算。

【综治维稳】 市综治委按照2012年综治和信访责任书的要求，加大综治信访维稳工作力度，开展“大下访”“大接访”等活动，协调化解一批信访问题。先后对治安问题突出的8个单位予以综治黄牌警告，对10个相关单位进行综治责任倒查，并实行治安责任捆绑问责，落实综治领导责任制。

社会治安整治 全市政法机关加强严打严防措施，全年破获各类刑事案件3.39万件，抓获各类刑事犯罪嫌疑人员1.79万人，破获黑社会性质犯罪组织6个，摧毁恶势力团伙245个。全市检察机关批捕各类刑事犯罪人员7942人，起诉1.12万人。全市两级法院审结刑事案件9210起，判处罪犯1.38万人。

矛盾纠纷排解 建立健全市、县两级矛盾排查工作机制，统一部署开展多轮重大不稳定问题排查化解活动和全市维稳信访工作督导活动,建立市分管领导每半月一次、县(市)区党政主要领导或分管领导每周一次的矛盾排查工作例会制度,排查化解社会矛盾纠纷,化解信访积案。全年排查行政类信访积案468件,息诉息访348件,息诉息访率74.3%;排查涉法涉诉信访积案112件,息诉化解和终结104件,化解率92.85%。建立健全人民调解、行政调解、司法调解三位一体的“大调解”工作体系,加强人民调解组织和人民调解员队伍建设。在巩固道路交通、医疗卫生、库区移民等多元调解工作基础上,推动国土、建设、工商、环保、劳动保障、海洋渔业、食品药品监管等部门开展多元调解工作。推进“诉调对接”“检调对接”“公调对接”。加强医患纠纷第三方调解机制建设,健全完善案件专家责任机制、专家会商机制和现场应急处置机制;全年接访医患纠纷投诉445件,所有已调处的医患纠纷未发生投诉及协议反弹现象。

社会治安重点整治　成立重点跟踪督导突出问题整治活动领导小组,出台《关于深化“排查整治突出问题、服务保障跨越发展”活动的实施意见》,完成2012年市级重点跟踪督导单位的摸底排查及名单确定工作,对8个省级重点跟踪督导单位实行市领导挂点跟踪督导。改变以往市级重点整治单位由各县(市)区自行上报的做法,根据各县(市)区摸排及市综治委日常工作中掌握的情况,确定8个市级跟踪督导的重点整治单位,明确挂钩市领导、市政法部门蹲点联系单位及人员。各县(市)区根据当地实际情况,自行确定72个重点整治单位。通过召开重点整治工作联络员会议、全市重点整治工作汇报会,督促各责任单位加强对重点整治工作的督促指导。

社会治安防控体系　加强治安、电子、信息三大卡口建设,部署街面巡逻、城乡社区和村居、单位和行业场所、海上、区域治安、安全技术、虚拟社会7个防控网络,健全情报信息预警、分级布防、应急处突、考核奖惩、经费保障5项机制。实施技防工程建设,在城区增建1500个监控点(2012年市委、市政府为民办实事项目)。在全省率先完成宾(旅)馆网络安全监管系统建设,首创“网络信息安全管理专区”;互联网信息监控中心通过公安部验收。打击和防范多发性的侵财犯罪,通过约谈可防性案件高发地区有关领导,采取乡镇(街道)和派出所捆绑问责的方式,严控可防性案件发案数。

综治基层组织建设　充实县乡两级综治办力量,组建各级综治委专项组。制定《福州市乡镇(街道)“一个中心、三支队伍”规范化建设考评办法》,在全省率先推出“福州市维稳工作管理系统”,全市173个乡镇(街道)“综治信访维稳中心”、2656个村(社区)“综治信访维稳工作站”建设全部达到规范化建设要求,各乡镇(街道)全部建有30~50人的维稳工作队,村(社区)配有2~3人的维稳信息员和网络舆情引导员。

3月1日,省委常委、政法委书记苏增添到台江法院物业纠纷调解中心调研工作,市委常委、政法委书记陈为民陪同

【平安建设】　平安先行创建　以“平安先行县(市)区”“平安先行乡镇(街道)”和“平安先行单位”等平安创建为载体,将平安创建作为精神文明、党建先进单位评选的前提条件,推进平安创建活动。组织开展申报第二批“平安先行县(市)区”活动,开展第二批平安先行乡镇(街道)、平安先行单位考评验收工作,对达标的“平安先行县(市)区”“平安先行乡镇(街道)”“平安先行单位”加强滚动管理;对尚未申报或通过平安创建验收的县(市)区、乡镇(街道)和单位加强督促指导。晋安区、台江区、闽清县被评为全省第二批“平安先行县(市)区”,39个平安先行乡镇(街道)和60个“平安先行单位”被命名表彰。

拓展平安创建领域　巩固平安家庭、校园、企业、医院、单位、库区等平安系列创建成果,推进平安文化市场、金融、交通、铁路、海域、边界、景区等特色载体活动,将平安创建活动向行业及“两新”组织延伸。突出“平安企业”创建重点,健全企业及周边治安联防网络,为各类企业提供法律保障和法律服务。与沿线8个县(市)区签订《铁路护路联防工作目标管理责任书》,加强对八县(市)区“平安铁路示范县(市)区”创建工作的督促检查与指导。加强对闽侯县等地的重点督导,压控铁路交通事故。制作2万余张的宣传写字板,分发至铁路沿线中小学校。排查高铁沿线周边治安和安全隐患,推进铁路沿线危树和道口隐患安全整治。

平安宣传　市综治办组织开展平安文化千里行系列宣传活动,在电视台《法眼》《新闻110》等栏目进行宣传报道;市公安局发挥警官艺术团优势,深入各县(市)区、乡镇(街道),以综治平安知识有奖问答、互动游戏等形式向群众宣传平安建设成果,活动穿插专业艺术团和当地民间的文艺表演;开展“迎新春、颂平安、建和谐、赠春联”活动。下发《关于组织开展2012年社会管理综合治理宣传暨流动人口服务管理月活动的方案》，开展“综治宣传月”活动。开展“综治好新闻”评选，推进《长安》杂志、《法制日报》《法制今报》和《综治年鉴》通联宣传工作。

（翁建锋）

审　判

【概况】 2012年，福州市各级法院受理各类案件11.74万件，审执结11.38万件，分别比增13.08%和14.15%；其中，市法院受理各类案件2.15万件，审执结2.09万件，分别比增23.12%和23.45%。案件总量居全省各设区市法院首位。

组织开展政法干警核心价值观教育实践活动和队伍集中整训活动。全市法院46个集体、150人次受到市级表彰，29个集体、19人次受到省级表彰，1个集体和11人次受到国家级表彰。市法院立案庭被评为“全国法院先进集体”。

【刑事审判】 受理刑事案件9472件，审结9210件，分别比增13.44%和14.13%；判处罪犯1.38万人，其中市法院受理各类刑事案件1687件，审结1638件。年内审结抢劫、杀人、强奸、绑架等严重侵犯公民人身权利的犯罪案件1875件，判处罪犯2704人，遏制严重暴力犯罪上升势头。审结毒品犯罪案件738件，判处罪犯1009人。开展“打黑除恶”专项斗争，审结黑社会性质组织犯罪案件18件，判处84人。审结走私、金融诈骗等破坏市场经济秩序犯罪案件651件，判处罪犯950人。鼓楼法院审结1起用勾兑白酒假冒“五粮液”案，涉案金额逾千万元，判处被告人有期徒刑6年8个月，罚金530万元。审结贪污、贿赂、渎职犯罪案件239件，判处罪犯339人。加强刑事司法领域的人权保障，审结未成年人犯罪案件718件，依法对714名未成年刑事被告人从轻、减轻、免予刑事处罚和判处缓刑，对53名未成年犯实行轻罪记录封存；为374名符合法律援助条件的被告人指定辩护人；依法对符合条件的8869名罪犯予以减刑、假释。

【民商事审判】 受理民商事案件5.86万件，审结5.65万件，分别比增20.4%和21.83%；诉讼标的额57.95亿元，其中市法院受理6489件，审结6145件，诉讼标的额31.08亿元。审结劳动争议、消费者维权、人身权益保护等民生案件2.06万件，婚姻、赡养、继承等婚姻家庭纠纷案件1.02万件。审结证券、保险、信托、票据等各类金融纠纷案件2817件，建设工程合同、股东权益、公司清算等商事纠纷案件2238件，著作权、商标权、专利权、网络域名权等各类知识产权案件1060件。加强“四涉”审判工作，依法审理涉外、涉港澳台案件5067件，协助台湾地区委托调查取证、送达司法文书1174件，承认、认可外国及港澳台地区民事判决、裁定、调解书、仲裁裁决39件。调解化解各类涉林纠纷46件；推行“补植复绿”措施，闽清法院发出“补植令”“监管令”3份，责令毁林人员补种、管护林木54.93公顷。

【行政审判】 受理行政案件1411件，审结1361件，其中市法院受理614件，审结608件。全年受理并审结国家赔偿案件10件；审查非诉行政执行案件1518件。探索行政案件协调和解机制，协调和解行政案件325件，一审行政案件协调率达35.7%。加强司法与行政的良性互动，全年发出行政类司法建议和意见函93份，应邀前往行政机关授课辅导56场次，与各类行政机关召开执法座谈会60场次。市法院举办和谐征迁工作专题培训班，13个县（市）区分管领导、拆迁办主任以及市直有关部门领导等120余人参加，为征迁工作提供法律服务。

【执行工作】 受理执行案件3.61万件，执结3.48万件，执结率96.61%，同比提高0.9个百分点，执行标的到位款57.12亿元，到位率78.01%，其中市法院受理执行案件2481件，执结2238件。加大执行案件调查力度，通过银行、国土、房管等部门查询4.72万项（次）。开展反规避执行专项活动，健全执行联动威慑机制，全年采取搜查、罚款、司法拘留、限制出境、限制高消费、曝光“黑名单”等各种强制措施1089件次。建立“立案与保全同步进行”工作机制，发放“诉前财产保全告知书”，提示当事人申请诉前保全，市法院裁定诉前财产保全18件，保全金额2.81亿元；全市法院裁定财产保全2953件，保全金额25.46亿元。闽侯法院开展涉民生案件专项执行活动，集中发放交通事故人身损害赔偿、刑事附带民事赔偿、抚养费等案件的执行款。

【审判监督】 审结再审积案331件，其中改判、发回重审192件。加强对法官自由裁量权的约束，细化审判执行标准，严密司法程序，减少和杜绝司法工作的随意性。构建审判质量管理长效机制，在全市开展庭审与裁判文书“两评查”活动和百篇优秀裁判文书、百个优秀庭审“双百评选”活动；召开示范庭123场，评查裁判文书8763份，发出通报5份。连江法院在全省法院“两评查”活动推进会上代表全省基层法院作经验介绍。

【调解工作】 坚持“调解优先、调判结合”原则，完善全面、全程、全员调解的“三全”调解体系，全市法院审结的一审民商事案件4.75万件中，调解1.26万件，撤诉1.6万件，调撤率60.14%。完善多元调解衔接机制，市法院和公安局、工商局、人力资源和社会保障局等20余个部门建立调解联动、诉调对接机制，涉及道路交通事故损害赔偿、消费者权益、劳动争议等主要业务门类，形成覆盖各主要行业的大调解工作格局，其中交通事故一体化调处机制全面铺开，全年调解交通事故损害赔偿纠纷3381起。市法院与市台办、市侨联建立的涉台涉侨特邀调解机制，被全国侨联向各地推广运用；市法院与省保险行业协会建立起保险纠纷快速处理通道，首批委托的17件保险纠纷全部调解成功。全年培训人民调解员、特邀调解员、人民陪审员581人次。

【涉诉信访】 改变每月1天由院领导集体接访的院长接待日工作模式，实行院领导每日轮流接待来访和预约接访,该接访做法被最高人民法院向全国法院推广。全年值班接访群众4022人次,涉及案件2552件,分别比增111%和97.83%。自7月开始赴省访和进京访数量首次实现“双降”,分别比降29.44%和37.04%。落实领导包案制度,院领导带头承担清积任务,带案下访300余次,约访重点信访人150余人次。加大司法救助力度,全市法院向209名信访人提供司法救助款641.19万元,帮助有特殊困难的信访人解决生活实际问题。全年化解历年信访积案424件,其中息诉326件,已结信访积案的息诉率达76.89%。

【司法服务】 推进诉讼服务中心建设,为诉讼当事人提供诉讼指导、风险提示、法律释明和判后答疑等“一站式”服务。设立“涉农合议庭”“渔排法庭”“海上调解船”“社区法官工作室”,形成晋安法院的“午间法庭”、长乐法院的“党员法官法律服务点”、罗源法院的“畲族巡回审判庭”、永泰法院的“金梅法官调解室”等特色品牌。全市人民法庭129个巡回审判点巡回审判案件3440件,指导人民调解1577件;基层法院审理的案件数占全市总数的81.65%。开展“司法走转改”活动,通过走访乡村、群众、企业,掌握法律需求,提供司法服务。全年开展“法律六进”等各类普法活动513场。加强对弱势群体的服务,全市法院对1705件案件当事人缓、减、免交诉讼费285.49万元。

建立纠纷速裁机制 对民商事案件进行繁简分流,成立速裁合议庭,按照快速程序进行专业化调解和审理,提高审判质量和效率。4月速裁合议庭成立后,审结各类一、二审民商事案件766件,均实现案结事了,平均个案审理期限不超过7天。其中审理高校新校区建设工程施工合同纠纷1起,标的额近千万元,速裁合议庭用时1天多的时间完成调解结案,确保新生按时入学。

建立征迁纠纷诉前协调和司法服务机制 市法院在福州奥体中心和地铁1号线等重大建设项目中,选派审判骨干力量专门成立司法服务小组,为500多人次解答相关法律和政策问题。仓山、马尾等法院分别成立重点项目拆迁司法服务工作组,引导征迁部门完善征迁规程。

4月26日,市法院举行诉调对接签约仪式

设立驻金融机构法律服务站 市法院在全省率先设立首家驻金融机构法律服务站,确定工作联络人,定期派驻法官就地服务、就地排查、就地化解金融纠纷。服务群众1057人次,诉前调解化解纠纷86起,发出金融风险预警2次,向银行和保险等机构通报存在问题3次,撰写专题调研报告4篇。

成立“物业纠纷法律服务中心” 台江法院针对城市建设加快、物业纠纷频发的情况,与区房管局联合成立“物业纠纷法律服务中心”,调解物业纠纷案件559件,调解率80.9%。

【平安综治】 市法院协同社区矫正工作机构开展服刑人员、回归人员的教育、矫正工作,对3名严重违反假释规定的社区矫正人员撤销假释,收监执行。帮助188名未成年犯复学、就业,其中13人考上各类大中专院校。

【畅通监督渠道】 人大及其常委会监督 市法院先后向市人大常委会作改进调解工作、建议件办理工作等专项报告,办理代表建议件2件,省、市人大督办和代表关注案件89件。开展“走近法院”活动,协助市人大常委会组织112名代表调研涉诉信访、执行工作,视察人民法庭和物业纠纷法律服务中心工作。

政协民主监督 全年办理委员提案1件,办理委员关注案件17件,邀请委员48人次参与庭审观摩和“两评查”活动;聘请7名政协委员担任廉政监督员。

检察院法律监督 邀请检察长列席审委会讨论抗诉案件。市法院审结检察机关刑事抗诉案件26件,民事行政抗诉案件7件,其中维持9件,改判12件,发回重审3件,调解3件,检察机关撤回抗诉6件。

社会监督 畅通网络监督渠道,实行裁判文书上网,开展网络庭审直播。年内全市560名人民陪审员参审结案1.64万件,参审率83.77%。

【队伍建设】 全年选派8名干警到基层挂职锻炼,对30名干警进行交流轮岗。加大竞争性选拔干部力度,选任6名中层正职领导,从基层法院遴选6名干警到市法院工作。优化干部队伍学历结构,全市法院干警本科以上学历的占92%,具有研究生学历和法律硕士学位的308人,占19.7%。市法院博士、硕士108人,占中院干警数的32.7%。

开展示范教育、条规学习、上廉政党课、观看警示教育片、参观榕城监狱警示教育基地等廉政教育活动98次。落实法官任职回避制度,建立健全廉政风险防控机制,排查审判流程中存在的廉政风险点,制定实施《廉政风险防控机制建设工作的实施方案》等规范性文件9份。加强对干警业外活动的监管,向案件当事人发放廉政监督卡6.04万份。

开展法官论坛、学术沙龙、学术讲座、专题读书会等活动；举办培训班4期，学习新颁布的《中华人民共和国刑事诉讼法》《中华人民共和国民事诉讼法》修正案。全市法院有18篇论文在全省法院系统第二十四届学术讨论会获奖；市法院获全国法院"人民法院案例选编先进单位"称号。

（吴旭华）

检　察

【概况】　2012年，福州市检察机关批准逮捕破坏市场经济秩序案件362件498人（数据含平潭，下同），提起公诉528件843人，其中起诉破坏金融管理秩序案件67件78人，起诉危害税收征管案件21件31人，起诉非法吸收公众存款、组织领导传销活动等涉众型经济案件59件64人。市检察院通过审查批捕1起虚开可抵扣税款发票案件，查处税务管理人员滥用职权造成税款流失7500万元的渎职案件。参与治理商业贿赂工作，查办产权交易、市场准入等环节商业贿赂案件99件112人。

全市两级检察院有47个集体、46名个人获省级以上表彰，市检察机关代表队获得全省法律文书练赛团体第一名，市检察院公诉一处和司法警察支队分别获评全国"百个优秀公诉团队"和"编队管理示范单位"。鼓楼、福清检察院入选全省基层检察院建设示范院，福清、闽清检察院入选全省检察文化建设示范院。

【刑事检察】　批准逮捕各类犯罪嫌疑人7942人，提起公诉1.12万人，其中市检察院批捕297人，起诉541人。开展"打黑除恶"专项斗争，起诉工程建设、商品流通、乡村管理等领域黑社会性质组织犯罪嫌疑人99人。参与打击涉枪涉爆涉毒等专项工作，起诉杀人、重伤、抢劫、强奸、绑架、毒品等严重犯罪嫌疑人2942人。参与文化市场整治，起诉利用网络组织色情、赌博活动的案件16件26人。对初犯、偶犯、过失犯、老年犯等轻微犯罪案件，依法作出无逮捕必要不捕396人、相对不起诉503人，引导侦查机关适用"不捕直诉"3350人。设立未成年人刑事检察工作办公室，集中审查未成年人犯罪案件，依法决定不批准逮捕87人、不起诉59人。完善亲情会见、品行调查、分案起诉等机制，试行附条件不起诉、轻罪记录封存等制度，促成19名青少年重返校园或考入高校。

完善涉检信访首办责任制，依法办理来信来访3720件。落实"检察长接待日"和带案下访、预约接访等制度，市检察院领导接待群众660人次，包案化解疑难信访55件。开展信访维稳大排查和"信访积案清理年"活动，按时办结省检察院和市委政法委督办的信访积案42件。推行涉检信访风险评估预警机制，把化解矛盾贯穿于执法办案全过程。重视涉检网络舆情，福清、平潭等检察院探索运用"QQ"接访、"微博"举报等服务平台。促成刑事和解63件，民事申诉和解23件。会同市司法局督导落实检调对接机制，移送人民调解中心调处轻微刑事案件138件、民事申诉案件3件。向生活确有困难的刑事被害人及其近亲属发放司法救助金46万元。对于当事人有较大异议的案件，邀请人大代表、政协委员等参与公开审查、公开听证53场，促进息诉息访。

加强对全市约5500名社区矫正对象管理帮教活动的法律监督，纠正脱管、漏管等管理不到位问题80件，帮助63名矫正对象协调解决就业、低保等困难。开展"推进检校共建，维护青少年合法权益"活动，向85所学校指派法制辅导员，送法进校园239场，评选10名"优秀法制辅导员"。台江区检察院会同区司法局选聘10名律师担任未成年人法律援助义工，鼓山地区检察院会同团市委开展在押未成年犯心理辅导、就业培训等活动。组织举报宣传和法制宣讲215场，市检察院和鼓楼、福清、长乐检察院获评全国"检察宣传先进单位"。各基层检察院探索设立社区（乡镇）检察室或巡回检察室，就地受理信访举报、开展法制宣传、化解矛盾纠纷。针对个人信息安全、留守儿童管理和食品药品监管等热点问题，发出社会管理检察建议43件，仓山、晋安、闽清检察院各有1件检察建议入选全国"优秀检察建议"。

【职务犯罪侦查和预防】　立案侦查各类职务犯罪案件190件269人，其中贪污贿赂案件158件228人，渎职侵权案件32件41人。查办处级以上要案10件，查办百万元以上大案19件。市检察院牵头查办图书购销和教材征订领域窝串案23件23人。年内抓获48名在逃职务犯罪嫌疑人。全年剖析典型案例252件，发出预防检察建议213份，协助发案单位建章立制193项。围绕落实涉农惠民政策、保障村级换届选举等课题，开展17项预防调查活动，提供预防咨询

6月19日，市检察院举行"全国优秀公诉团队"称号授牌仪式，省检察院向市检察院公诉一处颁发奖牌

1967次。会同税务、金融等系统建立预防职务犯罪协作机制,协同市委党校举办廉政法制课75场,组织廉政宣教572场,编印并发放预防画册约2万册,设置公益广告159条,台江区检察院制作的公益短片入选全国“优秀廉政宣传短片”。市检察院会同鼓楼区检察院建设预防职务犯罪警示教育基地。

开展查办“违法占地、违法建设”背后职务犯罪专项工作,立案侦查贿赂和渎职相交织的案件19件25人。推进工程建设领域突出问题专项治理,查办项目审批、质量监管等环节职务犯罪案件59件74人。开展“百个工程”专项预防活动,送法进工地、进企业245场,针对工程廉政监管不到位问题提出检察建议109件。设立行贿犯罪档案查询中心,向工程招标方和主管单位提供查询2635批次。市检察院和平潭县检察院获评全省“工程建设领域专项预防工作先进集体”。

开展查办涉农惠民领域职务犯罪专项工作,立案侦查“三农”建设和教育、医疗、社会保障等领域案件75件116人,其中有11件15人涉及养老补助、助学贷款、粮食直补、农机补贴等民生项目。开展“加强食品安全监管,促进依法行政”专项预防活动,牵头举办“百场预防咨询”和“百场警示教育”,起诉销售病死猪肉等危害公众健康的案件8件11人,查处食品卫生监管人员渎职案件6件10人。起诉制售假冒伪劣商品、侵犯知识产权案件71件117人;鼓楼区检察院设立知识产权案件专办组,统一审查起诉全市侵犯知识产权案件。年内起诉破坏生态、污染环境的案件70件106人,查办造成耕地、森林毁损的渎职案件7件8人。闽侯、闽清、罗源、永泰、平潭等检察院全面推行失火毁林案件“补植复绿”机制。针对国有资产流失、农民工维权、未成年人抚养等问题,督促和支持相关单位、个人提起民事诉讼39件。

办理涉及企业的职务侵占、挪用资金等案件112件143人。开展“走访百家企业”“维护市场经济秩序,服务民营企业发展”等活动,举办企业家座谈会35场,提供法律咨询,听取意见、建议,改进服务措施。

【诉讼监督】 组织开展全市诉讼监督“十佳亮点”评选。全年依法查处涉嫌职务犯罪的行政执法人员和司法工作人员71人。

侦查监督 督促行政执法机关移送刑事案件116件,督促侦查机关立案92件、撤案100件,决定追加逮捕246人、追加起诉72人。针对侦查机关“另案处理”案件等容易出现问题的关键环节,开展专项监督工作,纠正违反程序、久侦不结等问题134件。审查纠正错误司法鉴定意见7件,从中深挖查处贿赂、渎职案件3件5人。

审判监督 提出和提请刑事抗诉41件,市检察院和省检察院支持抗诉16件,法院审结的13件中改判7件、发回重审3件。提出和提请民事行政抗诉25件,市检察院和省检察院支持抗诉17件,法院审结的16件中改判4件、调解结案4件、发回重审8件。发出刑事再审检察建议9件,法院采纳8件。发出民事行政再审检察建议25件,法院采纳19件。

监所检察 开展维护在押未成年人权益、打击“牢头狱霸”等专项检察,纠正监管不到位问题68件。加强对减刑、假释、暂予监外执行的监督,及时纠正刑罚变更执行不当24件。

行政执法与刑事司法衔接机制 对简易程序案件全部出庭公诉并开展庭审监督,试行侦查人员出庭说明情况45人次,监督民事执行案件94件,纠正行政执法机关不当干预法院执行等问题35件。

检察长列席审判委员会制度 在审委会上先后对146件疑难案件发表意见。起诉案件提出量刑建议占89%,法院采纳率达93%,福清、长乐、连江、永泰等检察院不断完善被告人羁押期间表现纳入量刑建议的机制。台江、仓山、闽侯等检察院推进民事虚假诉讼监督、公安派出所刑事执法监督、诉讼违法问题调查等工作,鼓山地区检察院完善在押犯人权、安全和生活保障专项检察机制。

【畅通监督渠道】 党委监督 执行重大部署、重要事项请示报告制度。全市检察机关听取市直机关和县(市)区党政机关的意见、建议,依法接受侦查、审判机关的制约。8月,市委常委会专题听取和研究检察工作。

人大及其常委会监督 按时办结市人大常委会转办的信访件6件,办理市人大代表建议件2件。向市人大常委会专项报告惩治和预防职务犯罪工作,协助开展执法检查、调研督导等活动。开展联系人大代表“四个一”活动,邀请市人大常委会组成人员和市人大代表195人次,分别视察民事行政检察、预防职务犯罪、检调对接等5项检务活动。推行院领导联系和走访人大代表团制度,落实18项联系工作任务,寄送《福州检察之窗(专刊)》8期。

政协民主监督和人民群众监督 向市政协通报检察工作,邀请市政协委员85人次参与调研视察活动,办理市政协委员提案和意见、建议13件,聘请5名市政协委员担任市检察院第二届民主监督员。推行人民监督员制度,监督评议查办职务犯罪工作“七种情形”16件,同时,会同市人大常委会、市政协和市委政法委等单位公开选任市检察院新一届人民监督员50人。开展面向乡村、社区群众的“检察开放日”活动,在福州电视台播放《检察纪实》节目52期,在市检察院门户网站公布执法办案动态。

【队伍建设】 市检察院干警中本科以上学历的占干警总数的94.4%;检察官中具有研究生以上学历和法律硕士学位的占22.3%。完成福清和连江2个基层院检察长交流任职工作,完成3个基层院副检察长交流任职工作;开展中青年干部挂职锻炼工作,市检察院累计选派6批8名干部分别到省检察院、市委政法委、新疆昌吉回族自治州检察院、平潭县检察院、闽清县农村、市信访办挂职锻炼;接收新疆昌吉回族自治州检察院选派的5名干部到市检察院和基层检察院挂职锻炼。

针对修改后的刑事诉讼法、民事诉讼法,开展全员练赛、网络培训和专题学习等活动,市检察院召开证据制度、辩护制度等研讨会5场;举办福州市第三届检察官与律师论辩赛,随机抽取两级检察院156名检察人员测评学习效果。组织新进检察人员培训班和诉讼监督等实训班,650人次参加轮训。

围绕规范执法行为、强化队伍管理，市检察院制定执法办案程序审查、质量考评等13项制度。落实职务犯罪侦查的讯问活动“全程、全部、全面”录音录像制度，执行职务犯罪案件撤案、逮捕、不起诉报上一级检察院审查决定制度。设立案件管理机构，集中受理、评查和监督各类案件，依托两级检察院局域网和案件管理软件，实时监控办案程序、期限和质量。市检察院建成案件管理中心，开展办案信息对外查询、统一接待律师阅卷等工作。开展“规范执法、安全办案”和扣押冻结款物管理、警车管理等专项督察，邀请人大代表、政协委员参与检风检纪督察。查核检察人员涉嫌违法违纪问题，对2人予以批评教育。

（陈若冰）

公　安

【概况】　2012年，福州市公安机关完成公安部统一部署的安全保卫战、“三访三评”活动、打击经济犯罪“破案会战”和“打四黑除四害”四大任务，均获全省第一。完成中央领导到榕考察等401批次警卫任务，保障在榕举行的214场次重要会议及大型经贸活动安全。查破刑事案件数比增26.9%，查获作案成员数比增65.5%，有影响的案件全部及时破获；打掉涉黑涉恶团伙245个；现行命案发案105起，破案103起，破案率98.1%；在“打盗行动”中破盗窃案件数比增10.7%，盗窃发案数比降0.5%。中央政法委和公安部交办的信访件、省委政法委带案下访件、进京非正常上访案件，实现“4个100%化解”。

在全市开展“创文明行业，建满意窗口”活动竞赛中，公安车驾管、户籍、出入境等三大窗口的服务满意率分别为99.94%、99.7%、99.98%，“110”接处警短信回访评议满意率从第三季度的85.03%提升到97.86%，市公安局名列行政执法类行业（单位）第一名。“让人民满意”媒体直接民主评议政风行风活动，市公安局以95.72%的综合得分位列10个参评单位第一名。

鼓楼分局、仓山分局被公安部评为“全国优秀公安局”，东街派出所、马鼻派出所获“全国优秀公安基层单位”称号，全市有被省政府记集体一等功的市强制戒毒所等107个先进集体，以及获“全国创先争优优秀共产党员”称号的郑伯武、全国公安二级英模的长乐市看守所原教导员林建仁等630名先进个人。

【“三访三评”】　上半年，在全市开展以访问民情、访察民意、访排民忧，评议工作、评查问题、评选先进为主要内容的“三访三评”深化大走访活动。市公安局党委成立由一把手任组长的领导小组和7个专门工作小组，每月召开一次推进会。2月28日，国务委员、公安部部长孟建柱到闽调研期间，参加鼓楼区军门社区警民恳谈会。3月16日，省公安厅副厅长、副市长、市公安局局长徐凡新作为福建省唯一代表，赴京参加人民网举办的“全国公安厅局长系列访谈”节目，以“三访三评”为主题接受在线视频专访。13个县（市）区局领导在全省率先开展公安局长微博访谈系列活动，优秀所（队）长到福州政法网进行在线访谈。市公安局建立“走访信息库”，将群众的意见与诉求流转给相关责任单位，限期督办并反馈处理结果。通过大走访活动，全市收集意见建议1.3万条，为民办实事2.8万件，推出出入境申请受理“服务专窗”、办理二代居民身份证的“绿色通道”、缓解停车难的“便民示意图”等惠民措施；在维护社会安定方面，持续“清网行动”，抓获在逃人员575人，开展打击扒窃、偷盗电动车和各类侵财犯罪活动，查破“四黑四害”等刑事案件4000余起，抓获违法犯罪嫌疑人员5000余人。“三访三评”活动福州市累计有7个先进集体、15名先进个人受省公安厅表彰。

【刑事犯罪侦查】　破获各类刑事案件绝对数3.39万起，比增26.9%，其中破获年内案件2.22万起，比增30.5%。抓获作案成员1.79万人，比增65.5%，其中依法逮捕7552人，批捕率91.21%，分别比增8.3%、0.7%；公诉1.04万人，比增1.4%，起诉率94.95%。

打击命案暴力犯罪　现行命案发案105起，比增15.4%；破案103起，破案率98.1%，比增1.4%。破获年前积案20起。全年抓获命案犯罪嫌疑人184人。发生命案的13个县（市）区，有11个实现现行命案全破，其中速破连江“3·23”双命案、长乐“6·14”入室抢劫杀人、“7·17”晋安废弃屋高腐尸体、“11·2”报复杀害卖淫女焚尸等一批恶性命案。

“打黑除恶”行动　重点打击群众反映强烈的“地下出警队”“黑保安”“讨债公司”等新型黑恶势力及操纵“黄赌毒”和农村基层政权的黑恶势力。打掉黑社会性质组织6个77人，摧毁恶势力团伙245个1094人。刑侦支队联手台江公安分局从追查1起伤害致死案件入手，破获在台江一带开设赌场的连某云黑社会性质犯罪组织；闽侯县公安局通过群众举报，查获张某黑社会性质犯罪组织。

打拐专项行动　涉拐案件立案1447起，破案1334起，破案率92.2%，打击处理犯罪嫌疑人1274人，抓获涉拐逃犯8人，解救被拐妇女、儿童1546人；采集DNA血样1.21万份；破获组织操纵新疆籍未成年人犯罪案件414起。

查破侵财案件　全市破获各类侵财案件2.43万起，比增14.2%，公诉犯罪嫌疑人2788人，劳教55人，行政拘留627人。打掉犯罪团伙91个、涉案2315起；破获电信诈骗案件567起、涉案金额347.4万元，打击处理涉案人员155人，缴获银行卡660张，追缴、冻结赃款610.6万元。

【十大刑事要案】　*破获黑社会性质犯罪组织案*　市刑侦支队、台江分局破获连某云黑社会性质犯罪组织案。抓获连某云、全某富等10名组织成员，带破各类刑事案件20余起。该组织在台江区红星村一带开设赌场，进行敲诈勒索、抢劫等犯罪活动。

破获“2·26”电信诈骗团伙　6月11日，市刑侦支队、福清市公安局联手摧毁公安部督办的“2·26”电信诈骗团伙。查出其在福清专门诈骗韩国公民的3处作案窝点，抓获何某华、王某钦等13名涉案成员（其中吉林朝鲜族5人），现场查扣笔记本电脑7部、台式电脑4部、作案用手机25部、银行卡25张等作案工具及轿车2辆、现金20余万元。

破获“3·9”系列网络征婚诈骗团伙 5月22日，鼓楼分局破获省公安厅3月9日挂牌督办的系列网络征婚诈骗团伙。2月下旬，新加坡国立医科大学医院护士袁某通过网络向福建省公安厅刑侦总队报案，称其于2011年8月在速配征婚网站上结识1名大陆男子，后被对方以在香港某公司投资为由骗走17万余元。鼓楼刑侦大队经过侦查，摧毁以周某龙、董某娟(均为台湾人)夫妇为首的网络征婚诈骗团伙，抓获犯罪嫌疑人15人，缴获笔记本电脑、银行卡、账本等作案工具。

破获公安部督办的“5·11”专案 2009年以来，在安哥拉的一些中国籍不法人员结伙对在安哥拉的中国公民实施抢劫、绑架、敲诈勒索、拐骗妇女强迫卖淫等犯罪活动。公安部将该案列为“5·11”专案查办。2012年7月19日~8月25日，市公安局派出工作组赴安哥拉开展打击行动，抓获犯罪嫌疑人50人，破获各类重特大刑事案件32起，解救中国籍受害人9人。

破获“5·22”系列飞车“两抢”案件 5月26日，晋安分局摧毁系列飞车“两抢”犯罪团伙。在闽侯祥谦镇抓获犯罪嫌疑人廖某林等4人，缴获作案用的摩托车2辆、假摩托车牌8面，追回金项链14条、iPhone手机5部等价值20余万元的被抢财物，破获5月22日以来发生的19起系列飞车抢夺案。

破获制贩枪支窝点 在“灭枪”专项行动中，闽侯县局刑侦大队于6月15日在南通镇古城村捣毁1个家庭作坊式的制贩枪支地下窝点，抓获制贩枪支犯罪嫌疑人兰某书以及非法持有枪支的犯罪嫌疑人兰某等4人，查获枪支9支、子弹以及枪管、枪托等半成品和用于制造枪支的机械、材料。

破获“6·24”特大抢劫案 7月17日，仓山刑侦大队抓获犯罪嫌疑人谭某伟等3人，查明3人以收高利贷为借口，于6月24日凌晨驱车在盖山镇后坂村将受害人郑某丰绑上车，并抢走其金表、LV包、苹果手机、现金以及银行卡等财物，总价值25万余元。

破获“7·17”特大贩毒案 7月17日，马尾区公安局在福州高速公路秀宅收费站处，抓获涉嫌贩毒的犯罪嫌疑人林某德等3人，当场查扣轿车1部，搜出冰毒1.5万余克和仿六四式手枪1支、子弹4发。

在法制宣传中，民警向群众展示缴获的假印章、假证件

破获“8·15”持枪聚众斗殴案 市刑侦支队、台江分局破获持枪聚众斗殴案。8月15日晚，台江区长寿路永辉超市门口发生聚众斗殴并开枪。刑侦部门于8月17日至9月3日分别从福州、南平、闽清等地，抓获何某、林某等全部涉案人14人，并在金汤新村起获作案用的自制枪支1把、子弹1枚。查明两人因债务纠纷，双方结伙在长寿路打斗，扰乱公共秩序。

破获“11·2”杀害卖淫女案 11月2日凌晨，五一路阿波罗酒店公寓15楼1名女旅客在客房被杀，现场还遭纵火。市刑侦支队专案组在市公安局行动技术支队和城门派出所的配合下，抓获犯罪嫌疑人林某峰。供认其通过电话召嫖，在客房持刀将卖淫女李某杀死，抢走现金800余元以及银行卡、手机等财物，并纵火焚烧现场。

【经济犯罪侦查】 立案7521起，破案3014起，抓获犯罪嫌疑人8663人，挽回经济损失269.6万元。2011年11月至2012年2月底，开展打击非法集资犯罪的专项行动，破案15起，抓获犯罪嫌疑人17人，涉案金额1.1亿元。3月，开展为期6个月的打击经济犯罪“破案会战”专项行动，至8月10日，全市破案1765起，为上年全年破案数的4.11倍，打击犯罪嫌疑人8028人，名列全省第一。经侦支队获公安部授予“成绩突出集体”。

经侦一大队结合整治非法集资活动，对受理的3起非法吸收公众存款案进行梳理，向97名受害者回告案件侦办的进展情况，做教育疏导工作。经侦支队与工商部门等联合召开20多家福州知名企业代表座谈会，探讨为属地企业打假维权。组织民警走进软件园等企业开展法律咨询活动，解答相关问题65人次，调处矛盾纠纷5起。

【经济犯罪要案举例】 3—8月“破案会战”期间，市公安经侦部门与大连、上海、嘉兴等市经侦部门协同作战，摧毁1个跨国妨害信用卡管理的犯罪团伙。破获信用卡诈骗、信用卡套现非法经营等案件100余起，抓获洪某汉等31名犯罪嫌疑人，缴获8000余张伪造空白国际信用卡。深挖破获复制信用卡诈骗案件84起，涉案金额400余万元，捣毁犯罪窝点4个。

8月23日，在公安部、省公安厅的分别指挥协调下，由福州市公安机关发起的“6·20”假冒南孚电池案集群战役，在福建、山东、湖北、广东、陕西、江西等6省公安机关参战下收网。破获生产、销售假冒注册商标电池案6起，抓获犯罪嫌疑人93人，查封假冒电池800多万粒及大量半成品、卡纸标示等，缴获一批制假设备、原材料，涉案金额8000万

元。（曹友权）

【禁毒工作】 组织开展禁毒堵源截流专项行动，全年破获毒品刑事案件910起，抓获涉毒犯罪嫌疑人1050人，缴获各类毒品66.8千克。破案数、抓获数、缴毒数均居全省第一。

整治重点地区、场所 市禁毒办多次组织人员前往福清、长乐等重点地区，采取打击、管控、戒治、康复、帮教等手段加强涉毒问题整治。5月中旬开始，市公安局组织各县（市）区警力组成暗访组，对公共娱乐场所进行25场次的交叉暗访，查处吸毒嫌疑场所5家。全年查处歌舞娱乐场所涉毒案件28起230人。

禁毒信息化建设 禁毒支队通过以会代训、个别辅导、督导检查等形式全面推广应用DIAS系统的录入和应用工作，全年录入量614条。通过GPS系统研判4条涉毒线索，从中破获毒案1起，抓获犯罪嫌疑人3人。利用GPS系统协助办案队破获毒品案件4起，缴获毒品10.86公斤。经对历年管控系统中录入的638名吸毒人员现实状况信息进行核查，对管控系统中历年处置在社区戒毒（康复）的1620人信息进行核查，发现部分信息不明的及时予以补充，并删除451条不合格信息。

吸毒人员管控 市禁毒办制定社区禁毒工作绩效考评办法，考评结果与经济利益挂钩。并在鼓楼区试点，探索尝试给社区戒毒（康复）人员介绍职业的途径和机构，该区参加社区戒毒（康复）人员的50%得到就业。二季度市公安局组织实施专项行动，对登记在册的吸毒人员逐一排查，发现有吸毒行为，则依法进行吸毒成瘾的认定工作；对吸毒成瘾严重的人员，则予以收容强制戒毒。全年查处吸毒人员3717人次，其中强制隔离戒毒464人，社区戒毒（康复）300多人。

易制毒化学品管控 8月下旬，市禁毒办组织联合检查组2次到台江、仓山、马尾、闽侯等县（市）区易制毒化学品重点单位进行检查，对近3年没有涉及易制毒化学品生产、经营的136家企业，予以办理注销登记。至11月，发现2家在近3年间无证出售盐酸35.5吨的企业，交由当地公安机关立案调查。市禁毒办对全市生产、经营含麻黄碱类复方制剂的97家企业的产销情况进行排查，规范购销行为。

禁毒宣传教育 1月17日，禁毒支队和晋安禁毒大队在福州火车站开展禁毒“流动课堂”活动，讲解毒品知识。禁毒宣传月期间，在福建电视台，福州新闻、影视等频道，市电台新闻频道播出禁毒宣传内容；市禁毒办与福州广电集团合作，在福州公交公司的3000辆公交车和500辆出租车的车载电视移动频道定时播放禁毒短片；每天利用新村楼宇、酒店等处100多个电视放映点播禁毒短片，月受教育群众约达230万人次。6月，市禁毒办和市司法局在全市279个社区阅报栏LED显示屏，滚动发布禁毒宣传标语。（宋增清）

【社会治安管理】 社会治安“冬季行动”出动警力1204人次、群防群治力量1584人次，分别检查校园868家、医院94家、金融单位173家、金银珠宝店145家、民爆企业和烟花爆竹厂23家、烟花爆竹销售网点365个。发现、整改治安隐患87处，增加学校放学护生警力115人，取缔非法制贩销售烟花爆竹点2个，收缴烟花爆竹1302件，排查化解各类矛盾纠纷119起。

开展“打四黑除四害”和打击涉黄涉赌涉毒等违法犯罪专项行动，破获刑事案件4070起，查处治安案件7309起，抓获违法犯罪人员5486人，刑事拘留2671人，逮捕660人，移送起诉185人。捣毁黑作坊125个，黑工厂233个，黑市场3295个，黑窝点1232个。年内，全市查获黄赌毒案件7581起（其中刑事案件1571起）1.55万人，治安拘留8406人，罚款4896人。其中，赌博案件3184起1.02万人，黄丑案件636起1027人，吸贩毒案件3745起4247人，其他案件16起52人。

打击涉枪涉爆违法犯罪，破获涉爆案件18起，涉枪案件59起，非法烟花爆竹案件131起。收缴枪支795支，子弹2.18万发，炸药5771公斤，雷管4.22万枚，导火索402.9米，管制刀具7225把，剧毒化学品358公斤，非法烟花爆竹1.33万件；抓获违法犯罪嫌疑人员231人，刑事拘留29人；销毁非法枪支2678支，仿真枪1270支，管制刀具7000把。

组织开展“打假证建诚信”专项行动，破获假证类刑事案件105起146人，刑事拘留115人，收缴假证1.86万本、假章2432枚，缴获制假工具3套及电脑、U盘、扫描仪、打印机等犯罪工具。办理与指导办理查处非法出版案件19起，抓获犯罪嫌疑人153人，收缴非法音像制品100多万片。3月23日，晋安分局治安大队破获1起获利30多万元的特大违法复制批销盗版及淫秽音像制品案，收缴盗版光盘53.5万多张。

加强旅馆业“四实”登记。采取定期检查和突击检查相结合方法，督促旅馆业严格执行“实名、实情、实数、实时”登记、上传住宿人员信息制度。查处违法旅馆和留宿洗浴按摩场所92家次，处理56家未依规执行“四实”登记的业主。全市通过旅馆业治安管理信息系统抓获网上在逃人员317人。

（陈茂华）

【特警工作】 全年特警支队夜间街面执勤出动警力2.2万人次，抓获盗窃、吸毒、群殴等违法犯罪嫌疑人136人；出动警力6725人次，完成省市“两会”“两节”和“5·18”海峡两岸经贸交易会、“6·18”海峡项目成果交易会、“福州月·中华情”等大型活动安保任务93场次。9月12日至11月20日，特警支队与武警福州支队出动警力7536人次，在全市重要部位、路段开展武装联勤工作，保障中共十八期间社会安定稳定。配合刑侦、技侦、禁毒等部门执行各项缉捕任务，解救被挟持人质1人；配合晋安刑警大队破获“两抢”案件2起，抓获犯罪嫌疑人员10人；破获毒品案件3起，抓获贩毒人员12人，缴获神水、冰毒、K粉、“奶茶粉”等毒品7330克。

特警支队对特招的16名特战队员进行反恐系列强化训练，重点突出狙击手的培训及擒拿格斗等缉捕技能。对排爆队伍实施平战结合的排爆专业知识训练，排除3起疑似爆炸物案件。组织各大队对反大巴劫持、盾牌警棍术等群体性事件应对战术的系统性训练。全年举行特警技能汇报演示3次，3—9月开展红蓝对抗比武集训。在全省“公安特警五项”选拔赛、“闽粤桂琼”四省（区）公安特警合作区比武对抗赛及全国公安特警红蓝对抗比赛中,福州特警支队分别取得省赛团体总分第一名、四省赛团体总分第一名及全国赛团体总分第三名的成绩。　　(宋增清)

【社区警务】　出台《关于开展深入创新流动人口管理专项活动奖惩工作的通知》。全市登记流动人口 261.7 万人;建设门禁系统 2333 套,覆盖出租户 9062 户、流动人口 22.45 万人。社区民警采用“警务通”采集流动人口信息 5562 人,网吧系统登记流动人口 8 万多人。二代证读卡器在协和医院试点使用成功;各派出所动员聘用 10 人以上用工的企事业单位和暂住 10 人以上的出租房屋安装使用二代证读卡器,采集流动人口信息;全市 725 个用工单位和 619 个流动人口“一站式”站(点)全面安装读卡器。全市 32 家工业园区和科技园区内所有企业雇用的流动人口全部纳入“一站式”服务管理。年内新发现单位出租户 158 户、党员干部 592 户。

派出所窗口延长工作时间和双休日照常办理二代证申、换领手续,方便群众办证。春节、国庆长假期间,受理居民身份证 839 人,发放证件 1010 张;对老弱病残、行动不便的人入户采集人像信息 812 人;为高考考生办理居民身份证开通绿色通道,受理高考考生证件 5321 张。全年受理加快证件 20.5 万张。完善社区警务室 3 个半天接待群众制度,重新规范“民警去向牌”。实行户籍窗口服务评价器周、月通报制度,对评价“不满意”的,要求各县(市)区局进行电话回访。全年评为满意的 61.7 万笔,基本满意的 3501 笔,满意率 99.7%,群众参评率 99.41%;评出文明户籍窗口 15 个,优秀户籍民警 18 人。

全市派出所排查矛盾纠纷 2.31 万起,调解成功 2.3 万起,调处成功率 99%。全市 190 个派出所均建规范调解室。派出所的公安调解员、特邀调解员等 4 支队伍建立率 100%。派出所调解工作与村(居)调委会对接,与乡镇(街道)矛盾纠纷调处中心对接,与法院、司法确认对接 3 个层面对接率 100%,均达到省公安厅要求。

完善人口信息管理系统,清理人口数据逻辑差错,建立质量纠错机制,解决人口信息管理系统内存在的“重人”“重证号”问题。开展户籍身份核查 3.38 万人,注销重复户口 721 人,为各部门提供人口登记信息查询近 100 多万次。

(陈茂华)

【出入境及往来港澳台管理】　办理各类出入境及往来港澳台证件 66.64 万件次,比增 15%。其中因私出国(境)56.97 万人次(公民因私出国 15.38 万人次、内地居民往来港澳地区 34 万人次、大陆居民往来台湾 7.59 万人次),办理出入境通行证 3431 人次,办理各类外国人证件、签证、居留许可 2.2 万件次,办理台湾居民签注、证件 2.74 万件次,福州机场口岸落地签注办证 3.08 万件次,“两马”(马尾、马祖)直航办证签注 1.31 万件次。

全年查处“三非”外国人案件 718 起,其中非法居留 781 人,非法入境 35 人,遣送出境 21 人,依法列入不准入境人员名单 3 人。接收查处国外遣返人员 3265 人,查获出入境领域案件 3 起,批捕 3 人,抓获网上在逃人员 1 人,行政处罚 1 人。

出入境及往来港澳台管理便民措施:(一)推出“翼一拍照”社会化采集相片服务。申请人可自行拍照通过网络传输到出入境信息系统,或到照相馆拍照后通过登录“翼一拍照”服务平台注册账号传到出入境部门,减少群众在窗口现场排队等候照相环节。(二)为遗失单据的人申领证件提供方便。申请人若丢失受理回执单据或缴费票据的,只需在发证窗口登记遗失,由有关科室共同审核后交窗口民警发放证件。该措施已为 120 多名群众解决领证的难题。(三)从 1 月 12 日起,实行免费查询出入境记录服务项目。由专人受理、核查,领导把关,确保出具的记录证明可靠、准确。(四)对劳务公司部分持有效证件的外地劳务人员办证实行特事特办。至 12 月,为劳务公司办理港澳劳务证件 668 人次。(五)缩短福州市居民在异地申请办证时限。申请赴港澳商务签注的核查回函时限由 10 日缩短为 3 日,通过劳务公司申请赴港澳就业的核查回函时限由 10 日缩短为 5 日,在边境地区申请出入境通行证的函查时限由 3 日缩短为 1 日。(六)从 10 月起,全市实施按需申领护照,公民凭户口簿和身份证可到户籍地公安机关申领普通护照。(七)台湾居民可按需申请 2 年多次来往大陆签注和免费为台湾居民办理 5 年有效台胞证旧证号码加注业务。(八)为申请赴港澳奔丧、探望危重病人等实行特事特办。(九)对应邀赴台人员申请办证的,确保在 5 个工作日内办结。6 月 16 日,省实验闽剧一团 64 人应邀赴马祖交流演出,市公安局出入境部门在 1 天内完成受理、审批上传制证工作。(十)针对申请办证量激增的新情况,市公安局决定将毗连的社区警务指导处办公楼二层

社区民警为孤寡老人搬家并张贴春联

作为境外人员办证服务大厅，在该处一楼新增第二个出国境办证大厅，增设5个受理窗口；延长窗口办证服务时间，早上提早半小时，中午不关门，晚上至9点半下班。（宋增清）

【网络安全监察】　发现、处置网上有害信息7.78万条，报送各类情报信息1.78万条，处置"涉日游行"等涉网事件45起。

侦破案件970起，抓获犯罪嫌疑人1733人。其中协破案件484起，抓获犯罪嫌疑人705人（命案77人）。5月10日，联合经侦支队摧毁1个非法吸收公众存款的犯罪团伙，现场查获涉案人员74人，缴获电脑37台，暂扣涉案服务器13台。自办案件486起（部省督办案件10起），抓获犯罪嫌疑人1028人。8—12月，组织统一行动7次，出动警力70多人次，抓获犯罪嫌疑人17人，摧毁盗窃、非法销售电动车犯罪团伙5个，破获案件89起，缴获专业盗车工具30余套。

网安部门组织开展打击网络黑市、多发性侵财犯罪、净网灭枪、破案会战、传播淫秽色情5个专项行动，破案343起，抓获犯罪嫌疑人678人。协助抓获全国网上在逃人员210人。

开展上网服务营业场所经营秩序整顿，检查网吧7428家次，处罚违法违规网吧223家次，查处取缔黑网吧32家。年内新开办宾（旅）馆和新增提供客房上网服务的宾（旅）馆中，有604家落实安装网络安全监管系统。完成新版"基于互联网的计算机防盗抢追踪系统"所属子系统的开发并投入使用。全市登记注册计算机12.9万台。建设"网络信息安全管理专区"，有32家重点单位网络信息系统入驻。

【警卫工作】　完成警卫任务401批次，其中有等级的37批次。主要有：4月2—3日，中共中央政治局常委、国务院总理温家宝到福州调研经济运行情况，并主持召开四省市经济形势座谈会；6月14—17日，中共中央政治局常委、全国政协主席贾庆林在福州考察城市规划等；11月24—26日，全国人大常委会副委员长、中华全国总工会主席王兆国到福州考察了解社会经济发展情况。先后还有全国人大常委会副委员长陈昌智、桑国卫和全国政协副主席王志珍、黄孟复、林文漪、白云忱、厉无畏等到福州考察调研。

根据"三定一保证"（定岗、定位、定责、保证安全）的要求，严密安检、控制、防范、随卫和严管交通的各项措施，全年出动警力数千人次，完成省市党代会，省市人大、政协两会，第十四届海峡两岸经贸交易会，第十届中国·海峡项目成果交易会，第六届南后街灯会，第八十七届全国糖烟酒商品交易会，"福州月·中华情"2012年央视中秋晚会，2012环福州（永泰）国际公路自行车赛，中国足球甲级联赛等214场重要会议和大型商贸、文体活动的安保任务。

【道路交通管理】　发生道路交通事故3088起，死亡603人，受伤3695人，直接财产损失378.28万元。"四项指数"较上年全面下降，其中，起数下降6.17%，死亡人数下降17.4%，受伤人数下降5.18%，直接财产损失下降20.37%。1次死亡3人以上事故2起，死亡7人。

市政府投资4800万元提升改造交通信号灯。城区307个路口装上国内最先进的信号灯，信号灯可依据各个路口每个时段不同方向的交通流量进行配时，实现路口每个通行方向都有倒计时，解决原有倒计时仅能为1个方向倒计时的不足。更换安装69个路口非国标信号灯灯具。信号灯实行全天多时段定时控制，行人红灯等待时间不大于90秒。

开展交通安全综合整治"三年行动"和3个月集中整治大会战（8—10月）。在3个月大会战中，推行农村交通整治、重点地区整治、秩序整治、"点对点"源头监管、道路隐患整治、宣传教育六大攻坚战。其间，全市发生交通事故死亡128人，比降37.25%，没有发生1次死亡3人以上的较大事故。全年查纠交通违法211万多起。

启动防御性驾驶技能考试，增加10项考试内容。机动车驾驶人考试智能化评判项目从原先的28项增到63项，智能化评判率70%。在驾驶人领证前举行交通文明宣誓。

实施部分道路通行新规定，从3月1日起在八一七北路东街口至南门兜路段禁止无绿色环保标志的机动车通行；从9月25日起在三环路以内限制货运车辆通行，客运车辆指定线路通行。新增7条公交专用道。

推进交通安全设施建设，完成市区45个路口74个方向展宽的中心隔离护栏取直，在白马北路等5条道路设置中心隔离护栏，对八一七路、乌山路、古田路、白马路4条道路路缘石上隔离栏更新安装铁艺护栏。年内全市路边划设近8000个停车泊位。

成立由40名骑警组成的摩托车巡逻队，从9月25日至12月，骑警队排除交通堵情1119起，拖车564辆，抄告违

交巡警在路面开展交通安全综合整治行动

法停车5926起,教育劝导交通违法行为5540起。

【重大交通事故案例】 2月15日4时15分,王某醉酒后驾驶闽A33×××号轿车,行驶至福飞路米罗街路段时,车头碰撞道路中间隔离护栏后仰翻,王某当场死亡。

7月23日5时50分,王某星驾驶闽A25×××号轻型自卸货车,途经316国道30公里加200米闽侯路段时发生侧翻,与对向江某建驾驶的小型客车碰撞,造成两车驾驶员和乘员3人死亡。

9月9日15时20分,卓某某驾驶闽AY7×××号大客车至二环路西洪路口时,与骑电动车闯红灯的徐某某在路口南侧的人行横道上相撞,致徐当场死亡。

9月15日零时25分,林某驾驶闽A29×××号轿车,途经324国道23公里加50米闽侯县路段时将车驶到对向车道,与交会的龙某江驾驶的超载重型半挂车碰撞,林某当场死亡。

11月30日20时左右,仓山区陈某驾驶闽AT8×××号出租车从连江开往福州方向,误入筱埕镇定海村新码头坠入海里,4名乘员溺水死亡。

【消防工作】 全市发生火灾1384起,死亡5人,受伤1人,直接财产损失1135.9万元。与上年相比,起数增加613起,死亡数增加1人,受伤数增加1人,直接财产损失数减少4572万元。消防官兵接警出动4907起,出动消防车6922辆次,出动警力4.39万人次,抢救和疏散人员5842人次,抢救财产价值4563.5万元。年内,扑救和处置仓山区佳溢塑胶厂和台江区多起木屋毗邻区火灾,跨区域救援古田县山体滑坡灾害。

清除火灾隐患 将火灾高危单位纳入排查重点,对人员密集场所、易燃易爆单位、建设施工工地、城乡结合部、“三合一”场所、出租屋、木屋毗连区等消防安全薄弱环节,与安监、住建、工商等部门联合执法、整治。节日期间,联合安监、高速交警、交通等部门,对高速公路服务区的加油站、汽车修理厂等开展消防安全检查。对各级政府挂牌督办的204家重大火灾隐患,完成销案187家,整改率91%。3—12月,消防官兵检查单位3.1万余家次,整改火灾隐患7万多起,临时查封521家,“三停”345家,罚款1078.4万元,拘留234人。

消防设备设施 投资4977万元,新购置消防车22辆,其中压缩空气泡沫车6辆,多功能抢险救援车5辆,高层供水车、18吨水罐车各3辆,洗消车、5吨水罐车各2辆,侦检车1辆。投入2000万元购置消防员防护和抢险救援器材,达到《城市消防站建设标准》要求。全市6处消防站投入施工建设;长乐首占消防站主体建设完工,年底投入使用。

消防安全宣传 启动“社区消防平安行”主题宣传,分发宣传资料10万份。在主要街道悬挂7000多块消防公益宣传牌。在社区安装900多个固定消防宣传栏。在公交车LED滚动播发消防安全常识。消防支队开通新浪、腾讯微博。在省市媒体开设《聚焦“119”》《“119”在行动》《“119”现场》等8个专栏。全年在市级以上媒体刊发消防稿件1070篇,其中中央级发稿127篇,省市级发稿943篇。

消防演练 全年消防支队级演练8次,大队、中队级演练2829次。组织对高层建筑、石油化工、大型商市场等单位开展针对性实战演练,并在仓山万达广场、连江清禄鞋业公司、海峡国际会展中心等开展跨区域大型无预案拉动演练。

【重大火灾案例】 3月28日晚9点许,洋中路靠近省人民医院的木屋区起火,10余辆消防车赶到现场,至11点许将火扑灭。大火烧毁沿街10间店面和部分民宅,受灾35户,致2死3伤;过火面积1500平方米。

7月7日2时40分许,台江区达道路朝阳巷的木屋毗邻区民房突发大火。市消防支队调动5个中队15辆消防车和90名消防官兵到场,先后救出10多名群众,其中有93岁行动不便的老人和年仅2岁的幼儿获救。3时50分,火被扑灭;过火面积约200平方米。

9月20日2时,台江区义洲街道太平里木屋区起火,市消防支队调集20辆消防车与100多名消防官兵,从火场内抢出30多个液化气罐。4时30分,大火被扑灭。受灾人数近100人;过火面积约900平方米。

10月14日8时20分,台江区苍霞街道中平路150号发生火灾。消防部门出动12辆消防车和75名消防人员到场灭火,2个小时后大火被扑灭;过火面积近400平方米。

10月25日12时50分,台江区排尾路瀛洲立交桥旁,君临闽江小区对面的沿街民房发生火灾,有8家店铺被大火烧毁。消防部门出动15辆消防车与70多名消防人员,先后抢救出10余名被困群众。1个小时后大火被扑灭;过火面积约200平方米。 (陈茂华)

【边防管理】 市公安边防支队把打击现行犯罪活动作为主业,组织实施“夏季攻势”、“缉枪缉毒”、打击“两抢一盗”等专项斗争。至11月底,破获各类刑事案件450起,查处治安案件2177起,刑事破案率、治安查处率分别比增2.2%、1.4%,抓获违法犯罪嫌疑人3827人,其中边防侦查队破获偷渡、走私等各类案件16起(重特大案件8起),案件起诉率100%。沿海辖区全年无发生重特大恶性暴力罪案。在“缉枪缉毒”行动中,破获涉枪案件3起,查扣仿真枪支5把;破获涉毒案件139起165人。破获“9·15”特大跨省涉枪贩毒案,缴获仿真枪2支、冰毒23千克、“K粉”3千克。年内破获偷渡案件14起87人,其中包括“3·5”越南人从福州沿海转道偷渡台湾案;3月,破获“2·29”偷渡美国案,抓获17名涉案人。年内破获经济犯罪案件97起,移送起诉280人。其中,破获“6·19”假烟案,缴获冒牌香烟2496条,涉案金额100余万元;查获走私成品油案件103起、3093吨,案值2475万元。

市公安边防支队向基层单位发放《矛盾纠纷化解指导手册》,针对沿海地区较常见的14类纠纷提出调处操作规程。调处化解各类矛盾纠纷280起,妥善预防和处置包括长乐市文武砂、连江县道澳以及赤潮灾害引发的纠纷等10起群体性事件。

在“三访三评”活动中,边防部门结合沿海地区实际,每月突出一项主题,围绕主题走访辖内群众17.8万户,收集各类意见、建议453条,均予采纳或整改;为民办实事、解难事1200余件。边防支队获评全省公安机关“三访三评”活动

"成绩突出"集体;3个单位和11名个人获省总队、市公安局授予的"先进"和表彰奖励。

全年投入资金979万元,为部分单位建设、改造营房;投入近150万元,为边防派出所增置车辆13部、警械器材37类1974件套;投入226万元用于信息化建设;投入119万元改善船艇大队、轮训队官兵的工作生活条件,增配摩托艇1艘。

【森林公安】　全年接处警2126起(次),受理各类森林案件479起,查处441起,其中刑事案件立案112起,破获74起(重特大案件7起),抓获犯罪嫌疑人89人(在逃人员44人),依法逮捕32人。查处治安案件12起,治安拘留9人次;查处林政案件355起,处罚448人次,收缴木材913立方米,以及省级以上保护野生动物623只(条)、制品99公斤;挽回经济损失683万元。全年化解信访积案43件,化解矛盾纠纷83起,整改森林火灾隐患59个。1月17日和11月12日,市森林公安局获国家林业局森林公安局记集体三等功、集体二等功各1次。

打击破坏野生动物资源违法犯罪　突击检查市区部分酒家、饭店、会所,查处多起破坏野生动物案件;同时开展网上巡查、处置、屏蔽、清除有关涉及非法交易与销售的信息,落地约谈发布该信息的责任人;全市巡护清查野生动物分布区等172次,清理整顿有关市场119个,查处行政案件7起、刑事案件1起,收缴并放生野生动物183只(头),收缴制品46.1公斤;开展法制宣传教育138次、媒体报道18次,发传单3000多份。

打击破坏野生植物资源违法犯罪　闽侯县森林分局查破非法收购、运输国家二级重点保护植物小叶楠锯材54.6立方米、原木79.2立方米等价值近百万元的大案;破获雇工非法采伐南通镇瓜山村国家重点保护植物香樟13株的重大案件,抓获犯罪嫌疑人张某华。

林地整治　9月26日,东南网、《海峡都市报》曝光揭露的闽清县"坂东镇塘坂村非法占用农用地"案,当地森林公安机关组织调查,10月21日专案组跨省将犯罪嫌疑人陈某天追捕归案;罗源县森林公安机关对当地采石坛口占用林地的100余处采石点依法进行处理,并采取综合整治措施,建立巡查、建档等长效机制,规范采石坛口用地。

森林警务信息化建设　市森林公安局和5个县(市)区森林公安分局被列入全省首批信息化建设试点单位,投入专项资金125万元。改版福州市森林公安信息网。为一线办案单位配备计算机67台、打印机21台、执法记录仪99台,建成标准信息化采集室5个、执法场所监控系统6套。

【"110"指挥中心】　全年接处警154.9万起,其中警情类51.7万起(刑事治安类26.3万起、交通类15.8万起、警务类534起、火警6643起、求助类1.34万起、其他类7.5万起),非警情类103.2万起;接转联动服务7769起。指挥中心持续对接处警进行倒查回访,每月通报1次情况。年内,全市倒查1.56万起警情〔其中市局抽查各分局、县(市)区局3590起,各分局区局自查上报3648起,县(市)局自查上报2545起〕15.7万次环节,发现在接警、派警、出警、先期处置和接处警信息填报等环节不规范的8715次,全部要求相关单位整改反馈。年内,指挥中心向当事人发送回访征求意见短信,在收到回复的8.6万次中,"满意"的6.2万次、"基本满意"的1.4万次,满意率87.74%。

市公安局制定出台"大情报"工作实施细则,内容包括情报信息操作流程、运转程序、处置措施等。市公安局成立情报信息中心,各分局、县(市)区局也建立相应机构,并对基层派出所信息采集联络员进行系统培训16场1400多人次。年内,全市利用情报平台红色抓逃指令,抓获在逃人员824人,抓获率70.85%;通过研判情报指令,抓获盗抢嫌疑人353人。

升级指挥系统的硬件设备,将市公安局GPS平台软件与交通智能控制系统对接,并更换老化的网闸和防火墙。完成指挥调度接处警系统升级和PGIS警用指挥地理信息系统的研发。派出所"二级受理台"的排班系统,与指挥中心接处警系统对接,达到单兵警力实时显示和点对点指挥要求。

【监所管理】　6月,对市综合治理监所安全管理领导小组成员进行调整,增补市工、青、妇领导为小组成员。采取联席会议、视察检查等形式,加强对监所安全工作的督促、指导。年内党委、政府先后帮助解决监所超量关押、经费保障、重点项目建设等困难和问题18项,投入监所迁建、扩改建经费3261万元。

市公安局监所管理处调整改称监所管理支队,支队领导下监所检查督导50多人次,促进监所管理教育、安全防范等方面措施的落实。6月,市公安局针对市某看守所存在的问题,在全市监所开展为期1个月的"强管理、促规范、保安全"的集中整改活动。监管支队工作组进驻市某看守所蹲点,对其执法不严、管理不到位以及发生在押人员自杀、打架斗殴等提出整改。通过整治,全市监所对患有严重疾病、不适宜继续羁押的608名在押人员予以变更强制措施,暂予监外执行15人,保外就医4人;整改事故苗头123起,预防执法安全事故26起,安全监护死、重刑犯和危犯。各看守所发现并制止70名在押人员自杀行为。

9个看守所按照要求建立在押人员安全风险等级评估机制;6个看守所建立心理咨询室,15名看守所民警取得心理咨询师资格;9个看守所将在押人员的权利、义务规定等编印成册分发到人,并取消带有歧视性和有罪推定色彩的标语口号,改用积极向上、陶冶情操的名言警句或书画作品;6个看守所对未决在押人员实行单向视频会见;5个看守所实行电话或网上预约提讯、律师会见;7个看守所聘请特邀监督员34人,并参与巡查;7个看守所建立将犯罪嫌疑人、被告人在羁押期间的表现纳入法院量刑情节工作机制。

通过教育感化、深挖犯罪线索,获取各类罪案线索1151条,从中查证协破案件1480起,其中有公安部和省公安厅督办案件各2起,命案3起;抓获犯罪嫌疑人360人;查获网上在逃人员5人;缴获仿制式手枪2支,子弹11发,缴获赃物折价52.36万元。深挖犯罪工作名列全省第二。市戒毒所被省政府记集体一等功。

(曹友权)

【公安法制】　2月,市公安局制定《关

于深化网上执法办案新机制的实施意见》,推动案件材料录入、案件网上审批、案件网上考评实现"三个百分百"。清理执法规范性文件,制定各类执法制度61件。梳理行政强制实施主体4项、相关行政强制种类55项,取消不合法强制措施1项。审核行政职权1237项,其中修改115项,删减26项,新增52项;重新确定行政职权为1263项;绘制流程图224张。组织执法质量考评115场次,考评案件1.46万起,专项执法检查71项,纠正执法问题3.6万个。各级法制部门组织执法细则培训34场2899人次,各类执法培训135场8680人次。组织654名民警参加基本级执法资格考试,组织2490名民警参加中级执法资格考试。仓山分局、东街派出所、快安派出所被命名为"全国公安机关执法示范单位"。

市、县(市)区公安法制部门对公安机关办理刑事、行政13.1万起案件考评19.1万次,发现问题20多万个,整改问题14.8万个。办理个案督办件163件,纠正执法不当215次,追究执法责任5起5人。建立单位执法档案1214个,民警个人执法档案9812个。

审批报批劳(少)教89起,决定劳教80人,不予劳教9人。办理延长劳教期限1人,组织聆询3起3人。复查所外执行劳教案件1起。落实劳教案件复议诉讼,当事人向省劳教委申请劳教复议6起,维持6起;提起诉讼1起,法院一审维持。受理行政复议(治安)案件264起,办结252起,未结12起。组织行政复议公开审理3起。受理国家赔偿案件2起,办结1起(不予赔偿),未结1起。受理国家赔偿复议案件2起,维持2起。办结刑事不立案复议案件8起。办结行政诉讼案件45起,其中一审审结29起(维持22起,原告撤诉7起);二审审结16起,均维持。

中央政法委、公安部交办的66件信访件全部办结;省委政法委、省公安厅交办的155件信访件,已办结142件,待办13件。组织市公安局领导接访活动24场,接待到访群众134批218人次,均由相关责任单位办结并反馈;各县级公安机关组织局长接访活动312场,办理率达100%;参与市政府联合接访6次,接待到访群众94批146人次。市公安机关受理信访件1809件,比降6.4%,均全部办结;受理"省长邮箱"交办件95件,全部办结并反馈;受理当事人申请信访复查51件,办理并答复48件,正在时限内办理复查3件;受理省、市领导机关转送、交办信访件35件,办理并反馈32件,正在时限内办理3件。(宋增清)

【公安科技信息通信建设】 "平安福州"视频监控系统续建工程　该工程被市委、市政府列为2012年为民办实事项目。市公安科通部门制订专门实施方案,配合编制项目可研报告。7月23日经市数字办专家评审通过,9月10日正式获批。科通部门组织有关安防企业对视频图像质量进行现场测试,并完成前端工程招标工作,进入施工阶段。

讯问、羁押监管场所同步录音录像系统(二期)续建工作　市公安科通部门在上年建设安装的基础上,会同有关业务处完成4个办案中心、50个派出所的"四区八室"同步录音录像系统的检查验收,全年建成66间、基本建成17间。

执法装备项目建设　市公安科通部门为各级执法民警购置配发执法记录仪1937个、行车记录仪309个,给手持对讲机增设GPS定位及传输功能装备所需的定位电池1804个,配发警用车辆GPS定位及传输服务设备476台,并进行相关设备的使用培训。

信息通信服务与保障　(一)维护警用地理信息系统的正常运行,全年为执法办案系统定时抽取各类信息、数据79万条。(二)发布视频监控系统"运行情况通报"210份,对各类故障及时予以修复排除。(三)全市21个治安卡口系统正常运行,累计利用系统提供的信息协破各类案件270起,破获犯罪嫌疑团伙17个,抓获犯罪嫌疑人89人(其中网上查缉在逃人员6人),抓拍超速交通违法216万起。(四)综查系统日均为100多个单位(次)查询各类信息1万余次。(五)为各项安全保卫、警卫活动做好通信组网工作。先后完成"9·18"涉日游行、"5·18"海峡两岸经贸交易会等安保警卫现场图像通信保障28场67次,派出通信保障人员254人次,出动通信指挥车14车次、应急通信车36车次。为市公安系统210场会议提供图像控制中心视音频会议系统运行保障。

【队伍建设】　年内招录新警129人;协助选任2名局领导和16名正、副处级干部,完成5名中层副职领导、123名科所队领导和科级非领导职务的调整交流和选任工作;实施综合警务改革,在城区分局设立294个派出所警务队、增加41个刑侦大队专业队,马尾区、7县(市)公安局设立156个派出所警务队、109个刑侦大队专业队,均高配副科级队长。11月,市公安局设立"打击走私工作处",承担市政府打击走私综合治理办公室的具体任务,负责组织、指导、协调、督查全市打击走私综合治理工作;掌握、分析全市走私活动的动态,协调跨行业、跨部门开展缉私工作等。

全年培训新警152人,警衔晋升培训1073人,培训基层领导300余人,培训考核岗位执法资格、公安信息化、射击以及警务实战的民警1.1万人次。438辆"110"巡逻车、70辆女式警用摩托车和1937个执法记录仪等装备全部配备到位。在全省"公安特警五项"2012年比武选拔赛中,福州市获团体第一名,在全国特警年度红蓝对抗练兵比武中获8项荣誉。

在全市公安机关开展"忠诚、为民、公正、廉洁"人民警察核心价值观和福建人民警察精神教育实践活动,结合"三访三评"和警营文化建设推进落实,举办主题征文和演讲比赛。市公安局在全省政法系统演讲比赛中获"优秀组织奖"和个人一等奖,在全市政法系统演讲比赛中分获个人一等奖、二等奖和优秀奖3个奖项。组织开展廉政教育、警示教育、纪律作风和内务管理强化教育活动,全市35个单位获"全省公安机关执法示范单位"称号。

(曹友权)

司　法

【概况】　2012年,福州市有司法所173个,司法助理员351人;公证处13

家，执业公证员86人；律师事务所109家，执业律师1031人；法律援助中心13家，法律援助工作人员30人；司法鉴定机构22家，司法鉴定从业人员335人；基层法律服务所72家，基层法律服务工作者333人。

司法行政工作围绕推进平安福州、法治福州建设，推进医患纠纷调处、法律援助、社区矫正等工作开展。全市司法行政系统有8个集体、19名个人受到省部级以上表彰，21个集体、46名个人受到厅局级表彰，其中市司法局获“全国司法行政系统先进集体”“全国司法所建设先进单位”等称号，市法律援助中心连续第三届获评司法部“全国法律援助工作先进集体”。

【人民调解】　在全市开展3次集中排查活动，全年排查各类矛盾纠纷4.32万件，调处4.19万件，调处成功3.99万件，调处成功率95%；全市173个乡镇（街道）2690个村居均成立调委会，“六有”率100%。健全完善调解工作机制，贯彻调解优先原则，推动人民调解与行政调解、司法调解衔接互动，在全省率先启动检调、诉调、公调对接机制，全年办理对接案件846件。会同市综治办等单位，对市环保局、市民政局等9个单位以及12个县级人民调解中心进行专项督导，推动11个行政部门成立行业性调委会。

【社区矫正】　开展社区矫正、安置帮教工作“规范化管理年”活动，全市累计接收社区矫正罪犯1.08万人，在矫人员5335人；重新犯罪22人，重新犯罪率0.2%。相继就罪犯交付接收、职务犯罪罪犯管理、经费使用、警务保障等执法环节，制定出台13项配套制度，增强执法监管统一性。在全省率先启用信息化系统，配备定位手机4038部，实现信息化监控。建立市县两级社区矫正监管指挥中心，配备专职监控人员，抽查核查5013名社区矫正人员及2万多条信息。十八大期间，集中走访排查社区矫正重点对象413人，落实重点监管和个案教育。处罚违法违规行为，全市303名社区矫正人员受到警告处分，78人受到治安管理处罚，41人被撤销缓刑、收监执行原判刑罚。探索引入心理教育机制，定期开展心理测评、心理咨询、心理宣泄等活动，对有严重心理障碍的实施心理危机干预。组织集中学习和社区服务，对市区新入矫罪犯进行初始阶段集中教育1000多人次。

【安置帮教】　全市安置帮教对象1.99万人，安置率98%、帮教率99.9%；重新犯罪160人，重新犯罪率0.8%。规范无缝衔接机制、安置就业基地建设，接回刑释解教人员1283人，建成安置就业基地79个，实现安置就业246人次，其中长乐、福清安置就业基地覆盖辖区所有乡镇（街道）。在全省率先建成集食宿、教育、培训、救助为一体的过渡性安置场所“福州市曙光中途之家”，接收安置“三无”刑释解教人员19人。建立关怀帮扶政策体系，出台就业援助、职业技能培训、最低生活保障和临时性救助等制度，284人参加职业技能培训，325人获得就业援助，68人纳入最低生活保障，49人获得社会救济。

4月28日，举行福州市公安机关、司法行政机关“公调对接”工作推进会

【医患纠纷调解处置】　建立健全现场应急处置、远程会商系统、助理调解员等工作机制，定期邀请省市综治、公安、卫生等部门，召开联席工作会议。全市接访医患纠纷投诉445件，其中市医调中心接访247件（涉及患者死亡的重大纠纷92件），立案176件，结案159件，结案率90%。所有已调处的医患纠纷，未发生投诉及协议反弹现象。

【普法依法治理】　将“六五”普法规划目标任务细化分解到绩效、综治等考评，促进法制宣传工作制度化。制定下发指导性文件36份，定期开展“送法下基层”、“法律服务进乡村（海岛）”、“法治生活进社区　送法情系千万家”、法制宣传进宗教场所民族乡村等专项法制宣传活动。与市公务员局联合开展全市干部学法用法考试，参考人数30万人次。在福州电视台《法眼》栏目开设专题，在《福州日报》《福州晚报》每周各开设2期《“六五”普法之窗》专栏。加大法治文化阵地建设，鼓楼“五凤兰庭”法治文化社区（长廊）基本建设完工，福清、台江等建成一批法制教育基地、法治文化广场和普法公园。通过组织开展“法治县（市）区创建工作交流会”、依法行政现场观摩会等形式，推动依法治理专项活动开展，全市2个村被评为“全国民主法治示范村”。

【律师工作】　全市有律师事务所109家，执业律师1031人，担任政府、企事业单位法律顾问1186家，代理案件1.2万多件，业务收费1.2亿元。年内受理各类司法行政审批事项190件，其中律师执业申请111件，律师事务所设立申请11件，司法鉴定类登记65件，法律服务工作者登记3件。组建海峡西岸经济区律师服务团福州分团，并在平潭设立工作联络站,挂钩服务重点项目建设,为政府调整经济结构、促进产业升级等提供法律服务42件次。组织律师参与“大调解”和涉法信访接访工作,接待信访群众2335批次,解答法律咨询6700人次,为上访群众处理信访案件285件。开展律师事务所、律师年检注册工作,98家律师事务所中的95家评定为“合格”等次标准,3家评定为“不合格”并给予暂缓年度考核。

【公证工作】 办理各类公证18万件,占全省54.9%;收费4500万元,占全省41%。为重点工程项目及土地征用、房屋拆迁安置补偿等事项提供公证法律服务,其中服务重点项目92个、参与公证员584人次,提供公证法律服务403件次,提供公证法律意见和建议219件。开展全市公证质量检查,检查发现档案、水印纸管理较规范,公证质量较上年提高。市公证处等5家机构被省司法厅评为优秀等次公证机构,25名公证员被省司法厅评为优秀公证员,全市公证机构、公证员被省司法厅评为优秀数量居全省第一。

【法律援助】 办理法律援助案件8427件,案件数居全省第一,比增220%。提供法律咨询1.7万人次,化解可能引发重大群体性事件的矛盾纠纷22起。实行办案数目标管理和业绩通报制度,将工作推向基层法律援助站(联络点),司法所办案数占全市总数的30%。采取选派优秀律师进驻基层法院、在劳动仲裁委员会设立联络点等形式,实现与审判机关、工青妇、计生、交警等部门的有机衔接。在《海峡都市报》“包打听”版面开设“农民工讨薪专列”,为农民工提供免费法律咨询。

【司法鉴定】 全市有司法鉴定机构22家,司法鉴定从业人员335人。年内办理各类司法鉴定2.1万件,业务收费1930万元。组织开展法医精神病、林业物证、海事物证类司法鉴定项目清理检查活动,提高司法鉴定规范化管理水平。成立福州市司法鉴定协会,完善司法鉴定管理体制,建立专门委员会值班制度。

【国家司法考试】 福州考区首次实行报名全程网络化管理,考区报名人数4384人,实际参考人数为3523人,成绩合格人员795人,上线率22.57%。与公安、网监、电业、卫生、无线电等部门合作,破获1起高科技作弊案件。妥善处理考试期间突发事件,针对“保钓”游行活动频繁的情况,制定专项应急处置预案。

(张开洪)

(编辑　黄　铭)

征兵工作

【概况】 2012年,福州市征兵工作按照“十个步骤”(兵役登记、预征对象确定、体检初检、政治初审、体格检查、政治审查、走访调查、审批定兵、交接运输、跟踪走访)目标,依法征兵、规范征兵。5—8月,从高校毕业生中直接招收士官。8—9月,进一步规范兵役登记工作,确保兵役登记与征兵工作有效衔接。12月中旬,完成新兵征集任务。

【征兵宣传】 结合10月“征兵宣传月”活动,采取传统手段与现代传媒、面上宣传与点上发动、普及教育与主题活动相结合的方法,以各类院校为主阵地,以大学生为主要对象,以兵役法规、廉洁征兵政策规定、优待政策为主要内容,开展征兵宣传。市县两级在中心城区、繁华地段举办大型宣传活动23场次,13万多人参与。10月14日上午,市征兵办在五一广场召开征兵宣传动员大会,分别在市“两台两报”以及互联网、校园网、广电网、电信(移动)网和公交LED显示屏“四网一屏”不间断发布征兵公告、征兵优待政策。各县(市)区征兵宣传活动各具特色,晋安区由现役军人母亲组成“兵妈妈”宣传队进社区,罗源县优秀退役大学生士兵组成宣讲团进高校,永泰县民兵营(连)长组成宣传队进家庭,全市形成较为浓厚的征兵氛围。10月19日,中央7台报道福州市在高校宣传征兵的做法。

【落实廉洁征兵机制】 年内,在征兵工作中落实廉洁征兵机制,同时开展廉洁教育。健全完善“五公开”,即政策规定、数量指标、条件标准、程序步骤和征接兵纪律公开;“五公布”,即上站体检人员、“双合格”人员、预定新兵、定兵人员名单、举报电话和举报信箱公布;“三参与”,即纪检监察部门全程参与、新闻媒体广泛参与、应征青年积极参与的监督体系。实行持证上岗、形势分析、集中办公、集体定兵、轮岗回避、责任追究“六项机制”,增加征兵工作透明度。

民兵

【概况】 2012年,着眼“平时服务、应时应急、战时应战”的职能定位和福州市主要战略方向的特殊区位,按“四个拓展”(即由户籍地编组向按工作地编组拓展,由区域编组向行业部门编组拓展,由传统产业编组向高新技术产业编组拓展,由国有大中型企业编组向建有党组织的规模型民营企业拓展)编组基干民兵队伍,按“三重六沿”(“三重”指重点方向、重点地区、重点目标,“六沿”指沿山灭火、沿江抗洪、沿海防台、沿路保交、沿地震带抗震、沿重点核化企业建核化救援和在大中城市建应急维稳队伍)编强参战支前队伍。在编基干民兵中,退伍转业军人占51%,地专人员占57.3%。年内警备区、人武部组织3次辖区民兵信息员队伍集训。

【民兵组织调整建设】 民兵组织调整工作突出加强战时应战、平时应急能力建设,着力解决“无序组建、编兵不实、任务重叠、一兵多职、建用脱节”等问题。确立以编实建强“三支队伍”(快反分队、民兵突击队、民兵应急连)为基础,以重要目标防卫、保交护路、“三战”、抗洪抢险等多样化任务分队为重点的整组工作思路。通过调整布局,民兵组织整体素质有较大幅度提高。

【民兵政治工作】 警备区、人武部制定《民兵政治工作规定》学习培训计划,组织28次集训。结合民兵组织整顿,开展新入队民兵政治考核、思想教育和出队民兵欢送会等政治工作。结合村级换届选举,会同地方组织部门,下发通知落实民兵营(连)长进“两委”规定。

针对非战争军事行动中民兵预备役人员思想实际,在2月、5月和9月开展以“坚强党性、改进作风”等主题政治教育,开展以坚定理想信念教育和树立正确人生观、价值观为主要内容的专题教育。利用民兵应急分队拉动演练、民兵实弹射击和抢险救灾等契机,加强实践磨炼和日常养成。

【民兵专业训练】 年内,开展全市基干民兵训练工作,训练课目成绩合格率达89%。1—3月,完成专武干部和民兵营长集训。4 月起,组织民兵应急维稳和应急救援分队训练,组织路桥抢修大队开展应对突发事件路桥抢修演练。5—6 月,组织民兵技术骨干参加上级培训,组织步兵分队、重要目标警戒分队和城市管制分队训练。6 月,组织全区冲锋舟操作手集训,完成 520 摩托小时的训练任务。6—8 月,组织民兵勤务保障分队和信息战分队训练,组织民兵信息骨干、民兵专业技术骨干参加上级培训。9 月,组织空军预编预备役士兵参加军区组织的演练。9 月 3—26 日,按照"组织学习、对照检查、拉动检验"3 个阶段,组织首长机关指挥所演习和民兵分队动员支前课题演练,动用车辆 100 余台,检验民兵分队遂行多样化任务的能力,通过演练,提高全市民兵队伍应急能力。

9 月,警备区组织全区民兵应急连开展拉动演练

【民兵预备役"八大员"工作】 在全国率先开展"八大员"("八大员"指富民政策宣传员、应急处突战斗员、社情民意信息员、社会治安管理员、民主建设促进员、文明风尚传播员、创业致富领航员、矛盾纠纷调解员)作用先行试点工作,从全市民兵预备役队伍中选配基层工作"八大员"。市委、市政府和警备区联合成立试点推进领导小组,下发《关于新形势下发挥民兵预备役"八大员"队伍作用先行试点工作实施方案》,并联合召开福州市本级和 12 个县(市)区党政领导参加的动员部署会。

南京军区、省军区转发福州警备区的经验做法。一是着眼"可用、好用、实用"原则,不断编实建强"八大员"队伍。同时结合民兵专业集训和专武干部、民兵营(连)长、民兵信息员集训,分批分层组织"八大员"骨干培训,提高"八大员"开展活动能力。二是着眼地方党委和政府中心任务拓展职能,以民兵应急分队建设为抓手,加强训练演练,配套物资器材。在防抗"苏拉"等台风中,长乐市文武砂镇派出"战斗员"完成合围封堵决口河堤任务;支持市委、市政府实施"海上福州"战略,先后出动民兵参加"碧海银滩"工程;组织全市民兵预备役人员参与环境整治、文明交通劝导、"志愿者行动""广场文化"和"道德讲坛"等任务;发挥民兵信息员作用,定期组织社情民意信息员和矛盾纠纷调解员排查化解矛盾纠纷,全年化解宅基地、土地流转、城市拆迁改造等引起的纠纷 200 多起,民事纠纷调解、息诉息访率 93%,居全省第一。三是着眼巩固保持、长态运行,建立军地联席会议制度,将"八大员"工作列入区县和干部绩效考核内容指标。

国防动员

【概况】 2012 年,福州市国防动员工作以军民融合式发展为途径,以后备力量建设为核心,以应急准备为重点,促进经济建设与军事需求有机融合,加大国防动员信息建设、抢险救灾设施、军民共建等建设力度。

【国防教育宣传】 年内,国防教育宣传按照"全民参与、常态保持、讲求实效"的思路,不断拓展渠道、丰富内容。

一是军地领导重视,强势推进。全年市本级在党委中心组理论学习 2 次安排专题学习国防教育有关知识,先后 3 次邀请福大、福建师大、厦大教授开展形势报告和知识讲座。市委、市政府先后派出 46 名处级以上干部,到山区、偏远乡镇开展宣讲、宣传活动 76 场次,听众 3.6 万多人次。"八一"前后,警备区、人武部 18 名主官进党校、学校为机关干部、青年学生作报告,介绍国防形势,普及国防知识。全市组织军事日活动 18 批次,982 人次领导干部参加;召开议军会、现场办公会 32 场次,投资 863 万元用于国防建设。

二是抓住关键重点。1. 突出重点对象党政干部、院校学生和民兵预备役人员,1.2 万人次机关干部、43 万多人次学生和全市民兵参加国防教育活动。2. 抓住重要时机、重要活动开展规模大、影响广的国防教育活动。3. 运用重点平台,充分运用红色资源、红色文化开展国防教育,依托国防教育基地开展活动。年内,福州市和马尾区投入 5000 多万元建设马尾船政文化国家国防教育主题公园。市国教办 2 次对全市国防教育基地进行检查考核,推荐 6 个基地参评省级国防教育基地,3 个获评省级国防教育基地称号。至年底,全市有国防教育基地 68 个,其中国家级 2 个,省级 24 个,市级 42 个;国防教育基地接待 160 多万人次参观学习。

三是创新手段。拓展国防教育新途径,把国防教育讲座作为道德讲堂内容,在小区、公园、夜校等举办国防教育活动。全市 1203 个学习讲堂点开展国防教育讲座 1560 多次,听众 12 万人次。借助报刊、电视、广播、网站等传媒,开通国防教育专栏、专刊、专题活动。利用 QQ、飞信、短信平台等通讯技术,每周向民兵预备役人员群发国防教育短信。

【国防动员信息化建设】 开展"两网"建设试点,投入 190 万元,租用地方电信线路，联通省军区、警备区与人武部三级指挥专网，横向贯通人武部至省军区其他单位的联系，确保指挥通信系统常态化运行；依托市政务网，全市完成市国动委和各县(市)区国动委的国防动员专网建设试点84个。推广使用便携式3G移动通信，5月，投入65万元，为警备区和13个人武部购置15套3G单兵移动通信系统，组成机动通信网，结合指挥所演习、民兵分队野战化拉动演练、民兵抢险救灾等，通过视频传输系统和3G单兵终端实施不间断指挥、监控，确保遂行任务的分队现场视音频的实时传输。完成通信设备升级改造，10月，升级改造电视电话系统会议，更换淘汰部分故障率较高的设备，保障日常指挥通信系统正常运行。利用岗位练兵、集训、业务学习，加强信息化知识学习、信息化装备操作训练和信息化网络运用。

【国防动员潜力调查】 6月下旬至8月20日，采取依托政府统计系统采集与开展专项统计调查相结合的方式，由各县(市)区国动委综合办牵头，各专业办公室按职责范围和业务分工，会同有关单位对口组织实施。对涉及政治、经济、人防、交战、科技、信息、支前等领域的国防动员潜力数质量和分布情况进行调查统计，上报8类58种1483项数据。

双拥共建

【概况】 2012年，以双拥创模成果为契机，开展各项双拥共建活动，军地双方相互配合、相互支持，军政军民关系进一步加强。全年各级财政投入资金1.84亿元支持部队各项建设和开展拥军活动，全市7对军民共建“三挂钩”单位获评先进集体。2月，福州市连续第七次获“全国双拥模范城”称号。

【拥军支前】 全市各级各部门投入资金5000多万元，帮助驻榕部队完善基础设施、训练设施、文化设施及菜篮子工程建设480多项，并减免相关税费。鼓楼、台江、仓山、晋安及马尾区财政拨款400多万元作为部队四项建设补助资金。长乐市财政为7个驻军部队、11个建设项目划拨专款625万元，用于营区改造和后勤应急保障设施建设。福清市拨款20多万元帮助驻地部队改善基层官兵文化娱乐生活条件。闽侯县投入210多万元支持驻地部队四项建设，安排专项经费90万元支持武警森林福州大队营区绿化美化建设。连江县投入115万元为驻地部队修建礼堂、安装净水器设备等。罗源县筹措432万元支持部队四项建设和改善部队官兵生产生活条件。永泰县划拨60万元支持驻地部队生产生活项目建设。

市财政安排拥军专项经费800万元，开展科技、文化、教育等拥军活动。市菜科所组织科技人员50多人次到驻榕部队指导科学种菜，为驻榕部队举办25期培训班，培养蔬菜生产骨干500多人。市图书馆开展“送图书进军营”活动，给每个图书流通点配送图书3.28万册。市支前办从支前专项资金中安排282万元，扶持驻榕部队“菜篮子”基地建设。

【拥军优属】 春节前夕，市领导率福州市“两节”慰问团，分组走访慰问24个驻榕部队机关单位；市双拥办代表市委、市政府走访慰问驻榕部队副师级和团级机关单位及60个基层连队。市本级向南京军区领导机关及空军部队官兵赠送慰问金376万元。各县(市)区及共建单位组织开展走访慰问活动，全市向部队赠送慰问品、慰问金2000多万元。

先后协调召开军地协调会、军地联席会议、涉军问题专题协调会等61场次，帮助驻榕部队解决随军家属就业、子女入学、部队建设征用地等问题，协调处理“12345”涉军投诉件90件(主要涉及部队通讯塔站设立、营区建设、机场搬迁及训练噪音扰民等问题)。接收退役士兵、转业士官2572人，其中城镇退役士兵948人、转业士官71人，农村户口1553人；农村籍义务兵按当地上年度人均纯收入150%、城镇籍按当地城镇居民人均可支配收入的50%发放年优待金。安置7名团职干部随军家属就业，协调解决军人子女就学139人。结合福州市实际制定出台现役军人子女中招加分政策规定，全年有42名军人子女得到加分照顾。

【文明共建】 出动车辆机械等2000多台次，参加地铁建设、三环路建设、福厦铁路建设、向莆铁路建设、内河整治、鼓岭风景区改造等地方重点工程建设、水利工程建设21处，植树造林120公顷，其中武警福州支队和驻榕部队等单位出动官兵，参加三环路绿化美化，植树4万多棵；驻榕部队出动车辆100多台次参加福州市环境整治行动。全年，驻榕部队扶贫帮困653户，捐资助学182人，为驻地群众义诊2000多人次，有1500多名官兵担任校外辅导员，帮助各

8月，全市人武部组织人员防抗9号台风“苏拉”

类学校军训学生5万多人次。

【抢险救灾】 出动车辆5000多台次,参加抢险救灾4800多次,扑救火灾100多起,扑灭山火面积666.67公顷,转移危险区域和被困遇险群众1.32万人次。

(史中华)

人民防空

【概况】 2012年,福州市完成防空地下室设计审批项目154项,防空地下室竣工验收98项,人防工程总面积达333.5万平方米;全市新增警报器9台,基本完成人防综合数据库建设。市人防办被国家人防办评为全国人防信息化建设先进单位,连续第九年被国家人防办评为全国人防通讯报道工作先进单位。

【人防宣传教育】 市人防系统在市级以上新闻媒体刊登人防稿件及图片326篇(幅),研究性文章(千字以上文)11篇,其中《中国人民防空》采用人防工作经验文章3篇、图片15幅、信息3条,中国人民防空网站采用信息3条、图片5幅,《福建人防》采用研讨文章8篇、图片26幅,省市报刊及广播电视采用福州人防新闻稿件39篇。全年编写《福州人防》工作简报2期。面向社会公众的办事指南、表格下载、审批结果、通知公告全部在福州人防网站公开。

向党委、政府、军事机关、街道、社区、学校赠阅《中国人民防空》《福建人防》1.68万册;90名市委党校处(科)级班学员在市人防指挥所接受国防教育;159所初中开展防空防灾知识教育,受教育学生8.3万多人次。4月28日,举办全市中学生防空防灾知识竞赛活动,62所中学185名学生代表参加比赛;7月18—20日,组织福州市第二十三期人防知识师资培训班,100余所中学人防专(兼)职教师参加培训。

【人防工程建设】 办理结建审批事项48项,审批防空地下室面积16.85万平方米,核六级、常六级防护单元95个,核五级、常五级防护单元1个。办理建筑审查项目37项,易地项目24项,收取人防易地建设费695.96万元,追缴运盛(上海)实业股份有限公司易地建设费722.27万元。监督人防工程85项,其中马尾区5项,7个县(市)28项;监督人防面积34万多平方米,其中马尾区面积1.48万平方米,7个县(市)面积17.4万平方米。办理竣工验收备案事项51项,防空地下室竣工面积19.37万平方米,其中核六级、常六级防护单元108个,核五级、常五级防护单元3个。

完成《福州市城市人民防空工程规划》编制,并上报市政府审批。配合有关部门开展城市轨道交通兼顾人防工程建设,组织专家咨询会对地铁火车南站人防设计方案进行调整。5月15日,组织召开福州市人防工程防护设备培训班。

1月29日,市委副书记、市长杨益民检查市人防基本指挥所建设情况

【指挥通信建设】 开展"党政领导机关疏散基地"(1238工程)建设,完成项目选址、立项审批、地质灾害评估、社会风险评估、林地评估、林地报批和土地报批等工作。年内新增警报器9台。4月21日,福州市组织实施年度防空警报试鸣活动暨华能电厂重要经济目标防空防灾演习,全市214台警报器试鸣,鸣响率100%,警报音响覆盖率达96%以上;4月22—30日,市人防办参加全省机动指挥所10日集训;6月29日,市人防办参加市安监局组织的全市安全生产事故应急救援演练。落实市国动委《关于开展防空袭方案修订工作的通知》,组织方案修订培训,编写132页的规范性方案文本,指导帮助各县(市)区开展修订工作。开展人防综合数据库建设工作,组织培训2次,基本完成数据录入。

【人防法制建设】 第二次修正《福州市人民防空警报设施管理办法》,5月31日经福建省第十一届人民代表大会常务委员会第三十次会议批准,6月8日由市人民代表大会常务委员会公告第3号颁布施行。9月上旬,组织对市人防办结合民用建筑修建防空地下室、人民防空工程拆除审批、防空地下室竣工验收备案、人防工程防护设备产品质量检查等23项行政职权进行重新梳理,编写制作相应办事指南和流程图,按时上报。年内,市人防办调研探讨开展人防建设与管理、结建工程权属、审批易地建设费收取与使用、防护设备质量与管理、依法行政与行政执法、人防与民防的关系等问题,撰写《"实践·探索·建议"即修改人防法和人防条例的意见建议》,被《福建人防》和《中国人民防空》刊发。

(王宇平)

武装警察

【概况】 2012年,福州市武警支队执

行临时警卫勤务23起；处置群体性上访事件28起，协助劝离上访群众945人次；执行押解任务425起，押解罪犯和犯罪嫌疑人4585人次；处置危害执勤目标事件6起；执行武装押运勤务58起，巡逻勤务53起，其他临时勤务75起。支队被全军爱卫会评为“全军爱国卫生工作先进单位”，被武警福建省总队评为“保密工作先进单位”“新闻报道工作先进单位”。

【政治思想教育】 开展“赞颂科学发展成就、忠实履行职责使命，永远做党和人民的忠诚卫士”教育活动，活动安排表和党委议教的做法被总队转发。参加总队“赞成就、颂党恩、尽职责”授课竞赛，获得个人第一名和第四名；1人被总部评为“四会”优秀政治教员。

加强“网络政工”建设，建立网上警史馆，开设“星光灿烂”“基层频道”“网上课堂”等栏目，把教育内容与网络语音、图像、动画和视频等表现形式对接起来。6月21日，支队在总部电视会议上作经验介绍。8月13日，中央电视台《新闻联播》和《新闻直播间》作相关报道。

加强警营文化建设，投入20余万元，给6个执勤点配备点歌系统，给基层中队配发文体器材；组建40人声乐小合唱团，加强百人威风锣鼓队训练，参加福州市元旦升旗仪式、三坊七巷迎新春庆典、“5·18”海峡两岸经贸交易会、“6·18”海峡项目成果交易会、福州市运动会等演出，均受到好评。在各类媒体刊稿147篇（条），其中中央级51篇（条），《人民武警报》35篇，中央电视台《新闻联播》及中央人民广播电台《新闻和报纸摘要》各1条。

2次邀请地方心理专家开展心理辅导和咨询，组织10名心理咨询师，与官兵开展心理互动；开通法律服务热线，开展“送法到基层、普法到官兵”活动，妥善解决5名官兵家庭涉法问题。

【基层建设】 开展“条令月”学习活动，组织主题演讲和作风纪律教育整顿；开展“大练基本功”活动，组织集中会操，抽测基层干部方案讲解、汇报工作等内容，实施现场点评打分，增强练兵强能的紧迫感；针对基层干部在工作汇报中常见的30个问题，拍摄录制3集《基层工作汇报常见问题及对策》访谈节目；编印下发工作台历，对基层日、周、月、季、年的工作进行梳理规范；围绕“四防一体化”建设、营房搬迁和勤务改革等重难点问题，现场办公25次，解决实际问题46件；派出10批次工作组下基层蹲点帮建，安排100名机关干部下基层代职。年内，二十五中队党支部被总部评为“创先争优先进基层党组织”，七大队党委和3个中队党支部被总队评为“先进基层党组织”，2个中队被总队评为“基层建设标兵中队”，8个中队被总队评为“基层建设先进中队”，一中队被总队授予“集体二等功”。

【执勤处置突发事件】 1月1—17日，支队担负省、市“两会”临时警卫勤务。

1月21日，四中队出动警力抓获1名手持钢管翻越栅栏进入省公安厅的可疑人员。

2月2—6日，第六届元宵灯会在南后街、五一广场、江滨公园和马尾等地举办。支队出动执勤兵力和车辆385台次，处置各种突发情况12起，增援警力15批次，协助找回走散儿童和老人17人。

3月4—20日，支队白天对福州市区8条重要线路以及长乐、平潭城区重要区域，晚上对福州城区的8个重要路口实施武装巡逻。

5月18—22日，第十四届海峡两岸经贸交易会、第九届中国福建商品交易会在福州海峡国际会展中心举办，支队担负现场安全保卫任务。

6月6日，5名不明身份人员由福清监狱监墙北侧向监区喊话，二十四中队出动警力抓获5人。

6月13日，支队派出6艘冲锋舟，担负福州海峡龙舟赛现场安全保卫和应急救援任务。

6月18—22日，第十届中国·海峡项目成果交易会在福州海峡国际会展中心举办，支队派出官兵担负现场安全保卫任务。

6月24日，福清市急降暴雨，导致多处山体滑坡，高压电杆倒塌，房屋被淹。支队出动29名官兵、2艘冲锋舟，连续奋战7小时，先后转移受困老人、妇女和小孩137人，物资18件，疏散塌方道路300余米。

9月12—23日，出动兵力完成国家一级文物——圆明园国宝暨南北朝佛像珍品入城押运和在三坊七巷宗陶斋艺术馆展览期间的安全保卫任务。

9月18日，支队出动车辆50台，担负福州市“涉日维稳”任务。

9月29—30日，支队担负央视“福州月·中华情”中秋晚会彩排和直播现场安全保卫任务。

中秋、国庆至十八大期间，支队每日派出官兵，白天对福州市区6条重要线

参加“福州月·中华情”中秋晚会直播现场安全保卫工作

路,晚上对福州城区8个重要路口实施武装巡逻。

10月18、23日,支队协助中国人民银行福州市中心支行完成南昌、上海货币进站武装押运任务。

11月18～19日,支队出动官兵,担负2012年环福州(永泰)国际公路自行车赛现场安全保卫和机动备勤任务。

12月9日,福州市第二看守所1名待收监犯罪嫌疑人企图脱逃,十二中队协助看守所抓获该犯罪嫌疑人。

【“四防一体化”建设】 按照支队机关、执勤中队、机动中队、教导队4个层面,围绕信息化条件下勤务管控智能化、指挥控制实时化、力量体系建设和训练模式转变,加强“三网一系统”(有线网、无线网、卫星网、机动通信系统)信息基础网络和“三个中心”(指挥中心、通信中心、网管中心)建设,在2个中队组织“四防一体化”(人防、物防、技防、联防一体化)和信息化建设试点。9月24日,参加总队“议中心”会议代表到十八中队观摩“四防一体化”“基本型”建设模式;12月27日,支队“四防一体化”暨信息化建设成果现场会在二十五中队召开,组织应急班对县(市)区发生暴力恐怖袭击事件的情况处置演习、应急班反恐装备以及二十五中队“四防一体化”和信息化建设成果展示。

【后勤保障】 修订完善12类应急保障方案,组织后勤专业训练和应急保障方案演练,提升后勤综合保障能力。全年担负各类运输保障任务850余次,行程约22万多公里,完成元宵灯会、“两节”、“两会”执勤、城市武装巡逻、新兵拉练、“5·18”海峡两岸经贸交易会、“6·18”海峡项目成果交易会、中央电视台中秋晚会执勤和“9·18”涉日维稳等大项后勤保障任务。

选送70人参加炊事员、军械修理工、驾驶员、汽车修理工、卫生员等专业技术学兵培训,组织83人次拟任、现任军械员培训,18名总队直选毕业驾驶员复训,参加总队“文明行车展汽车兵风采,安全和谐向十八大献礼”演讲比赛,获第一名。

装修改造4个中队、1个执勤点营房,新建、迁建6个大、中队营房,开展支队指挥中心征地、报批等筹建工作。

(戴建伟)

(编辑　黄　铭)

6月24日,参与福清暴雨救援工作,转移被困群众

宏观经济管理

【概况】 2012年，福州市发展改革工作加强谋划，牵头做好每月、每季和半年度的经济运行分析，开展《闽台（福州）蓝色经济产业园产业发展规划》等规划编制，进行《加快福州市开放型经济发展研究》《闽台（福州）蓝色经济产业园区发展战略研究》等课题研究，为市委、市政府作出正确决策部署提供参考；推进产业平稳协调发展，加强农业基础设施建设，推动工业转型升级，指导提升服务业发展水平，推进"海上福州"建设，发展高新技术产业，推动科技创新和公共服务体系建设；促进固定资产投资增长，继续推进"五大战役"项目建设及城市轨道交通、铁路等项目建设，争取中央和省级补助资金10.6331亿元；加强区域交流合作，建立县（市）区对口协作工作机制，推进福莆宁同城化，主动支持和融入平潭开放开发；推进国企改革及上市，深化卫生、教育等体制改革；保障民生，完善社会保障体系，促进社会事业均衡发展；加快生态市建设，编制并实施《福州生态市建设规划》，强化污染治理，促进城乡面貌改善。同时加强国民经济动员能力建设，华东地区（福建）船舶改装和维修保障动员中心、华东地区（福建）物流动员保障基地等2个国家级经济动员中心获批；开展行政复议与行政诉讼、招投标指导协调等工作，全年受理行政复议申请5件、行政应诉案件26件。

【政策研究】 研究制定《福州市台商投资区扶持政策》《关于加快建设"海上福州"的配套政策措施》《福州市关于加快电子商务产业发展的扶持政策（试行）》《关于加快闽台（福州）蓝色经济产业园发展的若干意见》，梳理汇编《福州市企业扶持政策选编》。开展《加快福州市开放型经济发展研究》《闽台（福州）蓝色经济产业园区发展战略研究》等课题研究。

【规划制订】 编制完成《福州生态市建设规划（修编）》《闽台（福州）蓝色经济产业园产业发展规划》《福州市海洋现代服务业发展专项规划》《福州市海洋战略性新兴产业发展专项规划》《福州台商投资区扩区总体规划》等一系列规划；启动《福州市电子商务"十二五"发展规划》《福莆宁同城化总体发展规划》编制；配合省发改委开展《环兴化湾地区发展规划》。完成"十二五"规划实施情况2011年度评估工作，跟踪《海峡西岸经济区发展规划》任务分工实施情况，协调推进福州市与省发改委《推进福州大都市区建设战略性框架协议》的实施。

【"五大战役"项目】 研究出台《福州市促进重点项目审批工作提速增效的意见》，对"五大战役"项目和省、市级重点

8月10日，市政府与省发改委签订《在更高起点上推进福州大都市区建设战略性合作框架协议》

项目实行审批“绿色通道”服务。全年实施“五大战役”项目582项,完成投资1537.7亿元,达到年度投资计划的129.4%,比计划多完成349.2亿元。其中,重点项目建设战役实施项目53项,完成投资299.89亿元,比增27.2%,达年度投资计划的114.4%,比计划多完成37.77亿元;新增长区域发展战役实施项目192项,完成投资442.75亿元,比增35.5%,达年度投资计划的135.4%,比计划多完成115.66亿元;城市建设战役实施项目201项,完成投资521.59亿元,比增15.8%,达年度投资计划的127%,比计划多完成110.86亿元;小城镇改革发展战役实施项目13项,完成投资89.32亿元,比增96.4%,达到年度投资计划的248.6%,比计划多完成53.39亿元;民生工程战役实施项目123项,完成投资184.15亿元,比增18.2%,达年度投资计划的120.6%,比计划多完成31.52亿元。

【城市轨道交通及铁路项目】 加快城市轨道交通项目前期工作,轨道交通2号线工程可行性研究报告获批,修编《城市轨道交通线网规划》及《福州市城市轨道交通第二轮建设规划》。推进向莆铁路、合福铁路、江阴港铁路支线、可门港铁路支线、福州火车北站改扩建工程等项目建设。全市在建铁路完成投资44.48亿元,其中,向莆铁路福州段完成投资19.93亿元,合福铁路福州段完成投资18.28亿元,福州火车北站站房工程完成投资2.37亿元,连江可门港铁路支线完成投资0.55亿元,福清江阴港铁路支线完成投资3.35亿元。开展铁路项目前期工作,福州至平潭铁路项目工程可行性研究报告上报国家发改委待批复;省发改委牵头开展长乐松下港铁路支线预可研报告审查。

【重大产业项目】 建成或基本建成马尾上润二期、海峡农副产品批发物流中心商业配套、闽侯爱德克斯汽车零部件、福顺半导体产能扩充、福清南方铝业扩建改造工程等项目,开工建设福州港可门作业区6号和7号泊位工程、台江苏宁广场、福清鲤鱼山风电场、福顺晶圆6英寸芯片、闽侯联合动力等项目。通过“三维”项目对接,引进中航国际通用航空飞机制造、中铁隧道装备制造有限公司盾构机研发制造基地和高端装备制造业培育基地、中国普天公司新一代信息产业研发和生产基地等一批产业龙头项目,以及汽车制动系统、汽车尾气净化器、己内酰胺等一批产业链延伸项目。推进宝钢德盛二期、中化CPP、中石化己内酰胺、马尾造船厂搬迁改造等一批重大工业项目前期工作;加快建设东南电化、耀隆化工、长乐恒申合纤、福清经纬新纤科技、天辰耀隆己内酰胺等一批工业新增长点项目。

【促进项目成果对接转化】 围绕培育福州市主导产业和战略性新兴产业、资本与项目对接、共性技术难题、产学研合作,举办“福建省塑胶管材产业(福州)专场对接暨第十届‘6·18’新闻发布会”“2012年在榕高校(福建工程学院)模具行业技术对接会”“长乐市水产品加工技术对接会”“仓山区科技人员服务企业对接交流会”“2012年在榕高校服务县域经济人才对接会”等11场项目对接活动。第十届“6·18”中国国际海峡项目成果交易会全市对接项目661项,总投资206.1亿元,其中,合同项目432项,总投资134.6亿元;协议项目216项,总投资69.9亿元;意向项目13项,总投资1.6亿元。总投资在1亿元以上的项目32项,占对接项目总数的4.8%,投资总额达149亿元,占对接项目总投资额的72.3%。布兰卡·武切蒂奇、庞国芳、蒋有绪、郭孔辉、戚正武5名院士与福建格通电子信息科技有限公司等5家企业建立院士工作站;福州大学材料科学与工程学院教授郑玉婴等12名专家与福建思嘉环保材料科技有限公司等12家企业签订项目合作协议12个,涉及节能环保、电子信息、机械制造、新能源应用、轻工食品等领域。第十届“6·18”中国国际海峡项目成果交易会福州市对接的661项项目中,动工或投产的项目487项,占对接项目总数的73.7%。

【体制改革】 简政放权、扩权强县(市)区　出台《中共福州市委、福州市人民政府关于简政放权、扩权强区(县、市)的意见》和《中共福州市委办公厅、福州市人民政府办公厅关于印发〈简政放权、扩权强区(县、市)工作实施细则〉的通知》。梳理全市行政审批事项,保留287项、取消101项,调整合并项目从179项减少至64项,下放115项。

推进国有企业改革　推进国企上市,按照上市公司规范运作要求,完善法人治理结构,水务投资公司、聚春园集团两家企业核心业主进入上市培育期。加大PE(有限合伙制的私募股权投资)引资力度,推进新榕城建公司与国开金融公司的合作,福州市确定出资3000万元与创投中科福海基金合作成立PE创投公司,实现福州市上市资源与创投公司共同运作的突破。

资本市场建设　富春通讯、腾新食品、海天水电3家企业成功上市,三奥信息、昇兴集团2家企业通过发行申请,顶点软件、福特科光电上报中国证监会,博思软件、华威交通、好事达等8家企业在中国证监会福建监管局辅导备案。推进福建海峡环保有限公司、聚春园饭店有限公司2家国有企业上市。推进企业债券发行,市城乡建总、福清国有资产营运公司分别获准发行10亿元企业债券,建工集团获准发行5亿元企业债券。

深化医药卫生体制改革　全市职工、城镇居民基本医保参保人数达332.4万人,参保率96%;新农合参合率99.9%。城镇居民医保财政补助标准提高至每人每年260元。职工、城镇居民医保和新农合统筹区域政策范围内住院费用支付比例分别达85%、70%和75%。全市医疗救助75553人次,发放救助金1780.38万元。开展重特大疾病医疗救助,在城镇居民医保普通门诊先行开展按人头付费改革;在市第六、七、八医院3家二级医院实行医保费用总额预付试点;首批按单病种付费的病种包括阑尾炎切除等7个。扩充非公立医院医疗资源,全市有非公立医院机构数50个,床位数2154个,占全市医院总床位数的15%;实施国家基本公共卫生服务项目,开展全科医生岗位培训、特岗医师招聘等。

深化教育体制改革　新增7所高中晋级为省三级达标学校、8所高中晋级为省二级达标学校。在福州三中和十九中、福州高级中学和十六中间开展紧密型协作办学试点,采取人员互派、教研互动等初高中教育教学体系自然衔接模式。推动7所一级达标高中先行向省内户籍考生开放。推进普通高中多样化发展,在福州三中等学校开展高中办学模式多样化试验,开发特色课程或可选择的课程体系研究等试点活动;支持福州三中、福州高级中学开办创新人才培养特色班。

【经济运行监控及协调】 跟踪分析经济运行情况 围绕经济运行中出现的新情况和新问题,开展每月、每季和半年度的经济形势分析工作;针对"五大战役"、重点项目推进情况及固定资产投资减缓、项目建设征迁困难等问题,组织多场协调推进会,提出对策建议;制定分解年度经济考核指标,跟踪年度计划执行情况,配合市政府开展经济运行调度工作。

优化产业结构 农业方面,推进重大水利项目建设,全市在建项目13项,累计完成投资8.74亿元,占年度计划投资的100.8%。进一步开展农村饮水安全、海堤强化加固工程、垦区危旧房改造、沿海防护林工程等项目的前期工作,跟踪落实海洋渔船更新改造项目的实施,解决50万农村人口饮水安全问题。工业方面,全市行业技术创新中心达38家,覆盖大部分重点行业,获首批"国家知识产权示范城市"称号。南北"两翼"集聚效应进一步显现,"两翼"四县(市)规模以上工业总产值占全市比重达54.0%,比上年提高2.2个百分点。整合提升海西高新技术产业园,规划建设闽台(福州)蓝色经济产业园、临空经济区等新兴产业园区。福州台商投资区扩区获国务院批准,完成总体规划编制。现代服务业方面,推进建设海峡钢贸城、台江苏宁广场、泰禾城市广场、快安城市综合体、苏宁物流配送中心等一批现代商贸、物流项目。加快总部经济、电子商务等高端服务业发展。推进"国家电子商务示范城市"建设,海峡电子商务产业基地获国家商务部批复、授牌,成为首批"国家电子商务示范基地"之一,也是福建省唯一获批的基地。推动鼓楼区国家服务业综合改革试点工作,率先在全省开展服务业统计改革创新。加快福州国际航空枢纽建设,推进机场二期建设前期工作。开通拉萨、西宁和石家庄3个省会城市航点,福州机场成为全国第九个实现航线覆盖全部省会城市的机场。加快推进成立福州航空公司相关工作。根据《福州市鼓励总部经济发展实施办法》,开展总部企业认定工作。梳理和整合现有创意产业政策,着手研究制定具体实施办法,闽台(福州)文化产业园获评国家级文化产业试验园区。

促进区域协调发展 围绕"产业联动、资源共享、干部挂职、乡镇结对、扶贫开发、环境共保"6个方面内容,建立县(市)区对口协作机制,基本形成市直有关部门、协作结对县(市)区政府和县(市)区直有关部门、乡镇(街道)、村(社区)等分层次、多形式、宽领域的对口协作帮扶机制。加强研究城镇化发展规划和措施,推进13个省、市试点小城镇建设。推进新农村建设,全市10个精品示范村实施水路电网、立面改造、公园景观等建设项目112项,累计完成投资5.19亿元。加快农村水、电、交通等基础设施建设,推动农村文化、教育、卫生等公共事业发展。

加快周边县(市)和福莆宁同城化进程 统筹推进福清、长乐、闽侯、连江四县(市)规划建设,加速推进四县(市)与中心城区"无缝对接"。牵头推动福莆宁同城化发展,完成《福莆宁同城化总体发展规划》编制,加快交通互联互通、产业分工协作和公共服务互动对接。

推进"海上福州"建设 提升现代海洋渔业,打响福州鱼丸、金鱼等区域水产品牌,发展深水网箱养殖,推进浅海湾外养殖、深水海域底播养殖。推广风力发电,推进连江定海湾、福清兴化湾等海上风电项目前期工作。加快游艇产业发展,建设黄岐半岛、闽江口、福清湾、罗源湾等海滨旅游区域游艇码头。启动闽台(福州)蓝色经济产业园道路建设。

主动支持和融入平潭开放开发 在产业分工、项目引进、生态保护、港口建设、社会事业发展等领域与平潭开展合作。在加快推进支持和融入平潭30条意见的同时,推动福州办事处(平潭产业园)项目用地征迁等工作,协调渔平高速公路延伸线工程(平潭海峡一桥)施工中拆迁问题,推进福平高铁、长平高速项目前期工作,加快东翰客运站建设,探讨研究福州企业落户平潭的税收分成办法,启动闽江调水、电力专线上岛、天然气管线上岛等重大项目建设。

(林　焱)

统计与调查

【概况】 2012年,统计工作推进制度方法改革,发挥统计信息、咨询和监督职能,实事求是地反映全市经济社会发展成果。定期编印《福州统计月报》《福州市情》《福州统计年鉴》等综合性统计资料,并根据实势增添新的内容;3月下旬在《福州日报》发布《2011年福州市国民经济和社会发展统计公报》;开展横向对比资料的交流与探讨,定期提供省内设区市、省会城市横向对比统计资料,6月成功主办第35届全国重点城市综合统计信息交流年会,全国28个城市75人参加;开展"企业一套表"改革工作;组织编印《主要统计指标解读》;推进基本单位名录库建设,全市有法人单位71859家,其中文化法人单位9946家,单位数居全省第一;开发福州市统计地理信息系统,初步通过专家组的验收工作;开展2011年度县(市)区政府绩效管理有关指标数据的科学采集和考核评分工作,参与改进2012年度县(市)区绩效评估指标体系、评估办法、计算方案;通过媒体向公众发布经济运行情况;开展"两会"、"5·18"海峡两岸经贸交易会、"全国文明城市"、"全国环保模范城市"和"全国卫生城市"等统计咨询服务工作。

年内,市统计局完成服务业调查、工业企业景气调查、资源产出率调查等专项调查等15项,继续推进第六次全国人口普查和第三次全国经济普查。国家统计局福州调查队完成住户调查等11项常规调查及居民消费、企业用工等18个重点课题调研。全年有1223人参加统计从业资格考试,240人参加统计职称考试,2604人参加继续教育。

(王珠琴　谢美梅)

【普查与专项调查】 第六次全国人

口普查　完成人口普查数据发布及提供数据、专题分析及数据汇编、重点课题开发及普查数据库建立,编印《人口普查年鉴》(附电子版),多次向市委、市政府及国土资源局、卫生和民政等部门提供该普查资料。

第三次全国经济普查　开展机构筹备、人员安排和经费预算等各项准备工作,提请市政府下发《福州市人民政府关于认真做好第三次全国经济普查的通知》,开展动员部署。

服务业调查　成立服务业统计工作领导小组,建立服务业统计联席会议制度,实行重点服务业统计报表制度,组织各县(市)区开展年度服务业抽样调查。同时在金融业继续推行季度全面调查,实现网上直报。组织县(市)区开展国家服务业重点企业联网直报工作和全省服务业企业调查工作。鼓楼区作为全省服务外包试点县区,对344家企业开展第三方电子商务企业、服务外包统计试点工作。

工业企业景气调查　2012年起,该项调查任务由调查队移至统计局,"工业企业景气调查"问卷与原"工业企业生产经营状况及趋势判断专项调查"整合为"工业企业生产经营及景气状况专项调查",共有558家企业列入调查范围。二季度起该项调查统一纳入"企业一套表"平台报送。

资源产出率调查　2012年,福州市被国家统计局选定为该调查试点地区,调查工作涉及全市2050家规模以上工业企业及649家有资质的总承包和专业承包建筑企业。协同省统计局到闽侯县、仓山区等地规模以上工业企业以及有资质的建筑企业开展调查试填报工作。

政府职务工资国际比较项目(ICP)调查　调查省直、市直、公检法、海关、教育、卫生等38个单位350人的工资收入情况。

企业用工情况调查　抽取30个使用农民工较多的样本单位,兼顾经济类型和企业规模的要求,开展2次调查。

全国投入产出调查　完成404家投入产出调查单位核实工作,同时进行调查人员、经费等准备工作。

其他专项调查　会同市效能办组织开展2011年政府绩效考核评估工作;完成高新技术产业、农业产业化龙头企业调查,少数民族乡、村社会经济调查,人口抽样调查,2011年私营单位工资情况抽样调查,文化产业调查,海洋经济专项调查和全面建设小康社会进程监测、妇女儿童发展纲要监测等工作。组织完成工业、能源、投资、贸易、农村、人口、社科、服务业等专业2011年统计年报和2012年定期统计报表工作。

(王珠琴)

【常规调查】　住户调查　9月,市政府召开专题会,研究城乡住户调查一体化改革工作,市政府办公厅下发《关于成立市城乡住户调查一体化改革工作领导小组的通知》,印发《致福州住户收支调查户的一封信》。按照"分步分类"改革实施办法,组织实施第一批城乡住户调查一体化改革工作:对国家统计局直接抽选的107个调查小区(分布在五城区、福清市、闽侯县和连江县的村和社区),绘制小区图、编制建筑物清查表、开展入户摸底调查;对福建调查总队抽选的新调查户,组织开展入户访问调查,动员、培训、落实调查户记账;12月1日启用第一批新调查样本。根据现有制度统计,2012年城镇居民人均可支配收入29399元,比增12.9%,扣除价格因素实际增长10.4%;人均消费性支出20040元,比增12.3%,扣除价格因素实际增长9.9%。农民人均纯收入11492元,比增13.7%,扣除价格因素实际增长11%;人均生活消费支出8336元,比增13.4%,扣除价格因素实际增长10.7%。

农村经济调查　开展农产品生产价格、农业(稻谷产量、播种面积)、畜禽监测调查。农产品生产价格调查样本数223个,样本分布9个县区,农产品生产价格指数包含4个大类,20个中类,37个小类;农业调查样本数1498个,分布7个县区,其中稻谷测产样本331个,稻谷播种面积样本1167个;以省为总体的畜禽监测调查样本1381个,分布11个县区、571个村,主要调查生猪存栏数、能繁母猪头数、期内增加/减少数量等存出栏相关指标数据;组织开展稻谷实割实测工作现场观摩与业务培训,对4个县区集中开展数据质量检查。

居民消费价格调查　居民消费价格调查样本点167个。根据《流通和消费价格统计报表制度》计算居民消费价格指数(CPI);聘用专职采价员使用CPI手持数据采集器开展采价工作;组织开展城镇低收入居民基本生活费用价格调查;对闽侯、连江、福清、长乐、永泰、闽清、罗源、平潭8个县(市)的汇总数据进行审核上报,并对其专业调查基层网点、基础台账数据、调查企业的原始数据等方面进行检查,走访调查点71个,检查数据4200笔。2012年,福州市居民消费价格平均上涨2.2%。

工业生产者价格调查　工业生产者价格调查企业633家,其中省点企业572家、市点企业61家,省点企业中市直报企业147家。抽样调查企业中,上报的产品行业覆盖全市工业统计35个大类、126个中类、361个基本分类。调查网络涵盖全市各类型企业,行业年销售产值覆盖面超过国家统计局70%的要求,企业年销售产值覆盖面超过国家统计局40%的要求。2012年,福州市工业生产者出厂价格平均下降1.1%,工业生产者购进价格平均下降3.2%。

房地产价格调查　按照国家统计局《房地产价格统计调查方案》要求,新建住宅价格调查采用住建部门网签月报数据,土地交易价格调查由国土部门按季报送数据,二手住宅价格调查数据来自房地产中介企业。全市二手住宅价格调查单位24家,住宅租赁价格调查单位15家,物业服务价格调查单位26家。2012年,房地产价格运行以"稳"为主,略有小幅波动,涨幅多在1%以内。

固定资产投资价格调查　调查样本企业39家,覆盖公路建设、港口建设、铁路建设、民航建设、水利水电建设、邮电通讯、电力电缆建设、民用建设、市政建设以及设备安装工程等领域。

服务业调查　调查样本企业389家。调查行业类别包括装卸搬运和其他运输服务业、仓储业、软件和信息技术服务业、租赁业、商务服务业、科技推广和应用服务业、居民服务业、机动车、电子产品和日用产品修理业、其他服务业、体育和娱乐业等11个行业大类和物业管理,房地产中介服务2个行业中类。调查内容包括调查样本的基本情况,从业人员、营业收入等主要经济指标和经营指标。

限额以下商业调查　完成限额以下商业抽样调查，调查样本企业及个体户958家。完成贸易行业小微企业抽样调查，调查样本企业及个体户148家。召开业务培训会和调查员座谈会；采用实地明察或暗访抽查方式，对鼓楼、台江、仓山、马尾、福清、闽侯、永泰、闽清等县市(区)的限下商业样本点进行质量检查。

规模以下工业调查　根据福建省规模以下工业调查制度要求，将规模以下工业总体划分为两个子总体(规模以下工业企业、全部个体工业经营单位)。企业子总体中有企业名录的部分采用一阶段分层随机抽样，没有企业名录的企业和个体工业子总体采用分层随机整群抽样方法。2012年，福州市规模以下工业(年主营业务收入500万元以下及个体)实现总产值337.21亿元，可比价增长7.5%。

福建产品市场占有率调查　开展电子网络直报试点工作，在全市范围推行年报电子网络直报方式。调查样本为工业季报20家、工业半年报120家、年报企业1162家(其中农业类、商贸零售类62家)。2012年工业实现销售收入5071.36亿元，比增28.8%。三大市场销售"两升一降"，其中省内市场销售增长50%，省外市场销售增长45.6%，境外市场销售下降4.6%。三大市场工业产品销售比重：省内37.5%、省外35.7%、境外26.8%。

采购经理调查　为编制采购经理指数，加强对国民经济活动的监测和预警能力，该项调查网络直报企业样本数由39家扩展到111家，其中制造业24家、非制造业87家。企业网络直报率达100%。

【调查服务】　国家统计局福州调查队建立语音调查室，引进计算机辅助电话调查系统(CATI)，提升调查服务水平。接受国家统计局和福建调查总队委托完成"党风廉政建设公众满意度调查""组织工作公众满意率调查""全省政府绩效管理公众评议调查"等。接受市委、市政府和部门委托开展各类专项调查，主要有：受市委、市政府委托对12个县(市)区政府开展绩效管理公众评议调查，对76个市级机关单位开展绩效管理公众评议调查；受市政协委托开展福州市居民幸福感测评调查；受市委组织部委托对12个县(市)区开展干部选拔任用满意度调查；受市纠纷办委托对79个市级单位开展政风行风民主评议调查；受市综治办委托对12个县(市)区开展社会治安公众安全感电话调查；受市环保局委托对12个县(市)区开展公众环保满意度调查；受市公安边防支队委托开展公安边防派出所辖区群众满意率调查；受市文明办委托，在市区抽取26个社区开展城市公共文明问卷调查，同时，在福州市全国文明城市复评期间参与问卷调查工作。　(谢美梅)

【开展"企业一套表"改革工作】　成立以市委常委、常务副市长陈大强为组长、市发改委等18个部门组成的福州市"企业一套表"(运用现代信息技术，实现数据采集方式的统一组织管理和统计资源共享的一种新的统计调查制度)工作领导小组，负责一套表制度及实施方案的制定与组织实施、人员培训、业务指导、数据控制、进程监督等。全市统计系统到基层企业了解企业实施一套表改革的准备情况、存在的问题及意见建议，指导和督查县(市)区企业一套表工作。市县两级成立由统计业务人员和计算机技术人员组成的技术支持服务队伍，推行24小时值守制度，解答辖区内企业提出的业务和系统应用问题。把一套表工作落实到每个县(市)区及每个调查对象，保证全市5000家企业上报率持续达100%。在《福州统计月报》上开辟"实施企业一套表工作宣传栏"，解答相关问题。在统计局内网建立企业一套表专栏，并通过外网向社会公众广泛宣传企业一套表制度，同时在《福州日报》《福州晚报》及福州电视台"新闻110"等新闻媒体宣传该项工作。　(王珠琴)

【统计法制建设】　市统计局在各级党政干部培训班和统计人员继续教育培训班中举办新统计法知识讲座；结合"12·4"法制宣传日、"12·8"统计法宣传日等，以宣传手册、群发短信等形式，向社会、企业宣传统计知识和统计法律法规；继续推进统计法"六进"活动和统计法制工作结对帮扶活动；开展工业、贸易专业及建设领域统计专项执法检查和统计监督检查，加大对源头统计数据质量的检查力度。全市统计系统共检查单位数1045家，立案查处统计违法案件39起，其中予以警告36起、通报13起、罚款26起，罚款金额达11.58万元。国家统计局福州调查队建立法制联络员制度；推行统计调查行政义务告知制度；开展统计执法培训；推动统计法制宣传"六进"(进机关、进乡村、进社区、进学校、进企业、进单位)。全年各专业检查企业(网点)553家。

(王珠琴　谢美梅)

工商行政管理

【概况】　2012年，新增内资企业785户，注册资本120.568亿元；新增私营企业1.41万户，注册资本578.747亿元；新增个体工商户3.23万户，注册资本17.491亿元；新增农民专业合作社259户，出资总额7.964亿元；新增外资企业316户，注册资本7.611亿美元。至年底，全市各类市场主体达25.09万户，其中实有内资企业10086户，注册资本754.908亿元；实有私营企业7.74万户，注册资本3544.021亿元；实有个体工商户15.81万户，资金总额67.793亿元；实有农民专业合作社951户，出资总额21.567亿元；实有外资企业4422户，注册资本122.821亿美元；实有台资企业602户，注册资本13.190亿美元；实有台湾个体工商户187户，资金数额2772万元。查处各类违法违规案件6094件，罚没入库2114.26万元。

【助力产业转型升级】　为13家国有企业改制重组提供服务，为16家上市后备企业提供指导，为491户重点项目企业实行当天核准登记，服务对接政府重点建设项目105个，比增28.12%。在全省率先实行企业登记"零费用"制度，全年免收注册登记费6528.96万元，为1575户企业办理注册资本零首付登记，为411户企业办理分期到资延期手续，为210户内资主体办理经营范围自主选择性变更,为2036户经营主体就近办理营业执照,为4570户困难企业延续主体资格。支持民间投融资,新设立担保、融资租赁等金融机构319户。开展"万家企业大走访",运用动产抵押、股权出资出质和商标质权登记等手段,帮助企业融资163亿元,比增37.7%。加快文化创意产业发展,协助市政府开展国家级广告产业园申报工作。

【商标品牌培育和保护】 协助市政府修订出台《福州市加快推进商标发展战略的若干意见》,对驰名、著名和地理标志证明商标的权利人分别给予100万元、5万元和10万元奖励,市财政每年安排200万元用于商标培育工作。新增注册商标6758件,新增中国驰名商标9件、省著名商标89件、市知名商标136件、地理标志证明商标4件。全市有效注册商标数53404件,比增17.1%,其中驰名商标31件、著名商标535件、知名商标637件,地理标志证明商标13件,商标国际注册165件。宣传普及商标和广告知识,举办"魅力商标"评选和"乐善杯"公益广告展示活动。加强打击侵犯知识产权和制售假冒伪劣商品专项执法,查处商标侵权案件501件,罚没入库189.2万元。查处制售假冒LV、GUCCI品牌皮包案件1起,涉案金额超亿元。与福州海关、市法院、市文新局、市知识产权局联合出台《关于建立知识产权纠纷"大调解"联动机制的若干意见》,在全市开展商标纠纷调解与司法确认衔接工作。

【企业注册登记】 在市行政服务中心设立审批处,将涉及工商审批的各类事项整合到注册窗口统一受理,为企业提供预约办理服务和现场办理服务,其中受理预约服务3.8万户,抽查群众满意率99.95%。加强简政放权,推行分层分类委托登记模式,向县(市)区工商局下放80%以上的工商行政审批权限,实行窗口收办件分离制,对一般注册登记事务实行注册官独审制,将各类注册登记的办理时限从法定的20个工作日缩短为"设立登记2个工作日、变更登记5个工作日、注销登记即时办结"。

内资企业　新增内资企业785户,实有内资企业1.01万户,其中国有企业1747户,集体企业3367户,股份合作企业198户,公司4574户,其他企业200户。在总户数中排列前5位的是批发和零售业、金融业、制造业、租赁和商务服务业、建筑业,分别有3048户、1497户、1237户、833户和713户,各占总户数的30.22%、14.84%、12.26%、8.26%和7.07%。全市企业注册资本754.908亿元,比增27.07%。

私营经济　私营企业7.74万户,比增15.55%;注册资金3544.021亿元,比增28.83%;从业人员70.01万人,比增7.83万人,增长12.59%;注册资金亿元以上的私营企业535户,比增123户,增长29.85%;1000万元~1亿元的私营企业8075户,比增2048户,增长33.98%;500万元~1000万元的私营企业8380户,比增2274户,增长37.24%;100万元~500万元的私营企业1.53万户,比增3830户,增长33.38%。从事第一、二、三产业的户数分别是2330户、1.52万户和5.99万户,分别占私营企业总数的3.01%、19.67%和77.32%。

个体经济　有个体工商户15.81万户,比增10.68%;资金数额67.793亿元,比增0.07%。新开业个体工商户3.23万户,比增6.52%;资金数额17.491亿元,比减2.57%。注销、吊销个体工商户1.86万户。在个体工商户总户数中排名前5位的是批发和零售业、居民服务和其他服务业、住宿和餐饮业、制造业、交通运输、仓储和邮政业,分别有11.03万户、1.87万户、1.58万户、4968户和2735户,各占总户数的69.77%、11.81%、10.02%、3.14%和1.73%;从事第一、二、三产业个体户分别为960户、5084户和15.21万户,分别占个体工商户总数的0.61%、3.22%和96.18%。

农民专业合作社　规模化、集约化程度进一步提高,区域或行业农民专业合作社龙头开始形成。逐渐形成福清、连江、长乐等沿海县(市)片区以海产品养殖、加工和销售为主,闽清、罗源、长乐等山区县片区以果蔬种植、畜牧养殖和加工为主,晋安、闽侯等城市郊区(县)片区以农产品加工、贮藏和销售为主的区域性分布特点,发展出闽侯县十八溪林业专业合作社、连江县诚鑫种植专业合作社、福建省福清市旭辉农业开发农民专业合作社等9家行业性龙头农民专业合作,出资总额达3.28亿元,分别比增125%、107.59%。全市有农民专业合作社951户,比增37.43%;出资总额21.567亿元,比增69.19%;成员总数10792个,比增61.73%,其中农民成员10234人,比增61.19%。出资总额1000万元~1亿元的有24户、500万元~1000万元的有81户、100万元~500万元的有317户,分别比增166.67%、58.82%、44.09%。从事种植业的有605户,比增38.44%;从事养殖业的有99户,比增11.24%。

外商和中国港澳台商企业　实有外资主体4422户(含分支机构1224户),比减1.10%;投资总额224.331亿美元,比增8.27%;注册资本122.821亿美元,比增7.07%;外方认缴额101.450亿美元,占认缴注册资本的83.04%,比增7.59%。企业法人户均注册资本418.41万美元,比增4.36%。外商投资企业(含分支机构)三大产业实有户数所占比重分别为3.14%、63.65%、33.21%,三大产业注册资本比重分别为4.41%、61.23%、34.36%。从分布情况看,企业法人户数位居前5的国家或地区分别是:中国香港地区1178户、中国台湾地区600户,美国214户,日本194户,英属维尔京群岛182户,其余国家或地区的企业所占比例均低于3%。从新登记情况看,全年新增外资主体316户,比增7.70%;投资总额15.020亿美元,比增7.18%;注册资本7.610亿美元,比增6.61%;外方认缴额5.971亿美元,比增6.25%。注吊销企业193户,比增26.97%,其中注销148户(法人企业40户,分支机构108户),吊销45户(法人企业44户,分支机构1户)。

【促进榕台交流】 在平潭综合实验区设立国家、省、市、县四级合一注册窗口,推进商事登记制度改革,实行"直接登记制"和"商务助理制",其中"直接登记制"做法获全省"学厦航、学先进、打造优质软环境作表率"十佳举措奖第一名。全年新增台资企业83户,注册资金1.430亿万美元,分别比增15.99%和20.37%;新增台湾个体工商户35户,资金数额 520 万元，分别比增 29.63% 和 228.08%。至 12 月 31 日，实有台资企业 602 户，比增 11.48%；投资总额 13.190 亿美元，同比下降 14.93%；注册资本 8.450 亿美元，比增 8.61%；实有台湾个体工商户 187 户，比增 12.65%；资金数额 2772 万元，比增 19.2%。

【市场监管执法】 办结各类案件 6094 件，罚没 2712.47 万元，罚没入库 2114.26 万元，分别比增 5.3%、5.9% 和 7.6%。全市工商系统加强"业主责任制"创新实践、扶持城市商圈转型升级的做法，被福建新闻联播、卫视新闻等媒体头条专题报道；在仓山辖区试行三级联动机制、社区备案和公示制的做法，在 6 月召开的全市查处取缔无证无照综合治理现场会上作典型经验介绍。福州粮食批发交易市场被国家粮食局授予"全国大中城市重点粮油市场"称号。闽侯县工商局被国家工商总局授予"全国创建诚信市场先进单位"称号。

流通环节食品安全监管　制定开单批发类食品经营单位监督管理办法，规范食品批发企业的仓储管理；加强食品质量可追溯体系示范点建设，新建市级示范点 113 个，推荐省级示范点 17 个；配合省工商局完成微生物检测室建设，通过食品检验机构和实验室资质认定评审，新增可承检项目 30 余项，抽检、快速检测食品 2.25 万批次；开展"八闽红盾出击"食品安全专项行动，突出酒类、乳制品、明胶及含明胶食品、肉品等重点食品的专项整治，查处各类食品案件 701 件，罚没 378.95 万元。鼓楼区、晋安区将流通环节食品安全工作纳入地方党委和政府绩效管理、社会综治考核体系，实行食品安全工作"一票否决"制，并以政府名义成立协管员、志愿者队伍。

企业主体和各类市场监管　查处取缔无证无照经营行为，健全联席会议和定期通报制度，以"市查处取缔无证无照经营办公室"名义向成员单位、地方政府发送情况通报 25 次，集中整治无证无照经营 400 余户，查处无证无照案件 957 件，罚没 261 万元，同比分别下降 18% 和 15%，建成"零无证照一条街"109 条；探索"黑网吧"层级治理责任制、无照经营网格化监管、会所经济监管和农村信用社分类监管等监管机制；开展合同格式条款、虚假违法广告、汽车品牌销售、网络打假和打击欺行霸市等专项整治行动，查处市场类违法案件 472 件，罚没 93.1 万元，分别比增 30.75% 和 23.05%。

公平竞争执法　开展"八闽红盾出击"行动，突出治理商业贿赂、公用企业限制竞争，以及公共服务行业侵害群众和企业利益等违法行为，查处商业贿赂案件 43 件，罚没 60.31 万元；不正当竞争类案件 224 件，罚没 214.45 万元；公共服务类案件 134 件，罚没 87.5 万元。开展液化气站点掺加二甲醚清查行动，召回、销毁液化气钢瓶 993 个。

参与社会综合治理工作　与市综治办、公安局联合制定《加强打击传销全面落实社会综合治理工作的意见》，被市政府批转执行。组织"打击防控传销进校园、进社区"宣传活动 57 场次，印发宣传材料 4.1 万份；捣毁传销窝点 57 个，教育遣返 627 人，立案查处 16 件。联合 8 个部门开展高额返利网专项整治行为，集中约谈 13 家"万家购物"代理商，对 30 家涉嫌违法经营的市场主体和 33 家网站进行检查，责令关停网站 18 家，移送公安机关案件 8 起。配合开展校园周边整治、扫黄打非、平安建设等工作。

【消费维权】 开通"12315 工商百事通"平台　借助专线电话、短信、红盾网等载体，整合受理消费申诉举报、工商信息发布、工商事务咨询、群众预约服务和接受社会监督等工作。全年通过该平台发布注册登记、商标广告、消费维权等信息 2300 余条；受理各类咨询 16 万件，比增 17.5%，受理申诉举报 2.25 万件，办结率 99.87%，挽回消费者经济损失 2840.5 万元，受理群众监督意见 122 条，按时办结率 100%。

完善消费维权"大调解"格局　健全人民调解、司法调解、行政调解三位一体的多元调解机制，强化诉前调解、诉中委托调解、调解司法确认等调解协作机制。建立健全企业先行赔付、三方电话调解、投诉企业约谈、维权抄告执法、应急处突等工作机制，落实消费维权"八率"（咨询满意率、和解息诉率、现场处置率、调解成功率、诉求办结率、一次接通率、及时反馈率、数据成果利用率）考核。

健全"12315"消费维权网络　完善全市"12315"消费维权四级〔市工商局"12315"指挥中心、县（区）工商局"12315"台、工商所、消费维权服务站点〕网络，推进"一会两站"（消费者协会分会、消费者投诉站、"12315"联络站）建设，深化"12315"消费维权网络"五进"（进商场、进超市、进市场、进企业、进景区）工作，规范全市 189 个消费者协会分会、2813 个消费者投诉站（联络站）、644 个消费维权服务站建设，建成省级示范站点 80 个、市级示范站点 125

"3·15"消费者维权日期间，"12315 工商百事通"平台为消费者快速办理消费申诉举报服务

个。各级政府将"12315"站点运行经费纳入财政预算,安排"一会两站"运行经费183万元。

(刘　煜)

国有资产监督管理

【概况】　2012年,福州市人民政府国有资产监督管理委员会履行出资人职责企业(以下简称"所出资企业")资产总额765亿元,比增13.64%;所有者权益335亿元,比增14.16%;营业收入116亿元,比增9.23%;利税14.98亿元,比增4.5%,各项指标均居全省九地市第二位。实现融资142.53亿元、投资232.47亿元(均超额完成);企业资产总额中,城乡建总公司、房地产发展集团、交建集团3家超100亿元,新榕城建公司、水务投资公司、城市地铁公司3家超50亿元。

市委组织部、市国资委对所出资企业进行以突出业绩为主要内容的班子第二任期全面考核。所出资企业3年资产总额年均递增22.21%,国有资产保值增值率达133.97%,比任期目标126.17%增加7.8个百分点;累计实现主营收入199.95亿元,年均递增20.76%;累计实现业绩净利润16.62亿元,高出目标15.66%,年均递增4.97%。13家企业中有3家企业的任期考核结果为A级(优秀),9家达B级(良好),1家达C级(一般)。交建集团、水务投资公司、城乡建总公司、房地产发展集团、聚春园集团、民天集团、公交集团等企业部分指标超过或居于全国同行业较好水平。

【国资履职监管】　国资监管　健全国有产权管理体系,贯彻新产权登记管理办法,部署全市产权登记工作;监管资产流转过程,把握资产评估关,办理资产评估核准备案项目15项,涉及资产评估值3.25亿元,增值率43.65%。规范运作并成功组织4宗国有产权转让。动态管理审计、拍卖、评估中介机构库以及律师事务所库成员,规范中介委托行为。实行企业法人代表向出资人代表报告年度资产经营工作;继续在企业推进行业对标、比学赶超工作,引入行业标准值,提升企业经营能力素质。组织开展所出资企业内控体系建设调研和资产租赁情况专项督查,完善企业内控体系建设,规范企业租赁行为。

外派监事会　明确监督规则、内容,规范监督行为,组织开展企业薪酬管理专项调研以及以关注企业决策机制、会计报表重要项目增减变动及重大异常变化、关键财务指标动态监测为主要内容的日常监督检查,并形成月份监督检查情况报告。9月始,通过列席企业相关会议,查看企业财务报表,与企业交换意见,及时发现存在问题并提出整改意见和建议,检查包括企业集团本部和重要子公司在内的近70个项目,检查全部资产总额的50%以上,提交《当期监督情况报告》53份。

企业领导班子和队伍建设　拟定《关于加强国有企业领导班子建设的实施意见》。重视企业各类人才培养,部署企业第三任期人才发展规划制订工作。5月25日,市委组织部、市国资委和市委党校联合在复旦大学举办福州市国有企业高级管理人员专题研讨班,选送企业主要负责人参加省委党校第二期大中型企业负责人进修班,组织企业管理人员70人参加市企业成长(资本运营)培训。

【国企改革发展】　主业有效扩张　以构建福州大都市区、开发马尾新城、对接平潭综合实验区为契机,引导企业大胆"走出去"向周边县(市)区发展。水务投资公司主动融入东部新城大开发供水项目建设,拓展连江、琅岐、永泰等水务市场,参与闽江北水南调平潭引水和霍口水库工程建设。公交集团开发长乐市出租车、琅岐公交市场;新榕燃气公司加大县(市)燃气事业基础性设施建设;聚春园集团引进先进生产线,在周边开发区建设具有福建地方特色的食品生产基地。围绕主业转型,整合组建福州国有资产投资控股有限公司。

"三维"战略合作　参与海水淡化项目推进,参与海航合作组建福州航空公司的谈判,进行公司登记、成立等前期工作。引进国内行业领先企业金港汽车公园管理(北京)有限公司,与福州新榕城建有限公司共同投资设立海峡金港汽车文化广场(福州)股份有限公司,加快构筑"大4S汽车商业文化综合体"。推动民天集团与华润集团等企业商谈合作,推进食品工业园建设。

重点项目建设　跟进项目运作,开展协调服务,引导所出资企业承载好省、市重点项目、"五大战役"和民生工程建设,共承接172项、投资219亿元(其中属于省、市重点工程66项,属于"五大战役"项目65项)建设任务。海峡汽车文化广场一期汽车超市、螺洲大桥主桥、"左海印吧"、绕城高速西北段、福银高速福州南连接线、海峡农副产品批发物流中心商业配套等"五大战役"项目、重点项目竣工建成,象峰新苑等保障性安居工程、红庙岭垃圾综合处理渗滤液处理厂等一批民生工程相继按时交付使用,地铁、城区内河综合整治等项目顺利推进,推进公交、供水、供气、菜篮子、内河综合整治、文保、节能减排等市政设施、公共服务工程建设。

企业管控架构　推进管理提升措施,提高企业管理运营效率。交建集团、新榕城建公司、水务投资公司、房地产发展集团、公交集团、聚春园集团、民天集团等企业在董事会下设投资决策、内审监察、薪酬与考核等专业委员会,加强对投资决策、内审监察、薪酬与考核管理,健全组织架构。交建集团加强二级企业法人治理结构规范化管理,制定二级企业股东会及董(监)事会管理办法等相关文件;新榕城建公司、公交集团、聚春园集团和新榕燃气公司等制定内部审计章程和工作制度,出台工程项目招标管理、合同管理等相关规定,进一步完善企业内部管理制度。

风险管控体系　加强企业法律风险防控,大部分企业聘请专门法律顾问。城乡建总公司、公交集团设置专门法律部门参与企业重大项目决策、合同谈判、签订和履行全过程,及时提出建议和意见。所出资企业加强对子企业投融资、担保、工程支出等重大事项的集中管理与控制,城乡建总公司对招标事宜(合同签订、约谈及招投标等)实行全程监督,招标结果当场开标,并进行录像取证,监察室及法律部门跟踪全程;交建集团、公交集团、聚春园集团和新榕燃气公司建立运行监督控制指标体系，实行精细化管理，定期进行运营情况分析，及时发现问题，制定对策建议。

企业成本管理　各所出资企业通过强化资金集中管理、灵活调度盘活等措施，降低财务成本，提高资金综合效益。交建集团、新榕城建公司、房地产发展集团、聚春园集团和新榕燃气公司等企业成立资金管理部门，建立账户管理报批制和信贷审批制，加强资金需求分析测算和控制管理。

【国有资本运作】　国有企业上市培育　指导企业着手建立内控机制及IPO配套管理制度，完善法人治理结构。水务投资公司等两家企业核心主业如期进入上市培育期，确保培育期年度指标达标。新榕城建公司搭建海峡金港汽车文化广场（福州）股份有限公司作为拟上市载体。

拓宽融资渠道　城乡建总公司发行并到位企业债10亿元；建工集团发行并到位企业债5亿元；水务投资公司成功注册10亿元额度中期票据，实现福州市国企发行中期票据零的突破，同时融资租赁资金到位2亿元；交建集团成功注册10亿元额度的中期票据和6亿元额度的私募债；推进其他企业总计57亿元的直接融资申报工作。组织所出资企业与中国人保、中国信达、鑫桥联合租赁、中石油昆仑金融租赁等金融机构对接，引进优惠资金。

银企合作探索　推动新榕城建公司与国开金融公司合作成立新榕国开基金公司，投资福州市重点项目建设。组织新榕城建公司、聚春园集团、水务投资公司及民天集团与上海凯石投资管理有限公司进行接洽，学习资本运作经验，诊断企业发展问题，探讨改革发展思路，拓展资本合作视野。

（王学兴）

价格管理

【概况】　2012年，福州市价格管理部门围绕“居民消费价格总水平涨幅控制在4%左右”的控价目标，推进资源性产品价格改革，运用价格杠杆，服务经济转型发展；关注价格与收费热点难点问题，规范民生服务价格，进一步清费治乱减负；开展价格监督检查，整顿和规范市场价费秩序。

【价格总水平调控】　2012年，福州市CPI上涨2.2%（其中福州市区上涨2.0%），涨幅均低于全国（2.6%）、全省（2.4%）平均水平，涨幅在全省9个设区市中列第8位，完成全年4%左右的控价目标。福州市区CPI涨幅在全国36个大中城市中列第35位。从环比走势看，福州市CPI环比涨跌互现，基本保持小幅波动运行，有7个月环比上涨，其中12月涨幅最大为1.3%；有5个月环比下降，其中6月降幅最大为1.0%。从同比走势看，全年CPI呈高开低走的态势，总体平均上涨2.2%，最高涨幅为1月，上涨4.9%，最低涨幅为11月，上涨0.9%。从构成居民消费价格总水平的八大类商品与服务价格指数来看，同比呈“六涨二跌”态势，即食品类上涨5.1%，家庭设备用品及维修服务类上涨3.2%，衣着类上涨3.1%，医疗保健和个人用品类上涨2.3%，居住类上涨2.1%，烟酒类上涨0.2%；娱乐教育文化用品及服务类下降3.7%，交通和通信类下降0.3%。

蔬菜价格异动协商机制　3月18日起至4月底，福州市启动新一轮蔬菜价格协商机制，6种当家菜在超出协商批发价时实施政府全额补贴，并在主要超市实行协商零售价，分别为：上海青、油麦菜、天津白：批发价1.7元（每500克，下同），零售价2.5元；白菜、包菜：批发价1元，零售价1.5元；豆芽：批发价0.8元，零售价1.2元。

降低农产品流通成本　落实鲜活农产品运输“绿色通道”政策，降低流通成本，促进鲜活农产品流通，全年共免征高速公路通行费24万车次，金额4580余万元。

完善社会救助和保障标准与物价上涨挂钩联动机制　四城区（除马尾区）发放临时价格补助625.6万元，受益对象29万人次。

加强价格调节基金征收　入库2120万元，超额完成1950万元的征收任务，基金主要用于福州市基地建设、价格异动协商机制的补贴、平价商店建设和联动机制的补贴发放等方面。

价格监测预警　对全市9个大类700多个品种的重要商品和服务价格实施价格监测。有针对性调整监测频率、品种以及监测范围，及时反映市场价格变化情况；完善应急值班和应急监测工作。

【商品价格改革与监管】　电价改革　推进城乡居民生活用电阶梯电价、同网同价工作。调整趸售县各类型新建小水电标杆上网电价，调整闽清、永泰、连江、罗源、福清等趸售县小水电上网电价，年调价金额1200多万元；落实开展钢铁烧结机和玻璃炉窑脱硫效率考核实行差别电价政策。

水价改革　全面落实终端水价政策，走访供水企业，了解水价执行情况、资金使用情况以及水价调整承诺兑现情况。督促企业加快接收抄表到户进度，加快管网改造和二次供水设备改造步伐，同时合理使用超定额用水加价资金。至年底，实现抄表到户70万户，剩余3万多户未接收；实现户表改造15.5万户，剩余15万户需改造。温泉水价格实行政府指导价管理，执行价格为居民6.8元/吨，非居民7.8元/吨。

成品油价格调整　根据国家调整国内成品油价格政策，全年共进行8次调整，4升4降。

医药价格机制改革　贯彻药品价格调整政策，公布部分国家基本药物增补剂型及四批次下调的2500多种药品价格；制定疫苗价格管理办法实施细则，规定在实行福州市疾控中心集中招标采购第二类疫苗的情况下，市配送至县（市）区进销加价率不超过8%，县（市）区配送至接种单位进销加价率不超过12%，疫苗生产、经营企业全程冷链直送至接种单位进销加价率不超过20%；接种单位向受种者销售，购进价格人份50元以下的加价率25%，购进价格人份50～150元的加价率20%，购进价格人份150元以上的加价率15%，每人份加价额最高不得超过75元；开展医院补偿机制改革，破除“以药补医”机制。调研指导连江县、闽侯县县级公立医院医药价格改革工作,提前完成药品零差率改革。医院由此减少的合理收入,闽侯县医院由财政全额补贴;连江县通过价格调整占补偿总额的86%,医院内部消化4%,政府财政补偿10%。

涉房价格监管　继续实施商品房销售价格报备制度,组织对近百个在售楼盘商品房"一房一标价"执行情况检查,查纠不规范标价现象;暂定东山新苑经济适用房价格。开展物业行业价费行为调研,及时了解物业行业相关动态。对2家房地产评估机构申请资质调整的材料进行初审;对17家房地产价格评估机构从业行为实施年检,将机构信用信息在政府门户网站及时发布。

【非商品价格收费监管】　行政事业收费　重点审验收费单位在执行国家及省、市有关收费文件精神落实情况,主要审验收费许可证是否有效,是否按规定办理变更或注销手续;是否按规定对收费项目及标准进行公示;是否按规定的收费项目、收费标准、收费范围实施收费;收费单位代办费的收入、支出情况;是否按规定使用收费票据等情况。全市审验1150个收费单位,审验率100%。审验合格的单位1120个,占审验单位的97.39%,不合格单位30个,占2.61%。其中福州市本级审验204个收费单位,合格及基本合格单位200个,占98%,不合格单位4个,占2%。规范经营服务性收费,组织市直42个行政部门及各县(市)区开展自查工作,清理经营服务性收费和行业协会收费。

医疗服务收费　对全市医疗机构55项医疗服务项目价格进行结构性调整,审批9家医疗机构特需病房床位费;制定农村卫生所一般诊疗费标准5元/人次,参加新农合人员在定点村卫生所发生的一般诊疗费,在开展门诊统筹的基础上,纳入各类新农合基金支付范围,一般诊疗费个人支付部分为1元/人次,新农合基金支付部分为4元/人次。

停车收费　重新制定福州市机动车暂扣留停放服务收费标准;加强对实行政府定价的医疗机构内设停车场和旅游景区附属停车场等公共类停车场收费行为监管,对违反价格管理规定的停车场予以整顿、规范和行政处罚。

表6　**参照福建省实施居民生活用电价格表**　单位:元/千瓦时

居民生活用电			电　价
"一户一表"用户	第一档	月用电量200千瓦时以下	0.4983
	第二档	201~400千瓦时	0.5483
	第三档	月用电量401千瓦时以上	0.7983
合表用户			0.5330

表7　**参照福建省实施居民生活用电峰谷分时价格表**　单位:元/千瓦时

月用电量	峰谷分时电价	
	高峰时段(8:00—22:00)	低谷时段(8:00—22:00以外时间)
200千瓦时以下	0.5283	0.2983
201~400千瓦时	0.5783	0.3483
401千瓦时以上	0.8283	0.5983

表8　**2012年福建省成品油价格变动情况表**　单位:元/吨

执行时间	2月8日	3月20日	5月10日	6月9日	7月11日	8月10日	9月11日	11月6日
0号	6.97	7.74	7.49	7.06	6.72	7.03	7.49	7.26
93号	7.37	7.84	7.60	7.18	6.85	7.16	7.59	7.38
97号	7.79	8.29	8.03	7.53	7.24	7.57	8.02	7.82

表9　**暂扣留机动车辆停放服务收费标准**

车型	4小时内	4~12小时	12~24小时	超过24小时
二轮摩托	—	2元/辆次	5元/辆次	以此推算
三轮摩托	—	4元/辆次	8元/辆次	以此推算
汽车	5元/辆次	10元/辆次	18元/辆次	以此推算
半挂车、挂车	6元/辆次	12元/辆次	20元/辆次	以此推算
平板、集装箱车	8元/辆次	15元/辆次	25元/辆次	以此推算

教育收费　根据民办教育成本上升的现状,在考虑社会承受能力的基础上,调整部分私立学校的收费标准,如时代中学、华伦中学(初中学费,下同)由每生每年8000元调整至9800元;三牧中学、华南实验中学由8000元调整至9500元;黎明中学由7800元调整至8800元。

交通运价　动态调整燃油附加费,推进交通价费改革。4月15日起,对超出起步里程3公里后的乘客按每车公里0.5元加收燃油附加费并将原表外收取的燃油附加费2元调入表内计费,以解决附加费票据核销不便等问题。油价下调后,于7月17日下调燃油附加费,恢复4月15之前的收费方式及收费标准。9月29日,按规定召开福州市区出租车运价调整听证会。12月1日对福州市客运出租车运价进行调整,具体为:①起步价由3公里8元调整为10元,同时取消每趟次2元的燃油附加费;②车公里租价由每公里1.5元调整为2元;③停车等候或车速低于每小时12公里时,每5分钟按1公里租价计费,收费标准由每分钟0.3元调整为0.4元;④起收空驶费的里程由5公里调整为8公里,单程载客超过8公里后，按车公里租价的50%即1元/公里收取；⑤夜间（23:00—次日5:00）按车公里租价20%加收夜间加成费，标准由每公里0.3元调为0.4元。运价调整的同时，与市交通运输委员会联合发文公布福州市区客运出租车燃油运价格联动预案。预案以运价调整时成本监审的93号汽油价格7.18元/升（2011年加权平均价格）为起算点，扣减国家财政补贴后（当年应扣减的油价财政补贴金额采用上一年度国家发放的油价补贴额度来计算），油价每上升0.90元/升，对乘客加收每趟次1元的燃油附加费。油价回落时，作同步反向调整，直至取消燃油附加费。对道路客运价格实行最高价管理，公布非农村客运线路最高票价；同时提出公交月票价格改革意见。

饭店客房临时价格干预　出台“第87届全国糖酒商品交易会”（10月18—21日在榕召开）期间饭店客房临时价格干预措施，自10月12日起至22日止，对全市饭店客房价格实行最高限价管理，即五星级1300元（标准房，间/日，下同）；四星级1050元；三星级850元；二星级450元；二星级以下300元。非星级饭店中软硬条件基本达到星级饭店标准的比照星级饭店最高限价管理。

旅游门票价格监管　经省物价局批准，正式核定鼓山旅游索道单程票价为50元/人次、往返票价为70元/人次。三坊七巷景区分景点（散票）门票价格为：二梅书屋、小黄楼、水榭戏台、林聪彝故居均为20元/人次；严复故居、刘家大院均为15元/人次；王麒故居、郭柏荫故居、鄢家花厅、尤氏民居均为10元/人次；谢家祠、刘齐衔故居、周哲文艺术馆（光禄吟台青砖楼）均为5元/人次。上述分景点的联票价格为120元/人次（2天内有效）。

【价格监督检查】　开展农资价格、涉农收费、高速公路服务区经营价格、中小学教育收费、药品和医疗服务价格、商品房销售明码标价、通信资费等多个专项检查，查处价格违法案件89起，实施经济制裁353万元。对重要民生商品价格开展日常市场巡查。在元旦、春节、清明、“五一”、中秋、国庆等传统节日以及“3·15”消费者权益保护日、诚信兴商宣传月、全国糖酒商品交易会等重大文体、经贸活动期间，加强对粮食、食用油、主要副食品、蔬菜、牛奶及奶制品、常用药品、交通运输、民用能源、物业管理服务、停车服务、银行金融服务、零售商业服务、旅游相关服务等重要民生商品价格和服务收费的监督检查力度，重点防范经营者串通涨价、哄抬物价、囤积居奇、价格欺诈等不正当价格行为。加强市场价格政策提醒，召开“医疗单位停车收费”“节日市场价格行为”“旅游市场价格”“春运价格”等价格政策提醒会。健全价格纠纷化解机制，省、市、县（区）三级“12358”举报系统联网试运行，受理价格举报、咨询5709件，受理“12345”群众价格诉求403件。反映的主要问题有：机动车停放收费、自行车和电动自行车代管收费、物业管理服务价格、客运票价、出租车运价、酒店客房价格以及零售行业明码标价等。

【价格服务】　依法行政　对市级价格行政职权进行全面系统梳理，明确政府制定价格是依职权行为，依法将原先列为非行政许可审批的57项政府定价项目从行政审批改为依职权管理项目，将其合并成“重要商品价格制定”“重要经营服务性价格制定”“行政事业性收费标准制定”3项依法实施的行政权力。规范政府调定价行为，建立健全三级审价制度，即处室一级审价，跨处室（单位）二级审价、局务会议三级审价。

价格成本监审和调查　完成16项成本监审任务，涉及高速公路、出租汽车、教育收费、景区门票、医院制剂等领域，核减不合理成本16.73亿元。开展生猪、蔬菜、奶牛、蛋鸡、早晚稻等成本调查，开展农资购买情况及农户种植意向的调查工作。

价格认证　推进价格认证机构规范化建设，市价格认证中心经费渠道由自收自支改为财政核拨。完成刑事案件涉案财物价格鉴定1974件，标的金额3900余万元；非刑事案件涉案物品价格鉴定154件，标的额近2亿元。探索建立健全价格争议调解机制，推进涉税、涉纪财物价格认定工作。

价格调研　开展住房建设、土地使用权、房屋租赁、物业、停车场、酒店客房、驾校培训、律师服务收费、有线电视入网建设费、殡葬服务收费、港口经营服务收费等价格调研，把握市场价格情况，提出调控监管建议。

（王明新）

药品医疗器械管理

【概况】　2012年，筹备成立福州市“三品一械”投诉举报中心，开通统一投诉举报电话“12331”，健全药品安全投诉举报工作机制。市政府把药品安全责任和开展生产流通领域集中整治工作指标纳入全市各级政府绩效管理考核内容。组织开展打击侵犯知识产权和制售假冒伪劣药品、利用互联网、邮寄等方式销售假药、打击农村市场假劣药品等21项检查行动。全市系统出动执法人员1.1万人次，检查药品生产、经营、使用单位8213家次；受理举报投诉450个；核协查258件；立案362件，罚没款入库335万元。

【药品医疗器械生产监管】　药品生产环节监管　全市有药品生产企业32家，其中制剂生产企业24家，中药饮片生产企业4家；医用氧生产企业2家，胶囊厂1家，其他1家。举办新版GMP认证培训班2期，指导生产企业按照新版GMP进行改造认证、组织生产，对18家药品生产企业进行GMP跟踪检查，每季度对高风险药品生产企业巡查1次。完成辖区药品生产企业质量受权人备案工作。建立基本药物数据库，对生产的基本药物实行全品种抽验和电子赋码监管。全年有7家药品生产企业新增基本药物16个品规。

医疗器械生产环节监管　3月和8月，2次召开医疗器械生产质量管理规范的企业负责人会议，帮促企业实施《医疗器械生产质量管理规范（试行）》。5月17日，福州博特公司通过国家局组织的医疗器械生产质量管理规范检查组现场审查，全市有10家医疗器械生产企业通过现场审查。

医院制剂室日常监管　受理1家医

疗机构5个制剂品种的注册,1家医疗机构3个制剂品种的再注册,2家医疗机构制剂调剂;审批1家医疗机构3个制剂品种有效期变更并报省局备案。

铬超标药用胶囊应急处置　4月18日启动应急预案,组织对辖区内13家药用空心胶囊及胶囊剂药品生产企业实行全覆盖监督抽验,完成铬超标药用胶囊应急检验315批次,对3家企业立案查处,召回问题药品231.12万粒。

【药品医疗器械流通监管】　行政审批　共有15个大项30个小项行政审批和服务事项,其中7个大项是省局受理委托项目入驻福州市行政服务中心,实行"一站式"办理。全年办理行政审批1827个事项,非行政许可8880个事项,咨询3000多人次。窗口连续9个月被评为"先进窗口"和"标兵窗口"。

药品流通环节监管　自主开发福州市"三品一械"远程电子监管平台,建立"三品一械"来源可追溯、去向可查证、责任可追究的电子监管数据链,辖区内药品经营企业赋码产品实现100%核注核销。利用QQ视频在线监管系统,实施驻店药师在岗履职、药品分类管理、违法违规广告、店容店貌等综合监管。建立含特殊药品复方制剂购销活动的管控机制,实行凭身份证购买。

医疗器械流通环节监管　检查法人经营企业456家次、非法人企业75家次,对不具备经营条件或经营资格的48家法人企业和43家非法人企业在"中国·福州"门户网站和局政务网站公示,并通报各级工商部门、各医疗机构和招投标公司。2—3月,开展装饰性彩色平光隐形眼镜专项检查,对180多家眼镜店零售、批发企业、饰品屋、小精品店等单位进行突击检查,现场检查中未发现有经营未取得医疗器械产品注册证的彩色平光隐形眼镜的情形。10月,开展无菌和植入类医疗器械经营企业专项检查,17家企业被责令整改。

医疗机构药械质量管理　组织对全市通过药房药库验收的医疗机构进行"回头看",检查乡镇以上医疗机构(含社区卫生服务中心)993家,提出整改意见452条,发放《医疗机构药品质量管理制度》、相关记录台账等材料545份。

农村药品供应网络建设　在"老、少、边、岛、渔"地区设立"便民药柜"81个,设置"流动药箱"30个,实现全市各乡镇和行政村药品全部配送到位,配送到乡(镇)、行政村的药品均达到日常用药量和用药品种的98%。农村用药基本实现与城镇同质、同价,且购药方便。

药品安全示范县创建工作　在罗源县开展试点工作。县政府与各乡镇签订药品安全责任书,建立政府、部门、企业三方明晰的责任体系,把药品安全纳入各乡镇绩效考核内容。实现零售药店电子监管全覆盖。与卫生部门配合,对村卫生所药房药库硬件设施进行全面改造,提升"两房"规范化管理水平。组织安全用药、合理用药系列宣传活动。开展药械安全突发事件应急演练,完善《罗源县重大药械安全事故应急预案》。

不良反应监测　建立每周通报退回报告数量、每月通报监测情况、严重药品不良反应报告审核等制度。在4家三甲医院建立药械安全警戒工作站,把以往单纯药品不良反应监测转变为针对药品质量、不合理用药、药品不良反应等各种不安全因素的全面监测、综合分析和预警制度,提高科学监管水平。全市有ADR网络上报单位505家,MDR网络上报单位369家。全年收到药品不良反应报告4002份,其中新的和严重的报告1243份;医疗器械不良事件报告831份。

药品检验　完成药品监督抽验1772批,化妆品风险监测170批,保健食品200批,快检2700批。重新修订完善实验质量管理体系和各项业务管理工作制度,通过实验室资质认定监督和扩项评审,新增二氧化硫检测、分子排阻色谱法2个药品参数和化妆品防腐剂参数的检验能力。

【保健食品化妆品监管】　保健食品监管　作为福建省保健食品生产企业质量受权人试点单位,指导辖区内11家生产企业健全技术标准、管理标准、工作标准,完善质量管理体系。组织保健食品生产企业质量受权人、品管员、检验员、采购员等进行业务知识培训。重点加强对声称减肥、辅助降血脂、缓解体力疲劳、改善睡眠等易发生非法添加的品种以及以螺旋藻、蜂胶、阿胶、珍珠粉、鱼油为原料保健食品的抽样检验和监督检查力度。7—9月,开展保健食品经营企业产品购进验收记录、索证索票情况和产品真伪情况专项检查,规范企业经营行为。全年检查保健食品1.3万种次,责令下架不合格保健食品630种次。

化妆品监管　与全市27家化妆品生产企业签订《质量安全承诺书》。3月,对鼓楼区逐条街道展开排查,摸清鼓楼区化妆品经营企业情况,发放化妆品基本知识及监管法律法规1500余册,要求企业做好化妆品购进索证索票和台账管理工作。10月,开展化妆品生产企业专项监督检查,重点检查生产企业原料采购使用情况、产品工艺配方、生产工艺

4月18日,市药监局在全市范围内开展铬超标胶囊排查行动

流程及产品包装标签说明书有无使用虚假批准文号、医疗术语和夸大功能宣传等。

违法广告监测　与经营企业签订规范市场经济秩序目标管理责任书，建立刊登违法广告的厂家代表及发布媒体约谈制度、政务信息网公示违法广告制度和问题产品消费警示提醒短信制度。监测并移送违法药品广告162种次、违法医疗器械产品广告35种次、违法保健食品广告321种次，发送消费警示短信1.8万条。

（周韶辉）

质量技术监督

【概况】　2012年，福州市推进质量管理与认证，进行名牌产品培育和推荐工作。开展计量管理，在全省率先出台《福州市质监局计量服务中小企业措施》；继续推行标准化管理、食品安全监管、产品质量监督、特种设备安全监察等工作的开展。

【质量认证】　实施名牌发展战略　制定下发《福州市争创福建名牌产品及福州市产品质量奖培育发展计划（2012—2014年）》，确立“企业主体、合力推进、龙头带动、科技创新”的四项培育原则及工作要求。推动市政府出台《福州市人民政府关于建设质量强市提升产品质量的实施意见》，明确福州市争创“全国质量强市示范城市”的目标，7月，市政府办公厅印发《福州市大力实施名牌发展战略的若干意见》，加大对名牌发展战略的扶持力度。

申报福建省政府质量奖　福建亚通新材料科技股份有限公司、福州高意通讯有限公司2家企业申报第三届（2011年度）福建省政府质量奖，其中，福建亚通新材料科技股份有限公司通过材料评审，进入现场评审环节，市质监局组织安排观察员、联络员全程参与该公司的现场评审。

福州市政府质量奖　冠城大通、福建亚通、金纶高纤、榕基软件、海源机械5家企业获首届“福州市政府质量奖”。12月12日，市政府召开颁奖大会。首届“福州市政府质量奖”评审工作于2011年11月正式启动，收到17家企业的申报材料。

福州市产品质量奖　根据市委、市政府《关于进一步实施名牌战略、提高福州产品市场竞争力的若干意见》和最新修订的《福州市产品质量奖评选管理办法》，开展2012年度福州市产品质量奖评选工作，经材料核查、现场抽查、征求相关部门和专家意见、市产品质量奖评审委员会审议等环节，49项产品获评该奖项。

福建名牌产品申报　组织开展新修订的《福建名牌产品评价实施细则》学习培训，指导企业材料申报工作，全市115项产品获评2012年度福建名牌产品。

认证监管　开展“认证咨询机构”“3C认证”“食品农产品认证”“管理体系认证”“有机产品认证”等专项检查工作；每季度更新全市3C认证企业名单，为开展相关的认证监管工作提供基础数据；完成13家实验室的监督评审工作；指导闽侯、福清、长乐、连江等县（市）质计所申报食品检验机构资质认定；开展实验室资质认定专项监督检查工作。

【实验室管理】　市质检所通过CNAS及资质认定评审、省食品资质认定评审，提出“以国家中心为龙头，食品检验为骨干，大力发展其他检测业务”的发展理念。国家气体质检中心完成资质认定评审，申请气体生产许可证发证检验资质扩项及燃气具发证检验初次资质。申报立项1项省质监局科研项目，并有2项省局科研项目通过验收，其中《电子工业

表10　**2012年度获福州市产品质量奖产品名单**

序号	商标	产品名称	企业名称
1	实达＋START＋图形	票证打印机（针式）	福建实达电脑设备有限公司
2	蕾思帝	LED照明灯具	福建鸿博光电科技有限公司
3	图形	KYN28A－12（Z）铠装移开式交流金属封闭开关设备	福建中能电气股份有限公司
4	思嘉红囊＋图形	沼气工程用红泥复合材料	福建思嘉环保材料科技有限公司
5	歌航＋gehang	车载智能信息终端	福州思迈特数码科技有限公司
6	丽声	助听器	丽声助听器（福州）有限公司
7	慧丰＋图形	LED照明灯具	福州慧丰机电有限公司
8	闽森	木制家具	福建闽森家具有限公司
9	图形	低压抽出式开关柜	福建森达电气有限公司
10	辉阳	额定电压450V/750V及以下聚氯乙烯绝缘电线、电缆	福州永通电线电缆有限公司
11	FGHEV	混合动力客车驱动系统	福建省福工动力技术股份公司

续表 10

序号	商标	产品名称	企业名称
12	图形	触头系列	福建鑫威电器有限公司
13	唐力	T 系列柴油发电机组	福建唐力电力设备有限公司
14	天鸿 + 图形	防伪票证	福建鸿博印刷股份有限公司
15	AOLAN + 澳蓝	蒸发式冷气机	澳蓝(福建)实业有限公司
16	图形	电子感应垃圾桶	福州纳仕达电子有限公司
17	大地管桩 + 图形	先张法预应力混凝土管桩	福建省大地管桩有限公司
18	KJ + 科杰机械 + KEJIEENGINE	防爆定柱旋臂式起重机	福建科杰起重机械有限公司
19	广厦金龙 + 图形	直缝电焊钢管	福州开发区宇辉钢铁制品有限公司
20	友日久 + 图形	美纹纸胶粘带	福建友谊胶粘带集团有限公司
21	龍固 + 图形	铝合金门窗	福清市龙港金属制品有限公司
22	图形 + 鑫航鑫	粒化高炉矿渣粉	福州鑫航资源利用创新有限公司
23	图形 + 卡德龙 + KADELONG	涤纶单丝	长乐卡德龙化纤有限公司
24	图形 + 皓光	涤棉纱	福建省长乐市长源纺织有限公司
25	图形 + 恒越	涤粘纱	福建省长乐市恒源纺织有限公司
26	图形 + 光隆	制动盘	光隆精密工业(福州)有限公司
27	Lita + 力天	锦纶网布	长乐力天针纺有限公司
28	翔隆 + 图形、XL + 图形	棉本色纱	福州翔隆纺织有限公司
29	XINHAIYEJIN	热轧光圆钢筋	福建鑫海冶金有限公司
30	图形 + 诺达 + NUODA	钢筋混凝土排水管	福州诺达建材有限公司
31	图形 + eifel	EA 卧式单级单吸清水离心泵	毅飞泵业(福州)有限公司
32	富得	釉面砖(300mm × 300mm)	福建省闽清富得陶瓷有限公司
33	上善星	铜芯交联聚乙烯绝缘聚氯乙烯护套电力电缆	福建世纪电缆有限公司
34	美可食品 + 图形	糕点	福州美可食品有限公司
35	翁财記 + 图形	瓜子系列产品	福州翁财记食品有限公司
36	新大泽	螺旋藻	福清市新大泽螺旋藻有限公司
37	多佰 + dobo	大豆油	福建康宏股份有限公司
38	福铭	冷冻烤鳗	福建福铭食品有限公司
39	奇新 + 图形	鱼丸	福州奇新食品有限公司
40	了不得	鱼饺	福州旭煌食品有限公司
41	春之源、福蜂园	蜂蜜	福州春源食品有限公司
42	永诚 + 图形	种猪	福清市永诚畜牧有限公司
43	卓然 + 图形	蜜饯(韩话梅、鸳鸯梅)	福建省永泰县绿都园食品有限公司
44	博思	财政票据电子化改革管理系统 V1.0	福建博思软件股份有限公司
45	榕基 + 图形	RJ - WISP 无线信息服务平台	福建榕基软件股份有限公司
46	黑盾 + 图形	防火墙 V3.5	福建省海峡信息技术有限公司
47	力禾	信息安全运行保障集中管理系统	福建省力禾电子工程有限公司
48	三奥	数字播控系统	福建省三奥信息科技股份有限公司
49	图形	星云锂电池组测试系统	福州开发区星云电子自动化有限公司

气体分析测试技术研究》项目7月通过验收;《傅立叶变换红外光谱快速测定液化石油气中掺杂二甲醚含量的方法研究》项目于12月通过验收。“气态烃及液化石油气中总硫含量的测定(紫外荧光法)”项目申报省地方标准,11月获省质监局标准化处立项。“电子工业用气体八氟丙烷”项目于5月28日获国家气标委立项。

【计量管理】 诚信计量 开展电子计价秤专项监督检查,3家电子计价秤生产企业签订诚信承诺书。开展安检机构诚信经营承诺工作,全市25家安检机构签订诚信经营责任书。至2012年,全市有220座加油站、126家集贸市场、60家餐馆(酒楼)、110家商店、62家医院和105家眼镜店签订诚信计量承诺书,并在经营场所挂牌公示。

强检计量器具监管 检查市区医疗单位26家,新建商品房(小区)8家,制配镜场所26家,加油站38家,集贸市场22家。在马尾名成水产交易批发市场开展诚信计量试点,对该市场开展免费检定。联合闽侯县质监局共同查处销售作弊电子秤的商家,收缴涉嫌作弊和伪造他人厂名厂址的电子秤10台。对查获的擅自改动加油机主板的加油站进行处罚。

企业计量服务 召开计量服务中小企业座谈会,征求企业在计量管理、计量技术、器具检定以及人员培训等方面的需求和意见。11月,率先在全省出台《福州市质监局计量服务中小企业措施》,从计量技术基础、计量管理基础、企业人才培养、企业节能工作、设备检测维修、开展在线计量服务和建立“综合计量服务联盟”7个方面对如何服务企业提出具体要求。对企业计量器具开展备案,为92家企事业单位培训计量管理员98人。帮助企业完善计量管理体系;全市8家企业通过建立测量管理体系。

【标准化管理】 农业标准化 新获批生态茉莉园等5个省级农业标准化示范区,开展在建的2个国家级和2个省级农业标准化示范区建设任务。将橄榄种质资源征集鉴定与品种选育利用技术转化为《橄榄种质资源鉴定技术规范》地方标准,选育出“惠园1号”橄榄新品种,制定丰产优质栽培技术规范,并在全省进行示范应用713.33公顷。

服务业标准化 新获批行政服务标准化和儿童福利机构服务标准化2个国家级试点项目,冷链物流、养老服务、孤残儿童收养和庇护等3个省级服务标准化试点项目。重点开展健康体检国家级服务标准化试点项目和闽侯乡村休闲游省级服务标准化试点项目建设。以打造“政务创新的样板、便民利商的平台、政府服务的窗口”为目标,启动福州市行政服务中心服务标准化试点工作,12月27日举办行政服务中心(福州)标准化工作研讨会。

地理标志产品 围绕“保护一个产品、制定一项标准、完善一套体系、做强一批企业”的要求,部署开展地理标志产品保护后续监管工作。联合市农业局、市海峡茶叶交流协会开展福州茉莉花茶地理标志保护产品专项监督检查,出台《福州市茉莉花茶金字招牌管理细则》,对符合条件的企业进行授牌。茉莉花茶产值较保护前增长78.8%。闽清茶口粉干获批国家地理标志产品保护,全市地理标志保护产品达8个,位列全省第二。

标准战略进工业园区 全市企事业单位参与制修订国际标准2项(发布1项)、国家标准74项(发布19项)、行业标准59项(发布10项)、地方标准15项(发布10项);企业标准备案120项,产品采标10项。3项标准获2012年度福建省标准贡献奖;5篇论文获评福建省标准化优秀论文;4家企业获批福建省第二批实施技术标准战略试点;6家企业获批省级标准化良好行为试点企业。

【食品安全监管】 完成省级抽检任务3295批次,合格率97.2%,比增0.9个百分点。在连续2次组织瓶(桶)装饮用水企业检验人员开展集中比对实验的基础上,印发《关于加强食品生产企业检验能力出厂比对工作的通知》,推动食品生产企业全面落实出厂检验能力分类比对工作,提升企业对产品的自检把关水平。

食品生产企业诚信体系建设 制定实施《福州市食品生产企业许可证年审和质量信用等级评定实施办法》及《福州市食品生产企业质量信用分级管理办法(试行)》,完善企业等级评定分值管理体系建设,实现企业信用等级动态管理,并向社会公开。联合市诚信促进会开展“创建食品生产企业质量诚信示范单位”活动。举办食品生产企业质量安全道德讲堂,制作发放《食品安全警示教育》光盘900多份,对全市首批13家食品生产企业质量诚信示范单位授牌表彰,发起“做好食品良心工程”的诚信经营倡议。

食品专项整治 开展食用明胶、食用变性淀粉、瓶(桶)装饮用水、食品用包装、容器、工具等制品、蜜饯产品、酒类、食用植物油、茶叶、肉制品、食品添加剂生产企业等各类食品专项整治。检查相关生产企业1105家次,对检查发现涉嫌违法违规的问题企业立案查处,向相关部门发出通报、协查函12份,并及时报告省质监局和市食安办。对问题企业分类开展企业负责人质量约谈23场次,依法立案查处食品违法违规案件137起,注销生产许可证47本,撤销生产许可证4本。

【产品质量监督】 3月,市质监局制定《2012年福州市春耕期间质监护农专项行动工作方案》和《农资打假工作措施方案》,并在福清市一都镇举行以“进千村,入千户,抽千样”为主题的“质监护农”专项行动启动仪式。现场设立咨询服务台、“12365”投诉举报台、真假农资产品鉴别台。收取检测样品123个,查办农资违法案件6起。

对不合格产品生产企业实行100%产品质量警示性约谈制度,专门邀请技术机构专家对企业进行指导帮扶,剖析产品不合格原因,研究解决的对策与办法。

年内全市工业产品质量水平稳中趋升,全市工业产品质量省级监督抽查合格率91.64%,同比上升0.74个百分点,比全省平均合格率高1.13个百分点。

【特种设备监察】 全市在册特种设备50888台,其中,锅炉3461台、压力容器6852台、电梯25727台、起重机械11902台、场(厂)内专用机动车辆2841台、大型游乐设施102台、客运索道3条,另有压力管道860.4千米,气瓶119.7万只。定期检验特种设备32244台套,检验压力管道103.166公里,检验气瓶251457只;制造监检特种设备2156台;安装监检(含首检)特种设备4938台,检验压力管道93.995公里。出动安全监察人员5291人次,现场监察特种设备生产使用单位2266家,发出安全监察指令书786份、下达责令整改意见1006条,消除存在隐患1917条;立案查处各类特种设备违法违规案件67起、行政处罚209.5万元;处理投诉举报225件;办理特种设备使用登记许可1778件5704台;办理特种设备作业人员考核发证、复审172件10025人。

使用环节监察　对全市1万多家特种设备使用单位进行分级分类,梳理出辖区内重点监控特种设备单位、重点特种设备目录,实行分级监管。对重点设备使用单位开展以"三落实、二有证、一检验、一预案"为主要内容的现场全面检查,签订特种设备重点监控单位履行特种设备安全义务承诺书。发挥"12365"投诉举报热线,对发现的问题及时处理。全年未发生特种设备安全事故。

气瓶充装单位监管　初步建立起全市气瓶条码管理信息系统。会同相关部门对各车用加气站开展联合安全检查,规范车用加气站的监管,对移动车用气瓶加气站予以取缔,对固定的车用加气站要求其按国家有关法律法规规范要求开展生产经营活动。至2012年,全市21家工业气瓶充装单位、18家液化石油气充装单位完成设备采购与安装。

公共交通领域电梯安全整治　制定实施《福州市公共领域电梯安全隐患专项排查整治工作方案》,成立专项整治领导小组。筛选公共领域电梯507家2367台,其中自动扶梯148家952台,自动人行道44家134台,病床电梯70家268台,乘客电梯245家1013台。检查单位194家,电梯1747台,占总台数的74%,发现隐患电梯数469台,发出监察指令书97份,完成扶梯、人行道整改125台。

(董　颖)

安全生产管理

【概况】　2012年,福州市继续开展"安全生产年"活动,重点开展道路交通安全综合整治、安全生产标准化建设、"打非治违"专项行动、重点行业(领域)安全专项整治与隐患排查治理等工作。全年发生各类生产安全事故2359起、死亡406人、受伤1846人、直接经济损失1656.9万元,同比分别下降7.1%、11%、12.9%、8.4%;发生1起较大事故,同比减少7起,下降87.5%。

【安全工作部署】　3月7日、10月9日分别召开全市安全生产工作会议和市政府安委会全体成员会议,部署全市安全生产工作。副市长严可仕带领有关人员多次深入福清、闽侯、连江、罗源等县(市)区和企业单位,调研、检查安全生产工作,召开专题会议协调解决安全生产工作中的难题。市政府每季度召开防范重特大安全事故会议,传达贯彻上级安全生产工作部署要求,总结分析安全生产形势,部署阶段性工作。国庆节前,市四套班子主要领导带队到人员密集场所和生产、施工一线检查、督查安全生产工作。在春运、春节、两会、十八大等重要时段,市领导按照"一岗双责"分工,带队深入重点行业、重点部位、重点单位进行安全检查。市政府、市安委会(安办)、市安监局先后下发500多份加强安全生产工作文件。市安委会对事故控制指标实施动态监管,实行月通报、季分析、半年督查、年度考核,对指标超控单位预警,先后约谈火灾、道路交通事故多发的2个县区政府,以及事故多发或安全管理不到位、隐患整改不力的多家企业单位负责人,督促落实安全生产责任。

【安全生产标准化建设】　6月25日,市长杨益民主持召开市政府常务会议,专题研究部署安全生产标准化建设工作,设立专项工作经费400万元,对未开展或未按时完成标准化建设的企业实施"一票否决"。市安办制定《福州市小微企业和个体工商户安全标准化考评办法(试行)》,每个月都将标准化建设情况通报给各县(市)区政府及市直有关部门主要领导,选聘各行业专家成立评审专家库,分期分批培训安全园区以及重点企业负责人2000多人,同时组织新闻媒体深入典型示范企业采访、报道标准化创建工作。7月6日,马尾区中铝瑞闽板带有限公司通过标准化一级达标评审,成为全国首家通过一级达标评审的有色金属加工企业。福清市江阴工业区、闽侯县青口投资区被省安办命名为福建省安全园区;鼓楼区鼓东街道、仓山区上渡街道被命名为福建省安全社区。全市企事业单位116056家(含个体工商户),开展活动116044家,覆盖率99.9%,完成自评115685家,完成率99.6%;完成评定114848家,达标率97.6%,其中一级达标企业4家,二级达标企业1024家。

【道路交通安全综合整治】　制定并实施《福州市道路交通安全综合整治"三年行动"和集中整治大会战工作方案》,成立由市长杨益民担任组长的领导小组,下设办公室,由市政府分管副秘书长担任主任,市财政专门拨出40万元办公经费,抽调市直有关部门11人集中办公,加强协调督促和检查指导。推进农村交通整治、重点地区整治、秩序整治、"点对点"源头监管、道路隐患整治、宣传教育"六大攻坚战"。8月1日至10月31日,全市共整治隐患路段18处、公路临水临崖和旅游景区隐患路段25处,更新农村客车104辆,查扣无牌无证、未年检、报废等非法车辆67189辆,查纠5类严重交通违法行为15.8万起,全市道路交通事故死亡人数同比下降37.25%,未发生较大事故,5个重点区域交通事故死亡人数同比大幅度下降,其中福清比降37.04%,闽侯比降22.22%,连江比降66.67%,闽清比降30.77%,长乐比降20.02%。13处市级道路交通事故"黑点"和9处县级督办危险路段全部整治到位。

【重点行业(领域)专项整治】　检查生产经营单位15265家,排查事故隐患25364项,整改25234项,整改率99.5%。

燃气安全　排查黑气点113个、燃气使用单位(用户)876家,责令整改66起,行政处罚10起,扣押钢瓶1250个,没收倒充设备11套,行政拘留25人,对违法充装行为立案3起,行政处罚7万元。

消防安全　检查单位3.1万家(次),发现并整改火灾隐患7万多处,处罚单位或个人500多起,临时查封危险部位523处,责令"三停"单位398家,罚款1078.4万元。

民爆物品　破获涉爆案件9起,收缴炸药5771千克,雷管42239枚,导火索402.9米,烟花爆竹11547件,抓获各类涉爆人员19人。

特种设备　检查生产、使用单位1891家,发出监察指令书523份,下达整改意见736条,整改隐患660条,立案查处各类违规案件63起。

【"打非治违"专项行动】　市政府成立由分管副市长担任组长的领导小组。4月17日,市长杨益民主持召开会议,研究部署全市安全生产领域"打非治违"专项行动。查处非法违法开采矿点92个,拆除、没收、暂扣非法采矿设备146台。台江区对台江农贸市场连接各大市场的违法"天桥"通道进行强制拆除,并取缔"台农"内28家非法违法占道经营商铺。9月17日,根据群众举报,市安办对福清市1个养殖场非法储存经营甲醇点进行查封,查获5吨甲醇,拆除非法生产设施,并处罚15万元。全市共打击非法违法、治理纠正违规违章行为10.52万起,责令停产、停业、停止建设企业313家,关闭非法违法企业15家,行政拘留416人,行政处罚1315万元。

【应急救援能力建设】　市安全生产应急救援中心人员全部到位,鼓楼区、仓山区、晋安区、马尾区、福清市、长乐市、闽侯县、连江县、闽清县、永泰县等成立安全生产应急救援中心。完成《福州市危险化学品事故灾难应急救援预案》《福州市处置民用航空器飞行事故应急预案》《福州市安全生产事故灾难应急预案》的修订。市安办牵头草拟《江阴化工应急救援基地建设方案》,报请市政府常务会议专题研究实施。6月29日,市安委会组织20多个部门、单位举办"福州市2012年安全生产事故应急救援演练",演练以道路交通事故为背景,运用现代新型指挥手段,参演人数达200多人,参演车辆50多部。各县(市)区和消防、交通、学校、旅游等行业部门均结合实际,完善事故应急预案,适时开展多种形式的应急救援演练。

(郑春辉)

审　计

【概况】　2012年,福州市完成审计和审计调查项目(单位)405个,查出违规金额6.60亿元,管理不规范金额88.02亿元。应上缴财政4.41亿元,应减少财政拨款及补贴1.33亿元,应归还原渠道和应缴纳其他资金及调账处理1.58亿元,移送有关部门处理事项10项,涉及金额4966万元,推动建立健全规章制度18项。市审计局获评国家审计署全国社保资金审计工作公务员先进集体。《财政票据领用核销审计》和《计算机审计促绩效》计算机审计方法,分别入选全国审计系统计算机审计方法经验库和企业审计模拟实验室案例。全市有22个项目AO应用实例获省审计厅奖励,市审计局被省审计厅评为AO应用实例优秀组织单位,5个项目(单位)获评全省优秀审新项目。

6月29日,市安委会组织召开福州市2012年安全生产事故应急救援演练暨观摩活动

【社会保障资金审计】　3—5月,由审计署驻广州特派办和市审计局组织135名审计人员,对2011年度市本级及12个县(市)区的社保基金、社会救助和社会福利等3类20项资金进行审计。审计对象包括市、县两级政府及其人力资源和社会保障局、财政、民政、卫生、社会保险经办机构、地方税务局、残疾人联合会等部门单位,并延伸调查120家企业、13家医院和37个村(居)委会。同时,核查2005年以来相关数据。2011年,全市参加养老保险308.75万人,医疗保险566.74万人,失业保险90.45万人,工伤保险94.84万人,生育保险85.95万人,城乡居民低保9.68万人,农村五保供养0.85万人。年内全市3类20项资金合计收入142.56亿元(其中市级90.02亿元、县级52.54亿元),支出107.28亿元(其中市级67.03亿元、县级40.25亿元),累计结余100.90亿元(其中市级65.37亿元、县级35.53亿元)。审计发现征收机构应征未征社会保险费、参保单位通过少报基数等方式少缴保费、重复参保养老保险和医疗保险、社保经办机构向不符合条件的人员发放保险金和低保金、重复发放低保金、财政补助资金未及时足额拨付、社保资金未纳入财政专户管理、扩大社保资金支出范围、会计核算不规范以及社保业务管理信息化建设滞后等方面的问题,查出主要问题金额5.70亿元。针对存在问题,审计提出要进一步落实各项社保政策措施、理顺管理体制、完善运行机制、健全管理制

度、规范业务行为5点意见建议。至9月20日,整改落实有关问题资金3.13亿元。

【农村中小学布局调整情况审计调查】 6—7月,组织50名审计人员,对所辖的闽侯和福清等7个县(市)2006年以来义务教育阶段农村中小学布局调整情况进行专项审计调查。该次审计调查在摸清7个县(市)中小学布局调整总体情况的基础上,重点抽查初中38所、小学122所(含教学点16个),分别占2011年初中和小学总数的16.96%、12.79%。涉及初中和小学在校学生2.53万人和6.28万人,分别占2011年初中和小学在校生总数的19.6%、23.51%。至2011年7月,闽侯和福清等7个县(市)共有初中224所、小学786所、教学点168个,分别比2006年减少18所、277所和130个,占7.44%、26.06%和43.62%;在校初中生12.88万人、小学生26.71万人,分别比2006年减少5.26万人和2.8万人,占29%和9.5%;初中教师1.22万人、小学教师1.72万人,分别比2006年减少0.08万人和0.14万人,占6.15%和7.53%。审计发现的主要问题:教育资源过度向县城学校倾斜、造成新的结构失衡;寄宿制学校生活设施不足、条件简陋,管理和服务不到位;部分学生就学距离增加,交通安全风险增大;部分农村家庭教育支出增加、负担较重;一些学生因上学远、学习成绩差产生厌学、辍学现象;停办学校校舍资产处置和管理不规范等。针对存在的问题,审计提出要因地制宜调整农村中小学布局,加强农村小学基础设施和师资队伍建设,改善学生寄宿条件,制定校车运营政策解决农村学生交通问题,妥善处置布局调整后农村中小学闲置校产5点意见建议。

【财政收支审计】 构建财政审计大格局,把实施财政政策、预算执行、决算及其绩效审计融为一体,分别对62个和65个部门(单位)进行预算执行与决算审计。查出主要问题金额45.36亿元,纠正和处理存在预算编报不真实不完整、未按规定纳入预算管理、未按规定征收缴纳收入、隐瞒转移截留资金、违规改变项目计划和资金用途、资金滞留闲置、违规出借财政资金、扩大开支范围或提高开支标准列支、会计核算不实等方面的问题,提出解决问题的审计意见和建议,推动完善公共财政预算管理体系。

3月12日,召开2012年全市审计工作会议

【政府投资审计】 对长乐国际机场高速公路二期、地铁1号线、城区内河治理和校安工程等100多个转方式、调结构、惠民生的重点投资项目进行审计。查出主要问题金额3.17亿元,核减投资和结算额2.22亿元。纠正和处理存在项目超概(预)算、计划外投资、项目资金闲置、违规招投标、征地拆迁补偿政策不落实、竣工决算高估冒算等方面问题。

【民生资金审计】 对农村水利建设资金、四城区留用地补偿款、"菜篮子"建设资金和公共文化设施等20个重点民生专项资金进行审计和审计调查。审计资金总额36.65亿元,查出主要问题金额15.36亿元。纠正和处理存在违规改变项目计划和资金用途、未按规定征提基金、违规招投标签订合同、重复拨款、资金滞留闲置、虚列支出、资金不到位不落实等方面问题。

【经济责任审计】 建立健全经济责任审计工作机制,推行任中审计和党政领导干部同步审计。全市对178名党政领导干部和国有企业领导人员进行经济责任审计,查出主要问题金额9.60亿元,其中领导干部和国有企业领导人员应负直接责任的问题金额1583万元。移送司法机关立案查处1起2人,涉嫌金额1000多万元。

【企业金融审计】 对福建海峡银行、农村信用社、国有企业薪酬和世行贷款农村公路建设等5家、27个单位进行审计和审计调查。查出主要问题金额22.31亿元,纠正和处理存在违规经营、违规担保、违规信贷、资产质量不实、财务收支核算不实等方面问题,促进加强经营管理,提高资本运营质量和经济效益。

【审计整改检查】 对2011年度查出的问题进行审计整改检查。检查结果表明,各有关责任部门单位能够认真执行审计决定,采纳审计建议意见,整改存在问题。至5月30日,2011年度审计和调查的86个项目(单位),应上缴财政1.74亿元,除福州市省重点建设项目征地拆迁指挥部应上缴财政1.55亿元经市政府同意适当延长整改期限外,其余全部上交;应归还原渠道资金、应减少财政拨款或补贴和应调账处理等718万元,全部归还及调账,并清理收回土地出让金、承包金等5.1亿元。移送司法机关、纪检监察及有关部门查处经济案件线索22件，查处落实15件。提出审计建议235条，被采纳211条。

【审计信息采编】 市审计局采集、开发、编报《福州审计信息》《福州审计要情专报》和《福州审计动态》111期416篇(条)，被市级以上党政部门和新闻媒体采用260篇(次)，采纳率62.50%，其中《社保资金审计发现的问题应引起重视》《审计建议关注“菜篮子”基地企业贷款问题》《审计建议加强基建工程后续管理工作》等10多条信息，被上级党政领导批示或批转到相关部门进行研究整改落实。

【审计信息化建设】 制订2012—2015年福州市审计信息化发展规划、运用计算机审计管理办法、门户网站管理暂行办法、政务微博管理实施意见和审计信息化工作考核暂行办法等5项制度，推进审计方式转型升级。推荐AO应用实例22个项目全部获奖，占全省获奖65个项目的33.85%，其中优秀奖项目3个，占全省获奖18个项目的16.67%；应用奖项目14个，占全省获奖29个项目的48.28%；鼓励奖项目5个，占全省获奖18个项目的27.78%。市审计局被省审计厅评为优秀组织单位。研究编写的《财政票据领用核销审计》和《计算机审计促绩效》计算机审计方法，分别入选全国审计系统计算机审计方法经验库和企业审计模拟实验室案例。同时，国家审计署公布2011年奖励AO应用实例项目名单，全市审计机关6个项目获奖，占全省获奖11个项目的54.55%。

【内部审计】 福州市有部门内部审计机构143个，其中专职机构39个。内审人员357人，其中专职人员114人。完成审计项目(单位)1161个，其中财务审计268个、效益审计22个、经济责任审计343个、内部控制评审74个、信息系统审计9个、基本建设审计142个、其他审计303个。审计总金额2953万元，提出建议意见被采纳的有1872条，建议给予行政处分5人。

(陈直华)

(编辑　吴　燕)

财　　政

【概况】 2012年,全市各级财政部门把组织收入作为中心任务,加强收入预测分析;配合税务部门加强重点税源、主体税种以及房屋租赁、餐饮等零星税源的征管,加大对历史遗留土地增值税、契税的清查清收力度,推进非税收入征管改革;主动介入招商项目的事前收入谋划设计,提高招商实效,培植后续财源;推进财政科学化精细化管理,发挥财政资金引领支撑作用。

全市(含平潭,下同)地方公共财政收入382.01亿元,比增19.4%,完成预算的101.4%;加上上划中央财政收入215.37亿元,公共财政总收入597.39亿元,比增18.1%。支出410.73亿元(含省专款和上年结转等支出),比增13.1%。政府性基金收入311.39亿元,下降41.4%,完成预算的65.5%;支出347.70亿元,下降37.6%。社保基金收入69.07亿元(含社保基金专户收入,下同),上级补助收入59.39亿元,下级上解收入2.5亿元,收入合计130.96亿元;社保基金支出(含社保基金专户支出,下同)94.95亿元,上解上级支出3.05亿元,补助下级支出11.87亿元,支出合计109.87亿元。

市本级地方公共财政收入149.58亿元,比增11.3%,完成预算的96.8%;加上上划中央收入77.67亿元,公共财政总收入227.25亿元,比增13.7%,完成预算的98.9%。预算支出77.17亿元,完成预算的72.9%,加上省专款和上年结转等支出25.31亿元,共计支出102.48亿元,比增8.1%。政府性基金收入95.86亿元,下降72.2%,完成预算的37.6%;支出115.88亿元,下降63.4%。社保基金收入32.59亿元,上级补助收入47.52亿元,下级上解收入2.50亿元,收入合计82.61亿元;社保基金支出57.81亿元,上解上级支出0.94亿元,补助下级支出11.87亿元,支出合计70.62亿元。中央、省级共下达福州市专项补助资金60.01亿元,比增26.3%。

【促进经济转型发展】 *落实财税扶持政策* 实施营业税改征增值税试点、减免小微企业税收及提高营业税和增值税起征点等结构性减税政策。缓征工业企业和外贸流通企业的房产税、城镇土地使用税和水土保持补偿费等税费。围绕“三维”项目推进,研究出台有利于大企业大项目落地的财税政策。给予企业用电、增资扩产、技术创新、融资贷款等补贴1亿元,兑现出口退税98亿元。

支持实体经济发展 拨付3.69亿元,奖励总部经济、上市企业和增产企业;奖励产学研项目、企业技术中心、高成长企业等,培育中小企业自主创新项目。支持创新平台建设、科技重大专项、科技基础研究和社会科学研究等。拨付2亿元推进市级股权风险投资,培育4家种子型、创新型、成长型中小企业和2家基金产业。支持培植现代物流龙头企业;支持举办全国糖酒商品交易会等重大品牌展会。加大对本地生产性企业的出口扶持力度,对重点企业实行“一对一”帮扶。拨付5.9亿元支持组建福州航空公司,发放机场、口岸和航线补贴。拨付0.35亿元支持海峡渔业周·渔博会活动,编制海洋功能规划,推动标准渔港、远洋渔业和水产品基地建设,发展海洋经济。

支持文化旅游产业 加大对文化创意和动漫产业的投入,协助落实福州晚报印刷厂、市歌舞剧院和福州闽剧院的改制和划转工作。投入1.22亿元继续实施三坊七巷历史街区改造建设,并启动三坊七巷地下空间建设。拨付3亿元启动朱紫坊、上下杭历史文化街区和烟台山历史风貌区保护修复。拨付0.67亿元推进鼓岭风景区修复改造。拨付0.4亿元支持旅游基础设施建设,加大福州旅游在央视的形象宣传。

优化企业发展环境 协同物价部门加强行政事业性收费联合审验,规范部门收费行为。落实中小企业特别是小微企业发展的相关财税政策,对全市300多家担保机构进行清理整顿,完善中小企业担保和风险补偿机制;发挥政府采购政策导向作用,清理招标文件中针对中小企业限制性条款,降低中小企业投标费用,对非专门面向中小企业的政府采购项目,实行小微企业产品6%~10%价格扣除优惠政策。

【支持民生幸福工程】 *支持实施积极*

的就业政策　拨付再就业资金1.02亿元,完善弱势群体就业援助和农民工职业技能培训制度,提高交通协管员和社区服务协管员工资水平。完善小额担保贷款办法,落实财政贴息、税费减免等扶持政策,促进下岗失业人员创业再就业。

健全社会保障体系　拨付社保资金10.81亿元,实现全市城镇居民社会养老保险、新型农村社会养老保险全覆盖。设立红十字城乡困难居民重特大疾病医疗救助基金。增加对城乡低保、低收入群体及民政优抚对象生活、节日补贴。提高重度残疾人生活困难补助并统一城乡发放标准。拨付被征地农民养老补助金4.34亿元。

保障米袋子菜篮子建设　拨付1.6亿元增加地方储备粮规模,建设省外产区粮食生产基地,扶持骨干粮食加工企业和骨干粮店,发放种粮农民农资综合补贴1.02亿元。推进社区便利店、农贸市场、农家店、城市副食品调控基地建设;支持餐桌污染治理,实施肉品质量安全可追溯系统工程;组织开展农超对接试点,支持福州盐业储备仓库建设。

支持惠农实事　扶持农业产业化龙头企业,推进农产品出口加工基地建设。推进"良种工程"、农科教合作、农民科技培训,继续实施"造福工程"。支持土地治理等农业综合开发,保障10个新农村精品示范村建设,对全市634个行政村公益事业项目开展一事一议财政奖补。实施重点病险水库除险加固,新建、改建、修复农村小型水利设施。

支持保障性住房建设　落实保障房税费减免配套政策,拨付5.86亿元推进廉租房、公租房等保障房建设。拨付5.18亿元支持实施旧屋区、棚屋区改造,推动城区拆迁安置工作,改善群众住房条件,持续推进住房公积金贷款用于保障性住房项目建设。

【推动社会事业发展】　支持教育事业　统一城乡义务教育阶段生均公用经费标准,小学、初中每生每年分别提高到550元、750元。对中等职业教育新生免除学费,市属全日制、非全日制补助标准分别为每生每年2100元、1000元。推进市属中小学校舍安全建设,完善新区布点学校,改建城区中小学校,缓解入学压力。发展学前教育,启动乡镇(街道)公办幼儿园建设。支持福州职业技术学院债务化解和闽江学院本科教育评估。全市财政教育支出占比23.7%。

支持卫生事业　医疗卫生支出5.06亿元,比增15.6%。城镇居民医保和新型农村合作医疗保险政府补助标准提高至260元,城镇居民医保大病统筹医疗费用统筹基金支付比例由20%提高到30%,普通门诊统筹年度统筹基金支付限额由500元提高到600元。支持实施基本药物制度,减轻群众医疗负担。增加公立医院建设补助,推动乡镇卫生院、卫生服务中心等基层卫生事业发展。

支持文体事业　支持开展群众性文化活动,保障公益性文化设施免费开放;加强文化精品创作,保障中秋晚会、首届省歌剧节等文化活动经费。支持农村综合文化站、农村广播电影电视和无线覆盖等基层文化设施建设。支持全民健身运动,修缮市体校训练场馆,支持举办市二十三届运动会,承办亚洲沙滩排球赛、环福州(永泰)国际自行车赛等重大赛事,支持筹备八城会。

【优化人居环境】　保障城市基础建设　投入35.89亿元推进三环二期、鼓山大桥等市政道路、桥梁建设,改造鳌峰大桥、五一南路等项目,提升市区道路照明,支持城市地铁以及合福、向莆、福平铁路建设。拨付5.2亿元支持公交发展。投入6亿元用于污水处理设施及配套管网建设。拨付3.8亿元保障城区清扫保洁、垃圾处理及配套设施的建设和维护。

支持环境综合整治　投入16.54亿元推进城区内河综合整治。投入3.14亿元加快电力线路缆化下地。拨付1亿元支持交通综合整治,提升交通控制系统,完善市区交通标线、电子警察等监控设施。持续推进农村家园清洁活动和农村环境连片综合整治示范项目。

支持生态保护　拨付环保专项资金0.84亿元推动循环经济和清洁生产,推进污染减排,支持企业资源综合利用,实施闽江、敖江流域生态保护,促进"二水源"一级保护区发展,鼓励农村生态创建。拨付2.43亿元支持福州绿化,推动城市绿道和慢行系统建设。支出0.64亿元实施森林生态效益补偿及荒山宜林地造林绿化,完成造林2.4万公顷。

加强社会管理　支持建立健全社会治安防控体系,拨付0.75亿元保障政法部门行动技术、刑事科技装备及信息化等项目建设,支持综合警务改革,推进全市62个基层司法所业务用房建设。拨付1.03亿元加大公共消防建设投入,保障应急救援队伍建设和应急救援物资储备,支持矛盾纠纷排查化解、道路交通事故社会救助以及困难群众法律援助。支持行政审批和服务平台建设,提高村(社区)主干、两委成员每月固定补贴。支持家政服务体系建设和再生资源回收体系建设试点工作。

【推进财政管理改革】　支持县域协调发展　协调解决市区企业搬迁到县(市)的税收征管与收入归属问题,调动县(市)经济发展和财政增收的积极性。落实市直管四县(市)财政体制,统筹拨付3.52亿元支持江阴工业区、闽台(福州)蓝色经济产业园区等工业园区建设。拨付对口协作资金0.69亿元,帮助结对县搭建产业集聚平台,扶持产业转移和园区建设。拨付3亿元支持马尾新城建设。拨付1亿元支持和融入平潭综合实验区开放开发。

预算管理　提高市直部门年初预算细化率,推动项目滚动预算编制。清理整合专项资金,统筹部门结余结转资金,提高资金使用效益。扩大预算公开范围,新增公开市本级公共财政预算收支表,8个市直部门试点公开部门预算。加快国库集中支付监控系统建设,各县(市)区全面实施国库集中支付改革,6家市直单位列入公务卡改革试点。

绩效管理改革　从财政发展性专项中选择乡村旅游、中小企业生产性贷款补贴等8个项目1.62亿元资金,开展绩效管理全过程试点。试行绩效目标编制,104个市直部门在2013年部门预算中选择非基建类项目涉及12.53亿元资金编报绩效目标,逐步推进绩效考评与预算编制有机结合。

地方政府性债务管理　完善市直债务单位及县(市)区债务统计考评制度,全面、及时、准确掌握地方性政府债务情况。科学安排政府性债务还本付息资金,在保证项目资金需求前提下统筹偿还本金,减轻债务利息支出。建立偿债基金,研究构建政府债务风险预警机制。

财政监督检查　对水利、救灾、扶贫等强农惠农富农项目资金开展重点检查,检查119户,纠正和整改违规金额238万元。加强会计基础工作管理,对72家单位开展会计信息质量检查,查出违规金额1.41亿元;开展全市会计从业人员资格及配备情况重点检查,实地检查497家单位,发现不符合配备单位136家。完善公益事业捐赠票据领购制度和行政事业单位资金往来结算票据管理。制定并实施福州市级行政事业单位国有资产管理办法,促进国有资产的合理配置和有效利用。

投资评审和产权交易　拓展评审领域,主动参与项目前期决策,优化设计方案,降低项目造价;试行政府BT项目评审,评审工作贯穿招投标、合同管理、设计变更、现场监管等方面。探索多元化产权交易模式,正式启动涉诉资产进场交易。

简政放权与风险防控　实施简政放权,删除行政职权23项,其中下放县区4项,取消10项,另有9项合并到其他职权项目中。制定风险防控措施,排查个人岗位廉政风险点366个。

(陈洲凤)

国家税务

【概况】　2012年,福州市国家税务局组织入库税收收入321.75亿元,比增41.66万元,增长14.87%,其中直接收入294.15亿元,比增32.32亿元,增长12.34%;免抵调库27.6亿元,比增9.34亿元,增长51.11%。实现地方财政规模收入221.7亿元,比增24.7亿元,增长12.53%。海关代征税款68.47亿元,比增6.82亿元,增长11.05%。管征各类纳税人12.19万户,比增2.17万户,增长21.66%,其中企业7.56万户,个体工商户4.63万户;一般纳税人2.81万户。

税收收入完成年度计划306.8亿元的104.87%,总量居全省第三位,增量居第二位,增幅居第四位,高于全省平均增幅0.57个百分点。宏观税负7.61%,比增0.2个百分点。税收增幅与GDP增幅的弹性为1.24,与GDP可比价增幅的弹性为1.2,表明税收与福州宏观经济发展趋势吻合。企业所得税入库156.6亿元,占直接收入总量53.23%,比增1.32个百分点,增幅15.23%,对国税收入拉动作用明显。货币金融服务业和电力、热力生产及供应业2个行业增收27.85亿元,对直接收入增量贡献率达86.17%。272户重点企业合计入库直接收入180.54%,占全部直接收入61.38%,比增13.18%。

税务文化建设、说理式稽查执法文书、征管电子档案、涉税第三方信息管理等工作经验被省国税局推介,闽侯县国税局获"全国税务系统先进集体"称号,1人获"全国五一劳动奖章"。

【法制建设】　规范执法　推进税法咨询维权工作,受理纳税人现场、电话、网络咨询4105人次,举办税法培训179期,处理维权事项185件。继续修订完善说理式稽查执法文书。建立健全案件适用政策会审制度,探索公开审理。办结3件行政复议案件和6件行政应诉案件。推进税收执法管理信息系统运行,全年实际执法准确率达99.45%,比增1.86%,总过错信息减少8595条。

整顿规范税收秩序　立案检查纳税户235户,结案227户,组织企业自查163户,合计查补收入2.82亿元。对成品油销售增值税专用发票受票企业、资本交易项目、房地产业等开展税收专项检查,检查企业150户,查补收入6900万元。打击发票违法犯罪活动,查处违法企业242户,查处非法发票1.65万份,查补收入2197.41万元,4户移送公安机关处理。引导福州部分大企业建立健全抵制假发票内控机制,税务总局信息内刊、《中国税务报》等均予以报道。开展打击骗取出口退税违法犯罪、医药行业、农村信用合作社、农副产品等专项整治。创新稽查执行手段,在全省首次通过法院拍卖欠税企业资产所得优先用于抵缴税款。

税法宣传　与4个单位联合举办"用好最优税收政策,助力平潭跨越发展"座谈会,被税务总局评为税收宣传月优秀创新项目。首次与兴业银行等5家大企业签订《税收遵从协议书》。邀请毕马威合伙人为130家外资企业做"维护国家税收权益,降低国际税收风险"专题讲座。联合地税部门发布2011年度福州市纳税百强榜。与福州电视台联办"民生面对面·税收热点访谈",录制播出6期访谈节目。编印并向全市重点纳税户赠送4期4000份《税法解读》。在新浪、腾讯网开通福州国税官方微博,发布信息690多条,关注者达8.4万多人,在全国税务系统位居前列。

【税收管理】　征管改革　对探索专业化管理的做法、成效以及问题进行梳理总结,开展调研论证,完成《福州市国税系统深化税收征管改革方案》及其配套文件。探索税源基础事项集约化管理,对5个试点分局的工作方式方法、工作量等进行总结,交流团队管理经验。开发应用任务管理和服务回访系统,规范下户行为。

风险管理　通过行业建模推进行业税收风险管理。全市建立行业监控模型151个,纳入监控的工业一般纳税人比重达35.72%,纳入监控的税额占59.24%。开发的"房地产风险管理模型"和"汽车销售行业风险管理模型"通过省国税局专家评审。房地产风险管理办法被省国税局转发全省并抄报税务总局。建立纳税评估选案与任务推送的联动机制,风险分析小组与风险应对小组统一管理各类评估任务。组织开展增值税一般纳税人、水产加工行业、商业增值税等纳税评估,入库税款1.8亿元。

信息管税　落实市人大和市政府税收保障决定,协助市人大在全市开展税收保障执法检查。市政府常务会议研究采取加快第三方信息平台建设、扩大税收保障范围等措施。33个单位向市国税局传递41.97万条涉税第三方信息。建立第三方信息应用平台,利用第三方信息开展行业调研、评估,2009—2012年补税18.8亿元。

基础建设　完成金税三期网络建设,建成连接总局、省局、市局、县区局与中心分局四级节点的综合性内部通信网络平台。开发应用"一户式税收征管档案管理系统",全年受理涉税事项16.09

万件,扫描归档资料134.88万页。推广网络发票管理系统,开通网络发票管理系统2.29万户,开票1.82万户,开具发票147.34万份金额634.75亿元。7月1日起,开征废弃电器电子产品处理基金,征收201.31万元。

11月1日,福建省实华石油运输有限公司在鼓楼区国税局办税大厅开出全市第一张货运发票,标志福州市"营改增"试点工作启动

【货物劳务税】 11月1日起,在交通运输业和部分现代服务业启动营业税改征增值税试点,全市"营改增"纳税人12.11万户,占全省41.12%。首月申报入库增值税9655.43万元,占全省56.14%。引入风险管理理念,开展增值税专业化评估,完成评估299户,补税2479.96万元,冲减留抵3867.65万元,合计6347.61万元。对16户企业开展农产品进项税额核定扣除试点工作,转出进项税金3997.43万元,实现增值税收入1058.68万元。在台江局首先进行车购税自助终端产品试点,探索车购税自助缴税服务。

【企业所得税】 探索实施分规模、分行业管理。将149户税款超千万的企业列为市局重点监控。控制核定征收的范围和比例,全市核定征收户比例为16%,同比下降4个百分点。通过企业所得税风险预警信息管理系统等信息平台完成纳税评估595户,补缴企业所得税1.18亿元。推进房地产企业所得税管理,制定风险管理办法,完善信息平台,运用"红、橙、黄、绿"4个预警等级,对房地产行业进行全面"体检",评估补税1.02亿元。加强融资担保行业管理,补缴企业所得税145万元。将32个外来建筑安装企业项目部纳入税收征管,入库企业所得税1294万元。开展2011年度企业所得税汇算清缴工作。截至2011年年底,全市已办理税务登记企业4.87万户,开业4.45万户,开业面91.47%;全年应参加汇算清缴企业4.17万户,实际参加4.12万户,汇算面98.81%,比增0.61个百分点。

【国际税收】 组织非居民税收4.85亿元,比增1.25亿元,增长34.76%。主要措施:对非居民企业到榕承包工程和提供劳务探索源控管;对非居民股权转让征税2000多万元;将4100多家外商投资企业股息红利分配等信息导入监控软件,代扣代缴税款2.75亿元;执行税收协定,监控税收筹划行为,防范企业避税风险。开展反避税工作,结案4户、新立案2户,开展多家企业转让定价调查,全年入库反避税税款3036万元。开展国际税收情报交换工作,向美国、日本、韩国、加拿大和澳大利亚5个国家提供281条电子自动情报。

【出口退税】 为3781户出口企业办理退税99.08亿元,在福州外贸下降的情况下退税增长2.14%;办理免抵调库27.6亿元,比增51.1%。将出口退税办结承诺时限缩短至15个工作日,每月送国库办理退库次数增至4次,对45家重点出口企业实施"一对一"帮扶。实行退税交叉互审和集体会审,总结17项外贸退税审核经验。采取召开税企座谈会、举办办税员培训班、建立出口退税QQ群、走访企业等方式,贯彻落实2012年7月开始实施的出口退税新政策。规范出口货物退(免)税函调工作,发出函调件1847份,处理回函1807份。

【纳税服务】 深化"税务客厅"理念,推进办税服务厅规范化建设,全市各办税服务厅均通过省局或者市局达标验收。全面推行免填单服务。实现"全市通办",受理通办事项9140户次、发票认证10.3万份。在台江局、晋安局试点推行发票网上核销业务。增加短信平台缴税情况查询、发票真伪查询等功能,通过短信平台向纳税人发送税法宣传、纳税提醒短信39万条。联合地税局完成9.85万户纳税人2010—2011年度纳税信用等级评定工作,其中A级纳税人528户。通过下放审批权限、缩短审批时限等措施,优化市行政服务中心国税窗口服务,办理各类涉税事项1.67万件,连续4个月获评"先进窗口"称号。在5月税务总局组织的2012年全国纳税人满意度调查中,福州国税纳税人满意度排名提升10个名次。

落实出口退(免)税和各类减、免、退税将近200亿元。主要有:落实增值税起征点调高政策,2.6万户个体工商户免征增值税,免税8000多万元;落实企业固定资产抵扣税款26.56亿元;落实国家蔬菜和部分鲜活肉蛋产品流通环节免征增值税政策,免征营业额9.08亿元;落实软件产品、动漫企业、资源综合利用企业增值税优惠政策1亿多元;落实"营改增"及其优惠政策,超万户试点纳税人获得减税;为1956户次企业落实2011年度企业所得税优惠,涉及金额112亿元,比增12%;免收小微企业发票工本费和税务登记工本费,为纳税人减负270万元。

(魏文忠)

地方税务

【概况】 2012年,全市地税系统入库税费达436.82亿元,比增51.9亿元,增长13.48%,其中,税收入库323.5亿元,比增30.6亿元,增长10.46%;各项费金收入11.33亿元,比增21.26亿元,增长23.1%。全市地税部门组织财政总收入302.1亿元,比增9.42%,入库市本级财政收入108.47亿元。

管征各类纳税人13.69万余户,其中管征内资企业7.92万余户,管征港澳台商投资企业2400余户,管征外商投资企业2100余户,管征个体经营户4.67万余户,管征其他类型纳税户6300余户。

【依法行政】 税收执法督察 通过税收执法督察自查及复查,共发现问题1624户次,违规税额5872.76万元,整改861户次,整改入库税费3941.17万元,加收滞纳金104.37万元,罚款12.87万元;后续跟踪整改以通报形式进行督导、落实。

文件清理 保留继续有效文件27份,部分条款失效废止文件26份,全文失效废止文件322份,不保留本级机关转发的文件119份,清理结果以公告形式进行公布。指导基层局进行规范性文件清理,对基层局继续有效的文件进行集中审查,确保文件合法有效。

整顿规范税收秩序 开展房地产业、建筑安装业、广告业、地方商业银行、地方股份制银行、资本交易项目等行业和项目的税收专项检查,共立案检查499户,查结267户,发现有问题企业288户,查补地方收入4540.03万元,入库6816.09万元(含往年查补2012年入库数);组织开展自查的企业187户,自查有问题的达101户,企业自查补税金额9322.72万元,企业自查补税入库金额9149.57万元;开展重点税源企业检查工作,查补税款1429.9万元,均入库;查处16件查补税款在150万元以上的大要案;加强涉税举报管理工作,各级举报中心共受理群众举报案件422件,其中,省地税局督办件1件、交办件1件,查补地方税费476.83万元、加收滞纳金70.5万元、罚款180.77万元。

打击发票违法犯罪 配合公安、经侦等部门对涉案受票企业进行查处,全市共查处发票违法企业319家,涉及非法发票份数13642份,涉及金额1.21亿元,查补各地方税费771.38万元、加收滞纳金59.32万元、罚款144.27万元,移送公安部门查处案件1起。

【营业税管征】 营业税入库133.07亿元,比增27.19亿元,增长25.69%,占税收总收入比重42.91%,比增5.2%。

房地产建筑行业 采用信息化手段,以工程项目为管理对象,利用福建地税综合业务管理系统中的"建安税源管理"和"不动产税源管理"模块,对房地产、建筑业营业税实行专业化、精细化管理。房地产及建安行业入库税收77.11亿元,比增28.95%,增收17.31亿元。

货物运输业 对全市范围内的货运业自开票纳税人开展年审。全市共有276户纳税人参加年审,符合年审的有269户,3户被通知整改,4户被取消自开票资格。

营业税改征增值税 加强营业税改征增值税(下称"营改增")户发票领、用、存的跟踪管理和税款结算工作,在对企业实际经营项目进行重新核实的基础上,配合财政部门和国税部门开展数据移交,提供"营改增"纳税人税务登记、地税定额核定、营业税减免税等资料信息,向国税部门移交1.08万户"营改增"税源户信息,涉及营业税款约8.8亿元。经市国税局审核确认,714户企业不属于增值税征税范围,年营业税款约1700万元,跟进"营改增"纳税户移交后工作,下发通知,将市国税局审核确认退回的《非营改增企业名单》下发至基层局,详细调查上述企业的经营范围、业务类别和经营状况,对照《应税服务范围注释》再次进行认定。

【企业所得税管征】 对总部经济开展摸底调查,摸清企业跨地区设立分支机构、在省外设立全资子公司等总分机构情况,把107家总部企业纳入管理服务范围,对分支机构统一实行汇总缴纳,实现回归企业所得税1.54亿元,其中,73家建安企业对省外施工项目通过开具外管证,回归福州市缴纳企业所得税税款0.93亿元,38家通过《总分机构企业所得税分配表》回归企业所得税0.61亿元。全年入库企业所得税35.82亿元,比增3.56亿元,增长11.05%。

【个人所得税管征】 落实个人所得税优惠政策。对工资薪金所得、个体工商业户生产经营所得和企事业承包承租所得的税前扣除标准及税率进行调整,降低中低收入者的个人所得税负担,全市约有8000多个单位27万多人享受该税收优惠。与市财政局、市金融办联合出台扶持上市公司限售股转让个人所得税优惠政策,吸引限售股持有人在福州缴纳个人所得税7029万元。推进年所得12万元以上纳税人自行申报工作,3.18万名年所得12万元以上的纳税人依法进行个人所得税纳税申报,共申报入库个人所得税款14.32亿元,比增3.73亿元,增幅达35.18%,补缴税款154.34万元。与市邮政局合作,完成2011年度个人所得税完税证明邮递工作,共制作完税证明83.8万件,涉及14240家单位。全年入库个人所得税40.08亿元,减少1.31亿元,减幅3.17%。

【财产行为税管征】 组织入库114.84亿元,比增2.09亿元,增长1.86%。

土地增值税 组织入库土地增值税收入38.43亿元,比增6.29亿元,增长19.57%。落实土地增值税清算业务规程,对纳税人开发的房地产项目已达到清算条件而不办理清算手续的,下达税务事项通知书;对中介机构出具的清算报告加强日常稽核,并采取边清算检查、边约谈入库办法加快清算税款入库进度。重点做好2007年以前房地产历史遗留项目土地增值税清算工作,全年清算入库5.93亿元。发布《关于调整房地产开发企业土地增值税清算核定征收有关问题的公告》,明确土地增值税核定征收的范围及税率,严禁基层单位擅自扩大核定征收范围。全年入库土地增值税核定征收税款2182.56万元。

房产税土地使用税 修订福州市个人房屋租赁税收政策,对住宅租赁免征房产税和土地使用税,对非住宅租赁征收房产税和土地使用税。全年入库房产税9.29亿元,减少113万元,减幅0.12%。土地使用税4.5亿元,减少1.04亿元,减幅18.69%。

城市建设维护税教育费附加 组织

入库城市建设维护税17.12亿元，比增2.61亿元，增长17.99%；入库教育费附加8.12亿元，比增1.26亿元，增长18.4%；入库地方教育费附加5.53亿元，比增35.66%。开展增值税“免抵退”企业附征地方税费的比对工作，向国税局取得2009—2011年度生产企业出口货物增值税实行“免、抵、退”的企业名单及“免、抵、退”增值税额，对城建税及教育费附加征收情况逐户核实，并将该项工作列入税收执法督察的重点，共发现问题企业68户次，补缴入库地方税费1696.8万元。

车船税　按照1月1日起正式施行的《中华人民共和国车船税法》，结合自开票纳税人年审工作，以信息采集、整合、分析、比对为重点，加强货运业车船税管理。全年入库车船税2.26亿元，比增8188万元，增长56.63%。

【国际税收管理】　开展非居民企业服务贸易对外支付税务证明的审核工作，开具税务凭证955份，其中征税凭证580份，征收税款1.1亿元。加强非居民项目预提所得税管理，开展上市公司分红情况专项调查，重点对QFII（合格境外投资者）分红情况开展审核，全年入库预提所得税5700多万元。提升国际税收情报交换质量，向国家税务总局提交涉及美、日、韩、澳、加五国外籍人员的38件税收自动情报件。

【规费征收】　组织入库基本养老保险费46.73亿元（含省直征局征收的2.62亿元），完成年度计划的102.25%，比增18.23%（其中灵活就业人员征收5.16亿元）；失业保险费入库6.27亿元，增收5205万元，比增9.06%；医疗保险费30.7亿元，比增30.4%；工伤保险费入库2.06亿元，比增22.94%；生育保险费入库1.52亿元，比增24.65%；机关事业养老保险4.08亿元，比增46.69%；工会经费1.04亿元，比增19.15%；江海堤防工程维护管理费4.62亿元，比增29.8%；残疾人就业保障金1.79亿元，比增18.97%；省级价格调节基金722万元。上述各项规费合计达98.89亿元。

【专业化税收征管】　纳税评估　利用第三方信息在房地产、建筑业、金融业、餐饮业等重点行业开展专业化纳税评估，评估纳税户2777户，入库税款2.25亿元。

税源专业化预警值管理　试行市区驾校统一征收管理，逐步形成以税源分类为基础、集约管理为保障、流程再造为主线、专业分工为突破的税源专业化管理模式，做到管户与管事相结合，税源管理的质量与效率得到提高；对建安业、交通运输业、房地产业3个特性突出的行业出台行业管理办法，在全省率先实行行业预警率管理；在娱乐服务业企业、个体大户中推行“预警值”管理，实行大户税负风险提示，定期通报税负情况，对税负明显偏低的开展纳税评估；在住宿、房地产、广告、旅游等行业及月定额（或预警值）10万元以上的餐饮、娱乐业纳税人中全面推广机打票，实现推广14089户，开具发票389.6万份。

4月6日，市地税举办手机缴税启动仪式

【纳税服务】　完善纳税服务机制　加强办税服务厅建设，形成“窗口承办、电子跟踪、协调共管、限时完成”的工作流程。对56项涉税事项实行窗口即办，实现即办事项“一站式”服务；逐步推行同城通办业务，对市局、鼓楼、台江、仓山、晋安5个办税服务厅9个大类239个小项的涉税业务实行同城通办，其中即办事项74项，34项涉税业务的资料实行窗口就地归档。市区异地受理申报8421户次、领购发票1652户次、规费业务12733户次、其他涉税事项1693户次。市行政服务中心地税窗口共受理申请1.93万余件，其中办理发放税务登记证件9128件，受理跨区迁入643件，跨区迁出728件，咨询8817件，办结率100%。

优化服务方式　加强“12366”纳税服务热线建设，推广应用手机缴税，将全市20万“双定”征收纳税户和灵活就业社保缴费人纳入手机缴税范围，在办税服务厅、移动电信营业厅等场所配备“24小时自助终端”。

税收优惠　提高营业税和增值税起征点，惠及全市绝大多数小型个体工商户，减轻各类个体工商户税收负担近4000万元；落实工业和外贸企业房产税和土地使用税缓征政策，累计缓收9361万元；促进各类再就业和残疾人就业，减免税5394万元；扶持小微型企业和促进高新技术企业发展，减轻小型微利企业税收负担近5000万元，减免各类高新技术企业税收4472万元；为各类文化企业减免税收5711万元。

纳税信用等级评定　全市参评2010—2011年度纳税信用等级98473户，评出A级纳税人528户、B级纳税人97876户、C级纳税人61户、D级纳税人8户。利用新闻媒体、地税外网宣传依法诚信纳税典型。

（夏飞飞）

（编辑　吴　燕）

新农村建设

【概况】 2012年，福州市农林牧渔业总产值625亿元，比增4.8%，农民人均纯收入11492元，比增13.7%，扣除物价因素，实际增长11%。在新农村建设"百村竞赛"活动中，全市100个"竞赛村"总投入9.1亿元，实施306个项目；10个优胜村投入资金5.19亿元，实施项目112项，完成道路硬化1.12万米，铺设管网1.6万米，新增公园2.8万平方米，种植各类树木19.1万株，改造房屋立面5.7万平方米，实施小流域治理7.04公里。

推进4个精品示范村建设，总投资2.93亿元，实施项目62个，完成道路硬化9073米，修建公园2.5万平方米，种植各类树木6898株，完成立面装修48520平方米，铺设管网1.4万米，整治河道2870米，形成城郊、沿海、山区等不同区位特色和不同经济基础新农村建设模式，包括福清市溪头村以工业化、信息化、城镇化、农业现代化"四化"同步发展，长乐市青山村都市现代农业生态型，永泰县芋坑村党建带动型，晋安区宜夏村文化旅游型等模式。

开展绿色村庄创建活动，完成175个绿色村庄创建，投入资金5250万元，新、扩建公园111个，新增公园面积12.4公顷，种植各类树木156.9万株。

4月1日，启动农村环境综合治理工作，市财政下拨资金3200万元，各县(市)政府投入8196万元，乡镇投入1.89亿元，农村环境治理硬件设施和保洁队伍配备到位，三级环保管理体系全面建立，在全省率先实现乡(镇)街道环保工作站全覆盖。 (马师钦)

【实施强农惠农政策】 全市种粮农民农资综合补贴资金7546.49万元，新购置各类农机具18133台，补贴资金5782.89万元。免除农村义务教育阶段学杂费及补助困难学生生活费6373万元，纠正和整改违规资金280余万元。在2283个村开展向村级组织收费专项清理整顿活动，整改涉农负担问题6项，清退违规收费89.24万元。下半年，市农业局、物价局、纠风办、农办4个检查组分赴各县(市)区开展减轻农民负担工作检查。规范"一事一议"政策落实，连江县成为全省村级公益事业建设"一事一议"财政奖补试点县，并于8月召开村级公益事业"一事一议"筹资筹劳工作现场会。至年底，全市"一事一议"财政奖补资金达4572.7万元。

【农村沼气建设】 户用沼气项目建设列入2012年市委、市政府为民办实事项目，全年完成总投资900万元，其中，中央投资338万元，省级配套88万元，设(区)市补助205万元，自筹资金269万元。新建农村沼气用户2000户，项目分布情况是：永泰县450户，闽侯县150户，闽清县100户，福清市1050户，连江县200户，晋安区50户。

【村财监督管理】 开展村干部任期和离任经济责任审计。全市应审计村居2283个，基本完成审计任务，审计总金额308.14亿元，261个村存在违纪违规使用村财现象，涉及总金额2202.01万元；需清退的违规开支175笔，清退154笔；贪污、挪用村集体财物金额7.7万元，涉及7人全部移送纪检监察机关处理。加强村集体"三资"网络监管和管理，向有关县(市)区发出125份货币资金等问题整改函，整改反馈率100%。全市88个乡镇462个村集体的676个项目实行公开招投标，标的金额2.696亿元。

【农产品质量安全监管】 年内无发生重大农产品质量安全事故。生猪"瘦肉精"检测合格率达100%，连续多次并列全国第一；蔬菜农药残留合格率98.5%，蔬菜重金属以及食用菌、水果、水稻等药残抽检合格率100%。新增无公害农产品产地认定企业19家，有效无公害农产品认证企业10家、16个产品；新增绿色食品产品认证企业7家、16个产品；新增有机食品认证企业1家、1个加工品；新申报农产品地理标志1个；福清市创建全国绿色食品标准化原料基地县通过国家验收。对市区4个农产品批发市场实行100%监测监管，在生产基地、批发市场、超市、农贸市场抽取样品21880个，完成68706项次的检测工作。畜禽产地检疫覆盖面100%，定点屠宰场屠宰检疫率100%，病害死动物无害化处理率100%。产地检疫家畜104.5万头、禽类48.8万只；屠宰检疫生猪88.57万只，家禽175.96万羽，牛羊6.01万头；定点屠宰场检测克仑特罗40365头份，莱克多巴胺36609头份，全部为阴性。

争取中央预算内农业投资500万元建设福州市农产品质量安全检验检测中心。下达编制连江、闽侯、福清、长乐、闽清等县（市）农产品质量安全监管机构，在乡镇农技服务中心加挂乡镇级农产品质量安全监管机构牌子。在蔬菜种植面积逾20公顷的行政村筹备建立村级蔬菜安全监管员制度。

（朱祖强）

产业化龙头企业

【概况】 230家市级以上农业产业化龙头企业实现销售收入（含交易额）482亿元，比增15.1%；带动农户95.8万户，农民收益85.8亿元。

新增省级农牧业产业化龙头企业15家，国家级龙头企业2家。福建腾新食品股份有限公司在国内中小板上市，春伦茶叶、台福食品、腾新水产、东威水产、闽榕茶叶、旺成食品、光阳蛋业、聚福工艺品等8家企业8个产品获中国驰名商标称号，24家企业产品获福建名牌产品称号，10家企业产品获福建农产品称号，41家企业产品获福建著名商标称号。福建仙芝楼生物科技有限公司工程中心被国家发改委评定为“药用菌栽培与深加工国家地方联合工程研究中心”。新增绿色食品16个，有机食品1个，中国驰名商标2个，福州茉莉花茶获国家级以上奖项18个，并在7月召开的全国农业品牌会议上获评最具影响力中国农产品区域公共品牌，位列全国茶叶类第4名。新发展农民专业合作社715个，有43家农民专业合作社被列为省2012年农民专业合作社名录，4家获评省级农民专业合作社规范化建设项目单位，福清市一都善山融都枇杷专业合作社被推荐参加全国农民专业合作社示范社项目。 （马师钦 朱祖强）

【休闲农业】 市政府批转《关于加快发展福州市休闲农业产业的意见》，重点打造“沿江、滨海、依山、傍水”四大都市休闲农业聚集带，重点培育农事体验型、休闲农庄型、温泉养生度假型、农耕文化型、农业园区型、农家乐型、民俗文化型7个休闲农业类型。至年底，建成各种休闲农场127家，农家乐270家，总投资规模5.368亿元，带动就业4573人，年游客量近400万人次，年营业收入2.602亿元。春伦茶业生态观光园入选第三批全国休闲农业与乡村旅游示范点。恩顶茶场南口工区建成茶文化休闲山庄，面积2600平方米，可提供品茶、会议及茶园观光等休闲旅游活动。优山茶果场、红旗茶场、江洋农场的休闲山庄陆续动工。

农业科技服务与培训

【概况】 2012年，分别开展第一批、第二批基层农技推广服务体系建设项目；组织专家和农技人员进村入户，先后在闽清、福清、永泰开展3场大型科技下乡服务；开展农技人员分层分类定期培训2.1万人次；市农广校招收中专学历生337人；开展“五新”技术入户工程，推广优质高效的新品种、新技术、新肥料、新农药及新机具。

【农技建设项目】 第一批基层农技推广服务体系建设项目为长乐、闽侯、永泰、闽清4个县（市），完成投资449.09万元；第二批基层农技推广服务体系建设项目福清、连江、罗源、闽清4个县（市）总投资1319.5万元，完成投资588万元。

【农业科技服务】 开展春季农业暨粮食生产服务与督导工作，组织8个督导组、百名专家、千名农技员万人次进村入户活动。市农业局成立粮食高产创建工作领导小组，组织市、县、乡三级百名专家服务团，分片包干负责指导农业和粮食生产，先后在闽清、福清、永泰开展3场大型科技下乡服务。开展科技下乡、现场咨询指导和科技培训等活动近百场（次），发放各类农业技术资料近2万份，组织机耕服务队1200个，维修服务队260个，检修农机具和下田拖拉机8500台（套）。

【农业科技培训】 开展农技人员分层分类定期培训2.1万人次，完成农村“六大员”培训4.8万人次，基层农技人员继续教育培训981人次。市农广校共招收中专学历生337人。

【“五新”技术入户工程】 新品种完成农作物新品种推广17.36万公顷，建设示范片67个，主要粮油作物良种覆盖率98.81%、蔬菜良种覆盖率93.7%，

农业技术人员指导闽侯县江洋村村名科学种植甜柿 （杨婀娜 摄）

示范片平均亩增收205.22元。开展农作物新品种试验、新品种展示项目,全市设立76个展示点,引进新品种231个次,其中水稻展示点41个、展示品种77个次;优质、专用"旱作"新品种展示点9个、展示品种48个次;蔬菜新品种展示点共计26个、展示品种106个。

新技术　超级稻品种选用15个高产、优质、抗病良种,栽培技术以水稻旱育稀植高产栽培技术、测土配方施肥、病虫草害的综合防治为主。年内超级稻种植面积1.47万公顷。继续在闽清、永泰等山区的示范推广中稻再生稻,建立高产示范片1333.33公顷。完成早稻机收后留桩再生稻333.33公顷。

新肥料　新肥料示范推广工作以配方肥为重点,筛选2个配方作为新肥料示范推广,水稻专用肥示范推广666.67公顷,蔬菜专用肥示范推广6.67公顷。推广测土配方施肥7万公顷,其中早稻1.33万公顷,中稻2.67万公顷,晚稻1.33万公顷,花生0.67万公顷,甘薯0.37万公顷,马铃薯0.3万公顷,蔬菜0.33万公顷。

新农药　对水稻、蔬菜、果树等多种农作物推广应用10种新农药,推广面积达55.6万亩次,防治率达87.1%。

新机具　完成推广新机具18133台,发放农机购置补贴资金5782.9万元。完成机耕作业面积11.73万公顷,完成机械插(抛)秧0.67万公顷,水稻机收面积3万公顷。

种植业

【概况】　2012年,福州市粮食播种面积11.44万公顷,总产量67万吨,平均单产391公斤,比增4公斤。同时扩大超级稻、再生稻、优质稻的种植面积。经济作物生产总面积20.67万公顷,总产量400万吨,总产值100亿元。年内继续开展植物病虫害防控,统防统治面积达8.63万亩次。

【粮食生产】　粮食播种面积11.44万公顷,总产量67万吨,平均单产391公斤,比增4公斤,水稻平均单产454公斤,比增5公斤;推广超级稻1.67万公顷、再生稻4666.67公顷,分别比增8.7%和5%;主要粮食作物良种覆盖率逾98%,推广优质稻5.49万公顷,优质率逾80%。全市储备水稻种子约45万公斤,供销系统冬储化肥9万标吨的,化肥、农药、农膜等农资产品储备充足。全市出动农业执法人员2684人次,检查、整顿农资市场880个(次),检查各类农资3680吨。全年土地流转面积1.58万公顷。

2月3日,市委、市政府召开全市农村工作会议,市委副书记、市长杨益民强调加快发展现代农业、创新农村工作机制、拓展农民增收渠道、统筹城乡一体化发展、加强农村基础设施建设、实施扶贫开发"三大工程"6点意见。2月14日,市政府下达粮食生产指导性计划,将粮食播种面积10.87万公顷的任务层层分解到各县(市)区、乡镇、村及户。3月14日,市政府在闽清县召开全市农业科技促进年启动仪式暨春季农业生产现场会,副市长严可仕与各县(市)区政府签订粮食安全生产和重大动物疫病防控责任状。4月11日和7月17日,省委常委、市委书记杨岳分赴闽清、长乐调研春耕生产和夏收夏种。

【经济作物】　生产总面积20.67万公顷,总产量400万吨,总产值100亿元,其中蔬菜面积10.73万公顷、产量300万吨,果树面积4.67万公顷,产量41万吨,产值16.5亿元;茶叶面积9600公顷,产量1.90万吨,产值6亿元;食用菌产量24.5万吨(鲜品计),比增9.5%。新植名优和区域优势果茶面积0.2万公顷,其中茶叶333.33公顷,低产改造0.67万公顷;推广新技术10多项,面积约3.33万公顷。

茶叶　全年茶叶面积9600公顷,产量1.90万吨,产值6亿元,其中,市农工商集团茶叶产量378吨,其主营的福州茶叶交易批发市场经营面积达3万平方米,商户600多家,年交易额达12亿元;福建省现代农业茶叶产业技术体系福州试验站推进建设无公害、标准化生态茶园,"金观音"和"梅占"2个高产优质品种年推广面积15.73公顷。市政府出台《关于加快推进福州茉莉花茶产业发展的意见》,重点推进福州茉莉花茶产业发展。扶植茉莉花种植,每亩补贴1000元,全年新建茉莉花生产基地约133.33公顷。福州茉莉花茶获"2011最具影响力中国农产品区域公共品牌"称号,位列全国第11名,茶叶类第4名。10月10—12日,世界茉莉花茶文化鼓岭论坛在榕举办,国际茶叶委员会授予福州茉莉花茶"世界名茶"称号。12月18日,市政府在钓鱼台国宾馆召开世界名茶——福州茉莉花茶新闻发布会。年内福州辖区茉莉花种植面积1200公顷,辐射周边面积866.67公顷,茉莉花茶产量1.1万吨,产值17.8亿元。福州茉莉花茶由福州港出口30多个国家和地区1500多吨,出口创汇2000多万美元。

蔬菜　重点发展大棚蔬菜,市农业局、财政局联合下发《关于给予新(扩)建大棚蔬果项目奖励性资金补助的意见(试行)》,继续新建大棚蔬菜项目给予一次性奖励性资金补助。全市新建各类设施大棚蔬菜面积728.07公顷,其中钢架大棚面积445.73公顷。完成福清市绿丰农业开发有限公司、福建绿滋园农业综合开发有限公司、福建省山野物流有限公司3个蔬菜集约化育苗基地建设。分别完成80公顷闽侯竹歧榕岸蔬菜标准园和80公顷永泰大洋龙泰2个国家级蔬菜标准园创建任务。举办设施蔬菜生产技术培训班10期。

食用菌　市政府出台《关于加快食用菌产业发展的意见》。福清市火麒麟食用菌技术开发有限公司和福建容益菌业有限公司2家企业实现规模化、工厂化栽培绣球菌;罗源县起步镇新建日产2吨的真姬菇工厂化生产企业1家,福州永丰菌业有限公司投资600万元新建日产2吨的真姬菇工厂化生产线。福清海口农场引资创办福清市海城天宇菌业有限公司,投资1200万元,发展食用菌(蟹味菇)栽培项目。福建仙芝楼生物科技有限公司等食用菌重点龙头企业向社会做出质量安全承诺。

水果　建立福橘品质提升技术示范点11个,技术覆盖面66.67公顷,开展福橘珠心胚苗优良单株的人工驯化栽培。建立优质鲜食橄榄百亩生产示范基地10个,辐射推广333.33公顷;推广橄榄加工类良种惠圆1号,新增面积33.33公顷;推广橄榄矮化嫁接新技术333.33

公顷。引进晚熟优质龙眼品种10多个，加大长乐青山龙眼等地方名特优新品种的示范推广力度；罗源建成千亩台湾春蜜1号生产基地。市农工商集团水果产量230吨，扩展橄榄、柑橘、日本甜柿、翠梨四大水果种植面积。江洋农场扩种甜柿13.33公顷、翠梨6.67公顷。鸿尾农场与福州大世界橄榄有限公司合作，完成6.67公顷橄榄的改良换种。

【植物病虫害防控】 发布《病虫情报》102期，电视发布19期，短信通讯信息48期、20555条。植保技术人员下田间指导群众开展病虫防控达5580人次。开展病虫害统防统治工作，至年底，有合作社9家，统防统治面积达86262亩次。农作物主要病虫发生620.39万亩次，比降20.98%。开展农作物病虫害防治713.225万亩次，挽回粮食损失达33735吨，农作物病虫害造成损失有效控制在3%以内，属中等偏轻发生。

（朱祖强　张　春）

林　业

【概况】 2012年，实现林业总产值222.27亿元，其中第一产业44.36亿元，第二产业166.98亿元，第三产业10.93亿元。林地面积76.8万公顷，其中有林地面积63.6万公顷。活立木总蓄积量2785.8万立方米，森林覆盖率54.9%。建有国家级森林公园4个、省级8个，省级以上森林公园经营总面积2.06万公顷。湿地面积约20.68万公顷，其中近岸与海岸湿地15.82万公顷、河流湿地1.5万公顷、湖泊湿地236.75公顷、沼泽湿地25.04公顷、人工湿地3.32万公顷。沿海防护林面积8.07万公顷，基干林带892千米。油茶林1.5万公顷、竹林8.33万公顷、经济林5.47万公顷、花卉面积0.33万公顷。

【集体林权制度改革】 完成林权登记发证面积68.83万公顷，林地登记发证率98.45%，发放林权证105202本，林权证到户率96.25%。森林综合保险在保面积69.98万公顷，其中，生态林31.55万公顷实现投保面积全覆盖；商品林投保面积38.43公顷，参保率92%。全市林权抵押贷款金额累计达3304万元，其中林农小额贷款184万元。有3家林业专业合作组织入选福建省2012年农民专业合作社规范化建设项目，经工商部门登记的各类林业合作社达41个。

【造林绿化】 完成造林绿化2.59万公顷，占任务106%，其中，“四绿”建设完成造林4790.53公顷，占任务110.55%。沈海高速公路福州段森林生态景观通道完成造林477.46公顷，占任务102%。全市国有林场完成大田育苗1.2公顷，占年计划128.6%；完成造林更新301.4公顷。全民义务植树月期间，全市各级开展义务植树活动200余场，参加人员约1.5万人，种植各类乔灌木6万余株。

【森林资源保护】 发生森林火灾5起，受害森林面积54.3公顷，森林火灾发生率和森林受害率分别比降84.85%和94.08%。开展各种森林病虫害防治2.03万公顷，其中清除松材线虫病疫情面积185.2公顷，无公害防治率100%。实施各种森林病虫害监测面积116.84万公顷，监测覆盖率98.75%，测报准确率98.8%。松材线虫病疫情发生面积比降15.6%。组织开展“打击破坏鸟类资源”“打击野生动物及其制品网络犯罪和非法贸易活动”“打击非法占用林地”等系列专项行动，查处各类森林案件435起，挽回经济损失683万元。排查林木林地权属争议案件21起，涉林面积1312.6公顷；承接和督办涉林信访42件，反馈办结率100%，林区形势总体保持稳定。审批征占用林地项目528.1054公顷，其中涉及基础设施、民生等重点项目面积占56.8%。

【林业产业】 林产品累计出口额5.37亿美元，比增16.27%；累计进口额1.42亿美元，比增18.39%；利用“5·18”海峡两岸经贸交易会、“6·18”海峡项目成果交易会、“9·8”厦门投资贸易洽谈会等对外合作交流平台，新审批6项合同外资项目，总投资达6490万美元，注册资本4205万美元，合同外资3608万美元。在第八届海峡两岸林业博览会暨投资贸易洽谈会上，福州市组织8家企业参展，推出22项林业产业招商项目进行洽谈合作。其中，“仙芝楼牌灵芝孢子粉”被授予博览会金奖产品；木塑产业开发合作项目上台签约（合同投资6800万元人民币）；市林业局获展示展销最佳布展奖。罗源霍口、永泰同安、闽清白樟、陀市林场、福清三山苗圃5个千亩花卉基地动工建设。福人花卉城项目拟在仓山（福湾）建设花卉市场，在福清镜洋镇、东张镇和灵石林场建设花卉基地，总投资预算达8亿元。

【林业科技】 中央财政推广项目“永泰县油茶良种繁育及丰产栽培配套技术推广”通过国家林业局验收，福州市油茶优良种质评比与良种推广示范完成各类评比与推广示范林16公顷、良种推广示范林13.33公顷。省林业厅项目“普陀鹅耳枥等珍稀树种引种试验及配套栽培技术研究”在连江、长乐试种珍稀阔叶树种普陀鹅耳枥、普陀樟和舟山新木姜子8000余株。2012年，油茶培育技术规程（DB35/T1199－2011）、毛竹丰产林培育技术规程（DB35/T1194－2011代替DB35/T95.4－1999）、樟树油用原料林培育技术规程（DB35/T1246－2012）、无患子生物质原料林培育技术规程（DB35/T1267－2012）4项福建省地方标准在福州市实施。全市参加林业科技推广行动的林业科技人员100人次，开展林业技术业务培训8期800人次。“科技周”活动期间，张贴宣传标语806条，展览科技挂图157套，参与2340人次。

【世界湿地日宣传活动】 2月2日，第17个“世界湿地日”保护教育宣传活动在福建闽江河口湿地自然保护区举行，来自社会各界的观鸟爱好者、中小学生、自然保护区管理处人员、潭头镇边防派出所及相关媒体记者50余人参加活动。活动以“湿地与水资源管理、让鸟儿自由飞翔”为主题，开展闽江河口湿地观鸟活动、巡护活动，参观长乐湿地博物馆（科教中心）及宣讲湿地与水资源管理的等一系列活动。

（高佳景）

畜 牧 业

【概况】 全市肉蛋奶总产量40.14万吨,其中肉类产量24.63万吨,禽蛋产量13.7万吨,奶类产量1.81万吨。生猪出栏280万头,其中市农工商集团生猪13.63万头,出栏肉猪0.53万头;牛出栏1.3万头;羊出栏12万头;家禽出栏2044万只。全市禁养区内有4300家畜禽养殖场,搬迁拆除4177家,完成率97.1%;全市禁养区外规模养殖场有2405家,2186家有沼气等污染治理设施,完成率90.9%。

【重大动物疫病防控】 该项工作完成情况纳入市委、市政府对各县(市)区年度绩效管理内容。完成春秋两季集中强制免疫工作,全面落实动物"月免疫日"制度,对所有应免畜禽实施强制免疫,4种强制免疫病种的应免疫率保持100%。平均免疫抗体合格率逾70%;开展动物疫病监控和流行病学调查,分析、评估动物疫病的潜在威胁,对病原检测检出阳性样品按规范程序处置并开展动物疫病追踪溯源。开展举报核查和应急处置工作,年内落实到位预算内防控经费1499.5万元,储备消毒剂28.1吨,消毒设备、防护用品31429台套,扑杀器具5万个,调拨并下发4种强制免疫疫苗4520万毫升、1455万头份。春、夏两季开展畜禽养殖场(户)、畜禽屠宰、经营场所的全面消毒灭源工作,使用消毒剂49.21吨,覆盖142个乡镇、1905个行政村、2368个规模场、51个屠宰场、126个活禽交易市场或活禽宰杀点,消毒总面积达5085.6万平方米。举办各种防控技术培训245期、7589人次。

(朱祖强)

海洋与渔业

【概况】 2012年,水产品总量19.62亿千克,产值352.6亿元,分别比增6.2%、5.8%,水产品总量占全省约31%,产值占全省约39%、占福州市大农业56%。渔业经济总产值826.3亿元,比增12%。水产品加工总量12.47亿千克,比增3.9%,约占全省46%;水产品加工总产值218.32亿元,比增15%,约占全省41%。马尾海峡水产品批发市场水产品交易额约150亿元,是亚洲最大的水产品专业批发市场。年内受理网上申报行政和非行政许可审批事项14项,全部在规定时限内办结。

【海洋综合管理】 *用海规划* 全市32个用海调整方案纳入国务院批准的《福建省海洋功能区划(2011—2020年)》。推进区域建设用海规划编制和报批工作,可门经济开发区临海工业区(一期)区域建设用海规划获国家海洋局批准,进行江阴工业区东部片区临海工业园区域建设用海、福州港松下港区牛头湾作业区区域建设用海等规划申报工作。建立用海项目信息档案,对省、市重点项目实行专人跟踪推进。

用海管理 全年经省级以上政府批准的工程用海项目有可门作业区9号泊位、罗源博澳物流中心配套码头、江阴港区11号泊位等12个;市政府批准的项目有福州琅岐闽江大桥及接线工程、江阴港区24号泊位扩建工程2个;完成前期工作,上报省海洋与渔业厅审核的有冠海船舶驳岸加固工程、晓澳陆岛交通码头、黄岐休闲渔业码头等6个;预审长乐福建恒兴南方水产品加工贸易中心、福州港松下港区疏港路工程项目、长乐至平潭高速公路(长乐古槐至松下段)工程等18个项目。全年发放海域使用权证书20本,确权海域面积478.18公顷,其中国家级发放海域使用权证书2本,确权面积86.31公顷;省级发放海域使用权证书8本,确权面积226.94公顷;市本级发放海域使用权证书2本,确权面积10.47公顷;连江县发放海域使用权证书4本,确权面积68.81公顷;福清市发放海域使用权证书4本,确权面积85.66公顷。全年征收海域使用金15438万元,其中新批准项目征收海域使用金15221万元,原有项目征收海域使用金217万元。

海域采砂临时用海管理 编制完成并经市政府研究出台《福州市海域采砂临时用海规划》。批准万海贸易有限公司、可门港有限公司海域采砂临时用海4宗,预审马尾华闽船厂海域采砂临时用海1宗。

无居民海岛管理 完成全市海岛地名普查登记、名称标准化、首批89个海岛名称标志设置及验收工作。6月25日,连江洋屿滨海综合旅游用岛项目通过省海洋与渔业厅确权登记,成为福建省首个进行旅游开发的无居民海岛。

海域资源市场化 推行养殖用海二次发包制度,开展养殖用海市场化配置5宗,面积398.12公顷,收取海域使用金656.33万元。福清市三山镇白鹤南江养殖场298.12公顷海域通过公开招投标,每年收取海域使用金581.33万元。

海洋发展规划 编制完成并经市政府研究出台3部海洋经济发展相关规划。《福州市"十二五"海洋经济发展专项规划》提出"十二五"期间福州市海洋经济发展的总体思路与发展目标,分析产业选择与发展方向;《福州市海洋战略性新兴产业发展专项规划》分析海洋生物医药业,邮轮游艇、海洋工程装备业,海洋可再生能源业和海水综合利用业等产业发展方向与重点,提出推进海洋战略性新兴产业发展的保障措施;《福州市海洋现代服务业发展专项规划》分析福州市滨海旅游业、港口物流业、海洋文化创意产业、海洋信息服务业、涉海金融保险业5项发展重点,提出推进海洋现代服务业发展的保障措施。

【海洋环境保护】 *制度建设* 编制完成并经市政府研究出台《福州市海洋环境保护规划》。每月发布《罗源湾水质监测通报》,年度发布《福州市海洋环境状况公报》和《福州市海域使用管理公报》。制定并以市政府名义下发《福州市沿海各县(市)区海洋环保责任目标》(2011—2015年)以及《2012年福州市沿海县(市)区海洋环保责任目标》。联合执法中新增福州海事局,完善全市海陆统筹联动保护海洋环境机制。

环境评价 开展用海项目海洋环境评价14宗,环评率100%。审查通过可门作业区1号~3号泊位码头疏浚工程等3宗海洋倾废预申请并上报。

资源保护 举办渔业资源增殖放流

活动10场,分别在闽江流域、大漳溪、罗源湾、长乐漳港、连江定海湾、台湾海峡放流各种鱼、虾、贝类苗种2000万尾(粒),并开展跟踪监测和评估。长乐国家级海洋公园获国家海洋局批准,同时推进长乐海蚌保护区范围调整及国家级水产种质资源保护区工作。

综合整治　申请国家海洋局海域使用金返回项目补助500万元,用于洋屿岛受损岛体加固与修复、植被修复、垃圾整治处理等工程。获农业部和省厅增殖放流资金237万元用于开展水生生物增殖放流活动。向市财政申请海域使用金市级留成部分150万元,初步安排用于罗源县岐头—北山入海污染物总量控制示范工程项目和连江县官坞村海岸带整治项目。结合"清洁家园"活动,在重点渔村、码头、网箱养殖区开展海漂垃圾整治试点工作。开展连江江湾消波堤、罗源湾互花米草、官坞海上养殖环境、长乐陈塘港等海洋环保重点整治项目和修复工程。

环保宣传　与省海洋与渔业厅联合开展6月8日"世界海洋日暨全国海洋宣传日"活动,包括全省青少年海报设计大类颁奖、海洋科普挂图展览、海洋知识现场有奖问答、"海洋·蓝色的家园"现场绘画创作等内容,参与300多人次。

【水产养殖业】　苗种养殖　至年底,有淡水育苗场29个,面积48公顷;海水育苗场246个,面积3134公顷;培育淡水育苗6.2亿尾、海水鱼苗5.1亿尾、南美白对虾229亿尾、海带175亿株等。花蛤育苗量达4063亿粒,产值达1.66亿元。

鲍鱼养殖　投放鲍苗15亿粒,累计在养总量25亿粒。全年产量0.32亿千克,可实现产值32亿元。成品鲍统购价格基本保持在95～120元/千克左右,呈上半年高下半年低的趋势。鲍参藻立体混养等养殖技术形成规模。

鳗鱼养殖　标准成鳗(日本鳗及欧鳗)价格相对稳定,该价格与菜鳗收购价年度变化均表现为前高后低,其中,日本鳗收购价为220～270元/千克,欧鳗收购价为145～170元/千克;菜鳗收购价基本保持在110～135元/千克。在出口带动下,全年投放各类鳗苗近7000万尾,产量0.49亿千克。

南美白对虾养殖　南美白对虾养殖面积6741公顷、产量0.57亿千克,分别比增26%、33%,收购价为10～25元/千克,年产值18.3亿元。

海带养殖　养殖面积4652公顷,产量近2.11亿千克,比增11%,每千克售价7.6元,年产值16亿元。

海参养殖　海参养殖主要分布在连江县、罗源县及福清市,年产量约3225千克。全市海参加工生产能力粗具规模,年内省厅补助新建4条海参生产线。南方海参育苗技术获成功,共培育海参苗8000多万粒。

观赏鱼　全市观赏鱼养殖场近60家,产品100余种,其中,福州金鱼主要销往上海、美国及东南亚等地,年销售额达3000万美元。2012海峡(福州)渔业周暨第七届海峡(福州)渔业博览会期间,围绕福州金鱼养殖产业发展,举办首届世界金鱼大赛、亚太水族联盟会议等活动,向世界推介福州金鱼,期间福州金鱼成品交易额达100多万元,订单交易达600多万元,并获世界金鱼大赛总冠军。

休闲渔业　闽侯县、永泰县、闽清县、晋安区等县(区)申报7家"水乡渔村"项目,通过市级验收5家。至年底,全市通过省级认定的"水乡渔村"项目11家。

【水产加工业】　全市亿元以上水产加工企业36家,其中海壹食品产值达13.6亿元。鲍鱼加工量稳步增长,有冻品、即食、常温保存等品种;以胜田(福清)食品有限公司、福清宏峰泰有限公司、连江官坞海洋开发有限公司为代表的多家企业,新建9条海参生产线,新开发即食冻海参,海参罐头等产品。海洋药物取得一定进展,福州宏东食品有限公司研发的鲨鱼软骨素取得保健品批号;福建海兴保健食品有限公司与福建医科大学合作,完成辅助降血脂的"海众宝"商标血脂康胶囊产业化开发。

【远洋渔业】　全市投产的自有远洋渔业渔船254艘,比增58艘,年内获农业部批准的远洋渔船船网工具指标116艘,在建108艘。向国家发改委、农业部申报2012年海洋渔船更新改造项目获批的远洋渔船96艘,总投资10.57亿元,获中央投资补助2.52亿元。全市外派远洋渔船276艘,远洋渔业产量2.116亿千克,比增15%;产值20.68亿元,比增17.7%。

9月15日,福州市被中国远洋渔业协会授予"中国纯天然远洋渔业产品产销基地"称号

【渔业监管】 水产品质量安全监管 开展三级抽检工作,农业部、省厅及市本级三级抽样检测478批次,合格率95.26%。产地抽检190批次,合格率100%;流通环节211批次,合格率90.99%。抽检水产苗种39批次,合格率76.9%,比增12.7%;立案查处6起,销毁问题苗种36.7万尾,罚款1万元,对不合格产品生产单位执法查处率达100%。开展流通环节水产品快速检测6次,检测水产品450批次,发现不合格样品1批次,移送相关部门处理。协助马尾海峡水产品交易中心,开展每日水产品快速检测50~60批次,开展每月水产品药物残留快速定性检测20批次。新增第二批可追溯试点养殖企业5家。印刷水产养殖、水产苗种生产记录本5000本。接市民举报和市食安办移送的案件14起,全部办结。

渔业安全生产管理 召开渔民警示教育会32场,参加人员1.22万人次,发放宣传材料5.42万份,发送手机短信10.5万条。加强海上应急指挥系统建设,升级换代手持终端CDMA设备2518台;全市60马力以上渔船全部安装渔业船舶自动识别管理AIS系统。加强渔港标准化建设,开展渔船行政执法和安全检查,登临渔船检查4200多艘(次)。

【渔业惠民政策】 燃油补贴 2012年中央下达福州市2011年机动渔船石油价格改革补贴资金约52679万元(不含平潭,下同),拨付到位51779万元,占渔船油补资金总数的98.3%。

政策性渔业保险 渔业互保继续列入农业部试点,全市渔工25362人,60马力以上渔船1653艘全部投保,投保率100%。海洋渔工责任保险投保渔工2.43万人,占应保渔工数的100%,其中连江1.27万人,长乐3782人,福清2766人,闽侯1043人,仓山334人,马尾415人,罗源3320人,签单保费804万元。60马力以上海洋渔船保险投保渔船1571艘,占应保渔船的100%,其中连江971艘,长乐490艘,福清40艘,闽侯61艘,马尾9艘,签单保费为724.96万元。

标准化池塘改造 继续利用中央、省级渔业和财政部门支持标准化水产养殖池塘改造政策,完成改造项目32个,改造面积393公顷,补助资金570万元。

渔港建设 2009—2013年规划渔港建设项目35个,其中建成6个,在建5个,未立项24个。

海洋与渔业培训 举办各种培训班61期,免费培训渔民和技术人员计6513人次,其中,水产品质量安全培训班16期1279人次,船东船长安全责任培训班22期2845人次,远洋渔工培训20期1965人次,基层科技人员再教育培训班2期210人,四等职务船员和普通船员培训班2期314人。

【科技兴渔】 渔业技术项目 开展项目有:农业部"福建罗源湾网箱养殖海水鱼刺激隐核虫病监测"等国家级项目;省海洋与渔业厅"海水鱼主要寄生虫病综合防治技术研究""鲍苗软颗粒饲料的研制",省发改委"中科红海湾扇贝的引种与试养",省水技总站"鲍参藻网箱立体生态养殖示范""金鱼可控生态养殖技术示范"等省级项目;市科技局"日本海葡萄引种与驯养""鲍病防治药物筛选""鲍参藻网箱立体生态养殖示范",市海洋与渔业局"马鲛鱼人工试养"等市级项目。

海洋与渔业环境监/检测 完成罗源湾、定海湾、敖江口、闽江口、长乐沿岸等重要海域不同项目的海洋环境常规性与趋势性监测;完成"闽江口海湾环境质量监测""闽江口赤潮监控区监测""陆源入海排污口监测""长乐沿岸海水入侵监测""闽江入海污染物总量监测""闽江咸潮上溯监测""长乐沿岸海洋垃圾监测""闽江入海口水环境质量监测""罗源湾海水水质监测通报"9项监测任务。开展监测采样170多航次、采样人数800多人次,监测检测样品数1460多份,监测检测因子1.3万多项次,出具技术报告305余份。

渔业病害检测与防治 在罗源湾、琅岐和雄江设立9个固定监测点和16个联系点,针对大黄鱼、鲍鱼、草鱼等主要养殖品种,进行长期动态病害监测预报。6月大黄鱼暴发刺激隐核虫病、瓣体虫病期间,每周到生产一线了解情况、检测病原、指导养殖户开展疾病防控工作。全年现场病害检测32次,电话了解病害情况76次。编制12期针对大黄鱼、真鲷等海水网箱鱼类和鲍鱼、紫菜、草鱼等多个品种的病害预测报。配合"福州金鱼"品牌打造,基本摸清金鱼养殖的流行病学,尤其是每年5、6月和10、11月金鱼"鱼瘟"季节的主要病原和防控技术。

【综合执法】 海洋监察 全市海监立案97起,处罚金额达1.1亿多元,立案数、罚款额分别比增22%和123%。海洋岸线巡查共派出执法人员4655人次;出动执法车辆659辆次,车程86270公里;出动执法船艇238航次,航程29178海里,检查各类用海项目967个。查获非法采砂船舶81艘次,收缴罚没款580多万元。与马祖海巡队联合开展连江—马祖海上协同执法专项行动,出动执法船艇5艘,查获9艘海上非法从事捕捞和采砂的船舶。

渔政渔监 立案查处渔业案件152起,收缴罚金99.633多万元。开展港口检查行动258次,参加人数696人次,检查港口342个次,登临检查60马力以上渔船1023艘次,对89艘存在安全隐患的渔船发出整改意见书,整改到位76艘,整改率达85%;登临检查60马力以下渔船3234艘次,责令现场整改48艘次。开展海上巡查行动99航次,参加海上执法人数712人次,登临检查渔船406艘次,查处各类违法船只84艘次。开展水产养殖业巡查执法124次,出动执法人员395人次,检查各类养殖场137家次。配合农业部、省级水产技术部门开展产地、市场水产品抽样检测工作,出动执法人员96人次,配合完成下达的水产品质量安全监督抽检任务367批次。结合"爱鸟周"和"野生动物宣传月"开展水生野生动物保护宣传活动,活动期间与餐饮业者签订《水生野生动物保护承诺书》75份,分发宣传图册、宣传材料340份。在福州市区、罗源县、闽清县开展以经营利用水生野生动物的集贸市场、宾馆、酒楼、饭店等为主要整顿对象的专项执法行动36次,查处5家违法经营单位,查获并放流国家二级保护动物花鳗鲡6只、省级保护动物中国鲎15只。

渔船检验 检验渔船9418艘次;完成渔船图纸审查59套;代检船用产品

36件。推进渔船“小改大、木改钢”工作。对全市21家资质渔船修造企业和3家救生筏检修站进行全面检查。

【海峡渔业周】 2012年海峡(福州)渔业周·渔业博览会展会面积4万平方米,布设标准展位2048个,境内外参展企业537家,分别比增81.8%、78.4%、49.2%。展会规模位居全国渔业专业展览第二位。活动期间,福州市水产企业与境内外相关企业签约项目38个,金额102.7亿元,比增59%,首次突破百亿大关。同时举办中国—东盟渔业投资与贸易洽谈会、亚太水族联盟会议、海峡两岸远洋渔业座谈会和福州首届世界金鱼大赛等活动。福州市获“中国鱼丸之都”“中国纯天然远洋捕捞产品产销基地”等称号,福州金鱼获世界金鱼大赛总冠军。

新华社、《人民日报》、中新社、《经济日报》、中央电视台、香港凤凰卫视、《香港文汇报》、《香港大公报》、《台湾旺报》、《台湾经济日报》等80多家海内外媒体、160多名记者采访报道。中央电视台在二套财经频道“环球财经连线”、四套中文国际频道“海峡两岸”、九套英文国际频道“中国24小时全球新闻”栏目中播发相关新闻报道。中国网、凤凰网、中国台湾网、新华网福建频道、新浪福建、腾讯大闽网迪翁网站参与现场报道。

(李 颖)

水 利

【概况】 2012年,福州水利继续开展以水库建设、引调水工程、防洪排涝工程和中小河流治理及农村饮水工程、水土保持、水库堤防除险加固等为重点的水利建设,全年完成投入20.65亿元,占计划18.8亿元的109.84%。同时开展河道整治、水资源保护、水利工程运作管理、全国水利普查、水利行业行政审批等水行政工作。

【水利工程建设】 重大水利工程 实施项目24项,总投资152.7亿元,完成投资14.73亿元,占计划100%。有6项水利工程列入“五大战役”,完成投资6.48亿元,占年度计划120.80%。

农村饮水安全工程 列入市政府“为民办实事”项目之一,完成投资2.47亿元,解决32个乡镇50.14万人饮水安全问题。

病险水库及海堤除险加固工程 完成5座重点小(1)型水库和15座重点小(2)水库除险加固工程;开工7座一般小(2)型水库和41座小山塘除险加固。完成新一轮海堤强化加固一期工程5条10.79公里海堤的除险加固工作。

农田水利建设 完成农田节水灌溉建设面积4720公顷,占计划101.14%。建设农村小水利重点县项目2个,完成工程总投资5005万元,占计划100%。开展列入第六批全省初级水利化县项目的闽清县、马尾区初级水利化县建设。完成2011—2012冬春水利建设,共完成投资4.65亿元,占计划107.7%。

水土流失治理 完成治理面积1.13万公顷,占总任务的125.2%,其中“四绿”工程水土保持综合治理任务完成1673.33公顷,占任务的104.58%。各级财政共投入资金3446万元,其中中央投资480万元,省级资金2266万元,市级资金700万元。全市依法审批开发建设项目水土保持方案81个,其中市本级审批44个,县级审批37个。依法征收水土保持补偿费945.18万元,其中市本级征收174.17万元,县本级征收771.01万元。

【水行政工作】 水资源管理 配合省水利厅筹建水库水源地保护建设项目库,筛选水库21处,完成闽侯三溪口水库试点验收;完成大樟溪流域水环境保护条例立法调研和《福建省大樟溪流域水资源评价与供需平衡分析报告》编制;实施8处重要饮用水水源地水质监测;编制完成《2012—2014年闽江下游(福州段)河道采砂规划》,通过福建省水利厅审查;制定完成《闽江下游(福州段)2012年度河道采砂计划实施方案》,经福州市政府批转实施;建设水资源管理系统信息平台,编制完成《福州市水资源管理系统建设实施方案》;编制完成《2011年水资源公报》。依法征收入库水资源费313万元。

水利管理 规划编制方面,调整完善市水利发展“十二五”规划;协助省水利厅完成《福建省大水网规划》和《闽江北水南调平潭引调水工程规划》编制。水利普查方面,第一次全国水利普查工作基本完成数据统计工作,并进行数据整理、归档。河道管理方面,完成5条河道清水工程,完成投资649万元。闽江下游河道采砂管理工作方面,编制《闽江下游(福州段)河道监测报告》;发放采砂定额凭证311万立方米,办结37.6万立方米河砂的出口准运手续;查获违法采运砂船舶140艘,拆解拍卖40艘,上缴罚没款1200万元,全市取缔非法堆砂场103处。

行政审批 受理各类审查、审批项目141项,办结118项,有23项处于报告修编阶段。发出审查、审批文件118份,缴费通知6份,下放、合并26项行政许可项目和7项非行政许可项目共33项水利审查审批事项。

(陈 嘉)

防汛抗旱

【概况】 2012年,福州市遭受9次台风影响,比增5次;4次洪涝灾害,与上年持平。其中影响较大的有:“泰利”“苏拉”台风和“4·30”长乐、马尾暴雨洪涝、“6·24”福清暴雨洪涝、“8·5”连江罗源暴雨洪涝,其中“天秤”和“布拉万”、“苏拉”和“达维”是2对相互作用、相互影响的双台风。全市94个乡镇受灾,受灾人口达11.89万人,倒塌房屋231间,农作物受灾面积8253.40公顷,其中粮食作物4052.93公顷,经济作物损失4481.28万元。全市直接经济损失达2.95亿元,其中农林牧渔业1.34亿元、水利设施5774.4万元。

【防汛防台】 启动Ⅱ级应急响应1次,Ⅲ级应急响应5次,Ⅳ应急响应14次。

人员与预案准备工作 3月,按照防汛工作行政领导负责制规定,落实市、县两级防汛领导责任人和11座大、中型水库、101座小(一)型水库、45条城区防洪堤和万亩片江海堤防防汛责任人;按照"预警到乡、预案到村、责任到人"的防灾减灾机制,落实全市2480个村村级预案;完成中型水库汛期调度运用计划审查审批。

抢险队伍及物资准备 组织驻军抢险力量4780人,市直单位抢险队伍2104人。各县(市)区、乡镇、村组建以乡镇干部、村民组干、驻军、武警等为主的抢险队伍,明确抢险责任段和群众撤离方案。市、县两级在汛前清理、维修并补充防汛抗旱器材设备,市级防汛物资储备有麻袋3万条、编织袋16万条、冲锋舟28艘(其中市防汛仓库储备13艘、装备市武警支队10艘、市海警一支队5艘)。购置防汛橡皮舟10艘、救生抛投器6具等抢险救生物资装备市消防支队。

山洪灾害防治县级非工程措施建设 福建省下达给福州市8个山洪灾害县级非工程措施项目,年内开展闽侯、永泰、马尾非工程措施建设,完成福清、连江、闽清、晋安4个2011年山洪灾害项目建设初步验收,新增1个长乐市县山洪灾害项目,实施方案通过审查。建立防汛铜锣预警机制,全市4709个自然村配发铜锣。

防台防汛应急监测 市防汛抗旱指挥部成员单位应急值班,气象、水利、防汛、水文、国土等部门分工协作,监测台风与暴雨情况,发布预警预报。加强地质灾害隐患点排查,做好沿海在建工程项目防风、防浪、防潮工作。全年组织7.04万人次安全转移撤离。开展江河水库洪水调度和城区排涝调度,在主城区遭遇3场强降雨过程中,运用水库、内河、泵站水闸联合调度,有效减轻和避免主城区受涝。

【较大台风及洪涝灾害】 第9号台风"苏拉" 年内9个台风中对福州市影响最大。于7月28日8时在菲律宾以东洋面上生成,8月1日下午起,福州市沿海风力达8~9级,阵风10级,台风影响过程沿海瞬时最大风力达12级,沿海浪高达3~4米。台风影响过程正值天文大潮期,闽江口风暴潮潮位达4.2米,22时加强为强台风并启动防台风Ⅱ级应急响应。8月2日14时—4日8时,过程雨量超过200毫米的有3个站点,分别为福清东北部的占贝水库234毫米,黎洞水库220毫米,墓亭水库201毫米;100~199毫米有73个站点。3日22时将防台风应急响应调整为Ⅳ级应急响应,4日10时终止防台风应急响应。全市受灾人口达3.12万人,倒塌房屋13间,转移人口4.08万人,直接经济损达3700万元,其中,农作物受灾面积2106.67公顷、成灾面积1140公顷,水产养殖损失90.67公顷、0.094万吨,农林牧渔业经济损失2439万元。损坏堤防6处、0.04千米,损坏护岸30处、水闸6座,损坏灌溉设施83处,水利设施灾害损失914万元。

"4·30"长乐马尾暴雨 从4月30日14—20时,长乐鹤上镇降雨量达181毫米,首占镇降雨175毫米,吴航镇172毫米,营前136毫米,金峰131毫米,马尾130毫米。长乐的鹤上、首占、吴航、金峰等地低洼地带受涝,平均淹深达30~50厘米,最大淹深达1米,造成较大范围停电。马尾城区君竹路等多条干道受淹,平均淹深30~50厘米,最大淹深达80厘米,部分低洼地带民房进水,祖洲里、青州、上岐等村居局部淹深达1.5米。

"6·24"福清市暴雨 受西南季风和切变线共同影响,6月24日中午到夜里(11—23时)福清中北部和长乐南部的部分乡镇出现短时强降雨天气。有10个监测站降水超过50毫米,其中4个站超过100毫米,最大降雨量为福清音西街道累计降水量达203毫米。受短时强降雨影响福清龙江河道发生超危险水位的洪水,城区南门桥段最高水位达7.5米,超危险水位0.5米。福清城区局部地带受淹,部分路段水深达40~90厘米。暴雨洪水导致个别房屋倒塌,并引发3起土方滑坡,其中,石竹街道真丰村发生滑坡,土方量约40立方米;玉屏街道一中后山边坡发生滑坡,土方量10~15立方米;玉屏街道幸福社区山体滑坡,土方量2~3立方米。福清市有24个乡镇受灾,受灾人口达1666人,紧急转移人口410人,倒塌房屋37间,直接经济损失达5000万元。

"8·5"连江罗源暴雨 受"苏拉"台风后部的幅合带和急流影响,从8月4日晚到5日晨连江、罗源遭遇大暴雨袭击,2县共有12个乡镇低洼地带受涝,农田受淹,水利设施受损,交通、电力等中断,受灾人口2.75万人,转移0.77万人,倒塌房屋0.01万间,直接经济损失1.34亿元。

"9·13"福州城区暴雨 受高空槽和冷空气共同影响,9月13日午后到9月14日凌晨福州市发生暴雨到大暴雨,超过100毫米的有:仓山建新143毫米,连江下宫139毫米,闽侯荆溪112毫米、旗山112毫米,市区国棉厂109毫米、西河107毫米,市区大部分降雨都在80~90毫米。受强降雨影响,梅峰支路、福飞北路涵洞、甘洪路(大儒世家段)、二环路肺科医院段、五一广场大剧院后面、西洋路西洋公寓段、杨桥路与工业路的交界处等发生积水涝情。

(陈　嘉)

(编辑　吴　燕)

工　业

综　述

2012年，福州市工业总产值6353.3亿元，首次突破6000亿元大关，比增15.3%。规模以上工业完成总产值5890.6亿元，比增15.7%。规模以上工业完成增加值1436.4亿元，比增15.1%，增加值增速在26个省会城市中排第9位，居东部沿海省会城市首位。福州市工业经济综合效益指数达264.4%，比增16.7%。实现利润总额331.6亿元，比增13.7%，超全省增速4%。工业用电量178.96亿千瓦时，比增2.2%。捷联电子、华映光电、海峡钢铁集团、金纶高纤、力恒集团5家企业和福州电业局产值超百亿，纺织化纤、轻工食品、机械制造3个千亿产业进一步做大，冶金建材、石油化工2个产业加速发展。

落实工业企业服务政策　一是出台《福州市人民政府关于贯彻落实省政府促进工业稳定增长系列政策的实施意见》《福州市人民政府关于扶持小微企业发展的若干意见》；二是发放《惠企政策摘要选编》，帮助企业了解国家、省、市促进发展的各项政策；三是组织开展各项扶持政策兑现工作，为企业争取国家和省级技改、节能、贷款、新兴产业等各项扶持资金约3.4亿元；四是促进融资性担保机构发展业务，167家融资性担保公司为12251家企业提供融资担保293亿元。新设立的5家小额贷款公司为1626家中小企业发放贷款28.7亿元；五是协调支持富春通信、腾新食品2家企业上市，昇兴集团、三奥信息2家公司通过证监会发审委的批准，并待发行；六是落实涉企收费减免政策，减轻企业负担5.6亿元；七是支持地产品甲控、甲供（指由甲方或业主方核定价格或提供材料）项目金额达13.8亿元，带动本地企业宏观销售5.13亿元；八是组织福州市企业参加2012年泛珠三角区域合作经贸洽谈会，广州商品博览会、郑州商品交易会、新材料产业博览会和国际农业机械展览会等经贸活动。

推进央企民企项目对接　新签央企项目12项，总投资300.5亿元。其中，神华集团罗源湾煤港电一体化、中铁隧道盾构机、中科院广州化学研究所锂电池隔膜新材料、中石油渤海装备福建钢管制造等13个央企项目动工建设，完成投资20亿元。促成2011年签约民企项目落地，举办“7·13”福州市珠三角民营企业产业项目洽谈会，新对接87个项目，总投资939.7亿元，美得石化、山力化纤、吴航不锈钢技改、锦源纺织、翔隆彩纱、东湖科技园、软件园动漫等55个项目开工建设，开工率63.2%。2011年对接的68项民企项目开工建设56项，开工率82.4%。

加快工业重点项目建设　全部工业固定资产投资完成829亿元，比增23.8%。推进189项工业转型创新重点项目建设，完成投资350亿元，其中，对投资10亿元以上的天辰耀隆、宝钢德盛、经纬新纤、恒申合纤等47个工业大项目实行专人负责。天辰耀隆己内酰胺等61个项目开工建设，金纶高纤三、四期，恒申合纤一、二期，长源纺织技改，鑫东华纺织等99个项目竣工投产。省级新增长区域发展战役重点项目245项，完成投资727.6亿元，超年度计划61.7%。市级新增长区域发展战役重点项目192项，完成投资443亿元，超年度计划35.4%。开展福州临空经济区产业布局规划，发展航空产业和现代服务业，打造集临空产业、优势产业、休闲旅游、商务会展、总部经济于一体的综合性新型临空经济区。

提升企业自主创新能力　组织99家企业申报省战略性新兴产业企业，全部通过认定；组织61家企业申报国家战略性新兴产业骨干企业，认定32家，数量居全省首位。组织开展企业技术中心创建工作，认定23家市级企业技术中心、7家省级企业技术中心，捷联电子等5家企业申报国家级企业技术中心。实施121项产学研合作项目。参加第十届“6·18”海峡项目成果交易会，征集技术需求50项，对接项目80项。福耀玻璃获评国家技术创新示范企业，成为2012年全省唯一获评企业。组织开展优秀新产品参评工作，12项获省优秀新产品奖、13项获市优秀新产品奖。推动工业设计产业发展，组织宜美电子等5家企业参评中国优秀工业设计奖。引导企业争创品牌，冠城大通股份有限公司、福建亚通新材料科技股份有限公司、福建省金纶高纤股份有限公司、福建榕基软件股份有限公司、福建海源自动化机械股份有限公司5家企业获首届福州市政府质量奖。

推动信息产业发展和“两化”融合 协助福州市政府与省信息化局签订《关于共同推进福州市信息产业科学发展新跨越的战略合作协议》。参与编写省信息化局《福建省关于加快推进物联网信息识别产业基地建设的实施方案》福州部分。编制《福州市三网融合试点工作总体实施方案》,建立三网融合协调小组例会制度和信息通报制度。重点培育新一代信息技术产业,加快推进中国联通云计算产业园基地、中国移动云计算中心、普天国脉研发生产基地、中星微电子监控产品、台湾联华神通与南威软件自动售检票系统、福顺微8英寸集成电路等一批项目。推进信息化和工业化深度融合,实施“两化”融合示范项目20项;组织福大自动化、中铝瑞闽、华映科技、长乐长源纺织、力恒锦纶5家企业参评国家级“两化”深度融合示范企业。

推进节能降耗工作 万元地区生产总值能耗为0.526吨标准煤,下降3.43%。重点推进工业、建筑、交通、农业、商贸、机关六大领域节能,淘汰落后产能项目11个。开展万家企业节能低碳行动,推广节能灯200万盏,并将节能产品列入《2012年福州名优产品目录》推广使用。

拓展经济技术协作领域 开展泛珠三角区域经贸合作和闽浙赣皖(福州)经济技术协作区经贸协作。组织开展第五批援疆、第六批援藏项目实施工作和重庆万州区对口支援工作,落实援疆、援藏资金3.99亿元。

加强行业管理和工业安全生产 工艺美术行业成功申报“中国脱胎漆器之都”“中国寿山石文化之都”,成功举办“海西金蓝领”杯工艺品雕刻(木根雕)职业技能竞赛。重点落实市经济技术协作中心、市物资协作公司、市轻工房地产公司和福州啤酒厂的撤销关闭和职工安置工作及福州造纸厂改革善后工作。落实安全生产目标管理责任制,推进企业安全生产标准化建设,完成1844家规模以上工业企业安全生产标准化三级达标创建工作。加强对全市民爆行业的安全监督检查。

(张晓江)

机械冶金

【概况】 2012年,福州市机械冶金建材行业规模以上企业完成产值1919.4亿元,比增11.9%。其中,机械行业规模以上企业434家(产值亿元以上企业209家),完成产值1008.9亿元,比增10.8%,占全省机械工业比重达22.71%;冶金建材行业规模以上企业271家(产值亿元以上企业96家),完成产值910.6亿元,比增18.7%。

10月15日,在首届中国·闽侯根雕艺术博览会上,来自海峡两岸的选手正在PK (杨婀娜 摄)

【金属制品业】 完成产值75.7亿元,比增13.5%,其中,升兴(福建)集团股份有限公司完成产值10.24亿元,比增10.24%;福州德通金属容器有限公司完成产值9.58亿元,比增21.88%。

【设备制造业】 *通用设备* 完成产值118.8亿元,比增12.1%。其中,福州鑫环达重工科技公司完成产值2.1亿元,比增2.13%;福建科杰起重机械有限公司完成产值4.2亿元,比增55.7%。

专业设备 完成产值86.1亿元,比增15.9%。其中,福建乾达重型机械有限公司完成产值6.9亿元,比增66.6%;福建省轻工机械设备有限公司完成产值12.5亿元,比增72.8%;东北理光(福州)印刷设备有限公司完成产值6.7亿元,比增8.5%。

运输设备 完成产值103亿元,比增2.7%。东南造船、马尾造船、冠海造船、利亚船舶等14家规上船舶修造企业,年造船能力超百万载重吨。受国际航运市场不景气的影响,全市船舶制造企业生产放缓、效益下滑,船企面临转型升级。东南造船厂的海洋工程船交船30艘,产值23亿元,其中出口3.07亿美元;马尾造船厂的海洋工程船交船18艘,产值20亿元,其中出口2.8亿美元。

【汽车制造业】 全市有东南汽车、戴姆勒汽车、新福达汽车等88家规模以上汽车整车及配套生产企业,完成产值271.2亿元,比增5.2%,整车产量12.7万辆,比降3.4%。其中,东南汽车产量10.7万辆,比降3.1%,完成产值78.2亿元,比降10.8%;奔驰汽车产量8857辆,完成产值47.9亿元,比增15.6%。9月,东南汽车公司品牌第一款自主研发车型V5菱致正式上市。

【电气机械及器材制造业】 完成产值294.9亿元,比增15.5%,其中,泰明电力、永强力加、力鼎动力、联合动力、利莱森玛、金飞鱼柴油机等33家发电机制造企业完成产值149.2亿元,现价增长

28.3%，出口交货值82亿元，现价增长4.6%。以大通机电、通尔达电线电缆、瑞鑫集团为主的电线电缆制造行业完成产值44.3亿元，现价增长6.7%。以天宇电气、亿力电器、山亚开关、天一同益为主的配电开关控制设备制造行业完成产值26亿元，现价增长25.6%。内燃机行业面临南安、重庆类似产品的竞争压力，急需尽快转型升级，提升产品质量与自主研发能力。仪器仪表制造业完成产值43.9亿元，比增7.6%。

【冶金行业】　黑色金属冶炼及压延加工业　38家规模以上企业完成产值511.5亿元，比增16.7%。钢及钢材产量1357.6万吨，比增15.6%，其中，宝钢德盛不锈钢、海峡钢铁集团、吴航不锈钢、中国国际钢铁、三钢小蕉罗源分公司五大企业占行业比重71.8%。由于市场需求不足，2012年钢材整体价格低位波动，导致钢铁行业总体陷入亏损。

有色金属行业　中铝瑞闽、南方铝业、奋安铝业等16家规模以上企业完成产值112.9亿元，比增12.7%，其中，铝材产量42万吨，比增17.3%。

【建材行业】　规模以上企业完成产值286.1亿元，比增25.4%。全市水泥产量550.9万吨，比降0.9%。65家陶瓷企业完成产值64.3亿元，比增15.4%，受燃料价格、国际船运费用、员工工资等综合成本大幅上涨以及人民币持续升值影响，陶瓷企业出口增长乏力。

（陈少华）

电力工业

【概况】　2012年，福州电网供区面积1.21万平方公里，供电人口711.53万人，供电户数263.27万户。拥有35千伏及以上变电站174座，其中，220千伏变电站29座、110千伏变电站108座，主变330台、总容量2008.54万千伏安；35千伏以上输电线路总长4614.11公里，10千伏输电线路4239.25公里。

【电力供应】　福州地区电网主要依靠省网络供电，域内中小型电厂总装机容量979.2兆瓦，其中，水电容量529.53兆瓦，风电容量412兆瓦，其他容量37.67兆瓦，所占比例分别为54.08%、42.08%、3.84%。

福州地区有500千伏、220千伏电压等级主干电网2个，其中，500千伏电网内有福州变、东台变、洋中变变电站3座，变电总容量450万千伏安。500千伏主网电源由连江可门火电厂（4×60万千瓦）、福清江阴火电厂（2×60万千瓦）、闽清水口水电站（7×20万千瓦）支撑，通过6回500千伏线路，西与水口水电站，南与泉州、厦门，北与宁德、浙北联络，电网架构形成三向延伸、南北贯通、布点均匀的链式结构。220千伏电网以500千伏变电站作为主电源点，并辅以东部长乐华能电厂（272万千瓦）、西部水口水电站作为补充，形成双回多环、南北拓展、分区供电的网架。

全社会用电最高负荷529.1万千瓦，比增2.81%，网供最高负荷为506.46万千瓦，比增1.96%。全社会用电量305.13亿千瓦时，比增3.58%，其中第一、二、三产业以及居民生活用电量分别是4.8亿千瓦时、184.44亿千瓦时、50.71亿千瓦时、65.18亿千瓦时，分别比增17.08%、2.06%、5.63%、5.53%。售电量280.98亿千瓦时，比增1.17%；最高负荷529.1万千瓦，比增2.81%；综合线损率4.68%，供电可靠率99.97%，电压合格率99.94%。

【电网建设】　投入资金21.22亿元，其中主网8.95亿元，配网12.27亿元，较上年基本持平。主网方面，新、扩建昆石变、港区变、顺宝变、黎明变等35千伏及以上电压等级变电站28座，变电容量275万千伏安、线路353.8公里，分别比增366.7%、52.7%、120.3%，14项电网跨越工程，提前投产输变电工程5项，项目开工完成率100%；新增开工智能变电站建设2项。配电网方面，选取鼓楼、台江核心区域及仓山会展岛（总供电面积约26.45平方公里），开展智能配电网示范区建设。通过网架优化、设备改造、自动化推广，实施状态检修和电缆不停电作业，推广抢修指挥平台应用，实现户均故障年平均停电时间降至5分钟以内，电压合格率提高到99.98%。新建及改造10千伏线路274公里、配变483台，更换低压线路330公里。线路缆化工程方面，完成东郊—鼎屿、东郊—泮洋、建新—浦上等7项110千伏线路缆化工程，线路总长17.54公里；完成福马路、屏东路、中山路等23条道路10千伏缆化，道路总长33.47公里。

【新农村电气化建设】　完成农网升级改造投资9.12亿元，新建、扩建35千伏及以上变电站20座，容量72万千伏安；新建35千伏及以上线路228公里；新建和改造10千伏配变1457台、容量42.9万千伏安，10千伏线路1223.4公里；改造低压线路1281.41公里。完成新农村电气化乡镇10个，电气化村140个。罗源供电公司获省科技进步县称号，连江供电公司创建“国家电网一流县供电企业”，平潭供电公司新农村电气化建设通过省政府组织验收，闽侯供电局关口村西山公用变工程入选国家电网公司2012年度“农网百佳示范工程”。

【技术创新】　投入科技开发费用2487万元，比增90%。参加第七届中国国际发明展览会，“单相电能表防窃电研究”成果获金奖并取得5项国家专利授权，“无人飞行器电力巡线混合通讯系统”“地区配网主接线系统与故障仿真系统的开发与应用”“配电智能巡检管理系统”获银奖，“电力巡检无人直升机专用光学吊舱”“变电站操作全过程危险点警示预控系统”获铜奖。参加第七届海峡两岸职工创新成果展，“变电运行操作票智能化诊断系统的开发与应用”项目获金奖，“折叠式带电作业安全遮拦的研制与应用”获银奖。“变电站KYN开关柜专用操作机器人研制与应用”等6项科技成果通过专家评审，均达到国内领先及以上水平。全年申请专利49项，授权专利24项。

【安全生产】　落实“背安规、熟现场、填两票、懂救护”的安全工作基本要求，推进“安全年”活动。检查安规执行、农电安全等方面，加快应急指挥中心建设，提升应急基干分队管理与装备水平。开展输电网安全性和新一轮农电安全性评

福州电业局客户经理向客户讲解一次告知书的内容

价工作,推进安全生产标准化创建工作。全年未发生电网、设备、火灾和恶性误操作事故,实现连续安全生产2009天,实现年度内3个百日安全记录,完成安全生产标准化一级达标企业申报。

【客户服务】　全面推广"你用电、我用心"的服务理念,围绕"创先争优·用心服务"十大工程,持续开展全流程客户满意度评价活动,实施服务提升举措28项。建立供电服务三级预警平台,制定三级响应行动措施,发出优化用电提醒1300份。成立用电片区经理服务队,开展"一区一栏一卡"活动,降低抄表差错率,实现欠费复电及时率100%。推进"低压业扩移动平台"工作,简化报装接电流程,完成7560户"一户一表"改造及19个保障性安居住房配套供电设施建设。开展"保增长、保电量、进企业、进社区、进农村"专项活动,解决635个客户44类问题。深化复合缴费方式应用,拓展便民服务站、移动POS机、"空中充"和电费充值卡等缴费方式,设立行政村缴费网点2593个,"村村设点"覆盖率100%。实施农村用电强基固本工程,处理隐患63处,新装、更换三级漏保1235台。完成"5·18"海峡两岸经贸交易会、"6·18"海峡项目成果交易会、中高考、省市"两会"、第87届全国糖酒会、2012年央视中秋晚会、国际公路自行车赛等218项保供电任务。

(姜　炜)

医药化工

【概况】　2012年,医药化工行业规模以上企业完成总产值243.91亿元,增长51.55亿元,比增24.8%。其中,医药制造业完成产值63.22亿元,比增11.7%;石油加工及炼焦业完成48.85亿元,比增32.3%;化学原料及化学制品制造业完成131.84亿元,比增27.7%。

福抗药业公司完成产值10.18亿元,比降0.2%,实现利润1240万元,比增49%,金霉素生产542吨,比增92%,7-ACA生产27吨,比减57.8%。北京同仁堂健康药业(福州)有限公司完成产值8.53亿元,比增1%,实现利润2.07亿元,比减18.5%,中药饮片加工量减少。海王福药完成产值6.45亿元,比增7.5%,实现利润5985万元,比增7.1%,注射液(化药)生产2.77亿支,比增284%。福建南少林药业有限公司完成产值4.79亿元,比增97.9%,实现利润3877万元,比增1%,注射液(化药)生产3.04亿支,比增88.1%。丽珠福兴医药完成产值4.51亿元,比增9.7%,实现利润3494万元,比减29.8%,苯丙氨酸生产2476吨,比减25.1%。福州闽海药业有限公司完成产值2.65亿元,比增1.9%,实现利润2124万元,比增14.4%,胶囊剂(化药)产量增加。

德胜能源完成产值18.5亿元,比增34.05%。双强公司完成产值7.7亿元,比增12.7%,实现利润9489万元,比增50%。一化公司完成产值2.3亿元,比增0.1%,实现利润5586万元,比增1.2%,出口交货1.22亿元,比增5.2%。耀隆公司继续停产搬迁。

【政策扶持】　组织企业申报2012年度国家中药材生产扶持项目,其中福建金山医药集团公司的泽泻项目获国家工信部资金扶持,是福州市中药企业首次获该项国家资金扶持。组织企业申报2012年度省中药材生产扶持项目,其中福州海王金象中药制药公司桂龙咳喘宁片的开发和产业化与福州闽海药业有限公司骨伤特效药跳骨片的产业化获资金扶持。组织企业申报2012年度省战略新兴产业扶持项目,其中迈新生物获省级财政扶持。组织福州医药企业申报省战略新兴产业骨干企业认定,福州海王福药制药有限公司、福建梅生医疗科技股份有限公司、福建广生堂药业股份有限公司3家企业获第1批认定。组织专家对辰星药业、闽海药业、金陵药业、海王金象4家企业扶持项目进行验收,全部通过。

【重点项目建设】　福州耀隆化工集团公司与中国天辰工程公司合资成立福建天辰耀隆新材料公司,建设20万吨/年己内酰胺项目,总投资46亿元,5月17日动工,完成投资17.009亿元,完成1号、9号地块软基处理工程、储罐区和装置区桩基处理工程。为延伸BOPP产业链,解决聚丙烯来源,中国软包装集团公司与福建中景石化公司、福建中江石化公司合作建设PP生产装置,中景石化公司35万吨/年聚丙烯项目完成投资7亿元,中江石化项目35万吨/年聚丙烯项目完成投资6.02亿元。为解决丙烯短缺,福建景城实业公司与福州天浩贸易集团公司合资设立福建美得石化公司,建设66万吨丙烷脱氢项目完成投资6.33亿元。以上项目均位于福清江阴工业集中区。

【技改搬迁】　医药企业实施新版GMP技改项目6项,计划总投资29亿元,完成技改投资5亿元。其中,海欣公司建设年产2.5万吨VE生产线项目,完成投资2.5亿元,年底投产。其他5个技改项目完成投资2.5亿元,分别为福抗药业新医药产业基地,海王福药连江第二生产基地,迈新生物公司肿瘤病理诊断试剂的产业化及自动化,丽珠福兴医药新修订药品GMP改造及建设新药生产线、新药研发平台,金山医药连江健康医药园。

耀隆化工集团公司福清江阴一期项目完工,完成投资5.0亿元,项目累计完成投资17.0亿元,建成年产40万吨联碱,氯化铵40万吨,20万吨合成氨装置,年底试运行。东南电化完成投资12亿元,项目累计完成投资26.5亿元。TDI装置土建完成98%,安装完成33%,辅助装置土建完成87%;烧碱生产装置土建完成98.5%,安装完成35%;PVC装置土建完成96%,安装完成38%;乙炔装置及管廊土建工程完成86%,锅炉烟囱完成90%;110千伏总变及外线工程、排水泵站、原水处理、道路基本完工。

【安全生产】 全面落实企业生产责任制,全年安全无事故。鉴定一化油洋水库安全等级为二级,督促其安全整改,审核转报油洋水库汛期的水位调度计划,并监测其安全运行。推进安全标准化建设,参与工业企业的安全标准建设评定工作,完成56家医药化工企业的评定。参与安检6次,全年安全生产无事故,因工死亡事故控制在0.1‰,因工重伤人数控制在0.1‰以下。

（翁锦昕）

电子信息产业

【概况】 2012年,福州电子制造业完成产值731.6亿元,比增6.4%。出口对产值的贡献率52.5%。主要产品中,液晶显示器、液晶投影仪、POS机、瘦客户机、打印机、手机电池等产品产量位居全国前列。联迪商用设备、瑞芯微电子、升腾资讯、邮科通讯、三元达通讯等成长型中小企业保持30%以上增幅。福州软件产业完成销售收入332亿元,比增23%。新增认定软件企业75家,登记软件产品768件。福大自动化、星网锐捷、国脉科技、新大陆电脑、福富软件5家企业成为全国软件百强企业。

表11　获“2012年福州市产品质量奖”电子信息产品

序号	企　业	产　品
1	福建实达电脑设备有限公司	票证打印机(针式)
2	福建鸿博光电科技有限公司	LED照明灯具
3	福州思迈特数码科技有限公司	车载智能信息终端
4	丽声助听器(福州)有限公司	助听器
5	福州慧丰机电有限公司	LED照明灯具
6	福州纳仕达电子有限公司	电子感应垃圾桶
7	福建博思软件股份有限公司	财政票据电子化改革管理系统V1.0
8	福建榕基软件股份有限公司	RJ－WISP榕基无线信息服务平台
9	福建省海峡信息技术有限公司	防火墙V3.5
10	福建省力禾电子工程有限公司	信息安全运行保障集中管理系统
11	福建省三奥信息科技股份有限公司	三奥数字播控系统
12	福州开发区星云电子自动化有限公司	星云锂电池组测试系统

【重点项目建设】 中国联通福建分公司项目建设用地确定;普天公司与国脉科技进入项目选址;福顺微8英寸集成电路芯片一期用地完成填方;兆元光电LED芯片项目车间、办公楼和宿舍完成打桩,1号车间1层楼建筑完成;中星微电子监控产品生产项目完成注册,入驻海峡工业设计创业园。

【企业获奖情况】 2月,星网锐捷、高意通讯、福建移动、华映光电、华映显示科技、华映视讯、捷联电子7家企业入选福建省发明专利有效数量前15名;星网锐捷有效发明专利数量在全省排名第一,其“网络安全防御系统、方法和安全管理服务器”获“福建省2011年度专利奖一等奖”。11月,三元达通讯、榕基软件入选国家第五批创新型试点企业。榕基软件、顶点软件、国通信息、海景科技、博思软件软件产品获“2012年中国国际软件博览会金奖”。新大陆通信、国通信息、星网视易、瑞恒信息、睿能电子、鑫诺通讯、福昕软件7家企业入选“2012年度国家火炬计划重点高新技术企业”。

【平板显示转型升级】 捷星显示公司全球最薄的液晶显示器4条生产线量产,其中1条生产线通过技术改造,成为可以同时生产液晶显示器和液晶电视的双产品生产线。华映光电公司触控面板一条龙项目投产。科立视项目厂房及办公楼建设完工,进入设备安装。欧浦登光学、高意科技等公司分别与康宁公司合作,生产触控玻璃。海西新型显示器件与集成协同创新中心成立,开展新型显示核心材料等方面攻关。

【POS机产量增速】 联迪商用、升腾资讯、新大陆电脑POS产品的销售收入上升。在2012年中国银联POS机7个产品包的招标中,联迪商用公司中标5包,在国内市场占有率保持第一,并入围支付宝等电子商务的移动POS业务。

【企业上市与融资】 3月,富春通信股份有限公司在深交所创业板上市。5月,三奥信息科技股份有限公司通过证监会创业板发审委审核。四创软件引入3家创投基金,分别增资2520万元、1800万元、1080万元;锐达数码公司获得福建新一代信息技术创业投资有限合伙企业增资3600万元。

【三网融合试点】 福州市三网融合试点工作协调小组成立,小组下设办公室,挂靠市经委。编制完成《福州市三网融合试点工作总体实施方案》,建立三网融合协调小组例会制度和信息通报制度。福建省通信管理局组建福州市通信发展管理办公室,福建省广电网络集团成立福州市分公司,共同推进三网融合试点工作属地化管理。福州市成为两岸产业合作无线城市、两岸 TD - LTE/TD - SCDMA/WLAN 试点城市,连接大陆与台湾的第一条海底光缆系统“海峡光缆 1 号”工程建设进展顺利。

【移动互联产业】 瑞芯微电子公司获国内集成电路设计领域最高奖项“中国芯”,在国内平板电脑芯片市场占有率保持第一,数字移动多媒体高端芯片及应用方案的技术先进性全球第二。网龙公司“91 无线平台”是全球唯一的跨多种终端和操作系统、资源最丰富的内容平台,用户数超过 1 亿,成为中国移动互联网领域首个用户数过亿的第三方应用分发平台,公司获“2012 年中国网博会——移动网络品牌奖”。

【软件产业及产品】 福大自动化、榕基软件、国通信息、亿榕信息等公司在国内工业控制软件、质检电子申报、邮政信息化、电力信息化等细分市场排名第一。四创软件、博思软件、星网视易的软件产品分别在防汛领域、财政票据信息化、嵌入式数字娱乐领域居全国第一。顶点软件、新意科技的产品在证券营销、清算等领域居全国第一。福富软件获“2011—2012 中国软件和信息服务业最具潜力奖”;在“中国软件出口和服务外包排行榜”上获“中国软件出口企业 20 强”;推出“智慧社区云平台”,在 2012 年中国软件产业发展峰会上获“中国十大创新软件产品”。新东网科技通过 CMMI5(能力成熟度集成模型最高等级)评估,福富软件、邮科通信、新东网科技 3 家企业通过软件能力成熟度模型集成最高级别认定。榕基软件获评首届“福州市政府质量奖”。

【云计算产业】 升腾资讯成立福建云计算终端及应用企业工程技术研究中心,伊时代信息成立福建省云安全企业工程技术研究中心,开展云终端、云安全等方面研究。锐捷网络推出云计算数据中心解决方案和云安全解决方案,是国内首个从芯片端开始支持云数据中心特性的网络设备厂商,并建设国内首个 40G 云计算校园网。由福建移动、福建福诺、福富软件等共同承建的福建省政务内外网云计算平台在榕正式开通,是全国第一个投入运营的省级电子政务云计算平台,为福建省各级政府部门提供电子政务基础设施、应用平台及软件集中化服务。

【动漫游戏产业】 全市原创动画产量 14866 分钟,居全国第 4 位,在全国 24 家动画基地中居第 3 位。《抗战奇兵》《风云奇队》《爱画画的嘟噜瓜》《多彩人生之和谐社区》4 部动画片获国家广电总局推优。时代华奥“海峡文化创意产业基地”入选国家文化产业示范基地。神画时代动画产量 10942 分钟,居全国十大原创企业第 2 位。天狼星动漫《手机小子》获国家动漫精品工程“新媒体动漫扶持”,是福建省唯一入选企业。网龙公司成为中国年度最受欢迎网游公司,产品《魔域》获“中国年度最受欢迎网络游戏”“最受欢迎 2.5D 网络游戏”“最受欢迎国产原创网游”3 个奖项。

【物联网产业】 福州市申请国家、省级物联网产业发展专项资金 1580 万元,涵盖社区管理、智能交通、智能电网、食品药品流通、农业生产等方面,其中欣创摩尔、鼎天农业、锐思软件 3 家企业入选“2012 年国家物联网发展专项”。新大陆公司研制成功第二代二维码“中国芯”,承办全国首届物联网技术应用大赛。海西物联网研究院在福州成立,主要从事高速公路超高速无线局域网、智能安防、智能医疗等领域的项目研发。

(林　捷)

轻纺塑料

【概况】 2012 年,福州市轻纺行业规模以上企业 823 家,完成工业总产值 2116.27 亿元,比增 24.1%(按可比价,下同),工业总产值占全市工业比重 35.92%,经济总量为 6 个行业之首。塑胶制品、鞋类及皮革制品、家具制造 3 个行业规模以上企业 336 家,完成工业总产值 681.42 亿元,比增 25%,比全市(现价比增 16.1%)高 8.9%,占全市规模以上企业工业总产值比重 11.57%。

(王　均　肖增华)

【纺织工业】 规模以上企业 376 家,完成工业总产值 1321.29 亿元,比增 30.9%,占全市规模以上企业工业总产值 5890.58 亿元的 22.43%,占全省纺织工业总产值 3502.37 亿元的 37.73%,福州纺织工业位居全省第二。其中纺织业 233 家企业,产值 601.46 亿元,增幅 29.2%;化学纤维制造企业 24 家,产值 299.91 亿元,增幅 42.8%;毛皮、羽绒制造企业 35 家,产值 319.53 亿元,增幅 27%;服装企业 84 家,产值 100.39 亿元,增幅 20%。

【食品及加工制造业】 规模以上企业 447 家,完成产值 794.98 亿元,比增 19.90%(按现行价)。食品和其他轻工两大类中,食品业规模以上企业 253 家,工业总产值 614.45 亿元,比增 11.9%:分别为农副食品加工业 444.7 亿元,比增 10.8%,食品制造业 92.3 亿元,比增 11.4%,饮料制造业 77.45 亿元,比增 18.2%;其他轻工规模以上企业 194 家,工业总产值 178.7 亿元,比增 19.5%。食品业继续位列福州市工业八大支柱产业第四。

(王　均)

【塑胶制品业】 规模以上企业 117 家,累计完成工业产值 256.07 亿元,比增 16%,占全省 25.9%,位居全省第一。管材类制造业支撑作用有所减弱,上半年受成本上涨、房地产调控政策等影响,部分企业增速放缓,个别龙头企业出现负增长。行业龙头福建亚通新材料科技股份有限公司完成产值 20.36 亿元,比增 7.24%,福建振云塑业股份有限公司完成产值 12.46 亿元,比降 6.8%。塑料复合膜及制品制造业原料价格波动较小,龙头企业福建思嘉环保材料科技有限公司完成产值 10.98 亿元,比增 42.94%。塑胶膜类制造业受市场价格下行影响,利润下降。

【鞋类及皮革制品业】　规模以上企业137家，完成工业产值319.53亿元，比增32.37%，占全省13.1%。福建清禄集团下属的5家企业完成产值92.81亿元，比增59.79%，祥龙鞋业完成产值9.41亿元，比增20.75%。全行业90%以上的产值为订单出口，但受用工成本上涨、人民币升值等多种因素影响，利润微薄。箱包制造业龙头祥兴（福建）箱包集团有限公司与阿迪达斯、耐克、NBA等品牌合作，开拓内销市场，推广"高原"品牌，完成产值38.90亿元，比增37.4%。

【家具制造业】　规模以上企业82家，完成产值105.82亿元，比增27.89%，占全省20.8%。一季度增长较为缓慢，5月后，受中央一系列稳增长、调结构的政策和措施影响，下半年家具行业增速明显，但受国际市场萎缩和其他国家同类产品竞争，人民币升值，原材料涨价等多重冲击，人工和销售成本增加，家具的价格虽明显上涨，但增产不增收，成本、税收创新高。　　　（肖增华）

【技术改造】　纺织企业以发展高性能纤维及其复合材料、高端纺织装备及高性能产业用纺织品为主要方向，逐步形成工艺、技术及装备等产业配套和规模生产能力。按照国家淘汰落后产能工作要求，推进轻纺行业产业结构升级。市城镇集体工业联合社全行业获市科技进步奖9项，获市优秀新产品奖4项，获市政府质量奖1项。其中思嘉环保公司的清洁能源沼气工程用红泥复合材料分别获科技进步奖一等奖和市优秀新产品特等奖，亚通公司获福州市政府质量奖，有2家企业项目获市科技进步二等奖，6家企业项目获市科技进步三等奖。福建恒杰塑业和福建和盛塑业有限公司2个新产品获福州市优秀新产品二等奖，福建亚通新材料的"埋地用聚乙烯双壁波纹管"获得福州市优秀新产品三等奖。有10家行业企业10个投资项目列入福州市2012年工业转型创新重点项目计划，总投资30.8亿元，其中结转项目8项，新开工项目2项，完成投资6.783亿元。"茶花 + cha hua 牌塑料餐厅用具""亚通 + 图形牌门、窗用未增塑聚氯乙烯（PVC－U）型材""思嘉红囊牌沼气工程用红泥复合材料"等11种产品获福建省名牌产品称号。行业企业获各类资金补助总计约1880万元，其中2011年增产企业流动资金贷款贴息约1022万元。产学研联合开发专项资金约120万元，企业节能与循环经济项目资金420万元，工业企业技改项目补助资金320万元。配合市科技局，筹建塑胶新材料产业技术创新联盟，确定联盟理事长单位、副理事长单位及秘书长单位。

福州市塑胶行业技术创新中心被福建师范大学授予"硕士研究生实习培训基地"，作为福建省塑料及橡胶行业人才培训、储备基地，协助省内塑胶企业及高校培养高分子材料、聚合物加工等专业的技术人员和学生（本科生、硕士研究生）的科研实践能力。4月、9月、11月，"中心"牵头组织福州塑胶企业参加"CHINAPLAS2012国际橡塑展"（第二十六届中国国际塑料橡胶工业展览会）、"2012年台湾国际塑料橡胶工业展会"、"第十二届中国国际橡胶技术（RubberTech china）展览会暨第三届汽车及工程用橡胶制品展"。

（王　均　肖增华）

工艺美术

【概况】　2012年，福州工艺美术行业进一步推进行业技术进步、技术创新和产品的市场拓展，加强产学研项目合作，先后组织重点企业参加"2012年闽台工艺美术精品（台北）交流展示会"等5场大型展会，并开展宣传交流，完成《福州手工艺三宝》一书的资料整理等工作。全年工艺美术行业规模以上企业完成产值89亿元，比增26.2%，出口交货值56.5亿元，比增19.5%。9月11日，在中国工艺美术行业年会上，福州市获"中国寿山石文化之都""中国脱胎漆艺之都"工艺美术特色区域称号。

【工艺美术传承与创新】　组织专题讲座和技艺点评工作。邀请资深漆艺家、同济大学教授阮界望为脱胎漆器行业从艺人员和定向委托培养的学生开展专题讲座。推进全国高等工艺美术院校福州漆艺、石雕、木雕根艺等实训基地的建设工作。接纳中央美院、广州美院、福州大学厦门工艺美术学院等各类专业院校100多名学生实习实践。发挥行业技术创新中心作用，加强与专业院校产、学、研项目合作。脱胎漆器行业技术中心与省工艺美术研究院合作开发的脱胎漆器一次成型工艺创新项目验收通过。完成省、市委下达的为中央党史博物馆制作的大型寿山石雕《古田会议会址》，和为老红军制作的漆画《母亲》等重要工艺作品的设计制作。组织百名工艺美术大师签订大师带徒授艺合同。推荐7家省级技能大师工作室获省人力资源和社会保障厅审核批准。开展第五届名艺人评

11月7日，举行百名工艺美术大师带徒签约仪式

选,评出各级名艺人131人,其中,特级名艺人24人、一级名艺人16人、二级名艺人91人。

【展会赛事】 组织行业重点企业参加省社、省学会举办的“2012年闽台工艺美术精品(台北)交流展示会”,开展两岸工艺美术界的学术交流与研讨。组织行业协会、重点企业、艺人参加第五届海峡两岸(厦门)文化产业博览会、中国莆田第七届海峡工艺品博览会、2012中国(杭州)工艺美术精品博览会、第八届中国四大名石雕刻艺术展等工艺美术专业展会。福州寿山石行业协会在三坊七巷雕刻艺术中心先后举办7场大师精品专展及优秀中青年雕刻家精品展。福州西园软木画协会、福州传承软木画公司在温泉公园艺博园举办“国家非物质文化遗产福州软木画保护成果展”及亲子互动DIY软木画活动。与闽侯县政府合作,举办2012年“海西金蓝领”杯工艺品雕刻(木根雕)职业技能竞赛暨第一届中国·闽侯根雕艺术博览会。

【宣传交流】 通过省、市媒体宣传,进一步扩大寿山石雕和脱胎漆器知名度与影响力。完成《福州手工艺三宝》一书的资料整理、编辑工作。翰墨金石寿山石会馆在北京北海艺术馆开业,成为在京展示寿山石文化的重要窗口。结合三坊七巷文化品牌与寿山石文化品牌,打造寿山石行业展示、接待、交流的公共平台,三坊七巷寿山石会馆正式落成。

【行业管理】 脱胎漆艺行业协会、寿山石雕行业协会参与“两都”(“中国寿山石文化之都”“中国脱胎漆艺之都”)申报、名艺人评选、专业技能等级考核评选、制定行业技术标准以及推荐申报大师工作室、大师带徒授艺、抱团拓展市场、对外交流合作等方面工作。推进福州市木雕根艺行业协会的筹建工作,完成发起单位和会员登记工作。市寿山石行业协会、市脱胎漆器行业协会分别吸纳新会员93人、50人。

(林智方　吴　薇)

(编辑　吴　燕)

城市建设与管理

城乡规划

【概况】 2012年，福州市城乡规划工作按照“东扩南进、沿江向海”城市发展战略，推进马尾新城等新城区规划编制，指导各县(市)编制规划，完成625个村庄规划编制任务。对2006—2012年170项规划编制历史项目进行全面梳理；制定《福州市控制性详细规划编制技术导则》等技术规范，促进南台岛等规划热点问题及时处理；对城区134个在建建设项目进行批后跟踪管理。

【重点规划编制】 总体规划报批　根据国务院各部委对福州新一轮城市总体规划的意见，3月29日市政府专题研究落实，12月18日住建部召开部际联席会议审查通过福州城市总体规划成果。完成大都市区规划初步成果。

控制性详细规划　完成横屿组团控制性详细规划、闽江北岸中央商务区控制性详细规划调整；开展南台岛控制性详细规划编制工作；制定《福州市控制性详细规划编制技术导则》，结合《南台岛控制性详细规划》作为试点进入实际操作阶段。

城市专项规划　组织编制中心城区地下空间利用专项规划、保障房用地规划、市直机关搬迁用地整合利用专项规划及东部商务办公中心交通规划，深化福州市山体保护规划。

交通市政基础设施规划　组织召开福州市区交通综合整治专家论证会和中国城市交通规划年会第二十六次会议。组织编制福州城市道路交通发展报告、立体停车库近期建设规划、出租车服务网点规划、中心城区近期道路交通改善研究等。配合开展内河整治工作，完成内河水系规划及内河整治规划。《福州市地下管线数据库数据生产建设项目》通过初步验收，推进“数字福州”建设。

历史文化名城保护规划　组织编制《福州市历史文化名城保护规划(2012—2020)》，根据市历史文化名城保护建设领导小组会议审议意见修改完善后于10月上报省政府审批。推进三坊七巷历史文化街区保护规划调整、南街传统商业街的更新保护改造规划；配合开展上下杭历史文化街区、烟台山历史文化风貌区保护规划的整治工作。

马尾新城等新城区规划　编制马尾新城总体概念规划、三江口组团城市设计、闽江口组团城市设计，完成最终成果上报省政府审批。推进马尾新城控规全覆盖与专项规划编制工作，数字规划馆及数字沙盘建设工作。推进南台岛、晋安新城茶会核心区等新区规划。

城市环境综合整治规划　制订福州市城市环境综合整治规划方案，组织编制环境综合整治工程综合设计导则、规划设计要求。组织编制杨桥路、台江路与五一南路、仓前路、马尾君竹路、火车北站南广场(广场周边)周边5个区的景观示范段(区域)整治规划及古田路—乌山路—白马路湖滨路—西宾西酒、五四北路—西北三环琴亭高架段、橘园洲大桥—乌龙江大道—国宾大道、浦上大道—南二环路—福湾路4条重要景观道路及火车南北站之间铁路沿线整治规划。

城市重点地段修建性详细规划与城市设计　组织编制海峡金融商务区城市设计、中央商务区城市设计、海峡奥体中心周边区域城市设计、南台岛概念性规划及重点区域城市设计、晋安新城茶会核心区城市设计、环南台岛滨江休闲路规划方案设计；开展闽江两岸景观提升规划咨询、中心城区色彩规划研究。

规划梳理　全面梳理2006—2012年170项规划编制历史项目，其中，继续深化项目17项、审结项目99项、终止协议项目21项、归档项目33项；结合城乡环境综合整治要求及召开城运会要求，编制、完善规划编制计划。

对各县(市)规划指导　指导和监督检查各县(市)村庄规划编制工作，10月底，全面完成全市625个村庄规划编制任务。开展省、市级试点小城镇的规划编制指导和技术审查工作，会同相关部门组成督查考核组，对13个试点小城镇完成情况开展督查考核。加强对北峰地区、长乐机场等区域的规划管理。配合有关部门开展鼓山国家级风景区相关规划编制及鼓岭景观整治工作；推进临空经济产业园区、闽台(福州)蓝色经济产业园、台商投资区规划编制工作。

【规划管理】 完善规划法规体系

推进《福州市城乡规划管理条例》和《福州市城市规划管理技术规定》修订工作,其中《福州市城乡规划管理条例》上报市政府审定。

规范规划审批管理 制定集中式商业审批的地方规划指引;规范地下空间利用管理;执行日照标准分析;促成旧有住宅增设电梯若干意见出台。配合市委、市政府推进修订市城市规划委员会制度及议事规则,制定市城乡规划局业务会制度。按照省住建厅菜单式审批流程要求,明确规划审批时限,优化审批流程。组织制订项目管理办法、控规及调整程序及分工的内部规定,规范规划编制项目管理和规划编制工作。

建设项目规划审批 全年收件3770项,办结3698项;核发《选址意见书》335项,选址面积2935.78万平方米;核发建设用地规划许可证120项,用地面积589.58万平方米;核发建设工程规划许可证140项,建筑面积630.79万平方米;核发建设工程规划许可证(市政)342件。出具工作红线图153件。完成总平面规划审批项目421件,出具规划设计条件项目136件。办理通过建设工程规划条件核实项目166件。

服务建设项目 办理市土地中心收储用地的《选址意见书》112幅,面积1438.73公顷。办理社会保障房用地项目37幅地块,选址总用地面积318.93公顷。办理福州高新区洪山园周边旧屋区改造地块、鼓楼科技商务中心西侧地块、上下杭历史文化街区地块、五一路状元地块、仓山片区地铁1号线沿线周边地块、海峡奥体中心及周边片区改造地块等19幅地块的规划审批手续,面积约74.07公顷。推进省直机关办公用房、新市行政中心、海峡群艺馆、向莆铁路、福州至平潭铁路、神华集团福建总部项目、中石化福建区域总部项目、宝钢福建区域总部项目、华润集团城市综合体等重点项目的规划审查与审批。

城市规划宣传和平台建设 福州市城市规划展示馆(临时)接待参观者逾6万人次,其中接待重要团体140个。推进展示馆新馆筹建工作,配合市建委推进展示馆新馆主体建设,基本完成新馆土建工程,配合代建单位完成策展方案征集、评选及策展内容大纲及布展单位的比选工作。年内规划网站专栏页面访问量达3.64万人次。开展规划法律法规宣传活动。开展城乡规划法咨询活动,发放规划法律法规读本,3月、8月在《福州晚报》刊登城乡规划法普法宣传文章。

规划信息化建设 开展规划信息一体化系统、办公自动化系统信息更新及维护工作,加强网上办事服务效能。规范规划档案资料查询、借阅、复印制度,完成建设项目审批档案归档1440项,整理档案17万页。

【规划监察】 加强批后跟踪管理,根据勘测机构修测报告,对城区134个在建建设项目进行批后跟踪检查。执行《福建省人民政府办公厅关于开展违法建设专项整治工作的通知》《福州市城区违法建设查处执法规程》,明确清理整治范围及重点,查处未批先建、先建后批、乱建抢建等违法行为。向社会公告第16批和第17批共58家违法建设名单,加强对三环沿线和城区主要进出城道路两侧及海峡会展中心、海峡奥林匹克体育中心、火车南站等工程周边区域违法建设的监控巡查力度。对105项违法建设项目罚款45.63万元,组织拆除73处违法建设,面积2.22万平方米。

(温贵平)

国土资源管理

【概况】 2012年,福州市国土资源管理围绕保护资源与保障发展的主题,加强土地调控,推进节约集约用地,有效保证全市经济社会发展的合理用地需求。全市公开出让土地403宗,面积1693公顷,成交价款246.07亿元;办理划拨国有建设用地使用权154宗,面积509公顷;协议出让46宗,面积218公顷,出让价款35.99亿元。福州四城区(除马尾区)通过招拍挂出让土地19宗,出让土地面积151公顷,出让土地成交价款66.291亿元,其中经营性用地17宗,出让土地面积150公顷,出让土地成交价款66.19亿元;工业用地2宗,出让土地面积1.39公顷,出让土地成交价款1010万元。五区七县批准的农用地转用和土地征收项目共236批次,面积3819公顷,其中四城区(除马尾区)批准农用地转用和土地征收项目55批次,面积777公顷,涉及农用地530公顷(耕地321公顷)、新增建设用地621公顷。

6月15日,市国土资源局在新浪和腾讯2家网站正式开通政务微博"福州国土资源"。至年底,关注者分别达26853人和15671人。

【土地利用总体规划修编】 福州市土地利用总体规划(2006—2020年) 根据各县(市)区耕地保有量和基本农田任务数调整情况,8月28日,将修改后的规划文本及图件上报国土资源部,完成审查并上报国务院审批。

闽侯县晋安区土地利用总体规划(2006—2020年) 省政府分别于6月14日、8月14日批准《闽侯县土地利用总体规划(2006—2020年)》和《晋安区土地利用总体规划(2006—2020年)》。

乡镇土地利用总体规划(2006—2020年) 审查长乐市、连江县、罗源县、闽清县、福清市、闽侯县、晋安区、马尾区共116个乡镇(街道、农场)土地利用总体规划成果并提请市政府批准。市政府分别于4—12月批准上述乡镇规划。

【土地整理复垦开发】 土地整理复垦开发制度 6月9日,市国土资源局、市财政局联合下发《关于开展优化农村土地整治项目管理试点的通知》,规定试点项目范围、项目管理模式、工程质量保证、资金安全高效4个方面内容,鼓励农业适度规模经营主体、农村集体经济组织和农户参与项目实施。10月15日,市政府办公厅下发《福州市人民政府办公厅转发市国土资源局等部门关于调整农村土地整治项目补助资金预算定额促进高标准基本农田建设的通知》,调整农村土地整治项目补助标准。

年度补充耕地和土地整理任务 2月,市政府就773公顷补充耕地与1333公顷土地整理任务与各县(市)区政府签订耕地保护目标责任书,明确将该项工作纳入各县(市)区年度绩效考核范围。7月3日,省国土资源厅、财政厅追加下达福州市1333公顷土地整理任务，经市政府同意，9月28日市政府办公厅将任务分解下达各县（市）区。完成补充耕地913公顷，完成省下达任务数的118%。批准立项土地整理项目24宗，项目规模1704公顷，验收高标准基本农田建设项目432公顷。上报省国土资源厅29个旧村复垦项目，整治规模116公顷，新增耕地110公顷，省国土资源厅先行核定城乡建设用地增减挂钩指标57公顷。

【基准地价更新】 完成新一轮城镇基准地价的修编工作，并征求市财政局、市发改委、市物价局、市规划局、市建委、市住房保障和房产管理局与市房地产交易登记中心等部门的意见，经过论证听证，通过省国土资源厅的验收。6月3日，市政府下发榕政综〔2013〕108号文件，颁布福州市四城区土地级别与基准地价更新成果。

【国家级开发区土地集约节约利用评价结果更新】 开展福州元洪投资区、福清融侨经济技术开发区、福州保税（港）区、福州高新技术产业开发区、福州经济技术开发区、福州台商投资区、福州出口加工区8家国家级开发区的土地集约节约利用评价成果更新工作。6月28日，省国土资源厅组织有关专家组成验收组对该项工作进行验收并通过；7月16日正式下发《省国土资源厅办公室关于印发福州市国家级开发区土地集约节约利用评价更新成果验收意见的通知》。

【地籍管理】 福州市（含五区七县）办理国有土地使用权证91664本，集体土地使用权证3576本，其中市辖区共发个人土地证48092本，受理单位土地登记560宗，发证290宗。开展土地登记资料查询业务，市辖区办理土地登记资料公开查询业务106件。协助各地各级人民法院土地查封、解封、冻结件42宗。

土地证历史遗留问题 对福州市四城区（除马尾区）“土地证”历史遗留问题进行梳理：对已办理房产证因各种原因不能办理土地证的历史遗留问题楼盘再次进行全面排除摸底，并抽取12宗具有代表性的典型案例，就基本情况及存在问题进行说明，提出初步处理意见，提请市政府“两权证”例会专题研究解决。全市解决约7800户个人土地证历史遗留问题。为彻底解决已核发房屋所有权证的单元式楼房项目的土地证分割登记历史遗留问题，代拟《福州市人民政府办公厅关于加快解决土地证历史遗留问题的指导意见》提请市政府审定。

2011年度土地变更调查与遥感动态监测工作 主要完成外业核查、成果的修改完善与上报等工作；完成全市城镇土地利用现状的更新、汇总及全市基本农田的调整补划工作；继续开展福州市的城镇土地调查，对各县（市）区城镇地籍调查工作进行业务检查和指导，福清市城镇土地调查检查验收工作完成，连江县城镇土地调查任务基本完成。

【农村集体土地所有权确权登记发证】 成立福州市加快推进农村集体土地确权登记发证工作领导小组及内设办公室，制定《福州市加快推进农村集体土地所有权确权登记发证工作实施方案》，就该项内容签订耕地保护目标责任书。落实福州市农村集体土地所有权的工作经费及作业队伍；组织参加省、市举办发证工作培训班；对工作进展情况进行定期通报，发出简报及通报13期；多次下乡对各县（市）区发证工作进行检查、指导，晋安区的试点示范成果率先通过省级验收；制定下发《福州市集体土地所有权确权登记发证实施细则》（暂行）。完成2320个行政村（含村改居）的地籍调查，其中内业完成100%，外业完成98%。

【征地补偿】 除市土地发展中心拨付征地补偿款项外，国土部门从市财政专户中拨付给被征地村征地补偿款5218.5万元，留用地货币化补偿款53287.6万元。全年清理拨付历史留用地货币化补偿款25036万元，其中鼓楼区11500万元、仓山区10000万元、晋安区3366万元、台江区170万元，鼓楼区、台江区、晋安区历史留用地基本兑现完毕，仓山区尚有部分历史留用地因情况复杂暂无法拨付。

【地质灾害防治】 编制并颁布市、县两级年度地质灾害防治方案。落实1036处地质灾害隐患点防灾责任制，确定监测、防灾人，逐点制定临灾避险转移预案，发放防灾明白卡1112份，避险明白卡2710份。建立健全汛期防灾值守、预警预报、巡查监测、灾情速报等各项制度。全年发生地质灾害7处，无人员伤亡。

【矿产管理】 *矿产资源开发整合* 闽清县按整合实施方案推进工作，解决当地支柱产业陶瓷业对叶蜡石、高岭土的需求。支持罗源县推进整合工作，组织专家审查图纸、地质资料、开发利用方案，办理储量评审备案，委托罗源县办理采矿权价款评估、采矿出让等。年内罗源县42个矿产资源开发整合矿山完成开发利用方案评审，14个矿山完成矿山生态环境恢复治理方案评审。推进晋安区寿山石，闽侯县、连江县地热等采矿许可工作。

矿业权招拍挂 所有矿业权出让、转让交易实行交易和审批分离。年内闽侯县、永泰县共公开出让5宗建筑用石料采矿权，成交4宗，成交采矿权价款总额4258.06万元，比出让起始价4178.06万元增值80万元。其他县（市）区未公开出让采矿权。福州市土地矿产交易中心挂牌出让采矿权2宗，矿区面积11.40公顷，资源量541.8万立方米，成交价款1859.06万元。

重点流域水环境综合整治 全面关闭闽江、敖江、龙江干流、一级支流和饮用水源地沿岸一重山范围内的开采矿山。重点开展敖江流域连江县、罗源县饰面石材矿山开采总量削减、矿山生态环境恢复治理和饰面石材加工废石渣堆放场地灾防治工作。

“青山挂白”治理 26个“青山挂白”点完成治理19处，治理率达73.08%，治理面积32.58万平方米。

非法违法采矿专项整治 5—10月，市政府制定实施方案，成立领导小组，市国土资源局制订国土资源系统专项行动工作方案。共排查各类生产矿山143个，其中证照齐全合法开采矿山51个，存在非法违法开采行为矿山92个。关闭取缔无证矿山87个，查处证照不齐矿山3个（其中2个矿山治理地灾隐

患)、越界开采矿山2个;罚款9.36万元,没收违法所得7.27万元,没收矿产品84吨,行政拘留2人,刑事拘留6人,拆除、没收、暂扣非法采矿设备146台(辆、套)。

【执法监察】 清理整治违法建设 全市立案查处国土资源违法案件1185宗,涉案土地面积184公顷,其中耕地94公顷;处罚1177宗,涉及土地面积170公顷,强制拆除建筑物38.95万平方米,罚款1048万元。

土地卫片执法检查 完成遥感图斑数执法检查1400个,监测总面积1507公顷。发现卫星遥感监测图斑涉及违法用地688宗,面积274.62公顷,其中耕地124.95公顷,全部立案查处。土地卫片执法检查工作通过国土资源部督察上海局验收。

信访工作 受理上级批办转办件、群众来电、来信投诉件1105件,全部办结;接待群众来访752批2652人次;办理信访复查171件。

【行政审批服务】 市国土资源局窗口于2011年12月入驻市行政服务中心。2012年窗口共收件2129件,办结2101件,办结率98.7%;群众总满意率100%。按照要求将行政职权规整为"行政许可""非行政许可""公共服务"3类;对一些职能交叉的审批项目进行合并;将4项行政许可和1项行政确认权下放县、区国土局行使;取消涉密的审批事项。审批事项由23项逐步调整为11项。制定"受理(初审)—核准(审批)—办结(制证)"三级工作流程,对法定审批流程进行精简、合并,由7个压减为3个。同时开展"竣工综合验收联审"工作,取消单独开展项目验收审批。7项业务办理时限最少的缩短1个工作日,最多的缩短10个工作日。对重点项目、"五大战役"项目开辟"绿色通道""企业直通车",对部分材料不齐的重点项目,采取"容缺预审";开展"现场查勘"预约服务。

【城市地质调查】 该项目是市政府和国土资源部中国地质调查局开展的省部合作项目,合作期为3年(2011—2013年),由市政府、中国地质调查局共同筹措项目经费2800万元,建立开放、动态、实时的三维可视化城市地学信息管理服务系统,实现全市地学数据的一体化管理和可视化表现,为城市规划、建设、管理提供基础数据和决策平台。

《福州城市地质调查2012年度工作方案》获评审通过并评为优秀等级。城市工程地质层划分与对比研究(三维基础地质结构、第四纪专题)的地表调查、第四纪钻探、浅井等工作全部完成;"两江四岸"及地铁沿线专项、地下空间开发利用专题(三维岩土体结构)的地表调查工作全部完成;工程地质钻探完成率85%;江海岸冲淤动态变化、海水入侵和海平面上升对城市发展影响调查评价专题的物探工作完成率100%,水文地质钻探完成率142.45%,海水入侵样完成率95.49%;城区及周边生活垃圾处理现状调查专题与场址优选,水、土环境地球化学评价专题的工程地质钻探和水、土样完成率100%。地热资源调查评价专题的物探工作完成率100%;应急水源地勘查评价与城市供水安全研究专题(三维含水层系统结构调查)的物探工作完成率100%,水文地质钻探究成率90.5%。

【数字城市地理空间框架建设】 3月,福州市被国家测绘地理信息局批准列为全国"数字城市地理空间框架"建设的试点城市;7月福州市成立"数字福州地理空间框架建设"工作小组,负责组织协调项目的实施,工作小组下设办公室,挂靠市国土资源局,负责工作小组日常工作;10月24日由国家测绘地理信息局、福建省测绘地理信息局和市政府3方在榕共同签署"数字福州地理空间框架建设"合作共建协议书,标志"数字福州地理空间框架建设项目"正式启动。

【"一张图"建设项目】 市国土资源"一张图"建设项目总投资441.28万元,项目经费分年度拨付,年完成既定的财政预算288万元。3月编写完成"一张图"可行性研究方案并通过专家评审;8月通过招标确定工程监理队伍;年底"一张图"系统硬件设备采购进入招投标阶段;12月编制完成"一张图"数据库标准框架,并由局信息办下发征求意见。同时,完成"一张图"数据库建设项目的初验工作,包括福州市中心城区1:500数字线划图数据库、2000—2011年数字正射影像数据库、福州市第二次全国土地调查的行政区划境界数据库、福州市中心城区面积200平方公里的1:500城镇地籍调查数据库、2009—2011年土地利用现状数据库、2000—2008年土地利用现状图数据库、2006年开始的新一轮土地利用总体规划数据库、1997—2010年的上轮土地利用总体规划数据库、新建的土地供应数据库共9个数据库的整合建设工作。完成多格式多坐标系互转的"图形转换系统"的开发工作。

(高剑旻)

市政建设

【概况】 2012年,福州市区完成市政路桥、公用设施等固定资产投资98亿元(含征地拆迁)。至年底,城市建成区范围面积252平方公里(建成区面积240.12平方公里),城市道路面积(宽8米以上)总里程达883.5公里,道路面积达2194万平方米;完成供水量38220.75万立方米,日均供水量为104万立方米,比增3.96%;全社会用电量305.13亿千瓦时,比增3.58%;居民生活用电量为65.18亿千瓦时,比增5.53%;全市气化率98%;日集中处理污水55.5万吨,污水处理率95.6%;开采温泉263万立方米。城市建设"五大战役"项目完成投资521.6亿元,占年度计划的127%。内河整治工作获"中国人居环境范例奖"。

【市政路桥项目】 共有105项。重点推进火车南、北站、中央商务区、金融街、海峡奥体中心周边、马尾新城等片区配套道路和三环路进出通道、交通节点改造,完成罗汉山上下匝道、滨河路等22个项目建设,环岛路、螺城路等项目继续在建,完成投资50.8亿元。至年底,城市道路(宽8米以上)总里程达883.5公里,道路面积达2194万平方米,快速路、主干路、次干路、支路的密度分别为0.41、1.28、0.6、2.26。

【市政设施维护】 完成投资5.6亿元。完成福新路、津泰路、湖东路等18条道路“白改黑”，鳌峰洲大桥改造以及20座天桥、5座高架立交绿化花箱改造等工程。推动强弱电缆化下地改造，完成投资7.7亿元（其中电力部门完成投资6.6亿元，通信线路完成投资1.1亿元）。建立破路占道审批和批后跟踪检查制度。公示5年内禁止破路道路22条；对于其他破路申请，建立协议制度，要求一个项目在同一路段上一次性破路，并加强批后巡查，对超期未修复的道路进行执法。至年底，市管道路496条，桥梁403座，其中跨江大桥7座，立交桥、高架桥30座，其他各类桥梁366座，人行地下通道31座，车行下穿通道5座，隧道2座，排水管道1924公里，路灯8.4万盏（不含临时景观灯）。

【“数字城管”建设】 3月开始筹建，建设内容包括信息平台以及“部件”“事件”划分、确权，信息采集等。信息平台由中国联通福州市分公司作为总承包商，共有城市管理“部件”（指井盖等物件）91类28万件，“事件”（指占道经营等行为）65类，涉及市、区、街道等权属单位81家。信息采集、呼叫派遣工作采取服务外包、购买服务方式。

【内河综合整治】 完成投资15.7亿元。完成晋安河、新西河、东西河、新店溪综合整治工作及西湖环境景观综合提升工程，拆除沿线违建约3700平方米，铺设管道79.6公里，接驳沿河排污口3349个。《江北城区内河补水规划》经市政府审批开始分步实施，先行实施东区补水工程。《福州市绿道总体规划》编制完成，新增沿河步行道22公里；改造沿河绿地8.4万平方米。光明港至八一水库步行道基本贯通。《福州市内河管理办法》修订稿完成，报请人大审议。

【社会公益代建项目】 完成投资19.5亿元，其中，海峡奥体中心完成投资5.5亿元，主体育场完成二层混凝土结构及部分钢构，游泳馆完成桩基工程，体育馆完成1028根桩施工；城市发展展示馆完成投资2.5亿元，主体结构封顶，基本完成外幕墙安装；海峡妇女儿童活动中心完成投资6120万元，地下室夹层顶板浇筑完成；福州海峡图书馆静载检测工作完成，并申请办理相关变更审批手续；市儿童医院新病房大楼完成投资4420万元，4层主体结构完成。

【城市景观整治】 年内五城区及城区出入口完成投资7亿元，完成温泉公园路、六一路等40条主次干道沿线店牌店招改造，向市容执法局发出735面违章广告拆除函，军门社区、机场空港、三环沿线等片区景观整治完成。福州市成立省市联合开展城乡环境整治综合指挥部。至年底，完成投资16.7亿元，基本完成64条（处）道路沿线3419栋建筑沿街立面整治，拆除违章建筑及“拆墙透绿”等1992处，完成约50个小区环境整治。

【小城镇试点改革和村庄整治】 小城镇综合改革建设试点战役　省级战役涉及6个试点镇，实施项目248个，完成投资237.59亿元，占省级下达任务的181.92%；市级战役涉及13个试点镇，完成投资89.32亿元，占市级下达任务的248.6%，建成一批道路、学校、医院、公园、垃圾污水处理设施。

农村村庄环境综合整治　实施15个农村村庄（社区）整治试点，完成投资1.2亿元，树立晋安区宜夏村、永泰县芋坑村、福清市洪宽社区等典型示范村；完成4个“绿色乡镇”创建工作，完成177个行政村生活垃圾治理任务，新建乡镇压缩式垃圾中转站31座、污水管网15.38公里。

传统村落摸底调查　完成56个，其中长乐市琴江村和马尾区闽安村入选国家传统村落名录；推进福清市三山镇厚林小区等省级村镇住宅小区试点；完成6套福州市农村住宅通用图设计，印发《福建省农村村民住宅建设管理办法》宣传材料5000份。

【“城建战役”和“点线面”环境整治】 省“城建战役”项目完成投资640.63亿元，占年度计划的171.61%，其中市本级项目102项，完成投资508.76亿元，占年度计划的191.17%。福州市“五大战役”中城市建设战役项目完成投资521.6亿元，占年度计划的127%。开展60项“点线面”项目环境整治，项目总投资约21亿元，完成投资12.6亿元，全部通过省住建厅考核验收。获省住建厅以奖代补资金4500万元，福州市、福清市和永泰县被评为优秀市县，军门社区等9个项目被评为示范项目。

（许信证）

【供水】 中心城区有水厂6座，总供水能力142万吨/日，全年完成供水量38220.75万立方米，日均供水量为104万立方米，比增3.96%；完成工业总产

三环路（魁浦大桥）通车

值现价3.913亿元,比增11.61%;出厂水水质综合合格率100%,管网水质综合合格率99.89%。投资7000万元完成东南区水厂臭氧—活性炭的水处理工艺改造;完成敖江水源的饮水工程。投入资金8714.94万元,完成161项1.76万户的一户一表改造任务。至年底,有75.84万户用户签订供用水协议,享受直接抄表收费到户终端服务。

(桑　莹)

【供电】　全社会用电最高负荷529.1万千瓦,比增2.81%,网供最高负荷为506.46万千瓦,比增1.96%。福州市全社会用电量305.13亿千瓦时,比增3.58%;其中第一、二、三产业以及居民生活用电量分别是4.8亿千瓦时、184.44亿千瓦时、50.71亿千瓦时、65.18亿千瓦时,分别比增17.08%、2.06%、5.63%、5.53%。福州地区售电量280.98亿千瓦时,比增1.17%;最高负荷529.1万千瓦,比增2.81%;综合线损率4.68%;供电可靠率99.97%;电压合格率99.939%。(姜　炜)

【供气】　福州市区地下燃气管道总长度2080公里,燃气管网实现五城区全覆盖,天然气用户41.8万户,市区供应天然气1.36亿立方米,液化石油气约6.05万吨,燃气普及率99.5%。LNG利用工程完成投资4004万元,敷设次高压管道、中低压管道30.2公里,建设加气站3座。

市区燃气企业检查率100%,发出责令改正通知书41份,提出整改意见213条;抽查县(市)区液化气企业54家,发出督促整改通知书18份,提出整改意见140条,整改率100%。打击"黑气"充装等违法违规行为,查处黑气店点335处,查扣钢瓶3634只和一批违法转充设备,以涉嫌危害公共安全的行为依法实施治安处罚62起,治安拘留66人;共查处液化气"源头"违法充装行为14起,罚款46.8万元,责令3家企业停产整顿;检查单位燃气用户2.68万户,指导整改隐患点1132个。开展市区地下燃气管道保护工作,全市燃气企业实现安全生产。

【污水处理】　处理污水1.97亿吨,比增9.3%。完成建设投资6.08亿元,新建污水管道32公里、污水提升泵站2座,推进洋里厂区三期工程、浮村厂外管网工程建设。至年底,建成7座城市生活污水集中处理厂(市区5座,马尾2座),污水集中处理能力55.5万吨/日(其中主城区50.5万吨/日,马尾5万吨/日),污水处理率95.6%。污水管网建成约1063公里、22座污水提升泵站。依托水务集团成立福州市水务管网维护公司,负责雨、污水管网维护,并与福州市政工程管理处办理移交,移交污水管网600公里(占60%)、中途泵站9座,设备运行正常。

【温泉保护利用】　完成螺洲、洪塘、新店地热物探报告,划定温泉保护区,市区形成市区中心温泉区、桂湖温泉区、淮安温泉区和螺洲温泉区4个温泉区,供热覆盖面积扩大到30平方公里。年内开采温泉263万立方米,征收温泉资源费170万元,全额上缴市财政。

(许信证)

园林绿化

【概况】　2012年,市园林局按照建设"绿城、花城、水城"的战略目标,推进城乡环境综合整治工作的实施。至年底,建成区绿化覆盖率为40.6%,绿地率为37.1%,市区人均公园绿地面积为11.3平方米,建成区共新增绿地面积300多万平方米,新增公园绿地面积80多万平方米,新增道路花化20多条。

【道路花化绿化】　主要实施三环路绿化景观提升、二环路沿线绿化整治建设、拆墙透绿工程、部分交叉路口绿地建设以及五一路、五四路、古田路等市区主干道和市区重点人行天桥、立交桥的花化建设。

三环路绿化　东北段B段项目为三环路福飞路至洪塘大桥段,包括永丰互通、洪塘互通的配套绿化,绿化面积40多万平方米,于2011年9月进场施工,2012年12月完成。三环路景观大道建设项目全线50千米,对两侧15～30米范围内现有空地和拆违后的用地进行绿化,按规划选址红线绿化面积143万平方米,实施完成已交地块的绿化,面积约27万平方米。

二环路绿化花化　实施西北二环绿化景观改造提升,推进东二环绿化景观改造、南二环两侧绿化带建设,对市区26座人行天桥、立交桥、高架桥进行花化彩化,更换、种植三角梅3万多盆。

杨桥路与二环路交叉口绿化　项目位于杨桥东路与西二环交叉口东北角,呈梯形绿地,面积约7948平方米。绿化设计主要体现中心城区街头绿地高档次、精致、多层次的绿化景观,整个地块进行微地形堆坡,绿化采用高大、树冠完整、树形优美的大乔木小叶榄仁作为组团骨架,中层用丹桂加强绿量,下层片植紫薇、黄花风铃木形成花化景观。

台江万达广场东侧地块绿化　项目位于敖江路与江滨大道交叉口,台江万达广场东侧,呈狭长楔形绿地,面积约1.31万平方米。景观设计以绿化为主,硬质景观为辅,布置小型休憩广场及人行步道供周边居民及游人使用。绿化设计布置大面积的观花植物美人树。共用乔木700多株,地被植物8200平方米。采用大吴风草、三叶草、金叶苔草等新品种。

天泉路绿化　项目位于天泉路北段,北连江厝路,南至天元花园,总面积6000多平方米。在行道树下设置两排花池,种植三菅兰、福建茶等,两侧绿地内进行改造提升,主要增加树种有美人树、辛夷、四季桂、紫薇、山茶等360多株,地被10万多株。

其他道路绿化　完成芳泌园路周边绿地改造,省直机关住宅区南侧2000多平方米绿地建设、省司法厅东侧1000多平方米绿地建设、湖滨路省京剧院前约1000平方米绿地建设、梅峰支路绿化景观改造、白马南路中间分车带景观改造、台江路绿化景观改造等绿化工程。

拆墙透绿　采取新建通透栏杆并种植炮仗花、三角梅等藤本植物,在实体围墙外围种植植物进行遮挡,对实体墙面进行彩绘等3种形式进行拆墙透绿,完成46处;拟定《福州市关于推进城区拆墙透绿工作的实施意见》《福州市关于推进城市空间立体绿化的实施意见》。

道路花化　制定《福州市花化彩化实施方案》,在市区 20 多条道路摆置组合花箱、花架、花球、花柱等造型花艺;在华林路、湖滨路等 10 条道路建设花池 6000 多米;对五一路、福飞路等 13 条道路的 1.2 万平方米树池进行改造提升。在重大活动、重要节假日期间摆放莳花 560 万盆,各色盆景约 1 万盆。

古树名木保护　组织完成 2 次古树巡查工作;完成闽江北岸中央商务区道路工程涉及的古榕树移植施工,对东浦路道路工程涉及 1 株二级古樟树、火车北站 B 地块安置房项目涉及 1 株二级古红榕、地铁 1 号线上藤站涉及 3 株二级古树、环岛路工程螺洲互通立交桥项目涉及 1 株二级古榕树进行相关保护管理;发出古树保护(养护)工程任务书 17 份,完成涉及修剪和灭治虫害的 20 多株古树的保护任务;完成闽江学院旧校区古树保护工程、螺洲镇吴厝村一级古榕树支撑保护工程等 9 株古树名木的专项保护工作;市园林局古树名木地理信息管理系统试运行。

【公园景区建设】　西湖公园环境综合整治　是福州市综合整治示范工程。清理约 1 个月,清淤量逾 3800 立方米,局部区域摆放漂浮水生植物和放养鱼类,较大程度改善西湖水质,完成树坪屿和开化屿改造提升,临岸木栈道、观景台和周边绿化基本完成。

公园花化　西湖公园开展“迎春花展”,展出郁金香、仙客来等 10 多个品种 4 万多盆花卉。配合省住建厅举办全省第六届盆景博览会暨全省园林绿化行业“北区园林杯”插花员岗位技能竞赛,摆放莳花 5 万多盆,接待游客 50 多万人次。闽江公园播种波斯菊、向日葵、蜀葵等花卉 1.2 万平方米,营造“花海”效果。金山公园投资 100 余万元打造风荷流韵景点,在流花溪建设 300 余米人工荷塘,种植 1.3 万余株荷花。茶亭公园、光明港公园、儿童公园、琴亭湖公园也举办各自的特色活动和花展,累计摆放莳花 12.5 万盆,盆景 2 万多盆,接待游客 100 余万人次。

风景区改造提升　主要实施鼓山、鼓岭景区修复改造工程,完成鼓岭国家级旅游度假区总体规划;鼓宦公路石鼓名山停车场(涌泉寺)至鼓岭避暑山庄牌坊段 7.5 公里道路整修,修建 2 处观景台,种植各类乔灌木 30 余种 30 多万株;石鼓名山停车场周边店面整治拆除工程,实施绿化改造 4000 多平方米;柳杉王公园及周边房前屋后绿化,自鼓岭古街到柳杉王公园共种植苗木 20 万平方米,苗木约 10 万株;扩大梅里景区梅花、杜鹃花的种植面积;开展梅里景群修建工程的绿化养护和摩崖题刻的修复定位工作;完成鼓山风景区廨院主入口规划建设项目前期预可研工作。

【园林管理】　施工企业备案管理　6 月起,对在榕开展业务的省内外园林绿化企业实行备案管理制度。核准 8 家外地园林绿化一级企业在榕备案;组织召开“福州市城市园林绿化一级企业、部分二级企业及外地来榕备案企业代表座谈会”;加快国有园林绿化施工企业的培育和发展,实施花木公司施工资质提升、五一苗圃资质恢复等工作。

工业路花化

绿化工程监督　对三环路绿化景观提升工程、魁岐互通绿化等 30 多项绿化工程进行质量监督,监督面积达 250 多万平方米。对全市 723 条主次道路的绿地养护情况进行 25 次全面的检查监督,并发出整改通知书,指出问题 329 处,责令相关责任单位作出整改。

社会化养护管理　对市区 107 万平方米的绿地重新调整招标,进行社会化养护;局属公园景区的经营服务网点、保安,以及部分公园景区的绿化养护、卫生保洁推向社会化管理。

树种筛选　组织筛选福州市绿化主要常用树种,10 月上旬将专家论证筛选的 24 种乔木、16 种花灌木、17 种地被、10 种藤本、4 种背景树向市民征集意见。

科技研发　完成对挂牌古树名木的 GPS 定位和基础数据采集工作,将行道树和公共绿地上树木的地理信息输入管理系统;开展乡土树种的优化、外来树种的驯化、屋顶绿化、垂直绿化等科研项目攻关。

园林生态宣传活动　开展“义务植树日”“学雷锋日”和“榕城护花使者”等园林绿化志愿服务宣传系列活动。动物园承办中国动物园协会华东协作区 2012 年年会暨中国动物园协会动物园设计研讨会、省“爱鸟周”30 周年启动大会等多项公益活动,接待游客 60 多万人次。

(曾庆生　高爱静)

市容管理与执法

【概况】　2012 年,福州市开展流动摊点、“市容六乱”、户外广告和渣土运输管理四大专项整治,全年受理“12345”便民呼叫系统投诉 2592 件,其中渣土、噪声类 1568 件,市容环卫类 754 件,其他 270 件,反馈率 100%,无逾期办理案件;接待来信来访 63 件(其中来访 16 批 30 人次),反馈率 95% 以上;"110"社会联动电话接警 1.3 万件,反馈率 98%;办理领导批办件 1057 件,反馈率 100%。加强环境卫生管理,全市有环卫工人 6300 人(不含社区保洁人员);各种环卫专用车辆 455 辆;垃圾转运站 61 座,日转运生活垃圾约 2200 吨;公厕 922 座全部实行免费开放;市区 146 条主干道 200 公里实行机械化清扫保洁,面积达 530 万平方米,机械清扫率达 58%。

【制度法规建设】 市容法规宣传 开展法制教育进社区活动,在社区和主要干道发放《市容管理市民手册》等宣传材料 8500 多册。市市容管理局门户网站刊载各类信息 1560 件,上报信息 178 篇,被上级采用 72 篇。结合市"六五"法制宣传教育规划,针对常见的乱扔乱倒垃圾、乱张贴涂写广告、随意占道摆摊,运输车辆滴漏撒等违规行为,编制 5 集《市容管理法制宣传片》,以动漫画面宣传,每周在福州电视台"新闻频道"不定时播放。

新闻发布工作 6 月 5 日和 12 月 17 日,分别牵头召开由市城乡建委、市交巡警支队参加的渣土运输和流动摊点专项整治新闻发布会及渣土和市容专项整治新闻发布会,《福州日报》、《福州晚报》、福州电视台等媒体从 12 月 18 日起报道 42 条信息,其他新闻媒介刊载新闻 203 条。6 月 15 日,"市容在线"政务微博正式开通,共发布微博 410 条,接受并反馈网民诉求 81 条,拥有关注者 7039 人,监控并有效处理网络舆情 19 起。

修订规章制度 完成《福州市城市生活垃圾处理费征收暂行管理办法》《福州市五一广场管理办法》和《福州市市区自行车和摩托车停放管理暂行办法》3 个规范性文件的调研和意见征求,提出修改建议意见上报市政府。完成《福州市市容和环境卫生管理办法》(修订初稿)和《福州市城市内河管理办法》(内河卫生管理部分)修订草案。

【市容环境综合整治】 流动摊点整治 组织开展摊点、排档专项整治,清理各类占道摊点、排挡2.82万余起,查扣

内河机械化保洁

占道摊车 3746 辆、其他占道物品 1.27 万件,会同公安部门查扣占道载货销售机动车辆 124 部。推进各区夜间大排档疏导点建设,建成疏导点 15 个,其中鼓楼区 2 个,台江区 2 个,仓山区 4 个,晋安区 4 个,马尾区 3 个。设立新疆驻榕工作站,引导约 200 个新疆干果摊点到指定地点规范经营。全市设置 64 个便民市场,比增 21 个,其中早市 22 个、全日制市场 17 个、夜市 25 个。

市容"六乱"整治 开展占道经营整治,清理店外店占道 4.43 万起,乱悬挂红布条、布幅广告 1.27 万面,收缴占道移动广告牌 5167 面,清理乱晾晒 1.38 万起、乱堆放杂物 6826 起。开展"两车"不规范停放整治,针对市区"两车"乱停放、挤占盲道、人行道,以及代管点乱收费、收费不给票据等违章行为,查纠 10.96 万辆次,暂扣或搬离 4310 辆次,现场处罚 8693 辆次,罚款 86325 元。开展"门前三包"违规行为整治,查纠乱堆乱放,乱丢乱倒垃圾等行为 4878 起,罚款 22.66 万元;扩大"门前三包"责任书签订范围,逐步向次要路段、二环路以外地区覆盖,全市签订责任书 3 万余户。开展乱张贴和市政违规施工整治,移送通讯部门停机 11 批次 5940 部,协调市政部门查处擅自破路、占道施工工地乱堆放、围遮不规范等违章行为 182 起,处罚 10.8 万元。开展"扫黄打非"和流浪犬整治,收缴非法、盗版光碟、书籍、六合彩报等 6.85 万余件,收容扰民、伤民流浪犬 1434 只。

户外广告整治 以市区 9 条线路和主干道为重点,协调市户外灯光广告建设管理委员会办公室,拆除各类违章、过期广告 415 面;查处市区违规商品展示、大型促销活动 1483 起,查扣拱门、帐篷等 581 件,处罚 11.75 万余元。

渣土运输整治 与市城乡建委、市交巡警支队、市道路运输管理处等联合开展,累计立案 996 件,结案 751 件,罚款 474 万元。

【环境卫生管理】 道路清扫保洁管理 五城区有 18 个街(镇)实行道路清扫保洁市场化,包括鼓楼区全部 10 个街(镇)、台江区 2 个街道(后洲、洋中街道)、仓山区 4 个街道(金山、仓前、对湖、建新街道)、马尾区 2 个街镇(罗星街道、马尾镇)。三环路作业面积达 457.47 万平方米,长度 50 公里。市区 629 条二、三、四级道路调整为一级,二环路与三环路之间主要通道 21 条确定为二级;重新测算道路清扫保洁年经费约 3.23 亿元,比增约 2.13 亿元。

城区内河河道保洁 与市直管河道沿河单位住户签订新一轮《护河公约》270 多份,发放"爱河护河"宣传品 1000 多份,在沿河街道宣传栏中试点开辟《护河公约》专栏。制止乱扔乱倒行为 127 人次、临河乱搭缆线 6 起,拆除缆线 2300 多米,查处沿河违章案件 3 件,罚款 2 万元。购置 4 艘机械化保洁船只,

分别配置在光明港、晋安河、白马河等内河开展河面打捞作业。泵站管理实行24小时值班、按时开关机制度，日均补水量450万立方米以上。

环境卫生体制改革　将市环卫处的69辆扫路车和58辆水车下放中心四城区（除马尾区），由各区负责管理、使用和维护。

【垃圾无害化处理】　红庙岭垃圾综合处理场建成投入运行的垃圾无害化处理设施6个。全年处理生活垃圾88.2万吨，无害化处理率达100%，日处理城区生活垃圾2501吨。年填埋37.6万吨（日均890吨，接收污泥2.57万吨，安全填埋飞灰固化物9650吨）；年焚烧处理55.6万吨（日均1611吨），年发电量达1.55亿千瓦时；填埋气体发电厂年收集填埋气体为368万立方米，发电量为310万千瓦时；年飞灰稳定化处理8010吨；年处理炉渣约10.28吨。

【建筑垃圾工程渣土管理】　审批报备　全年核实新申报工地67家，征收渣土处置费855万元（不含保障房减半项目139万元、地铁全免项目50万元）。对达到临界倒卸量或超范围倒卸的停止报备。现场查勘核对渣土临时受纳点23个，否决不符设置条件的6个，报备17个（建设回填2个），复查停止报备或要求整改临时受纳点14个。全市在用临时渣土受纳场16个。

渣土工地管理　要求渣土运输公司所有渣土车辆全部加装GPS，纳入渣土处置监控平台实行24小时监控；落实渣土施工工地净车出场制度，要求所有渣土施工工地设置符合标准的净车出场设施；将市城乡建委施工工地现场视频、市交巡警支队电子交通警察监控系统与市建筑垃圾工程渣土管理处渣土监控平台对接，实现信息资源共享；与地铁公司、市城乡建委加强协作，落实地铁各站点监控设施的安装、维护工作；对车辆总吨位不足400吨的4家公司予以停业整顿，对不符合GPS管理规定的3家渣土运输公司停办渣土运输相关审批手续。

渣土受纳场选址　与福清、长乐、闽侯、连江周边四县（市）开展渣土受纳场选址对接工作，选定福清、长乐、连江3县（市）3处合适地块报市政府审定。10月1日，确定红旗茶场地铁渣土专用受纳点启用，受纳量约8万~9万立方米。

协作处理工作　建立案件移送制度，对因违章、暴力阻挠执法或拒不接受处理的，函告市交通委和市交巡警支队，暂不予以季度审验、年检办理或手续变更。移送市交巡警支队查封渣土车21次96部，解除查封6部；移送市交通委查封96部；移送市城乡建委协作处理建设单位7个。配合市交巡警支队对各渣土运输公司所属559部渣土运输车车体进行切割。

【环卫基础设施建设】　新建垃圾转运站5座，其中仓山区3座（濂江村站、玉兰二路站和望峰路站），马尾区2座（快安和亭头站）；投入垃圾转运设备228.4万元，改造提升垃圾转运站4座，其中鼓楼区1座（斗池站），台江区1座（同德站），仓山区2座（六一南路和港头站）。新购移动公厕11座、后装式垃圾压缩车7辆、垃圾收集桶2400个，购置3000个新式果皮箱安放在市区主要路段。

【行政审批】　受理申报件1371件，办结率100%；接受现场咨询868多人次，群众评价满意率100%；优化缩短审批流程时限，9项行政审批由63个工作日缩短至31个工作日，其中1项行政审批办理时限调整为1个工作日。

【行政处罚】　结合实施《中华人民共和国行政强制法》，规范17种处罚执法文书和7种行政强制文书，统一五区七县（市）执法文书格式。要求所有案件必须在立案之日起30日内作出处理决定，对重大、复杂案件，经审批可延长15天。通过网上运行办结行政处罚案件1166件，其中，一般案件477件、简易案件689件，处罚金额约499万元。

（林　忠　林秀忠）

（编辑　吴　燕）

综　述

2012年，福州市生态环境持续良好，环境质量状况继续保持优良水平。市区空气质量优良率99.45%，饮用水源水质达标98.90%，环境噪声56.5分贝，交通噪声年平均值69.7分贝。城市生活污水集中处理率93.22%，生活垃圾无害化处理率98.38%。全市工业废水排放量5079.95万吨，工业废水处理排放达标率95.31%，工业固体废物综合处置利用率98.14%，工业危险废物综合处置利用率100%；医疗废物处置率100%。

环境质量

【大气环境】　福州市城区空气污染指数（API）平均值为51，低于上年的58，全年空气质量优的天数达158天，比上年的114天多44天，良的天数206天，优良率99.45%，出现轻微污染2天，首要污染物均是可吸入颗粒物。空气质量在全国31个省会城市、直辖市中列第3位。城区空气中二氧化硫、二氧化氮和可吸入颗粒物均值分别为0.008毫克/立方米、0.035毫克/立方米、0.061毫克/立方米，其中二氧化硫和二氧化氮达到环境空气质量一级标准，可吸入颗粒物达到二级标准。城区降水pH均值为4.5，酸雨率88.97%。12月26日起，按照新的环境空气质量标准向社会公布二氧化硫、二氧化氮、PM10、一氧化碳、臭氧、PM2.5等6项监测指标的监测结果和每个监测点位环境空气质量指数AQI，市民可登录市环保局网站（www.fzepb.gov.cn）查询。

【水环境】　闽江流域福州段水质总体保持良好，闽江干流福州段的下西园断面出现溶解氧的超标、支流大樟溪、梅溪口断面水质均值达标；敖江流域福州段水质功能区达标率100%；龙江流域水质功能区达标率83.3%，高于上年的75%。龙江上游的前洋桥、大斜龙江桥断面水质达标率100%，海口桥、倪浦桥断面水质达标率分别为83.3%与50%。

福州城区6个饮用水水源地水质达标率为100%，与上年持平。各县（市）

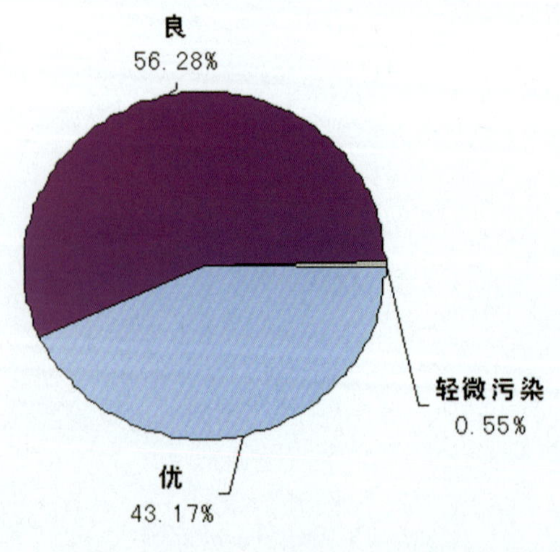

图7　2012年福州市空气质量天数比例

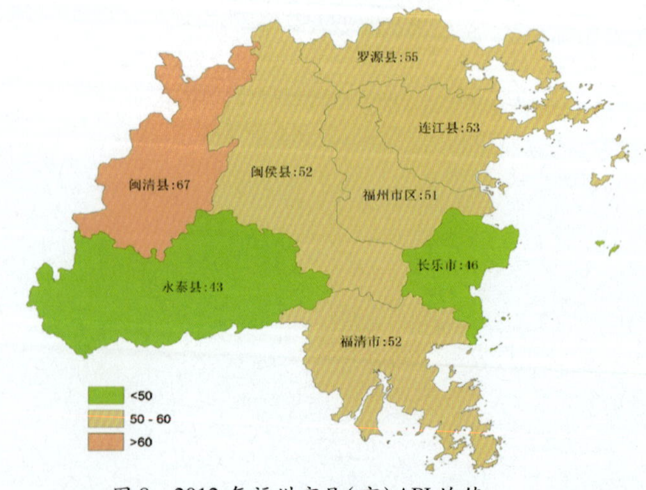

图8　2012年福州市县（市）API均值

中城关饮用水水源地水质良好，福清达标率为 94.89%，其他县（市）均达到 100%。

山仔水库、东张水库除总氮、总磷外其余各项水质指标年均值均达到地表水（湖、库）II 类标准，水库水质处于中营养水平。西湖水质除总氮、总磷外其余各项指标均达到地表水（湖、库）IV 类标准，水质处于轻度富营养水平。

福州城区内河仍然以有机污染为主，4 个省控断面以上达标率 79.2%，高于上年的 54.2%，港头龙津浦和白马河彬德闸断面的氨氮年均值超出功能区标准。福州市近岸海域 13 个监测点位年均值达标率 53.8%，高于上年 7 个测点的 42.9%，主要污染物为无机氮、活性磷酸盐等。

表 12　**2012 年福州市 3 条河流水质达标情况**　单位：%

河流		断面数	水域功能达标率	Ⅰ类～Ⅲ类水质比例	交界断面达标率
闽江	干流	8	97.92	97.92	96.67
	梅溪	1	100.00	66.67	—
	大樟溪	3	100.00	100.00	100.00
	全流域	12	98.61	95.83	—
敖江干流		5	100.00	100.00	100.00
龙江		4	83.33	41.67	83.30
合计		21	96.03	85.51	—

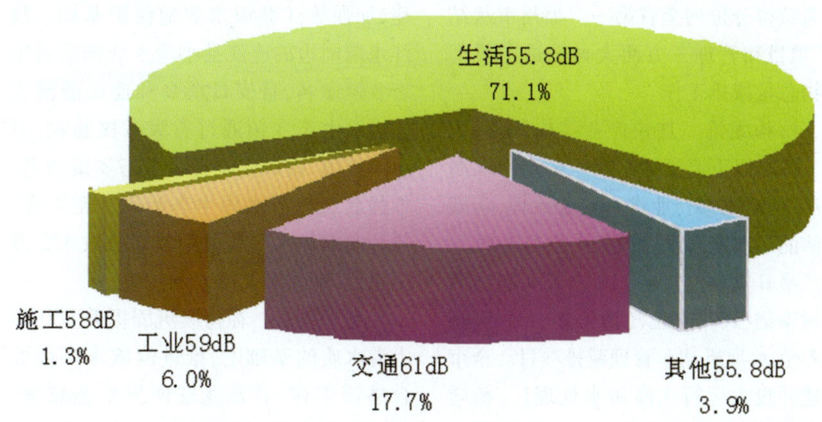

图 9　2012 年福州市区域环境噪声声源比例变化趋势

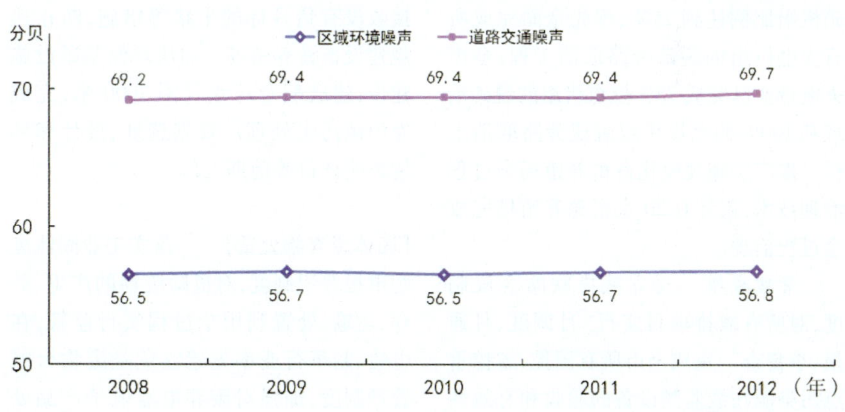

图 10　2008—2012 年福州市环境噪声变化图

【声学环境】　建成区区域环境噪声年均值 56.8 分贝，比上年上升 0.1 分贝，处于轻度污染水平。交通噪声年平均值 69.7 分贝，与上年上升 0.3 分贝，维持在较好水平。在开展监测的市区 62 条交通干道中，道路交通噪声声级大于 70 分贝的累计长度 83 千米，占总长的 45.7%，高于上年的 40.2%。

【生态环境治理】　落实“以奖代补”“以奖促治”等政策资金 1602 万元，结合新农村建设和清洁家园行动，不断推进生态乡镇和生态村创建。推动完成 41 个国家级、124 个省级生态乡镇、1694 个市级以上生态村（不重复计算）创建，完成率 80.8%。加强农村环境连片综合整治，建立健全农村三级环保管理机构，173 个乡（镇）街道挂牌成立环保工作站（所）并指定环保专干。至年底，建成区园林绿地面积达 8921 公顷，绿化覆盖率 40.6%；市区公园面积 2544 公顷，其中城市公园 63 个；绿地率 37.15%，城市人均公共绿地面积达 11.3 平方米。全市林地面积 75.8 万公顷，森林覆盖率为 54.9%；人工造林 2.59 万公顷，其中沿海防护林 2800 公顷，速丰林 2393.33 公顷；各类自然保护区面积 333.19 平方公里；省级以上森林公园面积 205.5 平方公里；一级、二级水源保护区面积 1145.89 平方公里；风景名胜区面积 216.03平方公里。永泰县、晋安区、马尾区、福清市、长乐市完成省级生态县（市）区创建。

环境监察整治

【环保专项整治】　开展“整治违法排污企业保障群众健康”环保专项行动、环境安全百日大检查、重金属企业排查整治、铅蓄电池环境专项整治、化学品环境管理和危险废物专项执法检查、饮用水源专项检查和重点流域、湖库水环境执法监管、沿江沿河化工企业排查行动及专项整治、环保“三同时”执行情况监督检查、中高考噪声环境监管、拆除工地环境污染整治、焚烧垃圾污染执法检查、餐饮业油烟专项整治、高音喇叭沿街叫卖专项整治等,全市出动执法人员1.6万多人次,检查企业7300多家次,立案查处企业62家(次),市级挂牌督办环境问题2件。全市排污费征收入库8960多万元,新发放排污许可证135件,办理危险废物转移349家。

【污染减排】 全市化学需氧量、氨氮、二氧化硫、氮氧化物分别比上年减排1.63%、1.74%、6.94%、10.95%,超额完成上级下达的减排任务,并在全省率先实现机动车氮氧化物减排,主要污染物总量减排工作和减排监测体系建设工作总考核得分位列全省第一。福州市从结构、项目和管理三方面大力推进主要污染物总量减排工作。

结构减排 加快产业结构调整,淘汰1万吨以下废纸造纸和全部皮革鞣制生产线、对屠宰行业进行整合治理,实施清洁能源改造和工业区集中供热工程。

项目减排 实施118项工业和生活水污染物、104项大气污染物、117项畜禽养殖、6项机动车管理减排项目。全市新建并投入运行3座污水处理厂,新增污水处理能力6.75万吨/日,全年累计污水处理量2.99亿吨。火电行业新增4台燃煤机组,脱硝治理工程火电行业脱硝机组比例达到75%,率先全面完成所有火电机组的脱硫旁路取消工程;全市火电行业已完成75%燃煤机组的脱硝治理和100%的燃煤机组脱硫旁路取消工程。推广实施规模化畜禽养殖场全过程治理技术,累计有20家畜禽养殖场完成全过程治理。

管理减排 建立减排联席会议制度,对所有减排项目实行"月调度、月通报、季督查",完成全市所有国控、省控重点污染源在线监测设备的验收和有效性审核。

【水环境综合整治】 闽江整治 推进城镇环保基础设施建设,建成永泰县大洋镇、长庆镇、嵩口镇、闽清县坂东镇、池园镇等沿江工乡镇污水处理设施。加强重点行业污染整治,重点开展建陶、印染、化工、食品等行业废水深度治理,完成陶精(福建)实业有限公司、永泰县永大蜜饯食品有限公司等污染治理设施提升改造。加快畜禽养殖污染治理,完成闽侯县竹岐乡等禁养区内畜禽养殖场搬迁拆除,完成长乐顺利农业发展有限公司等5家畜禽养殖场全过程污染治理。闽清县水口库区段削减投饵类网箱688个,削减非投饵类网箱852个。

敖江整治 整顿建筑饰面石材矿山开采,停止审批新、扩、续建建筑饰面石材开采项目,落实差别电价政策,实施总量动态监控,削减建筑饰面石材矿山开采总量和石板材加工仓业数量及规模。加快建设建筑饰面石材加工集中区污水处理设施。加强堆渣场的建设,加快废渣、废料的综合利用。通过生态乡镇创建,加强敖江塘坂水源地保护基础。敖江水源周边的连江县小沧乡获国家级生态乡镇命名,晋安日溪乡和连江潘渡乡国家级生态乡镇通过省级考核验收,罗源飞竹镇、霍口乡获省级生态乡镇命名。加强敖江塘坂水源生态治理。至年底,累计向山仔水库和塘坂水库投放375万尾鱼苗,减缓藻类暴发的趋势。

龙江整治 在持续巩固提升龙江中上游水质的基础上,推进流域水环境综合整治工作,营造龙江两岸生态长廊。开展畜禽养殖污染整治,各村居设立举报宣传牌,并采取停止向被责令关闭畜禽养殖场发放猪耳标、禁止生猪屠宰场接收没有猪耳标的生猪等措施,防止违规建设畜禽养殖场。加快环保基础设施建设,建成配套污水管网7000米,完成龙田镇污水处理厂规划选址、设计和环境影响评价等前期工作。

【固体废弃物处置】 落实工业固体废物申报登记制度,对危险废物的产生、贮存、运输、处置利用全过程实行监管,在电镀、制革行业率先建立危险废物台账管理制度,加强对废弃电器电子产品处理过程的环境监管。开展危险废物污染防治专项检查、重金属污染防治专项检查、重点行业企业环境风险及化学品检查。2012年,全市工业固体废物产生量707.1万吨,处置利用量699.4万吨,处置利用率98.9%。;全市工业危险废物产生总量2.2万吨,其中综合利用总量1.12万吨,处置量1.07万吨,贮存量105吨,工业危险废物全部依法安全处置;无害化处置医疗废物3376.51吨,处置率100%;无害化处理生活垃圾81.84万吨,处理率98.38%。

【机动车尾气治理】 组织开展机动车尾气专项整治行动,全市抽测公交线路116条,开展停放地机动车检测2200多车次,查处尾气超标车辆5部,督促公交公司召回13部"冒黑烟"公交车;对市区12家机动车年检站尾气检测情况实行视频监控;办理二手车转入1700多部。3月1日起,市区部分路段禁止无绿色环保标志机动车通行。全面实施在用机动车环保标志管理,至年底,核发环保合格标志59万多件。

【环境安全应急体系建设】 加强"五大体系"(环境应急组织指挥、应急管理、应急预案、应急保障、应急响应)建设,修订完善环境应急预案,督促全市84家国、省控企业完成应急预案编制,组织开展环境应急演练。组织开展"环境安全百日大检查"及陆源溢油污染风险等环境风险源调查,重点检查饮用水源保护区、重点行业企业、敏感区域、化工园区、尾矿设施、危险化学品、重点流域周边企业600家,下达环境整改通知80份,妥善处理新加坡籍"BARELI"轮触礁事故有关危险化学品转移存放问题。调整充实市核应急委成员单位,建立核应急联络员制度,开展市核电厂核事故场外应急预案的编制,第一批核应急监测和防护装备购置到位。开展全国核技术利用、铀矿冶及放射性物品运输辐射安全综合检查专项行动,检查辐射单位245家。

环境监测与科研

【环境监测】 对主要河流断面、饮用水源地、内河等水质超标情况采取加密监测措施,加大地表水质控数据的审核力度,完成年度水、气、声等各项环境要素的监测。编制完成《2011年度福州市环境质量报告书及环境质量公报》,定期出版流域水环境综合整治质量通报、县(市)区域环境质量月通报、重点城市环境质量季报、每月全市环境质量分析演示、饮用水源地水质月报,为环境管理提供监测数据。开展PM2.5自动监测仪器比对监测、选型、采购工作,完成所有国控点设备安装调试并稳定运行,于10月31日对外公布PM2.5监测结果,并于12月26日按照新的空气质量标准正式对外发布AQI空气质量指数以及PM2.5等6项环境空气质量监测指标。积开展国、省、市控重点工业污染源、污水处理厂的监督性监测和发电厂、污水厂的在线比对监测。完成污染源监测报告1300份,其中监督性监测报告600份,建设项目竣工验收报告195家。完成湖库富营养化、铅蓄电池、农村环境试点(马尾区白眉村)监测等多个专项监测任务。

位于鼓岭的PM2.5监测点

【环保信息化建设】 推进环境信息与统计能力项目建设,启动环境监控指挥中心改造提升项目,建设基于GIS的环境监测信息管理与发布系统。建立机动车环保标志管理系统,并实现与交警部门机动车辆数据库对接交换。继续完善福州市环境监控体系建设,推进县(市)区环保局环境监控系统建设。完善福州环境保护门户网站建设与管理工作,规范并充实环境信息公开的栏目和内容,增强在线办事、公众互动和便民服务功能。

【环保科研】 开展流域污染控制技术、景观水体生态修复技术、福州市城市大气环境承载力和热岛效应、福州市城市交通噪声污染控制、福州市区域环境风险评估与预警机制、农村污染控制新技术研究和推广等环境科研工作。协同环保部规划院开展《福州市环境保护总体规划》调研及编制工作,编制完成《福州市生态市建设规划》、《福州市空气环境质量持续改善方案》,同时加强与清华、复旦、同济大学等高校科研单位交流合作,推进环境科技网络建设。

环保宣教与环境信访

【环保宣传教育】 围绕"国家环保模范城市"复核迎检、生态创建、污染减排、重点流域整治等重点工作,开展"创模"复核迎检系列宣传、法治宣传进社区、生态文明主题漫画展、环保宣传月等宣传活动。围绕世界环境日主题"绿色消费,你行动了吗",开展环保宣传进社区、纪念世界环境日文艺晚会等宣传活动。指导环保民间组织开展各项环境保护宣传。持续开展绿色社区和绿色学校创建,至年底,全市创建144个市级"环境友好型社区"、203所市级"环境友好型学校"。开通新浪、腾讯"福州环保"政务微博,发布信息1460多条,与网友互动交流1万余次。

【环境信访】 环境噪声污染和大气污染仍是群众信访投诉的热点问题,占投诉件总数的87%。通过"110"社会联动、"12345"便民呼叫热线、"12369"环保投诉热线等渠道,受理各类环境投诉6962件,处理率100%,办结率98.2%。加强环境信访办理和纠纷调处工作,办理答复涉及环保工作的人大代表建议、政协委员提案18件,办结率100%,满意率97.6%。

(谢冠君)

(编辑 吴 燕)

建筑业管理

【概况】　2012年，福州市完成建筑业产值1544.7亿元，比增13.7%；完成建筑业增加值423.5亿元，比增18.3%，占全市GDP的10.04%。到榕承接业务外地企业有106家，其中央企23家。吸纳从业人员约58.6万人。大型市政路桥项目中，14个项目由外地企业中标，约占全年新招标项目的1/4。145家企业在外承接业务，开具外出备案单400份，完成省外产值702.7亿元，占全市总产值1544.4亿元的45.5%。

【行政审批】　整合行政审批许可事项36项，缩短120个工作日，缩短办事总时限64%，审批流程均压缩至3个环节以内，其中13项即办件压缩为2个环节。受理各类审批2.5万件，办结率100%。市政府制定并实施《城建国土部门强区扩权实施意见》，市城乡建委取消审批权限1项，调整合并4项，下放12项，行政审批事项从36项减少到13项，并提供桩基先行、预约预审、预约上门、行政许可信息公开、竣工综合验收并联审批及年检培训等服务，窗口获评"青年文明号""服务标兵窗口""先进工作窗口"等称号。

【建筑市场监管】　*施工企业监管*　开展监理机构工作质量考评、建设工程检测机构检测质量专项检查、招标代理机构检查。对未获得施工许可证擅自开工、弄虚作假骗取中标以及未经竣工验收交付使用等违法行为予以查处，立案查处12起，处罚金60万元，10家企业被清出福州建筑市场。开展拖欠工程款清理工作，协调解决2起，清理款项5000万元。开展工程建设挂靠借用资质投标、违规出借资质问题专项治理。扶持有能力的施工总承包一级施工企业扩大经营范围，有6家一级企业列入省住建厅扩大经营范围名单，1个项目通过省住建厅审核后进行试点。

招投标市场监管　建设市场交易中心招标465项，预算价86.5亿元，中标价79.34亿元，投资节约率8.27%；组织对56家工程建设项目招标代理机构进行专项检查，责令11家专职从业人员不到位的招标代理机构限期改正；对8家备案的分支机构进行考核，注销2家不合格分支机构的备案登记；完成693名招标代理从业人员的岗位资格申报材料审查工作；对5件反映情况属实的投诉件依法处理。推行投标保证金收缴存放制度改革，投标保证金由交易中心代收，不再由代理机构收取；对中标候选人公示制度进行改革，只公示第一名；取消电子招投标招标文件下载费用。

【安全施工监管】　市区受监工程395个(含市政工程)，全年检查2100多次，对存在问题的项目予以责令改正或停工处罚，对存在重大隐患或对隐患整改落实不到位的，对责任人实行动态网上扣分。对52个保障房项目督查594次，发

城市发展展示馆

现安全隐患1217条，对责任人扣分180分。推行在建工地远程视频监控，有224个项目安装远程视频。推进钢管脚手架及建筑起重机械专项整治、标准化工地创建、区县层级指导等工作，发生安全生产事故6起，死亡7人，未发生重特大安全事故。

【工程质量监管】　受监的在建工程项目323项，建筑面积1901.5万平方米，发出责令改正通知书2200份。推广使用“福建省建筑工程质量安全监管动态信息系统”，对项目经理、总监700余人次记分。强化监督检测及开展砼工程、模板工程等专项整治，发出责令改正通知书300多份。强化保障性安居工程监管，抽调技术骨干并聘请在榕企业专家组或检查组进行每月不少于2次的专项检查考评，考评结果进行公开通报，发布专项督查简报10期，其中3期被媒体转载；洋里佳园、远东丽景等9个项目的责任单位受到通报表扬，首山丽景、江夏小区等18个项目责任单位受到通报批评，对项目经理81人次动态记分590分，对总监理、工程师61人次记分420分，约谈相关项目的施工、监理、建设单位的项目负责人、技术负责人7次。开展校安工程专项检查。推行住宅工程质量分户验收制，验收项目要求设置工程永久性铭牌。

【建筑勘察设计监管】　开展全市建筑工程勘察设计质量检查，发出责令整改通知13份；组织参加2012年度福建省优秀工程勘察设计评选活动，新琴亭小区、闽侯县城新区经济适用房二期配建廉租房2个项目获二等奖，福湾新城春风苑、联建新苑社会保障房2个项目获三等奖。抽检全市（含五区七县）20项保障性住房项目，发出责令整改通知书13份。

【可再生能源推广】　完成2011年全市所有建筑面积3000平方米以上的国家机关办公建筑和大型公共建筑的能耗调查统计，组织勘察设计单位参加第六届海峡绿色建筑与建筑节能博览会。完成福州市第二、三批示范项目的申报工作，组织“福建省绿色建筑与低能耗建筑综合示范楼”等项目申报2012年度国家太阳能光电建筑应用示范项目，福州万科金域花园等项目获“绿色建筑评价标识”。

【商品混凝土推广和新型墙体材料监管】　开展全市商品砼搅拌站质量检查，对8家搅拌站实验室进行检查，对5家存在问题的搅拌站发出整改通知书。“预拌混凝土生产数据实时采集项目”课题获批，开始试点应用。对31个新墙材厂家的73种规格产品进行产品质量抽检，查出1种规格产品为不合格。完成新型墙体现场核验87项（次）；办理24个工程项目新型墙体材料基金结算。

【造价定额制定】　开展造价咨询及招标代理131家中介企业计价行为检查，组织造价员资格考试和继续教育，参加人员5000多人次；协调解决地铁1号线、海峡奥体中心、内河整治、三坊七巷保护修复等工程计价疑难问题；发布2012年度典型工程造价指标分析，发布建筑、装饰、安装、市政专业月刊、专刊材料信息近20万条。

【城建档案管理】　接收建设项目档案180项，整理入库档案5700卷，输入城建档案卡片2400张，城建档案数据库数据7.06万条，形成鼓岭旧貌、内河整治等工程录像档案554分钟，照片档案1569张。接待档案查询600人次。

（许信证）

房地产登记管理

【概况】　2012年，福州市调整市区享受优惠政策的普通商品房标准，提高住房公积金贷款额度，放宽住房公积金贷款条件，房地产市场保持平稳发展。完成房地产开发投资972.27亿元，比增0.9%。全市商品房施工面积5704.47万平方米，比增15.5%；新开工面积1509.05万平方米，比降8.1%；竣工面积534.33万平方米，比降1.3%；商品房销售面积841.50万平方米，比增35.5%，其中商品住宅销售面积733.96万平方米，比增32.5%。完成房地产税收145.51亿元，比增4.47%。市本级商品房销售套数3.91万套，面积346.17万平方米，分别比增20.06%、33.36%，其中商品住宅销售2.16万套，面积251.53万平方米，分别比增25.72%、34.6%。全市预售批准新增供给商品房1041.3万平方米，比增28.4%，其中市本级预售批准新增供给商品房347.63万平方米，比减11.51%。全市二手房交易2.59万件，面积267.78万平方米，分别比增14.68%、16.02%，其中住宅交易2.17万件，227.64万平方米，分别比增18.84%、17.65%；市本级二手房交易2.1万件，面积202.28万平方米，分别比增20.11%、26.28%，其中住宅交易1.74万起，面积167.79万平方米，分别比增25.99%、29.38%。全市发放各类房屋权证27.6万本，比增18.24%，其中

东山新苑保障房

市本级17.42万本,比增17.1%。1—12月,福州市商品住宅价格同比指数变化在99.1~101.8之间。

(温昌经　翁发春　曾彩华)

【市场监管】　定期研究分析市场运行情况,遏制投机投资购房,鼓励刚性购房和改善型购房。调整福州市区普通商品住房标准,自6月1日起,将原标准中的实际成交价标准(鼓楼、台江区域8500元/平方米,其他区域7000元/平方米)调整为总价款低于或等于200万元/套。提高公积金贷款最高额度,从原来的家庭贷款最高额60万元提高到80万元。开展商品房销售市场秩序专项检查和无证无照经营专项检查。

【住房保障】　出台《福州市公共租赁住房管理办法》《福州市城区廉租住房管理办法》《关于进一步加强保障性住房配租配售和管理工作的意见》,放宽福州市城区保障房准入条件,扩大住房保障覆盖面,将外来务工人员纳入住房保障范围,廉租房准入条件由原来的户均年收入3.5万元调整放宽至3.8万元,将申请家庭财产作为申请准入条件之一,并确定申请家庭收入、财产的多部门协查会审制度。

开工建设保障性住房、棚户区改造住房40688套(户),占计划数的101.72%;基本建成34252套,占计划数的104.4%,完成投资88.7亿元。批准保障房配租配售资格6479户,福州城区首批50位环卫工人、50位公交司机获公共租赁住房的保障资格。审核发放福州市直机关事业单位住房补贴823万元,福州市属国有企业职工工龄补贴437万元。

表13　福州市2012年度保障性安居工程项目建设进展情况表

项目名称	保障性住房(棚户区安置住房)建设规模		总投资(万元)	完成投资(万元)	保障性住房(棚户区安置住房)建设进展情况					
					竣工		基本建成		新开工套数	
	套数(套)	面积(平方米)			套数(套)	面积(平方米)	套数(套)	面积(平方米)	套数(套)	面积(平方米)
往年开工竣工项目小计	96959	8135653	1121207	1050155	95686	8067153	1273	68500	0	0
廉租住房(含购改租)	7674	316597	83320	83320	7337	299097	337	17500	0	0
经济适用住房	29958	2584158	45364	45364	29958	2584158	0	0	0	0
公共租赁住房(含购改租)	5637	278120	61690	61308	4701	227120	936	51000	0	0
限价商品住房	45942	4182004	666629	591061	45942	4182004	0	0	0	0
城市棚户区安置房	7568	762559	263061	268534	7568	762559	0	0	0	0
林业棚户区改造	180	12213	1142	566	180	12213	0	0	0	0
往年开工续建工程小计	63212	5179222	1979578	1179889	9051	675882	13343	1099494	0	0
廉租住房(含购改租)	10688	575985	187719	144992	3862	219387	3108	165434	0	0
经济适用住房	2992	169160	59973	36373	954	52680	0	0	0	0
公共租赁住房(含购改租)	9282	488223	207787	90545	800	34333	1270	70240	0	0
限价商品住房	21455	2108804	799702	512444	819	94140	5342	546645	0	0

续表 13

项目名称	保障性住房(棚户区安置住房)建设规模		总投资(万元)	完成投资(万元)	保障性住房(棚户区安置住房)建设进展情况					
					竣工		基本建成		新开工套数	
	套数(套)	面积(平方米)			套数(套)	面积(平方米)	套数(套)	面积(平方米)	套数(套)	面积(平方米)
城市棚户区	18265	1798771	721314	391345	2257	248645	3617	316761	0	0
林业棚户区改造(4个项目)	214	15213	1756	2728	67	5070	6	414	0	0
农业棚户区改造(10个项目)	316	23066	1327	1462	292	21626	0	0	0	0
列入2012年保障性住房项目小计	21921	1547426	923700	207905	458	16050	0	0	21921	1547426
廉租住房(含购改租)(省下达405套)	669	34380	12311	5462	0	0	0	0	669	34380
公共租赁住房(省下达7419套)	7436	387683	206128	52565	458	16050	0	0	7436	387683
限价商品住房(省下达13500套)	13816	1125363	705261	149878	0	0	0	0	13816	1125363
列入2012年各类棚户区改造小计	18298	2075504	757215	407450	3930	436116	6160	661246	18298	1711325
城市棚户区(省下达18533套)	18155	2069484	756615	407233	3930	436116	6160	661246	18155	1705305
农业棚户区改造(省下达143套)	143	6020	600	217	0	0	0	0	143	6020
合计	200390	16937806	4781702	2845400	109125	9195202	20776	1829241	40219	3258752

【住房公积金归集和使用】 全市共有缴存职工409828人,归集规模扩大19.16%。新增缴存职工129776人,净增67203人,较上年净增40.15%。住房公积金归集额逾30亿元大关,达38.22亿元,比增29.60%,完成年计划的118.38%。1996—2012年,累计归集住房公积金194.69亿元,归集余额98.21亿元。年内提取住房公积金20亿元,提取总额占归集总额52.33%,其中用于偿还购房贷款本息8.48亿元;购买、建造、翻建、大修自住住房6.27亿元;离休、退休2.64亿元;完全丧失劳动能力并与单位终止劳动关系2.17亿元;户口迁出所在市、县或出境定居0.33亿元。1996—2012年,累计提取公积金96.48亿元。发放公积金个人贷款25.02亿元,完成年计划的156.41%,比增117.56%。年末住房公积金贷款余额为64.72亿元,个贷率69%,公积金使用率达86.58%。1996—2012年,累计发放个人贷款91.28亿元,公积金余额98.21亿元。

全市住房公积金获批的项目贷款额度4.15亿元全部发放完毕,其中经济适用房项目发放贷款3.32亿元,公租房项目发放贷款0.83亿元,收回贷款本金1.1亿元,实现项目贷款利息收入0.18亿元,支持45平方米~60平方米保障性安居工程4105套,总建筑面积21.44万平方米。全年实现净增值19938.30万元,完成年计划的214.39%,比增134.69%,增值收益率达2.03%。上缴廉租住房建设补充资金14260.93万元,比增131.90%。1996—2012年,累计实现增值收益7.07亿元,上缴廉租房补充资金3.38亿元。

2012年调整住房公积金个人贷款的最高额度,由上年的双方60万元、单方45万元提高至双方80万元、单方60万元。执行个贷差别化政策,对改善居住条件购买二套住房的,首付比例不低于50%,贷款利率上浮10%,停止向购买第三套及以上住房的缴存职工家庭发放住房公积金个人住房贷款。执行贷款三级审批制度和贷款审核操作规范,制定预警方案,降低住房公积金个人住房贷款风险。

12月1日,公积金贷款网上审批系统平台正式上线运行,实现缴存用户在互联网上即可办理住房公积金贷款申请、预约、贷款审批进度、贷款额度及还款计划测算、公积金账户查询等业务。

(梁　瑜)

【房屋征收补偿】　制定并实施《福州市国有土地上房屋征收补偿决定规程》《福州市集体土地征收房屋补偿补充意见》,完善房屋征收补偿安置政策。加强县(市)区房屋征收部门和房屋征收实施单位及从业人员的业务培训,帮助协调指导城区房屋征收部门解决房屋征收难题。启动23个项目国有土地上房屋征收(其中市级15个项目,区级8个项目),征收户数4827户,拆除旧房建筑面积约77.1万平方米;发布27个项目集体土地上房屋征收补偿方案,征收户数5498户,拆除旧房建筑面积约182.6万平方米。为协调重点项目土地房屋征收工作,市政府将"福州市省重点建设项目征地拆迁指挥部"更名为"福州市重点项目土地房屋征收工作协调推进指挥部",下设办公室挂靠市住房保障和房产管理局,并对指挥部工作职能和成员进行相应调整。

【物业管理】　市人大常委会对《福州市物业管理若干规定》进行修改,并于12月14日经由省人大常委会第三十四次会议批准。动员并组织福州市物业行业开展文明城市持续建设工作,建立全

表14　**2012年福州市区商品房交易网上签约登记情况表**

月份	面积(万平方米)	金额(亿元)	均价(元/平方米)
1月	7.91	11.41	14423
2月	11.54	15.04	13028
3月	22.03	27.62	12538
4月	22.73	27.19	11962
5月	29.54	38.19	12928
6月	26.35	40.23	15266
7月	34.28	46.33	13515
8月	37.60	55.55	14773
9月	37.53	57.02	15192
10月	32.34	49.58	15332
11月	44.34	69.83	15750
12月	39.98	64.95	16244

国城市文明指数测评的迎检工作巡查、问责惩戒制度,开展"学习厦航经验、创建温馨小区"和规范提升城市住宅小区物业服务专项行动。新增一级资质物业企业1家,二级资质物业企业1家,26个项目获市优项目称号,16个项目获评省物业小区(大厦)示范项目;依法注销28家暂定三级资质和9家三级资质物业服务企业,将15家三级资质物业服务企业降为暂定三级,对6家服务不规范整改不及时的物业企业实行黄牌警告。制定《福州市旧住宅小区综合整治实施方案》,市城区完成75个旧住宅小区综合整治工作,超额完成为民办实事旧住宅小区综合整治目标任务。　(温昌经)

【解决历史遗留两权证登记难题】　排查全市历史遗留的两权证问题,收集234个项目情况,其中涉及住宅约20486单位(户)、店面约1216间,汇总上报"两权办","两权办"组织专人收集、梳理106个历史遗留项目未办证资料,研究解决97个历史遗留项目办证难题,办理31个历史遗留项目产权初始登记,解决近5000户群众办证问题。

【房地产市场信息登记系统建设】　组织市本级个人住房信息系统联网查询测试和日常监测等工作。市房地产市场信息登记系统各子系统全面进入试运行,该系统机房建设、硬件设备及系统软件通过初步验收。2011—2012年,完成120万件的产权档案扫描工作任务。

(翁发春　曾彩华)

(编辑　吴　燕)

交 通

公路建设与养护

【概况】 2012年,福州市公路总里程10625千米,公路密度为88.54千米/百平方千米,其中,高速公路421千米,二级以上普通公路813.9千米。完成交通建设投资120.08亿元。绕城高速西北段全线贯通,绕城高速东南段可行性研究报告获国家发改委批复。202省道永泰青云山段、324国道乌龙江大桥及接线拓宽工程等项目建成,长乐滨江滨海路、连江可门港通港公路等项目开工建设。整治市级交通事故"黑点"(事故多发地段)9处。管养公路县乡道可实施里程绿化率达87%。公路养护实现综合优良路率达89.37%、干线优良路率达90.39%。专项工程质量合格率达100%。

【重点项目建设】 高速公路在建规模331.81千米,总投资427.31亿元。3月5日,开工于2007年8月20日的绕城高速公路西北段全线建成通车;12月20日,开工于2009年8月28日的乌龙江大桥改造及接线拓宽工程全部完工,总投资2.652亿元;至年底,开工于2009年6月25日的福永高速公路完成投资70.36亿元,房建工程、机电单位、绿化工程基本完成,路基、桥面、隧道路面路槽移交完毕,隧道路面完成检测工作;至年底,开工于2010年9月28日的渔平高速公路延伸线(平潭复线桥)完成投资10.14亿元,平潭大桥桩基基本完成,并完成赤表桥桩基、T梁预制及大壤桥下部、T梁预制;至年底,开工于9月17日的京台线建瓯至闽侯高速公路(福州段)完成投资13.33亿元,全线征地红线放样基本完成,清点丈量工作、临建工作完成;至年底,开工于4月26日的沈海复线宁德蕉城至连江浦口高速公路(福州段)完成投资16.7亿元,路基挖方、填方完成约50%,软基处理基本完成,开始桥梁与隧道工程建设。

【绕城高速公路东南段】 9月26日,项目工程可行性研究报告获国家发改委批复。该项目主线起于连江洋门枢纽互通处,经连江、琅岐、长乐,终于闽侯青口,与沈海高速公路青口枢纽互通对接。主线全长74千米,双向六车道,设计速度为100千米/小时;可门疏港连接线起于连江浦口,经梅里终于颜歧,全长18千米,设计速度为100千米/小时,其中浦口枢纽至梅里枢纽段双向六车道,梅里枢纽至颜歧段双向四车道。总投资约126亿元。

【农村公路建设】 完成农村公路建设313.938千米,总投资2.35亿元,完成年度计划130.5%;完成农村公路安保工程613.301千米,总投资0.71万元,完成年度计划142%;完成危桥改造10座,投资914.97万元,完成年度计划152.5%;完成撤渡建桥1座,投资1119万元,完成年度计划160%,其中,市公路局完成农村公路建设里程53.861千米,超计划18.9%,至年底,全市剩余未

福永高速门前山隧道作业　　（周必云　摄）

改造专养沥青路面农村公路21.79千米。

【管理养护】 重点推进国道104、324等线路水泥路面改善工程,完成路面改造30.43万平方米/24.46千米,实施排水系统整治246.68千米,建成福清金利达服务区与闽侯上街养护中心。“绿色通道”工程新增与完善绿化路段411千米、生态景观工程10处及绿色生态单位16个;推进省道203峡漳线、省道202线青云山段等生态示范路建设,管养公路县乡道可实施里程绿化率达87%。完成边坡灾害治理4处、国省干线及农村公路安保工程873.533千米。

【路政管理】 推进市(县)路政许可入驻行政服务中心工作,推行行政审批市县两级联合现场勘查,下放路政许可审批等权限。加大网上审批督查,推行许可项目验收制度,办理路政许可507起。加强治理超限超载工作,全年检测车辆3.08万部,处理超限车辆5251辆,卸载3138部5.13万千克。开展滴洒漏污染公路、非交通标志等专项整治,组织执法人员巡查2.76万人次,拆除违章建筑7176平方米,清理占道堆放245起、拆除非交通标志牌190起,累计查处各类路政案件6758起。全面介入机场二期、绕城、福厦高速福州连接线等高速开放路段的路政巡查监管工作。

(王东曜 王绮萍)

公路运输与城区交通

【概况】 2012年,完成客运量18395.41万人次、旅客周转量818311.42万人千米,货运量10676.56万吨、货物周转量1501752.08万吨千米(含平潭)。新辟公交线路32条,新增更新公交车辆469辆(其中新能源车辆229辆),优化延伸公交线路47条,新建成马尾快安、尤溪洲东公交站、下院停车场、远东丽景4个公交首末站,改造公交停靠站候车亭190个。主城区公交出行分担率24.91%。

表15 企业规模奖励标准

企业自有牵引车辆数	奖励标准
30辆以上	50万元
50辆以上	100万元
100辆以上	150万元
200辆以上	200万元

表16 牵引车补助标准

车辆总价	补助标准
25万元~45万元	车辆总价的15%
45万元~70万元	车辆总价的20%
70万元以上	车辆总价的25%

表17 挂车补助标准

新增牵引车与挂车比例	补助标准
1:2	每辆2万元
超过1:2	超出的挂车每辆3万元

【客运市场管理】 全市客运企业(含旅游包车客运)65家,其中从事班车客运的38家,从事旅游(包车)客运的27家。客运车辆4002辆、107986座,其中客运班车3222辆、78454座,旅游(包车)客运车辆780辆、29532座。

运力结构调整 道路客运许可行政审批10项,新增县际客运线路2条(12辆客车),新增客车28辆,更新客车552辆(其中更新新能源LNG客车54辆)。推进客运市场精品工程和公铁客运衔接工程,加快平潭综合实验区、福州长乐国际机场、福州火车南站班线的车辆更新和商务快客的发展。

“村村通客车”工程 引导县(区)发展农村客运,通过现有班车线路延伸、节点运输、预约客车和周末班车等模式,推动该工程。新开通农村客运线路6条,新增更新农村客车108辆。

枢纽场站建设 福州新汽车西站主站房工程年底完工,进入验收阶段;福州新汽车客运南站全面动工建设;福州新客运北站成立业主单位,进入规划手续报批准备阶段。

客运站站级复核认定 对16个三级以上客运站从硬件设施、服务管理等方面进行考核,经考核,13个客运站符合原站级标准,对3个不符合客运站三级标准的予以降级处理。

客运企业年度质量信誉考核 考核74家客运企业,评出AAA级企业16家,AA级企业41家,A级企业14家,B级企业3家。

【货运市场管理】 有道路货运企业720家(其中危险货物运输企业30家),个体运输业户1.9万户;拥有各类货物运输车辆5.47万辆、总吨位43.19万千克,大、中、小型货运车辆占营运货车的比重分别为31.7%、2%和66.3%;货运车辆平均吨位达7.8千克。11月1日起,全市所有道路货物运输业及相关物流服务业全部纳入“营改增”试点范围。

货运枢纽站场建设 福州晋安物流中心“改扩建”项目及福建高速物流配送中心被推荐列入交通运输部2013年枢纽场站资金扶持计划。

甩挂运输试点 根据年初省交通运输厅出台的《福建省甩挂试点企业规模奖励和车辆购置补助资金管理办法(试行)》,对列入国家和省级甩挂运输试点的企业实行规模奖励,对其新增购置的牵引车、挂车给予一定的资金补助，盛辉物流集团有限公司和盛丰物流集团有限公司2家企业列入补助对象。

安全生产标准化建设　开展道路货运企业安全生产标准化建设工作，按照“先转级后提升”的原则，对已通过企业主体责任评定的企业进行相应的标准等级转换，至年底，全市80%道路普通货运企业和所有的道路危险货物运输企业通过转换或评定。

【城市出租车管理】　市区出租车5445辆，企业出租车3242辆，占59.54%，个体出租车2203辆，占40.46%。出租车企业19家，其中国有企业5家1992辆，集体企业9家2567辆，有限责任公司性质企业3家631辆，其他性质企业2家255辆。具有出租车从业资格的驾驶员有3.3万人，在岗出租车驾驶员15268人。完成出租车运价调整工作，福州市区的士起步价由8元上调为10元，同时取消现行每趟次2元的燃油附加费(2012年12月1日起实施)。

【机动车维修管理】　有一、二、三类机动车维修企业566家，其中一类企业68家、二类企业242家、三类256家。形成以一类企业为骨干、二类企业为基础、三类企业为补充的机动车维修市场服务体系，落实汽车维修合同签订、质量保证期和服务承诺制度，建立营运车辆二级维护竣工检测及车辆综合性能检测监控网络，对营运车辆进厂竣工检验、维修材料单、维修合同等有关原始凭证实行电子备案制度。强化维修技术人员培训，促进新知识、新技术、新设备、新工艺的推广应用；实施维修企业质量信誉考核制度，完善机动车维修企业公告制度，要求维修企业在客户接待室公示企业工时单价、维修报备程序、维修经营许可证、诚信经营服务等信息。

【运输驾驶从业人员培训与管理】　有机动车培训机构93家，训练场面积169.13万平方米，教学场所1.62万平方米，训练道路8.23万米，教练员4129人，教练车3671辆。全年培训机动车驾驶人员12万人，道路运输驾驶员8419人。开展驾培企业质量信誉考核，兴安驾校、意祥驾校、路路通驾校3家企业获AAA资质；推进道路客运驾驶员驾驶应急处置和节能技术教育工作，5000多名在岗客运驾驶员接受培训；优化出租车从业人员培训课时结构，由原有的42学时增加至54学时，向学员配发并讲解《福州市交通旅游图》，使其尽快熟悉福州市路网信息。

【公共交通】　至年底，全市有公交车3408辆，折合标台数4004.9辆，分别比增46辆，36.6标台，其中，新能源公交车751辆，比增46辆；欧3排放标准公交车1653辆，比减28辆；欧2及以下排放标准公交车1004辆，比增28辆。全市共有营运线路199条，比增13条。车辆及线路分布4家公交企业：福州市公共交通集团有限责任公司车辆2359辆，线路146条；福州闽运公共交通有限公司车辆410辆，线路21条；福州康驰新巴士有限公司车辆501辆，线路26条；福州营达公交有限公司车辆138辆，线路6条。

完成公交客运量6.69亿人次，营运里程2.37亿千米，分别比增13.64%和12.82%，线路长度3429千米，比增527千米。按常住人口计算，每万人拥有公交车13.52标台，公共交通出行分担率24.91%，比上年提升1.56个百分点。

（王东曜　陈为杰）

6月27日，福州机务段首台电力机车中修开工（黄承登　摄）

铁　路

【概况】　2012年，福州市辖区铁路拥有峰福线、福马线和杭深线及其联络线，营业里程244.4千米，其中，福马支线福州东站至马尾20.76千米，峰福线浦后站至福州东站75.62千米，杭深线罗源站至温福线路所及联络线148.02千米。辖区内的铁路线路、桥梁、隧道、路基设备维修养护由福州工务段负责，站(场)信号、道口信号、列车运行监控装置、动车组列车自动防护系统的养护维修由福州电务段承担。年内福州机务段配属机车326台(电力机车189台，内燃机车137台)；福州车辆段配属客车1332辆；福州动车段配属动车39组；动车组及其他旅客列车的乘务工作由福州客运段承担；福州供电段负责管内营业里程的牵引供电和电力设备的运营管理、检修维护与大修更改工作；福州车站每日图定开行118对列车，其下属福州南站，每日图定开行列车76对；福州房建生活段负责房产管理、大维修工作、生产生活用水供给和铁路公寓的经营管理。

全年，福州市境内铁路发送旅客1616.35万人次，比增75.77万人次，增幅4.92%；发送货物389.12万吨，比增27.6万吨，增幅7.63%。

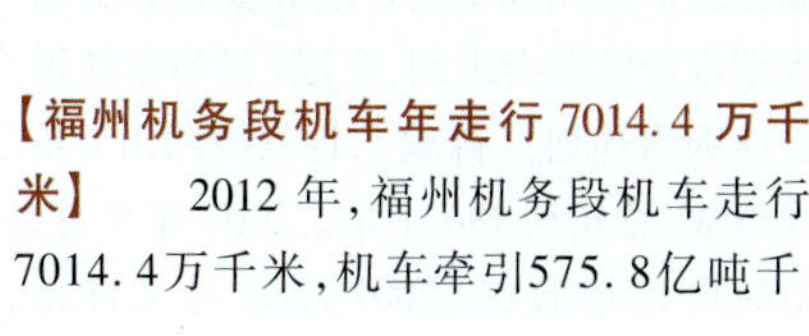

【福州机务段机车年走行7014.4万千米】　2012年，福州机务段机车走行7014.4万千米，机车牵引575.8亿吨千

米。该段集动车、客车、货车运输牵引和内燃、电力机车检修为一体,是福建省唯一的机务段。全段运营范围涉及福建全省,运营里程3099千米。

【福州铁路枢纽改造工程建设】 由位于晋安区火车站站前路28号的福州枢纽改造工程建设指挥部负责,主要承担福州站改扩建工程、福州站北站房工程和福州东(樟林)货车车辆段工程的建设管理工作。

福州站改扩建工程 年内该工程I类变更增加投资11233.56万元,增加材料价差800万元,实际完成投资2.54亿元。至年底,完成投资18.34亿元,占设计量78.7%;高架候车室9510平方米,占设计量77.3%;无站台柱雨棚61180平方米,占设计量98.7%。

福州站北站房工程 建设规模2.5万平方米,投资4.065亿元(其中福州市承担1.832亿元),完成投资9880万元,累计完成投资1.888亿元,建设站房2.12万平方米,占设计量的85%。

福州东(樟林)货车车辆段工程 该工程规模按4线20台位,洗罐一线3台位,存车线5条,抛丸、喷漆、调梁线、调机线各1条设计。由中铁第四勘察设计院集团有限公司设计,项目投资3.937亿元。

(刘 仁)

地 铁

【概况】 1995年,福州市中心城交通规划提出建设城市轨道交通的设想,并将2条轻轨交通线路规划纳入1995版总体规划。2002年7月,市城乡规划局和上海交通研究所共同编制《福州市轨道交通网络规划》,围绕建设"一中心、六组团"城市布局结构,提出远景形成"两纵一横一环"(4条线)的网络架构,总长约136.2千米。2006年7月,市发改委委托铁道第四勘察设计院和福建省交通规划设计院联合编制,完成《福州市轨道交通网络规划》(修编),远景线网由7条线组成,总长约180千米。2007年9月,市政府以榕政综〔2007〕280号文件批复。2008年,由市城市轨道交通项目建设领导小组办公室承办,上海市隧道工程轨道交通设计研究院与市政府相关部门共同编制完成《福州市城市快速轨道交通建设规划》(2009—2016),并于5月通过中国国际工程咨询公司组织的专家评估,2009年6月国家发改委批准该规划。2010—2012年,福州市进行地铁1号线的征迁交地、管线迁改和便道工程以及主体工程的建设,累计完成投资90.07亿元,其中2010年完成投资35.43亿元,2011年完成投资25.05亿元,2012年完成投资29.59亿元。

4月7日,召开《福州市轨道交通2号线工程可行性研究报告》专家评估会

【福州市城市地铁有限责任公司】 由福州市政府全资投入,从事城市轨道交通建设和运营的国有独资公司,全面负责全市地铁项目的投资、规划、建设、运营、管理和沿线地下空间资源的开发利用等工作。市政府于2009年2月28日同意成立该公司,6月公司正式揭牌,福州市地铁项目由前期规划阶段转入组织实施建设阶段。质量、环境、职业健康于2011年10月10日通过安全管理体系认证审核。公司下设办公室、监察室、人力资源部、财务部、总工程师室、安全质量管理部、前期部、工程一部、工程二部、招标合约部、审计预(结)算部、机电设备部、指挥控制中心、运营筹备部14个部门,有职工125人。 (黄 威)

【城市轨道规划】 轨道交通1号线 2009年6月3日,福州城市快速轨道交通近期建设规划(地铁1、2号线)获国务院批准。2010年1月18日,国家发展和改革委员会正式批复《福州市轨道交通1号线可行性研究报告》。2010年3月20日,1号线一期工程总体设计通过全国专家评审。是年9月,1号线一期工程初步设计通过省发展与改革委员会组织的全国专家审查。全长29.2千米,线路起于新店秀峰路的象峰站,为城市南—北方向的基本骨干线。1号线经福州火车站、华林路、省政府、鼓屏路、茶亭公园、过闽江、则徐大道、福州火车南站、至规划的东部新城,共设24座车站,投资估算186.1亿元。工程分两期实施,一期工程起点站为象峰站,终点站为福州火车南站站,线路长24.89千米,共设21座车站,经过专家评审后的总体设计投资估算总额为171.2亿元。二期工程起于福州火车南站站至东部新城站,约4.42千米,结合东部新城开发实施。

1号线全部采用地下线,车站均为地下车站,其中地下二层站19座,地下三层站2座,共有5座车站与4条线换乘,分别是福州火车站站与3号线换乘,东街口站与4号线换乘,南门兜站与2号线换乘,达道站与3号线换乘,三叉街站与5号线换乘。设新店车辆基地1座和清凉山停车场1座;设南门主变电所1座和黄山主变电所1座;设控制中心1处(达道站处)。大部分车站采用明挖顺做法施工,个别车站采用半铺盖法施工,区间采用盾构法和矿山法施工,其中东街口站至南门兜站区间采用明挖法施

工。线路最大站间距为1.896千米，最小站间距为0.801千米，平均站间距1.237千米。1号线车辆采用B2型车，6辆编组，额定载客量（定员）1460人。

轨道交通2号线　2012年11月7日，国家发改委正式批复福州市轨道交通2号线工程可行性研究报告，同意福州市建设轨道交通2号线。轨道交通2号线全长26.3千米，起自沙堤站，经国宾大道、乌龙江大道、科技东路过乌龙江，经金祥路过闽江，经闽江北岸中央商务区、西二环中路、黎明新村、斗池路、西洋路、乌山路、古田路、福马路，止于鼓山站。全部为地下线，设地下车站22座，其中换乘站4座。地下二层站18座，地下三层站4座。最大站间距为2.865千米，最小站间距为0.704千米，平均站间距1.215千米。设主变电站2座（南门兜站主变与1号线共用）及配套机电系统工程。与1号线合设控制中心，设竹岐车辆段和下院停车场。工程总投资182.27亿元，其中资本金75.1亿元，占总投资41.2%。2号线车辆采用B型车，采用直流1500伏架空接触网授电方式，最高运营时速80千米。初、近、远期均采用6辆编组，初期配属车辆26列/156辆。建设工期为4年。

城市轨道交通线网规划修编　委托中铁第四勘察设计院集团有限公司和海峡（福建）交通院共同开展轨道交通线网规划修编工作。9月，设计单位完成城市轨道交通线网规划修编中间成果并上报市政府。10月，组织规划、地铁方面专家，对线网规划修编中间成果进行咨询，重点研究线网规划与城市总规及综合交通规划的衔接性问题。12月完成城市轨道交通线网规划送审稿，待线网规划通过中咨公司咨询，设计单位对线网规划修编成果修改完善后，正式报市政府审批。根据线网规划修编送审稿，福州市城市轨道交通线网规划（2012年修编）推荐方案为“网格放射型”线网，规划线路10条，线路总里程324.72千米，设计车站215座。（林　焱　黄　威）

【地铁1号线建设】　完成投资90.07亿元，其中2010年完成投资35.43亿元，2011年完成投资25.05亿元，2012年完成投资29.59亿元，连续3年实现安全生产。

征迁交地　一期工程共21个站，总征迁面积约44.9万平方米，全线各站点征迁基本完成并交地。2012年，新店车辆基地、屏山站、南门110千伏变电站、达道站及控制中心、三叉街站、胪雷站、清凉山停车场7个站点完成征迁（除）面积约13万平方米，其中屏山站、胪雷站全部完成征迁交地任务，新店车辆基地完成99%，指挥中心及达道站完成98%，三叉街站完成92%，南门变电站完成98%，清凉山停车场完成96%并交地施工。

管线迁改和便道工程　全面启动于2010年11月下旬的管线迁改工程，除清凉山停车场未进场外，其余站点一期管线迁改和便道工程基本完成，胪雷站配合拆迁进行通信管线割接、临时电力线迁改等工作，树兜站、屏山站等站点受交通疏解影响分期围蔽。

主体工程　9月20日，在1号线白湖亭站举行“海峡一号”盾构始发首推仪式，标志全线各站点陆续进入区间盾构施工阶段。车站建设，除清凉山停车场和控制中心未实施一期围挡外，白湖亭站、福州火车南站站西延伸段、葫芦阵站、茶亭站4站点完成主体结构施工；象峰站、秀山站、罗汉山站、斗门站、东街口站、上藤站、排下站、城门站、三角埕站9站点完成围护结构施工，陆续开展基坑土方开挖、钢支撑架设及主体结构施工；树兜站、屏山站、南门兜站、达道站、三叉街站（二期）、胪雷站6站点开始车站主体围护结构施工。区间建设，达道站至上藤站矿山法施工段上、下行线开始掘进。白湖亭站至葫芦阵站区间上、下行线盾构区间开始掘进。指挥控制中心完成主体施工图设计，桩基局部施工。

（黄　威）

水　路

【概况】　2012年，福州市有各类营业性运输船舶744艘，比降3.51%；净载重量295.62万吨，比增15.96%；标准箱位10755标箱，比增6.38%；载客量3695客位，比增23.62%。完成客运量99.46万人，客运周转量2957.71万人千米，分别比增38.64%和216.53%；完成货运量6525万吨，货运周转量9046.627亿吨千米，分别比增7.66%和12.11%。6月28日，挂牌成立“福州市交通综合行政执法支队三大队”，人员、职能暂时不变，业务受市交通综合行政执法支队指导。

【闽江游】　接待游客13.02万人次，比增28.65%；实现营业收入783.11万元，比增20.61%，实现扭亏为盈。2012年，“闽江游”入选省旅游局推出的“福州10条精品线路”。

【水上交通安全】　建立福州市内河搜救分中心，2艘高速快艇投入使用，1艘多功能救助艇正在建造。全年出艇376次，出动检查人员1816人次，检查各类运输

台江游艇码头

船舶1289艘次,查处案件23件,罚款10.675元。开展"打非治违""内河交通安全三个月集中整治大会战"和"综合整治三年行动"专项行动,核查航运企业经营资质219家,船舶475艘,出动执法车、艇526次,出动检查人员1602人次,检查各类运输船舶1143艘次,排查治理安全隐患48处,查纠违章6起。2012年,全市内河辖管水域无事故发生、无人员伤亡、无财产损失。结合"安全生产月"活动主题,在闽侯淮安水域组织开展"2012年汛期水上交通应急救援联合演习"。

【水路运输行业管理】 全面开展航运企业安全生产标准化建设,完成市属航运企业安全生产标准化评定27家,县属企业完成达标考评10家。开展水路运输企业经营资质年度核查工作,对13家经营资质未达标的企业上报取消经营资格。开展运输船舶吨位丈量和水尺勘划等专项检验活动,推进闽江内河船舶船型标准化建设。组织宣传贯彻省政府出台的《关于促进航运业发展的若干意见》。全年检验发证内河船舶312艘,征收船舶检验费87万元。

【船员培训与注册】 加强内河船员培训,组织34期1276人参加各类安全学习培训,4期108人参加内河摩托艇、游艇的培训考试。开展内河船员注册工作,2012年申请注册3432人,其中适任船员1176人。

(庄亚辉)

港口

【概况】 2012年,福州港完成港航建设投资29.04亿元,超年度计划的4.5%,比增35.4%。新开工项目17个,较年计划增加1个。完工项目8个,较年计划增加3个。全港完成货物吞吐量1.14亿吨,比增11.63%,其中集装箱吞吐量182.50万标箱,比增9.93%。可门作业区10号、11号泊位技改新增吞吐能力1305万吨。建成江阴15万吨级集装箱船进港航道、罗源湾港区可门30万吨级散货船进港航道以及福清湾航道3条航道,使福州港成为省内同时具备通航30万吨级散货轮和15万吨级集装箱船航道的港口。开通马尾至江阴的内、外贸集装箱穿梭巴士航线。省内武夷山、省外江西高安陆地港至福州港的海铁联运实现"零"的突破,江阴整车进口试运行。同时推动出台《鼓励福州港口生产发展补贴和优惠政策方案》和《加快江阴港区发展的意见》,推进并完成新《福州港总体规划》整合与修编。

【《福州港总体规划》整合编修】 7月中旬完成《福州港总体规划》(征求意见稿),年底前上报省交通厅,初步实现两港规划的整合。同时启动新《福州港总体规划》规划环境影响评价和《江阴港区万安作业区开发方案研究》编制工作。会同市政府和江阴工业集中区管委会督促江阴港区6号、7号泊位项目业主与福州港务集团进行整合,推进江阴港区西部化工码头、宁德白马作业区等一批码头公用性的整合工作。完成营业税改增值税征收试点工作。

【港口建设】 "五大战役"项目 福州港5个港航项目完成投资8.58亿元,超年计划7.86亿元的9.2%。松下港区牛头湾作业区3号散货码头完成投资1.06亿元,码头主体于8月22日通过交工验收,新增吞吐能力185万吨;江阴港区10号泊位工程完成投资1.98亿元,占年计划1.8亿元的110%,平潭2万吨级对台滚装码头工程完成投资2.18亿元,占年计划1亿元的218%;平潭港区金井作业区3号~5号泊位完成投资2.36亿元,占年计划3亿元的78.7%。

重点港区作业区连片开发 重点推进江阴港区壁头作业区、罗源湾港区可门作业区建设。至年底,江阴港区壁头作业区8号、9号泊位获国家发改委核准,并推进在建10号泊位建设和拟建11号、12号泊位的前期工作,11号、12号泊位项目获省发改委核准,11号泊位初步设计通过省港航局审查。罗源湾南岸的可门作业区4号、5号和10号~13号共6个泊位建成投产,与神华集团合作的1号~3号泊位工程开始施工。可门铁路支线建设的6号~7号后方陆域回填工程开工建设,9号泊位工程可行性研究报告上报省发改委,待核准。

江阴整车进口口岸建设 7月开始,利用4号、5号泊位二期预留堆场,进行汽车整车进口口岸项目建设,至10月主体软硬件工程基本完成,年内完成上千辆汽车进口试运行。同时引导福州港务集团启动江阴18号、19号泊位整车码头建设的前期工作。

公用基础设施建设 罗源湾航道一期工程、江阴航道二期工程、福清湾深水航道工程完成交工验收。引导社会采砂船疏浚闽江航道,开通闽江观音岐至汤院段航道约3000米的新航槽,节约航道维护经费约630万元。

港口支持系统建设 建成大马力拖轮1艘,引进厦门港务大马力拖轮2艘,在建大马力拖轮3艘。启动并完成信息化建设顶层规划方案编制和福州港综合指挥平台一期信息系统前期工作。同时启动福州港引航基地、闽江航道管理基地工程和罗源湾港区可门工作船基地、平潭港区工作船基地、白马港区工作船基地等项目前期工作。为平潭港区港口建设发展提供技术支持,制定《对接支持平潭综合实验区港口建设发展的具体方案》。

【港口物流体系建设】 港航扶持 《福州市鼓励福州港口生产发展补贴及优惠政策方案》和《福州市加快江阴港区发展的意见》分别于8月底、9月底对外公布。与市财政局联合制定《鼓励福州港口生产发展补贴及优惠政策方案实施细则》,兑现福州市2011年航线发展补贴和揽货组船奖励政策1146万元。

海铁联运 协同福州港务集团加强武夷山、江西高安等陆地港建设,成立福州港海铁联运工作领导小组。5月17日,福建武夷山陆地港2个40尺集装箱经马尾铁路专用线成功抵达马尾港后从江阴港出口;8月22日,中远公司承揽的装有瓷砖成品的4个20英尺内贸集装箱从江西高安铁路场站发车,23日抵马尾后,通过拖车转至江阴港区,经海运至北方营口港,实现集装箱海铁联运"零"的突破。

开辟江阴港区航线 5月9日,中海集运在福州港开辟马尾至江阴港区间定点定班海上"穿梭巴士"内贸航线。10

月13日，中海集运与中远集运合作，开辟1条挂靠江阴港区的营口—天津—江阴内贸精品干线。福建东方海运公司与昊海航运有限公司合作，于11月1日投入1艘舱位142标箱的集装箱船，开辟1条马尾至江阴“定点定班”外贸穿梭支线。12月20日，中远集运开通第2条马尾至江阴内贸穿梭支线。

【对台港口运输】　对台货运直航完成集装箱吞吐量31.36万标箱，比减0.99%，对台旅客运输进出旅客13.87万人次，比增251.48%。平潭—台中旅客往返10.30万人次，占全港对台旅客运量的74.26%。客滚航线发展至每周4班次。7月实现“海峡号”首次搭载出口货物。11月30日，平潭至台北航线进行试航。

【港口安全生产监管】　重点开展安全生产领域“打非治违”、安全生产隐患排查、工程建设质量安全检查等活动。根据新《危险化学品条例》，明确与安监部门对港区内危货储罐的安全监管职责，制定《福州港企业安全生产标准化建设实施方案》，完成港口安全检查标准的制定编写。改进并完善危险码头审批监管工作，从10月1日起，日常危险货物作业申报审批下放到危险品码头所在地港口分局（港务站）负责审批。全年未发生重特大安全事故。

【港口宣传】　“福州港迎来最大32万吨超大干散货轮”“福州港开通港区间集装箱运输支线”“福州港集装箱海铁联运实现零的突破”“福州‘真金白银’力挺港航物流业”“福州港首次进靠30万吨级油轮”等39篇重点新闻刊登在东南网、《福建日报》《中国交通报》《中国水运报》主流新闻媒体上，其中头版新闻8篇，另有39篇新闻分别刊登在《福州日报》《福州晚报》、福州电视台。

（符　燕）

机　场

【概况】　2012年，福州机场安全保障各类飞行起降7.25万架次，其中客货运输起降6.65万架次，旅客吞吐量785.2万人次，货邮吞吐量9.69万吨，分别比增9.22%、9.1%和10.7%。福州国际航空港有限公司更名为“元翔（福州）国际航空港有限公司”（以下简称“元翔福州空港”）。年内获“全国安康杯竞赛优胜企业”“全国用户满意度工程先进单位”称号。至年底，福州机场具备年旅客超1300万人次的运输保障能力，进入国际大型机场行列。

【航空运输】　河北航空、香港航空、易斯达航空、济州航空、祥鹏航空5家航空公司进驻福州机场运营，新开航线20条，新增和恢复西宁、石家庄、拉萨、海拉尔、无锡、珠海、赣州、黄山、曼谷、济州、首尔11个航点。年内福州机场通航城市达56个，其中国内通航城市43个，国际及地区通航城市13个。航空公司达27家，并成为全国第9个航线覆盖国内全部省会城市的机场。新增福州—济州，福州—曼谷2条国际航线。全年出入境旅客吞吐量达91.88万人次。货运增长快速，其中国际货邮吞吐量增幅达36%。中国邮政航空于4月11日起将福州—台北桃园货机航班由每周2班加密至每周3班；成功保障赫尔辛基—福州安-124大型货包机航班。

【航空安全】　*安全体系建设*　将安全指标细分为安全运行和安全管理两部分，实现“同一类型问题反复发生数为0”的目标；继续推进以ISO 9001质量管理体系为基础的运行标准和规范建设，通过外部监督审核；落实航空保安审计后续整改工作，推进航空安保管理体系（SeMS）建设。

安全专项活动　开展“安全生产隐患排查专项治理”活动，查找岗位人员、设备设施、运行环境等方面安全隐患，排查各类隐患16项，均完成整改；修订《福州机场航空危险品运输管理手册》中的锂电池运输自查制度，通过符合性审核；开展“安全生产月”活动，利用《榕城空港》、办公系统、宣传看板等载体进行安全生产宣传等主题活动；开展“奋战百日保安全　力创佳绩迎盛会”活动，提升员工岗位安全意识和技能，落实关键岗位检查；结合打非治违专项行动，组织开展专机及控制区证件专项整治工作；执行“岗位准入制度”和“持证上岗制”；强化不停航施工管理，按照“提出目标、控制措施、组织实施、监督检查、改进措施、考核评价、奖罚并举”的管理程序开展施工安全管理工作。

应急救援演练　根据《福州长乐机场应急救援计划》，完成“生产指挥系统故障”“航空器燃油泄漏”“危险品运输处置”“候机楼旅客疏散”“航班大面积延误”“失事航空器破拆及旅客救治”等单项演练。

安全课题及专利　福龙小组的“提高国内安检通道旅客过检速度”和酷睿小组的“提高早班高峰时段航空器机坪滑行正常率”2个课题获“福建省优秀质量管理小组”称号；“研制免印油登机牌盖章机”课题获“全国优秀质量管理小组”称号，研发的免印油登机牌盖章扫描一体机获国家专利及第七届海峡两岸职工创新成果铜奖。

【航空服务】　*服务提升计划*　从提升候机环境、客户体验、服务形象、保障质量、高端旅客服务、货物运转质量、航空食品质量、医疗保障质量和服务监督质量9个方面入手，制订111项服务提升工作计划，通过现场检查、台账抽查、月度会议总结等形式进行定期追踪、逐条关闭、效果验证，完成关闭104项。对旅客、机组和货主满意度53项测评项目服务指标做出全面调整，并分解落实到各业务单位，纳入年度目标绩效考核。新增过夜车场至候机楼免费电瓶摆渡车；新增7座登机桥，航班靠桥率逾92%。

顾客意见反馈机制　重点完善对客户体验信息的识别、收集和效果测评工作；增加旅客的“一对一”访谈机制；调整机组和货主调查模式，突出顾客对服务保障“效率优先”的需求。扩大信息收集渠道，在航班信息查询终端增设旅客满意度评价模块，在公司网站增设“旅客满意度”调查版面；重新修订《旅客投诉处理办法》，施行投诉分级管理。在OA系统中建立“顾客意见”模块，规范顾客信息的收集、整理、传递、验证及材料存档等程序。

对外服务新承诺　出台新的《福州

空港对外服务承诺》,其中,对外承诺共12项,涵盖客货运、安检、不正常航班服务、梯桥保障、行李服务、停车场服务、商业服务和投诉管理等方面;推出“助行天使”“爱心宝贝”“至爱安检”“解忧岛”“贴心关爱”“温馨速达”6个精品服务项目。

福州机场扩能建设

【基础设施建设】 机场产能建设 基本完成第一轮建设项目:候机楼南北翼扩建主要项目,新增7个候机厅、7条登机桥、4条安检通道、8个值机柜台。完成3万平方米航空综合配套业务楼和1.02万平方米航空食品厂房主体结构封顶;特种车辆维修基地、内部汽车加油站工程交付使用。完成PBN飞行程序设计、军民航协调、模拟机论证和试飞工作。同时启动第二轮扩能建设前期预可研和设计工作。

安全设施 投入约3000万元。新增及更新候机楼部分安全检查设备,升级安检信息管理系统,改造监控系统,改善候机楼基础供水、供电设施;实施电、扶梯、12号桥登机桥大修,更新改造候机楼楼宇自动化系统等。完成飞行区及外围部分助航灯光系统设施设备的更新改造工程;完成南北风向标、供水站、消防站和中心变电站高低压开关柜更新改造;完成中心变电站110千伏隔离开关更换改造等。

其他配套建设 完成一楼贵宾厅装修及绿化景观改造并投入使用;投资3000万元完成进场路景观提升工程;海天怡舍二期12栋住宅楼和1栋综合配套楼基本竣工。投资450万元新建4000立方米蓄水池;启动实施污水管网并网和雨水泵站搬迁工程等。

(黄剑烽)

(编辑 吴 燕)

邮政通信与信息化建设

邮　政

【概况】　2012年，福州市邮政局完成业务总收入6.35亿元，比增11.2%，完成省公司下达指标的100.82%，增幅与指标完成率均位居全省第二。完成收支差额－2310万元，完成预算的100.4%。完成有效收入4.48亿元，比增11.26%。

【业务经营】　金融收入2.79亿元，比增7.14%，完成率为93.5%；邮务类收入3.06亿元，比增16.12%，完成率为108.51%；代理速递结算收入1532万元，比减10.07%，完成率为87.07%。

发行《三坊七巷》《鼓岭故事》《双杭寻古》《新二十四孝》等一批地方题材集邮品、明信片册。

新增代发工资客户11.95万户，上账31.1亿元，日均沉淀余额7亿元。启动保险电话营销项目，全年销售保险581万元，实现收入370万元。自邮一族项目发展会员3.6万户，发展总数占全省发展数的65%。新开办国内小包业务，实现收入77.4万元。

【邮运网建设】　完成22个邮储网点的转型改造，增配多媒体发布系统、门楣屏、排队机等61台，提升网点软硬件水平。加快推进空白乡镇网点补建，仓山螺洲、闽清梅溪、三溪、连江下宫、江南等8个邮政所建成对外营业。开展信筒（箱）专项整治，投入资金31万元，增设信筒（箱）23个，更新282个，撤销设置过密的立式信筒（箱）26个。

【便民服务站】　新建邮政便民服务站283个，总数达2345个，其中邮政便民服务站示范点达116个。新加载慈善捐款、废旧手机回收、代办交通违章罚款、汽车票及海峡客运船票代售等服务。

【客户经营与服务】　推广建立金融客户资料“维护三卡”，实行闭环管理。新增金融资产1万元～5万元客户1.6万户，新增5万元以上客户1.1万户，万元以上客户新增资产15.84亿元。6—9月，市投递局妥投各类大中专院校录取通知书信件1.19万件，妥投率100%，实现录取通知书投递服务连续10年零投诉。

【专业化改革】　重点推进“函件、电商、集邮”的专业化改革，按照市场和业务组建专业队伍、营销团队，既承担本部的经营任务、市场开发、业务管理，也承担全市的经营任务、专业指导和业务推进，强化专业公司在专业经营、市场策划、营销管理等方面的示范带动作用。

（张力勤）

中国电信福州分公司

【概况】　2012年，中国电信福州分公司获“全国文明单位”称号。完成经营

6月24日，开展敬老孝亲活动，向敬老院老人赠送天翼手机

收入31.8亿元,比增12.6%。实现专利申报工作历史性突破,申报《E8－C开放ChinaNet信号的网管系统》等11项发明专利,其中9项发明专利通过集团专家评审;实现集团公司科技进步奖项零的突破,《WiFi精品网络运营的技术创新与应用》项目获2012年度集团公司科技进步三等奖。

【通信业务】 天翼流量经营仍保持全省领先;光宽带发展22万户,移动和宽带业务用户之和逾70%,固话等传统业务的市场风险逐步释放。推进聚类、农村、校园三大市场,开展网格化经营和社区信息化等市场经营基础工作。社会渠道较上年提升10个百分点,网格应用逐步建立健全,社区信息化平台覆盖全区489个社区,覆盖率达100%。通过和金太阳公司合作,实现居家养老信息化服务。鼓楼区政府利用分公司网格化信息服务平台,实现"精细化管理、人性化服务、规范化运行、信息化支撑"的新型和谐的社会管理模式。至2012年,宽带用户数达122万户,天翼用户达180万户。

【网络建设】 完成光纤覆盖用户62万户,覆盖小区或村庄3500个,完成铜退80.6万线对公里;天翼网络共新建142个室外站点,32个室分站点,扩容1349个1X载扇,扩容1410个DO载扇,进行430个基站IP化改造,较大提升网络容量,话务容量和DO数据吞吐量分别较上年提升35.1%、47.1%;WiFi网络净增AP8743个、热点870个。继续完善福州本地数据网络,新建网络节点,形成福州本地全网中继和汇聚层网络架构,满足各类型业务的需求。不断扩充C网网络能力,优化网络结构力,逐步形成网状网结构,提高传送网络弹性和端到端管理能力,提升网络容量以及安全性。

按照"能集中不分散,能远端不现场,能无人不值守,积极稳妥分步推进"的总体原则,加强网络集中操作维护力度,建立纵向一体化的生产操作模式,启动城域网集约化维护工作,集中监控预处理,优化网络数据配置,动态维护资料,提高资源的准确性和规范性,建立精确化管理信息系统、自助取数e平台等相适应的IT支撑系统。

【信息化服务】 组织"智慧城市"信息化体验宣传近100场,涉及各行各业9000余人次。联合闽运公司、药监局、电力公司等近120家行业合作伙伴,为近55万客户打造综合信息服务解决方案,在政务、金融、校园、医疗卫生、海洋渔业、交通物流、旅游行业等领域取得突破,实现"智慧政务""智慧民生""智慧农村及社区""智慧海峡""智慧网络""智慧经济"6个板块的智慧跨越。至年底,爱城市客户端达10.2万户,月均点击率13万次以上。"爱城市·智慧福州公众门户"业务于2011年12月29日推出,可通过手机为市民提供新闻、政务、交通、民生、医疗、娱乐、生活、就业等各类服务。分公司利用"爱城市"平台直播"环福州·永泰国际公路自行车比赛"视频。

【客户服务】 以"创新服务双领先"为主线开展基础服务工作,建立领导—服务督察/督导—投诉处理员的三级管控机制,实现服务闭环管控;创新"级差化"服务处理模式,实现服务管理从职能化管理转向流程化管理。分公司全面推出"金牌宽带"5项承诺服务,采取"建立市、县、分支局三级调度体系""强化装维业绩考核""装维服务八级升级管控""做好装维队伍能力提升"等举措,宽带客户满意度保持行业第一。初步建立客户全业务维系体系,以天翼业务为核心,3G业务满意度行业第二。在"10000"号、营业厅、装维末梢服务等三大服务接触点深入开展"用心服务共创价值"活动,进一步优化完善服务流程,创新服务方式,推广顾问式服务、体验式服务、自助式服务等3种新型的服务方式,提升FTTH的装维服务能力,全面实施"服务领先"战略。全年全业务万用户投诉率16.6次/万用户,宽带装移机履约率99.33%,宽带修障及时率98.64%。

(陈俏彬)

中国移动福州分公司

【概况】 2012年,中国移动福建公司福州分公司继续向销售型企业转型,全区运营收入完成50.53亿元,比增7.99%。获评国家级"服务业标准化试点单位"。

【通信业务】 通信用户数达569万户,其中3G客户数达到65万户。实施"3G移动智能手机专营店"改造,建立以终端为核心的销售体系,3G智能手机销量不断提升;机器卡、手机上网、WLAN业务发展迅速,成为收入新增长点;手机游戏、手机动漫、"12580"等重

移动开启4G时代

点数信业务收益明显，累计收入近亿元。启动“情系三农惠万家”工程，与市政府联合下发《关于转发实施情系三农惠万家工程意见的通知》等文件，与市劳动局、卫生局联合开展“新农合”和“新农保”活动，惠及近11万户农村用户。开发“学生迎新注册系统”，实现学生远程自主选号，为学生提供高校医保、一卡通等服务。引入IMS固话、专线、ICT等重点项目。

【网络建设】　一是推进主动规划机制，实施网格化运营，完善网络建维规范，提升网络建维管理水平。TD/GSM基站比由41.5%提升至52%，TD网络流量占比由23.6%提升至32.8%。二是开展网络提升专项竞赛及精品鼓楼、精品台江等核心区域专项行动、“五高一弱”专项整治、WLAN专项提升等活动，提升网络质量，增强客户感知。率先在西绕城公路通车前完成全程网络信号覆盖；完成公交汽车WLAN技术试点，成为省内首个移动场景下实现WLAN覆盖的运营商；率先在福州旅游观光巴士进行部署应用，为游客提供高速稳定的WLAN网络服务；实现鼓山主风景区信号全覆盖，使其成为全国首个国家级风景区的共建共享示范点。TDS连续覆盖率从97.7%达到99.95%，深度覆盖率从85.6%达到97.65%；全区网络投诉总量较2011年下降28.45%。三是正式启动福州地区TD－LTE试验网项目，4G建设全面开展。至年底，累计安装LTE整站426个，标志全市具有2G、3G、4G及WLAN立体式通信网络。

【通信保障】　制定体系化重大活动通信保障机制，完成“5·18”第十四届海峡两岸经贸交易会、“6·18”第十届海峡项目成果交易会、中央电视台“福州月·中华情”中秋晚会、2012第十八届全国糖酒交易会、中共十八大会议、第十三届中国美食节暨第十一届国际美食博览会、2012环福州（永泰）国际公路自行车赛等96场次网络通信保障任务，累计开通应急通信车109车次，出动保障维护人员784人次。

【信息化服务】　推广无线城市平台市民主页、电影订票、交通违章查询、中考成绩查询等核心应用，无线城市广度应用达65项，深度应用26项，累计使用用户超63万，访问量超2800万次。创新一卡通发展模式。加强与福建银联的整体合作，在全国率先开通银联手机支付平台，实现一卡通空中圈存，共发放带银联移动支付应用的SIMPASS卡8万多张。分别与市卫生局、市旅游局、福建银联等建立合作关系，以一卡通、宽带、专线等重点业务为切入点，推进医疗卫生行业、旅游行业、金融行业的信息化应用。

【客户服务】　加强以投诉为龙头的服务管理体系建设，重点针对网络、营业、促销等基础服务及商业过程薄弱环节加强管理，提升“基础服务、差异化服务、高影响力商业过程服务”三项能力，客户满意度不断提升。促销、营业厅满意度分别较上年提升6.07PP和5.42PP。获2012年度“全国通信行业用户满意企业”，成为全集团唯一获得“全国用户满意企业”称号的单位。

（刘婷婷）

10月28日，福州联通工程人员进行海缆一号熔接前的准备工作

中国联通福州分公司

【概况】　2012年，中国联通有限公司福州分公司通信服务收入达13.9亿元，比增逾20%，用户数超过150万户。3G业务发展迅速，数信业务比增6.1%，固网宽带业务比增7.3%，年内新建1154个WCDMA站点。获“2009—2011年度福建省文明单位”等称号。

【通信业务】　实施“3G领先”战略，凭借领先的WCDMA3G网络带动3G业务高速增长，新增收入贡献率达到101.4%，比增24.7个百分点。以高速数据体验和内容应用创新带动移动非话业务快速增长，移动业务中数信业务收入占比52.8%，较上年提升6.1百分点，3G用户月户均流量超过300兆；固网中宽带业务收入占比45.5%，较上年提升7.3百分点。

【网络建设】　新建1154个WCDMA站点，3G网络能力提升62%，城区WCDMA网络的总体覆盖率达95%，在集团组织开展的第三方测试中，福州的WCDMA网络质量达到“优”的评级；新建宽带端口18.6万个，网络能力提升51%，新建宽带网络全面实现20兆网络速率，城区公众宽带覆盖率达60%。完成传输网络成环率专项改造工程，因传输网络造成的故障率下降29百分点。配合集团及省公司完成“海峡光缆一号线”工程的实施工作，实现两岸通讯的“直航”。

【信息化服务】　5月29日，与市政府

签署“幸福数字福州”战略框架协议。根据协议,联通将在“十二五”规划期内投资68亿元,通过建设“幸福数字福州”信息化项目,从推动电子政务发展转型、参与政府民生工程、提升行业信息化水平、加强两岸信息交流等方面与市政府开展全面合作。重点将以云计算产业园基地为基础,采用3G、物联网、云计算、下一代互联网等新一代信息通信技术,广泛参与市政务云、行业云、企业云和电子商务、数字城管、平安城市、智能公交、预约诊疗、绿色平安信使等信息化项目建设,推动福州经济社会转型,增强省会城市综合竞争力。为“5·18”海峡两岸经贸交易会、“6·18”海峡项目成果交易会、中央电视台“福州月·中秋情”中秋晚会、全国糖烟酒会等多场重大活动的应急通信保障,以及十八大会议的通信保障工作。

【客户服务】 实施宽带、网络、窗口、增值、宣传5项创优服务,提升整体服务能力。在第三方年度满意度测评中,3G客户、宽带客户和全业务满意度分别较上年提升5.8分、3.5分和4分。宽带每万户申告率从323次/万户下降至138次/万户;宽带网络质量满意率从62.57%提升到80.7%;3G移动网络质量投诉率从21.97次/万户下降至10.4次/万户;电子渠道服务量从14.7%提升到48%。2012年,福州联通连续第二年获全国“通信行业用户满意企业”称号。

(江 轩)

市政府信息化建设

【概况】 2012年,共安排信息化重点建设项目116项,其中在建重点项目61项,计划新开工项目49项,预备、前期项目6项。建成或基本建成信息化重点建设项目6项:福州市网上办事公开系统暨农村基层党风建设网,福州市电子政务一期工程升级改造项目,福州市党委办公厅(室)系统信息化二期建设项目,福州市委组织部“大组工网”,福州市行政处罚和公共资源交易电子监察系统,金审工程(福州)二期——远程审计、联网审计系统。

【举办数字福建·中国(福州)智慧城市高峰论坛】 12月,举办“数字福建·中国(福州)智慧城市高峰论坛”。论坛由市政府与中国智慧城市产业技术创新战略联盟主办、市数字办与神州数码(中国)有限公司承办。主论坛以“创新·融合·转型”为主题,同时分设“移动互联的下一个蓝海”“城市特质与智慧化”两个分论坛及“绿色环保”“城市管理”“平安城市”3个圆桌论坛。国内外智慧城市建设的顶级专家、IT企业领袖和优秀解决方案提供商400多人参加,围绕智慧城市的建设和发展展开讨论。论坛期间“福州市民融合服务平台”上线试运行。该平台是国内第一个以民生服务为导向、充分运用移动互联和云计算技术的面向市民融合服务的信息化系统,其主要功能是整合全市自来水、电力、燃气、医保、社保、公积金、交通、人口计生等民生信息,给市民提供更加便捷的公共服务。

【“中国福州”门户网站群】 “中国福州”门户网站在“第四届(2012年)中国政府网站绩效评估暨第七届中国特色政府网站评选”中位居全国32个省会城市及计划单列市政府门户网站第4位,并获“政府透明度领先奖”和“品牌栏目奖”。主要成效有:一是网站建设管理有新突破。每季度开展全市政府网站绩效评估,率先在全省九地市中将政府网站建设工作纳入对县(市)区及市级机关单位绩效管理体系,促进网站建设提速增效。二是网站信息公开有新亮点。依托网上办事公开平台,拓展厂务、村务、校务、院务公开和公共企事业单位信息公开等多个公开领域。建立全面覆盖全市146个乡镇(街道)和2195个行政村,集信息采集、处理、发布和监督于一体的农村基层党风建设网。三是网站信息资源整合有新提升。以设立市行政服务中心为契机,重新梳理全市行政审批项目,开展审批流程再造,提升网上审批系统的易用性和便民性。四是网络问政有新拓展。深化“在线访谈”“让人民满意”媒体直播民主评议政风行风活动等互动栏目,定期邀请市直有关单位主要领导参加访谈,与广大市民沟通交流。至年底,“中国福州”门户网站月均点击量超过8100万次。

【行政权力阳光运行平台】 推进由网上行政审批、行政处罚、公共资源交易、市场中介组织信用信息4个系统构成的全市行政权力阳光运行平台建设。

网上行政审批系统 依托网络技术,构建虚拟审批服务大厅,可提供网上申报、网上查询、网上反馈、网上投诉等服务。至年底,市属45个审批部门和3个公用企事业单位591项审批事项,以及12个县(市)区334个单位3304项审批事项上网运行。全年网上行政审批系统受理审批申请14.49万件,办结14.31万件,时限内办结率98.76%。

网上行政处罚系统 将全市46个执法部门共5132项行政处罚事项、处罚依据、处罚标准、处罚结果以及执法人员资格等信息全部在网上行政处罚系统上公开。全年市直部门共在网上行政处罚系统登记案源3567件,立案3097件,结案2614件,处罚金额1368.54万元,基本实现行政处罚裁量“零自由”。

网上公共资源交易系统 包括建设工程网上招投标平台、政府采购网上交易、国有产权网上交易、国有土地出让网上交易4个系统。至年底,建筑工程电子招投标项目473项,总标的金额94.19亿元,中标金额87.31亿元,降低率7.08%;网上产权交易项目35项,底价5201.56万元,成交价5421.88万元,增值率4.23%;土地公开出让13个地块,2个矿产项目,成交金额59.54亿元;累计完成政府采购网上交易314项,预算金额5.24亿元,成交金额4.64亿元,节约率11.46%。

市场中介组织信用信息系统 将福州地区所有市场中介组织的信用信息(包括基本信息、良好信息、不良信息)在网上统一发布,便于企业、群众查询、监督。至年底,公布中介企业信用、企业资质许可、企业年检、从业人员等信息1.81万条,网站访问量130.6万人次。

【便民呼叫中心“12345”系统】 修订完善“12345”系统管理办法,建设“12345”系统(四期)工程。至年底,

12345 系统上网受理群众诉求件的单位覆盖市、县、乡镇(街道)三级政府部门。全市共有市、县、乡三级 1421 个单位加入系统服务,受理群众有效诉求件 22.9 万件(2006 年以来累计受理 92.8 万件),及时回复率 98.75%。电话系统累计为市民服务 591 万次。

【市直党政部门办公自动化系统】 发文方面,对 71 家已建办公自动化系统的市直党政部门,市政府及市政府办公厅的所有公文通过电子公文传输系统进行交换,不再印发纸质文件;收文方面,58 家主要政府部门向市政府及市政府办公厅行文,全部通过电子公文传输系统进行交换,市政府办公厅不再受理其报送的纸质公文。至年底,全市共注册用户 4649 个,实现网上处理发文 6.27 万余份,收文 11 万份;通过电子公文传输系统累计发文 4.4 万份,收文 19.4 万份。系统运行后市直机关年均可节约印刷费、邮寄费、通讯费等约 450 万元。

【空间地理基础数据库】 该数据库是国家确定建设的四大基础数据库之一。一期工程主要建设内容包括:1 个平台(数据共享服务平台)、1 套基准(GNSS 基准站及平面高程控制基准系统)、5 个子数据库〔数字正射影像(DOM)、数字线划地图(DLG)、数字高程模型(DEM)、地址编码、地下管线〕。年内,福州市入选"国家数字城市地理空间框架建设试点城市",全市空间地理数据共享平台升级改造工作基本完成,同时加快一期工程相关子数据库建设。建成一批基础设施项目。地下管线数据库通过初步验收,GNSS 基准站及综合服务系统完成验收投入使用。推进一期工程第二阶段项目建设。1:500 数字线划地图数据库二期和 1:2000 数字线划地图、数字正射影像、数字高程模型数据库项目建设取得阶段性成果。

【数字化城市管理系统】 该系统项目是 2012 年"数字福州"重点建设项目,也是福州市创新城市管理方式、推动城市环境综合整治深入开展的一项重要任务。主要建设内容包括"数字城管"信息平台开发,监督指挥中心场地建设,信息采集员队伍组建,监督指挥中心专职坐席员、指挥派遣员队伍组建和部件、事件数据普查确权等。一是开展项目的可研编制、论证以及项目招标、建设等工作,基本完成"数字城管"系统平台开发工作。二是对鼓楼、台江区 53 平方公里区域开展城市管理部件、事件数据普查,共普查城市管理部件 100 类、部件总数 28 万多件,涉及市、区两级权属单位 50 多家,年内部件、事件权属基本确认。三是完成信息采集服务外包招标采购,信息采集公司完成人员招聘、培训工作。四是采取购买服务方式,组建监督指挥中心专职坐席员、指挥派遣员队伍,人员基本到位。年底,系统上线试运行。

(叶伟奇)

(编辑 吴 燕)

5 月 29 日,市政府与联通福州分公司举行"幸福数字福州"战略信息化合作签约仪式 (联通福州分公司 供)

口岸管理

【概况】 2012年,福州市海港口岸完成货物吞吐量9321.48万吨,比增13.42%,其中,完成外贸货物吞吐量4124.52万吨,比增24.28%;完成集装箱吞吐量182.47万标箱,比增9.92%,其中完成外贸集装箱吞吐量115.74万标箱,比增2.18%;"两马"客运直航累计出入境旅客35744人次,比减9.47%;空港口岸出入境旅客累计930553人次,比增9.63%。

【口岸开放】 2月14日,松下港口岸牛头湾港区经交通运输部公告正式对外开放。江阴港区获国务院批准为整车进口口岸,成为全国第6个整车进口沿海口岸,是海峡西岸经济区首个、也是唯一的汽车整车进口口岸。罗源湾港区临时靠泊国际航行船舶继续获交通运输部批准。3月19日,可门作业区4号泊位首次靠泊30万吨级超大型干散货轮船,标志福州港罗源湾港区可门作业区成为国内可接卸超大型干散货船舶的港区之一。

【口岸建设】 投资9200万元,推进面积2.3万平方米的福清海关业务缉私综合大楼建设;投资2600万元,面积6500平方米的福州出入境检验检疫局长乐办事处综合实验楼建成投入使用;投资1200万元,启动面积1万平方米的

表18 2012年福州口岸客运统计表

类型	出/入境	累计(人次)	比增(%)
海港口岸	出境	17129	-12.59
	入境	18615	-6.39
	合计	35744	-9.47
空港口岸	出境	470610	10.94
	入境	459943	8.32
	合计	930553	9.63

表19 2012年福州海港口岸对台客货直航统计表

类别	完成量	比增(%)
客运(人次)	35744	-9.47
货运(万吨)	347.73	4.62
集装箱(万标箱)	30.59	-2.83

表20 2012年福州口岸海运统计表

类别	完成量	比增(%)	进口累计	比增(%)	出口累计	比增(%)
货物吞吐量(万吨)	9321.48	13.42	—	—	—	—
外贸吞吐量(万吨)	4124.52	24.28	3276.71	31.46	847.81	2.62
集装箱(万标箱)	182.47	9.92	—	—	—	—
外贸集装箱(万标箱)	115.74	2.18	55.95	3.08	59.79	1.36

查验单位宿舍楼(江阴港区二期)的建设;投资4600万元,推进面积1.4万平方米福州机场边防检查站业务用房建设;投资1200万元,推进面积2300平方米的福州海事局松下港海事处业务用房建设。松下港区牛头湾作业区3号散货码头建成并投入使用,新增吞吐能力185万吨。

【口岸通关】 福州海关推进分类通关改革、"属地申报、口岸验放"、"担保验放"、通关作业无纸化等通关模式,基本实现"当天申报、当天验放"的通关目标。福州出入境检验检疫局加大"直通放行"制度的实施力度,对有条件的企业实施无纸化通关。福州边防检查部门推行"网上报检室""电子口岸""移动办证"等服务,服务覆盖网上、网下2个领域。福州海事局推出查验零待时、首(直)航船舶安全检查、船舶出港航道清理等举措,开展进出口岸船舶查验服务工作。福州市投资280万元建设福建电子口岸福州分中心(二期),包括海关船舶网上报检系统(海关端)、机场物流监控系统、国检电子闸口系统(二期)、船舶网上报检系统(检验检疫局端)(二期)试运行,并通过初验。

(陈 勇)

海关监管

【概况】 2012年,关区监管进出口货物5415.5万吨,货值251.2亿美元,监管进出境运输工具2万辆(架)次,出入境人员133.5万人次,分别比增15.11%、1.85%、14.21%、17.27%。征收税款125亿元,比增12.65%;立案侦办走私犯罪案件30起,案值9189.95万元,比增99.3%;涉案偷逃税款2009.66万元,比增92.7%;实际逮捕42人,移送起诉28起、58人。

【服务海西】 5月,制定并实施《口岸通关促进贸易便利化七项措施》。7月6日,首次与市政府签署"关市共同促进福州港口和区域经济发展的合作备忘录"。年内实现"12360"服务热线与海关总署

5月18日,举行海关总署福州原产地管理办公室揭牌仪式

的互联互通。牵头开展两岸海关执法合作署级课题,开展署级课题研究2项,关级课题16项。编发进出口监测预警信息268篇次。

【对接重大项目】 开展涉台原产地管理办公室筹建工作,5月18日海关总署福州原产办正式挂牌。配合地方开展整车进口口岸规划建设,试运行首批30辆整车顺利进口。继续指导福州保税(港)区建设,推进落实保税(港)区加快正式封关运作前的各项准备工作。

协助总署出台《支持平潭综合实验区开放开发的意见》,从10个方面提出27条措施支持平潭开放开发;开展平潭海关监管办法、方案研究工作,提出《监管方案》及对其进行细化的全岛监控等7个方案;参与平潭监管场所和设施的规划、平潭税收政策研究,推动平潭台湾小商品市场规划和报批工作;支持"海峡号"开办货运业务,确保"海峡号"正常运营;协调总署增设平潭地区和平潭综合实验区国内地区代码和海关代码。

【通关监管】 分类通关改革范围扩展至关区所有业务现场,成为全国第三个全面实现分类通关的直属海关。2010—2012年,进出口平均海关作业时间较改革前减少43.75%和93.88%。推进通关作业无纸化改革试点,与621家A类及以上企业签订电子协议,办理通关作业无纸化报关单6110票。在全国海关率先和检验检疫部门试行通关单无纸化作业的试点,平均每票货物缩短通关时间1小时。放宽企业适用范围,适用海关范围扩大至全国26个直属海关。全年验收监管场所6家,关区监管场所验收合格率100%。超期未核舱单比减81.29%。优化审单作业机制,对关区12.32%的进出口报关单数据实施批量复审。强化对运输工具、监管场所的实际监管,加大对个人邮递物品、进出境人员及敏感货物物品的查验监管力度。关区查验率指标为6.53%,查获率14.25%。1—11月,进口24小时放行率98.07%,出口24小时放行率100%,综合得分100分并列全国第一。逐步建立并完善差别化的稽查作业制度,开展专项稽查行动,突出稽、核查重点,稽查企业129家,完成核查作业320次,补税入库12185.16万元。稽查企业覆盖率和稽查有效率等10余项业务指标绩效考核位列全国海关先进行列。提升风险管理实践应用能力和风险分析科学研判能力,加强风险信息转化应用,关区风险布控率5.41%、风险布控实体有效率13.73%,实现总署9项考核指标均达满分标准。落实企业管理绩效考核,企业巡查率11.22%、企业分类按时完成率100%、企管部门分析结果稽查采用率12.50%,企业管理部门风险参数报关单捕中率7.41%。每月分期分批调整企业管理类别,实施差别化管理。至年底,关区企业8013家,其中AA类企业数56家、A类企业数537家。

【税收征管】 以日、旬、月为节点发布税收情况和分析,实时跟踪征管进度。建立起关税、审单、风险、稽查、缉私等部门间涉税线索移交、成效跟踪等机制。

加工贸易部门支持引导企业扩大内需,加贸内销征税4.93亿元,特殊监管区域内销征税13.23亿元。全年归类、审价、稽查、缉私等各种渠道补税入库2.65亿元。开展税款入库核销管理,税款核销率99.79%。开展分层、分类审单改革试点及报关单质量集中审核,推广应用商品信息系统,推进规范申报和批量复审工作,提高对商品、归类、审价、原产地以及减免税科学化管理水平。全年关区一般贸易价格水平达0.9559,处于合理区域内。减免税审批质量继续保持稳定。下半年自查归类差错率降到1%以下,在总署归类考核中正确率达95.4%,排名第10。广州化验中心公布福州海关化验命中率达54%,规范申报合格率达92%。全年征收税款125亿元,比增12.65%,其中入库119.77亿元,转出5.23亿元,分别增长9.87%、168.12%。

(福州海关办公室)

表21　**2012年主要出口货物(以货值排序)**

商品分类	批次	比增(%)	货值(万美元)	比增(%)
鞋靴类	47409	-4.22	145947.53	-1.55
竹木藤柳草制品(含家具)	40723	6.35	67823.84	10.32
电线电缆	2104	2.38	21719.21	-17.25
电机和动力设备	3410	1.36	20356.88	5.79
电光源和灯具	5244	10.35	19626.77	20.15
烤鳗	305	-17.34	17081.91	-15.90
水产品(不含烤鳗)	1393	-19.48	14634.26	-16.37
电气装置	6362	6.46	12960.63	7.57
蔬菜水果类制品	2070	-22.70	12787.51	-32.32
服装	4722	5.92	12427.89	3.73

表22　**2012年主要进口货物(以货值排序)**

商品分类	批次	比增(%)	重量(万吨)	比增(%)	货值(万美元)	比增(%)
铁矿砂	193	0	1158.90	38.49	139804.39	6.19
机电产品	6833	-13.70	—	—	82181.81	-26.16
大豆	64	-17.94	129.82	-3.46	77410.38	18.63
煤	104	79.31	705.91	27.11	61695.45	13.97
其他有机化工品(6-己内酰胺)	230	114.95	112.69	122.03	29639.66	78.83
鱼粉	697	9.24	130.61	3.44	20709.44	6.07
水产品	2103	0.19	22.79	19.36	18139.98	25.23
废物原料	2289	49.02	298.12	20.21	12410.7	1.70
钢铁及钢铁制品	596	-2.93	12.45	-17.55	10714.00	-19.17

检验检疫

【概况】　2012年,福州检验检疫局共受理报检18.91万批,货值112.76亿美元,分别比增-5.17%、-0.48%,其中出口报检15.05万批,货值49.68亿美元,分别比增-5.41%、-7.78%;进口报检3.86万批,货值63.08亿美元,分别比增-4.22%、6.14%。共完成进出口货物检验检疫13.84万批、货值87.05亿美元,分别比增-0.95%、4.51%,其中出口货物检验检疫12.25万批、货值40.03亿美元,分别比增-0.82%、0.02%;进口货物检验检疫1.59万批、货值47.02亿美元,分别比增-1.98%、8.67%。检出不合格774批、货值22.34亿美元,分别比增6.46%、12.55%,批次、货值不合格率分别为0.56%、25.66%,其中进口货物不合格726批、货值22.32亿美元,分别比增31.28%、12.80%。

截获进境植物有害生物及发现不符合植物检疫要求的进境检疫物388种、5519种次,分别比增46.4%、15.1%。全国首次截获检疫性有害生物十字花科细菌性黑斑病和Cotyclytus sobrinus(国内尚未命名的天牛)。检疫出入境船舶4951艘次,比增-4.20%。检疫查验出入境人员99924人次,比增-0.65%。签发各类原产地证书6.04万份,签证金额21.64亿美元,分别比增-15.49%、-14.13%。区域性优惠原产地证书9661份,签证金额4.39亿美元,分别比增11.11%、28.4%。

【出口货物检验检疫】　完成出口货物检验检疫12.25万批、货值40.03亿美元,分别比增-0.82%、0.02%,出境不合格货物48批、货值124万美元,分别比增-72.41%、-77.31%,批次、货值不合格率分别为0.04%、0.03%。

工业品　出口货值31.62亿美元,比增1.64%,约占出口总货值的79%。主要特点:纺织品和化工品大幅上升,纺织品1.64亿美元,比增15.22%,化工品8235.56万美元,比增22.84%;轻工品(含家具)和机电产品出口量基本持平,轻工品(含家具)19.88亿美元,比增1.26%,出口机电产品9.33亿美元,比增-0.79%;电光源及灯具、手提式工具、家具、电机和动力设备仍保持较大幅度上涨,分别比增20.15%、19.72%、12.12%、5.79%;鞋靴类比增-1.55%;电线电缆比增-17.25%。实现出口工业产品国外零通报。

食品及化妆品　检验出口食品化妆品8873批、9.09万吨、货值6.10亿美元,分别比增-16.2%、-17.4%和-9.5%。主要特点:出口美国、加拿大的货物大幅上升,其中出口美国1.12亿美元，比增33.3%，出口加拿大1569万美元，比增56.6%；出口周边国家和地区的货物出现较大幅度下降，其中出口日本2.89亿美元、马来西亚2295万美元、中国台湾1383万美元、泰国1403万美元、越南1155万美元、韩国985万美元，分别比增-13.5%、-0.2%、-36.4%、0%、-63.4%、-26.7%。

动物及其产品 检验检疫产品85批、货值810.64万美元，分别比增57.41%、-29.31%。主要特点：出口动物全为鱼类，分别是淡水鱼104.36万美元、海水鱼314.17万美元、观赏鱼1.72万美元，海水鱼出口增长121.25%；出境动物产品业务量大幅下降，主要是出口精炼鱼油344.49万美元，同比下降65.44%。

植物及其产品 检验检疫产品2.07万批、货值2.3亿美元，分别比增13.6%和9.64%。主要特点：出口产品主要是木制厨房用具、木制工艺品及竹木餐具，占该类出口总量的99%以上。

【进口货物检验检疫】 完成检验检疫1.59万批、货值47.02亿美元，分别比增-1.98%、8.67%。不合格货物726批、货值22.32亿美元，分别比增31.28%、12.80%，批次、货值不合格率分别为4.57%、47.47%。

工业品 进口货值33.76亿美元，比增2.24%，约占进口货物总值的72%，其中矿产品20.16亿美元，比增7.91%；进口机电产品8.22亿美元，比增-26.16%；化工品3.21亿美元，比增70.91%；废物原料1.24亿美元，比增1.64%；金属及其制品1.08亿美元，比增-20.50%。主要特点：进口铁矿砂、煤炭重量大幅增长，分别比增38.49%、27.11，货值分别比增6.19%、13.97%；受益长乐化纤产能的扩大，进口6-己内酰胺大幅增长，重量、货值分别比增122.03%、78.83%。

食品及化妆品 检验产品3333批、14.17万吨、货值1.80亿美元，分别比增15.69%、30.84%和33.07%。主要特点：进口动物产品、植物产品、食品化妆品原料均有不同幅度上涨，分别比增3.16%、148.19%、63.75%；植物产品中初榨橄榄油增幅特别大，进口1658.25万美元，比增909.77%；食品化妆品原料类中，进口食用油增幅特别大，进口1394.10万美元，比增921.32%；进口酒类1944.09万美元，比增25.28%。

动物及其产品 检验检疫产品765批、货值2.18亿美元，分别比增6.34%和8.82%。主要特点：进口动物全为观赏鱼类，货值0.64万美元；进境动物产品业务量小幅上升，主要是进口鱼粉130.61万吨、货值2.07亿美元，分别比增3.44%和6.07%。

植物及其产品 检验检疫产品823批、货值9.22亿美元，分别比增-12.45%和34.93%。主要特点：进口大豆重量小幅回落，但货值大幅增长，进口大豆129.82万吨、货值7.74亿美元，分别比增-3.46%、18.63%；新增进口油菜子，全年进口9批，货值1.24亿美元。

【进境疫情检疫】 货物检疫中截获5130种次，比增13.7%，占总种次的93.0%，其中检疫性有害生物358种次，比增12.6%，主要是进口粮谷（大豆、油菜子）携带的检疫性杂草、病菌。集装箱检疫中截获101种次，比增114.9%，占总种次的1.83%，其中检疫性有害生物8种次，主要是从进境空箱中截获西部苋、三裂叶豚草、豚草、长芒苋、四纹豆象。

运输工具检疫中截获82种次，比增-16.3%，占总种次的1.49%，其中检疫性有害生物4种次，上年同期没有检出，主要是从进口船舶食品舱截获四纹豆象、鹰嘴豆象。旅客携带物检疫中截获204种次，比增51.1%，占总种次的3.70%，其中检疫性有害生物3种次，比增-40.0%，主要是从旅客携带进口的水果中截获桔小实蝇。

截获入境动物疫情1种、10种次，分别比增-50.0%和42.9%，均为从进口饲料用鱼粉中检出沙门氏菌。截获进境植物有害生物及发现不符合植物检疫要求的进境检疫物388种、5519种次，分别比增46.4%、15.1%，其中截获检疫性有害生物25种、373种次，分别比增13.6%、15.5%。在全国首次截获检疫性有害生物十字花科细菌性黑斑病和Cotyclytus sobrinus（国内尚未命名的天牛）；在福建省首次截获油菜茎基溃疡病和检疫性有害生物毒麦。

【进出境集装箱检验检疫】 受理进出境集装箱报检22.61万标箱，比增-1.22%；查验5.32万标箱，比增9.47%，查验率为23.53%；对20.06万标箱实施卫生除害处理，比增55.14%，卫生除害处理率88.72%。

进境集装箱 受理报检20.39万标箱，比增-0.77%，其中，进境重箱8.96万标箱，比增-3.49%，查验3.18万标箱，查验率为35.49%；实施卫生除害处理8.56万标箱，卫生除害处理率95.53%。进境空箱11.43万标箱，比增1.47%，查验8994标箱，查验率为7.87%；实施卫生除害处理10.62万标箱，卫生除害处理率92.91%。从进境集装箱重柜中截获植物性有害生物36批次43标箱，主要为白腹皮蠹、拟白腹皮蠹、蜘蛛、丽蝇属等，对携带疫情的各批次集装箱均作有效的检疫除害处理；截获蝇类89批次180标箱，均卫生杀灭；从进境空箱检疫142批次254标箱不合格，主要是截获纸屑、玉米、小麦、木屑、赤拟谷盗、平划苍耳、黑腹果蝇、长叶车前、大麦、辣椒、狗尾草等，均作除害处理。

出境集装箱 受理报检2.22万标箱，比增-5.41%。其中，重箱8823标箱，比增-3.21%，空箱996标箱，比增-0.60%，查验1.24万标箱，比增-7.28%，查验率为55.86%；实施卫生除害处理8823标箱，比增-3.21%。出境冷藏集装箱集中预检854批8709标箱，分别比增-5.84%和-10.30%；其他集装箱适载检验检疫1979批3645标箱，分别比增-25.29%和-0.83%。出境集装箱适载检验无不合格；出境空箱106批996标箱，分别比增-0.93%和-0.60%。

【卫生检疫】 *交通工具* 检疫出入境船舶4951艘次，比增-4.20%。实施电讯检疫船舶1514艘次，占入境船舶30.58%。

出入境人员 检疫人员9.99万人次，比增-0.65%，其中出境5.02万人次、入境4.97万人次。检出发热及其他相关症状人员9例，比增205.37%。确诊传染病2例，均为输入性病例，来自于

中国台湾。

传染病监测　监测体检1181人次，比增-53.50%，均为交通员工。在出入境人员健康体检中发现传染病20人次，检出率为1.69%，其中性病11例、肝炎8例、艾滋病病毒感染者1例，均为交通员工。预防接种0人(针)次。

口岸核生化有害因子监测　无检出口岸生物与化学有害因子，口岸核和辐射有害因子未发现异常。

媒介监测　从4艘次的船舶和69批次的集装箱中检出医学媒介生物1.8万只，比增126%。69批次的集装箱中有68批次装载废纸，占问题集装箱批次的98.55%。医学生物媒介携带病原体检测436项次。开展鼠疫F1抗体、鼠疫F1抗原、汉坦病毒核酸以及钩端螺旋体检测，其中检出汉坦病毒阳性17份，检出鼠样钩端螺旋体核酸阳性6份。

口岸卫生监督　办理口岸卫生许可证书16份；对口岸食品生产、经营单位、口岸公共场所服务单位、口岸储存场地实施卫生监督316家次；采集110份食品样品，进行13个项目食品快速检测，检出不合格5份，其中4份农药残留超标、1份碘盐碘含量超标。辖区1个口岸开展口岸内环境因素卫生监测工作，开展湿度、相对湿度、风速、一氧化碳、二氧化碳、细菌总数、照度、噪声、可吸入颗粒物、甲醛等项目检测。

【对台检验检疫】　海上直航　客轮728艘次，比增-4.1%，货轮270艘次，比增30.43%，其中，出境客轮364艘次，货轮134艘次；入境客轮364艘次，货轮136艘次。出入境人员45162人次，比增-14.55%，发现病例6人次。检疫旅客携带物4.1万批，比增-9.77%，发现问题366批次，比增18.06%。主要原因：因平潭至台中“海峡号”航线开航以及对台空中直航航线和航班不断增加，人员分流；大陆居民赴马祖游及经马祖赴台游，因资源有限且费用高昂，客源不多。

对台小额贸易　对台小额贸易船舶1076艘次，比增-10.63%，其中出境船舶538艘次，入境船舶538艘次。出入境货物594批次，货值1043.08万美元，分别比增-6.31%、-32.36%，其中出境56批次，比增19.15%；出境均为邮包，货值不详；入境538批次，货值1043.08万美元。

【产地证业务】　签发各类原产地证书6.04万份，签证金额21.64亿美元，分别比增-15.49%、-14.13%，其中普惠制证书3.93万份，签证金额13.0亿美元，分别比增-20.5%、-24.2%；一般原产地证1.15万份，签证金额4.25亿美元，分别比增-14.7%、-6.2%；区域性优惠原产地证书9661份，签证金额4.39亿美元，分别比增11.11%、28.4%，其中签发ECFA证书72份，签证金额219.6万美元。

【创新举措】　在全省首推代理企业报检员建档与挂牌上岗制度，办结行政处罚案件数量居福建局系统第一；指导183家出口企业实现信用等级升级，直接减免检验检疫收费2095万元，间接为企业降低成本3819万元，帮助企业获得国外减免关税1.17亿美元；推行出口木质包装检疫除害处理新模式，其中闽清地区即可为陶瓷出口企业节省燃料成本1500万元以上；推行出口鞋类风险管理新模式，实现通关提速30%；推行进口矿产品风险管理新模式，检验检测周期压缩为全国平均周期的50%；实施口岸快速查验、核放，进口矿产品口岸通关效率居全国口岸前列。　（杨晓翔）

边防检查

【概况】　2012年，福州边检站从服务罗源湾大开放、大型国企央企、对台直航船舶大通关便捷等入手，推出促进贸易便利化、优化远洋渔船和修造船业管理等举措，推动分区域的执勤模式的实体化运作，探索建立“警企联动”机制，年度口岸大通关测评成绩位居A类单位首位。先后获部局基层建设先进单位、提高边检服务水平先进集体等各类表彰7次。

【服务海西建设】　综合考虑口岸企业经营性质、业务范畴、通关目的等因素，对宝钢德胜等国家重点企业推出集体登轮证办理、修造船舶专属服务等举措10余项。完成福建港口32万吨货轮首泊、首批台湾大米入境、两岸首条专用通信光缆工程施工船监管等重大勤务，开通罗源湾“镍矿”船舶专用通道。

【口岸管控】　创新推出“警企联动”机制，在口岸企业中配置“边检信息员”“边检监督联络员”“边检协管员”，开展联合值班、联防勤务、联动预警、联建交流，日均巡查警力由44人次增至66人次，增幅达46%，查获船舶违规案件5起。根据中共十八大安保工作的需要，

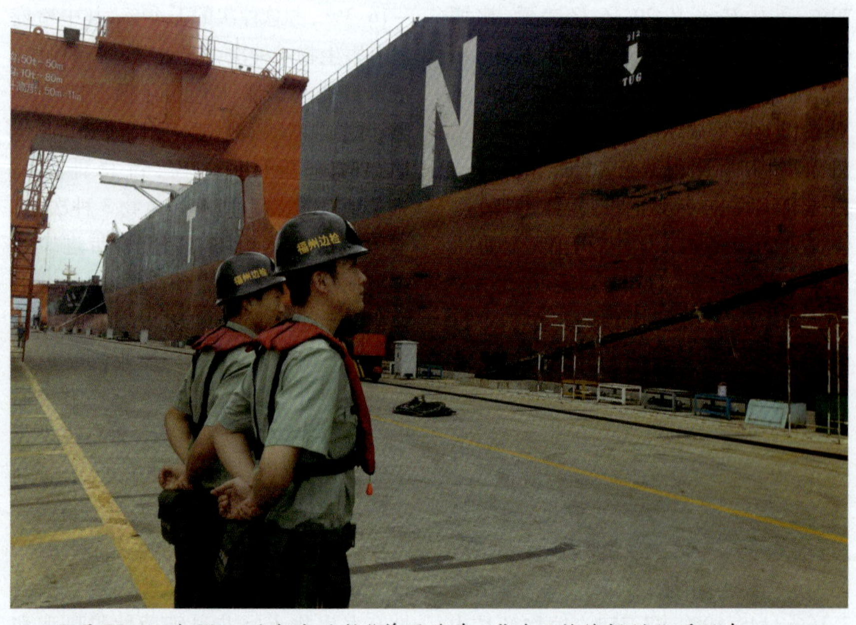

9月27日，为30万吨超大油轮“普罗登希亚”进厂维修提供优质服务
（陈川　摄）

与海关、海事等口岸查验单位补充签署“口岸管控协作框架协议”。

【中国边检服务品牌集中推介活动】 8月19日始，在“两马”旅检现场，边检站检查员向“两马”航线的入出境旅客宣介边检机关的服务理念、职业追求和职业特色。现场开展“心连心、面对面”活动，让服务对象了解边检机关性质、任务。在所辖的各个港区码头，借助“福州边检110”巡查车，介绍边检服务品牌形象“天天”及边检服务的创新举措、取得成效。获福建省第五届十大边防卫士之一的粘梅君做客“微访谈”，就边检政策、工作趣闻、生活琐事等问题与网友互动达27次。同时，还通过福州电视台移动频道、福州分众传媒公司，在公交车、高端楼宇等公共场所等显示屏上滚动播放服务品牌宣传片。　（钱聪海）

【服务32万载重吨“中海繁华”轮首航入境】 7月19日，中国香港籍“中海繁华”轮自南非首航福州，靠泊在福建可门港物流码头，福州边检站可门执勤点提前和物流公司进行沟通，启动大型船舶出入境边防检查专项工作预案，在船舶抵港之前协调码头公司和船方，并采用登轮办理的方式，为该轮办理预检手续和边防检查手续，缩短船舶滞港时间。　（杨　威）

11月6日，市边检站与海警一支队开展联合反偷渡处突演练　（陈川　摄）

海防管理

【概况】 2012年，福州市海防管理工作加强海防基础设施建设和海防管控，维护沿海地区安定稳定。福州市海洋与渔业执法支队查处渔业案件108起，收缴罚金75.248万元，查获非法采砂船舶81艘次，收缴罚没款580余万元，开展海上巡查行动99航次，查处各类违法船只84艘次。市公安边防支队破获偷渡案件14起87人；破获涉枪案件3起，查扣枪支5把、子弹163发；破获涉毒案件139起165人，缴获冰毒23千克、氯胺酮（K粉）3千克。省公安边防总队海警第一支队推行敏感节点保持1艘舰艇海上巡逻待机、敏感海域保持1周巡逻警戒、敏感时期开展1次海上联合执法行动的“三个一措施”。福州海事局组织实施海上搜救行动69次，协调专业救助船30艘次，海事系统船艇50艘次，商船及其他社会船舶147艘次，专业救助飞机15架次，共救助遇险人员892人，救助遇险人员883人，人命救助成功率98.99%，救助遇险船舶76艘次，救助遇险船舶68艘，船舶救助成功率89.5%。　（高列法）

【“六国论坛”专家会议安保】 3月5日，省边防总队海警第一支队35021艇（即“海峡号”）赴厦门参加由中、美、俄、加、日、韩成员国组成的“六国论坛”专家会议保障工作，总航程562.0海里，总航时48小时30分钟，开展专业实作训练13次，联合演练6次。20日，完成“六国论坛”代表团赴厦门港海域观摩海上救生和反劫持演练保障任务。

【“3·16”聚众哄抢公私财物案】 省边防总队海警第一支队启动海上处突预案，联合相关单位组成海上指挥部，并成立专案组。先后出动舰艇警力203艘、3628人次，完成事发海域现场控制、海上漂浮货物和集装箱搜寻、涉案人员追捕和哄抢货物收缴工作，扣押船舶15艘，刑事拘留81人，逮捕9人，治安拘留55人，教育放行8人，取保候审75人，挽回被哄抢货物987件，开创海警部门与地方政法委跨警种、跨地区协调办案、当地公安机关及边防各警种合作办案的先河。　（王　鸿）

【基层建设】 福州市公安边防支队深化“爱民固边工程”，2名边防大队主官进入驻地公安局党委班子，16名边防派出所主官进入驻地乡镇党委班子，234名民警兼任348个行政村村官。省公安边防总队海警第一支队结合基层部队突出“四个注重”（注重管控保民安、注重走访察民意、注重宣传聚民心、注重服务促民生），走访地方党委、政府、公安机关和企业等相关单位137家；走访船舶1298艘、渔（船）民8591人，解决实际困难32件，发放警民联系卡和宣传手册共3654份、问卷调查1520份，开展网络评议16次，收集意见建议36条。

【舆论宣传】 市、沿海县（市）区两级海防委员会办公室协调涉海职能部门，结合自身特点，开展季度性、时段性、节假日、“宣传月”、“安全月”、“争先创优”、培养树立典型等宣传活动。市公安边防支队深化“三访三评”活动，每月突出一个主题，共走访群众17.8万户，38.1万人次，收集453条意见建议，100%采纳或整改；省海警第一支队发放警民联系卡和宣传手册共3654份、问卷调查1520份，开展网络评议16次，收集意见建议36条；市海洋与渔业局分别召开12场渔业安全生产宣传座谈会、13场伏季休渔工作宣传座谈会，参加人数分别为1260人次、1890人次,发放宣传材料8500多份。

【基础设施建设】 协调有关单位完成福州市2011年度海防基础设施项目建设任务,协调市财政局落实《下达2012年度海防基础设施建设投资资金》,协调有关部门开展福州辖区海防监控系统建设和相关维护保养工作,落实维护管理责任制度和设施巡查、报告制度,向省海防委员会办公室申报《关于福州市2013—2015年度海防项目建设规划》。市海防基础项目建设规划重点放在改善基层单位基础"硬件"建设和扶持,涉及部分驻榕海防连队、民兵哨所、公安边防派出所和船管站等单位,项目建设规划主要有海防执勤道路、监控系统和治安防控工程及信息网络的建设,以及船管站基础设施改善。

(高列法)

打击走私

【概况】 2012年,福州市打击走私综合治理工作以落实领导责任制为基础,加强反走私法律法规宣传教育,有效组织打击走私行动。查获走贩私及行政违规案件1538起,案值57670.12万元,其中,刑事案件31起,案值30350.11万元。毒品案件25起(含易制毒化学品案件6起),走私冻品1起、古钱币1起、走私行为案件4起;贩私案件1037起,案值3682.8万元;行政违规案件563起,案值23637.25万元,罚没入库423.73万元,补税入库321.45万元。主要物品有:无合法手续成品油4307.38吨、冻品242吨、固体废物60.54吨、进口走私卷烟260.95件以及枪支配件、洋酒、奶粉、手机、濒危动植物及制品等。

【落实责任部署行动】 召开反走私综合治理领导小组成员(扩大)会,部署2012年反走私工作。各县(市)、各缉私职能部门按照守土有责和属地管理原则,落实反走私工作综合治理领导责任制。部署元旦、春节期间开展打击走私专项行动。开展"国门之盾"打击走私行动。部署打击治理非设关地走私和冻品走私专项行动。

【各部门打私成效】 福州海关缉私局 查获案件586起(含关属各部门),其中,刑事案件29起(含6起易制毒化学品案件),案值30350.11万元,涉税1039.2万元(其中"2·29"电子产品走私大案,案值2.99亿元,涉税920万元),各类毒品案件19起7456.98克、易制毒化学品案件6起101890克;走私冻品1起490余吨(在福州马尾4个冻库查获240吨);行政案件563起,案值23637.25万元,涉税341.62万元。

马尾海关缉私分局 行政立案286起,案值12446.16万元,罚没入库169.72万元,补税入库95.47万元。责令退运固体废物60.54吨,审理出口退税案件17起,涉及出口退税额81.53万元。

福清海关缉私分局 行政立案184起,案值5162.48万元(含福州保税区海关移交173起4428.55万元,其中走私行为案件4起,其他违法案件2起),罚没入库254.01万元,补税入库225.98万元。

福州海关驻邮办事处 查获各类案件91起,其中,毒品案件23起(含易制毒化学品案件5起7960克),查获冰毒案件16起2467克,氯胺酮(K粉)2起4133克;濒危物品案件46起,其中沉香木20起69316克、象牙制品12起13577克、羚羊角2起1024克、濒危木2起21830克、盔犀鸟头骨9起4360克等;枪支配件案20起,其中枪套10个、铅弹1万颗、小口径子弹2094粒、枪管5支、瞄准镜9个及其他枪械配件34个;知识产权案件2起,涉嫌侵权手机68部、劳力士手表10块等。

福州海关驻长乐机场办事处 查获各类案件400起,其中移送缉私部门立案处理42起,查获毒品案件2起(含易制毒化学品案件1起93930克),海洛因1起1500克;濒危物种180余件,其中象牙制品1685克、沉香木21千克以及犀牛角、红珊瑚、犀角等;违规携带本外币(折合人民币402万元);各类违禁反动印刷品700余本(份);侵权物品4000余件,主要涉及盗版光盘、侵权手表、手机、皮包等。

驻榕海警一支队 查获涉嫌走贩私案件8起,其中,无合法手续成品油案件7起928.38吨,案值736.77万元;涉嫌走私文物案1起,查扣古钱币46万余枚,查扣涉案船只8艘、涉案人员30人。

市边防支队 查获各类走贩私案件115起,涉案人员255人,案值2800万元,其中,涉嫌走私无合法手续成品油111起225人,无合法手续成品油3379吨;查获各种品牌卷烟82.62件;冰冻食品2吨。查扣涉案船舶41艘、车辆89部、油罐28个、非法炼油厂1个。

市工商局 立案查处涉嫌走贩私案件89起,办结82起,案值68.02万元,罚

8月31日,销毁"5·8"案走私冻品现场

没入库69.9万元。查获假冒和无入网许可证手机180台,无合法进口手续电脑11台,无合法来源的进口洋酒1506瓶,无中文标签的各种进口食品162.81千克,无进口凭证和检验检疫证明的进口鸡翅、鸡爪等冻品1900.8千克。

市烟草专卖局　查办各类违法卷烟案件2086起,查获各类违法卷烟1571件,其中非法进口走私卷烟334起260.95件,案值78余万元;破获国标级制售假烟网络案件6起、市标网络案件1起、特大卷烟机案件1起,刑拘犯罪嫌疑人74人,批捕30人,判刑31人。

【销毁走私冻品】　组织对福州海关查获"5·8"案涉及福州市马尾区4个冻库240吨(部分来自美国疫区)走私冻品进行无害化销毁。8月31日,市打私办牵头,省打私办现场督导,福州海关缉私局、福州出入境检验检疫局、市市容管理局分别负责运输、技术指导和现场施工,在市红庙岭垃圾处理场对242吨(含工商部门查获2吨)走私冻品,按规范要求进行无害化填埋销毁,并派专人对填埋场24小时看守10日。

【打击走私调研与宣传】　对群众举报长乐、福清、平潭海域三界交界处采砂运砂船涉嫌走私柴油问题开展调研,通报有关县(市)及相关职能部门,召开协调部署会,要求相关县(市)和职能部门教育管理干部队伍;结合"国门之盾"行动,打击贩运倒卖走私成品油专用船只。对闽侯、永泰交界处查获涉嫌走私成品油大案及8个储油罐进行处理,闽侯县政府根据通报责成南屿镇予以强制拆除。

收集整理打击走私现行案例,配合"六五"普法宣传,在《福州日报》《福州晚报》刊载;对销毁走私冻品进行现场拍照、录像、制作光盘,作为典型案例资料保存;编写易发、多发走私典型案例,制作2013年反走私宣传台历2500本,分发沿海各县(市)基层乡镇(村、居)、边防派出所和各有关职能部门。

(庄希闪)

(编辑　吴　燕)

园区建设

福州经济技术开发区

【概况】 2012年，福州经济技术开发区完成生产总值340.69亿元，比增14.1%；工业总产值843.52亿元，比增9.1%，其中规模以上工业产值839.65亿元，比增9.1%；固定资产投资96.79亿元，比增35.7%；实际利用外资1亿美元；完成出口总值33亿美元，比增13.7%。

【基础设施建设】 魁浦大桥、三环路魁岐互通建成通车。琅岐闽江大桥路基、引桥、互通立交等工程完成逾50%，3号、4号主塔墩封顶，水下工程全面完成。琅岐环岛路一期工程动工建设，同时推进二期、三期及雁行江段前期工作。亭江至琅岐扩供水工程竣工，琅岐饮用水管道改造工程动工建设。琅岐供水项目完成初步设计。加快魁岐河道整治工程建设，推进闽江马尾段防洪工程、大樟溪引调水工程前期工作。

实施主干道沿线建筑外立面景观提升工程，改造东江滨公园，动工建设马尾生态休闲公园。建成沈海高速马尾段森林生态景观工程，新增各类绿地面积9.79万平方米，建成区绿化覆盖率达41.7%；完成植树造林73.33公顷，森林覆盖率达46%。实施节能减排项目10项，万元工业增加值能耗下降6%。完善雨污水管网接驳，新增日污水处理能力4万吨，污水处理率达96.8%，生活垃圾无害化处理率达99.2%，饮用水源水质达标率100%，空气质量保持在优良水平。

【招商引资】 完成科立视一期主体工程，总投资10.2亿美元；中铝瑞闽二期高精铝板带、上润智能执行器等一批项目建成投产；统一食品扩建，马尾造船、东南造船技改等项目完成。新增对外贸易经营权企业52家，合同利用外资2.5亿美元。“5·18”海峡两岸经贸交易会、“9·8”厦门投资贸易洽谈会签约“三维项目”15项，总投资60.5亿元。“6·18”海峡项目成果交易会落实项目成果对接62项。

【重点项目建设】 完成投资52.6亿元，占固定资产投入的54%。中国科协青年科学家基地落户马尾国脉科学园，新设市级专家工作站2个。新大陆电脑、三奥信息科技等企业获“福建创新型企业”称号。新大陆在全球率先发布新一代二维码芯片；飞毛腿通过首个便携式移动电源标准审定，有效填补国内该领域的标准空白。新日鲜、佳客来总部项目竣工，百事达研发大楼、海西物流大厦基本建成，名城、华浔等一批总部大楼动工建设。港口物流配套进一步完善，荣泰物流加快建设，投资近10亿元的万通达物流园开工建设。建设快安商贸文体中心、马江文化休闲中心、江滨总部集聚区三大城市综合体，完成投资43亿元。马尾科技馆、图书馆完成投资1亿元。

（王公略）

快安新城　　（刘述先　摄）

融侨经济技术开发区

【概况】 2012 年,融侨开发区实现工业总产值 710 亿元,比增 0.7%;销售收入 712 亿元,比增 5%;进出口总额(海关口径,下同)62.66 亿美元,其中出口 40.68 亿美元;实际利用外资 8908 万美元;财税收入 18.09 亿元,比增 22.23%;主导产业电子信息产业完成 335.9 亿元;完成固定资产投资 83.43 亿元,比增 42.37%。

【基础设施建设】 启动福前路南段道路及桥梁建设工作,总投资约 600 万元,8 月开始施工。至年底,完成桩基及两污水管道工程建设。加快推进南部片区水利设施改造,全面启动关溪金印、冠辉、东岭段河道改造工程及东张水库高二支渠改造工程。

【招商引资】 完成招商引资项目 14 个,其中外资项目 5 个,总投资 1.108 亿美元,合同外资 4000 万美元,包括特耐王包装(增资)、福融昌包装、福融华薄膜、万达汽车玻璃(增资)、东升纺织等项目;内资项目 9 个,总投资 43 亿元,包括福融盛塑料软包装材料、捷创 ITO 透明导电玻璃、开辉机械、宏宇电子、侨汇电子、友和胶粘、融工光学导光板等项目。在谈项目 2 个,计划投资近 8 亿元,包括裕元传动科技、元鸿光电等项目。

【重点项目建设】 开展开辉机械、宏宇电子等 13 个项目的选址工作,为诺希新材料、捷创电子等企业代办建设手续。昶胜光电等 7 个项目动工建设,开辉机械、侨汇电子和名味食品搬迁等项目完成土地招拍挂工作,推进新金星物流、翔泽科技等 4 个项目办理土地预申请手续。全年"五大战役"完成固投 11.08 亿元,比增 63.66%,完成年度任务的 164.15%。

【探索自主创新】 引导宏宇电子、五友模具、南少林药业等企业开展自主创新,研发新产品,拓宽市场;加强海壹食品、诺希新材料、恒昌五金、天海食品等企业与高等院校、科研院所的合作,提升产品档次,提高市场占有率;引导福耀集团、五友科技、海壹食品、创新精密、盛信电子、融工电子等企业加大技术改造投入力度。年内发明和实用新型专利申请数 139 件,授权数 100 件。开展省标准化示范园区创建工作,推进工业企业向标准产业化、产业集群化经营模式转变。开展名牌复评和申报,完成捷联电子、南方铝业等 10 家企业 12 项省名牌产品复评和申报工作。

【新兴企业】 福建省捷创电子科技有限公司 致力于 ITO 透明导电玻璃及延伸产品研发与生产的高新企业。产品主要应用于中小屏幕显示,包含可视电话机、工业仪器显示屏、触摸屏、车载显示器以及 3D 电视液晶眼镜等。项目投资 5 亿元,注册资本 1.5 亿元,用地约 8.29 公顷,规划建设总面积约 8.3 万平方米的厂房及配套用房,并建立 6 条 ITO 透明导电玻璃生产线及配套项目。

诺希投资集团(福建)有限公司 主要从事靶材等新材料的研发与生产,产品应用于薄膜太阳能、LOW-E 节能玻璃、平板显示产业、半导体及微电子业,记录媒体行业和光学镀膜六大行业。项目总投资 3 亿元,注册资本 1 亿元,总用地面积约 5.4 公顷,规划建设厂房及配套约 3.62 万平方米,包括车间 4 栋,综合楼、宿舍楼及研发中心各 1 栋。

(陈玲颖)

福州高新技术产业开发区

【概况】 2012 年,福州高新区完成工业总产值 630.09 亿元、总收入 607.64 亿元、利润总额 32.41 亿元、出口总额 37.78 亿美元、实交税金 19.3 亿元,同比分别增长 10.5%、7.68%、2.95%、14.76%、10.28%。

【扩区建设】 8 月 31 日,市编委下发《关于福州高新技术产业开发区管理委员会主要职责、内设机构和人员编制的通知》,在原先统筹管理马尾、洪山、仓山、台西等老园区,下辖海西高新技术产业园的基础上,进一步整合福州软件园、生物医药和机电产业园,并行使对闽侯县南屿镇及上街镇的建平、厚庭、新洲、马排、马保 5 个村和仓山区冠洲村的行政职权,行政管辖范围扩至约 180 平方公里。

【基础设施建设】 完成投入 2.37 亿元。海西园创业路、创业中路(科技东路至科技一路)、科技一路(乌龙江大道至高新大道)建成通车;海西园 110 千伏建平变电站一期工程投入使用;高新大道 A 标段供水管网铺设到位;轮船港水渠(高新大道至乌龙江大道段)开挖完成;一期安置房 B 区桩基施工完成。

【招商引资】 拓展招商形式,创新园区开发模式,打造高校产业园、榕商高新技术产业园、清华紫光科技园、中关村飞地产业园、留学生创业园、大学生创业园等一批特色产业园区。"5·18"海峡两岸经贸交易会、"6·18"海峡项目成果交易会、"9·8"厦门投资贸易洽谈会活动期间,福建明业新能源科技有限公司、福建福大百特科技发展有限公司、福州冠华创建机械设备有限公司、福州莱赛照明科技有限公司、香港圣力实业有限公司、福建四创软件有限公司 6 家企业签约入驻高新区,总投资额约 17.2 亿元。至年底,经市政府审批入驻企业 46 家,总投资 172.1 亿元。

【重点项目建设】 福建奔驰研发中心完成主体结构封顶及内外装修;永福设计、星网锐捷一期、创业大厦完成主体结构封顶及外立面装饰;中青创投、山亚科技、海西研究院一期、博思软件、中冶二局、福汽集团一期完成主体结构封顶;邦邦科技、福抗药业、久策投资、市规划院完成地下室开挖工作;创新园一期1~7 号楼完成主体结构封顶及外立面装饰,12~15 号楼完成主体结构封顶,8~11 号完成楼桩基工程。

【重点入驻项目】 中星微电子项目 中星微电子集团创建于 1999 年,从事数字多媒体芯片开发、设计。其计算机图像输入芯片占全球 60% 以上市场份额,并于 2005 年 11 月 15 日成功登陆纳斯达克,是第一家在纳斯达克上市的中国芯片设计公司。2012年5月9日,市政府与北京中星微电子有限公司签订战略合作框架协议,全面启动“基于SVAC国家标准的城市级智能化物联网系统平台研发及建设”项目;9月30日,“邓中翰院士工作站”正式揭牌。该项目把中星微电子集团基于SVAC国家标准的产品技术与福州市电子信息产业生产加工能力相结合,形成共同推进福州市物联网安防监控产业发展的生产能力和产销规模。

清华紫光科技园 紫光博远投资管理有限公司是清华紫光股份有限公司的控股子公司紫光软件集团下属的专业化科技产业园区投资运营公司。该公司在海西园投资32.5亿元,建设总规划用地面积约31.78公顷的福州清华紫光科技园。

(黄 闽)

福州保税(港)区

【概况】 福州保税(港)区即福州保税区与福州保税港区统称,实行“两块牌子一套班子”,由福州保税(港)区管委会统一管理。2012年,福州保税区引进项目179个,注册资本2.01亿美元,进出口贸易额1.4亿美元,税收收入3.1亿元。福州保税港区固定资产投资7.12亿元,进出口贸易额49.41亿美元,进出区贸易额49.78亿美元,税收收入0.2亿元,港口货物吞吐量506.8万吨,港口集装箱货物吞吐量77.6万标箱。

【保税港区信息化平台建设】 软硬件建设基本到位,完成口岸物流监控系统、保税业务管理系统、公共信息平台、数据交换平台、公共机房、配套硬件、网络连接建设、智能卡口硬件建设、视频监控报警系统、内外贸隔离监管码头CTMS系统改造、机房整改,11月8—16日,通过福州海关加贸处牵头组织的联合测试组测试,基本满足封关运作需求。

【保税港江阴汽车进口口岸建设】 总投资46亿元,完成投资35亿元,完成占比76.09%。主体工程完工,建成专用海关整车监管区2.06公顷,国检检测区2.87公顷,包括汽车堆场、查验平台、检测实验室、办公楼以及出入区卡口和海关信息化监管系统等。11月29日,该口岸通过福州海关组织的预验收。

11月16日和12月5日分别在厦门和香港举办“福州保税港江阴汽车进口口岸政策与运营推介会”,中进汽贸(天津)进口汽车贸易有限公司和香港左钛汽车商会等汽车物流企业参加并关注,同时引进海峡福建汽车物流有限公司、福州保税港国际汽车城有限公司和福建省建州汽贸有限公司3家汽车进口商和运营商。

【保税区进口酒类交易中心建设】 以海峡经贸广场为载体,建设进口酒类交易中心。至年底,引进20多家进口酒类和食品企业,优传、铭豪、凯撒3家入驻广场进口酒类交易中心,其中优传进口酒类年内业务销售额达850万元。

【对接武夷山陆地港】 与武夷山市政府签订战略合作协议,共同建设“武夷山·福州保税港商贸中心”,占地13.33公顷,开展商贸服务、国际贸易、保税仓储、物流分拨配送及金融等业务。

(黎发明)

元洪投资区

【概况】 2012年,元洪投资区实现规模以上工业总产值106.9亿元,比增17.43%;合同外资640万美元,外资实际到资189.2万美元,内资实际到资7亿元,固定资产投资26.15亿元,比增52.26%;上缴税收1.75亿元,比增32.52%。规模以上企业37家,年内新增集佳油脂、双胞胎、泰华电力、瑞融汽配、三邦硅材料、金波金属6家企业,占福清市规模企业新增总数的21%。产值超亿元的企业有18家,超5亿元以上的5家。初步形成港口物流、粮油食品、轻工机械、能源精化、纺织化纤等五大产业。康宏油脂、集佳油脂等粮油食品产业产值达58.97亿元,占园区总产值的55.27%;中源新能源和源华能源产值15.58亿元,坤彩精化产值达8亿多元,3家企业约占园区总产值的22.1%。年内,坤彩精化的“坤彩”、恒士达食品的“金虾王”、晟扬管道的“晟扬”等21家企业产品获评“福建省著名商标称号”。

【基础设施建设】 投入资金约4亿元。完成填方约186.67公顷,建设道路10公里,完善水电和污水处理设施。实施园区总体规划修编和其他分项规划修订工作。东部洪嘉大道和元城五路、次五路等路网骨架基本形成。山下溪桥梁主体建成。污水厂一期进行验收前期的试运行,同时推进二期建设的准备工作、污水管网建设和企业污水纳管工作;推进洪嘉大道电力走廊、原水、自来水管线建设和回归园公园建设;西部的元海三路、洪嘉大道道路路网和污水管网二期建设前期准备工作基本完成。

【招商引资】 在建在批的项目37个,总投资150亿元,其中在建项目15个,总投资93亿元,万家旺二期、伟聚隆特种纤维、长福织染、榕发化工等4个项目为年内新开工建设。回归创业园内有在产在建在批的项目29个,用地302.43公顷,总投资137.88亿元,其中在产项目5个;用地获批项目15个;在建项目11个;实施报批项目9个。年内福州集佳油脂有限公司建成投产,实现产值11.5亿元。

“5·18”海峡两岸经贸交易会签约项目有:福建宇邦纺织科技有限公司项目,计划投资13亿元,征地26.67公顷;福硕线缆项目,计划投资1亿元,征地2.24公顷;宏港纺织二期,计划投资4亿元,征地6.8公顷。参加福建省民企对接项目2项,总投资15.8亿元。

【重点企业】 福建省宏港纺织科技有限公司 注册资金1.8亿元,总投资12亿元,征地面积29.07公顷,是一家集纺织面料研发、织造、后期处理及贸易为一体的现代纺织企业。该公司采用国际先进的织造、染整设备,主要以长乐当地企业生产的高弹氨纶、细旦锦纶、腈纶、涤纶高档经编花边织物为产品原料,加工生产高档经花编织物及高档面料,年产1.5万吨泳装布、8000吨纬编超细旦服装面料，印染后整理加工能力7万吨。该项目分2期建设，是省重点建设项目，其中一期工程征地面积22.27公顷，建设规模为年产7500吨泳装布、4000吨纬编超细旦服装面料，印染后整理加工能力3.5万吨。至年底，一期建设完成；二期征地6.8公顷，进行规划建设。

福州市鸿生建材有限公司　元洪区“回归工程”项目，投资2亿元，征地面积约13.8公顷，该公司生产各种高标号、高标准预拌商品混凝土，年产1000万米预应力高强混凝土管桩和150万立方混凝土。配有2条原装进口全自动混凝土生产线，每小时产能可达360立方米，并配备全套试验设备，可对原材料检测、混凝土配合比设计、产品质量检测等进行全面质量控制。年内商品混凝土部分投产。

（赖庆明）

青口投资区

【概况】　2012年，青口投资区完成工业总产值316.927亿元，比增1.0%，其中规模以上工业总产值302.053亿元。东南（福建）汽车工业有限公司汽车产量107018辆，比降3.1%，产值78.178亿元，比降10.8%；福建奔驰汽车工业有限公司汽车产量12013辆，比降5.3%，产值47.893亿元，比增7.8%；汽车配套厂规模以上工业产值97.851亿元，比降11.6%；非汽车行业规模以上产值78.132亿元，比增22.6%。固定资产投资80.269亿元，比增16.1%。上缴税收20.682亿元，比降8.0%，其中国税17.359亿元，比降8.3%；地税3.327亿元，比降6.0%。

【基础设施建设】　重点项目24项，其中续建工程5项，新建19项，祥青路A段道路路面工程、203省道兰圃线路口拓宽改造工程、辅澜路道路工程完工，东台大道及支线工程、卜洲村取土点石方控制爆破工程、澄山路五虎山片区5号路、洋洲路延伸段（卜洲桥）工程、3号路桥梁及南接线工程、五虎山片区二期场地平整工程、六和二期土地平整工程、东台工业区一期土地平整工程、洋山路西段道路工程、五虎山片区3号地块土地平整工程、三盛二期项目土地平整工程、洋下片区河道岸线防护工程进入施工阶段，前洋路工程、青圃工业区规划路工程、洋山路延伸段二期工程、五虎山片区7号路工程、五虎山小学旁6米排洪渠工程、三港河延伸段工程、海越南侧土地平整工程、324国道峡南至青口一桥段路灯工程、辅翼至奔驰大道自来水管道工程、兰圃至建华管桩厂自来水管道工程进入前期准备工作。工程总投资2.523亿元，完成投资1.543亿元。

【招商引资】　新批内资项目18项，总投资24亿元，实际到资15.417亿元，比降6.9%；新批（增资）外资项目11项，总投资2.3亿美元，实际到资7642万美元，比增19.2%。年内引进的大项目主要有：福州利之星汽车销售有限公司（总投资1600万美元）、福建新联汽车配件开发有限公司（总投资940万美元）、福州安昌汽车部件有限公司（总投资420万美元）、福建宏得盛塑胶制品有限公司（总投资2250万美元）、福建省瑞亿机械制造有限公司（总投资2亿元）。

【重点项目建设】　爱德克斯汽车零部件项目　项目总投资9300万美元，注册资本3100万美元。该项目用地6.6公顷，4月27日动建，一期3.3公顷厂房建成竣工，9月25日产品出口泰国，12月1日正式投产。爱德克斯（福州）汽车零总部件有限公司是由日本株式会社爱德克斯、丰田通商株式会社、六和机械投资（中国）有限公司共同出资设立。

麦特新铝业项目　福建麦特新铝业科技有限公司是专业从事研究开发、生产、销售有色金属行业的高温特种材料和工艺装备的国家高新技术企业。项目总投资1.13亿元，注册资本5667万元，项目总规划用地约5.04公顷，在建4栋厂房竣工验收，其中1栋年内投入使用。

中澳科技项目　福州中澳科技有限公司主要生产精密模具、显示器、电视机钣金件、汽车配件及其他五金制品等，项目总投资1.760亿元，注册资本5750万元，占地面积7.083公顷，总建筑面积9.34万平方米。该项目基础验收结束，地上一层A、B楼完成封顶。

（林巧文）

福州软件园

【概况】　2012年，福州软件园实现技工贸总收入250亿元、税收7亿元，分别比增20%、12.36%。拥有福晶科技、三元达、榕基软件、富春通信4家上市企业，另有6家上市公司在园区设立分支机构。产值超亿元的26家，超2000万元的40家；软件出口超300万美元的2家，福富软件获评“2011年度中国软件出口企业20强”第12位；入选2010—2011年度国家规划布局内重点软件企业4家；入选2012年（第十一届）中国软件业务收入百强企业2家；通过CMM/CMMI认证企业8家，其中福富软件、新东网通过CMMI5级（最高级别）认证；通过认定的福建省高新技术企业54家，软件企业96家；获评福建省名牌产品27项。集聚各类技术人才2.6万余人。

【招商引资】　新增甩酷动漫、中企移动、一绿能源等105家企业入驻，注册资本7.1亿元，其中外资企业2家，注册资本5100万元。

在第十四届“5·18”海峡两岸经贸交易会上，软件园签约一丁芯光通信科技、全馒头动漫、图化热像监控设备等项目17项，总投资2.008亿元，其中，福建神威系统集成有限公司上台签约，神威系统集成“海峡卡”增资项目投资1500万元。三合微科、霖城科技、首特科技、增通盛等台湾IC、物联网、创意企业15家企业参加软件园招商专场活动。在第十一届“6·18”海峡项目成果交易会上，征集对接项目24项，企业技术需求7项。在福州市“7·13”珠三角民企“三维”项目对接会上，软件园“动漫产业基地二期项目”上台签约，总投资10亿元。在“9·8”厦门投资贸易洽谈会上，神画时代的文化精品工程“文化福建项目”上台签约，总投资8000万元。

【重点项目建设】 海峡软件新城重点建设项目共4项。福晶科技园,占地2.8公顷,建筑面积4.4万平方米,投资2.5亿元,2月建成投产。三元达科技园,占地4公顷,建筑面积5.4万平方米,投资2亿元,处于规划阶段。总部暨研发大楼(8幢),占地8公顷,建筑面积38.5万平方米,投资14.25亿元,A楼于年底竣工验收,其余楼宇完成桩基施工,完成投资5.65亿元。动漫二区(动漫游戏产业基地二期),占地6.42公顷,建筑面积7.5万平方米,投资2.78亿元,完成投资2.69亿元,18幢小体量研发楼于9月竣工,1幢高层研发楼建成封顶。

大腹山生态公园项目 位于海峡软件新城附近,占地近7公顷,投资300万元,项目前期规划完成。

【动漫产业】 福州动漫游戏产业基地位于软件园C区,拥有动漫游戏企业163家、注册资本14.85亿元、动画年产量超2万分钟,年内获发行许可证1.2万分钟,比增20%。奖励动漫企业25家次,兑现动漫扶持政策资金1583万元。联合光大、中行、工商、浦发、建行、华夏等金融机构,为企业提供免抵押担保的中小企业信用贷款业务,神画时代、华锡网络、华宏动漫等企业进入贷款程序;推动"知识产权质押贷款试点"建设,神画时代获福建华夏银行版权评估抵押贷款600万元。强化提升馆内3D/4D影院功能,改造项目投资100多万元。

【技术与产业服务】 基础设施建设 面向863孵化器、动漫基地以及园区企业150余家提供网络与IDC研发支撑等无偿或非营利服务,实现园内骨干企业互联互通。完成福富软件、863孵化器、动漫大楼等大楼以及企业的大芯数光缆铺设,TPARK无线网络覆盖至ABCD等区域,为园区400多家企业提供无线上网服务。

动漫渲染服务平台 提供动漫集群渲染和远程自助渲染服务,完善高清非线性编辑系统、观影大厅等硬件设备,降低企业开发成本。为15家动漫企业提供渲染服务共3126小时。

联合实验室 与电信联合共建"海西动漫产业服务平台实验室",与乐圈传媒联合共建"微电影创作实验室",与光通联合共建"福州软件园云计算服务中心",与金桥通信联合共建"移动互联网信息技术联合实验室",与盈通公司联合共建"人才培训实验室",与福建省集成电路设计中心共建"芯片(IC)设计与电子设计自动化(EDA)公共实验室"。

海峡西岸软件产品解决方案体验与交易中心 系省级公共技术平台项目,其中,主题展厅、融合通讯系统、动漫渲染平台等配套设施建成,线上系统开发进度完成80%,全套项目进入布置、调试阶段。

孵化器 在孵企业总收入3000多万元,上缴税金200多万元,申请专利30多项,授权11项。至年底,毕业企业76家。

【人才体系建设】 海峡两岸信息服务创新大赛 1月,首届大赛暨福建省第五届计算机软件设计大赛优秀作品在三坊七巷、福州动漫体验馆展出;5月,在"5·18"海峡两岸经贸交易会软件园招商专场活动中,第二届大赛暨福建省第六届计算机软件设计大赛启动;9月,在园内召开首次大赛产学研合作委员筹备会议,并通过组建产学研合作委员会。该届大赛覆盖闽台两地107所院校和500多家企业,报名人数逾5000人,组队912支。台湾赛区有台湾"清华大学""交通大学""成功大学"等30多所院校选队参赛。

企业经营管理者培训 面向园内企业管理层举办5期北大光华EMBA精品课程、海西软件企业家沙龙活动,组织企业家和产业主管领导交流,组织EMBA研修班学员赴北京大学学习,并举行结业典礼,培训600多人次。

人力资源经理业务培训 举办4次,培训人员约400人次。讲座内容包括中国劳动立法新发展、集体协商内容与特征、集体劳动争议与团体劳动争议、重大突发事件管理、和谐劳动关系的营造、工作压力管理与员工援助计划等。年内还先后请来法律、IT等方面专家,举办法律进园区、海外院士专题讲座等活动。

春季专场招聘会 与市公务员局、海峡人才市场联合主办的专场招聘会于3月在市人才储备中心举行,有73家IT企业参展,面向社会提供就业岗位2405个,其中计算机类岗位1137个,3000多人入场应聘。

(郭斯宁)

滨海工业集中区

【概况】 2012年,滨海工业集中区完成规模以上工业总产值563亿元,比增32.13%,占全市比重的38.92%;上缴"两税"4亿元,比减21.63%;固定资产投资完成72亿元,比增24.07%,占全市比重的26.14%;合同外资6239万美元,比增1059.67%;外资实际到资4137万美元,比增300.48%。至年底,在产规模以上企业98家,其中棉纺企业12家,工业总产值139亿元,占全区工业总产值24.6%,上缴税收1.4亿元,占全区税收32.3%;化纤行业9家,工业总产值214亿元,占全区工业总产值38%,上缴税收0.4亿元,占全区税收10.2%;经编针织企业37家,工业总产值58亿元,占全区工业总产值10.4%,上缴税收0.5亿元,占全区税收12.7%;冶金机械行业25家,工业总产值94亿元,占全区工业总产值16.7%,上缴税收1.4亿元,占全区税收31.9%。全区亿元工业企业54家,比上年新增7家,实现工业总产值545亿元,占全区比重达96.8%。

推进滨海商贸城办理土地收储手续。滨海外来工活动中心土地征用手续获省政府批复,并申报长乐规划局进行建筑方案审核。

【基础设施建设】 滨海污水管网 污水主干管工程分漳港—两港段、两港—松下段进行施工,污水主干管全部建成并通过验收,乡镇接入支管建设完毕,12月全部移交市住建局。

滨海污水处理厂 污水处理厂日污水处理量2.3万吨,运营情况基本正常。推进污水处理工程二期扩容相关前期手续办理。

码头建设 松干港区前作业区18号、19号泊位及配套工程,建设5万吨

（兼靠10万吨）和5000吨（兼靠2万吨）各1个，年吞吐散货180万吨，件杂货30万吨，工程预制C35砼沉箱完成21件，基槽挖泥完成59万立方米，基床抛石完成4万立方米，陆域回填开山石175万立方米，完成堤心抛石（10千克～300千克）16.33万立方米，扭王块预制1.58万立方米；长屿二级渔港工程可行性研究报告和环评报告完成编制，并进行专家评审；松下港牛头湾作业区12号、13号泊位，项目审批、核准、工程可行性研究报告完成。

路网建设　滨海中心街拓宽改造工程建设于12月完成并通过验收，并进行绿化美化工作。松下码头疏港路拓宽改造工程施工完毕，腿头段炸山平整工程经设计变更后由原施工单位开始施工。两港路拓宽改造改造工程江田段基本完工，漳港—两港段开始动工。

【招商引资】　第十四届"5·18"海峡两岸经贸交易会签约项目18项，其中内资13项，总投资149亿元；外资5项，总投资1.65亿美元，利用外资7400万美元。"6·18"海峡项目成果交易会对接项目27项，总投资42.53亿元。第十六届"9·8"厦门投资贸易洽谈会签约外资项目5项，总投资2.769亿美元，比增38%；利用外资9337万美元，比增10%。

【重点项目建设】　列入长乐市"五大战役"项目50项，完成投资69.2亿元，其中省重点项目17个，年度计划投资48亿元，完成投资44.6亿元，占年度计划91.79%；市重点项目24项，年度计划投资49.90亿元，完成投资52.81亿元，占年度计划105.83%。其中金纶高纤三、四期建成投产；凯邦二期，恒申合纤三期，力恒锦纶三期，山力化纤熔体直纺项目，松下牛头湾作业区12号、13号泊位，鑫海码头18号、19号泊位，福州面粉厂整体搬迁，省粮食储备松下库等项目动工建设。恒申合纤项目建设规划面积100公顷，投资60亿元，建设年产10万吨氨纶、20万吨聚合和18万吨纺丝生产线，一期实现投产；山力化纤扩建项目规划面积66.67公顷，投资20亿元建设年产60万吨差别化纤维项目动工建设。金纶高纤增资18亿元建设年产50万吨差别化纤维项目，9月三、四期先后投产。

【重点企业】　重点企业主要有金源纺织、金纶高纤、力恒锦纶、鑫海冶金、元成豆业。工业总产值净增长前10名企业分别为：金纶高纤净增30.85亿元，力恒锦纶净增15.51亿元，鑫海冶金净增14.26亿元，二棉厂净增5.19亿元，元成豆业净增4.92亿元，凯邦锦纶净增3.96亿元，正隆纺织净增3.5亿元，常春车厢净增2.47亿元，华源纺织净增2.17亿元，金源纺织净增2.15亿元。上缴"两税"净增长前10名企业分别为：金源纺织净增1198万元，和盛塑业净增1117万元，金沙港纺织净增821万元，正隆纺织净增577万元，亿力电器净增523万元，元成豆业净增347万元，华冠纺织净增285万元，兴航机械净增237万元，鑫隆机械净增199万元，添利织物净增163万元。

松下港码头作业区

【用地报批】　上报审批8个批次11宗项目用地34.02公顷，分别为久日机电、东成机械、昌宏建材、闽起起重机械、凯邦锦纶、华讯、东龙针纺、鑫和联众、榕威实业等；上报未审批2个批次2宗项目用地，为康宏码头疏港路扩建工程、雪人压缩机项目，用地32.27公顷。挂牌出让7宗工业（商住）用地，出让面积16.6205公顷，其中太阳石业0.6626公顷，久日机电1.846公顷，东成机械1.2473公顷，长乐二棉厂1.482公顷，凯邦锦纶0.3826公顷，东龙针纺7.334公顷，华讯亚太3.666公顷。

（陈云林）

罗源湾经济开发区

【概况】　2012年，罗源湾经济开发区批准投资项目22个，落地投产企业30家，合同投资总额约15亿元，完成工业总产值283.45亿元，比增5%，其中规模以上工业产值282.24亿元，比增5%；地方级财政收入3.72亿元，比增88%；完成固定资产投资68.8亿元。

【基础设施建设】　罗源湾开发区路网工程　完成投资0.8325亿元，其中岐鹤桥完工；松岐中路进行绿化工程、地下管网、排洪渠施工；岐鹤南路施工图设计完成；弘景木塑项目用地完成填方量约35万立方米，完成总工程量98%；邦盛路立项、设计等工作完成；站前路工程和北工业区过渡路面工程按计划推进。

金港工业区防洪排涝工程　完成投资0.24亿元，其中，燕窝水闸完成试运行；亿鑫排涝站动工；土港排洪渠1300～2155段完工验收；土港排洪渠0～1300段工程挂网招标；可湖左岸加高、白水排洪渠工程完成图审工作。

松山片区防洪排涝及污水管网工程

投资500万元,其中北片控规评议稿完成;罗源湾新城一期(铝产业加工园)污水处理厂进厂主干管完成招投标和施工合同签订,同时办理施工许可证及施工单位安全备案;小荻溪疏浚工程和北工业区排水工程按计划推进。

【招商引资】 新引进项目5项:华润燃气、BOPP年产15万吨多功能高阻隔、博美生物制药年产10万吨麦考酚及500千克阿贝卡星、宝钢德盛年产20万吨镍15~40合金及200万吨镍合金板、源鑫年产120万吨矿渣粉,累计合同投资总额约15亿元。储备项目3个:年产5万吨环保型涂料生产基地项目、宝钢苏冶冶金机械制造加工项目、宝翔物流仓储及码头项目。呈现产业链招商项目增多,项目科技含量提高,服务性项目增加,项目产品附加值含量高4个特点。

【重点项目建设】 列入省市县"五大战役"项目17个,完成投资68.8亿元。6个项目建成投产:宝钢德盛一期配套技改及二期工程、博美生物制药、侨源空分气体、红苹果化工环保型涂料挖潜技改、源鑫建材矿渣粉、海峡西岸软包装科技园三期;11个项目动工建设:晟元冷轧精品板带不锈钢、福亮节能玻璃加工、弘景木塑复合材料制品、宇星精品涂镀层板材、西藏锂业、华鑫物流、罗源湾滨海新城、中亚客车空调、罗源湾开发区路网工程、金港防洪排涝工程、松山片区防洪排涝及污水管网工程。

(罗源湾开发区管委会)

福兴经济开发区

【概况】 2012年,福兴经济开发区完成规模以上工业产值143亿元,比增9.7%,新批合同外资26万美元,实际利用外资3420万美元,比增7.1%,自营出口(海关口径)8.8亿美元。

【基础设施建设】 将福新东路、福兴大道、福光路、河滨路等主干道改造建设列入市政府市政道路改造建设规划。长2713米、宽40米的福兴大道和长3000米、宽40米的福新东路改造工程基本完成;长2300米、宽40米的福光路和长1850米、宽18米的河滨路改造征地手续通过市政府审批并上报省国土资源厅审批。通过福光路改造环评,并完成工程可行性报告;河滨路改造于8月进场施工。加快开发区内磨洋河整治工作,推进驳岸修建、截污、沿线景观整治等建设。

【重点项目建设】 企业自建总部大楼项目 盛辉、盛丰、岚辉3家企业自建总部大楼项目开工建设;新华发行集团办理缴交土地规费相关手续;海峡出版集团立项手续办理完毕。对初选出的后续10多家企业自建总部项目进行全面筛选落实,确定德通、世创、警木建材、南方钢贸信息大楼、捷诚实业5家企业作为第二批自建总部大楼项目。德通、世创2家企业自建总部大楼设计方案获市规划等部门的初审指导意见,警木建材、南方建材信息大楼、捷诚实业3家企业正在制定详细设计方案。同时谋划天一同益、华联汽配、绿力科技及红光村、古二村、前屿村工业小区合作改造等第三批总部项目。

中央商务区建设 组织专门工作队伍对钢材市场及周边约40.93公顷地块上的企业状况、土地性质、现有土地厂房用途等情况进行全面调查摸底,到连江、长乐等地了解新建钢贸城进展情况。提交专题报告请求市政府协调尽快启动钢材市场搬迁工作,并确定城乡建总作为钢材市场及周边40.93公顷地块改造建设项目业主单位,全面负责该项目土地收储、出让、融资、建设等具体开发运营。

台资企业改造提升启动项目 召开首批重点台资企业座谈会,研究探讨台企改造提升思路方案,初步选定协特来和钜全、福华和鸿福以及日光照明等3家企业作为首批台资企业改造提升启动片区,由主要领导亲自包干负责。

【城市设计和产业发展规划】 委托新加坡邦城规划设计公司编制,开发区东起河滨路、西至前横路、南起福马路、北至化工路,3.3平方公里范围《城市设计》和《福兴经济开发区产业发展规划》。3月28日,副市长徐铁骏主持召开开发区《城市设计和产业发展规划》方案评审会并提出意见建议,开发区根据修改意见完成开发区城市设计和产业发展规划方案修改。7月11日,召开控制性详规专家评审会,市规划院修改完毕方案,并提交市政府常务会议审定。

【安全生产专项整治】 开展消防安全专项整治工作,发现存在"三合一"现象的4家企业,均在期限内整改到位。开展企业建筑安全隐患排查工作,对2家出现墙体裂缝的企业进行整改。开展职业病防治专项整治,调查工业企业9家,测出有害作业点374个,合格作业点332个,合格率88%,对接触有害工种2483人进行职业性健康体检,对企业就业前人员体检1147人。开展化学危险品企业专项整治,对发现无证存储危险品的企业督促整改到位。

(潘鸿杰)

连江经济开发区

【概况】 2012年,连江经济开发区完成规模工业产值146亿元,比增18.7%;完成固定资产投资36亿元,比增28.6%;新批合同外资2000万美元;实际利用外资2000万美元;实际内资到资6.8亿元,比增36%。

【基础设施建设】 实施政府性投资项目14个,计划总投资2.48亿元,年内计划完成投资1.04亿元,完成基础设施建设投资1.07亿元。其中,社会事业2项,总投资4050万元,年度计划投资1400万元,完成投资1515万元,占年计划投资的108.2%。山岗园区公租房建设项目、通园大道延伸段水泥路工程、污水管道铺设工程、飞马线(园区段)扩建工程、应急供水道路及围墙等附属工程、琯头园区中央大道绿化带补种工程、敖江园区青塘中路水利箱涵工程、青岛啤酒公司旁河道拓宽整治及垃圾清理等项目竣工或投入使用;推进山岗片区一期中二期D、E地块平整工程及琯头园区规划二路及桥梁工程、中央大道延伸段工程、敖江园区青塘中路硬化工程施工建设；山岗片区规划二路及三路、东湖口至湖坪村道路改造、桥梁工程和飞石线（园区段）工程以及青岛啤酒公司旁山亭村区间道路财溪桥工程的前期工作完成或继续建设；粗芦岛基础配套建设的24米环岛公路、近期供水工程、防洪排涝工程、污水处理工程、华润燃气管网工程、110千伏公用变电站、小型避风港及码头工程的各项前期工作全面启动。

【招商引资】 签约聚春园食品、天汇无纺布、锦纶差别化纤、正友电线、宏利兴包装5个项目，总用地24.78公顷，投资总额约8.3亿元。分别是福建聚春园食品有限公司投资1.5亿元的食品加工项目、福建毫托电机有限公司投资2.3亿元的天汇无纺布项目、福建锦程高科实业有限公司投资3亿元的锦纶差别化纤项目、福建红阳电线电缆有限公司投资0.5亿元的正友电线项目和福州宏利兴包装有限公司投资1亿元的宏利兴包装项目。跟踪的在谈项目有海西国际现代物流园、水产品精深加工、华润水泥、星艺动漫、锦添农业、顺发机电、德力动漫、统一食品项目等21个，总用地约266.67公顷。

【重点项目建设】 建设项目31个，总投资32.48亿元，年度计划投资10.73亿元，其中被列入县重点项目的21个，总投资28.93亿元，年度计划投资9.72亿元，完成投资12.55亿元，占年计划投资129.1%。年内，金铭机械、永昌隆包装、光大解酒液、瑞云食品、震阳电气、兴鑫金属（二期）、海华星测控、永明机械、西源机电、圣龙铸造、圣达科技、通德金属（一期）、茶花塑胶（一期）、劳安设备14个项目竣工投产或部分投产。

（连江经济开发区）

金山工业集中区

【概况】 2012年，金山工业集中区继续推进福州市生物医药和机电产业园建设，并利用“5·18”海峡两岸经贸交易会、“7·13”民企招商会、“9·8”厦门投资贸易洽谈会的招商平台，加强“三维”项目对接，对储备项目进行筛选，推进高科技含量、高附加值的产业项目落地。

【基础设施建设】 安置房建设 46万平方米的一期安置房于年底封顶；第二标段于年初启动建设；第三标段于7月启动建设。同时完成安置房二期前期工作。

道路建设 40米宽的主干道1号路、2号路、6号路开工建设；40米宽的主干道3号路和30米宽的主干道4号路、13号路前期工作及园区外连接市区的主干道50米宽的新南港大桥连接线、40米宽的2号路延伸段、50米宽的117县道改造工程前期工作基本完成。

供电供水污水排放设施建设 首期11万伏南屿变电站于年底建成。自来水明确由福州青源供水有限公司负责供应，污水排放处理系统依托大学城污水处理厂，自来水管道和污水管道跟随1号、2号、6号路的建设逐步铺设到位。完成强弱电线路迁改10.9万米，其中强电线路5.2万米，弱电线路5.7万米；设置箱式变4台。完成自来水管道迁改4000米，挖掘施工用水井12口。

水利设施工程建设 委托省水利规划院设计，初设报告获批，推进水利规划院出具水利设施工程施工方案，并督促南屿镇展开几条溪流、晨湖等预征地。对水利设施系统启动临时建设方案，对已开工建设的1号、2号、6号道路和新药创制中心、兆元光电项目、福顺晶圆项目、久策气体项目周边水利工程进行巡查摸底。

【招商引资】 签约项目25项，总投资129亿元，注册资本29.34亿元（含外资项目7项，总投资6.17亿美元）。内资到资11.11亿元，外资到资0.8亿美元。台湾鼎元公司投资的兆元LED芯片项目、台湾友顺公司投资的8英寸集成电路芯片项目资金到位。

【项目土地审批及征迁交地】 完成农转用手续的项目26项，审批用地289.53公顷，其中安置房14.27公顷，道路59.07公顷，溪流17.87公顷，产业项目198.33公顷；已送件待批农转用手续的项目7项，用地95.27公顷，其中安置房6.73公顷，道路42.2公顷，溪流22.67公顷，产业项目23.67公顷。收储商业用地9.6公顷。完成10个项目的交地，面积111.93公顷，其中除海寰生物因项目原因退地外，均动工建设。

【服务企业】 给入园企业代办工商营业执照注册登记9件，代办外商投资批准证书2件，代办立项11个项目，开具产权证明7份，出具项目入园批复10份。完成项目规划选址16个，其中产业项目11个。代办环保审批手续11个项目，经环保主管部门批复的产业项目4个，正在报批的产业项目7个。

（朱 颖）

金山投资区

【概况】 2012年，实现规模工业总产值约220亿元，约占仓山区工业总产值40%；全社会固定资产投资完成7.3亿元，其中，重点项目完成额2.04亿元；社会消费品零售总额完成6.9亿元；出口交货值（海关口径）完成55748万美元。至年底，金山工业园区占地约9.7平方公里，建有厂房面积约380万平方米。企业574家，其中上市企业5家，拟上市企业3家，规模以上企业131家，亿元以上企业50家，企业员工近8万人。新增“省级企业技术中心”企业1家。

【基础设施建设】 投入资金204万元，对区内破损水、电供应管网，瞎眼路灯，有计划、分步骤进行全面维护检修；对园区绿化带、行道树进行定期整修；重点开展园区消防管网与设施的改造与维修，推进第二期消防管网改造工程，涉及厂房57幢，改造管网长度6200米。

【招商引资】 红坊·海峡创意园全面招商，共引进项目31项。培育和发展与工业相关的产品设计、技术服务、工业营销等与城市功能相匹配的生产性服务业。重点引导发展钟表设计、软件及动漫设计制作、时装设计、工业产品设计、包装印刷设计等创意型产业。

【重点项目建设】 在建项目28项，投入资金7.3亿元。茂盛投资“CAD服装自动化设计系统及安全环保型休闲服装生产技术改造”项目、星网锐捷网络“云计算数据中心网络基础设施(CDNI)升级及生产建设”、升盛机电办公大楼建设、兢辉环保“JH18AP系列蒸发式冷气机创业化”、福田工艺品“全自动板式家具生产线技术创新和成果转化”等项目基本建成；推进博能特“二期产能扩大”、源盛纺织“海西纺织服装中小企业公共服务平台建设”、瑞达精工“工业创意研发中心”等重点项目，其中博能特二期项目总投资3.11亿元，完成1.34亿元，完成占比43%；源盛纺织公共服务平台建设项目总投资1.1亿元，完成0.2亿元，完成占比18%；瑞达精工研发中心项目总投资2.7亿元，完成0.5亿元，完成占比18%。

(黄梦融)

江阴工业集中区

【概况】 2012年，江阴经济开发区完成规模以上工业产值80亿元，比降6.43%；完成固定资产投资76.7亿元，比增58.22%；完成税收33621万元，比增9.6%；完成合同外资6460万美元，比增150.39%；外资实际到资4306万美元，比增132.13%；内资实际到资37.87亿元，比增322.36%；集装箱吞吐量76.6万标箱，比增1.59%。

【新一轮总体规划】 6月，委托市规划设计研究院进行新一轮总体规划修编并完成初步成果。该规划发展功能定位为:“依托江阴港区(拥有全国第14个保税港区和全国沿海第6个暨海峡西岸经济区唯一一个汽车整车进口口岸的功能)的强劲动力，发展以现代物流、临港产业、先进制造业、生产服务业为核心，具备山海港城业独特空间特色的，配套完善、宜居宜业的海港新城。”规划面积158.29平方公里，根据生产组织和港城互动的要求，按照自然地形和城市道路的分隔，形成西部产业区、东部产业区、中部居住区、南部港口物流区、东部滨海新区、北部生态涵养区和新厝新港城区8个功能区。

【基础设施建设】 供水供电 完成从东江水厂地面库铺设专供管道供给东南电化、耀隆化工原水应急供水管道工程建设，该工程总长2260米，日供水6.5万吨。11月2日220千伏江阴顺宝变电站正式通电。

环保设施 完成江阴工业区污水处理厂一期提标、二期工程(日处理能力达4万吨)和100吨/日转运的园区垃圾转运站建设并投入试运行，启动污水处理厂中期(日处理8万吨)项目前期工作；启动园区公共管廊规划建设前期工作。

路网建设 启动总投资约7.8亿元的高港大道三期、四期道路和圣发路延伸段(含配套污水管网)、国盛大道工程、西片内河等BT融资基础设施配套项目工程建设，国盛大道、高港大道三期、高港大道四期和圣发路延伸段完成路基工程。完成林芝路道路工程和芝港河一期工程。完成港前(现状海堤至国盛大道)可行性研究报告、立项审批及施工图初步设计等前期工作，该路总长1.937公里，宽50米，道路等级为城市Ⅱ级主干道，双向六车道，设计行车速度为50公里/小时。

填海造地 开展东部用海规划论证和听证工作，及用海规划、用海环评论证以及填海造地工程项目工程可行性编制工作评审。组织实施工程造价估算3541万元的西片路堤堤后预留铁路支线港湾站场地回填工程，新增陆域面积约46.67公顷。启动张厝片区填海造地工程一、二期项目，投资约2亿元，可形成陆域50.27公顷。

【招商引资】 签约合同项目6项，项目总投资50.57亿元，其中外资项目3项，总投资2.0664亿美元，分别为中国泛华控股股份有限公司汽车整车项目，总投资1.9064亿美元，利用外资(注册资本口径，下同)9532万美元；福建中森食品加工项目，总投资1000万美元，利用外资500万美元；宝利特制革增资项目，总投资600万美元，利用外资500万美元。内资合同项目3项，项目总投资37.55亿元，分别是中石化巴陵分公司己内酰胺项目，总投资36亿元；福清久策气体化工气体项目，总投资1.5亿元；安宝乐卫生用品项目，总投资500万元。

【化工新材料专区】 签约项目6项，总投资643亿元。

中国化工集团CPP项目 计划总投资350亿元，完成项目方案、产品市场研究、13号及13A号码头项目建议书，与久策集团达成初步合作意向。12月，经省政府同意，省发改委向国家发改委上报《关于恳请核准福州蓝星化工有限公司180万吨/年重油催化热裂解(CPP)示范升级项目申请报告的请示》。

耀隆化工搬迁项目 一期总投资17亿元，完成占比100%。联碱部分主体工程完工，并进行工程验收。

东南电化项目 总投资34.37亿元，累计完成投资28.091亿元，热电联产建筑及安装工程、污水处理、110千伏总变及外线工程、烧碱生产装置、TDI生产装置及TDI生产辅助装置土建工程完成；PVC生产装置土建工程完成97%；乙炔生产装置及全厂管廊土建工程完成90%；排水泵站、原水处理、道路及大门土建工程完成96%。

中景石化科技园项目 计划总投资150亿元，累计完成投资20.27亿元。18亿元注册资金全部到位。一期项目完成项目设计和长周期设备订购，完成投资超亿元的厂区软基处理，12月进行厂房和装置区打桩。

巴陵石化己内酰胺项目 公司工商注册名称为“福建巴陵己内酰胺有限公司”，计划总投资80亿元，项目可行性研究报告获中石化总部批复，市环保局批复环评报告并同意建设，项目预约用地协议书生效。

天辰己内酰胺项目 计划总投资46亿元，累计完成投资17.009亿元。完成12亿元注册资金的注资和项目备案、环评、安评报批及项目初步设计等工作。储罐区桩基工程结束并实施装置区桩基工程，11月中旬开始实施地下管网工程。

【重点项目建设】 列入福清市“五大战役”经济新增长区域发展战役项目27

个项目,完成投资65亿元,完成计划投资56.55亿元的114.94%。

银河国际汽车园　10月底编制完成《福建江阴港银河国际汽车园开发及概念性规划》;11月初成立"福建江阴港银河国际汽车园有限公司",完成工商营业执照办理、税务登记、外汇管理登记等工作,并租赁项目临时展厅;12月底编制完成《福建江阴港银河国际汽车园3#地块控制性详细规划》,并到资注册资本金4200万美元。

福耀江阴工业园项目　总投资35亿元,计划采用美国PPG生产工艺,运用全氧燃烧先进技术,建设4条新能源汽车用特种玻璃生产线。进行红线调整,44.07公顷农转用获批,开展征地迁坟工作,完成河道设计、项目环评安评以及征交地相关手续。

绿全纸业项目　总投资6亿元,完成投资2亿元。完成项目立项备案、地质灾害评估、环评批复、用地批准书、工程规划许可证建设工程施工许可证、签订主要机械设备合同及设备进口的部分手续。建成2栋宿舍楼(6层1万平方米)主体工程,推进标准厂房1.8万平方米框架结构、钢构厂房二栋2万平方米主体工程、办公楼桩基工程、地下室工程建设。

星和管桩项目　总投资2亿元,建设年产350万米预应力混凝土管桩和100万块环保砖生产线,5月建成投产。

隆诚实业涤纶长丝项目　投资1.1亿元,建设2条年产6万吨回收PET瓶片生产再生涤纶长丝生产线,完成设备安装,进入试生产。

海欣药业维生素E项目　总投资2.5亿元,完成项目立项备案、安评、环评,厂房建设基本完成。

久策气体项目　建筑面积1.49万平方米,是区内配套气体项目,总投资1.5亿元,项目环评、安评报批、评审工作及土建部分完成,进行设备安装。

【港区建设】　10号泊位5万吨级化工码头完成投资4.989亿元,形成后方陆域,完成栈桥施工、码头水工主体桩基工程。国电配套7万吨级煤码头扩建至10万吨级项目累计完成投资1.319亿元,完成码头作业面施工至具备卸船机安装条件。11号泊位化工码头累计完成投资1.245亿元,完成后方陆域形成工程吹沙100万立方米,施打排水带250万米。8号、9号泊位完成国土部、环保部、交通部、国家海洋局和国家发改委批复等相关手续,码头初步设计上报省交通厅。3月,汽车整车进口口岸规划布局在福州保税港区一期验收规划功能区范围内(在海关围网内)动工建设,项目用地4.93公顷,建成大车10吨检测线和小车3吨检测线各1条以及查验平台、检测实验室、试车跑道、汽车待检区和汽车停放场地等设施。11月,江阴港区进港航道二期工程通过交工验收,该航道全长48.6公里,航道宽度为300米~360米,设计底标高为-16.2米~-18.4米,是福建省首条通航15万吨级集装箱船的航道。

(谢宏峰)

上街投资区

【概况】　2012年,上街投资区实现工业总产值34.808亿元,比增66.9%,其中规模以上工业产值26.804亿元,比增83.2%;内资到资12.64亿元,比增17.7%;外资到资1354万美元,比增6%;出口总值3.246亿元,比增781.8%;完成固定资产投资89.73亿元,比增23.8%。

【基础设施建设】　加快居民区的路网建设,与大学城区域内的路网相配套衔接,形成整个区域内的大路网;加强环境管理,完善污水处理系统,落实生态环境保护措施。完成福银高速出口至两桥(橘园洲大桥和浦上大桥)的"一纵一横"道路改造提升项目、路网项目;源通北路一期项目建成通车,项目总投资1000万元。

【招商引资】　至年底,海西高新技术产业园(上街区域)内有26家企业入驻。打造突出教育、研发功能的海西教育基地、工艺品制造基地、电子信息技术先进制造基地和出口基地;以发展高新技术产业和工艺品制造业为核心,发展以酒店、商贸中心为主的第三产业。

【重点项目建设】　完成"五大战役"投资34.46亿元,其中新增长区域战役完成投资29.434亿元,城市战役完成投资2.692亿元,民生工程战役完成投资2.852亿元。完成项目交地55.35公顷,拆除房屋11.26万平方米。推进大学新校区及配套项目、海西高新区入驻项目,以及群升国际、鑫威扬电子等企业项目建设。

(王晓锋)

(编辑　吴　燕)

民营经济

综　述

2012年，福州市外资企业实有4422户(含分支机构1224户)，比减1.1%；投资总额为224.331亿美元，比增8.27%。年内新注册316户，注册资本7.611亿美元。从事第一、二、三产业的户数分别占外资企业总数的3.14%、63.65%和33.21%。外资企业中企业法人户数位居前3位的国家或地区分别是：美国214户、日本194户、英属维尔京群岛182户，其余国家(地区)的企业所占比例均低于3%。

私营企业实有7.74万户，比增15.55%；注册资金3544.021亿元，比增28.83%；注册资本在100万～500万元企业达1.53万户，比增33.38%；注册资本在500万～1000万元企业有8380户，比增37.24%；注册资本在1000万～1亿元企业达8075户，比增33.98%；注册资本在1亿元以上的企业达535户，比增29.85%。年内新注册1.41万户，注册资金578.747亿元。从事第一、二、三产业的户数分别是2330户、1.52万户和5.99万户，分别占私营企业总数的3.01%、19.67%和77.32%。

个体工商户有15.81万户，比增10.68%；资金数额67.793亿元，比增0.07%；以批发和零售业、居民服务和其他服务业、住宿和餐饮业为主，分别为11.03万户、1.87万户、1.58万户，3个行业占总户数的91.6%，分别比增10.13%、8.6%、11.45%。年内新登记个体工商户3.23万户，比增6.52%，注册资金17.49亿元，比减2.56%。个体工商户投资行业主要分布在批发和零售业、住宿和餐饮业、居民服务和其他服务业、农林牧渔业、制造业，这五大行业的年内登记资金数额分别为11.34亿元、2.06亿元、1.34亿元、0.82亿元、0.7亿元，总资金16.26亿元，占新登记个体工商户资金数额的92.97%，其中批发和零售业居首位，占新登记个体工商户资金数额的64.84%。注销个体工商户1.69万户，比增34.34%，占个体注吊销总数的91.07%；吊销个体工商户1660户。注销户数较多的集中在第三产业，占到注销总户数的74.29%。从区域分布看，城区注、吊销户数居多。

农民专业合作社有951户，比增37.43%；成员总数10792个，比增61.73%，其中农民成员10234人，比增61.19%；出资总额21.57亿元，比增69.19%。出资总额100万～500万元的有317户，500万～1000万元的有81户，1000万～1亿元的有24户，分别增长44.09%、58.82%、166.67%。全市农民专业合作社依托区域资源和政策优势，发展农村特色产业，促进农业产业化发展，从事种植业、养殖业这两类农民专业合作社迅速发展。其中，从事种植业的有605户，比增38.44%；从事养殖业的有99户，比增11.24%。年内新注册259户；注册资金7.964亿元，比增60.81%。

(余　芳)

主要民营行业

【概况】　全市有民营工业企业5万多家，从业人员50多万人。其中，注册资本5000万元以上的有907家；规模以上民营工业企业(不含国有、外商及港澳台投资企业)1304家，占全市规模以上工业企业数的62.8%，完成产值2740.8亿元，占全市规模以上工业总产值的46.5%。“非公经济新36条”等政策出台后，福州市民间投资快速增长，涉及机械制造、冶金、医药化工、电子信息、纺织化纤、食品加工等多个行业。全市成立167家融资性担保机构和5家小额贷款公司，有效缓解民营企业贷款难、担保难问题。成立188家企业技术中心，其中国家级3家、省级67家、市级118家，民营企业占80%以上。冠城大通股份有限公司等5家企业获得首届福州市政府质量奖。年内民营工业企业用工成本上升，规模以上工业企业应付职工薪酬增长29.2%，民营企业职工工资普遍上涨20%～30%，企业用工成本上涨压力加大。

【机械制造业】　全行业完成产值1008.9亿元，比增10.8%。规模以上民营企业277家，完成产值477.46亿元。

汽车产业　全市有45家规模以上民营汽车整车及配套生产企业，完成产值78.1亿元，龙头企业有东南(福建)汽车工业有限公司、福建奔驰汽车工业有限公司、福建海越汽车有限公司等。

船舶修造行业　有9家规模以上民营船舶修造企业,年内产值38.84亿元,龙头企业有福建省马尾造船股份有限公司、福建省东南造船厂、福建省冠海造船工业有限公司等。

电气机械及器材制造业　有60家规模以上民营电气机械及器材制造企业,完成产值156.90亿元,该行业是以生产发电机和发电机组输变电设备、配件、电线、电缆等产品为主,龙头企业有冠城大通股份有限公司、天宇电气股份有限公司、福建联合动力集团、福建永强力加动力设备有限公司、利莱森玛电机科技有限公司等。

通用设备制造业　有民营企业61家,完成产值82.77亿元,龙头企业有福建科杰起重机有限公司、飞毛腿(福建)电池有限公司、福州获原泰山友模具冲压有限公司、蓝卡潞工业有限公司等。

专用设备制造业　有民营企业43家,完成产值65.39亿元,龙头企业有福建乾达重型机械有限公司、福建海源自动化机械股份有限公司、福建雪人股份有限公司、长乐鑫港纺织机械公司等。

金属制品业　有民营企业41家,完成产值39.04亿元,龙头企业有昇兴集团股份有限公司、福州德通金属容器有限公司、福州宝井钢材有限公司、福州钧玮金属有限公司等。

仪器仪表制造业　有民营企业18家,完成产值16.42亿元,龙头企业有福建上润精密仪器有限公司、福建福晶科技有限公司、福光百特自动化设备有限公司等。

【冶金行业】　全市规模以上冶金企业54家,完成产值624.4亿元(占全省的23.05%),比增16%。其中,民营钢铁企业33家,完成产值267.1亿元,龙头企业有宝钢德盛不锈钢有限公司(原德盛镍业公司)、吴航不锈钢有限公司、福建亿鑫钢铁有限公司、福建鑫海冶金有限公司、闽清金盛钢业有限公司、福建宇星实业有限公司、长乐宏顺型材有限公司、福建三金钢铁有限公司等;民营有色金属企业13家,完成产值73亿元,生产的主要产品有铝箔坯料、PS版基、铝幕墙板、铝复合板(卷)、铜排、钼酸铵等,龙头企业有中铝瑞闽铝板带有限公司、福建南方铝业(中国)有限公司、福州奋安铝业有限公司等。

【医药行业】　医药制造业完成产值63.22亿元,比增11.7%,占全省医药工业总产值的36%。规模以上医药企业84家,其中药品生产企业35家,医疗器械生产企业49家;产值超亿元的企业10家,超10亿元的企业1家。

重点企业　福抗药业公司完成产值10.18亿元,实现利润1240万元,比增49%;金霉素生产542吨,比增92%。北京同仁堂健康药业(福州)有限公司完成产值8.53亿,实现利润2.07亿。海王福药完成产值6.45亿元,比增7.5%;实现利润5985万,比增7.1%;注射液(化药)生产2.77亿支,比增284%。福建南少林药业有限公司完成产值4.79亿,比增97.9%;实现利润3877万;注射液(化药)生产3.04亿支,比增88.1%。丽珠福兴医药完成产值4.51亿元,比增9.7%;实现利润3494万,比减29.8%;苯丙氨酸生产2476吨。福州闽海药业有限公司完成产值2.65亿,比增1.9%;实现利润2124万,比增14.4%;胶囊剂(化药)产量增加。

重点项目　医药企业实施新版GMP技改项目6项,总投资29亿元,年度完成技改投资5亿元。其中,海欣公司建设年产2.5万吨VE生产线项目,年度完成投资2.5亿元,于年底投产,新增产值10亿元;其他5个技改项目完成投资2.5亿元,分别为福抗药业新医药产业基地,海王福药连江第二生产基地,迈新生物公司肿瘤病理诊断试剂的产业化及自动化,丽珠福兴医药新修订药品GMP改造及建设新药生产线、新药研发平台,金山医药连江健康医药园。福建金山医药集团公司的泽泻项目获国家工信部资金扶持,福州海王金象中药制药公司桂龙咳喘宁片的开发和产业化与福州闽海药业有限公司骨伤特效药跳骨片的产业化获福建省中药材生产扶持项目资金扶持,3家医药企业获第一批福建省战略新兴产业骨干企业认定。辰星药业、闽海药业、金陵药业、海王金象等4家企业扶持项目验收全部通过,4个项目可新产值近1亿元,创利税1200万元,带动企业投资2400万元。

【石化行业】　石化制造业完成产值180.69亿元,比增29%(其中石油加工及炼焦业完成48.85亿元,比增32.3%;化学原料及化学制品制造业完成131.84亿元,比增27.7%),约占全省化工工业总产值的6%;产值超亿元的企业有33家,超5亿元的企业有7家。

重点企业　德胜能源完成产值18.5亿元,比增34.05%。双强公司完成产值7.7亿元,比增12.7%;实现利润9489万元,比增50%。一化公司完成产值2.3亿元,比增0.1%;实现利润5586万元,比增1.2%;出口交货1.22亿元,比增5.2%。耀隆公司继续搬迁,停产。

重点项目　福州耀隆化工集团公司与中国天辰工程公司合资成立福建天辰耀隆新材料公司,建设20万吨/年己内酰胺项目,总投资46亿元。中国软包装集团公司与福建中景石化公司、福建中江石化公司合作建设PP生产装置;中景石化公司35万吨/年聚丙烯项目,年度完成投资7亿元;中江石化项目35万吨/年聚丙烯项目,年度完成投资6.02亿元。福建景城实业公司与福州天浩贸易集团公司合资设立福建美得石化公司,建设66万吨丙烷脱氢项目,年度完成投资6.33亿元。耀隆化工集团公司建成年产40万吨联碱、40万吨氯化铵、20万吨合成氨装置。东南电化年度完成投资12亿元,项目累计完成投资26.5亿元,其TDI装置土建完成98%,机械设备安装完成33%,辅助装置土建完成87%;烧碱生产装置土建完成98.5%,PVC装置土建完成96%,乙炔装置及全厂管廊土建工程完成86%,锅炉烟囱完成90%;110千伏总变及外线工程、排水泵站、原水处理、道路接近完工。由于用地紧张,福州一化化学品公司搬迁改造与空气化工产品公司搬迁改造尚未启动。全面落实企业生产责任制,耀隆公司搬迁建设安全无事故。完成56家医药化工企业安全标准化建设评定。全年安全生产无事故,因工死亡事故控制在0.1‰,因工重伤人数控制在0.1‰以下。

【电子信息行业】　有民营企业22

家,完成产值106.3亿元,占全行业总产值的14.5%,主要涉及通讯终端、电子元器件和软件等行业。重点企业有福建星网锐捷通讯股份有限公司、福建新大陆电脑股份有限公司、福州福大自动化科技有限公司、福建三元达通讯股份有限公司、福建榕基软件股份有限公司、福建瑞芯微电子有限公司等。福州市信息产业民营企业有国家"创新型企业"3家(福建星网锐捷通讯股份有限公司、福建新大陆电脑股份有限公司、福建榕基软件股份有限公司),国家"创新型试点企业"2家(福建三元达通讯股份有限公司、福建榕基软件股份有限公司),国家技术创新示范企业2家(福建星网锐捷通讯股份有限公司、福建新大陆电脑股份有限公司)。

【轻工纺织行业】 有规模以上企业1125家,完成工业总产值2486亿元,比增22.7%,占全市工业比重的42.2%。其中,纺织行业规模以上企业470家,完成工业总产值1321.3亿元,比增30.9%,占全市规模工业总产值的22.4%,位居全省第二。纺织各子行业的情况:纺织业228家企业,产值601.5亿元,比增29.2%;化学纤维制造业27家企业,产值299.9亿元,比增42.8%;毛皮、羽绒和制鞋业135家企业,产值319.5亿元,比增27%;服装80家企业,产值100.4亿元,比增20%。轻工业中规模以上企业396家,完成产值548.4亿元,比增16.7%。食品业规模以上企业259家,总产值616.3亿元,比增11.9%。其中,农副食品加工业产值444.7亿元,比增10.8%;食品制造业产值92.3亿元,比增11.4%;酒、饮料和精制茶产值77.5亿元,比增18.2%。纺织化纤行业重点企业有:福建金纶高纤股份有限公司、长乐力恒锦纶科技有限公司、福建锦江科技有限公司、福建省长乐市金源纺织有限公司、福建省长乐市长源纺织有限公司、福建源盛纺织服装城有限公司、福建省长乐市华源纺织有限公司、福建省长乐市金磊纺织有限公司、福州翔隆纺织有限公司。轻工食品行业重点企业有:祥兴(福建)箱包集团有限公司、福建元成豆业有限公司、福建康宏股份有限公司、长乐市聚泉食品有限公司、福建龙和食品实业有限公司、明达工业(福建)有限公司、福建海壹食品饮料有限公司。 (张晓江)

【民营对外贸易】 至年底,有出口实绩的民营企业达2415家,超过外资企业成为最大的外贸经营队伍。受国际市场疲软及前年出口基数偏大等因素影响,全市出口总值211.31亿美元,比降12.4%,其中民营企业出口90.3亿美元,比降24.5%,占全市出口额的42.73%。 (林为城)

【民办教育】 全市取得办学许可证的民办学校有1509所,其中普通中学45所,中等职业学校13所,小学26所,幼儿园1056所,文化培训机构369所;学历制民办学校数量基本保持不变,民办幼儿园与文化培训机构数量比2011年递增约10%。

制定下发《福州市非学历教育培训机构审批管理办法》和《关于加强福州市民办学校教师队伍管理工作的意见》。首次下拨福州市民办教育发展专项资金154.9万元,奖励年检优秀的民办学校。举行民办优质校和薄弱校"手拉手"系列帮扶活动,在软件建设、常规管理、师资培训、教科研工作等方面进行全方位帮扶。开展市管民办学校的常规检查和年审评估检查,并向社会公布结果。会同《福州晚报》开展"我最喜爱的培训机构"评选和诚信办学"金丝带"宣誓活动,引导教育培训机构规范办学。取缔整改无证培训机构的经验被《中国教育报》头版刊登。 (郑 丹)

【民营医疗卫生】 批准开业的民营医疗机构有53家,其中检验所2家,医院51家;二级综合医院3家,一级综合医院24家,专科医院24家(包括二级专科医院9家)。床位2543张。民营医院注重医院自身专科特色建设和设备投入,眼科医院总投资3.1亿元,妇产医院总投资1.49亿元,美容医院总投资397万元,作为公立医院的良好补充,以其"简、便、廉"的特色满足人们日趋多样化、多层次的就医需求,福州东南眼科医院投入9000多万元引进美国爱尔康鹰视飞秒激光联合准分子激光一体机(价值1200万)、美国爱尔康Constellation"星座"高速玻切一体机等国际先进的眼科诊疗设备,其中多项填补了省内空白。

(张先玲)

发展的政策环境

【《关于进一步推进回归工程的若干意见》出台】 10月11日,市委、市政府出台《关于进一步推进回归工程的若干意见》(榕委〔2012〕77号),该意见从财政奖励、回归项目用地、融资担保、回归

10月13日,市小微企业商会会员代表大会召开

融商优惠待遇等方面为异地榕商回归创业创新发展提供政策保障。

【市小微企业商会成立】 10月13日，福州市小微企业商会会员代表大会在福州三江口名成大酒店召开，出席大会会员代表81人，选举产生市小微企业商会新一届领导班子，福州开发区强生春医药商店董事长林强为市小微企业商会会长，王长同等21人为副会长，张淑贞兼秘书长。12月12日，在福州名成大酒店举行成立庆典大会，福州市150多家小微企业代表参加会议。小微企业商会是在当前国际金融危机仍在持续、国内企业尤其是小微企业发展面临诸多困境的背景下成立的。旨在更好地团结会员企业，发挥小微企业在推动福州经济发展中的积极作用。同时，搭建各种服务平台，广泛服务会员企业，把商会建成小微企业的"会员之家"。市小微企业商会成立，标志着福州市小微企业正逐步走向抱团发展、做大做强的新时期。

【涉企商事诉调对接】 4月26日，市工商联与市中级人民法院签订"诉调衔接"协议，并与市中院联合签发《关于建立涉企商事纠纷诉调对接工作机制的实施意见》，设立涉企商事纠纷诉调对接调处中心，主要职能是调处会员企业之间的简易商事纠纷或接受法院的委托调解；接受法院邀请对涉会员企业商事纠纷进行联合调解；与法院共同开展会员企业间涉诉矛盾化解、维稳工作。同时，遵循自愿、依法、公开、高效、便民的基本原则，探索诉调对接工作的新思路、新模式和新方法，联动联调，形成合力，最大限度地预防和化解涉企商事纠纷，建立工商联服务会员企业新机制，探索社会管理创新新模式。

10月24日，市工商联维权专委会30多名企业家在工商业联合会副主席林升带领下，参加市中级人民法院经济合同纠纷案件庭审旁听活动。结合市工商联维权专委会活动开展，此项活动将不定期举办，通过现场案例审理和观摩，提高会员企业的法律意识和维权意识，促进福州市民营企业健康持续发展。

【非公经济代表人士教育研修班】 7月11日上午，由市工商联举办的2012年福州市非公经济代表人士"同心思想"主题教育研修班在市委党校举办开班仪式。市工商联会员中的50名市人大代表和政协委员参加研修班学习。研修班为期3天，采取教授讲座和学员讨论座谈等形式，设置建设社会主义核心价值体系、提高非公经济人士参政议政水平、加强非公企业文化建设等课程。

10月13日，由市工商联举办的"福州市非公企业家创新发展高级研修班"在北京大学开班，来自市工商联直属会员、各行业协会、异地商会、各县(市)区工商联以及全市新社会阶层的50名学员参加，与国家发改委宏观经济研究院、北京大学、人民大学、中央财经大学等国内高水平院校的专家、学者围绕非公企业的创新发展以及非公经济人士的能力提升进行探讨与交流。此次研修班是北京大学结合福州市非公经济企业的现实环境和区域特征，设计课程内容与研修安排，邀请国家发改委宏观研究院、中国人民大学、中央财经大学、国防大学等知名专家、教授进行授课，内容涵盖经济、管理、社会学、心理学、国学等多个方面。在学习形式方面，结合当前国内、国际经济形势，以福州市非公经济企业转变发展方式需求为背景，围绕非公企业家创新发展、促进"两个健康"主题，通过课堂讲授、现场参观、案例分析、交流讨论相结合的方式对福州市中小企业面临的压力、应对策略和发展思路进行剖析、解读和研讨。 （余　芳）

【市国税部门多举措促民营经济发展】

一是将"税收宣传月"活动经验推广至日常税法宣传工作中，使纳税人及时掌握最新税收政策，同时有针对性举办民营经济专题政策辅导交流会。二是对新办企业提供前置式提醒服务，做好业务、政策方面告知提醒；对中小企业提供透明式阳光服务，让纳税人缴纳明白税、放心税；对重点企业提供跟踪式全程服务，引导民营企业健全内部税收风险控制体系。三是开展实地调研，及时把握增值税起征点上调、小微企业税收优惠等新政策对税收及企业发展影响，并为民营企业解决生产经营困难提供合理化建议。

【民营企业产业项目投资推介会】 2月17日，市委、市政府在深圳举行福州市民营企业产业项目投资推介会。市领导与来自粤港澳地区的知名民营企业家350多人参加，共谋福州发展。省委常委、市委书记杨岳，市长杨益民出席推介会，并在会前与企业家代表座谈。

2月19日，市委、市政府在上海举行福州市民营企业产业项目投资推介会。市领导与来自长三角地区的600多名知名民营企业家参加交流，共谋发展。省委常委、市委书记杨岳，市长杨益民出席推介会，并在会前与部分民营企业家代表座谈。

（信息来自福州市政府信息网）

（编辑　邱敏佳）

商贸经济

【概况】 2012年，福州市商贸经济保持平稳增长，实现社会消费品零售总额2319.82亿元，比增19.1%，比市委、市政府确定的计划目标高3.1个百分点，比市人大通过的目标高4.1个百分点，总量、增幅均居全省各设区市第一位，其中，限额以上企业实现销售1220.2亿元，比增26.3%，占比达52.6%，比上年提高1个百分点。批发销售总额2629.3亿元，比增17.6%。第三产业增加值中批发零售业422.09亿元，比增8.9%；住宿餐饮业77.64亿元，比增7.1%。现代物流、电子商务、会展经济等现代服务业和零售业、餐饮业等传统商业也都有不同程度发展。

城市副食品直控基地建设 新建蔬菜直控基地666.67公顷，其中新增短期叶类菜基地200多公顷，全市蔬菜基地达9333.33公顷，年产蔬菜逾75万吨。扶持畜禽基地生产，58家市级直控城市副食品基地全年出栏生猪90万头、蛋2050万公斤、肉羊2.5万头、肉禽262万羽，其中，出栏生猪比增18.1%。建成福清市、长乐市、永泰县、罗源县、闽侯县等9个规模化经营的公司、合作社配套冷藏保鲜和流通加工设施，新增冷链物流库容1.3万立方米。福州市被列为2012年全国13个“农超对接”试点城市之一，承办全国农超对接现场会，召开多场农超对接洽谈会，推进9家短期叶类菜基地、16家生猪直控基地分别与福州市生鲜超市、肉品批发商行实行产销对接。商务部下达2000万元中央财政资金扶持永辉、兴福兴、蓝天3家农超对接试点单位的物流配送设施建设。减免海峡蔬菜批发市场叶类菜场2%交易管理费200万元。落实蔬菜等鲜活农产品运输“绿色通道”政策，全年全市免征高速公路通行费逾24万车次，金额逾4500万元。按照城区居民10天的消费量进行生猪活体储备。年内市级财政安排5300万元扶持蔬菜、畜禽等主要副食品生产、流通，比上年增加884万元，其中，扶持蔬菜基地建设及其冷链建设等资金2205万元，肉、禽、蛋等副食品储备资金1200万元，保障城市蔬菜副食品供应调控专项资金800万元。加强对群众关注的时令蔬菜、猪肉等主要副食品的监测，新增监测企业12家。

食品安全监管 加强对种养殖业、水产品生产批发、食品加工生产、流通领域食品安全、餐饮业消费、便民市场和大排档、占道饮食摊点和牲畜定点屠宰等行业的监管。闽侯县、长乐市列入全省县级肉品质量安全信息可追溯系统建设试点县(市)，并基本完成项目建设。加大食品安全执法和查处力度，开展“每月一专项整治”等行动，全年食品安全检查执法1.08万次，查处案件662起，其中立案599件，办结599件，涉案金额114.72万元。推进食品生产企业诚信体系建设，在全市食品生产企业中开展“创建食品生产企业质量诚信示范单位”活动和“2012年食品安全宣传月(周)暨有关屠宰企业开放日”活动。强化食品安全举报投诉联动，受理群众举报私宰生猪案件68件，发放举报奖励金额8.12万元。组织联合执法22次，摧毁66个私宰窝点，查获待宰活猪880头、已宰肉品16头、待宰肉牛2头，上缴财政待宰生猪、肉牛罚没款76.03万元。全市肉类、蔬菜、水产品、乳制品等主要食品的污染得到有效治理，食品生产经营秩序趋于规范，食品安全工作态势保持平稳。全市30多项食品安全主要检测指标总体达标，其中，生猪“瘦肉精”尿样检测合格率100%；蔬菜农药残留快速检测合格率100%；大米黄曲霉毒素指标市场抽检合格标率100%；上市水产品养殖场甲醛抽检合格率99.78%；二次供水水质四项常规指标抽检合格率100%；瓶(桶)装饮用水生产企业抽检合格率94.92%；酱油、鱼露、食醋卫生指标市场抽检合格率100%；豆腐等豆制品卫生市场抽检合格率100%；食用油黄曲霉素B1、过氧化值、酸价市场抽检合格率100%；糕点卫生市场抽检合格率98.44%。全市未发生食品安全事故。

市场规范与监管 全面推进整规和诚信建设工作，推进规范市场秩序的长效机制建设，开展规范商业预付卡管理和清理整顿大型零售企业向供应商违规收费工作。开展商务综合行政执法，完善“12312”市场监管公共服务体系，加大酒类流通市场监管力度。全年检查酒类经营企业65家，登记保存涉案酒类商品25批3810瓶，执行罚款2.15万元上缴市财政国库，新登记酒类备案557家，发放酒类流通随附单1855本。进一步规范"12312"商务举报投诉受理工作，受理举报投诉咨询件656件，其中，举报投诉件82件，咨询件574件，办结率、回复率均达100%。倡导诚信，推进社会信用体系建设，福州市被商务部列为全国首批10个商务诚信建设试点城市之一。

【零售业】 网络、节日、会展、服务等消费保持平稳增长，家电产品下乡大幅增长，全年销售各类家电60.33万台、销售额15.82亿元，分别比增39.73%、58.92%；财政补贴60.19万台，金额1.94亿元，比增61.39%。二手车总交易量5.06万辆、总金额45.06亿元，分别比增0.64%、36.21%。报废汽车回收拆解4196辆，比增15%。组织开展为期1个月的"全国促销月活动"，16家连锁商贸企业546个门店参加，销售额比增10%。

4家大型商贸服务业项目相继建成开业，分别为5万平方米的王府井（五四路）百货商场，8900平方米的永辉新天宇超市，3万平方米的左海（金山）名品家居广场和占地7公顷、建筑面积38万平方米的喜来登星级酒店一期。至年底全市高端百货店达14家，生鲜超市153家。列入为民办实事项目的社区商业市场和网点建设均提前或超额完成，其中，新建或改造便利店100个，完成投资额3000万元；新建或改造农家店67个，完成投资额1340万元；升级改造城乡农贸市场（含农改超）20个，完成投资额2600万元。新增加油站7座、加油船6条、成品油配送企业6家。连锁经营企业103家，连锁门店3255个，总营业额达509.8亿元。其中，永辉超市股份有限公司在福州地区销售额68亿元、东百集团21亿元、沃尔玛商业有限公司24.39亿元。

【物流业】 全年福州市物流业增加值246亿元，占GDP比重6%，占第三产业增加值比重12.7%。福州农副产品物流中心、水产品物流中心、海峡钢贸城一期、海西物流大厦等项目基本完成，福建高速物流仓储中心一期、蓝海物流、苏宁电器物流等项目加快建设，永辉物流等7个总投资达36.5亿元的项目落地闽侯南通物流片区，盛辉、盛丰等物流总部大厦相继开工建设，东区物流集聚带和福新投资区物流总部经济中心逐步形成。8家企业完成A级评估，9家企业被评为全国先进物流企业，至年底有18家企业获得AAA级以上物流企业认定，其中AAAAA级4家，AAAA级5家。永辉超市等4个流通冷链物流列入国家、省、市重点扶持的建设项目。蔬菜直控基地9家企业新增冷链物流库容1.3万立方米。

【会展业】 举办各类会展76场。其中，海峡会展中心举办44场、经贸会展中心32场；展览56场、会议20场。举办全市迄今规模最大的展会——第87届全国糖酒商品交易会，第十三届中国美食节暨第十一届国际美食博览会、第二届中国（福州）家居建材博览会等。

本土品牌展会取得较好的效益，第十九届中国（福州）国际汽车博览会总成交9662台车辆，销售额18.6亿元，分别比上届增长21%和10.9%。第二十届福州国际汽车博览会有31家企业参展，展出各类汽车品牌69个，其中国际豪华车品牌占10%，合资品牌占80%，自主品牌占10%，推出新车型30款，展览面积6万平方米，比十九届车展减少2.6万平方米。

组织几十家本土企业赴省外参加第十三届中国国际食品和饮料展览会、第六届中国民族商品交易会、2012年广州博览会、第五届中国绿色博览会和第21届中国食品博览会等5场全国性展会，提升"榕货"知名度。

福州温泉会展中心功能改变，不再举办展会，展和会的数量有不同程度减少，全年展馆收入4385万元，比降18.7%。

【全国性会展】 10月18—22日，召开由中国糖业酒类集团公司和福州市政府主办的第87届全国糖酒商品交易会，展览总面积达11.7万平方米，折合标准展位近6000个，参展企业近3000家，累计入场人数达20万人次，商品成交总额近200亿元。参会的国外展品涉及法国、德国、美国等10多个国家的近190家企业。同时开展10场商务推介活动，举办"两岸食品行业合作发展研讨会"。11月9—11日，召开第十三届中国美食节暨第十一届国际美食博览会，展会面积近3万平方米，参展和与会代表来自法国、美国、意大利、墨西哥、俄罗斯、韩国等18个国家及澳门地区和内地31个省市区的地方行业协会和餐饮企业。展会以突出闽菜和海峡两岸餐饮交流合作等活动为特点，举办台湾特色小吃展销、福州所辖县区美食联展联销、闽菜优质原辅料和台湾优质农产品展示及采购洽谈会，以及2012年海峡两岸厨艺交流赛

10月18日，第87届全国糖酒商品交易会开幕式现场

表23　**2012 年海峡蔬菜批发市场蔬菜价格指数**　单位:元/公斤

季度	第一季度			第二季度			第三季度			第四季度		
月份	1月	2月	3月	4月	5月	6月	7月	8月	9月	10月	11月	12月
月均价	2.61	2.57	2.73	2.77	2.84	2.52	2.57	2.75	2.56	2.25	2.07	2.26
季度均价	2.56			2.72			2.63			2.19		
年均价	2.54											

等一系列活动,其中参加以闽菜为主题闽菜菜肴宴席展、原辅材料展的参展企业73家。其他会展还有:11月16—19日召开的第二届中国(福州)家居建材博览会、9月15—17日召开的2012海峡(福州)渔业周暨第七届海峡(福州)渔业博览会、"五一"节期间召开的第十九届中国(福州)国际汽车博览会和国庆节期间召开的第二十届中国(福州)国际汽车博览会。

【餐饮业】　全市在卫生部门登记的餐饮企业1.20万家,其中五城区7059家,比上年分别增加350家和230家。早餐工程企业7家,早餐车网点426个,尝试早餐工程向社区、小区延伸,并在社区建立标准化早餐连锁门店,同时撤销在23条主干道上的94个早餐车网点,部分分流进入社区、工业园区和大学校区。组织全市餐饮企业开展全行业的美食促销活动,主要有历届获奖菜品集中展卖、优惠销售、办美食节、风味小吃一条街和地方特色食品展销等活动。第87届全国糖酒商品交易会为全市住宿、餐饮等行业带来可观的效益,10月全市限额以上住宿餐饮企业实现营业收入11.69亿元,增长29.5%。其中,实现客房收入1.56亿元,增长42.9%;实现餐费收入9.7亿元,增长31.9%。据市地税局统计,全年住宿餐饮业税收收入6.065亿元,比增13.93%。企业盈利能力大幅提升,据市国税局统计,全年住宿餐饮业税收收入9699万元,比增25.36%,其中企业所得税9641万元,比增25.03%。

【家政服务业】　首次出台家政服务员和月嫂工资指导价。联合市财政局、市总工会、市妇联在万象城广场举办"2012年春季福州家庭服务对接会",12家知名家政服务企业参加,对接用工家庭和家政服务员1600多对,其中,现场正式签订合同383对,家政企业现场招聘家政服务员1200多人、接受咨询1.3万多人次。免费培训4600名家政服务员,其中月嫂、高级家政员800人,老年护理员400人,家政服务员3400人。有4家家政企业进入全国百强、7家进入全国千户家庭服务企业,比上年分别增加1家和4家。投入1080万元专项建设项目资金,扶持"968111"家政服务网络中心及6家家政龙头企业的发展。

4月27日,在万象城广场举办的2012春季福州家庭服务对接会上,嘉宾共同按动对接会开幕式启动球

【典当业】　新增企业5家,全市典当经营企业31家,典当总额18.43亿元,比增7.37%,其中,动产10.39亿元,比增13.84%;房地产6.58亿元,比增24.16%;财产权利1.46亿元,比降42.75%。实收资本7.68亿元,比增31.23%,典当余额6.70亿元,比增39.88%。从业人员416人,增加89人。

【拍卖业】　全市67家拍卖企业和10家分支机构组织各类拍卖活动1258场,比增11.7%,拍卖总成交额81.24亿元,比降32.67%,实现利润1305.82万元,年末从业人数763人,其中注册拍卖师140人。

【副食品业】　福州市主要副食品市场供应总量充足,运行平稳,蔬菜市场上半年价格高位运行,下半年明显回落,海峡蔬菜批发市场年平均交易价格2.54元/公斤,同比上涨12.0%,年交易量65.2万吨,比增3.15%,其中交易量较大的大白菜年平均交易价格1.24元/公斤,花菜3.2元/公斤,土豆1.87元/公斤,空心菜3.36元/公斤;猪肉市场价格稳中有跌,白条肉年平均价格19.58元/公斤,同比下跌11%,市区生猪定点屠宰批发年交易量31.96万头,比降2.0%;蛋品年平均批发价8.34元/公斤,同比下跌16.68%,年成交量1.85万吨,比降19.9%;家禽年平均批发价格21元/公斤,同比上涨0.82%,年成交量1.96万吨,比增21.7%。

(刘必华)

粮油贸易

【概况】 2012年,福州市粮油储备总量、人均数达历史最高水平。创新粮食产销协作方式,上瑞集团在黑龙江建立粮食基地4226.67公顷,年可提供粮源稻谷2.5万吨。福州市军粮供应站被国家粮食局评为"全国粮食系统百强军供站示范站"。

【粮油储备管理】 组织开展全市粮食仓储设施状况调查,并制订福州市2012—2020年建设储备库规划。加快中心粮库建设,马尾区新建仓库进入招投标阶段,福清、长乐、闽侯、连江等县市中心粮库建设进入项目前期工作阶段。4月,福州市组织264人次开展全市粮油库存检查,检查结果显示,福州市粮油储备账实相符、质量良好、存储安全、管理规范。年内,福州市落实新增储备粮规模7.62万吨,储备粮轮换7.95万吨。

【粮食安全保障体系建设】 重新审核认定18家骨干粮食加工企业和22家骨干粮店,并签订保供稳价协议。依照政策会同市财政局审核发放扶持资金190万元,促进骨干厂店经营发展,并更好地承担稳定价格、保障供应、应急调度等调控任务。市禾盛粮油连锁公司被国家粮食行业协会评为"放心粮油销售示范单位"。落实储备订单粮食收购计划,全年完成粮食订单收购1655吨,实现售粮款和直补资金100%兑现。与哈尔滨、佳木斯、宜春等粮食主产区建立长期稳定的产销协作关系,并组团参加粮食产销协作会议,共签订购销合同100万吨。鼓励和支持上瑞集团在黑龙江建立粮食基地4226.67公顷,建立属于福州的"东北粮仓"。粮食批发市场鼓励和引导粮食企业入驻市场办厂设点,引进123家经营企业,开展电子交易38场,年交易量120多万吨,促进"引粮入榕"。

【粮食流通产业发展】 加快推进市面粉公司(松下港)项目建设,全年完成投资1.826亿元,完成市重点项目年度投资任务,项目主体结构、9个储油罐施工基本完成,9栋高大平房仓进入内部装修阶段,办公楼、倒班宿舍楼进入正式验收阶段。年内福州粮食批发市场完成贸易区第4轮招商工作,油脂批发市场出租率达80%,杂粮交易及市场配套服务中心全面建成并进入招商阶段。完善竞价交易系统功能,发挥粮食批发市场作为福州国家粮食交易中心的平台优势,与全国25家粮食批发市场开展场际合作,进行全国贸易粮网上交易。

【粮油市场监管】 重点加强对粮食收购、储存、运输、政策性用粮购销活动中的粮食质量和原粮卫生监管,开展面向全社会粮油质量安全检查,进一步落实粮油质量检测制度,从源头预防和控制不合格粮油流入口粮市场。加大治理"餐桌污染"力度,检查企业63批次,抽取样品95份,合格率99%。提升粮食市场监管和质量安全检验检测水平,市粮油质检站年检测粮油样品1500多件次,被国家粮食局授权确认为国家粮食质量监测机构。推进普法宣传和依法行政工作,全年受理核发粮食收购许可证7件,年审32件。

(胡艳霞)

烟草

【概况】 福州市烟草专卖局(公司)直属福建省烟草专卖局(公司),下辖城南、城北、福清、长乐、闽侯、闽清、永泰、连江、罗源、平潭等10个县级局(分公司),以及福州烟草物流有限公司。2012年,市烟草专卖局支持组建具有独立法人资格学术团体"福州市烟草学会"。

全年销售卷烟29万箱,比增3%,实现税利15.9亿元,比增10%。卷烟条均价102.7元,比增13%。全国销量排名前15名的(1~3类烟)品牌比重达74%,同比提高10个百分点;全国销售额排名前15名的品牌比重达92%,同比提高1.7个百分点;低焦品牌销售5万箱,比增43%,占总量比重达17%。全年零售价300元/条以上卷烟品牌销售1.45万箱,比增25%。

【营销网络建设】 现代终端建设 发挥现代终端"产品销售、形象展示、品牌培育、宣传促销、信息采集、消费跟踪"六大功能。制定"313"现代终端建设规划,以"网络订配、网银结算、明码实价、扫码销售、主题陈列、品牌推介、消费跟踪、信息互动"为特征,统一打造完成635家品牌培育形象店、100家高端品牌培育样板店、300家品牌培育核心店,逐步形成"自愿参与、自主经营、自我发展"的现代终端建设格局。

电子商务建设 全市商户网上订货率为86%,一机一户比率62%;网配客户2656户;网上结算客户615户;PC-POS扫码销售客户达3287户;贷记卡结算金额占比48%。加大系统集成创新力度,构建移动互联平台,以系统集成为核心,以"135"信息系统为基础,包含计划、拜访、分析、事务、常用、系统管理6个模块,通过推广手持平板电脑,实现客户经理日常事务的移动办公,为卷烟营销提供一条龙的数字支援;构建服务互动平台,采用虚拟场景技术,增强信息互动,提升用户体验。涵盖营销广场、订货中心、营销推广、工商协同、工业形象店、零售之家、积分商城、客服中心、资讯中心、数据分析中心、专卖大厅、金叶物流等12个功能项目,贯穿卷烟供应链工、商、零、消各个环节,为卷烟营销提供一体化的服务支撑;构建营销互通平台,按岗位权限梳理功能应用,对业务工作进行ISO流程化管控,打造集合"个人应用、内部消息、体系管理、消息中心"四大功能为一体的办公管理门户,为卷烟营销提供一站式的信息支持。

服务品牌建设 开展现代终端建设"四个一"活动,即打造"一店一特色",把零售终端分为婚庆推广类、礼品采办类、高端体验类和大众消费类4种类型,实现营销个性化服务,如酒席推广能力强的客户,通过店堂布置、主题陈列,营造店铺喜庆氛围,推动品牌推广;打造"一店一品牌",为零售户量身定做"1+X"品牌培育方案;打造"一店一氛围",带给消费者个性化的消费体验,如为婚庆用烟消费者提供喜糖、借用婚车,

11 月 8—9 日,全省营销网络建设现场会在福州召开

为礼品采办消费者定制烟茶和烟酒类个性化礼盒,为大众消费者提供打火机等小样促销品;打造"一店一文化",提炼出"诚、喜、享、惠"4 个子文化,通过建立消费档案、分析个性商圈、打造消费体验区、开展推广活动等形式,传播品牌价值。年内卷烟零售客户平均毛利率逾 10%。

现代物流建设　加快数字物流建设,试点运行批零在途系统,实现批零环节闭环监控。导入卓越绩效管理体系,实现物流管理的自我诊断和持续改进。引入六西格玛管理,以"提高分拣准确率"和"降低单箱送货里程"两个项目为载体,分拣准确率达 98.6%,同比提高 2 个百分点,中转站单箱送货里程由 4.2 千米下降到 3.8 千米。完善定额对标成本管理,减少 2 条送货线路,30 户客户实现"代转直",单箱物流费用达 169.62 元,物流费用率为 0.77%。加快敏捷物流建设,提出"心服务、新价值"服务理念。提高应急送货快速响应能力,应急送货近 3900 户次,送货量突破 1100 箱。

【专卖市场管理】　高端市场治理　提出"净面、断线、打点"的工作方针。深入推进"五大市场"(福州火车站市场、南通批发市场、台江农贸市场、长乐金峰市场、福清龙田市场)治理,"五大市场"是"三乱烟"流动的集散地及区域化非法经营的重灾区,从 2010 年起专项整治至 2012 年,清除火车站周边的卷烟违法团伙 3 个,所在地 66 户客户全面实现入店检查无阻碍、客我沟通无障碍、执法行动无滞碍;闽侯南通市场截获运往市场伺机扩散的违法案件 4 起、非法卷烟 873 条;台江农贸市场移送法院强制执行 3 起案件;长乐金峰市场 10 家违法户被取消经营资格;福清龙田市场严打具有家族帮派涉黑性质的六大批发户,帮扶转化下线小户 389 户。年底,"五大市场"市场净化率达 98%,同比提高 18 个百分点;客户消费者投诉举报率由 12.3% 下降为 3.8%,烟草执法满意度达 99%。以 110 户违规大户为监管重点,依法取缔 18 户,销量萎缩 27 户,成功转化 65 户。严查"落地销售"非法渠道卷烟,突出一类烟市场监管,全年查处一类烟案值金额占总案值金额 70%,查处违法卷烟条均价达 174 元。完善"1+3"市场监管联动模式,开展"集结号""迎网建"两大市场专项整治集群战役,有针对性地开展"夜莺""拔钉子""回头看"等行动。全年查办各类违法经营卷烟案件 2294 起,查获各类违法卷烟 1588 件,破获万元以上案件 274 起,5 万元以上大要案 37 起,国标级制售假烟网络案件 7 起,其中 2 起被列为部督案件、1 起为省督案件。

综合管理模式创新　推行数字管理模式,建立分析例会制度,试点开展系统过程分析。完善证件管理,加大对餐饮、饭店、茶艺居、会所、超市、娱乐场所、工业园区、新兴社区、建筑工地等九大区域的办证覆盖,有效持证户总数达 3.03 万户。开展"大走访,大排查,大整治"活动,组织"查处无证无照经营八闽出击"专项行动。市局被评为全省 2010—2012 年度查处无证无照经营工作先进集体。加强辖区专卖法律宣传,在重要交通枢纽部位设立户外打假广告牌,开展烟草法制宣传"大篷车"活动,推广"卷烟防伪识别卡",法律法规宣传覆盖面达 4000 万人次。

管控机制建设　组织开展"两节"期间卷烟非法流通监管、商超客户专项抽查、"天价烟"专项治理、15 件以上重点客户规范经营检查。贯彻实施行政强制法,出台 3 项专项制度,对专卖举报费支付和先行登记保存通知书管理工作进行效能监察。启动"一案双查"工作机制,对 4 起案件展开一案双查。推行"六查三分"内管预警处理工作法,下达案件调查任务 64 起,纠违问责 29 起。审查行政执法案卷 2116 宗。开展优秀案卷评选活动,评选出 15 份优秀案卷。

【企业标准管理】　企业标准化建设　启动标准化建设,编制完成标准化文件 1326 份,设置 519 个质量目标,目标值完成率达 98%。开展 1 次"双体系"内审工作,体系文件执行率达 92%。试运行 ISO 综合管理平台文控系统,促进商业管理信息系统与体系工作流程对接。选派骨干参加国家注册审核员培训班,7 人通过国家注册审核员资格考试,2 人取得 CCAA 的实习审核员资格。

贯标对标管理　开展 QC 活动,注册 QC 小组 35 个,2 个课题小组分获国家级和省级"优秀 QC 小组"称号。运行对标管理,全年人均劳动效率达 233.4 箱,人均卷烟销售收入达 599.2 万元,卷烟三项费用率 4.7%,单箱卷烟经营费用 255.1 元,总资产贡献率达 60%。

监督管理体系　制定廉政风险防控管理、等级评审、工作考评、责任追究 4 项基础性制度。编印《廉政风险防控管理工作手册》,开展廉政风险防控工作落实情况全面"回头看"活动。推进办事公开民主管理,建立完善民主管理工作机构,施行"345"工作法,设立四级公开目录,依托民主网发布对外公开事项 65 项,对内公开事项 560 项。应用电子监察系统,开展"两项工作"检查,"三重一大"决策制度贯彻落实情况自查,省局巡视反馈问题整改。加强对工程项目、物资采购、宣传促销的监督,开展物资采购监督125次,参与宣传促销、基建项目监督90次。开展内部审计监督,实施全面审计"回头看"及整改落实工作,完成领导干部离任经济责任审计7项,其他审计监督106项。推进法规规范监督,提供招投标采购项目法律咨询20余项,审核合同167份。开展规范性文件清理,清理规范性文件741份。

信息化建设　搭建异地容灾主干业务系统,探索实现同城异地应用级容灾,提升信息数据安全性。完成中心机房在线改造。搭建GPS综控平台与电子结算备份链路。建立运行信息化运维巡检机制,提升信息运维服务的规范性。

财务规范管理　建立重大资产处置现场核查制度和专项督办制度,整改权属问题15项。加大3年以上应收应付款项清理,处置闲置报废资产400余项。运用NC资产管理模块,引进RFID固定资产盘点设备。推动支出账户整合,实行账户集中管理、统一支付。预算体系建设,预算刚性标准的制定完成率达100%。

安全标准化建设　落实安全生产主体责任,开展"科学发展,安全发展"安全月活动。启动安全生产标准化建设,通过全省工贸企业安全生产标准化二级企业评定。加强社会管理综合治理建设,4个单位获评"平安先进单位",7个单位获评"平安先行单位"。

(林　勋)

石　油

【概况】　2012年,中石化森美福州分公司开展市场信息(价格、促销、资源)的收集和监控工作,实施点对点价格竞争、差异化经营策略,并根据福州地区成品油零售市场环境,制定相应的营销策略,关注客户用油情况,合理利用价格杠杆,有效应对市场变化,稳定市场占有率。全年销售成品油75万吨。开展零管服务业标准化工作,强化安全数质量管理工作,持续深入开展"我要安全"主题活动,推广半自助加油,提升服务水平。

【业务拓展】　发挥网络、品牌、地缘和人脉优势,挖掘小额配送客户,培育小额配送忠诚客户;与邮政、招商银行、建设银行、平安银行等单位开展交叉营销,促进加油卡消费。全年对26座加油站进行形象提升或形象改造,展示统一檐口标识和易捷便利店标识。扩大便利店业务,和海都购物网合作在5座站点销售省内农副产品,和福州邮政局合作开展"自邮一族"九折优惠活动、EMS代收件、增设邮储ATM机等业务,和平安银行开展IC卡充值送水活动,与麦当劳公司签订合同,在连潘加油站开设1家"得来速"餐厅,在长汀、黄山、后坂3座加油站开设洗车场。组织便利店合约经理参观标杆站、样板站便利店,现场交流学习先进管理经验,举办交流研讨班等,强化便利店的经营管理。根据各站实际情况引入特色商品,扩大便利店营业额。其中,福州黄山加油站地处高速入口处,结合其地理特点,引入八闽特产,至年底,闽西八大干、线面、角梳、茉莉花茶、橄榄等成为黄山站的拳头商品。

【自助加油推广】　在福州市首次推行全自助加油新模式后,又推出半自助加油站模式,通过制作宣传折页为自助加油站推广宣传造势,加强现场引导,使员工岗位职责由传统的以加油服务为主转变为以现场客户咨询指导、客户行为监管为主,结合IC卡销售推荐,通过员工宣传,加大对顾客的现场服务力度,加强现场加油操作指导,消除顾客的疑虑,增强顾客操作的自信心和熟练程度,实现客户由"他助"加油到"自助"加油的过渡。至年底,全自助加油站有10个,半自助加油站21个,自助、半自助加油站占加油站总数的28%。

【服务业标准化】　开展零管服务业标准化工作,针对服务业标准化概述、基本概念和标准化方针政策,零售管理专业线服务业标准化18个体系文件等进行详细讲解培训,内容包括加油站、便利店、发卡充值网点的服务规范标准、服务考核要求及服务改进等相关规定。组织全员学习《零管服务业标准体系文件》。以《规范化管理考评细则》为基础,《零管部服务业标准体系文件》为行动指导思想,打造样板服务标杆站,并以点带面,开展现场观摩学习,邀请示范点人员现场指导等方式,推动全区加油站标准化工作。推行服务行为观测卡,开展客户满意度调查,对所提供服务的规范性、客户满意度等内容进行自查自纠,进一步标准化员工的服务流程,提高服务技能,完善服务功能,打造"环境整洁、质优量足、服务规范、安全便捷"的服务窗口。

【安全管理】　开展"我要安全"主题活动,根据《HSE观察管理规定》,推行HSE观察活动,及时发现加油站存在的安全风险并实时评估不安全行为、不安全状态,提出整改措施及方案,有效提高员工的安全意识。组织员工参加各类安全培训。同时,开展危险化学品行业典型施工事故案例学习。

(陈俊忠)

供销合作

【概况】　2012年,全系统商品销售总额实现48.37亿元,比增52.03%,其中售给农民的农业生产资料3.77亿元,比增29.38%,消费品零售23.45亿元,比增56.36%,农产品购进额20.4亿元,比增63.13%,再生资源购进额2.83亿元,比增140.36%。全系统利润汇总赢利1750.6万元,比增231.6%。春节期间全市共设立1513个烟花爆竹零售网点,销售各类烟花爆竹总量达15.80万件,配送额达2364.5万元。

【农资供应服务】　春耕前夕,全系统筹资并调配各类化肥和农药,提前完成市政府下达的9万标吨的任务,实际冬储化肥达10.15万标吨。长乐市进一步规范120个农资经营网点,1个配送中心,8家省级验收农资农家店,开展各项便民服务。罗源县在原有41个农资经营网点的基础上,春耕期间又增设临时供应点10多个,并开展"联对又连户、登门搞服务"和"放心农资下乡进村"活动,实行电话预约、延时服务、快车配送、让利销售,经济实力强的农资经营网点对困难农户实行先供货后付款的办法，帮扶农民发展生产。闽侯县农资服务做到“五个保证”，即保证货源充足、保证品种齐全、保证价格合理、保证质量过关、保证计量准确，同时做到“两个到位”，即春耕期间工作人员全部到岗到位和服务措施到位。

【“新网工程”建设】 新农村现代流通服务网络工程新培育发展消费品配送中心2个，培育发展农资配送中心1个，按全国总社行业标准改造提升农资网点14个，按全国总社行业标准改造提升消费品网点15个，建设农资连锁经营网点85个，建设日用消费品连锁经营网点40个，建设再生资源分拣中心1个。

【项目建设】 筹建农资专业批发市场、再生资源产业园和青口供销大厦。福清市社在火车站物流园征地2公顷，用于建设“福清市农业生产资料配送中心”。罗源县社抓好县政府项目，在福州设立罗源特色农产品经营部，并与中国社区商务网建立长期贸易合作关系，推介罗源县特色农产品进入中国社区商务网。闽侯县烟花爆竹配送中心主体工程基本完工。市土产棉麻总公司在北郊仓库拆迁中，争取到717平方米的实物安置，市日杂公司南街日杂商场拆迁，获得货币补偿1740万元。

【为农服务平台搭建】 全系统新发展各类专业合作社9个，专业协会1个，村级综合服务社80个，省供销社示范专业合作社1个，专业合作社注册农产品商标1个，工商注册专业合作社18个，恢复空白乡镇基层社8个。

【再生资源回收体系建设】 通过新建、改造、升级等各种方式，建成249个连锁加盟回收站点。建成则徐大道废五金加工中心，占地面积1.35万平方米，厂房面积6075平方米，年销售废钢铁、废铜、废铝和废塑料、废胶逾3亿元，可分拣加工废五金6800吨，年上缴利税逾2500万元。

【农村社区综合维修服务体系建设】 闽清县作为承办单位建立1个综合维修服务中心、5个乡镇维修站和6个村级维修点。全系统累计提供综合维修服务14.88万次，配送零配件16万件，实现业务收入615.68万元。

（戴　新）

（编辑　邱敏佳）

对外及港澳台经济贸易

利用外资及港澳台资

【概况】　2012年，新批准外商及港澳台商投资企业148家（项），按验资口径，合同外资及港澳台资20.56亿美元，比增16.2%；全年实际到资13.39亿美元，比增4.8%，增幅比全省高2.6个百分点。其中，引进港澳投资项目54项，合同港澳资14.59亿美元，实际利用港澳资7.3亿美元；新批台湾直接投资项目47项（不含第三地），合同台资2.16万美元，占全市新批合同外资及港澳台资总额的10.5%。行业主要分布在制造业、批发零售业、信息传输、计算机服务和软件业。有85家外商及港澳台商投资企业投产开业。

至年底，全市累计批准外商及港澳台商投资企业9556家，在业投产的外商及港澳台商投资企业2714家。有88家世界500强企业在榕投资设厂或设立办事处。

【外商及港澳台商投资项目】　新批准外商及港澳台商直接投资148项。其中，农、林、牧、渔业12项，金额19236万美元；制造业32项，金额39532万美元；建筑业2项，金额11799万美元；交通运输、仓储和邮政业1项，金额2030万美元；信息传输、计算机服务和软件业9项，金额17684万美元；批发和零售业61项，金额47474万美元；住宿和餐饮业3项，金额4.59万美元；金融业3项，金额6035万美元；房地产业3项，金额34511万美元；租赁和商务服务业18项，金额16680万美元；科学研究、技术服务和地质勘查1项，金额47万美元；水利、环境和公共设施管理1项，金额10387万美元；居民和其他服务1项，金额15.77万美元；卫生、社会保障和社会福利业1项，金额150万美元。

投资项目主要来自新加坡、美国、加拿大、德国、澳大利亚、日本、新西兰、奥地利、西班牙、马来西亚、英属维尔京群岛、塞舌尔、萨摩亚及中国香港、台湾、澳门等16个国家与地区。其中，中国香港145933万美元；中国台湾21598万美元；英属维尔京群岛13528万美元。

【服务贸易】　第三产业新设项目比重达68.92%，合同外资金额占全市的67.54%，分别比第二产业高45.95个和45.09个百分点。物流等现代服务业领域利用外资取得新突破，其中全球领先的现代物流设施提供商——普洛斯投资设立的普洛斯（福州）物流仓储有限公司，总投资1亿美元，合同外资4000万美元，由新加坡CLH(73)PTE. LTD投资，选址闽侯县南通物流园，开发建设普洛斯国际物流中心，为第十四届“5·18”海峡两岸经贸交易会上台签约项目，于12月获批。

【重大利用外资项目】　新批总投资千万美元以上项目55个，合同外资15.84亿美元，占全市合同外资总量的77.01%，比增56.46%。列入市重点跟

5月18日，第十四届海交会签约外资项目现场

踪的大项目利嘉国际商贸城、江阴汽车园、福能万业物流、普洛斯物流仓储、融侨双龙旅游等项目均获批,合同外资达6.17亿美元,占当年合同外资总量的30%。其中,利嘉国际商贸城总投资2.9亿美元,合同外资2.5亿美元;江阴汽车园项目是第十六届"9·8"厦门投资贸易洽谈会上省台签约项目,总投资10亿元,合同外资5亿元。

【小分队招商】 2月,在深圳的"福州市民营企业产业项目投资(深圳)推介会"上,市外经贸局组织香港光大集团、信和集团、恒隆集团、融汇集团等10家港澳知名大型企业参加推介会,进行项目对接并取得预期效果。

3月,福州市代表团随省长苏树林赴台开展经贸活动,签约项目合计21项,总投资6.48亿美元,利用台资3.59亿美元。

4月,借助福建省在京举办"投资福建"推介会的契机,组织开发区、投资区及各类重点园区、重点企业负责人赴北京参加"投资福建"推介会。在"第六届中国企业跨国投资研讨会"上,与美国空气化工集团、西班牙坎塔布里亚地区发展协会、新亚洲资产等企业与机构洽谈一批新的项目合作意向。

5月,福州市代表团随副省长倪岳峰率领的省经贸代表团赴东南亚进行经贸考察活动,签约项目15项,总投资16.93亿美元,利用外资10亿美元,其中合同项目4项,总投资2.8亿美元,利用外资1.12亿美元。

7月,福州市代表团随省长苏树林赴港澳开展经贸活动,共签约合同项目17项,总投资5.48亿美元,拟利用外资2.23亿美元。

11月,组织闽侯县、连江县相关招商小分队赴广州、深圳开展招商推介会活动,拜访美国安博、普洛斯、美国百通集团、美国评值公司等重点客商。这次活动推动普洛斯物流园闽侯项目,直接促成普洛斯在榕投资的第二个项目明确计划落户连江,同时与华南美国商会达成一系列初步的招商合作意向。

【海峡两岸经贸交易会和中国国际投资贸易洽谈会】 第十四届"5·18"海峡两岸经贸交易会上,福州市签约外资及港澳台资项目140项,利用外资及港澳台资29.37亿美元。第十六届中国国际投资贸易洽谈会上,福州市签约外资及港澳台资项目106项,利用外资及港澳台资50.09亿美元。

对外及港澳台投资与劳务合作

【概况】 2012年,福州市新核准境外投资企业39家,对外投资总额3.41亿美元,其中,中方投资总额2.46亿美元,外方投资总额0.948亿美元。对外投资总额、中方投资总额分别比增42.61%、15.84%。

至年底,全市经核准设立的对外投资企业项目(含境外机构)210个。在中国台湾设立企业16家,协议投资总额1.33亿美元,其中,大陆投资额0.751亿美元。新签对外及港澳台劳务合作合同1432份,合同金额0.718亿美元。

【劳务输出】 外派劳务人员3421人次,期末在外人数为4873人。派出对台渔工20批、587人次。主要派往南非及中国台湾、澳门、香港等国家与地区,从事近、远洋渔业、餐饮业、建筑和制造业等业务。

对外及港澳台贸易

【概况】 2012年,进出口总额310.6亿美元,比降10.53%。出口总额211.31亿美元,比降12.4%,占福州市GDP的31.69%(按1美元=6.3元换算),占全省出口总值的21.61%;出口商品销往214个国家与地区。进口总额99.29亿美元,比降6.28%,进口商品来自134个国家与地区。

在进出口总额中,对台进出口总额19.05亿美元,比降6.06%,其中出口4.77亿美元,比降4.22%,占全市出口比重的2.26%;进口14.28亿美元,比降6.66%,占全市进口比重的14.39%。港澳进出口总额15.65亿美元,比增25.11%,其中出口13.03亿美元,比增24.31%;进口2.62亿美元,比增29.26%。

【国家级外经贸平台建设】 12月,福州市仓山钟表基地获得商务部"中国钟表产业外贸转型升级专业性示范基地"授牌。至年底,全市有国家级外贸基地3个,分别为福州市国家科技兴贸创新基地、福州市国家船舶出口基地和福州仓山钟表基地。

12月,福州仓山钟表基地获得中华人民共和国商务部"国家外贸转型升级专业型示范基地"称号

表 24

2012 年福州市出口额 3000 万美元以上商品情况

金额分类	商品名称	出口金额（万美元）	占出口总额比重（%）
3000 万～5000 万美元（54 种）	化纤制机制花边，棉制针织钩编的套头衫、开襟衫、外穿背心等，钢铁制品，集成电路，玩具，合成纤维制针织或钩编的男式便服套装，热轧不锈钢板材，其他卧室用木家具，合成纤维制针织或钩编的女裤，棉制针织或钩编的婴儿服装及衣着附件，合成纤维制未漂白或漂白经编织物，镶嵌钻石的黄金制首饰及其零件，重量≤10 公斤的便携自动数据处理设备，压燃式内燃机发电机组，手持式无线电话机的零件等	203578	9.58
5000 万～10000 万美元（45 种）	棉制针织或钩编的男式上衣，可载标准集装箱≤6000 箱的机动集装箱船，家具的零件，橡、塑或革外底、皮革制鞋面的其他运动鞋靴，塑料片或纺织材料作面的其他类似容器，未搪瓷钢铁餐桌、厨房等家用器具及零件，车身（包括驾驶室）的未列名零件、附件，电灯及照明装置，合成纤维制针织或钩编的女式上衣，化纤制针织钩编套头衫、开襟衫、外穿背心等，压燃式内燃机发电机组（功率≤75 千伏安），电动的挂钟，玻璃陶瓷器皿，塑料制餐具及厨房用具等	318563	15.08
10000 万美元以上（31 种）	塑料制小雕塑品及其他装饰品，塑料或纺织材料作面的提箱、小手袋等，棉制针织或钩编的男裤，棉制针织或钩编的女式上衣，棉制针织或钩编的女裤，用栓塞法装配鞋底及面的橡、塑鞋，橡胶或塑料外底、纺织材料鞋面的鞋靴，橡、塑或再生皮革外底、皮革鞋面的鞋靴，其他彩色监视器，彩色电视机零件（除等离子显像组件及零件），拖轮及顶推船，液晶显示板，木家具，机动车辆用点火布线组及其他布线组等	817525	38.7
100000 万美元以上（1 种）	自动数据处理系统用液晶监视器	145979	6.91
合　计	131 种	1485645	70.27

表 25

2012 年福州市主要出口市场情况

国别（地区）	出口金额（万美元）	占出口总额比重（%）
美　国	444995	21.06
欧　盟	379948	17.98
东　盟	288246	13.64
日　本	154245	7.3
中国香港	129922	6.15
中　东	103717	4.91
中国台湾	47671	2.26
阿联酋	42591	2.02

续表25

国别(地区)	出口金额(万美元)	占出口总额比重(%)
印　度	41038	1.94
澳大利亚	37625	1.78
韩　国	36814	1.74
加拿大	36635	1.73
俄罗斯	33275	1.57
巴　西	28279	1.34
波　兰	24820	1.17
墨西哥	23578	1.12
巴拿马	22801	1.08
沙特阿拉伯	21550	1.02
南　非	21411	1.01
智　利	19397	0.92
埃　及	16837	0.80
尼日利亚	15439	0.73
土耳其	12654	0.60
委内瑞拉	11473	0.54
合　计	1994972	94.41

表26　**2012年福州市进口额3000万美元以上商品情况**

金额分类	商品名称	进口金额(万美元)	占进口总额比重(%)
3000万~5000万美元(17种)	其他集成电路,动物产品,棕榈液油(熔点19~24℃),车用往复式活塞发动机,船用推进器及桨叶;其他塑料的废碎料及下脚料,革、毛皮及制品、箱包,针叶木原木,其他精炼铜丝,其他未列名点燃式活塞内燃发动机等	66918	6.75
5000万~1亿美元(13种)	仅冷轧铁或非合金钢卷材,褐煤,其他低芥子酸油菜子,合成纤维长丝纺丝机,其他烟煤,船舶用柴油机,纵锯切刨或旋切白松(云、冷杉)木材、厚>6毫米,乙二醇,甲醇,铬铁,无烟煤等	88227	8.89
10000万美元以上(12种)	塑料及其制品,饲料用鱼粉,对二甲苯,己内酰胺,乙烯聚合物的废碎料及下脚料,处理器及控制器,镍矿砂及其精矿,其他芳烃混合物,聚对苯二甲酸乙二酯的废碎料及下脚料,车辆、航空器、船舶的零件、附件等	313447	31.57
100000万美元以上(2种)	单项记录价值≤2000元非税、证进口商品,液晶显示板	226096	22.77
合　计	44种	694661	69.98

表 27　　**2012 年福州市主要进口市场情况**

国别(地区)	进口金额(万美元)	占进口总额比重(%)
中国台湾	142828	14. 39
韩　国	121931	12. 28
东　盟	117289	11. 81
欧　盟	111528	11. 23
美　国	89659	9. 03
日　本	86995	8. 76
瑞　士	65159	6. 56
巴　西	37223	3. 75
南　非	31327	3. 16
中国香港	26183	2. 64
澳大利亚	19713	1. 99
加拿大	19512	1. 97
秘　鲁	13743	1. 38
阿　曼	10214	1. 03
合　计	893311	89. 98

（林为城）

（编辑　邱敏佳）

金融业

综述

2012年,福州市金融工作围绕海西现代金融中心规划建设任务,持续拓展和完善全市金融业发展体系,金融业成为福州市经济增长的支柱行业。全市金融业实现增加值288.59亿元,比增15.8%,占GDP的比重为6.8%,占第三产业的比重为14.92%。金融业实现税性收入128.47亿元,占第三产业全部税收430.58亿元的29.84%。

银行存贷款余额、保费收入、股票和基金交易量等主要经营指标继续稳居全省首位。至年底,银行业本外币各项存款、贷款余额分别为7909.63亿元和7054.33亿元,比增分别为14.46%和15.87%,占全省的比重分别为31.57%和31.45%;证券业手续费收入7.4亿元,占全省的50.66%,利润总额1.725亿元,占全省的40.04%;期货业手续费收入1004万元,占全省总数的58.14%,利润总额为2781万元,占全省总额的65.97%;保险保费收入127.66亿元,比增11.1%,占全省总额的26.73%;福州各财产险公司累计赔款支出约42.14亿元,增长22.4%,占全省总额的28.14%。

金融机构资产质量向好,不良贷款率为0.4%,比年初下降0.04个百分点,低于全省平均水平0.37个百分点。银行业赢利能力不断增强,商业银行全年实现本外币账面利润210.77亿元,比增18.91%。

全市有银行机构47家、证券法人公司2家、证券营业部85家、期货法人公司3家、期货营业部24家、保险公司51家。12月,世界知名金融机构渣打银行正式入驻福州市。股权投资基金、融资性担保机构、小额贷款公司、融资租赁、财务公司、村镇银行等新型金融组织稳步发展。闽侯民本、连江恒欣村镇银行分别于6月、9月正式开业。福州市有融资性担保公司167家,累计为2.93万家中小企业提供512亿元贷款担保;小额贷款公司获批开业6家,累计为1792家企业发放贷款35.7亿元。年内新增富春通信、腾新食品等2家企业在境内上市,企业首发融资7.85亿元;全市境内外上市企业有58家,其中境内上市企业28家,境外上市企业30家,境内上市公司实现股权和债券融资270.71亿元。

设立福州市投资促进局,加挂“福州市金融工作办公室”牌子,作为市政府工作部门,与市政府办公厅合署办公,为正处级。

(林小凤)

银行业

【概况】 2012年,福州银行业把握“稳中求进”总基调,实现平稳较快发展。至年末,全市银行业资产总额达1.14万亿元,比增17.7%;各项存款余额7909.63亿元,比增14.46%;各项贷款余额7054.33亿元,比增13.95%。全年新增贷款863.63亿元,增量居全省各设区市首位。全市银行业资产总额、存款、贷款余额分别占全省银行业的28%、32%、31%,均居各设区市首位。全年实现税后净利润185.8亿元,比增14.5%。年末全市银行业不良贷款率0.4%,比年初下降0.03个百分点,信贷资产质量保持在全省首位。福建海峡银行、福州农商行等地方法人银行的资本充足率、拨备覆盖率和流动性等主要指标均高于监管要求。

银行业服务组织体系健全　开展“引银入榕”工程,引进渣打银行福州分行,改变全市近10年无外资银行入驻的状况;广发银行、中国电力财务公司相继到榕设立机构;村镇银行组建步伐加快,闽侯民本、连江恒欣村镇银行相继开业,村镇银行总数达3家,其余5个县(市)均协调达成组建规划,其中2家获银监会批准,实现村镇银行规划全覆盖。支持地方法人机构完善机构布局,福建海峡银行设立三明分行,福清支行升格为分行;福州农商行在闽侯发起设立全市首家村镇银行,福清农商行获准在闽清、诏安、长汀等地设立村镇银行。年末全市有银行业金融机构46家,比上年增加7家;银行业金融机构营业网点1292个;有4家外资银行在福州设立分行。

“稳增长”政策落实　进出口银行总行、中行省分行、建行省分行、中信银行福州分行、招商银行福州分行等与市政府签订战略合作协议,意向授信额度逾900亿元。年末重点建设项目贷款余额312.3亿元,比年初新增75.69亿元,增长31.99%,高于同期贷款增速18.04个百分点。

小微企业金融服务创新　兴业银行、福建海峡银行发行小微企业贷款专项金融债券320亿元。组建海洋、纺织、茶叶等一批小微企业特色支行,小微企业专营机构在重点县域基本全覆盖。全市银行业不断改进小微企业信贷管理机制和产品,省建行推出小微企业"助保贷"业务,构建政银企三方损失共担机制。年末全市小微企业贷款余额1816.79亿元,比年初增加273.18亿元,比增17.7%,高于各项贷款平均增速3.75个百分点。

"三农"金融服务完善　推出18项具体措施,推进支农金融服务"阳光信贷工程""金融服务进村入户工程""富农惠民金融创新工程"。推动新设乡镇网点14个,新增自助银行92家、ATM机和POS机3000余台,设立小额便民支付点2000多个,基本实现农村基础金融服务全覆盖。年末全市银行业涉农贷款余额1959.88亿元,比年初新增390.9亿元,同比多增97.95亿元;同比增长24.94%,高于各项贷款增幅10.99个百分点。（盖　凌）

8月31日,平潭综合实验区国库成立暨授牌仪式在平潭举行。省委常委、省政府副省长陈桦出席仪式并讲话。中国人民银行福州中心支行、平潭综合实验区管委会、6家省直有关单位、14家省级金融机构及其派驻平潭机构,近180名特邀嘉宾参加

【中国人民银行福州中心支行】

2012年,中国人民银行福州中心支行完善差别存款准备金动态调整机制,发挥存款准备金工具的流动性调节功效,引导资金回流县域;扩大直接融资总量,企业在银行间市场发债加快发展。制定出台《关于加强和改进金融服务促进福建省实体经济发展的指导意见》《关于落实小微企业金融支持政策的举措》《提升金融服务促进中小企业发展》《进一步做好实体经济发展金融服务的意见和要求》等一系列金融政策,从保持社会融资规模合理增长、对接国民经济发展规划、优化信贷结构、加强金融服务创新、强化央行服务等7个方面,提出22条措施意见,引导金融业服务实体经济发展。增强信贷政策与产业政策的协调配合联动,支持金融机构加大对重点在建续建项目、"三农"、中小微企业、民生保障、外经贸、海洋经济和战略性新兴产业等领域的信贷投放力度。

服务海西建设　引导调整信贷结构,采取"先调查、后对接、再跟踪"的创新形式,牵头召开51个重点项目银企资金对接会。推动福建海峡银行设立福州科技支行,促成财政部门集中部分资金开展科技型企业知识产权质押贷款贴息试点。牵头主办第十届"6·18"海峡项目成果交易会金融服务馆展览会,有8家融资机构与20家企业和单位达成22项战略合作意向或贷款协议,总授信额139.95亿元,主要用于支持工业重点企业、中小企业以及科技环保企业发展。制定《关于进一步推动金融支持福建省文化产业发展的实施意见》,细化文化产业金融服务措施。提出完善外经贸发展金融政策支持体系15条措施,年末辖内各项贸易融资余额比增223.77亿元。牵头编制《涉海金融服务业发展实施计划》,引导中国民生银行福州分行与市海洋与渔业局签订《百亿资金　助推"海上福州"》战略合作协议,推动其在

表28　2005—2012年辖内企业在银行间市场发债融资情况

项　目	2005	2006	2007	2008	2009	2010	2011	2012
发行规模(亿元)	10	5	86	17.4	58.25	95.45	181	459.4
企业家数	1	1	6	5	6	12	21	37
发行期数	1	1	8	5	9	15	32	66
发债品种	短期融资券	短期融资券	短期融资券	短期融资券	短期融资券	短期融资券、中期票据	短期融资券、中期票据、中小企业集合票据	短期融资券、中期票据、区域集优中小企业集合票据

注:①中国人民银行于2005年创新推出中国银行间债券市场企业发债。
②银行间市场债券包括短期融资券、中期票据、中小企业集合票据、区域集优票据等品种。

连江县设立全省首家海洋渔业专业支行;指导中国农业发展银行福建省分行营业部支持闽台(福州)蓝色经济产业园建设。

促进银行间市场发债,拓展辖内企业在银行间债券市场融资的广度和深度,有37家企业在银行间债券市场发债,发行期数比上年增长1.06倍,融资额比上年增长1.54倍,占全省企业各类发债总量的71%。同时发行期数占辖内累计发行期数的48.53%,融资额占辖内累计融资额的50.35%。

创新农村金融服务,开展支农再贷款授信管理新模式试点,福清农村商业银行和罗源县农村信用合作联社入选首批12家试点对象,全年对福州市农村合作金融机构累计发放支农再贷款4.18亿元,比增90%。健全林权抵押贷款机制,年末辖内林权抵押贷款规模居全国第2位。联合福建银监局等7部门下发金融支持辖内水利改革的实施意见,明确水利融资平台“自有现金流”范围,推动银行业金融机构加大对“现金流全覆盖”水利融资平台的信贷支持力度。促成省级财政对农户贷款建立贷款增量奖励机制、对扶贫小额贷款安排财政资金进行担保。年末辖内涉农贷款余额比增24.02%,增幅比辖内各项贷款平均增幅高5.87个百分点。

完善中小企业的金融支持体系,改进中小企业集合发债的债券融资方式,重点推动区域集优债务融资创新,全省首支区域集优中小企业集合票据发行上市。地方法人金融机构发行小微企业贷款专项金融债券取得零突破。配合省政府制定《关于进一步落实扶持小型微型企业发展政策措施的意见》,推动财政部门出资建立小微企业贷款“风险资金池”,为小微企业贷款提供增信支持;联合驻闽金融监管部门发布“福建金融业扶持小微企业发展共同宣言”,改善中小企业融资金融生态。全年辖内小型、微型企业贷款增量占企业类贷款增量的49.15%,比上年提高6.4个百分点;年末辖内小型、微型企业贷款增速比各项贷款高1.8个百分点,比大型企业贷款和中型企业贷款分别高13.1个百分点和6个百分点。

提升民生金融保障,会同省农办开展省级财政资金担保的扶贫小额贴息贷款试点。联合省妇联等部门,继续推进妇女创业小额担保贷款“主办行”制度建设,增加中国农业银行作为主办行,指导辖内农村合作金融机构和邮政储蓄银行优先支持符合条件的对象,促成20亿元妇女创业小额贷款投放到位,全年福州市发放各类促就业小额贷款8857万元,比增1.28倍。督促引导各金融机构落实差别化住房信贷政策,加大对保障性住房建设的金融支持力度,改善首套住房金融服务,全年福州市保障房开发贷款余额比增1.43倍,福州市银行业累放个人住房贷款同比多增29.79亿元。

扩大跨境业务服务实体经济的功能,全年辖区办理各类跨境人民币业务1064.85亿元,比增101.89%;跨境人民币资金实收实付比为1.34:1,优于2011年的1:1.7,收付平衡状况显著改善;为出口企业办理跨境贸易融资73.45亿元,扩大企业融资渠道;帮助外经贸企业从境外融入资金105.39亿元,降低企业融资成本。

拓展闽台金融机构和业务合作,推动中国农业银行、中国建设银行和福建海峡银行辖内机构获得新台币兑换业务办理资格,福建海峡银行在总行营业部、福清分行、福州马尾支行等机构首批试点,中国工商银行福建省分行营业部在福州地区长乐支行、福清支行扩大试点;争取平潭综合实验区新台币兑换政策,促成国家外汇管理局(简称“外汇总局”)批准在实验区澳前客货滚装码头和“海峡号”高速客滚轮上,设立外币代兑点,客滚轮代兑点为全国唯一在移动平台上设立的兑换机构,也是大陆唯一获准为居民个人办理新台币双向兑换业务的代兑点。引导支持中国工商银行在平潭综合实验区设立离岸金融中心和区域业务总部。

维护金融稳定 开展“两管理、两综合(开业管理、营业管理、综合评价、综合执法)”工作,制定下发辖内银行业金融机构综合评价办法和综合执法检查办法,理顺新设金融机构开业管理的相关内部操作规程;强化辖内金融业系统性风险监测,组织开展民间融资与非法金融活动、商业银行理财产品等10个项目的定点监测,代省政府拟定《关于加强和改进民间融资管理的十条意见》,及时预警提示金融风险,全年辖内人民银行系统累计发出金融风险提示133次;开展地方中小银行机构稳健性现场评估,探索证券业、保险业机构现场评估;健全辖内金融监管协作机制,建立金融监管工作联席会议制度,拓宽金融稳定工作责任书签约范围,强化金融稳定工作责任制;出台各类风险应急预案,规范非银行体系风险的监测、报告及处置行为,有效化解“购物返利”等非银行机构风险;拟定金融生态县创建考核办法,科学设置考核指标体系和指标值,指导辖内开展金融生态县建设。

推动金融服务创新 指导辖内中小金融机构落实金融统计标准化工作,福建海峡银行贷款统计分类标准落地并在全国处于领先水平;受人民银行总行委托,完成全国农信社(农商行、农合行)专项统计制度设计和试点;扩充辖内经济金融时序库,新收录近200个指标、逾10万个数据;健全经济监测体系,建立中介机构民间融资监测制度。

开展第二代现代化支付系统建设,福建成为全国二代支付系统模拟运行试点的4个省份之一;探索农村手机支付试点模式,构建新型“三农”资金结算无线网络,基本实现银行卡自助终端和助农取款服务“村村通”;制定辖内银行业金融机构支付系统管理评价办法,强化对银行机构支付清算纪律现场督查;金融IC卡推进提前3个月超额完成新增发卡任务。

推进企业和个人征信系统建设,年末企业征信系统收录各类企业27.34万户,约占辖内企业总数的70.5%;个人征信系统收录自然人2327.96万人,约占辖内人口总数的63.1%。指导辖内有序开展机构信用代码推广应用工作,实现正常户发码全覆盖,并拓展其在反洗钱等业务领域的应用。中小企业信用体系发挥信用增级作用,年末辖内已建中小企业信用档案10.05万户,其中1.436万户获得银行融资,分别比增9.24%和36.76%。规范金融机构征信业务监管,出台银行业金融机构征信管理综合评价办法;加强信贷市场和银行间债券市场信用评级监管,提升信用评级行业的公信力。

全国财税库银横向联网系统在辖内国税和地税系统推广上线，全辖电子缴库率居全国第2位；建立与财政、国税、地税部门和商业银行的横向联网系统应急处置机制，福州和福州四城区国库经理业务安全高效。设立平潭综合实验区国库，实现实验区预算资金的直接缴库和拨付。参与“营改增”改革试点，确保“营改增”税款入库。推动国库集中支付改革，实现5类财政直补资金的国库直接支付。

在全国率先开发货币金银检查信息系统，完善规章制度执行力建设。福州钞票处理中心超额完成全年钞票处理工作任务，清分、复点和销毁3项业务量分别为上年的4.8倍、1.24倍和1.58倍。建立金融机构涉假投诉机制和假币通报制度，开展金融机构对外误付假币专项治理，福州中心支行被国务院反假货币工作联席会议评为“全国反假货币工作先进集体”。

创新反洗钱监管，指导兴业证券开展大额和可疑交易报告综合试点。组织辖内实施36个检查项目，发现涉嫌地下钱庄、网络赌博等重点可疑交易线索38条，发出警示性监管意见书46份；全辖审查接收重点可疑交易线索503条，发布风险提示5份。与福州海关签订《反洗钱、缉私工作合作备忘录》，反洗钱调查立项数、案件协查数、“洗钱罪”立案数分别比增28.5%、44%、200%。

改进外汇管理服务　率先制定出台辖内外汇资金双向流动应对预案，设定地区外汇资金流动预警监测指标与预警临界值，区分一级响应和二级响应，制定并完善资金双向流动监管预案，充实防范跨境资金双向流动冲击风险的政策储备。实行跨境资金流动监测预警月度提示制度，跟踪监控个人外汇资金假借市场调研等名义流入、电子商务收汇真实性、转口贸易以人民币收款而以外汇付款、人民币海外协议融资、房地产行业资金持续流出等情况，为实施外汇监管和精准打击提供线索。

在辖内实施货物贸易外汇管理制度改革，辖内银行为企业办理收付汇业务的时间平均缩减约70%；拓展外汇收支形势分析平台，成为参与跨境资金流动监测与分析平台建设的全国2个指定分局之一；探索将个人贸易外汇收支纳入贸易外汇监测系统一体化管理，被列入全国个人贸易外汇管理改革小组成员；参与外汇总局组织的“外来外去”（外汇资金来源和运用均在境外的银行业务）首部操作指引的设计和起草。

开通货物贸易外汇监测系统，实现进出口企业分类管理、动态监测，便利企业拓展进出口业务；增设贸易收支办理绿色通道，便利外经贸企业办理“碳排放交易”相关费用收支。调增辖内部分银行、中资企业短期外债指标及银行对外担保规模，支持中小企业扩大贸易融资。争取到中资企业外保内贷业务试点权限，辖内获得一定外保内贷额度的中资企业，获准办理境外机构或个人担保条件下由境内金融机构发放本外币贷款的业务。促成外汇总局批准在榕增设个人本外币特许兑换机构，福州长乐张江艾西益商务咨询有限公司正式开办特许业务。推动获准办理新台币兑换的7家银行发展业务。

加强银行业外汇业务监管，健全银行外汇管理执规情况考核机制；建立“银行机构外汇管理政策风险测评平台”，完善法人银行外汇业务管理和银行分支机构准入信息变更管理；自主开发个人外汇业务非现场监管系统，被外汇总局向全国推广使用。开展资本金或外债结汇、特定经济区域企业、贸易外汇收支等专项检查，与公安、国税、地税3部门建立打击外汇和涉税违法犯罪行为的监管合作机制，在辖内实现无障碍信息共享与联合办案，协同公安机关破获辖内“7·24”“9·27”等3个地下钱庄案，冻结涉嫌非法外汇交易资金1805.97万元。辖区外汇管理工作在国家外汇管理局2012年各项业务综合考评中，获得全国第二名。　（王　勉）

【中国农业发展银行福建省分行营业部】

2012年，中国农业发展银行福建省分行营业部履行农业政策性金融职能，落实各项支农强农惠农政策，推进银政合作，支持福州市“三农”发展。年末各项贷款余额107.4亿元、存款余额40.6亿元、账面赢利3.2亿元，分别占全省农发行系统总量的25%、34%和29%；全年经营绩效综合考评位列全省系统第1位；年末存款、贷款、利润3项指标分别跻身全国系统370余家二级分行第13、38、26位。

服务海西建设　发挥政策性优势，引导资金回流至福州地区的涉农行业和新农村建设项目，全年累计投放各类贷款74.4亿元，比增8.7亿元，增幅13%。一是保证粮油资金供应，确保国家粮食安全。全年发放各级粮油储备和调控贷款7.66亿元，支持轮换和增储粮油55.45万吨；发放化肥储备贷款4亿元，支持储备化肥45万吨，保障全省春耕化肥的正常供应和市场平抑；发放“引粮入闽”贷款18.14亿元，支持带动调入粮食685万吨，调入油料36.26万吨。二是推进银政合作，支持地方新农村建设。加强与地方政府的沟通协调，与闽台（福州）蓝色产业园签署70亿元战略合作框架协议，促成省分行与市政府签署200亿元战略合作框架协议。全年累计向平潭、福清、连江、永泰等县市投放新农村建设贷款10.9亿元。信贷支持平潭综合实验区，新批贷款31亿元，投放6亿元，占实验区当年新增贷款的22.6%，累计投放贷款21.8亿元。三是支持实体经济，培育地方特色产业优质客户群体。组织对粮油贸易、棉纺、水产品加工等主要贷款行业开展调研，进一步明确贷款支持重点，稳步支持涉农企业发展壮大。全年累计投放涉农企业流动资金贷款47.94亿元（含“引粮入闽”贷款），其中产业化龙头企业贷款26.21亿元，支持市级以上产业化龙头企业26家。

风险防控　配备具有相应资质、经验和专业技能的兼职法律合规人员；加强法律咨询和法律审查工作，开展信贷合同文本审查、信贷担保法律审查、法律咨询等事务工作。在对贷款企业账账、账表、账实“三核对”的基础上，加强风险排查，全年对89家客户逐户排查，排查面达100%。加大“一企一策”风险防控落实力度，不断提高风险敞口覆盖率，有效担保贷款比重比年初增加17个百分点。加强贷款质量分类管理和贷款风险监测预警。

服务社会　开展“学雷锋，树新风”主题献爱心、“巾帼建功展风采”和“辉煌十五年”主题系列活动。全年组织志愿者义务献血40余人次，爱心捐赠200

余人次,捐赠衣物500多件、捐赠书籍200余册,捐赠善款5万余元。

(张 雄)

【中国工商银行福建省分行营业部】

2012年,中国工商银行福建省分行营业部经营利润在当地四大国有银行中继续名列首位,存款余额突破千亿元,贷款余额突破700亿元,资产质量保持良好水平,实现安全经营无案件无事故。

服务海西建设 一是支持省市重点项目、重点产业和新兴产业。跟踪省市"三维"对接、"三群"联动和"三化"并举、"闽企回归、闽资回流"、"十二五"期间加快开发建设的十大重点发展区域,以及"五区十园"海峡两岸产业合作基地的客户落地情况,重视扶持先进制造业、战略性新兴产业的实体企业,重点支持福州地铁1号线、福厦、温福、厦深线铁路项目、绕城高速项目、松下码头、江阴建滔化工码头、福州港罗源港区可门作业区多用途泊位工程、"世欧王庄城"棚户区改造项目、福清核电项目等在建续建项目建设,以及永泰县天门山、赤壁等旅游景区建设等文化产业和现代服务业的项目建设。全年发放项目贷款53.39亿元,其中新开项目37项,贷款金额40.73亿元。二是支持小微企业发展。为小微企业设置评级、授信、融资、评估"四合一"绿色通道,加快小微企业业务审批流程,规范小微企业金融服务各项收费,在资源配置上优先向小企业倾斜,为小微企业量身定做融资产品。全年发放小企业贷款80亿元,直接信贷资金支持的小微企业客户数300多户。三是拓宽融资渠道。办理全省工行首笔特定综合项目收益权融资、首笔股票收益权融资、首笔结构化证券投资集合资金信托计划和首笔股权收益权融资,发行首笔非金融企业债务融资券。完成平潭综合实验区股权融资方案设计,为平潭交投公司实现股权融资3亿元。全年资产管理业务发生额15.942亿元。四是开展拥军惠兵工作。完成年度军人退役养老保险补助资金的划转结算,推广军区账户资金供应管理系统,工银随军银行保障车首次投入随军使用并获好评。五是拓展新兴国际业务。办理全省工行首笔、全国工行第二笔外币融出业务;办理全省工行首笔外币利率掉期业务;开立全省工行首笔双币种进口信用证;办理首笔跨境人民币融资性保函。办理运保费融资业务、进口开证+NRA账户福费廷业务、进口TT融资+掉择通、货物贸易外汇业务等多项创新业务。与平潭海峡高速客滚有限公司合作推出新台币代兑业务。六是以核心企业客户、系统行业客户、中小企业客户为重点,开展现金管理推广季、收款管家精确营销活动及财智账户卡营销推广季活动。加大贵金属业务推广力度。

6月6日,中国工商银行福建省分行副行长、营业部总经理郑志伟应邀出席由省工商联主办的"用足激励政策 创建强势品牌"公益论坛会并演讲。活动旨在帮助企业转型,促进非公企业健康快速发展

个人金融业务 开展以"改善服务,提升品质"为主题的个人金融业务推广系列活动。组建工银商友俱乐部14家,推广商友通、商友贷、商友富等涵盖结算、融资、理财的专属产品,推广结算业务新产品。实施"一市一策"个性化金融服务方案,拓展商品交易市场、专业市场,创新个贷担保方式。批量发展芯片卡业务,推广手机支付卡业务,分期付款业务实现大幅跨越。加强柜面业务分流工作,加大手机银行资源投入。提升离行式自动柜员机运行率,故障维护处置时间由正常工作时间延长至夜间22点。

网点建设 新建福清龙田兰天支行等网点4个,优化改造网点13个,完成36个离行式自助银行选址工作,投产12个,新增自助设备点22个,新增自动柜员机186台,安装投入使用新型叫号机150台。将最后2家储蓄所升格为支行,进入全部网点机构"全支行"时代。整合八县(市)和马尾区的8家单一网点支行,实现在同一县域经济体中由1家一级支行统筹经营管理各级机构。

风险管控 落实案防分析会制度。开展"建设最安全银行"主题活动。联合福州市保安服务公司,启动营业网点自助银行夜间巡查项目。深化运营风险核查工作。防范信贷业务风险,落实"绿色信贷"政策,严格控制"两高一剩"行业贷款及融资平台客户新增授信和贷款,加强对钢贸企业、个人经营贷款和担保公司担保业务的审查,退出转化法人潜在风险贷款5.58亿元。落实不良贷款清收处置,不良贷款绝对额和比率实现"双下降"。

合规经营 开展整治不规范经营工作,以自查自纠、自我规范为主,监管查处为辅,按照"依法合规、服务匹配、协议完整、客户自愿"原则,从流程、定价、收费、服务合同和协议等方面对涉及的服务收费项目进行全面梳理、自查。实施《2012版中间业务服务收费价目表》。坚持人防与技防并重,提升内控检查工作信息化水平,开展员工行为规范教育活动和保密与信息安全专题教育活动。加快推进反洗钱中心集中处理改革。

服务社会 推进政风行风建设,获2012年福州市民主评议政风行风金融同业第一名。发放助学贷款5469笔，金额2315万元。参与市总工会组织的“春风送暖”行动，结对帮扶连江黄家村，定点帮扶财贸系统下岗特困职工。开展“庆六一，献爱心，圆梦想”关爱农民工子女活动，向省少儿图书馆晋安区第三中心小学分馆及古城小学捐赠图书。成立爱心救助基金管理委员会，募集员工爱心捐款35.71万元。改善农村支付服务环境，组织开展“送金融知识下乡”“支持村镇银行、支持乡镇企业建设”为主题的宣传培训活动10多场，加强农村地区网点渠道及银行卡受理市场建设。落实金融消费者权益保护及公众教育服务工作，开展“普及金融知识万里行”活动。

（董似瑾）

【中国农业银行福建省分行营业部】 2012年，中国农业银行福建省分行营业部融入海峡西岸经济及福州大都市建设，立足城市和县域两大市场，发挥城乡联动优势，实施“三农”和县域市场蓝海战略，加大对福州重点项目、“三农”事业、县域经济等领域的支持力度，打造服务海西建设的主流银行。年末本外币各项存款比年初增加118.23亿元，本外币各项贷款比年初增加83.14亿元，实现中间业务收入6.67亿元，拨备后利润20.9亿元。年内机构分类等级被农总行评定为“一类行”。

服务海西建设　一是支持基础设施项目建设。发挥全国重点城市行的优势，向上级行争取专项信贷规模，重点保证福州地铁、绕城西北段、渔平高速、福永高速等市重点项目信贷需求。全年累计向市重点建设项目发放贷款67亿元，占新增法人贷款的58.6%。二是支持实体经济发展。重点加大电力、临港工业等信贷支持力度，支持福州地铁、福清核电、华电可门等项目建设，推进福州基础设施项目建设。支持满足城乡居民正常住房需求的重点优质房地产企业或项目，与福州十大房地产企业建立良好合作关系；支持马尾造船厂、中景石化、东南石化等，推进现代石化、造船等工业发展。三是推动符合国家产行业政策的小企业发展。在市行政服务中心挂牌成立小企业金融服务中心，从源头介入小微企业服务，落实小微企业扶持政策。专项配置小企业信贷规模，指导和帮助小企业运用金融衍生产品，灵活选择银行承兑汇票、国内信用证、涉外担保业务、海外代付、国际信用证等工具，提高小企业融资能力。全年累计发放小企业贷款近27亿元，余额比年初增长5.72亿元，增速30%，高于全行贷款增速。四是开拓个人消费信贷市场。合理摆布信贷结构，将有限的信贷资源向汽车分期等个人消费领域倾斜。

服务“三农”　一是支持现代农业产业化龙头企业发展。重点锁定现代农业，加大“三农”金融服务创新，支持都市高效设施农业、绿色生态农业、休闲观光农业和农产品精深加工业、流通业，为福建浩伦、春伦茶业、农凯畜牧、阳光生态、远方牧业、益升食品等现代农业产业化龙头企业提供产业链整体金融服务。至年底，支持市级以上农业产业化龙头企业达103家，其中省级以上27家、服务覆盖面达58.6%。二是支持小城镇综合改革及新农村建设。与7个省小城镇综合改革建设试点镇签订合作协议，与210个行政村签订银村共建协议，向共建村发放惠农卡，发放农户小额贷款与个人生产经营贷款，培育信用村8个，支持信用村内中小企业。三是加大偏远农村服务覆盖。实施金穗“惠农通”工程，建设惠农通便民服务点769个，布放自助服务终端、转账电话等机具近5000台，覆盖1460个行政村，覆盖率达61%；在晋安、马尾2区无网点行政村建设新农保代理点95个。

网点建设　创新网点经营管理机制，在全省农行首创网点目标责任制竞标经营，选择50个低效网点、3个标杆网点，推行目标责任制竞标经营。50个低效网点竞标经营前，点均年增长1650万元，实施竞标经营后，点均年增长5930万元，增长率达35.5%，比全辖平均增长率高近20个百分点。同时，基本完成网点转型工作，网点形象大幅提升，湖东支行营业厅与华林支行营业厅被评为2012年度中国银行业文明规范服务千佳示范单位。

客户服务　推进业务经营转型，提升客户服务水平。与浙江商会、广东商会、省侨商联合会及省电子信息集团、福建广电、永辉集团、《福州晚报》等签订战略合作协议，创新金融服务，加强与客户合作关系，实现客户价值最大化。举办“迎新春高端客户财富论坛”，邀请研究员巴曙松到场作《2012年经济形势与金融政策展望》专题讲座。参加珠三角民营企业产业项目洽谈会，并与福建东桥万国钟表城有限公司签订合作协议，为“闽商回归”工程项目提供金融服务。不断加大业务和产品创新，逐步调整业务结构。

风险管控　以持续创新、精细管理为主线，调整制度流程，建成四大后台集中作业中心及远程视频监控中心，提高后台生产与业务保障水平；建立完善双线责任追究制、领导干部问责制、效能审计制等，内控评价从“二类行”上升为“一类行”。

（沈冰娟）

【中国银行福州地区直属支行】 2012年，中国银行福州地区直属支行加强基础建设，推进业务转型，支持地方经济发展。全年福州地区实现利润较上年增长37.99%，净收入比增29.11%，地区贡献度及可持续发展能力进一步提升。

业务结构调整　推动高层营销方面，与市政府签订战略合作协议，并以此为契机，在公积金、财政、教育、医疗、军队等领域取得营销突破，取得承办住房公积金归集业务资格。在信贷规模趋紧的背景下，发展投行业务，拓宽业务渠道，并科学安排信贷资源，强化资本约束意识，提高资产贡献度。年末本外币存款较上年末增长28.95%，公司贷款较上年末增长16.13%。个人业务方面，通过重点项目批量带动有效客户增长，以代发薪、商户通、第三方存管等战略性业务为抓手，扩大低成本资金来源，调整个人贷款结构，提高资源配置效能，转变客户营销模式，搭建结算+清算平台。年末，福州地区人民币储蓄存款较上年末增长10.37%，个人贷款较上年末增长17.65%。

金融业务和产品　推出“盛利通”等理财新模式，设计“即期宝”“宽区间期权宝”等产品，发展黄金租赁、商品远期、利率掉期等新业务，满足公司客户不同的金融需求。同时提高个人国内结算业务竞争力，推出移动银行、社区银行、农村小额POS业务，优化升级商户通跨行转账和信用卡还款功能,并与政府部门合作,逐步建立完善个人公共缴费支付平台。拓展IC卡行业应用,加快海西文化卡、广电联名卡、闽商卡等系列特色卡产品推广,组合打包商户通、商贸卡、分期付款、国内汇款套餐等产品为个体工商户和专业市场客户提供服务,多层次满足福州地区城乡居民的金融文化需求。

国际业务　保持个人外汇业务优势,重点加大对福州地区侨领、侨属的营销力度,持续提升速汇业务覆盖面和影响力,做大国际结算业务规模。同时推广出国金融服务,年末福州地区有10家出国金融服务中心,全年新增出国金融俱乐部会员4798名。对公业务加强与海外分行联动,通过"海外代付""协议付款""福费廷转卖"等产品拓宽海外融资渠道,年末福州地区国际结算总量77.67亿元,市场份额24.97%。同时巩固跨境人民币业务市场地位,利用境内外利率、汇率差推广人民币协议付款、跨境转开证、双币信用证等产品,保持人民币结算业务同业绝对领先的市场地位。

网点建设　以大中型网点和对公转型网点为突破,完善渠道布局、调整销售流程、丰富业务功能、激发内生动力。在福州重点核心区域、新兴区域、热点区域加大布点力度,全年福州地区新设网点7个,ATM新增运行台数106台,自助终端新增53台。推动服务创优,规范网点岗位职责、强化大堂经理队伍建设,实施销售服务流程导入,提升厅堂营销能力,同时加快落实智慧银行建设战略,促进柜面业务向电子渠道迁移。完善管理机制,强化网点绩效考核系统的运用,保持网均效能持续增长。

风险管控　加强主动风险管理,提高风险管理的前瞻性和针对性。采用现场检查和非现场监控相结合等手段,加大贸易融资、表外授信、异地钢贸授信、信用卡等重点业务风险排查。推进合规文化建设,开展"长青行动",排除内控风险隐患。加强后备人才队伍建设,探讨福州地区支行间人才流动机制,加强新入行大学生的使用与培养,搭建人才发现和选拔平台。年内福州地区2家机构获中国银行业文明规范千佳示范单位。

(陈　琼)

【中国建设银行福建省分行】 2012年,建设银行福建省分行继续把福州作为支持的重点区域,通过与市政府签署战略合作协议等形式,支持福州科学发展、跨越发展。年末福州地区各项存款余额1174.9亿元,新增141亿元;各项贷款余额870.1亿元,新增106.6亿元,存贷款余额继续保持当地四行首位。

信贷投放　将福州地区作为信贷投放的重点区域,年内福州地区各项贷款增幅14%,新增额占全行新增总额的35.3%。通过建立专家团队,将项目调查、评估、审批等工作前移,为福州地区"三化""三群""三维"重点项目和优势产业提供专属服务。至年底,对接福州地区"三维"项目74个,累计为福州地区重点项目审批授信419.1亿元,出具意向性贷款承诺59.9亿元,同时为重点项目建设提供财务管理、造价咨询等全方位金融服务。推广"速贷通""成长之路""小额贷"等品牌产品,创新推出"助保贷""善融贷""网银循环贷"等特色产品,支持消费类行业、民生服务业、文化产业和新兴科技产业小微企业。至年底,福州地区小微企业贷款新增34.3亿元,增幅38.9%,高出贷款平均增幅24.5个百分点。通过"信用贷""小额贷""供应贷"等产品,全方位助力科技类企业发展。持续跟进服务神画时代数码动漫、中智科技等50多家小企业客户,累计投放信贷逾2.5亿元;为福州软件园等科技园区的企业提供资金支持近5亿元;为冠捷电子、新大陆、新网锐捷等科技企业提供全面金融解决方案。加大对平潭的信贷支持和政策倾斜,在平潭的贷款余额达22.4亿元,居当地四行首位;新增5亿元,增幅达28.7%。

融资渠道　通过信用类表外业务和非信贷方式解决客户资金需求。其中,协助华电福新能源、航标控股等2家企业在香港上市,募集资金23.9亿元;为省投资开发集团、建工集团等企业发行短期融资券,累计募集资金15亿元;通过理财产品创新,将社会闲散资金合理合规引入实体经济,为包括福州地区客户在内的18家优质企业募集资金17.3亿元。成立福建建银海峡股权投资基金,为企业进一步拓宽融资渠道。

服务渠道　在物理渠道方面,加快对私营业机构建设,全年福州地区新增网点4家、装修改造网点6家、升格网点7家;加大自助设备投放,福州地区开通自助银行200家,自助设备1100台,自助设备账务性交易量比达80.7%。加强小企业经营中心规范化建设,调整升级福州地区小企业经营中心7家。在客户经理渠道方面,加大各级客户经理评聘力度,健全客户经理考评体系、完善退出机制,强化客户经理专业人员队伍建设,提升专业化服务能力。在电子渠道方面,建立起涵盖网上银行、短信银行、手机银行等的完整体系。至年底,福州地区电子银行个人客户达497万户,交易额达15640亿元;单位客户达8万户,交

3月20日,建设银行福建省分行与市政府在福州举行战略合作协议签约仪式,省委常委、福州市委书记杨岳(鉴签居中者)出席

易额达17122.4亿元。推广"善融商务"金融服务平台,为企业提供销售商机,并通过网络贷款、分期等融资业务促进产品销售与企业壮大。年内入驻平台的福州地区企业有2179家,交易额达2.9亿元,获得贷款4.6亿元。

民生服务　年末在福州地区房地产开发贷款余额109亿元,居同业第一,其中普通住宅项目和保障性住房项目占95.3%。年内向福州地区投放个人住房贷款93.2亿元,年末余额达353.7亿元,新增59.7亿元,其中为11个经济适用房、保障性住房楼盘发放个人贷款1.2亿元,帮助595户中低收入居民实现购房梦想。创新个人助业贷款经营模式,采取"优质信誉+有效抵押+稳定现金流"的形式,重点服务"衣食住行"类大型批发专业市场。年内在福州地区投放助业贷款20.5亿元,年末余额19.9亿元,新增6.4亿元,增幅达47.1%。推广财富贷、家装贷、学易贷和黄金质押贷等产品,发展小额贷和结算卡等产品。年内向福州地区发放个人消费经营类贷款21.8亿元,年末余额35.1亿元。开展汽车分期、车位分期、安居分期、红木分期、旅游分期等13种信用卡分期付款业务。至年底,在福州地区信用卡分期贷款余额32亿元,直接拉动消费37亿元。其中,购车分期交易23.2亿元,为1.6万名客户提供购车信贷支持;安居分期交易3.3亿元,支持2100多户家庭完成住房装修计划。向福州地区教育、卫生、环保、医疗、文化等民生领域提供金融支持。以福州地区全日制本科院校、高等职业学院及重点中专为支持重点,年内投放信贷资金2.8亿元。加大对福州地区医院客户的信贷投入力度,年末卫生行业贷款余额1.4亿元,新增0.7亿元,增幅53.7%。支持垃圾处理、风力发电以及水利工程等节能减排行业,在福州地区节能减排行业贷款余额98.6亿元,其中支持风电项目4个、支持垃圾焚烧发电项目1个。同时支持福州市重点发展的十大文化行业,贷款余额5.8亿元。

社会服务　持续实施"资助贫困高中生成长计划"和"资助贫困英模母亲计划"两大长期性公益项目,福州7所中学80名品学兼优、家境贫寒的高中生和12名贫困英模母亲家属得到资助。同时开展助残助困助学助农和属地文明共建活动。　　（罗长武）

【兴业银行福州分行】　2012年,兴业银行福州分行支持海西建设,推进网点综合服务,年末总资产934.74亿元,本外币各项存款余额663.49亿元,本外币各项贷款余额397.01亿元,不良贷款比率为0.038%,信贷资产质量继续处于历史最好水平。

服务海西建设　年内,促成总行与市政府签署战略合作协议,并分别与福清市、马尾区政府签订战略合作协议,建立"信贷合作快速通道",为福州"大都市圈"建设、"五大战役"、优势产业、重点建设项目和中小微企业提供支持。运用新兴金融工具,发展现金管理、投资银行、供应链金融等业务,拓宽企业项目融资渠道。坚持集群营销、链式营销,提升对本地小企业服务水平。推进"绿色金融"业务发展,打造节能减排专业化金融服务,实现经济效益与社会效益的"双丰收"。开展新绿色金融项目挖掘工作,调整绿色金融信贷结构,提高中小型企业信贷占比,运用"8+1"种融资服务模式,服务海西重点环境项目。至年末,为榕城企业累计发放绿色金融贷款近40亿元,业务余额超过20亿元。

网点建设与服务　完成分行首家样板网点建设,并推广样板网点建设成果;组织开展"走进网点,体验服务"主题实践活动,推广"安愉人生"金融方案;推进"美丽厅堂"专项活动,加强营业厅服务评价管理,整改网点视觉规范;健全客户投诉管理机制,加强前台服务的检查整改;优化服务渠道建设,提升网点服务软硬件实力。至年末,累计投入使用自助设备348台,电子银行交易柜面替代率达63.28%。

风险管控　推进内控机制建设,调整风险管理组织架构;加大内控案防工作力度,全年无重大责任事故和案件发生;抓住重点部位、重点岗位、关键人员开展风险排查,及时堵防案防漏洞及隐患;全面修订各类应急处置预案,提升突发事件处置能力;加强账户管理和出纳管理,开展"反洗钱"工作;开展创建"平安先行单位"活动,做好社会化服务监督管理工作。加强各类授信风险管理,建立新兴业务创新协调沟通机制,重点加强类信贷业务贷后监督管理工作;继续推进政府融资平台贷款的抵质押担保、贷款期限、还款方式等的后续整改,加强平台新增贷款管理;持续推动不良贷款清收化解工作,做好逾期、不良余额控制及信贷资产质量预测工作,全年未新增公司逾期及不良贷款。　　（陈　艳）

【中信银行福州分行】　2012年,中信银行福州分行支持实体经济发展,严控业务风险,业务指标稳步提升,资产质量保持良好,内控管理基础稳固。年末,分行总资产575亿元;本外币各项存款余额549亿元,本外币各项贷款余额433亿元,全年实现经营利润12.39亿元;在福州、泉州、莆田、漳州设立营业网点29家,其中福州17家、泉州7家、莆田3家、漳州2家。

公司业务　与市政府签订战略合作框架协议,支持能源、交通、通讯、电子信息等海西建设重点项目(包括省能源集团、平潭远洋、正麒高纤、漳州古雷石化等项目);落实"商行+投行"服务模式,为辖内优质企业提供授信、发债等综合服务;针对服装鞋帽、水暖卫浴等区域特色行业企业提供供应链金融、商票通、现金管理等产品。加强小微企业"四专"服务体系建设,推出联保贷、法人按揭贷等新产品,满足企业融资需求,小微企业贷款指标实现"两个不低于"目标。年末对公贷款余额297亿元。

零售业务　落实网点销售化转型要求,完善客户分层经营体系,提供多元化产品服务,举办出国金融推介会、关爱老年人公益活动等"两卡一金"客户(香卡、信福年华卡、出国金融客户)增值服务,推广个人商贸通贷款,打造个体工商户、私营企业主的专属服务品牌。

国际业务　开展外汇清算产品、跨境人民币等业务,与出口信保公司合作办理出口信保融资,支持"走出去"企业和出口企业发展。年末,跨境交易量是上年的3倍,进出口收付汇量继续跑赢大市。

资金资本业务　推广人民币利率互换等产品,建立境外人民币(CNH)远期交易渠道,巩固业务交易量和市场优势。

风险管控　严格授信准入门槛,实

3月20日,中信银行福州分行与福州市政府签订战略合作框架协议

行“五不贷”原则,对涉黄、赌、毒,涉民间融资,涉其他不法行为的不予立项;实行授信客户面谈制,贷前由不同级别负责人与企业主面谈,并加强贷中、贷后信息联动,加强抵质押核保工作,堵截风险隐患。落实风险管控的垂直管理,实行二级分行风险主管派驻制度,加强风险案例学习与信息交流。结合经济热点与监管重点,增加贷后检查频度与覆盖面,调整信贷结构。

内控管理　与辖内各单位签订“合规经营承诺书”,全面落实整治不规范经营工作要求;开展案防专题会议、突击检查、滚动排查、员工参与民间借贷风险排查等,加强内部审计力度。完善会计管理制度,严格执行重要岗位轮岗制度,加强押运钞管理和安全检查。

(唐夏芸)

【中国光大银行福州分行】　2012年,光大银行福州分行以集团和福建省政府签署《战略合作协议》为契机,加快内涵式发展,深化模式化经营,改进金融服务,调整业务结构,完善风险管理,各项业务均衡协调发展。年末,分行表内外资产总额610亿元,实现税后利润8.98亿元;有营业网点20家,其中福州14家,泉州3家,漳州2家,龙岩1家,新设泉州石狮支行、漳州龙海支行。年内,获中国人民银行福州中心支行“福建省金融统计工作综合考评一等奖”“金融统计数据优秀单位”称号,辖属国货路支行获2012年“中国银行业文明规范服务千佳示范单位”称号。

经营管理　调整发展战略,结合福建经济特点,利用模式化经营,发展中小企业业务、贸易金融业务、零售业务和小微金融业务,逐步摆脱宏观经济环境的不利影响,取得良好成效。在营销推进过程中,提升客户群数量主要以模式化的方式批量推进,部分优质客户单独推进。在考核机制上,强调基础客户数考核,对每个经营单位均下达新增客户数指标,并对客户数增长多的经营单位优先安排信贷资源。推进阳光服务精益管理工作,通过深入动员、多部门协调配合、集中培训和重点辅导等措施,完成调整分区布局、物品定位和现场管理,调整服务流程等各项工作。

风险防控　重新修订《案件风险防控目标责任书》,组织全行各部门、各分支机构重新签订《案件风险防控目标责任书》以及《内部治安保卫目标责任书》,形成全行一级抓一级,层层抓落实的案件防控和安全保卫目标管理责任体系。定期召开风险预警会议和合规预警会议,持续开展多形式、大范围、多角度的风险排查调研,特别关注政府融资平台、民间融资和房地产行业等方面的风险问题。

(林　磊)

【招商银行福州分行】　2012年,招商银行福州分行负债规模再创历史新高,小微业务快速发展,新兴产品和业务亮点纷呈,信贷资产质量保持良好,成立13年来保持安全运营无案件无事故。年末,全折人民币自营存款余额达431.56亿元,比增14.93%;全折人民币自营贷款余额达382.55亿元,比增26.84%。其中,小微企业贷款余额达66.91亿元,全年投放68.6亿元;行标口径小企业贷款余额达82.08亿元,较年初增长32.38亿元。不良贷款比率为0.498%,信贷资产质量总体保持良好。连续3年获“福州市金融机构人民币流通业务管理评价A类行”称号;获人行福州中心支行年度“全省反洗钱先进集体”;获人行年度“福建省金融统计工作综合考评二等奖”。

服务海西建设　落实招商局集团与省政府签署的深化战略合作框架协议,利用分行产品优势、网络优势、创新优势、服务优势和系统优势以及总行资源倾斜,合理安排贷款规模,加大对海西重点建设项目和优质企事业法人的授信支持力度,为海西经济社会发展提供多产品、一站式服务,并在融资服务、资金管理服务、投资银行业务以及其他综合类等领域提供优质高效的金融服务。

服务小微企业　通过小企业信贷中心、小企业金融部,落实小企业专业化经营,为小微贷业务开辟“绿色通道”,集中有限的信贷资源支持小微企业,解决小微客户融资问题;运用“生意贷”“展翼通”等系列产品,开展创新产品研发,为小微以及“千鹰展翼”客群提供产品支持;先后在龙岩、莆田、泉州、福州等地举办多场“千鹰展翼”推介活动,培育具有巨大潜力的创新成长型客户,为小微企业提供全面、优质的金融服务。

网点建设　在福州、泉州、龙岩、莆田四地区设有28家经营网点。开展三明分行筹建工作,完成平潭支行、福清龙田支行、福建日报社自助银行和4个自助单点的建设以及泉州丰泽支行、江南支行的搬迁。

风险管控　遵循“保存量、调结构、控新增”信贷策略,开展全面信用风险管理工作。制定操作风险管理制度,完善分行操作风险管理体系,提升操作风险管理水平。贯彻落实风险为本理念,合理配置反洗钱管理资源。增强全员自律意识和职业操守,加强防范和打击非法集资的宣传教育,严防严控内部案件风险，实现全年零案件零事故。

客户服务　建立支行服务管理框架内容，辅导网点营业厅经理开展服务管理工作；推选服务新人，开展个人服务评先评优；持续开展分行服务评审会议，交流服务管理经验；开展内训师“服务礼仪”送教上门活动。江滨支行被授予“2012年度中国银行业文明规范服务千佳示范单位”称号。　（李诗婷）

【中国民生银行福州分行】　2012年，中国民生银行福州分行立足福建区域经济特色，确立“快乐走在山水间”发展定位；埋头做客户、全力做负债、经营保安全，取得一定成绩。年末，分行总资产360.27亿元，增长141亿元，增幅64.30%；各项存款余额264.29亿元，比增38.49%，11月末，存款增幅股份制同业第一，规模排名第三；各项贷款余额（含贴现）234.51亿元，比增13.07%，年内新增贷款全部投放到海洋、茶、红木、文化等区域特色行业，特色初步形成。分行贷款不良率0.13%，较上年末降低0.03个百分点，其中小微贷款不良率0.16%，关注类贷款余额大幅下降（年内减少1744万元，从3034万元下降到1290万元）。开展“增收节支”活动，成本支出得到有效控制，11月末成本收入比34.6%，相较2010年末减少10个百分点。

特色定位　根据福建传统形成的“耕山牧海”区域经济特色，业务定位为“快乐走在山水间”。“山”即支持林业、茶叶等特色、民生产业；“水”即大力发展海洋产业，授信总额超40亿元、提用23亿元；“快乐”即大力发展旅游文化产业，授信额度近30亿元、贷款余额22亿元，其中红木市场份额居当地第一。年内，总行与省政府签订战略合作协议，3年内为福建海洋、茶叶等民生产业和重点建设项目提供500亿元的金融支持；福州分行与市海洋与渔业局签订《百亿资金助推“海上福州”》战略合作协议。

网络化营销　利用圈链中所形成相对稳定的个体，依托商会和新组建的合作社，推行“1+N”的批量营销模式，将社会资源转化为经济资本，实现有效客户的大幅度提升，带动负债业务快速稳定增长。同时，强调将产业链与价值链有效融合，实现忠诚度与贡献度的统一。

“一行一品一策”推行　“一行一品一策”中“一行”指专门的机构与专门的团队，“一品”指专业的产品和专门的流程，“一策”指专门的绩效考核和不同的资源配置政策。在海洋产业方面，设立专业支行——连江支行、筹建马尾支行，相应推出连江“渔货通”、马尾“银商直通车—名成冷链交易结算资金全托管系统”等特色产品。莆田分行研发推出“红木卡”。平潭支行创新“建融通”产品。

“八一”工程实施　树立“客户是银行的核心资产”理念，要求每个客户在实现8个以上产品，提高客户的忠诚度，并提升客户的贡献度。同时完善客户成长评价系统，回馈客户，通过不断给客户制造惊喜实现与客户共成长。

渠道建设　围绕“三A”（任何时间、任何地点、任何方式）银行建设，打造海陆空银行。“空中银行”：整合“95568”平台和电商服务企业，设计“电商通”金融服务方案，打造“空中银行”售后服务渠道，形成短信、电访、邮寄、非现场、厅堂专区、现场等“空中银行”与“物理平台”紧密结合的模式。“海上银行”：根据海洋捕捞等产业特征，重点依托手机银行、POS、EPOS等电子化工具，探索、打造“海上银行”，以更好地服务海洋产业链客户。“陆地银行”：加快建设完善自助银行建设与管理，实现网点服务的延伸。

风险管控　通过从现有客户群体中检出“三无”客户（“无所畏惧”“无暇顾及”“无动于衷”的客户），并加以持续关注，从而有效跟踪、发现、化解表内外授信业务的潜在风险因素，做到“早发现、早预警、早控制”，确保信贷资产质量稳定运行及不良率接近零。同时构筑风险防范长效机制：一是持续开展培训，汇总成《客户经理案例手册》，下发全体客户经理学习，提升客户经理专业水平以及风险防范能力。二是开展“规范、执行、效率”的“主动合规月”活动。三是建立风险预警系统，完善各项风险应急预案，汇编《中国民生银行福州分行应急预案汇编》，制定《中国民生银行福州分行小微授信业务风险预警实施细则》。该体系2月运行以来，风险预警信号的排查与回复率大幅提升，11月末，风险预警信号的回复率达90%以上。

服务社会　发动员工参与向河南贫困地区希望工程捐资助学活动，捐款约15万元；设立“民生银行寒门学子助学基金”，每年定期向福州大学贫困生捐款40万元。被省红十字会授予“红十字人道铜质奖章”。　（陈小平）

【华夏银行福州分行】　2012年，华夏银行福州分行推进业务发展，加强内部管理和风险管控，强化员工队伍教育培训，实现速度、结构、质量、效益的协调发展，全年安全无事故无案件。年末资产总额162.25亿元，比年初增长18.89%；负债总额159.15亿元，比年初增长19.04%；一般性存款余额140.92亿元，增长25.19%；不良贷款余额0.94亿元，不良贷款率0.83%。完成台江支行筹建并开业，市区营业机构达7家，设有13个自助服务区、50台自助机具，启动筹建金融街支行。在人行2012年金融统计工作考核评比中，获金融统计工作综合评价一等奖；被人行福州中心支行评为“2011年度福建省金融机构人民币流通业务管理评价A类行”，被福建省反洗钱协会评定为“2011年度先进单位”。还获“2012年度中国银行业文明规范服务千佳示范单位”称号。

服务小微企业　发挥“中小企业金融服务商”的品牌优势，坚持“立足属地、立足批量、立足小微”原则，加强与“商圈”“园区”“核心企业”“电子交易”“融资性机构”等平台的合作，支持现代物流业、商贸业、信息技术服务业、社会服务业、旅游业、住宿餐饮、医疗服务等行业小微企业客户发展，简化业务审批流程，开放“绿色通道”，为小企业提供“一站式”金融服务，优先安排信贷规模，创新担保方式，提供差异化的授信方案，满足小企业短、频、快的融资需求。

服务“三农”　把涉农贷款纳入重点投放领域。结合当地农业结构特点，重点支持经营效益和现金流稳定并具有一定规模优势的种植养殖、海洋产业、林木、园艺、农产品加工和流通服务企业，择优支持质量管理规范并具有一定品牌效应和渠道优势的休闲食品加工企业及其上下游优质客户。年末涉农贷款余额41.87亿元，较年初增长22.97%，高于全行贷款平均增速。同时加大自助机具投放力度,拓展支农服务的范围和领域。

(王香双)

【平安银行福州分行】 2012年,平安银行福州分行围绕建设区域金融中心目标,加大对全市经济社会发展的信贷支持,强化批量营销理念,强化金融服务意识,调整信贷结构,在合规文化建设、信贷风险防范、运营集中化估、安全服务保障、后勤保障支持等方面提升管理水平,支持业务发展,融入海峡西岸经济区建设、加大实体经济信贷投入、加强中小微企业金融服务、支持平潭综合实验区开发、加强风险防控、提升金融服务水平。年末,表内资产总额达163.11亿元,比年初增加37.09亿元,增幅29.43%,各项存款余额153.12亿元,各项贷款余额135.15亿元,不良贷款比例为0.23%,表外业务合计67.19亿元。实现累计中间业务收入7739.15万元,税前利润4.359亿元,在福州当地存贷款市场份额持续上升。全年保持"三无",即无重大差错,无责任事故,无经济案件。

服务海西建设 深发和平安两行合并后,凭借综合金融优势,跨越银行、保险、证券等传统单一渠道模式,实现内部资源共享,为客户提供综合的混业金融服务。12月23日,推动省政府与中国平安保险(集团)股份有限公司在福州签署合作协议。

引入供应链金融产品服务中小企业,推广反向保理、线上供应链金融、融资租赁保理等综合性贸易融资服务方案,紧跟全球经济发展形势和外汇市场形势,利用多种金融服务方案发展国际业务特色产品。通过担保方式创新、贸易融资产品等,在传统信贷业务的基础上,结合集团综合金融平台,运用债券、信托、基金等多种金融工具,为企业提供一揽子金融服务方案,以弥补现行信用担保体制在支持融资方面的不足,并在船舶制造、水产养殖、远洋运输、文化产业、纺织、电机等行业及重点项目方面取得一定突破。

在做好传统的饲料、粮油、医药等涉农行业信贷支持的基础上,重点支持宁德福安、长乐等县级及农村地区的企业客户。同时按照"三个办法、一个指引"管控涉农信贷资金用途,确保涉农信贷资金投入实体经济。

服务平潭综合实验区 支持海西经济建设及平潭综合实验区建设,持续向总行申请此类信贷规模的投放及信贷政策的倾斜。关注平潭地区海西产业转型及升级的重点行业,介入电子信息、高端机械装备、清洁能源等高新技术产业的授信业务。根据当地市场产业集群在水产加工业、精致农渔业、特色船舶修造业等海洋行业展开批量营销,重点推广供应链金融服务。9月23日在平潭综合实验区成立平安银行平潭支行,并投入平潭地区的金融服务,在海运行业等领域取得初步成效。

服务小微企业 内部机制上依托总行"最佳银行战略"的部署,即"小微金融是我行'最佳银行战略'中的重要引擎,是银行发展的'三驾马车'之一",外部机制上利用省政府关于支持金融业发展措施中的关于给予小微企业和涉农贷款财税优惠政策,落实小企业贷款和涉农贷款,实现增量和增速"两个不低于"目标,推动业务拓展。全年新增小微企业贷款占全部新增贷款的44%。

公众金融服务 参与由省银行业协会举办的"金融知识万里行",由市妇联、司法局、旅游局等多家市直机关单位组织的"司法进社区",由中国人民银行福州中心支行举办的"金融服务助民生,安全用卡芯时代"等社会活动,深入各大社区开展理财、法制宣传,普及"用卡安全""真假币识别"等金融常识,同时了解消费者金融服务需求点,并根据消费者需求推荐合适的产品以提升服务满意度。3月,被《福州日报》评为"2011—2012年度最佳品牌形象银行"。并获"福州市千佳金融服务网点"称号。

风险管控 由分行内控委员会统一组织,形成案件防范、报告、查处、责任追究和整改落实的案件防控体系。建立风险滚动检查机制,完成全行案件防控责任书签署,定期开展案件风险排查、员工失范行为排查及不正当交易行为和商业贿赂排查活动。开展政府投融资平台清理,实现"两个确保";执行"贷款新规",严查资金走向;加强票据风险防范;分行信贷管理部落实贷款"三查"制度,强化贷后管理与检查,提高贷后风险评级认定与调整的规范性和准确性,加强贷款资料真实性和贷款用途合法性审查。

(唐泳玲 温盛楠)

【浦发银行福州分行】 2012年,浦发银行福州分行继续以客户、负债、公司产品、金融资产的协同增长为目标,加大业务结构调整,优化信贷结构,强化柜面产品签约率提升,通过提高个人产品渗透率,拓展并稳固客户群体。同时聚焦客户分层分类和各类渠道建设,围绕客户分层,强化各层级客户的维护和提升;围绕客户分类,强化各类客群的经营和服务;推进战略合作,强化中国移动渠道客户获取和经营效用。成立有泉州分行、闽都支行、长乐支行、福清支行、石狮支行、平潭支行、南安支行、茶亭支行等分支机构。年末本外币资产总额达360亿元;本外币离、在岸各项存款余额达293亿元,其中一般性存款余额216亿元;本外币各项贷款余额209亿元。年内营业部被评为全国银行业文明规范服务千佳示范单位。

服务海西建设 开业以来,累计投入近400亿元,重点支持福清渔溪至平潭大桥高速公路、福州长乐国际机场高速公路二期、福清牛头尾风电场、霞浦大京风电场、泉州船厂修船项目、中铝瑞闽高精铝板带工程等重点项目。同时贯彻落实监管部门小企业金融服务有关政策和工作要求,依托中小企业业务专营机构,继续调整信贷资金结构配置,持续稳健加大对省内进出口行业、泉州先进制造业、莆田木业、福安机电业、长乐纺织业、福鼎及南安石材业中等小微企业的有效信贷投放力度,不断健全信贷管理体制,完善贷款定价机制,中小企业表内外授信业务齐创新高,授信客户数稳步增加,客户基础不断扩大,实现"规模、质量、效益"全面发展。

风险管控 不断建立健全风险内控、运营科技、资金财务、合规审计、综合管理五大类若干个具体工作的操作流程及岗位管理办法,重点对资产负债比例管理、资金管理、财务管理、会计管理、稽核监督检查、安全保卫等方面进行具体规范,基本形成风险控制与市场反应互为平衡的内部管理体系。通过建立分工合理、职责明确、报告关系清晰的组织结构,明确决策机构、经营部门、综合管理部门、支持保障部门、监督部门以及所有与风险和内部控制有关的部门、岗位、人员的职责、权限及其相互关系，确保各项管理工作得到有效运行。年内无不良资产、案件和违规违纪行为。

服务社会　10月，与省教育厅关工委联合开展捐款活动，募集现金近6万元，对省内4所贫困中小学开展“爱心图书捐赠”活动，捐赠书籍6000册。开展以“善用金融，幸福生活”为主旨的金融知识万里行活动，引导金融消费者理性使用金融服务。（罗明生）

【邮储银行福州市分行】　2012年，邮储银行福州市分行贯彻“创新求变、科技引领、项目带动”三大基础成长战略，提升服务，强化风险控制，促进各项业务全面加速发展。年末全行资产规模达210.43亿元，本外币存款达204.146亿元，比增21.44%，各项贷款余额58.443亿元，比增62.75%。

机构建设　分行内设12个部室，下辖141个支行网点，在鼓楼、晋安、台江、仓山和福清、长乐、闽侯、连江、罗源、闽清、永泰、平潭等地区设有25个自营支行和116个代理支行（网点），300多台银行自助设备，网点数量在福州市金融机构中名列前茅，成为全市城乡居民、企事业单位金融服务的主渠道之一。

业务与产品　业务范围包括个人金融业务、公司业务、信贷业务、国际业务和电子银行业务。年内推出贵金属、托管业务、手机银行、票据业务、供应链融资、市场方担保个人商务贷款、个人汽车消费贷款、个人留学贷款、经营性车辆按揭贷款、林权抵押贷款、小企业保函贷、银票质押贷、订单贷、设备抵押贷等业务。

服务“三农”　小额贷款继续深化平台开发模式，“小额贴息贷款”“信用村”“青创贷”“妇创贷”四大品牌得到省市团委、妇联的高度肯定以及社会各界的广泛认可，至年末全市累计发放小额贷款35.9亿元，其中农户贷款33亿元，创建有42个信用村，惠及3万多名农户，支持近3000名农村青年创业。5月，福州辖内连江、平潭等沿海各县陆续发生赤潮灾情，对成百上千养殖户造成严重影响，分行组织人员处置灾情，至年末发放各类政策扶持贷款近3000万元，支持受灾客户数近500户。

服务中小微企业　深化“零售业务批量开发”的经营理念，在全区推动以“三群三链”为目标的集群开发模式；从单纯为小企业提供信贷服务，逐渐转变为向客户提供一揽子综合金融服务方案，多方面满足客户的金融需求。至年末，全市小企业贷款累计授信406户，发放小企业贷款16亿元，贷款结余9.40亿元；小企业贷款资产质量保持“零不良”水平。

风险管控　发挥风险管理委员会、风险联络员机制，持续完善风险管理基础建设。开展“监管政策暨合规文化下基层”及“合规之星评选”活动，推进风险（合规）经理派驻制度，完善网点监督检查体系，强化三道防线职责；突出操作风险隐患排查，对高风险地区、高风险环节以及高风险岗位进行多种形式的重点排查，开展案件防控综合治理工作；以非现场等先进技术，提升案防工作广度与效率，多维度、多方面进行抽样检查突出工作重点，加大对重点业务、重点环节的审计力度，严格把控化解风险；履行反洗钱义务，运用反洗钱新系统，进行客户身份基本信息核实工作；开展资产保全、规范移交及清收工作，全年接收不良贷款60户，清收不良贷款558万元。

（周珊珊）

【福建省农村信用社联合社福州办事处】

2012年，福建省农村信用社联合社福州办事处指导福州农商行及八县（市）农信社、农商银行改革与发展，福清市农村信用合作联社、平潭县农村信用合作联社分别改制为福清农商银行、平潭农商银行。辖区有326个营业网点，职工2438人，是福州金融网点分布最广泛、服务对象最多的金融机构。全辖76个网点实施标杆网点建设，占网点总数23%。年末，全市农信社、农商银行各项存款余额445.99亿元，比年初增长28.45%；各项贷款余额283.01亿元，比年初增长23.71%；不良贷款占比1.06%，比年初下降0.09个百分点。

服务海西建设　9个行社将加强“三农”金融服务写入章程，签订支农服务承诺书，形成支农工作新机制。至年末，全辖涉农贷款余额达172.66亿元，比年初增加37.50亿元，同比增加5.77亿元，增长27.74%，比贷款平均增速高4.03个百分点；全辖小微企业贷款余额32.30亿元，比年初增加10.95亿元，同比增加14.61亿元，增长51.29%，比贷款平均增速高27.58个百分点；全辖创建“信用村”341个，“信用乡镇”5个，累计发放小信贷款证5.59万本，累计授信金额5.63亿元；全辖布设1445个小额支付便民点，实现农户不出村就能获得金融服务；全年新农保开户200.34万户，累计代发养老金5.27亿元，累计代

12月21日，长乐联社在长乐市金峰镇下珠村文化中心举行“信用村”授牌仪式

收保费3.55亿元;全辖累计代理发放种粮植补、农村低保、库区移民等各项财政性补贴3.51亿元;累计发放助学贷款3330.63万元支持5289名学生圆大学梦,为3000多名普通高中学生代理发放资助卡;连江县联社、平潭农商行发放救灾贷款2.50亿元扶持3388户赤潮受灾鲍农恢复生产。

电子银行建设　至年末,全辖布设ATM机254台、存取款一体机220台、自助终端178台,建设自助银行116个、离行式自助银行26个;发展特约商户4096户,网银客户5.88万户、电话银行10万户、短信银行25.07万户;发行贵宾卡5574张、贷记卡1.28万张;全辖机具覆盖率223.80%,比上年末提升83.04个百分点,电子交易占比41.06%,比上年末提升5.48个百分点。

风险管控　6月正式挂牌成立福州稽审中心,提升稽核管理水平;组织辖区9个行社开展非现场稽核和现场专项检查11个,开展年度稽核工作综合评价,按A、B、C、D类确定评价,量化稽核工作水平;组织开展新增不良贷款、大额贷款、存款风险滚动式、安全保卫突击、网点序时审计和员工参与民间借贷风险排查等工作;推行监事长风险排查和突击替岗制度,全辖开展监事长风险排查86项,对58人进行突击替岗。(吴恭济)

8月29日,福建海峡银行首家省外支行——温州龙湾支行开业

【福建海峡银行】　2012年,福建海峡银行按照“建设有海峡特色精品银行”目标,稳健经营,完善风险管理,加快特色发展,各项业务总体保持平稳运行。年末,全行资产总额702.71亿元,比年初增加84.82亿元,增幅13.3%。存款余额519.41亿元,比年初增加41.18亿元,增幅8.61%。贷款余额347.88亿元,比年初增加60.04亿元,增幅20.86%。不良贷款率1.30%,比年初上升0.45个百分点。累计实现拨备前利润13.49亿元,比增2.89亿元,增幅27.28%。实现净利润8.01亿元,比增0.48亿元,增幅6.40%。年内深入社区、企业开展志愿服务和“普及金融知识万里行”系列活动,举办第十届职工运动会,连续5届获“省级文明单位”称号。

公司治理　充分发挥董事会及董事会各专门委员会的科学决策和议事功能,推动制定跨区域布局、风险管理战略、资本补充和拨备提取计划。强化外部审计和市场约束,根据国内和国际会计准则对年度财务决算报告进行审计;加强信息披露,披露关联交易情况和薪酬管理制度。完善授权制度和激励约束机制。完善对分支机构的绩效管理办法和以目标责任制为核心的部门考核制度。全面推行综合柜员制、客户经理等级制和行员等级制,出台配套激励约束政策。完成2013—2015年发展规划,以及人力资源、信息科技3年规划初稿的编制。完成新资本协议实施规划初稿编制。

业务经营　小微企业金融服务方面,至年末国标小微企业贷款余额205.38亿元,比年初增加40.49亿元,较2011年全年增量多1.07亿元,全年小微企业贷款增速24.56%,高于各项贷款平均增速3.79个百分点,实现“两个不低于”监管要求。银行卡业务方面,试发行金融IC卡,推出“妈祖平安卡”“幸福卡”等具有地域特色的主题卡;推进福州市市民卡代收代付、消费应用等民生服务功能,实现包括代扣代缴水、电、有线电视等15项代收代付应用,及医院体检优惠等16项消费应用。特色行建设方面,确定14家特色行及11个特色品牌和6家台资企业重点行及“台企通”品牌;更名设立福州科技支行,开展科技型中小企业融资和专营服务。产品创新方面,发行28期海蕴理财系列产品,代销12期、26款南京银行理财产品;试点开展债务融资工具业务和中小企业私募债业务;小微企业金融债券发行申请获得中国银监会批准;试点开展新台币兑换业务;开发福商国业理财系列新5号、6号和同外币币种质押融资产品,推出国内信用证偿付业务和跨境人民币业务。继续深化对台金融合作,加强与华南银行在跨境融资等方面的合作。机构建设方面,福清支行升格分行,闽侯、温州龙湾、福清玉融、宁德福鼎、泉州南安支行等相继开业,三明分行及6家支行获准筹建。

风险防控　强化重点领域风险防控。开展对集团客户、关联授信、钢贸行业授信、融资平台、与担保公司合作业务、房地产授信、出口贸易型企业等重点领域全面排查。做好流动性风险管理。加强资产负债管理,提高市场融资能力,开展流动性压力测试。构建市场风险管控工作平台,建设资金业务管理系统。增强信息科技风险管理能力。加强业务连续性管理,完成首次同城灾备中心系统切换演练。落实案件防控工作要求。建立员工异常行为排查长效机制,建立个人柜面业务后督制度,开展存款风险滚动式检查,以及柜台业务“八禁止”专项自查,落实关键岗位人员轮岗和强制休假工作。加强合规管理,开展“不规范经营专项治理”工作。　(黄　敏)

【浙江稠州商业银行福州分行】　2012

年，浙江稠州商业银行福州分行以“互助贷”“个人经营性自助循环贷”等特色产品为推广重点，试水中小企业集合债券等投行业务，辅以机构网点建设，丰富结算渠道。4月，福州福清支行开业；10月，福州鼓楼支行开业。年末，本外币各项存款余额（含同业存放）46.72亿元，其中人民币一般性存款余额32.72亿元，含储蓄存款15.41亿元；各项贷款余额23.02亿元；资产总额47.11亿元，实现营业净收入1.364亿元，营业利润6352万元，税后利润4764万元，日均存贷比68.46%，期末贷款损失准备余额为2862万元。

特色金融产品推广　以“互助贷”“个人经营性自助循环贷”为重点推广产品，在制度规定、产品落地创新、合同文本规范、流程设计、营销推广等方面做工作。初步选定福建省浙江商会、福州市温州商会、建瓯笋竹城3个集群客户为目标客户，其中福建省浙江商会、建瓯笋竹城2个项目获得总行1.5亿元和2亿元合作授信额度批复。另外，成立小企业二部作为小微企业专营部门，专门办理500万以下特别是200万以下信贷业务。

同业合作渠道　与海峡银行、长乐农村信用联社2家同业机构建立业务合作关系。至此，与福州当地所有一级法人机构（兴业银行、海峡银行、福建省农村信用联社、福州农商行、闽侯农联社等）、三大国有银行（中行、建行、工行）、国有政策性银行（国开行福建省分行和厦门分行、进出口银行福建省分行）等均建立业务合作关系。年内同业存放业务累计发生额为62.65亿元，余额14亿元，较去年同期相比余额增加31.20亿元，增长99.20%。

个人金融业务渠道　开展营销拓展活动，通过“走进博美诗邦社区”“与市国税局共同举办‘稠行杯’摄影大赛”等10场“稠行进万家”活动和“借记卡ATM取现手续费减免”、手机银行“签约有礼”等活动，扩大知名度和品牌影响力。注重渠道建设，争取做到零售业务批发经营，与上海富友和北京易宝签订特约商户市场拓展（POS业务）合作，为POS业务拓展新渠道。

（唐炎曦）

证券期货业

【概况】　2012年，福州市资本市场平稳运行，直接融资成效明显，上市公司经营状况总体良好，证券期货业持续发展壮大；证券市场交投活跃，未发现新增重大违法违规和风险事件。至年底，全市有A股上市公司29家，总市值3296.3亿元，比增21.92%。全年新增上市公司2家，首发融资额7.85亿元；1家上市公司通过增发新股实现股权融资236.71亿元；4家上市公司通过发行公司债、短期融资券等方式实现债券融资31.5亿元。全市累计实现直接融资276.06亿元，比减39.64%。

至年底，全市有兴业证券股份有限公司（简称兴业证券）、华福证券有限责任公司（简称华福证券）2家法人证券公司，有85家证券营业部（年内新增3家）、5家证券分公司、2家基金分公司。2家法人证券公司年末资产总额271.61亿元，年内实现营业收入25.76亿元、净利润总额6.73亿元。全市证券营业部全年代理买卖股票、基金11773.73亿元，比降25.52%。全市有兴业期货有限公司（简称兴业期货）、金友期货经纪有限责任公司、鑫鼎盛期货有限公司3家法人期货公司，24家期货营业部。3家法人期货公司年末资产总额26.34亿元、净资产4.96亿元，全年实现营业收入2.765亿元，净利润0.333亿元；24家期货营业部全年期货交易额27426.43亿元，比降0.33%。全市有投资咨询公司2家，具有从事证券、期货相关业务资格的会计师事务所1家、资产评估机构2家，首发上市辅导备案企业7家（年内新增5家）。

【上市公司直接融资】　福州市有富春通信、腾新食品2家公司实现首发上市，募集资金7.85亿元；兴业银行通过增发新股方式融资236.71亿元；闽福发通过发行公司债融资4亿元；永辉超市、华映科技、福耀玻璃3家上市公司通过发行短期融资券融资27.5亿元。

【证券期货经营机构创新发展】　福州市证券期货机构年内进行组织、业务、产品创新与转型升级，探索开展转融通、现金宝、债券质押式报价回购、中小企业私募债等创新业务。兴业证券参与区域性场外市场建设，即福建海峡股权交易所的筹建工作，并负责经营管理；完成新三板存管清算、交易系统配置及测试，储备项目12个；并推动1家公司挂牌。华福证券推进业务多元化，取得融资融券与资产管理业务资格，设立直投子公司。兴业证券、华福证券2家证券公司在中国证监会2012年证券公司分类评级中均被评为A类A级。

福州市期货经营机构参与开展“期货行业走基层，服务海西经济”的主题活动，走访企业，深入调研。各期货机构累计组织466人次走访企业255家，为企业制定67个套期保值方案，协助企业完成6次现货交割，举办133场培训会，撰写24篇调研报告。兴业期货在中国证监会2012年期货公司分类评级中被评为B类B级。

【整治违法违规行为】　福建证监局与省委宣传部、省公安厅等13个打非联席会议成员单位加强协作，全年安排打非联络员21人次，暗访排查福州市非法活动场所12个，发现并移送3起发生地为福州市的涉非案件。

（陈张玲）

保险业

【概况】　2012年底，福州市有商业保险公司主体51家，其中产险公司23家（含政策性保险公司1家）、寿险公司28家。保险中介机构主体55家，其中保险代理公司29家、保险经纪公司16家、保险公估公司10家。新开业的保险公司有4家，分别是英大泰和产险福建分公司、泰康养老福建分公司、中美联泰大都会人寿福建分公司、和谐健康福建分公司。

全年，福州市保费收入127.7亿元，增长11.1%，保费收入列全省九地市首位。产险公司保费收入48.4亿元，增长20.1%，占全部保费收入的37.9%。其中,机动车辆保险保费收入31.8亿元,增长19%,占产险公司保费收入65.7%。产险公司赔付支出25.8亿元,增长22.6%。其中,机动车辆保险赔款支出19.4亿元,增长32%,占财产保险赔款支出的75.2%,简单赔付率61%。寿险公司保费收入79.3亿元,增长6.3%,占全部保费收入的62.1%。其中,个人代理业务保费收入42.3亿元,增长15.6%,占寿险公司保费收入的53.3%;直销业务保费收入9.3亿元,增长27.9%,占寿险公司保费收入的11.7%;银邮代理业务保费收入23.9亿元,下降15.8%,占寿险公司保费收入的30.1%。 (李昭赢)

【中国人民财产保险股份有限公司福州市分公司】 2012年,人保财险福州市分公司围绕"转方式促发展,强合规增效益"的工作主基调,以"使命2015"计划为统领,推进销售服务体系建设,增强市场拓展能力和优质业务获取能力,加强承保理赔风险管控,统筹发展、效益、合规之间的关系,实现业务持续健康发展。公司全年毛保费收入10.68亿元,实收保费10.58亿元,增幅9.82%,综合赔付率62.71%,实现利润总额1.04亿元,成为福建省首家保费破10亿元大关、利润破亿元大关的地市公司。

业务经营 以"销售队伍专业化、组织体系规范化、激励约束长效化、人工成本明晰化"为目标,推进销售队伍人力资源改革,充实一线展业力量。强化渠道专业化管理,成立车商业务部,加强银行保险部、电子商务/网销服务部等渠道部门的力量配给,形成产品线与渠道相结合的比较完善的销售渠道服务体系。完善4S店车险专管专营体系,加大驻店服务团队建设,稳固车商合作渠道,促进新车保险业务的持续发展。连续16年中标省直机关、市直机关公务用车保险。首席承保地铁1号线工程险;独家承保奥体中心体育场馆建设工程险、三坊七巷景区公众责任险、海峡会展中心财产险等。初步在马尾区琅岐镇、仓山区螺洲镇建立三农保险服务站,向周边开展保险宣传和服务工作。

客户服务 推进服务标准化建设进程。以神秘人的服务测试方式,以常态

表29 **2012年福州市财产险经营情况表** 单位:万元

公 司	保费收入	保费收入(2011年)	比增	市场份额	赔付支出
人保产险	163867	150829	8.64%	33.85%	92145
平安产险	97793	81476	20.03%	20.20%	46580
太平洋产险	60111	47806	25.74%	12.42%	34286
华安产险	3172	3217	-1.40%	0.66%	2272
天安保险	6203	7054	-12.07%	1.28%	6121
大众保险	1084	540	100.85%	0.22%	457
大地产险	28853	18196	58.56%	5.96%	21377
中华联合	12158	9657	25.90%	2.51%	8616
太平保险	6019	4466	34.78%	1.24%	2797
安邦产险	814	1374	-40.75%	0.17%	207
永诚产险	5815	5159	12.72%	1.20%	3780
都邦产险	3700	3558	4.00%	0.76%	1777
国寿财产	17370	11833	46.79%	3.59%	8080
中银保险	12307	7865	56.47%	2.54%	4130
华泰财产	1764	3174	-44.42%	0.36%	1389
阳光产险	7923	6115	29.57%	1.64%	4499
民安保险	2566	1769	45.11%	0.53%	1246
国泰产险	2237	1000	123.73%	0.46%	417
富邦产险	1817	233	679.70%	0.38%	670
紫金产险	3485	60	5708.58%	0.72%	582
英大产险	9541	0		1.97%	1696
长安责任险	4208	7460	-43.59%	0.87%	4593
出口信用险	31282	30394	2.92%	6.46%	10702
合 计	484089	403235	20.05%	100.00%	258419

表30 **2012年福州市人身险经营情况表** 单位:万元

公 司	保费收入	保费收入(2011年)	比增	市场份额	赔付支出
中国人寿	274102	271675	0.89%	34.57%	75513
平安人寿	185281	158233	17.09%	23.37%	35023
太平洋人寿	77967	78224	-0.33%	9.83%	4968
新华人寿	20233	19201	5.37%	2.55%	4131
泰康人寿	30020	31738	-5.41%	3.79%	3737
民生人寿	8435	7109	18.66%	1.06%	941
太平人寿	34015	24323	39.85%	4.29%	2216
生命人寿	17321	18947	-8.58%	2.18%	1680
中英人寿	21475	18911	13.56%	2.71%	1029

续表 30

公司	保费收入	保费收入(2011年)	比增	市场份额	赔付支出
农银人寿	3351	2957	13.31%	0.42%	7189
国泰人寿	2767	2739	1.02%	0.35%	594
人保寿险	37549	47943	-21.68%	4.74%	4453
信泰人寿	3289	4230	-22.25%	0.41%	502
英大人寿	3977	2487	59.93%	0.50%	468
华泰人寿	2009	2481	-19.02%	0.25%	189
中宏人寿	1347	1117	20.60%	0.17%	97
信诚人寿	3137	2643	18.71%	0.40%	277
合众人寿	6232	8152	-23.56%	0.79%	72
幸福人寿	12418	9840	26.20%	1.57%	537
君龙人寿	1252	1552	-19.32%	0.16%	44
阳光人寿	7462	5182	43.99%	0.94%	335
海康人寿	1698	454	274.34%	0.21%	5
百年人寿	7459	0		0.94%	31
中美联泰	1093	0		0.14%	0
人保健康险	16840	16377	2.83%	2.12%	11594
和谐健康险	7	0		0.00%	0
平安养老险	12044	9369	28.55%	1.52%	7294
合计	792780	745884	6.29%	100.00%	162919

9月18日,中国人寿福州分公司总经理蒋利成携市公司个险销售部、银行保险部、客户服务中心等部门负责人走进市政府纠风办与广播电台联合主办的"政风行风热线"直播间,通过电波和网络与群众交流,回答群众关心的中国人寿保险服务问题

化日常监测管理手段,强化服务规范性与时效性。通过客户俱乐部为载体,构建增值服务体系。实行VIP客户服务升级,逐步启动客户俱乐部建设计划,新增加代办驾管服务、"车管家"短信服务等举措。另在自驾游服务、高速收费优惠服务、酒后代驾等增值服务方面进行推广。与鼓楼、晋安公安分局及海峡之声广播——交通906频道联合印制投放交通便民图、交规宣传手册。开展新浪官方微博主题互动活动、客户回馈活动、知识讲座活动。 (孙珅瑾)

【中国人寿保险股份有限公司福州分公司】 2012年,中国人寿保险股份有限公司福州分公司实现总保费27.573亿元,同比增长1.96%。长险首年保费11.098亿元;长险首年期交保费3.372亿元;10年期及以上期交保费1.239亿元。长险首年标保1.457亿元。短期险保费7486.48万元,同比增长6.91%,其中意外险保费5054.16万元,同比增长8.65%。总保费占福州市场份额34.57%,其中首年期交市场份额26.02%,个险期交市场份额25.05%。银保趸交和期交市场份额分别占福州市场份额47.56%、43.65%,列行业首位。总体成本费用控制在核定预算范围内,其中业务推动与非基本制度专项预算、重点办公行政与业务拓展费用、业务招待费与宣传费,及个险、银保、团险渠道直销成本支出等均控制在预算范围内。

业务发展　个险渠道以提升价值为核心,以队伍建设为根本,以制度经营为基础,以防范风险为保障,实现长险首年保费2.288亿元,比增1.20%;长险首年期交保费2.283亿元,比增长1.23%;10年期以上期交保费1.214亿元。长险首年标准保费1.202亿元,比增27.64%。短期险2701.09万元。银保渠道发挥公司整体资源优势,克服销售环境复杂、市场银根紧缩、同业恶性竞争等带来的影响,以稳定渠道关系为基础,以规范经营为准绳,实现长险首年保费8.807亿元,业务规模居全省第一,占全省业务总量的31.72%;长险首年期交保费1.089亿元,业务规模居全省第一,占全省业务总量的34.05%;长险首年标准保费2543.49万元。团险渠道通过项目制运

作带动业务发展,进一步优化险种结构,实现短期险保费4765.31万元,比增15.79%。其中,意外险保费3392.79万元,比增20.57%。

经营管理　加强预算执行过程监控及责任追究机制,发挥预算政策的导向、杠杆作用,财务资源配置向业务一线和基础建设倾斜。推进人力资源和绩效薪酬分配向基层和销售倾斜,严格遵循“增人不增资、减人不减资”原则,实行编制控制,总额核定,引导基层公司提高自主管理意识。实施“管理扁平化、运营专业化、薪酬市场化”城区个险专业化改革,激发城区个险区部发展活力。加强管理队伍和销售队伍建设,通过校园招聘、日常增员、“两营”培训等方式提升公司管理干部、销售人员的数量和质量。

风险管控　坚持防范风险保障业务发展。推广“零现金”管理工作;组织开展财务数据真实性自查、费用列支专项治理等检查工作;合规合法管理印章、单证;抓综合治理销售误导、营销员诚信建设、内部控制标准执行与评估,全面落实反洗钱工作,关键岗位风险隐患排查,加强党风廉政建设,遏制违法违规违纪行为。

客户服务　坚持“服务立司”理念,推进业务集中管理和开展附加值服务。严格执行省级集中业务管理规定;试点上线保全统一受理台;推广实施综合柜员制;举办2012年“中国人寿杯”少儿绘画展福州选区、VIP客户健康体检、国寿大讲堂、“鹤彩无限”特约商家优惠活动,举办金银卡客户年会,丰富国寿“1+N”服务品牌内涵,提升公司品牌形象。

(姚　颖)

【中国太平洋人寿保险股份有限公司福州中心支公司】　2012年,中国太平洋再次蝉联美国《财富》《福布斯》,英国《金融时报》世界500强企业,太平洋寿险福州中支保持行业三甲地位。全辖累计实现保费收入5.13亿元(含宽限期,含储金业务),总保费市场份额占比为10.05%,行业排名第三位;保单13个月继续率、25个月继续率稳步提升,短意险市场份额14.84%,市场排名第3位。全年福州中支总赔款603.8万元,总给付3164.43万元。

个险　个险条线贯彻落实“拔丁”计划,撤销闽侯营销服务部,在城区新设台江交通、鼓楼华大、台江3家支公司,全年保持高速发展势头,同比增长跑赢全省大盘10个点以上。总公司系统排名,市场份额均得到较大幅度提升。业务队伍人均产能从上年的1.53万元提升至1.74万元,比增13.7%,市场份额排名稳居第三。

银保　在稳定网点经营的基础上,发展客户经营队伍。实现网点经营平稳发展,客户经营初显成效。年内福州银保完成标保5578万元,其中期缴1763万元,新型期缴531万元,各项指标总量均位居全省第一。客户经营完成标保1049.7万元,标保占全省52.85%,人力占比40%。

团险　继续保持乘意险、旅意险在市场中的领先地位;动车乘意外险在全省率先开卖;交通银行、恒丰银行的安贷宝取得进展;永泰信用社安贷宝市场份额稳中有升;配备专项服务人员,规范省联社大项目服务。年内福州团险累计实收保费1715.1万元,其中核心业务意外险1343.15万元,比降8.38%。福州地区寿险公司意外险占比14%,排名第2位。

服务营销　个险服务营销渠道实现续期保费实收2.55亿元;财务标保1033万元;个险13个月继续率指标达成90.6%,25个月继续率指标达成88%。

顾问营销　坚持区拓组织运作模式,对“组织发展、基础训练、区域经营、客户管理、企划支持”5个核心动作进行精细化运作,提升过程指标,全年新保标保达成468万元,比增32%。

客户服务　运用“神行太保”智能移动保险平台,为客户提供24小时快速便捷的咨询、承保、续保服务;推出太平洋保险在线商城,以“一个登录平台、一个保险超市、一套服务流程”实现产品在线展示、销售与服务“一个界面”的统一;推广保全GPS项目,创建智能化的保全作业平台,实现“便捷、透明、坐享、自助”客户体验;实施承保、理赔透明化举措,向客户展现透明的承保、理赔全过程。启用太平洋寿险客户体验中心,开创性打造“智能移动柜面、坐享服务体验”的保险服务门店。开展“3·15”现场咨询、住院客户慰问、送款上门、疑难案件回访等形式多样的客户增值服务。客户服务节结合总公司“太平洋保险　健康在你身边”为主题,在7—12月开展健康知识讲座,金卡客户体检等客户感恩回馈活动。其中福州客户体验中心开展“温情五月·真情母爱”母亲节活动,营销培训部开展“疾病健康知识讲座”,个险业务部开展回馈新老客户的感谢宴。

客户体验店　8月1日,福州中支乔迁新址,寿险首批“坐享服务”门店之一福建福州客户体验店中心正式开业。作为“以客户需求为导向”战略转型的落地

8月1日,中国太平洋人寿保险股份有限公司首家客户体验中心福州店正式开业揭牌

项目之一，客户体验中心获2012年中国质量万里行促进会产品售后（公众公共）、窗口单位服务质量最高服务等级优A级、2012年太平洋保险系统“青年文明号”。体验中心为客户提供网上自助服务区、健康体检区、自助饮品服务区以及配有“神行太保”智能移动系统的理财顾问区等，为客户提供一站式金融服务，并增强其互动体验。体验店内最新开发的保全GPS智能移动柜面系统，点击要办理的业务，就会对相关信息等进行选取匹配，以进度条的形式展现给客户，在核对完办理事项后到达确认页面，点击后并在业务确认书上签字就完成业务办理的所有流程。

内控管理　加强合规工作的督促和检查，追踪落实到位，并且在员工学习方面，利用原有的会议经营基础，以司务会、经营管理夜校、部门学习制度为平台，将合规管理学习更加系统化、细致化、普及化；多次组织反洗钱考试、合规知识竞赛、各类合规征文活动。同时，加强各部门、机构间的沟通协调工作，加大行政管控，提升执行力度。推动反洗钱工作，参与人行征集反洗钱宣传口号、征文等系列活动。11月，开展反洗钱宣传月，向公众宣传反洗钱知识。

服务社会　3月20日，响应“9·13”广播电台“阳光图书馆”公益计划号召，在全辖开展捐赠图书活动。10月27日，在市第一福利院进行慰问和献爱心，活动包括给老人送礼品、分享健康养生讲座、与老人交谈等。　（陈　娟）

【中国太平洋财产保险股份有限公司福州中心支公司】　2012年，太平洋产险福州中心支公司在全国经济下行的不利情况下取得较快增长，全年保费收入达5.38亿元，比增27%，占福州产险市场份额的12.50%，同比上升0.82个百分点，人均产能由2011年的174万上升至218万。

“以客户需求为导向的战略转型”落实　按照总公司各项转型工作的推进要求，向员工宣导“以客户需求为导向”的战略转型理念，鼓励员工对公司的转型发展献计献策，并将转型要求融入日常经营管理的实践中，在发展中促转型，在转型中谋发展。公司上下统一思想，提高认识，形成大家参与转型、积极投身转型工作的良好氛围。

化解车险理赔难举措　针对多年市场反应激烈的车险理赔难这个行业薄弱环节，采取措施，在市场上扩大太保产险的影响力，主要举措有：严格执行分公司制定的各项理赔制度、履行服务承诺，努力达成各项车险理赔KPI考核目标；开展理赔提速活动和未决案件清理的各项落地执行工作，并结合公司的实际情况，针对查勘、单证收集环节配套实行多项奖惩办法，以加快理赔时效，提高结案速度；重视投诉案件管理，建立中支投诉案件分析反馈制度，以保证投诉案件能够及时得到妥善处理，同时为外勤业务人员提供经验指导；出台《中国太平洋财产保险股份有限公司福州中心支公司车险理赔时效考核暂行办法》，加大车险理赔各个工作环节的时效考核力度。

（陈　秀）

（编辑　邱敏佳）

综　述

2012年，福州市科技工作以增强自主创新能力为主线，推动传统产业转型升级，培育发展高新技术产业和战略性新兴产业，加强产学研合作和创新成果推广应用，加强知识产权保护，扶持科技型中小企业的技术创新活动，发挥科技对经济社会发展的支撑引领作用，不断构建特色鲜明的区域科技创新和公共服务体系，促进创新型城市建设，福州市连续第九次蝉联“全国科技进步先进市”，并入选全国首批“国家知识产权示范城市”。

通过“市校（院所）科技合作”专项，鼓励高校院所与企业加强合作，探索产学研结合新途径，分别与中国联通福建分公司、省出入境检验检疫局、省产品质量检验研究院签订科技合作协议，发挥各方在人才、技术、信息及科技平台等方面互补优势。受理市校合作科技项目42项，完成“6·18”展会对接项目30项、技术需求项目15项。新批准20家企业办理《福建省技术贸易机构资格证》，开展技术贸易年检工作，有100家企业进行年检。完成技术合同认定2123项，合同成交总额12.65亿元。其中技术开发合同806项，金额8.4亿元；技术转让合同83项，合同金额1.8亿元；技术咨询合同915项，合同金额8897万元；技术服务合同319项，合同金额1.56亿元。

新批准设立光电子晶体材料与器件、太阳能光伏、电子信息产品质量检测、新型建材4家行业技术创新中心。至年底，全市累计组建38家行业技术创新中心，覆盖全市大部分的重点行业。已认定省级企业工程技术研究中心34家，占全省113家的30%。有37家现代农业科技创新基地和80家农业科技特派员创业示范基地。推荐64家企业参加2012年度福建省高新技术企业复审，认定56家，推荐52家企业申报2012年度福建省高新技术企业，认定38家。全市高新技术企业304家。获国家创新基金支持共2批33项，资助金额2600万元。开展企业研究开发投入费用加计抵扣政策落实工作，确认481个研究开发项目，核定198家科技型企业的研发费用所得税前抵扣额9.16亿元，比增50.2%。至年底，全市有国家创新型企业3家，国家创新型试点企业4家，省级创新型企业39家，省级创新型试点企业83家。

福建实达电脑设备有限公司的“基于ANKROID平台的智能支付终端研制”等7个项目列为省区域重大项目。福州福大自动化科技有限公司的“基于QNX的安全控制站研发与应用”等38个项目列为市区域科技重大项目。“耐低温弱光苦瓜新品种的选育”等188个项目被列为市科技计划项目。全年受理市级农业科技计划项目116项，安排项目53项。福州市有14项科技成果获2012年度省科学技术奖，其中一等奖1项，二等奖4项，三等奖9项；63项科技成果获市科学技术进步奖，其中一等奖2项，二等奖13项，三等奖48项。

专利申请保持稳定增长态势，全市专利申请量达8998件，比增21.56%，其中发明专利申请3091件，比增15.64%。专利授权量达5965件，比增24.97%，其中技术含量高的授权发明专利达1261件，比增50.48%。至年底，全市有效发明专利量3133件，居全省首位，每万人有效发明专利拥有量为4.35件。市知识产权局获“2012年度全国知识产权系统和公安机关知识产权执法保护先进集体”、“全国知识产权人才工作先进集体”称号。全市获得第十四届中国专利奖3项（中国专利优秀奖1项、中国外观设计优秀奖2项），获得第三届省专利奖13项（二等奖4项、三等奖9项），11个项目列入省专利技术实施与产业化计划项目，获得140万元资金支持；获第七届国际发明展金奖21项、银奖26项、铜奖16项，奖项总数和金奖数量均位居全省首位。

市地震局围绕地震监测预报、震害防御、应急救援三大工作体系全面推进各项工作。地震监测预报方面，坚持不间断值班制度和重要时段地震“零报告”制度；召开月、半年和年度地震趋势会商会；举办福州市区防震减灾“三网一员”培训班；承办“福建省2013年度设区市地震趋势会商会”；协助省地震局做好地震社会服务工程等项目建设；开展地震应急流动观测系统和强震观测台阵改造建设；更新升级改造地下流体地震台网。地震灾害防御方面，开展地震安全性评价和地震安全性评价执法检查；开展琅岐岛地震小区划工作；开展防震减灾规划前期调研；组织收看全国防震减灾宣传工作电视电话会议；开展地震科普知识“进学校、进社区、进乡村、进机关、进工厂”活动。地震应急救援方面，应对9月29日0时23分长乐市附近海域3.3级地震；推进地震应急救援队建设；完善地震应急指挥系统建设。

（李海峰　郑彩蝉）

科技创新体系建设

【国家级创新型试点城市建设】　2012年，市科技局牵头代拟《关于深化科技体制改革加快创新型城市建设的意见》（送审稿），经市政府专题会、市政府常务会议、市委常委会和市委全委会讨论通过，于9月3日由市委、市政府正式颁布实施。4月，福州市组织召开2012年度创新型城市试点工作会议，创新型城市试点工作领导小组各成员单位30多人参加会议。会议总结2011年度福州市创新型城市建设工作进展情况，提出2012年度工作思路，并对创新型城市建设综合评价指标体系数据采集任务进行分解。同时加大创新型城市建设工作的宣传力度，发行《福州市创新型城市试点工作简报》，编辑《福州市国家创新型试点城市建设文件汇编》，设立“创新型城市建设”网页等。　（王庆全）

【行业技术创新中心建设】　市科技局与市经委联合修订《福州市行业技术创新中心管理办法》，在原有34家行业技术创新中心基础上，又依托中国科学院福建物质结构研究所、福建福晶科技股份有限公司建立“福州市光电子晶体材料与器件行业技术创新中心”，依托福州大学物理与信息工程学院建立“福州市太阳能光伏行业技术创新中心”，依托福建省产品质量检验研究院建立“福州市电子信息产品质量检测行业技术创新中心”，依托福州市建筑科学研究所建立“福州市新型建材行业技术创新中心”，作为福州市行业技术创新中心试点单位，全市有38家行业技术创新中心。

行业中心为企业完成约5万多批次的检测及成型服务；举办培训班122期，培训各类人员6766人次；引进、推荐各类人才774人；举办近70场专项研讨会。邀请韩国、日本、中国台湾及内地有关专家进行交流、指导；各个行业中心均建立相应的网站，同时与北京大学、清华大学、厦门大学、福州大学、台湾成功大学、台南科技大学、韩国中央大学等国内外高校科研院所建立合作关系。食品加工等5家行业中心通过专家考核。工业自动化行业中心获得“十二五”国家科技支撑计划项目资助，陶瓷行业中心参与建设的“闽清陶瓷技术孵化器”项目获省科技平台资金扶持，水产品深加工、太阳能光伏、汽车机电、机电装备与自动化等10多家行业中心获市科技计划项目扶持。　（叶　巧）

【现代农业技术创新基地建设】　全市有37家现代农业技术创新基地，涵盖福州市所属县、市、区，涉及农业主要产业，其中，水产企业10家、畜牧企业7家、食用菌与茶叶企业7家、果蔬企业6家、花卉企业3家、粮油制品加工企业2家、其他类企业2家。福建省连江天源水产有限公司牵头承担国家富民强县计划项目“连江县海带产业可持续发展新技术应用与推广”，获得扶持资金117万元；福建福铭食品有限公司“鱼类加工废料生产胶原蛋白技术的研发与示范”获得省区域科技重大项目100万元扶持；长乐聚泉食品有限公司等9家企业获得省星火计划项目180万元扶持；福建海壹食品饮料有限公司等4家企业获得省区域科技重大项目市级配套资金140万元扶持；福建新世景园艺有限公司等9家企业获得市科技计划项目立项。年底，福州市重新启动新一批现代农业创新基地认定工作，完成企业申报，县区科技局、县农办审核，县区政府上报，市科技局、市农办现场考核等程序。

（林文亮）

【科技企业孵化器建设】　全市6家科技企业孵化器孵化场地面积19.96万平方米，在孵企业502家，其中高新技术企业25家；在孵企业总产值17.6亿元、利税1.3亿元。省创业中心、市创业中心获“福建省省级小微企业创业基地”称号，在孵企业考克电子设计的“IPHONE4S移动电源”获2012年度中国工业设计红星奖，在孵企业的21个项目获得政府的项目扶持资金861万元。

公共技术服务平台建设取得新进展，搭建海峡西岸软件产品解决方案体验与交易中心，以“三坊七巷”福州动漫馆及动漫公共技术服务平台为载体，具备云计算服务、企业互动体验服务等功能。福州模具公共技术服务平台新增设备投入222万元，提升模具平台精加工

福州市工业自动化行业技术创新中心

服务能力。建设海峡工业设计创意园网络服务平台,树立工业设计企业良好的网上形象及品牌形象。福建动漫游戏公共技术服务平台拥有42台刀片服务器,共336核,避免企业重复建设,提高企业动画制作效率。软件与信息服务产品公共检测评价中心为企业提供专业电子产品检测、软件评测、信息系统工程检测、理化检测等检测评价服务。

组织在孵企业参加第十四届"5·18"海交会、第十届"6·18"海峡项目成果交易会等活动。在"6·18"海峡项目成果交易会签约仪式上,泰普生物与中国科学院上海高等研究院签订病理诊断产品研发中心项目合作协议。承办第十一届华东科技企业孵化器网络年会,近300人参加会议。年会特邀台湾中华大学创新育成中心资深经理、中华创业育成协会(CBIA)监事许文川作为嘉宾,介绍台湾孵化器建设、运营、绩效评量等方面内容。全市科技企业孵化器举办专业技术培训18期,培训总人数逾1200人。组织企业参加各类公益培训和论坛超过28期,培训人员超2100人次。 (陈 军)

【生产力促进体系建设】 福州生产力促进中心被科技部评定为B类国家级示范中心、列为工业设计服务第二批试点单位,再次获得"生产力促进发展成就奖",获批福建省第五批省级重点生产力促进中心。成功申报国家创新基金项目"海西(福州)中小企业技术创新资源公共服务平台",获得65万元补助经费;承担建设的国家火炬计划项目"构建海峡西岸中心城市(福州)生产力促进体系"通过专家验收。建成"福州市东区计算机专业考试考点",并举办全国计算机等级考试(NCRE)等多场考试。通过市公务员局2012年继续再教育培训基地的年审考核。牵头组织完成市生产力促进协会换届工作,当选为市生产力促进协会理事长单位。承办由科技部高新司等支持、中国生产力促进中心协会等主办的"2012年两岸现代服务业发展暨台资企业转型升级服务工作"现场座谈会。全年编辑发行《福州市生产力促进协会简报》12期,向媒体网站投稿55篇。 (林 东)

【科学技术经费】 根据市财政2012年市本级财政专项经费安排,科技事业费用专项预算安排为1.81亿元,实际支出2.4亿元。组织和引导企事业单位申报国家、省级各类科技计划项目,福州市获得国家和省级科技计划项目179项,扶持经费8247万元,其中国家级33项,获得扶持经费2260万元;省级146项,获得扶持经费5987万元。

表31 福州市科学技术支出占2012年市本级财政一般预算支出比例

考核年份	本级科学技术支出(万元)	本级财政一般预算支出额(万元)	本级科学技术支出占2012年本级财政决算支出比例(%)
2011年	22352	948026	2.36
2012年	24015	1024815	2.34

表32 福州市科学技术支出使用情况

序号	使用领域	经费主管部门	经费额(万元)	
			2010年	2011年
1	科学技术管理事务	市科技局等	449	481
2	基础研究	市科技局等	198	24
3	应用研究	市科技局等	1378	1470
4	技术研究与开发	市科技局等	5580	4906
5	科技条件与服务	市科技局等	6182	7352
6	社会科学	市社科院等	246	343
7	科学技术普及	市科协等	1089	1336
8	科技交流与合作	市科技局等	0	120
9	科技重大专项	市科技局等	708	594
10	其他科学技术支出	市科技局等	6522	7389
合计			22352	24015

(张大仁)

高新技术产业

【高新技术企业】 2012年,开展2009年的高新技术企业复审和2012年高新技术企业认定的培训工作,推荐64家企业参与2011年高新技术企业复审,认定56家,推荐2批52家企业参与2012年高新技术企业认定,认定38家。根据《福州市创建国家创新型城市若干配套政策》,对福建省2011年新认定的福建天马科技集团有限公司等60家高新技术企业各奖励10万元,奖励总金额600万元。9家企业被评为2012年国家火炬计划重点高新技术企业,自2010年《国家火炬计划重点高新技术企业管理办法》实施后至2012年底,全省(不包括厦门)有60家国家火炬计划重点高新技术企业,福州市有21家,占全省的35%。

福建榕基软件股份有限公司、福建三元达通讯股份有限公司获第5批国家创新型试点企业称号。至年底,全市有国家创新型企业3家,国家创新型试点企业4家。在省科技厅、省国资委和省总工会等部门联合开展的第3批"福建省创新型企业"认定中,福州锐达数码科技有限公司等15家企业被确认为"福建省创新型企业"。福建天晴数码有限公司等48家企业被确定为第5批省级创新型试点企业。至此,全市省级创新型企业增至39家,省级创新型试点企业增至83家。在2012年省创新型企业年度考评中,福建海源自动化机械股份有限公司等6家企业被评为优秀创新型企业,分别获得15万元奖励;福建新大陆电脑股份有限公司等15家创新型企业也获得表彰,分别奖励经费10万元。

(谢 辉 方善明)

【火炬计划与高新技术研究开发计划】 省、市区域科技重大项目以提升区域重点产业技术支撑水平和区域创新能力为目标,针对区域重点产业发展的重大关键共性技术需求进行扶持,突破制约区域重点产业发展的关键共性技术问题,合力推进区域科技进步。福州市获科技部国家级火炬计划等科技项目10项;省级工业高新技术科技项目11项,其中重大专题2项、区域科技重大项目4项、科技平台建设项目1项、创意产业项目4项;市级工业高新技术科技项目35项。

创新型企业——福建星网锐捷通讯股份有限公司

表33 **2012年国家级火炬计划等科技项目**

序号	项目名称	承担单位
1	基于SaaS的云存储系统的研发及产业化	福建天晴数码有限公司
2	基于多线程异步传输固定资产管理系统	福建鑫诺通讯技术有限公司
3	用于保险行销的EAP代理人移动展业平台	网讯软件(福建)有限公司
4	高韧性多功能膜结构材料	福建思嘉环保材料科技有限公司
5	单片铯钾防火玻璃	福建新福兴玻璃有限公司
6	达到国Ⅳ排放标准的汽车尾气催化净化器	福建朝日环保科技开发有限公司
7	闽台云计算创新融合公共服务平台	福州软件园产业服务有限公司
8	面向海西产业集群的服务制造支持系统开发与应用示范	福州奥迈软件有限公司
9	数字音乐网络传播运营云服务系统研发及推广应用	福建星网视易信息系统有限公司、福建星网锐捷通讯股份有限公司
10	基于云计算的跨媒体数字出版技术集成研发与试点应用	福建鸿博印刷股份有限公司、福建网龙计算机网络信息技术有限公司

表 34　　2012 年省级高新技术科技项目

序号	项目名称	承担单位
1	车联网嵌入式系统平台的技术研究及其产业化	福建慧翰微电子有限公司、国脉科技股份有限公司
2	面向下一代互联网的分组通信数据网(PTDN)关键设备研发及产业化	福建星网锐捷网络有限公司、工业与信息经部电信研究院、福建广播影视集团
3	智能环保的多功能汽车玻璃核心技术开发	福耀玻璃工业集团股份有限公司
4	在线长纤维增强热塑性复合材料成型技术与成套装备的产业化应用	福建海源自动化机械股份有限公司
5	基于 ANDROID 平台的智能支付终端研制	福建实达电脑设备有限公司
6	纯水溶剂无毒环保合成革研究及产业化	福建宝利特集团有限公司
7	闽清县陶瓷科技企业孵化器建设	闽清县陶瓷科技孵化器有限公司、福州市陶瓷行业技术创新中心
8	支持创新产品设计的技术服务支撑系统开发与应用	福州集力电子技术研究所、福州大学机械工程及自动化学院、福州市高新技术产业创业服务中心
9	基于云计算技术的分布式并行集群渲染系统的研发与实现	福州软件园产业服务有限公司
10	《馒头动画》和《馒头游戏》的研发	福建好视传媒有限公司
11	游戏引擎云平台的研发	福建天晴数码有限公司

(叶　巧)

农业科技

【农业科技园区】　2012 年,福州农业科技园区工业总产值 105.1 亿元(规模工业产值 85.97 亿元),出口交货总值 1.18 亿美元,粮食总产量 4164 吨,农业产值 4.38 亿元,农民人均收入 10045 元。

闽侯县新增对台农业合作项目 3 个,协议投资额 3000 万元。园区管委会引进台湾农业"五新技术",区内台资农业企业与台湾 5 所科研院所建立科技协作关系、与 3 所大陆科研院所建立科技协作关系。福州富水食品有限公司建立国家级农药检测实验室,将农药检测标准由定性提高到定量,2 项蔬菜加工技术获得国家级专利;福州雪峰文武茶场获国家茶展金质奖章;台湾珍稀物种爱玉果和蜂媒传粉繁育技术落户示范区。年内引进台湾良种 11 种,推广面积 66.67 公顷。新增引种示范基地 2 处,面积 33.33 公顷。

做好区内台资农业企业服务工作,全年接待国内外客商 20 批次、180 多人次,其中,台商 15 批次、120 多人次,签订投资意向 5 项、投资额 1 亿元。落实相关优惠政策,协助企业申报申请相关补助,全年组织申报闽台农业合作 10 项,获省级闽台农业合作经费支持 1 项、10 万元,获市级闽台农业合作经费支持 4 项、20 万元。

协助台资农业企业申报、实施农业科技项目工作,全年结题验收县级科技项目 2 项,组织实施省、市、县科技项目 3 项,实现投资 1000 万元。申报农业科技项目 9 项,全年争取扶持资金 50 万元。邀请台湾屏东科技大学、高雄餐学院、台湾毒物研究所专家到园工作,合作申请国家级、省级引智专项经费。全年接待台湾农业专家 20 人次,申报引智项目 3 项。(陈少东)

【星火计划】　福州市星火计划工作以农业科技创新为主线,以农业优新品种和高新技术研发、推广为重点,面向产业需求,扶持农业科技型龙头企业的发展,提升农业特色优势产业的科技水平,依靠科技创新驱动,推进县域经济发展。

全年实施省、市级星火计划项目 76 项,扶持金额 930 万元,其中省级 11 项,市级 65 项,项目主要由农业产业化龙头企业、农业科研与推广机构等承担实施。

表 35

2012 年省级星火计划项目

序号	项目名称	承担单位
1	茉莉花茶窨制技术综合调控与产业化	福建敖峰闽榕茶业有限公司、福建农林大学
2	花草混合茶生产关键技术的研究与推广	福建省蓝湖食品有限公司、福建农林大学茶叶研究所、福州市华茗茶业研究所
3	鳗鱼加工技术示范及产品安全质量控制体系建设	长乐聚泉食品有限公司
4	应用声呐技术探测鸭蛋裂缝的研究与应用	福建光阳蛋业股份有限公司
5	高效环境友好型卵形鲳鲹配合饲料的产业化开发	福建天马科技集团有限公司、厦门大学海洋与环境学院
6	冷冻预制白对虾产品加工技术产业化示范	福清市东威水产食品实业有限公司、福建师范大学生命科学学院
7	福建省台农创业科技信息服务系统	福建昇达科技成果转化服务中心、福建省科技厅农牧业科研中试基地
8	鲍鱼罐头加工及附产物酶解关键技术研究与示范	福州日兴水产食品有限公司、福建农林大学食品工程设计研究所
9	低咖啡因即冲型茶浓缩汁集成配套技术研究与应用	福州市食品工业研究所、武夷山市万和园食品有限公司
10	海参养殖新技术的应用研究与示范	福州百洋海味食品有限公司、福建省水产技术推广总站
11	富硒猪肉生产关键技术的研究	福建光华农牧科技开发有限公司

表 36

2012 年市级星火计划项目

序号	项目名称	承担单位
1	海参加工关键技术研究及产品开发	福建省连江县官坞海洋开发有限公司、福州市水产品深加工行业技术创新中心
2	蝴蝶兰遗传转化体系及新品种选育研究	福建新世景园艺有限公司
3	低值海水鱼类精深加工关键技术开发与应用	福州东水食品有限公司
4	耐低温弱光苦瓜新品种的选育	福州市蔬菜科学研究所、福清绿丰农业开发有限公司
5	珍稀食用菌工厂化栽培与加工产业化	福建省顺味食品有限公司、福建师范大学生命科学学院
6	鲍干制关键技术和装备的研究与应用	连江信洋水产有限公司、福州市水产品深加工行业技术创新中心

续表 36－1

序号	项目名称	承担单位
7	甘薯主栽品种脱毒与健康种苗繁育	福州市农业科学研究所、福建农林大学植物病毒研究所
8	能源型抗病甘薯新品种的选育与主要害虫综防技术研究	福州市农业科学研究所
9	新生系福桔优株驯化技术研究及应用	福州市晋安区经济作物技术推广站、福州市晋安区惠农园艺场
10	台湾农残管控体系引进与示范	福州农业科技园区管理委员会、福州富水食品有限公司
11	昆布千层鱼饼生产技术研发及产业化项目	福建省连江天源水产有限公司
12	物联网技术在绣球菌工厂化生产的示范应用	福清市火麒麟食用菌技术开发有限公司、福建鼎天农业科技有限公司
13	刺参健康笼养技术研究示范	连江县金牌海珍品育苗养殖有限公司
14	单冻预炸面包鳕鱼片加工工艺及产品	福清市谊华水产食品有限公司、苏州科技学院环境生物研究所
15	坛紫菜养殖新技术研究与应用	福建海兴保健食品有限公司、集美大学水产学院
16	半话李安全生产关键技术研究与应用	福建省永泰县顺达食品有限公司、福州市食品工业研究所
17	高品质蔬菜汁的生产技术开发	福州西城食品有限公司、福建农林大学食品科学技术研究所
18	环保高效石斑鱼配合饲料研发和产业化生产	福建大昌生物科技实业有限公司、福建省淡水水产研究所
19	利用尾气二氧化碳规模生产微藻关键技术的研发	福清市新大泽螺旋藻有限公司
20	新品种金针菇工厂化栽培技术开发应用	福州惠生食用菌有限公司、福建农林大学
21	蔬菜薯粉面四阶段变温干燥工艺研究及产业化	福州昌盛食品有限公司、福建农林大学食品工程设计研究所
22	大棚蔬菜专用品种引进及集约化育苗关键技术示范	福清市圣禾现代农业有限公司
23	油茶生态循环产业关键技术开发与示范	福建胜华农业科技发展有限公司、福建师范大学
24	大鲵产业化健康养殖关键技术研究及推广	福建福鲵现代农业有限公司
25	用生物工程菌发酵生产 DHA 的研究	福清市怡丰水产饲料有限公司
26	橄榄嫁接树花而不实原因与丰产栽培技术研究	福州市经济作物技术站、福建农林大学园艺学院

续表 36－2

序号	项目名称	承担单位
27	番茄菇渣花生粕复合基质无土栽培技术	福清市天利园农业种植农民专业合作社、福建师范大学福清分校
28	茶园改良技术及生态茶园建设	福州文武雪峰农场有限公司
29	土鸡无抗绿色养殖新技术研究	福州市农业科学研究所
30	福州园林植物介壳虫种类调查及防治方法研究	福州市园林科学研究院、福建省农科院植物保护研究所
31	水产鱼类下脚料深加工研发及产业化	福建融鑫海生物技术有限公司
32	对虾臭氧杀菌结合液氮速冻技术的研究及产业化	福清朝辉水产食品有限公司
33	生态有机茶园建设关键技术研究	闽侯天雾农场、福建农大科技开发总公司
34	蛋干生产关键技术研究及产业化开发	福建鸭嫂食品有限公司
35	罗源碧里西洋油茶生态栽培与良种示范推广	罗源县西洋农林牧专业合作社、福建农林大学经济林研究所
36	金针菇专用培养料研发及菌株筛选应用研究	福州市农业科学研究所、闽侯县丰硕食用菌专业合作社
37	耐热青梗菜新品种选育	福州市蔬菜科学研究所
38	城市污泥资源化及功能性花卉基质的研发	福州花乡园艺有限公司、福建省农业科学院土壤肥料研究所
39	鸡毒支原体病防控技术的研究与运用	福清市文华实业有限公司、福建农业职业技术学院
40	油茶优良品种在高海拔地区种植试验示范	永泰县盖洋乡盖洋村委会
41	永泰梅李种植示范基地建设	永泰县葛岭镇布边村
42	猪圆环病毒亚单位疫苗的开发	福州大学、福州大北农生物技术有限公司
43	水产品中生物毒素、药物残留快速检测技术研究	福州大学化学化工学院、长乐聚泉食品有限公司、福州希洁健康科技有限公司
44	黄皮种质资源收集与品种选育研究	福建省农业科学院果树研究所、福州市园林科学研究院
45	茶园适宜水土保持草种应用研究	福建省农业科学院农业生态研究所、福建满堂香茶业股份有限公司
46	福州茉莉花茶疏肝解郁机理研究及相关功能产品研制	福建农林大学茶叶科技与经济研究所、福建医科大学附属协和医院、福建春伦茶业集团有限公司

续表 36-3

序号	项目名称	承担单位
47	设施土壤养分高效利用及退化修复技术研究与示范	福建省农业科学院土壤肥料研究所、福清市绿丰农业开发有限公司
48	环保型生猪饲料及其生态养殖配套技术研究	福建省农业科学院畜牧兽医研究所、福清市丰泽农牧科技开发有限公司
49	叠压隧道式动传送干燥装置的应用和推广	福建农林大学、福建省神蜂科技开发有限公司
50	枇杷枝、叶栽培灵芝及其主要成分检测	福建农业职业技术学院、福建仙芝楼生物科技有限公司
51	定向提升福桔品质与性状新技术的研究与应用	福建省农业科学院农业工程技术研究所、福州市农业科学研究所
52	高品质速溶茶产品生产关键技术示范	福建师范大学、福建春伦茶业集团有限公司
53	美国优质早熟桃85-007示范推广	福建省农业科学院果树研究所、绿嘉农业开发有限公司
54	节能型热泵脱水干燥设备的研制与应用示范	福建农林大学、福州市水产品深加工行业技术创新中心、福州长冷冷气工程有限公司
55	综合科技信息资源服务中心建设	福州市鼓楼区科先科技咨询部
56	福州市台江区科技服务信息平台建设	福州市台江区科技局
57	仓山区科技创新服务平台建设	福州市仓山区科技情报服务中心
58	福州市晋安区科技项目管理系统	福州市晋安区科技情报信息站
59	福州经济技术开发区科技局信息服务管理平台建设	福州经济技术开发区科学技术局
60	福清市科技服务体系建设	福清市生产力促进中心
61	闽侯县新农村科技培训服务工程	闽侯县科技文体局
62	连江县科技文体电子政务建设	连江县生产力促进中心
63	闽清县科技创新服务体系平台建设	闽清县科技文体局
64	罗源农业科技信息服务平台建设	罗源县生产力促进中心
65	科技信息化服务网络体系建设	永泰县生产力促进中心

(丁可锋)

科技成果管理

【科学技术奖励】 2012年,福州市有14项科技成果被授予2012年度省科学技术奖,其中,“橄榄种质资源征集鉴定与品种选育利用”获一等奖,“升腾GI945桌面云终端”等4项成果获二等奖,“福昕PDF电子文档处理套装软件”等9项成果获三等奖。

12月3日签发《福州市人民政府关于颁发2012年度福州市科学技术进步奖的决定》,授予“清洁能源沼气工程用红泥复合材料”等63项科技成果为2012年度市科学技术进步奖,其中一等奖2项,二等奖13项,三等奖48项。在获奖项目中,按成果类型分:鉴定类5项,评审类11项,验收类15项,发明专利类16项,软件著作权6项,省自主创新产品5项,标准类3项,集成电路布图设计1项,新兽药1项;按技术水平分:国际先进3项,国内领先13项,国内先进18项,省内领先15项,省内先进8项,福州市领先4项,市内先进2项。

获奖成果大部分得到推广应用。可统计经济效益的52项获奖成果累计新增产值67.323亿元,利润11.186亿元,税收5.743亿元。新增产值逾千万元的获奖成果有46项,其中逾亿元18项。

表37　**2012年福州市获省科学技术奖项目**

序号	项目名称	奖项类别	获奖等级	主要完成单位	主要完成人员
1	橄榄种质资源征集鉴定与品种选育利用	省科技进步奖	一等奖	福州市经济作物技术站、福建农林大学园艺学院、福州市果树良种场	许长同　潘东明　陈思聪　赖钟雄　罗美玉　谢晓琼　王艳娜　刘天亮　聂珍素
2	升腾GI945桌面云终端	省科技进步奖	二等奖	福建星网锐捷通讯股份有限公司	张　辉　汪　汇　郑芳友
3	智能变电站设计技术研究	省科技进步奖	二等奖	福建省电力勘测设计院	郑瑞忠　方勇灵　林传伟　黄皖生　周　健　罗明览　陈晓捷
4	IAP　Logic工业控制策略组态软件	省科技进步奖	二等奖	福州福大自动化科技有限公司	郑　松　王龙南　卢定兴　张　望　马　翔
5	高分子聚合物固体片式叠层铝电解电容器	省技术发明奖	二等奖	福建国光电子科技股份有限公司	张易宁　陈素晶　陈远强　何腾云
6	清洁能源沼气工程用红泥复合材料	省科技进步奖	三等奖	福建思嘉环保材料科技有限公司、福州大学材料科学与工程学院	林生雄　郑玉婴　张宏旺　黄万能　蒋石生
7	汽车铝合金零部件新材料研发及产业化生产	省科技进步奖	三等奖	福州钜立机动车配件有限公司	薛玉田　张　丹　范小萍　黄诗福　林　武
8	应用于铝合金绿色熔炼的铝液在线除气技术与装备	省科技进步奖	三等奖	福州麦特新高温材料有限公司	柯东杰　陈　群　张　洪
9	RJ－iTOP榕基网络隐患扫描系统	省科技进步奖	三等奖	福建榕基软件股份有限公司	陈明平　万孝雄　檀儒演　林子忠　庄绍民
10	数字飞地压扩拉远系统	省科技进步奖	三等奖	福建邮科通信技术有限公司	赖克中　张健荣　江秀清　陈群峰　谭金生
11	福昕PDF电子文档处理套装软件(Foxit　Phantom)	省科技进步奖	三等奖	福州福昕软件开发有限公司	熊雨前　孟庆功　黄　鹏
12	坎地沙坦酯原料及片剂	省科技进步奖	三等奖	福建金山生物制药股份有限公司、福州屏山制药有限公司	陈祥志　陈秀斌　蔡玉良　侯　琨　李　莹
13	具有保护套的开放式留置针	省技术发明奖	三等奖	福建省百仕韦医用高分子股份有限公司	陈永曦
14	安全高效环保型水产配合饲料技术创新工程	企业技术创新工程项目	三等奖	福建天马饲料有限公司	—

表38　**2012年获福州市科技进步奖项目**

序号	项目名称	获奖等级	主要完成单位	主要完成人员
1	清洁能源沼气工程用红泥复合材料	一等奖	福建思嘉环保材料科技有限公司、福州大学材料科学与工程学院	郑玉婴　林生雄　张宏旺　黄万能　蒋石生
2	慢性乙型肝炎患者肿瘤坏死因子α基因多态性、HBV基因型及阿德福韦酯疗效的关系	一等奖	福州市传染病医院	潘　晨　高海兵　郑　玲　林明华　原津津
3	遵循IEC61131－3标准的工业组态软件开发应用	二等奖	福州福大自动化科技有限公司、福州大学先进控制技术研究中心	郑　松　王龙南　马　翔　卢定兴　张　望
4	前馈环路同步检测装置	二等奖	福建三元达通讯股份有限公司	李卫校　林　凯
5	智能变电站设计技术研究	二等奖	福建省电力勘测设计院	郑瑞忠　方勇灵　林传伟　黄皖生　周　健
6	台湾优质西瓜引种及产业化关键技术研究	二等奖	福州市农业科学研究所、福建省农科院农业生物资源研究所	赵依杰　张伟光　吴宇芬　陈　晟　张小红
7	儿童哮喘早期诊断及规范化治疗系列研究	二等奖	福建省福州儿童医院	唐素萍　华云汉　陈辉清　郭依华　陈瑞月
8	87米平台供应船	二等奖	福建省马尾造船股份有限公司	王浩召　刘立峰　胡裕国　翁康强　林　龙
9	福昕PDF电子文档处理套装软件(Foxit　Phantom)	二等奖	福州福昕软件开发有限公司	熊雨前　孟庆功　黄　鹏　穆　菁　徐　明
10	PP－R纳米抗菌给水管材管件	二等奖	福建祥龙塑胶有限公司	姚忠亮　李基安　戴永顺　林振宇　薛理德
11	耐低温、高透明度、可里印CPP包装膜研制	二等奖	福州佳通第一塑料有限公司、福建师范大学福清分校	林渊智　史凤烟　郑传渠　陈文韬　陈　盛
12	“一种基于非均匀触摸屏三点校准方法”及应用	二等奖	福建星网视易信息系统有限公司	陈　铮　乐　剑　苏　畅　刘　灵　辉陈凤
13	内置可变角度送光系统的智能型高速球	二等奖	福州开发区鸿发光电子技术有限公司	杨宗亿　付瑞斯　郑志明
14	三奥数字虚拟系统	二等奖	福建省三奥信息科技股份有限公司	邱源峰　谢起望　陈云锋　谢　晖　应　筠
15	猪圆环病毒2型(DBN－SX07株)灭活疫苗研制	二等奖	福州大北农生物技术有限公司	赵亚荣　王贵华　陈义锋　陈先进　朱鸿杰
16	高性能可遮阳多功能平开窗装置及其应用	三等奖	福建亚太建材有限公司	聂贤慧　林华勇　谢国栋
17	安全高效环境友好型玻璃鳗配合饲料的产业化开发与示范	三等奖	福建天马饲料有限公司	张蕉南　艾春香　胡　兵　李　惠　张蕉霖
18	单系统全电脑针织横机控制系统	三等奖	福建睿能电子有限公司	张国利　龚进烜　林　杰
19	嵌入式Iphone/java/android跨平台手机动漫网游引擎应用平台	三等奖	福建掌上世界信息技术有限公司	胡　玮　陈鸿斌

续表 38－1

序号	项目名称	获奖等级	主要完成单位	主要完成人员
20	高效节能灯用新型磁性材料	三等奖	福建省福晶磁性材料有限公司、闽清县陶瓷科学研究所	康明山　裴谐第　陈根荣　许翊从　刘小燕
21	钢带增强聚乙烯(PE)螺旋波纹管	三等奖	福建亚通新材料科技股份有限公司	陈　鹊　陈黎星　陈建福　吴亚平
22	组合式光缆护套管及其应用	三等奖	福建振云塑业股份有限公司	莫晨杰　严立万　陈向生　陈远贞
23	路用彩色乳化胶结料新型配制工艺的研究	三等奖	福州市公路局、武汉交通能源新技术研究所	左美俊　王　鸽　陈思明　邱钰婷　林著惠
24	复合式过滤器及其应用	三等奖	嘉园环保股份有限公司	李泽清　阮良杰　余国英
25	非开挖专用 PE 给水管	三等奖	福建恒杰塑业新材料有限公司	王存奇　许建钦　林真源　张正华　陆卓丽
26	具有多压力释放通道的双层开关设备	三等奖	福州天宇电气股份有限公司	俞力军　何振力
27	“一种印刷图案 PU/PVC 干法人造革制造方法”及 PU/PVC 人造革及其应用	三等奖	福建宝利特集团有限公司	苏奕富　陈金章
28	面向金融行业专用的 SOC－NL10F86	三等奖	福建新大陆电脑股份有限公司	胡伦育　张义锦　林建华　罗闳闳　庄国梁
29	进出口陶瓷检验规程(陈设艺术陶瓷)SN/T0741－2010	三等奖	福州出入境检验检疫局综合技术服务中心	郑宜宝　郑永泉
30	逆变器输出输入电压高速检测装置及应用	三等奖	福州欣联达电子科技有限公司	林　钦　陈沈明　陈旭航　陈　杰　陈金雄
31	电子鼻咽喉镜在小儿腺样体肥大诊治中的应用	三等奖	福建省福州儿童医院	沈　翎　王旭萌　陈惠萍　沈雪琴
32	DB/T　1050－2010 锯切实木胶合板	三等奖	福建省产品质量检验研究院、闽侯县大川木业有限公司	颜志成　陈永煊　陈　辉　朱一军　李　勇
33	珠光颜料 KC1－8 系列	三等奖	福州坤彩精化有限公司	谢秉昆　丁家国　杨伦全
34	引进发酵法生产盐酸万古霉素新工艺的开发	三等奖	丽珠集团福州福兴医药有限公司	张茂华　蒋永飞　黄志强　关永芳
35	智能化免维护型环网设备	三等奖	福建中能电气股份有限公司	汪童志　周　鼎　谢建毅
36	电力自助缴费终端	三等奖	福建网能科技开发有限责任公司	邓裕东　黄文捷　吴　潇　孙志明　蒋海峰
37	“一种用于打印机生产测试和服务支持的多功能便携设备”专利技术成果转化及应用	三等奖	福建实达资讯科技有限公司	陈铭邦　蒋旭峰　陈　阵　肖民杰　吴　迪

续表 38－2

序号	项目名称	获奖等级	主要完成单位	主要完成人员
38	福建省精神障碍流行病学调查	三等奖	福建省福州神经精神病防治院	方　向　陈元生　陈旭先　熊端华　纪家武
39	三合一动植物蛋白饮料生产方法及其应用	三等奖	福州市食品工业研究所	陈日春　黄秀娟　陈兴才　郑　红
40	浒苔高效提取活性多糖的技术研究	三等奖	福建海兴保健食品有限公司、福建医科大学公共卫生学院	林文庭　陈灿坤
41	紧凑型荧光灯灯管的烤管方法的研究	三等奖	福建永德吉灯业股份有限公司	赖勇清
42	智能微型电热辊道窑	三等奖	福州市陶瓷行业技术创新中心、福建省闽清县陶瓷机械设备制造厂	龚世代　黎金连　刘必成　刘耀珍　刘必辉
43	联迪易收付平台系统	三等奖	福建联迪商用设备有限公司	陈瑞兵　姜学锋　高明鑫　卞智堃　冯　炜
44	竹纤维/镁盐晶须混杂增强制动摩擦材料的研制及其应用	三等奖	福州大学机械工程及自动化学院(福州市机电装备与自动化行业技术创新中心)、福建冠良汽车配件工业有限公司	何福善　高诚辉　林有希　张世绍
45	蛋鸡球虫病生物防治技术开发	三等奖	福清市文华实业有限公司、福建农业职业技术学院	吴昌标　林　平　林伯全　杨　慧　葛敬安
46	“一种防止蛋白质冷冻变性的面包鱼制备方法”及其应用	三等奖	福建福铭食品有限公司	杨宗铭　杨　新
47	地铁供电系统用 40.5kV 外锥连接式充气柜	三等奖	汉斯(福州)电气有限公司	汪童志　刘铭官
48	便捷调试楼宇对讲可视系统	三等奖	冠林电子有限公司	谢礼龙　王　龙　陈伟东　陈　谧　张展林
49	福州地税自助开具缴税(费)凭证系统	三等奖	福州市地方税务局	陈灿銮　林祝淦　林　力　康大全　张火明
50	大花蕙兰花期调控技术研究	三等奖	福州市农业科学研究所	秦建彬　郭德章　陈　沁　江　昊　林　强
51	埋地式高压电力电缆用改性聚丙烯增强(HFB)波纹套管及应用	三等奖	福建和盛塑业有限公司	陈秀俊　梁玮富
52	DB35/T　1172　二维码识读终端技术规范	三等奖	福建新大陆电脑股份有限公司	蔡春水　郭　栋　洪国春　高　恒　陈永长
53	RJ－DTS 榕基环保数据采集系统	三等奖	福建榕基软件股份有限公司	钱　铭　邓锡元　张丽惠　芒来毕力格　陈艾佳
54	睿能横机制版系统	三等奖	福建睿能电子有限公司	张国利　陈继祯　龚进烜
55	电子产品面板控制芯片	三等奖	福州福大海矽微电子有限公司	施隆照　王仁平　陈传东　江　浩　刘伟诚
56	“一种显示器的灰阶白平衡调校方法”及其应用	三等奖	福建捷联电子有限公司	唐瑞庆　杨和林　李保贵

续表 38－3

序号	项目名称	获奖等级	主要完成单位	主要完成人员
57	二维码多重加密防伪印刷方法	三等奖	福建鸿博印刷股份有限公司	刘源海
58	Windows 中的磁盘访问控制系统及其应用	三等奖	福建升腾资讯有限公司	张　辉　汪　汇　杨荣尊
59	数字网格城市管理信息平台关键技术研究	三等奖	福州市勘测院	魏文飞　段东滨　兰志武　柯毅峰　高昭良
60	NF－κB/MMPS 与大鼠心室肌细胞缺血再灌注损伤	三等奖	福州市第一医院、福建医大附属协和医院	王芬珍　吴黎明　江　挺　叶　榕　金　霆
61	BS 非税收入收缴管理信息系统	三等奖	福建博思软件股份有限公司	肖　勇　王航宇　郑升尉　张　建
62	骨关节Ⅰ号方对中老年人膝骨关节炎的临床研究	三等奖	福州市第七医院、福建中医药大学	陈本华　王礼彬　肖林榕　林　栋　黄　峰
63	社会心理因素在多发性硬化发病和复发中的作用	三等奖	福州市第二医院	蒋小玲　商永华　程云帆　林海谅　翁碧海

（郑荣火）

技术市场管理

【产学研活动】　继续深入福州大学、福建工程学院、闽江学院、福建信息职业技术学院等高校探讨高校科研平台建设、产学研合作和科技成果转化等内容。6月13日，市科学技术局与省产品质量检验研究院签署《科技合作共建协议》，这是市科技局与省级科研单位签订的首份专项合作协议。与浙江大学技术转移中心开展产学研合作，先后2次与浙大技术转移中心就产学研合作的层次和质量进行座谈，邀请2名电子电器方面专家走访仓山区、福清市和闽侯县的多家企业，解决企业的技术需求和技术难题。

【技术市场建设】　7月，福州技术市场被国家科技部认定为中国创新驿站的基层站点，参与中国技术交易所第三届专利拍卖活动，组织23家电子信息类企业参加推介会。11月，与福清市科技局合作，承办2012福清科技成果推介对接活动，邀请北京技术市场管理办公室、中国科学院自动化研究所、北京化工大学、中国农科院蜜蜂研究所、福州大学等单位的10名专家，深入福清市塑胶、精细化工、机械、电子等企业开展成果推介和对接活动，组织67项科技成果，签订合作意向8项。“6·18”海峡项目成果交易会征集30个对接项目、15个技术需求项目。

（詹志勤）

知识产权

【知识产权示范城市建设】　市委、市政府把创建“国家知识产权示范城市”工作列入2012年市政府工作任务。4月，国家知识产权局正式发文同意福州市列入首批“国家知识产权示范城市”，成为全国23个示范城市之一。福州市先后出台《福州市扶持与培育自主知识产权奖励办法》《福州市实施国家知识产权战略纲要若干意见》等政策法规，建立国家专利技术（福建）展示交易中心，建立企业专利特派员制度，设立市级专利技术实施与产业化计划项目资金和出台知识产权质押融资贴息政策，评选市专利奖和市级知识产权示范企业，建立大型商场超市专利联络员制度，加大非物质文化遗产、创意产业、驰名商标、地理标志、展会等知识产权保护力度，加快推进软件正版化工作，建设“国家高新技术产业标准化示范区”。通过创建工作，在知识产权创造、运用、保护、管理等方面取得明显成效。全年全市专利申请量达8998件，比增21.56%，其中发明专利申请3091件，比增15.64%。专利授权量达5965件，比增24.97%，其中技术含量高的授权发明专利达1261件，比增50.48%。截至12月，全市有效发明专利量3133件，居全省首位，每万人有效发明专利拥有量为4.35件。市知识产权局获“2012年度全国知识产权系统和公安机关知识产权执法保护先进集体”“全国知识产权人才工作先进集体”“市级文明单位”等称号。

【企事业单位知识产权试点示范】　推荐企事业单位列入各级各类知识产权试点示范。11家第4批全国企事业知识产权试点单位通过考核验收，5家2009年度省知识产权优势企业通过考核验收。认定华映光电股份有限公司等28家企业为2012年度市知识产权示范企业。至年底，全市拥有各级各类知识产权试点示范企业196家，其中国家级17家、省级70家、市级109家，在列入省级以上试点示范的企事业单位中，福州市拥有量居全省九地市前列。

【扶持与培育自主知识产权】　资助专利申请1.15万件，资助金额678.3万元;奖励授权专利1085件,奖励金额792.5万元,奖励、资助数量与金额均保持较快增长态势。开展高新技术企业发明专利"清零"行动,30件发明专利获得省知识产权局发明专利"清零"奖励资金30万元。6月,市知识产权局与国家知识产权局签订"中心城市知识产权资产评估及质押融资"委托合同书;12月,市知识产权局与市中支行签订"推进企业知识产权质押贷款合作协议",推荐福建省华龙饲料有限公司的质押贷款专利"桨叶可调式双轴高效搅拌机构"获得省知识产权局19.8万元贴息补助,成为全省唯一获得专利权质押贷款贴息的企业。市知识产权局与人保财险福建省分公司合作,创新知识产权运用,促进知识产权与金融资源的有效结合,福州市进入第2批全国专利保险试点城市。

组织推荐专利项目参加各级专利奖评选,争取资金扶持。福建三元达通讯股份有限公司的"移动通信数字射频拉远系统产业化"等11个项目列入2012年省专利技术实施与产业化计划项目,获得140万元资金支持。福建星网锐捷网络有限公司的发明专利"网络安全防御系统、方法和安全管理服务器"(专利号:ZL200710163125.6)获第十四届中国专利优秀奖,福州思迈特数码科技有限公司的外观设计专利"数字电视(手提式)"(专利号:ZL200930171075.6)和福州宜美电子有限公司的外观设计专利"电子秤(ML0311)"(专利号:ZL200930171792.9)获第十四届中国外观设计优秀奖。福建新大陆电脑股份有限公司的发明专利"矩阵式二维条码解码芯片及其解码方法"(专利号:ZL201010189048.3)等13件专利获第三届省专利奖(二等奖4项、三等奖9项)。年内获得第七届国际发明展金奖21项,银奖26项,铜奖16项,奖项总数和金奖数量均居全省首位。

【专利行政执法】 开展维权"护航"专项行动。省、市、县三级知识产权系统联合,深入商场超市、医药市场、汽配、化工建材等开展专项检查,全年处理各类专利案件65件,其中专利侵权纠纷案件3件、假冒专利案件56件、调解纠纷案件6件。建立联合执法机制,市知识产权局与市法院、工商、海关等相关单位签订《诉调衔接协议》,组织召开全市知识产权纠纷"大调解"联动机制首届联席会议,并完成首件专利纠纷行政和司法诉调对接案件。10月,签署《闽粤沿海十二城市专利侵权纠纷案前调解协作备忘录》。在13家大型商场、超市、医药连锁商店和4家新闻广告媒体建立专利联络员制度,至年底,全市有50多名专利联络员。加强展会知识产权保护,在"5·18"海峡两岸经贸交易会、"6·18"海峡项目成果交易会、"第八十七届全国糖酒商品交易会"、"首届中国国际创意经济合作大会暨第八届世界多媒体及互联网峰会"等展会期间,与省知识产权局、省知识产权维权中心联合设立知识产权维权咨询台,开展知识产权维权活动。

【知识产权宣传培训】 利用"4·26"世界知识产权日、"6·18"优秀专利展、中国专利周科技宣传周等开展宣传知识产权系列活动,通过在《福州日报》刊登"福州市创建国家知识产权示范城市工作巡礼"、在福州电视台播放福州市创建国家知识产权示范城市工作成效、编辑《福州知识产权》期刊等方式宣传知识产权。组织企业参加国家、省、市组织的知识产权培训、论坛及远程教育等,在市委党校、福建农林大学等院校开设知识产权课程,加强人才培养力度。在永辉超市和国美电器举办知识产权保护专题培训班,提高商场、超市知识产权保护意识。市知识产权局与南街街道柳河社区开展知识产权示范社区共建活动,提高社区知识产权建设水平。开展知识产权普及教育试点工作,对2009、2010年度的9所省知识产权试点中小学进行考核验收。

【知识产权强县工程】 全市12个县(市)区全部挂牌成立知识产权局,相继出台措施,加大资金投入,提升知识产权创造与运用,促进县域经济发展。县区专利申请与授权量稳步增长,年内连江县、闽清县、长乐市、福清市、马尾区专利申请总量增长率分别达265.08%、109.62%、76.47%、53.41%、51.82%,长乐市、闽侯县、仓山区、台江区、鼓楼区专利授权总量增长率分别达94.92%、82.01%、35.04%、29.53%、20.92%。12月,受省知识产权局委托,市知识产权局组织专家对仓山区、福清市创建省知识产权强县工作进行考核验收。

表39　**2012年各县(市)区专利申请量与授权量统计**　单位:件

县/市区	专利申请量				专利授权量			
	总数	发明	实用新型	外观设计	总数	发明	实用新型	外观设计
鼓楼区	1979	852	835	292	1451	314	906	231
台江区	570	130	260	180	386	43	209	134
仓山区	1933	705	833	395	1318	327	680	311
晋安区	865	326	401	138	589	117	375	97
马尾区	668	218	374	76	428	176	213	39
闽侯县	960	386	405	169	688	177	360	151
长乐市	660	97	389	174	499	14	327	158
福清市	787	187	345	255	453	65	296	92

续表 39

县/市区	专利申请量				专利授权量			
	总数	发明	实用新型	外观设计	总数	发明	实用新型	外观设计
连江县	230	90	103	37	56	18	26	12
罗源县	80	15	32	33	11	1	7	3
永泰县	54	17	26	11	29	6	17	6
闽清县	109	23	57	29	27	2	17	8
平潭县	103	45	37	21	30	1	14	15
校正值	0	0	0	0	0	0	0	0
合计	8998	3091	4097	1810	5965	1261	3447	1257

注:表中统计数据的原始资料由省知识产权局提供并校正确认,并经市知识产权局分离处理后所得。

表 40

2012 年第十四届中国专利奖福州市获奖项目

序号	奖项	专利名称	专利号	专利权人	发明人(设计人)
1	专利优秀奖	网络安全防御系统、方法和安全管理服务器	200710163125.6	福建星网锐捷网络有限公司	吴晶晶 林雁敏 王 湧
2	外观设计优秀奖	数字电视(手提式)	200930171075.6	福州思迈特数码科技有限公司	王光灿 高尔登 胡 鑫
3	外观设计优秀奖	电子秤(ML0311)	200930171792.9	陈祖元	陈祖元

注:根据《福建省专利奖评奖办法》和《福建省专利奖评奖办法实施细则(试行)》规定,对获得中国专利优秀奖的专利按省专利奖一等奖的标准给予奖励,对获得中国外观设计优秀奖的外观设计专利按省专利奖二等奖的标准给予奖励。

表 41

2012 年第三届福建省专利奖福州市获奖项目

序号	奖项	专利名称	专利号	专利权人	发明人(设计人)
1	二等奖	矩阵式二维条码解码芯片及其解码方法	201010189048.3	福建新大陆电脑股份有限公司	孙亚力 陈文传 郭 栋 杨 韬
2	二等奖	制砖机的夹砖器	200710008577.7	福建海源自动化机械股份有限公司	李良光 王 琳
3	二等奖	含六价铬废渣的铬分离回收法	200610135382.4	中国科学院福建物质结构研究所	林 璋 刘伟珍 黄 丰 廖逸群 庄赞勇
4	二等奖	一种单主机多系统的实现方法	200910112336.6	福建升腾资讯有限公司	张 辉
5	三等奖	一种治疗便秘的胶囊生产工艺	200710009182.9	福州辰星药业有限公司	余祥彬
6	三等奖	红外感应的蓝牙无钥匙汽车防盗器	200810072043.5	福州名品电子科技有限公司	沈 文 黄 雁 曾海沧 魏青松 吴 强 池哲炤 曹祥生
7	三等奖	抗腐蚀性预应力混凝土管桩基础	200910111965.7	福建省大地管桩有限公司	黄海燕 冯小朗 杨金辉

续表41

序号	奖项	专利名称	专利号	专利权人	发明人(设计人)
8	三等奖	矿用聚乙烯管材组合物	200810071606.9	福建恒杰塑业新材料有限公司	王存奇
9	三等奖	一种交换机堆叠系统中报文处理的方法及交换机设备	200710187279.9	福建星网锐捷网络有限公司	王肖军
10	三等奖	长波红外两档视场跟踪测量镜头	201010504100.X	福建福光数码科技有限公司	林春生 屈立辉 刘 辉 周宝藏
11	三等奖	一种螺旋形节能灯灯管快速涂粉工艺	200810071608.8	福建永德吉灯业股份有限公司	赖勇清
12	三等奖	内网安全综合管理的网络接入控制方法	201010300360.5	福建伊时代信息科技股份有限公司	许元进 黄聪泉 杨小焰 吴滨华 肖 健
13	三等奖	牙齿地图	200930174215.5	姚军	姚 军

表42 **2012年第七届国际发明展览会福州获金奖项目**

序号	项目名称	单位名称	发明人
1	实时电网运行状态评估及在线调度决策系统	福建省电力有限公司电力科学研究院	林 韩
2	电网输电线路智能保护技术	福建省电力有限公司检修分公司	曾惠敏
3	带有窄凸缘的大型薄壁件压铸成型的浇口设计方法	福建工程学院	王乾廷
4	车用空调直流无刷风机	福建农林大学机电工程学院	张 翔
5	直流调速柴油发电机组机	福建明辉机电有限公司	李 巍
6	可植入遥控电针仪	闽江学院	黄晓卿
7	一种实现数字功率预失真的方法	福建邮科通信技术有限公司	赖克中
8	单相电能表防窃电原理的研究及应用	福建省电力有限公司福州电业局	邵 强
9	魔芋葡甘聚糖高分子生物复合膜	福建农林大学	庞 杰
10	液态物料低温电场杀菌方法	福建农林大学	陈锦权
11	自洁式节能制水系统	今美电器(福州)有限公司	魏其兴
12	生活污水变废为宝	—	梁散喜
13	挂钩型自锁门碰	福州市台江第六中心小学	黄言何
14	窗门安全锁	福州市台江第六中心小学	邹雯琳
15	具有消毒功能的卫生筷子盒	福州市台江第六中心小学	黄 炜
16	足球式电源插座球	福州市台江第六中心小学	张宇翔
17	多用挂架	福州市台江区青少年活动中心	唐伟豪
18	抽屉式定时蚊香盘	福州市台江区青少年活动中心	林钰琪
19	一种两用互换的背包和御寒夹克衫	福州市台江区青少年活动中心	宋星浩
20	可旋转的用以改善水质的分质供水接头	福建全源泉科技发展有限公司	徐道华
21	无臭节能减排马桶	福州百特节能科技有限公司	余美平

(黄绍梁)

科 学 普 及

【科技政策培训】 年初,市科技局、市国税局、市地税局等相关部门联合在福州举办"企业研究开发项目申报培训班",有300多家企业参加培训,培训企业联络员、财务人员达450多人。培训班对"研发费用加计扣除政策"作深入的宣传与解读,并对企业如何报备研发费用加计扣除、申报研究开发项目进行讲解咨询。

市科技局分别在福州、长乐等举办4场高新技术企业认定申报、复审培训班,邀请省科技厅、财政厅等高新技术企业认定管理工作领导小组成员为福州市企业讲解高新技术企业认定与复审申报条件、注意事项、研发费用归集等具体事项,并现场答疑。

11月29日,市科技局组织举办科技项目经费会计核算培训班,对企业研发费用的界定、归集和会计核算及科技型中小企业技术创新资金的预算、使用和会计核算等方面内容进行系统全面的培训,福州市200多家企业的400多名企业科技项目管理人员和财务负责人参加培训。

(王庆全)

【科普宣传活动】 5月22日,在仓山区三叉街道举行2012年福州市科技·人才活动周启动仪式,福州市部分科技企业代表、科普志愿者、群众近千人参加开幕式。开幕式现场举行科普文艺表演、科普知识有奖问答和科技知识咨询、宣传、服务等活动。活动周期间,全市组织活动项目达360多场,活动涉及全市12个县(市)区,参与各项活动总人数达23多万人,科技人员1800多人,全市各级共投入活动经费达130万元,在各级电视台、电台、报刊、网站等新闻媒介刊出报道近180篇。

福州市科技系统组织开展科技下乡16场,其中大中型科技下乡13场,科技培训3场。发放各类科普、农业资料和图书4000多册,赠送优良蔬菜种子4000多包,挂历、春联1600余份。参加科技下乡的人数达6000多人次,其中参加各类培训班300人次。

(王庆全　肖登峰　林秉钦)

防 震 减 灾

【地震监测预报】 坚持365天24小时不间断值班制度和重大节假日及全国"两会"和中共十八大等重要时段地震"零报告"制度,落实值班制和责任制,做好地震观测、地下流体观测、宏观观测等日常地震监测工作。对连江、闽清地下流体观测站的监测仪器进行维修,修建长乐市地震台至山脚下的简易道路,确保台站的正常维修和地震监测数据的连续性和准确性。开展月、半年和年度地震趋势会商会,参加省2012年年中和2013年度地震趋势会商会,并提交地震趋势会商报告。9月26—28日,受省地震局委托,在永泰承办"福建省2013年度设区市地震趋势会商会"。开展地震应急流动观测系统和强震观测台阵改造建设。更新升级改造地下流体地震台网。开展"三网一员"培训。福州市数字地震前兆流体观测网长乐营前井、连江江南井水温观测获2011年度地震前兆观测资料质量全省评比第二名、罗源洋后里井水位观测获2011年度地震前兆观测资料质量全国评比第三名。

【地震社会服务工程项目】 市地震局配合省地震局开展地震社会服务工程项目建设。国家地震社会服务工程包含震害防御服务系统、地震应急救援系统和地震预警示范系统,项目旨在提高地震部门科技支撑能力、地震预报能力、社会服务能力和防震减灾能力。市地震局对省地震局《震害防御服务系统建设实施方案》分配的数据收集任务进行分解和收集,编制涉及30个县(市)政府和市直部门,共21种数据的表格,内容包含人口、疏散场地、滑坡危险区、学校、医院、应急预案、水库、大型火电站、桥梁交通枢纽、灾情信息等16项数据,并对收集的数据整理汇集,报送福建省地震局。

【地震灾害防御工作】 指导各县(市)地震办做好各区域范围内的地震工程安评监督检查工作。从福州市委、市政府下达的2012年重点建设项目中确定属于福州市区需要进行地震安全性评价的项目,并发文通知责任单位,督促做好工程建设场地地震安全性评价,年内有47家业主单位完成项目的地震安全性评价工作。启动琅岐岛地震小区划项目,项目设计方案通过专家论证,并完成招投标。

【防震减灾宣传教育】 开展防震减灾法律法规"六五"普法宣传工作。开展防震减灾法律法规知识"进机关、进乡村、进社区、进学校、进企业、进单位"系列宣传活动;结合地震普法工作实际和老百

5月22日,在仓山区三叉街道举行2012年科技人才活动周开幕式

姓对地震普法的需求，先后在《福州日报》和《福州晚报》的“‘六五’普法专栏”发表《地震谣言几大特征专家教你辨别》、《每所学校都应演练地震应急救援》法制宣传文章；录制《抗震设防 利国利民》防震减灾科普宣传片；通过LED显示屏滚动播放防震减灾法律法规宣传标语。

开展防震减灾科普宣传教育工作。深入社区、学校开展地震科普知识宣传活动，先后在晋安附小、马尾区科协、温泉小学、后县社区、格致中学鼓山分校、罗源凤山小学等开展地震科普知识宣传咨询活动，有600多名师生听取讲座，展出展板90面次，发放宣传材料1万余份，青少年防震减灾科普读本300余本，受教人数达7000余人。向市民免费开放福州市地震局、罗源青少年活动中心等5个防震减灾科普宣教基地。组织福州市地震科普示范学校开展地震科普活动和地震应急模拟演练，与省地震局震防处共同指导晋安附小开展地震逃生演练活动。在市地震局门户网站开办地震科普知识宣传专栏，专栏链接省数字地震科普馆，提供《地震知识百问百答》《地震来了怎么办》《应对地震灾害——公众自救互救常识》《蟾童》等防震减灾科普材料和音像视频资料的链接，供社会公众免费下载。

5月24日，市地震局联合市委宣传部组织各相关部门和新闻媒体单位参加由中共中央宣传部、中国地震局联合召开的全国防震减灾宣传工作电视电话会议。

【防震减灾规划前期调研】 市地震局启动防震减灾规划前期调研工作，围绕福州市防震减灾的总体目标和年度重点建设项目，实地学习考察龙岩、云南、四川等地地震活动背景及震后应急反应工作，针对福州市防震减灾工作的特色和亮点以及发展过程中存在的弱项和不足，收集规划编制的相关资料。

5月12日，市地震灾害紧急救援队揭牌授旗仪式在市公安消防支队特勤大队三中队举行

【地震应急救援】 9月29日0时23分长乐市附近海域发生3.3级地震，震中距福州市约62公里，长乐市、连江县、罗源县部分群众有震感。震后，市地震局迅速收集震情信息，向市委市政府值班室、市有关领导及省地震局报告震情；正确引导舆论，通过电话回复市民咨询，有效稳定社会秩序，防止地震谣言的产生；同时立即派出现场工作队赴震中开展地震现场调查。年内市地震局获2011年度地震应急救援工作全省评比二等奖。

开展福州市地震信息处理和应急指挥系统试运行工作，邀请专家对系统进行试用，经整改形成《福州市地震信息处理和应急指挥系统试运行报告》，8月24日《福州市地震信息处理和应急指挥系统》项目通过“数字福州”专家组验收，正式投入使用。开展各级各类地震应急预案的修订工作。推进地震应急避难场所建设，通过网站等渠道向市民公开地震应急避难场所基本情况；印制地震应急避难场所图册，分发至分管副市长、市委总值班室、市政府总值班室、省地震局应急处、各县(市)地震办、五区政府。结合福州市地震信息处理和应急指挥系统验收，组织工作人员开展地震系统内部地震应急演练，对PDA、卫星电话、对讲机等应急设备进行试用。联合团市委、市红十字会向社会招募地震应急志愿者，对福州市地震救援志愿者进行防震减灾、医疗救护等应急知识技能培训。

【地震应急救援队建设】 5月12日，由市政府主办、市地震局和市公安消防支队承办的福州市地震灾害紧急救援队揭牌授旗仪式在市公安消防支队特勤大队三中队举行。市地震灾害紧急救援队由公安消防、地震技术、工程、急救医疗、通信技术人员等专业技术人员组成，编制175人。主要任务是对地震引起的建筑物破坏而被埋压的人员进行搜救；对地震引发的次生灾害(火灾、危化品泄漏、滑坡、泥石流等)进行处理；对地震可能引发的其他灾害事件提供技术支持和救援。

(郑彩蝉)

(编辑 邱敏佳)

社会科学

综　述

2012年，福州市社会科学界申报课题2项获国家社科基金项目立项，13项获省社会科学规划项目立项，92项获省教育厅社科研究项目立项，14项获市中国特色社会主义理论体系研究基地课题立项。市委党校、闽江学院、福州职业技术学院、市社会科学院、市政府发展研究中心、市委讲师团等6个理论研究基地承接县级以上政府部门、企事业单位委托课题90多项，10多项研究成果获省、市领导批示。《福州社会科学》《福州党校学报》《闽江学院学报》《福州经济》《高职研究》等刊物发表社科类论文、调研报告等410多篇。1名专家被评为全国优秀社会科学普及工作者。

市社科联所属57家社团，主办、协办“闽都教育与福州发展”、福州市“老年文化与发展”等理论研讨会、座谈会29场，征集到论文800多篇；举办学习贯彻中共十八大精神、家庭教育、身边的道德模范等报告会、讲座58场，1.2万名群众参加听讲；举办法律知识、档案知识等培训班19场，1200多名会员参训；组织、参加“社会科学在你身边”、“共建诚信家园”、法律宣传等普及咨询活动13场次，300多名专家学者现场接待群众咨询5万多人次；组织会员赴外地学习、考察、交流10次；撰写论文、建议、调研报告等1500多篇，其中公开发表180多篇，内刊发表930多篇；主办、协办内部刊物、内部资料19份。

福州市县级社科联组织建设取得突破，连江县社科联、长乐市社科联、罗源县社科联先后召开成立大会暨第一次代表大会，分别选举产生第一届理事会。晋安区中国寿山石馆、长乐市南阳省委旧址、福清市漈头社会科学普及基地等

9月22日，福州市举行社会科学普及基地授牌仪式

表43　**福州市2012年度获国家社科基金项目立项课题**

课题名称	项目类型	课题负责人	工作单位
生态文化建设的社会机制研究	一般项目	阮晓莺	闽江学院
美国与战后非洲非殖民化进程	青年项目	房建国	闽江学院

表44　**福州市2012年度获福建省社会科学规划项目立项课题**

课题名称	项目类型	课题负责人	工作单位
一、年度申报评审项目			
拓宽福建农村劳动力就业渠道研究	一般项目	徐安勇	市委党校
当代中国法律信仰问题研究	一般项目	潘丽萍	闽江学院
后ECFA时代海峡西岸第三产业提升路径研究	一般项目	林中燕	闽江学院
基于主成分分析方法的我国省域循环经济发展评价研究	一般项目	吴飞美	闽江学院
福建省县域经济发展方式转变的现实评价、比较分析及对策研究	一般项目	王新民	闽江学院
闽台汉语辞章学交流合作与发展研究	一般项目	李义海	闽江学院
改革关键时期保持党的纯洁性与完善廉政风险防控机制研究	青年项目	兰荣禄	市委党校
民国福建高校科技期刊发展述论	青年项目	金　甦	闽江学院
融媒体时代福建农村受众消费行为与农村广告传播研究	青年项目	陈　欢	闽江学院
《道德经》在英语世界的译介与传播	青年项目	何晓花	闽江学院
福建省集体林权制度变迁中的地方政府作用研究	青年项目	郑容坤	福州职业技术学院
二、福建省思想政治工作研究专项			
基于政府规制视角的网络文化管理研究	一般项目	高起平	市思想政治研究会
三、福建省中国特色社会主义理论体系研究中心专项			
生态文化建设的社会机制研究	一般项目	阮晓莺	闽江学院

表45　**福州市2012年度中国特色社会主义理论体系研究基地立项课题**

课题名称	项目类型	课题负责人	工作单位
提升福州市民素质对策研究	重大课题	游伯笙	市委党校
以原创、科技创新带动传统文化产业的改造研究	重大课题	张兰英	市社会科学院
探索有效途径　推动党的创新理论进基层	重大课题	王春生	市委讲师团
福州通用航空业发展研究	重点课题	林高星	市政府发展研究中心
党内基层民主建设存在的难题与对策——以福州市为分析视角	重点课题	肖文桂	市委党校
福州人才队伍现状分析研究	重点课题	陆　芳	福州职业技术学院
发挥道德讲堂社会作用的研究	一般课题	俞慈珍	市委党校
拓宽农民就业渠道研究——以福州为例	一般课题	徐安勇	市委党校
加强志愿者队伍建设的实践与思考	一般课题	孙继红	市委党校
福州市文化创意产业政策探析	一般课题	陈登源	市委党校
福州市基层党组织创新社会管理,做好新形势下群众工作研究	一般课题	蔡雄杰	市委党校
下派驻村干部与统筹城乡发展和新农村建设——对福建下派驻村干部的调查	一般课题	叶钦地	市社会科学院
政务微博:社会协商式民主的实践——以福州为例	一般课题	李慧敏	福州职业技术学院
构建高校学生诉求机制,做好学生利益表达工作研究	一般课题	郑容坤	福州职业技术学院
“道德鼓楼”的实践与思考	一般课题	黄良平	鼓楼区委宣传部
党的创新理论进基层的实践探索	一般课题	李　辉	台江区委宣传部
办好人民满意教育的实践与思考	一般课题	赖菊香	晋安区委宣传部
农村文化建设研究——以福州为例	一般课题	邓　岚	长乐市委宣传部
在马尾新城建设中提升文明建设水平	一般课题	刘兰彬	马尾区委宣传部

获福州市第三批社会科学普及基地称号。闽都大讲坛全年在福州电视台播出五大系列52集，其中“山水福州”系列13集，福州非遗文化系列10集，福州历史钩沉系列8集，“舌尖上的福州”系列9集，福州道德讲堂系列12集。市家庭教育研究会开展家庭教育大讲堂巡回讲座活动，组织研究会成员深入学校、社区和乡镇，分专题开设早期家庭教育、儿童养育教育、儿童心理健康和社会保护等内容的专题讲座，全年举办37场，培训家长6677人次。

学术活动

【首届“闽都文化与中国现代化”论坛】 1月15日，由市闽都文化研究会主办。台盟中央、光明日报社、福建省和福州市的领导，北京大学、清华大学、中国社会科学院等全国著名高校和科研机构专家学者及省、市学术界嘉宾等110多人出席。收到论文100多篇，主要涉及闽都文化总论、名人专题研究、船政文化、书院文化与教育、城市建筑、海洋文化、民俗文化与文物保护等。会议宗旨是通过研讨闽都文化的历史风貌，探析闽都文化在中国现代化建设中的地位与作用，阐释闽都文化的现代意义，开拓未来闽都文化研究的视野与思路。会上，市长杨益民代表市委、市政府致词。市社科联主席林山就《闽都文化的精气神》发言，介绍闽都文化的概念、特征与传承；台盟中央常务副主席汪毅夫、《中国社会科学报》编辑部主任李红岩、中国社科院近代史所研究员马勇、福建师范大学教授汪征鲁分别从不同角度肯定严复的思想贡献；中国社会科学院学部委员、历史研究所所长陈祖武高度肯定福州清代著名学者、经学大师陈寿祺的学术贡献；北京师范大学史学所所长陈其泰重点阐述鸦片战争时期福州著名爱国志士和学者林昌彝《射鹰楼诗话》一书的诗史价值；海军史专家、少将郑明肯定福建作为海洋文化先锋的地位与作用，并就闽都文化如何宣扬海洋特色提出意见；南京大学文化与自然遗产研究所所长贺云翱作《闽都文化与中国近现代化概说》的发言。会议还举行《闽都文化概论》的首发仪式。

【“闽都教育与福州发展”研讨会】 6月20日，由市闽都文化研究会和省炎黄文化研究会联合主办。省级老领导何少川、陈荣春、林逸、叶家松，市委常委、宣传部长、教育工委书记朱华，市人大常委会副主任鄢萍及省、市教育与文化界的近百名专家学者参会，就闽都教育与福州发展进行深入研讨。会议收到论文60多篇，涉及教育人物、书院教育、科举教育、闽台教育、近代教育、教育文化和其他各类教育等。

【“老年文化与发展”研讨会】 7月10日，由市社科联、市老龄办联合举办，市老年学学会承办。各主办单位领导，福州部分养老机构、社区、县（市）区相关单位代表，及在榕高校部分专家学者等50多人参加。会议收到论文36篇，主要涉及老年文化的内涵、老年文化建设的工作要点、精神养老及发展“文化养老”提高老年人生活质量等内容。与会的专家学者从理论方面阐述老年文化研究的重要性，并就加强社区老年文化建设提出对策和建议。

【首届乌山高爷庙民俗文化节】 7月24日，由市传统文化促进会与鼓楼安泰街道共同举办。4名来自中国台湾澎湖的民俗老师耗费7个多小时，用群众认捐的万斤大米，堆成一只大“米龟”，1000多名群众争先参与体验“摸龟、祈龟”特色民俗活动，随后大米由志愿者捐赠给福利院和困难家庭。同日，乌山高爷庙与闽都文化研讨座谈会召开，与会的专家学者就高真人民俗信仰的起源与传承、高真人其人及其功绩、乌山高爷庙在福州历史和闽都文化中的重要作用作详细的分析和研讨。中国国民党荣誉主席连战专为民俗文化节题写贺词——“乌

1月15日，福州市举办首届“闽都文化与中国现代化”论坛

山胜境”。

【其他学术活动】 3月,市人力资源和社会保障学会召开“企业招聘法律风险防范”研讨会,就企业用工风险、招聘信息规范、人力资源管理等展开讨论。5月,市人口学会召开人口科学研讨会,就当前加快人口计生管理体制的改革创新、实施“生育文明·幸福家庭”计划等9个课题进行研讨。6月,市粮食经济研究会针对当前粮食行业发展的突出问题召开研讨会,重点探讨如何维护福州市粮食市场安全和价格稳定、深化粮食企业改革与发展产业化经营、加强粮食流通基础设施建设、建立长期稳定的产销合作体系等课题。11月,市家庭教育研究会开展第十四届家庭教育理论研讨征文活动,全市各类家长学校教师、家庭教育工作者及部分家长围绕家长教育观念、家庭道德教育的内容与方法、家长学校管理模式、亲子沟通方法、儿童心理健康、特殊人群家庭教育等内容展开专题调研,收到论文324篇。同月,市统计学会召开统计科学研讨会,表彰21篇优秀统计分析报告并进行学术交流,福州大学统计系教授孙秋碧作《统计研究前沿综述》的讲座。12月,市海洋经济学会召开学术年会,围绕福州海洋现代服务业发展、福州海洋战略性新兴产业发展、福州市海洋高新科技园区建设等方面展开研讨。同月,市审计学会开展“计算机审计实务交流培训”专题研讨,组织全市审计系统中青年审计理论研究组业务骨干,介绍加大计算机审计技术方法和数字化审计管理、推广应用的做法与经验,为服务加快审计转型提供技术支撑。

(严 平)

社科研究成果

【学术社团研究成果】 2012年,社科类学术团体围绕理论和现实问题开展研究,取得一系列优秀成果。市人口学会完成《长乐市“十二五”人口与计划生育发展规划》课题;市霞光画院编纂出版《榕台历代名人书画作品选》;市国际税收研究会翻译斯洛伐克、多哥、乌干达等多个国家的税收信息资料20多万字;市粮食经济学会的《福州市粮油加工业发展现状及对策》《弘扬粮食文化 凝聚粮食发展精神力量》被省粮食局推荐参加全国粮食经济学会华东片研讨会。在省税务学会和省国际税收研究会的年度课题评选中,市税务学会的《支持和促进平潭开放开发税收与机制问题研究》、《税收执法基础事项管理实例研究初探》获一等奖,《促进战略性新兴产业发展的税收政策的国际借鉴研究》等2篇获二等奖。在省城市金融学会第十八届优秀论文评选中,市城市金融学会的《供应链融资业务中“票据池服务方案”研究》《我国商业银行拓展投资银行业务方略研究》获一等奖,《浅谈海峡西岸区域性金融服务中心背景下的工行发展战略》等4篇获二等奖,《对商业银行发展民生金融服务的思考》等6篇获三等奖。在省统计局、省统计学会年度各类优秀科研成果评选中,市统计学会的《家庭结构嬗变与传统养老文化的变迁》获一等奖,《福建省文化创意产业的财税政策研究》等2篇获二等奖,《将现代物流业作为福州市服务业战略性支柱产业的几点建议》等3篇获三等奖。在省第四届检察理论研讨会论文评选中,市检察官协会的《我国非法证据排除规则适用的困境与出路》等5篇获优秀奖。在市地方志学会第十七次学术研讨会论文评选中,组织有关专家对25篇论文进行评阅,评出一等奖3名,分别为《试论政府传播观指导下年鉴编辑的创新》《对地方志工作“马拉松”现象的思考》《续修方志与前志的关系及其处理》,还评出二等奖6名、三等奖6名。

(严 平 张 灵)

【市社科院研究成果】 年内完成管理课题4项,重点课题2项,一般课题10项,有2项科研成果获省市领导批示,6项科研成果公开发表,4项科研成果获奖。其中,围绕市委关于“海上福州”建设中心工作开展相关调研完成的成果《创国家海洋文化生态保护区 建世界海洋历史文化名城——海上福州海洋文化发展策略》获省委常委、市委书记杨岳的批示;2011年市中国特色理论基地课题《福州市高层次人才队伍建设研究》获市委常委、组织部长陈元邦批示,还被编发为《组织工作(参阅)》;参与调研的4项科研成果转化为市政府的文件,分别为《福州市体育事业“十二五”发展规划》《福州市体育产业“十二五”发展规划》《福州市全民健身实施计划(2011—2015)》《福州市文化创意产业发展“十二五”专项规划》。1项课题获得“2011年度市优秀调研课题成果奖”一等奖,2项“2011年度课题成果”分获二、三等奖,《创国家海洋文化生态保护区建世界海洋历史文化名城——海上福州海洋文化发展策略》《福州市城市社区社会管理创新思路与对策研究》和与市数字办联合课题组完成的《2011年度福州市政府透明度测评报告》3项课题成果在《福州调研》刊出。

承接完成市卫生局《福州新农合制度执行效果分析》课题研究。参与市委文明办关于《福州市农村精神文明建设的总体情况存在问题及工作建议》的课题调研。与市政府数字办合作完成《2012年度福州市行政机关政府透明度测评报告》。完成2012年度福州市中国特色社会主义理论体系研究基地重点课题《闽都文化影响力研究》及《构建区域创新网络,推动福州产业结构优化升级》《福州高层次人才队伍建设研究》2项一般课题。 (杨济亮)

【市委党校研究成果】 年内完成省社科规划项目课题2项,其中重点课题1项;完成省委党校中国特色社会主义理论体系研究基地课题16项,其中11项获奖;完成市中国特色社会主义理论基地课题5项,其中重大课题1项;在省委党校优秀社科成果评奖中7项成果获奖。具体为:省社科规划项目完成课题《福建省基层医疗服务能力建设研究》(重点课题)和《海峡西岸经济区中小企业融资担保研究——基于担保体系参与主体的利益需求》。在省党校系统第九届社科成果评奖中,《税收选择性执法现象分析》《中国农村改革发展研究》《新型农村医疗保障制度研究》《大力提升领导干部形象》等4项课题获一等奖,《马克思主义人民自治思想及其当代价值》《中国共产党与马克思主义中国化》等2项课题获二等奖,《马克思主义发展史上的论争》获三等奖，获一等奖的数量在全省设区市党校中名列第一。在省党校中国特色社会主义理论体系研究基地2011年度课题成果评奖中，《基于生态城市理念的福州宜居城市建设研究》等11项课题成果获奖（全省共评出38项）。市中国特色社会主义理论体系基地重大课题《提高福州党建科学化水平研究》科研成果获好评，被人大复印资料《中国共产党》全文转载。

全校发表科研论文105篇，其中省级以上CN刊物73篇，市级CN刊物22篇，省级内刊1篇，市级内刊9篇；发表编著2本，合著2本。主要成果有：《提高非公企业党建的科学化水平》在《光明日报》2012年11月2日发表，《城市化进程中的法治问题研究——以律师参与晋江城市征迁为例》在《东南学术》2012年8月发表，《马克思主义是社会主义核心价值体系的灵魂》在《科学社会主义》2012年第3期发表，《中小企业融资信用担保体系参与主体合理风险分担研究》在《科学·经济·社会》2012年第2期发表，《乡村参与式治理与基层党建工作创新探析》在《福建论坛》2012年11月发表，《社会主义核心价值体系视阈下的马克思主义研究》在《福州大学学报》2012年第4期发表，《中小企业融资信用担保体系参与主体利益冲突与均衡分析》在《商业研究》2012年第6期发表，《论城市化与法治化的融合与互嵌》在《山西高等学校社会科学学报》2012年第9期发表，《以人为本：凸显了村民自治权价值回归》在《太原理工大学学报》2012年12月发表，《创新基层党建新机制　推进社区党建新发展》在《福建省委党校学报》2012年第4期发表。

（朱晓春）

【市政府发展研究中心研究成果】　全年完成各类调研成果38项（篇），其中承接省政府2项课题研究任务，市委重点课题3项，中心重点课题15项，市中国特色社会主义理论基地重要课题1项，与市直部门合作完成课题2项。编发《研究报告》15期，《领导参阅》3期，发表论文20余篇。年内获福建省发展研究奖1项，市优秀调研课题奖3项，省委统战部优秀调研课题奖1项。编辑出版《福州经济》6期，刊发62篇文章30余万字。编撰出版《2011年福州发展研究》文集，全书收录研究中心2011年各类研究成果30多篇。　（陈　炜）

【闽江学院研究成果】　闽江学院获得国家社科基金项目立项2项，教育部人文社科项目2项，省社科项目9项，省中国特色社会主义理论体系研究中心重点专项1项、市（厅）级社科项目103项、政府企事业委托社科项目46项，校级社科项目立项24项。社科项目到校科研经费2091.8万元。教师发表的57篇社科学术期刊论文被SCIE、EI、SSCI、CSSCI等检索系统收录；主编出版社科著作21部。《闽江学院学报》再次获评华东地区“优秀期刊”，“闽文化研究”专栏入选教育部高校哲学社会科学学报“名栏”。

（赖仕贤）

【福州职业技术学院研究成果】　全校发表科研论文251篇，其中发表在CSSCI收入期刊的有4篇，分别为《高职学生的基础技能研究》在《高等工程教育研究》2012年4期发表，《人力资本、资源约束与农村劳动力转移行为研究》在《福建师范大学学报（哲学社会科学版）》2012年3期发表，《福建保险业与经济协调发展的思考与对策》在《福建论坛（人文社会科学版）》2012年1期发表，《民族高职保险专业课程设置改革与发展研究》在《中央民族大学学报（哲学社会科学版）》2012年2期发表；中文核心期刊19篇。

完成各类结项15项，其中社科类的为省社科规划合作项目课题《福建近代著名学者梁章矩研究》，省高校杰出青年科研人才计划项目《基于土地集约节约利用视角下的产业空间布局研究——以福州市为例》，省教育厅A类项目《高职院校科研工作定位研究》《高职院校科研经费有效管理的实证研究》《区域视角下闽台保险合作与经济发展研究》，省教育“十一五”、“十二五”规划项目《改革开放以来福建省高等职业教育的发展与演变》《保险专业自学考试课程设置改革研究》《定位与动机：高职院校有效科研管理研究》，市中国特色社会主义理论体系研究基地课题《知识管理理论在高职院校学习型党组织建设中的应用研究》等。

（林艺芳）

（编辑　邱敏佳）

教 育

综 述

2012年,福州市学前三年入园率97.37%,其中农村学前三年入园率95.9%;小学适龄人口入学率100%;初中适龄人口入学率99.49%;初中毕业生升学率96.1%。推动所有县(市)区实现县域内义务教育初步均衡;率先在全国开办服务自闭症儿童的福州星语学校;开放部分省一级达标高中校向省内外来务工人员随迁子女报考;高校深化专业结构调整,现代服务业和工科专业比重超过50%。全市未成年人思想道德建设在全国省会城市和副省级城市中名列第四;市教育局被中央文明委评为未成年人思想道德建设先进单位。

新晋级省二级达标高中校8所、省三级达标高中校7所。推动有条件的学校开办校内课后托管班,并在省内外推广。全年投入4亿元为义务教育阶段学生免除学杂费及书本费,投入1283万元为农村义务教育阶段寄宿生实施营养改善工程。新建、改扩建中小学50所,其中竣工23所;投入5.77亿元实施全市中小学校舍安全工程,拆除重建竣工27万平方米。

下发《关于进一步加强我市中小学心理健康教育的实施意见》。以经验交流、考察观摩、案例探讨等方式,加大师资培训力度。推动学生心理档案与危机干预机制的建立。以省级未成年人心理健康辅导站建设标准,完成辅导站150平方米面积专项扩充。得到23万元全年运行经费,保障辅导站运行。

与市司法局、市电视台联合拍摄法制专题片《与阳光同行》。青少年法制教育系列专题片中有14件作品被司法部、全国普法办监制的"六五"普法推荐读物收录并向全国公开出版发行,创全省首例。加强中小学生反邪教网上、网下宣传教育,组织10多所学校近200名学生旁听法庭宣判会活动。

结合福州市实际,制定下发《福州市乡村(城市)学校少年宫考核评估细则》,对乡村(城市)学校少年宫建设与运行情况进行评估检查,推荐4所乡村学校少年宫成为新一届中央专项彩票公益金支持项目。初步拟定《福州市中小学生综合实践基地筹建方案》。

组织食品卫生安全检查组对市属57所大中专院校、中、小学校、职专学校及幼儿园的食堂进行卫生安全拉网式检查。

【教师】 2012—2013学年度福州市中小学(含幼儿园)教职工编制总数为5.34万人,实有教职工5.23万人,缺编1060人。其中,中学超1917人(城市超15人,县镇超173人,农村超1729人),职专缺474人,小学缺1010人(城市小学缺551人,城镇小学缺316人、农村超143人),幼儿园缺1493人;市属中小学2011—2012学年度教职工编制总数为6299人,实有教职工5910人,市属中小学缺员389人。

形成《关于妥善解决中小学代课教师问题的指导意见》《关于做好中小学教师转岗培训工作的通知》《关于重申严禁中小学教师从事有偿补课的通知》等多份指导性文件,完善教师队伍建设。继续推进台江区、闽侯县、鼓楼区、仓山区、连江县开展教师人事关系收归县管、实施义务教育学校教师(校长)校际交流试点工作,5个试点县区交流人数达964人次。加强支教工作计划审批和安排,市属学校选派160多名优秀教师赴农村学校、薄弱学校支教,接收县(市)区学校派出的跟岗学习人员25人。

举办市区新任教师及中小学教师市级全员岗位培训;组织校(园)长、名优教师、骨干培训者、骨干班主任、优秀骨干教师、心理健康骨干教师等参加高研班学习;组织各学科(专业)市级名师工作室开设专题讲座300多场;组织参加省第二届教师技能大赛,获2个综合素质赛特等奖,11个一等奖,25个二等奖,14个三等奖。

春季开展2012年师范类应届毕业生和在职人员教师资格认定工作,受理教师资格申请4956人,认定合格4613人。秋季开展面向社会人员教师资格认定教育教学基本素质和能力水平测试等工作,受理教师资格申请1191人,认定合格667人。

制订2012年市区中小学招聘教师计划和方案,通过组织招聘优秀毕业生供需见面活动,接收安排免费师范毕业生20人。招聘福州市紧缺学科的优秀毕业生130人(硕士研究生114人,天津职业师范大学、吉林工程技术师范学院普通全日制本科毕业生16人)。6035人次通过省教师招考统一笔试学科网络报名笔试资格审核,另342人报名参加由市教育局组织的职专专业教师及学校教辅人员等岗位招考。招聘人员518人,其中市属学校招聘137人,区属学校招聘381人。(郑宝捷)

【"做一个有道德的人"主题活动】 增加建立"做一个有道德的人"主题活动学校联系点,全市有中央、省、市级联系点92个。开展"我们的节日"系列活动,开展"摒弃不文明,共护文明城"中小学生文明礼仪教育实践活动,组织"爱在榕城、暖在福州"摄影比赛。"五四"青年节期间,开展纪念建团90周年主题活动;"六一"儿童节期间,集中开展"红领巾心向党——学先锋,找榜样,争四好"统一主题队日活动。运用数字青少年宫开展第七届网络夏令营;组织"向国旗敬礼、做有道德的人"网上签名寄语活动;开展"中小学弘扬和培育民族精神月"活动,上好"开学第一课";开展"洒扫应对""日行一善""文明小博客"系列教育实践活动。设立鳌峰书院"道德讲堂";全面推进学校"道德讲堂"建设,市属学校设"道德讲堂"44所,开展活动约270次。

【榕台青少年交流】 5月28日至6月4日,组织创意族谱交流团赴台进行两岸城市青少年创意族谱联展。7月9—17日,配合市科协开展两岸中学生自然探索夏令营。8月19—23日,配合政协开展第九届榕台青年夏令营,41名台湾师生在榕参观游览并开展榕台中学生"结对子"活动。(王春蕾)

【体育艺术活动】 举办福州市第49届中小学生运动会。组织市教育系统代表队参加市第23届运动会,并名列行业组奖牌数、总分数第一。福州一中、福州三中金山校区代表福州市参加全国第三届高中生青春健美操总决赛,分获啦啦操基础套路、健身操基础套路一等奖,福州市代表团获得团体赛一等奖。

举办第十一届校园艺术节活动;举

表46　**2012年教育先进人物**

获奖称号	获奖者	工作单位
省第三届杰出人民教师	邵东生	福州第三中学
	陈华忠	福清市岑兜中心小学
	廖秀梅(女)	福州市钱塘小学
	郑　琼(女)	福州市蓓蕾幼儿园
	钱秀榕(女)	福州市聋哑学校
省"五一"劳动奖章	杨　松	福州旅游职业中专学校
省中小学优秀校长	刘友声	福州第四中学
	朱之琳(女)	福州屏东中学
	刘小健	福州旅游职业中专学校
	吕榕麟	福州群众路小学
	王金石	福州延安中学
	陈育平(女)	福州市台江实验小学
	林兆星	福州市仓山区实验小学
	陈　青(女)	晋安区鹤林小学
	林　勤(女)	福州市马尾实验幼儿园
	王豪杰	福清第二中学
	方秋珍(女)	福清市虞阳中心幼儿园
	王依钦	长乐市金峰中心小学
	郑德煌	长乐职业中专学校
	陈　霖	闽侯县甘蔗中心小学
	曾凡忠	连江第三中学
	池朱兴	闽清县池园镇中心小学

8月初,福州小茉莉童声合唱团在奥地利维也纳金色大厅亮相

办庆祝六一国际儿童节《阳光下成长》文艺晚会;组织参加省第四届中小学生艺术节活动。福州小茉莉艺术团、合唱团赴德国、奥地利参加由中德友协、中国音协主办的中德建交40周年青少年合唱庆典展演活动,获金奖;参加省第四届中小学生艺术节,获小学乙组合唱一等奖;参加中央电视台《中华月　福州情》中秋文艺晚会演出。

举办中小学生"小石子杯"景物绘画比赛、中小学生"爱国、爱乡、爱校"摄影比赛、中小学生民乐比赛;第四届电视小主持人、小记者选拔赛。举行"福州市教育系统庆国庆,喜迎十八大暨'阳光下成长'"福州市第十一届中小学生艺术节文艺晚会。

6月中旬,组织福州市中学生(高中)羽毛球代表队赴台进行友谊交流比赛;9月下旬,组织福州市中学生艺术团赴台参加中秋点灯文艺演出活动。

(李　莉)

学前教育

【概况】 全市幼儿园1183所,小学附设学前班1135个,在园幼儿24.67万人,学前三年入园率达97.37%,农村学前三年入园率达95.90%,学前教育普级水平居全省前列。全年完成17所省、市示范性幼儿园(民办园9所)评估工作,全市新增省、市、县三级示范性幼儿园69所,示范园覆盖率达16.23%,比增5.61%。

【"三年行动计划"实施】 贯彻《福建省学前教育三年行动计划(2011—2013年)》实施意见,全市安排学前教育奖补资金1011万元。民办幼儿教师继续教育经费得到落实,对农村小学附设学前班的2万元/班·年的补助基本到位。加快公立幼儿教师招聘力度,按缺编人数划拨一定经费用于公立幼儿园自聘人员,并开始核定农村小学附设学前班教职工编制。通过3种形式扩大公立学前教育资源:一是利用小区配套幼儿园承办公立园,新增教学班75个,新增学位约2250个;二是新建、改扩建50所公办幼儿园,建成教学班194个,新增学位约5800个;三是利用农村小学或教学点增设学前班、幼儿班57个,增加学位约1710个。制定下发《福州市民办幼儿园分类定级评估标准及评估办法》,于7月底前完成全市民办幼儿园的分类定级评估工作。完善民办幼儿园年审制度、定级评估制度和常规性的"公带民"教研活动,提升民办园的办学水平。

【保教质量提高】 推行教研片区活动,搭建公民办一体的片区教研网络和师资培训机制。开展幼儿园精细化、标准化管理,保教常规抽检和农村学前班规范管理工作检查,避免和纠正"小学化"倾向。实施农村幼儿园提升计划,通过帮扶结对提高农村乡镇中心幼儿园、街道幼儿园保教质量。举办11场省级示范性幼儿园开放观摩活动暨幼儿园小中高教师专题讲座,帮助乡镇(街)中心园教师提高教育实践能力。开展2010—2011年新聘任教师弹唱技能技巧考核和福州市幼儿园优秀教师教学技能培训活动。

(陈　洁)

初等教育

【概况】 全市有小学927所,比减8.4%;在校学生45.12万人,比增4.3%;专任教师2.37万人,比减3.0%。秋季全市小学一年级招生8.45万人(五城区一年级招生3.26万人);全市初中一年级招生6.48万人(五城区初中一年级招生2.55万人)。全市扫除文盲3746人,完成率107%。

进城务工人员随迁子女教育实行"两个全部纳入"政策,将常住人口全部纳入区域教育发展规划,将进城务工人员随迁子女全部纳入财政保障范围。全市小学一年级招收进城务工人员随迁子女2.09万人。消除小学一年级超大班额现象,班生额基本控制在52人以下。全市初步形成6类特色校:科技教育特色校、体育运动特色校、文化传承特色校、文学与阅读特色校、艺术教育特色校、德育教育特色校。

【科技教育】 组织开展第二十八届福州市青少年科技创新大赛、2012年福州市少年科学素养竞赛、2012年青少年科学调查体验活动、第十二届"福建省小科学家"评选,提高学生科技素养和创新能力。福州教育学院附属第二小学、福州仓山实验小学、福州市祥坂小学被省教育厅评为"福建省科技教育基地学校"。

【初招工作】 初招方案作细微修改:一是回原籍的学生,全部调整为"两证"统一的安排在片区小学对口的初中入学,"两证"不统一的由户籍所在区教育局统筹安排入学;二是取消除福州外国语学校以外的所有外语班、科技班、体艺特色班招生项目;三是规范民办初中招生办法,禁止民办中学参与举办以选拔生源为目的的各类培训班,向福州七县

10月26日,举行福州教育学院附属第四小学成立庆典

(市)招生的录取时应征得生源所在地教育局同意。

【新设学校】　福州教育学院附属第四小学设立　在金山新区设立，为市教育局直属学校。招生划片范围含金山碧水三期春晓苑、夏沁苑、秋爽苑、冬馨苑，金山公元，丽景天成，和兴苑部队生活用房。对口初中为福州第四中学橘园洲中学。9月，福州教育学院附属第四小学开学。

福州西湖国际学校设立　涵盖幼儿园、小学及初高中办学层次。由鼓楼区与美国艾恩思教育投资管理有限公司共同举办。秋季，学校招收从幼儿园至高中阶段的外籍人员子女54人。

【农村薄弱学校委托管理试点】　在晋安区、闽侯县开展农村薄弱学校委托管理试点工作。晋安区、闽侯县有10所小学参加委托管理试点工作，参加试点的城区优质学校对农村薄弱学校实行"职责授权、资源统调、多元扶持、分年评估"的委托管理模式。

（侯存真）

普通中学教育

【概况】　全市普通中学317所，其中初级中学198所，高级中学25所，完全中学68所，9年一贯制学校17所，12年一贯制学校9所。在校初中生19.35万人，在校高中生10.85万人。全市初中毕业生6.84万人，初中毕业升学率96.1%，优质普高招生人数占总招生人数的79.6%。全年新晋级省二级达标高中校8所、省三级达标高中校7所。

【普通高中多样化办学】　按照"一校一方案、一校一路径、一校一评价"的原则，启动高中多样化办学模式和特色课程体系建设。支持福州三中、福州高级中学和福州外国语学校自主招生，并适当引进融合国外优质高中课程，分别打造"拔尖创新人才培养实验班""科技创新人才实验班"和外语特色教学品牌。促进具有独立法人资格的福州三中金山校区和格致中学鼓山校区成为独立办学、权责明确的真正法人单位。在福州三中与福州十九中、福州高级中学与福州十六中之间开展紧密型协作办学试点，促进初高中教育教学体系自然衔接。

【科技实践活动】　联合市科协举办福州市第28届青少年科技创新大赛；参加

表47　**2012年福州市参加全国机器人大赛、青少年科技创新大赛获奖名单**

选送学校	获奖学生	指导老师	获　奖　项　目
省未成年人课外阅读实践基地	张维泽　林宇灿	林　强　邓　戎	第12届中国青少年机器人竞赛一等奖
福建师大附中	石子威　施斌泉　吴远翔	夏洪江　薛　丙	第12届中国青少年机器人竞赛一等奖
福州市铜盘中心小学	许皓然　何游龙　卢竞冬　李思捷	黄湘玲　林　强	第12届中国青少年机器人竞赛一等奖
福州阳光国际学校	王帅民　林　敏　夏丝雨　王建桥	王　莹　叶进坚	第12届中国青少年机器人竞赛一等奖
省未成年人课外阅读实践基地	吴琢成　黄孜妍	林　强	第12届中国青少年机器人竞赛二等奖
鼓山中心小学	郑可翊　林　萍	林　华　黄秀丽	第12届中国青少年机器人竞赛二等奖
马尾实验小学	陈光裕　郑绍伟	任　鑫　任晶云	第12届中国青少年机器人竞赛二等奖
台江第三中心小学	吴文丰　林　烁	邱伟松　刘　翔	第12届中国青少年机器人竞赛二等奖
铜盘中学	陈熹德	陈　斌	第27届全国创新大赛青少年创新项目一等奖
福州第三中学	王璐畅	刘东杰　魏丽真	第27届全国创新大赛青少年创新项目二等奖
福州第三中学	刘　狄	林玉铃　魏丽真　刘东杰	第27届全国创新大赛青少年创新项目二等奖
福建师大附中	郑立阳	罗银先　林泳许	第27届全国创新大赛青少年创新项目二等奖
福建师大附中	杨　宇　陈昱瑾　张法典	谢　聆　郑俊汉　林泳许	第27届全国创新大赛青少年创新项目二等奖
福州第三中学	朱睿剑	魏丽真	第27届全国创新大赛青少年创新项目二等奖
马尾实验小学	黄文旭	任　鑫　杨卫星　江晓科	第27届全国创新大赛青少年创新项目三等奖
马祖敬恒国小	刘乙樵　刘子玮		第27届全国创新大赛青少年创新项目三等奖

第27届福建省青少年科技创新大赛,获得省一等奖18项,其中8项选送参加全国比赛,并在第27届全国创新大赛青少年创新项目中获得一等奖1项,二等奖5项,三等奖2项(含马祖1项目)。参加第12届中国青少年机器人竞赛,获一等奖4项、二等奖4项,占全省获得全国冠军数的3/5,占全国赛事总冠军数的1/5。永泰三中、格致中学鼓山校区和福州四十中被评为省科技教育基地学校。举办以“食品安全,健康成长”为主题的青少年科学素养竞赛,组织开展“科学饮食,健康生活——2012年青少年科学调查体验活动”。会同市人防办向初一学生免费发放《防空与防灾》读本。

【中招工作】 第一投档线切线办法调整为市区按福州一中、福州二中、福州三中、福州四中、福州格致中学、福州八中、福州高级中学和师大附中8所一级达标学校面向市区招生(特色班除外)总数的75%划定普通高中第一条投档线。七县(市)普高第一投档线参照市区做法。将理化奖励分分值分别提高到60分、40分。向进城务工人员随迁子女开放部分省一级达标高中,三年学籍在福州本地的省内户籍随迁子女可报考福州三中、福州四中、福州高级中学、连江一中、连江尚德中学、福清华侨中学、长乐华侨中学。福州三中、福州四中和福州高级中学实行部分名额提前自主招生。调整择校生和定向生比例,达标普高择校生占学校招生总数的比例降低到17%;在招收定向生的学校中,定向生数占学校招生总数的40%。调整普高志愿填报批次,福州一中、师大附中、福州高级中学面向七县(市)招生的志愿设在普高第一批。增加军人子女中考加分项目。

(简素玉)

【普通高中会考】 1月,学业基础会考报名参加考试的考生为9.49万人次,设61个考点,3322个考场;6月,报考7.66万人次,设61个考点,2720个考场。组织4.15万名高二学生参加物理、化学、生物实验考查,4.15万名高三学生参加通用技术考查。

(黄增华)

特殊教育

【概况】 2012年,全市特殊教育学校12所,其中盲校1所,聋哑学校1所,自闭症学校1所,弱智学校5所,综合学校4所。残疾儿童在校生3670人,其中特教学校在校生1353人,普通学校随班就读2317人;小学2844人,初中736人,高中90人;视力残疾332人,听力残疾443人,智力残疾2680人,其他残疾215人。全市54.5%的特教学校实现向学前阶段或高中阶段两头延伸。福州聋哑学校、福州盲校等开设按摩专业、计算机网络管理与维护、美术绘画以及工艺美术专业。

【标准化验收】 福州市盲校、福州市聋哑学校、连江特教学校3所特教学校接受省级标准化验收。福州开智学校、闽侯特教学校、长乐特教学校、永泰特教学校通过市级标准化验收。

【福州星语学校设立】 为市教育局直属学校。星语学校专门招收自闭症儿童,是全国第一所公立自闭症学校。星语学校暂在福州市盲校过度,年内招收小学一至六年级各1个班共48人。

中等职业教育

【概况】 全市中等职业中专学校37所(不含技工和省属在榕学校),其中公办校28所(包括行业办的福州工业学校、福清卫生学校、福州体育学校、福州艺术学校4所)、民办校9所。市级以上重点职专学校26所(国家级中等职业教育改革发展示范校4所,国家级重点职专6所、省级重点职专8所、市级重点职专9所),占全市中职学校数65%,省达标中等职业学校16所。全市中职学校全日制在校生5.13万人,其中省级以上重点职专在校生3.94万人,占全市中职学校在校生总数76.8%。整合创建3所国家级示范校。福州电子职专(与交通职专并校为“福州机电工程职业技术学校”)、福清龙华职专、长乐职专3所职校成功申报第3批国家中等职业教育改革发展示范校建设计划项目。3所示范校建设扩征校园用地8.87公顷,投入专项资金2.05亿元,招聘专业教师近60人。

【中职招生就业】 市属中职学校招生人数2.17万人(全日制1.76万人,非全日制4086人),市属技工校招生人数7573人(全日制2472人,非全日制5101人)。年内福州市中职学校(不含技工校)毕业生1.38万人,就业(含升学)人数为1.34万人,就业率97%。

【重点专业建设】 福清龙华职专中餐烹饪、长乐职专服装设计与工艺被省教育厅认定为第8批省级重点专业;福州建筑职专建筑施工专业、福州电子职专动漫与游戏专业、福州旅游职专酒店服务与管理专业相关课程被省教育厅认定为省级特色课程。评估认定福州电子职专等11所中职学校14个专业为市级重点专业。调整优化专业结构,新增机电技术应用、汽车整车与配件营销等19个专业,撤销社会需求饱和、就业率低的25个专业。推进中高职衔接,在部分职校实施“优秀中职学生免试入读高职教育”试点和开展中高职重点专业“3+2”分段培养衔接试点。

【校企合作】 会同市人社局、市经委、市公务员局筛选确认30家企业为福州市中职学校教师企业实践基地。首次派出10名青年骨干教师到星网锐捷公司、盛辉物流公司等大型企业参加为期半年的实践活动。全市32所中职学校与526家大中型重点企业建立稳定的校企合作关系,“校企共建”生产性实训基地达40个。19所国家级和省级重点职校有70%以上的专业与相关企业建立紧密型校企合作关系。

【技能竞赛】 举办第七届福州市中职学生技能大赛,设15个大类专业,60个竞赛项目,50所学校、1463名学生参赛。承办全省职业院校技能大赛,设福建工业学校等10个赛点。全省9个设区市和省属中职学校的10支代表队、1200多人参加16个类别61个项目的比赛。大

表 48　**2012 年福州市参加全国职业院校技能赛获奖学生及指导教师名单**

参赛项目	参赛选手	奖别	所属学校	指导教师
护理	欧炜玲	一等奖	福清卫生学校	李清凤
护理	于艳芳	一等奖	福清卫生学校	朱晓玲
计算机辅助设计(建筑 CAD)	任继标	二等奖	福州建筑职专	林　枫
计算机辅助设计(建筑 CAD)	方俊耀	二等奖	福州建筑职专	林　枫
计算机辅助设计(工业产品 CAD)	郑绍文	二等奖	福州电子职专	官云琴
涂漆	陈　清	二等奖	福州交通职专	邱晨曦
单片机控制装置安装与调试	陈　煜	二等奖	福州电子职专	闫亚红
制冷与空调设备组装与调试	董文文	二等奖	福州电子职专	郑敏旺
晚宴化妆	林梅青	二等奖	福州旅游职专	黄晓琴
客房中式铺床	林英银	二等奖	福州旅游职专	杨　松
中餐宴会摆台	陈　惠	二等奖	福州旅游职专	林　佳
红条茶	胡其兴	二等奖	福州旅游职专	郭　威
建筑设备安装与调控(给排水)	陈家兴　张　林	二等奖	福州建筑职专	陈　锋
工程测量	林致锦　力　乾 丁建龙　黄　杰	二等奖	福州建筑职专	林松江
工业分析检验	陈顶凤　林耿光	二等奖	福州工业学校	张　明
物流中心作业团体	林　贵　陈　锐　江　伟	二等奖	福州商贸职专	蒋舒凡　黄娜娜　康建兰
机电一体化设备组装与调试	方孔球　魏景山	二等奖	福州电子职专	方凡张
电梯维修保养	陈敬峰　卢泽鑫	二等奖	福州建筑职专	林公霖

赛新增 17 个竞赛项目,是历届大赛项目最多、规模最大的一次赛事。福州市中职学校学生参加省赛获得 49 个一等奖、54 个二等奖、45 个三等奖,一等奖总数(占全省 45%)和团体总分均居全省第一;同时 72 人代表福建省参加全国职业院校技能大赛,获 2 块金牌、16 块银牌、14 块铜牌,奖牌总数占全省的 25%。被省教育厅等 6 家单位授予 2012 年全省职业院校技能大赛优秀组织奖、团体一等奖和贡献奖。

(林培斌　徐本元)

高等教育

【概况】　2012 年,福州 10 所市属高校全日制在校生达 5.5 万人,比增 4.3%;毕业生 1.54 万人,比增 1000 多人;专任教师总数达 3443 人;招生 1.83 万人;举办专业数量达 249 个。继续深化专业结构调控,现代服务业和工科专业比重超过 50%,专业结构趋向合理。福州职业技术学院成为福建省首批示范性高职院校;福州外语外贸学院搬迁到长乐新校区;支持福州海峡职业技术学院筹建福州理工学院;福州软件职业技术学院举办者变更为福建天晴在线科技有限公司。

【高招工作】　研究生招生　1 月 7—8 日,举行福州市攻读硕士学位研究生招生全国统一考试,全市报考 9515 人,比增 8%,其中全国统考报名 9034 人,法硕联考 247 人,管理类联考 74 人,推荐免试生 160 人。福州大学、福建师范大学、福建农林大学等院校单考生、管理类统考生 1976 人委托福州市组织考试。全市设 14 个考点 405 个考场。

普通高校招生　全市报名 3.92 万人,比上年减少 1502 人,其中普通高考报名人数为 3.48 万人,高职单招报名人数为 4417 人。全市设 47 个考点 1602 个考场。

成人高校招生　2.56 万人报考,其中专科起点升本科 9604 人报考,高中起点升本科 201 人报考,高中起点升专科 1.57 万人报考,其中免试生 16 人。全市设 31 个考点 1037 个考场,其中 21 个考点设在市区,10 个考点设在县城。

(吴玫颖)

【组织各类考试】　全年组织 17 次 36 项考试,报考 51.29 万人次,65.87 万科次;审核自考毕业生 2896 名;各类考试报考人数占全省总量的 48.6%,没有发

表49　在榕普通高校(34所)一览表

学校类型	院　　校	地　　址
本科院校	福建农林大学	仓山区上下店路15号
	福州大学	闽侯县上街镇学园路2号
	福建医科大学	闽侯县上街镇学园路1号
	福建中医药大学	闽侯县上街镇华佗路1号
	福建师范大学	福州市大学城科技路1号
	福建工程学院	闽侯县上街镇学园路3号
	闽江学院	闽侯县上街镇大学城文贤路1号
	福建江夏学院	闽侯县上街溪源宫路2号
	福建警察学院	仓山区首山路59号
	福州外语外贸学院	长乐市首占新区育环路28号
	福建师大福清分校	福清市融城镇校园新村1号
二级学院	福建农林大学东方学院	福州市琅岐经济区龙鼓度假村1号
	福建农林大学金山学院	福建农林大学金山学院
	福建师范大学协和学院	闽侯县上街大学城学园南路
	福州大学至诚学院	福州市杨桥西路50号
	福州大学阳光学院	福州经济技术开发区(马尾)卧龙山
高职高专院校	福建商业高等专科学校	鼓楼区新店义井村19号
	福建幼儿师范高等专科学校	仓山区长安路89号
	福建卫生职业技术学院	闽侯县荆溪镇关口366号
	福建信息职业技术学院	鼓楼区福飞南路106号
	福建农业职业技术学院	福州市南郊相思岭
	福建交通职业技术学院	仓山区首山路80号
	福建体育职业技术学院	鼓楼区福飞路151号
	福建对外经济贸易职业技术学院	马尾区亭江镇亭江路8号
	福建生物工程职业技术学院	福州市洪山桥中店42号
	福建艺术职业学院	闽侯县甘蔗镇昙石
	福州职业技术学院	福州大学城源阳路
	福州教育学院	闽侯县上街大学城学园南路
	福州英华职业学院	仓山区城门镇浚边村
	福建华南女子职业学院	仓山区乐群路6号
	福州黎明职业技术学院	闽侯县南屿镇双龙村
	福州海峡职业技术学院	晋安区鳝溪学园路9号
	福州软件职业技术学院	鼓楼区铜盘软件大道89－1号
	福州科技职业技术学院	仓山区建新镇上下店路60号

生试卷保管安全泄密事故、重大考场集体舞弊事件和其他重大事故；非学历证书考试报考人数增长幅度较大，学历证书考试报考人数呈下降趋势。

（欧阳彪）

【校园文化建设】　推进市属高校全面开展主题校园文化节活动，闽江学院、福州外语外贸学院和福州黎明职业技术学院的5个文化活动项目获得省级校园文化建设优秀成果奖。组织市属高校观看中央文明办组织的"全国道德模范故事汇"巡演活动。邀请福州市道德模范走进福建华南女子职业学院、闽江学院、福州职业技术学院和福州教育学院，宣讲道德模范人物感人事迹。

【思政课教学及专业建设】　实施思政课教学质量提升工程，通过教学交流、教学论坛、专家讲座、公开课和教学质量检查等活动，推动市属高校全面实施教育部《高校思想政治理论课课程建设标准》。围绕省、市主导产业进行专业重构，增设对接区域产业发展的文化创意、经营管理、财会金融、建筑工程管理、信息技术工程、现代服务业、交通工程等9个专业群。

（马　宁）

【闽江学院】　2002年经教育部正式批准的公办全日制多科性本科大学，是全国首批"服务国家特别需求专业硕士学位研究生教育试点"高校之一和大陆最早实施"校校企"闽台高校联合培养本科人才项目的高校。学校实行"省市共建、以市为主"的办学体制，面向全国招生。其前身是福州师范高等专科学校(创办于1958年)和闽江职业大学(创办于1984年)。中共中央总书记、中央军委主席习近平任中共福州市委书记期间曾兼任原闽江职业大学校长。

2012年，MBA项目(创业与创新方向)首批学员正式入学，标志着学校正式举办研究生教育，该项目填补国内创业与创新硕士教育的空白。服装与艺术工程系升格为服装与艺术工程学院，学校调整为12个系和10个学院，以及公共体育教学部、思政教研部、现代教育技术中心、教育科学研究所等公共教学与教辅单位。拥有福建省省级重点学科3个、福建省新建本科高校重点建设学科5个；设有全国首个创业与创新方向工商管理硕士(MBA)学位点，44个本科专业(涵盖经济学、法学、文学、历史学、理学、工学、管理学、艺术学等八大学科门类)。年底，全日制本专科在校生2.01万人，全日制研究生 30 人。《约束，是为了更好地飞翔——闽江学院学生自律委员会"律韵文化"综述》项目获福建省 2012 年高校校园文化建设优秀成果评选一等奖。

全年引进高层次人才 11 人（教授 2 人、副教授 2 人、博士 7 人），有专任教师 1113 人（博士 194 人、硕士 634 人，比例达 74.4%），外聘教师 147 人，高级职称人员 453 人（正高 94 人、副高 359 人，比例达 40.7%）。

本科教学评估　受教育部教育教学评估中心委托，以教授翟振东为组长的普通高等学校本科教学工作合格评估专家组一行 9 人，于 12 月 10—13 日到校实地考察本科教学工作。学校顺利通过合格评估。

学科专业建设　工商管理、纺织科学与工程、信息与通信工程等 3 个一级学科入选"福建省省级重点学科"。服装设计与工程、对外汉语、测绘工程、广告学、计算机科学与技术、应用化学、电子信息工程等 7 个本科专业入选"福建省本科高校专业综合改革试点"项目。

应用型人才培养　5 个"公共基础课实验教学平台"、5 个"校企合作实践教学基地"获省一般本科院校办学水平提升计划建设项目立项。5 个校外实践教育基地获省"大学生校外实践教育基地"立项。1 部教材入选第 1 批"十二五"普通高等教育本科国家级规划教材。闽台合作本科项目赴台学习学生累计达 1084 人，其中第 1 批学生 297 人完成在台湾"中国文化大学"和"实践大学"的学习任务回校，第 2 批学生 787 人开始在台湾"中国文化大学""实践大学""中华大学"学习；另有服装学院 10 名学生赴"台南应用科技大学"交流学习。新华都商学院首届 99 名本科生赴北京大学、南开大学，完成为期 1 学年的学习任务。国家职业教育研究院福建分院落户学校。

科研与社会服务　全校获得国家级科研立项 10 项、省（部）级项目 33 项、地（厅）级项目 139 项、政府企事业委托项目 70 项、校级科研立项 45 项，到校科研经费 3189 万元；教师发表的学术论文中有 127 篇被 SCIE、EI、SSCI、CSSCI 四大检索系统收录，主编并出版著作 27 部。1 个项目获第七届国际发明展览会金奖。2 个项目成果在第十届"6·18"海峡项目成果交易会上与相关企业对接签约。1 项成果被教育部科技发展中心与福建省教育厅评为"服务海西优秀参展项目成果"。承办（协办）"创业与创投——2012 福州论坛""闽都文化北京高峰论坛"等高层次学术活动。《闽江学院学报》再次获评华东地区"优秀期刊"，"闽文化研究"入选教育部高校哲学社会科学学报"名栏"。

招生就业　面向全国 31 个省市实际招生 5994 人，其中本科 4520 人，面向福建省招生 4664 人。首次在山东、江西、江苏三省本科一批招生。2012 应届毕业生 5220 人，其中本科 3490 人，专科 1730 人，就业率达 96.48%。

交流合作　与"逢甲大学""大叶大学""联合大学"等台湾高校签订交流合作意向书或备忘录。启动"两岸教材建设计划""两岸产学合作计划"。师资交流进入常态，累计有 17 批次逾 130 人次台湾合作大学教师到校授课或讲学，学校 18 名合作院（系）教师赴台执教或研修。中美本科国际课程项目新增 1 个专业。布鲁克大学孔子学院第 2 次理事会召开，学校与布鲁克大学共同制订孔子学院中长期发展规划。经省教育厅、省政府外事办、省公安厅联合考评，取得招收外国留学生资格。与福州大学签订共建协议。分别与长乐市、闽侯县、罗源县、福清市签订校地合作协议。

办学基础条件　新增校舍面积 6 万平方米，工科大楼、学生公寓 11 号楼交付使用，多功能馆完成竣工验收。图书资源文献与信息资源总量达 226.65 万册，其中电子图书 84 万册。"校园一卡通"系统升级改造完成。　（赖仕贤）

【福州职业技术学院】　学院确立以提高人才培养质量为核心，全面实施"政校企合作，内涵式发展"战略的办学理念，明确"搭建政校企合作一个平台，创新高职办学、人才培养两种模式，强化教师队伍、专业与课程、实训基地三项建设"的基本路径和具体措施。成立由政府部门主导、行业企业参与、学院实施的政校企合作办学理事会，探索建立政校企三方联动机制，逐步形成人才共育、过程共管、成果共享、责任共担、互利共赢的政校企合作办学体制和育人机制。2012 年，实施政校企合作办学机制创新，同时在院内管理体制机制改革与创新上，实施院系二级管理、专业技术岗位竞聘、教学改革与管理、科研创新与管理、校园基本建设等举措。年初通过省级示范性高职院校建设项目验收，成为首家省级示范性高职院校。年内《信息化环境下的"职业人才成长服务"的培养模式》通过省教育厅专家的评审，获得国家教育部首批教育信息化试点建设单位资格。首次发布《2012 福州职业技术学院人才培养质量年度报告》，并被收录到福建省高职教育年度质量报告集。

后示范"八大工程"建设目标提出　1 月，学院通过省级示范性高职院校验收后，提出后示范"八大工程"建设目标（示范项目深化与带动工程、工科专业强化工程、教学质量提升工程、专业领军人才培育工程、社会服务能力提升工程、学生综合素质提升工程、招生与就业强化工程、体制机制创新工程），全面提升学院内涵建设。这一思路在 2012 年全省高校领导干部办学治校能力专题研讨会拉练检查中得到省教育工委、省教育厅领导和兄弟院校的肯定。

工科专业强化工程实施　9 月，强化工科专业群建设，把技术工程系拆分成电子信息工程系、机械工程系、交通工程系 3 个工科系。工科系 3 个专业群建设规划初步形成；立项建设楼宇智能化、城市轨道交通类、模具设计与制造、数控技术专业实训基地等 4 个实训室；启动工科大楼建设计划；中央财政支持的网络技术、数控专业加大专业建设力度，全面提升人才培养质量；应用电子技术专业重构课程体系。

特殊教育一体化基地建设项目　7 月，学院"特殊教育一体化基地建设项目"获国家发改委立项并得到中央财政 5000 万元支持。该项目总投资约 7200 万元（中央财政 5000 万元、地方财政配套 1000 万元、学院自筹 1200 万元），占地面积 3450 平方米，总建筑面积 1.81 万平方米，是集特殊高等教育教学、实训、康复和创业服务等功能为一体的综合教学大楼，建成后可容纳广告设计与制作等 7 个专业残障在校生 600 人。至年底,中央财政资金到位3500万。

政校企办学体制机制强化 在2011年底成立旅游服务行业、电子信息与机械行业、动漫游戏行业、商贸服务行业4个政校企合作工作委员会的基础上,新成立融侨开发区、青口投资区2个园区政校企合作工作委员会,出台政府有关部门、行业支持学院开展合作办学的实施意见以及政校企合作实施细则和政校企合作工作奖励暂行办法等相关文件,初步构建人才共育、过程共管、成果共享、责任共担、互利共赢的政校企紧密型合作办学体制和长效机制。

校企共建金科网络技术管理学院 金科集团在与学院合作共建计算机网络技术专业的基础上,5月成立"金科网络技术管理院",组建二级学院董事会,明确校企双主体的权利义务;秋季正式招收计算机网络技术和计算机网络管理2个专业学生,开创福建省高职院校校企合作开办二级学院的新模式。至此,学院下设9个系(电子信息工程系、机械工程系、交通工程系、计算机系、人文社科系、管理系、经济系、应用外语系、商贸系)、1个部(公共基础部)、1个二级学院(金科网络技术管理学院)、1个中心(电大与继续教育中心)。

校企合作 与学院合作的企业数量达95家,其中4家世界500强企业;合作企业订单培养95人。校企共同开发课程47门,共同开发教材26本。年内为企业技术服务收入(到账)达58万元,为企业培训员工6415人次。

时代华奥公司、天狼星动漫公司、全景公司等文化企业与人文系影视动画专业合作,建立"校中企工作室"。影视动画专业依托校中企工作室,将企业项目与教学内容高度融合,构建"项目实战一条龙"人才培养模式。同时根据企业用人岗位需求及工作流程与技术标准对岗位知识、能力、素质细分,将其转化为实战项目教学案例、实战项目开发;并与专业课程进行嫁接,直接由企业技术人员进校指导项目开发教学,采用企业制作标准对学员项目成果进行验收。时代华奥公司与影视动画专业合作后,将项目《茶园物语》儿童网络社区引进工作室,该项目实践成果在业内引起较大反响。

实训基地建设 院内实训基地在继续整合集"教学、培训、竞赛、鉴定、技术开发"等五大功能于一体的"五大实训中心"的基础上,自筹投入1000万元建设轨道交通、计算机维修(芯片级)等10个校内产学一体化实训基地。

院外实训基地有93个,根据各专业的不同特点,探索实施"小型化、多批次、企业岗位不间断"的实训模式,年接待学生中期顶岗或半年顶岗实习11.94万人次。

职业技能竞赛 5月19日,承办2012年福建省高等职业院校技能大赛计算机网络应用项目竞赛,参与竞赛有14所高职院校,学生选手44人,指导教师28人,领队14人,志愿者与工作人员100多人。学院代表队在竞赛中获一等奖。11月,举办"第九届蓝天超市杯技能竞赛月"活动,蓝天量贩超市有限公司、金科集团、安博集团等20多家企业参与联办竞赛,技能大赛设立项目36个,学生参赛数2130多人,间接参与学生数3000多人,逾学生总数50%;设立教师竞赛项目6个,并举办竞赛总结大会暨竞赛学生作品展示会。年内学院选派90名学生参加省职业院校技能大赛(高职组)19个项目,获2012年福建省职业院校技能大赛(高职组)团体一等奖(第三名),以及2个一等奖、11个二等奖、8个三等奖。选派5个队4个项目进入福建队参加2012年全国职业院校技能大赛(高职组),参赛的5支队伍全部获奖,其中计算机网络应用、物联网技术应用2个队均获二等奖,智能电梯装调与维护、电子产品检测与维修(芯片级)3个队均获三等奖。学院各专业在参加国家教职委行业协会举办的大赛中,电子商务沙盘模拟经营获一等奖,Microsoft office powerpoint 2010、Microsoft office word 2010、Microsoft office excel 2010均获一等奖,第五届"用友杯"全国大学生会计信息化技能大赛获1个一等奖、1个二等奖,全国商科院校技能大赛财会专业赛获三等奖,"鲁班杯"建筑工程识图获三等奖,Microsoft office word 2007获2个三等奖。

对外对台合作交流 在与加拿大不列颠哥伦比亚理工学院(BCIT)的中加合作项目的基础上,组织申报会计专业与澳大利亚博士山学院合作办学项目并通过教育厅的批准,双方在课程、师资等方面进行对接并将在2013年秋季招生。至此,学院有国际合作办学项目2个。继续与大华技术学院、和春技术学院、中州科技大学、亚洲大学、朝阳科技大学等5所台湾合作院校开展应用电子技术专业、旅游管理专业、物流管理专业、广告设计与制作、金融保险等5个专业合作,秋季闽台合作专业招生173人,在校生总数达589人。5个合作项目引进台湾专业课程17门,确保引进台湾高校的优质课程不低于专业课程的33%。同时扩大榕台师生交流,拓宽合作领域,2011—

5月31日,在福州温泉大饭店举行福州市青口投资区、融侨开发区政校企合作工作委员会成立大会

2012学年邀请台湾合作院校13批次、21名台湾高校教师到院讲学，选派20名骨干教师、14名管理干部赴台进修、考察和学习，选派91名学生赴台学习1年或1个学期。年内首届闽台班毕业学生203人。

科研与技术服务　获得市厅级以上科研项目47项，比上年增加19项，增长40.42%，专利及省级以上科研课题都有大的增加；横向课题比2011学年增加4项，比增400%；高层次、高级别课题数明显增加，省部级项目4项，国家级课题1项，实现福建省高职院校国家级课题和学院国家级课题双"零"突破；获得国家知识产权局实用新型专利6项，年专利获得量在全省高职院校中名列第一。动漫游戏福建高校应用文科研究中心获省教育厅批准成立，成为福建省高职院校首批4个应用文科研究中心之一。

学生综合素质提升工程　年初，成立职业指导教研室，组建、培训专兼结合的职业指导教师团队，制定《职业指导课程建设方案》，初步构建学院职业指导课程体系，并于9月全面启动职业指导课程；同时在推动各系党总支、各专业教研室共同做好职业指导课程实施的基础上，把职业指导课程的教学与职业素养培育、职业生涯规划、就业创业指导、社会实践及第二课堂等活动结合起来，探索体现高职院校学生培养特点的全员化、全程化、个性化的就业创业指导与服务新路子，以促进学生可持续发展职业能力提升，学院年内获得省第七届"挑战杯"创业计划竞赛优秀组织奖，职业指导教师在省第二届就业指导课程大赛（高职组）中获1个一等奖、1个二等奖。

"毕业生毕业后五年发展轨迹跟踪"调查　制定毕业生就业质量跟踪调查问卷（毕业生版和用人单位版），成立校友会，对部分毕业生进行抽样调查统计分析，为2013年学院向全社会发布年度质量报告做准备。

招生与就业　学院录取新生2241名，报到率90.28%；学院全日制普通高职在校生5863人，成人学历教育在校生7493人。探索面向中职自主招生方式；加强与闽江学院合作联办"专升本试点"招生试点工作，争取2013年招生。2012届毕业生1747人，取得中级以上职业资格证书1551人，获证率88.78%，毕业生就业率98%，对口率66.5%，其中就业率较高的专业有会计电算化、旅游管理、市场营销、国际商务、商务英语、装潢艺术设计等。年内，学院获省第七届"挑战杯"大学生创业计划竞赛优秀组织奖，学生创业团队获金奖2项，银奖2项，铜奖4项，优秀奖4项，在全省高职院校中位居前列。推进"大学生创业培训基地"建设，被市公务员局授予"福州市高校毕业生创业培训基地"。

社区教育　完善以社区大学为核心、社区学院（社区教育中心）为龙头，街道乡镇社区学校为骨干，乡镇社区教育学习点为基础的社区教育"四级"网络架构；完善"福州终身学习在线"网站，拥有社区教育、职业教育、继续教育、青少年教育、老年教育、农村教育等六大模块和3万多讲视频学习资源，社区大学终身教育模式得到省教育厅推崇，并成为《福建省高等职业教育人才培养质量2012年度报告》案例。

学院组建十周年庆典活动　11月，成立校友会并举办系列活动，回顾学院10年奋斗历程及取得的成就，展示教职员工团结合作、积极向上的精神面貌，众多校友送来对母校的感谢及祝福，在校友及合作企业中产生一定影响。

励园文化平台搭建　发挥先进大学文化对大学生成长成才的良好熏陶和积极促进作用，建设"励园文化"，通过活动培养提升学生的职业道德和职业素养，激励学生历练技能本领，励志全面成才。6月，学院励园文化成果入选教育部《全国职业院校校园文化优秀案例集》，并于全国职业院校德育创新暨校园文化建设座谈会期间进行巡展；《残健融合显爱心　花开无声香励园》获省2012年高校校园文化建设优秀成果获二等奖，这在全省高职院校中位居第一并上报教育部。

二期工程建设　9月，二期工程部分工程验收，新生入住二期1号、2号、3号学生公寓，二期食堂（一）启用；二期工程西侧大桥正式通车，沟通溪源江两岸，将学院一期二期合二为一；至年底，二期4号、5号学生公寓及二期工程东侧桥梁主体结构基本完工。至此学院占地38.187公顷，建筑总面积19.32万平方米，学院各项办学条件符合且高于国家对综合类高职院校设定的标准。　（林艺芳）

【福州教育学院】　学院强化教研员业务学习和经验交流，教研员在研课题有92项，其中国家级课题9项，省级课题52项，市级课题31项。撰写教研论文、经验文章、质量分析66篇，其中在CN刊物发表12篇。9月组建182人的各年级、各学科的教研中心组。继续聘请高考各学科的高校教研顾问，加强中学教研与高校的联系，加强对高考的研究与指导。充实英语、音乐、幼教3名教研员，至年底在册专、兼职教研员人数达59人，涵盖中学16个学科，小学12个学科，基本满足开展日常教研活动需要。

三级教研网络体系完善　全市中小学教研初步形成以教育研究院、县（市）区进修校和各中小学"三位一体"的教研网络。福州教育研究院以中学教研为主，重点开展高中的教研工作；县（市）区进修校重点开展义务教育阶段的教研工作，协助开展高中教研；各学校立足学校开展校本教研。同时建立3支校际教研员队伍，促使教研工作分层次、分片区针对性地开展。主要有：以市区骨干教师为主体的各学段、各学科教研中心组，涵盖中小学、幼教、特教所有学科；以县（市）骨干教师为主体的高中兼职教研员队伍，涵盖高考9个学科；以高校教育专家和省教研专家为主体的高中学科教研顾问，涵盖高考9个学科。

教学调研　组织各学科的教研员下县、下校进行教学调研，加强对课程实施情况的调研。除市级教学开放周活动外，规定每周二为下校调研日，教研员经常下校开展备课、听课、评课活动，帮助、指导一线教师改进课堂教学，提高课堂实效和教学质量。2011—2012学期全体教研员下校620所次，听课1600节，评课950节，参加集体备课360次，参加学科基地校活动120场次。

教学视导　3—4月，教研中心组织学院院高中教研员和部分高中中心组成员，分赴八县，开展教学视导工作，了解福州市普通高中教学基本情况，研讨课堂教学过程教与学存在的问题，加强学院与基层学校联系和交流，指导学校课堂教学。

学科课堂德育工作　新成立的德育

研究中心协调教研中心在原有的《福州市中小学学科课堂德育实施指导意见》基础上,重新修订各学科的德育指导意见,进一步强化中小学学科课堂德育工作,并通过市级教学开放周活动等途径,在课堂教学评价上进行积极导向。

市基础教育教学研究学术论坛高考研究分论坛　4月16—19日,教研中心组织2012年春季福州市基础教育教学研究学术论坛高考研究分论坛。论坛主要内容有:2012年福建省高考考试说明解读;2012年福州市高中毕业班省质检质量分析及经验总结;高三最后阶段复习教学研讨。全市各县(市)区、市属高中学校及民办高中校的语文、数学、英语、物理、化学、生物、历史、地理、政治9个学科的高三学科集备组长;各县(市)区教师进修学校高中教研员、高中兼职教研员近1000多人参加。论坛通过专题报告、经验交流、课例研讨等形式开展,各学科分别邀请学科教研顾问、省教育学院专家、省普教室的教研员、高中中心组成员作专题讲座,请一线高中毕业班的教师上研讨课、作经验交流。

10月17—19日,教研中心组织2012年秋季福州市基础教育教学研究学术论坛高考研究分论坛。论坛主要内容有;2012年高考试题分析及经验总结;高三复习教学策略研讨。全市各县(市)区、民办高中校9个学科的高三学科集备组长,各县(市)区教师进修学校高中教研员、高中兼职教研员近1000人参加。

网络阅卷　进一步完善质量监控体系,由进修校、区县兼职教研员组成区县监控网,学院教研员监控全市中学的网络阅卷,构建网络阅卷监管体系。同时加强网络阅卷数据分析,掌握福州市学科教学的情况,从中找到教学存在的问题,提高考试评价的诊断和矫正功能,引导教师改进课堂教学,提高课堂教学质量。学院首次在初中推出网络阅卷试点工作。

教师教学技能培训及赛事　贯彻落实《福建省教育厅关于开展教师岗位大练兵活动的通知》精神,组织开展教师岗位大练兵活动,并在此基础上组织中小幼教师教学技能大赛活动。学院根据市教育局部署,分别制定中小学教师技能比赛的详细方案。在总决赛的基础上,根据省赛各组报名人数,按1:3比例扩大培养范围,遴选出省赛预备选手进行教学技能专项培训,并通过竞赛方式选出参赛选手,最终在省第二届中小学教师教学技能大赛中,福州代表队59人获奖50个,其中一等奖11个、二等奖24个、三等奖15个;在综合素质决赛中,获特等奖2人。

3月,在南京举办的第四届全国小学语文教师素养大赛中代表福建参赛的福州晋安区实验小学陈敏获一等奖和特长奖。5月,在省第十七届小学数学“问题解决”现场教学观摩比赛中,群众路小学陈淑白、台江第三中心小学郑汛、晋安第五中心小学刘小华获一等奖。11月,在省第十八届小学数学“问题解决”现场教学观摩比赛中,福州教育学院三附小倪琛、麦顶小学郑晓密获一等奖。在厦门举办的全国第九届青年教师阅读教学观摩比赛活动中,代表福建参赛的福清元洪师范学校附属小学郑玮瑜获一等奖。在省普教室主办的“福建省乡镇中心幼儿园教师教学比武活动”中,鼓楼区洪山镇中心幼儿园老师谢欢获一等奖。12月,在福州举办的福建省小学语文教师素养大赛中,钱塘小学老师梁琳获特等奖(第一名),鼓楼第一中心小学老师陈瑾获一等奖和特长奖。

福州市小学语文教师素养大赛　10月17—19日,在福州台三小举行,大赛由福州教育学院主办,台江教师进修学校协办,台江第三中心小学承办。福州市各县(市)区及省市直属校经过初赛选拔的21名选手参赛,参加观摩的师生有3000多人次。大赛内容包括朗读、粉笔书写、才艺表演、课堂教学和知识问答5项,赛后评出特等奖3名,一等奖9名,二等奖9名。

民办中学课堂教学评课　学院教研中心初中部组织初中17个学科21名教研员走进市区9所民办中学,听、评课131节,通过听评课把脉民办中学课堂教学,了解民办中学课程开设情况、教师队伍建设以及学校的教学管理。

中考考试说明解读　3月,学院教研中心初中部组织中考9个学科的教研员进行为期1周的面向八县教师的中考考试说明解读活动,分别就中考考试原则、考试范围、考试要求、考试改革以及复习建议等进行详细分析说明。

学科命题培训　12月上旬举办福州市中考学科的“教师考试命题培训班”。初中语文、数学、英语、政治、历史、地理、物理、化学、生物学科均举办命题培训,参训教师270人。

小学教育教学研究及交流　全年举办6场全市性的小学教学开放日活动,承办学校有永泰城南小学、福州乌山小学、连江县第二实验小学、仓山区实验小学、连江县实验小学和晋安区教师进修学校附小。在全市范围内开展5场小学英语新教材〔《英语》(闽教版)第一册〕课堂教学研讨活动,10名教师展示10节课,15名教师根据新课标精神对这10节课进行课前教学设计说明。

3—4月,结合教研专题分别举办“空间与图形”“数量关系”“问题解决”“复习课”“数学广角”等专场的全市性小学数学课堂教学观摩和优质课评选活动,展示32节优质课,参与活动的教师达2000多人次。

6月,配合教育局组织对全市小学部分五年级学生的学业质量检测工作,抽考2个类别30所学校,考试学科为小学语文、科学、体育。学院负责试卷命制、派员监考、组织评卷和质量分析。

科研课题　福州市参与省级课题“问题解决的理论与实践研究”的子课题学校达60余所。年内学院组织开展全市性课题研讨活动6场,先后推荐9节课参加省级研讨活动,有5节课获一等奖。学院主持的子课题“在问题解决中促进数学思考的习题试题设计研究”进入中期总结,形成初步成果,有3篇相关论文获省小学数学教学年会论文一等奖,并被推荐参加全国年会论文评选,有4篇在CN刊物发表。

(张　洁)

(编辑　邱敏佳)

专业文艺

【概况】 2012年,福州市专业文艺以文艺精品创作为重点,致力于突出"闽都文化"特色,闽剧《红裙记》、福州语歌曲《金厝边银乡里》晋京演出。第五届省艺术节、第四届省曲艺节分别获13个一等奖、6个一等奖。参与中央电视台中秋晚会、"欢庆十八大 颂歌献给党"文艺晚会、"新福州·新征程"大型文艺晚会及"三坊七巷"重大接待演出活动近30场。举办"长乐杯"福建省首届职业闽剧唱腔折子戏大奖赛;进行福州道德模范故事汇基层示范巡演活动;启动全市闽剧民间职业剧团折子戏大奖赛。《闽剧史稿》正式出版。2月,福州市艺术学校成为中国戏曲学院"教学实践基地"。10月,法国巴黎MC93剧院总经理Patrick Sommier到福州闽剧艺术传承发展中心,商谈邀请福州传统闽剧赴欧洲巡演事宜。

【央视"2012中秋晚会"】 9月30日20点,央视"2012中秋晚会"在福州市举办。晚会通过央视一套、四套向全球同步现场直播。晚会分"亲情""乡情""中华情"3个篇章。节目设置和立意扣紧"福"字,把三坊七巷、水榭戏台、榕树、茉莉花等典型的福州符号搬上舞台,展现两岸同胞"五缘"亲情、两岸和平发展主题。

【"欢庆十八大 颂歌献给党"文艺晚会】

11月13日,福州市庆祝党的十八大胜利召开文艺晚会"欢庆十八大 颂歌献给党"在温泉公园举行。晚会由市委宣传部、市文化新闻出版局主办,市群众艺术馆、市歌舞剧院承办。晚会节目由《幸福之州》《盛世迎春》《和谐中国》《旗帜颂》等12个歌曲、歌舞、闽剧表演组成,除市歌舞剧院、市闽剧院等市属专业文艺院团演出外,更多的节目由各个福州激情广场合唱团承担。

【"回报父老——文化惠民"公益演出】

市曲艺团推出"回报父老——文化惠民"公益专题演出480场,进行接待性演出任务37场,其中水榭戏台36场;承办海峡两岸作家论坛活动的闽都文化专场演出、首届福建省福州评话艺术展演季汇报专场演出。

【"八一"拥军慰问演出】 7月25日,由市文化新闻出版局主办的庆祝中国人民解放军建军85周年"军民共建 心手相连"慰问演出在94674部队空军战场礼堂举行;27日,"走进美的小区"第98场文艺演出"长空战鼓抒忠诚"在95839部队驻地举行;30日,"走进美的小区"第99场"情系海疆"文艺演出在中国首支海军岸舰导弹部队驻地举行。

【福州道德模范故事汇基层示范巡演】

9月13日,由市委文明办、市文化新闻出版局主办的"福州市道德模范故事汇基层示范巡演"首场演出在鼓楼区举行。演出采用闽剧、小品、快板、朗诵、情景短剧等形式演绎以林丹、吴熙、黎本宣、林春兰、连云凯等福州市各级道德模范、身边好人为原型的动人故事。在福州各县(市)区进行示范巡演11场。

【"鼓岭·kuliang"文艺演出】 9月27日,"鼓岭·kuliang"文艺演出活动在鼓岭柳杉王公园举行。来自美国、澳大利亚等国家的10多名国际友人参加,包括密尔顿·加德纳的2个侄孙、第一个在鼓岭建设西式别墅的托马斯·任尼的后人、华南女子学院创办人程吕底亚的后代。艺术家们以女声独唱、诗歌朗诵、女声小组唱、男声独唱、合唱等艺术形式,演绎《寻梦鼓岭》《美丽福州欢迎您》《鼓岭,我心中的原乡》《啊,鼓岭》《鼓岭的雾,鼓岭的风》等在福州举办的"啊,鼓岭"歌曲征集活动的获奖作品。

【情满榕城双拥文艺晚会】 为庆祝福州市获"全国双拥模范城"称号20周年暨"七连冠",8月30日,由市委、市政府和中华文化促进会联合主办,市委宣传部、市双拥办、市文新局联合承办的"情满榕城双拥文艺晚会"在福建大剧院举行。

【"中国戏曲学院教学实践基地"揭牌】

2月19日,市艺术学校举行"中国戏曲学院教学实践基地"揭牌仪式。共建"教学实践基地"是中国戏曲学院首次与福州市联手，共同探讨闽剧高级人才培养新模式，为福建闽剧专业方向本科生等提供学习、实践的必要条件。中国戏曲学院首次招收闽剧表演专业。

【福州闽剧艺术周】 4月29日至5月4日，福州市举办闽剧艺术周，演出传统经典闽剧《王茂生进酒》《红裙记》《珍珠塔》《兰花赋》以及新创排闽剧《苏秦还乡》《林祥谦》。国庆期间，福州闽剧院组织“盛世庆国庆　喜迎十八大”传统闽剧展演周，举行《凤凰山》《碧玉簪》等4场闽剧专场演出。

【《红裙记》晋京展演】 9月9—10日，闽剧《红裙记》入选文化部以“讴歌伟大时代，艺术奉献人民”为主题的“2012年全国优秀剧目展演”，在北京中国评剧大剧院演出，这是全国入选的119台剧目中唯一由艺术院校师生联袂演出的大戏。10月中旬，《红裙记》被省委宣传部授予第十二届全国精神文明建设“五个一工程”福建省贡献奖。10月12日，福州市邀请文化部、中国剧协等16名国内著名戏剧专家在北京召开研讨会。10月19日，由省文化厅和市文化新闻出版局共同主办的该剧专场汇报演出在福建大剧院举行。10月30—31日，该剧应中国戏曲学院邀请参加《青春国戏》经典剧目展演，在北京国家大剧院演出“饯别”一节，这是闽剧首次登上国家大剧院舞台。12月，《红裙记》入选国家舞台艺术精品剧目，并被授予“2011—2012年度资助剧目奖”。

【福州语歌曲《金厝边银乡里》晋京】

10月底，由市曲艺团重新创作、编排的福州语歌曲《金厝边银乡里》，应中央电视台、中国音乐家协会、中国民间文艺家协会邀请，作为福建省唯一入选节目晋京参加中央电视台“2012中国民族民间歌舞乐盛典”——迎十八大特别节目晚会。11月8日晚，该节目作为优秀民族民间歌舞乐节选片段在第五场《盛世大联欢》中亮相。

9月，《红裙记》晋京展演，图为红裙记剧照

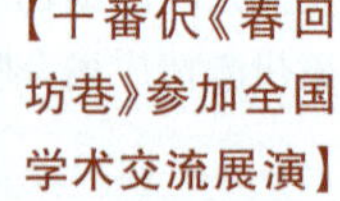

【十番伎《春回坊巷》参加全国学术交流展演】 12月7日，由市曲艺团创作、排演的十番伎《秦楼月·春回坊巷》作为福建省唯一入选节目，赴济南参加全国曲艺类非遗保护成果学术交流展演，并获银奖。

【《闽剧史稿》出版】 12月，徐鹤苹、王宇、陈桑编著的《闽剧史稿》，由海风出版社出版。该书系省文史馆主持修编的《福建文史丛书》之一，是第一本正式出版的阐述闽剧史的书籍。以中国戏曲发展史和八闽文化形成史为观照，廓清闽剧产生、形成、发展演变的简要脉络与生态背景，并辑录各时期部分较有代表性的闽剧史研究文章。

【省第四届曲艺节与第五届艺术节福州市获奖项目】 12月，省第四届曲艺节评奖结果揭晓，福州市参赛项目获得节目奖、文学奖、导演奖和表演奖等6个金奖，市群众艺术馆、市曲艺家协会和马尾区歌舞团等单位获优秀组织奖，总成绩位列全省第一。其中，伬唱《祥林嫂》、评话《测字先生走天涯》，伬唱《闯宫》、评话《乡土人情》，伬唱《缺哥望小姐》分获节目一、二、三等奖；伬唱《饲药》，评话《猫戏鼠》《冯讙焚券》《迟到的孝心》《怪病良医》《咸康传奇》获演出奖；评话《测字先生走天涯》《怪病良医》分获文学一、二等奖。邓萍萍、陈峰、郑怡获表演一等奖。林芝翎、林锦惠、方碧庄、林剑平、黄明辉获表演二等奖。林信清、林风华获表演三等奖。

12月，在省第五届艺术节上，福州闽剧院的闽剧《林则徐复出》、长乐市闽剧团的闽剧《苏秦还乡》获第二十五届戏剧会演剧目奖一等奖；市歌舞剧院的大型歌舞《闽都赋》获第二届音乐舞蹈杂技曲艺优秀剧(节)目展演综合演出奖一等奖。

【福州画院活动】 3月5日，组织郑大干、陈云、张剑、柯学刃、梁丹雯、黄梦洁、张兆年、吴秋华等8名书画家，在省残疾人福利基金会开展学雷锋“笔墨助残”活动。书画家现场创作多幅作品赠送，并将拍卖所得的款项全部捐给省残疾人福利基金会。参加在河北石家庄举办的“中国大城市专业画院学术年会”活动，并向学术年会论坛提交《画院发展的定位与思考》的论文。柯学刃书法作品获第四届中国书法“兰亭奖”佳作奖二等奖和全国第二届册页书法作品优秀奖。

7月6日，举行“闽都画风研讨会”，省文史馆、福建师范大学美术学院、福州画院专家领导及6名艺术评论家参加。

【艺术展览】 1月6—8日，“郑泽仁画展”在福州画院举行。13—18日，由福州画院主办的“大爱如山·薛行彪闽都写意油画展”在福州画院举行，展示薛行彪近年来在福州各区县写生采风的43幅油画作品，《薛行彪闽都写意油画作品集》于同日首发。

3月24—28日，省金秋画院首届作品展览在福州画院举行，展出福建老年大学老年学员创作的书法、国画作品80余幅。

4月20日，以“展劳动风采，夸福州新貌”为主题的福州住房公积金杯职工书画摄影大赛优秀作品展在福州画院开展，展出基层职工的百余幅作品。

5月，廉政书画作品展在长乐市博物馆举行，展览持续至“6·9”第七个“文化遗产日”期间。

6月29日至7月2日，“安全发展·水墨海西”——福建省安全生产书画作品展暨中国书画名家作品邀请展在福州画院举行。

7月27日，“闽都瑰宝·双杭神韵”摄影艺术展在福州画院举行，展出139幅作品。

8月7日，2012年“中国人寿杯”少年儿童绘画展福州选区活动在福州画院举行，活动面向6～16周岁少年儿童，内容以“运动、健康、绿色、环保”为主，突出“拥抱四方朋友”主题，收到参赛作品3130幅。29日，该活动福建赛区优秀作品展暨省级评选颁奖仪式在福州画院举行。18—22日，“丹青新韵”——福州画院青年画家提名展（第二回）举行。25—28日，“水墨精神——方美德国画作品展”在福州画院展厅举行，展出50多件国画精品。

9月7—9日，“海西风韵”中国画作品联展在福州画院举行。16—19日，福建“正气歌”书法作品展览在福州画院举行，参展作品100幅，并结集出版《福建正气歌书法作品集》。21—23日，“喜迎党的十八大”福建省文化厅第十届老年诗书画影作品展在福州画院举行。29日—10月3日，“盛世庆国庆 喜迎十八大”——福州画院画师画鼓岭作品展在福州画院举行。

10月16—21日，“半山墅十周年画展”在福州画院举行。22—25日，“千里寻梦——馆藏书画珍品还原艺术展”在福州画院举行，展出的有展子虔《游春图》、王希孟《千里江山》、赵伯驹《江山秋色》的还原艺术品，这些作品第一次以全貌的形式展示。30—31日，“激情海西”摄影家眼中的福建科学发展跨越发展摄影展在福州画院举行，展品分关怀鼓舞、建设海西、风采八闽、文化福建4个部分，展出改革开放以来福建摄影家们创作的摄影作品150多件。

10月30—31日，“激情海西”摄影展在福州画院举行

11月2—4日，福建逸仙艺苑14人书画联展在福州画院举行，展出福建逸仙艺苑与社会知名书画家14人的作品近百幅。9—11日，国家一级美术师吴孙英中国画展在福州画院举行，展出个人作品150多幅。13—15日，第六届福建省公安系统“卫士之光”书法、美术、摄影、集邮作品展览在福州画院举行。20—22日，省计生协会首届书画展在福州画院举办，展出书画作品100多幅。27—29日，“意之大者——首届福建省写意画大展”在福州画院举行，评出入选及获奖作品196件，并出版大型画册。

12月5—7日，“情系八闽首邑将军书画展”在福州画院举行。8—12日，“写意人生——沈斗平画展”在福州画院举行，展出60余幅作品。13日，“福州画院画家画鼓岭”展览在福州画院开幕，展出福州画院18名画家的50多幅描绘鼓岭自然生态、人文景观和历史景点的精品。21—23日，“爱松之旅——中国文化使者访美汇报展”在福州画院举行。21日，“闽籍著名书画家邀请展·王和平作品展”在“三坊七巷”文儒坊43号抱云山房开展，展出王和平近期创作的花鸟画和书法作品60余幅，同时精选50余首诗发表于《王和平作品集》。21—25日，“情系故土·林圣奇加拿大风情摄影展”在林则徐纪念馆左海厅举办，展出100多幅反映加拿大自然和人文景观的照片。28—31日，“海西迎新年书画展暨盛世开元慈善书画交流会”在福州画院举办，展出150幅作品，其中有中国美术家协会名誉主席谷宝玉、省佛教协会副会长兼秘书长本性大法师等名家作品。

（王　宇）

公共文化

【概况】 2012年，福州市公共文化服务体系逐步健全，扶持罗源县长禧激情广场、闽清县桔林之声等40个群众性激情广场示范点建设；督导县级公共图书馆、文化馆改扩建工程建设；开展公共文化设施示范点创建评选活动。组织开展广场系列演出、激情广场歌咏比赛等群文赛事，送戏、送书和艺术扶贫等文化下乡活动达1000多场（次）。开展全民阅读活动，全市设立图书流通点400个，形成覆盖城乡的图书流通服务网络。

在福州市公共文化服务评奖活动

中,获奖的有10个街道(社区)综合文化站、30个农家书屋和31个村级文化生态示范点。全市2195家农家书屋日常全部免费开放。长乐市潭头镇大宏村、仓山区建新镇台屿村2家农家书屋被评为“2012年全国示范农家书屋”。福清市林必顺、闽侯县林宝根被评为“全国优秀农家书屋管理员”。闽侯县甘蔗街道昙石村获“福建省农村文化建设示范点”。闽侯县关东小学和白沙镇大目溪小学被授予“福建省艺术扶贫工程示范基地”称号;黄飞凤等11人获“福建省第二批优秀村级文化协管员”;黄惠萍等10人获“福建省艺术扶贫先进个人”。长乐市图书馆获“全省文化信息资源共享工程建设先进单位”称号。

【县区文化场所建设】 5月17日,福清市举行体育馆、文化艺术中心落成暨室外广场景观工程竣工仪式,福清市文化艺术中心建筑面积1.94万平方米、总投资1.2亿元。经改造提升的台江区图书馆、晋安区图书馆、罗源县图书馆以及新建设的福清市文化馆于年底前投入使用;新的闽清县图书馆、文化馆在年底前完成立体工程建设和装修;永泰县新图书馆、文化馆建设将于年底前动工。

【群众文化赛事】 1月1日,由市委宣传部、市文化新闻出版局和市广电集团联合主办,市群众艺术馆承办的新福州人歌手大赛在五一广场落幕。唐佳声、翁昕、王婷分获城区组、县市组和院校组一等奖,来自南平的“夜盲歌手”丁鲁闽获特别奖。新福州人歌手大赛是福州市三大群众性文化品牌之一,大赛有115人报名参加。5月,新福州人歌手大赛获文化部“全国农民工服务示范项目”称号。

4月17日至5月4日,由省戏剧家协会、长乐市政府主办,省闽剧艺术研究会、长乐市科技文体局承办的“长乐杯”全省首届职业闽剧团(唱腔、折子戏)大奖赛在长乐市举行。全省60个闽剧团及加拿大、意大利、美国和中国台湾马祖等地的闽籍侨胞和台胞近190人,经过20场初赛、复赛和决赛,产生金奖18名、银奖16名、铜奖30名、优秀奖3名、配角奖2名、优秀组织奖3名、特殊荣誉奖4名。

5月13日,由市文化新闻出版局主办、市群艺馆承办的第四届少儿故事大王比赛决赛在于山九日台音乐厅举行,比赛分幼儿组、小学组。福州市选送的47名小选手参加6月1—3日在厦门举行的第八届全省少儿故事大王比赛,取得12金、14银、20铜。

8月13—17日,第十五届青少年“金狮奖”艺术大赛在新加坡举行,福州选手李晓旭以独舞《喜雪》获青年组最高奖——金狮奖;负责编排辅导的独舞《彩云之南》获辅导最高奖;刘子妮获儿童组大金奖;林姝妤、陈祉婧获少儿组金奖。

8月25日,全省第二届海峡青少年小提琴总决赛在福州九日台音乐厅落幕,福州选手郑舒欣、张雨薇等5人获金奖。

【“激情广场大家唱”】 市群艺馆“激情广场大家唱”项目组获省总工会颁发的省“工人先锋号”称号。4月15日下午,“激情广场大家唱”歌手大赛颁奖仪式暨合唱团成立前期培训考核活动在市群艺馆举行,全市“激情广场大家唱”歌友约200人参加。7—12月在全省范围举办的首届福建省“激情广场”歌咏比赛,福州激情广场合唱团等3个团队获金奖,长乐市激情广场合唱团等4个团队获银奖,福州市南台岛合唱团等9个团队获铜奖,福州铁路合唱团等4个团队获演出奖,市文化新闻出版局获优秀组织奖,获奖数列居全省九地市第一名。8月2日,市群艺馆启动福州语歌曲推广活动,在全市“激情广场大家唱”等群文平台推广、传唱福州语歌曲。9月13日晚,由省文化厅主办,市文化新闻出版局、省艺术馆、省合唱协会承办,鼓楼区委宣传部、市群众艺术馆执行承办的“喜迎十八大·激情颂和谐”——福建省首届“激情广场”歌咏比赛开幕式暨福州分会场比赛在公园广场举行。9月26日晚,由市文化新闻出版局、闽都文化研究会联合主办的“喜迎十八大　激情颂和谐”——“金源杯”全市激情广场福州语歌曲演唱比赛颁奖晚会在于山九日台音乐厅举行。福州市群众歌唱团队获3个金奖、4个银奖、10个铜奖和5个演出奖,总成绩位列全省首位,市文化新闻出版局获优秀组织奖。10月23日和24日,福州市组织“永远的辉煌”——第十四届中国老年合唱节联谊活动,福州激情广场合唱团队与中国老年合唱节参赛团队开展交流联欢活动。11月5日晚,“喜迎十八大·欢歌颂党恩”激情广场大家唱活动分别在温泉公园、闽江公园和金山榕城广场举行,福州市10余支激情广场合唱团参加。

【演出活动】 10月13日晚,福州市第二十三届运动会开幕式在市体育馆举行,6个文体表演节目由台江区、仓山区、晋安区、马尾区、福清市和鼓楼区选

5月13日,第四届少儿故事大王比赛决赛在于山九日台音乐厅举行

送,结合“非遗”特色,突出省会城市和闽都文化内涵。县(市)区组、行业组30支代表队运动员及社会各界群众3000多人参加。

11月1日,“闽剧民间职业剧团折子戏大奖赛”正式启动,全市上百个闽剧民间职业剧团,分别派出生、旦、净、末、丑优秀演员,在自己所处的赛区进行初选。

11月2日,举办喜迎中共十八大胜利召开·福州十邑闽剧票友联谊会成立10周年暨世界闽剧票友联合献演文艺晚会“闽韵华章”,以乡音乡情为主题,省、市闽剧专业演员和海内外闽剧票友同台献艺。

【艺术培训】 市群众艺术馆帮助社区开展活动35次,辅导文艺骨干5000多人。相继举办4期全市舞蹈骨干培训班,60多人受训。9月1日,由福州闽剧院和市老年大学联合举办的“闽剧小生花旦基础提高班”正式开学。11月开始,市群众艺术馆与省艺术馆共同举办2012年全市村级文化协管员培训4期,全市800余名协管员参加培训。市群艺馆专业干部固定每周三在艺术扶贫基地(闽侯、关西小学、古山洲小学)开展免费艺术辅导,开设美术、声乐、舞蹈、语训等兴趣班,每周10个课时,受益学生600多人。 (王宇林楠)

【福州市图书馆】 采购图书8728种,2.4万册;订报刊862种。购买爱迪科森就业培训、公元集成教学图片、电子报纸30份、电子期刊1000种。在馆内阅读部新增1台大型电子触摸屏,安装公元集成教学图片,内有世界非遗等知识图片。图书总藏量为107.52万册(件),其中纸质中文书刊为59.14万册,装订报刊合订本6176册。总流通为19.63万人次,书刊外借为17.41万册次。

1月10日,到闽清桔林乡汤兜村开展科技信息宣传及慰问、义务写春联、法律进乡村、送书下乡、文化信息资源工程宣传、播放闽剧《珍珠塔》、消防安全宣传等活动,发放《科技信息荟萃》200份、各种科普知识材料300份,义务写春联200余份,赠送给汤兜村村委会3台电脑、500册书刊。在社区、部队、企业等共建立5个图书流通点,至年底有93家图书流通点;送书45次、5.05万册次。3月,组织干部职工到新港街道中选社区、省残联肢残人协会等单位开展学雷锋志愿者活动;设置残障人阅览室,开辟盲文图书室,开通办证、图书借阅绿色通道;与新港街道中选社区开展“拗九节”尊老敬老活动;在中选社区开展“一对一结对送温暖”活动。开展电子图书、林则徐专题库、电子期刊、电子报纸、电子工具书、电子年鉴以及考试题库等服务;免费开放电子阅览室,每月视频播放4次,视频讲座播放50场。举办“数字资源进校园”活动,指导中学图书馆管理人员利用市图书馆数字资源。为基层点举办文化共享工程基层站点培训班。在十三中举办1期图书系列专业人员继续教育培训班。十八大期间,开展“冬季养生系列图书”专题书展、“保健知识”专题刊展;“同心同德 开拓进取——以优异成绩迎接党的十八大胜利召开”“科学发展 成就辉煌——热烈迎接中国共产党第十八次全国代表大会”“坚定不移沿着中国特色社会主义道路前进为全面建成小康社会而奋斗——热烈庆祝中国共产党第十八次全国代表大会胜利召开”图片展览。

3月15日,市少儿图书馆进校园活动

【福州市少儿图书馆】 新增图书2.5万册,新书上架2万册,订阅报刊600余种,新增电子、视听读物300件。新增持证读者近千人,年接待读者13万多人次,流通各类书刊23万多册次,新增馆外流通点11个,流动图书5100册,为流通点换书27次、9234册。

开展各项活动23次,其中文化下乡2次,图片图书巡回展出17次。1月15日,到仓山区台屿村老人会图书流通点开展文化下乡活动,邀请市书法家协会10名书法家为村民义务写春联380多对;发放科普图书360本、宣传小册子150本、年历画50张和图书宣传品200多份。1月17日,在闽侯县竹岐乡竹岐村文化站免费发放科普图书350多册,图书宣传品200多份,科普刊物300册、碟片130多张。2月23日,在省军区通信站设立2个连队图书流通点,流动时效新颖图书800册。2月29日,与福州市仓山区文化体育局联合主办,在仓山区台屿农家书屋图书流通点举办“首届台屿文教杯”书法演示会。3月15日,在闽清县塔庄中学组织流动宣传展馆,并送去2000册新书。5月11日,在闽侯县鸿尾乡埕头小学举办迎接中共十八大“科学发展成就辉煌”主题图片巡回展览,为该校图书流通点更换新书。联合马尾区图书馆在马尾区罗星街道社区开展迎接中共十八大“科学发展成就辉煌”图书和图片巡回展览。5月15日,为小金星井源居和佳源居2家幼儿园图书流通点各更换流通图书300册。5月21日,在福清市音西街道埔尾小学和马山小学设立新图书流通点,并配合学校开展以“心育教育”为主题的学生心理健康教育活动。5月22日,联合闽侯县图书馆在闽侯县英才外来工子弟学校设立图书流通点,捐赠图书800册,在校内举办开展迎接中共十八大“科学发展成就辉煌”图片巡回展览。5月29日,在省未成年犯管教所开展庆“六一”活动,设立图书流通点,赠送学习文具、开展图片展览等。在暑假开辟电子图书阅览和小人书展阅活动。9月14日,和闽清县图书馆在闽清县湖东中心小学组织“巡回流动道德展馆”;在闽清县省璜小学为贫困学校的幼儿园赠送低幼阅览桌椅;同时为6个学校图书室实现远程图书管理系统。

【读书月活动】 9月28日,由省新闻出版局主办、市文化新闻出版局承办的福建省第六届"书香八闽"全民读书月暨第七届福州读书月活动开幕式在福建博物院举行。活动期间,市图书馆举办"青年人心理调适图书展""地球生态与环境图书展""福建地方刊物展",编制"食品安全与公众健康"信息;开展"爱读书 读好书"新书推荐活动;播放读书视频讲座,免费向市民开放电子阅览室、数据库;举办以"读书明志,你我同行"为主题的签名活动;与福州市开智学校联合举办"六一"儿童节慰问活动,向小读者赠送图画书及文体用品,现场播放视频电影;在金洲社区举行"图书馆服务进社区"活动,开展图书馆知识宣传、咨询服务活动,现刊展阅及办理"福州市图书馆借阅卡",发放500份宣传册子,播放影片,赠送500份学习用品,活动历时1个多月,参与读者达1万余人次。市少儿图书馆在闽侯大湖中心小学举办"我读书我快乐"演讲比赛;在闽侯实验小学开展"读书小明星"阅读竞赛,同时聘请福州教育学院教授为学生做讲座"在童话中放飞想象的翅膀";10月17日,与闽侯县图书馆、闽侯县实验小学共同举办以"书香校园和读书大讲堂"为主题的"书香八闽"全民读书月活动;10月18日,联合仓山区建新镇台屿村农家书屋在台屿幼儿园举办"道德小讲堂"。

(王 宇)

文化市场

【概况】 2012年,全市有娱乐场所528家、网吧555家、民间职业剧团123家,有诺亚方舟娱乐连锁、福建百利亨文化产业有限公司等一批大中型文化娱乐企业。

【文化市场管理】 完成39家市属娱乐场所经营单位年度审核工作,通过38家、暂缓1家。完成各县(市)682家网吧换证工作,通过555家、暂缓127家。晋安区出台《福州市晋安区网吧评估标准》,在全省首次对辖区网吧实行星级评估管理。马尾区组建成立文化市场协管员队伍。境外演艺团体或艺员488人次,到榕进行经营性演出3199场次。开展网吧游艺娱乐场所专项整治行动,对城区377家网吧实行网格化管理。市文化新闻出版局检查网吧及娱乐场所1165家次,查处违规网吧28家次。

【市场稽查与综合执法】 市文化市场综合执法支队受理"12318"文化市场举报热线各类投诉电话144起,出动执法人员4100余人次,取缔地摊游商98家,巡查网站600家次,立案查处7家网站;立案55起,结案43起,收缴罚款61.54万元。开展清理整治卫星广播电视地面接收设施,检查非法安装卫星接收器24家,均完成整改。

3月6日,对20余所中小学开展校园周边文化市场专项整治行动,出动40余人次,检查经营单位59家次;4月16日、5月22日、10月16日分别查处福州市网游信息科技有限公司、福州市天下创世纪数码有限公司、严妍经营的凤天在线网未经批准擅自从事经营性互联网文化活动案。市文化市场综合执法支队等2家单位被授予全省"扫黄打非"先进集体称号,2人被授予全省"扫黄打非"先进个人称号。全国扫黄办分别于5月、9月和10月3次到榕督导检查,对福州市近年"扫黄打非"工作取得的成果予以肯定。

【第五届海峡两岸文博会】 10月,第五届海峡两岸(厦门)文化产业博览交易会福州市有45个签约项目,签约总额达68.578亿元,其中合同签约额为27.34亿元;重点招商项目34项,总投资310.708亿元;参展企业36家。展会正式升格为国家级。

【宣传与培训】 3月13日,市文化市场综合执法支队志愿者到福州市第三十二中学为学生讲解文化市场相关法律规定。4月26—27日,市文化市场综合执法支队组织全市首届文化市场综合执法培训班,参训人员50余人次。全年发放网吧文明经营倡议书300多份,编印《文化市场执法讯息》简报14期。

(周 兰)

非物质文化遗产

【概况】 2012年,组织开展第八批省级文保单位和第三批省级非物质文化遗产项目代表性传承人申报工作,第2批市级非物质文化遗产项目代表性传承人名录公布,全市市级传承人增至132人。在文化部主办的2011—2013年度"中国民间文化艺术之乡"命名颁牌仪式上,福清市(闽剧)、鼓楼区(南后街花灯)、晋安区(寿山石雕)、晋安区新店镇(腰鼓)获颁"中国民间文化艺术之乡"称号。参与举办2012海峡两岸民俗文化节,集中展示优秀非物质文化遗产和民俗文化。开展海上丝绸之路申报世遗工作,联合其他7个申遗城市共同主办"跨越海洋——中国'海上丝绸之路'文化遗产精品联展"。11月,"海上丝绸之路"和"三坊七巷"2个项目入选"中国世界文化遗产预备名单"。

【非物质文化遗产项目代表性传承人】 6月28日,市政府审议通过并公布福州市第二批非物质文化遗产项目代表性传承人名单,陈德忠等68人入选。郭道鉴等33人参选省级第3批非物质文化遗产项目代表性传承人。在省文联等单位组织的"福建省民间文化杰出(优秀)传承人"评选中,林亨云(寿山石雕)、吴学宝(软木画)、郑益坤(漆画)3人被授予"福建省民间文化杰出传承人"称号;王秋怡(评话)、胡成武(南拳)和方炳桂(民俗)3人被授予"福建省民间文化优秀传承人"称号。至年底,福州市有非物质文化遗产项目代表性传承人国家级15人、省级62人和市级132人。

【海峡两岸民俗文化节】 2月4日(正月十三),2012年(福州)海峡两岸民俗文化节中心台系列活动在闽江公园北园开幕,分为海峡两岸民俗(非遗)手工技艺展示及展板宣传、海峡两岸民俗文艺队伍巡游活动、海峡两岸民俗精品节目汇演等三大板块，涵盖数十个小项活动。民俗文化节中心台展演有380多名演员参加演出，海峡两岸民俗（非遗）手工技艺展示及展板宣传参演人数达530多人，包括数十个民间绝活奇技和特色产品，其中不少是国家级或省级非物质文化遗产。

（林　楠）

文博事业

【概况】 2012年，福州市投资约1亿元，修复林森公馆、鼓岭宜夏别墅等12处文物保护单位和历史建筑，启动芙蓉园、福州戍台将士墓等12处文物修复工程。福州市文化系统所属文博馆所接待参观观众约160万人次，举办专题展览及免费鉴宝、市民道德讲座、第二课堂等活动131场（次）。其中，专题陈列展览13次、免费鉴宝12场、市民道德讲座35场、第二课堂71场。免费讲解5918场次，培训志愿者136人次。对外和台港澳地区文物、学术交流4批次。

9月，中央宣传部、文化部、国家广电总局、新闻出版总署授予林则徐纪念馆"全国文化体制改革工作先进单位"。3月，省文化厅授予林则徐纪念馆"全省文化系统廉政文化建设先进单位"。7月，闽清县博物馆林跃先获"全国文物系统先进个人"称号。

【历史文化街区历史风貌区保护修复】

完成三坊七巷历史文化街区保护规划修编工作。完成朱紫坊文化遗产保护规划编制工作，并经省文物局上报国家文物局。市三坊七巷管委会分别委托北京清华城市规划设计研究院和上海同济城市规划设计研究院及福州市规划设计研究院联合编制上下杭历史文化街区和烟台山历史文化风貌区保护规划，并启动两山两塔两街区保护工作。上半年，朱紫坊申报第4批中国十大历史文化名街，并进入前15名。

【名街、名镇、名村保护建设五年规划的编制】 在征求各县（市）区政府和市三坊七巷管委会的意见后，11月中旬，市文物局委托北京清华同衡规划设计研究院有限公司和福州市规划设计研究院联合编制未来五年名街、名镇、名村的保护建设规划，规划明确各县区至少打造1～2个体现历史文化内涵的亮点，如仓山区螺洲镇、闽侯县南屿镇、闽清县坂东镇、长乐市琴江村等。

【"海上丝绸之路：福州史迹"和三坊七巷列入中国世界文化遗产预备名单】

福州市分别于2010年9月和2012年1月先后启动三坊七巷和"海上丝绸之路：福州史迹"的申报工作。2012年，成立由市领导任组长、市直有关部门和有关区县领导为成员的申报工作领导小组，开展相关研究和资料收集整理工作，拍摄申遗电视片，委托专业机构编写申报文本、编制保护规划，按照世界遗产的要求开展遗产地的保护、整治和展示工作，完善遗产档案建立。同时，市文物局组织国内权威世遗专家考察论证，争取支持。3月，福州市经省文物局将上述2个申遗项目向国家文物局申报。4月，通过中国古迹遗址协会组织的第一轮审查。5月底和6月初，中国古迹遗址协会派出世界遗产专家分别进行考察评估。11月17日，国家文物局宣布海上丝绸之路（福州市、南京市、扬州市、宁波市、泉州市、漳州市、蓬莱市、广州市、北海市9个城市联合申报）和三坊七巷入选中国世界文化遗产预备名单。这是福州市文化遗产项目首次列入世界文化遗产预备名单。5月11日，市政府办公厅向各县市区政府和市直有关部门下发《关于加强"海上丝绸之路福州史迹"文化遗产保护管理工作的通知》。

【第八批省级文物保护单位申报】 6月，市政府和闽侯县、闽清县、罗源县及永泰县政府相继向省文化厅、省文物局申报第八批省级文物保护单位35处，其中鼓楼区6处、仓山区2处、马尾区1处、闽侯县16处、连江县3处、罗源县2处、闽清县4处、永泰县1处。

【涉台文物保护】 省文物局拨付龙峰泰山庙、白塔、方伯谦故居、中山堂、王麒故居、张真君祖殿、林森公馆、阳岐严氏宗祠、尚书祖庙、蔡忠惠公祠、螺洲天后宫、永盛梁氏宗祠、林浦泰山宫、福州戍守台湾将士墓群、远洋将军庙、林纾墓、林尔康墓、大湖战役遗址、李纲墓、陈第墓、宏琳厝、黄阁重纶、九头马民居、方壶岩摩崖题刻、樟坂金山堂、樟坂乡贤第、郑侨墓、联奎塔—三元祠等28处涉台文物保护工程规划编制补助经费167万元。修复市级文物保护单位林森公馆、石厝教堂。编制全国重点文物保护单位罗源陈太尉宫、闽侯灵济宫碑亭，省级文物保护单位仓山区安澜会馆、芙蓉园、福州商务总旧址、采峰别墅、福州戍台将士墓、亭江炮台，永泰三元祠，连江陈第墓等修复设计方案和福州文庙、林则徐墓、福建船政建筑、圣寿宝塔、显灵宫泥彩塑等5处涉台文物规划立项计划书。

【挖掘鼓岭历史文化内涵】 3月，市文物局抽调多学科专业人员组成鼓岭历史建筑专题调查队，对鼓岭宜夏村周边区域的80座（处）历史建筑、遗址、公共设施、体育设施等进行拉网式摸底调查，基本摸清该区域历史建筑分布情况。同时，通过《福州晚报》《美国侨报》《英中时报》等海内外媒体公开征集鼓岭地区史料及文物。组织专家、专业人员到档案馆、图书馆、房管局、公安局查阅史料典籍、原始档案，查阅翻译英国、美国部分图书馆网络资料，查寻20世纪初曾生活在鼓岭上外国传教士英文原版资料。

9月，由市委办、外侨办、晋安区、文物部门组成寻访小组，赴美寻访加德纳及曾经居住在鼓岭外国人士后人，有加德纳侄孙加里·加德纳和李·加德纳，华南女子大学创办人程吕底亚的后人戈登·特林布和第1个在鼓岭建西洋式别墅托马斯·任尼的后人莎莉·安·帕克斯等。寻访小组将收集到的鼓岭老照片整理、编辑成英文版《鼓岭旧影》画册赠送给他们，并与他们交流鼓岭文史资料、老照片。《人民日报》9月30日刊登《鼓岭缘》介绍福州与美国人民友好往来的鼓岭故事。

【鼓岭历史建筑修复和古街建设完成】

4月，由市文物局作为业主单位，委托福州建工集团组织施工队伍修复鼓岭宜夏别墅、加德纳别墅、万国公益社、李世甲别墅、鼓岭邮局等7座鼓岭历史建筑。9月20日,基本完成鼓岭历史建筑修复工程和鼓岭古街道路及配套设施建设项目。9月27日,加德纳后人等一批国际友人参观鼓岭历史建筑。12月10日,该保护工程通过市文物局组织的竣工验收。

【陈绍宽故居主体建筑修缮】 3月,配合火车南站西广场建设工程,市文物局立项投资530万元,按"精品工程"的要求修缮陈绍宽故居。经组织泉州市刺桐古建筑工程公司施工,至年底,故居主体建筑基本修缮完成,并通过市文物局组织的专家初验。

陈绍宽,曾任民国海军总长,解放后任福建省副省长。其故居位于仓山区胪雷村,为市政府挂牌保护的名人故居和仓山区级文物保护单位。

【三坊七巷社区博物馆开工建设】 8月底,市三坊七巷管委会在光禄坊刘氏民居开工建设三坊七巷社区博物馆中心展馆。规划建馆38个,包含1个中心展馆(占地4000多平方米)、37个专题馆、24个展示点,是国内首座完整概念上的社区博物馆。通过集中介绍社区居民邻里生活,辐射老福州社会生活,展现三坊七巷个性和独特历史文化内涵。至年底,建馆完成20个。

【考古勘探与发掘】 2011年11月至2012年2月,省博物院与市三坊七巷管委会、市考古队组成联合考古队,对三坊七巷文儒坊西段地块进行抢救性考古发掘。发掘面积近1300平方米。经发掘,发现唐五代闽国罗城城墙遗址和宋代街巷遗址、木质挡墙及巷路遗迹以及44座唐宋时期水井等,出土有钱纹砖、瓦当、板瓦等建筑构件和青花瓷、青瓷、黑釉瓷、青白瓷等瓷器,器形有盘、碗、碟、瓶、豆、执壶、瓷枕、器盖等。

2月,应仓山区文体局要求,市考古队对市民政局救灾物资储备仓库基建工地进行考古发掘,发现2座南宋古墓葬,出土一批瓷器。

7月,市考古队与福清市博物馆合作,对福清市三山镇积古寺遗址进行考古发掘,发现宋墓1座。

8月,市考古队对福州市73630部队经济适用房建设工地进行考古发掘,发现清墓1座。

9—10月,应中国电力工程顾问集团华东电力设计研究院的要求,市考古队对福州与浙江特高压交流联网工程福州1000千伏变电站选址区域进行文物调查。经调查,建议对位于闽侯县大湖乡的1处宋代遗址进行考古发掘,对变电站征地红线边缘的清代古民居进行原址保护。

11月21日至12月26日,在市城市地铁有限责任公司配合下,市考古队对地铁1号线屏山站1期围挡范围内地块进行考古勘探,布设4个考古探沟,面积约70平方米。经考古勘探发现西汉闽越国时期宫殿区建筑倒塌堆积,两晋至唐五代墙基建筑、夯土层、砖砌小路、水沟等重要遗迹,出土大量的板瓦、筒瓦等大型建筑材料。

12月19—30日,配合水口水电站枢纽坝下水位治理工程,市考古队对工程跨江大桥建设项目进行考古调查、勘探。经调查,建议对位于闽侯县小箬乡小箬村的虎肖山遗址(新石器时期)进行考古发掘。

【闽王墓周边违法建设项目处理】 6月底至7月,接群众举报,市文物局和晋安区文体局发现有人擅自在省级文物保护单位闽王王审知墓的保护范围内抢建王审知纪念馆第三进建筑。经处理,该建筑停止建设并拆除。

【博物馆展览】 馆藏历代炉器展 1月1日至2月28日,举办"炉中沉香火,一气凌紫霞"——馆藏历代炉器展,市博物馆展出馆藏的100多件历代珍贵炉器,其中有德化竹节三足炉、明代紫砂壶等珍贵文物,近5万人参观。

博物馆、纪念馆门票收藏展 5月18—31日,市博物馆和收藏家晏步军合作,在市博物馆展出晏先生多年收集珍藏的各地博物馆、纪念馆及名人故居的门票系列数百张,约3000人参观展览。

福州海上丝绸之路文化遗产展 5月22—27日,配合"海上丝绸之路:福州史迹"申报中国世界文化遗产预备名单,迎接中国古迹遗址协会世遗专家到榕现场评估,市博物馆在闽王祠举办跨越"海洋—福州海上丝绸之路文化遗产展",展出福州从史前到清代有关"海上丝绸之路"的历史,陈列淮安窑出土的瓷器、长乐天妃灵应之记碑拓片等一批文物。

"中山舰与福州"暨出水文物展 5月10日至7月10日,在市林则徐纪念馆举办,该展由市文化新闻出版局、市三坊七巷管委会、武汉市文化局主办,分为"中山舰之风雨历程""中山舰之浴火重生""中山舰之宏图远景""中山舰之福州将士"4个部分,展出中山舰出水的舰载设施、生活用品、军事用品、铭牌证章等57件文物和150多幅中山舰革

10月18日—12月18日,福州平潭"碗礁一号"沉船出水瓷器精品展在景德镇举行

命历程的图片。

民族英雄林则徐生平史迹展　6月26日至9月26日，应河南省安阳市禁毒委的邀请，市林则徐纪念馆联合林则徐基金会在安阳市博物馆举办该展。展出300余幅图片、文字书画作品，包括林则徐的手书、日记、家信等内容的碑文、拓片和烟枪实物等，全面介绍林则徐生平史迹。

闽台近代名人文物展暨林则徐纪念馆藏品文物展　8月9日至9月30日，在中国台湾南投县的"国史馆台湾文献馆"举办，该展由市林则徐纪念馆、"台湾省文物艺术收藏学会"主办，"国史馆台湾文献馆""台湾省文化基金会"协办。作为2012年福建省四大赴台交流展览之一，展出由市林则徐纪念馆、市博物馆和三坊七巷美术馆(墨园)收藏的林则徐、沈葆桢等福州近代名人手迹珍品43套(件)以及"台湾省文物艺术收藏学会"成员珍藏的部分藏品。中国台湾地区政治人士马英九、吴敦义发来贺信。展览吸引大批台湾民众参观。

中国"海上丝绸之路"八城市文化遗产精品联展(福州站)　9月28日起，在市博物馆举办，为期5个月，由福建福州、泉州、漳州，山东蓬莱，江苏扬州，浙江宁波市，广东广州，广西北海等8个"海上丝绸之路(中国段)"申遗城市联合举办。国家文物局副局长童明康、省文物局局长郑国珍、市政府副市长黄忠勇等300多人出席开幕式。展出文物217件(福州市提供馆藏文物40余件)，其中一级文物8件，二级文物17件。展品基本代表各个申遗城市的贸易特色，有越窑荷叶带托茶盏(1975年宁波出土)、白釉酱花龙凤纹罐(1990年蓬莱出水)、基督教八思巴文墓碑石(1985年泉州出土)、东汉早期的多面体紫色水晶串珠1串163粒(1990年北海出土)、唐代巩县窑白釉皮囊壶(1991年扬州出土)等。

福州平潭"碗礁一号"沉船出水瓷器精品展　10月18日至12月18日，市博物馆在江西省景德镇陶瓷馆举办该展，展出平潭"碗礁一号"沉船出水瓷器精品103件(套)，其中包括明末青花鱼纹碗、清康熙青花花卉纹薄胎盘等。12月21日至2013年2月，市博物馆在湖北省武汉市博物馆举办该展，展出平潭"碗礁一号"沉船出水瓷器精品103件(套)。

3月，市博物馆与医学技术与工程学院枫慈爱心基金会合作开展关爱农民工子女活动

【市博物馆陈列展览更新展启动】
年初，市博物馆启动陈列展览更新展，拟投资2750万元对原有陈列展览进行全面更新。更新后的主展览将由基本陈列"闽都华章——福州历史文化陈列"和专题陈列"海丝门户　有福之州——福州海上丝绸之路文化遗产专题展"2部分组成。其中《闽都华章》将结合编年体和纪传体，展示历史文化名城福州的内涵，"海丝门户　有福之州"将突出福州在海上丝绸之路的独特地位，展示福州的海洋文化特色。至年底，该项目完成立项和招标前期工作，展陈大纲组织专家审定。

【第四期文博志愿者培训班】　3月10—13日，市博物馆举办"我是自豪的文博志愿者"第四期文博志愿者培训班。培训班邀请省博物院专家、福州众人公益社团老师进行现场授课，有76名热心公益和文博事业的志愿者参加，其中有20名晋安区农民工子女。志愿者系统学习讲解礼仪、讲解态势、志愿者精神传承等课程。

【福州市古建筑培训班】　10月26日至11月23日，由省文物局和市文物局主办的福建省古建筑培训班暨福州市古建筑培训班在闽清县文庙举行，全省约50名文物保护工程管理、设计、施工和监理人员参加。培训班邀请古建筑专家讲授福建文化遗产、古建筑测量与制图、中国木结构建筑基础、文物保护工程相关知识和实例等。

【"牵手市博　欢聚周末"活动】　市博物馆举办15场活动。3月16—18日，市博物馆分别与晋安第四中心小学、福建医科大学医学技术与工程学院志愿者共同举办"拥抱第二故乡，体验魅力古城"关爱农民工子女系列活动，活动分为文化展板展示、联欢表演、心理咨询、科普问答、健康体检、志愿者培训、国学讲座、物品捐赠等8个环节，从知识、心理、物质等多个层面给予农民工子女全面关怀。与医学技术与工程学院枫慈爱心基金会合作，在医科大学学生广场开展"市博物馆·枫慈爱心基金会关爱农民工子女活动"，其内容包括闽侯红峰小学学生参观医大校园、讲解博物馆展板内容、常见疾病的宣传讲解、爱心体检、节目汇演、知识问答等。4月21日，市博物馆与福建师大社会发展学院在市博物馆广场开展"闽台缘，手相牵——关爱农民工子女"联欢活动，穿插闽台文化、福州历史知识等竞答，增进农民工子女对"闽台五缘"、福州历史文化知识的了解。5月27日，市博物馆在市博物馆广场举办"快乐童年六一秀"大型公益活动，表演舞蹈、童谣等节目，并举办福州历史文化知识及智力抢答题活动。

【禁毒宣传活动】 6月26日(第25个国际禁毒日),市林则徐纪念馆以"抵制毒品,参与禁毒"为主题,开展禁毒系列宣传活动。来自闽江学院的志愿者向游客派发禁毒调查问卷和禁毒宣传材料,开展"吹响贩毒集结号,打赢全民禁毒战"百人签名活动,号召广大市民珍惜生命,抵制毒品、支持禁毒工作。市林则徐纪念馆联合三坊七巷学习促进会和灵响社区举行《抵制毒品,参与禁毒》专题讲座,介绍毒品危害和防御、抵制毒品的方法,及林则徐的禁毒业绩。

【"我们的节日·清明"主题活动】 清明前后,市林则徐纪念馆开展该主题活动,组织林则徐后裔、则徐小学师生和全馆干部职工到树德堂祭扫林公,缅怀林公伟绩,弘扬民族精神。

【"唱林公精神 颂民族大义"歌曲征集活动】 8月1日至12月31日,市林则徐纪念馆开展该活动,向全国征集优秀歌曲,歌曲作品要求集思想性、艺术性、生动性为一体,具有地方特色,振奋国民精神。经征集,由有关专家组成的评审委员会收到70余首歌曲。

【捐赠文物资料】 10月29日,美国华人收藏协会秘书长招思虹及她的《金山之路》读者团队将近年来在美国收集到的部分涉及福建、福州的文物及文献资料无偿捐赠给市博物馆。其包括1924年孙中山生前最后一次演讲的原版唱片、"闽变"后中华共和国人民革命政府在福州颁布的《人民权利宣言浅释》、1949年厦门会文堂印行之《万事不求人》等。

【移交出水文物】 6月25日,长乐市松下边防派出所将其查获的163件出水文物移交给长乐市博物馆收藏。经省文物鉴定小组专家鉴定,确认文物为宋明时期瓷器,其中有宋青釉蓖划纹碗、明青花龙纹碗等。该批文物种类多、年代久远、保存完好。

【全省博物馆、纪念馆讲解员培训班暨"则徐杯"讲解比赛】 11月13—17日,由省文化厅、省文物局主办,市文化新闻出版局、市文物管理局协办,市林则徐纪念馆承办的该活动在福州市举办。全省各地的公共博物馆、纪念馆讲解员64人系统学习博物馆学基础理论、讲解语言表达、形体训练、讲解的不同方式、讲解实践等知识,并参加"则徐杯"讲解比赛。讲解比赛决出一等奖2名、二等奖5名和三等奖8名。市林则徐纪念馆讲解员蒋小薇、吴圣亭、欧阳婷分获一、二、三等奖。

【国有文博馆所评估定级】 福州市国有免费开放的博物馆、纪念馆参加省文物局组织的评估定级。10月,市博物馆评为省一级博物馆,林则徐纪念馆评为暂定省一级博物馆。长乐市博物馆为省二级博物馆,中国船政文化博物馆为暂定省二级博物馆。仓山区、闽侯县、闽清县、罗源县、连江县博物馆,福州马江海战纪念馆为省三级博物馆;鼓楼区、台江区、福清市博物馆,长乐市郑和史迹陈列馆为暂定省三级博物馆。永泰县博物馆为暂不定级博物馆。

【市民道德讲坛开办】 市博物馆邀请方炳桂等福州道德模范,在文庙市民道德讲坛开设《用高尚的道德来建设城市文明》《文明过新年》《高尚的道德从小事做起》等29场讲座。讲座为观众解说为人处世之道,广泛传播诚实守信、孝老爱亲、敬业奉献、见义勇为、助人为乐等中华传统美德,同时运用动漫、音乐、美术等新颖手法吸引青少年参加。每期活动均有100多人参加。

【免费鉴宝活动】 市博物馆和福州晚报社联合,每月1天在市博物馆或福州文庙举办免费鉴宝活动,邀请省文物鉴定组林存琪、周端、陈卫三、陈赞尧等专家为市民免费鉴宝。年内举办12次鉴宝活动,为1338名文物收藏爱好者免费鉴赏3015件收藏品,包括有陶瓷、字画、铜器、寿山石、金石玉器、牙雕木雕、铜钱银币等。

【对外交流合作】 6—10月,市考古队张勇参加广东南澳一号、辽宁沿海等地的水下考古工作。

7—8月,市考古队朱滨赴美国参加水下考古学术交流与洞穴潜水员培训。

11月起,市考古队朱滨参加由国家博物馆水下考古中心组织的文物考古队,赴肯尼亚进行水下考古。

11月,林则徐纪念馆组团赴澳门参加"纪念民族英雄林则徐巡阅澳门173周年及林公诞辰227周年暨澳门林则徐纪念馆建馆15周年重修庆典",并完成澳门林则徐纪念馆"林则徐与澳门"更新陈列展布展,获澳门莲峰庙慈善值理会及各界人士好评。

(陈毓彪)

文化交流活动

【概况】 2012年,福州市举办第五届海峡两岸合唱节及"情满榕城"系列群众文化联谊交流活动,继续组织市属艺术院团参与"两马同春闹元宵"活动。"5·18"海交会期间,接待马祖文化部门的拜访,初步达成加强文化合作交流意向。组织福州画院赴杭州举办画师作品展等交流活动。举办第五届中国书画名家海峡两岸采风行暨名家名作邀请展、杭州画院画师作品展等展览。

【两岸文化交流活动】 2月21—25日,由市文联、台湾"中华画院"、福州画院等单位主办的第五届中国书画名家海峡两岸采风行暨名家名作邀请展在福州画院举行,展出汇集潘公凯、方照华、李奇茂等30名全国及台湾地区书画名家的68幅作品。活动期间,书画名家还到福州三坊七巷、马尾船政等地进行采风活动。

4月18日,第三届闽王文化节暨海峡两岸共祭闽王大典在晋安区新店镇莲花山闽王纪念广场举行。来自台湾本岛、金门、澎湖、马祖闽王后裔及全国各地王氏宗亲2000多人参加活动。

5月17日,台湾政界人士曹以雄、吴晓云、黄怡春等一行3人到市文化新闻出版局拜访,商讨两地文化交流有关工作,双方就加强文化交流达成初步的意向,并商定今后继续研究和对接艺术培训、文化遗产保护、曲艺展演等交流项目。17—23日，第四届"两马"书画艺术作品展在福州画院开幕，展出反映马尾、马祖风土人情的两岸书画家作品159幅，其中台湾书画家的作品88幅。

6月15日，首个由大陆与台湾音乐爱好者共同组成的"两马"合唱团，亮相第五届海峡两岸合唱节，选唱4首曲目，包括《心海风灯》《永远的朋友》等展示马祖的歌曲。该合唱团于2月成立，由福州市马尾区教工合唱团与马祖雅韵合唱团组成，有团员80人。16日晚，来自台湾高雄市美浓混声合唱团、台湾高雄市鼓山妇女合唱团的团友们分别和温泉公园里的4支激情广场、五一广场的五一之声激情广场的歌友们合唱联谊。20日，由中国音乐家协会和市政府共同主办的"和谐之声"第四届海峡论坛暨第五届海峡两岸合唱节在福州闭幕。合唱节以"和谐之声"为主题，有28支合唱团队（台湾4支、大陆9支、两岸联合组建两马合唱团1支）参加，总参赛人数逾1500人。合唱节还举办"情满榕城"系列群众文化联谊交流活动。组委会特邀两岸艺术家担任评委。北京经典合唱团、台湾屏东来义高中合唱团、福州警官合唱团、湖南知青艺术团合唱团获金奖，河南省教师合唱团等获银奖，云南师范大学森林合唱团、中国科学院成都分院黎明合唱团等获铜奖。台湾屏东丰田小学合唱团、福州小茉莉合唱团等获少儿优秀展演奖，台湾高雄市鼓山妇女合唱团、中国文联老干部合唱团等获优秀展演奖。合唱节期间，台湾地区2支少儿合唱团队与福州小茉莉合唱团、厦门深海蓝合唱团共同举办以"希望之声"为主题的联谊交流演出，并在福州市群众路小学举行结对子活动，结对73对。

12月25—27日，由市文联、市书画研究院、台湾"中华画院"主办的第六届中国书画名家海峡两岸采风行暨名家名作展在福州画院开展。该展览自2007年以来连续举办5届，参加的两岸书画名家逾百人次，成为两岸文化交流的一项重要品牌展览。

【内地文化交流活动】 4月1—5日，福州画院在杭州画院举行"福州画院画师作品展"，展出福州画院画师作品70余件。杭州画院应邀于6月到福州画院举办作品展。

10月23日晚，由宁夏歌舞剧院排演的大型原创民族舞剧《花儿》在福建会堂上演。该剧将宁夏歌谣"花儿"、回族舞蹈和浪漫故事融于一体，讲述大西北黄土地上，回族歌手花儿和牧羊人羊哥忠贞的爱情故事。

（王宇林 楠）

新闻出版

【概况】 2012年，福州市有出版物发行经营单位828家，从业人员6000人。其中，出版物（报刊、图书、电子出版物）发行企业650家，包括出版物批发（连锁）企业94家（总发行企业1家，连锁经营企业3家），零售556家；音像制品发行经营单位178家，其中音像制品批发（连锁）经营单位17家，各县市区从事音像制品零售单位161家。全年实现出版物零售8.5亿册（盘、份），零售码洋15.87亿元（码洋）。拥有专业出版物批发市场1家（福州海峡出版物批发市场），出版物批发企业38家，营业面积近5000平方米。

有印刷企业535家，其中出版物印刷企业68家，出版物（专项）印刷企业26家，包装装潢印刷企业284家，其他印刷品印刷企业157家，注册资本28.65亿元，资产总额84.58亿元，工业总产值67亿元，销售收入61.9亿元，全行业从业人员近2万人。其中产值超10亿元的企业有1家，产值超亿元的企业有9家，产值1000万元以上的企业有101家。主要分布在仓山、晋安、福清。形成2个印刷产业聚集区，分别位于福州金山工业区和福清印刷企业聚集区。

有侨刊乡讯9份，其中周报5份，双月报3份，季刊1份。有内部连续性出版物29份。

【出版管理】 市文化新闻出版局（版权局）完成福州市报纸、期刊、驻榕记者站、连续性内部资料出版物29家、侨刊乡讯9家等年检初审工作。新获批连续性内部资料性出版物7家，核发非连续性内部资料性出版物准印证62份。

完成出版物批发（连锁）经营单位年检97家，通过91家，缓检3家，注销3家；完成音像制品批发（连锁）经营单位年检17家，通过16家，缓检1家。对全市印刷企业进行年检，应检印刷企业537家，通过496家，缓检39家，注销2家。

出版发行、印刷企业相关审批时限由原来20～60个工作日缩短为3个工作日，行政许可工作全面纳入"福州市网上审批服务平台"，入驻福州市行政服务中心综合服务窗口。出台《关于进一步规范印刷企业设立审批工作的通知》。通过福州市网上审批系统受理网上审批74件，其中受理出版物批发（连锁）经营单位申请27家（设立申请7家，变更申请20家），印刷企业申请47家（设立申请20家，变更申请27家）。

7月起，市出版工作者协会开展全市印刷企业绿色印刷认证咨询工作，至年底有12家企业签订首批绿色印刷认证咨询合同。

【打击非法出版物】 市文化市场综合执法支队全年检查出版物市场338家次，查缴各类非法出版物9.6万件（非法书刊8.4万册，非法音像制品1.2万张，其中淫秽色情出版物1100件），移送公安机关2起。完成全市82家市直机关单位及494家县直机关单位软件正版化整改工作。开展涉案光盘盗版侵权认定工作，为鼓楼、晋安、马尾、连江等公安分局核对、鉴别涉案光盘1.11万种，计9.65万片，出具侵权认定意见书23份。

2月14—15日，开展2012年春季中小学教辅材料出版发行专项检查行动，与市公安局经侦支队联合破获1起涉嫌制售盗版教辅软件案，查获涉嫌盗版教辅软件1734张，外包装504件。

3月1日，查处福州金双喜彩色印刷有限公司违规印刷案，现场查扣非法期刊8万本。6日，开展校园周边文化市场专项整治行动，取缔、查处无证经营书籍及教辅材料经营户6家。18日，查获淘宝网店"王朝书店"涉嫌销售盗版图书案，查扣盗版书籍991本，该案上报全国扫黄办转河南省郑州市查处。21日，查处香港THE AIRD GROUP CO

4月24日,省、市"扫黄打非"领导小组联合在市博物馆组织开展2012年侵权盗版及非法出版物集中销毁活动

LIMITED投诉福州维合森侵权盗版案。23日,联合省文化稽查总队、省"扫黄打非"稽查队、晋安区公安分局治安大队破获1起侵权盗版案,现场查获涉嫌侵权盗版光盘10万余片,销毁其他地市的53.5万余片,其中淫秽光盘6000余片,抓捕涉案人员18人,刑拘13人。该案是近年来全省文化市场破获的侵权盗版最大的案件。

4月24日,省、市"扫黄打非"领导小组联合在市博物馆组织开展2012年侵权盗版及非法出版物集中销毁活动。组织"加入绿书签行动"签名活动。福州市集中销毁盗版、走私音像制品,盗版软件及电子出版物,非法及盗版书报刊30万盘(册、件)。

9月,出动300多人次检查全市印刷、复制企业,收缴各类非法出版物4000册,处罚2家违规经营企业。

【文化创意产业】 建成1个国家级文化产业示范(实验)园区、2个国家级文化产业示范基地、1个国家影视动漫实验园和21个省级文化产业示范基地。其中,闽台(福州)文化创意产业园入选第4批国家级文化产业示范(试验)园区,福建省时代华奥动漫有限公司入选第5批国家文化产业示范基地评选名单。

【培训与交流】 4月18日,市文化新闻出版局与市出版工作者协会联合召开全市印刷企业业主大会。5月,组织市印刷企业赴泉州、厦门等地大型印刷企业实地学习。7月,配合省局对市出版物印刷企业进行法规培训,开展绿色印刷标准、绿色印刷认证等相关业务教育培训。9月起,市出版工作者协会牵头组织请北京绿色印刷认证咨询机构对首批拟申请绿色印刷认证企业开展为期2个月的绿色印刷认证培训。

(周　兰)

【新华书店】 2012年,福建新华发行集团福州分公司实现销售码洋22364.33万元;主营业务收入16960.05万元;实现利润总额232.07万元。参与"农家书屋"建设,各部门配送36家"农家书屋"、1.23万册图书,码洋26.17万元。有大中型图书网点5个,小型特色书店1个,主要分布在鼓楼区、台江区、晋安区、仓山区。

传统主营业务 面对福建省2012年秋季教学用书发行新政策,转变发行思路,巩固和扩大教辅材料征订发行的市场份额,全年中小学教材教辅实现销售7450万元。

一般书发行着重抓结构调整和市场营销:一是通过调整图书部类库存结构,减少同质化图书,减少备货复本,清退滞销品种,提升有效品种上架率和销售。杨桥书城于年内调整卖场面积,面积减少1000平方米,其销售比上年增加551万元,并为分公司提供办公场所,减少办公场所租赁费用60多万元。二是开展营销活动。组织召开春、秋两季馆配图书样采会及现采会;定期开展名人名家签售、讲座等活动,以及读书月、各节庆的多种营销活动;重点开展点对点的特色图书营销活动,拓展图书进校园、进社区、进企业、进两会等多种活动。三是做好高校教学用书和图书馆用书的招投标工作。通过建立校企共建,开展服务回访制,加强与高校和图书馆的联系沟通,巩固老客户,发展新客户。团购业务全年销售实现总码洋5472万元,比增259万元,增幅5%。各县(市)分公司在一般书销售方面,根据当地实际,开展一系列促销活动,有效促进一般书销售增长。全年福州分公司一般书(含大中专教材)销售码洋12639.82万元,比增4.13%。音像制品销售1070.4万元。

政治理论读物发行 面向机关、社区、军营、学校开展重点政治理论读物的宣传征订工作。发行政治理论读物15.2万册,码洋332.58万元,比增101.58万元。增长的主要原因是十八大文件及辅导读物发行9.01万册,码洋62.19万元;《理论热点面对面》发行1.9万册,码洋30.26万元;《科学发展观主题案例》发行1700套,码洋67万元。

市场营销活动 一是以项目带动销售,通过协助集团春季订货会暨图书馆馆配图书样采会和自办秋季中小学图书馆藏现采会,2场实现订货码洋约700万元,比上年增加120多万元。首次与省图书馆联手举办"福建省公共图书馆首届闽版图书交流样采会",集中展示闽版图书的最新出版成果,展示适合各地各级图书馆收藏的闽版图书近6000余种,实现订货码洋35万元。举办专题交流会,就闽版图书的出版现状和发展,以及如何更好地满足图书馆馆藏图书和读者阅读需求等进行探讨。二是注重营销推广,利用名人名家影响力的效应,以及借助节庆日、读书月和市委、市政府开展的重大活动,开展营销活动。开展"童话大王"郑渊洁签售会,签售图书达5600多册,码洋9万多元;开展"六小龄童西游文化福州校园行"活动,为期3天,历经罗源、福清、福州三地,销售图书

7077册,码洋20.5万元。三是继续开展购书储值卡促销工作。新增购书储值卡实洋达1931万元,沉淀资金约2316万元,比增335万元。

多元文化产业拓展　拓展多元经营业务,实现由“卖场经营”向“经营卖场”方式转变。在引进数码产品、电脑耗材、小家电、茶叶以及文房四宝等系列产品的基础上,探索多元经营新途径,尝试引进新华红木家具、新华玉瓷等文化产品进入卖场。安泰新华图书城重新装修改造,在书店内专门开辟新华生活馆,专营新华红木、新华茗茶、新华玉瓷、新华酒业等集团自有品牌多元产品,同时还拓展其他小家电、生活用品、文化礼品、休闲食品等。全年多元业态销售码洋1203.74万元,比上年增加324.85万元。

公益活动　开展与闽侯县洋里乡茶苑村捆绑结对帮扶活动,赠送图书和音像制品1万多元,扶贫金1万元,慰问金5400元;参加市委、市政府组织的“六一”节慰问活动,向4所学校赠书4000册,码洋7.26万元,赠送贫困生学习用品40份,金额4800元,合计金额7.74万元。开展警民共建、军民共建、政企共建、企校共建、社区结对共建和图书“进机关、进两会、进军营、进学校、进社区”流动售书活动以及文化三下乡活动。据不完全统计,开展结对共建活动4场,投入经费2500元;组织党员、团员青年志愿者上主要交通路口文明劝导,以及其他志愿服务活动达80次,参加人员680人次。根据市委、市政府的部署,开展农家书屋的图书配送工作。

(吴晓鹰)

福州日报社

【概况】　2012年,福州日报社推进报业体制机制改革,实施全媒体发展战略,建设新媒体,强化资源整合力度,以福州报业传媒公司为核心,发展壮大报业经济。报社经营方面,“两报”发行量稳中有升,晚报阅读率稳居福州地区第2位,据初步统计,报社全年经营总收入比增15%,全年实现利润比增33%。新闻宣传方面,报社围绕市委、市政府中心工作,按照上级部署要求,深化“走转改”活动,做到“把体现党的主张与反映人民心声统一起来,把坚持正确导向与通达社情民意统一起来”,不断增强新闻宣传吸引力和感染力。

【贯彻十七届六中全会的宣传】　按照报社制定的《福州日报社关于学习宣传贯彻六中全会精神初步贯彻意见》,日报开设《贯彻六中全会精神　推进文化强市建设》专栏、晚报开设《走基层,看文化》专栏,福州新闻网在网站首页开辟“贯彻六中全会精神”专题,宣传报道福州市贯彻十七届六中全会精神。全年发稿200多篇。把“增强文化凝聚力、文化普惠力、文化竞争力、文化软实力、文化创新力、文化保障力”重大课题作为采访主方向,推出《首季福州文化产业发展势头强劲　实现收入逾118亿元》《福州确定重点扶持三家文化创意产业公共服务平台》《福州四个项目入选第四批省级非物质文化遗产项目》《闽侯荆溪拟建国内最大漆文化园——总投资达3亿元》《林浦村村民开办旅游公司拍微电影宣传历史文化》《新福州人歌赛获评“农民工文化服务示范项目”》等一批反映福州市推进文化大发展大繁荣生动实践的稿件。

【迎接中共十八大和学习宣传贯彻十八大精神的宣传】　报社把中共十八大的宣传报道作为下半年最重大的政治任务,专门研究制定《福州日报社迎接党的十八大召开系列宣传报道方案》。十八大开幕之前,“两报一网”深化拓展“科学发展　成就辉煌”主题宣传,通过百姓语言、群众感受,展现福州发展成就,推动兴起喜迎十八大宣传热潮。十八大期间,“两报一网”安排重要版面,开设《聚焦党的十八大》《聚焦十八大》等专栏专版专题网页,全面准确报道十八大盛况,解读大会精神,反映全市干部群众收听收看和学习会议精神的强烈反响。十八大闭幕后,报社启动四级策划机制,研究制定并组织实施《福州日报社关于报道党的十八大精神四级宣传策划方案》,引导全市广大干部群众认真学习和深刻领会十八大报告精神。全年有关十八大报道发稿2000多篇。

迎接十八大的报道　日报开辟《科学发展　成就辉煌——喜迎十八大　走读新福州》《喜迎十八大　党报记者乡村行》《喜迎十八大　党报记者社区行》《创一流业绩　迎接十八大》《打好环境综合整治大会战　以优异成绩迎接十八大》《欢乐黄金周　喜迎十八大》《喜迎十八大——“走转改”大型主题采访》等专栏,晚报开辟《科学发展　成就辉煌——喜迎十八大　走基层看巨变》《喜迎十八大——“走转改”大型主题采访》《科学发展　成就辉煌——福州市实施“3820”工程20周年纪实》等专栏,新闻网在首页开辟“喜迎十八大　网民聊喜事”“迎接十八大　讲文明树新风”专题网页。推出《从十六大到十八大——“数”说福州十年巨变》《人文福州　魅力外露——十六大以来我市文化事业繁荣发展》《青口崛起》《高速三环》《地铁驶进》《十年“医保伞”　撑起一片天——福州多项政策在全国率先实施,明年有望在珠三角地区即时界算》《大开放　福州“海阔天空”》《福州深化改革　推动科学发展》《福州五大战役实现“双过半”》《建设马尾新城　我们率先融入》《西华村的富足哪里来》《“铁树之乡”看铁树“致富之花”别样红》《书香飘山村　爱心暖农家》《“造福工程”——幸福来敲农家门》《10年来,教育惠民政策层出不穷——福州每年减免学生费用超亿元》以及福州市“3820”工程系列解读报道和系列评论员文章等一批深度报道,为迎接中共十八大召开营造良好舆论氛围。

学习宣传贯彻十八大精神的报道　“两报一网”进行立体式、全方位、多样化宣传。日报开设《学习贯彻十八大　推动福州新跨越》《党报记者乡村行　十八大精神送进村》《“学习贯彻十八大”大型主题采访》;晚报开设《新征程,新福州——学习贯彻党的十八大精神》《学习贯彻十八大大型主题采访》等大型专栏;福州新闻网开设“学习贯彻党的十八大精神　推进福州科学发展跨越发展”专题网页和“专家解读十八大”“微报榕城”“报网热议”“活动热推”等栏目。同时报社运用新媒体开展宣传,通过晚报手机报、“两报”官方微博设置议题等形式进行宣传,并通过阅报栏LED滚动播放字幕屏的形式,宣传十八大精神标语,开展社会宣传。《福州日报》突出党报的权威性,在"党报记者乡村行"活动的基础上,开展"十八大精神送进村"主题实践活动。以专副刊为载体,开展主题为"榕城表情""这些年,我看福州新变化"等有奖征文活动。《福州晚报》突出"本土本色,可读有用"的特色,与市有关部门联合举办"福州最美文化村(社区)"评选活动;以时政新闻版为载体,开展"我这十年"征文活动。福州新闻网开展"美丽福州,我有话说"微博互动活动、"榕城春意浓"主题摄影大赛活动、"贯彻十八大精神 建设美丽福州"有奖征文活动,并与市工商联、市科协、市政法委、文产办等部门联合开展"贯彻十八大精神"相关网络主题活动。"两报一网"刊出《1—11月累计完成投资逾1300亿元——榕五大战役年度总投资计划提前完成》《"两网"完美融合 贴心服务市民——鼓楼军门社区初步实现服务全覆盖全天候零距离》《热火朝天建新城 凝心聚力奔小康》《连江下屿:海上钓起"蓝色金矿"》《首个LED路灯示范区 真亮堂!》等一批有分量的文章。

【经济建设宣传报道】 "两报一网"开设《科学发展 成就辉煌》《比学赶超促发展》等专栏,围绕福州市实施《海西规划》过程中与群众切身利益相关的热点问题,组织力量深入基层一线采访,重点报道福州发挥海西省会中心城市龙头引领作用,构建具有省会特征、福州特色的现代产业体系,推进高新技术、战略新兴产业发展,在更高起点上推动"海上福州"建设。日报开展"海上福州行"实地采访活动,推出《海洋强市 始发于港》《福州迈向大港口时代:蓝色潮起书写"海上传奇"》《海洋渔业开辟崭新天地》《要效益 更要环保》等系列深度报道。"两报一网"关注福州市经济调结构、促转型,刊发《福州规模工业总产量增速居东部沿海省会城市第一》《福州市产业结构调整取得新进展 经济转型正升级》《发展临空经济 建设航海新城》《福州拟打造四大都市休闲农业聚集带》《福州转变经济发展方式 绘就跨越发展"路径图"》《福州冲刺电子商务示范城市 抢占现代服务业高地》等报道。对福州各县市区发展亮点进行挖掘,推出《福州产业经济百舸争流 县域经济发展呈现新格局》《"闽东夏威夷"做足"港口"文章》《长乐纺织业快速"向前冲"》《发展新型工业 打造千亿集群》《盘活大樟溪生态经济》《两大商务区成发展新引擎》等报道。全年刊发反映福州市经济建设的报道2000多篇。

【建设马尾新城和"福州大都市区"的宣传】 "两报一网"开设《比学赶超新跨越》《比学赶超促发展》等专栏专版专题网页。全年发稿630多篇。推出《马尾新城建设首次跳出马尾 打造总部经济集聚区》《福州大开放战略推动开放型经济 拓宽了承载平台》《福州全力打造现代大都市》《激情跨越争朝夕 开放发展立潮头——福州实施大开放战略推动开放型经济发展》《榕入选国家级船舶出口基地 竞争力强全国仅12个》《福莆宁推出"旅游一票通"——持票在三地36景区可享受优惠》等重头稿。同时开展福州市实施大开放战略以及支持和融入平潭开放开发的宣传。

【"加快建设开放文明和谐幸福的新福州"的宣传】 "两报一网"开设《文明福州 持续文明》《共创环保模范城 同造宜居新福州》《文明频道》等专栏,采取通讯、特写、言论、动态消息、批评报道、系列报道、图片、网络视频直播、网民论坛互动等多种形式开展报道,宣传全市两个文明建设中涌现出来的先进人物和先进事迹,反映基层涌现出的新事物、新典型。全年发稿800多篇。推出《中央文明办拟推广福州经验 "激情广场大家唱"将唱响全国》《福州开展道德模范基层巡讲巡演活动——让道德的力量深入人心》《文明城市是这样炼成的——十六大以来我市大力创建全国文明城市综述》《中国城市居民居住情况调查——居住环境满意度福州第一》《福州年内将完成多条内河整治 逐步实施景观改造》《三坊七巷格局形成获认证 文儒坊遗址将建博物馆》《鼓岭三喜临门》等报道。日报策划推出文明交通系列报道,分别从记者现场调查、读者网友互动、深度调查分析、部门回应作为等方面,进行全方位报道,刊发《市区交通乱象还有不少 如何治理等你出谋划策》《整治交通乱象只能靠人海战术?》等大稿,《让城市交通持续文明》等评论员文章。晚报成立晚报调解委员会,开设《晚报调解室》专版,调解家庭、邻居纠纷。

9月30日,央视中秋晚会在福州市举行,日报开设《同赏福州月 共寄中华情》专版、晚报开设《福州月 中华情——2012年中央电视台中秋晚会》专版、新闻网开设"福州月 中华情"专题网页,从不同角度、不同侧面全程报道秋晚筹备进展情况及晚会盛况,以秋晚为契机,宣传有福之州、人文福州,报道福州市全力建设开放、文明、和谐、幸福的新福州。

"两报一网"报道鼓岭开发建设情况及加德纳兄弟等国际友人鼓岭行。晚报举办鼓岭歌曲征集活动。日报开设《寻梦鼓岭》专版,晚报开设《鼓岭三喜临门》专版,刊出《鼓岭唱响友谊比赛颂歌》《加里·加德纳:我有一种回家的感觉》《美国塔科马市族谱专家戴维·摩尔斯:美中友谊佳话深深打动了我》《美国塔科马市副市长约瑟夫·朗尼根:要把两市友好关系延续下去》等稿件。

【开展"三服务"活动的宣传】 日报、新闻网开设《下基层 接地气 察民情 办实事——深入开展"三服务"活动》专栏,重点报道福州市发扬"马上就办"精神,开展"三服务"活动以及领导干部下访、接访、约访等活动。推出《深入基层察民情 服务群众办实事》《闽侯400多支服务队下基层》《"三个一"对接"三服务"》《领导现场办公 破解项目难题》《每个项目都有"专职保姆"》等稿件。晚报开设《市政直通车》服务专栏,邀请市容局等10多家单位做客"968800"热线,为市民释疑解惑,现场解决实际困难。"两报一网"发稿180多篇。同时结合"走基层、转作风、改文风"活动,深入市直部门和各县(市)区、乡镇、村庄、企业采访报道,反映福州市"三服务"活动的成效。

【加强和创新社会管理的宣传】 "两报一网"运用舆论引导化解社会矛盾,宣传福州市加强和创新社会管理。一是报道福州市完善大调解工作格局，加强矛盾纠纷排查化解。二是报道福州市深化“平安福州”建设方面所作的积极探索。三是重点报道“135”社区党建工作模式。先后刊出《十八大前“135”模式覆盖全市》《发挥主体作用创新社会管理》《基本公共服务将覆盖所有社区》等。发稿300多篇。

【重大会议和重大经贸活动的宣传】

“两报一网”开辟《关注全国两会》《关注省两会》《关注市两会》等专栏，突出《政府工作报告》中经济建设和民生内容等的报道，并开展福州市贯彻省市党代会精神和市两会精神的宣传，发稿1100多篇。

“两报一网”开设《聚焦“5·18”》《第十四届海峡两岸经贸交易会》等专栏专题网页，采取深度报道、动态新闻、通讯、特写、评论等多种形式，全方位、多角度报道福州市“5·18”海峡两岸经贸交易会盛况，同时开展“6·18”海峡项目成果交易会、“9·8”中国国际投资贸易洽谈会等重大经贸活动的报道，发稿530多篇。推出《福州50个三维项目上台签约——战略新兴产业实现突破，旅游文化成投资热点》《海交会19日迎11.5万观众　午后是观展高峰》《台湾馆开馆　展位史上最多——全面展示台湾美食、珠宝、电子、建材等，每日送上精彩节目》《海交会首次开设马祖专场》等一批有分量的文章。

【对台对外宣传】　“两报一网”开设《台湾新闻》《海峡新闻》《关注台海》等专版专栏，并在重要版面刊发榕台交流合作的稿件，推出《海关“原产地办”在榕揭牌——这是大陆首家涉台商品原产地管理办公室》《台湾新竹经贸科技产业大楼落户福州软件园》《福州赴台个人游9月启动报名》《第五届海峡两岸合唱节唱响榕城》《海峡两岸合唱节侧记：歌声跨越海峡　友谊地久天长》等一批报道。

晚报海外版办好美国《侨报》“福州新闻”专版和马来西亚《联合日报》“福州晚报专版”、英国《英中时报》和印尼《国际时报》的“今日福州”专版，受到国务院新闻办的肯定，并被评为全省“对外宣传党的十八大好媒体”，被省外宣办评为全省外宣先进集体。

【“走转改”活动】　深化“走基层、转作风、改文风”活动，突出重点，围绕大局结合中心工作进行宣传，把握好“走转改”着力点。“两报一网”分别加强专栏、专版设置，通过版面引导记者深入基层。日报在重要版面开设《走基层　转作风　改文风——来自一线的报道》《走基层　转作风　改文风——党报记者乡村行》《党报热线》栏目；晚报在要闻版、时政时闻开设《树立群众观点，倡朴实之风——晚报记者“走基层、转作风、改文风”》《走基层，看文化》等专栏；福州新闻网开辟“走基层　转作风　改文风——来自一线的报道”专栏，即时滚动更新报道内容。利用“家住榕城”等论坛栏目，与网友开展互动交流，进行网上正面舆论引导。“福网宽频”视频栏目拍摄记者走基层进社区的画面，增强宣传的亲和力、感染力、吸引力。全年“两报”总编辑、副总编辑及编委带队下基层20多次，报社各媒体一线采编人员下基层200多人次，推出“走转改”报道500多篇。

改变文风，报社各媒体提倡写千字文、现场新闻，倡导清新朴实、生动鲜活、言简意赅的文风，改变跑机关、泡会议、编材料的呆板的衙门作风。修改完善采编人员收入分配机制，按“基本工资+稿酬工资”模式执行，从分级底薪、社龄补贴、职称补贴、稿酬工资、休假待遇等进行细化，同时设立社长好新闻奖励基金，每年投入专项资金，对“走转改”及重大主题宣传等的采编作品每季度评选1次。

【报业体制机制改革】　把全媒体建设列入报社重要议事日程，报社与北大方正公司签订战略合作协议。加大日报、晚报与新媒体融合力度，即日报与新闻网（包括福网宽频等）、微博、移动终端iPad以及广告、发行融合；晚报与“晚报在线·东街口”、手机报、电子商务、微博、户外广告、图片走廊、移动终端iPad以及经营、发行融合。

完成《家园》转企改制工作，印刷厂改制、挂牌出让49%股权得到市政府批复。

重点建立完善9项机制：用工分配机制，版面内容评价机制，资源整合和融合的激励机制，采编、经营四级策划机制，差异表达机制，人才引进培养使用的机制，广告款清欠管理机制，编印发时效管理机制，报业企业文化建设机制。

通过举办、承办各类活动，整合“两报一刊一网”资源，推进报业发展，打造报社品牌。年内先后举办10多项活动：参与承办中央电视台中秋晚会有关活动、福州市实施“3820”工程20周年成就展布展活动、第三届福州温泉文化节有关活动、阅报栏十八大精神标语等社会公益宣传活动、第三届“榕台大学生新闻营”活动、海峡西岸（福州）住交会活动、“绿卡工程”活动、小记者团“童心HUA世界”活动以及“开心农场”读者俱乐部活动、“晚报欢乐社区行”等活动。其中，日报“党报记者乡村行”成为“走转改”品牌活动，年内这项活动行程1万多千米，先后走进全市100多个行政村或自然村，参与记者达380多人次，发稿字数逾21万字、图片280多张。日报“党报记者乡村行”、晚报“榕台大学生新闻营”、报业传媒公司“福州市实施‘3820’工程20周年成就展布展”等3个项目申报全市“福州市宣传思想文化工作创新奖”。

在重点抓“两报”广告经营目标任务落实的同时，拓展报业产业。抓好以住交会为龙头的会展业；福州新闻网与福建和格实业公司合作开发电子商务；依托读者绿卡平台，凭借发行站点及发行员队伍的优势，开展轻物流配送。

转变经营运作方式，提升住交会、“开心农场”、“欢乐社区行”、“绿色超市”等活动的品牌影响和经济效益，扩大跨界合作的行业和领域，寻找新的经济增长点。在巩固融侨、名城、金辉等地产战略合作的基础上，发展通讯、金融等领域战略合作者，加大与福州移动公司、省农行等的战略合作力度。在巩固地产行业广告份额的同时，调整广告结构，重点拓展服务行业广告，对晚报广告比重较大的地产行业，通过活动项目进行整合营销，拉动旅游、服务行业的广告增量，举办地产行业与休闲消费行业相对接的“世欧·相亲会”，与旅游行业相对接的“暖泉·温泉节”等。拓展服务范围,为读者、客户提供增值服务。注重价值营销,把发现价值纳入营销体系,通过“开心农场”“绿色超市”“童心 HUA 世界”等有创意的活动策划来实现和扩大营销成效。成立由财务、纪检、社办等部门组成的报社经营活动审核小组,对各项经营活动跟踪、督查、服务,提高执行力。

(游向东)

广播电影电视

【概况】 2012 年,福州市广电新闻媒体以迎接、宣传、贯彻中共十八大为主线,围绕完成省市“两会”、“五大战役”、“基层组织建设年”、“5·18”海峡两岸经贸交易会和“持续推进创建文明城市”等重大项目和活动,开设 60 多个专栏,组织实施 80 多场宣传战役,突出办好“科学发展成就辉煌”专栏以及其他特色鲜明的专栏专题,全面宣传中共十六大特别是十七大以来福州市改革开放和社会主义现代化建设的辉煌成就,为中共十八大胜利召开营造舆论氛围。市广电局组织开展“喜迎十八大百部红色影片展映”活动,观众总数达 20 万人次。市广电两台向中央和福建广电两台提供反映福州经济社会发展的新闻报道 1400 条。

市广电局抓节目创优,加强节目监听监看,全系统有 214 件作品分获市级一、二、三等奖,其中有 80 件作品分获省级一、二、三等奖。福州电台的长消息《大陆首份 ECFA 原产地证书今天在福州签发》和省新闻名专栏《奕名开讲》分别入围参评中国广播影视大奖和中国新闻奖;福州电视台的纪录片《浮村》在第四届澳门国际电影节上获得唯一的金莲花最佳纪录片奖。市广电局和台江区广电局联合摄制的纪录片《百年上下杭》获中国电视艺术家协会颁发的第十八届中国电视纪录片十优作品奖。

广播影视产业稳步发展,市广电系统实际创收达 5.87 亿元。全市电影放映业以 30% 以上速度增长,增速进入全国城市十强。全市新增影院 6 家,新增电影屏幕 33 块,城区屏幕数超过全国文明城市测评标准。广播电视制作产业快速发展,新成立节目制作单位 21 家,制作发行动漫作品 1.29 万分钟。此外,福州移动多媒体广播电视(手机电视)覆盖网络建设均有新发展,网络视听节目与电视购物服务水平也有新提高。

广播影视公共服务体系加速构建,全市 8 个县(市)区全部完成“村村通”年度建设任务,行政村有线电视联网率达 83.71%;广播和电视节目综合人口覆盖率分别达 98.32% 和 99.04%;有线广播电视用户为 175 万户;6 个县(市)建有 9 家数字电影院。福州农村群众基本可以享受到 40 套以上广播电视节目和每月 1 场免费电影的广播影视公共服务。

加强安全播出管理,层层落实安全播出责任制,开展 3 次全市性安全播出大检查,连续 10 年无安全播出责任事故。

市广电局加强行业管理,开展杜绝违法违规播出广告,发出 12 次广告违规整改通知;查处非法销售卫星电视地面接收设施,查处 3 家违法销售商家;检查接收境外卫视情况,抽查 15 家接收境外卫视节目单位;查处 6 家无证照经营小影院。开展整治互联网低俗之风、规范车载电视和楼宇电视播放行为、打击破坏广电设施等工作。

全系统有国家级“青年文明号”1 个和“巾帼文明奖”班组 1 个,全国“五一劳动奖”班组 1 个、省级“青年文明号”2 个、市级“青年文明号”7 个,省级“巾帼示范窗”班组 1 个、省级示范窗 2 个,省级文明单位 3 个,市级文明单位 3 个。市广电局连续 3 届获得省级文明单位称号,并获评全省广电系统先进集体。

【新闻宣传报道】 福州电台新闻广播改版后的全天节目设置为《榕广新闻》与新增办的《直播福州》、《政风行风热线》与《律师热线》、《广播 110》与《奕名开讲》三大板块,分别于早、中、晚 3 个时段播出。围绕“迎接、学习、宣传贯彻党的十八大精神”这条主线,推出《科学发展成就辉煌》《聚焦十八大》《关注“5·18”》《文明福州　持续文明》等 10 多个专栏,完成 32 项主题宣传任务。有 210 条和 60 条新闻报道分别被中央人民广播电台和福建人民广播电台采用,提供稿件的数量与质量均居全省九市一区前列。获得国家、省、市级新闻奖 30 件,其中消息《海峡号今日首航台中》等 5 件作品获省政府一等奖。

电视宣传突出主题主线,把迎接、学习、宣传、贯彻中共十八大精神作为全年工作的重中之重,紧扣全市中心工作,各频道策划推出《科学发展　成就辉煌——迎接党的十八大》《福州“新”崛

12 月 14 日,福州广电局和台江广电局联合摄制的纪录片《百年上下杭》获中国电视艺术家协会颁发的 2011 年度中国电视纪录片十优作品奖,图为颁奖现场

起》《我这十年》《文明新感觉》等大型系列报道，播出综述、专访、动态消息等1000多条，新闻专题30多期，通过数字对比、典型事例和市民切身感受，反映福州10年来科学发展新跨越的辉煌成就和全市人民奋发进取创业的热情。围绕全市中心工作，第一时间报道全市时政要闻、重要事件、重要动态，先后组织“三服务”“记者在基层”“文明城市持续文明”“交通整治”“135党建”“创优争先榕城在行动”等80多场重大战役。精心策划“5·18”等大型经贸文化活动、“3820工程”实施20周年系列报道；完成省重大水利项目建设汇报会福州分会场直播；“让群众满意”政风行风民主评议、“圆梦鼓岭”等电视直播活动。配合央视“中秋晚会”现场直播，第一次成功将高清节目信号传送到北京，并向全球直播，属省内首创。配合对外宣传制作“‘3820’成就展”、旅游专题片《市长带你游》、“5·18”海峡两岸经贸交易会专题片、《海上丝绸之路福州史迹》申遗宣传片等10部。还与央视中文国际频道《走遍中国》《远方的家》《国宝档案》，科技频道《地理中国》等多个栏目合作，协助拍摄并在央视播出反映福州经济社会发展、历史文化特色的专题片《多彩榕城》《有福之地　有福之州》《福泉天成》《海角渔乡——连江》《食在八方——闽菜》；中国古镇系列之《嵩口：家居深山》《螺州：耀世陈家》；《吴芝生——五十年的软木坚守》《寿山石雕大师郑幼林》等，集数累计达25集。特别是《鼓岭往事》《寻梦鼓岭》在十八大召开期间播出，达到良好宣传效果。全年电视新闻在央视播出182条，其中《新闻联播》15条；与央视福建记者站协作，播出反映福州的新闻40多条；上省电视台播出796条。新闻中心连续第四届被授予“福建省文明行业创建工作示范点”称号。

【专业频道频率】　福州电台交通广播以早、中、晚3档资讯类节目《资讯30分》为“骨架”，4档互动性多栏目综合板块《畅通正前方·快乐出发》《我在路上有话说》《汽车江湖》《畅通正前方·快乐回家》为“血肉”，不断完善“大交通”节目形态，丰富时事宣传、路况报道、交规教育、车市信息传播和修车养车知识介绍等节目内容，多角度全方位为移动人群服务。中共十八大期间，及时编辑播出时政要闻报道十八大盛况。10月1日、18日，第19届中国（福州）国际汽车博览会和第87届全国秋季糖酒商品交易会分别在福州举行，福州交通广播作为省内唯一广播媒体对上述两会开幕式进行现场直播报道。12月，福州交通广播举办多场“开车，就听876（广播频率）！绿色交通绿色出行”活动，为车辆挂上绿丝带，倡导绿色出行理念，第一场活动当天，有700部的士系上绿丝带，支持绿色出行。

福州电台音乐广播经过多次改版，于7月1日更名为“福州musicradio893女主播电台”，全天由12名女主持人主持直播16小时。每天正点播放以福州地方信息为主要内容的《整点资讯》（10分钟），每隔2小时播出一档线性音乐节目，主要是《893爱生活》、《893女主播看微博》等，其间还插播配乐宣传带。下半年，还独家举办或与有关单位联办多场活动，主要有“美在福州”2012环球小姐大赛福州赛区比赛，2013年迎新音乐会和齐秦、梁静茹、蔡依林歌手演唱会等。

福州电台对台广播“左海之声”于4月改版，重新定位为“打造最富本土气息的综合性方言广播频率”。按照“对接市场节目要做活”、“传承闽都文化节目要做深”、“对台宣传节目要做好”的要求，增办服务性和整点资讯节目，使节目更加贴近民生，收听率持续上升。同时结合社会热点，推出系列特别报道。12月，再次进行改版，根据“福州大文化”定位，强化福州地域特色，增办《福州好声音》等本土特色浓郁的节目，并加大闽剧、评话、伬唱等地方戏曲播出分量。

福州电视台各频道实施新一轮改版，全面提升频道核心竞争力。新闻综合频道巩固品牌栏目《新闻110》《城事能见度》，在晚间时段创办体现地方特色新栏目《福州，我爱你》；引进大型人文故事类节目《传奇》，使用该台节目主持人进行创新编辑包装，与《聊斋夜话》节目一起，形成晚间第三个收视高潮。生活频道继续完善和扩大《攀讲》板块，推出服务类自采节目《攀讲帮你忙》，新办节目《攀讲我最霸》。影视频道优化频道定位，改变单一的电视节目设置，丰富节目类型，创办具有福州地域特色的电视情景剧《开心小区》，逐步向影视、娱乐、服务等方向发展。少儿频道科学整合资源，发挥栏目优势，拓展大型活动，加强线下互动，竞争力明显增多，仅以微弱差距（0.1%份额）排在中央少儿频道之后。车载移动电视全程转播中央电视台综合频道《新闻30分》、新闻频道《法制在线》、体育频道《体坛快讯》、央视国际频道《海峡两岸》等11档节目，转播福州电视台综合频道《福州新闻》《新闻110》《城市能见度》，生活频道《攀讲往事》《生活零距离》《法眼》等10档节目。家禧购物频道实现与设在上海的演播厅直播连线。

【广播电视文艺宣传】　福州电台在福州方言广播频率中设置本土文艺宣传栏目，主要有《左海剧院》（播放传统闽剧），《左海书场》（播放经典评话伬唱），《青春戏苑》（先由主持人介绍戏曲剧情及剧目中演员资料，然后播放戏曲中精彩片段，供听众欣赏），《闽剧说唱欣赏》（主要播放由该台业余剧团录制的闽剧说唱节目）。其间，不定期播出该台制作的方言短剧。全年本土文艺播出总量达1000多小时。并结合通联工作和品牌推广，举办“欢乐社区行”“节目进社区”等活动，宣传闽都文化。

福州电视台各频道应用文艺宣传形式，依据各自频道定位开展进社区宣传活动。新闻综合频道的《新闻110》《城市能见度》《聊斋夜话》栏目，影视频道和生活频道的《我们的节日》《攀讲来了》《攀讲我最霸》系列活动，少儿频道的《逗逗欢乐营》《卡通俱乐部》等，共24档节目（栏目）进社区宣传227场，参与活动群众约14万人次。年内福州电视台播出电视剧74部2312集，其中配合中共十八大主题宣传、爱国主义革命传统教育、少儿成长教育片播出18部76集。从12月开始，由世界福州十邑同乡总会、福州广电集团和市文化新闻出版局联合筹办第二届福州十邑春节联欢晚会，福州电视台启动福州版《我要上春晚》寻找草根表演达人选拔活动。最终连江县的省级非物质文化遗产——拉线杆、罗源县畲族婚俗“三戏亲家伯”仪式、原生态的闽清山歌、闽剧戏歌《祈福天下》、福州歌《会做才有卜》、福州话相声《绝对得讲好》、闽剧小品《总经理叫贻顺哥》、舞蹈《脱胎漆韵》、《幸福之州》和福州电视台《攀讲》栏目自编自演的小品《家有一宝》等20多个节目入选2013年福州话春节联欢晚会“十邑春晚”。

【精品与品牌栏目】 《奕名开讲》是福州电台重点推出的个性化说新闻直播栏目。每个工作日下午3—4时在交通广播中播出。该节目集采编播于一体,主持人根据中央精神与民众心声,对热点新闻以不同于其他传媒报道角度进行二次编辑,使之赋予故事性,成为有自己特色的节目。其节目形态被业界誉为“新派广播评书体”。经索福瑞、赛立信等专业收听机构调查数据显示:收听率稳居同时段广播节目第一。年内被评为省新闻名专栏。

福州电视台新闻综合频道在晚间时段创办一档深度挖掘闽都文化、弘扬积极向上和谐生活的新栏目《福州,我爱你》。节目侧重与观众之间的互动,用镜头深度挖掘新闻背后的故事,开播以来成为具有影响力的品牌栏目。生活频道福州方言品牌栏目《攀讲》进一步改进主持风格,改变单一配音为“角色配音”。同时《攀讲故事会》形成观众的舞台,尝试拍摄36集方言连续剧《缘来是你》,演员全部来自普通民众。精品节目电视纪录片《浮村》是一部以客观冷静的镜头语言讲述福州连江县壶江小岛上发生的故事,鲜明地折射出时代的发展与变革,是当下中国乡村社会生活的一个缩影。它叙事结构独特,先后获得2012年美国纪录片声望奖、墨西哥国际电影节纪录片青铜奖、第四届澳门国际电影节金莲花最佳纪录片大奖等多个国际奖项。

【“走转改”活动】 福州电台采取开设《走基层》和《记者巡街》专栏、开展广播节目进社区、设立“走转改”优秀稿件奖、与县(市)区宣传联动、落实基层点联系人责任制等多项措施,推进各个节目组持续开展“走转改”活动,使之常态化。新闻广播节目组记者经常深入乡镇、社区、企业,把话筒对准基层群众,采写目击式的报道,开展主题宣传。交通广播节目组派出采编人员走进基层派出所,报道普通民警日常生活工作情况,通过基层民警的角度来展现福州城市交通发展变化。音乐广播节目组瞄准工人、农民、教师、学生等各阶层听众代表,采录他们实际生活中的独特细节和激情感悟,制作成《动力车播客》公益宣传带播出。“左海之声”《海峡一家亲》节目组采编播人员深入基层,用群众身边生动的实例展示经济社会发展成就。在“走转改”活动中,新闻广播记者深入仓山培智学校和马尾农民工子弟小学开展支教宣传,交通广播记者深入交通一线点对点地为司机排忧解难。

福州电视台把“走转改”活动作为落实“三贴近”、节目创优、作风改进的重要途径。由领导带领一线编辑、记者投身基层采访2000多人次,建立基层联系点300多个,继续开设“记者走基层”“一线见闻”“蹲点日记”“记者调查”“身边的感动”“我在社区”等20多个栏目,播出各类消息、系列报道1000多篇,新闻专题200多期,通过报道,反映群众呼声,为群众解决实际问题300多件。《福州新闻》栏目记者撰写的《感动在基层 锤炼在基层 提升在基层》一文,在全省经验交流座谈会上作典型发言,文章入选中宣部新闻局编印的《走基层、转作风、改文风活动记者编辑感言选集》。

【电影与动画】 市广播电影电视局重点推进电影放映产业发展。全市电影放映产值以每年30%以上速度递增,增速进入全国城市十强。全市新增影院6家(市5个区7个县市影院达24家),新增电影屏幕33块,电影屏幕总数达115块,其中五城区81块,比上年增长40%,超过全国文明城市测评标准。年内福州地区电影票房总收入达1.83亿元,比上年同期增长40%。电影屏幕数和票房总收入均居全省第一、全国前列。

推进广播电视节目制作产业发展,市广电局上门服务,鼓励扶持电视节目制作产业发展壮大。全年新成立节目制作企业21家,总注册资本达1.5亿元,从原有的24家增加到45家,比增87.5%。制作发行动漫作品1.49万分钟,获奖作品总时数达1430分钟。

在电影宣传上不断改革、创新。组织开展“喜迎十八大百部红色影片展映”活动,为群众免费放映优秀的红色经典影片1419场,观众总数近20万人次。从12月开始,开展电影进校园活动,各中小学把电影进校园列为爱国主义和革命传统教育专题,确保每个中小学生每学期观看不少于2部优秀影片。5日,在福州格致中学开展启动仪式,27日,在福建师范大学旗山小学开展电影进校园之校园影评大赛暨福州首届微电影大赛专场活动,之后电影放映机构陆续走进金桥高级中学、二附小等多所中小学校,放映场次达20多场。

加强电影放映市场管理,4月,市广电局联合市文化市场综合执法支队开展电影放映许可证专项清查行动,并在全市范围内开展电影放映市场专项排查,查处无证照经营小影院6家,还先后在金逸影院开展突发事件应急演练,在青年会影院开展防恐演练,在全市范围内指导各家影院开展消防安全实战大演练。

【新媒体传播与和新技术应用】 进一步完善移动多媒体广播电视(手机电视)覆盖网络,全市建有13个单频网站点,直放站17个,室内布点53个,发展用户10万户,用户可通过手机观看8套手机电视节目。继续依托现有媒体发展网络视听节目服务,福州市获准开办网络视听节目的单位有5家,其中福州广电集团主办的“福州明珠网”注册用户突破4万户,日均点击量达13万人次。加快福州网络电视台建设,福州明珠网投入960多万元,完成网络电视台综合频道的硬件建设和内容设置,年底设有10档传统媒体节目、5档自办节目。进一步提升广电网络与数字电视水平,福州有线电视在数字电视整转工作的基础上,向全网络业务、多功能产业发展。以全国高清3D节目试播和奥运年为契机,发展高清电视、3D电视、数字信息服务,高清平台建设第一期投入500多万元,能传送21套高清直播、转播和3D节目频道。同时投资125万元引进8套本地轮播高清频道。9月以后，福州广电网络按照全省广电网络整合要求，福州广电网络统一移交省公司管理。福州市及7个县1个区同时成立广电网络分公司，基本完成整合任务。加快广播电视新技术应用，福州电视台出动高清电视转播车和卫星采访直播车，为省重点工程项目、采制各类大型活动，防抗9号苏拉台风和央视中秋晚会进行现场直播、连线直播。出动卫星采访直播车55次，出动3G新闻直播设备20台次，启用光纤连线直播新闻报道等多种形式，提升新闻直播的时效性，其中，配合中央电视台完成“中秋晚会”现场直播技术协调和高清节目传送工作，第一次成功将高清节目信号传送到北京央视，并向全球直播。在现场直播中，应用音频回传技术，协调广电网络光纤传输，全程提供技术保障，同时完成14楼广播播控区的UPS机房改造工作，提升UPS电源不间断供电的安全性与稳定性。

【市场份额与创收】 福州人民广播电台收听份额达41.5%，在福州地区保持领先位置，但略低于上年。福州电视台收视份额达19.5%，高出上年1个百分点。其中，都市生活频道7.7%（排名第1），影视频道6.0%（排名第2），新闻综合频道3.8%（排名第5），少儿频道1.4%（排名第25）。都市生活频道《攀讲》板块收视率4.2，为福州地区最高。影视频道晚间份额明显增长，比上年同期增长1.7个百分点，市场排名由第5名升至第2名，改变东南卫视电视剧长期处于竞争强势的格局。

福州广电集团经营创收，广告1.3亿元，落地卫视8003万元、广电公司经营收入4426.86万元、家禧购物完成利润242万元。市广电系统实际创收5.87亿元，其中广告收入1.45亿元，同比增长11.54%；网络收入2.19亿元，其他收入1.64亿元。

【广播电视公共服务建设】 突出办好“三件为民办实事”项目：1. 广播电视“村村通”工程建设。根据省、市政府为民办实事要求在中共十八大召开前完成336个小片网提升改造，力争完成722个20户以下已通电自然村“盲村”建设，计5.88万户广播电视村村通任务。市广电局与市财政局、市发改委联合制定《福州市“十二五”广播电视村村通工程实施方案》，由市政府转发各县（市）区政府有关部门，落实市级补助资金130.35万元下发到相应县区。各县（市）区广电局在制定各自工程实施方案基础上，落实建设配套资金1153多万元。全市订购直播卫星接收设备5.08万套。各县（市）区均完成年度建设任务。2. 县级城区数字影院建设工程。至年底，福州市7个县（市）中，福清市、长乐市、闽侯县、连江县、闽清县、罗源县6个县市建成9家数字影院，其中福清市3家，连江县2家。闽侯县文化中心影院主体工程完工，进入二次装修阶段。永泰县数字影院建设项目完工并达到影院验收标准。3. 农村电影放映工程建设。提高电影放映场次补贴，落实农村电影放映工作。市广电局向市政府争取将市级农村电影放映场次补贴提高30元，同时各县（市）广电局也争取提高县级场次补贴标准，至年底农村电影放映补贴标准均超过200元/场。市广电局多次深入各县（市）区检查落实农村电影放映工作，全年总计走访全市14个乡镇街道、22个行政村、110人次，督促推进农村电影放映，及时发放场次补贴，确保专款专用。全市全年放映农村电影2.76万场，观众总人数达300万人次，同比增长27%。

对2011年为民办实事的“广播村村响”建设工程进行验收，针对部分广播室管理不够规范，配套资金未足额到位，节目内容需进一步提高等问题进行整改。根据省广电局要求率先在马尾区、永泰县开展村村响农村有线广播应急预警系统试点工作。

【合作与交流】 2012年春节期间，“左海之声”广播频率以“龙在福州、龙与音乐、龙与地名”等5期特别节目在台湾27家广播电台进行联播，向全岛居民宣传介绍福州经济、文化、社会发展的新成就、新变化。开创福州人民广播电台系列专题节目在台湾本岛落地、联播的先例。

2月18日，福州人民广播电台特约记者采访跟随国家副主席习近平访美的福建省省长苏树林，并报道他们的访美情况，这是福州电台首次在境外重大新闻采访中亮相，也是福建省唯一对他们进行采访报道的媒体。这次采访报道除在福州电台、美国大纽约侨声广电台播出外，美国ICN电视联播网、福建海峡卫视等境内外媒体均有安排播出。福州电台采写的主要内容有：《华盛顿各界欢迎习近平副主席访美》《美中关系委员会举行盛大午宴欢迎习近平副主席》《闽籍华侨欢迎福建省省长》《福建省省长苏树林率团访问纽约》等重要时政新闻。

6月4—5日，国家广电局副局长张海涛（右一）率检查组到榕检查有线电视节目播出和安全工作

为配合对外宣传,福州电视台还制作旅游专题片《市长带你游》、“5·18”海交会电视系列专题片等。

【文化生活报】 围绕福州市中心工作,关注闽都品牌文化,采编30多篇专题新闻,着力宣传“5·18”海交会、文明城市创建、创意文化发展、鼓岭旅游资源开发、历史文化古街修复、海西文化中心打造、两岸合唱节举办和民俗文化遗产保护等内容。生活、旅游、养生、导视等资讯版面,更加关注民生话题,大量刊发普通市民的衣食住行、柴米油盐等实用信息。

(郑润生　周培灿　颜新华)

主流媒体看福州

【概况】 2012年,境内外新闻媒体关注福州社会经济发展成就,宣传报道的内容不断丰富、篇幅不断增多、质量不断提高,宣传报道呈现出主题鲜明、形式多样、层次分明、覆盖面广的特点,多角度多层次全方位展示福州省会城市良好形象,为福州市科学发展跨越发展营造良好的舆论氛围。其中,中央、省属主流新闻媒体刊播有关福州的正面宣传报道达1.5万多篇(条)。

【“科学发展　成就辉煌”主题宣传报道】 中共十八大召开前夕,各级主流新闻媒体纷纷推出“科学发展　成就辉煌”专题专栏,宣传福州10年来经济、民生、文化、生态以及党的建设等方面科学发展跨越发展取得的伟大成就。

《人民日报》先后刊发《开放的福州:一座城市的二十年》等3篇报道,分别从转变干部作风、大开放战略和经济结构调整的角度对福州市进行深度报道;新华社《新华每日电讯》先后刊发《福州:科学发展铸辉煌　有福之州新跨越》等2篇报道,盘点福州近20年来的发展变迁;中央电视台《新闻联播》先后播出《福州:文化遗产焕发新魅力》《福建福州:“三步”跨越聚民心添动力》《福州:创新社区党建工作模式》等报道,《新闻直播间》在“走基层　我这十年”栏目推出《林丹:社区就是我的家》(共3集),通过对“小巷总理”林丹的生活工作变化的纪实报道来说明福州近10年的变迁;《光明日报》《经济日报》和人民网分别推出专访报道《主动作为　谋划大开放》、专刊《福州:抱江拥海起大城》《有福之州有为人》《“3820”结硕果》及专访《社区党组织和居委会要成为社区工作的核心》和综述《福州大力实施大开放战略　推动开放型经济发展》(图文),盘点福州实施大开放战略以及探索社区党建模式所取得成就。

《福建日报》推出行业篇、地市篇、县市篇、企业篇等系列报道,以特刊特稿和专版形式,分别刊发特稿头版《福州:再兴开放潮　提速大发展》,特刊人物专访《实施大开放战略　发展开放型经济》,专版地市篇《闽侯:强实体经济　八闽首邑》《永泰:文章铺排山水间》《罗源:以港兴城　蓄势腾飞》《美丽的鼓岭欢迎您》等,专版企业篇《福州软件园:创新成就“海西硅谷”》等报道,多层次、多角度、全方位、大规模的宣传福州各项事业发展成就。福建电视台先后推出《福州:绽放“大开放”魅力,央企外企民企掀起投资热潮》《福州:保护传承文化遗产　展现区域文化特色》《福州:社区生活幸福密码“135”》《福州:拓宽融资渠道、促进企业发展》《福州:农超对接十年利民惠民》《福州:全力打造宜居城市幸福家园》《福州:加快建设闽江口发展区》,分别从大开放、文化、党建、投资环境、民生、城市建设等不同角度,对福州进行全方位报道。

市属新闻媒体推出专版、专栏、专题,加强选题策划,对福州市10年来在经济、社会、民生、党建、生态、文化等各个方面的发展成就进行宣传报道。

据不完全统计,中央省市主流媒体刊发(播)“科学发展跨越发展”相关报道200多篇(条)。其中新华社约30篇(15篇属较大篇幅报道),《人民日报》5篇,中央人民广播电台1篇,中央电视台《新闻联播》5条、《新闻直播间》3条,《光明日报》2篇,《经济日报》4篇,《福建日报》30多篇,福建电视台30多条。

【“3820”工程宣传报道】 “3820”工程是由时任中共福州市委书记习近平于1992年倡议并主持编制的科学谋划福州3年、8年、20年经济社会发展的战略目标、战略步骤、战略布局和战略重点的设想。“3820”工程吸引各级主流新闻媒体关注,中央、省市属及境外等近百家传统和新兴媒体参与报道。《人民日报》先后刊登《开放的福州:一座城市的二十年》《开放引领改革推动“3820”工程促福州铿锵前行》,《新华每日电讯》头版刊登《20年的战略跨越——福州持续推进“3820”工程纪实》,央视《新闻联播》播出《福建福州:“三步”跨越聚民心添动力》,《光明日报》刊发《福州实施“3820”工程人民群众得实惠最多》,《经济日报》先后刊发《福建福州——成就展展示城市新貌》《“3820”结硕果》等报道文章,其他网络媒体分别转载报道。马来西亚《联合日报》福州晚报专版、美国《侨报》福州新闻专版、印尼《国际日报》今日福州专版、英国《英中时报》今日福州专版等境外媒体也报道福州市“3820”工程成就展、实施“3820”工程所取得的成效以及经验。据不完全统计,各类媒体报道近千条,在国内外引起较大反响。

【大开放战略主题宣传】 《人民日报》在《夯实产业基础　拓宽承载平台——福州大开放战略推动开放型经济》报道中引用海交会签约项目和投资额度的数据来评价“这是福州实施新一轮大开放战略带来的质的变化之一”。《新华每日电讯》刊发的《打造海洋经济强市,榕城建设海上福州》从福州建设海洋经济的角度对福州实施大开放战略给予积极的报道。《光明日报》刊登采访报道《主动作为　谋划大开放》,引用市委书记杨岳的话“这些年来,福州发展的每一步,无不深深刻上‘开放’的烙印。未来的福州,更要以改革挖潜力、以开放激活力,主动作为,构建起全方位、多层次、宽领域的大开放格局”报道福州实施大开放战略的意义。《经济日报》刊发《开放跨越互利共赢》《奏响蓝色奏鸣曲》等文章,报道福州大开放赢取科学发展跨越发展的历史机会;中新社从榕台交流的角度刊发《福州谋篇大开放,榕台交流合作追求新突破》;《科技日报》从城市创新的角度刊发《加快建设创新型省会中心城市》的采访文章。

《福建日报》《福建卫视新闻》《福州日报》等省市主流新闻媒体先后刊播《开放 科学发展跨越发展的引擎》《开放 福州新一轮创业的主题词》《大气福州》《福州：揽风入怀开放潮》以及《福州：绽放大开放魅力，央企外企民企掀起投资热潮》《福州：实施大开放战略发展开放型经济》等通讯、评论、消息、活动侧记等不同载体的新闻报道数百篇（条），从各角度各层次全面的介绍福州实施大开放战略、发展开放型经济取得的成效。

【"三服务"活动主题宣传】 《人民日报》先后在头版刊发《福州：万名干部下基层"三服务"》和《下访接地气 服务促三变——福州市领导干部大接访纪实》，《新华每日电讯》先后头版刊发《福州干部下访解难题》和《躬身"接地气" 干部甘当"老黄牛"》，《经济日报》刊发《最根本的事把老百姓的利益保障好——福州市领导干部下基层大接访侧记》等数篇深度报道，《工人日报》《农民日报》《中国青年报》《中国妇女报》等中央媒体根据各自媒体特征分别刊发《福州干部下访化解逾千信访案件》《村民利益无小事——福州实行市县联合接待群众来访侧记》《福州：变百姓上访为官员下访》《不仅要有生活保障，病也要治好》等报道，从化解信访、农民维权、转变作风、帮助农村患病妇女解决治病难题等不同角度进行报道。中新社、人民网福建频道、新华网福建频道、《福建日报》、《福州日报》、《海峡都市报》、《东南快报》等中央省市属主流新闻媒体分别刊发各具特色的报道文章，搜狐、新浪、网易、中国日报网、21CN新闻、京报网、中国江苏网、龙华网、中原网等中央、地方主流网站分别转载新闻稿件，予以宣传报道。据不完全统计，近40多家主流新闻媒体报道或转载报道福州市"大下访、大接访"活动，突出报道活动取得的成效，重点报道通过市领导接访活动带动全体干部转变工作作风。

【第十四届海峡两岸经贸交易会、第九届中国福建商品交易会宣传报道】 120多家海内外媒体、634名记者参与采访报道海交会、商交。《人民日报》、新华社、《经济日报》、中央电视台、中央人民广播电台、中新社等中央媒体对海交会做大量深入报道，中央电视台在《新闻联播》《环球财经连线》《中国新闻》《整点新闻》《半点新闻》《中国24小时全球新闻》《海峡两岸》《聚焦三农》多个栏目中播发海交会的各类新闻。《人民日报》、中新社分别刊发《第十四届海交会开幕 设立涉台原产地管理办公室》、大陆唯一涉台商品原产地办公室福州揭牌、关注海关总署福州原产地管理办公室正式揭牌的新闻。新华社刊发《海交会促海峡两岸经贸交流"枝繁叶茂"》。《经济日报》对海交会进行整版报道，盛赞海交会"为福州跨越发展注入强劲动力"。

台湾的《国际时报》《旺报》《工商时报》，澳门的《澳门日报》、《濠江日报》、澳亚卫视，香港的香港卫视、凤凰卫视、《香港文化报》、《大公报》、《香港商报》等32家港澳台及境外媒体从不同视角报道海交会。省、市属媒体也推出大量专题、系列、深度报道，《福建日报》、福建省广电集团各个频道对海交会做全程跟踪报道。《海峡都市报》等其他省属媒体也从不同新闻角度报道海交会的亮点。

中国网、环球网、凤凰网等驻榕中央及省属网络媒体、大型商业网站和新闻网参与海交会的现场报道。据不完全统计，传统媒体刊发海交会各类报道近6000篇（条），各类网站转载海交会报道达7万多篇（条），微博发布海交会话题达37万多条。

【"福州月·中华情"2012年央视中秋晚会宣传】 由中央电视台、市委、市政府共同主办的"福州月·中华情"——2012年中央电视台中秋晚会于9月30日在福州海峡国际会展中心举行。晚会以"开放和包容"为主题，以海峡之名、传故乡之情、系血脉之缘、圆团圆之梦，展示海西建设成就、树立省会良好形象，增进全球华人情谊、弘扬中华传统文化。晚会当天在中央电视台综合频道（CCTV1）、中文国际频道（CCTV4）并机向全球现场直播，覆盖全球98%的城市，累计有2.35亿名观众收看，并机总收视率达4.33%。总收视份额11.7%，稳居全国20台中秋晚会及特别节目榜首。海内外观众好评如潮，同期举行的"我最喜爱的秋晚节目投票"活动投票达1300多万次。

【"135"社区党建工作模式宣传报道】

"135"社区党建工作模式是党建工作模式一大创新，得到各级新闻媒体的关注和报道。《人民日报》刊发《重心向基层——福州市创新社区党建工作纪实》，新华社刊发3篇内参，《半月谈》及内部版分别刊登《福州探索"135"党建模式带动社区管理创新》《让党的声音畅通到社区》2篇专题报道，《光明日报》刊发《社区党组织和居委会要成为社区工作的核心》，中央电视台《新闻联播》播出《福州：创新社区党建工作模式》，人民网头版头条刊发《福州探索社会管理新思路 "135"社区党建成效彰显》，《中国妇女报》刊发《女性成为福州社区党建工作主力军》等系列报道文章。

省属主流新闻媒体推出专版、专题和新闻报道，对"135"社区党建模式进行深度报道，《福建日报》分别在头版和《视点》版分别刊发《党建"135"让"有福之州"更幸福》《"135"党建：编织幸福的纽带》《社区：他们是社会和谐的"润滑剂"》《"135"工作模式让社区党组织焕发生机与活力》等文章，福建电视台分别在《福建卫视新闻》和《新闻启示录》栏目刊播《福州："135"模式提升社区管理水平》《福州：创新社区党建工作模式》等重要稿件数十条。市属新闻媒体通过专版、专栏、专题、评论员文章、活动侧记等不同方式全面深入进行宣传报道。网络新闻媒体也多次报道或转载。

【"中国鼓岭——有福之州新名片"系列活动宣传报道】 2月，时任国家副主席习近平访美期间讲述的福州"鼓岭故事"感动中美两国人民，把鼓岭带进世人的视野，境内外媒体竞相报道。中新社在《八闽千姿：鼓岭的记忆》称"眼下随着鼓岭关注度的持续攀升，福州正努力挖掘一批具有历史价值的名人别墅，修复鼓岭古建筑原貌，将鼓岭打造成新的城市名片"；《福建日报》在《拨开鼓岭的云雾》盛赞“你会发现,这是一片自然风光旖旎、历史文化深蕴的土地”,中央省市新闻媒体相关报道达200多篇(条)。

9月举办的鼓岭创建国家级旅游度假区系列活动再续中外友人情谊的“鼓岭故事”受到43家境内外新闻媒体高度关注。《人民日报》在要闻版图文并茂刊发“鼓岭缘”专题报道;中央电视台《新闻联播》、《新闻直播间》、英语频道分别播出《福州:文化遗产焕发新魅力》《福州鼓岭:神秘的别墅群》《福州:修复百年别墅,再续中外情谊》等新闻报道;中央人民广播电台、国际台、中国网络电视台、中国经济网、《中国旅游报》、《人民日报(海外版)》等主流媒体都对活动进行深入报道。《中国日报(英文版)》刊发大篇幅图文报道3篇,《北京周报》及中国在线网、福州英文网等刊发图文专版综述报道,美国《侨报》,印尼《国际日报》,马来西亚《联合报》等海外媒体及《澳门日报》,香港《文汇报》、《大公报》、《香港商报》,台湾东森电视台,台湾《中时旺报》等港澳台媒体同步报道,借助中新社海外华文媒体平台在30多家海外媒体刊发《福州重振百年鼓岭避暑文化,老外寻根最早外国人度假区》《美国友人寻梦鼓岭,再续福州情谊》等系列报道,海峡之声、东南广播、东南卫视、海峡卫视等对台对外重点媒体都推出现场采访报道,旅游卫视拍摄30分钟鼓岭旅游专题节目。

《福建日报》、福建广电集团新闻中心、新闻频道、新闻广播、《海峡都市报》、《东南快报》等省属媒体以系列专题、专题、今日关注、重点活动头版等聚焦报道方式,大篇幅刊播活动内容,讲述跨越20年的“鼓岭故事”。市属新闻媒体全方位多角度对活动进行报道。中国网、人民网、新民网、腾讯、土豆网、搜狐、凤凰网等网络媒体同步刊发转载相关报道。据不完全统计,各类新闻媒体刊发相关报道3300多条次(含图片新闻)、专版专题20多件、谷歌百度搜索各主要选题报道逾8万条次。

【第五届海峡两岸合唱节宣传报道】

《人民日报》、《光明日报》、《台湾联合报》、《台湾旺报》、《台湾经济日报》、《台湾民众日报》、联合新闻网、中时电子报、《澳门日报》、《香港文汇报》等60多家主流媒体参与采访报道;中央电视台全程报道,《新闻联播》、《海峡两岸》、《中国新闻》、音乐频道文艺栏目等主要栏目播出8条新闻、专访、文艺专题节目,创福州市单项活动央视播出新闻量最多;《人民日报》2次报道活动开幕、闭幕新闻,并以大幅图片新闻将合唱节活动列为十八大专刊报道内容,新华社、中新社、中国台湾网、台海网、中国网等全程报道。据不完全统计,各类主流媒体刊播各类报道700多篇(含图片新闻)、现场连线采访11次、专题50多个;凤凰网、新民网等众多网络媒体大量转载,谷歌搜索各重点活动、重点选题报道量逾10万条次。

(余新赦)

(编辑　邱敏佳)

卫生体育

卫生事业

【概况】 2012年，福州市卫生事业争取中央及省级建设资金1.331亿元，完成闽清精神病院门诊病房楼改扩建项目，完成2012年全省卫生惠民工程床位建设任务。年末，全市有卫生机构1950家（含省属医疗机构，不含平潭，下同），其中医院103家，比增18家；卫生机构床位2.86万张，比增10.5%，其中医院床位2.26万张，比增9.2%；专业卫生技术人员4.24万人，比增9.7%，其中医生1.61万人，比增7.6%，注册护士1.75万人，比增11.6%。每千人拥有卫生机构床位4.66张，每千人拥有卫生技术人员6.91人。全市社区卫生服务中心47个，卫生技术人员1283人；社区卫生服务站127个，卫生技术人员1075人；乡镇卫生院123个，卫生技术人员4591人。新型农村合作医疗参加人数331.57万人，参合率99.9%，比上年提高0.6个百分点。年门诊量540.5万人次、住院量14.8万人次、业务收入22.9亿元。有2批6个社区开展健康社区试点项目；农村无害化卫生厕所普及率达85.18%。

【国家基本药物制度实施】 全市174家乡镇卫生院和社区卫生服务中心全部配备和使用基本药物并实施零差率销售，其他各类医疗机构也按规定配备和使用基本药物。配备使用基本药物的村卫生所达2189个，占村卫生所总数99.8%。推进村卫生所实施药品零差率改革，出台《福州市村卫生所实施国家基本药物制度方案》，完善经费补偿，设立村卫生所实施药品零差率改革政府专项补助，并在全市范围内预选60%的村卫生所推进实施药品零差率销售改革。完善基层基本药物采购配送机制，加强基本药物配备使用管理，乡镇卫生院和社区卫生服务中心全部配备和使用基本药物目录的药品，实施基本药物统一配送。全市医疗卫生单位全面实施政务外网药品采购工作，医疗机构网上采购药品占医院临床使用药品90%以上。福州片区医疗机构确认采购第8批集中采购药品9200种。

【新型农村合作医疗工作】 全市331.6万名农民参加新农合，参合率99.9%，年人均筹资水平310元，各级政府财政人均补助260元，较省内其他设区市高20元。参合农民门诊报销受益55.34万人次，住院报销受益28.04万人次，全年受益率达25.15%。按照人均20元的标准筹集大病补偿基金，实行市级统筹，比省定标准高5元，大病保障最高可补偿28万元，8490人次享受大病补充补偿，大病补充补偿基金支付6301.21万元。率先在市一医院、市二医院推行尿毒症参合患者“定基本服务

12月，台江区宁化街道社区卫生服务中心正式投入使用

包,免费血液透析”试点,减轻患者医疗费用负担。将左旋多巴等临床必需、价格低廉的省级中标药品增补纳入福州市新农合报销范围。完成新农合信息平台二期建设项目,在全省率先实现新农合信息升级改造。制作和发放农民社会保障卡301万张,实现新农合“折改卡”。新农合管理中心卓劲松获全国新型农村合作医疗工作先进个人。

【基本公共卫生服务】 继续免费为城乡居民提供11类基本公共卫生服务项目,人均基本公共卫生服务经费25元,居民健康档案电子建档率达84%。完成居民健康信息平台建设,实现城乡居民健康信息统一存储,智能管理。委托福建医科大学公共卫生学院开展第三方考核,提高乡镇卫生院实施基本公共卫生服务项目质量。

【基层医疗卫生服务】 加强基层医疗卫生机构建设,安排1024所村卫生所进行标准化建设,改造提升21所乡镇卫生院和4所社区卫生服务中心,对新成立的3家社区卫生服务中心进行设备标准化配置。开展村级信息化建设,选取200家村卫生所纳入新农合普通门诊定点,为其配备电脑、打印机、读卡器等设备,实现村卫生所新农合门诊补偿即时结报。开展全科医生签约服务,出台《福州市全科医生签约健康服务试点工作方案》,将全科医生签约服务试点工作推广到全市。全市纳入乡村一体化管理的村卫生所有2153所,占行政村卫生所总数的98.2%。完善村居医疗机构医疗责任保险,建立医疗风险社会分担机制。鼓楼、台江区列入省社区卫生服务重点联系区,鼓楼区五凤社区卫生服务中心被评选为国家级示范社区卫生服务中心,鼓楼区华大社区卫生服务中心和台江区苍霞社区卫生服务中心被评为省级示范社区卫生服务中心。全年创建15所示范村卫生所。

【公立医院改革试点】 闽侯、连江县出台《县级公立医院综合改革试点工作实施方案》,在落实财政投入、破除以药补医、改革支付方式、建立分工协作机制、加强人才队伍建设等方面进行综合改革,加快实施一批见效快、易操作的重点改革措施,试点县医院的综合服务能力得到全面提升。开展康复医疗体系试点,加强综合医院和中医院康复医学科建设,27个社区卫生服务中心社区康复医疗试点效果良好;市二医院康复医学科是省中西医结合骨伤康复重点专科及住院医师规范化培训基地,儿童医院凸显脑瘫导致脑损伤或脑发育障碍所致运动障碍和姿势异常的残疾儿童康复治疗特色。

【疾病预防与控制】 免疫规划常规疫苗接种率逾95%。完成麻疹、脊髓灰质炎疫苗查漏补种工作。全市167家接种门诊通过市级规范化预防接种门诊重新考核验收授牌。加强预防接种信息管理和利用,完成儿童预防接种管理系统数据上传和短信预约工作。加强传染病疫情报告和分析工作,在福州市设立73个监测点,对霍乱、登革热、疟疾、AFP等重点传染病、地方病、寄生虫病进行监测,并组织开展风险评估工作,防止出现重大传染病疫情暴发和流行,年内全市无重大传染病疫情发生。举办全市消除麻疹工作会议与培训,落实疫苗接种、标本采集、疫情监测处置等工作,麻疹疫情得到有效控制;落实《中国消除疟疾行动计划》,指定全市疟疾哨点监测医院,举办疟疾监测技术培训班,完成省级下达监测任务。开展手足口病防控,卫生部门与教育部门联合下发《关于加强小学和托幼机构手足口病防控工作的通知》,5月中旬至10月疫情高峰期,在全市托幼机构和小学实施晨检日报告制度。及时处置流腮、流感、流行性出血热和输入性登革热等传染病疫情,排除1例登革热本土病例。加强地方病和慢性病防治管理,定期组织地方病监测。在长乐市、鼓楼区创建省级慢性非传染性疾病综合示范区。加强精神卫生工作,成立市级防治领导小组,实施市级两个精神专科医院福州精神病院和闽清精神病院划片指导,精神疾病防治工作在全市铺开。加强精神卫生机构建设,做好精神专科机构惠民工程建设工作。

【卫生监督执法】 加强对餐饮单位和公共场所、供水单位创建全国文明城市培训及监管。落实餐饮服务食品安全监督量化分级管理,要求餐饮服务单位在餐饮服务单位门口、大厅等显著位置向消费者公示动态等级和年度等级。加强对中小餐馆和经营性公共场所督促检查,组织开展餐饮服务环节食用油、瘦肉精、地沟油、打击非法添加和滥用食品添加剂、火锅底料、猪肉等专项整治。组织开展熟肉制品、元宵、粽子等食品安全专项抽检。开展学校食堂专项监督检查,制定学校、托幼机构及周边食品安全专项整治方案,对大、中、小学和托幼机构的食堂进行全面监督检查。开展食品安全专项监督检查整治活动和医疗市场、职业病防治、放射卫生专项整治督导,出动执法人员3.75万人次,检查各类场所0.96万家次。开展规范行政权力运行工作,继续对网上行政许可和处罚审批工作进行完善和简化,按照“两集中两到位”的原则,重新编制行政审批事项的办理流程,简化审批环节,缩短办理时限,行政审批事项由16类压缩成11类,每个类别的行政许可审批至少减少2个环节。

【卫生应急】 推进应急队伍建设,调整应急处置专家咨询委员会和市级卫生应急机动队,健全卫生应急专家库和各级各类医疗卫生应急队伍,完善应急队伍动态更新机制。加强业务和岗位技能培训,开展突发公共卫生事件业务培训和应急演练。建设完成卫生应急培训考试网络平台。完善应急预案体系,加强预案编制工作,完善、修订现有预案和制定缺项的预案,市本级应急预案达30部。落实社区(乡镇)突发公共卫生事件应急预案的编制工作,规范各项应急工作。有效处置福州市4起突发公共事件,其中3起食物中毒事件,1起持刀伤人事件;完成“5·18”海交会、“6·18”海峡项目成果交易会、渔业博览会、中秋晚会、糖酒会、中国美食节等重大会议的医疗卫生保障任务。闽侯县通过省卫生厅考核验收,被授予“省级卫生应急工作示范县”称号。

【妇幼卫生】 全市婚前医学检查率97.96%,孕产妇死亡率7.69/10万,婴儿死亡率4.48‰,5岁以下儿童死亡率

5.68‰。建立全市儿童、新生儿和危重症孕产妇转诊救治网络，培训市、县两级儿科、产科专业技术人员，完善转诊工作流程，建设出生缺陷三级预防体系。实施免费婚检，免费为农村育龄妇女增补叶酸，建设产前诊断筛查机构，免费为农村孕妇和城市低保孕妇开展产前筛查诊断，完善新生儿疾病、听力筛查网络。开展县级妇幼卫生工作绩效考核，规范实施妇幼卫生各项服务，提高妇幼卫生服务的可及性，促进妇幼卫生服务均等化。规范县级妇幼保健院建设，福清市妇幼保健院和长乐市妇幼保健院被确认为二级甲等妇幼保健院。

【医疗服务管理】 医院管理 开展抗菌药物专项整治，巩固抗菌药物临床应用专项整治成果，规范抗菌药物使用，医疗机构抗菌药物门诊患者使用率、住院患者使用率及清洁手术预防使用率明显降低。加强医疗广告监管，监测违规医疗广告569条，涉及13家医疗机构，对3家医疗机构违规发布医疗广告行为进行记分管理，作为医疗机构年度校验和医师定期考核的依据，违法医疗广告得到有效遏制。开展打击非法行医专项整治，依法查处无证行医、超范围行医等违法行为，对各种违法违规行为在《福州日报》等媒体曝光，并采取停业整顿等行政处罚措施。实施便民利民服务措施，开展以"改善服务流程、服务环境、服务质量，推行预约诊疗、节假日门诊，开展社会评议医院"为主要内容的"三改二推一评议"活动。大部分二级及以上医院实行双休日和节假日门诊，开通社保卡就诊"一卡通"，并实施优质护理服务试点。通过开通"12320"预约诊疗服务热线及网站等方式实行预约诊疗服务。部分医院配备排队叫号及报告单自助打印系统，实行B超等检查床边服务。市二医院获"全国卫生系统先进集体"。

中医药事业 健全和提升基层中医服务网络和服务能力，市二医院接受国家中医药管理局组织的三甲等级医院评审。推进福清市、连江县、永泰县、罗源县等县级中医院能力建设项目。继续开展药品零售企业设置中医坐堂医诊所省级试点。继续开展以"病人为中心，以发挥中医药特色优势"为主题的中医医院管理年活动。国家中医药管理局"十一五"时期重点专科——市二医院骨科和市传染病院肝病科通过国家达标验收。市一医院被确认为全国综合医院中医药工作示范单位。罗源县和闽清县创建全国和全省农村中医工作先进县项目分别通过国家级、省级达标评估。加强中医学科骨干和后备人才的选拔培养，福州市第4批国家级中医药学术师承导师带教高徒出师结业；为国家级第5批及省级第3批中医导师配备继承人。市一医院郑玉金被评为第4批全国老中医药专家学术经验继承工作优秀继承人。

医疗卫生基础设施建设 推进省立医院金山院区建设。完成闽清精神病院综合楼建设，加快已动工的福州精神病院新病房楼、肺科医院负压病房、儿童医院病房楼建设。开展市二医院内科病房综合楼、市中医院病房楼等项目建设的前期工作。继续推进福清市医院新院、福清市妇幼保健院新院、永泰县医院门诊综合楼等项目建设进度。

卫生人才队伍 全市卫生技术人员中正高职称1003人，副高职称2254人，中级职称6736人。出台《关于加大力度培养和充实基层卫生人才队伍实施意见》，明确边远山区医疗卫生人才待遇。统一为乡镇卫生院招聘临床医学专业本专科毕业生和定向委培生。鼓励职工参加多形式、多渠道、全方位的培训，全市所有卫技人员通过好医生、医卫网以及自学和函授等方式参加继续教育。制订人才培养计划，重点培养市医学学术（学科）与技术带头人后备人才、市优秀青年医学人才。打造高层次人才培养平台，与医学高校和国内知名专科医院合作，打造医、教、研同步发展的人才培养平台。与福建医科大学共同签订战略合作框架协议，充分利用福建医科大学作为福建省重点建设高校优势，在科研、人才培养、校地共建等方面开展全面合作，形成以教促医，资源共享，合作双赢的医、教、研同步发展的高层次人才培养平台。

（张先玲）

11月5日，闽清精神病防治院门诊综合楼正式搬迁投入使用

【爱国卫生月活动】 在全市组织开展以"爱国卫生人人参与，健康生活人人享有"为主题，以改善城乡环境卫生面貌为目标的第24个爱国卫生月活动。期间，全市开展专题咨询活动50多场，出宣传展板1000多面，免费义诊500多人次，健康教育讲座60多课次，发放宣传材料10万多份，发放除四害宣传药品3万多份，"健康三件套"1.2万余份，出动宣传车100辆次，宣传普及卫生防病知识，倡导健康文明生活方式。

【健康社区试点项目】 至年底，全市有2批6个社区开展建设健康社区试点工作。台江区阳光社区、苍霞社区，马尾区马限社区是第一批试点项目社区，已开展3年试点工作。苍霞社区建立以居家养老为基础，社区养老服务机构为依托，志愿者服务为补充，有社区特色的新型社区养老体系,为社区内所有老年人提供安享晚年的居家养老服务;阳光社区开展以降低"四害"密度为重点的除害防病工作;马限社区重点开展高血压患者干预的慢病防治工作。年内福州市启动第2批3个试点社区。鼓楼河南社区、庆城社区及晋安新厦社区成立健康社区工作领导小组,开展入户调查,走访、召开居民座谈会,掌握辖区健康问题和居民的主要健康状况,重点开展关注精神健康、降低"四害"密度、提高健康知识知晓率等创建活动。

【卫生城镇卫生村创建】 组织对命名满5年的22个省级卫生镇、96个省级卫生村开展复查。组织对各县、市申报新创的20个省级卫生村和71个市级卫生村进行考核验收。年内上报省级卫生村18个,命名市级卫生村67个。闽侯县省级卫生县城通过省爱卫办复查。

【城区除"四害"】 市城区开展10次全市统一外环境消杀活动。分别在5月、11月开展2次大规模统一灭鼠活动,全市外环境使用溴鼠灵鼠药20吨、溴敌隆鼠药20吨;开展4次外环境下水道热烟雾灭蚊灭蟑活动,对城区7万多个下水道、化粪池以及垃圾通道进行药物消杀。五城区分别在5月、9月组织开展2次室内烟熏灭蟑螂、灭蚊活动;组织开展周末卫生日活动,发动群众翻盆倒罐、疏通沟渠、清理垃圾、整治环境,在消除蚊蝇孳生地的基础上,开展6次外环境灭蚊蝇,2次室内烟熏灭蟑螂、灭蚊活动。

【农村改厕】 7个县38个乡(镇)58个项目村新建、改建农村卫生无害化卫生户厕5888户,其中中央补助地方农村改厕项目任务1000户,市级改厕项目4888户,农村无害化卫生厕所普及率达87.13%。

(郭耀武)

体育事业

【概况】 2012年,福州市体育局以创建"全国全民健身示范城市"为目标,以筹备"第八届全国城市运动会"为重点,完善全民健身公共服务体系。广泛开展"全民健身与八城会同行"活动,全面提升群众体育、竞技体育水平,加快促进福州海峡奥体中心及比赛场馆建设,加强加深榕台体育交流与合作。全市参加健身活动人数逾百万人次,经常参加体育健身的人口约占全市总人口的50%,在全国大城市中保持领先位置,人均公共体育场地面积(1.87平方米)超过全国平均水平。竞技体育方面,有7名福州运动员参加伦敦奥运会,黄珊汕在女子蹦床比赛中获银牌(福州市运动员首次在奥运会上获个人项目银牌);姚金男在女子体操(团体、个人)、张杰在男子62公斤级举重、薛晨在女子沙排比赛中分别获第4名;徐云丽在女排比赛中获第5名,创参赛人数多、获奖人数多的好成绩;在省运年度带牌赛中,金牌、奖牌均居全省首位;举办2012年环福州·永泰国际公路自行车赛、2012年全国男子举重锦标赛暨奥运会选拔赛、2012年福州国际铁人三项赛、2012年全国田径冠军赛暨大奖赛总决赛、2012年国际网球巡回赛等国际、国内大型赛事。在培养、输送体育后备人才方面走在全省前列,年内福州籍运动员8人次获世界冠军10项,23人次获46项全国冠军。福州市再次获"全国群众体育优秀组织奖""全国体育后备人才突出贡献奖"。

【群众体育】 市委、市政府主要领导亲自抓创建"全国全民健身示范城市"工作,进一步筑牢全民健身事业发展根基,从"三纳入"提升到"六纳入",加大地方财政投入和体彩公益金投入。加强健身设施建设,新建500个农民体育健身工程,250条健身路径,12条社区多功能体育场和3个村级农民体育活动中心,提前3年实现城市社区健身路径、农村行政村体育设施全覆盖,加快打造"环西湖体育圈""闽江边体育圈""五四北体育圈""金山体育圈"等10分钟健身圈,打造内河两岸安全舒适的"慢行系统"和"亲水廊道"。在近万名的社会体育指导员组织指导下,参加健身锻炼人数不断增加,西湖公园参加锻炼人数超过2万人,全市老年人参加锻炼约40万人。

结合重大节庆开展"全民健身与城运同行"各类健身比赛和展演活动上千场。元旦期间,举办全国徒步大会开幕式"中国体彩杯""红红火火过大年"第八届十万人健步行活动。春节期间,组织"百队千场篮球赛"。端午节期间,举办2012年福州海峡龙舟邀请赛,有31支代表队1000多名运动员参赛,10万名观众到场观看。8月8日"全民健身日"期间,举办第4个全民健身日全民健身展示和广场舞比赛以及2012年全国门球公开赛暨福建·福州第六届海峡门球邀请赛、2012年全国群众登山健身大会暨"中国体彩杯"福建·福州第六届

4月28日,2012年福州国际铁人三项赛,运动员在转换区

11 月 20 日，环福州·永泰国际公路自行车赛赛事总颁奖在云顶风景区举行

海峡两岸十万人登鼓山活动。在国庆、中秋两节期间，体育社团相继举办横渡闽江活动、福州业余足球联赛、福州高尔夫球联赛。在喜迎中共十八大期间，市老体协在全市范围开展太极拳、太极剑、门球、健身秧歌、健身腰鼓、健身街舞、柔力球 6 个项目大联动展示交流，参与人员达百万人次。社会办体育方面，与海都报合作联办福州“海仙杯”业余乒乓球挑战赛、市直机关乒乓球团体赛和“安利杯”首届海都羽毛球民间高手争霸赛，与福州勘测院合作举办福州首届定向越野公开赛，与福建心之奥体育发展有限公司合作举办 NBA 全明星对抗赛，与市直机关工委合办第九套广播体操和 24 式太极拳培训和比赛，基本形成“周周有活动，月月有比赛，节庆有重点，季节有高潮，常年不断线”的活动格局。

福州市全民健身电子地图正式上网运行，全景健身活动和举办各种赛事被各媒体报道达 2000 多篇次，被福建体坛网采用数量居九设区市之首。

【竞技体育】　10 月 13—25 日，举办福州市第二十三届运动会，为福州市 4 年 1 次的综合性运动会，设 29 个大项 473 个小项，有 3407 名运动员、1338 名教练员参赛，比赛规模达 6000 多人，有 4 人 4 次超 4 项福建少年纪录，1 人 1 次破 1 项福州市最高纪录，27 人 20 次破 13 项福州市少年纪录。该届运动会首次创作运动会歌，并得到 14 家企业近百万赞助款物。

在伦敦奥运会上，福建籍运动员黄珊汕、张杰、姚金男、薛晨、徐云丽、郑幸娟、李晶晶 7 人参赛，获 1 枚银牌、4 个第四、1 个第五，创参赛人数最多，获奖人数最多和个人项目名次最高的成绩。

在备战城运会，迎战省运会为中心的年度带牌、带分赛中，福州队获得 20 枚金牌，14 枚银牌，7 枚铜牌，金牌数、奖牌数均居全省首位。

【环福州·永泰国际公路自行车赛】　11 月 18—20 日举行，由国家体育总局自行车击剑运动管理中心、省体育局、市政府主办，市体育局、永泰县政府承办，总里程超过 300 公里，分 3 天 3 个赛段。有来自德国、荷兰、捷克、拉脱维亚、泰国、菲律宾、蒙古、印尼、伊朗、乌兹别克斯坦和中国台湾、香港以及大陆的 22 支专业自行车队伍、300 多名自行车运动员和教练员参加，其中国外队伍达 12 支。此外，同济大学、浙江大学等 10 支高校大学生自行车队伍参加大学生组的比赛，300 名福州自行车爱好者参加荣誉骑行。

11 月 18 日上午，开赛仪式在五一广场举行，省委常委、市委书记杨岳，省委常委、副省长陈桦，国家体育总局自行车击剑运动管理中心主任潘志琛，市长杨益民，省政府副秘书长李强，省教育厅厅长鞠维强，省体育局局长徐正国，市领导周振华、徐启源、朱华、黄忠勇、王长鹰出席开赛仪式。20 日中午在云顶风景区闭幕。

【体育交往】　以承办第八届全国运动会为契机，发挥榕台地缘优势，继续打好“海峡牌”，八城会执委会正式向台湾发出邀请函，得到“中华台北奥委会主席”蔡辰威回应，决定台北等城市将报名参赛，并搭建两岸交流合作平台。

榕台体育交流、交往日益增多，相继举办“海峡两岸龙舟邀请赛”“海峡百队千场门球赛”“海峡两岸登鼓山”“海峡两岸横渡闽江活动”“海峡两岸冬泳比赛”“海峡两岸网球赛”“两马（马尾、马祖）体育交流联谊赛”等体育活动。

大型赛事活动方面，先后举办 8 场国际性、洲际性、全国性公路自行车赛、沙滩排球赛、铁人三项赛、网球巡回赛等活动，吸引美国、英国、瑞士、德国及亚洲各国，还有中国港、澳、台地区和国内各省市体育健儿参加。

【后备人才培养】　加强国家级、省级体育后备人才基地建设。福州市体校、福清市体校，通过国家体育总局全国高水平体育后备人才基地 2009—2013 年周期创建工作检查。市体校篮球项目继续保持国家高水平体育后备人才单项训练基地称号。福清、长乐、闽侯、连江、鼓楼、台江、仓山、晋安、马尾等 10 个县（市）区少体校通过省体育局检查和复核。

加强市级体育后备人才基地建设和体育传统学校建设，年内积极向优秀运动队、省体校及大专院校、部队输送各类体育后备人才。

【体育设施建设】 全市人均公共体育场地面积(1.87 平方米)超过全国平均水平。加大资金投入,加快 500 个省级农民体育健身工程和 230 条行政村健身路径建设。全面启动健身路径进村工程,全市 2243 个行政村实现全民健身设施全覆盖,其中晋安区、福清市、长乐市、闽侯县、连江县实现全民健身设施全覆盖。同时建成 24 个省级乡镇农民体育健身活动中心,10 个市级农民体育活动中心,12 个省级青少年校外活动中心,完成 130 个省级青少年校外体育活动场所,全市 80% 以上县(市)区建有老年人活动中心。福州市区还建有 92 条健身登山道及鼓山道,全面提升全民健身公共服务水平。

结合筹备第八届城运会,加紧建设海峡奥体中心“一场三馆”,主要包括六万人的主体育场、万人体育馆、四千人游泳跳水馆、四千人决赛场的网球馆及相关配套设施,以及晋安区、马尾区、福清市、长乐市、闽侯县、连江县等处新建,改扩建体育场馆配套设施建设。

市体校改扩建项目和市老年体育活动中心项目前期工作有序推进。其中,市体校改扩建项目建设地点位于仓山公园路 2 号,建筑面积 6.22 万平方米,投资规模 5.23 亿元;市老年体育活动中心项目建设地点位于市体育馆北侧市体育公园内,建筑面积 2.25 万平方米,投资规模 1.86 亿元。

(林 英 林 浚)

(编辑 邱敏佳)

10 月 26 日,市第二十三届运会闭幕式举行

旅游

综　述

2012年，福州市旅游产业围绕"建设海峡西岸世界级旅游目的地"的战略目标，发挥区位、自然、文化三大资源优势，推进全市旅游产业大发展、大提升。全年旅游接待总人数3192.55万人次，比增15.8%，旅游接待人数位居全省首位；旅游收入550.12亿元，比增21.3%；接待入境游客85.13万人次，创汇13亿美元，分别比增11.8%和23.2%。其中"十一"黄金周期间，接待游客162.77万人次，比增17.7%；实现旅游收入9.29亿元，比增19.2%。

年内国家AA级旅游景区减少4个，省级旅游度假区新增1个，星级乡村旅游经营单位新增3个，温泉旅游度假区新增4个。4月17日，福州市被确定为首批国家智慧旅游试点城市之一。至年底，全市有国家A级旅游景区25个（其中国家AAAA级旅游景区9个），国家级风景名胜区3个，中国十大历史文化名街1个，国家森林公园4个，全国工农业旅游示范点5个，全国休闲农业与乡村旅游示范点1个，省级旅游度假区1个，星级乡村旅游经营单位13个，温泉旅游度假区13个，国家重点文物保护单位17个，以及一批公园、度假区和旅游区。

资源开发

【资源规划】　2012年，市旅游局编制完成《福州市"十二五"旅游业发展专项规划》《白马河旅游总体规划及旅游码头配套详细设计》《晋安河（光明港）旅游总体规划及旅游码头规划》；组织编制《福州市"中国温泉之都"发展建设总体规划》，并通过国土资源部评审。福清市、长乐市和连江县聘请国内甲级规划编制单位，分别编制完成《福清市旅游发展总体规划》（2012—2032年）、《长乐市旅游发展总体规划》（2013—2030年）和《连江县旅游发展总体规划》（2011—2030年）。

【项目建设】　在建旅游项目19项，年内完成投资80.3834亿元；列入省六大工程项目15项，年内完成投资78.5792亿元。中庚喜来登大酒店、创元国际大酒店、灵石山森林公园等一批项目建成；榕树湾三江口文化旅游项目、东雁文化旅游综合体项目等一批文化旅游项目加快推进。加大招商力度，推出五大类32个、总投资达732.8亿元的招商项目，在2012年第八届旅博会期间签约引进福建华尔投资有限公司、世纪金源集团（福建）集团、永泰思源农林发展有限公司、凯悦集团、名城地产企业集团等大型企业项目5项，开发建设定海湾国际游艇综合旅游度假区项目、罗源湾滨海新城游艇俱乐部、永泰县青云山旅游综合体项目、凯悦酒店项目、永泰东部温泉旅游新区（一期）等项目。8月1日，正式开通城市旅游观光巴士1号线。

【景区管理】　加强景区监管，对全市4家AAAA级景区、1家AAA级景区、18家AA级旅游景区进行复核，对发现的

表50　　**2012年福州市A级景区名单**

评级	景　区
AAAA级	福州国家森林公园、三坊七巷历史文化街区、于山风景区、鼓山风景区、中国船政文化景区、青云山风景区、永泰天门山风景区、石竹山风景区、福清天生农庄
AAA级	长乐冰心文学馆、长乐显应宫
AA级	福州市博物馆、福州文庙、邓拓故居、绿丰农业生态园、福建省委旧址纪念馆、闇亭寺、陈文龙纪念馆、猴屿洞天岩、琴江满族村、汉唐文化城、卧龙谷、桂湖罗汉溪芙蓉温泉景区、陈靖姑故居、长乐九龙山庄

问题限期整改。复核结果为:通过复核15家;暂缓通过复核4家,取消AA级景区4家。年内,以完善景区基础设施建设和提高服务质量为创建内容,推进景区规范化、标准化建设。指导长乐九龙山生态旅游景区、长乐董奉山景区开展AAA级旅游景区评定,10月对景区进行初评,11月通过省旅游局验收。

【创建鼓岭省级旅游度假区】 成立鼓岭地区综合整治和保护开发工作领导小组、鼓岭旅游度假区管委会,制定鼓岭地区环境保洁、园林绿化管养、公共配套设施维护、违法建设整治等各项管理制度,推进鼓岭地区各项综合整治和保护开发工作。针对《旅游度假区等级划分细则》的规定,逐项完善提升,完成创建所需资料的收集、编制,形成《鼓岭省级旅游度假区创建自评报告》。8月28日,省旅游局正式批准授予鼓岭省级旅游度假区称号。

规划编制 市旅游局配合规划、园林部门开展鼓岭旅游度假区规划编制工作,由晋安区与北京同和时代旅游规划设计院合作编制的《鼓岭国家级旅游度假区总体规划》确定度假区范围为88.56平方公里,主要包括鼓岭核心片区、鼓山片区、恩顶片区、鹅鼻片区、东部旅游休闲区。

基础设施建设 1. 改善交通条件。城区通达鼓岭景区的道路有3条,一是宦溪镇至鼓岭路段;二是东三环鳝溪至鼓岭的公路,该路12公里,路面为沥青罩面,年内对该路与三环交叉路口进行改造,同步新建标志性山门,提升景区入口绿化景观形象;三是鼓岭与鼓山涌泉寺的连接公路,投入3700多万元,对该段7.5公里长的公路进行拓宽改造,基本竣工通车。投入2900万元建设柱里景区道路,完善鼓岭核心区路网。2. 新建停车场。投入2600万元建设柳杉王公园停车场、映月湖停车场,于11月底投入使用,可满足150多部车辆及6部大巴的停车需求。3. 新建并投产日供水量2000吨的自来水厂,同步实施鼓岭核心区自来水供水系统改造。4. 实施专用电网改造和强电、弱电缆线下地改造。5. 提高医疗服务能力,改造提升晋安区医院鼓岭分院,并与省协和医院合作在鼓岭设立协和医院协作医疗点。6. 整治各类建筑。入户开展鼓岭核心区现状建筑调查摸底工作,按照"单位产、当地农民自建、外地人购地建设"等3个类别进行梳理、核查并登记造册,重点摸清房屋数量、产权、业主基本信息等情况。

景区建设 1. 恢复历史风貌。实施鼓岭古街整治和历史建筑修复,首批历史建筑(宜夏别墅、教堂旧楼、历史文化展览馆、洋人游泳池及配套用房、加德纳别墅、邮局、万国公益社)修复工作完成并对外开放。鼓岭古街完成路面青石铺设及排水、供水、路灯管道铺设,正在实施古街沿线村民房屋立面改造。2. 整治景区环境。投资600多万元,完成鼓岭核心区柳杉王公园及广场、过仑口、柳杉王公园至古街步道沿线绿化改造提升。实施三环路鳝溪至鼓岭公路沿线两侧以及山体的林木补植和林相提升;投资1300多元,完成造林面积20公顷,种植行道树1800株。实施映月湖改造,投入300万元,湖体面积从700平方米扩建至5000平方米,并提升景观。3. 完善旅游配套设施。开展游客服务中心、停车场、旅游公厕、体育运动场地、儿童游乐区及歌舞休闲类、文化休闲类、游戏休闲类等各类室内外配套项目建设,组织实施度假区旅游公共信息标识标牌建设,规范景区道路指引系统。4. 提高住宿接待能力。至年底,鼓岭地区可供对外接待的各类山庄、家庭旅馆70家,约有1100多间客房、2300多个床位,其中接待条件较好的约有23家山庄、600多间客房、1300多个床位。市旅游局督查指导6家宾馆、山庄创建三星级旅游饭店,经过改造,华盈山庄和石鼓山庄基本达到三星级饭店条件,8月初通过评定验收,并正式授牌。

柳杉王公园　　(晋安区政府办　供)

【乡村旅游】 全市有星级以上乡村旅游经营单位13家,其中四星级乡村旅游经营单位7家,三星级乡村旅游经营单位6家,星级数量居全省首位。9月,省乡村旅游经营单位星级评定委员会授予闽清黄楮林温泉景区、闽清七叠温泉景区为四星级乡村旅游经营单位,授予闽清丰达农业观光园为三星级乡村旅游经营单位。

【"海峡旅游"品牌】 经福州口岸赴台湾旅游人数达4.13万人次,比增179.35%,其中空中直航1.91万人次,海上直航1.97万人次,"小三通"2467人次。

加强两岸旅游交流与合作 指导全市赴台游组团社与台湾旅行社签署《2012年闽台旅游合作协议》;组织参加"乘海峡号游八闽山水"旅游推介会、"第十五届海峡两岸旅行业联谊会""万名福建乡亲游台中首发团抵达仪式"等对台旅游交流活动;组织县(市)区旅游局、景区、旅行社等参加"2012年台北两岸观光博览会"。

启动赴台个人游 年内福州成为第

二批大陆居民赴台个人旅游试点城市;8月28日,在五一广场举办福州居民赴台个人游启动仪式。

推广"金马澎"个人游　在第八届海峡旅游博览会上,与海峡西岸经济区20个城市签署《联手做大做好赴"金马澎"个人游市场合作宣言》,联手推动"金马澎"个人游市场。

推动"两马"旅游　对"两马"旅游奖励由20元每人次提高到100元每人次,从9月1日开始,试行一年。指导福州市旅游协会和马祖观光协会签订《福州市旅游协会　马祖观光协会建立福州市场合作与交流关系协议书》。

旅游服务

【星级饭店】　组织开展《旅游饭店星级的划分与评定》标准宣传贯彻活动,组织开展星级饭店复核工作。3家饭店推荐上报评定五星级饭店,1家饭店被评为四星级,5家筹备参评。全市有星级饭店60家,其中福州市区38家,福清市9家,长乐市5家,连江县4家,闽清县2家,罗源县1家,永泰县1家。在星级饭店中,有五星5家,四星17家,三星31家,二星7家。有客房1.01万间,床位1.64万张。年内推荐福建阳光假日大酒店创建福建省青年文明号,福州新紫阳大酒店创建省级第七届行业文明示范单位。

表51　**福州市五星级、四星级饭店名单**

星级	饭　店
五星级	福州西湖大酒店、福建外贸中心酒店、福州金源大饭店、福州美伦华美达大酒店、福州香格里拉大酒店
四星级	福州大饭店、福清融侨大酒店、福建金仕顿大酒店、福清兰天大酒店、福州梅峰宾馆、福清冠发君悦大酒店、福建山水大酒店、阿波罗(福州)大酒店、国谊(福建)大酒店、福建阳光假日大酒店、福建省闽江饭店、福州(晋都)戴斯酒店、福清瑞鑫大酒店、福建黄金大酒店、福州新紫阳大酒店、福建国惠大酒店、福建银河花园大饭店

表52　**福州市金牌和AAAAA级、AAAA级旅行社名单**

评级	旅行社
金牌	福建省中国旅行社、福建省康辉国际旅行社、福建省旅游公司、福建省春秋国际旅行社
AAAAA级	福建省中国旅行社、福建省康辉国际旅行社、福建省旅游公司、福建省春秋国际旅行社、福建省康泰国际旅行社、福建世纪神舟国际旅行社、福建省铁路国际旅行社、福建省青旅国际旅行社
AAAA级	福清新东方旅行社、福建省西湖国际旅行社、福清市南方国际旅行社、福建中旅假日旅行社、福清市世纪假日旅行社、福建白云旅行社

【旅行社】　全市有旅行社130家,其中出境游组团社19家(包括赴台游组团社7家),一般社111家。开展"旅行社服务质量信用等级评定"活动,加强诚信旅游示范单位创建。福建省春秋国际旅行社有限公司、福州市国际旅行社获评福建省旅游行业文明示范点。

【导游队伍】　全市有持证导游2797人(专职导游579人,兼职导游2218人),其中初级导游2686人,中级导游89人,高级导游22人,中级以上占导游总人数的3.96%。全市有外语导游146人,其中英语117人,日语13人,德语4人,法语4人,印尼语4人,朝鲜语2人,西班牙语1人,俄语1人。日语、德语、法语等小语种导游共计29人,占外语导游员人数的19.86%。

出台《福州市导游管理服务机构管理办法(试行)》。加强与福州旅游职业中专学校、福州职业技术学校、闽江学院合作。开展导游年审培训,年内1436名导游通过年审;根据新导游上岗的要求,组织开展5期岗前培训,580人参加,387人通过考核。

宣传营销

【媒体宣传营销】　9月3日起,在中央电视台《新闻30分》和《中国新闻·今日关注》等栏目投放以"有福之州"为主题的15秒新版福州旅游宣传广告,同时在福州电视台重点栏目和福州新闻网播出,并在《福州日报》《福州晚报》《海峡都市报》、"福州发布"政务微博等媒体发布播出信息和收看提示;10月20日起,增加在中央电视台《走遍中国》栏目的广告宣传片投放;全年在央视的宣传广告片投放频次达648次。9月10日起,在全市主要公共媒体(航空电视媒体、动车电视媒体、公交车电视媒体、汽车站电视媒体、机场电视媒体、市区主要星级饭店电视媒体、移动和电信营业厅液晶电视及LED户外电子屏、商场LED大型户外电子屏)的重要节点播出旅游宣传片,营造福州城市旅游的"第一印象";在机场、动车TV等新媒体投放福州旅游宣传广告。与中国新闻社《逍遥》杂志合作,围绕文化、温泉、美食、特产等福州特色旅游资源和产品制作福州旅游专集。

策划编印《2011福州旅游概览》《360°玩遍福州》,加印《福州旅游导图》《福州旅游观光手册》《福州精品旅游指南》等旅游外宣资料,并继续在全市80多家星级饭店、重点旅游景区、旅游集散中心实行定期配送,及时补充投放,为游客免费提供旅游资讯。

【"走出去、请进来"营销】　参加2012年中国国内旅游交易会、2012中国红色旅游博览会、第十五届光阳国际梅花节、中国"长江三峡"专项产品宣传推广活动、美加墨旅游产业推介会、第八届海峡旅游博览会、2012年中国国际旅游交易

11月29日，举办百家知名旅行商大会暨福州温泉营销论坛

会等国内外旅游展会活动，展示福州市旅游资源，拓展客源市场。4月19日，与永泰县政府联合赴绍兴开展推介活动。9月17—22日，赴温州、杭州、上海举办“有福之州精彩绽放”——福州旅游(长三角)推介会，与旅行社代表达成资源共享、客源互送的共识，签订“千人团”旅游合作协议。以第三届福州国际温泉旅游节为平台，举办百家知名旅行商大会暨福州温泉营销论坛，邀请国内外重点旅行商到榕考察、踩线。

【旅游节庆活动营销】 11月，举办第三届福州国际温泉旅游节暨福州市“中国温泉之都”授牌仪式，举办闽东北五市一区旅游区域合作联席会议、百名知名旅行商大会等系列活动。举办2012“幸福福建四季行”旅游主题活动启动仪式和“5·19”中国旅游日启动仪式，组织重点旅游景区、旅行社、旅游商品企业等集中开展宣传推介，营造假日旅游氛围。各县(市)区举办“两马同春闹元宵”“春节旅游好去处，琅岐十景任我行”、畲族文化旅游节、石竹山梦文化节、青红酒节等节庆活动。

旅游管理

【安全管理】 安全达标创建工作 按照新修编的《福建省企业安全生产级别评定标准》，开展安全生产级别与安全生产标准化的衔接，全市40家旅游企业被评定为二级达标，147家旅游企业评定为三级达标。

安全检查 配合相关部门，部署开展旅游企业安全生产大检查工作，指导和督促旅游企业开展安全生产工作，组织全市旅游企业开展企业安全生产自查和整治工作。

专项整治 发挥市旅游产业协调领导小组及假日旅游协调工作领导小组综合协调作用，加强与安监、整规、公安、工商、交通等相关部门配合，开展旅游安全等专项整治活动，全年未发生重大旅游安全责任事故。

【服务质量管理】 充实旅游市场监管力量，加强旅游质量监督与执法力量，市旅游质量监督管理所工作人员增编至10人。加强市场监督与受理，受理各类书面、电话、来访旅游投诉64起，涉及游客168人，其中针对旅行社的投诉48件，针对星级酒店的投诉7件，针对景区的投诉8件，其他投诉案件1件；办理结案62起，终止调解2起，结案率100%，挽回经济损失22.26万元；出动检查人员166人次，检查导游员786人，旅游团队73个；处理违规导游员6人，其中一次性扣分10分的2人，处理“黑导游”1人并罚款1000元；处理违规旅游企业4家，联合整规、工商等部门查处“黑社”1家。推进旅游市场监管体系建设，建立旅游诚信管理系统、旅游团队服务管理系统、行政执法处罚监察系统、旅游质量监督投诉系统，实现对出境游、入境游、国内游3个旅游市场的实时监管，及时掌握旅行社经营与导游服务动态。

(林 卉)

(编辑 黄 铭)

三坊七巷

综　　述

2012年，三坊七巷历史文化街区被文化部授予“国家级文化产业试验园区”称号。街区保护修复工作围绕整体提升的目标，以项目建设为中心，依托街区历史文化资源，发展文化旅游和文化创意产业，探索文物保护和商业开发协调发展模式。完成年度投资4.25亿元，超年度计划32.8%；接待游客825万人次，比增1.6%；实现营业收入约4200万元，比增27.3%。

全年安排3次对外招商活动，签约31个项目，签约面积1.95万平方米，至年底，三坊七巷签约159家商家入驻，总面积约9.6万平方米。年内有中国音乐家协会、中国戏剧家协会、中国民间文艺家协会等3家创作基地以及“咏春文化国际交流中心”“中国画创作与学术交流会所”“名家工作室”等一系列文化项目入驻。

严格把关装修方案，全年审核商户装修方案、图纸138份，验收申请书25份，发放联系单125份。年内，增设商管专员、巡视员，对商家的装修施工进行指导、督促；对消防报警系统、水务降温系统等专业性设施，通过公开招标的形式实现维保外包；加大节日安保安检力度，组织社区、消防中队、派出所等相关职能部门对辖区内的消防、安全进行检查，完成25场大型活动的安全巡查工作；建立安保电子巡更系统，每日对院落、商铺消防安全进行检查；全年组织商铺义务消防员、全体干部职工60人次参加消防培训班，组织消防安全综合检查工作10次。

街区规划

【三坊七巷规划】　三坊七巷管委会委托市规划院编制完成三坊七巷历史文化街区保护规划修编专题评估报告。6月，省住建厅正式同意启动《保护规划》修编程序。11月11日，省住建厅主持召开专家咨询会，审议《三坊七巷历史文化街区保护规划（修编）》，会后根据专家咨询意见进行修改。《保护规划（修编）》主要对三坊七巷历史文化街区内的配套设施、用地功能、用地兼容、控高及地下空间等进行调整完善。

【朱紫坊规划】　5月，《朱紫坊历史文化街区保护规划》征求规划、文物等部门意见，完成修改。12月，《朱紫坊文化遗产保护规划》根据省文物局意见，完成规划调整。

【南街规划】　三坊七巷南街段改造项目北起东百大楼，南至吉庇路西侧，全长近500米。改造提升的规划定位为历史文化街区空间形态由传统向现代过渡，既承载历史文化街区的文化气息，又适应现代商业文化功能的需求。7月，三坊七巷管委会牵头开展南街改造前期工作，组织上海隧道院、市规划院和北京华清安地设计公司对改造方案进行研究、优化。8月，完成南街改造地下与地面初步设计方案，并获市规划委员会通过。

该项目规划与福州市地铁建设南街段工程相结合，分地上、地下两大部分。规划地上部分总建筑面积约2.8万平方米，设计规划以现代建筑风格为主，控制建筑尺度与规模，并适当提取历史文化街区传统建筑元素，同时突出三坊七巷各巷口标志，达到与三坊七巷历史文化街区的协调，形成历史街区与新建区的过渡。规划地下部分总建筑面积约5万平方米，地铁轨行区上部为贯穿南街东西向的地下商场，可从地铁南门兜站步行直达东街口站，通过下沉式广场形成上下部商业一体化格局。

【两山两塔两街区规划】　2011年9月，三坊七巷管委会委托北京清华规划院和市规划院联合设计规划。年内完成《两山两塔两街区文化遗产特区策划》和区域内的城市设计。

【上下杭、烟台山规划】　4月，分别委托清华规划院、上海同济规划院和市规划院编制《上下杭历史文化街区保护规划》和《烟台山历史风貌区保护规划》。11月，召开历史文化街区保护规划专家评审会，根据专家意见，拟将大桥头历史建筑群、苍霞和台江区工人文化宫二期用地（三山会馆南侧，学军路以北，洋中路以东)一并纳入上下杭历史文化街区保护规划范围,调整后的保护规划四至边界为:北至工业路,南至闽江边,西至白马路,东至八一七路大桥头两侧。11月完成《烟台山历史风貌区保护规划》优化调整,完成《烟台山历史风貌区修建性详细规划》设计。

保护修复

【拆迁工作】 与宫巷11号、衣锦坊14号和73号、文儒坊42号、吉庇路36号和38号等6个院落住户签订拆迁补偿及安置协议。协调拆除文儒坊18号和55号、衣锦坊54号等3处违章建筑;配合南街西侧提升改造项目,收回5间被侵占店面;围绕工程建设及开发利用重点,加大整合置换力度。

收集整理三坊七巷南后街沿街新建商铺、159处古建筑及新增古建元素和更新建筑的面积、产权、使用情况。重新整理南后街沿街新建店面F地块、M地块、K地块等12个地块资料,报送市交易登记中心办理数据备案手续,办理古建筑产权证81本、产权注销200本。

【工程建设】 古建筑修复 完成文物保护单位黄任故居,历史建筑洗银营10号、安民巷17号和18号、黄巷71号花厅等修复工作,启动全国重点文物保护单位欧阳花厅维修工程;完成更新建筑宫巷G2地块,郎官巷L3地块,黄巷H1、H2、H4地块,光禄坊D地块,温泉会所,K3-1地块,K8地块,D3-1地块,D3-2地块,M1地块,雕刻总厂等13处更新地块的建设;启动吉庇路A、B地块,光禄坊C、E地块,通湖路B、C、D、E地块等8处出让地块建设。至年底,三坊七巷保护修复工程完成26处文物保护单位的修复,完成106处历史建筑以及50处更新建筑地块的建设,完工总面积约23万平方米。

彩绘壁画修复 6月,三坊七巷古建筑壁画修复工程获评“2011年度全国十大文物维修工程”。2011年10月,三坊七巷管委会委托西安文物保护修复中心继续开展三坊七巷彩绘壁画科研与保护修复工作,在水榭戏台、小黄楼、二梅书屋、林聪彝故居4处国家重点文物保护单位的基础上,继续对刘家大院、郭柏荫故居等11处文物保护单位的彩绘壁画进行保护修复。

工程质量管控 定期检查三坊七巷在建工程质量安全,配合文物、消防等部门开展安全检查,发现安全隐患80处,向施工单位发出整改通知书27份,逐项落实整改情况。加强内业资料管理,审核图纸233份,处理工程联系单、签证单1133份,整理资料制作电子索引文档2360份,纸质资料归档2700份。

【社区博物馆建设】 8月,三坊七巷管委会确定社区博物馆中心馆钢构方案;9月18日,福建省榕都建设工程有限公司进场施工。完成福船文化博览苑脚本大纲设计,进行部分布展区间施工,80余艘仿真福船模型同步制造完毕。完成三坊七巷消防展示馆立项和招投标程序;完成桢楠馆、博艺堂及南后街展览馆室内装修,并投入使用。至年底,三坊七巷建设、完善22处开放院落场馆,包括二梅书屋、严复故居、林聪彝故居、小黄楼等重要景点,并纳入日常管理。

组织开展各院落档案搜集工作,整理院落演变、原住民变迁以及主要名人事迹,丰富场馆文化内涵。搜集资料编制《话说三坊七巷分集》,从政治、军事、教育等多方面多领域介绍三坊七巷士人文化的精髓。

【世界文化遗产申报】 开展世界文化遗产申报各项准备工作,完成相关书籍、历史文献、现状基础资料、相关研究成果及背景资料收集,完成《三坊七巷申请列入世界遗产预备名单申报文本》《三坊七巷遗产地保护管理规划》。6月16—17日,世界文化遗产中国预备名单检查组到榕考察三坊七巷21处遗产核心要素,与福州文物民俗专家及三坊七巷原住民座谈,评估三坊七巷的申遗工作。11月,三坊七巷正式列入中国世界文化遗产预备名单。

【朱紫坊项目】 朱紫坊历史文化街区保护修复按照“政府主导、实体运作、分期拆迁修复、分期招商出让”模式实施。启动一期芙蓉园保护修复前期工作,项目总投资约2.9亿元,委托鼓楼房地产拆迁工程处完成该项目的拆迁摸底费用测算,制订补偿方案。基本完成芙蓉园本体及周边部分历史建筑搬迁(征迁成本2.2亿元),并委托市古建所进场勘测设计。

【上下杭、烟台山项目】 4月初,启动福州商务总会旧址、采峰别墅、建宁会馆、高氏文昌阁、安澜会馆5处文物保护建筑和历史建筑保护修复工作。10月,三坊七巷管委会委托市规划研究设计院

6月,三坊七巷古建筑壁画修复工程获评“2011年度全国十大文物维修工程”
(俞松 摄)

设计福四中钢构实验楼项目。开展三捷河两岸现状照片及影像资料收集工作，确认三捷河两岸的拆迁范围，梳理三捷河两岸的文物保护建筑和历史建筑，为后续的三捷河沿线景观整治提供依据。

文化宣传

【文化活动】 开展2012年“春暖坊巷——龙腾生辉”春节文化活动；举办“品味端午坊巷民俗”活动，有兰汤浴、刺五毒、点雄黄、写午时书、制香囊等传统项目；组织“中国七夕·坊巷结缘”、中秋“坊巷月影·河畔笙歌”等文化活动，打造三坊七巷非物质文化遗产大看台；结合重要节点，举办“纪念邓拓诞辰100周年诗会活动”、“五四”建团90周年“坊巷·印迹”诗歌音乐会、第二届“大画福州”街头绘画嘉年华“六一”活动、“2012中国保利·圆明园国宝南北朝石佛像珍品展”等活动。

【宣传活动】 6月，由人民日报社主管、三坊七巷管委会创办的《三坊七巷》综合文学杂志创刊，杂志为双月刊，推出《专题》《旧事》《街铺》《手艺》等栏目，展示三坊七巷文化名街历史风貌及文化内涵。

组织官网改版工作，新增“文物保护”“商家风采”“网上展馆”“历史街区”“关于我们”等栏目，开辟公告栏、活动申请、新浪微博票务订购、酒店预订、交通服务、网上调查等功能，有天气预报、三坊七巷简介、新闻资讯等版块设置。

配合新闻媒体“走进三坊七巷”采访活动。协调电视台、影视剧组拍摄有关三坊七巷题材作品，主要作品有福州市宣传片《市长带你游》、央视《远方的家》、央视《国宝档案》、央视《梦想合唱团》、电视剧《原乡》、福建电视台《365夜》等。

旅游开发

【旅游接待】 三坊七巷景区与81家旅行社，102家省、市直机关单位签订长期合作协议。接待团队9167批次84232万人次；接待部级领导及各省市党政代表团68批次，到访的有中共中央政治局常委、全国政协主席贾庆林，原中共中央政治局委员、国务院副总理曾培炎，中共中央政治局委员、中央政法委副书记王乐泉，国务委员、国务院党组成员、中央政法委员会副书记、公安部部长、党委书记孟建柱，国家体育总局局长刘鹏，中国航空工业集团总经理谭瑞松，国家电网公司总经理刘振东等；接待外国政要25批次，有格鲁吉亚阿扎尔自治共和国政府主席瓦尔沙洛米泽、泰国孔敬府府尹宋巴特·特里瓦特苏万、孟加拉驻华大使等。

电视剧《原乡》剧组在水榭戏台举行开机仪式

【创建国家AAAAA级旅游景区】 根据国家AAAAA景区暗访小组出具的《福建省三坊七巷景区暗访调查报告》，对照景区实际情况，拟定《三坊七巷景区第二轮整改方案》，对所有整改任务进行分解。8月，召开《三坊七巷景区旅游总体规划》规划成果征求意见会，规划编制单位完成方案修改。启动景区周边交通秩序整治工程，完善景区外部交通标识系统，启动新游客中心建设。

【旅游营销】 加大对外宣传力度，参加元旦“幸福福建四季行”启动仪式、“9·8”第八届海峡旅游博览会，赴长三角地区参加福州市旅游推介会和2012年度中国国际旅游交易会等活动；接待港中旅集团以及香港旅游业界及媒体踩线团到三坊七巷踩线；参加各种促销宣传活动，为迎接第三十六届“国际博物馆日”以及第二个“中国旅游日”，三坊七巷景区联票所含景点于5月18—19日向社会免费开放，其间景区人流量达11万人次。配合参与由福建九天信息科技有限公司发起的景区语音自助导览器宣传推广活动。

景区与里程网、驴妈妈旅游网、天旅网、户外旅游网、顶游网等网络平台建立长期合作关系；与上海安畅旅游有限公司建立合作关系，加入“畅游神州卡”平台；加入中联信公司“八闽智旅卡”平台；“海峡旅游卡”升级为由国家旅游局和中国银联共同发起，联合全国各地商业银行共同参与发行的中国旅游卡系列卡，并申请成为特惠商户；加入“福莆宁旅游景区一票通”，联合其他景区开发特色旅游线路。

景区联合市内源脉温泉、闽江夜游等景区打造福州市一日游精品旅游线路；以福州市第一家国际豪华五星级酒店——香格里拉酒店为合作试点，探索高端散客旅游市场的开拓；结合景区实际，召集在榕各大旅行社发布大宗采购景区门票相应的优惠政策及奖励措施；加入由省旅游局牵头成立的福建品牌景区营销中心，参与营销中心的筹建工作，拓展景区客源市场。

【景区服务】 建立由专职讲解员、兼职讲解员以及志愿者组成的三坊七巷讲解人才库;提升景区中英文讲解词;定期邀请礼仪、古建园林、讲解技巧、三坊七巷民俗、历史知识、名人文化、建筑规划、福州民俗文博等相关领域的专家开设专题讲座;多次组织赴周边景区,如五虎山、孔庙、省博物馆、林浦村、螺洲、上下杭等地调研学习;与景区周边医疗单位签订《紧急医疗救助协议》;加强景区安全管理,通过公开招投标,确定中国人民财产保险股份有限公司为游客安全投保单位。

在南北口两个游客服务中心,提供咨询、投诉、休息、讲解、查询、门票购买、小件行李寄存、租赁自助语音导览器、邮政服务、国内外长途电话及纪念品销售等服务项目,同时提供多种游览宣传品,以及雨伞、轮椅、拐杖、童车等各种免费服务项目。

主题活动

【鄢家花厅】 位于安民巷南侧47、48号。始建于清乾隆年间,占地1425平方米,南北朝向。东主宅,西花厅,走廊相通。为2005年公布的第六批省级文物保护单位。

2012年,辟为桢楠文化艺术博物馆。馆内展出85件金丝楠木古典家具,包含屏风、大案、书桌、茶几,大床、凳椅等大件楠木,品种丰富,且用材年份跨度较大,材质优良,色泽气味独特,工艺精美。

【刘齐衔故居】 位于宫巷14、16、18、20号。清代建筑,四座毗邻,总建筑面积4141平方米,为道光进士、林则徐长女婿刘齐衔故居。坐北朝南,平面呈口字形,四围砖土风火墙,护墙均为大石板垒砌,高1.5米左右,正门口石门框宽1米余,高2米余。入门有天井三面环廊。首进正厅面阔三间,中为厅,两侧为房;进深二间,并有插屏门隔为前后厅。双坡顶,穿斗式木构架,大平梁以上斗拱、梁、桁等雕刻精美,门扇、窗槛都用楠木雕制而成。大厅及天井用大石板铺地。后天井与第二进天井相连,二进厅堂面阔三间,东侧有矮楼,西侧有门可通花厅,花厅内有假山、鱼池和三椽小屋。

2012年,辟为博艺堂,以中国传统文化琴棋书画为元素,分为古陶瓷馆和雅乐展览馆。古陶瓷陈列以解读陶瓷发展史为主线,藏品从西周到晚清,有320多件,其中有宋代官窑、定窑等陶瓷精品。雅乐馆主要陈列有近80件中国古代乐器和近60件西方乐器,其中明万历"天风海涛"古琴和各西方世界名琴为镇馆之宝。

12月28日,由三坊七巷管委员会与中共柘荣县委、柘荣县政府联合主办的"世界非物质文化遗产——柘荣剪纸展"在南后街展览馆举行

【南后街展览馆】 位于南后街东侧75号,占地面积687平方米,建筑面积1459平方米,以名家字画、工艺美术品等艺术展览和艺术拍卖为主要功能,装饰风格揉传统和现代为一体。

12月,举办"世界非物质文化遗产——柘荣剪纸展",展出剪纸作品200多幅。展览期间,同时进行非遗传承人现场表演和布袋戏、提线木偶、灯谜、变脸等民间艺术展演,并展出"美丽柘荣"摄影作品近100幅。

【郎官巷二梅书屋】 6月,举办甘肃彩陶巡展,由福建省文物局与甘肃省文物局主办,甘肃省文物商店协办,福建省文物总店、福建民俗博物馆承办。主要展出彩陶各个文化发展时期的代表作品52件(其中陶片10件)。展品装饰纹样内容丰富,种类繁多,富有地域特色。

【衣锦坊水榭戏台】 2月,纪念邓拓诞辰100周年诗会活动在水榭戏台举行,诗会主要吟唱《纪念邓拓诞辰100周年》诗词。同时摆设"诗钟"道具,进行"折枝诗"创作展示。福州的"折枝诗"是旧时文人娱乐活动的一种形式,"诗钟"是过去文人作诗构思时限的用具,也是现场"折枝诗"赛事的公平执行工具。

(董炳强)

(编辑 黄 铭)

社会民生

人民生活

【概况】 2012年，福州市坚持以民生为重，各类政策性调控措施作用于居民生活、社会生产与流通领域，各项民生指标保持平稳运行。受上调最低工资标准、最低生活保障标准、行政事业津补贴标准、企业离退休人员养老金标准等政策效应影响，在税收新政效应、城市化进程的推动下，以及强农惠农政策的保障下，居民收支平稳增长，其中城镇居民人均家庭总收入32285元，人均可支配收入29399元，人均消费支出20040元，城镇居民恩格尔系数为38.7%；农村居民人均纯收入11492元，人均生活消费支出8336元，农村居民恩格尔系数为44.2%。

【城镇居民收入】 城镇居民人均家庭总收入32285元，比增12.9%；人均可支配收入29399元，比增12.9%。四项收入全面增长，其中人均工资性收入21334元，比增13.2%，对城镇居民增收的贡献率达67.5%，成为拉动城镇居民增收的主要力量；人均经营净收入2273元，比增18.1%；人均财产性收入1532元，比增9.8%；人均转移性收入7146元，比增11.1%。

【城镇居民消费支出】 城镇居民人均消费支出20040元，比增12.3%，扣除价格因素实际增长9.9%，城镇居民恩格尔系数为38.7%。消费结构继续优化，发展、享受型消费支出保持较快增长。其中，人均衣着支出2054元，比增9.5%；人均在外饮食支出1486元，比增19%；人均交通费支出1803元，比增27.2%；人均教育支出796元，比增33.9%；人均金银珠宝饰品支出230元，比增36.8%。

【农村居民收入】 农村居民人均纯收入11492元，比增13.7%，扣除价格因素实际增长11%。农村居民各项收入全面增长，工资性收入、家庭经营纯收入是农村居民增收的主要来源。其中，人均工资性收入6244元，比增14%，对农村居民纯收入增长的贡献率达55.4%；人均家庭经营纯收入3455元，比增13.6%，对农村居民纯收入增长的贡献率为29.9%；人均财产性收入691元，比增12.3%；人均转移性收入1102元，比增13%。

“十二五”规划以来，农村居民人均纯收入连续两年保持两位数增长，且增速超过城镇居民，城乡居民收入比继续缩小，由2011年的2.58:1下降到2012年的2.56:1。

【农村居民消费支出】 农村居民人均生活消费支出8336元，比增13.4%，扣除价格因素实际增长10.7%，农村居民恩格尔系数为44.2%。享受和发展型消费成为新趋势，其中，人均食品消费支出3687元，比增11.9%；人均衣着支出616元，比增16.9%；人均居住支出1144元，比增12.8%；人均家庭设备用品及服务支出545元，比增14.2%；人均交通与通讯支出745元，比增10.6%；人均文化教育娱乐用品及服务支出781元，比增19.4%；人均医疗保健支出541元，比增15.3%。

市场价格

【概况】 2012年，福州市居民消费价格涨幅逐月回落，全年上涨2.2%；工业生产者出厂价格在重点行业带动下平稳下行，全年下降1.1%；住宅销售价格在自主性需求支撑下小幅波动。

【居民消费价格】 居民消费价格总水平上涨2.2%。八大类商品价格“六涨两降”，其中食品类价格上涨5.1%，家庭设备用品及维修服务类价格上涨3.2%，衣着类价格上涨3.1%，医疗保健和个人用品类价格上涨2.3%，居住类价格上涨2.1%，烟酒类价格上涨0.2%，娱乐教育文化用品及服务类价格下降3.7%，交通和通信类价格下降0.3%。全年居民消费价格月度同比涨幅呈逐步回落态势，其中，食品价格涨幅回落是引起居民消费价格涨幅回落的主要因素。

【工业生产者价格】 受宏观经济形势影响，工业生产者出厂价格下降

1.1%,工业生产者购进价格下降3.2%。从行业看,钢铁及纺织化纤行业等重点大类行业对工业生产者价格影响显著。出厂价格方面,五大重点行业包括黑色金属冶炼及压延加工业、化学纤维制造业、纺织业、有色金属冶炼及压延加工业和非金属矿物制品业,分别下降10.9%、9.2%、7.4%、5.3%和2.8%,带动总指数的下降;购进价格方面,黑色金属材料类和有色金属材料及电线类,分别下降11.7%和9.6%,对总指数影响显著。

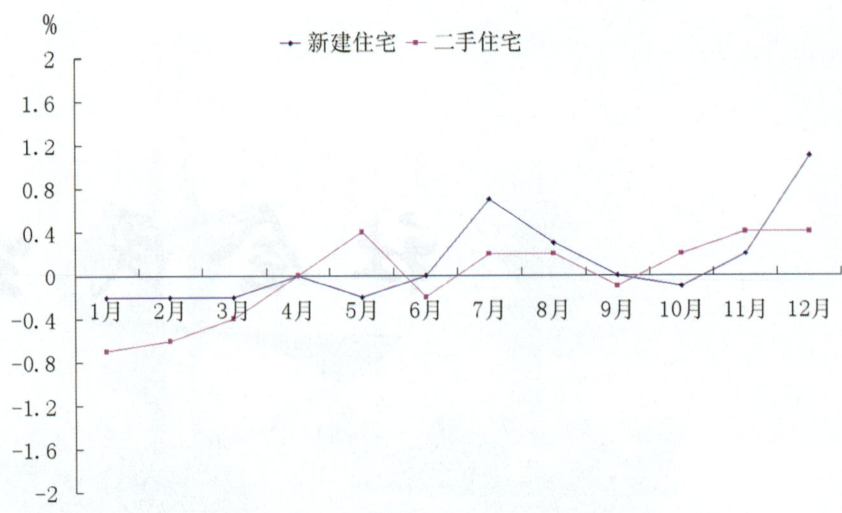

图11 2012年住宅销售价格月度环比涨跌幅

【房地产价格】 在各项宏观调控政策的持续作用下,福州市继续加大力度推动保障房建设,改善住房供应结构,抑制投机投资性购房行为,住宅销售价格总体保持稳定,其中自住性需求是支撑2012年房价的主流。从全年运行情况看,在经历一季度的环比下跌之后,随着福州市公积金贷款额度的提高和普通住宅认定标准的放宽,二季度开始,一部分购房者受社会舆论的影响,改变市场预期,居民购房刚性需求有所释放,住宅销售价格环比略有反弹,多数月份以上涨为主,且涨幅多在1%以内,价格平稳;同比跌幅逐步收窄。

(谢美梅)

人口和计划生育

2月22日,在全市人口计生工作会议上,省委常委、市委书记杨岳向各县(市)区颁发2012年度人口计生工作目标责任状

【概况】 2012年,福州市出生人口6.97万人,人口出生率11.45‰,出生人口政策符合率93.58%,出生人口性别比106.08。市人口计生委为落实计划生育手术的2.6万育龄群众统一投保手术责任保险,建成人口计生分析决策系统。

【计生政策宣传】 组织开展“一县一品”的人口计生文化阵地建设,长乐市以潭头人口文化园为阵地,将计生宣传融入自然、休闲、观光中;永泰县将人口婚育文化、传统家庭美德等宣传教育内容结合到联奎公园建设中,并以山歌对唱形式在公园广场宣传人口计生知识与政策;连江县指导全县各乡镇加大人口文化园建设,凤城、东湖、坑园人口文化公园粗具规模。市人口计生委在全市2812辆公交车的LED屏上滚动播放人口计生宣传语,宣传打击“两非”和免费孕前优生健康检查工作;配合省人口计划生育宣教中心拍摄反映连江县潘渡乡计生小组组长龚赛娥先进事迹的专题片《女儿当家》。

【突破人口计生工作难点】 一是加大社会抚养费征收力度,出台《关于进一步规范社会抚养费征收管理工作的通知》,注重对名人富人违法生育的征收,各地出现一批征收工作亮点,福清市人口计生局联合法院拍卖当事人房产抵缴社会抚养费;马尾区人口计生局依托流动人口管理平台,打击社会抚养费征收中的“避重就轻”现象。二是综合治理性别比偏高问题,开展“关爱女孩”行动,严格执行14周以上的孕妇终止妊娠手术审批、查验报告制度,严格B超使用和开展终止妊娠手术准入制度。加强孕情跟踪服务和管理,闽清县在县医院建立分娩信息实时通报制度。三是出台《市人口计生领导小组关于进一步加强整治“两非”工作的通知》,主动向省内九地市发出《关于建立整治非医学需要鉴定胎儿性别和选择性别终止妊娠区域协作的倡议书》,倡导建立“打击‘两非’区域协作”制度。落实有奖举报制度与实名服务制度。集中查处一批“两非”

案件，全年“两非”案件立案269件，结案266起。

【“生育文明·幸福家庭”促进计划】 将“生育文明·幸福家庭”创建活动纳入对县（市）区、乡镇（街道）人口计生目标管理考核和市直相关单位履行计生职责考核内容，作为评先评优指标。各县（市）区推出“生育文明·幸福家庭”特色项目，鼓楼区将幸福家庭创建活动与创建幸福鼓楼相结合，打造居家养老新模式；长乐市在文岭镇石壁村建立村蔬菜协会和计生协会“双协”合作模式。

【计生检查】 推行黄牌警告、预警告滚动管理制度，结合“三服务”活动和“生育文明·幸福家庭”考核的自查工作，组织机关干部并抽调部分县（市）区计生干部共同组成考核队对全市进行不定期检查指导。对申报评先评优的4308个单位和1.66万名个人进行审核把关，否决109个单位和238名个人。

【健全利益导向机制】 提高独生子女伤残、死亡家庭补助金，以及独生子女父母和生育两个女孩后绝育的农村夫妇一次性奖励金标准；组织小额贴息贷款项目；开展农村部分计划生育家庭子女中考加分工作，全年有4702名参加中考的应届农村计划生育家庭子女享受到中考加3分照顾，占全市中考加分总人数的近80%。台江区将困难企业无法兑现独生子女父母奖励纳入政府兑现；仓山区将落实计生家庭“安居工程”列入政府为民办实事项目，拨出专款用于计生家庭安居工程项目；罗源县由政府出资为6072名计生户办理“三险合一”的爱心保险。

福州市计生协会成立福州市人口福利基金会，完善生育关怀公益金，建立应急救助机制，为生活困难的计生家庭提供紧急救助。推进“生育文明·幸福家庭”促进计划、金秋助学和幸福工程等活动，加强对计生困难群众的走访慰问和帮扶，为全市部分困难计生家庭购买意外伤害住院医疗保险。

【流动人口计生服务管理】 市人口计生委联合市人力资源和社会保障局、市司法局、市卫生局、市妇联等部门，为流动人口开展“送政策、送法律、送温暖、送健康、送服务”的“五送”关怀服务，免费提供计划生育技术、优生优育、生殖健康、关怀关爱和便民维权等服务。开展流动人口计划生育信息化、规范化示范点创建工作，全市建成100个示范点。加强流动人口区域化协作，长乐市在长沙市建立自我管理站；晋安区新店镇与宁德市古田县杉洋镇签署区域协作协议，杉洋镇在新店镇成立驻榕流动人口计划生育协会；至年底，福州市与省内外612个市、县（市）区建立双向区域协作关系。

【计生服务机构建设】 投入专款用于技术服务机构的改扩建和设备升级工作，重点推动各级服务机构发挥服务功能，全市有国家、省级示范站（所）19个，其中国家级示范站2个、示范所3个，省级示范站2个、示范所12个。全年有3.85万对夫妇参加免费孕前优生健康检查，人群覆盖率86.77%。

（林　涛）

劳动就业

【概况】 2012年，全市城镇新增就业14.56万人，农业富余劳动力转移就业5.37万人，城镇就业困难人员再就业4304人，年末城镇登记失业率2.37%，超额完成全年就业目标任务。7月，市人力资源和社会保障局被国务院评为“全国就业先进工作单位”。

【就业工作】 破解就业和用工“两难”矛盾，每周五举办大中型公共招聘会，并开展“情暖外来工·就业在福州”“就业援助月”“春风行动”等一系列就业服务专项活动。开展劳务协作与校企合作，在全国38个地区建立劳务合作基地，在12个劳务输出地区组建驻榕工作站；300多家重点企业与省内外109所技工职业院校签订校企合作协议，全年引进技术工人1.08万人。在全省首推稳定企业技术骨干社保补助政策；全市867家企业参与诚信用工承诺活动；春节后全市重点用工企业用工返岗率达94.8%。开展以就业困难人员、零就业家庭和大中专毕业生为重点的就业援助活动，全年发放小额担保贷款2505笔1.62亿元，发放就业困难人员社保补贴5.71万人5500多万元，城镇零就业家庭保持动态为零，充分就业社区数量居全省首位。

【职业培训和技工教育】 针对八大支柱产业用工需求，落实职业培训资金直补企业政策，开展数控、电气焊、钳工、纺织等企业紧缺技术工种培训。全年开

1月10日，举行2012年福建省、福州市“春风行动”暨“情暖外来工·就业在福建”系列活动启动仪式

展企业直补培训1.49万人次，退役士兵和紧缺工种培训5762人次，农业富余劳动力转移就业培训2.2万人次，SIYB创业培训6025人次，特种作业安全技术培训2252人次；举办全国数控、机电一体化福建赛区选拔赛，海西榕电杯职业技能竞赛，福州市服务业职业技能竞赛等活动。全年职业技能鉴定7.1万人次；全市新增高级工6196人，技师、高级技师810人。建成国家级“技能大师工作室”2个，新增省级“技能大师工作室”16个、市级“技能大师工作室”10个，16人被评为省优秀人才、首席技师和优秀高技能人才，1人获国家技能人才培育突出贡献奖，1人获全国技术能手称号，2人享受高技能人才国务院津贴。推进技工教育改革，组建技工教育教研室，拓展校企联合办学和“订单式”培养模式。全市技校在校生6000多人，毕业生就业率保持98%以上。年内第一高级技工学校加大实训设备和实训基地投入，第二高级技工学校新征用地5.33公顷。

【劳动关系维权】 开展解决企业工资拖欠、劳动用工等专项检查，全年检查用人单位4135户次，书面审查3310户，涉及劳动者44.8万人次，受理投诉举报2607件，为劳动者追回工资6883万元。出台《关于建立企业工资保证金的实施意见》，工资保证金制度实施范围由建筑领域扩大到交通、水利、电力、铁路等领域以及有欠薪行为的各类企业，全市510家建筑施工企业预存工资保证金约2亿元，欠薪及群体性案件数分别比降20%和25%。

组建市劳动争议仲裁院，建立法院、人力资源和社会保障局、总工会三部门劳动争议调解联动长效机制。全年立案受理劳动争议案件5449件，结案率90%以上，其中调解率60%。

健全协调劳动关系三方机制，县(市)区全面完成劳动合同制度实施三年示范达标工作，其中马尾、台江、闽侯、连江被评为省级示范县(区)。全市最低工资标准从三档调整为二档，平均增长16.04%。在全国率先建立企业人工成本监测点，开展企业薪酬调查，适时发布企业工资增长指导线、行业工资指导价位及企业人工成本信息。

社会保障

【概括】 2012年，全市参加社会养老保险373.68万人，其中，城镇企业职工基本养老保险126.28万人，城乡居民养老保险205.68万人，被征地农民养老保障28.99万人，机关事业单位养老保险12.73万人；医疗保险参保276.16万人；工伤保险参保104.08万人；失业保险参保101.3万人；生育保险参保92.67万人。五险参保人数比增13.66%，居全省首位。

3月22日，举行市人力资源和社会保障局与市公安局联合开展医疗保险基金反欺诈合作备忘录签字仪式

【养老保险】 企业退休人员养老金待遇连续第八年调整提高，2012年较上年增长17.93%，高于全省平均水平。全市24.45万名企业退休人员全部实现社会化管理服务，继新农保全覆盖后，比全国提前半年实现城镇居民养老保险制度全覆盖。至年底，全市城乡居民参保率达95.2%。化解一批热点难点和历史遗留问题，将3698名无力参保的县及县级以上集体所有制企业退休人员纳入老年生活保障金范围，7874名已参保的被征地农民重新选择养老保障方式，研究出台缴费不足15年届龄退休进城务工人员养老保险补缴政策。

【医疗保险】 城镇居民医保财政补助标准提高至每人每年260元，在全省率先启动城镇居民医保普通门诊统筹和尿毒症患者优惠待遇试点，门诊大病病种范围由15种增至19种。提高大学生参加城镇居民医保普通门诊待遇，并在全国率先推出大学生大病保险制度。开展医保付费方式改革，与广州、上海开展异地就医医保即时结算试点；解决进城务工人员医保中断接续问题。

【失业、工伤、生育保险】 年内，对企业失业保险单位缴费费率实行阶段性减半征收，全市3万多家企业全年减征2亿多元。在全省率先建立失业保险与物价上涨挂钩联动机制和领取失业金人员参加职工医保补助政策。规范工伤认定和劳动能力鉴定，全年工伤认定3154件、劳动能力鉴定1750件，工伤行政复议和行政诉讼案件比降23%。完善生育保险市级统筹，保障女职工生育期间基本生活和医疗待遇。

【社会保障基金监管】 配合国家审计署开展社会保险基金审计整改，全面开展社会保险基金监管软件联网应用工作。与公安机关签订医保基金反欺诈合作备忘录，举办医保定点负责人、医生法律法规培训班，组织工作人员赴广州参与学习医保一线稽核，赴天津学习考察并引进医保实时监控信息系统，提高监管能力。通过日常稽核、专项检查和年终考核,查处违规定点机构50家,取消定点资格5家,暂停医生医保处方权9人,移送公安机关处理1家,挽回基金损失3670万元。

(陈中钦)

民　政

【概况】　2012年,福州市城乡医疗救助工作实现全市覆盖,医疗救助“一站式”服务开始运转。按时下达自然灾害生活补助资金、冬春救灾款及防灾减灾资金1706.87万元,开展受灾地区紧急转移安置群众和灾后恢复重建。完成第二次全国地名普查试点任务和政区大典编纂工作;完成2012年度全市2682个社区和村(居)委会换届选举工作。在全市范围全面推广“135”城市社区党建工作模式;完成社区居家养老服务中心(站)建设、验收;开展以“关爱老人、构建和谐”为主题的“敬老月”系列活动。

【优抚安置】　建立优抚对象抚恤补助标准不低于3%的自然增长机制,全年市级下拨抚恤补助金534.22万元,医疗补助配套资金134.6万元。全市上报新评伤残人员14人,调整等级8人,转移抚恤关系40人,伤残补证19人。成立定点医疗鉴定机构,认定带病回乡退伍军人29人。开展烈士纪念设施普查工作,查清全市有散葬烈士纪念设施975处。

接收退役士兵、转业士官2570人,其中城镇安置对象1018人(转业士官71人),农村户口1552人;接收安置军队干部76人。推行“经济补偿、扶持就业、重点安置、城乡一体”的退役士兵安置政策,鼓励和扶持退役士兵自主创业,加强城镇退役士兵技能培训。在全市军休系统开展创先争优满意率测评活动,兑现军队离退休干部的房改补助款。

【社会救助】　城乡低保　出台《福州市城乡困难居民临时救助暂行办法》和《福州市城市低收入家庭认定试行办法》。城区低保标准为多人户350元/月,单人户380元/月;农村低保标准为多人户250元/月,单人户280元/月(马尾区城市低保标准为350元/月,农村低保标准为280元/月)。全年保障城市低保对象9642户、18457人,发放城市低保金5360.33万元;保障农村低保对象37748户、75871人,发放农村低保金1.286亿元。

农村五保　新建11所农村敬老院,将城区农村五保供养标准调整为集中供养每人每月430元,分散供养每人每月380元。全市保障农村五保对象8204人,全年发放五保金2823.32万元,人均月补助280元。

医疗救助　实现城市和农村医疗救助办法合并制定,设立统一的城乡医疗救助基金,实现医疗救助工作城乡一体化。全市审核批准城市医疗救助人数6.07万人,发放救助金645.5万元;审核批准农村医疗救助人数1.49万人,发放救助金1134.84万元。

【救灾工作】　4月,投资1980.53万元的福州市救灾物资储备库正式开工。下达自然灾害生活补助资金、冬春救灾款及防灾减灾资金1706.87万元,救助群众8584户、2.98万人。开展“5·12”防灾减灾宣传日活动,完成避灾点建设3200个,有重点地建成25个自然灾害避灾示范点。连江县江南乡滨江社区、闽清县省璜镇合龙社区获评“全国综合减灾示范社区”。转移安置因自然灾害受灾户5.45万人,为1589户受灾农户发放农村住房保险理赔金242.8万元。

【社会福利】　市级财政向民办养老服务机构拨付一次性开办补助和运营补助103.33万元。组织实施“孤儿保障大行动”“明天计划”“蓝天计划”等专项行动,建立孤儿群体重大疾病公益保险保障机制。为全市每名孤儿每年提供50元重大疾病公益保险;申报“明天计划”手术适应症儿童7人,完成“明天计划”手术适应症儿童9人,安排8名脑瘫孤儿到江西南昌大学第四附属医院接受治疗,设立脑瘫儿童康复训练中心;指导各县(市)区开展孤儿身份认定工作。开展“肢残助行工程”,按照省民政厅下达的任务数将护理床和假肢矫形器统筹分配到各县(市)区。

【基层政权和社区建设】　招聘10名应届大学生充实县区基层组织。全面完成全市487个社区居委会和2195个村委会换届选举。编写《福州市村(居)民委员会选举工作手册》,全市举办培训班211期,受训人员5013人次。推行农村户代表会议制度,建立村务监督委员会。年内省、市投入720万元建成31个社区综合服务站;推进智慧型社区建设工作,打造军门、金洲、金斗社区等19个信息化标杆社区;召开全国社区建设经验交流会,总结推广“135”社区党建工

12月11日,全国社区建设经验交流会在福州召开

作模式经验。

【老区建设】　推动出台《福州市关于支持和促进革命老区加快发展的实施意见》。下拨市级扶持老区建设专项资金500万元,争取省级老区扶建专项资金335万元,分别用于道路硬化、安全卫生饮用水、革命遗址维修保护、老区科技示范基地等项目建设。制定出台《关于进一步加强革命“五老”人员生活保障及解决革命“五老”人员遗偶生活困难的通知》,下达革命“五老”人员定期生活补助市级配套经费224.86万元和医疗补助经费20.08万元。

【老龄事务】　市财政安排专项资金708万元,用于城区141个新建和178个已建社区居家养老服务中心(站)的建设和运营补助,全市建成225个社区居家养老服务中心(站)。部署开展以“关爱老人、构建和谐”为主题的“敬老月”系列活动;开展“敬老爱老助老工程”活动,向高龄老人赠送天翼老人机2.6万多部,“一拨通”会员达2.3万多人;向1.64万名老人发放“福州市社区居家养老服务券”。

【殡葬管理】　完善殡葬基础设施建设,推行全境火化。新建经营性公墓13个、公益性公墓5个、公益性骨灰堂(楼、塔)370个。开展专项治理乱建坟墓,清理坟墓7613台。针对清明节祭扫人流高峰问题,开展安全保障工作,引导市民错峰祭扫、文明祭扫,市殡仪馆等8家殡葬服务单位接待祭扫群众80万人次,未发生安全事故。

【婚姻、收养登记】　办理国内结婚6.67万对、离婚1.22万对,涉外婚姻3630对、离婚616对,收养206例。婚姻登记业务实现“零差错”。加强对县(市)区婚姻登记场所和服务设施改造的督促力度,推动各县(市)区加快落实婚姻登记机构、编制。至年底,除晋安区、仓山区外,其他县(市)区均成立婚姻登记中心(不含平潭),人员基本到位,并实现全国联网在线登记,其中马尾区婚姻登记处、罗源县婚姻登记处被民政部评为“AAA”级婚姻登记机关。

【区划地名管理】　加强市区路名牌、门牌设置管理工作,设置街路巷名牌332面,门牌6680面。完成第二次全国地名普查试点任务,普查近2万条地名属性信息。完成《中华人民共和国政区大典·福建卷》福州市编纂任务。

【民间组织登记管理】　在市级社会组织中开展创先争优活动。建立社会组织评估工作机制,制定行业性团体、学术性团体、联合性(专业性)团体以及民办非企业单位社会组织四大类评估指标,应评估的全市性社会组织计402家。市民政局被省民政厅评为创先争优组织先进奖。完成268家社团、175家民办非企业单位的年检任务。组织参加省民政厅举办的业务培训班学习,统一印制“一次性告知单”,并在网络上公布社会组织受理工作流程图。

【边界管理】　完成县级行政区域界线36条、总长1465.143公里、交会点30个,乡(镇)级界线229条、总长2360.727公里、交会点252个等联检工作。完成2008—2012年度界线联检工作的原始资料电子化归档。开展“平安边界”创建活动,全市3825.87多公里的边界线无恶性纠纷事件发生。

【福利彩票销售】　推进“刮刮乐”网点即开型福利彩票和“中福在线”福利彩票销售工作,完成2.81亿元的福利彩票销售任务。

(林志鸿)

(编辑　黄　铭)

鼓楼区

【概况】 鼓楼区区域面积35.7平方公里。辖9个街道、1个镇，有79个社区、15个经合社，户籍人口57.67万人。

2012年，组织实施市级“五大战役”项目42个，年度投资超67亿元；区财政统筹14.55亿元改善民生，占公共财政支出的68.8%，完成10类33件为民办实事项目。通过省级可持续发展实验区中期验收；在“2012年度中国市辖区综合实力百强”中位列第45位；区政府门户网站在全国区县政府网站绩效评估中位列第14名，获全省绩效考核（县区级）第1名，实现全省绩效考核三连冠。

【经济建设】 实现地区生产总值811.93亿元，比增12.2%；财政总收入42.45亿元，比增19.8%，其中地方财政收入25.65亿元，比增19.4%；规模以上工业产值212.2亿元，比增15.8%；城镇以上固定资产投资311.2亿元，比增6.3%；社会消费品零售总额630.5亿元，比增20.5%；实际利用外资（验资口径）2.27亿美元，比增15.1%；出口总额56.92亿美元，比增2.4%；城镇居民人均可支配收入31465元，比增13%。

服务业　以国家服务业综合改革试点为抓手，实现第三产业增加值612亿元。初步构建省市区联动协调推进机制和服务业专项统计体系。推进社区便民服务平台等5个国家级服务业改革项目。确立首批31家服务业综合改革示范企业，兑现服务业和出口企业扶持资金6031万元，富春通信、华电福新能源年内上市。建成恒宇国际大厦等19.2万平方米的5A级智能化楼宇，实施“一楼一策”改造8栋商务楼宇。全年引进注册资金千万元以上企业176家，其中现代服务业企业占95%以上。对接110个项目，总投资105亿元。中石化福建总部等25个“三维”项目落户鼓楼。建成恒力城等商贸综合体，王府井百货正式开业。东百、大洋等50家商贸大户实现年销售额160亿元，全区新增133家限额以上商贸企业。利用地铁建设和八一七路改造契机，启动南街改造提升。启动朱紫坊一期保护修复项目；三坊七巷完成26处文物保护单位历史建筑修复，成为国家级文艺创作基地，入选中国世界文化遗产预备名录。建成天皇岭文化创意街区，温泉博物馆主体竣工，“芍园壹号”获评“全市首批文化创意产业示范基地”。全区年接待游客突破600万人次。

招商引资　全年合同外资2.23亿美元，实际利用外资（验资口径）2.27亿美元。“5·18”海峡两岸经贸交易会签约外资项目20项，总投资34281万美元，利用外资18979亿美元，比增20.14%。“6·18”海峡项目成果交易会征集对接项目51项，项目总投资约5.37亿元。“9·8”中国国际投资贸易洽谈会签约项目20项，总投资35928万美元，协议外资20887万美元。

【城区建设与管理】 征迁安置　完成地铁1号线（鼓楼段）、福大一号地、杨桥新村等8个项目征迁扫尾，南街西侧征迁进入收尾，斗池路、华大村下后营、洪山科技园等16个地块征迁全面启动。15个保障房项目加速推进，凤湖2A、打铁桥、灰炉村、明望新村二期等保障房基本竣工，蔡厝里、白水塘等约11万平方米的保障房如期回迁。

市政建设与管理　完成20条小街巷改造、30条道路店牌店招整治工作。率先运行“数字城管”，建立市容环境综合电子考评系统，环卫保洁市场化改革全面推广，开展“市容六乱”、拆除违建等专项整治，拆除违建1.7万平方米。开展以12条主次干道和8个主要路口为重点的道路交通安全综合整治大会战。建成公共便民自行车二期34个站点，全年借车突破百万人次。实施军门社区改造提升。全年完成21个无物业管理小区整治。

【社会事业】 科技与教育　20个科技项目通过国家创新基金初审，产学研平台对接48个项目；建立5个院士（专家）工作站，专利申请量位居全市第一，辖区高新技术企业数占全市1/3；三元达通讯、榕基软件入选国家第五批创新型试点企业名单。获评第五届省科普先进城区。首批通过省级“教育强区”验收。建成中山小学等6所学校教学综合楼，完成2.5万平方米的校安工程；福州西湖国际学校对外招生；全区中小学通

福州软件园动漫产业基地二期竣工

过义务教育标准化建设市级验收;改造提升9所街道办幼儿园,48所民办园实施等级评定,学前3年适龄儿童入园率达98%。

文化体育　区文化馆获评国家一级文化馆,5个街道文化站入选一级文化站;全区建成165个道德讲堂;完成第八批省级文物保护单位申报,市级非物质文化遗产项目代表性传承人达10人。新增20条全民健身路径,15所学校运动场所课余时间对外开放;第二十三届市运会鼓楼区总分居五城区之首。

卫生和计划生育　五凤、华大街道社区卫生服务中心分别通过国家级、省级示范中心考核验收,区妇幼保健所主体竣工。全年出生人口5424人,人口出生率12.37‰,人口自然增长率为7.57‰,出生人口政策符合率97.75%,出生人口性别比为105.30。"生育文明·幸福家庭"信息化建设5项指标全部达标,常住人口信息系统达到国家甲级标准。

社会保障　设立高校毕业生创业基地,举办16场各类招聘会,新增就业2.7万人,再就业2206人。建立被征地农民养老保障制度,1.25万名失地农民纳入城市社保体系,15个经合社全部办理养老保险,社会养老保险参保率达99%。全年向残疾人发放低保金、优抚金1500万元;多渠道筹措善款193万元,帮扶困难群众3400多人次。改造提升区社会福利中心和福乐家园。新增29个居家养老服务站点,加强与社会养老机构对接,实现社区站点和专业化服务全覆盖。为1.5万名70岁以上老人配备"一键通",政府购买养老服务覆盖面扩至60岁以上的特殊困难老人。率先试点网格化社会服务管理模式,覆盖综治、计生等十大领域,建成区综合指挥中心及5个街镇分中心,区、街、社区三级网络初步建成,5个街道、35个社区开展试点工作。完成社区换届选举,所有社区办公及服务用房达200平方米以上。"智慧社区"信息化综合服务平台覆盖79个社区,庆城等7个社区获评省级"五星级信息化社区"。鼓东街道成为全市首家省级安全社区。

生态环境保护　新增公共绿地9.8公顷,绿地率31.53%,绿化覆盖率37.33%,人均公共绿地面积7.14平方米。完成造林绿化66.67公顷(1000亩)、拆墙透绿19处,改造提升国光公园,加快新西河综合整治及5条内河沿线征迁拆违。开展西湖左海、镇海楼北侧等四大区域,杨桥路等10条道路沿线及天泉路等25个重要节点的环境综合整治。建成5个负离子自动监测点,全年环境空气达到二级以上天数达100%。原厝水源地水质连续16年保持100%达标。

平安建设　加强社会治安综合治理,建成50个无物业管理小区监控系统,公众对社会治安满意率达97%。完成街镇司法所业务用房规范化建设。健全领导干部接访和包案机制,化解征地搬迁、用工讨薪等诉求152件和信访积案30件,落实领导包案30件;化解各类矛盾纠纷1186件。办理153件人大代表议案、建议和155件政协委员提案,基本满意率均为100%。区行政服务中心建成启用,90%以上行政审批、公共服务事项集中办理,全年办结各类网上审批2.9万件,及时办结率达100%。率先开通政务微博和政风行风在线访谈,"12345"便民呼叫中心全年受理诉求2.1万件,满意率达97.5%。

【高新技术产业】　福州软件园推进海峡软件新城建设,动漫产业基地二期和综合研发楼A楼全面竣工。中青宝等105家企业落户园区,榕基软件成为首家获市政府质量奖的软件企业。动漫公共服务平台投入使用,国家动漫产业基地年产原创动画片突破1.2万分钟。园区全年实现技工贸总收入250亿元,比增20%。福州高新区洪山园启动先进技术服务产业园改造提升,引进39个高新产业项目,园区全年实现技工贸总收入132亿元,比增10%。

表 53　　**2012 年鼓楼区街道(乡镇)基本情况一览**

街道(乡镇)	辖地面积(平方公里)	人口		社区(经合社)(个)	规模以上工业总产值(万元)	财政总收入(万元)	地方财政收入(万元)	财政支出(万元)
		户数(户)	人口数(人)					
鼓东街道	1.084	14297	46591	6+1	56039	624.1800	624.1800	2795.7289
鼓西街道	1.837	18998	62614	7+1	—	517.5630	517.5630	2320.6043
温泉街道	2.242	18135	82106	7+1	9711	1933.7743	1933.7743	2543.9477
东街街道	0.720	10181	33014	5	44193	1158.9300	1158.9300	1919.5988
南街街道	1.544	16962	50112	7	—	876.3400	876.3400	1646.8616
安泰街道	1.588	10676	30220	7	10788	513.6798	513.6798	5382.9475
华大街道	3.349	24152	94669	10	47117	638.5584	638.5584	1176.3017
水部街道	1.310	11027	31975	5+1	21252	1641.6149	1641.6149	1994.0815
五凤街道	9.625	23285	64676	13+4	110270	597.3790	597.3790	4840.4636
洪山镇	12.401	27545	80775	12+7	487799	53683.5800	30130.5800	3818.6115

注:数据由鼓楼区统计局、财政局提供。　　(张　林　徐　飞)

台 江 区

【概括】 台江区陆域面积 18 平方公里,水域面积 1.91 平方公里。辖 10 个街道,有 73 个社区,常住人口 32.7 万人(户口属于台江区),流动人口 13.9 万人(有登记办理暂住证的)。

2012 年,台江区实施省级"五大战役"项目 5 项,年度投资 38.23 亿元,完成年度计划的 139.5%;实施市级"五大战役"项目 30 项,年度投资 81.51 亿元,完成年度计划的 120.4%;实施区级"五大战役"项目 105 项,年度投资 275 亿元,比增 27%。

【经济建设】 实现地区生产总值 280.85 亿元,比增 11.5%,三次产业结构为 0:21.5:78.5;财政总收入 24.24 亿元,比增 12.8%,其中公共财政预算收入 13.78 亿元,比增 6.9%;工业总产值 135.42 亿元,比增 7.8%,其中规模以上工业增加值 20.83 亿元,比增 12.5%;全社会固定资产投资 253.93 亿元,比增 8.3%;社会消费品零售总额 291.73 亿元,比增 16.7%;出口总额 11.24 亿元,比增 0.27%;进口总额 2.54 亿元,比增 0.12%;城镇居民人均可支配收入 27502 元,比增 12.0%。

服务业　实现商品销售总额 849 亿元,比增 23.0%。万(象)宝(龙)、万达、中亭街等商业综合体成为城乡居民购物消费的重要集散地;红星美凯龙、居然之家购物广场等高端建材家居商贸发展迅速;中央第五街、世茂洲际酒店、江滨外滩 1 号等商贸项目相继竣工;新增、提升限上商贸企业 74 家。5 月,海峡电子商务产业基地获评全国首批、全省唯一的"国家电子商务示范基地",省国际电子商务中心、鼎天农业、永安电子商务被列为国家电子商务试点单位。滨江旅游业持续升温,"闽江游"年接待游客达 12.5 万人次。推行商标品牌战略,"德诚""一丁"申报中国驰名商标,"金源泉"等 12 个品牌被认定为福建省著名商标,省级著名商标数较去年翻一番。海峡金融商务区扩区规划基本完成,至年底入驻项目 21 个,金融机构区域总部达 10 个。申发大厦、百联大厦竣工,升龙大厦、恒丰大厦、金座大厦基本实现项目封顶,新增商务面积 35 万平方米;福建交通物流信息大厦、水晶花园等项目在建;台资金融总部富邦金控正式落户,建行福建省分行大楼、福州农商银行大楼、海峡银行大楼、进出口银行福建省分行大楼等一批金融总部项目开工建设。闽江北岸中

闽江两岸夜景　　(郑敏良　摄)

央商务区已入驻的8个项目全部动工，苏宁项目购物广场封顶，海西金融大厦、升龙环球大厦、融侨广场等在建项目按进度推进。

招商引资　全年合同外资2.3亿元，比增0.17%；实际利用外资（按验资口径）0.97亿美元，比降18.56%。签约外资项目23项，总投资3.45亿美元，协议外资3.29亿美元。首个央企项目宝钢集团（福建）区域总部落户台江海峡金融商务区，华美纸业集团总部项目达成合作协议，神华集团、华电新能源总部基地等一批优质项目正在洽谈跟进。加快企业上市步伐，腾新食品首发上市，顶点软件、智恒电子等5家企业被列入省级重点上市后备企业。提升科技创新能力，艾迪康、闽冠电气等4家企业申报国家高新技术企业。拓展区域交流合作，与新疆昌吉回族自治州奇台县缔结友好县区。

【城区建设与管理】　征迁安置　旧城改造中鳌光路地块、斗池路地块、省港口工程公司地块、台五小和台六小教育预留地征收任务基本完成，光明港台江段、瑄后街及二开关厂地块进入扫尾阶段，三捷河、白马河浦西村、江墘下等地块全面启动。地铁1号线达道站及地铁枢纽大厦地块、上海东新村地块接近扫尾；上下杭历史文化街区及太平汀州、苍霞旧屋区整体规划基本完成，保护改造和房屋征收前期工作按计划推进。白马河浦西村、江墘下地块实施全省首个“模拟征迁”试点。保障性安居工程中鳌港苑三期、红星苑一期竣工交房，上海新苑转入外部装修，红星苑三期主体结构封顶，福机安置房启动主体建设，新港苑进入地下施工。

市政建设与管理　光明港一支河、瀛洲河、达道河等6条内河综合整治工程全部竣工验收，闽江北港驳岸整治一期工程先行先试段整治工作全面启动。拓宽、改造宁化路、透龙路等7条道路以及西洋里、排尾弄等16条小街巷。启动东二环路、国货东路、安南路等5条路段立面综合整治，提前完成福瑞新村、桂园怡景等第一批10处拆墙透绿工程，整治同德园、横街巷新村等11个无物业小区。探索数字化、标准化、动态化城市管理模式，启动“数字城管”系统试运行，试点后洲街道、洋中街道环卫清扫保洁市场化改革。

基层建设管理　探索开展社会管理“三进三提升”活动，首创引入民办非企业社团组织参与小区事务管理，培育万象商圈社会管理服务中心和苍霞街道家园事务服务中心两大品牌。推进“135”社区工作模式，打造金斗社区、天华社区等一批“精品社区”“星级社区”。

【社会事业】　科技与教育　全年投入教育事业经费3.76亿元，完成9所学校3万平方米校安建设和宁化小学重建，改扩建台一小、三十六中。洋中街道中心幼儿园建成投入使用，26所义务教育学校标准化建设全部达标。以一类区优秀等级通过省级“三项教育督导”评估。

文化体育　区文化馆、图书馆、博物馆、青少年活动中心等公共文体基础设施全部向公众开放，青少年校外体育活动中心投入使用；《上下杭民间故事》《双杭寻古》画册正式出版，纪录片《百年上下杭》获中国电视纪录片“十优”作品奖。

卫生和计划生育　完成区妇幼保健院（所）整合和业务用房提升改造，新建宁化街道社区卫生服务中心，实现社区卫生服务中心全覆盖；实行社区全科医师签约服务，与3万多名居民签订服务协议书；实施基本药物零差价制度，社区卫生服务中心门诊人数比增15.7%，门诊人次收费水平下降25元。全年出生人口2481人，人口自然增长率2.1‰，出生人口政策符合率97.30%，出生人口性别比为103.03。

社会保障　全区各级财政用于民生支出4.65亿元，占公共财政预算支出的51.77%。年初确定的28项为民办实事项目基本得到落实。拓宽就业渠道，支持创业带动就业，新增城镇就业7431人，下岗失业人员再就业2266人。全面实行低保对象家庭动态跟踪管理，低保对象实现“应保尽保”。推进城镇居民社会养老保险工作，7795名60周岁以上人员基础养老金全部发放到位。城镇居民基本医疗保险参保人数6.7万人。发放低保金、医疗补助金、救济金1240万元。提高优抚对象抚恤标准，1000多户优抚对象得到帮扶。新建25个社区居家养老服务站，为3万多名居家老人提供各类养老服务，实现社区居家养老服务全覆盖。

生态环境保护　新增城市公共绿地7.27公顷，完成五一路、台江路等5条主次干道花化、彩化。完成敖江塘坂水源与东南区水厂的水源管道互通，内河沿岸企业全部排污接管。启动空气自动监测工作，增设PM2.5大气自动检测设备，完成环境监测机构标准化建设。

平安建设　深化“平安台江”建设，加强治安基础防控，完成“天网工程”建设，社会治安满意率达94.07%，获第二批省级“平安先行县（市、区）”称号。排查化解矛盾纠纷1144起，调解成功率99%；开展大接访活动，接待群众来访623批次、1463人次，化解拆迁安置、劳动社保等问题。开展周末消防及安全生产大检查，深化消防安全等7个专项整治，消除木屋毗连区、集贸市场等重点场所各类安全隐患2800余处。

表54　**2012年台江区街道（乡镇）基本情况一览**

街道（乡镇）	辖地面积（平方公里）	人口		社区（个）	规模以上工业总产值（万元）	财政总收入（万元）	地方财政收入（万元）	财政支出（万元）
		户数（户）	人口数（人）					
瀛洲街道	2.20	13413	36766	7	14870.30	10978.70	7667.90	812.95
义洲街道	0.87	11722	31390	7	4014.00	5703.40	3120.30	531.07
洋中街道	0.88	9366	24314	6	49732.50	8225.30	5094.00	686.88

续表54

街道(乡镇)	辖地面积(平方公里)	人口		社区(个)	规模以上工业总产值(万元)	财政总收入(万元)	地方财政收入(万元)	财政支出(万元)
		户数(户)	人口数(人)					
新港街道	1.35	13122	39780	7	1001747.00	30260.10	12213.00	839.64
上海街道	2.65	17412	48093	10	17500.00	11903.90	6830.00	585.00
宁化街道	2.90	8637	23168	5	20161.00	13200.60	9388.80	582.35
后洲街道	0.96	15023	37314	11	5079.90	22974.50	18773.70	813.35
茶亭街道	0.88	8905	24276	6	16577.30	11547.30	7459.40	895.75
苍霞街道	1.07	12984	33996	8	2973.20	3241.10	1915.00	1080.70
鳌峰街道	5.10	9929	28055	6	71076.44	38149.20	22338.80	510.36

注:数据来自台江区统计局、财政局。

(林寅生)

仓山区

【概况】 仓山区区域面积142平方公里,加上洲地面积超过150平方公里。辖8个街道、5个镇,有89个社区居委会和102个行政村,户籍人口48.45万人。

2012年,仓山区实施区级“五大战役”项目124项,完成年度投资168亿元,超额完成全年任务;32项市级“五大战役”项目和36项市级重点项目均提前2个月完成全年投资任务。对接落实“三维”项目33项,对接“回归工程”项目27项、总投资185.4亿元。

【经济建设】 实现地区生产总值324.97亿元,比增12.2%,三次产业结构为0.89∶56.36∶42.75;财政总收入26.27亿元,比增24.2%,其中地方财政收入16.62亿元,比增24.6%;全社会固定资产投资331.89亿元,比增6%;社会消费品零售总额241.64亿元,比增19.5%;出口总值17.2663亿美元,比增0.4%;城镇居民人均可支配收入27887元,比增13.2%,农民人均纯收入14250元,比增13.7%。

农业　春伦、闽榕等2家茉莉花茶企业获评中国驰名商标。新增省、市级农业产业化龙头企业6家,市级现代农业创新基地3家。

工业经济　实现工业总产值612.03亿元,比增16%,其中规模以上工业总产值559.71亿元,比增16.5%。新增年产值2000万元以上规模工业企业13家,全区有规模以上工业企业376家,位居全市第一。腾新食品公司在深交所挂牌上市,新增重点上市后备企业3家。淘汰高污染、落后产能企业14家,整改提升20家。投入资金326万元,实现全区241家中小微出口企业的出口信用保险全覆盖;累计兑现各类扶持中小微企业资金4278万元。

服务业　新引进现代服务业大项目6项,新建、在建和已签的大型商贸项目22项,总投资660.74亿元。中庚喜来登五星级酒店建成开业,福州红星国际(一期)和中庚红鼎天下商务中心的主体工程竣工。新引进创意产业项目6项,其中总投资2.6亿元的福州海峡创意产业园(一期)部分项目建成。

招商引资　实际利用外资1.8634亿美元,比增15.2%。组织10家民营企业参加“福州市民营企业产业项目推介会(上海)”和福建省珠三角民营企业产业项目洽谈会暨签约仪式,对接合同项目6项,总投资178.5亿元,比增37.7%。“5·18”海峡两岸经贸交易会期间上台签约“三维”项目5项,累计签约“三维”项目19项,其中外企项目11项,总投资额4.0563亿美元,利用外资额2.6292亿美元;民企项目6项,总投资额168.5亿元;央企项目2项,合同、意向项目各1项,投资总额55亿元。“9·8”中国国际投资贸易洽谈会上台签约项目3项,累计签约内外资项目16项,其中外资项目10项,总投资额6.3493亿美元;内资项目6项,总投资268亿元。

【城乡建设与管理】 征迁安置　累计

三环路湾边互通

完成螺洲丽景、洪阵河、洪塘御景、地铁1号线黄山变电站等36个项目的净地交地工作，完成交地面积463.33公顷，拆除旧房面积109万平方米。加快推进江夏小区、联建新苑等27项在建安置房项目建设，建成东浦新苑、金闽三期等12项、78.18万平方米安置房，新启动黄山新苑、胪雷新城等5项、62.51万平方米安置房项目建设。

市政建设与管理　南三环、淮安大桥、乌龙江大桥(复线)等一批重大市政项目相继建成通车，螺洲大桥主体工程基本建成。累计投入资金2.45亿元，推动解决老城区基础设施配套不足问题，开展流动摊点、占道经营、中小餐馆等专项整治工作。在建新、金山等4个镇(街道)启动道路清扫保洁市场化管理试点工作。拆除违法建筑592处、面积22.15万平方米。完成积兴里、巷下路等10条小街巷拓宽改造，完成乐群路、先锋支路等8条街巷亮化工程建设。新建成4座垃圾转运站，改造提升10座公厕，新安装果皮箱1140个。

基层建设管理　推行“135”社区党建工作模式，出台农村“三资”管理、村干部管理等制度，规范村财村务管理。投入资金1566万元，改造华彩社区、水都社区等4个社区的办公用房。完成全区村委会和社区居委会换届选举工作。

【社会事业】　科技与教育　出台《关于深化科技体制改革加快创新型城区建设的意见》，全年实施区级科技计划项目58项，安排项目资金1729万元，争取上级各类科技项目扶持资金1670万元，引导企业投入研发资金5.3亿元，新增销售收入约6亿元。新增院士(专家)工作站7个，工程(技术)研究中心4个，高新技术企业5家；入选国家文化科技融合创新工程的科技项目2个；获得中国创新设计红星奖产品6个，省科技进步奖的科研成果5项；高新技术产业增加值占全区GDP比重达23.4%；全年新申请专利1890件，授权专利1200件。新建区第四中心小学、区教师进修学校附属第二小学等3所小学，增加学位4590个；新建公办幼儿园4所，新增幼儿学额1260个；完成校舍安全工程6.56万平方米。落实农村学校、中职校、特教校免费政策，受惠学生达3万多人。实施义务教育“小片区”管理模式，推动优质教育资源向薄弱校合理流动。

文化体育　投入资金300多万元，完成石厝教堂、林森公馆等文物修复保护工作。完成12家省级援助的农家书屋相关资料配置工作，台屿农家书屋获“全国示范农家书屋”称号。新建农村健身路径15条，维修、更换社区健身路径20条。年内举办海峡龙舟邀请赛、第五届陈靖姑民俗文化节等活动，组织陈靖姑金身首次赴台交流。

卫生和计划生育　东升街道社区卫生服务中心建成并投入使用，建立对湖街道社区卫生服务中心由优质医院领办新模式，改造提升上渡、金山等5个街道社区卫生服务中心的中医药业务用房，通过全国社区中医药服务先进单位复评。引进中高级卫技人才27人。实施基本药物零差率销售制度和药品网上采购制度，人均门诊费用降幅达16.5%。全年新出生人口5676人，人口出生率12.54‰，出生人口政策符合率97.23%，出生人口性别比为104.91。

社会保障　新增城镇就业人数12713人，城镇下岗失业人员再就业1370人，农村富余劳动力转移就业2544人。全年处理劳资纠纷案件742起，为当事人索回工资、补偿等资金2972万元。至年底，有3165户、6552人纳入城乡低保，全年发放低保金2626万元。全区被征地村的11.21万人纳入被征地农民养老保险范围；协调各村留用地资金对接购买商业楼12.3万平方米。全年参合农民29575人，参合率达99.98%；在全市率先开展当年未享受住院补偿的40周岁以上参合人员免费体检。参加新农保农民4.82万人，参保率达98.8%，累计发放养老保险金1873.18万元。3753名60周岁以上人员享受基础养老金；全年建成居家养老服务站点48个。开展城镇居民基本医疗保险扩面，全年19.2万人参保。

生态环境保护　新增绿地150公顷，人均公园绿地面积达11平方米。完成140家煤锅炉企业的禁煤工作，3个饮用水水源地水质达标率均保持在95%以上。开展环境综合整治900天大会战，完成观海新村、台山小区等无物业小区整治30个，闽江大道、金榕南路等主要干道沿街单位的拆墙透绿项目14项，港头河、红旗浦河等内河整治项目5项；开展机关事业单位的环境综合整治；开展金山大道、浦上大道、闽江大道的立面景观整治以及南二环、南三环绿化提升工作。

平安建设　办理人大代表意见建议151件、政协委员提案104件，满意率分别为100%和98.08%。收到“12345”便民服务中心转来的群众意见和诉求2.09万件，办结2万件，办结率95.86%。加大对征地拆迁、安置补偿、重点项目资金的监察、审计力度，查处各类违法违纪案件35件。在全市率先实现公检法和司法部门“四家联调”。调解民间纠纷535件，成功率98.3%。办结73件省、市下达信访积案，有10件因涉法涉诉移送司法部门。办理历史遗留的房屋产权证1379件、土地证3330件，兑现留用地资金7.3亿元。完成1.15万家企事业单位的安全生产标准化三级达标建设，完成率90.06%。检查企事业单位2905家，督促整改火灾隐患7840处，查处关停“三合一”企业45家。

表55　2012年仓山区街道(乡镇)基本情况一览

街道(乡镇)	辖地面积(平方公里)	人口		社区(村)(个)	规模以上工业总产值(万元)	财政总收入(万元)	地方财政收入(万元)	财政支出(万元)
		户数(户)	人口数(人)					
下渡街道	1.700	10659	30084	9	0	2208	1368	894.81
仓前街道	1.900	10063	30138	10	0	2273	1226	632.01

续表55

街道（乡镇）	辖地面积（平方公里）	人口		社区(村)(个)	规模以上工业总产值(万元)	财政总收入(万元)	地方财政收入(万元)	财政支出(万元)
		户数(户)	人口数(人)					
上渡街道	2.000	9926	28012	8	0	2393	1740	863.00
临江街道	1.980	7759	21813	8	46380	2077	1100	648.73
对湖街道	2.500	11891	33903	7	0	1728	1235	661.06
三叉街街道	0.597	6469	18551	8	37758	2330	1242	538.44
东升街道	1.200	3661	9860	4	14339	768	587	592.30
金山街道	13.090	21714	64677	22	0	30589	25107	1441.47
仓山镇	5.800	—	—	13	702503	14008	9782	2353.03
城门镇	55.000	24406	82664	25	778174	21240	11820	3054.00
盖山镇	36.000	25274	82766	32	1263738	26426	11657	4121.95
建新镇	30.000	26334	70990	37	166895	41802	33407	5474.27
螺洲镇	6.400	3633	11597	8	172563	5830	3124	1154.69

注:1. 仓山镇人口分属在对湖、仓前、上渡和下渡街道中统计;
2. 建新镇包括淮安人口即农大及周边飞地人口(户数1493户、人口数5636人);
3. 财政支出指一般预算支出,即不含基金;
4. 科技园区和金山投资区不列入统计;
5. 数据来自仓山区统计局。

(吴建雄　郑鑫欣)

晋安区

【概况】　晋安区区域面积约552平方公里,其中北峰山区面积约429平方公里。辖4个镇、2个乡、3个街道,有113个村委会、80个社区居委会,总人口79.25万人,户籍人口36.60万人。

2012年,晋安区23个列入市级的“五大战役”项目完成投资88亿元,超年度计划40.5个百分点。50个区级重点项目完成投资98亿元,超年度计划14.8个百分点,其中31个列入省市级重点建设项目完成投资90亿元,超年度计划40.3个百分点。

【经济建设】　实现地区生产总值365.8亿元,比增12%,三次产业结构为1.27:36.77:61.96;财政总收入23.4亿元,比增21.6%,其中地方财政收入15.1亿元,比增23.8%;全社会固定资产投资额303.3亿元,比增17.2%;社会消费品零售总额368.6亿元,比增23.8%;自营出口(海关口径)12.7亿美元;城镇居民人均可支配收入30190元,比增12.7%;农民人均纯收入15245元,比增13.4%。

农业　实现农业总产值8.3亿元,比增1.2%。改造低产果园、茶园200公顷,新植茶叶、水果新品种40公顷,生产食用菌410多万袋。扶持发展寿山龙晶葡萄、宦溪彩虹小镇等生态农业观光园,其中龙晶葡萄观光园占地20公顷,种植世界名优葡萄品种近百种;彩虹小镇规划面积33.33公顷,生产特色果蔬、园林苗木等生态绿色产品。

工业　实现工业总产值333.16亿元,比增15.8%,其中规模以上工业总产值295.1亿元,比增16.3%。区财政投入1828万元用于扶持企业技改、科技创新和外贸出口,支持重点骨干企业、小微企业发展。推进福兴经济开发区改造提升,福兴智能化产业园区控制性详规和

闽台A·D创意产业园一期工程基本竣工

产业发展规划编制完成,开发区内的福兴大道改造全面竣工,福新东路改造基本完成,河滨路改造开始启动。

服务业　实现服务业增加值226.66亿元。世欧王庄商业广场、泰禾城市广场、紫阳商贸中心等重点商贸项目以及盛辉、盛丰、立洲弹簧总部大楼正在建设,最佳西方海悦大酒店、岚辉总部大楼基本建成,汤斜烟草物联网基地、益凤物流分拨中心项目开展前期工作。扶持文化创意产业发展,金鸡山鼎鑫建筑设计创意园、闽台A·D创意产业园一期工程基本竣工。桂湖温泉生态城项目启动实施,鼓岭地区基本完成古街整治、历史建筑修复、停车场建设、绿化提升等改造工程,通过省级旅游度假区验收。

招商引资　新批合同外资5016万美元,实际利用外资1.07亿美元。通过开展“三维”对接、“榕商回归工程”等活动,利用“5·18”海峡两岸经贸交易会、“6·18”海峡项目成果交易会、“9·8”中国国际投资贸易洽谈会等平台,签约内联项目18项、总投资29亿元,外资项目20项、总投资7.04亿美元,“6·18”海峡项目成果交易会期间签约对接科技项目43项、总投资3.12亿元。

【城乡建设与管理】　征迁安置　新启动的12个城市旧屋区改造项目征迁工作基本完成,征迁总面积69.16万平方米、总户数3301户。

市政建设与管理　地铁1号线、京福铁路、向莆铁路等省市重点项目征迁工作进入扫尾阶段,山北路、厦坊路、南平东路等市政道路正在建设,完成13条小街巷改造和50条道路路灯改造工程以及101座区管桥梁安全性检测。实施国货东路、福新中路、福飞路、北二环路、国货路、远洋路等6条道路沿线立面改造,完成15个旧住宅小区整治。

基层建设管理　推广社区“135”党建工作新模式,开展社区网格化服务管理试点工作,设立社区矫正监控指挥中心。完成113个行政村村委会、80个社区居委会换届工作,提高村(社区)工作人员工资。实施新农村建设,寿山、宦溪、宜夏、前屿、西园5个村列入市级“百村竞赛”村,其中宜夏村通过市级精品村验收。投入3000万元,改造建设北峰山区道路78公里。投入1400万元实施改水工程,惠及宦溪镇、寿山乡的19个行政村、2.6万人。为北峰山区32个行政村、3500多户安装电视卫星接收设备,基本实现山区广播电视全覆盖。

【社会事业】　科技与教育　思嘉环保获国家星火项目重点高新技术企业称号,海王福药等5家企业通过高新技术企业认定,钜全汽配等2家企业被评为省级知识产权优势企业,四创软件等4家企业被评为市知识产权示范企业,天宇电气等5家企业院士(专家)工作站通过市政府认定。开展41项“校安工程”项目建设,累计改造校舍7万平方米。新建多媒体教室50间,数字青少年宫11所;新建新店、岭头2所公立幼儿园。接纳2.6万名外来务工子女入学,占全区公立中小学校学生总数的54%。以高分通过教育“两项督导”和义务教育均衡发展省级评估。

文化体育　发展区域特色文化,举办“第三届闽王(王审知)文化节”,福建海峡寿山石文化研究院被评为国家级“非遗”生产性保护示范基地。完成鼓山、宦溪、象园综合文化站改造提升,补充更新113家“农家书屋”藏书。启动区体育馆及配套路网建设。

卫生和计划生育　投入970多万元升级基层医疗卫生单位设备,实施区医院、区妇幼保健院和寿山、日溪卫生院改造提升工程,成立区医院鼓岭分院,完成84家村卫生所标准化建设,设立区突发公共卫生应急处置中心。全年出生人口4320人,人口出生率9.97‰,出生人口政策符合率97.18%,出生人口性别比108.9。

社会保障　新增城镇人员就业再就业2.4万人,转移农村富余劳动力1980人。完成市区两级73项为民办实事项目。全年发放低保金1380万元。年内城镇居民养老保险金发放率100%;新型农村养老保险续保缴费率91.4%,为3.4万名被征地农民办理养老保险。城镇居民基本医疗保险参保率90%,新农合参合率99.9%。发放贫困重度残疾人、计生困难户等各类困难人员及优抚对象补助金1770万元。区社会福利中心建设前期工作基本完成,新建居家养老服务站36个,实现社区居家养老服务全覆盖。

生态环境保护　制定《晋安区环境综合整治工作三年行动方案》,2012年安排的重点环境整治项目均基本完成。实施“四绿”工程,完成植树造林933.33公顷,新增城区绿化103.33公顷。开展重点区域水土流失治理、“青山挂白”和地质灾害防治等工作,投入2400万元完成白溪、寿山、宦溪农村连片整治。年内获全省生态区称号,新店镇、宦溪镇通过国家级生态乡镇验收,鼓山镇通过省级生态乡镇验收。

平安建设　年内获全省平安先行区称号。实行重大决策、重大项目社会稳定风险评估机制,建立领导干部接访和包案机制,信访积案的息访息诉率达83.9%。王庄街道、福兴经济开发区开展创建省级“安全社区”“安全园区”活动。基本完成企事业单位安全生产标准化建设。开展道路交通、瓶装液化气市场、消防等9个重点领域安全专项整治,推进非煤矿山等重点行业打非治违专项行动。

表56　**2012年晋安区街道(乡镇)基本情况一览**

街道(乡镇)	辖地面积(平方公里)	人口		社区(村)(个)	规模以上工业总产值(万元)	财政总收入(万元)	财政总支出(万元)
		户数(户)	人口数(人)				
鼓山镇	50.0	110467	286095	41	1671337	29865	9000
新店镇	48.3	58055	166283	39	644465	18201	8450
岳峰镇	11.3	52361	130403	19	85072	15643	4500

续表 56

街道（乡镇）	辖地面积（平方公里）	人口		社区(村)（个）	规模以上工业总产值(万元)	财政总收入（万元）	财政总支出（万元）
		户数(户)	人口数(人)				
官溪镇	133.0	3505	11965	24	296080	4725	3657
茶园街道	4.7	35223	90045	15	30877	28760	2668
王庄街道	3.6	16066	46980	12	14257	7730	1876
象园街道	1.6	18100	48717	9	—	2601	1582
寿山乡	170.8	2798	8091	22	212202	2523	2798
日溪乡	130.6	1446	3912	12	31090	1603	2437

注:数据来自晋安区统计局。 （胡仁杰）

马尾区

【概况】 马尾区区域面积 275.58 平方公里,其中开发区面积 23 平方公里。辖 1 个经济区、3 个镇、1 个街道,户籍人口 16.6 万人。

2012 年,实施重点项目 61 项,年度计划投资 45.06 亿元,实际完成投资 52.9 亿元,占计划投资的 117.5%。

【经济建设】 实现地区生产总值 300.01 亿元,比增 10.3%,三次产业结构为 1.8∶67.3∶30.9;财政总收入 19.9 亿元,其中地方财政收入 11.24 亿元;全社会固定资产投资 96.79 亿元,比增 35.7%;社会消费品零售总额 77.90 亿元,比增 23.2%;出口总额 33 亿美元,比增 13.7%;进口总额 17 亿美元;城镇居民人均可支配收入 3.4 万元,比增 12.8%。

农业 采取“公司+基地+农户”的模式生产经营,带动农户 3.6 万户。集美大学水产学院在琅岐镇设立“海西春雨行动”基地,全年科企合作开发新产品数量 8 个,申请新专利数量 5 个。年内引进扩种台湾红龙甜杨桃、红肉火龙果、少籽芭乐等新品种,推广水产健康生态养殖 466.67 公顷。

工业 实现工业总产值 762.84 亿元,比增 9%,其中规模以上工业产值 752.49 亿元,比增 9.1%。总投资 10.2 亿美元的科立视一期主体工程完成,中铝瑞闽二期高精铝板带、上润智能执行器等一批项目建成投产,统一食品扩建,马尾造船、东南造船技改等项目完成。新大陆在全球率先发布新一代二维码芯片;飞毛腿通过首个便携式移动电源标准审定,填补国内该领域的标准空白。新大陆电脑、三奥信息科技等企业获得“福建创新型企业”称号。水产品冷冻加工产业集群粗具规模。

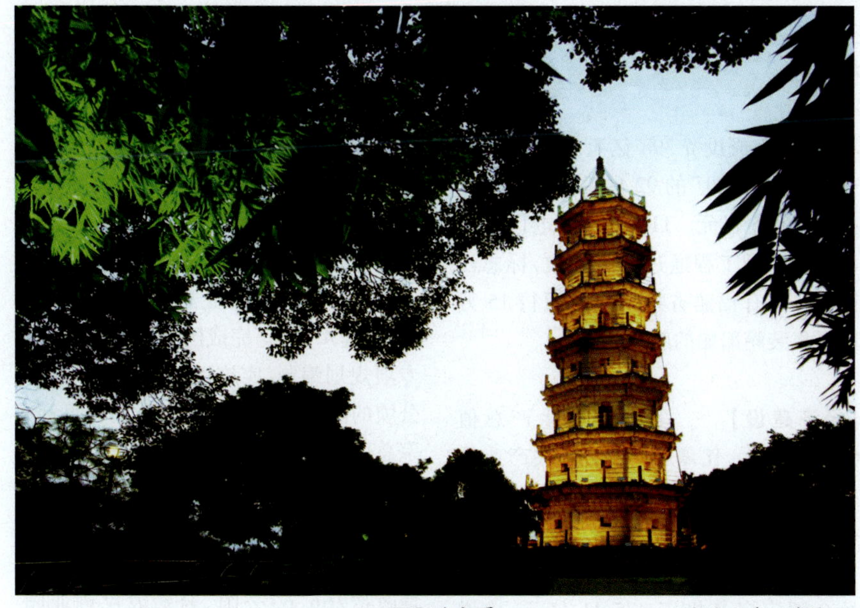

罗星塔夜景 （刘述先 摄）

服务业 第三产业增加值从 2011 年的 82 亿元提高到 93 亿元。全年实际利用外资 1 亿美元;出口加工区实现进出区货物总值 13 亿美元,比增 8.2%。投资近 10 亿元的万通达物流园年内开工建设。新日鲜、佳客来总部项目竣工,百事达研发大楼、海西物流大厦基本建成,名城、华浔等一批总部大楼动工建设。海峡水产品交易中心对台码头建成,马尾海峡水产品交易中心成为全省最大的海产品流通集散地,年交易量超过 240 万吨,比增 21%。年内举办琅岐葡萄节,琅岐乡村生态旅游全年接待游客 18 万人次。修缮提升船政文化景区配套设施,景区全年接待游客 90 万人次。

招商引资 新增对外贸易经营权企业 52 家;新批合同外资项目 17 项,合同利用外资额 2.5 亿美元,实际利用外资额 1 亿美元。“5·18”海峡两岸经贸交易会、“9·8”中国国际投资贸易洽谈会签约“三维项目”15 项,总投资达 60.5 亿元;“6·18”中国海峡项目成果交易会落实成果对接项目 62 项。马尾港与台北高雄港货运直航实现常态化,对台海上货运 947 航次,货运量 28.5 万标箱,对台邮包发送 1.85 万件。

【城乡建设与管理】 城乡规划 建成全省唯一的马尾新城数字规划馆。开展琅岐岛 55 平方公里专项规划编制,初步编制完成琅岐岛控制性详细规划、道路竖向工程规划等6个专项规划。

市政建设与管理　魁浦大桥、三环路魁岐互通全面建成通车。琅岐闽江大桥路基、引桥、互通立交等工程完成过半,3号、4号主塔墩封顶,水下工程全面完成,预计2013年年底前通车。琅岐环岛路一期工程动工建设。亭江至琅岐扩供水工程竣工,琅岐饮用水管道改造工程动工。

【社会事业】　科技与教育　中国科协青年科学家基地落户马尾国脉科学园,新设2个市级专家工作站。福州江滨中学建成并投入使用,教育学院一附小魁岐分校、琅岐实验小学一期工程、琅岐中心幼儿园完工。实施中小学校安工程,完成校舍加固8933平方米,完成四十一中综合教学楼、闽安中学综合教学楼重建工作,校车标准化配备率100%。实施中小学扩容工程,新增学位1800个。实施城乡低保家庭高中学生每生每年1500元补助。本一、本二以上上线率分别高出全省平均值5个百分点和10个百分点。

文化体育　海上丝绸之路福州马尾段列入中国世界文化遗产名录。完成亭江炮台、戍守台湾将士墓群修缮设计方案,加紧修复协台衙门、朱子祠等一批省、市、区级文物保护单位。滨江文化广场建成并对外开放,图书馆、科技文化中心动工建设。

卫生和计划生育　建成马尾镇卫生院大楼,提升改造全区62个村卫生所;建立电子健康档案16.8万份。全年出生人口909人,人口出生率6.22‰,出生人口政策符合率96.48%,出生人口性别比为102;年内获"福建省人口和计划生育工作先进区""国家计划生育优质服务先进区"称号。

社会保障　新增城镇就业8800人,转移农村富余劳动力2150人。在全市率先实现城乡居民社会养老保险全覆盖。城镇居民基本医疗保险补助提高到每人每年260元;新型农村医疗保险参保人数5.29万人,参保率达100%。被征地农民生活补助金标准提高到每人每月175元。实施农村住房保险和自然灾害公众责任险。社区居家养老服务站增至13个。新建龙津苑、双协锦城等保障性住房1092套,首批廉租房住户入住家欣小区。

生态环境保护　实施节能减排项目10项,万元工业增加值能耗下降6%。开展闽江流域水环境和畜禽养殖污染综合整治。完善雨污水管网接驳,新增日污水处理能力4万吨,全区污水处理率达96.8%,生活垃圾无害化处理率达99.2%,饮用水源水质达标率100%,空气质量保持在优良水平。完成沈海高速马尾段森林生态景观工程,全区新增各类绿地面积9.79万平方米,建成区绿化覆盖率达41.7%;完成植树造林73.33公顷,森林覆盖率达46%。马尾区通过省级生态区验收,琅岐镇通过省级生态镇市级考核验收,长柄村被列入省级"宜居新村"示范村。

平安建设　深化"平安马尾"建设,人民群众对社会治安的满意率继续保持全市第一。落实领导干部定期接访制度,全年息访息诉182件,调解711件。

表57　**2012年马尾区街道(乡镇)基本情况一览**

街道(乡镇)	辖地面积(平方公里)	人口		社区(村)(个)	规模以上工业总产值(亿元)	本级财政总收入(不含基金)(万元)	本级财政总支出(一般预算)(万元)
		户数(户)	人口数(人)				
罗星街道	28.08	10497	34163	11	230.84	2391	1151
马尾镇	53.62	10223	32709	17	422.10	4330	2110
亭江镇	105.60	9729	27195	20	96.47	7329	3570
琅岐镇	88.28	21166	72052	28	3.08	11233	6675

注:数据来自马尾区公安局、统计局、财政局。

(王公略)

福清市

【概况】　福清市区域面积2430平方公里,其中陆域面积1519平方公里,海域面积911平方公里。辖17个镇、7个街道,户籍人口129.4万人。有旅居海外的华侨和新移民近90万人,遍布世界近120个国家和地区。

2012年,以打好"五大战役"、开展重点项目建设立功竞赛活动为抓手,推动重点项目建设,福清市354项"五大战役"项目完成投资398亿元,其中列入福州市"五大战役"的92项重点项目完成投资280.5亿元。11月,江阴港区进出港航道二期工程通过交工验收,标志江阴港区拥有福建省第一条可通行15万吨级集装箱船舶的航线。

【经济建设】　实现地区生产总值607.25亿元,比增10.6%,三次产业结构为13.5:50.4:36.1;财政总收入(不含基金)58.93亿元,比增19.7%,其中地方财政收入39.03亿元,比增26.3%;全社会固定资产投资475.11亿元,比增18.2%;社会消费品零售总额210.6亿元,比增17.7%;城镇居民人均可支配收入2.97万元,比增12.6%;农民人均纯收入1.35万元,比增13.3%。

农业　实现农业总产值134.59亿元,比增4.8%。完成国家现代农业发展专项规划编制,实施4项总面积599.13公顷的国家立项农业综合开发项目和6宗总面积966.67公顷的土地开发整理项目。全年新增设施蔬菜大棚面积266.67公顷、福州市级以上农业产业化龙头企业12家,完成标准化水产养殖池塘改造266.67公顷。台湾农民创业园核心区完成一期综合楼、5.6万平方米台湾标准钢架大棚等项目建设，累计完成投资1.2亿元。

工业　实现工业总产值1198.08亿元，比增13.6%，其中规模以上工业产值1130.01亿元，比增13.8%。全年新增高新技术企业4家，中国驰名商标2件，省名牌产品、著名商标23件，福州市政府质量奖1个；有9家企业被列为省重点上市后备企业，14家企业进入辅导期，2家企业向证监部门提交备案材料。推进重点产业性项目建设，核电4号机组正式开工，集佳油脂、经纬新纤、耀隆化工、东南电化、海欣药业等项目基本竣工或投入试生产，天辰耀隆己内酰胺、中景石化、绿金纸业、宏港纺织、旭成科技等项目在建。

服务业　实现第三产业增加值218.95亿元，比增8.8%。创元千禧五星级大酒店投入试营业，裕荣广场、海峡商品交易中心建设全面展开；实行"福清好货"授权专卖。加大旅游开发力度，完成福清市旅游发展总体规划编制；举办第三届梦文化节，石竹山与台湾阿里山结为姊妹山；推进东壁岛旅游度假区二期、天生农庄二期、灵石山国家森林公园等项目建设；全年接待游客240.4万人，旅游业收入10.5亿元。新引进2家商业银行，福清农商银行完成改制设立，福清市首家小额贷款公司——融凯小额贷款有限公司获批成立。

招商引资　成立福清市投资促进中心，组织参加各类大型招商活动，新签订"三维"项目60项，总投资344.47亿元。其中央企项目2项，总投资51亿元；民企项目32项，总投资186.05亿元；外资项目26项，总投资17.05亿美元。

【城乡建设与管理】　城乡规划　完成城乡空间发展战略规划、城市总体规划修编等重要规划编制和镇街土地利用总体规划审批工作，基本实现福清市村庄规划全覆盖。

市政建设与管理　全年新建、拓建城市道路13.6公里，新增道路面积30万平方米，建成福俱大道等13个市政路桥项目，启动福百大道、龙江南路B段、中环路等道路建设，完成火车站公交客运站及配套停车场建设和清荣大道立交桥、玉融大桥加固维修。建成农村基础网络公路5条12.3公里、通自然村道路20条20.75公里，实施虎溪、太城溪、关溪和龙江利桥下游1公里河道综合整治，完成5座小(一)型水库除险加固工程，完成"造福工程"搬迁21户92人。

福清核电4号机组开工建设

基层建设管理　加强小城镇建设，龙田、高山、渔溪等3个小城镇综合改革试点镇完成规划编制工作，推进各项基础设施、产业项目、民生项目建设，带动全年小城镇改革发展战役完成投资65亿元。以"百村竞赛"活动为抓手，推进以阳下溪头、镜洋波兰、港头草柄、三山厚林等18个示范村、精品村为重点的新农村建设，完成46个行政村"双百工程"创建任务和438个行政村综合服务场所配套建设。

【社会事业】　科技与教育　全市182个校安工程项目竣工164个，新建、改扩建10所公办幼儿园，完成386所完小校以上义务教育标准化学校建设，开展教师校际交流试点工作，落实农村义务教育阶段公办学校学生作业本免费提供、寄宿生营养改善工程等教育惠民政策，通过"县域义务教育发展基本均衡市"省级评估验收。

文化体育　完成广播电视村村通工程建设和广电网络整合，福清广电网络分公司正式挂牌成立。新建成农村水泥篮球场102个、健身路径68条，实施42个农家书屋规范提升。举办首届福清市文化艺术节和第三届海峡两岸宗鹤拳武术文化暨首届融台青少年文化交流大会，成立福清市闽剧艺术研究会。举办3万名老年人健步行、全民健身日健身展示等活动，福清籍运动员在福州市第二十三届运动会获得金牌总数、团体总分第一，在福州市第三届残疾人运动会获得金牌总数、奖牌总数和团体总分第一。

卫生和计划生育　福清市医院新院一期、市妇幼保健院新院和市第二医院病房大楼工程封顶，市妇幼保健院和市第三医院分别通过"二甲"妇幼保健院和"二乙"综合医院评审，新建成龙江、龙山2个社区卫生服务中心，实施213所村卫生所(室)改扩建和规范化建设；免费为城乡居民提供11类基本公共卫生服务项目，选取49家村卫生所开展新农合门诊统筹试点，实现基本药物制度全覆盖。全年出生人口1.45万人，人口出生率11.24‰，出生人口政策符合率91.49%，出生人口性别比为104.29；年内福清市被列为国家第二批免费孕前优生健康检查试点单位；实施"生育文明·幸福家庭"促进计划，开展流动人口均等化、免费孕前优生健康检查等计生优质服务，新建、改造12个镇街计生服务所。

生态环境保护　推进"四绿"工程建设，投入6700多万元完成沈海高速福清段、渔平高速及其江阴支线两侧绿化通道和大真线龙江至港头段绿化提升工程建设，造林面积达3120公顷；完成龙江生态文化园、一拂广场和"两馆一中心"

广场建设,建成区绿化覆盖率达42.97%;龙田等9个镇通过绿色乡镇验收,村镇绿化覆盖率从15%提高至18.5%。启动城乡环境“点线面”综合整治工作,全年实施各类整治项目36项,推进以生活垃圾处理为重点的农村家园清洁行动,建成镇街垃圾中转站13座,福清市街道、乡镇生活垃圾无害化处理率分别达99.5%和95%。扩大饮用水源保护区范围,拆除243家畜禽养殖场,实施涉及5个镇3.13万人的农村饮水安全工程,龙江流域水质功能区达标率达83.3%,市级集中式饮用水源水质达标率从上年的85.4%提高到94.9%,乡镇集中式饮用水源水质达标率从上年的59.1%提高到87.9%。投入1300多万元新建、改造城区供水管网21.2公里,成立福清市水质检测中心,自来水水质综合合格率优于国家规定的95%的标准。12月,福清市通过省级生态市考核验收。

社会保障　新增城镇就业人数2.75万人,转移农村富余劳动力5600人。城乡居民养老保险参保率提高至98%,全年新建成20个居家养老服务站。福清市16个镇街成立慈善分会和慈善超市,帮扶救济困难群众和弱势群体,新建3个镇敬老院,投入450万元完成190户残疾人安居工程项目。全年建设各类保障性住房1046套8.46万平方米,颁布实施《公共租赁房和廉租房管理办法》,将福清市中等收入住房困难家庭及外来务工人员纳入公共租赁房保障范围,配租配售率将达到竣工套数的80%以上。

平安建设　成立福清市人民调解中心和医患纠纷调解处置中心。深化“平安福清”建设,继续开展道路交通安全综合整治“三年行动”和集中整治大会战、消防安全、非煤矿山等安全生产专项整治。

【江阴港区获批设立汽车整车进口口岸】

12月31日,福州港江阴港区被国务院批准为海峡西岸经济区首个也是唯一一个汽车整车进口口岸。该项目首期工程占地4.93公顷,其中海关整车监管区面积约2.06公顷,包括汽车堆场、查验平台、办公楼以及出入区卡口;国检检测区面积约2.87公顷,包括汽车待检区、汽车检测实验室和汽车检测合格区。年内,江阴港区汽车整车进口口岸已签约落地总投资2.98亿美元的江阴国际汽车城项目。

表58　**2012年福清市街道(乡镇)基本情况一览**

街道(乡镇)	辖地面积(平方公里)	人口		社区(村)(个)	农林牧渔业总产值(万元)	规模以上工业总产值(万元)	财政总收入(万元)	地方财政收入(万元)	财政总支出(万元)
		户数(户)	人口数(人)						
玉屏街道	7.30	24884	71730	18	2728.01	12518.5	36377	22980	1461
龙山街道	34.00	18789	55400	17	28609.20	74741.2	14768	10096	2050
龙江街道	31.10	11061	36039	11	15798.00	400334.5	9760	5401	1263
音西街道	51.10	15086	47781	17	30827.77	256949.5	76032	59756	3816
宏路街道	36.60	10397	33641	12	11380.40	635886.0	46571	31595	2625
石竹街道	15.40	4995	15015	10	19889.94	4134782.1	64597	32495	1605
阳下街道	69.00	12981	40272	23	17287.91	1663148.7	35848	20731	2704
镜洋镇	88.60	8520	26267	17	23554.45	783894.3	11435	4603	1577
东张镇	128.50	9581	31426	19	30522.98	45722.4	3775	1862	1283
一都镇	108.00	3622	11791	7	6207.00	—	202	132	864
渔溪镇	115.30	15563	50007	22	66251.20	197702.3	6491	3648	2090
上迳镇	52.53	9303	32616	16	40348.08	338872.3	5477	2077	1705
江阴镇	69.75	23862	83470	23	73277.37	775639.5	34918	18784	2338
新厝镇	73.60	7933	26775	16	38510.43	70550.6	3477	2431	1251
海口镇	52.64	23727	75166	20	72667.78	138564.0	5974	3476	1046
南岭镇	34.30	2185	7106	8	15774.90	—	462	342	735
城头镇	70.50	17314	59534	26	93441.80	970104.1	10519	5464	2055
龙田镇	88.00	35252	129921	42	141536.40	610726.0	14025	9180	4926
江镜镇	56.70	25629	98220	26	91595.87	52158.8	2598	1468	1513
港头镇	45.00	24138	81032	31	46738.39	38278.6	770	424	1760
三山镇	102.00	34842	118501	36	121985.14	36620.4	14582	11871	2986

续表 58

街道（乡镇）	辖地面积（平方公里）	人口		社区（村）（个）	农林牧渔业总产值（万元）	规模以上工业总产值（万元）	财政总收入（万元）	地方财政收入（万元）	财政总支出（万元）
		户数（户）	人口数（人）						
高山镇	40.50	20228	69026	24	56776.60	53204.2	5779	4218	3746
东瀚镇	74.00	12231	42712	17	70711.51	—	495	330	1950
沙埔镇	40.00	13124	50300	22	86050.54	9718.9	1040	654	1387

注：数据来自福清市统计局、财政局、公安局。

（周泽胜）

长乐市

【概况】　长乐市陆域面积约723平方公里，海域面积3313平方公里。辖4个街道、12个镇、2个乡，户籍总人口69.42万人。有海外华人、华侨及港澳同胞50余万人，遍布世界近百个国家（地区），是福建省著名侨乡和台胞祖籍地。

2012年，安排“五大战役”项目295项，全年完成投资240.03亿元，占年度计划投资的118.18%，其中41项列入福州市“五大战役”重大项目，完成投资126.78亿元，占年度计划投资的135.96%；77个项目建成投产或竣工，82个项目新开工建设，62个项目基本完成前期工作。经济综合实力继续位居第十二届全国县域经济“百强”县、2012年度福建省县域经济实力“十强”行列。

【经济建设】　实现地区生产总值436.88亿元，比增14.8%，三次产业结构为8.6∶66.0∶25.4；财政总收入（不含基金）40.38亿元，比增22.2%，其中地方财政收入23.42亿元，比增25.3%；全社会固定资产投资275.42亿元，比增23%；社会消费品零售总额106.17亿元，比增22%；出口总值4.90亿美元，比增16%；进口总值11.73亿美元，比增2%；城镇居民人均可支配收入30222元，比增13.1%；农民人均纯收入13312元，比增13.7%。

农业　实现农林牧渔业总产值70.05亿元，比增5%。全市设施农业面积达400公顷，粮食生产和规模化设施农业保险实现全覆盖。古槐青山村被农业部评为“一村一品”示范村，新增无公害农产品产地18个。4家水产养殖场被列为省现代渔业项目建设基地，漳港海蚌保护区被列为国家级水产种质资源保护区。编制《长乐市防汛减灾总体规划》，莲柄港主河道整治、象联海堤除险加固等15项重点水利工程动工建设，完成投资2.8亿元。

工业　实现工业总产值1447.17亿元，比增20.2%，其中规模以上工业总产值1382.48亿元，比增20.9%。产值超亿元企业160家，同比增加15家，其中超10亿元33家，同比增加3家，金纶高纤成为首家“百亿企业”。吴航不锈钢、翔隆纺织等43项重点技改项目完成投资72亿元，新增长源纺织、阿石创光电子等4家高新技术企业，力恒锦纶成为福州市知识产权示范企业，金纶高纤获首届福州市政府质量奖，锦江科技、雪人股份设立博士后创新实践基地，“台福”被评为中国驰名商标，新增省著名商标10件、省名牌产品18项。

服务业　实现服务业增加值110.69亿元，比增10.4%。鹤上钢贸市场、大润发商贸、翔孚物流、冶金大厦等一批市场、商贸、现代物流、总部经济项目落地建设。编制《长乐市旅游发展总体规划》，长乐市旅游馆重新布展，豪生长山湖酒店、国惠大酒店分别获评五星、四星级旅游酒店。新引进厦门银行，落户长乐的银行业机构达19家。

招商引资　全年内资实际到资109.44亿元，比增30.4%；实际利用外资3768万美元。加强“三维”对接，组织参加各类招商活动，引进生成一批重大项目，签约对接央企、外企、民企“三维”项目52项，总投资637亿元，新引进德诚黄金、榕威高纤、国创合纤、恒兴南方水产品加工交易中心等项目。

【城乡建设与管理】　城乡规划　优化首占营前新区规划，完成临空经济区等8项重点区域专项规划和134个村庄规划编制。

市政建设与管理　峡漳路拓宽改造、两港线江田镇区段改造、仙滨路、仙岐路、梅文路等项目建成或基本建成，滨江滨海路、营滨路、金港路、文浮路等道路在建。东区水厂一期日供水10万吨工程正式运营，昆石22万伏及里仁等3座11万伏变电站建成，松下港区18号、19号5万吨级码头泊位在建。首占营前新区“三纵三横”路网基本建成，消防培训中心、电力调度中心等一批公建项目在建。长山路、西滨路等市政道路建成，完成奎桥至东关段、下洞江里仁段内河整治，改造里仁工业区一期污水处理系统。推进城区道路交通、市容卫生综合整治，累计拆除违法建设112处、面积1.9万平方米。新投放100辆出租车、30辆LNG公交车，公交线路延伸至营前、首占、鹤上、猴屿等乡镇（街道），总里程突破100公里。

基层建设管理　江田、古槐2个省级、福州市级试点镇实施项目25个，完成投资13.6亿元；启动金峰、潭港、文武砂3个福清市级示范镇建设，古槐青山、文岭阜山等14个村参加福州市新农村建设“百村竞赛”活动。

【社会事业】　科技与教育　长乐一中分校、附小龙门分校动工建设，福州外语外贸学院建成开学，武警福州指挥学院在建。投入8642万元实施37项校安工程，新扩建校舍15.1万平方米，拆除改造校舍危房2.68万平方米。

文化体育　市图书馆、博物馆分别获评福建省文化信息资源共享工程先进单位和福建省国防教育基地，圣寿宝塔、登文道（文石天妃宫）入选“海上丝绸之路”中国世界文化遗产预备名单。网龙动漫研发主楼“天晴楼”建成，引进海峡文化创意园。推进广电网络整合，成立长乐广电网络分公司。市青少年校外体育活动中心、少体校综合楼投入使用,并获评福建省全民健身活动先进单位。

卫生和计划生育　全面实行乡镇卫生院、社区卫生服务中心药品零差率销售,让利群众2300万元。市妇幼保健院获评二级甲等妇幼保健院。全年出生人口7454人,人口出生率10.32‰,出生人口政策符合率91.49%;出生性别比106.37。年内创建全国计划生育优质服务先进县(市)通过省级验收;落实计划生育"四术"9412例,征收社会抚养费6445万元;各项计生奖励优惠政策全部按时兑现,已婚育龄群众享有免费的基本计划生育技术服务,落实率达100%。

社会保障　城镇新增就业7216人,转移农业富余劳动力6270人,城镇登记失业率1.9%。市财政统筹用于民生的公共服务支出6.98亿元,完成十大类54项为民办实事项目。建立城乡低保、农村五保等各类优抚对象补助标准自然增长机制,全年发放各类补助金3334.3万元。新农合人均补助标准提高至260元,参合率达99.85%。开展各类扶贫济困、医疗救助活动,救助金额3375万元。建成董奉山老年公寓和吴航西滨、营前海星等7个社区居家养老服务站,市社会福利中心动工建设。新建各类保障性住房1054套、面积11.5万平方米,分配出租700套,完成180户农村贫困残疾人危房改造。

生态环境保护　完成华能福州电厂、鑫海冶金脱硫脱硝工程,25家印染企业通过清洁生产审核,拆除、整治37家畜禽养殖场,滨海污水处理厂投入运营,建成城北垃圾中转站和3座乡镇垃圾中转站,完成年度节能减排任务。推动大樟溪引水工程前期工作,炎山饮用水源水质自动监测站投入使用,基本建成潭头、湖南等6个乡镇12万人农村安全饮水工程,完成城区15个小区供水管网改造。开展城乡环境综合整治,提升机场高速、峡漳路沿线景观。完成7个国家级、7个省级生态乡镇和78个福州市级生态村创建,通过省级生态城市考核验收。完成造林绿化面积2760公顷,新增绿地面积60公顷,建成长安公园二期、老年体育公园等4座城区公园,年内获评全国国土绿化突出贡献单位。

长乐市行政服务中心外立面效果图

平安建设　被列入省加强和创新社会管理综合试点县(市),实施社会管理创新9大体系42个项目,规范乡镇(街道)"一个中心、三支队伍"建设,梅花等乡镇(街道)探索实行网格化服务管理,城市管理服务指挥中心投入运行。加大矛盾纠纷排查化解力度,全年排查化解矛盾纠纷9000多起;开展普法教育,航城街道洋屿村获评全国民主法治示范村。组织开展390场安全生产检查,消除安全隐患4758条;食品安全工作取得成效,年内获评省级食品安全示范县(市)。

【长乐市行政服务中心投入使用】　位于长乐市区会堂路,于1月6日动工建设,2月13日正式启用,总建筑面积2060平方米。对外服务大厅分3层,设置56个对外服务窗口,涉及38个审批部门330个审批和服务事项,实现市直部门90%行政审批和公共服务事项集中办理。

表59　**2012年长乐市街道(乡镇)基本情况一览**

街道(乡镇)	辖地面积(平方公里)	人口		社区(村)(个)	农林牧渔业总产值(万元)	规模以上工业总产值(万元)	财政总收入(万元)
		户数(户)	人口数(人)				
吴航街道	8.25	21638	54957	13	354	28743	43953
航城街道	57.00	13279	40777	20	15857	951090	82392
营前街道	34.56	11283	35737	12	21900	727004	15705
首占镇	30.90	7757	28295	13	18817	51571	4731
玉田镇	54.50	11288	41808	11	36633	64351	1224
罗联乡	21.50	3358	11046	8	15965	37153	838

续表59

街道(乡镇)	辖地面积(平方公里)	人口		社区(村)(个)	农林牧渔业总产值(万元)	规模以上工业总产值(万元)	财政总收入(万元)
		户数(户)	人口数(人)				
松下镇	38.60	7073	25649	9	33305	1562275	26483
江田镇	86.40	15295	54254	17	39039	2370665	20118
古槐镇	51.80	16601	59020	23	27844	391554	8533
文武砂镇	32.00	6360	21776	9	59049	574873	7124
鹤上镇	48.50	17484	59031	22	40823	1350594	17511
漳港街道	42.40	16820	54083	19	63081	2043508	17407
湖南镇	32.80	9663	28783	11	34175	1121580	20779
金峰镇	29.88	19994	68849	21	21142	806233	23006
文岭镇	28.80	10192	34154	12	74603	379911	10566
梅花镇	5.80	6106	15879	6	119457	94545	851
潭头镇	56.00	17329	54979	23	68419	393947	5361
猴屿乡	19.60	1964	5093	4	10065	—	322

注:数据来自长乐市统计局。

(黄　强)

闽侯县

【概况】　闽侯县土地面积2136平方公里。辖1个街道、8个镇、6个乡,有323个行政村(居),总人口75万人(含上街大学新校区学生数)。旅居海外华侨及港澳台同胞20多万人,是福建省主要侨乡之一。

【经济建设】　实现地区生产总值338.48亿元,比增13.7%,三次产业结构为8.9∶60.8∶30.3;财政总收入(不含基金)62.93亿元,比增19.7%,其中地方财政一般预算收入38.53亿元,比增34.7%;全社会固定资产投资380.51亿元,比增27.7%;社会消费品零售总额105.89亿元,比增23.2%;出口13.72亿美元,比增16.02%;城镇居民人均可支配收入29522元,比增12.8%;农民人均纯收入达10827元,比增13.8%。连续3年成为全省县域经济实力"十强"县、经济发展"十佳"县。

农业　实现农业总产值49.69亿元,比增4.5%。安排农林水资金3.98亿元,比增50.2%;发放种粮补贴、农资综合补贴等1639万元;落实贷款2681万元扶持山区发展,县财政贴息276万元。建立水稻"五新"技术集中展示区,扶持发展蔬菜集约化育苗基地20公顷,新建蔬菜基地166.67公顷,全县55家龙头企业和重点基地创产值28亿元,带动农户6.1万户。推进小农水重点县建设,投入3672万元实施冬春修水利及水毁工程修复,新发展钢架大棚设施农业30公顷,治理水土流失1333.33公顷,补充耕地100公顷。

工业　以促集群、促高新、促集聚为抓手,实现规模以上工业产值584.29亿元,比增20.6%。汽车产业完成产值216.84亿元,奔驰凌特、东南V5菱致等新车型相继上市,新投产爱德克斯等6家配套厂。机电、建材、工艺、食品、纺织等产业分别完成产值101.59亿元、62.75亿元、53.74亿元、46.46亿元、44.71亿元。县财政投入3900万元支持企业创新发展,16个项目获省市科技部门立项扶持,新认定高新技术企业4家,全县高新技术产业产值达228亿元。完善青口投资区基础设施建设,加快五虎山、东台片区建设,全区创产值316.9亿元。闽侯经济技术开发区一、二期产值达85亿元;白沙园完成26家企业招商,其中建成7家,在建6家;竹岐园建工建材等企业投产;鸿尾园规划编制和基础设施建设加快推进。上街高新园、南屿"两园区"基础设施稳步推进,22家企业建设持续加快。

服务业　新建成高速物流、蓝海物流、海峡物流3家企业,南通物流园新引进普洛斯等5家大型物流企业。海峡汽车文化广场有12家4S店建成开业,捷豹、路虎、雷诺等国际知名品牌相继进驻,奥迪4S店、奔驰3S店先后开业。上街根雕生产基地正在建设,根雕展示交易中心开业,举办首届中国·闽侯根雕艺术博览会。出台加快旅游产业发展实施意见,举办旅游产品专场推介会,获评"全国休闲农业与乡村旅游示范县",通过省级乡村休闲旅游服务业标准化试点验收。全年接待游客175万人次,旅游总收入3.4亿元,分别比增25%和24%。

招商引资　实际利用外资(验资口径)1.79亿美元,比增19.03%。举办"5·18"海峡两岸经贸交易会闽侯专场招商会,参加"6·18"中国海峡项目成果交易会、"9·8"中国国际投资贸易洽谈会,开展异地招商、"榕商回归"等活动,全年对接"三维"项目51项,中金黄金、中铁盾构机等一批央企项目入驻,新引进融侨双龙度假村等千万美元以上外资项目8项,总投资9.33亿美元。

【城乡建设】 推进县城建设,科技中心、文化中心、市民广场等项目基本建成,旧城改造安置房封顶10幢。推进基础设施建设,螺洲大桥南连接线、新南港大桥等一批重点项目加快建设,旗山大道东半幅(南屿段)拓宽工程、邱阳河道路、南通新自来水厂等一批基础设施项目建成并投入使用,继续实施闽江下游南港南岸防洪排涝工程。推进小城镇建设,4个试点小城镇全年实施56个项目,完成投资55.8亿元,青口体育馆、中央公园和南屿"两园区"安置房等项目在建,荆溪科技文体中心、绿地公园和白沙第二供水工程、116县道改造等项目基本建成。推进新农村建设,启动白沙孔元和南通洲头精品示范村建设,投入7500万元实施山区道路提升改造,投入5418万元保障10.7万人安全饮用水。

5月16日,"海西金蓝领"杯工艺品雕刻(木根雕)职业技能竞赛暨第一届中国·闽侯根雕艺术博览会在闽侯上街根雕展示交易中心开幕

【社会事业】 科技与教育 获第五届"省科普先进县"称号。投入2亿元实施"校安工程"重建加固,县实验幼儿园新园主体工程完工,五虎山小学等一批学校在建,东南学校初中部投入使用,累计139所学校通过市级标准化评估验收。

文化体育 闽都民俗园等文化项目在建;开展闽剧、评话等文化下乡活动,实施农村电影"2131"工程;数字电影《少年侯德榜》《少年林祥谦》完成拍摄。新增农家书屋30个、健身路径40条。

卫生和计划生育 县医院医技楼和廷坪卫生院、小箬卫生院全面建成,改造提升村卫生所47所,全县新增医疗用房面积9500平方米。年内获评省级"卫生应急工作示范县"。全年出生人口7176人,人口出生率10.79‰,出生人口政策符合率93.45%,出生人口性别比为169.58。

社会保障 新增城镇就业1.2万人,转移农村富余劳动力8110人。全年支出社保、医保等各类保障资金3.74亿元。全县所有公立医院施行药品零差率,全年减少群众药费支出1500多万元。建成保障性住房4513套,并将农村低收入困难家庭纳入保障范畴。实施10类48项为民办实事项目,完成校车安全工程、城乡便民公交等项目。

生态环境保护 新增公共绿地66.67公顷,造林绿化4200公顷,完成福银高速福州西出口至橘园洲段绿化、沈海高速森林生态景观通道等9个项目年度任务。实施减排项目25项,整治高污染、高耗能企业13家;推进闽江流域水环境综合整治,完成17万平方米畜禽养殖污染整治,上街垃圾转运站等一批环保设施投入使用。新创建7个省级生态乡镇、103个市级生态村,省级卫生县城通过复评验收。

平安建设 开展道路交通安全综合整治,投入3700多万元实施道路黑点整治和安保工程。开展"打非治违"专项行动,安全生产形势进一步稳定好转。持续开展接访、下访、约访活动,一批信访积案得到有效化解。"六五"普法顺利推进,甘蔗县石村获评"全国民主法治示范村"。深化"平安闽侯"建设,群众对社会治安满意率达94%以上。

【闽侯上街根雕展示交易中心投入使用】

5月,闽侯上街根雕展示交易中心建成并投入使用。该中心总占地面积3.8万平方米,总建筑面积3.2万平方米,建筑外形由3座带弧形建筑体连接一个半圆式、半围合开放式加中央广场的整体组合造型,配置大型停车场、仓储中心及配送物流中心等配套设施,至年底,有160多名根雕从业者、70多家商户入驻中心。5月16日,"海西金蓝领"杯工艺品雕刻(木根雕)职业技能竞赛暨第一届中国·闽侯根雕艺术博览会在中心举办。

闽侯(上街)根艺传承于福州木雕,经过20多年的发展,形成独特的"上街根艺"风格。2003年,上街根艺行业自发组织成立木根雕同业公会。至2012年底,全县有中国根艺美术大师4人、高级根艺美术师22人、中级根艺美术师12人,根艺企业近1000家,从业人员3万多人,年交易额20多亿元,占国内市场的70%左右。

表60 **2012年闽侯县街道(乡镇)基本情况一览**

街道(乡镇)	辖地面积(平方公里)	人口		社区(村)(个)	农林牧渔业总产值(万元)	规模以上工业总产值(万元)	财政总收入(万元)
		户数(户)	人口数(人)				
青口镇	127	26557	82440	40	63491	2264104	172585

续表60

街道（乡镇）	辖地面积（平方公里）	人口		社区(村)（个）	农林牧渔业总产值(万元)	规模以上工业总产值(万元)	财政总收入（万元）
		户数(户)	人口数(人)				
尚干镇	5	5939	17441	13	8398	274509	13994
祥谦镇	89	19146	62161	20	46669	481912	20236
南通镇	112	16372	46064	17	53526	117441	9100
南屿镇	171	20102	59715	24	30372	611374	61584
上街镇	157	20773	82331	23	14390	268072	78898
竹岐乡	224	8477	28673	22	36102	109525	5112
鸿尾乡	157	9654	33341	20	32254	215015	8049
荆溪镇	137	14985	45977	19	50216	892082	29682
甘蔗街道	47	16593	44419	17	12635	600460	78561
白沙镇	175	10332	33529	23	26651	89238	10491
洋里乡	151	8758	30238	23	39979	8793	770
大湖乡	282	9369	32644	23	39919	8483	482
廷坪乡	217	10031	35623	25	19589	3224	437
小箬乡	46	2759	9993	8	11402	2126	543

注:数据来自闽侯县统计局。

（施理光）

连江县

【概况】 连江县区域总面积4280平方公里,其中陆地面积1168平方公里,海域面积3112平方公里。辖16个镇、6个乡,有272个村居,人口约64万。

2012年,实施“五大战役”项目181项,完成投资122.5亿元,占年度计划投资的136.2%,其中列入福州市“五大战役”项目35项,年度完成投资82.02亿元,占年度计划投资的152.4%。实施重点项目176项,完成投资115.5亿元,占年度计划投资的134.5%,其中列入福州市重点项目40项,完成投资72.26亿元,完成年度计划投资的129%。11月28日,第三届福州国际温泉旅游节暨“中国温泉之都”授牌仪式在连江贵安新天地举行,国土资源部向连江县授予“中国温泉之乡”牌匾。

【经济建设】 实现地区生产总值270.38亿元,比增11.6%,其中第一、二、三产业增加值分别为94.00亿元、104.33亿元、72.04亿元,分别比增5.4%、17.7%、10.2%,三次产业结构为34.8∶38.6∶26.6;财政总收入(不含基金)28.72亿元,比增32.3%,其中地方财政收入20.72亿元、比增40.9%,上划中央收入8亿元、比增14.0%;财政支出29.13亿元,比增31.2%;建筑业实现增加值12.21亿元,比增15.7%;房屋竣工面积485.59万平方米,比增58.6%;货物运输周转量369.61亿吨公里,比增25%;社会消费品零售总额66.31亿元,比增23.4%,其中限额以上零售额22.36亿元、比增55.7%,限额以下零售额43.95亿元、比增11.6%;进出口总额6.88亿美元,比增24.7%,其中出口5.75亿美元、比增20.7%,进口1.13亿美元、比增49.3%;城镇居民人均可支配收入25037元,比增13.4%;农民人均纯收入10334元,比增13.8%。

农业　实现农林牧渔业总产值162.12亿元,比增5.4%。其中,农业产值11.22亿元,比增1.41%;林业产值0.72亿元,比增11.33%;牧业产值3.47亿元,比增5.27%;渔业产值142.12亿元,比增5.4%。水产品总量76.89万吨,比增7.0%;水产品加工量43.8万吨,比增8.0%。全年发放各类涉农补贴4.82亿元,并全面实施渔业、森林保险。年内被省政府列入第一批省级农民创业园建设名单。争取各级资金2650万元,扶持农业产业化发展,带动农户约6万户,增加农民收入约3亿元。加强连台农业合作交流,举办首届海峡两岸西瓜新品种交流研讨会暨丹阳西瓜节。修复病险水库6座、加固海堤3公里,新建和改造农村公路55公里,组织造福搬迁440人,新建90个村(居)气象灾害信息服务系统。财政投入1236万元,奖补87个村开展“一事一议”,带动项目总投资4411万元。

工业　实现工业总产值349.27亿元,比增20%,其中规模以上工业产值328.19亿元,比增20.5%。24家企业的57个项目获得科技创新奖励,实现“6·18”海峡项目成果对接40项,10家企业与科研院所开展合作,67家企业获得县级企业发展专项配套奖励1450万元。北茭风电、德通金属、聚能机械、树人板房等项目竣工投产,锦程高科、无纺布、金山药业、神州学人等项目开工建设。

服务业　实现服务业增加值72.04亿元,比增10.2%。龙芝商贸广场开张营业,金源五星级酒店、海峡文化村五星级酒店、西方财富酒店主体建成。连江旅游发展总体规划获准实施,贵安旅游新城建设初具规模。时代华奥入选国家级文化产业示范基地。青岛啤酒(连江)梦工厂、溪山温泉正式开业。推动环马祖澳旅游,黄岐港列入国家"十二五"口岸发展规划,对台客运码头和联检通关设施开始规划设计。恒欣村镇银行开业运营,民生银行入驻连江县,华兴小额贷款公司成立。

招商引资　实际利用外资6823万美元,比增80.3%;内资到资40.11亿元,比增33.28%。组织参加"5·18"海峡两岸经贸交易会、"亲情回归"恳谈会、民营企业产业项目对接会、"9·8"中国国际投资贸易洽谈会等招商活动。对接"三维"项目56项,总投资871亿元。恒捷综合化纤项目签约落地,神华储煤中转发电一体化、中石油可门钢管制造项目正式动工,汇榕钢构、乐鑫建材等项目加快建设。福能万业6号、7号泊位后方陆域工程启动建设。

【城乡建设与管理】　城乡规划　城市总体规划依据福州大都市区规划进行调整,中心城东片区、江南新城控制性详细规划批准实施。

市政建设与管理　万星广场、万家城市广场、红星国际广场等城市综合体项目动工建设,筹建县文化公园、体育公园。新建、改扩建火车站迎宾大道、南江滨东路、南文山路、一级客运站周边路网等城区道路。污水处理厂三期、城区内河清水工程启动建设,新增城区绿地3万平方米。

基层建设管理　推进琯头省级示范性小城镇试点建设,22个项目年度完成投资16.7亿元,琯头中央大道二期、侨乡中心公园及五显山公园、蓉山公园整治项目基本完工。

【社会事业】　科技与教育　全县经省认定的高新技术企业2家,高新技术产业实现增加值7.91亿元,比增20%。申报省科技计划项目3项,市科技计划项目12项。全年专利申请量230件,其中发明90件,实用新型103件,外观设计37件。获得市级以上名牌产品7个,著名商标22个,知名商标33个。建成45栋中小学校舍,提前1年完成80所义务教育阶段标准化学校建设任务。新增公办义务教育阶段学位1200个。落实"学前教育三年行动计划",新改扩建乡镇中心幼儿园5所,新增公办幼儿学位540个。20辆国标校车投入使用。

文化体育　举办"龙腾盛世、喜乐元宵"大型综艺晚会、福州激情广场文化节连江专场等活动。开展文化三下乡活动,无偿向群众赠送科技信息资料1500多份、科技书刊杂志800多册,展览农村实用科技图书1200多册。放映农村公益电影3560场。开展第三届"禁毒杯"羽毛球邀请赛、纪念虎门销烟173周年登山活动、"体彩杯"篮球邀请赛等体育比赛20多项。新建省级农民健身工程篮球场50个、县级进村健身路径40套,城镇15分钟文体活动圈、农村30分钟文体活动圈初步形成。东方红艺术中心参加全国农运会健身秧歌项目比赛获3块金牌。

北茭风电场竣工投产

卫生和计划生育　县医院列入全省县级公立医院改革试点,率先实行药品零差价销售。安凯卫生院门诊综合楼投入使用,县"120"急救中心扩建工程、县卫生监督综合楼、江南卫生院门诊综合楼正在建设。公开招聘90名本科、大中专卫技人员充实县乡医疗卫生队伍。全年出生人口8661人,人口出生率12.87‰,人口自然增长率7.87‰,出生人口政策符合率92.85%,出生人口性别比为107.8。征收社会抚养费862人,入库3561.78万元,征收面达96.04%;"两非"案件立案34件,结案30件。县财政投入约839.21万元资金,兑现计生奖励扶助和优惠帮扶措施。

社会保障　新增城镇就业3226人,农村劳动力转移就业6800人。城镇居民社会养老保险试点工作正式启动,参保率达94.4%,社会养老保障基本实现全覆盖;被收海渔民纳入失地农民保障范围。建立新农合、城镇职工及居民医保、城乡医疗救助三大医疗保障制度,形成覆盖城乡居民的基本医疗保障体系。县社会福利中心一期即将投入使用。建成社区居家养老服务站点24个。建成廉租房、公租房507套,实物配租150套。开展住房公积金扩面工作,将企事业单位临时聘用人员纳入保障范围。

生态环境保护　启动城乡环境综合整治大会战;开展49个村容环境整治示范村和44个农村环境综合治理试点村建设。县垃圾焚烧发电厂投入使用,乡镇垃圾转运站基本建成,出台城乡生活垃圾收运处置管理工作考核办法。新验收"农村家园清洁行动"村40个,新创建"绿色乡镇"1个;创建省级生态乡镇7个,省级生态村7个,市级生态村78个。实施重点减排项目27项。"四绿"工程造林绿化3306.67公顷,超额完成沈海高速公路连江段森林生态景观通道建设。

平安建设　深化"平安连江"建设,获省级"人民调解先进县"称号。实施依法处理信访事项"路线图",健全领导干部接访、约访和带案下访、包案落实制度,完善重大决策、重大项目等社会稳定风险评估机制。完善县乡人民调解组织,化解征地拆迁安置、涉法涉诉、医疗纠纷、劳资纠纷等方面的矛盾,把问题解决在基层和萌芽状态。加强重点行业和领域"打非治违",开展道路交通安全专项整治三年行动,推进企业安全生产标准化建设,安全生产形势稳定好转。

表 61

2012 年连江县街道(乡镇)基本情况一览

街道(乡镇)	辖地面积(平方公里)	人口		社区(村)(个)	农林牧渔业总产值(万元)	规模以上工业总产值(万元)	财政总收入(万元)	财政总支出(含基金)(万元)	一般预算支出(万元)
		户数(户)	人口数(人)						
凤城镇	6.19	20405	67367	12	787	24693	14154	2472	2437
敖江镇	41.54	10705	37249	14	6144	1334596	28666	2089	1884
江南乡	75.18	7499	25019	16	11640	23140	4968	1554	1130
东湖镇	45.85	5001	16600	10	11554	13057	1600	1399	1033
浦口镇	52.40	10719	37806	14	58442	24797	1972	1671	1543
东岱镇	24.73	10080	35740	9	82656	40956	1982	1315	1315
晓澳镇	20.08	11179	37146	7	130809	209040	4011	2101	1546
琯头镇	61.09	18062	56928	28	167162	457301	8302	4488	3562
潘渡乡	142.87	5854	19919	11	41879	0	6307	1274	1274
小沧乡	65.24	1185	4316	5	2319	0	107	567	567
丹阳镇	111.53	8492	28415	18	23480	66876	1529	1983	1414
蓼沿乡	124.57	8110	28863	24	10592	47637	1402	1034	704
长龙镇	66.51	3796	12593	7	17676	0	1569	593	573
透堡镇	25.81	5921	21750	8	32870	4005	2552	592	567
马鼻镇	38.82	12203	44755	15	61517	6201	4838	2835	1216
官坂镇	49.44	8743	32056	16	65955	8647	1236	836	697
坑园镇	39.33	6029	22953	8	93068	14583	1385	1586	1227
下宫乡	32.36	3802	14780	9	36609	29622	148	1240	1085
筱埕镇	32.99	8219	28087	11	108220	188779	1598	4487	4484
黄岐镇	13.43	7402	24875	11	230574	51213	1293	8184	8099
安凯乡	30.87	5014	17452	11	89981	63823	614	1103	1078
苔菉镇	8.30	7912	26706	8	244238	22461	925	7207	7185
其他	—	—	—	—	93077	650460	195993	—	—

注:数据来自连江县统计局。

(游元秦)

闽 清 县

【概况】 闽清县区域面积 1466 平方公里。辖 11 个镇、5 个乡,有 291 个村(居),户籍人口 31.4 万。有 20 多万侨胞旅居新加坡、马来西亚、印尼等 12 个国家和地区。

2012 年,闽清县继续以 8 个重大项目建设为载体,组织实施 5 个省市重点项目、9 个市级"五大战役"项目,总投资 38.56 亿元,完成年度投资 10.05 亿元。

【经济建设】 实现地区生产总值 106.78 亿元,比增 13%,三次产业结构为 18.46:57.06:24.48;财政总收入 10 亿元(不含基金,下同),比增 27.2%,其中地方级财政收入 4.87 亿元,比增 22.1%;全社会固定资产投资 31.6 亿元,比增 31.3%,其中工业固定资产投资 9.5 亿元,比增 30.5%;社会消费品零售总额 29.56 亿元,比增 16.3%;海关出口总值 1.03 亿美元,比增 12.1%;城镇居民人均可支配收入 20581 元,比增 12.6%;农民人均纯收入 9259 元,比增 13.4%。

农业　实现农业总产值 32.85 亿元,比增 5.1%。发放粮食直补等各类补贴资金 1408 万元,完成粮食播种面积

1.24万公顷。梅溪檀香橄榄、云龙西红柿等5种农产品获绿色食品产地认证，茶口粉干获国家地理标志产品保护。实施“强龙带动”工程，全县20家市级农业产业化龙头企业实现年产值6.5亿元。实施梅溪等3个乡镇国家农业综合开发项目，改造中低产田926.67公顷，清淤灌区渠道219公里。完成全县山洪灾害防治非工程措施建设，新建防火林带120公里，布设15个气象灾害信息发布终端，重大动物疫病免疫率达100%。

工业　实现工业总产值138.58亿元，比增18.5%，其中规模以上工业产值118.93亿元，比增20.4%。会审45个工业项目，总投资42.45亿元；联兴陶瓷、品胜混凝土等6个项目竣工投产，金华龙饲料、天和电气等25个项目正式签约或动建；金盛钢业等13家规模以上工业企业投入2.5亿元实施技改扩产。新增11家企业通过国家质量体系认证，豪业精艺瓷和聚福工艺品商标获中国驰名商标。年内建陶、电瓷两个行业协会成立。县财政对新东方陶瓷等18家使用天然气的规模以上工业企业在技改、用气方面继续给予补助，兑现补助资金779万元；完成33家企业车辆清洁平台建设，41家企业开展陶瓷固废物清运填埋。新成立、引进建筑企业21家，新开工普通商品房建筑面积7.2万平方米，全年建安产值75亿元。

服务业　实现服务业增加值26.15亿元，比增8%。加快解放大街、天行大街等新商贸区域建设，引进中都百货，动建兴顺物流中心，完成云龙、上莲、塔庄等农贸市场改造。销售家电下乡产品3.8万台，兑现补贴资金1100万元。制定出台《关于加快旅游产业发展的实施意见》，七叠温泉、黄楮林温泉景区获评省四星级乡村旅游经营单位，金水湾生态农家乐、绿野农家山庄等乡村游景点相继建成，推进大明谷温泉、丰达农场等景区配套设施建设；全年接待游客55.3万人次，实现旅游收入6656万元。

招商引资　内资实际到资10.66亿元，比增45.9%；实际利用外资401万美元，比增43.7%。年内举办第十四届海交会闽清专场招商大会，参加“5·18”海峡两岸经贸交易会、“6·18”海峡项目成果交易会、“7·13”民营企业产业项目洽谈会、“9·8”中国国际投资贸易洽谈会等招商活动，赴市招商局、马尾、闽侯以及珠海、武汉等开展招商。实施“回归工程”，全年回归企业16家，白金工业区被市政府授予“榕商产业回归园”。加强与央企、外企和民企的“三维”对接，华润风力、彰毅电机、东桥万国钟表城等项目相继签约。全年签约项目59项，总投资约100亿元。

【城乡建设与管理】　城乡规划　完成16个乡镇和106个村庄规划及梅溪新城、白金工业区二期和坂东工业园控制性详规编制。

市政建设与管理　恒晟晶都、恒翔冠城等房地产开发项目在建，实施解放大街、溪口进城路、梅西小区主干道等改造，完成会场、乃裳广场、溪滨路、防洪堤等主要建筑和路段亮夜工程。实施境内福银高速公路、316国道、云龙互通口至长途汽车站、溪滨路等路段景观改造。推进农村路网建设，实施原202省道湖头至文定段、125县道上莲至永泰长庆段、124县道桔林至古田松桔段和溪演等7座危桥改造，硬化村通村和通自然村道路50公里，实施农村公路安保工程224公里。推进新一轮农网改造，完成110千伏白洋变二期扩建并投入运营。

基层建设管理　启动1个市级精品示范村、3个市级综合示范村和15个县级精品示范村建设，金沙沃头等一批农村住宅小区在建。

【社会事业】　科技和教育　制定出台《关于深化科技体制改革加快创新体系建设的实施意见》。组织开发新技术、新产品10项，引进推广先进实用技术15项。与福州大学、武汉理工大学等高校开展合作，成立福州大学闽清专家工作站，建成陶瓷技术孵化器一期工程。累计投入1.33亿元，竣工校安工程40项，完成县职专实训大楼、一中体艺馆、新城关幼儿园等主体工程建设，更新14辆国标校车，完成42所学校标准化建设。组织139名教师开展学科对口支教，新聘22名教师。2012年中考高分率、优秀率均居七县(市)第一，应届高考上本一线人数达245人。

文化体育　成立省美术馆闽清分馆、闽清县美术馆、闽江书画院。完成“三馆”“三中心”综合楼主体工程和青少年校外体育活动中心绿化配套建设。推进吴孟超院士先进事迹展示馆、广播电视“村村通”工程、数字影院等建设；全县271个行政村有线广播“村村响”工程通过省市验收。建成一批健身工程和健身路径，实现全县行政村健身设施全覆盖。

卫生和计划生育　医疗卫生事业扎实推进。完成六都医院病房综合大楼、县卫生监督管理所和梅城社区卫生服务中心综合楼主体工程建设及县医院儿科

闽清县坂东镇坂中村幸福小区　(刘建新　摄)

大楼改扩建项目,80所村卫生所标准化建设全部完成。实施药品零差率销售改革,完成基层医疗机构社保卡就诊"一卡通"建设。新招聘109名卫技人员充实到医疗卫生单位。落实中医药扶持政策,年内通过"全省农村中医药工作先进单位"评估验收。全年新出生人口4442人,人口出生率13.56‰,出生人口政策符合率92.75%,出生人口性别比为107.38。

社会保障　新增城镇就业2000人,转移农村富余劳动力5250人。完成新农保参保登记12.9万人,3.36万人享受基础养老金,月均发放养老金181.5万元;完成城镇居民参保1905人,发放60周岁以上养老金922人,每月发放基础养老金6.85万元;完成城镇职工基本医疗保险参保2.52万人,城镇居民医疗保险参保6.14万人;完成新农合参合人数22.6万人,筹集新农合基金6995.1万元。

生态环境保护　投入1372万元,开展城乡环境综合整治。推进农村家园清洁行动,全县271个行政村全部通过市级验收,池园、坂东等乡镇6个行政村农村环境连片整治初见成效。推进"四绿工程"建设,完成造林面积3533公顷,治理水土流失面积980公顷;黄楮林自然保护区被评为国家级自然保护区。开展重点流域水环境综合整治,实施梅溪绿水一级工程,完成城区污水三期管网和8个乡镇生活污水处理设施建设,创建6个国家级生态乡镇和7个省级生态乡镇。

平安建设　加强基层司法所和综治信访维稳中心建设,新增视频监控点34个,坂东消防站和东桥法庭在建,通过全省第二批"平安先行县"考评验收;人民群众对社会治安满意率达95.15%。

表62　**2012年闽清县街道(乡镇)基本情况一览**

街道(乡镇)	辖地面积(平方公里)	人口		社区(村)(个)	农林牧渔业总产值(万元)	工业总产值(万元)	地方财政收入(万元)	地方财政一般预算支出(万元)
		户数(户)	人口数(人)					
梅城镇	9.27	13916	40324	12	4378.54	62190	8531.27	405.57
梅溪镇	144.13	6907	22486	21	23480.35	80582	2604.02	482.45
云龙乡	40.42	3591	11563	10	24498.43	216806	483.55	312.80
白樟镇	80.78	5563	18459	14	23053.94	225021	1379.01	330.79
金沙镇	156.67	4312	14133	19	21960.03	50425	241.51	484.38
白中镇	41.80	5524	18779	14	13996.22	225356	1813.19	300.87
池园镇	89.47	7149	23853	20	18006.45	144169	986.95	402.79
上莲乡	122.68	3809	13268	18	21055.94	4385	70.07	339.53
坂东镇	58.53	13214	43501	28	31415.48	61148	874.39	410.83
三溪乡	47.00	3005	9641	12	12384.21	713	6.54	221.38
塔庄镇	73.27	7450	25675	25	27121.44	8731	143.96	332.44
省璜镇	116.67	5585	19732	27	26760.16	1463	479.48	352.30
雄江镇	111.20	2146	6169	13	15511.73	17279	120.56	238.81
桔林乡	107.20	2132	6830	13	14406.18	9225	115.12	271.24
东桥镇	187.34	5987	21802	23	24649.33	34945	420.04	357.23
下祝乡	80.14	5509	20234	22	21203.55	1110	30.30	308.17
其他	—	—	—	—	4609.70	242287	—	—

注:数据来自闽清县统计局、财政局。农林牧渔业总产值中的其他指2012年国有农场、国有林场和服务业的产值;工业总产值中的其他指2012年水口水电站、嵩滩埔水电站和闽清县供电公司产值。　(黄荣谋)

罗源县

【概况】　罗源县区域面积1187平方公里,其中海域面积52.5平方公里。辖6个镇、5个乡,有196个行政村(居),总人口25.6万,其中畲族人口占8.1%,为福建省畲族主要聚居区和老区县之一。

2012年,罗源县86项"五大战役"项目预计完成投资100.9亿元,其中17项市级"五大战役"项目完成投资70.43亿元,超年度计划57.4个百分点。

【经济建设】　实现地区生产总值147.4亿元,比增10.5%,三次产业结构为17.1∶68∶14.9;财政总收入13.6亿元,比增34.5%,其中地方级财政收入9.48亿元,比增55.2%,两项指标增幅分别居福州市、福建省第一;全社会固定资产投资117.6亿元,比增20.6%;社会消费品零售总额31亿元,比增16.5%;城镇居民人均可支配收入21639元,比增12.6%;农民人均纯收入9356元,比增13.5%。获评“全国十佳魅力县市”“全省经济发展十佳县”等称号。

农业　实现农业总产值43.5亿元，比增6.5%。实现食用菌产量8.6万吨、水产品12.5万吨，建设丰产毛竹基地400公顷，引进春伦集团建设万亩生春源茶叶基地，“七境茶”品牌获国家地理标志注册商标。

工业　实现工业总产值366亿元，比增11.1%，其中规模以上工业产值343亿元，比增11.1%。宝钢德盛、三金钢铁、亿鑫钢铁等重点企业实现产值271.88亿元，占全县工业产值74.3%；华东船厂第一艘5.3万吨级节能型轮船下水，实现罗源湾万吨轮船建造零突破；推进时代包装、弘景木塑、晟元冷轧、华润燃气、金闽烟叶二期等项目建设。

服务业　实现服务业增加值21.94亿元，比增10.6%。世纪金源超五星级大饭店、鑫冠五星级酒店动工建设，青禾购物广场及一批乡村农贸市场投入运营；霍口畲山水风景区基本建成，畲族文化和旅游产业加速融合；金融机构存贷款余额持续增长，年末金融机构存款余额63.4亿元、贷款余额54.1亿元，分别比增7%和41.2%。

招商引资　“5·18”海峡两岸经贸交易会、“6·18”海峡项目成果交易会、“9·8”中国国际投资贸易洽谈会期间签约或对接项目55项。全年合同外资5660万美元，实际利用外资2907万美元，分别比增0.7%和15.1%。

【城乡建设与管理】　市政建设与管理　滨海新城完成年度投资40亿元，封顶和动建商住楼各100万平方米。沈海高速罗源段、高速南北口进城大道景观整治工程相继完工；推进新老城连接通道改造提升，6条市政道路完成改扩建，城区至起步镇公交线路开通运营；东方星城D区、罗马景福城等房地产项目加快开发；完成北江滨公园二期和九大中心田径场改造及城区夜景三期工程。

基层建设管理　推进起步市级小城镇综合改革试点建设，建成上长治、西洋、许洋等“百村竞赛”精品村、示范村；完成192户749人造福搬迁、9600人安全饮水等工程；建成霍口、中房2个中央小型农田水利重点县项目，完成起步溪护国段中小流域整治和2条海堤、2座小(二)型水库除险加固。

【社会事业】　科技与教育　完成77项专利申请，获批2家省级高新技术企业。进修校第二附属小学、第二实验幼儿园在建，6所乡镇中心幼儿园改扩建和18项“校安工程”全面完成；全县34所中小学标准化建设通过省级评估验收，成为全省首批“国家级义务教育发展基本均衡县”。

文化体育　完成县闽剧团改革和县图书馆、文化馆、博物馆、珍品馆改造提升，建成“农家书屋”示范点25个，舞蹈《铃竹卜》《畲乡情韵》等在省市文艺汇演中均获一等奖；挂牌成立罗源广电网络分公司，实施有线电视网络整合。建成88个村农民体育健身路径，被国家体育总局授予“全民健身工作先进单位”称号。

卫生和计划生育　推进医药卫生体制改革，县医院通过“二甲”评审，完成79个村卫生所改扩建。全年出生人口3872人，人口出生率14.44‰，人口自然增长率8.9‰，出生人口政策符合率93.18%，低生育水平保持稳定，人口计生服务质量进一步提高。

社会保障　城镇新增就业2508人，转移农业富余劳动力7071人。城乡“低保”和“五老”补助标准进一步提高；“新农合”“新农保”实现全覆盖，城镇居民医保、养老保险和被征地农民养老保障全面实施；建成起步爱心老年公寓和鉴江敬老院，通过第二次全国地名普查验收，民政工作被国家民政部评为先进。落实社会救助和保障标准与物价上涨挂钩联动机制，受益群众1.1万人。推进保障性安居工程，累计建成保障房707套，完成廉租房配租150套；竹兜和可湖坂沙搬迁安置房基本建成。

生态环境保护　罗源湾开发区企业

罗源湾码头

环保设施逐步完善,推进石材行业整治和矿产资源整合治理,全县开采矿山从131家削减到55家。完成霍口乡生猪养殖全面退养禁养工作,确保敖江流域罗源段水质达标。完成造林绿化3466.67公顷,森林覆盖率达51.4%。

平安建设　深入实施"平安罗源"建设,推进"六五"普法,为上访群众提供法律咨询和法律援助工作;坚持县领导信访坐班制度,引导群众按信访"路线图"反映诉求;安全生产、食品安全等专项整治取得成效;完成村级换届选举,社会保持和谐稳定。

【港区建设】　罗源湾开发区是省级经济技术开发区、全国首个国土综合开发整理示范区,年内罗源湾北岸台商投资区获国务院审批。罗源湾北岸码头全年货物吞吐量达1350万吨;海事码头建成运行,碧里作业区3~5号泊位扩能技改和将军帽15万吨码头在建。104国道水古至上楼段、县道碧里至鉴江段改扩建和中房岭兜至宁德金涵区间道路建设相继完工。滩内水厂二期工程投入运营,全县日供水能力从12万吨提高到17万吨,实施敖江径流取水工程,霍口大型水库项目正式启动;洪洋、霍口变电站完成扩建,将军帽、城区东区等输变电工程加快推进,松山至泥田等8条电力线路升级改造全面铺开。完善开发区基础设施,罗源湾北岸台商投资区获国务院审批,金港工业区防洪排涝工程分步实施。

表63　**2012年罗源县街道(乡镇)基本情况一览**

街道(乡镇)	辖地面积(平方公里)	人口		社区(村)(个)	农林牧渔业总产值(万元)	规模以上工业总产值(万元)	财政总收入(万元)
		户数(户)	人口数(人)				
凤山镇	131.7	17201	53742	16	6510	68149	12451
松山镇	63.6	9917	36961	22	140271	8736	2621
起步镇	72.6	8385	28420	21	35258	13832	1065
中房镇	131.0	7312	24182	23	26973	6860	375
飞竹镇	120.8	4674	15945	19	19877	30181	569
鉴江镇	66.6	3902	13229	9	34765	9360	498
白塔乡	71.0	4442	15163	15	14838	55873	1774
洪洋乡	71.0	4074	13464	18	14475	57506	864
西兰乡	117.0	4180	13640	17	15946	139449	1460
霍口乡	190.5	5828	19678	24	24901	0	283
碧里乡	98.7	6954	23576	12	96884	0	2339

注:数据来自罗源县统计局。

(杜武义　许彭多)

永泰县

【概况】　永泰县区域面积2230平方公里。辖9个镇、12个乡,有254个行政村、10个社区,户籍人口36.65万人。有畲、傣、蒙、回等12个少数民族,人口6000多人。

2012年,安排"五大战役"项目68项(含预备前期项目5项),开工54项,完成投资73.97亿元,占年计划的102.34%,其中重点项目建设战役完成投资63亿元,占年计划的107.62%;城市建设战役完成投资3.53亿元,占年计划投资的93.67%;民生工程战役完成投资3.45亿元,占年计划投资的92.62%;新增长区域战役完成投资3.67亿元,占年计划的52.43%;小城镇改革发展战役完成投资1620万元,完成年度目标。11月28日,国土资源部向永泰县授予"中国温泉之乡"牌匾。

【经济建设】　实现地区生产总值98.4亿元,比增11.5%,三次产业结构为33.2∶36.9∶29.9;财政总收入(不含基金)5.35亿元,比增29.9%,其中地方级财政收入(不含基金)3.56亿元,比增27.2%;全社会固定资产投资(不含铁路、高速公路)33.5亿元,比增35.7%,其中城镇固定资产投资32.3亿元、比增36.9%,房地产开发投资8.7亿元、比增11%;社会消费品零售总额31.8亿元,比增18.6%;城镇居民可支配收入20154元,比增12.9%;农民人均纯收入8362元,比增14%。

农业　实现农林牧渔业总产值49.9亿元,比增5.1%。推广超级稻4000公顷、再生稻2000公顷;建立西红柿、苦瓜、槟榔芋、红芽芋等蔬菜基地2000公顷;省级农业标准化西红柿示范基地66.67公顷,列入全国无公害示范基地;建立国家级蔬菜标准园和芙蓉李栽培标准化示范区各1个;嵩口、同安、大洋、梧桐等乡镇营造油茶林200公顷;同安花卉苗木基地建成,嵩口苗圃基地在建。年内与省农科院签订农业科技项目战略合作框架协议。投入8000万元完成小(二)型水库除险加固4座,基本完成5个乡镇饮水安全等工程。大樟溪北水南调(平潭引水)工程开始动工。永泰抽水蓄能电站完成部分专题编制和审查。

工业　实现工业总产值44.5亿元,比增15.3%,其中规模以上工业产值

31.5亿元,比增17.1%。年内新引进中海创(永泰)生态型智慧科技园等项目。冷制取山茶油、顺达食品项目基本建成,朗宇环保项目动工建设;华尔锦纺织、三连制衣搬迁扩建工程前期工作基本完成。新增房建施工总承包企业5家、劳务分包企业1家、房地产企业2家。完成建安产值135.2亿元,比增19.9%。建安和房地产业税收入库达2.3亿元,比增36.1%。

服务业　实现服务业增加值29.4亿元,比增12.6%。全县金融机构人民币存款余额71.7亿元,比增20.4%;个人储蓄存款45.4亿元,比增17%;各项贷款余额37.5亿元,比增31.2%。启动青云山温泉旅游度假村、葛岭东部温泉旅游新区、南城区旅游综合体、闽商生态园等项目前期工作。火车站站前广场城市综合体(冠景春城)完成征地拆迁工作,汤埕温泉开发建设项目完成防洪堤工程,云顶景区二期全面竣工。泰禾影视体验旅游项目完成初步概念性规划。香米拉星级酒店完成土建工程。新安巷旧街改造基本完成。青云山、天门山、御温泉等景点纳入福莆宁旅游一票通。全年接待游客253.5万人次,旅游产值7.23亿元,分别比增25.3%、31.6%。

招商引资　内资实际到资23.3亿元,比增72.7%。实际利用外资1371万美元,比增23.2%。引进上海名城地产等知名企业;签约外资项目6项,计划总投资1.75亿美元;签约内资项目5项,计划总投资179.8亿元。

【城乡建设与管理】　城乡规划　城市总体规划(2007—2020)修编通过评审,委托编制"三溪六岸"规划,完成城南、城西片区控制性详细规划和4个乡镇总体规划修编、95个村庄规划编制。

市政建设与管理　全面完成龙峰园至县政府段路面、立面改造及灯光夜景工程,龙峰和南湖公园改造升级及滨江绿化景观工程,解放大桥至龙峰公园步行街改造,杨梅路、平街路面、立面改造及南湖社区改造和塘前至太原立面整治。建成省道202线城关至莆田界段生态景观示范路、火车站站前大道、站前广场、北江滨路(一期)。省道203线改造项目基本完成。南江滨路、刘岐大道、龙头大道在建,东门旗山小区地质灾害治理工程和大樟溪岸、日出东方等一批房地产项目和安置房项目在建。县人民会堂建成并投入使用。向莆铁路铺轨全线完成,福永高速公路完成路面工程80%。永泰110千伏变电站二期扩建项目竣工投产,刘岐及青云—马洋110千伏等项目在建。

基层组织建设　实施塘前芋坑精品示范村建设,以芋坑村、连山村、下苏村为示范,开展"现代田园乡村"建设。葛岭示范性小城镇建设完成投资1620万元,占年计划的162%。开展农村环境综合整治工作,实施街容街貌整治,完善基础配套设施。

【社会事业】　科技与教育　永泰县医院、福建胜华农业科技有限公司2家专家工作站获市政府批准设立,实现零的突破。实验小学、实验幼儿园、东门幼儿园建成并投入使用;11个乡镇中心幼儿园完成改扩建,6个校安工程项目全部竣工;举办永泰一中110周年校庆;教育"两项督导"以优秀等级通过省市考核评估。

文化体育　广电体制改革基本完成,成立广电网络永泰分公司。实施农村电影放映工程,实现广播电视村村通,建成数字影院1家。离退休干部暨妇女儿童活动中心综合楼开工建设。清乾隆、明万历版《永福县志》相继出版。开展县文化馆、图书馆、博物馆设计等前期工作。县青少年校外体育活动中心、21个乡镇综合文化站投入使用。新建健身路径17条、篮球场90个、农家书屋21个。县综合体育场启动建设。永泰籍女子体操运动员姚金男在伦敦奥运会上取得个人全能和团体第四名的成绩。举办2012年环福州·永泰国际公路自行车赛永泰段赛事。

卫生和计划生育　创设"县长门诊"基层医疗科学决策平台;县医院门诊综合大楼进入装修阶段,县精神病防治院新病房大楼动工建设。全年出生人口4795人,人口出生率12.79‰,人口自然增长率约6.7‰,出生人口政策符合率90.95%,出生人口性别比为105.27。县财政投入计生经费1776.74万元,人均46.76元。完成拟建新计生服务站选址工作。启动实施"生育文明·幸福家庭"

福永高速公路永泰西出口

促进计划,创建"育妇健康自助小屋"、流动人口一站式服务、留守儿童关爱试点等。实现与全国流动人口服务管理工作平台对接,成立驻沪计划生育协会,流动人口计生免费服务率达100%。全年完成免费孕前优生健康检查2219.5对;查处"两非"案件29例。

社会保障　新增就业2507人,城镇下岗失业人员再就业156人,转移农村富余劳动力6320人;城镇登记失业率1.93%。用于就业、医疗卫生、教育、社会保障等涉及民生方面的资金5.4亿元,占财政总支出的46.96%,比增22.45%。发放小额贷款5526万元,扶持和带动3072人创业和就业。启动城镇居民社会养老保险试点工作。参加新型农村养老保险13.9万人,新农合参合率99.7%。城乡低保提标提补全部到位,1.18万名城乡困难群众享受最低生活保障,累计发放低保金2390万元。459名无力参保的县级以上集体所有制企业退休人员领到老年生活保障金。完成造福工程搬迁188户、823人。

生态环境保护　推进中小河流治理工程。18个乡镇创建国家级生态乡镇通过省级验收,并获得省级生态乡镇命名;235个村获得市级以上生态村命名。完成水土流失治理面积4353.33公顷,植树造林3553.33公顷,超额完成"四绿工程"。投资2440万元实施嵩口、梧桐、长庆、大洋、同安5个乡镇14个村农村环境连片整治,建成一批水源清洁、家园清洁、田园清洁"三清"示范工程。

平安建设　启用GPS监管系统,为每名社区矫正人员配发终端设备。推进视频监控系统建设,对原有"全球眼"进行全面升级改造扩容,在全市率先采用200万像素高清摄像机。深化"平安永泰"建设。全县"平安先行乡镇"总数居全市第一,203个村居和一批单位、校园、企业分别被授予各类平安先行称号。落实安全生产责任制,开展交通安全专项整治行动。强化社会管理综合治理,打击违法犯罪活动,社会治安满意率、平安建设知晓率、党委政府重视率等3项指标均列全市第一名。公众安全感测评位居全省第五、全市第一。

【永泰县行政服务中心建成投入运行】

该中心于8月29日正式投入运营,总建筑面积2000多平方米,1~3层为审批和服务大厅,设有62个受理窗口,有34个部门402个审批和服务事项入驻。实行"一个窗口受理、一条龙服务、一站式办结、一个平台收费"的运作模式,做到"八公开",即公开审批服务内容、审批依据、申报条件、申报材料、办理程序、承诺期限、收费标准、办事结果8项内容。

【闽江北水南调(平潭引水)工程动建】

9月28日,在永泰县塘前乡大樟村举行开工仪式。该工程规划总体布局为"一库一闸三线",总投资63亿元。其中"一库"指龙湘水库,投资25亿元,主要以供水为主,兼顾发电,总库容2.85亿立方米,电站装机10万千瓦;"一闸"指大樟溪莒口拦河闸,投资5亿元;"三线"指闽江竹岐取水口到大樟溪莒口拦河闸输水线路、大樟溪到东张水库到平潭三十六脚湖输水线路、大樟溪到三溪口水库到青口到长乐输水线路,3条线路全长分别为35公里、88公里和37公里,投资33亿元,计划3年内完工。工程供水水源以闽江支流大樟溪为主,闽江干流作为补充。项目建成后,可向平潭岛内日供水58万吨。

【首届环福州·永泰国际公路自行车赛永泰段赛事举办】　11月20日,首届环福州·永泰国际公路自行车赛第三赛段比赛在永泰县举行,来自世界各地的22个专业队伍130多名选手参加。赛事为洲际2.2级。永泰赛段约82.8公里,由大樟溪休闲娱乐中心出发至县城,绕城7圈后前往青云山云顶景区终点。捷克ASC杜克拉普拉哈队车手卡德莱茨·米兰获得永泰赛段第一名,中国香港车手蔡其皓获得整个比赛个人总成绩冠军,中国卓比奥斯洲际职业队获得团体总成绩冠军。

表64　**2012年永泰县街道(乡镇)基本情况一览**

街道(乡镇)	辖地面积(平方公里)	人口		社区(村)(个)	农林牧渔业总产值(万元)	工业总产值(万元)	财政总收入(万元)	财政总支出(万元)
		户数(户)	人口数(人)					
塘前乡	89.45	1565	4643	6	11089	55029	488.16	350.16
葛岭镇	239.04	4997	16962	16	39816	16406	509.93	480.93
樟城镇	5.04	11984	33595	7	2207	11170	471.21	469.21
城峰镇	88.18	8596	26468	16	21186	124758	531.63	427.56
清凉镇	105.05	3496	11700	12	45452	13186	533.13	511.13
富泉乡	64.52	2101	6904	9	12636	6640	332.65	315.65
岭路乡	114.63	2213	8018	10	17668	1545	422.86	389.86
赤锡乡	98.70	4436	15805	15	18283	10411	527.36	497.36
梧桐镇	171.92	11296	38352	22	37432	13189	779.10	730.10
嵩口镇	248.82	10127	31707	21	38019	18972	1438.58	1312.08

续表64

街道(乡镇)	辖地面积(平方公里)	人口		社区(村)(个)	农林牧渔业总产值(万元)	工业总产值(万元)	财政总收入(万元)	财政总支出(万元)
		户数(户)	人口数(人)					
伏口乡	133.12	3992	13083	10	14826	10259	409.46	478.12
盖洋乡	114.54	2846	9132	10	15508	11293	256.37	235.57
长庆镇	160.72	7906	24072	15	32733	33960	678.77	659.38
东洋乡	48.57	2848	8567	10	13243	4482	312.49	319.74
霞拔乡	59.54	5257	16884	11	14506	2319	355.83	348.63
同安镇	138.90	9500	30916	23	29050	11482	1182.69	1119.67
大洋镇	107.71	9619	33416	18	27038	10396	629.90	598.90
盘谷乡	30.28	3140	10243	6	13577	7113	407.76	406.52
红星乡	46.17	2870	8719	8	15312	5978	388.43	369.43
白云乡	105.17	4223	13417	13	29503	6264	338.17	320.17
丹云乡	59.80	1196	3889	6	13789	2697	278.50	264.50

注:数据来自永泰县统计局。 (蔡志远)

(编辑 黄 铭)

市委市政府调研课题(选编)

编者按

2012年,福州市各级各部门结合工作实际,深入开展调查研究,了解掌握大量第一手资料,撰写了一批反映发展实际情况、深刻剖析存在问题,并提出具有一定前瞻性和可操作性对策建议的优秀调研报告。本栏目从中选编12篇,主要选录本书既设栏目未能全面涉及的行业或部门2011—2012年的发展课题内容,并首次尝试以条目化的形式呈现。选编坚持"浓缩精华、过滤一般、保存史实"的原则,主要摘录调研文章中"现状"及"存在的问题"等"已然"内容,对"对策建议"等"未然"内容暂不选录。

老龄事业

福州市民政局课题组

【养老保障】 福州市自2005年起连续8年调整提高企业退休人员养老金水平,截至2012年6月企业职工参保人数122.7万人,其中退休人员23.64万人,月人均养老金1574.69元;新农保和城镇居民养老保险制度比全国提前实现全覆盖,40万老年农民按月领取政府基础养老金。新农合参合率达97.66%,其中老年居民参合人数达44万人;10.52万60周岁及以上老年人参加城镇居民医保,城镇居民医保和新农合2项政府补助标准统一由2011年220元提高至2012年260元,高出全省平均水平20元。被征地农民养老保障制度在县(市)区全面实施,10.6万60周岁以上老年人享受被征地养老补助金政策;符合低保的贫困老年人实现应保尽保,低保、五保、革命"五老"老人及低收入家庭老年人纳入城乡医疗救助范围;百岁老人营养补贴标准提高到每人每月200元;独生子女父母养老实行特殊的补助政策。

【老年人权益保障】 建立市老年法律援助工作站和老年法律服务志愿者队伍,开设市老年法律援助"绿色通道",县(市)区法院普遍设立老年维权合议庭,老年人法律援助实现应援尽援。福州市3年累计办理各类涉及家庭老年人维权的法律援助案件270件,占办案总数的12.4%。为15.9万名老年办理老年优待证,在全省率先实行70周岁以上老年人凭福建省老年人优待证直接免费乘坐城区公交车的优待措施,市级财政自2007年起连续6年,每年安排财政专款160万元以上为70周岁以上高龄老年人免费乘坐城区公交车承保人身意外伤害保险。创建全国无障碍示范城市通过国家四部委的考核验收,并获得命名表彰。

【社会养老服务】 在全省率先开展居家养老服务试点工作,并在城乡社区全面推开,列入每年市及县(市)区党委、政府为民办实事内容,纳入每年政府公共财政预算和政府绩效管理,逐步构建社区15分钟养老服务圈。到2011年底,已建成城乡社区居家养老服务中心(站)210个,整合社会各类为老服务资源426个,新建社区日间照料床位351张,老年人活动室244处。2012年,新建居家养老服务中心(站)225个,可实现城市社区全覆盖。在全省率先开展老年应急呼救,并建立与"110""120""119"等社会应急联动单位衔接互动的,具有GPS定位功能的老年应急呼叫救助数字网络系统及居家养老信息服务平台。城区8000多名高龄、空巢及生活照料有困难的老年人纳入居家养老呼叫服务保障对象范围,对全市781名民政重点保障人群实行政府购买服务补贴,无偿服务、低偿服务的政府补贴标准分别由240元、120元提高到400元和200元。培训社区养老护理员400多名,建立一批社区专职养老护理人员队伍,发展社区为老服务志愿者队伍322支、5000多人,居家养老工作获"2011年中国城市管理进步奖"。发展各类养老服务机构97家,床位总数1.02万张,养老床位数增加到每千名老人22.1张。

【老年社会事业服务】 老年学校和文化阅览室、活动中心(室)、农家书屋、文化娱乐、体育健身等活动设施得到改善。2011年市老年大学招收学员达5000人次,现代远程老年人教育网络逐步覆盖城乡57%的村(居),老年人入学率由原来9.7%提高到13.6%。举办离退休干部登山和万名老年人健步行活动,城乡老年人的文艺表演、书法等才艺表演十分活跃,老年人参与文体健身活动意识日益增强,成为"激情广场大家唱"及社区群众性文化娱乐健身广场参与的主要群体,经常参加体育健身活动的老年人占全市老年人口的五成以上。

【人口老龄化趋势及特点】 *老年人口基数大,传统家庭养老功能弱化* 据2010年第六次人口普查统计,福州市60周岁及以上老年人86.01万人,占常住总人口的12.09%(高于全省比例11.42%的0.67个百分点),其中65周岁及以上老年人58.49万人,占8.21%。与第五次人口普查相比,60岁和65岁及以上人口的比重,分别上升2.27个百分点和1.1个百分点。预计到2015年,全市60周岁及以上老年人口将达到108万人,约占全市总人口的15.8%,且家庭人口已呈现"四二一"结构,增大社会养老服务供给压力。

高龄老人增加,空巢化、失能化突出 福州市70周岁和80周岁及以上老年人分别达40.23万人和13.55万人,分别占老年人口的46.7%和15.75%。农村青壮年劳动力外出务工经商、上学、出国造成大量"空巢老人",同城异地居住、子女亲属无法照顾父母的"空巢老人"也较普遍,"空巢老人"约占老年人口的1/4,老年照料和护理问题日益突出。

人口老龄化对经济社会发展的影响加深 从基本养老保险职工参保来看,福州市大约3个在职职工承担1个退休人员退休金(全国现有是5个年轻的工作人口养活一个老年的退休人员),而现有社保基金结存率不高。2010年以来,企业退休人员逐年增加,预计2012年增加1万人以上,上半年与去年同期相比,基本养老金支出增加4.09亿元。随着人口老龄化不断发展,福州市人口老龄化将与加快新型工业化、城镇化、现代化相伴随,与经济转型、社会转型、文化领域的改革发展相交织,与城乡、区域、收入的差距相重叠,并呈现伴随家庭结构日趋小型化和高龄、空巢、失能老年人不断增多的特点,社会养老保障和养老服务的压力日益增大,给福州市经济社会发展以及公共服务、社会和谐稳定都造成深刻的影响。老年人不仅在经济供养、日常生活照料、医疗保健方面的需求增多,而且在文化教育、体育健身、情感慰藉和社会参与等方面的需求日趋上升,从而突显福州市人口老龄化形势的严峻性、老龄问题的特殊性和老龄事业全面发展的重要性。

【老龄事业发展面临的主要问题】 一是城乡社会养老保障体系有待健全完善。现有企业职工保险、机关事业保险、农村养老保险待遇水平以及管理体制不一,城乡养老保障覆盖面及保障水平有待进一步提高。尤其是农村养老保障水平较低,企业退休人员月人均养老金也低于全省1643元和全国1700元的水平。

二是现有服务的内容、质量仍不能满足日益增长的多样化养老服务的需求,护理型机构偏少,床位不足;对民办养老服务机构政策扶持和监管力度还不够,社会力量参与兴办养老机构虽有意愿但受土地供应和场所的制约,实际参与不充分,一些民办养老机构由于消防等原因,难以注册登记,合法经营;居家养老服务城乡发展还不平衡,真正的市场主体未形成,服务专业化、社会化发展缓慢,社区照料服务功能还不完善,养老服务人员待遇低、职业素质不高,专业护理人员十分短缺,人员队伍很不稳定。

三是从老龄服务产业看,福州市养老服务消费市场潜在需求巨大,而市场发育迟缓,有效需求仍显不足,有偿服务难以拓展,老年群众的服务消费观念还存在一些障碍。

四是在全面、主动应对人口老龄化方面还显准备不足,缺乏相应政策刚性和配套法规及措施。一些县(市)区没有将加强老龄工作,发展老龄事业纳入党委、政府重要议程,及时研究出台相关规划和具体政策措施,进行统筹谋划和推进,做到常抓不懈。

五是现有市老干部活动中心规模及场地太小,市及部分县(市)区未能满足老年群众日益增长的文体活动需求,多功能、综合性老年综合活动中心、养老服务设施、社区老年学校及基层老龄文娱体育健身等设施不完善。基层老龄事业的投入保障机制尚未形成,各地由于缺乏刚性制约和项目带动,投入的随意性较大,各级财力保障支出还不适应新时期老龄事业全面发展的实际需要。

六是老龄工作体制不顺,机构和人员队伍不适应老龄工作的新要求。新一轮行政机构改革对市、县(市)区老龄办未明确职能定位,处于既不归属党委部门,也非政府成员单位性质的职能部门的状况,机构性质上下不统一,有的县(市)还属于事业单位。现有老龄工作职能交叉较多,体制不顺,政出多门,不利于出台涉老政策工作协调一致。现有大多数县(市)区老龄办人员编制只2名,工作经费不足,乡镇(街道)和村(居)都不设专职或经办工作人员,新的工作任务缺乏人员、缺乏经费去执行。

(课题组成员:陈宗利 王小远 张航 刘德峰 徐本元 朱警璐 林义应 陈欣 卢净 屈中洋 执笔:卢净 屈中洋)

高端服务业发展

中共福州市委政策研究室课题组

【福州市高端服务业发展总体情况】 高端服务业主要指依托信息技术和现代化管理理念发展起来的信息和知识相对密集的服务业。具有高的科技含量、高人力资本投入、高附加值、高产业带动力、高开放度、低资源消耗、低环境污染等特征。主要包括:总部经济、金融、物流、旅游业、科技、教育、医疗保健、文化娱乐、咨询信息、创意设计、节庆、展会、IT资讯、订单采购、商务活动、企业服务业、专业中介等17个大类及若干领域。2011 年,全市第三产业增加值达到 1672.19 亿元,同比增长 11.7%,占全市生产总值比重达到 44.8%;第三产业完成固定资产投资 1018.7 亿元,同比增长 7.8%,占全市城镇固定资产投资的 38.4%。

【金融保险业】 2011 年,福州市银行类金融机构 39 家,各项存款余额为 6910.13 亿元,金融保险业实现增加值 219.19 亿元,占第三产业增加值的 13.1%。企业上市融资方面,福州市境内外上市企业有 66 家,其中境内上市企业 27 家,2011 年实现融资金额达到 454.41 亿元;境外上市企业共 39 家,主要在中国香港、新加坡、美国纳斯达克、德国法兰克福和韩国。现有保险公司主体 48 家,2011 年全市保费收入达到 114.46 亿元,占全省比重 26.53%,居全省首位。

【现代物流业】 福州市现有各类物流企业 1500 多家,其中 AAAAA 级 3 家,AAAA 级 5 家,12 家企业获评全国先进物流企业。六大物流园区、3 个分拨中心和物流配送中心等建设推进,初步建立涵盖运输配送、仓储保管、装卸搬运、流通加工、现代包装、物流信息等各个环节的物流产业链,基本形成以高速铁路、高速公路、港口为重点的对外联接通道,物流发展环境不断优化,物流信息化水平不断提高。2011 年福州市物流业增加值达到 176.74 亿元,占第三产业增加值比重 10.5%。

【商贸流通业】 福州市现有营业面积 5000 平方米以上的大型百货商店 46 家,年销售额 46 亿元。营业面积 2000 平方米以上的大型超市 82 家,年销售额超过 100 亿元。海峡汽车文化广场、仓山万达广场、红星美凯龙等一批商贸重点建设项目已竣工投产,海峡钢贸城、闽侯南通建材市场、海西佰悦城、泰禾城市广场等项目也在有序推进。2011 年,全市商贸流通业实现产值 389.75 亿元,占第三产业增加值 23.3%。

【总部经济】 福州市总部经济企业主要分布在工业、通讯、金融、保险等行业,以国有银行省级分行、保险公司省级分公司、福建移动等为代表的总部企业(集团)不断壮大,以日立、东芝、爱默生、中石油、中石化等 87 家世界 500 强分支机构为代表的总部经济初具规模。五四路商务区以发展高端商务休闲和高品质休闲购物娱乐为主,商业网点侧重发展时尚高端购物网点、高品质商务服务网点和休闲餐饮服务网点等;工业路商务区以发展大型企业总部、科技研发中心以及文化创意产业为主,商业网点侧重发展大型城市综合体、生产性服务网点和总部服务网点等;鳌峰路商务区以发展金融街为主,商业网点侧重发展金融服务网点和商务休闲娱乐网点等;东部新城商务区以发展行政商务办公和文化展示为主,商业网点侧重发展办公服务、会展、金融服务和高铁站前服务等。

【文化创意产业】 已培育形成一批具有较强竞争力的产业集群,包括以网龙公司为龙头的网络游戏设计制作产业集群;以时代华奥为龙头的动漫产业集群;以奥华公司为龙头的创意设计产业集群;以瑞达电子公司为龙头的工业设计产业集群;以闽兴公司为龙头的工艺美术产业集群。先后建成三坊七巷历史名街、船政文化旅游区、芍园壹号文化创意园等一批文化创意产业园区(基地)。目前,全市拥有国家级文化产业示范基地 1 个、省级文化产业示范基地 10 个。

【会展业】 2010 年,海峡国际会展中心建成投入使用,会展硬件设施进入全国前列。2011 年,福州市举办各类展会 222 场,其中大型展会包括第十七届福州国际汽车展览会、第六届海峡(福州)渔业博览会、第十八届中国(福州)国际汽车博览会、中国(福州)动漫电子消费展、第 66 届中国国际医疗器械博览会等。

【高端服务业发展存在的问题】 从产业总量看,2011 年,福州市第三产业增加值 1672.19 亿元,占地区生产总值的比重 44.8%,总量和比重均落后于广州(6464.8 亿元,61.0%)、杭州(2893.4 亿元,48.7%)、南京(2540.6 亿元,50.7%)、济南(2058.2 亿元,52.6%)等。服务业总量的不足,造成以此为基础的高端服务业难以规模化和集聚化发展。

从产业结构看,福州市传统服务业占整个服务业总量比重偏高,特别是商贸、餐饮等传统服务业仍然占主导地位,而金融业、总部经济、专业中介等高端服务业占服务业增加值的比重仍然较低。服务业中直接为企业经营活动提供服务的现代物流、金融、信息、科技和咨询服务等生产性服务业发展不充分,服务业集聚区功能不完善,创新能力不足,辐射能力不强。

从发展层次看,福州市的服务业企业仍处在产业链条的中下游位置,服务业龙头企业在整体数量、规模、经济效益等方面,都与发达地区存在很大的差距。特别是上规模、具有较强竞争力和知名品牌的企业少,缺乏在行业中排名前列的高端服务企业,对整体经济发展的带动能力弱。

【高端服务业发展的制约因素】 *区域竞争激烈和自身发展欠缺* 当前,区域发展竞争十分激烈,一方面,先进地区凭借着更为良好的发展环境和产业基础,对福州市资金、需求、人流等发展要素的"虹吸"效应继续加剧。另一方面,一些周边地区凭借政策"高地"优势,对福州市的不利影响开始显现。这些都从很大程度上限制福州市高端服务业对周边区域的辐射带动效应。此外,福州市服务业发展特色不明显、比较优势相对乏力。比如,商贸、会展、物流、文化创意等产业虽有潜力,但由于起步较晚,规模较小,未来核心竞争力能否提高、政策引导发展的成效是否明显都还有待继续观察。

产业经济支撑薄弱 福州市目前还处在工业化、城镇化中期至中后期阶段,第二产业的发展还不够充分,高端服务业的发展潜力有待挖掘。

体制机制不够完善 一是缺乏强有力的统筹领导机制。目前,全市服务业管理职能比较分散,服务业领导小组各成员单位交叉管理和缺位管理状况并存,相关责任单位的工作目标责任考核制度也不明确。二是产业发展政策有待整合加

强。福州市出台的《加快服务业发展实施办法》已于2010年到期,而新制定的各个服务行业发展专项政策,主要是强化特定行业的政策优惠,政策针对性有余、系统性不足,缺乏对整体高端服务业发展目标、思路和举措的统筹规划。三是市场配置资源的机制不完善,服务环境和发展意识相对落后。比如,服务业企业难以顺畅通过市场实现对市政设施、宣传媒体、配套服务等发展资源的正常有效利用,在很大程度上增加企业的经营成本。

人才保障不够有力　福州市高端服务业发展缺乏一大批善于组织生产、对外公关、懂得英语和贸易知识,熟悉审计、会计、法律等业务的高层次综合管理人才,以及一支掌握行业关键核心技术的技术队伍和掌握实际操作技能的应用型人才队伍。

(课题组成员:白俊超　邵丽　李伟　执笔:白俊超　李伟)

融资性担保行业

福州市工商业联合会、市信用担保协会联合课题组

【担保业发展现状】　截至2011年底,福州市135家已开展融资性担保业务的担保机构共计为1.36万家中小微企业提供262.12亿元的担保资金。截至2012年4月,福州市持有融资性担保业务经营许可证的融资担保机构183家(原审批189家,其中6家已退出),全市融资性担保机构注册资本214.43亿元,资产总额226.26亿元,负债总额9.53亿元,净资产216.73亿元,在保余额122.37亿元。在183家融资性担保机构中,已开展融资性担保业务的担保机构135家,占73.77%;因无法取得银行授信,未开展融资性担保业务的担保机构有48家,占26.23%,涉及注册资本金47.82亿元。

【担保业发展特点】　总量多、民营多、新开办的公司多　截至2012年4月,全市拥有融资担保机构183家,数量远超过北京、上海、广州、深圳、天津等大城市,目前在数量上居全国省会城市第一,占全省722家总量的1/4。在183家担保机构中,仅有1家国有政策性担保公司,注册资金仅3000万元,其余182家均为民营担保机构,其中近2/3为2010年3月以后新成立或从省内其他地市迁移到福州市的担保公司。

未开展业务、异地开展业务、从事钢贸融资担保业务的公司多　截至2012年4月,全市仍有48家因无法取得银行授信未开展融资性担保业务,占担保机构总数的26.23%。据不完全统计,在183家融资性担保机构中,异地开展业务或主要为上海、江苏等地钢材市场商户提供融资担保业务的超过100家,其中绝大多数担保机构的股东或实际控制人为闽东、闽北籍在沪宁地区从事钢材贸易的人士,且注册地多集中在市中心城区,仅鼓楼区就聚集90家左右的担保机构,占全市总量50%以上。

单体业务规模小、资本金放大比例低、总体信用实力弱　福州市绝大部分融资性担保公司注册资本金在1亿元左右,注册资本金超过2亿的仅17家,占9%,最大为7亿元。但目前单体业务规模普遍偏小,2/3以上担保机构融资性担保业务余额低于其注册资本。截至2011年底,全市担保机构平均注册资本金放大率只有0.6倍,远低于全国的2.6倍和全省的1.1倍,其中资本金放大倍数超过3.5倍的仅1家,达到全省平均1.1倍的不到60家,占总量不到30%。

【融资性担保行业发展存在的问题】　抗风险及盈利模式有待完善　截至2012年4月,福州市尚未建立政策性信用再担保及分险体系,大多数民营担保公司,在不出险的前提下仅能维持不亏,一旦出险将产生严重亏损,甚至破产。因此,大部分担保机构在开展中小微企业融资性担保业务上均采取相对保守的经营策略。风险高、收益低的行业特点是融资担保业务目前面临的最大问题,也是迫使少数民营担保公司股东铤而走险、抽逃资金从事"过桥"、民间借贷甚至"高利贷"等非担保主业业务的主要原因。

扶持政策力度不够　福州市融资性担保机构50%以上为近2年内新设立的公司,中小微企业融资担保业务正处于起步阶段,普遍存在业务规模小、担保实力弱的问题。目前财税扶持优惠政策却对经营年限、业务规模、新增比例、业务占比等设置相对较高的门槛。要获得国家级补贴需要成立2年以上,资本金放大比例3.5倍以上、新增担保业务2倍以上、小微企业担保业务占80%以上等等。要获得营业税减免,所需条件更高。2011年,福州市获得国家级补贴的仅1家,2012年获得申报国家免征营业税资格的融资性担保企业全省仅4家,福州市却1家都没有。

反担保措施办理难　融资担保行业自2010年3月国家七部委《融资性担保公司管理暂行办法》颁布实施后才真正获得其准金融行业地位,由于政策执行的滞后性及相关部门的协调工作量大面广,在业务办理过程中仍遇到原有法律法规及体制的各种阻力和技术性难题。如贷款企业及股东已经抵押的房产的残值抵押登记,即房产的二次抵押登记、车辆抵押登记、矿权抵押登记、知识产权质押登记以及其他可用于反担保措施的法律保护方面,实际实施起来还比较困难。例如,罗源县很多中小型石材企业需要担保贷款,银行及担保公司认可的"采矿权"却不能办理抵押登记,使担保公司不敢为其提供担保以申请担保贷款。

此外,担保公司在开展业务过程中需要办理的对客户企业及其股东的银行资信查询、房产在押状态查询、纳税、报关信息查询等还存在很大的困难,相关部门的配套法规及操作细则难以出台,制约中小微企业融资担保业务的拓展。

起点低、起步难,潜在风险不容忽视　福州市已获得《融资性担保机构经营许可证》的183家融资担保公司中,不同程度上存在存量客户少、资信等级低、银行准入难、准入成本高、专业人才缺、粗犷经营等的问题,多数亏本经营、难以为继。部分难以开展融资性担保业务的公司出现业务异化,存在股东挪用或变相抽逃注册资本金、卷入违规借贷、非法吸储,从

事高风险高收益活动的现象。

由于银行利率居高不下、人员工资等经营成本不断提高、应收账款拖欠加重、市场萎缩等等不利因素,加大为其提供融资担保的担保公司的风险,融资担保存量客户风险升势明显,而对那些粗犷经营的融资担保公司来讲尤为严重。特别是以闽东、闽北籍人士在沪宁地区从事以“钢贸担保融资”为主业的担保公司,实际控制人和关联交易潜在风险大。

市场竞争无序化、银担合作严重不对等　由于福州市批设的融资性担保机构数量过多,实力相差悬殊,资信良莠不齐,客户资源分散,目前整个行业呈现“僧多粥少”的局面。部分新设担保公司为保牌,尽快获得银行授信合作,实现担保业务零的突破,不惜采取降低风控和收费标准,承诺银行拉存款、抢客户等不正当手段,致使真正从事中小微企业融资担保业务的担保公司难以形成规模化经营。

(执笔:何宝　柳平　郑榕生　王淮海　元武　许庆文)

“三维”项目对接

福州市人大常委会课题组

【“三维”项目对接工作基本情况】　“三维”项目对接是指与央企、民企、外企间的对接。2011 年,福州市仅有 3 个千亿级产业集群和 4 家产值过百亿的企业,全市地区生产总值 3736 亿元,在全国省会城市中居第 14 名,全国规模以上工业总产值超万亿的城市已达到 15 个,而福州规模以上工业总产值 5321 亿元,居全国第 39 位。全市正在对接的“三维”项目库共有 566 个项目,总投资 7666 亿元。其中:央企 47 项,总投资 4077 亿元;外企 176 项,总投资 86 亿美元;民企 343 项,总投资 3045 亿元。项目库涵盖战略性新兴产业、高端制造、石油化工、文化创意、旅游、商贸服务、农林水利、城市建设、基础设施等行业,遍布新技术、新能源、新材料、低碳、环保等领域。

【央企对接合作】　2011 年 12 月 11 日,福州市有 21 个新项目与中央企业签约,总投资 2256 亿元,主要有中石油集团福建 LNG 接收站、中航国际通用飞机制造等大型项目,涉及冶金、石化、装备制造、新一代信息技术以及基础设施、城市综合体等领域。2011 年底开始,中国化学工程集团公司已内酰胺、神华福建罗源湾煤港电一体化、中石油渤海石油装备钢管制造、中科院广州化学所锂电池隔膜新材料、中储粮长乐直属库等 12 个项目开工建设。中国普天新一代信息产业基地、中国移动和中国联通云计算、华侨城集团福州欢乐谷等项目正在推进。截至 2011 年底,福州市列入省“三维”项目库央企项目对接规模居全省第一,完成投资总额居全省第二。

【民企对接合作】　据不完全统计,截至 2011 年底,福州市累计引进上亿元的民资“回归”项目 433 项,投资总额达 3017 亿元。2012 年 2 月份,省委常委、市委书记杨岳,市长杨益民等赴深圳、上海分别举行 2 场福州市民营企业产业项目投资推介会。1100 多家企业参会,华为技术、万科企业、苏宁电器集团等 30 多家中国民企 500 强企业及世茂集团、金地集团等 70 多家知名企业董事长、总经理参加投资推介会。现已对接来榕投资合同项目 90 项,总投资 1138 亿元。2012 年 7 月 13 日,在福建省福州市珠三角民营企业产业项目洽谈会暨签约仪式上,福州市签约民营企业产业合同项目 87 项,总投资 989 亿元;2012 年 8 月,珠三角知名企业家考察团,意向在榕投资项目 28 个。

【外企大项目对接合作】　第十五届投洽会上,印尼三林集团在福州投资 20 亿美元参与江阴、可门等港口开发,成为福州历史上最大的签约利用外资项目。第十六届投洽会上,江阴国际汽车城、渣打银行福州分行、郑和国际金融中心等 69 项现代服务业项目正式签约投资福州。2011 年以来,福州市利用外资共实现“六个突破”:出现首家中外合资小额贷款公司——福州市亚财联小额贷款有限公司;首家闽台合资产权交易市场——福建联合产权交易所有限公司;首家中外合资融资租赁企业——子西融资租赁有限公司;首家跨国汽车租赁公司——福建中诺安吉租车有限公司;首家以股权出资的外商投资企业——远嘉(中国)矿业有限公司;首家以境外人民币方式出资的企业——福建金山大道生物科技有限公司。福建戴姆勒汽车工业有限公司外方增资 2200 万欧元在榕设立汽车研发中心、试制车间、整车振动实验室、零部件实验室等,壮大福州市汽车产业链规模。

【出台“三维”对接扶持政策】　2012 年,福州市出台《福州市人民政府关于加快工业发展的若干意见》《福州市人民政府关于培育高成长性企业的意见》等扶持政策,2012 年财政一般预算安排中涉及企业扶持经费达 9.05 亿元,占一般预算支出的 11.29%。新成立福州市行政服务中心和市投资促进局 2 个招商引资服务机构,在保障项目用地、完善配套设施、加大金融支持等方面加强协调服务。2012 年 9 月,福州市出台《进一步加强“三维”项目招商引资工作的若干意见》《福州市重大“三维”项目招商引资奖励办法(试行)》《关于进一步推进回归工程的若干意见》等文件,以推进“三维”项目对接。

【“三维”项目对接存在的问题】　缺乏“龙头”引领作用的大项目　2011 年,福州“三维”项目库 566 个项目中,高科技项目仅 18 项,世界 500 强企业项目仅有 31 项。内资项目投资额超过 100 亿元仅 24 项,外资项目超过 1 亿美元的仅 10 项。从目前福州市利用外资、内资的结构分析,投资房地产的比例还比较高,引资项目中属于公司总部、研发中心、营销中心等现代服务业项目所占比例还不大,属于高科技、循环经济项目还不多,与福州省会中心城市的发展定位不相适应。

央企、民企对接工作机制和方式有待创新　在央企、外地民营企业的联系上,近年来福州市主要依靠不定期的上门走访沟通衔接,需要搭建更为顺畅的沟通交流平台。央企、外地民企在福州投资基本以直接投资为主,兼并重组等方式还不多。目前,全国各城市均高度重视央企和全国民营企业500强、国内行业龙头民营企业以及其他知名民营企业对接工作,福州市在对接工作方式方法上还需要进一步创新。

外企对接工作有待加强　2011年,虽然福州市纳入全省“三维”项目跟踪管理信息系统的央企项目总投资居全省第一,民企项目总投资居全省第二,但外企项目总投资居全省第四,与省内兄弟城市相比,外企对接项目工作有待进一步加强。通过多年努力,电子行业形成以捷联电子为龙头,形成华映光电等一大批行业配套企业;机械行业形成以东南、戴姆勒汽车为龙头,带动一大批配套厂商落户。但近几年新的外资龙头企业尚未形成。

部分生产要素不能满足“三维”项目工作需要　一是存在用地交地问题。部分“三维”项目签约后,由于用地难、拆迁难、交地难,导致项目无法及时落地开工建设。近年来,由于征地拆迁谈判的时间拖长甚至谈判无果,福州市引进大项目的难度较大。欧普登(福建)光学有限公司偏光玻璃面板项目,原选址在福州市,用地6.67公顷,总投资近亿美元,但因土地不能按时交付,去年企业将该项目转投南平顺昌,现已投产。二是存在项目审批问题。由于耕保地、林业用地、海域用地等审批受指标限制,到省厅、国家部委审批较困难且获批数量少、难以满足项目用地需求。三是部分工业园区基础设施不够完善。部分工业园的水、电、道路、污水处理等基础设施还不能满足企业要求,生活配套、文化娱乐设施建设不够完善,企业反映较强烈,造成项目落地困难。四是资金到位不足。部分项目由于受国际大环境等各种因素影响,无法按时到资,导致项目投资存在进度滞后现象。

(课题组成员:丘志强　王韶红　王国晓　林周　王熙云　陈龙建　刘庆　执笔:刘庆)

都市现代农业发展

中共福州市委农办课题组

【休闲农业】　“十一五”期间,福州市休闲农业有较大的发展。据不完全统计,截至2012年5月,福州市已建成6.67公顷以上规模的各种休闲农场59家,已建成开放有一定规模和档次的休闲观光农业园区(点)和农家乐休闲旅游村36家,有“森林人家”40家,有被省渔业厅和旅游局认定的“水乡渔村”11家。正在规划的项目日渐增多。闽侯县成为全国休闲农业示范县,全市2家企业成为全国休闲农业示范点,6家企业成为省级休闲农业示范点,数量居全省第一。

【农业示范园区】　上世纪90年代开始,福州市建设一批以科技示范、加工增值、优质产品生产为主要功能的农业示范园区。主要有福州农业科技园区、琅岐高优农业示范区,以及在海峡两岸(福州市)农业合作实验区框架下的闽侯示范区(中心示范区为福州农业科技园区)、福清(洪宽、渔溪)农业综合开发示范区、罗源国家绿色农业示范区。建有福清台湾农民创业园、闽侯闽清雪峰有机茶叶合作示范园、连江现代水产品加工示范园、罗源珍稀食用菌示范园、永泰名优水果示范园、琅岐农业现代精品科技园、城郊生态农业示范园等7大示范园区。近年来,又相继建立福清国家现代农业示范区、晋安区点洋村33.34公顷无公害蔬菜园区及仓山区6.67公顷浦口茉莉花基地。

【农产品基地建设】　设施农业异军突起,截至2011年底,全市设施蔬菜面积达1.33万公顷,其中标准钢架大棚1733.33公顷。据不完全统计,全市建立蔬菜、茶叶、水果、食用菌、畜禽产品生产基地111个。其中罗源县有6.67公顷以上的无公害农产品基地12家,年产量6900吨,产值8500万元;3.34公顷以上的绿色食品生产基地3家,年产量1500吨,产值1000万元;3.34公顷以上的有机食品基地5个,年产量104吨,产值1000万元。2011年,全市花卉种植面积2846.67公顷,从事花卉生产企业300多家,产值11.43亿元。

【农业品牌创建】　全市累计有效无公害农产品产地认定企业达72家,有效无公害农产品认证企业达66家、124个产品;有效使用绿色食品标志的企业达31家、产品96个;有效使用有机食品标志的企业5家、9个初产品和37个加工品;国家农产品地理标志登记保护6个,居全省首位;国家级农业标准化示范区12个、省级农业标准化示范区24个。中国驰名商标2个,省著名商标8个,福建名牌产品5个。

【农业产业化经营】　2011年,市级以上农业产业化龙头企业230家,其中省级以上34家(含国家级8家),年产值突破400亿元。全市农业系统有4家国家级农产品加工技术研发分中心、4家院士工作站,居全国省会城市首位。农业专业化、组织化程度不断提高,2011年底全市登记的农民专业合作社642个,注册资金11.09亿元,成员5757人,带动农户1.26万户。

【都市现代农业发展存在的问题】　休闲农业开发深度不够　福州市农业还处于传统农业向现代农业的转变中,各种现代农业科学技术和先进设施以及先进农艺相互交融的程度还较低,一产向二、三产业延伸渗透仍然不足,农业、旅游两业交叉融合不明显。具体表现在:一是在特色农产品开发方面,资源型、传统型的初级产品多,高科技、外向型、特色型产品少;产品更新慢,附加值不高,难以适应市场发展变化。二是在农业多功能开发方面,功能主要集中在休闲农业旅游上,对科技、教育、文化、养生与健康等功能的综合开发有待拓展。休闲农业项目在整合与开发特色资源上,历史资源、文化资源、自然资源与产业资源等融合不够,休闲农业的观赏性、知识性、体验性和生态环保性等方面的特色未能充分显示。

土地流转困难　2011年,全市土地流转面积1.28万公顷,占耕地面积的12.3%,在全省处于中下水平,主要原因:一是土地政策宣讲不到位。农民对土地流转政策的理解存在误区,农民对土地的依赖性依然较大,一定程度上阻碍土地流转进程。二是土地流转机制不健全。县、乡两级土地流转平台,还不能正常运转。由于中介服务组织缺乏等因素,土地流转的供求、价格等信息不能及时有效公布,大部分土地流转尚处于自发状态,没有形成公开高效、信息完备的土地流转市场,导致流出难和流入难问题并存。三是农村社会保障不完善。目前,农村的养老、医疗、社会救助、低保等社会保障体系正在建立健全中,覆盖面有限,保障水平低,土地承载着特殊的生存保障功能,影响土地流转的进程和规模。

农业人才短缺　一方面,劳动力素质低下。目前福州市农村大部分高素质农业劳动力向外转移。据调查,2011年永泰县转向非农产业经营的有7.85万人,占农业劳动力总数10.88万人的72.2%。转移出去的农村劳动力大多是青壮年劳动力和农业科技能手,留守的农业劳动力女性化和老龄化现象严重,难以适应都市现代农业发展要求。另一方面,专业型人才匮乏。园区缺少懂得都市现代农业技术的专业人才,特别是既懂技术又会管理的复合型人才。

(课题成员:郭宜超　陈可传　陈文辉　廖胜彪　陈钰　李小荣　李春茂　杨守东　郭永平　陈华　林雪兰　毛胤定　叶求利　马师钦　执笔:叶求利　马师钦)

临港工业

福州市经委课题组

【临港工业发展现状】　福州市临港工业发展主要依托“一港四区”的腹地区域:即北起罗源湾,南至兴化湾北岸,东至平潭岛,由闽江口内港区、罗源湾港区、福清湾松下港区、兴化湾江阴港区4部分组成。

截至2011年,福州港拥有生产性泊位125个,其中万吨级以上深水泊位42个,5万吨级以上泊位16个,最大可靠泊15万吨级集装箱船和30万吨级散货船。开辟直达欧洲等国家与地区的国际班轮航线34条,全港航道总里程从66.9公里延长至222.7公里,码头年设计通过能力从2000年的2400万吨提升至2011年的9148万吨,其中集装箱设计通过能力从2000年的24万标箱提升至2011年的242万标箱。

全港区有港口经营企业76家,其中码头装卸企业55家、船舶港口服务企业15家、拖轮经营企业3家,理货企业2家。与港口有关的运输、仓储、代理等企业多达上千家,形成以福州港务集团等企业为代表的一批专业从事国际海运集装箱的装卸、堆存、中转业务的现代港口物流企业。2012年3月和7月,成功接纳2艘载货约32万吨和26万吨的超大型干散货轮靠泊罗源湾港区可门作业区,标志着福州港罗源湾港区可门作业区成为国内可接卸超大型干散货船舶的港区之一。

2011年,南北两翼的连江、罗源、福清、长乐4个县规模以上工业完成产值2868.6亿元,占全市规模以上工业产值的51.8%,增长贡献率56.1%。宝钢德盛不锈钢、时代包装、华电可门、福兴医药、濠锦化纤等一大批高投入、高产出的项目落地临港工业集聚区,涵盖钢铁、能源、新材料、生物医药、纺织化纤等行业,形成纺织化纤、冶金建材、机械制造、电子信息等产业集群,工业加快向以江阴、罗源湾两大港区为重点的南北两翼集聚。

【临港工业发展的制约因素】　临港工业基础设施建设相对滞后　福州临港工业存在港口布局分散、岸线资源利用效率不高、基础设施重复建设问题,与建设福州国际航运枢纽港目标不相适应。如福州港集疏运体系的疏港铁路支线建设严重滞后,影响南北两翼深水码头泊位辐射带动功能的发挥;江阴港区、松下港区和罗源湾港区海事部门海上安全监控系统VTS系统建设滞后,不能夜航,影响大吨位船舶的进出和集装箱远洋干线开辟等。

临港工业腹地经济总量不够大　由于湾多地少,山高路少,以及缺乏整体规划,沿海临港工业发展存在土地资源不足与开发投资滞后的问题。如闽江口内港口规模小、等级低,难以支撑现代工业和现代物流业发展;江阴港区后方虽设立保税物流园区和出口加工区,但仍处于招商引资阶段,进驻企业数量少、规模小;松下、罗源湾等港区虽然形成电力、粮油加工等特色临港工业,但土地资源成为制约其规模化发展的主要瓶颈。

港口产业集群集聚缓慢　目前,福州港口除具备基本的装卸、仓储、航运和简单的船代、货代、信息、保税等物流服务外,石化、冶金等大型临港工业尚不发达,还须加快集聚,商贸、加工增值服务以及相关的金融保险业务处于发展的起步阶段。如江阴港保税物流园区主要以简单拼箱、仓储业务为主,物流量不大;松下港区粮食的流通加工、信息处理等物流活动规模偏小,与沿海其他大型港口存在差距。总体上看,福州港临港经济发展尚处于较低水平。

(课题组成员:王国晓　张晓江　执笔:张晓江)

海洋经济

九三学社福州市委员会课题组

【海洋经济基本情况】　“十一五”期间,福州已基本形成海洋渔业、海洋交通运输与仓储、滨海旅游、船舶修造、海洋建筑等五大海洋主导产业。全市主要海洋产业总产值年均增长19%。2011年,全市海洋经济总产值达1490亿元,同比增长19.5%。以苗种培育、工厂化养殖、深海抗风浪网箱养殖和海岛开发为代表的高科技、高标准、高投入、高效益的现代渔业发展迅猛。全年海洋水产品业产量184.8万吨,产值299.2亿元,占全省38.33%;水产品加工总量达133.73万吨,占全省48.85%;加工总产值198.72亿元,占全省43.37%。2011年福州港区完成货物吞吐量8218.25万吨,同比增长15.35%。完成集装箱吞吐量166.02万标箱,同比增长12.90%。

【科技兴海】 全市60多家企业通过HACCP认证或欧盟认证,3家水产企业被评为首批"福建省科技创新引导工程创新型试点企业",3家企业荣获"福建省品牌农业企业金奖",5家水产加工企业生产的产品获得中国名牌或中国名牌农产品称号。"鳢科鱼类生物育种养殖技术研究"项目获得省科技进步三等奖,"角螺人工育苗技术与人工养殖技术研究与推广"、"鳢科鱼类早春育种繁殖技术"项目分别获得市科技进步二、三等奖;生物技术《一种抑制肿瘤的药物(复方鲨鱼软骨素)》《微藻培养液及其制备方法》《微小个体分离装置》获国家发明专利;海带、鲍鱼、菲律宾蛤仔(花蛤)苗种培育技术达到国内先进水平,福州地区已成为这3种水产品的主要苗种供应地,连江被评为"中国鲍鱼之乡"和"中国海带之乡"。全市有医药生产企业60余家,其中生物医药生产企业35家,研发产品有高灵敏度P型抗干扰试剂、鳗钙、蛋白胨、胶原蛋白、壳聚糖、纳米抗菌创伤辅料、β-葡萄糖苷酶等海洋药物和保健品。

【海洋经济发展存在的问题】 *海洋科技力量相对较弱* 福州市从事海洋开发研究的科研机构偏少,虽然拥有福建师范大学、福建农林大学、福州大学、福建医科大学、福建农业科学研究院、福建微生物研究所等一批生物技术科研院所,但没有专门涉海研究机构。市本级只有1家市海洋与渔业技术中心,现有的科研力量分散,科技知识有效供给不足,难以支撑福州海洋经济快速发展对科技的需求。另外缺乏支撑海洋战略性新兴产业的高端人才,海洋人才队伍难以满足海洋经济快速发展的需求。而发达地区,如青岛市在海洋与渔业方面,拥有省部级重点实验室、工程技术研究中心28家;从事海洋科技研究、海洋教育、海洋管理、海洋观测实验等的专业人员近万名,高级专业技术人员1700多人,涉海院士总数达到19人。

海洋科技创新体制滞后 福州市海洋科学研究的产出、高新技术产业的竞争力都落后于发达地区,科技创新成果很难转化为现实的生产力。主要原因是海洋科技创新与市场相脱节,没有建立起层次不同、配套衔接、功能各异的海洋科技成果推广转化体系,使不少科研成果只能被束之高阁。海洋科学技术研究与实际应用"两张皮",未形成社会化的科技服务体系,缺乏海洋技术、信息、金融等公共服务平台,使海洋科技成果不能尽快地向生产力转化。

海洋科技投入不足 2011年,福州市本级对海洋科技项目的经费资助仅177万元。由于对海洋科技投入不足,致使海洋基础研究和应用研究相对滞后,科研机构设备老化、运转困难,海洋科技水平的提升比较缓慢,严重影响海洋经济发展。另外,大多数企业研发经费投入不足,未有效形成自主创新机制,主要通过引进技术推动发展,拥有自主专利技术的企业偏少。

(课题组成员:罗枫 唐佑钗 吴陈勇 王朝春 方善明 执笔:唐佑钗)

台资企业转型升级

中共福州市委台湾工作办公室课题组

【福州市台资企业发展情况】 截至2011年底,福州市累计批准台资项目3042项(含第三地转投资),占外商投资企业总数近40%;合同台资66.35美元;实际利用台资41.92亿美元。台资项目平均规模超过200万美元,千万美元以上的台资企业160多家,台资企业年总产值超过700亿美元,营业收入、出口额及缴纳税收均占福州市外资企业相关数据的1/4,安排就业人口近20万人。

福州市台资企业主要以制造业为主,占台资投资总额的74%;服务贸易业占19%;农业占3%。其中电子信息、机械(汽车及配件)最为突出,均已超过台资投资总额的1/4,行业规模均超过百亿。华映集团、冠捷科技集团、东南汽车等企业不但投资额大,而且产品技术定位高,已成为福州市电子信息、汽车及配件等支柱产业的龙头企业。3家工业总产值达到400多亿元,占福州市规模以上工业总产值比重近30%,实现纳税10多亿元,已连续8年荣登全国500强外资企业排行榜。冠捷电子、捷联电子、顺大运动用品、清禄鞋业、三丰鞋业5家台资企业跻身福州市十大出口企业行列。

【台资企业转型升级存在的问题】 福州市台资企业中小型企业居多,且大多是劳动密集型、传统制造性企业,缺乏中长期规划、产品市场日渐萎缩、管理落后、先进机械化程度尚低、用工短缺等企业发展瓶颈已逐渐凸显,转型升级迫在眉睫。同时,由于城市规模迅速扩展,城市建成区内特别是晋安区、仓山区、马尾区的台资企业由于城市规划调整、环保要求提高等原因,将陆续面临搬迁。自身发展的局限性已经令福州市台资企业产生转型升级的意愿。社会经济环境的持续改变,也进一步促进台资企业转型升级的主动性。近年来,华映光电股份有限公司、统联文具有限公司等部分台资企业已经主动开始进行转型升级。华映光电股份有限公司在4年时间内使中小尺寸液晶模块成功取代显像管产品,全球市占率达13%,跻身全球前三大中小尺寸面板厂;同时切入触控面板市场,投资打造触控面板一条龙生产基地;实现大型龙头台资企业的华丽转身。但对于福州市数量庞大的传统中小型台资企业来说,要实现转型升级还存在资金、技术、人才等方面的问题。因此,需要政府及有关部门为其提供扶持和帮助,才能使台资企业更好地进行转型升级。

(课题组成员:曾秋玲 邱一 林文珠 吴晓聪 许征帆 李梅婷 执笔:许征帆 李梅婷)

榕台会展合作

中共福州市委台湾工作办公室
福州市商贸服务业局联合课题组

【会展业发展情况】 “十一五”期间,福州会展场次逐年增加,年均增长率达到20%;展览企业自身效益有所突破,年均增长率达到15%;展览国际化水平逐年提升,来自境外的参展机构、参展人员、专业观众每年都有所增长。会议业在项目上发展迅速,国际会议项目每年增长10%,来自境外的参会人员每年增长10%,会议企业自身效益每年增长10%。

【榕台会展合作情况】 2011年,福州市举办各类会展222场,其中,展览107场,会议115场,同比增长6.3%。大型展会有:第九届中国海峡项目成果交易会、第十三届海峡两岸经贸交易会、第十七届与第十八届福州国际汽车展览会、第六届海峡(福州)渔业博览会、中国(福州)动漫电子消费展、第66届中国国际医疗器械博览会、第十三届中国国际医疗器械设计与制造技术展览会、中国(福州)家居建材博览会、2011全国测绘地理信息技术装备展览会等。

2011年,福州市成立福州市会展业发展领导小组,出台《福州市展会管理办法》和《福州市鼓励展会发展专项资金使用管理办法》。

经过多年发展,“5·18”海交会、渔博会、海峡电子商务博览会、海峡摄影艺术节、海峡游艇论坛等一批“海峡”特色品牌展会的规模与档次不断提升。同时,福州市也在不断挖掘新的“海峡”品牌,如2011年9月举办的首届中国(福州)动漫消费展是福州市与亚太动漫协会及台北电脑公会合作打造的落地项目。该展会是首创中国大陆动漫、3C及文创产品相结合的品牌展会,不仅展会单日人流量创历史新高,而且其规模与效益也创福州首届会展之最。2012年4月,市贸促会与台北市进出口商业同业公会签署合作协议,双方就互相协助在两岸办理各类会展活动、互相提供信息及咨询服务、建立长期合作机制等方面达成合作意向。福州市通过开展对台交流与合作,将争取吸引更多的专业性展会落户福州。

【会展业存在的主要问题】 聚展效应尚未得到应有体现 与国内的其他主要会展城市比较,福州市在会展规模、专业化水平、国际化程度以及知名度等方面都存在较大差距。市内现有会展企业规模不大,专业门类不全,策划设计水平不高、品牌项目不多,难以满足会展业激烈的市场化竞争需要。

会展业配套设施相对落后 福州市展览服务的配套设施仍落后于全国同类城市,难以适应形势发展的要求,存在市区高星级酒店不足,接待能力有限,出租车辆少,客商出行不便等问题,未能满足高层次、大规模会议发展的需要,也未能充分满足高层次、大规模会展业发展的需要。同时,与会展业有关的基础设施建设与改造投入不足,交通运输、会展环境等软硬件条件与海西中心城市会展业的发展需要还存在一定差距。福州海峡国际会展中心的周边餐饮、住宿、购物、交通、物流等配套设施还有待完善,才能促进申会引展。

会展业市场主体缺乏,会展业管理水平与从业人员素质有待提高 作为海西中心城市,福州市会展业在改革开放以后很长一段时间里,仍一直以政府主导为主,商业化运作起步较晚,水平不高,至今尚无一支专业的展会运营团队,原温泉会展中心的会展团队也因展馆的功能转变而导致解体,造成展会人才的进一步流失。近年来,虽然福州市会展业发展步伐已经大大加快,但是在一定层面仍然存在行业管理不健全、服务不配套,企业竞争不规范,从业人员整体业务素质不高、专业人才比例偏低等情况,全行业的组织策划水平、市场开拓与创新能力仍有待提高。

榕台双向专业展会合作有待加强 虽然“5·18”海交会等传统涉台综合性展会已连续举办多年,但新意不足,与其他省市的涉台专业展会相比无竞争优势。近年来,福建省花博会、茶博会、渔博会、版博会等闽台合作的专业展会反响不错,比起综合性展会更有特色和生命力。作为海西中心城市,榕台双向专业展会合作的空间还很大。

(课题组成员:曾秋玲 林晶 林文珠 郑玲 徐娴 王菲燕 执笔:徐娴)

医疗卫生服务

福州市卫生局课题组

【医疗机构分布情况】 截至2011年底,福州市拥有医疗机构4293家,其中:省级医院14家,市属医院12家,县属医院21家,基层医疗卫生机构(乡镇卫生院、社区卫生服务中心)174家,村卫生所和社区卫生服务站2536家,行业医院和民办医疗机构1495家(行业医院8家,民办医院52家,民办各类门诊部150家,诊所1295家)。

【人均医疗资源情况】 截至2011年底,福州市医疗机构实际开放床位数达2.52万张,拥有卫技人员3.85万人(其中医生1.55万人,护士1.55万人),每千人拥有医疗机构床位数4.15张,每千人拥有医生数2.53人,每千人拥有护士数2.54人,人均医疗资源位居全省前列。

【公共卫生机构情况】 市、县(市)区两级均建立健全妇幼保健院(所)、疾控中心、卫生监督所等公共卫生机构,主要依托基层医疗卫生机构(乡镇卫生院、社区卫生服务中心)开展公共卫生服务。市属精神卫生机构2家(福州神经精神病防治院、闽清精神病防治院),福清、长乐、闽侯、永泰、罗源5个县(市)有独立的精神卫生机构。

【新农村合作医疗保险】 2011年,福州市新农合人均筹资比全省平均水平高20元。有30.38万参合人员获得新农合补偿,以户为单位的年受益率达32.5%。有23.8万参合农民获得住院补偿,次均住院补偿3328元,同比增长51.5%,是全省平均值的1.37倍。当年筹集资金使用率95.1%,2011年参合率达99.3%。在省内率先建成市级新农合信息平台,新农合信息化管理实现市、县、乡一体运作,达到国内先进水平。率先实现新农合与农村医疗救助"一站式"服务,开通本市参合农民在省级、市级医院住院即时报销医药费用。

【国家基本药物制度】 2010年,省基本药物集中招标后,福州市率先探索开展基本药物的分片确标,日使用金额在3元以下的药品价格比省招标平均价格下降26.6%。全市公立基层医疗卫生机构全部实行药品零差率销售,出现门诊人次增加、门诊次均费用下降的特点,如台江区2011年社区卫生服务中心门诊量较上年增长20.4%,门诊人次收费较上年下降48%。

【城乡基本公共卫生服务】 一是免费提供城乡居民11项基本公共卫生服务。人均公共卫生服务经费由15元提高至25元,城乡0~6岁儿童系统管理率、孕产妇系统管理率、居民健康档案建档率、老年人健康管理率以及高血压、糖尿病和重性精神病患者规范管理人数等指标均超额完成省定任务。二是实施7项重大公共卫生服务项目。3年来,全市完成25.87万名15岁以下的人群乙肝疫苗补种任务,对1.43万名农村妇女和城乡低保妇女进行乳腺癌检查,对6.8万名农村孕产妇予以住院分娩补助,为12.24万名农村妇女免费提供孕前和孕早期增补叶酸,为2.95万名农村孕产妇和城市低保妇女免费产前筛查诊断,为2430例贫困白内障患者免费实施复明手术,并在长乐、马尾试点"中央补助地方预防艾滋病、梅毒、乙肝母婴传播项目"。

【公立医院改革试点】 2011年,完成福州儿童医疗救治分中心以及连江、闽清、马尾3个县区医院病房楼基建项目,新增病床数1400张。市二医院与厦门大学附属眼科中心合办眼科医院项目、市传染病医院与附一医院共建福建孟超肝胆医院外科项目正式开业。在全市10所三级医院借助网络、电话等多种方式提供预约诊疗服务,简化就医手续。在全市二级以上医院普遍建立双休日及节假日门诊服务制度,推广实施优质护理服务示范工程活动。试点推进市二医院内部运行机制改革,完善公立医院决策执行机制和人员岗位聘用制度,并向市属公立医院推广实施。在连江、闽侯的县级医院率先开展综合改革试点,探索完善公立医院补偿机制,改革人事管理和收入分配制度,推广实施优质护理、临床路径管理等。

【卫生信息化建设】 目前,全市已完成社保卡制作470.7万张,实际发放447.8万张。福州市县级以上医院已全部完成社保卡就诊一卡通的接口改造,全市基层医疗机构全部实现就诊身份识别和新农合(医保)结算功能。在33家县级以上医院完成居民健康档案信息系统硬件平台的软硬件系统改造和培训。全面推广使用全省统一的基层医疗机构信息管理系统,完善居民健康档案信息系统网底建设。

【医疗卫生服务存在的问题】 医疗资源配置不够合理 福州市优质医疗资源高度集中于省属医院,难以形成合理的竞争态势,新城区医疗资源配置明显不足,卫生资源配置调整滞后于城市建设发展。面对城市化和全民医保带来的发展机遇,市属医院规模和装备水平明显滞后,难以提供更高层次的医疗服务。同时医疗用房受限导致新设备无处安放、新技术无场所开展,现有床位无法满足群众就诊需求。

公立医院改革亟待破题 由于政府经费投入不足,补偿机制不健全,医疗费用增长过快,"以药补医"、"以药养防"的现象客观存在,在一定程度上加大医患纠纷,造成公立医院的公益性质相对淡化。医院管理水平亟待提高,市县医院整体竞争力不强,名医名科数量偏少,医院管理水平、服务质量、诊疗环境等与先进医院相比还存在较大的差距。

基层网底建设需要加强 基层医疗卫生服务体系比较薄弱,乡镇卫生院和社区卫生服务中心总体上还存在设施功能不完善、医技人员技术水平和服务质量不高、群众公信度不高问题。基层综合医改进展不平衡,部分县(市)基层医疗卫生机构绩效工资和"三核一补"政策未完全落实到位,对实施基本药物制度、落实基本公共卫生服务、引进基层卫生人才造成直接影响。

疾病防控任务依然艰巨 人禽流感、霍乱等重大传染病流行形势依然严峻,慢性非传染性疾病、精神疾病社会负担沉重,重大公共卫生安全事件时有发生,公共卫生防控机制有待健全,应急处置能力还需加强。疾病预防控制机构、卫生监督机构和妇幼保健机构人员偏少,基础设施、实验室设备配备以及服务能力建设方面与国家标准相比尚有较大差距。

人才队伍建设存在瓶颈 市属医院优势学科群偏少,高层次人才引进困难,在知名专家、人才储备、科研水平等方面与省级医院差距明显。城乡医疗环境差别较大,临床医学专业学生数量少、就业渠道广,大多不愿到基层医疗卫生机构就业,随着人口增长和经济社会发展,群众医疗需求不断提高,服务范围明显扩大,基层卫生人才储备不足的问题日益突出。

卫生财政投入相对不足 近年来市属医院通过加强建设新增床位近2000张,但财政对医院新增人员、床位的补助并未追加。2011年财政拨补市属医院的1.25亿元仅占其业务开支的6.72%,设备补助300万元仅占其设备采购开支的2.83%,2009年以来的基建补助1.38亿元仅占其基建开支的33.23%。经费补助缺口较大,对市属医院发展造成直接影响,县级医院也存在类似问题。

(课题组成员:缪伟 卓劲松 邓文 邱鼎焰 执笔:缪伟 卓劲松)

城乡居民收入

福州市人民政府发展研究中心课题组

【福州城乡居民收入基本情况】 城乡居民收入持续增长 2011年福州市城镇居民人均可支配收入达26050元,与2005年人均12661元相比,年均增长12.8%,扣除价格因素实际年均增长10.1%。2011年全市农民人均纯收入达10107元,与2005年人均5197元相比,年均增长11.7%,扣除价格因素实际年均增长8.9%。2011年城镇居民收入中,人均工资性收入18848元,年均增长13.8%;人均经营净收入1925元,年均增长15.7%;人均财产性收入1395元,年均增长29.1%;人均转移性收入6434元,年均增长8.8%。

富民惠民政策力度加大 一是增资政策,包括事业单位绩效改革和公务员增资政策,拉动居民可支配收入持续增长;二是逐步提高最低工资标准和个税起征点,2011年福州市区最低工资标准调高为950元/月;三是逐年上调企业离退休人员基本养老金;四是统筹做好城镇就业再就业工作;五是构建五大险种齐全、功能基本完备、规模持续扩大的社会保障体系,低收入家庭生活保障、廉租住房保障应保尽保。2007—2011年5年来,全市各级财政累计用于民生支出718.37亿元,累计为城乡人民兴办实事项目91件351项;累计实现城镇新增就业75.5万人次,转移农业富余劳动力33.9万人次;2011年末新型农村社会养老保险参保人数196.33万人,城镇职工基本养老保险参保人数135.20万人;村(社区)"两委"成员补贴、企业军转人员生活补贴、公益性岗位临时人员工资逐步提高。

收入相对差距逐渐缩小 福州市低收入群体的收入增速高于平均水平也高于高收入群体。从2000—2010年10年来变化差距看,2010年占调查总户数10%的福州市区最低收入户人均可支配收入为2000年的3.2倍,均高于市区平均值的2.8倍和10%最高收入户的2.9倍;从年均增速看,福州市区10%最低收入户的人均可支配收入年均增长12.3%,而市区居民收入年均增长为10.8%,10%最高收入户年均增速为11.3%,分别高1.5和1个百分点。农村居民各项收入近年来加快增长。2011年,福州市农民人均纯收入突破万元大关,增速12年来首次超过城镇居民,高出3.7个百分点,增幅是继1994年以来提升速度最快的一年。

【福州城乡居民收入增长面临的问题】 总体收入水平与东部地区省会城市、副省级城市相比仍然偏低 从表上看出:2011年东部地区省会城市、副省级城市的城镇居民人均可支配收入平均水平为28310元,农民人均纯收入平均水平为12101元,而福州分别为26050元和10107元,低于平均水平8.7%和19.7%。在东部地区省会城市、副省级城市中,城镇居民人均可支配收入在3万元以上的有5个城市,而福州低于3万元,在12个城市中排列第8位,仅高于大连、沈阳、石家庄和海口市;与广州、杭州、南京、济南等东部地区省会城市分别相差32%、31%、24%、11%,与宁波、青岛等副省级城市分别相差31%、10%,与省内的厦门市相差29%,差距较为明显。福州市农民人均纯收入则更低,在12个城市中仅排列第10位,与排名靠前的宁波、杭州、广州分别相差63%、51%、47%。目前,东部地区许多较发达城市正根据自身经济发展状况,不断相应提高本地区的收入水平,福州城乡居民的总体收入水平相对偏低。

2011年东部地区省会城市、副省级城市居民总体收入情况表

表65

东部地区省会城市、副省级城市	城镇居民人均可支配收入(元)	农民人均纯收入(元)
广州市	34438	148182
杭州市	34065	152453
宁波市	34058	165184
厦门市	33565	119285
南京市	32200	131086
济南市	28892	104127
青岛市	28567	123708
福州市	26050	101079
大连市	24300	1415010
沈阳市	23320	1157511
石家庄市	20534	782212
海口市	19730	7160
平均收入水平	28310	12101

工资收入水平亟待提升 一是在岗职工平均工资与较发达兄弟城市相比排名靠后。据近年来相关统计,福州市年均工资收入在华东六省省会城市中居倒数第2位,只比南昌市略高,与华东地区平均水平差距逐年拉大;在14个沿海开放城市中,福州市平均工资仅高于连云港、北海两市排名倒数第三;与省内的厦门市相比,福州市在岗职工平均工资相差约20%,党政机关平均工资更是相差近一倍。二是近年来福州市党政机关职工工资收入虽然逐步提高,但低于经济增长幅度。2008—2011年福州市党政机关平均工资扣除价格因素,同比分别增长19.25%、8.9%、4.6%、3.1%。这4年,福州市地区生产总值(GDP)分别以13%、12.8%、14%、13%的速度发展,相比之下党政机关平均工资收入增长幅度低于经济发展速度。

困难群体收入亟待提高 一是人均可支配收入处于平均水平以下群体比重偏大、收入偏低。福州市低收入群体普遍存在着年龄偏大、文化水平偏低、劳动技能单一、下岗失业后再就业难度大、住房条件改善困难等问题,加上物价特别是食品价格上涨的负面影响，导致其总体收入水平仍然偏低。2011年占调查总户数10%的福州市最低收入户人均可支配收入为10133.13元，只有平均水平的38.9%，最高水平的17.6%，最高与最低收入差距比为5.7:1。二是城乡之间收入增长仍不够平衡。2011年城乡居民之间的收入比为2.6:1，农民收入水平与城镇居民收入水平差距仍然较大，农民增收存在一定难度。增收政策和保障机制亟待进一步向困难群体倾斜。

收入增长点亟待拓展　与2005年相比，2011年福州市城镇居民收入中，工资性收入比例由64%提高到66%；经营净收入比例由5.9%提高到6.7%；财产性收入由2.2%提高到4.9%；转移性收入由28.4%降低到22.5%。福州市城乡居民收入构成虽然有所调整，但经营净收入和财产性收入比重仍然偏低，工资性收入仍是城乡居民收入来源主体和增收主要动力，转移性收入次之。需要进一步优化收入结构、拓展收入增长点。

收入分配存在失衡　从国民经济行业看：福州市知识密集型、高附加值行业的工资水平普遍较高，国家垄断行业的工资水平更是远高于其他行业。职工平均工资最高的3个行业依次为金融业，信息传输、计算机服务和软件业，电力、燃气及水的生产和供应业；而传统的劳动密集型、低附加值行业工资水平明显偏低，排在后3位的是租赁和商务服务业，水利、环境和公共设施管理业，住宿和餐饮业，行业差距较为明显。从经济类型看：国有经济单位职工工资水平最高，其次是其他类型单位职工，而集体单位职工年平均工资最低。

（课题组成员：贯绍溪　徐勇　郭琛　陈炜　执笔：徐勇）

争创国家创新型城市

福州市人民政府发展研究中心课题组

【争创国家创新型城市工作情况】　2011年，福州市科技经费支出5.25亿元，其中市本级科技经费支出2.24亿元。截至2011年底，福州市新认定的高新技术企业317家，占全省的36.5%(除厦门外)。新大陆环保、高意光学、伊时代等8家企事业单位设立院士工作站，市软件园、星网锐捷等14家企事业单位设立博士后科研工作站。全市有3家国家级创新型企业，2家国家级创新型(试点)企业。福大自动化等5家企业入选2011年“中国软件业务收入百强”企业(占全省83%)。全市有陶瓷、塑胶、模具、水产品深加工、机电装备与自动化等34家行业技术创新中心，覆盖全市大部分支柱或重点产业；市级以上企业技术中心166家，其中国家级3家、省级60家、市级103家。2011年，全市实现高新技术产业产值2039.86亿元。福州市连续9次蝉联“全国科技进步先进市”称号，并被科技部确定为科技先进市。

2011年，福州市重点发展电子信息、生物医药、新材料、新能源、环保等产业。引进在国内外具有影响力以及起到龙头引领或产业聚集效应的世界500强企业。在推进央企对接方面，中国移动、中国联通、清华紫光、中星微电子、北斗卫星导航应用等重大项目引进工作逐次展开，项目总投资额236亿元。在外企、民企对接方面，新增闽福发、明业太阳能2个购地自建企业签约入驻海西园；锐达数码、恒锋电子等10家企业入驻创新园一期研发楼，全年签约投资额达5.5亿元。目前经市政府审批已入驻海西园的企业共37家，总投资达67.3亿元。

2011年，全市专利申请量7402件，同比增长20.67%，专利授权量4773件，同比增长13.24%。其中，发明专利申请量与授权量同比增长20.62%和58.41%。资助专利申请4481件，资助金额300.6万元；奖励授权专利677件，奖励金额487.5万元。福州市与闽粤两省11个沿海城市建立跨区域知识产权保护联合协调机制，与全省8个设区市建立全省知识产权联席会议制度。

2011年，福州市有119项工业产品推荐上报省名牌，有42项工业产品获市质量奖，福建星网锐捷通讯股份有限公司、福建捷联电子有限公司相继荣获福建省政府质量奖(目前全省有7家)。全市有效注册商标量稳定增长，截止到2011年第3季度，福州市有效注册商标量4.56万件，比去年同期增加8969件，居全省第3位。2011年，全市有中国驰名商标22件，新增中国驰名商标6件。

全市有光阳、仙芝楼、大世界、春伦等4家国家级加工技术研发分中心，有仙芝楼、春伦、神蜂、光阳等4家院士工作站和7个专家工作站，数量均列全省第一。推进农业标准化生产，构建农牧业支柱产业标准体系，完成12个市级农业标准化示范区的项目验收工作。2011年，引进、试验、示范推广农作物新品种132个，在长乐、福清、闽侯种粮大户中示范推广早稻机割留桩再生稻稳粮增收项目，亩增效益400多元。

【争创国家创新型城市存在的问题】　福州国家级高新区发展较为滞后　2011年，福州高新区产值只有570亿元，面积较小、实力有限，且长期实行“一区多园”的管理体制，所属园区接受高新区和所在地方政府的双重领导，造成“统一管理、统一决策”在高新区始终没有真正落实，影响福州高新技术产业的集聚与发展。

企业自主创新能力需加强　目前，福州广大中小企业仍普遍存在缺乏高层次人才、核心技术的自主知识产权数量少、技术消化吸收再创新能力偏低等问题。而作为高新技术产业主体的外资企业，其企业技术的“本土化”程度较低，产业技术层次不高。总体上，福州企业研究与试验发展经费(R&D)投入不足，全市2011年工业企业的研究与试验发展经费(R&D)投入是46.07亿元，仅占福州当年地区生产总值(GDP)的1.77%。与国内先进地区相比，福州市企业技术创新、管理创新、制度创新步伐不快，缺少能够主导行业整体水平提升的龙头企业、核心企业，缺少具有核心竞争力和国际竞争力的知名品牌。

科技创新条件和环境有待优化　一是政府支持创新政策

落实不到位,虽然福州市制定一系列促进企业技术创新发展的政策,但相关部门在具体落实措施上不够完善和到位,挫伤部分企业技术创新的积极性。二是科技投融资体系建设尚不能满足科技事业发展的需要和经济社会发展多方面的需求。一方面政府科技经费占地方财政预算支出比例偏低,与周边省会城市相比仍有较大差距;另一方面由于科技投入的渠道和退出机制不健全,导致社会组织、民间资金参与投入的积极性不高。

创新人才相对缺乏,特别是高层次的研发人员不足　与东部沿海省会城市相比,福州高校及大型研究院、研究所数量依然相对偏少,科技创新人才不足,行业领军人物和优秀拔尖人才比较紧缺,特殊专业、新兴专业人才以及具有前瞻性的复合型人才更为稀缺。由于福州的整体工资水平偏低,研发设备落后,吸引人才的"凹地效应"难以形成。

(课题组成员:刘庆　郑晓鹏　周愿　执笔:郑晓鹏)

(编辑　苏　颖)

2012年在榕工作的院士

姓名	出生日期	籍贯	当选年度	职务 职称	毕业院校	研究领域
谢联辉	1935.3	龙岩	1991	中国科学院院士,福建农林大学学术委员会主任、病毒研究所所长	福建农学院	植物病理学
魏可镁	1939.8	福清	1997	中国工程院院士,福州大学教授、原校长	福州大学	化学催化剂工程
吴新涛	1939.4	晋江	1999	中国科学院院士,福建省科协主席、中国科学院福建省物质结构研究所研究员	厦门大学	物理化学(结构化学)
洪茂椿	1953.9	莆田	2003	中国科学院院士,中科院福建物质结构研究所所长、研究员	福州大学	无机化学
谢华安	1941.8	龙岩	2007	中国科学院院士,福建省农科院研究员、原院长	龙岩农校	杂交水稻育种
付贤智	1957.7	邵武	2009	中国工程院院士,中共福州大学委员会常委、副书记、副校长、教授、博士生导师	北京大学	光催化

(苏燕铃)

2012年福州市先进人物

全国“五一”劳动奖章获得者(5人)

姓名	工作单位	职务(职称)
黄汉升	福建师范大学	校长
陈能华	连江县敖江防洪堤管理中心河道	修防工
郭爱莲(女)	闽侯县国家税务局	局长
杨树新	中国福万(福建)玩具有限公司	董事长助理
邱奕多	福州建工(集团)总公司土建(泥土)班	组长

福建省“五一”劳动奖章获得者(37人)

姓　名	工　作　单　位	职务(职称)
叶信银	福州百洋海味食品有限公司	车间主任
江泽民	福清市公园管理中心	工　人
江显昌	闽侯新南港大桥及连接线工程建设指挥部	工程师
鲍贵峰	永泰县医院内科	副主任医师
陆丽钦(女)	福州市台江区住房保障和房产管理局	职　工
张琼英(女)	福州昌盛食品有限公司包装班	组　长
林　玲(女)	福建省汽车运输有限公司福州客运站	现场值班长
王林辉	福州软件园产业服务有限公司	软件架构师
林力容(女)	平安银行福州分行	客户经理
郭幼俤(女)	福州市公共交通集团有限责任公司	驾驶员
李　凡	福州市闽江公园管理处	主　任
陈　梅(女)	福建兰庭房产代理有限公司市场开发服务部	经　理
郑宝锦	福州市公路局福州路信公路设计有限公司总工办	主　任
邱昌明	福州市公安局三叉街派出所	交巡民警
赵荣鑫	福州市政工程管理处桥梁所	职　工
曾小玲(女)	福州市蔬菜科学研究所	副研究员
杨　松	福州旅游职业中专学校教务处	主　任
曹文瑜(女)	福州市第一医院	主任医师
林梦萍(女)	福州市艺术学校	教　师
林丽钦(女)	闽清县后佳卫生院	副院长、主治医师
俞建生	福清市鑫辉建筑工程公司	技术员
马　丽(女)	福建华映显示科技有限公司人资处公服部	专案课副理
罗祥英(女)	福州市内河管理处	河道保洁员
陈　钦(女)	福州市机关事业单位社会保险管理中心	主　任
李峰宇	福州市鼓楼区洪山镇福屿社区	书　记
李建云	福州市晋安区房屋拆迁工程处	副主任
钟晓冬(女)	明一世代(福建)贸易有限公司事业部及体系部	总监助理兼部长
邱梅芳(女)	福州世纪金源大饭店人事行政部	经　理
丁贤明	福州市审计局机关党委	专职副书记
李良荣	福州盐业分公司	工会主席
刘初峰	福州民天集团有限公司	工会主席
陈香麟	福建省东南造船厂	厂　长
郑学述	福建省高华建设工程有限公司	董事长
陈建龙	长乐力恒锦纶科技有限公司	厂　长
宫　懿(女)	罗源县地方税务局	局　长
傅天龙	福建春伦茶业集团有限公司	董事长
陈秀娜(女)	福州市财政局	副主任科员

福州市荣誉市民

姓　名	国籍	授予时间	职务(身份)
伊丽莎白·嘎登勒	美　国	1994.9.17	美国友好人士(已故)
谢国民	泰　国	1994.9.17	正大集团总裁(泰)卜蜂集团负责人
山科直治	日　本	1994.10.14	日本万代株式会社顾问(已故)
黄双安	印　尼	1994.10.27	印尼材源帝集团主席、总裁
林同春	日　本	1994.11.01	日本神户华侨总会会长(已故)
郭鹤韬	马来西亚	1994.11.27	嘉里贸易有限公司副董事长
刘太格	新加坡	1994.11.29	新加坡雅思柏设计事务所董事
亲泊康晴	日　本	1995.1.19	那霸市市长(已故)
本岛等	日　本	1995.2.15	日本长崎市市长
陈　霖	美　国	1995.11.8	美国金门集团董事会主席(已故)
佐藤明雄	日　本	1996.1.21	日本甲南大学哲学教授
塚本幸司	日　本	1996.4.5	日本东海租赁会社社长
林镇源	美　国	2000.11.6	中华映管(福州)有限公司董事长
孙吉丞	韩　国	2001.3.19	SK 集团会长
崔东一	韩　国	2001.3.19	SKC 代理理事及社长
宣建生	美　国	2001.12.7	冠捷电子(福建)有限公司总裁
约瑟夫·斯特劳斯	加拿大	2002.12.10	JDSU 公司总裁
伊藤一长	日　本	2004.10.26	长崎市市长(已故)
翁长雄志	日　本	2005.1.13	那霸市市长(现任)
森本宏	日　本	2006.2.10	福州住电装有限公司董事长
葛国瑞	美　国	2006.2.10	福州麦当劳餐厅食品有限公司总经理
贝茨·里韦特	美　国	2006.2.10	福建华南女子职业学院英语教师兼顾问(文教专家)
田上富久	日　本	2010.8.24	长崎市市长
埃德蒙·费尔普斯	美　国	2011.6.9	新华都商学院院长、教授 2006 年度诺贝尔经济学奖获得者
张易宁	美　国	2012.5.4	福建国光电子科技股份有限公司副总经理兼福建国光新型电子元件与材料技术研究院院长
方国伟	美　国	2012.5.4	福州艾迪康医学检验所有限公司技术总监
赵　锰	美　国	2012.5.4	福建慧翰微电子有限公司总经理
施　林	美　国	2012.5.4	福建慧翰微电子有限公司副总经理
冯成丰	马来西亚	2012.5.4	福建青口科技有限公司技术总监
福原康太	日　本	2012.5.4	福耀集团玻璃工程研究院副院长
孙　安	美　国	2012.5.4	福建省优艾迪网络信息有限公司董事长兼总经理

(编辑　苏　颖)

地方法规

福州市河道采砂管理办法

1998年10月30日福州市第十一届人民代表大会常务委员会第六次会议通过

1999年3月20日福建省第九届人民代表大会常务委员会第九次会议批准

2005年10月27日福州市第十二届人民代表大会常务委员会第二十七次会议《关于修改〈福州市河道采砂管理办法〉的决定》第一次修正

2006年3月31日福建省第十届人民代表大会常务委员会第二十二次会议批准

2011年11月1日福州市第十三届人民代表大会常务委员会第三十九次会议《关于修改〈福州市河道采砂管理办法〉的决定》第二次修正

2012年3月29日福建省第十一届人民代表大会常务委员会第二十九次会议批准

第一条 为了加强河道采砂管理,确保福州市江河防洪安全,根据《中华人民共和国防洪法》、《中华人民共和国水法》、《中华人民共和国矿产资源法》等法律、法规,结合本市实际,制定本办法。

第二条 本办法适用于福州市行政区域内的江河、溪流、湖泊范围内的采砂(包括吹砂、挖砂、采石、取土、淘金)管理。

第三条 福州市水行政主管部门负责本市河道采砂的统一管理。各县(市、区)水行政主管部门按照职责分工负责本辖区内的河道采砂管理。

第四条 河道采砂必须服从河道整治规划,保持河势稳定,确保行洪及岸滩安全。

第五条 市、县(市、区)水行政主管部门应当根据河道防洪安全的要求会同航道、国土资源等部门共同制订河道采砂规划。河道采砂规划经法定程序批准并向社会公布后实施。

第六条 河道采砂实行年度开采总量控制制度。年度开采总量应当逐年递减。

水行政主管部门确定的年度采砂总量不得超过河道采砂规划规定的年度采砂控制总量。对每一可采区确定的年度采砂量不得超过该可采区的年度采砂控制数量。

第七条 从事河道采砂的,应当依法取得河道采砂许可,但公民个人自采自用少量砂石的除外。

第八条 申请从事河道采砂的应当具备下列条件:

(一)有经营采砂业务的营业执照;

(二)采砂船舶和船员证书齐全;

(三)有符合规定的采砂作业方式;

(四)有健全的安全生产管理制度。

第九条 河道采砂许可通过招标、拍卖等方式取得。水行政主管部门在组织招标、拍卖前,应当征求海事、航道、国土资源等部门的意见。按照招标、拍卖程序确定中标人、买受人后,应当作出准予许可的决定,在十日内向中标人、买受人发放河道采砂许可证,并对其采砂船舶予以登记备案。

第十条 河道采砂实行分级许可:

(一)申请在闽江下游河道采砂的,由福州市水行政主管部门许可;

(二)申请在其他河道采砂的,由所在地县(市、区)水行政主管部门许可。

第十一条 河道采砂许可证有效期最长不得超过一年,有效期内采砂量达到核定开采数量的,发证机关应当注销其河道采砂许可证。

禁止伪造、涂改、出租、转让河道采砂许可证。

第十二条 河道采砂必须按照许可证核定的范围、数量、作业方式和作业时间进行。

采砂作业者应当在采砂作业地点设立明显标志,保障通航安全,采集的砂石应当在批准的场所内堆放,砂石弃渣应当及时清除。

河道采砂不得影响航道畅通,禁止在航道上堆放砂石。

第十三条 水行政主管部门依法收取的河道采砂规费应当主要用于河道、堤防的维护、建设和管理。

第十四条 下列范围内禁止采砂:

(一)闽江下游北港河段(从淮安分流口至马尾汇合口);

(二)防洪工程、水工程设施、航道设施的保护范围内;

(三)沿河、跨河、穿河工程设施的保护范围内;

(四)历史文物保护单位、名胜古迹、重点风景区保护范围内;

(五)国家和省、市重点保护的水生动物生息繁衍场所;

(六)河道采砂规划确定的禁采区、禁采点;

(七)法律、法规规定的其他范围。

第十五条 禁止采砂船舶在禁采区停泊。

未取得采砂许可的采砂船舶应当在水行政主管部门指定地点集中停泊,需离开指定地点的,应当向水行政主管部门备案。

第十六条 禁止运砂船舶在闽江下游北港河段通航。

运输河砂实行准运制度。运砂船舶、车辆应当持有水行政主管部门核发的河砂准运单,并按核定的数量、线路、时间运砂。

第十七条 水行政主管部门应当按照河道采砂规划规定的年度采砂控制总量要求,加强对河道采砂活动的监督和管理,及时查处河道采砂违法行为。

第十八条 整治河道挖取砂石涉及航道的,应当兼顾航运需要,并事先征求航道主管部门的意见;整治航道挖取砂石应当符合福州市防洪安全需要,并事先征求水行政主管部门的意见。

如意见不能协商一致时,应当报请同级人民政府协调或者裁决。

第十九条 违反本办法第七条、第十四条规定,未取得河道采砂许可证擅自在河道管理范围内采砂或者在禁采范围内采砂的,由水行政主管部门责令停止违法行为,扣押违法采砂船舶和违法采砂机具,没收违法所得,并处以十万元以上三十万元以下的罚款;情节严重的,没收违法采砂船舶和违法采砂机具;构成犯罪的,依法追究刑事责任。

第二十条 违反本办法第十一条第二款规定的,由水行政主管部门没收违法所得,并处以一万元以上五万元以下的罚款,收缴其河道采砂许可证;构成犯罪的,依法追究刑事责任。

第二十一条 违反本办法第十二条第一款规定的,由水行政主管部门责令停止违法行为,没收违法所得,并处以一万元以上五万元以下的罚款;情节严重的,吊销其河道采砂许可证。

第二十二条 违反本办法第十二条第二款、第三款规定的,由水行政主管部门责令停止违法行为,限期清除障碍,逾期拒不改正的,处以一万元以上五万元以下的罚款;情节严重的,可扣押违法采砂船舶。

第二十三条 违反本办法第十五条规定的,由水行政主管部门责令其改正;情节严重的,扣押采砂船舶,并处以一万元以上三万元以下的罚款。

第二十四条 违反本办法第十六条第一款规定的,由海事部门依照相关法律法规予以处罚。

违反本办法第十六条第二款规定的,由水行政主管部门扣押违法运砂船舶、车辆,并处以一万元以上十万元以下的罚款。

第二十五条 水行政主管部门和其他有关部门及其工作人员有下列行为之一的,对负有责任的主管人员和其他直接责任人员给予行政处分;构成犯罪的,依法追究刑事责任:

(一)不按规定许可和发放河道采砂许可证的;

(二)对违法采砂行为不按规定给予行政处罚的;

(三)不履行管理职责的;

(四)其他滥用职权、徇私舞弊、玩忽职守的。

第二十六条 本办法自公布之日起施行。

福州市气象探测环境和设施保护规定

2003年6月27日福州市第十二届人民代表大会常务委员会第三次会议通过

2003年8月1日福建省第十届人民代表大会常务委员会第四次会议批准

2012年8月30日福州市第十四届人民代表大会常务委员会第五次会议《关于修改〈福州市气象探测环境和设施保护规定〉的决定》修正

2012年9月27日福建省第十一届人民代表大会常务委员会第三十二次会议批准

2012年10月22日福州市人民代表大会常务委员会颁布施行

第一条 为保护气象探测环境和设施,保障气象测报工作正常进行,根据《中华人民共和国气象法》以及《福建省气象条例》等有关法律、法规,结合本市实际,制定本规定。

第二条 在本市行政区域内气象探测环境和设施的保护,适用本规定。

第三条 市、县(市)气象主管机构负责气象探测环境和设施的保护工作,并应当将本行政区域内气象台站的分布状况、气象探测环境保护技术要求等资料报当地城乡规划、建设、国土资源等行政主管部门备案。

市、县(市、区)城乡规划行政主管部门实施城乡规划,应当遵守有关气象法律、法规,采取措施保护气象探测环境及其设施。

第四条 市、县(市、区)人民政府应当按照国家规定的标准划定本行政区域内的气象探测环境的保护范围,并向社会公告。

市、县(市)气象主管机构应当会同城乡规划、建设、国土资源等部门编制气象探测环境保护专项规划,报同级人民政府批准后纳入城乡规划统一实施。气象探测环境保护专项规划未经法定程序批准不得改变。

第五条 市、县(市)气象主管机构应当会同有关部门在气象探测环境和设施周边设立保护标志,标明气象探测环境和设施的保护范围和保护要求。

第六条 建设项目应当符合国家规定的气象探测环境保护范围的标准。

气象探测环境保护范围内的建设项目,建设单位应当事先向所在地气象主管机构提出申请,并取得有审批权的气象主管机构书面同意。

未取得有审批权的气象主管机构书面同意的,城乡规划、国土资源等主管部门不得对该项目的规划、用地予以批准。

第七条 未经气象主管机构批准,任何单位和个人不得占用、移动气象台站的探测场地、仪器、设施标志和气象通信设施。禁止损毁气象探测设施。

因国家重点工程建设或者实施城市规划确需迁移气象台站及其设施的,应当依照法定程序报经有审批权的气象主管机构批准。迁移及重建气象台站及其设施的费用由工程建设单位承担。

市、县(市、区)人民政府应当及时划定迁建新址的保护范围,任何单位和个人不得侵占、破坏。

需迁移气象台站的,由该气象台站在新、旧气象观测场进行气象要素同步对比观测满一年后,建设单位方可施工。

第八条 气象台站观测场围栏周边500米范围内禁止下列危害或者影响气象探测环境的行为:

(一)进行爆破、采石、取土、放牧等;

(二)设置影响气象探测设施工作效能的高频电磁辐射装置;

(三)倾倒、掩埋带有放射性、腐蚀性的物质;

(四)露天焚烧产生大量烟尘的物质;

(五)其他危害或者影响气象探测环境的行为。

观测场围栏四周10米内不得种植高秆植物。

第九条 违反本规定第六条第二款、第七条第一款、第二款、第八条第一款第一项、第二项、第五项和第二款规定的,由气象主管机构按照权限责令停止违法行为,限期恢复原状或者采取其他补救措施,并依照有关法律、法规处以罚款;造成损失的,依法承担赔偿责任;构成犯罪的,依法追究刑事责任。

第十条 违反本规定第七条第四款规定的,由建设行政主管部门依照有关法律、法规予以处理。

违反本规定第八条第一款第三项、第四项规定的,由环境保护行政主管部门依照有关法律、法规予以处理。

第十一条 本规定自2003年9月1日起施行。

福州市物业管理若干规定

2004年8月31日福州市第十二届人民代表大会常务委员会第十六次会议通过

2004年12月3日福建省第十届人民代表大会常务委员会第十二次会议批准

2004年12月14日福州市人民代表大会常务委员会颁布

2012年10月31日福州市第十四届人民代表大会常务委员会第六次会议《关于修改〈福州市物业管理若干规定〉的决定》修正

2012年12月14日福建省第十一届人民代表大会常务委员会第三十四次会议通过

2013年1月11日福州市人民代表大会常务委员会颁布施行

第一条 为了规范物业管理活动,维护业主和物业服务企业的合法权益,根据《中华人民共和国物权法》、国务院《物业管理条例》、《福建省物业管理条例》等法律、法规,结合我市实际,制定本规定。

第二条 本规定适用于福州市行政区域内的物业管理活动。

第三条 物业管理实行业主自治、专业服务与政府监管相结合的原则,建立属地管理、分级负责的工作机制。

第四条 市、县(市、区)房地产行政主管部门负责本行政区域内物业管理活动的监督管理工作,履行下列职责:

(一)组织实施关于物业管理的法律、法规以及本规定;

(二)指导、协调乡镇人民政府、街道办事处、行业协会等依法开展与物业管理相关的工作;

(三)负责物业服务企业的行业管理;

(四)法律、法规规定的其他职责。

第五条 城乡规划、建设、市容、公安、民政、环保、物价、工商、园林、质监等有关行政主管部门应当按照各自职责,依法做好与物业管理有关的监督管理工作。

第六条 乡镇人民政府、街道办事处对本行政区域内物业管理活动履行下列职责:

(一)组织、指导业主成立业主大会并选举产生业主委员会;

(二)指导、监督业主大会和业主委员会依法开展活动,协调处理辖区内物业管理的日常事务;

(三)协助有关行政主管部门对物业管理活动进行监督;

(四)法律、法规规定的其他职责。

村(居)民委员会根据有关规定对业主大会和业主委员会进行指导、协调和监督,依法协调处理物业管理纠纷。

第七条 建立物业管理联席会议制度,协调处理业主大会成立、业主委员会换届、业主委员会履行职责、物业服务企业退出、物业服务纠纷等物业管理中的问题。

物业管理联席会议由乡镇人民政府、街道办事处负责召集,由所在地的县(市、区) 房地产、建设、市容、公安、环保等有关行政主管部门和有关村(居)民委员会、业主委员会、物业服务企业组成。

第八条 房屋的所有权人为业主。

业主在物业管理活动中,享有下列权利:

(一)按照物业服务合同的约定,接受物业服务企业提供的服务;

(二)提议召开业主大会会议,并就物业管理的有关事项提出建议;

(三)提出制定和修改管理规约、业主大会议事规则的建议;

(四)参加业主大会会议,行使投票权;

(五)选举业主委员会委员,并享有被选举权;

(六)监督业主委员会的工作;

(七)监督物业服务企业履行物业服务合同;

(八)对物业共用部位、共用设施设备和相关场地使用情况享有知情权和监督权;

(九)监督专项维修资金的管理和使用;

(十)法律、法规规定的其他权利。

第九条 业主在物业管理活动中,履行下列义务:

(一)遵守社会公德、管理规约和业主大会议事规则;

(二)遵守物业管理区域内物业共用部位和共用设施设备的使用、公共秩序和环境卫生的维护等方面的规章制度;

(三)执行业主大会的决定和业主大会授权业主委员会作出的决定;

(四)按照国家有关规定交纳专项维修资金;

(五)按时交纳物业服务费用;

(六)维修、养护危害安全、妨碍公共利益以及影响其他物业正常使用的物业专有部分;

(七)法律、法规规定的其他义务。

第十条 业主大会由一个物业管理区域内的全体业主组成。

物业管理区域是指只成立一个业主大会、相对独立的,并由一个物业服务企业实施统一物业管理的区域。

已实施物业管理的不同物业管理区域经各自的业主大会同意后可以合并为一个物业管理区域。

第十一条 市、县(市、区)人民政府应当逐步组织对未实施物业管理的旧住宅区域实施综合改造。

乡镇人民政府、街道办事处应当组织综合改造后的住宅区域业主按照县(市、区)房地产行政主管部门确认的物业管理区域,确定管理方式,并推广专业化物业服务。

第十二条 在一个物业管理区域中,物业出售并交付使用的建筑面积达到该区域总建筑面积的百分之五十以上,或者首套物业出售并交付使用已满两年的,在县(市、区)房地产行政主管部门的指导下,由乡镇人民政府、街道办事处会同村(居)民委员会、建设单位、业主代表组成首次业主大会会议筹备组,组织召开首次业主大会会议。

业主大会筹备组成员名单应当自成立之日起七日内在物业管理区域的显著位置公告。

召开首次业主大会所需文件资料由建设单位提供,建设单位未能提供的,由业主大会筹备组书面申请,经乡镇人民政府、街道办事处确认,可以向房屋登记机构等单位查阅、复制物业管理区域内各业主独立产权建筑面积等资料,各有关单位应当予以配合。

第十三条 同一物业业主超过一人的,物业共有人可以推选并委托一人参加业主大会会议。

物业使用人根据业主的书面委托,可以代理业主行使投票权和物业管理相应的权利和义务。

第十四条 未参与表决的业主,其投票权数是否可以计入已表决的多数票,按照管理规约或者业主大会议事规则的规定确定。

第十五条 业主委员会由业主大会选举产生,业主委员会每届任期三年,业主委员会应当每年至少向业主大会报告一次工作。

业主委员会委员应当由热心公益事业、责任心强、具有一定组织能力、遵守管理规约和物业管理有关规定的业主担任,业主委员会委员可以连选连任。

在物业管理区域内,与物业管理有关属于全体业主权益的纠纷,经专有部分占建筑物总面积过半数的业主且占总人数过半数的业主同意,业主委员会可以代表全体业主依法行使诉讼权利。

第十六条 业主大会和业主委员会工作经费的使用情况应当每三个月在物业管理区域内的显著位置公布,并接受业主的监督。

第十七条 业主委员会应当自选举产生之日起三十日内,将业主大会的成立情况、业主大会议事规则、管理规约及业主委员会委员名单等材料向物业所在地的乡镇人民政府、街道办事处、县(市、区)房地产行政主管部门备案,县(市、区)房地产行政主管部门应当对依法选举产生的业主委员会出具备案证明。

业主委员会备案的有关内容发生变更的,应当依照前款规定重新备案。

第十八条 尚未成立业主大会或者尚未选举产生业主委员会的住宅区域,可以由所在地的乡镇人民政府、街道办事处组织业主确定物业管理方式。

第十九条 在物业管理区域内,业主大会、业主委员会应当积极配合相关村(居)民委员会依法履行自治管理职责。

第二十条 物业服务企业承担物业管理事务,应当按照相应的资质条件签订前期物业服务合同或者物业服务合同,合同应当向县(市、区)房地产行政主管部门备案。

第二十一条 物业服务企业的基本权利:

(一)按物业服务合同的约定收取费用;

(二)劝阻和制止违反社会公德、管理规约和物业管理制度行为;

(三)委托专营公司承担专项物业管理业务;

(四)要求业主委员会协调其与业主或者物业使用人的纠纷;

(五)法律、法规规定的其他权利。

第二十二条 物业服务企业的基本义务:

(一)履行物业服务合同,按照合同约定提供物业服务,建立重大事项汇报制度,接受业主咨询和监督;

(二)执行物业服务等级标准和物业服务收费等级标准;

(三)在物业管理区域内的显著位置公布物业服务内容、服务标准、收费项目、计费方式、收费依据和标准等有关事项;

(四)每月在物业管理区域内的显著位置公布共用设施设备费用分摊等物业服务代收代支费用情况;

(五)合同终止之日起十日内,应当与业主或者有关单位结清债权债务,并移交物业管理用房及有关资料、设施、设备;

(六)法律、法规规定的其他义务。

第二十三条 物业服务合同应当约定下列基本内容:

(一)房屋及其附属设施的维修、养护;

(二)卫生保洁及公共花木绿地管护;

(三)道路维护,车辆停放秩序管理;

(四)安全防范和维护公共生活秩序;

(五)法律、法规规定的其他应当约定的事项。

第二十四条 住宅物业、住宅小区内的非住宅物业或者与单幢住宅楼结构相连的非住宅物业的,建设单位应当按照规定通过招投标的方式选聘具有相应资质的物业服务企业进行前期物业管理,并按照规范签订前期物业服务合同。前期物业服务合同不得侵害物业买受人的合法权益。

建设单位与物业买受人签订的买卖合同应当包含前期物业服务合同约定的内容。

第二十五条 建设单位在销售物业前,应当制定临时管理规约,并将临时管理规约报物业所在地的县(市、区)房地产行政主管部门备案。临时管理规约不得侵害物业买受人的合法权益。

建设单位应当在物业销售时将临时管理规约向物业买受人明示,并予以说明。

物业买受人在与建设单位签订物业买卖合同时,应当在临时管理规约上以签字同意的方式承诺遵守。

第二十六条 物业服务企业承接物业服务时,建设单位应当向物业服务企业提供物业共用部位、共用设施设备清单,并共同对共用部位、共用设施设备进行查验,具体验收程序和标准按照国家有关规定执行,建设单位应当对物业服务企业提出的物业质量和设计问题以及其他遗留问题及时解决。查验结束后,双方应当按照规定签订承接查验书。

第二十七条 建设单位应当按照规定配置物业管理用房。建筑面积十万平方米以下的按照不少于总建筑面积千分之四配置,但最少不低于五十平方米;建筑面积超过十万平方米的,超过部分按照千分之三配置。城乡规划主管部门审批建设项目时,应当予以核实。

按照规划配建的物业管理用房不得挪作他用。

第二十八条 物业管理区域内的下列设施归属全体业主所有:

(一)物业管理用房;

(二)垃圾集散间、厕所;

(三)按照规划配建的公共绿地、道路、围墙以及其他公共用地使用权;

(四)住宅的物业管理区域按照规划配建的公共停车场所;

(五)建设单位以书面形式在出售物业时承诺归全体业主所有的其他设施。

第二十九条 业主委员会经营物业共用部位应当经过业主大会同意。

利用物业的部分共用部位获取的收益,归拥有该部分物业的业主所有;利用物业的全体共用部位获取的收益归全体业主所有。

获取的收益主要用于补充专项维修资金。

业主委员会经营物业共用部位的收支情况应当每三个月在物业管理区域内的显著位置公布,并报送乡镇人民政府、街道办事处,接受业主和乡镇人民政府、街道办事处的监督。拒不公布的,经业主提议,乡镇人民政府、街道办事处可以组织业主代表对其收支情况进行审查并公布。

第三十条 车辆在物业管理区域内公共停车场所的停放和管理事项,前期物业管理期间,可以在前期物业服务合同中约定,其收费标准按照价格主管部门的规定执行;业主大会成立后,由业主大会决定。业主对车辆停放有特殊保管要求的,由业主和物业服务企业另行签订保管合同。

治安、消防、抢险、卫生、市政、市容等特种车辆在执行公务时可以在物业管理区域内无偿停放。

第三十一条 物业服务企业与业主或者建设单位可以采取包干制或者酬金制等形式约定物业服务费用。前期物业服务收费实行政府指导价,采取包干制。

物业交付业主前,物业服务费由建设单位承担;物业交付业主后,物业服务费由业主承担,自物业交付之日起交纳。

物业服务企业为业主提供合同约定以外有偿服务的,应当征得业主同意。

第三十二条 物业服务收费应当区分不同物业的性质和特点分别实行政府指导价和市场调节价。价格主管部门应当会同房地产行政主管部门每年公布一次政府指导价及其构成,推行分级分类服务,明码标价。

价格主管部门应当会同房地产行政主管部门对物业服务收费进行监督管理。

第三十三条 物业管理区域内,供水、供电、供气、通讯、有线电视等公用企业收取有关费用,业主使用的向业主收取;物业服务企业使用的向物业服务企业收取;公共使用的由业主分摊。

物业服务企业可以接受委托代收前款费用,但不得向业主收取任何额外费用。

未经双方约定,供水、供电、供气、通讯、有线电视等公用企业不得要求物业服务企业代收代付有关费用,不得向物业服务企业扣收业主应承担的有关费用。

第三十四条 物业服务企业已接受委托实施物业管理并相应收取服务费的,其他部门和单位不得再向业主或者物业使用人重复收取性质和内容相同的费用。

第三十五条 物业服务合同期限届满两个月前,业主委员会应当组织召开业主大会会议决定续聘或者另聘物业服务企业,并将决定书面告知物业服务企业。物业服务企业决定不再续签物业服务合同的,应当在物业服务合同期限届满两个月前书面告知业主委员会。

第三十六条 物业服务合同终止时,业主委员会与新、原物业服务企业应当在县(市、区) 房地产行政主管部门指导下成立移交小组,负责处理物业管理的相关事务,监督原物业服务企业清理债权债务、移交物业管理用房、设施设备、档案资料及国家规定的其他必须移交的项目。移交完毕后原物业服务企业应当及时退出该物业管理区域,不得以物业服务中的债权债务纠纷未解决等为由拒绝退出。

第三十七条 移交小组认为清理债权债务有困难时,可以委托有资质的中介机构进行清算,费用由原物业服务企业、业主按照职责承担。

第三十八条 在国家规定的保修期内,物业的维修由建设单位负责;保修期满后,业主对其专有的部分实施维修、管理,物业服务企业依照本规定对共用的部分设施、设备负责维修、管理。

物业服务企业对物业共用的部分设施、设备进行维修、管理时,相关业主和使用人应当给予配合。

第三十九条 物业管理应当建立专项维修资金制度,专项维修资金属业主所有。

物业买受人缴交的专项维修资金,由市、县(市、区)房地产行政主管部门指定的银行专户代为储存;业主大会成立后,房地产行政主管部门应当及时移交专项维修资金银行账户。

专项维修资金的使用,由业主大会决定,并受市、县(市、区)房地产行政主管部门的监督。维修资金专项用于物业保修期满后物业共用部位、共用设施设备的维修和更新、改造,不得挪作他用。

第四十条 市人民政府应当建立专项维修资金紧急使用制度。

业主委员会可以根据专项维修资金紧急使用制度,按照业主大会确定的使用范围和金额进行申请,用于物业共用部位、共用设施设备的紧急维修。

第四十一条 业主不得违反法律、法规以及管理规约,将住宅改变为经营性用房或者出租给他人从事经营性活动。

业主或者物业使用人装饰装修房屋的,应当遵守法律法规的有关规定。

第四十二条 在物业管理区域内,物业服务企业或者业主委员会发现有下列违法行为之一的,应当及时劝阻制止;对不听劝阻的,物业服务企业或者业主委员会应当及时向有关行政主管部门书面报告:

(一)违法建设、擅自改变建筑物及其配套设施(含架空层、地下停车场、幼儿园、共有绿地等)使用功能的;

(二)擅自拆改房屋结构的;

(三)擅自占用公共消防通道的;

(四)未取得营业执照从事经营活动的;

(五)破坏小区园林绿化的;

(六)商业经营、文化娱乐场所边界噪声及超标排放有害气体、污水的。

有关行政主管部门接到报告后,应当按照市人民政府确定的职责及时查处。

第四十三条 违反本规定,物业服务企业未结清债权债务、移交物业管理用房及有关资料、设施设备,擅自撤出小区物业管理的,或者原物业服务企业拒不退出该物业管理区域,妨碍该物业管理区域正常物业管理的,由房地产行政主管部门责令限期改正;逾期仍不改正的,处以一万元以上五万元以下的罚款,并提请原发证机关降低其资质等级或者吊销企业资质证书。

第四十四条 违反本规定,物业服务企业未依法备案物业服务合同,由房地产行政主管部门责令限期报送备案;逾期不报送备案的,处以五千元以上一万元以下的罚款。

第四十五条 业主委员会委员违反法律、法规或者超越权限,侵害业主合法权益,造成损失的,应当承担相应的法律责任。

第四十六条 违反本规定,建设单位与物业服务企业签订的前期物业服务合同侵害物业买受人的合法权益的,由房地产行政主管部门责令限期改正;逾期仍不改正的,处以五千元以上五万元以下的罚款。

第四十七条 违反本规定,建设单位未按要求提供首次业主大会成立所需的文件资料,由房地产行政主管部门责令限期改正;逾期仍不改正的,处以一万元以上五万元以下的罚款。

第四十八条 市、县(市、区)房地产行政主管部门和其他监督管理部门的工作人员有下列行为之一的,依法给予处分;构成犯罪的,依法追究刑事责任:

(一)不依法履行监督管理职责的;

(二)对举报、投诉等的违法行为不予查处或者查处不力的;

(三)有其他滥用职权、玩忽职守、徇私舞弊行为的。

第四十九条 违反本规定其他规定的,依照国务院《物业管理条例》、《福建省物业管理条例》等规定予以处罚。

第五十条 本规定自2005年1月1日起施行。

1996年11月29日福建省第八届人民代表大会常务委员会第二十七次会议批准的《福州市城市住宅小区物业管理办法》同时废止。

政府规章及政策

福州市人民政府令

第54号

《福州市公共租赁住房管理办法》已经2012年9月11日市人民政府第18次常务会议通过,现予公布,自2012年11月1日起施行。

市长:杨益民

2012年9月27日

福州市公共租赁住房管理办法

第一章 总 则

第一条 为完善我市保障性租赁住房体系,健全公共租赁住房制度,根据《国务院办公厅关于保障性安居工程建设和管理的指导意见》、住房和城乡建设部《公共租赁住房管理办法》等规定,结合本市实际,制定本办法。

第二条 本办法所称公共租赁住房,是指限定建设标准和租金水平,面向符合规定条件的城镇中等偏下收入住房困难家庭、新就业无房职工和在城镇稳定就业的外来务工人员出租的保障性住房。

第三条 本办法适用于本市五城区范围内公共租赁住房的建设、分配、使用和管理。

第四条 发展公共租赁住房应当遵循"政府组织、社会参与、统筹规划、合理布局、公开公平、严格监督"的原则。

第五条 市住房保障和房产管理局(以下简称"市住房保障主管部门")负责本市公共租赁住房的监督和管理工作。市民政主管部门负责对保障对象家庭收入、财产认定工作的监督和指导。

各区住房保障、民政部门和各街道办事处(乡、镇人民政府)负责本辖区公共租赁住房承租资格审核及其监督管理工作。

市国有房产管理中心(以下简称"市国有房产管理部门")负责公共租赁住房房源筹集、配租以及使用管理等日常运营管理工作。

市直有关部门按照各自职责,共同做好公共租赁住房的相关工作。

第六条 市住房保障主管部门会同市民政主管部门根据城市经济社会发展水平、居民收入和住房状况,合理确定、适时调整保障对象家庭年收入、财产和人均住房建筑面积的具体标准,报市人民政府审定后公布。

第二章 规划建设

第七条 公共租赁住房的发展规划和年度计划由市住房保障主管部门会同市发展改革、城乡规划、国土资源及国有房产管理等部门编制,报市人民政府批准后实施。市城乡规划管理部门应按照统一规划、合理布局、综合配套、方便生活的原则,并根据城市总体规划和城市近期建设规划确定公共租赁住房近期建设用地和年度建设用地。

第八条 公共租赁住房的建设用地纳入年度建设用地供应计划,在申报年度用地指标和用地审批时单独列出,优先保障。

第九条 公共租赁住房房源可以通过新建、改建、收购或在市场上长期租赁及调剂其他保障性住房等方式筹集。

经营性房地产项目配建公共租赁住房的,应当在土地使用权出让合同中约定公共租赁住房的配建规模、套型结构、竣工交付时间、收购方式和价格等事项。

第十条 公共租赁住房建设用地按照下列方式供应:

(一)政府投资集中建设的公共租赁住房建设用地,实行划拨供地;

(二)采取其他方式投资的集中建设的公共租赁住房,建设用地可以采用出让、租赁或作价入股等方式有偿使用;

(三)经营性房地产项目配建的公共租赁住房用地性质按所在宗地主要用途的供地方式确定。

第十一条 公共租赁住房套型建筑面积一般分为45平方米、55平方米和65平方米三种。

公共租赁住房建设和装修应符合《福建省公共租赁住房建设导则(试行)》等规范规定。

第十二条 公共租赁住房的资金管理以及建设、运营涉及的税费等按国家和省有关政策执行。

第三章 租赁条件和程序

第十三条 申请公共租赁住房以家庭为单位(家庭成员包括申请人本人、配偶及未成年子女,下同),每个家庭确定一名年满18周岁,在本市五城区有稳定工作和收入来源,具备完全民事行为能力的家庭成员作为申请人,家庭其他成员的收入、财产和住房建筑面积应当与申请人合并计算。

一个家庭只限申请承租一套公共租赁住房。

第十四条 本办法所称的家庭收入是指申请之日前连续12个月家庭成员的全部收入总和;家庭财产指的是家庭成员拥有的全部财产,主要包括存款、机动车辆、有价证券、生产经营性单位股权及其他各类非住宅等财产。

本办法所称的人均住房建筑面积,以申请家庭成员拥有的私有住房的合计建筑面积除以申请家庭成员人数计算确定。

第十五条 公共租赁住房保障对象为:

(一)同时符合以下条件的中等偏下收入住房困难家庭:

1. 申请人具有本市五城区居民户籍(农村村民和农村集体经济组织成员除外)且申请之日落户时间已满3年;

2. 申请人在本市五城区工作、生活;

3. 申请家庭在本市五城区年收入、财产、人均住房建筑面积符合市政府确定的准入标准。

(二)同时符合以下条件的外来务工人员:

1. 申请人不具有本市五城区居民户籍或者属于本市五城区农村村民、农村集体经济组织成员;

2. 申请人在本市五城区务工且在本市五城区累计缴交养老等社会保险满6年,或属于与企业签订5年以上劳动合同且在本市五城区累计缴交养老等社会保险满1年的普通全日制高校毕业生;

3. 申请家庭在本市五城区年收入、财产符合市政府确定的准入标准;

4. 家庭成员在本市五城区无自有住房、未租住公有住房。

(三)同时符合以下条件的机关事业单位工作人员:

1. 申请人属于在本市五城区范围内的省、市、区属机关事业单位新录(聘)用且已转正定级的在编工作人员;

2. 申请家庭在本市五城区年收入、财产符合市政府确定的准入标准;

3. 家庭成员在本市五城区无自有住房、未租住公有住房。

第十六条 本市五城区范围内部队现役专业士官,在本市登记注册的高新技术企业所引进且经人事部门认定的紧缺急需人才,具有硕士学位以上(含硕士)或中级职称以上(含中级)的技术人员,以及环卫、公交等行业的住房困难家庭,由政府提供一定数量的公共租赁住房予以定向保障。具体的准入条件、审核和分配规程另行制订。

第十七条 有下列情形之一的,不得申请公共租赁住房

保障:

(一)申请之日前5年内家庭成员有房产交易行为(含买卖、赠与、离婚析产等)的,交易时间以房产登记机构交易登记时间为准;

(二)申请家庭成员已享受过经济适用住房、限价房、集资房、解困房、房改房等政策性实物住房保障的;

(三)申请人与配偶已离异,但离异时间不足2年的。

第十八条 申请公共租赁住房应当如实填报《公共租赁住房申请表》,并按照下列规定提交申请材料。

(一)城市中等偏下收入住房困难家庭:

1. 申请家庭成员的身份证、户口簿,离异或丧偶的还应提供相应证件或证明材料;

2. 工作单位提供的受理申请当日前连续12个月的收入证明和有权单位出具的未享受政策性实物住房保障情况证明;

3. 申请家庭现住房证明材料;

4. 其他需要证明符合申请条件的材料。

(二)外来务工人员:

1. 申请家庭成员的身份证、户口簿,离异或丧偶的还应提供相应证件或证明材料;

2. 工作单位提供的受理申请当月前连续12个月的收入证明和劳动合同以及有权单位出具的未享受政策性实物住房保障情况证明;

3. 申请家庭现住房证明材料;

4. 社会保险缴交凭证等证明材料;

5. 属于普通全日制高校毕业生的须提供毕业证书;

6. 其他证明材料。

(三)机关事业单位工作人员应当提交的材料:

1. 申请家庭成员的身份证、户口簿,离异或丧偶的还应提供相应证件或证明材料;

2. 工作单位提供的受理申请当日前连续12个月的收入证明和有权单位出具的未享受政策性实物住房保障情况证明;

3. 申请家庭现住房证明材料;

4. 公务员主管部门出具的机关事业单位正式在编人员和转正定级的证明材料;

5. 其他证明材料。

申请人提交的身份证、户口簿等证照材料还须附复印件,原件受理核对后退还。

第十九条 申请公共租赁住房应当在居住所在地的街道办事处(乡、镇政府)提出申请,填写申请表、诚信承诺书以及家庭收入、财产和住房查询授权书,并提交相关材料。申请人所在的工作单位可以组织本单位职工统一进行申请。

街道办事处(乡、镇政府)受理申请后,应当在10个工作日内完成调查和初审工作。经初审合格的,在申请人居住地社区公示7日。公示期满无异议或异议不成立的,由街道办事处(乡、镇政府)提出初审意见后报区住房保障部门复查。

第二十条 区住房保障部门应自收到申请材料之日起5个工作日内转请有关部门和单位核查申请家庭的住房和公积金缴存信息,核查工作于15个工作日内完成。符合条件的,将申请材料连同核查的信息一并转请区民政部门进行家庭收入、财产认定。

区民政部门应当自收到申请材料之日起5个工作日内提请有关部门对申请家庭收入、财产进行核查,核查工作原则上在10个工作日内完成;区民政部门根据核查信息,对申请家庭收入、财产进行认定,提出是否符合准入条件的书面意见,并反馈区住房保障部门。

区住房保障部门根据区民政部门的认定结果和核查信息,在15个工作日内对申请家庭是否符合保障准入条件提出复查意见。符合准入条件的,确定配租标准并上报市住房保障主管部门;不符合准入条件的,应当书面通知申请人并说明理由。

第二十一条 市住房保障主管部门要定期会同有关部门召开联席会议,对各区上报的申请家庭资格复审汇总情况进行复核,经联席会议复核认定符合条件的,在"中国·福州"门户网上公示,公示期15日,有异议的单位或个人,应当书面向区住房保障部门提出,区住房保障部门应当在接到异议后根据所反映的住房问题进行复查,并将反映的家庭财产、收入问题转区民政局复查,核实结果上报市住房保障主管部门。经公示无异议或复查后异议不成立的申请人,市住房保障主管部门予以登记,纳入轮候配租范围,在"中国·福州"门户网予以公布。

第四章 配租管理

第二十二条 市国有房产管理部门应当建立完整统一的公共租赁住房建设和住房筹集,以及承租人轮候、配租和使用等运营管理信息系统。

第二十三条 经核准获得承租资格的承租人,由市住房保障主管部门转至市国有房产管理部门进行轮候配租。市国有房产管理部门应当根据房源数量、轮候配租户数、承租资格核准时间制定公共租赁住房配租选房方案并统一组织选房,选房方案向社会公布。

承租人包括公共租赁住房的申请人及其家庭成员。

第二十四条 承租人按照公共租赁住房选房方案选定承租房号后,领取《公共租赁住房配租确认书》,并在市国有房产管理部门发出入住通知之日起30日内,与市国有房产管理部门签订《福州市五城区公共租赁住房租赁合同》。

市国有房产管理部门应当在租赁合同签订后20个工作日内汇总选房配租结果,报市住房保障主管部门备案。

第二十五条 承租人未按时前往选房或选房后未按时签订租赁合同的,视为自动放弃承租资格,其配租资格取消,并自选房之日起2年内不得再申请公共租赁住房。

第二十六条 公共租赁住房的配租标准按照申请家庭人口确定为:一人户配租45平方米户(套)型,二人户配租55平方米户(套)型,三人以上(含三人)配租65平方米户(套)型。

第五章 租赁管理

第二十七条 《福州市五城区公共租赁住房租赁合同》为格式合同,合同有效期一般为3年。在合同有效期限内,承租人可以提前终止租赁合同。

第二十八条 承租人应当爱护并合理使用房屋及附属设施,不得擅自对房屋进行装修。因使用不当、擅自装修造成房屋或附属设施损坏的,应当负责修复或赔偿并按合同约定支付违约金。

第二十九条 公共租赁住房租金实行政府定价,租金水平以保证正常运营和维修管理为原则,并实行动态调整,具体标准由市价格主管部门会同市住房保障、财政、国有房产管理、房产登记等部门核定后,报市政府批准执行。

国家、省级相关部门对公共租赁住房租金标准及定价原则有新规定的,按新规定执行。

在市本级建立住房公积金账户的承租人,可以向市住房公积金管理中心申请支取住房公积金用于支付租金。

第三十条 集中建设的公共租赁住房小区,市国有房产管理部门应当聘请有资质的物业服务企业进行物业服务,物业服务费不得超出政府公布的普通住宅小区物业服务指导性收费标准。

物业服务企业应当按照本办法、物业服务委托合同和其他公共租赁住房管理的相关规定履行对承租人合法使用房屋及其他行为规范的指导、劝告义务,并定期向市国有房产管理部门报告。

第三十一条 公共租赁住房公共部分的修缮维护、设备维修更新、改造和相关管理费用,以及房屋空置期间产生的物业服务等费用由市国有房产管理部门承担,列入当年财政预算。

第三十二条 承租人租赁期满或解除租赁关系的,应当退出公共租赁住房。

租赁期满需要续租的,应当在合同期满3个月前按本办法规定重新申请。经审核符合条件的,重新签订租赁合同,租金按重新签约时政府公布的租金标准执行,承租人最多只能续签一次租赁合同。

第三十三条 租赁期间因原承租人去世、离异、服刑等原因需要对承租人进行变更的,由承租家庭确定一名具备完全民事行为能力的家庭成员(须为申请家庭成员之一)向市国有房产管理部门申请变更。

第三十四条 承租人有下列行为之一的,应当退回公共租赁住房:

(一)转借、转租或者擅自调换所承租公共租赁住房的;

(二)改变所承租公共租赁住房用途的;

(三)破坏或者擅自装修所承租公共租赁住房,拒不恢复原状的;

(四)在公共租赁住房内从事违法活动的;

(五)无正当理由连续6个月以上闲置公共租赁住房的;

(六)累计6个月以上拖欠租金的。

市国有房产管理部门应当对承租人使用公共租赁住房的情况进行巡查,发现有违反租赁合同约定的行为,应当及时依法处理或者向有关部门报告。

第三十五条 承租人有下列情形之一的,应当腾退公共租赁住房:

(一)提出续租申请但经审核不符合续租条件的;

(二)租赁期内,通过购买、受赠、继承等方式获得其他住房并不再符合公共租赁住房配租条件的;

(三)申请其他保障性住房保障资格的。

承租人有前款规定情形之一的,市国有房产管理部门应当为其安排合理的搬迁期,搬迁期内租金按照合同约定的租金数额缴纳。

搬迁期满不腾退公共租赁住房,承租人确无其他住房的,应当按照市场价格缴纳租金;承租人有其他住房的,可以向人民法院提起诉讼,要求承租人腾退公共租赁住房。

第三十六条 列入公共租赁住房保障的家庭应当从资格登记的次年起每年年末前向居住地街道办事处(镇政府)如实申报家庭收入、财产、人口及住房变动情况。街道办事处(镇政府)要建立申报档案。对申报情况不再符合保障标准的家庭,各街道办事处(镇政府)、各区住房保障部门和区民政部门按照本办法第十九条、第二十条的程序进行审查后,由区住房保障部门汇总上报市国有房产管理部门。

市国有房产管理部门对各区住房保障部门汇总上报的相关情况进行调查核实,对不再符合相应保障条件或因家庭人口结构发生变化需要对保障标准作出调整的,市国有房产管理部门应将核查结果及处理建议报市住房保障主管部门,由市住房保障主管部门会同有关部门召开联席会议进行认定。经联席会议认定不再符合保障条件的家庭,由市住房保障主管部门取消保障资格,并由市国有房产管理部门与其解除租赁合同;经联席会议认定需要调整保障标准的,由市国有房产管理部门予以调整。

第三十七条 房地产经纪机构及其经纪人员不得提供公共租赁住房出租、转租、出售等经纪业务。

第六章 法律责任

第三十八条 申请人以申报不实、提供虚假材料等手段,登记为轮候对象或者承租公共租赁住房的,由市住房保障主管部门处以1000元以下罚款,记入公共租赁住房管理档案;登记为轮候对象的,取消其登记;已承租公共租赁住房的,责令限期退回所承租公共租赁住房,并按市场价格补缴租金,逾期不退回的,可以依法申请人民法院强制执行,承租人自退回公共租赁住房之日起五年内不得再次申请公共租赁住房。

第三十九条 为申请人出具不实证明材料的,由有关部门对直接出具不实证明材料的单位负责人及直接责任人依法依纪追究责任。

第四十条 房地产中介机构为公共租赁住房承租人接受委托代理转让、出租或者转租的,由相关部门对房地产中介机构依法处理。

第四十一条 政府相关部门的工作人员在公共租赁住房规划、计划、建设、分配、使用和管理过程中滥用职权、玩忽职守、徇私舞弊、索贿受贿的,要依法依纪追究责任。

第七章 附 则

第四十二条 公共租赁住房应当按照规定办理产权的总登记,不得办理分户登记,也不能改变房屋用途和上市交易。

任何单位不得以出租、出售等名义变相进行实物分房。

第四十三条 在外来务工人员集中的开发区和工业园区,应当按照集约用地原则,统筹安排公共租赁住房等保障性住房建设用地。

第四十四条 鼓励民营企业、民间资本参与公共租赁住房建设,凡列为保障性安居工程建设计划的项目,应享受与政府投资的保障性安居工程项目同等的政策,可以按规定标准享受中央与省级保障性安居工程建设补助资金,并享受国家针对保障性安居工程建设项目明确的各项优惠政策。

公共租赁住房项目可以规划建设配套商业服务设施,统一管理经营。

第四十五条 由工业园区实施管理,向园区企业职工出租的集中建设集体宿舍、公寓等住房,以及民营企业和其他投资机构建设管理的公共租赁住房管理办法另行制定。

第四十六条 各县(市)可参照本办法,制定本辖区公共租赁住房管理规定。

第四十七条 本办法自2012年11月1日起施行。福州市人民政府于2008年3月19日颁发的《福州市经济租赁房管理暂行办法》(榕政综〔2008〕55号)同时废止。

福州市人民政府令

第55号

《福州市客运出租汽车管理办法》已经2012年9月29日市人民政府第20次常务会议通过,现予发布,自2013年1月1日起施行。

市长:杨益民

2012年10月10日

福州市客运出租汽车管理办法

第一章 总 则

第一条 为加强客运出租汽车的管理,保障乘客、经营者和驾驶员的合法权益,促进客运出租汽车行业的健康发展,根据有关法律、法规,结合本市实际,制定本办法。

第二条 本办法所称客运出租汽车(以下简称出租车),是指经营者取得出租车经营使用权,按照乘客意愿提供客运服务,按照里程和时间收费的五座以下小轿车。

本办法所称经营者是指从事出租车经营的企业、个体工商户。

第三条 本办法适用于本市市区出租车的经营和管理活动。

第四条 福州市交通运输主管部门是出租车行业的主管部门,负责组织实施本办法;福州市道路运输管理机构负责对出租车经营活动实施日常监督管理。

市公安交通、规划、财政、物价、环保、工商、税务、质量技术监督、人力资源和社会保障等行政主管部门应当按照各自职责,共同做好出租车行业的管理工作。

第五条 出租车行业发展规划应当作为城市公共交通规划的组成部分,纳入本市国民经济和社会发展总体规划。市交通运输主管部门应当根据本市经济社会发展需要编制出租车发展专项规划,报市政府批准后实施。

市人民政府根据出租车发展专项规划和市场供求状况,对出租车发展规模实施宏观调控,合理确定并公布出租车投放总量。

第六条 鼓励出租车实行规模化、公司化经营,建立产权清晰、权责一致,符合现代企业制度的出租车企业。

出租车企业应当提高管理水平,推广使用环保、节能车辆,应用先进的监控指挥调度管理系统。

第七条 出租车经营者和驾驶员应当依法经营、诚实守信、公平竞争、安全行车、文明服务。

市道路运输管理机构和出租车经营企业应建立投诉处理制度,接受投诉和监督。

第八条 出租车行业协会是出租车经营者自愿参加的社会团体,应当依照协会章程,发挥行业自律、协调、服务的作用,协助有关部门做好出租车行业经营管理工作,督促出租车经营者、从业人员依法经营和文明服务,并依法维护经营者的合法权益。

第二章 出租车经营使用权

第九条 从事出租车经营的企业和个人,应当依照本办法规定有偿取得出租车经营使用权。

出租车经营使用权以单车为计算单位,每个经营使用权限一部车使用。在使用期限内,使用该经营权的出租车可以按照规定办理车辆更新。

第十条 新投放出租车经营使用权采取招标方式授予符合条件的企业,使用期限不超过十年。

第十一条 出租车经营使用权期限届满由市交通运输主管部门无偿收回,并采取招标的方式重新投放,重新投放的经营权使用期限不超过十年。原经营使用权持有人参加招标的,同等条件可优先取得经营使用权。

本办法实施前已取得出租车经营使用权但未明确使用期限的,其经营使用权可以继续使用。

第十二条 取得出租车经营使用权的企业或个体工商户应当与市交通运输主管部门签订经营权使用合同,并由市交通运输主管部门依法登记后颁发出租车经营资格证。

第十三条 出租车经营使用权自取得之日起满三年方可转让,企业通过兼并、收购等方式取得经营权的除外。

转让时按税务部门有关规定缴纳税收,并向市道路运输管理机构申请办理变更登记,公安、工商等部门根据经营使用权变更登记情况办理相关手续。未经登记的,转让无效。

企业取得的出租车经营使用权不得转让给个人。

个体工商户转让出租车经营使用权的,受让的企业应当符合本办法第十六条规定的条件;受让的个人应当年满十八周岁,具有本市常住户籍。

第十四条 出租车经营使用权依法质押的,应当向市道路运输管理机构办理登记手续。

第三章 出租车经营者

第十五条 企业、个人应当在取得出租车经营资格证、车辆运营证,并在出租车驾驶员取得客运资格证及服务监督卡后,方可从事出租车营运活动。

禁止假冒、伪造出租车营运牌证、标识从事营运活动。

第十六条 从事出租车经营的企业,应当具备以下条件:

(一)具备企业法人资格且注册资本达到规定标准;

(二)有符合规定标准、数量要求的出租车辆、配套设施、设备、标志;

(三)有固定的办公场所和与经营规模相适应的专用停车场;

(四)有良好的银行资信和财务状况;

(五)有与经营业务相适应的并经培训考试合格的驾驶员,有与经营业务相适应的技术、财务和经营管理人员。

前款所述各项具体条件,由市交通运输主管部门制定细则并公布。

第十七条 市交通运输主管部门应当制定出租车企业等级标准,定期组织开展出租车企业等级评定,并将评定结果向社会公布。

从事出租车经营的个体工商户申请成立出租车企业的,应当具备一定规模,且符合本办法第十六条规定的条件。

鼓励、扶持出租车企业通过兼并、收购等方式扩大规模、提升等级。具体扶持政策由市交通运输主管部门制定,报市政府批准后实施。

第十八条 出租车经营者应当遵守下列规定:

(一)严格履行管理责任,加强对驾驶员继续教育,落实文明行车、文明服务、安全生产、车容车况检查等各项管理制度;

(二)依法与驾驶员签订劳动合同(或聘用协议、经营合同),依法为驾驶员缴纳社会保险费用,维护聘用驾驶员的合法权益;

(三)对乘客的投诉,应当及时调查处理,在受理之日起3日内作出答复;

(四)服从市交通运输主管部门、道路运输管理机构等管理部门的监督检查和指导管理;

(五)法律、法规规定的其他要求。

出租车企业还应当制定和落实突发性事件的应急预案,对扰乱社会秩序的行为及时劝阻和制止。

第十九条 从事出租车经营的个体工商户委托出租车企业管理,应当签订书面合同,并向市道路运输管理机构登记备案。

受委托的出租车企业应当加强对委托管理的车辆及其驾驶员的监督管理,组织驾驶员培训,办理有关证件和车辆审验等手续,协助委托方及其驾驶员解决营运过程中出现的问题。

第二十条 市交通运输、价格主管部门应当根据出租车运营成本、企业等级等因素合理制定承包费、管理费指导价并向社会公布。

出租车企业、个体工商户、驾驶员之间的承包费、管理费标准应当根据指导价确定,并报市交通运输主管部门备案。

第四章 驾驶员与乘客

第二十一条 出租车驾驶员应当具备下列条件,并依法取得市交通运输主管部门核发的出租车驾驶员客运资格证:

(一)有本市常住户籍或取得公安机关核发的本市暂住证一年以上;

(二)取得C1以上机动车驾驶证,并有三年以上驾龄;

(三)身体健康,年龄不超过六十周岁;

(四)三年内无重大以上交通事故主要或者同等责任记录;

(五)经市道路运输管理机构组织考试合格。

第二十二条 出租汽车经营者应当聘用取得客运资格证的出租车驾驶员。

出租车驾驶员从事客运活动的,应当持与出租车经营者签订的劳动合同(或聘用协议、经营合同)、出租车驾驶员客运资格证向市道路运输管理机构申请注册并领取服务监督卡。

出租车经营者应当在出租车驾驶员办理客运资格注册后再安排上岗,出租车驾驶员的注册办法由市交通运输主管部门另行规定。

第二十三条 出租车驾驶员应当为乘客提供方便、及时、安全、卫生、文明的服务,对老、弱、病、残、孕以及急需抢救的人员优先供车。

遇有抢险救灾、主要客运集散点供车严重不足、重大活动等特殊情况时,经营者及驾驶员应当服从市道路运输管理机构的统一调度和指挥。

第二十四条 出租车驾驶员在营运期间应当遵守下列规定:

(一)随车携带车辆运营证、出租车驾驶员客运资格证,按规定放置服务监督卡,实行亮证服务;

(二)衣着整洁、语言文明,不在车内吸烟,不向车外丢弃杂物;

(三)严格遵守交通管理法规,不得闯红灯,违规停车、超车、转弯或调头,车辆行驶时不得使用移动电话;

(四)选择最便捷或乘客要求的路线行驶,因故确需绕道时,应当如实向乘客说明情况;

(五)载有乘客时不得招揽其他乘客合乘;

(六)正确使用里程计价表,按照里程计价表显示金额收取运费,主动出具出租车专用发票;

(七)按规定使用监控系统终端设备;

(八)及时归还乘客遗失在运营车辆上的物品,无法归还的,及时送交所在出租车企业、市道路运输管理机构或者公安机关;

(九)在设有出租车营业站点的场所,应当在指定的营业站点内排队载客,不得离开车辆招揽乘客或在营业站点外揽客;

(十)向乘客提供连续的运输服务,不得甩客、敲诈乘客,不得擅自更换车辆。

第二十五条 出租车经营者和驾驶员应当按照市道路运

输管理机构规定的交接班时间安排交接班,交接班时间应当在车身明显位置标识。

第二十六条 除下列情形外,出租车驾驶员不得拒绝载客:

(一)乘客患精神病或酗酒,无正常人陪伴;

(二)乘客要求进入禁行路段或要求超载行驶;

(三)乘客携带易燃、易爆、有毒等危险品或其他管制物品;

(四)乘客利用出租车进行违法犯罪活动;

(五)乘客要求不按规定使用计价器付费。

第二十七条 出租车驾驶员有下列情形之一的,视为拒载:

(一)在待租状态下,拒绝提供载客服务;

(二)载客途中无正当理由中断服务;

(三)在出租车营业站点内不服从管理人员调派。

第二十八条 出租车因交接班或其他原因暂停载客的,应当事先在明显位置显示“暂停载客”标志。

出租车辆遇计价器失准失灵的,应当暂停载客。

第二十九条 非本市市区出租车不得从事起点在本市市区范围内的出租车营运活动。

第三十条 乘客应当文明乘车,不乱扔废弃物,不吸烟,不污损车辆。

第三十一条 乘客应当按照里程计价表显示金额支付车费,以及规定的过桥、过路、过渡、燃油附加等费用。

遇有下列情况之一的,乘客可以拒绝支付租费:

(一)不使用计价器或不按规定使用计价器;

(二)不出具收费票据;

(三)车辆在起步费里程内发生故障或事故,无法完成运送服务。

第三十二条 出租车运价实行统一标准。

市价格管理部门会同市交通运输主管部门根据运输市场实际情况,合理制定运价标准,并建立运价与油价联动机制,适时调整运价。

第五章 车辆与服务设施

第三十三条 出租车应当符合以下要求:

(一)符合市交通运输主管部门规定的出租车辆技术标准;

(二)车牌号码清晰齐全,车顶放置标志灯,车身颜色符合规定色调,两侧标明经营单位名称和监督电话;

(三)安装经检定合格的出租车自动打印票据里程计价表,张贴里程运价表和禁烟标志;

(四)安装符合规定的监控系统终端,并确保其处于正常工作状态;

(五)车容整洁、车辆设施完好。

使用燃气汽车从事出租车经营的,还应当依法向质量技术监督管理部门办理检验登记手续,并遵守特种设备安全使用管理有关规定。

第三十四条 出租车更新年限不超过五年,自车辆在公安交通管理部门首次注册登记之日起计算,具体更新年限由市交通运输主管部门根据车型、车况、排气量等因素合理确定。更新车辆应当符合本办法第三十三条要求。

出租车达到更新年限的,应当停止营运,办理营运证件注销和更新手续,拆除、缴销出租车有关营运标志、设施。

第三十五条 出租车应当保持车况良好,按照规定进行维护和检测。

出租车车容车况应当符合规定标准,不符合规定标准的,不得从事营运活动。

第三十六条 市道路运输管理机构应当建立全市联网的出租车监控指挥调度系统,出租车企业应当建立与其相配套的调度工作站。出租车监控系统信号可以接入公安报警系统。

第三十七条 市区出租车候客站点设置应当纳入城市建设总体规划。建设城市客运枢纽站、机场、地铁、码头、火车站、汽车站、公交首末站、大型商贸区、医院、宾馆、旅游景点等重要客流集散场所及人流大的公共场所,应当配套建设出租车免费候客站点。

第三十八条 鼓励出租车企业建设出租车综合服务站,服务站应具备休憩、餐饮、保洁、维修等服务功能。出租车综合服务站建设按照城市公共事业用地性质供地,由同级财政给予适当补助。

第三十九条 市公安交通管理部门应当根据方便乘客的原则和道路交通条件,对出租车通行线路和停靠站点进行设置并适时调整。

第六章 监督管理

第四十条 交通运输主管部门应当严格按照职责权限和程序对出租车客运状况进行监督检查,实施监督检查时,应当有两名以上执法人员参加,并出示执法证件。

出租车经营者、出租车驾驶员应当接受交通运输主管部门、道路运输管理机构等执法部门依法实施的检查,如实提供有关资料,不得拒绝、妨碍、阻挠。

第四十一条 市道路运输管理机构每年对出租车相关情况进行审验,并在运营证上予以记录。审验不合格的,责令停止营运,限期改正。

第四十二条 市交通运输主管部门对出租车企业实行年度管理目标考核,对其资质等级、基本条件、经营行为、安全生产、履行责任和管理水平等方面进行综合评价,并按考核结果予以奖惩。具体考核办法由市交通运输主管部门另行制定。

第四十三条 出租车驾驶员客运资格证实行记分制管理,由市道路运输管理机构对出租车驾驶员的经营行为、服务质量、文明行车、交通安全等方面进行年度考核。违章记分超过规定分值的出租车驾驶员,应当重新参加出租车驾驶员岗位培训。

第四十四条 出租车企业、驾驶员获得市级以上荣誉称号的,应给予奖励。

第四十五条 乘客、经营者和驾驶员的合法权益受到侵犯的,有权向市道路运输管理机构或有关部门投诉。乘客投诉时应提供车费发票及乘车情况等有关证据。接受投诉的机构、部门应当在受理投诉之日起 15 日内将处理结果告知投诉人。

第四十六条 各相关行政执法部门及其工作人员不得有下列侵犯经营者合法权益的行为：

(一)摊派或收取非法定费用；

(二)颁发非法定证、照、卡；

(三)利用职权无偿乘坐出租车；

(四)滥用职权扣留出租车或证照；

(五)强制购买非法定的或指定单位的物品；

(六)其他侵犯经营者合法权益的行为。

第七章 法律责任

第四十七条 违反本办法规定，未取得出租车经营使用权从事营运活动的，由道路运输管理机构按照《中华人民共和国道路运输条例》规定查处。

违反本办法第十八条第一款第(二)项规定的，由人力资源和社会保障部门按照《中华人民共和国劳动法》等相关规定处罚。

第四十八条 违反本办法规定，出租车经营者有下列行为之一的，由市交通运输主管部门责令改正，并处5000元以上20000元以下罚款：

(一)违反本办法第十八条第一款第(四)项或者第二款规定的；

(二)违反本办法第十九条第二款规定的；

(三)出租车企业管理的出租车，违反本办法规定一年内被交通运输主管部门处罚的车辆数超过企业车辆总数20%的；

(四)未按规定审验或审验不合格仍从事营运活动的。

第四十九条 违反本办法规定，出租车经营者有下列行为之一的，由市交通运输主管部门责令改正，并处1000元以上3000元以下的罚款：

(一)聘用未取得客运资格证的人员驾驶出租车从事经营活动的；

(二)聘用未按规定办理注册手续的人员驾驶出租车从事经营活动的；

(三)未按规定安装符合规定的监控系统终端的；

(四)违反本办法第十八条第一款第(一)、(三)、(五)项规定之一的。

第五十条 违反本办法规定，出租车驾驶员有下列行为之一的，由市交通运输主管部门处1000元以上2000元以下罚款；情节严重的，责令停止营运：

(一)未取得出租汽车驾驶员客运资格证或持无效出租车驾驶员客运资格证从事营运的；

(二)违反本办法第二十九条规定的；

(三)不使用、不按规定使用计价器或不按计价器显示金额收费的；

(四)擅自调整计价器影响营运秩序的；

(五)里程计价表故障、失准时继续营运的；

(六)未办理注册手续驾驶出租车从事经营活动的；

(七)有本办法第二十七条规定的拒载行为之一的；

(八)招揽其他乘客合乘的；

(九)无故绕行的；

(十)在设有出租车营业站点的场所，未按规定排队载客，离开车辆招揽乘客或在营业站点外揽客、拉客，从事中介活动的；

(十一)在运输乘客途中擅自变更车辆或者将乘客移交他人运输的；

(十二)转借、出租或者涂改客运资格证的。

第五十一条 出租车经营者或者驾驶员扰乱营运秩序，情节严重的，属经营者的，由市交通运输主管部门取消出租车经营使用权，属驾驶员的，由市交通运输主管部门取消出租车驾驶员客运资格。

出租车驾驶员在一年内被交通运输主管部门按本办法第五十条第(三)、(四)、(七)、(八)、(九)、(十一)、(十二)项规定处罚次数达到两次的，由市交通运输主管部门取消出租汽车驾驶员客运资格。

第五十二条 违反本办法规定，出租车不张贴价目表或未在车身明显位置标识交接班时间的，由市交通运输主管部门责令出租车经营者改正，并处200元以上500元以下罚款。

第五十三条 违反本办法规定，出租车车容不整洁卫生或未按规定使用监控系统终端的，由市交通运输主管部门责令驾驶员改正；拒不改正的，处200元以上500元以下罚款。

违反本办法规定，有下列行为之一的，由市交通运输主管部门责令驾驶员改正，并处200元以上500元以下罚款：

(一)未取得服务监督卡或持无效服务监督卡从事营运的；

(二)不按规定放置服务监督卡或者专用标识、标志的；

(三)不按规定携带出租车驾驶员客运资格证或者车辆运营证的；

(四)不按规定出具收费票据的。

第五十四条 出租车经营者违反本办法被处以罚款的，罚款不得转嫁给委托方或者驾驶员。

第五十五条 出租车驾驶员被暂扣、吊销驾驶证的，同时分别暂扣、吊销出租车驾驶员客运资格证和服务监督卡。

出租车驾驶员客运资格证和服务监督卡被吊销的，三年内不得再申领。

第五十六条 违反本办法第四十六条规定，各相关行政执法部门工作人员侵犯经营者合法权益的，依法给予行政处分；构成犯罪的，依法追究刑事责任。

第八章 附 则

第五十七条 市交通运输主管部门可以根据本办法制定实施细则。

第五十八条 各县(市)出租车管理参照本办法执行。

第五十九条 本办法自2013年 1月1日起施行。市人民政府于2001年6月17日颁布的《福州市客运出租汽车管理办法》(榕政〔2001〕16号)和《福州市客运出租汽车经营使用权出让和转让办法》(榕政〔2001〕15号)同时废止。

福州市人民政府关于加强鼓岭地区规划实施管理工作的通告

榕政〔2012〕4号

(2012年3月29日)

为加强城乡规划和土地管理,规范鼓岭地区规划实施管理,加大鼓岭旅游度假区保护力度,根据《中华人民共和国城乡规划法》、《中华人民共和国土地管理法》、《风景名胜区条例》、《福州市人民代表大会常务委员会关于查处违法建设的决定》等法律法规,现就加强鼓岭地区规划实施管理工作有关事项通告如下:

一、本通告适用范围包括鼓岭地区的宦溪镇宜夏、过仑、南洋、鹅鼻、民义、中心、建立村,以及恩顶农场。

二、在鼓岭地区范围内的建设项目应当符合风景名胜区规划及其他规划要求,依法办理相关审批手续。

禁止未经城乡规划、国土资源、园林等行政主管部门审批,在鼓岭地区建设各类建筑物、构筑物。

三、鼓岭地区范围内已批未建项目,应暂停项目建设,由建设、城乡规划、国土资源部门进行梳理并登记造册;对不符合规划要求或者超过动工期限尚未动建的项目,应当责令整改,停止项目实施、重新修改规划方案或者依法收回国有土地使用权,以确保高水平实施鼓岭地区规划。

四、鼓岭地区范围内各类违法建设必须在本通告颁布之日起30日内自行拆除,逾期未拆除的,将依法予以强制拆除。

五、鼓岭地区范围内的各类机关、企事业单位、村民委员会应当模范遵守法律法规,积极主动地对所属各类建筑物、构筑物进行自查,带头自行清理拆除违法建设。

六、工商、税务、环保、文化、卫生等行政管理部门在办理有关证照或者证照年审时,应加强对生产经营场所房屋及土地权属的审核,对利用违法建设从事生产经营活动的,不予核发相关许可证照或者办理年审手续;已核发的,应依法予以注销。

供电、供水等公用事业单位应依据相关规定,停止向各类违法建设提供专业服务。

七、对毁林和非法买卖土地的违法行为,国土资源、林业、公安等行政管理部门应依法立案查处,并依法追究相关人员责任。

八、各级各部门应加强联系配合,依法履行职责,及时查处各类违法建设。对于以权谋私、管理不力、严重失职、徇私舞弊的,依法给予相关责任人员行政处分。对于党员干部、公职人员参与违法建设的,依照干部管理权限予以处理或通报相关单位。

九、各有关单位和个人应当自觉配合开展鼓岭地区规划实施管理工作。对于阻挠执法人员依法执行公务的,公安机关依法追究其法律责任。对于鼓动、组织暴力抗法的,依照《中华人民共和国治安管理处罚法》的规定从重处罚;涉嫌犯罪的,移交司法机关处理。

十、欢迎广大市民举报违法建设、非法买卖土地、侵占耕地、毁林等违法行为。(举报电话:福州市清理整治违法建设领导小组办公室:83354506;晋安区清理整治违法建设领导小组办公室:83658340;晋安区宦溪镇人民政府:87952140)。

十一、本通告自颁布之日起施行。

福州市人民政府关于第87届全国糖酒商品交易会期间加强城市管理的通告

榕政〔2012〕7号

(2012年6月13日)

第87届全国糖酒商品交易会(以下简称糖酒会)将于2012年10月在福州举行。为规范糖酒会在我市的展示和交易秩序,确保展会的顺利召开,经市政府研究,决定在糖酒会筹备及举办期间,加强我市城市管理,以维护正常交易秩序。现就有关事项通告如下:

一、糖酒会实行统一管理、集中展示、集中交易。福州海峡国际会展中心为糖酒会唯一展场。糖酒会期间本市除福州海峡国际会展中心之外禁止任何场所举办任何相同或类似的展览展示,各宾馆、酒店(饭店)等经营机构不得将大堂、公共通道、经营场所、停车场等用于设置糖酒商品展览展示的展间(厅)、展位或布设广告。商业、餐饮等经营机构不得将营业厅、公共通道等用于设置糖酒商品交易的展间(厅)、展位。违者由市商贸服务业、工商、公安消防等行政主管部门依法予以纠正、查处。

二、禁止任何单位和个人擅自占用城市道路从事糖酒类商品展示、宣传、推销和咨询活动;禁止沿街占道摆摊设点、展样交易;禁止在城市道路上以宣传或者推销企业品牌和商品为目的列队(或者举牌列队)行为。违者由市市容、公安等行政主管部门依法予以处罚。

三、严禁任何单位和个人从事侵害他人知识产权的商业贸易活动,禁止任何单位和个人未经主办单位允许,以糖酒会的名义组织各类商业性活动。违者由市公安、工商、知识产权等行政主管部门依法予以处罚。

四、住宿业、商业、餐饮娱乐、交通客运、广告、旅游等行业,应当严格执行价格法律、法规的规定,住宿业应落实糖酒会期间客房限价有关规定,严禁各类价格违规行为。违者由市物价行政主管部门依法予以处罚。

五、糖酒会的广告规划、发布、管理由中糖集团及糖酒会具体承办单位全权负责,任何单位和个人发布与糖酒类商品相关的广告应当依法办理设置和发布手续,未经允许擅自发布属侵权行为。承接糖酒会广告业务的经营者、发布者设置和发布广告,应当依法办理设置和发布手续,按照规定的位置、时间、规格、方式制作、发布,做到美观、规范、安全、有序,糖酒会结束后必须及时拆除。违者由市建设、市容、工商等行政主管部门依法予以处罚。

六、交易会期间,市公安、消防、交通等部门要切实加强社会治安综合治理、会场安全保卫、消防和市区交通组织管理,保障与会代表的人身、财产安全和交通顺畅。

七、本通告自公布之日起施行,有效期至2012年10月23日止。

福州市人民政府关于贯彻落实省政府促进工业稳定增长系列政策的实施意见

榕政〔2012〕8号

(2012年7月8日)

各县(市)区政府,市直各委、办、局(公司):

为认真贯彻落实省政府促进工业稳定增长系列政策,切实解决当前工业经济发展中存在的突出问题,确保圆满完成今年工业增长目标,根据我市工业发展实际情况,提出以下实施意见:

一、支持企业加快发展

1. 支持企业多生产多用电。为鼓励我市冶金、建材、汽车船舶、电子、塑胶等行业企业多生产多用电,对今年6月至12月用电量增长10%以上,产值同比增产5000万元或产值增速10%以上、年度纳税实现正增长的上述行业企业给予用电奖励,奖励标准为总用电量每千瓦时奖励0.01元,单家企业奖励额不超过300万元。

2. 支持企业多销售多纳税。对2012年总纳税额(暂缓征收的税种按2011年企业缴税额计入纳税总额)增长达到10%~20%的制造业企业,增量部分地方留成的30%奖励企业;增长达到20%~30%的制造业企业,增量部分地方留成的50%奖励企业;增长达到30%以上的制造业企业,增量部分地方留成的60%奖励企业。

3. 服务企业加快发展。将年产值5亿元以上的制造业企业、各主要行业龙头企业和得到工业发展资金重点扶持的企业纳入重点监测服务对象。通过建立"福州市重点企业监测服务平台",对上述企业生产经营动态进行跟踪服务;及时进行生产调度和要素保障;对企业反映的困难问题进行分门别类,提请相关部门协调解决,并做好跟踪、督促、通报工作。对重点监测服务企业,在资金扶持、市场开拓、融资服务、要素保障等方面给予优惠待遇。继续执行增产补贴政策,对重点监测服务企业补贴标准上限提高到150万元。

以上第1~3条政策就高执行,不重复享受。

4. 支持困难企业渡过难关。对近期生产经营困难的船舶行业、钢铁行业和电子信息行业中的龙头企业,2012年增产贴息和补助按"一企一议"方式进行。考虑到船舶和钢铁企业的实际困难,以及对我市工业发展做出的贡献,船舶和钢铁企业的贴息额与贷款额挂钩,按企业全年利息支出的5%给予贴息,单家企业最高补贴金额不超过100万元。如船舶和钢铁企业,以及电子信息行业中的龙头企业(年产值10亿元以上)今年6月份至12月份产值增长超10%,则按企业全年利息支出的50%给予贴息,单家企业最高补贴金额不超过300万元。

二、支持企业增加投资

5. 加快重点技术改造项目前期工作。强化"三维"项目对接,积极谋划储备一批重点技术改造项目,在工业转型创新重点项目计划中,每年安排专项资金,用于重大技术改造项目前期经费。

6. 扶持产业链项目建设。发挥龙头企业带动作用,填补产业链关键、缺失环节。对符合国家产业发展导向的产业链及新兴产业规模化发展重点技术改造项目和新建投资项目,按当年厂房和设备投资额的2%进行补助,单个项目补助最高不超过150万元。

7. 支持扩大先进生产能力。实行"一厂一策",对今年投产且新增产能发挥30%以上的工业转型创新重点项目,将其新增地方级三税(增值税、营业税、企业所得税)的30%奖励给企业,按属地原则由企业所在县(市)区财政负责兑付,涉及市级集中一定比例的,按奖励金额同比例返还给县(市)区。

三、支持企业开拓市场

8. 继续执行甲控甲供政策。甲供甲控办法实施期限延长至2012年12月31日,本市财政投资项目中设备材料采购不执行甲控甲供办法的必须报市政府批准,未按规定实施甲供、甲控办法的项目,市财政投资评审中心将不予审核。项目业主或甲供单位应严格按甲供甲控合同支付生产企业材料货款,对不能按合同约定及时归还地产企业材料货款的建设项目,财政部门停止拨付项目业主或甲供单位工程进度款。

9. 推进政府采购选用名优产品。建立《福州名优产品目录》,政府机关、事业单位在采购招标时必须选用《福州名优产品目录》内的产品。如同一品种产品少于3家生产商但已有品牌产品入选《福州名优产品目录》的,在采购招投标时给予列入《名优产品目录》的产品加10分。

10. 加强名优产品市场开拓工作。积极组织名优产品企业参加国家级或区域性的重点专业展览、展销,展位费给予全额补助;对名优产品企业销往省外或境外的产品(企业需提供销售合同、发票等凭证),且所采购的原材料属本地企业间上下游协作配套的,以企业上年实际销售额(出口交货值)为基数,按当年增量部分实现的增值税地方市级留成部分的50%奖励企业(该政策与我市已出台的鼓励外贸出口奖励政策就高执行,不重复享受)。

四、支持企业技术创新

11. 提升企业技术创新能力。重点扶持战略性新兴产业,充分利用"6·18"平台,加强科技成果转化运用,促进资金、技术、人才市场的有效对接。安排1000万元资金作为市技术创新专项扶持资金,对研发投入大、技术水平高、产业化前景好的市级产学研联合开发项目给予20~80万元专项补助。

12. 提升工业设计水平。推动传统产业生产装备智能化、生产过程自动化以及管理信息系统的综合集成。大力推动工业设计发展,提升产业价值。设立1000万元工业设计发展专项资金,用于支持建立工业设计园、工业设计服务中心,培育重点骨干工业设计企业以及鼓励制造业与工业设计融合。

五、支持企业节能减排

13. 支持企业开展节能工作。对符合国家产业政策,年耗能800吨标准煤、投资50万元、纳税30万元以上的企业,经评估审计,按照年节能量或投资额给予奖励补助,每节约一吨标准煤给予企业270元奖励,或按投资额10%给予补助,实行就高原则,最高可奖励80万元。

14. 支持企业资源综合利用。支持企业开展清洁生产、节水、节材等,对投资50万元、纳税30万元以上的循环经济项目,经评估审计按项目投资额10%给予资金补助,最高补助50万元。

六、支持企业银企合作

15. 加大企业融资支持力度。全面落实省、市政府扶持企业发展的相关金融财税措施。在风险可控的前提下,对基本面较好、信用记录较好、有市场、有订单但暂时出现经营或财务困难的企业通过流动资金贷款展期、延长授信期限、增加授信期限、增加授信额度等措施予以支持。由各级财政安排专项资金,对一时不能按时还贷、可能出现资金链断裂的龙头企业,及时启动重点企业资金链保障机制。

16. 进一步规范、完善担保机构担保物权登记服务。按照《物权法》和《担保法》制定实施"融资性担保反担保土地、房产、车辆、船舶抵押登记管理办法",明确反担保抵押登记所需条件及操作流程,按《物权法》规定的顺位原则无条件开放第二、第三等他项权证抵押登记。建立中小企业信用信息共享机制,中国人民银行依法为融资性担保公司提供征信系统查询服务。

七、支持企业减轻负担

17. 对涉及工业企业的房产税、土地使用税和水土保持费暂缓征收政策延续到2012年底。将江海堤防工程维护费由原来按照工业企业上年销售收入或营业收入的0.9‰改为按照流转税额的0.9‰征收。对涉及工业企业的电能表检定费、水表检定费、煤气表检定费、医疗卫生计量器具检定费、压力表检定费、电子秤检定费按照现行标准的70%征收。对于符合国家产业政策、信誉好,今年内月电费达到100万元及以上的工业企业,可使用银行承兑汇票结算电费,缓解企业资金压力。对于季节性用电或国家另有规定的企业,变压器暂停时间可另议,以降低基本电费支出。

八、附　则

18. 本实施意见试行时间为2012年。企业享受本《实施意见》各项扶持政策补助金额总额不超过企业当年度实际上缴税收的地方留成部分。由各县(市)区负责根据省、市出台的"稳增长"系列政策和配套措施,结合本地实际,出台相应配套措施和实施细则。

福州市人民政府关于扶持小微企业发展的若干意见

榕政〔2012〕9号

(2012年7月9日)

各县(市)区人民政府,市直各委、办、局(公司):

小型微型企业在增加就业、促进经济增长、科技创新与社会和谐稳定等方面具有不可替代作用,对国民经济和社会发展具有重要的战略意义。近日,省政府办公厅专门下发了《进一步落实扶持小型微型企业发展政策措施的意见》(闽政办〔2012〕71号)(以下简称《意见》),对扶持小微企业发展壮大作出了新的规定。为进一步促进我市小微企业健康快速发展,提出以下意见:

一、加大政策扶持方面

小微企业的界定,按照工业和信息化部、国家统计局、国家发展和改革委员会、财政部《关于印发中小企业划型标准规定的通知》(工信部联企业〔2011〕300号)对小型微型企业划型标准规定。

市财政每年从工业发展资金中安排专项经费,重点扶持科技含量高、成长性好、劳动密集型的小微企业技术改造、科技创新、节能降耗以及建设公共服务平台等。从2012年开始,在原有扶持政策基础上,每年市财政安排不少于1000万元并逐年增加小微企业发展专项扶持资金。各县(市)区应安排小微企业发展专项资金。科技、商贸、外经、农业、人力资源和社会保障等部门应在各种政策性扶持资金安排上向小微企业倾斜。

二、缓解融资困难方面

认真落实各级各部门关于支持小微企业发展的各项金融政策,确保对小微企业的贷款增速不低于各项贷款平均增速,小型微型企业贷款新增额占各项贷款新增额的比重不低于上年同期水平。加强政银企会商对接,搭建平台,帮助小微企业解决资金困难。鼓励支持融资性担保公司为小微企业提供多种方式的担保,鼓励支持小额贷款公司为小微企业提供直接贷款。对为小微企业融资服务的融资性担保机构、小额贷款公司、典当行等机构开放反担保物权抵押、第二顺位抵押权登记服务。对为小微工业企业和小微贸易企业提供贷款担保,且保费不高于银行同期利率40%的融资性担保机构,其在保余额分别给予1%和0.8%的风险补助。对为小微工业企业直接提供贷款的小额贷款公司,单笔贷款额度不高于100万元,且利率不超过银行同期利率的2倍,其贷款余额给予1%的风险补助。

三、减轻税费负担方面

提高小微企业增值税和营业税起征点。对符合条件的小微企业,减按20%的税率征收企业所得税;对年应纳税所得额低于6万元(含6万元)的小型微利企业,其所得减按50%计入应纳税所得额,按20%的税率缴纳企业所得税,执行至2015年12月31日止。对确实无法建立健全账证实行核定征收的小微企业,在国家税务总局规定的应税所得率幅度内从低核定。对符合条件的确有困难的小微企业按规定予以免征房产税和城镇土地使用税。对小微工业企业江海堤防工程维护费由按照上年销售收入或营业收入的0.09%改按流转税额的0.09%缴纳。

四、建设服务平台方面

鼓励小微企业集聚发展。在小微企业集聚区域和行业,重点建设、培育和完善一批服务平台,面向产业、贴近企业、集聚资源、集成服务,促进小微企业创新发展。积极推进小微企业创业基地、孵化基地、技术中心、公共服务示范平台等建设。

对被评为国家和省级中小微企业公共服务示范平台、创业基地分别给予20万元和10万元奖励。充分发挥各类民营服务机构作用,不断开发特色服务产品,为小微企业提供优质高效服务。

五、促进转型提升方面

鼓励小微企业上规模。对当年上升为规模以上的小微工业企业,年销售收入比上年每增加1000万元、税收增长15%以上,市、县(市)区财政各给予3万元奖励。小微企业产品(服务)属于《国家重点支持的高新技术领域》规定的范围,大学专科以上学历的科技人员占企业当年职工总数的30%以上,其中研发人员占企业当年职工总数的10%以上,近三年内通过自主研发、受让、受赠、并购等方式,或通过5年以上的独占许可方式,对其主要产品(服务)的核心技术拥有自主知识产权,研究开发费用总额占销售收入总额比例不低于6%,申报高新技术企业材料通过市科技局初审合格推荐省科技厅参加评审的小微企业给予5万元奖励,通过高新技术企业认定后再给予5万元奖励。在纳税前50名的小微企业中,结合亩产税收情况评选10名贡献大、成长性好的小微企业,每家给予10万元奖励。大力开展企业成长培训和管理咨询诊断工作,参照省里开展企业成长和管理咨询诊断的做法,配套安排财政资金,加大力度为小微企业培训高中级管理人员、技术人才以及提供管理咨询诊断服务,努力为小微企业提供人才支持。

六、保障土地厂房供应方面

鼓励小微企业在符合规划和土地使用条件的前提下,利用现有工业厂房等存量资产兴办信息服务、研发设计、创意产业、仓储物流等,可暂不办理土地用途变更手续。小微企业利用现有工业用地增加容积率或进行危旧厂房改造的,在符合规划且未改变土地用途的前提下,不再增收土地价款。小微企业现有工业用地因实施城市规划需要收储的,在符合产业发展规划的前提下,应尽量安排生产用地或在相应园区予以安置。市、县(市)工业园区应建设适合小微企业发展需要的标准厂房和配套设施,引导小微企业搬迁入驻,形成产业集聚和产业链。小微企业所需用地,可以租赁或出让方式提供,土地使用年限可在法定最高年限内根据企业需要设定,但租赁期限最长不超过20年。

七、加强用工服务方面

由人力资源和社会保障部门牵头会同相关部门搭建劳动力供求对接平台,在劳动力输出大省建立远程用工系统。鼓励小微企业参与各类劳动力招聘专项活动,引导民营机构开展“引工”服务,积极开展紧缺技术工种免费技能培训,力争每年培训人员万人以上,所需经费由就业专项资金支付。小微企业当年新招用符合小额担保贷款申请条件人员达到企业现有在职职工30%(超过100人达15%)以上,并与其签订一年以上劳动合同并缴纳社保的,可以享受贴息贷款优惠政策,贴息期限不超过两年,贴息比例按中国人民银行公布的同期贷款基准利率上浮3个百分点以内据实支付,贴息额度最高不超过人民币200万元。小微企业招用就业困难人员和农村转移就业困难人员,签订劳动合同并缴纳社会保险费用的,在相应期限内给予基本养老保险、基本医疗保险补贴。对当年到我市小微企业就业的应届高校毕业生、人员达10人以上、与企业签订一年以上劳动合同并缴纳社会保险、在我市政府人事部门所属人事人才公共服务机构办理人事代理手续的,其社会保险个人缴纳部分由市财政给予30%补助,补助期限不超过一年。支持小微企业设立博士后科研工作站和留学人员来榕创办小微企业,其奖励办法按相关规定执行。

八、支持开拓市场方面

充分发挥我市与闽浙赣皖协作区、泛珠三角协作区及国内友好城市交流合作平台作用,积极组织小微企业参加各类展会。政府部门组织的国内外展会应尽量减免展位费和其他费用。通过给予展位费运输费补助等形式,帮助小微企业拓展市场,扩大产品市场占有率。鼓励大中型企业与小微企业组成联合体共同参加政府采购,小微企业占联合体份额达到30%以上的,给予联合体2%—3%的价格扣除。对首次利用经贸部门认定的电子商务平台开展商务活动的,给予不超过年费用50%的一次性补助。积极执行甲供甲控政策,大力推荐政府投资工程项目使用小微企业产品,新增政府采购目录中的小微企业数量应占20%以上。

九、营造良好环境方面

各级各部门要进一步提高对扶持小微企业发展重要意义的认识,加大中央、省、市政府扶持小微企业发展政策措施的宣传。充分利用报刊、广播、电视、网络等媒体,营造良好舆论氛围,提升全社会对小微企业的认识,提振小微企业的信心。制定各项具有可操作性的实施细则,使各项扶持政策措施落到实处、取得实效。结合深入开展“三服务”活动,加强对困难小微企业的定期走访和帮扶工作,坚决纠正“三乱”等企业反映强烈的问题。深入企业摸底调研,掌握第一手资料,创新思路,积极为小微企业出主意,想办法,引导和帮助小微企业摆脱困境、稳健经营,增强盈利能力和发展后劲,实现可持续发展。

小微企业各项目资金的使用、管理细则,由市经委会同市财政局制定实施。

福州市人民政府关于
福州长乐国际机场净空保护区的通告

榕政〔2012〕10号

(2012年7月24日)

为加强福州长乐国际机场净空保护工作,保证飞行安全和机场正常运行,现将福州长乐国际机场净空保护区范围及有关事项通告如下:

一、净空保护区范围

根据民航华东地区管理局批准的《福州长乐国际机场净空保护区图》(2012年1月版,附后),福州长乐国际机场净空保护区为图中A、B、C、D四点连线的范围内,四至范围约为:东至长乐市漳港街道仙岐村南澳山以东约8.8公里的海面;南至福清市南岭镇马斜村、梨洞村,城头镇南冲村;西至连江县琯头镇芭蕉山,马尾区琅岐开发区的鼓尾山,长乐市潭头镇元岱村、古槐镇北湖村、竹田村、江田镇下珍村;北至长乐市梅花镇火焰山以北约12.5公里的海面。保护区范围主要包括长乐市的漳港街道、湖南镇、文岭镇、梅花镇、金峰镇、鹤上镇、文武砂镇、古槐镇、江田镇、松下镇,以及马尾区、福清市和连江县的部分区域。

二、有关事项

在上述净空保护区范围内的各类建筑物、构筑物等必须满足净空及导航电磁环境的限高要求,并禁止从事下列活动:

1. 排放大量烟雾、粉尘、火焰、废气等影响飞行安全的物质;

2. 修建靶场、强烈爆炸物仓库等影响飞行安全的建筑物或者其他设施;

3. 设置影响民用机场目视助航设施使用或者飞行员视线的灯光、标志或者物体;

4. 种植影响飞行安全或者影响民用机场助航设施使用的植物;

5. 放飞影响飞行安全的鸟类,升放无人驾驶的自由气球、系留气球和其他升空物体;

6. 焚烧产生大量烟雾的农作物秸秆、垃圾等物质,或者燃放烟花、焰火;

7. 在民用机场围界外5米范围内,搭建建筑物、种植树木,或者从事挖掘、堆积物体等影响民用机场运营安全的活动;

8. 国务院民用航空主管部门规定的其他影响民用机场净空保护的行为。

特此通告

附件:福州长乐国际机场净空保护区范围图

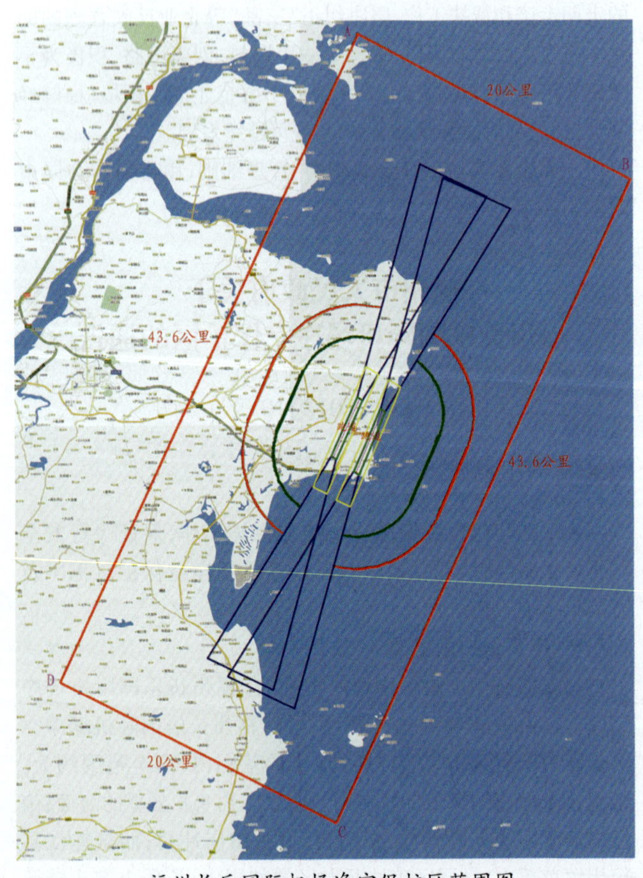

福州长乐国际机场净空保护区范围图

福州市人民政府关于禁止在福建省闽江防洪工程(福州段)建设征地范围内新增建设项目和迁入人口的通告

榕政〔2012〕11号

(2012年7月30日)

根据《大中型水利水电工程建设征地补偿和移民安置条例》(国务院令第471号)、《福建省移民开发局关于防洪和引调水工程建设在实物调查前通告发布有关事项》(闽政移安置〔2012〕8号)和我省水利水电工程建设管理的有关规定,经省政府同意,现将关于禁止在福建省闽江防洪工程(福州段)建设征地范围内新增建设项目和迁入人口有关事项通告如下:

一、福建省闽江防洪工程(福州段)可研设计已经水利部水利水电规划总院审查,并明确了堤防位置及建设规模。按照水利部、省水利厅有关文件要求及福州市重点项目建设进度安排,本工程计划于2013年初开工建设。

二、福建省闽江防洪工程(福州段)由防洪堤和排涝站(闸)组成。工程拟建防洪堤19条,总长36.102km,其中闽江干流拟建2条防洪堤和3条护岸,长11.093km;梅溪流域拟建6条防洪堤,长8.287km;大樟溪流域拟建8条防洪堤,长16.722km。工程拟建排涝站5座,其中闽江干流4座,大樟溪流域1座。工程拟建水闸15座,其中闽江干流4座,梅溪流域6座,大樟溪流域5座。建设征地范围涉及永泰县、闽清县、闽侯县和琅岐经济区,工程建设征地范围为永久征地。

三、自本通告发布之日起,福建省闽江防洪工程(福州段)建设征地范围内,严禁进行任何永久性或临时性的基本建设(扩建、改建和续建),已批准的项目不得再建,在建项目应停建;严禁新开荒、造地活动以及新种植果树、竹类等经济作物或林木。

四、严格控制工程建设征地范围内的人口迁入。在本通告发布之日起,除出生落户和正常婚嫁、军人转业退伍、大中专毕业生及"两劳"人员回原籍等按规定准许迁入外,其他人员一律不得迁入。属非正常分户或突击分户的,有关部门不得为其办理分(立)户手续。

五、凡违反本通告规定在防洪工程建设征地范围内新增建设项目、迁入人口、分立户籍、抢建(抢种)地面附着物等行为的,一律不得列入工程建设征地实物调查和补偿范围。

附件:福建省闽江防洪工程(福州段)占地范围图

福州市人民政府关于禁止在闽江水口水电站枢纽坝下水位治理工程建设征地范围内新增建设项目和迁入人口的通告

榕政〔2012〕13号

(2012年11月16日)

根据《大中型水利水电工程建设征地补偿和移民安置条

例》(国务院令第471号)和福建省水利水电工程建设管理的有关规定,经研究,现将闽江水口水电站枢纽坝下水位治理工程建设征地范围内新增建设项目和迁入人口的有关事项通告如下:

一、根据《福建省人民政府办公厅关于抬高水口枢纽坝下水位治理工程有关工作的复函》(闽政办函〔2006〕142号)和《关于研究水口坝下水位治理工程和重点项目建设有关工作的会议纪要》(省政府专题纪要〔2012〕51号)要求,省发改委2012年10月8日审查通过了闽江水口水电站枢纽坝下水位治理工程施工总布置规划专题报告(闽发改交通〔2012〕1124号),工程计划于2013年8月开工建设。

二、工程水库正常蓄水位7.64米,总库容9110万立方米。工程建设征地涉及闽清县东桥镇的大溪村、安仁溪村和大箬村,梅溪镇的北溪村和榕星村;闽侯县小箬乡的湖柄村、小箬村和西村,征地范围包括水库淹没影响区和主体工程建设占地区。

三、自本通告发布之日起,闽江水口水电站枢纽坝下水位治理工程建设征地范围内,严禁进行任何永久性或临时性的基本建设(扩建、改建和续建),已批准的项目不得再建,在建项目应停建;严禁实施新开荒、造地活动;严禁新种植果树、竹类等经济作物或林木。

四、自本通告发布之日起,除出生落户和正常婚嫁、军人转业退伍、大中专毕业生及"两劳"人员回原籍等按规定准许迁入外,其他人员一律不得迁入;属非正常分户或突击分户的,有关部门不得为其办理分(立)户手续。

五、凡违反本通告规定迁入人口、分立户籍、增建(抢种)地面附着物等行为的,一律不得列入工程建设征地实物调查和补偿范围。

六、本通告自发布之日起实施,2010年3月8日发布的《闽清县人民政府关于禁止在福建闽江水口电站枢纽坝下水位治理工程建设征地范围内新增建设项目和迁入人口的通告》(梅政〔2010〕4号)同时废止。

福州市人民政府关于贯彻《福建省学前教育三年行动计划(2011—2013年)》的实施意见

榕政综〔2012〕20号
(2012年2月6日)

各县(市)区人民政府,市直各委、办、局(公司):

为深入贯彻国务院和福建省政府关于加快学前教育发展的有关精神,推动福州市学前教育科学发展、跨越发展,切实解决"入园难"问题,根据《福建省学前教育三年行动计划(2011—2013年)》,结合我市实际,制定本实施意见:

一、加大投入,进一步发挥政府主导作用

实施学前教育三年行动计划,目的是为了尽快改变当前学前教育投入严重不足、保障机制缺乏、办学条件较差、收费较高、办学质量不高的现状。各级政府要进一步明确在发展学前教育中的主导作用,将学前教育经费纳入财政预算,多渠道筹措学前教育经费,根据本辖区学前教育发展状况,建立切合实际、充足有效的财政保障机制;要将划拨的专项经费用于公办幼儿园建设、扩大学前教育覆盖面、农村幼儿园和低收费民办幼儿园办学条件改善、优质幼儿园奖励、低保和困难家庭幼儿入园等补助项目,以确保全市学前教育三年行动计划目标任务的实现。力争到2013年,全市学前三年入园率达94.5%以上,农村学前三年入园率达91%以上;公立幼儿园提供学位数达50%左右,保教费在500元/月以下的普惠性幼儿园达90%以上;省、市、县(市)区三级示范性幼儿园覆盖率达22%以上,建立广覆盖、高质量、保基本的学前教育网络。

二、突出重点,全面提升学前教育发展水平

(一)加强用地规划和建设管理,确保幼儿园建设需求。规划和建设幼儿园,应当根据《福州市城市总体规划》和教育事业发展规划,按国家和省规定的生均用地标准执行,合理布局,配套建设。建设项目需要配套建设幼儿园的,由规划部门在规划条件中予以明确,国土资源主管部门应当在国有建设用地使用权出让公告、出让合同或者划拨决定书等文件中明确幼儿园的用地面积和权利归属。规划配套建设的幼儿园必须与建设项目同时设计、同时施工、同时交付使用;建设项目分期进行的,应当按照规划要求交付使用。规划配套建设的幼儿园,不得擅自改变使用性质。

(二)加大幼儿园新建力度,扩大公益性学前教育资源。按照"改造提升一批、配套新建一批、盘活资产一批、移交收回一批"的原则,多渠道、多途径加强公办幼儿园建设,力争到2013年,全市公办幼儿园学位数占适龄幼儿的50%左右。一是加快建设公办幼儿园。各县(市)区人民政府要结合辖区内学前教育资源的供需情况,本着适用、实用、够用的原则,合理布局,科学盘活教育资源,优先举办公立幼儿园,着力解决公办幼儿园学位额不足和城区大班额的问题。在2011年新建、改扩建36所公办幼儿园的基础上,2012、2013两年继续安排新建、改扩建公办幼儿园项目,其中2012年新建、改扩建50所。2012年,市级财政继续对公办幼儿园建设项目进行补助,各县(市)区要相应加大投入,抓紧完成建设任务。二是督促落实小区配套幼儿园配建协议。对于自1993年市人大颁布《福州市保护城市中小学幼儿园建设用地若干规定》至2010年市人大常委会修订该规定期间,城区各小区应配建幼儿园而未建或改变用途等问题,由市教育局牵头,市规划、国土、建设、房管、房产交易等部门参与,不定期开展检查。对存在问题的建设单位或产权归属单位应限期整改,切实履行配建幼儿园的协议或恢复举办幼儿园的用途。对于拒不整改的建设单位或产权归属单位,由市教育局通知市房地产交易登记中心暂停办理其未销售房产的登记手续。各县(市)可参照执行。三是做好小区配套幼儿园的产权移交工作。对于2010年市人大常委会修订颁布《福州市保护城市中学小学幼儿园建设用地若干规定》后的建设项目,由市规划局会同市教育局确定需配套建设幼儿园的用地面积和建设标准,并由市教育局牵头,规划、国土、建设、房管等部门配合做好检查督促,确保配建的幼儿园与建设项目同时规划、同时设计、同时施工、同时交付使用。配建幼儿园产权归属教育部门的,国土、规划、房产交易及教育部门应密切配合,确保产权及时移交所在区教育部门承办幼儿园。

(三)扶持规范民办园发展,提高普惠性学前教育覆盖面。一是引导高收费民办幼儿园降低收费。按照“政府补助一点、开发商租金降一点、幼儿园收费降一点”的原则引导保教费在500元/月以上的民办幼儿园降低收费,确保明年秋季全市保教费低于500元/月的普惠性幼儿园达到90%以上。县(市)区教育部门负责对辖区内各民办幼儿园的办园条件和保教质量进行评估,并参照省、市、县(市)区级示范园和普通园等四个等级进行定级。物价部门参照公办幼儿园分级收费标准,对民办幼儿园分等级设定最高收费限价。市、县(市)区两级财政安排专项经费,为普惠性幼儿园提供适当补助。建设、国土、规划和房地产交易登记中心等相关职能部门联合协调,负责敦促开发商为普惠性幼儿园减免或降低租金,其中国有房地产开发公司建设的小区配套园应当为办园方提供零租金。各县(市)区教育部门负责动员各民办幼儿园签订为社会提供普惠性学前教育服务的承诺协议,并根据幼儿园资质等级在对应限价范围内收费,享受政府补助和降租等优惠。二是补助低收费民办幼儿园。对每月保教费在150元以下的低收费民办幼儿园继续落实2011年实施的省、市级配套补助,按照省级财政100元/生·年、市级财政50元/生·年的补助标准执行,其补助经费主要用于改善办园条件和添置教玩具。三是解决民办教师培训经费。各县(市)区财政要将民办幼儿教师继续教育工作纳入教师培训整体计划,并统一比照公办幼儿园教职工年度培训经费标准,按照300元/人·年的标准安排民办幼儿教师继续教育专项经费,确保到2013年底前全员轮训一次。

(四)改造提升农村园,提高农村学前教育普及率。一是理顺农村学前教育管理体制。完善以县(市)区为主,县(市)区和乡镇共管的农村学前教育管理体制。按照到2011年底实现每个乡镇都有1所乡镇中心园,到2013年底实现每个乡镇都办1所乡镇中心园的目标,加大乡镇中心幼儿园的建设力度。加快乡镇中心幼儿园的“三独立”进程,到2013年底要实现常住人口在6千人以上的乡镇中心幼儿园人事独立、经费独立、园舍独立或相对独立,进一步理顺管理体制,提高乡镇中心幼儿园的办园质量和水平。二是落实农村小学附设学前班教职工编制。农村小学附设学前班的教职工编制应按照《关于颁发<福建省全日制、寄宿制幼儿园和小学附设学前班人员编制标准(试行)>的通知》(闽编〔1990〕35号)和《关于全省公办幼儿园教职工编制核定问题的通知》(闽委编办〔2011〕84号)的精神核定。各县(市)区要根据上述标准抓紧开展农村小学附设学前班教职工编制核定工作,确保在2013年底前基本配足教职工。三是加大对农村小学附设学前班的教学设备投入。各县(市)区财政按照2万/班·年的标准,在2012年、2013年连续两年对农村小学附设学前班给予补助,专门用于添置基本教育教学设备,满足日常教学活动需求。市级财政根据实际情况对闽清、永泰等经济相对困难的县(市)区给予适当补助。

(五)关爱特殊儿童,兴办学前特殊教育机构。回应社会和群众需求,积极关爱各类残疾幼儿,加大学前特殊教育办学力度。2012年动工新建1所学前教育阶段的公办特殊教育康复机构,2013年秋季面向全市招生;同时根据我市学龄前特殊儿童数量,统筹做好学前特殊教育机构建设工作,努力满足特殊儿童的学前教育需求。鼓励扶持社会力量举办自闭症儿童康复培训机构,市、县(市)区残联为业务主管单位;通过适当减免租金等方式协助解决办学场所问题;各县(市)区政府负责对辖区内未经审批的无证自闭症培训机构进行清理整合。

(六)提高保教质量,扩大优质学前教育资源。一是推行精细化、标准化管理。制定《福州市幼儿园精细化管理的内容与要求》、《福州市农村小学附设学前班和幼儿教学点管理规范》等系列管理要求,对幼儿园实行精细化管理,防止幼儿教育“小学化”倾向。严格幼儿园办学准入审批和注册登记,完善幼儿园年审和日常监管。二是推进各级示范性幼儿园创建工作。完善示范性幼儿园达标和升级奖励制度。对所有的公办和民办幼儿园,凡被评为省级和市级示范性幼儿园的,由市级财政一次性分别奖励20万元和10万元;被评上县(市)区级示范性幼儿园的,由县(市)区财政给予一定奖励。建立对各级示范性幼儿园的办学水平和教育质量的年度评估机制,加强动态跟踪管理。到2013年,力争使全市三级示范性幼儿园的覆盖率达22%以上。三是建立示范性幼儿园逐级“对口帮扶”制度。依托三级示范性幼儿园,建立覆盖城乡各类学前教育机构的片区教研网络,加强对农村园、薄弱园、民办园的帮扶和指导,形成“抓底部、带中间、促整体”的帮扶机制。通过创建公民办幼儿园交流互动平台,开展多种形式的教育教学活动,帮助民办园、农村园改善办园环境,提高保教管理水平,促进公民办幼儿园保教质量均衡发展。四是加大幼儿教师的配备和培训力度。按要求尽快配齐公立幼儿教师。对暂时不能配备到位的,由各县(市)区按缺编人数划拨一定经费,用于各公立幼儿园自聘人员,以满足办园需要。做好民办幼儿园的师资补充工作,将民办幼儿园的师资配备纳入年审内容予以考核。以新建园、农村园和民办园为重点,积极探索以园为本、促进教师专业发展的培训方式,完善各类园长、教师、骨干教师和名师培训机制。开展师德师风宣传教育活动,按照“抓两头、带中间”的原则,重点培养骨干教师和新教师,带动中间教师,不断提高师资队伍专业水平和整体素质。将保育员、育婴师培训正式纳入企业直补范畴。五是发挥“福州市学前教育研究会”的智囊作用。充分调动“福州市学前教育研究会”专家参与热点难点问题研究的热情,针对学前教育急需解决的问题,进行专题调研,提出切实可行的工作举措,为学前教育出谋献策,解决工作中的实际问题。

(七)加强安全监管,确保幼儿健康成长。高度重视幼儿园安全防范和卫生保健工作,切实健全完善各项安全责任制和管理制度。加强安全设施建设,配齐专职安保人员和卫生保健人员,加强门卫、接送幼儿车辆及食品卫生的安全管理,严防事故发生。各县(市)区政府要建立健全学前教育安全监管制度,明确相关部门职责,综治、公安、交警、教育、卫生、消防、安监等部门要协调配合,加大联合执法力度,定期检查辖区内所有学前教育机构的安全和周边治安情况,及时排查并消除各种安全隐患,防止安全事故发生。各幼儿园要加强内部安全管理,强化对教职工和幼儿的安全教育,定期组织安全培训,提高安全防范意识和能力。各乡镇(街道)和村(社区)要共同负责幼儿园及周边环境的综合治理,维护幼儿园的治安和安全。

三、科学分工,切实完善领导保障机制

完善市政府统筹指导、县(市)区政府负责、有关部门分工合作的学前教育分级管理体制。各县(市)区政府、乡镇政府(街道办事处)对本辖区的学前教育事业发展负主要责任,要将学前教育发展纳入本县(市)区经济和社会发展规划,科学预测人口变化趋势,适时调整学前教育发展规划并组织实施,加快推进学前教育发展三年行动计划。市、县(市)区各有关部门要明确职责,切实健全教育行政部门主管及有关部门分工负责的工作机制,形成推动学前教育发展的合力。落实市和县(市)区两级政府学前教育联席会议制度,定期召开联席会议,通报有关情况,研究发展对策,协调解决学前教育发展过程中的热点、难点问题。加强对资金的监管,确保资金足额用于学前教育事业发展。

四、实施考核,加强学前教育督政督学工作

建立学前教育专项督促检查、考核奖惩和问责机制。市政府将把推进学前教育发展作为考核县(市)区政府和有关部门实绩的重要内容,分年度对幼儿园建设、财政投入、办园水平、教师配备和学前教育的公益性及普惠性等各项指标开展专项教育督政和督学工作。重点督查各县(市)区学前教育三年行动计划实施情况,并将结果向社会公布。各县(市)区学前教育分年度发展目标任务由市教育局负责分解下发。

福州市人民政府关于印发
福州市行政服务中心和公共资源交易
服务中心管理暂行办法的通知

榕政综〔2012〕34号

(2012年3月2日)

各县(市)区人民政府,市直各委、办、局(公司):

《福州市行政服务中心和公共资源交易服务中心管理暂行办法》已经市政府2012年第2次常务会议研究同意,现印发给你们,请结合各自实际,认真贯彻执行。

福州市行政服务中心和公共资源
交易服务中心管理暂行办法

第一章　总　则

第一条　为规范福州市行政服务中心和公共资源交易服务中心(以下简称"服务中心")的管理和服务行为,提高依法行政和政务服务水平,根据有关法律法规和政策规定,结合本市实际,制定本办法。

第二条　服务中心是市政府设立的为公民、法人和其他组织集中办理行政许可、非许可审批、行政确认、行政备案等依申请办理的行政事项(以下统称"事项")和公共资源交易的工作平台。

第三条　本办法所称公共资源交易包括建设工程招投标、货物招标、政府采购、产权交易、土地矿产招拍挂等公共资源要素市场的交易行为。

第四条　除经市政府同意暂不进入服务中心办理的事项外,市级行政部门和相关组织(以下统称"窗口单位")负责的公共服务事项,一律进入服务中心统一办理。经市政府同意保留的窗口单位行政办事大厅,作为服务中心的分中心,接受服务中心的业务指导和监督,窗口单位的其他行政办事大厅一律撤销。

第五条　进入行政服务中心办理的事项应当遵循以下运作原则:

(一)一事一地原则。凡进入服务中心办理的事项,窗口单位一律不得另行受理,不得绕开服务中心窗口直接与申办人接触;接受咨询、收件、补件、出件一律在服务中心窗口进行,现场勘察、技术检测、专家论证、社会公示等环节一律由服务中心窗口组织安排。

(二)充分授权原则。窗口单位对进入服务中心办理的事项应当充分授权。凡只需提供形式要件,不需要进行选择性审批的一般性事项授权窗口人员当场办理;需要进驻单位领导从严把关的事项,窗口单位领导必须定期到窗口轮值并审签;需窗口单位集体研究或需要现场勘察、技术检测、专家论证、社会公示或需要部门正职领导签批的复杂性事项,应限时办结。报市政府及上级有关部门研究审批的时间另行计算。

(三)高效便民原则。窗口单位要将本单位的审批服务业务进行有机整合,原则上由一个处室审批、一个领导分管,并将审批权限集中后统一入驻服务中心集中办理,统一收费;同时采取动态、渐进、持续的方式推进审批流程再造,简化审批流转环节、精简申报材料、压缩办理时限,按照程序最简、路径最短的要求高效流转。

(四)创新改革原则。围绕企业注册登记、重点项目服务以及房地产权属登记等投资软环境和民众关注的"热点"、"难点"问题,大胆创新。实行企业注册登记"一条龙"、投资建设项目"一条龙"、房地产交易登记办证"两证合办一条龙"和广告审批办理"一条龙"服务等运作机制,提高办事效率。

(五)规范公开原则。进入中心办理的事项必须严格按照科学规范的程序进行操作,并做到"八公开",即公开审批服务内容、审批依据、申报条件、申报材料、办理程序、承诺期限、收费标准、办事结果。

第六条　实行公共资源交易集中管理,统一进场交易、统一平台运行、统一信息发布、统一监察监督。

第二章　主要职责

第七条　服务中心主要履行以下职责:

(一)负责制定服务中心的各项规章制度,并组织实施和监督检查;

(二)负责对入驻服务中心的行政许可、非许可审批和公共服务事项的筛选、调整,指导入驻单位对行政服务流程的再造;

(三)负责进驻服务中心事项办理过程的管理和监督,为申办人提供办事引导和综合服务;

(四)负责公共资源交易的组织、协调和服务,会同公共资源主管部门对交易活动进行监督;

(五)负责市网上审批及效能监察系统的建设和管理以及服务中心的信息化建设;

(六)负责对服务中心工作人员、入驻服务中心的窗口及工作人员、公共资源交易单位及工作人员的管理和考核;

(七)受理对入驻服务中心窗口及公共资源交易单位工作人员服务质量、效率等方面的投诉;

(八)为进驻服务中心的窗口及单位提供办公场所、运行管理等方面的保障和服务;

(九)指导和监督服务中心分中心及各县(市)区服务中心的业务工作;

(十)承办市委、市政府交办的其他事项。

第三章　运作模式

第八条　根据进入服务中心办理事项的办理程序、关联程度和相关要求,事项分为"咨询件"、"即办件"、"承诺件"、"联办件"、"转报件"、"特办件"。

(一)咨询件、即办件,实行即收即办、当场办结;

(二)承诺件,实行限时办结;

(三)联办件,实行联审联办或并联审批;

(四)转报件,实行接办负责,跟踪落实;

(五)特办件,实行"绿色通道"办理。

第九条　窗口单位在服务中心设立办事窗口,代表本单位办理具体行政服务事项,并根据实际工作需要,向服务中心窗口派遣常驻中心窗口的工作人员。

第十条　服务中心建立窗口负责人制度。窗口负责人由进驻单位正式任命并充分授权,形成"中心、窗口、部门"三位一体、目标同向、运作同步的工作合力。

第十一条　服务中心设立综合窗口,日常办件量少的部门,其事项纳入综合窗口统一办理。

第十二条　服务中心实行动态管理制度。对进驻服务中心的单位、事项、人员以及窗口数量,根据法律法规的变化、机构改革、职能变动、工作需要等情况,实行动态管理。

第十三条　服务中心实行审批专用章制度。窗口在办理事项过程中的通知用章、依法不需要颁发相关证照的决定用章,原则上应当使用审批专用章,审批专用章在行政审批工作中与审批机关公章具有同等效力。

第十四条　审批专用章由各窗口单位按照服务中心统一要求的规格负责刻制,经服务中心留印后统一启用。窗口单位相同效力的专用章同时废止。

第十五条　审批专用章仅限于服务中心内使用,不得用作他途。

第十六条　公共资源交易实行"产权单位负责、职能部门监管、专业机构交易"的原则,市直相关职能部门应当加强对本专业领域交易活动的指导和监管,制定进场交易的具体办法,并做好进场交易项目的各项准备。

公共资源交易各专业交易机构要与各行政主管理部门加强沟通、联系,做好业务衔接。

服务中心要配合各行政主管部门加强对交易机构的管理和监督,形成职能部门、服务中心、专业交易机构协调一致的联动机制。

第十七条　进驻服务中心的窗口和单位应按照批准的收费项目、收费标准开具票据。

第十八条　进驻服务中心的窗口和单位的财物管理、经费来源渠道不变。

第十九条　服务中心实行一次性告知制、首问责任制、受理承诺制、限时办结制、否定报备制、同岗替代制(AB岗制)、失职追究制等机关效能建设制度,并逐步建立电子政务的管理服务模式。

第二十条　服务中心建立协调督办制度。对涉及重大问题或职责不清、意见不一的联办件,或影响较大的行政投诉件,以及市政府交办的重要事项,由服务中心协调督办。开辟重点项目绿色通道,对重点项目实行主动协办、限时快办、全程跟踪服务,加快重点项目落地实施。

第二十一条　服务中心实行监督监察制度。通过受理投诉、电子监察、视频监控、办件抽查等形式,对行政服务过程中的依法行政、工作效率、服务态度、廉洁自律等情况实施监督监察,发现问题及时预警纠错和处理。

第四章　窗口人员管理

第二十二条　窗口工作人员在窗口工作的时间原则上不少于2年,在窗口工作期间一般不再承担原单位的其他工作。各部门调换窗口工作人员时,应事先征得服务中心同意。

第二十三条　窗口工作人员实行双重管理,行政关系隶属派驻单位,其编制、职级、待遇、工作经费由派驻单位负责。党、团组织关系转入服务中心,接受派驻单位和服务中心的双重管理。服务中心对窗口工作人员具有教育培训、考核评议、监督检查和人事建议权,考核奖励、评先评优实行指标单列。

第二十四条　派出单位要切实从政治上、工作上、生活上关心窗口工作人员,把窗口工作人员的教育培训、选拔任用纳入单位统筹,并做到同等优先。窗口工作人员在选拔任用时,应当征求服务中心的意见。

第二十五条　窗口工作人员要树立服务理念,严格遵守国家法律、法规和服务中心的规章制度,接受服务中心的考核管理。服务中心有权建议部门调换不称职的窗口工作人员。

第二十六条　服务中心建立窗口工作人员临时档案。

因任期届满或其他原因调整轮换的,临时档案交所在单位人事部门存档,作为其晋职晋级的重要依据。

第五章　网络管理

第二十七条　服务中心建立网站和计算机网络系统。计算机网络包括内网和外网。内网即政务网及各部门的专网,为各单位业务开展提供网络保障。外网即互联网,面向社会提供服务,主要提供大厅简介、规章制度、办事指南、信息发布、网上申报、网上交易、投诉受理等服务。

第二十八条 各窗口工作人员必须在指定的计算机上工作,未经允许不得随意使用他人的计算机,使用计算机必须严格遵守操作规程,并注意保密。

第二十九条 各窗口工作人员需有较强的病毒防范意识,不得使用盗版软件,不得为外单位人员拷贝软件,不得擅自将服务中心内网的计算机连接到外网。

第六章 绩效考评

第三十条 服务中心建立入驻窗口、单位及其工作人员的绩效考评制度。

第三十一条 绩效考评采取人机结合的方式,通过综合管理系统实时采集相关数据汇总产生。考核结果及时上报市委、市政府,并向窗口单位或行政主管部门通报。

第三十二条 服务中心入驻窗口、单位的绩效考评纳入派出单位党风廉政责任制考评、依法行政考评、绩效管理、文明单位评选等考核评选的重要内容和依据。

第七章 监督管理

第三十三条 服务中心应健全内控机制,完善配套管理制度,强化行政监察和效能管理,接受法制、监察、效能等行政部门的指导监督和社会监督。

第三十四条 服务中心应加强对服务窗口的日常管理,开展现场巡查抽查、窗口单位自查、服务对象评价、行风监督检查等工作,促进服务质量和水平的提升。

第三十五条 对在行政审批服务工作中,单位有下列情形之一的,对相关责任人给予通报批评、效能告诫、党政纪处分:

(一)擅自设立审批事项或对已取消的审批事项继续审批的;

(二)具备条件而拒不进入服务中心集中办理,或违反“一事一地”原则进行“体外循环”的;

(三)不向中心窗口进行必要授权的;

(四)不按规定会同办理并联审批事项的;

(五)擅自取消、停止或增减行政审批程序或者条件的;

(六)擅自收费或者不按规定项目和标准收费或者违法收取抵押金、保证金的;

(七)其他违规违纪行为。

第三十六条 对在行政审批服务工作中,个人有下列情形之一,过错情节轻微的,给予批评教育、责令写出书面检查、通报批评等处理;过错行为情节严重,或拒不纠正的,予以调离岗位、效能告诫的处理;构成违纪的,按照管理权限和规定的程序作出处理;涉嫌犯罪的,移送司法机关依法处理。

(一)对符合条件的行政服务事项不予受理的;

(二)不在规定期限内作出行政决定的;

(三)不一次性告知申请人应当补正全部申请材料和内容的;

(四)未说明不受理申请或者不予批准理由的;

(五)不向申请人提供规定的申请书格式文本的;

(六)有服务态度差、办事推诿、贻误工作的,或有吃拿卡要行为的。

(七)其他违规违纪违法行为。

第三十七条 服务中心受理当事人的投诉和举报,并及时进行处理。窗口工作人员因服务态度等自身因素被投诉,经查确属个人过错的,由服务中心给予通报批评或效能告诫;情节严重或经批评教育无明显改进的,由所在单位调离窗口工作岗位,并按有关规定进行处理。

第八章 附 则

第三十八条 服务中心运行中涉及的绩效考评、人员管理等具体实施办法,由服务中心结合工作实际另行制定,并报市政府批准后执行。

第三十九条 服务中心各分中心、县(市)区行政服务中心的管理,参照本办法执行。

第四十条 本办法由市行政服务中心负责解释。

第四十一条 本办法自颁发之日起执行。

福州市人民政府关于进一步做好打击侵犯知识产权和制售假冒伪劣商品工作的意见

榕政综〔2012〕73号

(2012年5月9日)

各县(市)区人民政府,市直各委、办、局(公司):

为认真贯彻《国务院关于进一步做好打击侵犯知识产权和制售假冒伪劣商品工作的意见》(国发〔2011〕37号)和《福建省关于进一步做好打击侵犯知识产权和制售假冒伪劣商品工作的意见》(闽政〔2012〕11号)精神,进一步做好我市打击侵犯知识产权和制售假冒伪劣商品工作,有效遏制扰乱市场经济秩序行为,维护健康公平的市场环境,现提出如下意见:

一、健全领导,加强组织协调。要充分发挥市打击侵犯知识产权和制售假冒伪劣商品工作领导小组(办公室设在福州市商贸服务业局,与市整顿与规范市场经济秩序工作领导小组办公室合署办公。)职能,协调组织全市打击侵犯知识产权和制售假冒伪劣商品工作。各级各有关部门要及时调整和充实“两打”工作领导小组,明确分工,密切配合。各县(市)区人民政府对本辖区打击侵犯知识产权和制售假冒伪劣商品工作负总责,统一领导和协调对侵权和假冒伪劣重点区域、重点市场的整治,明确本辖区打击侵犯知识产权和制售假冒伪劣商品工作机构,并与市打击侵犯知识产权和制售假冒伪劣商品办公室建立工作衔接沟通机制。各级行政执法部门要制定加强监管的具体措施,指导和督促基层开展工作,切实负起监管责任。

二、突出重点,加大专项整治力度。市知识产权局、市农业局、市外经贸局、市工商局、市质监局、市食品药品监管局、市文化新闻出版局、福州海关、福州出入境检验检疫局要按照各自职能,围绕食品、药品、化妆品、农资、建材、机电、汽车配件等重点商品,以及著作权、商标、专利等领域的突出问题,开展专项整治,继续保持打击侵犯知识产权和制售假冒伪劣商品的高压态势。要将农村市场重点商品专项整治作为2012年打击侵犯知识产权和制售假冒伪劣商品的重要工作,以与农民群众生产生活特别是节日生活密切相关的家电、食品、日化用品、农资等商品为重点整治品种;以与制售假冒伪劣家电、食品、日化用品、农资密切相关的“黑作坊”、“黑窝点”、批发市场、集贸市场、销售门店等为重点整治对象,加强生产源头治理和市场执法检查,严肃查处与农村市场相关的制售假冒伪劣商品,严惩坑农害农违法犯罪分子,取缔“黑作坊”、“黑窝点”。由市工商局牵头,市知识产权局配合,加大对专利领域反复侵权、恶意侵权及假冒专利行为的打击力度,重点查处侵犯驰名商标、著名商标、知名商标、地理标志、涉台商标和高知名度涉外商标专用权的违法行为,对恶意抢注商标、“傍名牌”等不正当竞争行为要依法提请国家工商总局予以查处。由市工商局、市质监局、药监局牵头,加大对生产经营企业监管力度,切实加强市场巡查和产品抽查抽检,重点整治酒类、种子、服装、箱包、鞋帽、电子产品、办公耗材、手机、保健品等商品假冒侵权行为,重点整治产品制造集中地、商品集散地以及商标印制企业、定牌加工企业、快递物流企业等,深挖生产源头和销售网络,完善重点产品追溯制度,督促相关企业切实履行主体责任,严把产品质量关,督促市场开办者、网络交易平台经营者承担相应的管理责任,引导和督促商户规范经营。由市外经贸局牵头,福州海关、福州出入境检验检疫局配合,强化重点口岸执法,加大对进出口货物的监管力度,有效遏制进出口环节侵权和假冒伪劣违法活动。由市工商局牵头,电信、移动、联通福州分公司三家电信运营商密切配合,严厉打击互联网领域侵权和销售假冒伪劣商品行为,依法吊销严重违法违规网站的电信业务经营许可证或注销网站备案,规范网络交易和经营秩序。由市文化新闻出版局负责,加强对图书、软件、音像制品的市场巡查,严厉打击侵权盗版行为,全面做好全市政府机关、企事业单位软件正版化工作。

三、做好行政执法与司法衔接,加大打击力度。公安机关对侵权和假冒伪劣犯罪及相关商业贿赂犯罪要及时立案侦查,对情节严重、影响恶劣的重点案件要挂牌督办。要加大对制售假冒伪劣食品、药品、农资等直接损害群众切身利益违法犯罪行为的查处力度,开展集中打击行动。要发掘相关案件线索,深挖犯罪组织者、策划者和生产加工窝点,摧毁其产供销产业链条。各相关职能部门要主动支持配合公安机关履行侦查职责,支持配合检察机关履行审查批捕、审查起诉、诉讼监督和对行政执法机关移送涉嫌犯罪案件的监督职责,支持配合法院机关做好侵权和假冒伪劣犯罪案件审理工作,依法严惩犯罪分子。由市商贸局牵头,会同有关部门积极推进打击侵权和假冒伪劣领域行政执法与刑事司法衔接工作。各行政执法部门和公安机关要严格依法履行职责,对打击侵权和假冒伪劣领域涉嫌犯罪的案件,切实做到该移送的移送、该受理的受理、该立案的立案。要密切配合,不得以行政处罚代替刑事处罚,对涉嫌犯罪案件不移送、不受理或推诿执法协作的,由市监察局或市检察院依纪依法追究有关单位和人员的责任。各县(市)区人民政府要建立健全打击侵权和假冒伪劣领域行政执法与刑事司法衔接工作制度,及时研究解决衔接工作中的问题。同时,各行政执法部门要及时修订、健全相关检验和鉴定标准,适时完善相关地方性法规,加大对侵权和假冒伪劣行为的惩处力度,为依法有效打击侵权和假冒伪劣行为提供有力法制保障。

四、加强部门协作,形成工作合力。各县(市)区和各有关部门要加强跨区域、跨部门执法信息共享,建立联络员、线索通报、案件协办、联合执法、定期会商制度,定期研判侵权和假冒伪劣违法犯罪形势,确定重点打击的目标和措施,完善立案协助、调查取证、证据互认、协助执法及应急联动工作机制,形成工作合力,增强打击效果。规范执法协作流程,加强区域间执法信息共享,提高跨区域执法协作效能,充分发挥部门联合办案优势。行政执法部门依法提请公安机关联合执法的,公安机关应当依法给予积极协助。

五、推进建设诚信体系,营造良好的社会信用环境。各相关行政执法部门要主动将经确认的企业侵权和制售假冒伪劣商品违法行为的信息提供人民银行福州中心支行,并纳入企业征信系统。各金融机构在授信或审贷时应在企业征信系统中查询企业的信用情况,并重点关注企业侵权和假冒伪劣商品行为的信息,若企业存在侵权和假冒伪劣违法行为的,金融机构应拒绝对其授信或贷款业务申请。由市工商局牵头,完善违规失信惩戒机制,推进“守信激励、失信制裁”联防机制建设,将实施侵权和假冒伪劣行为的企业和企业法人、违法行为责任人纳入“黑名单”,依托企业监管信息抄告平台定期对外公布,增强执法效能;市商贸局要继续开展“诚信经营”示范创建活动,提高经营者诚信意识、消费者自我保护意识,推动商务诚信体系建设。各县(市)区和各行政执法部门要建立企业和个体经营者诚信档案,记录有关身份信息和信用信息,建立和完善信用信息查询和披露制度,推进信用信息系统互联互通,实现信息共享。

六、完善监督机制,加强监督问责。各级政府要将打击侵权和假冒伪劣工作列入政府重要工作日程,逐级开展督促检查。由市监察局、市效能办牵头,加大行政监察和问责力度,对因履职不力导致区域性、系统性侵权和假冒伪劣问题发生的,严肃追究当地政府负责人和相关监管部门责任人责任。要结合阶段性整治重点,对各单位专项行动开展情况进行月督查,及时通报好经验、好做法,对发现的问题要及时督促整改,推动工作的高效运转。

七、加强队伍建设,提升基层队伍素质。各县(市)区和各有关部门要保障打击侵犯知识产权和制售假冒伪劣商品工作经费,改善执法装备和检验检测技术条件,加强执法队伍业务和作风建设,严格执法人员持证上岗和资格管理制度,充实基层行政执法人员,提高执法人员业务水平和依法行政能力,充分利用网上行政执法平台开展执法工作,推进综合执法和联合执法。

八、畅通渠道,充分发挥社会监督作用。各行政执法部门要依法将侵权和假冒伪劣案件纳入政府信息公开范围,案件办结后按有关规定公布案件主体信息、案由以及处罚情况,接受社会监督,警示企业与经营者。进一步加强维权援助举报投诉平台和举报处置指挥信息化平台建设,完善举报投诉受理处置机制,充分发挥"12330"知识产权维权援助与举报投诉电话、"12315"消费者投诉举报电话、"12365"产品质量投诉举报电话、"12312"商务举报投诉电话以及各县(市)区和各有关部门举报投诉网络平台的作用,畅通诉求渠道。要建立和完善有奖举报制度,鼓励社会公众举报侵权和假冒伪劣行为,调动群众参与市场监督与管理的积极性。各相关职能部门要按照职责分工,主动作为,耐心受理,认真查处,及时反馈,促进良性互动与循环。

九、加强宣传,营造良好社会氛围。各县(市)区和各有关部门要充分利用电视、广播、报刊、网络等传播渠道,大力宣传打击侵权和假冒伪劣的政策措施、工作进展和成效,解读相关法律法规和政策,宣传注重创新、诚信经营的企业,曝光典型案件,震慑犯罪分子,形成高压态势。市知识产权局要牵头加强知识产权保护法律服务工作,开展知识产权保护进企业、进社区、进学校、进网络活动,强化对领导干部、行政执法和司法人员、企业管理人员的知识产权培训,积极营造我市保护知识产权,自觉抵制侵犯知识产权和假冒伪劣商品的良好社会氛围。

福州市人民政府关于
加快食用菌产业发展的意见

榕政综〔2012〕85 号

(2012 年 6 月 1 日)

各县(市)区人民政府,市直各委、办、局(公司):

为充分发挥我市食用菌生产的优势,发展壮大新的经济增长点,促进农业产业结构调整和农民致富,现就加快发展我市食用菌产业提出如下意见:

一、充分认识加快发展食用菌产业的重要意义

食用菌是我市优势农业产业,加快发展食用菌产业对满足人们健康食品需求,保障市场菜篮子产品均衡供应,具有重要的意义,也是发展都市现代农业的重要组成部分。各级各有关部门要充分认识加快发展食用菌产业的重要意义,进一步加强领导,采取切实有效措施,加大工作力度,促进食用菌产业的不断发展壮大。

二、明确指导思想和目标,引导食用菌产业不断发展

(一)指导思想。紧紧围绕农业增效、农民增收的目标,以市场为导向,以技术创新为依托,以绿色安全为宗旨,按照现代农业发展要求,促进食用菌产业向标准化、工厂化、智能化、产业化方向发展。

(二)发展目标。力争"十二五"期间,全市食用菌产量年均递增 10% 以上,2015 年达到 15.6 万吨,总产值达到 20 亿元,占全市种植业总产值比重的 20% 以上,比 2011 年翻一番;5 年内建成一批食用菌工厂化周年生产企业,基本实现食用菌产业从传统生产模式向现代工厂化生产模式的转型升级。

三、多措并举,推动食用菌产业发展上新的水平

(一)优化产业布局。各县(市)区要根据食用菌种类、当地资源条件、生产现状、技术优势等特点,认真规划食用菌产业发展布局。积极发展食用菌重点品种,加快建立数村一品或一镇一品食用菌生产基地,充分发挥规模集聚的效益。北部山区重点发展香菇、秀珍菇、银耳,高海拔山区重点发展灵芝及反季节香菇,中部平原重点发展蘑菇、秀珍菇,沿海经济发达地区重点发展工厂化珍稀品种。同时在食用菌重点产区建立专业化菌包生产线、产品加工基地、休闲文化区,逐步完善食用菌产业链。

(二)推进工厂化生产。扶持发展壮大一批食用菌生产、加工、流通龙头企业,进一步增强企业竞争力和辐射带动能力,推动产业不断升级。加快形成集产加销、科工贸于一体的食用菌产业链,特别要通过发展贮藏和深加工技术提高产品附加值。积极开发灰树花、绣球菌、真姬菇、杏鲍菇等高档食用菌品种,集中建设食用菌现代智能化工厂,努力在罗源县新建日产 15 吨全省第一条金针菇自动化瓶栽生产线;在连江县新建日产 10 吨金针菇、茶薪菇智能化工厂周年生产线;在福清市新建日产 5 吨全国第一条绣球菌工厂化生产线;在闽清县建设日产 10 吨的真姬菇工厂化生产线;在晋安区建设日产 1 吨的真姬菇工厂化生产线;在马尾区、福清市分别建设金针菇、杏鲍菇智能化技术应用示范基地;在晋安区建设香菇、黑木耳生产示范基地;在长乐市建设灰树花生产基地。

(三)强化科技支撑作用。积极利用农业大专院校、科研院所的科技力量,开展关键技术联合攻关,争取在菌种选育、安全高效栽培技术、工厂化、智能化、标准化、机械化栽培技术、加工工艺等方面取得突破性进展,并加快科技成果转化,不断提高综合生产能力。充分发挥院士工作站、国家农产品加工技术研发专业分中心、福建省药用菌工程研究中心及产业技术体系综合试验站等科技引领作用,建立健全覆盖市、县、乡三级食用菌良种繁育和供应体系,优化制种和供应模式,大力扶持罗源县、闽清县、闽侯县、连江县建设标准化优质菌种场,力争到 2015 年全市食用菌良种覆盖率达到 90% 以上。

(四)加强产品质量监管。加快制订完善食用菌产品质量分级专用标准、投入品质量标准、生产技术操作规程等制度。突出抓好食用菌产地环境检测、投入品质量监管、菌种质量检验检测、生产过程记录、产品质量追溯及市场准入等工作。健全市、县、乡三级检验监测体系,建立生产安全和质量安全预警制度和可能危害安全的信息发布制度。大力发展绿色和有机食用菌产品,计划在"十二五"期间,新建上规模有特色的食用菌标准化示范基地 10 个。

四、加强领导,形成推动产业发展的工作合力

(一)加强组织领导。市政府成立市食用菌产业发展领导小组,组长由市政府分管副市长担任,成员由市农业局、科技局、财政局、发改委、国土资源局、水利局、工商局、商贸服务业局、质监局、供销社等部门组成,领导小组下设办公室,挂靠市农业局,具体负责全市食用菌产业发展的组织管理和协调工作。

(二)加大扶持力度。把食用菌产业纳入"菜篮子"工程建设项目,2012年至2017年,市财政在现有扶持专项资金(300万元)基础上每年按10%比例逐年递增,用于扶持食用菌产业发展。各县(市)区也要根据本地实际,制定相应的扶持政策。

(三)优化发展环境。电力部门对食用菌生产用电要按农用电价收取;交通部门对整车装载新鲜食用菌车辆要实行绿色放行;工商部门在注册登记时要继续执行省、市优惠政策,免收登记费用;税务部门对纳税人交纳土地使用税确有困难的,按照减免税规定程序进行减免;国土资源部门要优先审批食用菌企业占地手续,并对合法的食用菌工厂用地给予保护。林业、水利、质监、商贸、环保、供销、旅游等部门也要结合各自职能,大力扶持食用菌产业发展。

(四)提升综合服务能力。积极发动各级行业协会、农民专业合作经济组织、农民专业合作社、涉农企业等社会力量参与食用菌产前、产中、产后服务,促进食用菌产业健康有序发展。充分发挥农民专业合作社在引导组织农民进入市场、应用先进适用技术、发展现代食用菌的积极作用,推进示范社建设,促进农民专业合作社规范运行。大力引进中高级人才服务食用菌产业,积极建立食用菌培训中心、信息中心,不断完善市、县、乡、村四级服务体系,努力构建完善食用菌产业科技服务体系。充分利用各类培训阵地,积极开展农民技术培训,努力提高广大菇农的科学种养水平。

福州市人民政府关于促进普通高等学校毕业生创业就业的通知

榕政综〔2012〕127号

(2012年7月5日)

各县(市)区人民政府,市直各委、办、局(公司):

为进一步促进普通高校毕业生创业就业,现将我市贯彻落实国务院、省政府相关决策部署,做好高校毕业生创业就业工作的有关意见通知如下:

一、大力促进以创业带动就业,鼓励支持高校毕业生自主创业

1. 在工商注册登记时,高校毕业生自主创业设立的个人公司、企业(合伙企业),除法律、行政法规及有关规定外,允许其自行申报出资额,不受最低出资额限制;鼓励高校毕业生以货币、实物、土地使用权、科技成果等知识产权出资;允许高校毕业生自主创业企业依规以股权出质融资;除高校毕业生申请入住的公共租赁住房和未取得完全产权的经济适用房外,允许以地方政府、各类开发区、投资区、高新技术园区确定的办公集中区的"格子间"等作为企业住所或经营场所登记;对高校毕业生从事自主创业的,免收企业及个体工商户注册登记费。

2. 在毕业年度内的高校毕业生,持有《就业失业登记证》(注明"自主创业税收政策"或附有《高校毕业生自主创业证》)从事个体经营的,可直接到创业所在地地方税务部门的办税服务厅窗口依法申请减免税。

3. 高校毕业生自主创业自筹资金不足的,可在创业地按现行规定申请小额担保贷款或其他形式小额贷款贴息,按中国人民银行公布的同期贷款基准利率上浮3个百分点以内给予全额贴息(展期不贴息),贴息资金由省级财政全额承担。申请小额担保贷款的,也可向省大学生自主创业担保基金申请担保。高校毕业生申请小额担保贷款(或申请贴息的其他形式小额贷款)额度最高不超过10万元,对合伙经营和组织起来就业的,可根据实际需要适当提高贷款额度。符合中国青年创业国际计划(YBC)项目条件的自主创业高校毕业生,可获得为期三年总额为3万~5万元的免息免担保创业启动资金贷款。

4. 在海西高新技术产业园设立福州大学生创业园,并充分利用大学科技园、经济技术开发区、高新技术开发区、工业园区等平台,优先为高校毕业生自主创业提供办公经营场所和相关服务。鼓励和支持有条件的县(市)区设立大学生创业园。

5. 市政府每年安排300万元作为促进高校毕业生创业就业专项经费。对申报的高校毕业生自主创业项目,视其科技含量、经济与社会效益、市场前景等情况,并经专家评审,给予3万~10万元启动资金扶持。举办中国福州海峡两岸大学生创业创新大赛,对获奖的参赛项目可免于评审直接入驻我市各级大学生创业园,视创业项目规模给予3万~10万元创业启动资金补助,并在一年内免费使用场地,第二年视经营状况给予减免租金。同时,以优惠政策吸引各类风险投资基金参与大学生创业创新大赛活动,对具有发展潜力的大学生创办的新兴企业进行投资。对境外及省外来榕参加大学生创业创新大赛的个人和团队给予适当交通食宿补助。

6. 逐步创立市级高校毕业生创业培训基地,对按要求完成年度创业培训计划任务的市级基地每年给予补贴3万元。组织近三年毕业有创业愿望的高校毕业生参加创业培训。高校毕业生参加创业培训,享受政府提供的创业培训补贴和创业服务。创业培训补贴按职业技术技能培训补贴标准执行。加强创业导师队伍建设,为高校毕业生提供创业指导。

各级财政部门要根据当地创业培训和创业服务的实际需求和开展情况,从各级就业专项资金中安排创业培训专项补助资金给予适当补助。

各级毕业生就业公共服务机构要设立高校毕业生创业专门服务窗口,为有创业意愿的高校毕业生提供政策咨询、项目推介、开业指导、创业培训、后续跟踪等创业服务。各级政府人事部门所属人事人才公共服务机构要为自主创业的高校毕业生提供人事档案管理服务,并免收三年保存人事关系及档案的费用。

二、积极引导、鼓励高校毕业生面向基层和生产一线就业

1. 对聘用应届高校毕业生、与新聘应届高校毕业生签订一年以上劳动合同、缴纳社会保险且在我市政府人事部门所属人事人才公共服务机构办理人事代理手续的中小企业,其社会保险单位缴纳部分由市政府给予20%补助,补助期限最长不超过一年,所需经费由市财政予以安排。

2. 对招收应届高校毕业生达到一定数量的中小企业,地方财政优先安排扶持资金,并优先提供技术改造贷款贴息。对劳动密集型小企业当年新招收未就业高校毕业生达到一定比例的,可按规定申请最高不超过200万元的小额担保贷款,并享受财政贴息。

3. 鼓励高校毕业生参加"大学生村官"、"三支一扶"、"志愿服务欠发达地区计划"、"志愿服务西部"(含研究生支教团)、"服务社区"等服务基层项目,认真落实到基层服务的高校毕业生助学贷款代偿、生活补贴、工龄计算、户口迁移、档案接转、专业技术资格评审、权益保障、创业扶持以及研究生考试、事业单位补充人员考试加分等政策。

4. 在公务员录用考试和事业单位公开招聘考试中,安排专门职位定向招收服务基层项目期满考核合格的高校毕业生。市直机关除特殊职位外全部招录具有2年以上基层工作经历的人员,县乡机关应积极招录高校应届毕业生。招聘临床医学类专业高校毕业生,经学习和培训后充实到农村乡镇卫生院工作,学习和培训期间按照规定享受生活补助。

三、推行高校毕业生就业见习制度

组织有见习需求的未就业高校毕业生到见习基地开展岗位见习活动。见习期间,由见习单位和当地政府提供不低于当地最低工资标准的基本生活补助,并为见习生办理人身意外伤害保险。见习单位支出的见习补贴相关费用,不计入社会保险缴费基数,符合税收法律法规规定的,可在计算企业所得税应纳税所得额时扣除。加强市、县(市)区两级就业见习基地建设。做好新疆昌吉州奇台县少数民族未就业高校毕业生来榕实习工作。

四、对困难家庭高校毕业生就业给予重点扶持

对困难家庭高校毕业生,各级政府人事部门所属人事人才公共服务机构在就业指导、就业推荐等方面提供免费服务,需要人事代理的,由各级政府人事部门所属人事人才公共服务机构提供两年免费人事代理服务。优先安排困难家庭高校毕业生参加就业见习,优先招募困难家庭高校毕业生到公益性岗位就业。困难家庭高校毕业生参加公务员考试和事业单位招聘工作人员考试免收报名费。对符合就业困难条件的高校毕业生及接收就业困难高校毕业生的企业(单位),可按有关规定申请享受最长不超过三年的社会保险补贴。

五、鼓励全市各类用人单位积极吸纳、储备高校毕业生,并及时为新聘高校毕业生办理社会保险

鼓励国有大中型企业特别是创新型企业创造条件,更多地吸纳有技术专长的高校毕业生就业;全市国有企业、承担政府组织的各类重点建设项目的单位,补充新增专业技术人员和管理人员时,除特殊职位外,应积极吸纳高校毕业生;承担国家和地方重大科研项目的单位和高校要积极聘用优秀毕业生。专项科研项目可吸收毕业生作为研究助理或辅助人员参与研究工作,其劳务性费用和有关社会保险费按规定从项目经费中列支。高校毕业生参与项目研究期间,其户口、档案可存放在项目承担单位所在地或入学前家庭所在地人才交流中心。聘用期满,根据工作需要可续聘或到其他岗位就业,就业后工龄与参与项目研究期间的工作时间、社会保险缴费年限合并计算。举办校企合作人才培养对接洽谈会,鼓励校企合作培养人才。

六、强化高校毕业生就业公共服务

积极举办人才交流会,组建专门就业推荐队伍,为高校毕业生提供就业推荐服务和后续人事代理服务等公共服务。按照《国务院关于进一步做好普通高等学校毕业生就业工作的通知》(国发〔2011〕16号)要求,取消高校毕业生落户限制,允许高校毕业生在就业创业地办理落户手续。高校毕业生离校后,根据本人意愿,户口可迁到工作单位所在地,也可迁回原籍。需要将户口迁回原户籍所在地的,凭户口迁移证、毕业证直接到原户籍所在地公安机关办理落户手续。已落实就业单位并在政府人事部门所属人事人才公共服务机构办理人事代理的高校毕业生,准予其挂靠亲友家庭户落户,或在政府人事部门所属人事人才公共服务机构、就业单位集体户落户。

七、进一步营造关心支持高校毕业生创业就业的良好社会氛围

加强对高校毕业生就业工作的领导,各级政府要结合本地区实际,认真落实和完善已有政策,统筹抓好高校毕业生创业就业工作。加强高校毕业生就业教育和心理辅导,积极帮助高校毕业生进一步转变就业观念,合理调整就业期望值,树立正确的就业观和成才观。加强对高校毕业生创业就业的宣传引导工作,发动社会各界共同关注、关爱高校毕业生创业就业,形成全社会共同关心支持高校毕业生创业就业的良好氛围和环境。各地要及时了解掌握高校毕业生思想动态,妥善化解矛盾,强化应急预案准备,确保高校毕业生就业安全和校园稳定。

本通知由福州市公务员局负责解释,自发布之日起执行。原《福州市人民政府关于促进普通高等学校毕业生就业十项措施的通知》(榕政综〔2009〕77号)同时废止。

福州市人民政府关于进一步加强和改进消防工作的意见

榕政综〔2012〕132号
(2012年7月10日)

各县(市)区人民政府,市直各委、办、局(公司):

为贯彻落实国务院、省人民政府《关于加强和改进消防工作的意见》和《福州市"十二五"消防工作专项规划》(榕政综〔2011〕42号)等文件精神,进一步提升我市火灾防控和灭火应急救援能力,不断提高公共消防安全水平,有效预防火灾和减少火灾危害,为经济社会发展、人民安居乐业创造良好的消防安全环境,结合我市实际,现提出如下意见:

一、推行乡镇、街道消防安全网格化管理

各县(市)区要制定消防安全网格化管理工作方案,将乡镇、街道作为社会消防安全管理的基础,建立乡镇(街道)、建制村(社区)、村组(居民楼院)三个层级消防安全管理网格,实行区域消防安全责任制,以网格的形式将三个层级的消防安全责任落实到责任单位和责任人,并明确每个层级网格的消防安全管理工作职责。到2013年,全国重点镇、经济发达镇、省级小城镇综合改革试点镇要成立消防安全领导小组,配备相应工作人员,并落实办公场所和必要的工作经费;其他乡镇(街道)也要确定消防管理的机构,确定专人负责消防工作。乡镇(街道)的消防管理工作实行半年督办和年终考评,考评结果作为乡镇(街道)领导干部政绩考核的重要依据。

二、推进社会单位消防安全管理规范化建设

各县(市)区要持续开展"清剿火患"战役,组织对影响消防安全的突出问题进行排查。推进社会单位消防安全管理规范化建设,人员密集场所、易燃易爆单位和高层、地下公共建筑等火灾高危单位要聘用具有职业资格的专职消防安全管理人员,参加火灾公众责任保险,委托有资质的机构对建筑消防设施进行日常维护保养,实行每年建筑消防设施定期全面检测和消防安全评估制度。全面推行重点单位消防安全"户籍化"管理,建立消防安全"户籍化"管理档案,实行消防安全管理人员、消防设施维护保养以及消防安全自我评估报告备案制度,对重点单位消防安全管理实行动态监督,定期统计分析本地区重点单位消防安全管理情况,有针对性地开展消防监督检查,切实提高消防监督工作的有效性。

三、推行行业消防信用管理机制建设

公安机关消防机构要建立消防信用数据库,实行信用信息公开制度。建设、质监、工商等相关行业主管部门和公安机关消防机构要将消防设计、施工、监理等单位的守法情况和建设工程消防质量,以及生产、销售消防产品质量违法等信息予以记录,纳入消防信用数据库,实现信息共享,建立失信行为联合惩戒机制。建设部门要将设计、施工、监理等单位及执业人员的消防信用情况,纳入企业资质和人员执业注册管理,对消防信用不良的单位和执业人员,要依法予以行政处理。对消防安全评估结果不合格的宾馆、景区,在限期整改、消除隐患之前,旅游部门不得将其评定为星级宾馆、A级景区。银行、保险等金融机构要将企业消防信用记录作为审查发放贷款和提供保险服务的重要参考因素,对有不良消防信用记录的,要限制贷款额度和上调保险费率。要落实消防产品质量溯源机制和消防产品流向登记制度,将消防产品流向信息向社会公开,接受公众查询。

四、发展消防技术服务市场

各县(市)区及市直相关部门要大力培育和发展社会消防技术服务机构,为社会提供消防设施检测、维护保养和消防安全咨询评估、消防安全监测、火灾损失评估鉴定和消防安保服务等服务,推动消防安全技术服务业市场化。根据市场需求总体平衡原则,发展各类消防技术服务组织,到2013年底,全市初步形成竞争有序的消防技术服务市场。加强社会消防专业技术人员、消防从业人员的培训管理,推动社会消防安全培训机构实施专业培训,满足社会消防安全培训教育的需求。推行消防控制室值班、操作等消防行业特有工种职业技能鉴定制度,2013年底前,全市消防控制中心值班人员100%持证上岗。

五、加强消防工作经费保障

各县(市)区要认真贯彻落实财政部《地方消防经费管理办法》(财防〔2011〕330号),完善消防经费保障机制,建立消防经费保障标准体系和经费保障目标责任制考评机制。建立志愿消防队员误工补助机制,将多种形式消防队伍的高危补助、执勤补助、人身意外伤害保险等项目纳入经费保障体系。推动设立消防事业发展基金会,接受社会捐赠,按照社会捐赠与政府补助相结合的方式,促进消防公益事业发展。

六、严格考核和责任追究

要健全和完善消防工作考核考评体系,对各县(市)区、各部门、各单位年度消防工作完成情况进行严格考核,并建立责任追究机制。对单位因消防安全责任不落实、火灾防控措施不到位,发生人员伤亡火灾事故的,要依法依纪追究有关人员的责任;发生重大火灾事故的,要依法依纪追究单位负责人、实际控制人、上级单位主要负责人和当地政府及有关部门负责人的责任。

福州市人民政府关于加快供销合作社改革发展的实施意见

榕政综〔2012〕134号

(2012年7月21日)

各县(市)区人民政府,市直各委、办、局(公司):

为进一步贯彻落实《福建省人民政府关于加快供销合作社改革发展的实施意见》(闽政〔2011〕107号),更好地发挥供销合作社在统筹城乡经济社会发展、拓展农村市场、推进社会主义新农村建设中的重要作用,结合我市实际,现就新形势下加快供销合作社改革发展提出如下实施意见。

一、新形势下全市供销合作社改革发展的总体要求

(一)全面落实科学发展观,坚持为农服务宗旨,坚持社会主义市场经济改革方向,坚持合作制基本原则,大力推进开放办社,通过经营创新、组织创新、服务创新,加快构建运转高效、功能完备、城乡并举、工贸并重的农村现代经营服务新体系,努力使供销合作社成为农业社会化服务骨干力量、农村现代流通的主导力量、农民专业合作的带动力量,真正办成农民的合作经济组织。

二、大力促进供销合作社现代流通服务网络建设

(二)努力建立农业生产资料现代经营服务网络。发展具有统一采购、跨区域连锁配送功能的大型农资流通龙头企业、区域配送中心和覆盖农村的连锁经营网络,到"十二五"末,争取建成1个功能完备、辐射力强的农资专业批发市场和11个农资配送中心,建设改造853个农资经营服务网点,商品配送率达80%以上。

(三)努力建立农产品现代市场购销网络。扶持一批集散力强、规模大、管理规范的农产品现代物流中心(批发市场)。鼓励其上下游延伸经营链条,发展农产品生产基地,发展具有地方特色和市场竞争的主导产业和农产品品牌;组织农商对接(超市+批发市场、超市+基地、超市+农村流通合作经济组织);加强农产品低温仓储和冷链系统建设,形成产、储、运、销配套服务体系。鼓励供销社创新农产品流通方式,组建农村各类专业合作社,培育品牌产品,降低流通费用,提高流通效率。

(四)完善提升日用消费品现代经营网络。构建以大中型骨干企业为龙头、现代物流配送中心为支撑、乡村超市为终端的连锁经营网络,到“十二五”末,争取建设改造日用消费品经营服务网点805个,商品配送率达60%以上。

(五)整合完善再生资源回收利用网络。加快专业化分拣中心、区域再生资源回收集散市场建设,合理布局社区和村镇回收网点,“十二五”期间,新建设3个集散交易市场(分拣中心),形成回收、分拣和加工利用一体化经营的再生资源回收利用体系,实现再生资源产业化经营、资源化利用、无害化处理。

(六)健全完善烟花爆竹安全经营网络。发挥供销合作系统在烟花爆竹经营上的主渠道作用,加快培育和打造烟花爆竹经营龙头企业,合理布局经营网点,构建管理规范、设施齐全、安全消费的烟花爆竹经营网络。加强归口经营管理和自律,促进烟花爆竹行业安全健康发展。到2013年,全面完成县(市)烟花爆竹配送中心的规范化改造建设任务。

三、切实强化供销合作社为农服务体系建设

(七)完善农资储备体系。进一步完善化肥淡季储备制度和化肥、农药救灾储备制度,建立农药淡季储备制度,继续实行由供销社农资企业承担化肥、农药淡季储备和救灾储备任务。根据“分级储备、分级管理”的原则,各级政府应将化肥、农药淡季储备、救灾储备专项补贴列入同级财政预算。

(八)推进农村社区综合维修服务体系建设。各级政府要支持供销社主导开展农村社区综合维修服务体系建设,逐步把综合维修服务中心(站、点)建设成集综合维修、零配件供应、业务咨询、技术培训等多功能为一体的综合维修服务机构。吸纳生产厂家、销售企业和社会维修服务力量加盟,做到经济上有联结、业务上有合作、行业管理上有监督。开展建设工作的市、县(市)区两级财政应给予配套资金扶持。各有关部门应优先把供销合作社系统维修服务技术人员纳入农村实用技术和人才的培训。

(九)加快推进村级综合服务社建设。支持供销合作社依托现有设施、经营网点等,建设主体多元、服务齐全、功能完备、便民实用的农村社区综合服务中心和村级综合服务社,建立融商品购销、综合维修、市场信息、文化娱乐、体育健身和各种代办服务等便民措施为一体的综合服务社,到“十二五”末,村级综合服务社在全市建制村的覆盖面达60%以上,各部门延伸到村级的服务项目可以依托综合服务社为载体,共同打造农村综合服务平台。

(十)大力发展专业合作经济组织。支持各级供销合作社广泛吸纳各类合作组织、农业产业化龙头企业、专业大户,采取多种方式领办或参股农民专业合作社,参与农民专业合作社示范社建设,加强供销合作社系统行业协会建设。市、县(市)区两级安排一定的财政资金支持专业合作社发展建设工作。同时,由市农业局牵头,市供销合作社等部门配合,组成全市专业合作社管理机构,加强对全市专业合作社的指导和管理。

(十一)建立健全农产品信息服务网络建设。市、县(市)区两级安排一定的财政资金,支持供销合作社建立健全农产品信息服务网络,完善市、县、乡、村4级农产品信息网络建设,为企业、合作经济组织、农产品经纪人和农民提供商品价格动态、市场行情预测、供需双方在线洽谈等信息交流服务,探索开展农产品电子商务业务。市供销合作社与电信部门要加强合作,努力形成快捷、畅通的农产品市场信息服务通道。

四、切实加强供销合作社组织建设

(十二)稳步推进基层社改革和建设。基层社是植根农村、贴近农民、强化为农服务的基本环节,供销合作社改革发展工作必须重心下移,切实加强基层基础建设,确保阵地不丢、组织不散、队伍不乱。要根据县域经济发展特点和城镇建设规划要求,调整建制,优化布局,改造整合一批辐射带动能力强的基层社,努力构建布局合理、产权清晰、功能健全、运作规范的基层组织体系。基层供销合作社改革后的留存资产,由市、县(市)区联社代为行使所有权和管理权。基层供销合作社要在坚持合作制基础上,建立适应市场经济要求的经营机制和分配制度。各类农村经济组织只要承认并遵守供销合作社章程,自愿加入县级供销合作社联合社,都可成为供销合作社的基层组织。

(十三)努力增强各级联合社服务功能。各级供销合作社联合社要完善出资人制度,建立社有资产运营监管主体,担负社有资产的运营管理职责,行使社有资产监管权和收益权。加强供销合作社民主管理,建立完善供销合作社代表大会制度,积极推进各级供销合作理事会、监事会组织机构设置,完善监事会监督机制。支持各级供销合作社牵头组建农村合作经济组织联合会,依照《农民专业合作社法》规定,对农民专业合作社的建设和发展给予指导、扶持和服务。实行县级以上联合社综合业绩考核奖励办法,建立与绩效相挂钩的激励约束机制,充分调动管理者和经营者的积极性与创造性。

(十四)加快推进社有企业体制机制创新。支持各级供销合作社开放办社,推进投资主体多元化,采取经营者、供销合作社社员或职工持股、引进社会资本等多种形式,建立健全现代企业制度,健全法人治理结构,完善企业经营机制。以市场为导向,以资产为纽带重组整合,促进优势资源向骨干企业集中,打造一批主业突出、发展良好的企业,对为农服务的骨干龙头企业,供销合作社要保持控股地位。鼓励和支持供销合作社发展纵向和横向联合与合作,增强经营活力和市场竞争力。

五、切实加大对供销合作社改革发展的政策支持

(十五)切实保护供销合作社的合法权益。供销合作社的财产是集体所有制财产,各级供销合作社理事会是本级社集体财产和所属企事业单位财产的所有权代表,行使本级社有资产出资人代表职能,享有资产收益、重大决策和选择企业经营管理者的权利,任何部门、单位和个人不得随意侵占、平调其财产。今后在城市规划区范围内因道路拓宽、城市建设确须征收供销社房屋的,原则上按其原房屋性质及用途给予补偿安置,如确实不能以产权调换进行安置的,应按照同地段类似房地产的市场价格标准给予货币补偿,货币补偿款应优先用于拓展供销社开展业务需要。不得随意改变供销合作社及其所属企事业单位的隶属关系,保持供销合作社组织体系的完整性。严禁将改革改制后剩余资产量化分配给供销合作社职工。

(十六)积极稳妥解决历史遗留问题。要尽快抓紧落实处理供销合作社系统地方政策性财务挂账,对已经歇业、关闭、注销的供销合作社企业,确实无法清偿的欠缴费用,按相关规定抓紧予以核销。相关金融机构应研究优惠措施,加快处置供销合作社拖欠的金融债务,对供销合作社的债务问题制定合理的分类处理办法细则。供销合作社社有企业在改制和资产整合重组过程中涉及的原国有划拨建设用地,经批准可以采取出让方式处置,土地出让收益优先用于支付供销合作社破产和改制企业职工安置费用、投资建设改善农村流通基础设施。加大力度尽快完成好供销合作社土地确权登记颁证工作。对供销社长期使用至今但权属资料不全的用地,应本着尊重历史事实的原则,依法予以办理土地登记手续。切实解决好供销合作社企业职工基本养老保险费欠缴问题,做好基层供销合作社和社有企业职工参加城镇职工基本医疗保险工作。

(十七)各级各部门要大力支持供销合作社改革发展。发挥供销社在农村流通中的主导和骨干作用,凡国家和省、市对农业、国有商业、乡镇企业的优惠政策,除国家和省、市有特别规定外,原则上都适用于供销社。市商贸局、供销社、规划局、发改委、财政局、国土局、建委等部门要加强农村现代流通网络布局规划、政策实施、项目申报、建设督导等工作。由市商贸局和市供销社牵头,建立加快全市农村流通业发展联席会议制度,联席会议办公室设在市供销社,具体负责日常组织协调工作。市级财政每年统筹安排一定的专项资金,用于扶持农村市场基础设施建设(农产品批发市场、物流配送中心、仓储冷藏系统建设、集贸市场升级改造、"农家店"建设、商品储备设施建设、市场信息网络建设)和培育农村市场主体建设。重点支持供销社农资、日用消费品、农产品、再生资源回收和烟花爆竹五大经营服务网络升级改造,支持市供销社建设市农资专业批发市场、建设市再生资源回收利用集散市场。市财政视财力情况逐步加大对新农村现代流通服务网络工程建设的投入,农村信息化服务、农产品深加工、农民专业合作社建设、农村社区综合服务社、职业资格培训鉴定等为农服务资金要向供销合作社系统倾斜,各县(市)区财政也要逐步加大对供销合作社改革发展的资金扶持力度。各级发展改革部门、商贸部门要支持供销合作社企业积极申报物流发展专项资金、服务业发展专项资金扶持项目,开拓农村市场,支持供销合作社企业项目优先列入农村流通业预算内资金盘子。各级农口部门要积极支持供销合作社参与新农村建设,发展现代农业,支持供销合作社开展农业"五新"推广,支持符合条件的供销合作社从事种业、农机具等商品经营,支持供销合作社兴办的农产品流通型、加工型企业。与农民结成紧密利益联结机制的基层社以及由供销合作社领办的规范化农民专业合作社,优先享受有关支农扶持政策。要支持符合条件的供销合作社参与国家、省级农业产业化、农业综合开发、标准化示范、扶贫开发、现代农业园区建设等,并按规定享受有关支农政策。各级商贸部门要支持供销合作社再生资源回收利用企业作为国家再生资源回收利用体系建设试点城市的承办企业。各级国土、规划等部门在编制城乡规划时,要统筹布局供销合作社仓储物流设施用地、综合服务社建设用地或场所。小城镇综合改革试点要将基层供销合作社的经营服务网点纳入小城镇建设规划统筹安排。在"旧城镇、旧厂房、旧村庄"改造中支持供销合作社对现有农村经营服务场所的改造、拆建工作,尊重历史事实,依法办理规划、立项、审批等相关手续。各级税务部门要落实有关税收优惠政策,供销合作社企业纳税确有困难的,可按规定经审批后减免房产税和城镇土地使用税;企业债务重组符合特殊性税务处理规定条件的,对确认的应纳税所得额占该企业当年应纳税所得额50%以上,可以在5个纳税年度的期间内,均匀计入各年度的应纳税所得额;依法变更土地使用权登记只收变更登记费;变更产权(包括房产)登记只收成本费。各级金融机构要加强对农村流通业的培育和扶持,积极主动加大农村流通业基础设施等建设资金的配套力度。

(十八)支持供销合作社开展农村金融服务业务。支持县及县以上联合社组建融资担保机构,搭建为小企业服务的融资平台。各金融机构要加强与供销合作社的合作,为当地农村提供方便适用的金融产品和服务项目,并为供销合作社企业及其领办的农民合作经济组织提供资金管理服务。支持供销合作社发起设立担保组织。鼓励符合条件的供销合作社的企业法人参与组建村镇银行、小额贷款公司等,创新农村融资服务。

六、进一步加强对供销合作社改革发展的领导

(十九)切实建立供销合作社改革发展的长效机制。各级政府要将供销合作社改革发展纳入新农村建设和城乡统筹发展的总体部署,纳入当地经济社会发展的总体规划和考核体系,及时研究解决供销合作社改革发展中的困难和问题,制定具体明确的目标规划和切实有效的扶持措施。各级政府要积极创造条件,将可以由供销合作社承担的任务和职能委托或赋予供销合作社。要在项目报批、网点建设、专项资金、业务拓展、工商登记、税费减免等方面支持供销合作社开展项目建设,确保各级财政扶持供销合作社发展的资金到位。

(二十)进一步加强各级供销合作社人才队伍建设。支持全市供销合作系统大力引进和吸纳各类经营管理与专业技术人才,不断优化干部职工队伍的专业知识和年龄结构,培育造就一支甘于奉献、勇于创新、善于开拓的高素质干部职工队伍。重点支持供销社加强基层队伍建设,保持供销社人才队伍的新老交替,保证乡镇这级的供销社有场所、有经费、有人员。

各县(市)区人民政府要结合各自实际,依据本意见制定本级实施意见。

福州市人民政府关于印发《福州市城乡困难居民临时救助暂行办法》的通知

榕政综〔2012〕158号

(2012年8月6日)

各县(市)区人民政府,市直各委、办、局(公司):

《福州市城乡困难居民临时救助暂行办法》已经市人民政府2012年第14次常务会议审议通过,现予以印发,请认真贯彻执行。

福州市城乡困难居民临时救助暂行办法

第一章 总 则

第一条 在全面建立城乡低保、农村五保和城乡医疗救助制度的基础上,为及时有效解决城乡困难群众突发性、临时性生活困难,进一步完善社会救助体系建设,保障困难群众基本权益,根据民政部《关于进一步建立健全临时救助制度的通知》(民发〔2007〕92号)的要求,结合我市实际,制定本办法。

第二条 临时救助是一项传统的民政业务,是指对在日常生活中由于各种特殊原因造成基本生活出现暂时较大困难的低收入家庭和其他特殊困难人员给予非定期、非定量生活救助的制度。

第三条 临时救助基本原则:

(一)应急解困。缓解困难群众燃眉之急,帮助困难群众摆脱临时困境。

(二)保障基本。解决困难群众基本生活问题,依法保障城乡居民基本生活权益。

(三)规范高效。规范程序、简化手续、快捷施助,确保救助对象及时得到救助。

第二章 临时救助的对象和范围

第四条 符合下列条件的城乡困难居民家庭,可以申请临时救助:

(一)具有本市户籍的,在最低生活保障和其他专项社会救助制度覆盖范围之外,由于特殊原因造成基本生活出现暂时困难的低收入家庭,重点是低保边缘家庭;

(二)具有本市户籍的,虽然已纳入最低生活保障和其他专项社会救助制度覆盖范围,但由于特殊原因仍导致基本生活暂时出现较大困难的家庭;

(三)县(市)区以上人民政府认定的其他特殊困难人员。

第五条 因流域性水灾、旱灾、风雹灾等自然灾害,以及较大范围遭遇环境污染、破坏性灾害和不可抗力因素造成社会性灾害的救助,依照自然灾害救助办法处理。

第六条 临时救助主要针对救助对象家庭因病、子女就学或遭遇突发性、特殊性困难,重点对以下几种情况进行救助:

(一)因医治危重疾病,在扣除各种医疗保险、新型农村合作医疗、医疗救助报销部分和其他社会帮困救助资金后,需个人负担的医疗费数额较大,导致家庭基本生活出现暂时困难的;

(二)因子女教育费用负担过重,经教育部门救助后,家庭生活仍然特别困难的(不含自费在高额收费学校就学或出国留学的);

(三)因遭遇突发性自然灾害的,在进行灾害专项资金救助后,仍然造成家庭基本生活出现暂时困难的;

(四)因各类意外事故发生,并经相关部门确认已无法查找赔付责任人或赔付责任人无力支付赔偿金,造成生活特别困难的家庭;

(五)因遭遇其他突发性、不可抗拒因素导致家庭基本生活出现暂时困难的。

第七条 有下列情形之一的,不予救助:

(一)因赌博、自杀、自残、吸毒等原因导致家庭生活困难的。

(二)家庭成员有就业能力而无正当理由拒绝劳动、就业,不自食其力的。

(三)参与或从事政策和法律明令禁止的活动的,或受到处罚导致生活困难的。

(四)不按要求提供申请资料,拒绝管理机关调查,隐瞒或不提供家庭真实收入,出具虚假证明的。

(五)县(市)区级以上人民政府认定的其他不予救助的人员。

第三章 临时救助标准和方法

第八条 实行临时救助,应根据救助对象困难原因、程度、种类等因素,结合临时救助资金状况,合理划定救助档次和标准,实施分类救助。救助标准和最高限额应根据当地的经济社会发展情况及时调整提高。

困难家庭临时救助,同一事由原则上一年只能申请一次救助,单次救助金额最高限额2000元。一个家庭全年临时救助累计金额原则上不超过3000元。具体救助档次和标准由各县(市)区人民政府确定。

大重病患者已获得基本医疗保险和医疗救助或保险机构理赔的,其临时救助金额一般不得高于自付医疗费部分。

第九条 临时救助以提供现金救助为主要方式,小额临时救助原则上直接发放现金;大额临时救助原则上通过银行实行社会化发放。申请人提供的银行账号必须是申请人本人及家庭成员或申请人委托人的开户账号。

第四章 临时救助申请审批程序

第十条 申请审批程序

(一)申请。申请临时救助的家庭,以户为单位,向户籍所在地的村(居)委会提出申请,也可以直接向乡镇政府或街道办事处提出申请。

同时出具以下证明材料：

1、户口簿和身份证原件；

2、低保证或家庭成员收入证明；

3、遭遇突发性、临时性困难相关证明材料；

4、民政部门认为需要提供的其他相关证明材料，并填写《福州市临时救助申请审批表》。

重病患者家庭申请临时救助时需出示县级（含县）以上医疗机构的病历、诊断证明及自付费用的医院收费单据；属车祸（交通事故）的应提交事故发生地的县级公安交巡警部门道路交通事故损害赔偿调解书或事故证明，已投保的应提交保险部门的理赔凭证；因子女教育费用负担过重申请临时救助的应提交子女学籍证明和学校有关证明。

（二）受理。村（居）委会接到临时救助申请之日起，于10个工作日内完成调查核实，签署意见盖章后连同申请材料一起上报街道办事处（乡镇人民政府）。

村（居）委会在同意接受申请人的申请时，须将户口簿、申请人身份证、病历等不便收缴的资料复印留存。在核定家庭收入时，既要根据申请人的家庭收入，又要考虑家庭由于特殊原因造成巨额开支后的实际困难。

（三）审核审批。街道办事处（乡镇人民政府）自接到申请材料后，通过入户核查、社区调查等方式，在10个工作日内完成审核，对符合临时救助家庭，由分管领导签署意见，加盖公章后上报县级民政部门；对不符合临时救助家庭应及时告知，并说明理由。

县级民政部门自接到申请材料后，对于材料齐全且符合临时救助家庭，应在10个工作日内予以批准，实施临时救助，大额临时救助实行张榜公示；审批结果在申请对象所在村（社区）张榜公示3天，接受群众监督。对不符合临时救助家庭通知所在乡镇，并说明理由。

对突发性灾难导致无法继续维持基本生活的家庭，应简化程序，特事特办，可由县级民政部门直接办理，事后补办相关手续并备案。

如遇特殊情况，审核审批时间可适当延长。

（四）发放。对于符合救助条件的家庭，由县级民政部门实行现金救助或通过金融机构发放临时救助金。现金发放时，申请人或受委托人必须在《福州市临时救助申请审批表》亲笔签字（盖章）；由金融机构发放的，以银行凭证为准。

第五章　资金筹集与管理

第十一条　各县（市）区应多渠道筹集临时救助基金。临时救助基金主要来源于各级财政预算资金、社会捐赠资金、救助基金利息收入以及其他资金。

第十二条　临时救助基金筹集标准应根据经济社会发展水平、财政承受能力、医疗保障水平等因素适时调整。目前各县（市）区具体筹资标准按户籍人口每人每年不低于1元的标准执行，列入财政预算，由县级财政拨付至县级民政专户。市本级每年安排10万元的临时救助金，由市财政拨付至市民政专户。

第十三条　临时救助资金实行民政专户管理，专款专用。年度结余资金可结转下年度使用，但不得用于平衡预算或挪作他用。临时救助坚持公开、公平、公正原则，做到政策、对象、标准、金额四公开。临时救助款项的发放情况要纳入县（市）区民政财务公开范围，定期向群众张榜公布。设立和公布咨询举报电话，广泛接受社会和群众监督。各级民政部门要对享受临时救助的对象登记造册，实行动态管理、跟踪检查，加强对受助者申请资料及审核、审批、救助金发放等档案管理工作，防止临时救助工作中的随意性和其他不规范做法，确保临时救助制度的健康顺利实施。各级监察、审计部门要加强对临时救助基金使用情况的监督检查，确保资金落实到位、安全运行。

第六章　组织实施

第十四条　各县（市）区应高度重视临时救助工作，为临时救助工作配备必要的工作人员和经费，确保临时救助工作的顺利开展。

第十五条　民政部门是临时救助工作的业务主管部门，负责临时救助计划的制订、救助对象的审核审批、救助资金的管理发放及其他日常工作。财政部门负责落实临时救助所需资金。审计、财政、监察部门负责对临时救助资金的预算安排和管理使用进行审计监督。街道办事处、乡镇人民政府和受委托的相关单位根据各自职责范围负责临时救助的相关工作。

第十六条　申请临时救助的对象应自觉接受民政部门的调查，如实提供家庭收入等相关情况。采取虚报、隐瞒、伪造等手段，骗取临时救助的，给予批评教育，由所在乡（镇）街道追回救助款，并取消其一年内再次申请临时救助的资格。

第十七条　临时救助管理机关及其工作人员应依法办事，接受监督，对滥用职权、徇私舞弊、玩忽职守造成严重后果的，由所在单位给予行政处分；构成犯罪的，由司法机关依法追究刑事责任。

第七章　附　则

第十八条　本办法适用于福州市辖各县（市）区。各县（市）区应在本办法基础上制定实施细则，并报上级民政部门备案。

第十九条　本办法由市民政局负责解释。

第二十条　本办法自印发之日执行。

福州市人民政府关于进一步加强市属国有独资企业、国有独资公司外派监事会工作的通知

榕政综〔2012〕169号

（2012年8月20日）

各县（市）区人民政府，市直各委、办、局（公司）：

为进一步健全完善出资人对市属国有独资企业、国有独资公司（以下简称国有企业）监督机制，切实维护国有资产权

益,经研究,现就我市市属国有企业外派监事会工作有关事项通知如下:

一、充分认识实行市属国有企业外派监事会制度的重要意义

实行市属国有企业外派监事会制度,是落实《公司法》、《企业国有资产法》、《国有企业监事会暂行条例》有关精神和市委、市政府决策部署,加强对国有企业监督的一项重要工作。实行市属国有企业外派监事会制度,是建立和完善公司治理结构,加强企业风险管理,畅通信息交流渠道,维护国有资产权益的迫切需要;是实现事前、事中、事后全过程监督,加强企业领导班子建设的迫切需要;是出资人履行职责,建立健全权利、义务和责任相统一,管资产和管人、管事相结合的国有资产监督管理体制的迫切需要。国有资产监管机构和国有企业要切实加强组织领导,积极探索构建适应现代企业制度要求的国有企业法人治理结构和国有资产的有效管理体制。

二、市属国有企业外派监事会的设置和主要职责

市属国有企业外派监事会是市国资委代表市政府派往市属国有企业,对国有资产保值增值状况实施监督的机构。外派监事会与企业是监督与被监督关系,外派监事会不参与、不干预企业的生产经营决策和管理活动。

(一)每个外派监事会由1名主席和2~3名专职监事组成,实行监事会主席负责制。外派监事会主席和专职监事为公务员,其中主席为副处级领导职务,专职监事职务按派出人员的职级确定。每个外派监事会可以派驻多家企业。外派监事会成员每届任期3年,不得在同一企业连任。

(二)外派监事会成员必须具备相应的任职资格。外派监事会主席要具有较高的政策水平,熟悉国家有关法律、法规,熟悉经济工作,坚持原则,廉洁自律;专职监事要具有财务、会计、审计或宏观经济等方面的专业知识,比较熟悉企业经营管理工作,具有较强的综合分析、判断和文字撰写能力,能独立进行工作,坚持原则,廉洁自律,忠于职守。

(三)外派监事会主席由市委管理,市委组织部负责考察,市国资委党委派人参加,在听取市国资委党委意见后,提出任免建议,并报市委研究;监事会专职监事经市国资委党委考察审批后,由市国资委任免。

监事会中配备符合规定比例的职工代表;监事会中的职工代表由企业职工大会或职工代表大会民主选举产生,报市国资委备案。企业中的董事、高级管理人员不得兼任职工监事。

(四)外派监事会以财务、资产监督为核心,根据有关法律法规和规范性文件的有关规定对企业的财务活动及企业负责人的经营管理行为进行监督,及时向市国资委报告监督检查情况,确保国有资产及其权益不受侵犯。

(五)外派监事会要加强日常监督,重点监督检查企业当年情况,实行当期监督,随时了解、掌握和跟踪企业重要经营管理活动,为集中检查做好准备。外派监事会每年对企业定期检查1~2次,并可根据实际需要,不定期地对企业进行专项检查。外派监事会可根据工作需要聘请必要的专业人员担任特别技术顾问、特别技术助理。

(六)外派监事会开展监督检查工作所需费用由市国资委部门预算统一列支。对外派监事会主席、专职监事给予适当的岗位津贴。

(七)外派监事会根据对企业进行监督检查的情况,可以建议市政府责成国家审计机关依法对企业进行审计,也可以聘请专业审计机构对企业进行综合审计或专项审计。

三、积极支持市属国有企业外派监事会有效开展工作

(一)市国资委根据国家法律或市委、市政府工作部署,抓紧制定我市有关外派监事会的各项规章制度和实施办法,加强外派监事会工作,积极推动工作开展。

(二)市国资委要加强与有关部门配合,形成监督合力,提高监督效率。市直有关部门要积极支持外派监事会工作,加强协调配合,相互通报有关情况并提供有关信息、资料,支持外派监事会查实有关情况。

(三)国有企业要按照国家法律法规等有关规定,积极配合外派监事会开展工作,为外派监事会提供必要的工作条件。企业召开重要会议要及时通知外派监事会参加;要定期、如实向外派监事会报送财务会计报告,并及时报告重大事项,不得拒绝、隐匿或伪报。

四、强化市属企业外派监事会的激励和约束

(一)建立市属企业外派监事会激励机制。外派监事会集体或成员在监督检查中工作成绩突出,为维护国家利益做出重要贡献的,按有关规定予以表彰、奖励。

(二)严格市属企业外派监事会成员纪律要求。外派监事会成员必须严格遵守廉洁从业有关规定,不得利用职权收受贿赂或者取得其他非法收入和不正当利益;不得在企业中为亲友或者其他人谋取私利;必须对检查情况严格保密,不得泄露企业的商业秘密;不得隐匿企业重大违法乱纪问题;不得与企业串通编造虚假检查报告。监事会成员有违反以上规定或者失职的,根据有关规定给予行政处分或纪律处分,直到撤销监事职务;构成犯罪的,依法追究刑事责任。

五、重视市属企业外派监事会工作成果运用

市国资委党委每年应专题听取市国资委外派监事会工作报告,研究解决有关问题的办法;需要向市委、市政府报告、请示的事项,应及时报告、请示。市国资委要建立委内沟通协调机制,充分运用好外派监事会的监督成果,在研究制定国有资产监管的政策法规和规章制度,考察调整企业领导班子,决定企业改制重组、重大投资、产权转(受)让、业绩考核、薪酬分配、股权激励;开展经济责任审计和统一委托的年报审计等工作时应征求外派监事会意见。

福州市人民政府印发关于进一步做好退役士兵安置工作的实施办法的通知

榕政综〔2012〕202号

(2012年9月29日)

各县(市)区人民政府,市直各委、办、局(公司):

《关于进一步做好退役士兵安置工作的实施办法》已经市

人民政府2012年第19次常务会议审议通过,现予以印发,请认真贯彻执行。

关于进一步做好退役士兵安置工作的实施办法

根据国务院、中央军委颁布的《退役士兵安置条例》和《福建省人民政府关于进一步做好退役士兵安置工作的实施意见》(闽政〔2012〕36号)精神,为进一步做好我市退役士兵安置工作,现结合我市实际提出如下实施办法:

一、退役士兵的接收和落户

1. 接收对象。退役士兵退出现役后原则上由入伍时户籍所在地安置部门负责接收安置。批准入伍的普通高等学校应届毕业生(含次年毕业的毕业班学生)退出现役后,由入学前户籍所在地按照国家有关安置政策接收安置。入伍前已被普通高等学校录取并保留入学资格或正在普通高等学校就学的退役士兵,退出现役后复学的,由入伍所在地安置部门接收安置;退出现役后不复学的,由入学前户籍所在地安置部门接收安置。符合《条例》规定易地安置的,按有关规定办理。凡易地安置的退役士兵享受接收安置地退役士兵同等的安置待遇。

2. 报到时限。自主就业的退役士兵应当自被批准退出现役之日起30日内,持退出现役证件、介绍信到接收地安置部门报到;安排工作的退役士兵应当在规定的时间内,持接收安置通知书、退出现役证件和介绍信到接收地安置部门报到。凡无正当理由不按规定时间报到超过30天的,视为放弃安置待遇。

3. 办理落户。退役士兵凭接收地安置部门开具的《复员退伍军人申报户口介绍信》等相关材料到当地公安机关办理落户手续。

二、发放自主就业退役士兵地方经济补助

1. 发放对象。2011年11月1日起,我市接收的自主就业退役士兵由安置地县(市)区人民政府发放地方经济补助。因国家建设或军队需要、个人健康状况、家庭发生重大变故等原因提前退役的自主就业退役士兵和直接从非军事部门招收的退役士官,可按其实际服役年限发放;其他原因提前退出现役和开除军籍及除名的,不享受地方经济补助。

2. 发放标准。全市实行城乡统一的自主就业退役士兵地方经济补助政策。基本标准为:自主就业的退役义务兵领取的地方经济补助金和其退役时领取的国家退役金(不含获得荣誉称号或者立功的增发部分)之和,应不低于安置地上年度城镇居民人均可支配收入的120%;自主就业的退役士官地方经济补助金,在义务兵补助标准的基础上每多服一年增发5%;自主就业的退役进藏兵按照当地地方经济补助金标准的3倍发放补助金。2011年冬季,鼓楼、台江、仓山、晋安、马尾等五城区自主就业的退役义务兵地方经济补助金标准为1.9万元。今后根据国家退役金标准和城镇居民人均可支配收入变化适时调整。其他县(市)地方经济补助金具体标准可根据当地实际情况确定。

3. 发放方法。自主就业的退役士兵地方经济补助由安置地民政部门负责发放。所需经费,鼓楼、台江、仓山、晋安、马尾等五城区由市、区财政各承担一半,其他县(市)由各县(市)财政自行承担,省级财政予以适当补助。

4. 免税政策。一次性退役金和一次性经济补助按照国家规定免征个人所得税。

三、安置符合政府安排工作条件的退役士兵

1. 安置对象。根据《退役士兵安置条例》规定,退役士兵服现役满12年的、服现役期间平时荣获二等功或战时荣获三等功以上奖励的、因战致残被评定为5级至8级残疾等级的、属烈士子女的退出现役后,由接收地县(市)区人民政府安排工作。

2. 安置岗位。凡符合上述安排工作条件之一的退役士兵,由接收地县(市)区人民政府按照属地管理的原则进行安置。国家机关、社会团体、企事业单位都有接收安置符合政府安排工作条件退役士兵的义务。各县(市)区可以在编制允许范围内,每年拿出一定的机关、事业单位工勤岗位用于定向招考符合政府安排工作条件的退役士兵。市属国有以及国有控股和国有资本占主导地位的企业,每年应提供其上年度在职职工总数3‰的岗位(按比例计算不足1人按1人安置)用于安置当年度符合政府安排工作条件的退役士兵,并于每年3月底前将拟提供的安置岗位落实到本系统具体接收单位,同时将岗位数量及分布等情况报市退役士兵安置工作领导小组办公室。

3. 安置程序。退役士兵安置工作领导小组在摸清用人需求的基础上,按照属地管理的原则制定符合政府安排工作条件退役士兵的安置计划,由县(市)区人民政府下达。具体接收单位接到安置任务后,应主动联系所在地县(市)区民政部门,配合办理退役士兵安置上岗手续;县(市)区属企业接收安置任务按属地管理原则由同级人民政府下达。承担退役士兵接收安置任务的单位应依法为接收的退役士兵办理基本养老保险、医疗保险、工伤保险、失业保险、生育保险等手续。

4. 安置时限。安置地人民政府应当在接收符合政府安排工作条件退役士兵的6个月内,基本完成本年度安置任务。承担安排退役士兵工作任务的单位应在收到民政部门开具的安置介绍信1个月内安排退役士兵上岗,并与退役士兵依法签订期限不少于3年的劳动合同或聘用合同。符合政府安排工作条件的退役士兵接到安排工作的通知后,逾期6个月无正当理由拒不到安置单位报到的,视为放弃政府安排工作待遇,失去政府安置资格。

5. 安置补助。符合安排工作条件的退役士兵待安排工作期间,安置地人民政府按照不低于当地最低生活水平的标准按月发给生活补助费。其中五城区退伍义务兵待安置期间的生活补助费标准为每人每月400元,转业士官为每人每月500元,由市、区财政各承担一半。其他县(市)退役士兵待安置期间的生活补助费标准由各县(市)自行确定并承担。

6. 安置责任。对拒绝或无故拖延执行安置计划、落实安置待遇的用人单位,当地人民政府或其上级主管部门要依法采取责令改正、行政处分、经济处罚以及通报批评等措施,维护法规政策的严肃性。未完成符合政府安排工作条件的退役士兵安排工作任务的县(市)区不得评为“双拥”模范城。

四、扶持自主就业退役士兵创业就业

1. 税费优惠。对从事个体经营的退役士兵,除建筑业、娱乐业以及广告业、桑拿、按摩、网吧等国家限制行业外,自其在工商行政管理部门首次注册登记之日起3年内,免收管理类、登记类和证照类的行政事业性收费地方级收入部分;自其领取税务登记证之日起3年内,免征营业税、城市维护建设费、教育费附加和个人所得税。对有创业愿望和创业能力的自主就业退役士兵,可给予不超过8万元的小额担保贷款,利息由财政补贴,贷款期限不超过2年。用人单位招收录用或者聘用自主就业退役士兵符合规定条件的,依法享受税收等优惠。

2. 教育培训。建立“政府主导、个人自愿、城乡一体”的退役士兵教育培训机制。按照属地管理原则,自主就业的退役士兵在退出现役1年内按照省民政厅、省财政厅、省教育厅、省人力资源和社会保障厅、省军区司令部《关于开展退役士兵职业教育工作的若干意见》(闽民安〔2011〕348号)和省人力资源和社会保障厅、民政厅、财政厅、省军区司令部《关于开展退役士兵职业技能培训工作的若干意见》(闽人社文〔2010〕215号)规定,可自愿参加一次职业教育或技能培训。从2011年秋季学期开始,对退役1年以上考入全日制普通高等学校的自主就业退役士兵,按照省财政厅、省教育厅、省民政厅、省军区司令部、省军区政治部《转发财政部、教育部、民政部、总参谋部、总政治部关于实施退役士兵教育资助政策意见的通知》(闽财教〔2012〕11号)实施教育资助。

3. 招考照顾。我市退役士兵报考公务员、事业单位工作人员的,在军队服现役经历视为基层工作经历。报考事业单位工作人员按省人事厅关于转发《事业单位公开招聘人员暂行规定》的通知(闽人发〔2006〕10号)规定享受加分待遇。普通高等学校应届毕业生(含次年毕业的毕业班学生)退役后参加各类考试的,按总参谋部、总政治部、教育部、公安部、民政部、财政部关于《征集各类学校应届毕业生工作暂行规定》(参动〔2009〕88号)执行。各级国家机关、事业单位、国有企业面向社会公开招聘员工时,在同等条件下应当优先招收录用自主就业退役士兵。

4. 学费补助。入伍前已被普通高等学校录取并保留入学资格或者正在普通高等学校就学的退役士兵,退出现役后2年内允许入学或者复学,并按照财政部、教育部、总参谋部《关于印发〈应征入伍服义务兵役高等学校在校生学费补偿、国家助学贷款代偿及退役复学后学费资助暂行办法〉的通知》(财教〔2011〕510号),给予学费补偿、国家助学贷款代偿及退役复学后学费资助。高等学校应届毕业生应征入伍服义务兵役的,按照财政部、教育部、总参谋部《关于印发〈应征入伍服义务兵役高等学校毕业生学费补偿国家助学贷款代偿暂行办法〉的通知》(财教〔2009〕35号),给予学费补偿、国家助学贷款代偿。

五、落实退役士兵军龄和社会保险关系待遇

1. 军龄待遇。由人民政府安排工作的退役士兵,服现役年限和符合规定的待安排工作时间计算为工龄,享受所在单位同等条件人员的工资、福利待遇。自主就业的退役士兵,被国家机关、社会团体、企事业单位招录或聘用的,其服现役年限均计算为工龄,与所在单位工作年限累加计算,享受国家和所在单位规定的与工龄有关的相应待遇。退役士兵服现役年限视同养老保险、医疗保险和失业保险的缴费年限,并与实际缴费年限合并计算。

2. 保险关系的转移接续。军队的军人保险管理部门与地方的社会保险经办机构,应当按照国家有关规定为退役士兵办理社会保险关系转移接续手续。自主就业的退役士兵,凭退役士兵安置工作主管部门出具的介绍信,由社会保险经办机构按照国家和我市有关规定办理保险关系接续手续;安排工作的退役士兵,由接收单位按照国家和我市有关规定办理保险关系接续手续。

3. 养老保险。退役士兵到城镇企业就业或在城镇从事个体经营、以灵活方式就业的,按照国家和我市有关规定参加职工基本养老保险。退役士兵回农村的,按照国家有关规定参加新型农村社会养老保险。

4. 医疗保险。退役士兵到各类用人单位工作的,应当按规定随所在单位参加职工基本医疗保险;以灵活方式就业或暂未实现就业的,可以参加职工基本医疗保险、城镇居民基本医疗保险或者新型农村合作医疗。

5. 工伤保险。退役士兵到各类用人单位就业的,应当随所在单位参加工伤保险。因战、因公负伤致残,已取得革命伤残军人证,到用人单位后旧伤复发的,按照《工伤保险条例》的有关规定享受除一次性伤残补助金以外的工伤保险待遇。

6. 失业保险。退役士兵就业应当按规定随所在单位参加失业保险,符合《失业保险条例》规定条件的,按照规定享受失业保险待遇和相应的促进再就业服务。

六、加强退役士兵安置工作的组织领导

各级人民政府要成立退役士兵安置工作领导小组,领导小组办公室设在同级民政部门。有关部门要分工协作,各负其责。民政部门负责牵头制定退役士兵安置政策和符合政府安排工作条件退役士兵的安置计划,做好组织协调、档案接转等工作;宣传部门负责退役士兵安置政策和优惠政策的宣传工作;公安部门负责为退役士兵办理落户手续;财政部门负责退役士兵安置经费的安排拨付和监管工作;人力资源和社会保障部门负责退役士兵社会保险接续、技能培训和提供公共就业服务;农业、林业部门分别依照各自职责,督促指导自主就业的农村籍退役士兵享有农村集体经济组织成员的同等权利;国资部门负责协调督促国有企业接收安置退役士兵工作;人事部门负责安置到国家机关和事业单位的退役士兵招收聘用工作;教育、税务、工商、银行等部门负责落实退役士兵教育资助、考学升学、税费减免、创业贷款等各项优惠政策。

七、退役士兵安置改革工作前后政策衔接问题

2011年11月1日之后入伍的士兵,按照《退役士兵安置条例》和本办法执行。2011年11月1日以前入伍、2011年11月1日以后退出现役的士兵,可执行《退役士兵安置条例》和本办法,本人自愿的,也可选择按入伍时国家有关退役士兵安置的政策规定执行。选择按入伍时国家有关退役士兵安置政策规定执行的退役士兵,我市仍采取“自谋职业与安排就业相结合”的原则和“按系统分配、包干安置”的办法进行安置。其中五城区服役满2年的城镇退役士兵自谋职业一次性补助金标准为2.5万元;服役满2年后被选取为初级士官下士并服役满5年的士官自谋职业一次性补助金标准为3.5万元;服役满5年后被选取为初级士官中士并服役满8年的士官自谋职业一次性补助金标准为4.5万元;服役满10年的中级士官自谋职业一次性补助金标准为5.5万元,每多服一年另加0.5万元。其他县(市)自谋职业一次性补助金标准原则上参照上述标准执行。所需经费,鼓楼、台江、仓山、晋安、马尾等五城区由市、区财政各承担一半,其他县(市)由各县(市)财政自行承担。

福州市人民政府关于进一步加强保障性住房配租配售和管理工作的意见

榕政综〔2012〕214号

(2012年10月16日)

各县(市)区人民政府,市直各委、办、局(公司):

为进一步加强保障性住房配租配售和运营管理,确保准入和退出公开、公平、公正,根据《国务院办公厅关于保障性安居工程建设和管理的指导意见》(国办发〔2011〕45号)和《福建省人民政府关于保障性安居工程建设和管理的意见》(闽政〔2011〕88号)等文件精神,结合本市实际,现提出如下意见:

一、明确工作目标

以科学发展观为指导,围绕“住有所居”的目标,合理确定各类住房保障范围、保障方式、保障标准,并加强相关衔接和有机联动。不断创新工作机制,积极探索可持续的保障性安居工程投资、建设、运营和管理机制,实现住房保障动态管理。大力发展公共租赁住房,逐步实现廉租住房与公共租赁住房并轨运行,推动住房保障方式向“以租为主”的转变,健全和完善符合我市实际的住房保障体系。力争到“十二五”期末,本市城镇中等偏下和低收入家庭住房困难问题得到基本解决,新就业职工居住条件得到明显改善,外来务工人员住房困难得到有效缓解。

二、确定准入标准

保障性住房的准入标准实行动态管理,市住房保障主管部门会同市民政主管部门根据城市经济社会发展水平、居民收入、住房状况,合理确定并适时调整申请家庭收入、财产和住房的具体标准,报市政府审定后向社会公布。

本意见下发之日起,我市五城区廉租住房、公共租赁住房的准入条件和标准如下:

(一)廉租住房

1. 申请人具有五城区居民户籍(农村村民和农村集体经济组织成员除外)且申请之日落户已满3年;

2. 家庭年收入3.8万元以下(含);

3. 家庭财产9.5万元以下(含);

4. 家庭人均住房建筑面积13平方米以下(含)。

其他条件按照《福州市城区廉租住房管理办法》的有关规定执行。

本意见下发前已受理尚未实施保障的廉租住房申请家庭,其准入标准适用2011年公布的相关申请条件。

(二)公共租赁住房

1. 家庭年收入7.8万元以下(含)、家庭财产47万元以下(含)的几类人员可以申请公共租赁住房:

(1)具有五城区居民户籍(农村村民和农村集体经济组织成员除外)且申请之日落户已满3年,家庭人均住房建筑面积15平方米以下(含)的中等偏下收入住房困难家庭。

(2)符合一定条件的外来务工人员,本人及其家庭成员须在本市五城区无自有住房、未租住公有住房。

(3)在本市五城区范围内的省、市、区属机关事业单位新录(聘)用且已转正定级的在编工作人员,本人及其家庭成员须在本市五城区无自有住房、未租住公有住房。

公共租赁住房具体准入条件按照《福州市公共租赁住房管理办法》的有关规定执行。

2. 定向为驻榕部队中服役10年以上(含)的现役专业士官(须已婚且家属在本市五城区生活),经人事部门认定的紧缺急需人才,具有硕士学位以上(含硕士)或中级职称以上(含中级)的人员,以及城市运行所必需的环卫、公交等行业提供一定数量的公共租赁住房。其本人及其配偶、子女须在五城区无自有住房且未租住公有住房。

按照“个人申报、单位把关”的原则,由个人向所在工作单位提出申请,由工作单位负责初审、单位上级主管部门(部队士官须由团以上部队)负责复核把关后于每年一季度向市国有房产管理部门书面申报房源需求,由市国有房产管理部门统筹提出房源对接意见报市政府同意后组织配租。承租人工作单位应配合市国有房产管理部门做好日常租赁管理工作,市国有房产管理部门定期向市住房保障主管部门报备房源配租和使用情况。

(三)经济适用住房

自本意见下发之日起,暂停五城区经济适用住房申请受理。

本意见下发前已受理尚未实施保障的经济适用住房申请家庭,其准入标准适用2011年公布的相关申请条件。

三、规范准入流程

要进一步完善保障性住房申请、审核、公示、轮候、复核制度,建立民政、公安、房产登记、工商、税务、社保、金融等部门以及街道(乡、镇)、社区(村、居)协作配合的审核机制,实行逐级审核、淘汰制度,规范受理流程,严格准入审核,确保公开、公平、公正。

对以虚假资料骗购、骗租保障性住房的,一经查实应立即纠正,并取消该家庭5年内申请保障性住房的资格。

(一)申请

申请人向居住地街道办事处(乡、镇政府)服务窗口提出申请。

(二)初审

街道办事处(乡、镇政府)自受理申请之日起20个工作日内进行调查、初审,在辖区内张榜公示7天。符合条件的,报送区住房保障部门。

(三)复审

区住房保障部门收到申请材料后5个工作日内对申请家庭成员在本区承租公房及自有私房情况进行查档,并同步提请市房屋登记部门、市国有房产管理部门、市住房公积金管理部门及其他区住房保障部门协助核查,核查工作于15个工作日内完成。区住房保障部门将符合住房准入条件的,转区民政部门。

区民政部门自收到申请材料10个工作日内,提请公安、工商、税务、社保、相关银行、证监、保监等部门核查相关信息,各部门应当按照闽政〔2011〕88号等文件的有关规定,提供相关核查信息,核查工作在10个工作日内完成。民政部门应根据相关部门提供的核查信息,明确申请家庭是否符合相关收入、财产准入条件并反馈区住房保障部门。

区住房保障部门收到区民政部门的认定结果后,在15个工作日内对经上述审查程序认定符合准入条件的家庭签署认定意见,注明配租、配售标准,并上报市住房保障主管部门。

(四)复核认定和公示

市住房保障主管部门定期会同市民政部门、市监察部门及各区住房保障、区民政部门召开复核认定联席会议,由各区住房保障、区民政部门通报复审工作情况,会议就相关工作程序执行情况进行复核,形成复核认定意见。市住房保障主管部门对经联席会议认定符合条件的申请人在"中国·福州"门户网公示,公示期15日。

经公示无异议或异议不成立的,由市住房保障主管部门予以登记,纳入轮候范畴,其名单在"中国·福州"门户网公布,接受社会监督。区住房保障部门、区民政部门要建立住房保障家庭信息档案。

廉租住房保障对象轮候配租期间,由市国有房产管理部门与保障对象签订租赁补贴协议,并按月拨付租赁补贴至保障对象个人账户;市国有房产管理部门要定期组织复查,保障对象不再符合相应保障条件的,报经市住房保障部门取消保障资格后,市国有房产管理部门要及时停止保障。

四、健全运营监管

(一)严格租售程序和合同管理

市住房保障主管部门要对经济适用住房,市国有房产管理部门要对廉租住房、公共租赁住房通过公开抽号等方式确定保障家庭选房顺序,抽号活动要邀请纪检监察部门,人大代表、政协委员以及申请人代表现场监督。根据房源供应情况和选房顺序,分期、分批公开组织选房。

廉租住房、公共租赁住房产权和运营单位、经济适用住房售房单位要完善保障性住房租售合同,明确保障对象合规使用保障性住房的权利和义务。廉租住房、公共租赁住房租赁合同应当载明租金、租期以及空置、欠租、转借、转租、损毁等违规、违约责任等事项,明确承租人的责任及退出办法。经济适用住房销售合同要明确擅自转让、出租、出借、抵押、空置等违规、违约责任事项。

(二)加强使用管理

廉租住房、公共租赁住房产权单位要加强运营和资产管理,建立使用和维修档案。廉租住房、公共租赁住房保障对象应当按年度向居住所在地街道办事处(乡、镇政府)如实申报家庭人口、收入、财产的变动情况。保障性住房使用人要按照有关规定和合同约定使用住房。市国有房产管理部门应会同各区住房保障部门及有关街(乡、镇)、物业服务机构采取入户检查等方式,每年按不低于5%的比例检查住房使用情况。对中介机构违规代理出售、出租保障性住房的,行业主管部门应当依法予以处罚。

(三)健全退出机制

综合运用行政、经济、司法等各种手段,充分发挥社会监督作用,建立有效的退出机制。廉租住房、公共租赁住房承租家庭不再符合相关住房保障条件的,应当在规定期限内腾退;承租家庭在五城区无其他住房存在退房困难的,可按市场价格收取租金。对违反规定将保障性住房转借、出租、闲置、改变用途且拒不整改的或者有其他严重违法、违约行为的,由住房保障部门或运营单位按照有关规定和合同约定收回保障性住房。

五、加强组织领导

(一)健全工作机构

各区政府要根据本意见的要求,整合现有人员编制资源,加强区住房保障部门、民政部门及基层住房保障工作机构建设,落实专项工作经费,配备必要设备设施,充分发挥街道(乡、镇)住房保障工作的作用。街道办事处(乡、镇政府)要配备2名以上工作人员,居委会要有专人负责住房保障专职工作,实行定岗定责,确保工作队伍稳定性。加强工作人员培训,强化思想素质和职业道德,提高政策业务能力。要按照年度拨付审核工作经费(包括准入审核和后续定期复核工作经费,审核合格的每户150元,市、区财政各承担一半),确保工作正常开展。

(二)完善监管机制

各级住房保障部门及相关部门要设立和公布举报电话、信箱,畅通群众监督和举报渠道;对群众反映的问题,要责成专人督办,限时办结,办理结果及时记入被举报人员的个人档案。保障性住房的后续使用管理事务,产权单位可通过委托管理、购买服务等方式进行,受委托的物业服务单位要协助做好日常检查工作,发现出租、出借、闲置等违规行为,及时报告区住房保障部门依照规定处理。

(三)创新监管方式

建立健全住房保障信息管理系统,提高信息化管理水平,逐步将保障性住房建设项目、保障家庭全部纳入信息系统管理。加快建立家庭收入、财产的多部门协查会审和信息共享机制,增强审核、监管工作的准确性,提高监管工作效率。探索利用电子门禁、智能门卡等科技手段,加强日常监管。

(四)建立考核问责机制

市直相关部门要按照各自职能和市政府的工作安排,分工协作,密切配合,切实推进住房保障工作任务的完成。全面开展住房保障廉政风险防范、效能监察和政府督查工作,建立约谈和考核问责机制,将住房保障工作纳入政府绩效管理,完善奖惩机制。在申请审核过程中,各部门应通力合作,认真履职,在规定时限内完成审核,出具意见,对在审核、分配和管理过程中不认真履职或推诿扯皮、滥用职权、玩忽职守、徇私舞弊、失职渎职等的单位和人员,要严肃追究责任,构成犯罪的移送司法机关依法处理。

各县(市)应根据国办发〔2011〕45号、闽政〔2011〕88号文的规定,参照本意见制定适合当地实际的有关工作意见。

福州市人民政府关于印发福州市城区廉租住房管理办法的通知

榕政综〔2012〕215号

(2012年10月16日)

各区人民政府,市直各委、办、局(公司):

《福州市城区廉租住房管理办法》已经市人民政府2012年第18次常务会议研究通过,现予以印发,请认真贯彻执行。

福州市城区廉租住房管理办法

第一章 总 则

第一条 为进一步完善城市廉租住房制度,保障城市低收入住房困难家庭的基本住房需求,根据国家和我省有关规定,结合我市实际,制定本办法。

第二条 本办法适用于我市五城区城市低收入住房困难家庭廉租住房保障及监督管理。

本办法所称城市低收入住房困难家庭,是指家庭财产、家庭年收入和人均住房建筑面积符合本市政府规定条件的城市居民家庭。

上述家庭财产、家庭年收入和人均住房建筑面积标准实行动态管理,经市政府确定后向社会公布。

第三条 福州市住房保障和房产管理局(以下简称市住房保障主管部门)作为廉租住房保障的行政主管部门,负责本市廉租住房的监督和管理工作;并会同市民政局根据城市经济社会发展水平、居民收入、住房状况,合理确定、适时调整申请家庭财产、家庭年收入和人均住房建筑面积的具体标准,报市政府审定后向社会公布。

市国有房产管理中心(以下简称"市国有房产管理部门")负责廉租住房的房源筹集、轮候、调配安排和经营管理等工作,并参与制定廉租住房工作规划和建设计划。

市民政局负责建立对申请家庭收入、财产的多部门协查制度体系,并负责城区廉租住房申请家庭收入、财产认定的指导、监督、管理和服务工作。

市监察局、市财政局、市国土局、市物价局、市总工会、市房屋登记中心、福州住房公积金管理中心应按各自职责分工,协同配合实施本办法。各区房管部门会同有关街道(镇)做好廉租住房的初审、复核和调查核实工作。

各区房管局(马尾区房管所)(以下简称区住房保障部门)、区民政部门会同有关街道办事处(镇政府)按规定做好廉租住房申请家庭的初审、复核和调查核实工作。

第二章 保障方式

第四条 廉租住房的配租采取租赁补贴、实物配租和租金核减等多种形式,多渠道解决城市低收入家庭住房问题。

租赁补贴是指政府向符合廉租住房保障条件的城市低收入住房困难家庭发放住房租赁货币补贴,由其自行租赁住房解决居住问题。

实物配租是指政府向符合廉租住房保障条件的城市低收入住房困难家庭提供廉租住房,并按照规定标准收取租金。

租金核减是指政府按规定对符合廉租住房保障条件的承租直管公房的城市低收入家庭实施租金核减。

第五条 新建廉租住房套型总建筑面积分别确定为:一代型(A型)控制在45平方米左右;二代型(B型)控制在55平方米左右;三代型(C型)控制在65平方米左右。

第六条 廉租住房的租金标准实行政府定价,该标准的制定和调整经市政府批准后向社会公布。

廉租住房租赁补贴标准由市住房保障主管部门会同市价格、财政、国有房产、房屋登记等部门按规定进行核定,并报市政府批准后执行。

第三章 保障资金与房屋来源

第七条 廉租住房保障资金来源以财政预算安排为主,多种渠道筹措并举,主要包括:

(一)年度财政预算安排的廉租住房保障资金;

(二)住房公积金提取贷款风险准备金和管理费用后的增值收益余额;

(三)国有土地使用权出让收入中安排的资金;

(四)直管公房售房款及直管公房拆迁补偿款中安排的资金;

(五)省级财政预算安排的廉租住房保障补助资金;

(六)社会捐赠及其他方式筹集的资金。

第八条 廉租住房保障资金实行专项管理,专账核算,专款专用,专项用于廉租住房保障开支,包括新建、收购、改建廉租住房及发放租赁补贴等。政府的廉租住房租金收入应当按照有关规定实行收支两条线原则管理,专项用于廉租住房的维护和管理。

第九条 廉租住房来源渠道主要包括:

(一)政府新建、收购的住房;

(二)腾退的公有住房;

(三)其他住宅建设项目中按规定配建的廉租住房;

(四)社会捐赠的住房;

(五)其他渠道筹集的住房。

用于实物配租的廉租住房,由市国有房产管理部门实行统一管理,市国有房产管理部门应及时向市住房保障主管部门通报房源筹集和使用情况。

第十条 廉租住房建设用地,应当在土地供应计划中优先安排,并在申报年度用地指标时单独列出,采取划拨方式供地,保证供应;廉租住房建设用地的规划布局,应当考虑城市低收入住房困难家庭居住和就业的便利。

廉租住房建设应当坚持经济、适用原则,提高规划设计水平,满足基本使用功能,应当按照发展节能省地环保型住宅的要求,推广新材料、新技术、新工艺。廉租住房应当符合国家质量安全标准。

第十一条 廉租住房建设免征行政事业性收费和政府性基金。

鼓励社会捐赠住房作为廉租住房房源或捐赠用于廉租住房的建设资金。

政府或经政府认定的单位新建、购买、改建住房作为廉租住房,社会捐赠廉租住房,其税收优惠政策按照国家有关规定执行。

第十二条 廉租住房应配备基本生活配套设施,使之具备入住使用条件。

第十三条 新建的廉租住房小区实行物业管理,在公开出让地块配建的廉租住房应依托该地块建成的住宅小区实行统一物业管理。廉租住房租户须按规定交纳物业管理费。属于低保家庭的,其物业管理费由财政予以全额补助,市、区两级财政各承担50%。

第四章 申请条件

第十四条 申请廉租住房保障应当具备下列条件:

(一)具有本市五城区城镇户口(农村村民和农村集体经济组织成员除外),并在本市工作、居住;

(二)申请之日在市五城区落户时间满3年;

(三)家庭年收入和家庭财产符合市政府公布的当年廉租住房保障的家庭收入和财产标准;

(四)家庭人均住房建筑面积低于市政府公布的当年廉租住房保障对象的家庭人均住房建筑面积标准。

第十五条 本办法所称的申请人指的是申请家庭推举的一名具备完全民事行为能力的家庭成员;申请家庭成员包括申请人及其配偶以及与申请人在同一户口本内的父母(岳父母、公公、婆婆)、子女,申请人的子女已婚的,其子女的配偶也必须作为申请家庭成员。原与申请人在同一户口本内的父母(岳父母、公公、婆婆)、子女如已与申请人分户但分户至申请之时未满三年的,仍须作为申请家庭成员。

本办法所称的人均住房建筑面积,以申请家庭成员拥有的私有住房的合计建筑面积除以申请家庭成员人数计算确定。申请家庭成员承租公有住房的,须承诺在办理廉租住房租赁手续前退出公有住房。

本办法所称的家庭收入指的是申请家庭成员申请之日前12个月的全部收入总和;家庭财产指的是家庭成员拥有的全部存款、有价证券、生产经营性单位股权等财产(住宅已纳入住房面积计算范围,不再纳入财产价值计算范围)。

第十六条 申请人有下列情形之一的,不得申请廉租住房保障:

(一)申请家庭成员通过购买住房取得我市城区户籍的;

(二)申请家庭成员申请之日前5年内有房产交易行为(含买卖、赠与、离婚析产等)的,交易时间以市、区房产管理(登记)部门交易登记时间为准;

(三)申请人或者其配偶已享受过政府优惠价政策性住房的;

(四)申请人与配偶已离异,但离异时间不足2年的;

(五)申请人虽已建立住房公积金账户,但该账户未建立于市本级的;

(六)申请家庭成员自有机动车辆(不含二轮摩托车、三轮摩托车)、店面、商铺及其他各类非住宅房产的。

第十七条 申请人及其配偶已领取过住房工龄补贴的,在退还补贴金额后可以申请廉租住房,具体办法由市住房保障主管部门会同市财政局另行制定,报经市政府批准后出台实施。

第十八条 申请家庭成员应当书面承诺对其提交的申请材料的真实性负责,并书面声明同意审核机关调查核实其申请家庭成员财产、收入和住房等情况,并授权审核机关调阅其银行、证券、债券、基金、期权、保险及其他各类涉及家庭收入、财产的账户信息。

第五章 申请与审核

第十九条 廉租住房实行申请、审核和公示制度。办理程序如下:

(一)申请:申请人向居住所在地街道办事处或镇政府提出申请,填写申请表、诚信承诺书以及家庭收入、财产和住房查询授权书,并提交下列材料:

1. 申请家庭成员的身份证和户口簿;已婚的提供结婚证;离异的提供离婚证、离婚协议及未成年子女抚养证明;未婚或丧偶的提交具结书。

2. 申请人户籍所在地街道办事处(镇政府)开具的非村民或非农村集体经济组织成员证明。

3. 申请家庭成员承租公房或自有住房的提供公房租赁凭证或房屋产权证(未办理产权证的提供正式房屋销售合同或其他可证明房屋权属及面积的凭证);租住私房的提供租赁合同及房屋产权证或其他可证明房屋权属的凭证;有工作单位的还需提交单位开具的有无分配住房的证明。

4. 申请家庭成员的工资、养老金、生活补贴(补助)等收入来源有效证明,其中单位在职人员除提供所在单位出具的收入证明外,还应提供单位通过银行发放工资的储蓄存折或银行对账单;家庭成员所拥有的金融财产等各类财产(包括储蓄存款、股票、基金、债券及车辆等)凭证,上一年度个人所得税完税证明或单位代扣代缴凭证;无工作单位的,提供失业证或由居住地社区(居委会)和街道办事处开具的无业和实际收入情况证明;个体工商户,提供经营执照、上年度个人所得税及相关税收缴交凭证。

5. 申请人已建立住房公积金账户的,提交住房公积金缴存凭证;未建立住房公积金账户的,由工作单位开具未建立住房公积金账户的相关证明。

6. 城市低保、二级以上重度残疾、享受抚恤补助的重点优抚对象等特殊困难家庭,提供相关证件。

(二)初审公示:街道办事处或镇政府应当自接到申请之日起20工作日内对申请人户口、收入、财产、落户年限、住房等情况通过入户调查、邻里访问或信函索证等方式进行调查核实。申请家庭成员及有关组织或个人应当接受调查,如实提供有关情况。街道办事处或镇政府调查核实后应就申请家庭是否符合申请条件提出初审意见,并将申请家庭人口、现居住地点、住房状况、家庭收入、财产、工作单位等情况在其居住的社区进行公示,公示期7日。任何组织或个人对公示情况有异议的,应当书面向街道办事处或镇政府提出,街道办事处或镇政府应当自接到书面异议之日起10日内重新调查核实。经公示无异议或异议不成立的,街道办事处或镇政府应当建立相应的名册档案,签署意见并将申请资料提交所在地的区住房保障部门。

(三)复审:区住房保障部门应当在收到初审材料后5个工作日内对申请家庭成员在本辖区承租公房及自有私房的情况进行查档核实,并同步提请市房屋登记中心、市国有房产管理部门、福州住房公积金管理中心及其他区住房保障部门一并核查,明确申请家庭成员的自有房产(包括店面、车位、写字楼等非住宅)、租赁直管公房和现住房状况、房产上市交易、住房公积金缴存以及是否享受过各类住房保障优惠政策等信息,核查工作于15个工作日内完成;经核查符合住房条件的,由区住房保障部门定期转同级民政部门。区民政部门应自收到申请材料之日起10个工作日内提请有关部门核查相关收入和财产信息,各部门原则上应在收到民政部门协查函后10个工作日内反馈核查信息,区民政部门根据核查信息就申请家庭收入、财产是否符合规定条件提出审核意见,并反馈区住房保障部门。申请家庭收入、财产核查信息档案由区民政局存档。区住房保障部门收到反馈意见后,应当在15个工作日内对申请家庭准入资格、配租户型、评分标准等提出审核意见,建立相应的申请材料档案,上报市住房保障主管部门。经复核不符合申请条件的,区住房保障部门应当书面通知申请人,并说明理由。申请人对复核结果如有异议,可以向区住房保障部门或市住房保障主管部门申诉。

(四)复核认定和公示:市住房保障主管部门要定期会同市监察部门、市民政部门以及各区住房保障、民政部门召开联席会议,对各区上报的复审汇总情况进行复核,经联席会议复核认定的,在“中国·福州”门户网上公示,公示期15日,有异议的组织或个人,应当书面向区住房保障部门提出。区住房保障部门应当在接到异议后根据所反映的住房问题进行复查,并将反映的家庭财产、收入问题转区民政局复查,核实结果上报市住房保障主管部门。经公示无异议或复查后异议不成立的申请人,市住房保障主管部门予以登记,在“中国·福州”门户网公布申请人名单;转送市国有房产管理部门纳入轮候配租范畴,并抄送市财政局。

(五)配租:对取得廉租住房保障资格的申请人,由市国有房产管理部门根据房源情况统筹安排具体配租方式。在轮侯配租期间,市国有房产管理部门应按规定对尚未实物配租的家庭发放租赁补贴资金。市国有房产管理部门应在每季度的最后10日内将当季度落实廉租住房保障对象的名单和保障方式报送市住房保障主管部门备案。

第二十条 实行实物配租保障的家庭,市国有房产管理部门结合申请人的家庭住房困难状况进行轮候配租,采取公开抽签选房的方式,统筹安排廉租住房。

实行实物配租保障的家庭每户只能承租一套廉租住房,申请人作为申请家庭的代表以承租人的名义与市国有房产管理部门签订《福州市廉租住房租赁合同》,办理租赁手续。原已承租公房的家庭,在办理廉租住房租赁手续前须退出原租住的公房。

第二十一条 实行租赁补贴保障的家庭,市国有房产管理部门按规定标准按月向其拨付租赁补贴资金。市国有房产管理部门应在每季度最后10日内向市财政局申报下一季度租赁补贴发放金额,并报送市住房保障主管部门备案。经市财政局核实后,按资金列支渠道予以拨付。

第二十二条 廉租住房申请家庭成员在申请审核及轮候配租期间通过各种方式取得其他房屋的,申请人应当主动向区住房保障部门申报退出申请或退出轮候。

第六章 监督管理

第二十三条 市国有房产管理部门可委托廉租住房所在区住房保障部门和廉租住房运营单位进行经租管业;区住房保障部门和廉租住房运营单位应加强廉租住房住用情况的跟踪管理。

第二十四条 廉租住房按照“一年一申报、三年一复核”实行动态管理。列入廉租住房保障的家庭应当从资格批准的次年起每年年末前向居住地街道办事处(镇政府)如实申报家庭收入、财产、人口及住房变动情况。

街道办事处(镇政府)要建立申报档案,对申报情况已不再符合廉租住房保障条件的家庭应当将相关情况报送区住房保障部门,由区住房保障部门将相关材料汇总上报市国有房产管理部门。市国有房产管理部门要建立廉租住房保障家庭档案,组织区住房保障部门及有关街(镇)和物业管理机构,做好廉租住房的后续监管工作,组织各街道办事处(镇政府)及各区住房保障部门每三年复核一次保障家庭的人口及住房状况,并转民政部门作收入、财产认定。对不再符合相应保障条件或因家庭人口结构发生变化需要对配租标准作出调整的,市国有房产管理部门应将核查结果及处理建议报市住房保障主管部门,由市住房保障主管部门会同有关部门召开联席会议进行认定。经联席会议认定不再符合保障条件的家庭,由市住房保障主管部门取消保障资格并函告市国有房产管理部门解除租赁合同;经联席会议认定需要调整配租标准的,由市国有房产管理部门予以调整变更。

租赁期间因原承租人去世、离异、服刑等原因需要对承租人进行变更的,由承租家庭确定一名具备完全民事行为能力的家庭成员(须为申请家庭成员之一),由市国有房产管理部门直接受理并予以变更。

第二十五条 廉租住房保障家庭有下列情况之一的,由市国有房产管理部门作出限期整改直至解除租赁合同,经市住房保障主管部门取消其廉租住房保障资格后,由市国有房

产主管部门收回实物配租住房或停止拨付租赁补贴资金:

(一)将承租的廉租住房转借、转租或擅自调换的;

(二)擅自改变房屋用途的;

(三)累计六个月以上未缴纳租金或未在廉租住房居住的;

(四)擅自将承租的廉租住房进行改、扩建的;

(五)利用廉租住房进行违法活动或非法谋利的;

(六)拒绝向有关部门申报家庭人口、住房、收入及财产变动情况的;

(七)其他不符合廉租住房保障条件的情形。

在五城区确无住房,在解除租赁合同后存在退房困难的家庭,由市国有房产管理部门按市场价向其收取租金。拒不执行相关处理措施的家庭,由市国有房产管理部门依法起诉或申请仲裁。

市国有房产管理部门须及时将处理结果报市住房保障主管部门备案。

第二十六条 各级住房保障部门要畅通监督、举报渠道,并由区住房保障部门会同区民政部门针对举报内容作针对性复查,复查及处理结果记入相关保障家庭档案。经复查举报不成立的,区住房保障部门应将复查结果及依据告知举报人;经复查举报成立的,区住房保障部门应及时上报市住房保障主管部门。

凡弄虚作假骗取廉租住房保障的,由市住房保障主管部门取消其廉租住房保障资格,并由市国有房产管理部门收回廉租住房或停止租赁补贴、租金核减,并责令其退还已发放的租赁补贴或补足已减免租金,申请家庭成员自资格取消之日起五年内不得再申请本市五城区保障性住房,骗取保障资格的行为记入个人征信系统。

对出具虚假证明的单位,依照规定追究单位责任人和相关人员的责任。构成犯罪的由司法机关依法追究刑事责任。政府管理部门工作人员玩忽职守、滥用职权、贪污受贿、徇私舞弊的,由其所在单位或上级主管部门给予行政处分,构成犯罪的由司法机关依法追究刑事责任。

第二十七条 廉租住房租赁合同应按本办法有关规定明确承租人的责任及退出办法等条款。

第二十八条 房地产中介机构接受委托代理廉租住房转让、出租的,由相关部门对房地产中介机构依法处理。

第二十九条 本办法自颁布之日起施行。市人民政府于2008年9月24日颁发的《福州市城区廉租住房保障办法》(榕政综〔2008〕180号)同时废止。

福州市人民政府关于印发加快推进商标发展战略若干意见的通知

榕政综〔2012〕220号
(2012年10月19日)

各县(市)区人民政府,市直各委、办、局(公司):

新修订的《福州市加快推进商标发展战略的若干意见》已经市政府同意,现印发给你们,请认真组织实施。2006年印发的《福州市人民政府关于进一步推进我市商标品牌战略工作的实施意见》(榕政综〔2006〕325号)文件相应失效。

福州市加快推进商标发展战略的若干意见

为持续深化我市商标战略工作,加快推进我市知识产权战略实施,将我市由“商标大市”打造成为“商标强市”,以商标战略纵深发展带动全市企业自主创新能力和区域经济核心竞争力的持续提升,更好地促进经济社会保持“稳中求进,好中求快”的良好态势,根据国务院《国家知识产权战略纲要》(国发〔2008〕18号)等文件精神,结合本市实际,提出如下实施意见:

一、提高思想认识,努力实现商标兴市目标

商标是企业核心竞争力的重要指标,商标发展的总体水平体现着一个区域的综合竞争力和经济实力。全市各级各部门都要高度重视、持续深化商标战略,加强对实施商标战略工作的组织领导,把商标战略工作列入议事日程,以创建较强竞争力的商标品牌促进经济发展为工作目标,加大对中国驰名商标、福建省著名商标、福州市知名商标的培育力度,培育一批在国内和国际市场上具有较强竞争力的商标品牌,推动工作落实,实现“商标兴市”的目标。

二、加强领导服务,全力推进商标战略

进一步充实调整福州市推进实施商标战略领导小组及其办公室(设在市工商局)力量,加大全市商标战略规划实施力度,加强重大事项进展和落实情况的监督检查;同时,要进一步完善社会监督机制,充分运用媒体引导、舆论监督等手段,促进政府部门、企事业单位、社会公众参与商标战略工作的积极性,确保商标品牌创建和发展工作的落实与实施。

全市各级各部门要积极指导推动企业实施商标战略。加强指导地理标志、历史和文化遗产商标注册,培植一批有实力、有潜力的商标,作为驰名、著名、知名商标重点培育对象,力争我市支柱产业和传统产业分别形成若干个驰、著、知名商标群,发挥驰、著、知名商标企业在整合区域产业资源、孵化优势品牌等方面的作用,推动区域经济发展。大力支持企业“走出去”,加强商标国际注册知识的宣传和培训,推进各类出口企业开展商标境外注册工作。引导和鼓励出口企业在国际贸易中使用自主商标,提高自主品牌的出口比例。帮助企业建立法律风险防范机制和商标维权机制,为企业海外维权提供全方位咨询服务,减少商标侵权行为的发生。优化商标战略发展的服务平台,充分发挥我市商标协会和中介代理机构的桥梁纽带作用,加强海峡两岸商标事务、商标文化的交流合作,不断推动两岸商标界的交流合作。加强商标代理市场的监管,规范商标代理市场经济秩序,会同有关行业主管部门共同构筑以宣传、推介、咨询、运营、评估、人才培训等为主要内容的服务体系,为企业争创驰名、著名、知名商标提供多层次、全方位的服务,进一步提高企业的商标意识和商标运作方面的能力。

三、加大政策扶持奖励力度,推动商标战略可持续发展

(一)设立优质商标奖励资金。对获得中国“驰名商标”认定的商标权利人(指商标注册人和商标被许可使用人,不含个人,下同)给予一次性奖励100万元;对获得“福建省著名商标”认定的商标权利人,给予一次性奖励5万元。同一企业三年内获得以上多项奖励的,按最高标准,不重复奖励。

(二)设立地理商标注册奖励资金。对每成功注册一件地理证明标志的商标注册人,给予一次性奖励10万元。

以上两项奖励经费按现行财政体制列支,其中:市属企业由市财政负责,城区企业由市、区财政各出一半,县(市)企业由同级财政负责。

(三)鼓励有关部门优先为我市中国驰名商标、省著名、市知名商标企业提供融资、用地、用电、科技等服务扶持,支持企业做大做强。我市中国驰名商标、省著名商标、市知名商标产品统一列入市名优产品目录,鼓励党政机关、企事业单位和广大市民同等优先使用名优地产品,政府采购同等优先采购名优地产品。

(四)设立扶持商标发展专项资金。市财政每年安排200万元作为扶持商标发展专项资金,用于我市驰名商标、著名商标、知名商标发展的整体规划、培育、推荐、认定和推进我市申请商标注册及打假维权等工作的组织实施。

四、突出打假维权,强化商标专用权保护

认真贯彻落实国务院、省政府关于进一步做好打击侵犯知识产权和制售假冒伪劣商品工作部署,围绕食品、药品、化妆品、农资、建材、机电、汽车配件等重点商品,坚持集中整治和日常监管相结合,打击和规范相结合,着力治本。各级工商部门要建立驰名、著名、知名商标数据库,导入商标品牌信用评价监管体系,积极探索商标保护的长效机制。对以驰名、著名、知名商标名称作为企业字号申请登记的,除权利人授权以外,工商部门不予核准。

建立和强化打假维权沟通协作机制,加强联手保护商标工作,充分发挥区域商标保护协作网的作用,加强案件查办的相互协作,加大对国内外知名商标的保护力度,对涉及侵害驰名、著名、知名商标权的举报和投诉案件线索,及时受理、快速处理。认真执行国家工商总局、公安部《关于在打击侵犯商标权犯罪工作中加强衔接配合的试行规定》,工商、知识产权与公安等部门要建立适合我市实际的案件移送、交接制度和案情沟通机制,加强部门间案件查处工作的协作配合。积极会同有关部门认真贯彻落实《印刷业管理条例》,加强商标印制监管,打击商标印制中的侵权行为。同时,加强定牌加工中商标使用行为的监管。

五、加强宣传引导,增强全市各界商标意识

以“4·26世界知识产权日”、“3·15消费者权益保护日”宣传活动为契机,进一步大力宣传和普及商标法律法规,引导广大企业自觉运用商标策略参与市场竞争,增强社会各界的商标意识,形成全社会关注商标、扶持商标、保护商标的良好氛围。适时组织我市商标宣传推介活动,有计划、有重点地在相关媒体上开展推介活动,提高我市名优地产商品的知名度。

福州市人民政府批转市城乡规划局关于福州市既有住宅增设电梯的若干意见(暂行)的通知

榕政综〔2012〕245号

(2012年11月16日)

各县(市)区人民政府,市直各有关单位:

市城乡规划局制定的《关于福州市既有住宅增设电梯的若干意见(暂行)》已经市政府研究同意,现批转给你们,请结合实际,认真贯彻执行。

关于福州市既有住宅增设电梯的若干意见(暂行)

为适应社会经济发展和人口老龄化的需求,完善我市既有住宅的使用功能,提高宜居水平,方便居民生活,根据《中华人民共和国物权法》等有关法律法规和《福建省关于城市既有住宅增设电梯的指导意见》,结合我市实际,提出如下若干意见:

一、实施原则

既有住宅增设电梯是对原有垂直交通系统的补充,应在尊重原有规划现状的基础上,充分考虑并改善老年人的生活环境和生活质量。

本市既有住宅增设电梯,应当遵循“业主自愿、公开透明、充分协商,成熟一梯加建一梯”的原则。

二、适用范围

本市行政区域内未设置电梯的既有住宅,顶层住户入口楼面高度距室外设计地面高度超过16米或层数高于5层(含5层),且增设电梯用地在现住宅用地红线范围内。

非住宅类建筑(如办公楼、商场、医院等)申请增设电梯可参照本意见实施。

三、组织实施

既有住宅增设电梯可以按梯号为单位进行申请,以同意增设电梯的专有部分业主作为申请人,并负责增设电梯项目的工程报建、资金筹集、设备采购、组织实施等相关工作;也可以由同意增设电梯的专有部分业主委托原房改房售房单位、原房地产开发企业、物业服务企业、电梯生产安装企业等单位作为建设单位,承担上述相关工作。申请人及建设单位应对申办材料的真实性负责。

(一)制定初步方案。申请人可自行或委托实施单位编制增设电梯初步方案。初步方案包括:规划用地、建筑结构、消防安全等的可行性分析,增设电梯的总平面布局初步设计,资金概算及费用筹集方案,电梯运行维护保养分摊方案等内容。申请人或者实施单位将初步方案征求业主意见。

(二)签订相关协议。同梯号业主同意增设电梯初步方案后,可签名授权建设单位代为办理审批手续。

(三)方案审批。在业主对初步方案能够达成共同意愿的情况下,将拟增设电梯的设计方案向相关主管部门送审,并同步向消防部门报备审核。涉及供水、供电、煤气、电信等,相关部门应简化审批手续,并减免费用。

(四)委托设计。建设单位应委托该住宅建筑原设计单位或不低于原设计单位资质等级的其他设计单位设计,设计单位应对楼房加建电梯的结构安全性负责。

(五)委托施工及监理。申请方必须委托具有相应资质的施工单位,并委托具有相应资质的工程监理单位进行施工监理,建设单位要对既有住宅增设电梯施工过程安全负责。

(六)检测验收。既有住宅增设电梯的施工安装,应当符合特种设备安全监察相关规定要求,由具有相应资格的机构进行检测,经检测合格后,方可交付使用。

(七)项目验收。项目竣工后,建设单位要组织设计、施工、监理等单位共同对施工项目进行验收并向质监部门办理电梯使用许可手续。

(八)既有住宅增设电梯仅作为原住宅建筑垂直交通系统的补充,由此增加的建筑面积不进行产权登记。相关房屋所有权发生转移时,受让人自该房屋转移登记之日起,享有和履行原改造协议约定的权利和义务。

四、审批规则

(一)电梯井尺寸(除有特殊要求外)原则上应满足不大于2.5米×2.5米,载重量控制在800公斤以内,电梯外观应与原建筑物及周边环境协调、统一,增设电梯后对城市规划无重大影响:

1. 申请沿城市主次干道加装电梯的,加建电梯后退规划道路红线距离须满足规划要求,同时增设电梯应符合道路景观规划要求。

2. 增设电梯退用地红线距离应保证消防安全及出行通道(净宽不小于3米)的要求。

3. 南北向平行布置的低、多、中高层住宅建筑与多、中高、高层住宅建筑间距不得小于9米。

4. 加装电梯通过连廊与原住宅楼相连的,连廊伸出长度不得大于2米。

5. 非住宅类建筑(如办公楼、商场、医院等)申请增设电梯设计方案应尽量在原建筑红线范围内考虑解决。加装电梯位置在建筑红线外的,应满足建筑间距、退距等规划条件。加建电梯方案涉及占用原有停车位、绿地的,应在该项目用地范围内予以相应补偿,并参照住宅类建筑加建电梯办法进行批前公示。

(二)批前公示

1. 凡同梯号业主一致同意加装电梯且满足规划要求的,凭业主的书面签名(应包括房产证及身份证复印件),将增设电梯的申请材料报送相关主管部门审批,不需进行批前公示。

注:加建电梯后间距满足南侧建筑高度0.6/0.8倍(第一类/第二类建设区)的,可视为满足规划要求。(建筑高度计算规则按《福州市城市规划管理技术规定(暂行)》执行)

2. 因各种原因无法取得同梯号全部业主书面签名同意,但已取得同梯号三分之二以上户数业主书面同意或加建电梯后不能满足规划要求的,业主可将增设电梯的申请材料报送相关主管部门,并依照以下程序办理:

(1)由业主代表对该增设电梯事项在小区公示栏、需增设电梯房屋楼道口以及因间距不足规划要求而受直接影响的北侧建筑显著位置进行公示,公示期十天。公示范本由审批部门统一制作,并在其网站公布,供业主下载使用。同时业主须请公证处、所在地社区或业委会对其公示情况进行见证备案。

(2)公示期届满期间未接到梯位业主对增设电梯事项的异议,业主代表凭三分之二以上户数业主书面签名(含三分之二),可以将增设电梯的申请材料报送相关主管部门审批。

(3)公示期间,对增设电梯事项存在异议的业主,应与公示中的业主代表联系,自行协商处理异议,双方要求在有关方面协调下处理异议的,可请所在地的社区、小区物业公司、基层人民调解组织、审批部门指派的人员进行协调处理。

(4)经协商或协调仍无法达成一致意见的,由相关主管部门召开听证会并依据听证会情况提出处理意见;不能接受处理意见的,建议通过司法途径解决争议。

五、使用管理及维护

业主可以共同决定委托物业服务企业对电梯进行运行管理,并由物业服务企业与有资质的电梯安装、改造、维修单位签订电梯日常维护保养合同,对电梯进行日常维护保养。业主也可以共同决定直接委托有资质的电梯安装、改造、维修单位对电梯进行运行管理和日常维护保养。

电梯使用单位应按相关规定定期向特种设备检验检测机构提出检验申请。

六、依法审批及宣传引导

市城乡规划局负责加装电梯审批并进行技术指导以及相关政策的制定。

涉及消防、市政、财政、房管、质量技术监督等按相关行政主管部门的规定权限办理,并应当按照简化、便民的原则,依法支持做好我市既有住宅增设电梯的有关审批工作。

街道、居委会等要充分发挥开展社区工作的优势,积极做好居民的政策宣传和相关协调工作。原房改房售房单位、业主委员会、物业服务企业、电梯生产安装企业等可对既有住宅增设电梯工作予以指导、协助。

福州市人民政府关于
加快发展茉莉花茶产业的意见

榕政综〔2012〕251号

(2012年11月26日)

各县(市)区人民政府,市直各委、办、局(公司):

为进一步做大做强我市茉莉花茶产业,推动茉莉花茶产业向规模化、标准化、产业化、品牌化方向发展,充分展示茉莉花茶深厚文化内涵,力争"十二五"末,全市茉莉花种植面积达3万亩,实现产值30亿元。特提出如下意见:

一、推进生态种植加工。进一步加强生态茉莉花园、茶园基地建设,通过整体规划、因地制宜、科学布局,逐步建成闽江、乌龙江、马江、敖江、大樟溪沿岸茉莉花生态走廊,以及罗源、永泰、连江、闽侯、晋安、闽清等高山区生态茶园区。结合发展都市农业,下大力建立一批集旅游、生态加工为一体的茉莉花茶产业园区,着力在仓山、马尾等地建立5000亩世界级茉莉花茶生态种植加工旅游园区,形成集聚效应。建立福州茉莉花茶种质资源圃和良种繁育基地,进一步挖掘和开发福州茉莉花、茶树种质资源。努力推动集茉莉花茶、茉莉精油、茶多酚、儿茶素等提取加工为一体的福州茉莉花茶产业链建设,有关部门要优先支持茉莉花茶深加工企业发展,提高科技含量,尽快实现福州茉莉花茶产业的产品升级。

二、加强产品质量监管。加快建立一批清洁化加工技术生产示范企业,大力推广使用成套名优茶机械,推进离地生产,改善加工环境,对达到清洁化标准并验收合格的企业,采取以奖代补方式进行奖励。严格实行源头控制,加强农业投入品监管,依托福州农产品检测中心,采取定期检验和不定期抽检相结合方式,对茶叶生产基地、加工企业、经营销售网点进行监控和抽检,确保茶叶质量安全。建立激励机制,鼓励茉莉花茶企业参与申报绿色食品认证、有机茉莉花茶认证活动,对获得绿色食品认证、有机茉莉花茶认证等称号的企业给予奖励。

三、培育壮大龙头企业。按照扶优扶强原则,对符合茉莉花茶年销售额达3000万元以上,获得省级以上驰名、著名商标或省级以上名牌产品;获得HACCP认证、有机认证、绿色食品认证;自有茉莉花基地1000亩以上,茶园基地3000亩以上等条件之一的企业,市里将在申报省级龙头企业、产业化项目、技改项目等方面予以优先考虑。对当年缴纳增值税和企业所得税较上年增长的龙头企业,同级财政按其新增增值税和企业所得税地方留成部分的50%奖励返还给企业,用于企业扩大再生产。鼓励龙头企业与国内外知名企业嫁接联营,充分利用本地资源优势和外来企业的资金、品牌和网络优势,做大做强茉莉花茶产业。进一步加大福州茉莉花品种和产品的研发力度,努力开发出多形态、多颜色、高品质的茉莉花品种,形成多元化产业链,不断提升产业综合效益。

四、强化品牌管理宣传。农业、质监、工商等部门要加强对福州茉莉花茶地标和品牌产品运行的监督管理,切实按照《福州茉莉花茶金字招牌管理细则》,保护好福州茉莉花茶地理标志原产地保护产品、农产品地理标志、地理标志证明商标等。加快实施福州茉莉花茶地理标志原产地保护产品标准,积极组织专家完善福州茉莉花茶标准和生产加工技术规程,鼓励符合条件的企业申报使用地理标志,建立一批茉莉花茶标准示范基地和示范茶厂。尽快启动福州茉莉花茶申报中国驰名商标认定工程,加大对"福州茉莉花茶"商标专用权的保护范围和力度。每年举办"福州茉莉花茶茶王赛",对获奖产品在新闻媒体及展销会上宣传推介。对获得省著名商标、省名牌产品、中国驰名商标、中国名牌产品,市政府将予以奖励。积极开展"福州茉莉花茶十大名牌"评选活动,并由市政府颁发奖牌和证书。加大茉莉花茶产业的宣传力度,积极推动福州茉莉花主题公园建设,选择市区部分交通主道、步行绿道、道路(河)边小公园绿地等地段栽种茉莉花,努力形成茉莉花一条街(巷、河)。不定期举办福州茉莉花茶产业研讨会、品茶会,鼓励企业参加国内外茶叶展销会。把福州茉莉花茶宣传列为城市品牌宣传重要组成部分,通过广告、摄影大赛、影视剧植入等形式展示福州满城尽飘茉莉香的宜居城市形象,同时积极邀请国内外媒体拍摄福州茉莉花茶系列专题片,让世界了解福州茉莉花茶。

五、加大市场开拓力度。推动开展福州茉莉花茶"中国行"、"世界行"活动,适时举办国际性茶业高峰会议、茶协主席联席会议,着力推介"中国春天的味道——福州茉莉花茶",努力提升城市知名度。依托全省茶业资源优势以及福州茉莉花茶文化资源,尽快建成世界级茶业交易市场、茶业电子交易平台。充分发挥茶叶商会作用,鼓励企业和经营大户到大中城市建立专卖网点,建立福州茉莉花茶一条街(广场)。加快构建福州茉莉花茶营销网络,开展网上宣传推介及销售,积极开展"福州茉莉花茶十佳经纪人"和"福州茉莉花茶十佳销售窗口"年度评选表彰活动。

六、实施文化兴茶战略。努力挖掘整理福州茉莉花茶文化资源,在已有的省级非物质文化遗产保护基础上,积极申报国家级、世界级非物质文化遗产保护,争取创建世界茉莉花茶博物馆,并加快培养建立福州茉莉花茶传统加工技艺传承人才梯队。积极开展福州茉莉花茶申报中国、世界重要农业文化遗产工作,推进福州茉莉花茶进一步走向世界。邀请海峡两岸有关人士创制"福州茉莉韵"茶道茶艺表演艺术,组织茉莉花茶企业参加各类茶艺表演及培训比赛,进一步展示闽都茶文化特色。积极推动集创作、生产、展示、销售、影视演艺、餐饮服务、旅游等为一体的福州茉莉花茶文化创意产业园建设,并举办以"茉莉福州,品质生活"等为主题的福州文化创意作品展,全面展示福州生态宜居城市形象。积极推动市方志委组织编写《福州茶志》《福州茉莉花茶志》,市文联等单位对传统制茶工艺、茶诗、茶词、茶文、茶歌等茶文化资源及时进行收集并整理出版。

七、着力健全保障体系。依托福州海峡茶业交流协会,努力推动福州茉莉花茶茶业职业培训与技能鉴定机构建设,及时开发制定茉莉花茶艺各级别职业标准,并开展茉莉花茶中高级茶艺师、评茶师的培养与鉴定,逐步扩大我市茶艺师、评茶师人才队伍。与此同时,鼓励乡、村、龙头企业和经营大户组建茉莉花茶合作社,以充分发挥合作社等中介服务组织联系政府、企业和茶农的桥梁纽带作用。稳定扩大福州茉莉花茶技术推广队伍,加快茉莉花茶新技术推广应用。参照《福建省促进茶产业发展条例》,建立福州茉莉花茶产业的权益保障以及金融服务机制,对因国家建设需要,征用茉莉花生产基地要依法予以补偿。要建立政府投入为引导,企业投入为主体,社会力量投入为补充的多元化投入机制,努力吸引民间资本、工商资本和外资参与茉莉花茶产业的生产和经营。市财政要根据福州茉莉花茶产业发展需要,安排专项资金加以扶持。

福州市人民政府关于贯彻落实《福建省价格调节基金管理办法》的通知

榕政综〔2012〕276号

(2012年12月27日)

各县(市)区人民政府,市直各委、办、局(公司):

为贯彻落实《福建省价格调节基金管理办法》(福建省人民政府令第118号)和省物价局、地税局、财政厅、人行《关于价格调节基金征收和管理有关问题的通知》(闽价基金〔2012〕12号)精神,结合我市实际,现就进一步做好我市价格调节基金征集、管理和使用有关事项通知如下:

一、加强对价格调节基金工作的领导

为加强对价格调节基金工作的领导,决定成立福州市价格调节基金领导小组,领导小组组长由市政府分管价格工作的领导担任,相关单位领导为成员;领导小组下设办公室,办公室挂靠市价格主管部门,负责日常管理工作,办公室主任由市价格主管部门主要领导兼任。

二、市级价格调节基金征收项目和标准

(一)建筑业按营业额的0.3%征收(2013年暂按0.2%征收);

(二)娱乐业按营业额的1%征收;

(三)餐饮业按营业额的1%征收;

(四)住宿业按营业额的1%征收。

以上营业额的确定,比照流转税计税依据相关规定执行。

在我市城区行政范围内(含鼓楼区、台江区、仓山区、晋安区、马尾区等五城区)由省、市、区地税部门代征市级价格调节基金。市价格主管部门可以根据本市的经济、社会发展状况和市场价格调控需要,会同财政、地税等部门,在《福建省价格调节基金管理办法》确定的征收项目和标准范围内,提出征收项目和标准的调整方案,报市政府批准后向社会公布执行。

各县(市)统一执行市区的征收项目和标准,并向社会公布。

三、加强价格调节基金的征收工作

各级价格、地税部门要密切配合,共同做好价格调节基金的征收工作。地税部门应当建立健全价格调节基金征收制度,配合价格主管部门开展价格调节基金征缴情况的监督检查。为做好价格调节基金的征管工作,财政部门应安排必要的征管经费,用于价格调节基金征收、使用的日常管理、宣传、学习培训和专项表彰奖励工作。市级价格调节基金代征手续费比例为征收金额的3%,管理费纳入预算管理、按实核定。

价格调节基金的申报征收和资金管理按《关于价格调节基金征收和管理有关问题的通知》规定执行。价格调节基金缴纳义务人不按规定缴纳价格调节基金的,价格主管部门可以根据有关财务资料核算应缴金额,责令其30日内补缴,逾期仍不缴纳的,依法申请人民法院强制执行。

有下列情形之一的,缴纳义务人可以向市价格主管部门申请缓缴、减缴或者免缴:

(一)遭受重大疫情、重大自然灾害、重大突发公共事件或者其他不可抗力影响造成重大经济损失的;

(二)依法免征营业税(增值税)的;

(三)市人民政府规定的其他情形。

市价格主管部门应当会同市财政部门提出审核意见,报市价格调节基金领导小组批准。未经批准,不得缓缴、减缴或者免缴价格调节基金。

四、发挥价格调节基金稳价控价的重要作用

价格调节基金制度是政府运用经济手段调控市场、保持价格总水平及与人民群众生产生活密切相关的重要商品价格基本稳定的重要制度。价格调节基金主要用于为平抑重要商品价格的异常波动而给予生产经营者的临时补贴、贷款贴息;对因重要商品价格大幅上涨或政府提高价格而影响基本生活的低收入群体和大中专院校学生给予动态价格补贴;为调控价格、稳定市场,对重要商品的生产、储备、流通环节给予补贴、贴息等。价格调节基金的使用要与稳价控价长效机制相关的制度、措施相衔接,应当遵循统筹兼顾、必要适度、公开透明、注重效益的原则,以收定支、专款专用,价格主管部门应当会同商贸部门提出价格调节基金年度使用的总体方案,送财政部门审核并编制年度收支预算,报市人民政府批准,经市人大代表大会审议后执行。

市价格调节基金使用管理办法由市价格主管部门会同财政、商贸部门另行制定,报市人民政府批准后施行。

五、做好价格调节基金征收的宣传解释工作

各级政府及相关部门要高度重视价格调节基金的征收、使用、管理工作,积极开展宣传解释,充分利用网络、报刊、电视、电台等宣传媒介向社会公布价格调节基金的征收项目和标准,宣传价格调节基金征收和使用的目的、作用和意义,争取社会的理解和支持,尤其要针对缴交义务人、基金使用单位做好政策解释,确保价格调节基金各项工作平稳地开展。

六、本通知自2013年1月1日起执行。现行的价格调节基金由市物价局按省定标准继续征收至2012年12月31日。

(编辑　苏　颖)

统计资料

表 66

2012 年福州市经济社会主要指标完成情况

项目	单位	2012 年	2011 年	2012 年比 2011 年增长(%)
一、人口与就业				
年末常住总人口	万人	727.00	720.00	1.0
年末户籍总人口	万人	655.27	649.41	0.9
#市区人口	万人	192.06	190.02	1.1
全社会从业人员	万人	451.68	425.59	6.1
#城镇非私营单位年末从业人员数	万人	143.70	128.07	12.2
#城镇非私营单位年末在岗职工人数	万人	131.51	121.01	8.7
城镇私营个体从业人员	万人	85.77	73.79	16.2
二、经济总量				
地区生产总值	亿元	4210.93	3736.38	12.1
第一产业	亿元	367.73	325.09	4.7
第二产业	亿元	1905.50	1711.19	14.9
#工业增加值	亿元	1481.99	1355.19	14.1
第三产业	亿元	1937.70	1700.10	10.6
人均地区生产总值	元	58202.00	52152.00	10.9
三、工业				
规模以上工业总产值	亿元	5954.89	5321.18	15.7
#轻工业	亿元	2665.90	2190.57	21.9
重工业	亿元	3288.99	3130.61	11.3
#国有企业	亿元	405.31	368.14	4.7
集体企业	亿元	32.69	84.84	21.2
外商及港澳台商投资企业	亿元	2769.90	2643.61	10.2
#大中型工业企业	亿元	4171.15	3559.05	14.5
规模以上工业销售产值	亿元	5767.62	5169.28	15.5

续表 66－1

项目	单位	2012 年	2011 年	2012 年比 2011 年增长(%)
#出口交货值	亿元	1312.35	1292.54	9.0
四、农林牧渔业				
农林牧渔业总产值	亿元	625.12	552.60	4.8
#农业产值	亿元	162.07	144.64	3.4
林业产值	亿元	16.98	15.81	1.7
牧业产值	亿元	73.68	74.24	4.6
渔业产值	亿元	352.64	299.20	5.8
农林牧渔业主要产品产量				
粮食总产量	万吨	56.00	59.98	－6.7
水果产量	万吨	41.04	38.02	7.9
蔬菜产量	万吨	311.96	299.50	4.2
茶叶产量	万吨	1.95	1.82	7.5
食用菌产量	万吨	13.08	11.69	12.0
肉类总产量	万吨	26.90	25.80	4.3
禽蛋总产量	万吨	12.67	12.30	3.0
水产品总产量	万吨	196.22	184.79	6.2
农业机械总动力	万千瓦	137.68	134.63	2.3
五、固定资产投资				
全社会固定资产投资	亿元	3266.49	2720.28	21.0
#固定资产投资(不含农户)	亿元	3234.78	2649.63	21.1
#项目投资	亿元	2262.51	1693.19	32.5
#房地产开发投资	亿元	972.27	956.45	0.9
施工房屋建筑面积	万平方米	5704.68	4989.92	15.5
#住宅	万平方米	4275.69	3853.62	11.9
竣工房屋建筑面积	万平方米	534.33	588.93	－1.3
#住宅	万平方米	402.46	505.87	－12.1
商品房销售额	亿元	941.49	627.81	48.9
六、交通运输、邮电				
客运总量(发送量)				
铁路	万人次		1524.00	
公路	万人次	18395.41	17542.54	4.9
水路	万人次	99.46	71.74	38.6
航空	万人次	402.86	368.68	9.3
货运总量(发送量)				
铁路	万吨		361.73	
公路	万吨	10676.56	9600.28	11.2
水路	万吨	6525.61	6061.57	7.7

续表 66－2

项目	单位	2012 年	2011 年	2012 年比 2011 年增长(%)
航空	万吨	5.68	5.14	10.6
沿海港口货物吞吐量	万吨	9373.27	8218.28	14.1
集装箱吞吐量	万标箱	182.50	166.02	9.9
年末邮电局(所)	处	231.00	227.00	1.8
年末程控电话交换机总容量	万门	327.25	337.25	－3.0
年末固定电话用户	万户	198.00	193.51	2.3
年末移动电话用户	万户	881.31	821.77	7.2
七、贸易旅游、物价				
社会消费品零售总额	亿元	2319.82	1947.81	19.1
接待境外旅游人数	万人次	85.13	76.17	11.8
居民消费价格指数(以上年为100)		102.20	104.80	
八、对外经贸				
进出口总额	亿美元	310.60	347.25	10.5
出口总额	亿美元	211.31	241.31	－12.4
进口总额	亿美元	99.29	105.94	－6.3
新批外资项目	项	148.00	170.00	－12.9
合同外资金额	亿美元	20.56	17.70	16.2
实际利用外资(验资口径)	亿美元	13.39	12.77	4.8
九、财政、金融				
财政总收入(不含基金收入)	亿元	597.39	506.01	18.1
财政一般预算收入	亿元	382.01	320.04	19.4
财政一般预算支出	亿元	409.37	363.30	12.7
金融机构年末存款余额(本外币)	亿元	7909.63	6910.13	14.5
金融机构年末存款余额(人民币)	亿元	7707.28	6706.94	13.8
#储蓄存款余额	亿元	2939.46	2542.27	15.2
金融机构年末贷款余额(本外币)	亿元	7054.33	6190.73	15.9
金融机构年末贷款余额(人民币)	亿元	6711.77	5835.43	15.2
十、教育				
学校数				
高等院校	所	32.00	31.00	3.2
中等职业技术学校	所	61.00	61.00	0.0
高中	所	93.00	95.00	－2.1
初中	所	266.00	268.00	－0.7
小学	所	927.00	1013.00	－8.5
在校学生数				
高等院校	人	305386.00	292678.00	4.3
中等职业技术学校	人	195095.00	170184.00	14.6

续表 66－3

项目	单位	2012 年	2011 年	2012 年比 2011 年增长(%)
高中	人	108488.00	109504.00	－0.9
初中	人	193463.00	198696.00	－2.6
小学	人	451238.00	432486.00	4.3
专任教师数				
高等院校	人	18470.00	17910.00	3.1
中等职业技术学校	人	4967.00	4817.00	3.1
高中	人	8408.00	8384.00	0.3
初中	人	15524.00	15513.00	0.1
小学	人	24553.00	24474.00	0.3
招生数				
普通高校招生数	人	92999.00	89735.00	3.6
成人高校招生数	人	34127.00	26054.00	31.0
中等职业学校招生数	人	92580.00	90810.00	1.9
成人高校在校生数	人	80842.00	67521.00	19.7
十一、文化				
文化馆	个	12.00	12.00	0.0
博物馆、纪念馆	个	15.00	15.00	0.0
博物馆、纪念馆收藏文物	万件	2.33	2.33	0.0
艺术表演团体	个	10.00	12.00	－16.7
艺术表演团体演出场次	场	3200.00	3071.00	4.2
公共图书馆	个	13.00	13.00	0.0
公共图书馆图书藏量	万册	346.91	312.58	11.0
广播综合人口覆盖率	%	98.32	98.26	
电视综合人口覆盖率	%	99.04	98.50	
有线电视用户	万户	175.68	171.05	2.7
十二、卫生				
卫生机构数	个	1950.00	1934.00	0.8
#医院	个	103.00	85.00	21.2
卫生机构床位数	张	28611.00	25886.00	10.5
#医院	张	22592.00	20689.00	9.2
卫生技术人员数	人	42397.00	38640.00	9.7
#医生	人	16140.00	15004.00	7.6
每千人拥有卫生机构床位数	张	4.66	4.25	9.6
#医院	张	3.68	3.40	8.2
每千人拥有卫生技术人员数	人	6.91	6.35	8.8
#医生	人	2.63	2.46	6.9
十三、人民生活				

续表66－4

项目	单位	2012年	2011年	2012年比2011年增长(%)
在岗职工工资总额	亿元	614.85	496.17	23.9
在岗职工年平均工资	元	48089.00	41725.00	15.3
城镇居民人均可支配收入	元	29399.00	26050.00	12.9
城镇居民人均消费性支出	元	20040.00	17847.00	12.3
城镇居民恩格尔系数	%	38.70	37.70	
城市居民人均可支配收入	元	30073.00	26633.00	12.9
城市居民人均消费性支出	元	20571.00	18363.00	12.0
农村居民人均纯收入	元	11492.00	10107.00	13.7
农村居民人均生活消费支出	元	8336.00	7353.00	13.4
农村居民恩格尔系数	%	44.20	44.80	
十四、城市基本情况				
城市道路长度	公里	1170.80	1134.80	3.2
城市道路面积	万平方米	2562.80	2476.70	3.5
建成区绿化覆盖面积	公顷	9750.00	9400.00	3.7
建成区绿化覆盖率	%	40.60	40.50	
建成区绿地面积	公顷	8921.00	8604.00	3.7
公共绿地面积	公顷	2544.00	2452.00	3.8
人均公共绿地面积	平方米	11.30	11.20	0.9
年末公园数	个	63.00	52.00	21.2
年末公园面积	公顷	2544.00	2452.00	3.8
年末公交营运车辆	辆	4066.00	3757.00	8.2
年末公交营运线路	条	288.00	250.00	15.2
市区每万人拥有公交车辆	标辆	13.52	13.58	－0.4
市区公交出行率	%	24.91	23.35	
自来水厂	座	8.00	8.00	0.0
综合生产能力	万吨/日	155.00	145.00	6.9
供水总量	万吨	29611.00	26951.00	9.9
#生活用水量	万吨	12246.00	12075.00	1.4
液化气供气总量	吨	60497.00	72970.00	－17.1
#家庭用气	吨	25334.00	35574.00	－28.8
天然气供气总量	万立方米	13608.00	9794.00	38.9
#家庭用气	万立方米	4052.00	3117.00	30.0
城市气化率	%	99.50	99.80	

说明:1. 铁路客运量及货运量无法取得,表格中为空。

2. 表66中规模以上工业集体企业总产值因部分企业登记注册类型调整,2012年规模以上集体企业工业总产值总量与2011年不可比,增速为剔除不可比因素后得到的可比价增速。

表67　　全国26个省会城市主要经济指标

城市	土地面积（平方公里）	市区面积	户籍总人口（万人）	地区生产总值（亿元）		第一产业增加值（亿元）	
				2012年	比上年增长（%）	2012年	比上年增长（%）
福州	11968	1786	655.27	4210.93	12.1	367.73	4.7
广州	7434	3843	822.30	13551.21	10.5	213.76	3.2
海口	2305	2305	161.59	820.58	9.4	57.74	6.2
哈尔滨	53068	7086	993.50	4550.20	10.0	506.80	9.2
沈阳	12860	3472	724.79	6602.59	10.0	315.20	5.1
西安	10108	3582	795.98	4369.37	11.8	195.59	6.0
武汉	8494	8494	821.71	8003.82	12.5	301.21	4.5
南京	6587	4733	638.48	7201.57	11.7	185.06	4.9
成都	12121	2172	1173.35	8183.94	13.0	348.07	3.8
长春	20571	4789	756.90	4456.60	12.0	317.50	4.3
杭州	16596	3068	700.52	7803.98	9.0	255.93	2.5
济南	8177	3257	609.21	4812.68	9.5	252.92	4.7
南昌	7402	617	507.87	3000.52	12.5	147.19	4.6
长沙	11816	1910	660.62	6399.91	13.0	272.31	4.0
合肥	11445	925	710.53	4164.32	13.6	229.05	5.4
南宁	22122	242	713.50	2503.55	12.3	324.09	5.2
太原	6988	1460	365.84	2311.43	10.5	36.02	5.2
郑州	7446	1010	766.60	5549.79	12.2	142.40	4.0
乌鲁木齐	13788	9576	257.80	2001.74	17.3	25.02	5.4
西宁	7665	510	198.46	851.09	15.0	31.17	5.3
银川	9025	2311	—	1140.83	12.5	51.06	5.5
贵阳	8034	2403	374.53	1700.30	15.9	72.28	8.5
兰州	13086	1632	321.52	1564.41	13.4	45.14	7.6
昆明	21013	2750	543.48	3011.14	14.1	159.16	6.4
呼和浩特	17224	2054	230.32	2458.74	10.9	120.52	4.5
石家庄	15848	456	1005.33	4500.20	10.4	452.18	3.6

续表 67－1

城市	第二产业增加值（亿元）		#工业增加值（亿元）		第三产业增加值（亿元）	
	2012 年	比上年增长（%）	2012 年	比上年增长（%）	2012 年	比上年增长（%）
福州	1905.50	14.9	1481.99	14.1	1937.70	10.6
广州	4720.65	8.5	4264.16	9.1	8616.80	12.0
海口	201.67	10.3	136.67	9.1	561.17	9.4
哈尔滨	1638.90	10.9	1128.00	8.3	2404.50	9.4
沈阳	3383.15	11.3	3046.91	11.5	2904.23	8.9
西安	1893.79	11.8	1340.75	12.4	2279.99	12.2
武汉	3869.56	13.2	3203.66	13.7	3833.05	10.0
南京	3170.78	11.9	2748.46	11.0	3845.73	11.8
成都	3790.62	15.6	3149.61	16.5	4000.25	11.5
长春	2291.50	13.1	1922.10	—	1847.60	11.8
杭州	3626.88	8.5	3190.32	9.1	3921.17	10.1
济南	1938.14	9.2	1603.08	9.7	2621.62	10.1
南昌	1690.85	13.6	1288.14	13.7	1162.48	11.9
长沙	3592.52	14.5	3051.94	15.7	2535.08	12.0
合肥	2303.90	15.4	1813.90	17.0	1631.37	12.3
南宁	958.96	18.1	704.32	18.7	1220.50	9.6
太原	1035.57	9.7	784.28	12.2	1239.84	11.3
郑州	3132.92	14.2	2802.47	15.2	2274.46	10.0
乌鲁木齐	829.01	16.4	714.01	16.6	1147.71	18.3
西宁	439.52	18.3	377.19	19.5	380.40	11.8
银川	624.91	15.1	474.29	15.3	464.86	10.1
贵阳	717.32	18.8	534.73	16.2	910.70	14.1
兰州	744.70	12.2	562.42	11.8	774.57	14.8
昆明	1378.48	16.1	1008.42	15.6	1473.50	13.0
呼和浩特	802.31	11.4	637.56	10.0	1535.92	11.1
石家庄	2240.66	12.0	1993.59	12.4	1807.36	10.0

续表 67－2

城市	农林牧渔业总产值（亿元）		规模以上工业总产值（亿元）		社会消费品零售总额（亿元）	
	2012 年	比上年增长（%）	2012 年	比上年增长（%）	2012 年	比上年增长（%）
福州	625.12	4.8	5954.89	15.7	2319.82	19.1
广州	366.79	2.8	16066.43	—	5977.27	15.2
海口	91.14	6.2	515.86	8.6	436.30	12.7
哈尔滨	991.20	9.3	2851.60	—	2394.60	15.7
沈阳	603.32	5.4	12702.30	16.7	2802.20	15.5
西安	308.60	6.0	4023.19	15.1	2236.06	15.5
武汉	476.04	5.7	9018.88	15.3	3467.37	14.4
南京	303.49	7.6	11405.12	11.8	3103.82	16.2
成都	577.84	3.5	7853.68	—	3317.70	16.0
长春	562.50	5.4	8394.40	—	1739.64	15.0
杭州	384.57	7.7	12844.26	7.3	2933.63	15.5
济南	451.86	4.7	—	—	2323.60	14.9
南昌	—	—	3856.50	14.6	1116.54	18.4
长沙	419.78	4.0	7058.32	18.1	2454.71	15.7
合肥	401.18	5.4	6600.14	18.3	1293.62	16.7
南宁	534.52	5.3	2109.33	22.3	1255.59	17.0
太原	67.50	6.2	2541.12	5.5	1129.51	16.1
郑州	254.60	4.0	10632.42	24.1	2289.90	15.2
乌鲁木齐	49.57	18.4	2150.78	8.2	834.35	20.1
西宁	57.53	5.5	1031.17	9.9	317.46	17.0
银川	95.18	6.0	1640.82	35.1	316.02	15.1
贵阳	111.49	8.8	1802.85	22.0	683.19	16.9
兰州	68.45	7.0	2055.42	9.4	749.12	17.1
昆明	268.84	6.8	3011.34	—	1493.80	17.5
呼和浩特	213.40	3.8	1304.87	10.8	1022.20	14.9
石家庄	787.50	3.3	7643.15	5.3	1915.76	15.2

续表 67－3

城市	社会固定资产投资额（亿元）		#固定资产投资额（亿元）		#房地产开发投资（亿元）	
	2012 年	比上年增长（%）	2012 年	比上年增长（%）	2012 年	比上年增长（%）
福州	3266.49	21.0	3234.78	21.1	972.27	0.9
广州	3758.39	10.1	3612.22	9.9	1667.36	12.0
海口	510.38	29.2	—	—	175.55	21.0
哈尔滨	3950.00	31.1	—	—	772.00	37.4
沈阳	5625.40	23.3	5350.09	21.3	1942.96	15.3
西安	4243.43	26.6	2825.64	27.8	1281.90	28.6
武汉	5031.25	20.0	4962.76	—	1574.86	22.8
南京	4683.45	16.8	4558.49	21.3	971.96	—
成都	5890.10	17.9	—	—	1890.00	18.5
长春	3172.90	30.4	—	—	649.70	(2.5)
杭州	3722.75	20.1	—	—	1597.36	22.6
济南	2186.10	20.4	—	—	663.32	25.8
南昌	2403.24	23.8	2251.91	25.3	344.36	23.0
长沙	4011.96	20.3	3742.32	20.8	1032.00	16.4
合肥	4001.10	23.7	3867.35	23.7	913.80	3.8
南宁	2585.18	28.1	2517.61	31.9	590.56	7.3
太原	1320.63	28.9	—	—	553.70	23.0
郑州	3669.80	22.1	3561.20	22.7	1095.10	18.2
乌鲁木齐	1010.30	59.0	1003.00	60.9	216.20	10.6
西宁	700.48	32.7	634.98	36.9	158.23	34.9
银川	918.73	25.2	853.19	21.4	275.70	32.8
贵阳	2482.56	55.1	2402.48	56.3	908.52	94.4
兰州	1239.18	42.3	1015.87	42.9	223.31	39.9
昆明	2345.91	25.1	—	—	919.07	45.2
呼和浩特	—	—	1301.43	26.1	447.99	30.0
石家庄	3728.65	20.0	3673.33	21.4	833.21	5.6

续表 67－4

城市	进出口总额（亿美元）		#出口总额（亿美元）		实际利用外资金额（亿美元）	
	2012 年	比上年增长（%）	2012 年	比上年增长（%）	2012 年	比上年增长（%）
福州	310.60	(10.5)	211.31	(12.4)	13.39	4.8
广州	1171.67	0.9	589.15	4.3	47.43	8.4
海口	42.16	(0.7)	17.98	6.2	4.53	11.1
哈尔滨	53.30	4.2	18.60	(17.8)	19.00	18.8
沈阳	127.48	20.1	59.65	23.6	58.04	5.5
西安	130.14	3.3	72.99	25.3	24.78	23.6
武汉	203.54	(11.0)	107.48	(8.3)	44.44	18.2
南京	552.83	(3.6)	319.16	3.4	41.30	15.8
成都	475.39	25.5	303.61	32.4	85.90	31.1
长春	196.80	13.4	29.04	27.9	36.82	19.6
杭州	616.83	(3.6)	412.62	(0.6)	49.61	5.1
济南	91.47	(12.1)	57.20	(5.4)	12.20	10.9
南昌	82.87	5.2	64.66	14.4	26.40	—
长沙	86.93	16.1	51.74	26.7	29.77	14.4
合肥	176.42	43.3	136.28	74.3	16.56	(8.7)
南宁	41.47	65.2	25.17	51.5	5.03	17.2
太原	84.74	(0.6)	42.42	21.1	7.82	15.2
郑州	358.30	124.0	202.60	110.3	34.30	10.6
乌鲁木齐	104.00	15.2	80.60	20.4	1.90	18.8
西宁	9.34	14.5	6.62	11.6	0.29	—
银川	13.64	12.7	10.75	32.1	1.46	(22.0)
贵阳	50.51	34.0	42.14	51.6	4.74	70.1
兰州	33.94	81.5	26.92	118.9	—	—
昆明	144.10	20.1	56.86	(13.9)	15.88	24.6
呼和浩特	17.01	(16.0)	8.33	(18.6)	6.17	(30.3)
石家庄	129.48	(8.7)	73.38	3.6	8.80	8.9

续表 67－5

城市	公共财政预算收入（亿元）		年末金融机构人民币存款余额（亿元）	#储蓄存款余额（亿元）	年末金融机构人民币贷款余额（亿元）
	2012年	比上年增长（%）	2012年	2012年	2012年
福州	382.02	19.4	7707.28	2939.46	6711.77
广州	1102.40	12.5	29006.99	11310.69	18023.02
海口	73.17	20.1	2582.97	952.15	2425.78
哈尔滨	354.70	18.1	7360.30	3320.70	5558.00
沈阳	715.04	15.3	10275.35	4318.84	7852.71
西安	396.96	24.6	12125.53	4787.03	8635.22
武汉	828.58	23.1	12929.26	4728.66	10627.60
南京	733.02	15.4	16131.41	4465.37	12314.41
成都	780.90	18.9	20354.00	7060.00	15630.00
长春	340.80	18.1	6578.30	2767.40	5727.20
杭州	859.99	9.5	19599.85	6022.00	17215.93
济南	380.80	17.0	9798.50	2888.70	7406.20
南昌	240.02	28.3	5723.14	1853.57	4728.01
长沙	490.65	15.2	8731.49	2981.31	8267.15
合肥	389.50	15.1	6913.84	2065.57	6136.03
南宁	229.72	23.3	5627.18	1863.80	5501.28
太原	215.67	23.4	8902.46	3021.50	6376.21
郑州	606.70	20.8	10448.30	3845.50	6794.10
乌鲁木齐	252.00	22.2	4819.10	1715.97	3245.33
西宁	54.77	21.0	2364.86	823.15	—
银川	113.13	20.7	2108.28	901.47	2282.97
贵阳	241.19	28.9	4394.37	1498.20	3479.47
兰州	103.73	19.9	4589.26	1743.18	3672.85
昆明	378.40	19.1	8839.46	2967.02	8165.49
呼和浩特	178.64	18.0	3805.76	1243.27	3707.22
石家庄	272.28	23.1	7640.70	3735.50	3995.10

续表 67－6

城市	城镇居民人均可支配收入（元）		城镇居民恩格尔系数（%）	城市居民消费价格指数（以上年为 100）	农民人均纯收入（元）	
	2012 年	比上年增长（%）	2012 年	2012 年	2012 年	比上年增长（%）
福州	29399	12.9	38.70	102.2	11492	13.7
广州	38054	10.5	33.98	103.0	16788	13.3
海口	22331	13.2	43.55	103.3	8134	13.1
哈尔滨	22499	12.3	32.91	103.2	11443	19.1
沈阳	26431	13.3	31.63	103.0	13045	12.7
西安	29982	15.4	30.49	102.8	11442	15.4
武汉	27061	14.0	39.99	102.8	11190	14.0
南京	36322	12.8	34.72	102.7	14786	12.8
成都	27194	13.6	35.44	103.0	11501	14.2
长春	22970	12.1	29.64	102.3	9064	—
杭州	37511	10.1	37.15	102.5	17017	11.6
济南	32570	12.7	30.76	102.4	11786	13.2
南昌	23602	13.8	34.12	102.9	9730	14.7
长沙	30288	14.5	35.84	102.3	15763	17.6
合肥	25434	13.2	34.23	2.2	9081	15.5
南宁	22561	12.8	39.20	105.7	6777	15.9
太原	22587	12.1	33.30	102.1	10079	13.4
郑州	25301	12.6	36.37	102.7	12530	13.4
乌鲁木齐	18385	13.9	38.43	103.4	10356	22.8
西宁	17634	17.6	39.23	102.7	7802	17.6
银川	21901	12.4	33.38	102.6	8068	14.1
贵阳	21796	12.2	38.24	102.6	8488	15.0
兰州	18443	15.6	37.28	—	6224	18.5
昆明	25706	17.0	37.55	103.1	8040	12.8
呼和浩特	32646	13.1	30.78	103.1	11361	13.2
石家庄	23038	12.2	35.95	102.8	8993	15.0

表68 福建省及九个设区市主要经济指标

指标	计量单位	全省		福州市	
		2012年	比上年增长(%)	2012年	比上年增长(%)
年末户籍人口	万人	3579.00	0.8	655.27	0.9
年末常住人口	万人	3748.00	0.8	727.00	1.0
地区生产总值	亿元	19701.78	11.4	4210.93	12.1
第一产业	亿元	1776.71	4.2	367.73	4.7
第二产业	亿元	10187.94	14.3	1905.50	14.9
第三产业	亿元	7737.13	9.1	1937.70	10.6
农林牧渔业总产值	亿元	3007.40	4.3	625.12	4.8
规模以上工业总产值	亿元	29704.66	15.8	5954.89	15.7
全社会固定资产投资完成额	亿元	12709.66	25.5	3266.49	21.0
财政总收入	亿元	3008.91	15.9	597.39	18.1
公共财政预算收入	亿元	1776.17	18.3	382.01	19.4
社会消费品零售总额	亿元	7256.53	15.6	2319.82	19.1
居民消费价格总指数		102.40		102.20	
实际利用外资额(验资口径)	亿美元	63.38	2.2	13.39	4.8
出口总值	亿美元	978.60	5.4	211.31	(12.4)
城镇居民人均可支配收入	元	28055.00	12.6	29399.00	12.9
农民人均纯收入	元	9967.00	13.5	11492.00	13.7
城镇非私营单位在岗职工年平均工资	元	44979.00	15.4	48089.00	15.3

续表68-1

指标	计量单位	厦门市		莆田市	
		2012年	比上年增长(%)	2012年	比上年增长(%)
年末户籍人口	万人	190.92	3.1	329.32	0.9
年末常住人口	万人	367.00	1.7	281.00	0.7
地区生产总值	亿元	2815.17	12.1	1200.38	12.8
第一产业	亿元	25.30	0.5	107.24	3.8
第二产业	亿元	1363.85	13.3	689.65	15.6
第三产业	亿元	1426.02	11.0	403.49	10.3
农林牧渔业总产值	亿元	41.29	0.7	178.77	3.9
规模以上工业总产值	亿元	4486.35	13.1	1676.62	16.9
全社会固定资产投资完成额	亿元	1332.64	18.1	930.43	29.5
财政总收入	亿元	748.83	13.2	129.03	24.9
公共财政预算收入	亿元	432.27	13.6	77.45	21.1
社会消费品零售总额	亿元	881.91	10.2	394.79	16.8
居民消费价格总指数		102.10		102.70	
实际利用外资额(验资口径)	亿美元	17.75	2.8	2.56	1.2
出口总值	亿美元	454.02	6.5	29.50	6.1
城镇居民人均可支配收入	元	37576.00	11.9	24690.00	13.0
农民人均纯收入	元	13455.00	12.8	10311.00	13.7
城镇非私营单位在岗职工年平均工资	元	52526.00	13.9	40056.00	17.5

续表 68－2

指　　标	计量单位	三明市		泉州市	
		2012 年	比上年增长（%）	2012 年	比上年增长（%）
年末户籍人口	万人	274. 24	0. 3	693. 16	0. 5
年末常住人口	万人	250. 00	（0. 4）	829. 00	1. 0
地区生产总值	亿元	1334. 82	12. 2	4702. 70	12. 3
第一产业	亿元	211. 00	4. 3	160. 57	1. 6
第二产业	亿元	677. 79	17. 0	2890. 41	14. 3
第三产业	亿元	446. 03	8. 2	1651. 72	9. 8
农林牧渔业总产值	亿元	337. 92	4. 5	282. 23	1. 7
规模以上工业总产值	亿元	2248. 65	16. 0	8378. 49	16. 7
全社会固定资产投资完成额	亿元	1117. 25	21. 0	2016. 72	28. 0
财政总收入	亿元	121. 68	15. 4	575. 00	14. 3
公共财政预算收入	亿元	77. 44	20. 0	293. 46	21. 2
社会消费品零售总额	亿元	341. 48	17. 1	1706. 64	16. 7
居民消费价格总指数		102. 30		102. 60	
实际利用外资额（验资口径）	亿美元	1. 03	11. 9	13. 20	（18. 3）
出口总值	亿美元	22. 02	42. 4	123. 74	14. 8
城镇居民人均可支配收入	元	23429. 00	12. 8	32283. 00	12. 5
农民人均纯收入	元	9375. 00	14. 3	11915. 00	12. 6
城镇非私营单位在岗职工年平均工资	元	41941. 00	13. 0	41117. 00	14. 5

续表 68－3

指　　标	计量单位	漳州市		南平市	
		2012 年	比上年增长（%）	2012 年	比上年增长（%）
年末户籍人口	万人	482. 47	0. 7	313. 88	0. 2
年末常住人口	万人	490. 00	1. 2	263. 00	（0. 8）
地区生产总值	亿元	2012. 92	12. 6	995. 08	11. 0
第一产业	亿元	320. 45	4. 5	234. 49	5. 3
第二产业	亿元	961. 10	17. 3	423. 97	17. 9
第三产业	亿元	731. 37	10. 2	336. 61	5. 7
农林牧渔业总产值	亿元	558. 85	4. 5	385. 75	5. 6
规模以上工业总产值	亿元	2722. 37	17. 0	1141. 66	15. 7
全社会固定资产投资完成额	亿元	1486. 90	33. 3	899. 01	30. 2
财政总收入	亿元	205. 48	17. 7	92. 05	18. 9
公共财政预算收入	亿元	131. 71	17. 5	59. 18	21. 6
社会消费品零售总额	亿元	661. 08	17. 3	357. 30	16. 7
居民消费价格总指数		102. 50		102. 40	
实际利用外资额（验资口径）	亿美元	8. 90	0. 3	0. 87	12. 0
出口总值	亿美元	69. 91	7. 7	16. 86	41. 6
城镇居民人均可支配收入	元	23951. 00	13. 3	22235. 00	12. 7
农民人均纯收入	元	10389. 00	13. 8	8893. 00	13. 1
城镇非私营单位在岗职工年平均工资	元	42137. 00	20. 7	39822. 00	19. 3

续表 68－4

指　　标	计量单位	龙岩市		宁德市	
		2012 年	比上年增长(%)	2012 年	比上年增长(%)
年末户籍人口	万人	297.71	0.9	342.30	0.7
年末常住人口	万人	257.00	0.4	284.00	0.4
地区生产总值	亿元	1356.78	12.0	1075.06	12.6
第一产业	亿元	162.00	3.6	201.35	5.5
第二产业	亿元	752.07	14.6	512.23	20.8
第三产业	亿元	442.71	10.5	361.49	5.7
农林牧渔业总产值	亿元	265.79	3.7	347.53	5.7
规模以上工业总产值	亿元	1266.52	15.9	1829.11	17.8
全社会固定资产投资完成额	亿元	1000.45	28.5	635.13	36.4
财政总收入	亿元	237.32	15.0	104.45	25.2
公共财政预算收入	亿元	101.51	20.4	70.64	30.1
社会消费品零售总额	亿元	432.28	15.5	322.42	17.1
居民消费价格总指数		102.50		102.40	
实际利用外资额(验资口径)	亿美元	1.99	12.1	1.20	26.2
出口总值	亿美元	21.09	13.9	21.90	52.4
城镇居民人均可支配收入	元	23765.00	12.7	21825.00	13.0
农民人均纯收入	元	9396.00	14.1	8829.00	13.8
城镇非私营单位在岗职工年平均工资	元	41168.00	15.8	43504.00	13.6

(市统计局综合处)

(编辑　苏　颖)

说　明

一、本索引采用主题词分析法，按主题词首字汉语拼音字母（同音字按声调）顺序排列。

二、栏目、分目标题用黑体字。“特载”“专文”“大事记”“人物”“福州市2012年地方法规、规章政策（选录）”“统计资料”内容不作索引。

三、索引主题词后的数字表示页码，数字后的a、b、c表示栏别左中右。

四、空一字起排的款目为上一主题的“附见”。

A

API均值（图）　190
爱国卫生月　323c
安居工程项目进展（表）　196
安全工作部署　154b
安全生产
　电力工业　175c
　港口　205a
　工业　174b
　机场　205b
　建筑业　194c
　交通　201a
　石油　239c
　医药化工　177a
　渔业　170a
安全生产标准化　154b
安全生产管理　154a
安置帮教　131b
敖江整治　192b

B

“八一”拥军慰问演出　299b
办公自动化系统　211a
办事公开　43b
保健食品监管　150c
保教质量　290b
保密工作　54c
保密技术防护　55a
保密监督检查　55a
保密宣传教育　55b
保险业　29c　259c
保障房建设投入　159a
报业体制机制改革　313b
鲍鱼养殖　169a
暴雨　25a
边防服务　216c
边防管理　128c
边防检查　216c
边界管理　340c
便民呼叫中心“12345”系统　210c
标准化管理　153a
标准战略进工业园区　153b
滨海工业集中区　224c
殡葬管理　340a
病险水库加固　171b
博物馆陈列展览更新展　307b
博物馆展览　306c

C

财产险经营情况（表）　260
财产行为税　162c
财税扶持政策　158b
财政　158
财政管理　159c
财政收入　158a
财政收支审计　156a
财政支出　158a
采购经理调查　143a
参政议政
　工商联　95a
　九三学社　92a
　民革　87a
　民建　90a

民进　94a
民盟　88a
农工党　89a
台盟　92b
致公党　91b
餐饮业　236a
残疾人扶贫助学　105b
残疾人就业服务　105a
残疾人康复　104c
残疾人维权　105c
残联　104b
仓山区　345a
茶叶　166b
拆墙透绿　186c
产地证业务　216b
产品质量监管　153c
产品质量奖　151b
产品质量奖产品名单(表)　151
产学研活动　277a
产业结构优化　141a
产业转型升级　143c
长乐市　353a
长乐市行政服务中心投入使用　354c
常规调查　142b
“唱林公精神　颂民族大义”歌曲征集　308a
车船税　163a
陈绍宽故居主体建筑修缮　306a
成品油价格　147c
成品油价格(表)　148
城建档案管理　195b
城建项目　72a
“城建战役”　185c
城区除“四害”　324a
城区交通　200a
城市地质调查　184a
城市副食品直控基地　234a
城市管理　181
城市轨道规划　202b
城市轨道交通项目　140a
城市建设　181
城市建设投入　159b
城市建设维护税教育费附加　162c
城市景观整治　185b
城市设计　181c
城乡低保　339a
城乡规划　181a
城乡规划管理　181c
城乡规划监察　182b
城乡建设　28b
城乡居民收入情况　377a
城镇居民收入　335a
城镇居民消费支出　335a
稠州银行　258c
出版　299
出版管理　309b
出版物发行　309b
出版印刷业培训　310a
出口额3000万美元以上商品(表)　243
出口货物(表)　214
出口货物检验检疫　214b
出口市场(表)　243
出口退税　161b
出入境管理　126b
出租车管理　201a
初等教育　290b
传媒　299
船舶修造业　231a
船员培训与注册　204a
创建国家创新型城市　378a
创先争优活动　50a
创新型试点城市建设　265a
创业与创投福州论坛　69c
“春风·春雨·光彩”行动　47c
《春回坊巷》　300b
“春蕾女童”关爱　99c
村财监管　164c
“村村通客车”工程　200b
村落调查　185c
村庄环境整治　185b

D

“打非治违”行动　155a
打拐行动　123c
“打黑除恶”
公安　123c
检察　121a
审判　119a
政法委　117a
打击走私　218a
成效　218b
宣传　219b
“打假证建诚信”行动　125c
大病救助　103c
大开放战略宣传　318c
大气环境　190b
担保行业　370a
党建品牌建设　50b
党史刊物　56b
党史研究　55c
党史专题研究　55c
党外代表人士队伍建设　48b
党校队伍建设　54a
党校工作　53c
党校教学　53c
党校科研　54a　286c
党员队伍建设　45b
党员志愿服务活动　51b
党政代表团赴珠三角、长三角地区学习考察活动　41a
档案工作　56c
档案规范管理　56a
档案开发与利用　57a
档案库馆建设　57c
档案信息化工作　57c
导游　329a
“道德讲坛”建设　51b
道德讲坛开办　308b
道德模范故事汇基层示范巡演　299b
道路保洁　188c
道路花化绿化　186b
道路交通安全整治　154c
道路交通管理　127b
低温天气　25a
地方立法　60c　76b
地方税务　161c
地方政府机构改革　77b
地方志　81a
地方志学术研讨会　81c
地籍管理　183a

地理　23a
地理标志产品　153b
地铁　202a
地铁 1 号线建设　203a
地铁公司　202b
地震监测预报　281b
地震社会服务工程　281c
地震应急救援　282b
地震应急救援队　282c
地震灾害防御　281c
地质灾害预防　183c
典当业　236c
电价　147c
电价(表)　148
电价(峰谷分时)(表)　148
电力工业　175a
电力供应　175a
电气机械及器材制造业　174c　231a
电视栏目　316a
电网建设　175b
电信　207c
电影　316b
电子信息产业　177a
电子信息企业获奖　177b
电子信息企业上市融资　177c
电子信息行业　231c
调查服务　143a
调研成果转化　54b
动画　316b
动漫游戏产业　178b
动物及其产品检验检疫　215a
动物疫病防控　168a
都市现代农业　372a
督查领导批办件　71a
督查人大建议、政协提案　71b
读书月　304a
队伍建设
　公安　130c
　检察　122c
　审判　120c
　卫生　323c
对台港口运输　205a
对台检验检疫　216a
对台宣传　313a
对外及港澳台经济贸易　241
对外及港澳台劳务合作　242b
对外及港澳台贸易　242c
对外及港澳台投资　242b
对外经济　29a
对外贸易　232b
对外文化教育交流与合作　111b
对外宣传　313a
多党合作　47b

F

发展研究　80a　287b
法律援助　132b
法院　31b　119a
饭店(五星级、四星级)名单(表)　329
饭店客房临时价格干预　149a
防台　171c
防汛　171c
防汛抗旱　171c
防震减灾　281b
防震减灾规划前期调研　282a
防震减灾宣传教育　281c
房产税　162c
房地产登记管理　195c
房地产价格　148a　336a
房地产价格调查　142c
房地产市场监管　196a
房地产市场信息系统　198c
房地产业　194
房屋征收补偿　198a
纺织业　178c
非法出版物查处　309c
非公经济代表人士教育研修班　233b
非公有制经济工作　47b
非商品收费　148a
非物质文化遗产　304c
非物质文化遗产项目代表性
　　传承人　304c
服务贸易　241b
服务业　234　368b
服务业标准化　153b
服务业调查　142a　142c
《浮村》　316a
福建产品市场占有率调查　143a
福建名牌产品　151c
福建省专利奖福州市获奖
　　项目(表)　279
福利彩票销售　340c
福莆宁同城化发展框架协议　68c
福莆宁同城化推进　141b
福清市　350a
福兴经济开发区　226a
福永高速　199a
福州保税(港)区　222a
福州车务段　201c
“福州大都市区”宣传　312b
福州地情网　81c
福州东(樟林)货车车辆段工程　202a
“福州发布”政务微博群开通　74b
《福州港总体规划》整合编修　204b
福州高新技术产业开发区　221b
福州画院　300c
福州教育学院　297c
福州金鱼　169b
福州经济技术开发区　220a
福州明珠网　316c
《福州年鉴》　81b
福州日报社　311a
福州软件园　223c
福州市志　81a
福州铁路枢纽改造工程　202a
福州站北站房工程　202a
福州站改扩建工程　202a
福州职业技术学院　287c　295b
腐败案件查办　43c
妇联　98b
妇女创业就业服务　98c
妇女儿童权益维护　99b
妇幼卫生　322c
赴台个人游启动　328c
副食品业　236c

G

干部队伍建设和改革　44c
干部监督管理　44c
干部教育培训　45a

干旱　25c
港澳事务　114c
港航扶持　204c
港口　204a
港口建设　204b
港口物流体系　204c
港口宣传　205a
港区作业区连片开发　204b
高等教育　293a
高端服务业　368b
高温　25c
高校毕业生就业　80b
高校(表)　294
高校考试　293c
高校思政课教学　294c
高校校园文化建设　294c
高校专业建设　294c
高新技术产业　267a
高新技术科级项目(省级)(表)　268
高新技术企业　267a
高新技术研究开发计划　267b
高职技能竞赛　296b
高中多样化办学　291c
高中会考　292a
革命遗址调研　56b
个人所得税　162c
个体工商户　230a
个体劳动者协会私营企业协会　107c
铬超标药用胶囊处置　150a
耕地补充　182c
工会　96a
工勤人员岗位考核培训　80b
工伤保险　338c
工商联　95a
工商行政管理　143c
工商银行　250a
工业　27c　**173**
工业品检验检疫　214b
工业企业服务政策　173a
工业企业景气调查　142a
工业生产者价格　335c
工业生产者价格调查　142c
工业项目　72a
工艺美术　179b
参展赛事　180a
传承创新　179c
行业管理　180c
宣传交流　180b
工资收入分配制度改革　80a
公安　123a
公安法制　129c
公安科技信息通信　130b
公安信息通信服务保障　130b
公安执法装备项目　130b
公共机构节能管理　77a
公共交通　201b
公共卫生服务　322a
公共文化　301c
公共资源市场化　43b
公立医院改革　376a
公立医院改革试点　322a
公路建设　199a
公路养护　199a　200a
公路运输　200a
公民道德素质建设　49a
公务车辆管理　77a
公务接待　42b
公务员考核培训　79b
公务员评先表彰　79b
公务员招考录用　79a
公益事业　48a　106b　114b
公园花化　187b
公园景区　187a
公证工作　132a
供电　186a
供气　186a
供水　185c
供销合作　239c
供销项目建设　240a
共青团福州市第十七次代表大会　97c
古建筑培训班　307b
古树名木保护　187a
鼓岭　112c
“鼓岭·kuliang”文艺演出　299c
鼓岭创建省级旅游度假区　328a
鼓岭规划编制　328a
鼓岭基础设施建设　328a
鼓岭景区建设　328b
鼓岭历史建筑修复和古街建设完成　305c
鼓岭历史文化挖掘　305c
鼓岭宣传　319c
鼓楼区　341a
鼓楼区高新技术产业　342c
固定资产投资　28a
固定资产投资价格调查　142c
固体废弃物处置　192b
挂车补助标准(表)　200
观赏鱼养殖　169b
光大银行　254a
“光明行动”项目　104b
广播电视文艺宣传　315c
广播电影电视　314a
广播电影电视对外交流　317c
广播栏目　316a
广电公共服务　317a
广电市场份额　317a
规范性文件备案审查　76c
规费征收　163b
规模以下工业调查　143a
国防动员　134b
国防动员潜力调查　135a
国防动员信息化　134c
国防建设　133
国防教育宣传　134b
国际发明展览会福州市获金奖项目(表)　280
国际税收　161a　163a
国家基本药物制度实施　321a
国家税务　160a
国民经济　27a
国企改革　140c
国企改革发展　146b
国税收入　160a
国土资源“一张图”项目　184b
国土资源管理　182b
国土资源执法监察　184a
国有资本运作　147a
国有资产监督管理　146a
国资履职监管　146a

H

海带养殖　169b

海堤除险加固　171b
海防管理　217a
海防基层建设　217c
海防宣传　217c
海港口岸对台客货直航统计(表)　212
海关服务　213a
海关监管　213a
海关税收征管　213c
“海上福州”建设　141b
“海上丝绸之路:福州史迹”列入申遗预备名单　305b
“海上丝绸之路”联展　304c　306c　307a
海铁联运　204c
海峡(福州)渔业博览会　69b
海峡(福州)渔业周　69b　171a
海峡两岸合唱节　308c　309a　320c
海峡两岸交流基地　115b
海峡两岸经贸交易会　69a　242b
“海峡旅游”品牌　328c
海峡银行　258a
海洋发展规划　168c
海洋环境保护　168c
海洋监察　170c
海洋经济　373b
海洋与渔业　168a
海洋资源　23c
海洋综合管理　168b
海域采砂管理　168b
海域资源市场化　168c
寒潮　25a
行业管理
　工艺美术　180c
　水路运输　204a
行业技术创新中心　265a
航空安全　205b
航空服务　205c
航空应急救援演练　205c
航空运输　205b
河道采砂管理办法　60c
河流水质达标情况(表)　191
《红裙记》　300a
“红十字博爱送万家”活动　103b
红十字会　103b
红十字日　104a
红十字志愿者　104a
宏观经济管理　139a
宏观经济规划制订　139b
宏观经济政策研究　139b
洪涝灾害　172a
华侨农场　114b
华夏银行　255c
化工　176b
化妆品监管　150c
化妆品检验检疫　214c
“欢庆十八大　颂歌献给党”文艺晚会　299b
环保科研　193a
环保信息化　193a
环保宣传　193b
环保专项整治　191b
环福州·永泰国际公路自行车赛　70c　325b　365c
环境安全应急体系　192c
环境保护　190
环境保护　30c
环境监测　192c
环境监察整治　191b
环境卫生　188c
环境信访　193bc
环境整治　185c
环境整治投入　159b
环境质量　190b
环境综合整治规划　181b
“回报父老——文化惠民”公益演出　299b
回归工程　47c　232c
会议宣传　313a　319a
会展活动　235c
会展业　235b　369b　375a
惠农政策　159a　164b
婚姻登记　340b
火炬计划　267b
火炬计划(国家级)等科级项目(表)　267
火灾案例　128b
火灾隐患清除　128a
货物劳务税　161a
货运市场管理　200b

J

机场　205a
机动车维修管理　201a
机动车尾气治理　192c
机构编制　77b
机构编制实名制管理　77c
机构编制资源配置　78b
机构及负责人　31a
机关办公用房管理　76c
机关财务管理　76c
机关党的工作　50a
机关后勤保障服务　77b
机关机构编制管理　77c
机关事务管理　76c
机器人大赛、青少年科技创新大赛福州市获奖名单(表)　291
机械冶金　174b
机械制造业　230c
基层党风廉政建设　44a
基层党组织建设　45b　50a
基层医疗卫生服务　322a
基层政权建设　339c
基础设施建设
　港口　204c
　鼓岭　328a
　海防管理　218a
　机场　206a
　市容管理与执法　189c
　卫生　323b
基准地价　183a
绩效管理　44b
绩效管理和“五大战役”工作表彰会　41b
“激情广场大家唱”　302b
急救培训　104a
疾病预防控制　322b
集装箱检验检疫　215c
计划生育　336a
计量监管　153a
计生服务机构　337b
计生工作难点突破　336b

计生检查　337a
计生利益导向机制　337a
计生政策宣传　336a
纪检监察　42c
纪委十届二次全会　41a
技工教育　337c
技术改造创新
　电力　175c
　口岸　216b
　轻纺塑料　179a
　医药化工　176c
技术市场管理　277a
技术市场建设　277a
“加快建设开放文明和谐幸福的
　新福州”宣传　312b
家具制造业　179a
家庭教育　99b
家政服务业　236b
价格成本调查　149b
价格成本监审　149b
价格调节基金　147b
价格调研　149b
价格调整听证　109a
价格服务　149b
价格管理　147a
价格监测预警　147c
价格监督　149a
价格认证　149b
价格总水平调控　147b
监督检查与执法监察　43c
监督渠道
　检察　122b
　审判　120b
监所管理　129c
监所检察　122b
检察　121a
检察院　31c
检验检疫　214a
简政放权、扩权强区　76a
简政放权、扩权强县(市)区　140b
建材业　175a
建设银行　252b
建筑　194
建筑工程质量监管　195a
建筑勘察设计监管　195a
建筑垃圾管理　189a
建筑市场监管　194a
建筑业管理　194a
健康社区试点　323c
鉴宝活动　308b
江阴港区航线　204c
江阴港区整车进口口岸　204c　212a
　352c
江阴工业集中区　228a
讲解员培训班　308a
交通　29a　**199**
交通市政基础设施规划　181a
交通事故案例　128a
交通项目　71c
交通运价　148b
交通运输企业规模奖励标准(表)　200
教师　288b
教育　29c　232b　**288**
教育费　148b
教育体制改革　140c
教育投入　159a
教育先进人物(表)　289
教育学院附属第四小学设立　291a
节能降耗　174a
《金厝边银乡里》　300b
“金马澎”个人游　329a
金融保险业　369a
金融业　29b　**246**
金山工业集中区　227a
金山投资区　227c
金属制品业　174c　231a
进境疫情检疫　215b
进口额3000万美元以上
　商品(表)　244
进口货物(表)　214
进口货物检验检疫　215a
进口市场(表)　245
晋安区　347a
禁毒工作　125a
禁毒信息化　125a
禁毒宣传　125b　308a
京台线　199b
经济犯罪要案　124c
经济犯罪侦查　124b
经济技术协作　174b
经济建设宣传报道　312a
经济普查　142a
经济运行监控及协调　141a
经济运行情况跟踪分析　141a
经济责任审计　156b
经济作物　166b
经贸活动宣传　313a
精神文明建设　48c
景区(A级)名单(表)　327
景区改造　187b
景区管理　327c
警卫工作　127a
竞技体育　325a
纠纷速裁机制　120a
九三学社　92c
救灾工作　339b
就业促进　159a
就业工作　337c
居民消费价格　335c
居民消费价格调查　142b
捐赠文物资料　308a
军转干部安置　80a

K

考古勘探发掘　306a
科技　27c
科技成果管理　273a
科技创新体系建设　265a
科技教育　290c
科技进步奖(市级)项目(表)　274
科技企业孵化器　265c
科技实践活动　291c
科技政策培训　281a
科技支出使用情况(表)　266
科技支出占财政支出比例(表)　266
科普活动　102a
科普设施　102b
科普宣传　281a
科协　101b
“科学发展　成就辉煌”主题
　宣传　318a

科学技术 264
科学技术奖(省级)项目(表) 273
科学技术奖励 273a
科学技术经费 266c
科学普及 281a
可再生能源推广 195a
客户服务
　联通 210a
　移动 209b
　电力工业 176a
　电信 208b
　机场 205c
　邮政 207b
客运市场管理 200b
课题调研 54b
空间地理基础数据库 211b
空气质量天数比例(图) 190
口岸 212
口岸管控 216c
口岸管理 212a
口岸海运统计(表) 212
口岸建设 212a
口岸开放 212a
口岸客运统计(表) 212
口岸通关 213a
矿产管理 183c
矿产资源 23a
矿业权招拍挂 183c

L

垃圾无害化处理 189a
郎官巷二梅书屋 334c
劳动关系维权 338a
劳动就业 337b
劳务输出 242c
老干部工作 52b
老干部工作政策落实情况大检查 53b
老干部活动中心 53b
老干部生活待遇保障 52c
老干部学习活动阵地建设 53b
老干部政治待遇落实 52c
老龄事务 340a
老龄事业 367a
老年大学 53b
老年人权益保障 367b
老年文化与发展”研讨会 285c
老区建设 340a
离退休干部创先争优报告团宣讲活动 53a
离退休干部管理服务 80b
理论工作 45c
历史文化街区历史风貌区保护修复 305a
历史文化名城保护规划 181b
利用外资及港澳台资 241a
利用外资重大项目 241c
连江经济开发区 226c
连江县 357a
联通 209c
廉洁征兵机制 133b
廉政惩防体系建设 42c
廉政风险防控 43a
廉政教育 42c
廉政文化建设 42c 50c
廉政专项治理 43b
粮食 166a
粮食安全保障体系 237a
粮食流通产业 237a
粮油储备管理 237a
粮油贸易 237a
粮油市场监管 237b
“两马”合唱团 308c 309a
“两马”旅游 329a
两权证 198b
两山两塔两街区规划 331c
林地整治 129a
林权制度改革 167a
林业 167a
林业产业 167b
林业科技 167c
临港工业 373a
零售业 235a
领导出访活动 111c
领导接访活动 52b
刘齐衔故居 334a
流动人口计生服务管理 337a
流动摊点整治 188a
留守流动儿童关爱 99c
“六国论坛”专家会议安保 217b
龙江整治 192b
路桥项目 184c
路政管理 200a
旅行社 329a
旅行社(金牌和AAAAA级、AAAA级)名单(表) 329
旅游 28c 327
旅游安全管理 330b
旅游产业投入 158c
旅游服务 329a
旅游服务质量管理 330c
旅游管理 330b
旅游节庆活动 330a
旅游门票价格 149a
旅游文化项目 72b
旅游项目建设 327b
旅游宣传营销 329b
旅游资源规划 327b
旅游资源开发 327b
律师工作 131c
罗源港区建设 363b
罗源湾经济开发区 225c
罗源县 361a

M

马尾区 349a
马尾新城宣传 312b
鳗鱼养殖 169a
贸易 28c
米袋子菜篮子投入 159a
蜜饯质量抽查检验 109a
苗种养殖 169a
民爆物品 155a
民兵 133b
民兵训练 133c
民兵预备役“八大员” 134a
民兵政治工作 133c
民兵组织调整 133c
民革 87a
民间组织登记管理 340b
民建 90a

民进 94a
民盟 88a
民企产业项目投资推介会 233c
民商事审判 119b
民生保障 30b
民生工程投入 158c
民生项目 72c
民生银行 255a
民生资金审计 156b
民俗文化节 304c
民营经济 230
民营经济发展政策 232c
民营行业 230c
民政 339a
民主党派和工商联机构及负责人 35a
民主党派与工商联 87
民族 48a **58a**
民族工作扶持 58a
民族团结进步创建 58a
“闽都教育与福州发展”研讨会 285b
闽都人才集聚区建设 78c
闽都文化 46b
“闽都文化与中国现代化”论坛 285a
闽侯县 355a
闽江北水南调(平潭引水)工程
　　动建 365b
闽江学院 287b 294c
闽江游 203c
闽江整治 192a
《闽剧史稿》出版 300b
闽剧艺术周 300a
闽清县 359a
闽台(福州)蓝色经济产业园开工 70a
闽王墓周边违法建筑处理 306b
名街、名镇、名村保护建设五年
　　规划 305a
名牌发展战略 151a
命案暴力犯罪查破 123b
茉莉花茶文化鼓岭论坛 70b
募捐活动 103c

N

内部审计 157c
内河整治 185a 188c
纳税服务 161b 163c
纳税评估 163b
南后街展览馆 334b
南街规划 331b
南美白对虾养殖 169b
能源项目 71c
农产品基地 372b
农产品流通成本 147b
农产品质量安全监管 164c
农村薄弱学校委托管理试点 291a
农村电气化 175c
农村改厕 324a
农村公路 199c
农村合作医疗 321c
农村集体土地所有权确权 183b
农村经济 164
农村经济调查 142b
农村精神文明建设 49b
农村居民收入 335b
农村居民消费支出 335b
农村社区综合维修服务体系 240c
农村五保 339b
农村信用社 257c
农村药品供应网络 150b
农村饮水安全工程 171b
农村中小学布局调整审计调查 156a
农工党 89a
农民专业合作社 230b
农田水利 171b
农业 27b
农业“五新”技术入户 165c
农业标准化 153a
农业产业化 372b
农业产业化龙头企业 165a
农业发展银行 249b
农业技术创新基地 265b
农业科级服务 165c
农业科级建设项目 165c
农业科技 268a
农业科技培训 165c
农业科技园区 268a
农业品牌 372b
农业示范园区 372a
农业银行 251a
农资供应 239c

P

POS 机产量 177c
拍卖业 236c
《攀讲》 316a
皮革制品业 179a
频率频道 315a
“平安福州”视频监控系统 130b
平安建设 118c
平安先行创建 118c
平安宣传 118c
平安银行 256a
平安综治 120b
平板显示转型升级 177b
平潭开放开发 141b
浦发银行 256c
普查 141c
普法依法治理 131c

Q

企事业单位知识产权试点示范 277c
企业金融审计 156c
企业年检 108a
企业所得税 160b 161a 162b
“企业一套表”改革 143b
企业用工情况调查 142a
企业用工需求 107a
企业在银行间市场发债融资
　　情况(表) 247
企业注册登记 144a
企业自主创新 173c
气候 24b
气温 24b
气象探测环境和设施保护规定 60c
汽车产业 230c
汽车制造业 174c
“牵手市博 欢聚周末”活动 307c
牵引车补助标准(表) 200
强对流天气 25b
墙体材料监管 195b

抢险救灾　136a
侨胞联络联谊　106c
侨胞权益维护　106b　114a
侨联　106b
侨联成立 60 周年　107a
侨务　110a
侨务法制宣传　114a
侨资侨智引进　106a　113b
侵财案件查破　123c
青口投资区　223a
青年就业创业服务　98a
“青山挂白”治理　183c
青少年科技活动　103a
青少年权益维护　98a
青少年思想道德教育　98a
轻纺　178b
轻工纺织行业　232a
情满榕城双拥文艺晚会　299c
区划地名管理　340b
区域协调发展　141b
曲艺节获奖项目　300c
群艺文化赛事　302a
群众工作统揽信访工作机制探索　52b
群众体育　324c

R

燃气安全　154c
绕城高速东南段　199b
热带气旋　25c
人保财险　260a
人才队伍建设　45a
人才选拔和培养　79a
人才中介机构管理和人事争议仲裁　80b
人大常委会工作机构负责人任免名单(表)　65
人大常委会机构及负责人　32b
人大常委会及“一府两院”副职以上领导任免情况(表)　64
人大常委会领导班子　31a
人大代表工作　63c
人大代表履职保障　64a
人大调研　64b
人大监督工作　61a
人大建议议案办理　63c
人大人事任免　64c
人大执法检查　62a
人大专题询问　61a
人防法制　136c
人防工程　136b
人防宣传教育　136a
人防指挥通信　136c
人居环境建设投入　159b
人口　27a　336a
人口机械变动　27a
人口老龄化　368a
人口普查　141c
人口自然变动　27a
人民代表大会　59
人民调解　131a
人民防空　136a
人民生活　335a
人民银行　247a
人民政府　67
人身险经营情况(表)　260
人事人才　78c　101c
人事人才公共服务　80a
日照时数　24c
荣誉市民　112b
荣誉市志称号授予条例　60c
榕台会展合作　375a
榕台交流
　福州日报社　313a
　工商行政管理　144c
　广播电影电视　317c
　红十字会　104b
　教育　289a　295ab　296c
　科协　103a
　旅游　328c
　人民银行　248b
　台联　107a
　台湾事务　115bc
　体育　325c
　文博　307a
　文化　46c　308c
　新闻　46c
　宗教　58c
榕台经贸合作　115a
榕台媒体合作交流　116a
榕台直航　115c
融侨经济技术开发区　221a
软件产业及产品　178a

S

“3·15”消费者权益日活动　108c
“3·16”聚众哄抢公私财务案　217b
“3820”工程成就展　41c　70c
“3820”工程宣传　318b
三坊七巷　331
　保护修复　332a
　彩绘壁画修复　332a
　拆迁工作　332a
　创建 AAAAA 级景区　333c
　工程建设　332a
　规划　331b
　街区规划　331b
　景区服务　334a
　旅游开发　333b
　旅游营销　333c
　社区博物馆　306a　332b
　申遗　305b　332c
　文化宣传　333a
　主题活动　334a
“三访三评”　123b
“三服务”宣传　312c　319a
“三年行动计划”实施　290a
三网融合试点　177c
“三维”项目对接　371a
“三维”战略合作　146b
森林公安　129a
森林警务信息化　129b
森林资源　23c
森林资源保护　167b
商标品牌培育保护　144a
商贸经济　234a
商贸流通业　369a
商贸项目　72b
商品混凝土推广　195b
商品价格　147c
上街根雕展示交易中心投入

使用 356c
上街投资区 229b
上市公司直接融资 259b
上下杭规划 331c
上下杭项目 332c
少儿图书馆 303c
设备制造业 174c
社会保障 338b
社会保障基金监管 338c
社会保障基金审计 155c
社会保障投入 159a
社会福利 339c
社会公益代建项目 185a
社会管理 117a
社会管理投入 159c
社会管理宣传 312c
社会救助 339a
社会科学 283
社会科学规划项目立项课题(省级)(表) 284
社会科学宣传普及 101a
社会科学优秀成果评奖 101a
社会民生 335
社会事业 27a
社会事业投入 159a
社会团体 96
社会团体机构及负责人 35b
社会养老 367b
社会志愿服务活动 49b
社会治安 117c 118ab 125b
社科基金项目立项课题(国家级)(表) 283
社科联 100c
社科研究成果 286a
发展研究中心 287b
福州职业技术学院 287c
闽江学院 287b
社科院 286b
市委党校 286c
学术社团 286a
社区红十字 104a
社区建设 339c
社区矫正 131b
社区警务 126a
涉企商事诉调对接 233a
涉枪涉爆治理 125b
涉诉信访 119c
涉台文物保护 305b
“申报中央苏区县”座谈会 56a
沈海复线 199b
审计 155b
审计信息 157a
审计信息化 157a
审计整改检查 156c
审判 119a
审判监督 119c 122b
生产力促进体系 266b
生态保护投入 159b
生态环境治理 191a
生育保险 338c
“生育文明·幸福家庭”促进计划 337a
声学环境 191a
失业保险 338c
湿地日宣传活动 167c
十七届六中全会贯彻宣传 311b
石化行业 231c
石油 239a
实体经济投入 158b
实验室管理 151c
食品安全监管 153b 234b
食品检验检疫 214c
食品业 178c
食用菌 166c
市场监管 234c
市场监管执法 145a
市场物价 335c
市场中介组织信用信息平台 210c
市工作大调研活动 42a
市情概貌 23
市容管理行政处罚 189c
市容管理与执法 187c
市容管理制度法规 188a
市容环境整治 188a
市十四届人大常委会会议 59c
市十四届人民代表大会第一次会议 59a
市委机构及负责人 31c
市委领导班子 31a
市委十届三次全会 41b
市委十届四次全会 41c
市委十届五次全会 42a
市委市政府工作检查活动 41b
市政府常务会议 67a
市政府与省海洋渔业厅签订战略性合作框架协议 68a
市政建设 184c
市政设施维护 185a
市直副处级以上事业单位机构及负责人 35c
事业单位编制调配 78a
事业单位登记管理 78a
事业单位改革 77c
事业单位人事管理 80a
收养登记 340b
枢纽场站建设
货运 200c
客运 200b
蔬菜 166c
蔬菜价格异动协商机制 147b
蔬菜价格指数(表) 236
“数字城管” 185a
数字城市地理空间框架 184b
数字福建·中国(福州)智慧城市高峰论坛 210b
数字化城市管理系统 211b
双拥共建 135a
水产加工业 169c
水产品监管 170a
水产养殖业 169a
水果 166c
水环境 190c
水环境整治 183c 192a
水价 147c
水力资源 23b
水利 171a
水利工程 171a
水路 203c
水上安全管理 203c
水土流失治理 171b
水行政工作 171b
税收法制 160b 162a

税收管理 160c
税收征管 163b 213c
税务 158
税源专业化预警值管理 163b
司法 130c
司法服务 120a
司法鉴定 132b
司法考试 132c
私营企业 230a
私营企业党建 108a
诉讼监督 122b
塑胶制品业 178c
塑料 178b

T

台胞参政议政 107b
台胞权益维护 107b 116c
台风 172a
台江区 343a
台联 107a
台盟 92a
台湾事务 114c
台资企业 374b
太平洋财险 263b
太平洋人寿 262a
糖酒商品交易会 70b
特教学校标准化验收 292b
特警工作 125c
特殊教育 292b
特殊人群管理 117b
特种设备 155a
特种设备监察 153c
体育 30b **324a**
体育后备人才 325c
体育交往 325c
体育设施 326a
体育艺术活动 289a
体制改革 140b
调解工作 119c
铁路 201c
铁路项目 140a
停车费 148a
通关监管 213b
通信保障 209b
通信业务
　电信 208a
　联通 209c
　移动 208c
通用设备制造业 231a
统计法制 143b
统计与调查 141c
统战工作 47a
统战联谊 48b
投入产出调查 142a
投资企业转型升级 374b
图书馆 303a
土地变更调查 183b
土地集约节约利用评价 183a
土地利用规划 182c
土地使用税 162c
土地卫片执法检查 184a
土地遥感监测 183b
土地增值税 162c
土地整理复垦开发 182c
土地资源 23a
团市委 97b

W

外国部级团组参访 110a
外国经贸团组参访 110c
外经贸平台 242c
外商及港澳台商投资项目 241a
外事 110a
“碗礁一号”瓷器展 307a
网格化服务管理 117b
网络安全监察 127a
网络建设
　联通 209c
　移动 209a
　电信 208a
网上公共资源交易系统 210c
网上行政处罚系统 210c
网上行政审批系统 210c
往来港澳台管理 126b
为农服务平台 240b
卫生 30a **321**
卫生城镇卫生村 324a
卫生监督执法 322b
卫生检疫 215c
卫生投入 159b
卫生信息化 376a
卫生应急 322c
未成年人思想道德建设 49c
温泉 186b
文博 305a
文博对外交流 308b
文博馆所评估定级 308b
文博会 304b
文博志愿者培训班 307b
文化 30a **299**
文化产业投入 158c
文化创意产业 46c 310a 369a
文化惠民 100b
文化惠民工程 46b
文化活动 101a
文化交流 308c 309a
文化生活报 318a
文化市场 304a
　法规宣传 304b
　管理 304a
　稽查 304b
　执法培训 304b
　综合执法 304b
文化体制改革 46b 77c
文联 99c
文明城市建设 48c
文明共建 135c
文体投入 159b
文物保护单位申报 305b
文物移交 308a
文艺创作基地 68c
文艺活动 100a
“我们的节日·清明”活动 308a
乌山高爷庙民俗文化节 285c
污染减排 192a
污水处理 186b
无偿献血 103c
无居民海岛管理 168c
“五大战役”项目 139c 204b
武警“四防一体化” 138a

武警后勤保障 138b
武警基层建设 137a
武警政治思想教育 137a
武装警察 136c
物联网产业 178b
物流业 235a 369a
物业管理 198a
物业管理若干规定 60c
物业纠纷法律服务中心 120b

X

西湖公园整治 187a
西湖国际学校设立 291a
吸毒人员管控 125a
厦门投资贸易洽谈会 242b
县(市)平均气温、雨量、日照评价(表) 25
县(市)区 341
县(市)区机构及负责人 37a
县(市)区街道(乡镇)基本情况一览(表)
仓山区 346
长乐市 354
福清市 352
鼓楼区 343
晋安区 348
连江县 359
罗源县 363
马尾区 350
闽侯县 356
闽清县 361
台江区 344
永泰县 365
县(市)区行政区划(表) 26
县区文化场所建设 302a
限额以下商业调查 143a
乡村旅游 328c
项目成果对接转化 140b
项目促批 82b
消防安全 154c
消防工作 128a
消防设备设施 128b
消防宣传 128b
消防演练 128b
消费教育引导 109a
消费维权 145b
消费维权案例 109b
消委会 108c
消委会社会监督 108c
小城镇试点改革 185b
小微企业商会成立 233a
效能投诉办理 44b
效能问责 44b
校企合作 292c 338a
鞋业 179a
新城区规划 181b
新华书店 310b
新媒体 316c
新农村档案工作 57c
新农村合作医疗 376a
新农村建设 164a
“新网工程” 240a
新闻出版 309b
新闻宣传 46a
新闻宣传报道 314c
信访工作 51c
信访问题排查化解 52a
信访正常秩序维护 52b
信息产业 174a
信息化服务
联通 209c
移动 209b
电信 208b
信息化建设 207
兴业银行 253b
星火计划 268c
星火计划(省级)项目(表) 269
星火计划(市级)项目(表) 269
星级饭店 329a
星语学校设立 292b
刑事犯罪侦查 123b
刑事检察 121a
刑事审判 119a
刑事要案 123c
行政服务中心建设 74c
行政复议与应诉 76b
行政决策 76a
行政区划 26c
行政权力阳光运行平台 43a 210c
行政审判 119b
国土资源 184a
建筑业 194a
市容管理 189c
行政事业收费 148a
行政执法监督 76b
休闲农业 165b 372a
休闲渔业 169b
畜牧业 168a
宣传工作 45c
学前教育 290a
学术活动 285a 286a
学习型党组织建设 50c
讯问、羁押监管场所同步录音录像系统 130b

Y

烟草 237b
企业标准管理 238c
营销网络 237c
专卖市场管理 238a
烟台山规划 331c
烟台山项目 332c
鄢家花厅 334a
演出活动 302c
央企民企项目对接 173b
养老保险 338c
养老保障 367a
药品安全示范县 150b
药品不良反应监测 150c
药品管理 149c
药品检测 150c
药品流通监管 150a
药品生产监管 149c
冶金业 175a 231a
野生动物资源违法犯罪查破 129a
野生植物资源违法犯罪查破 129a
“110”指挥中心 129b
“12315”消费维权网络 145c
“12315 工商百事通平台”开通 145c
“135”社区党建宣传 319c

衣锦坊水榭戏台 334c
医患纠纷调解处置 131c
医疗保险 338c
医疗服务管理 323a
医疗服务收费 148a
医疗机构药械管理 150b
医疗救助 339b
医疗器械管理 149c
医疗器械流通监管 150a
医疗器械生产监管 149c
医疗卫生 232c **375b**
医疗资源情况 375b
医药 176b
医药价格 147c
医药企业政策扶持 176c
医药违法广告监测 151a
医药卫生体制改革 140c
医药行业 231b
医院管理 323a
医院制剂室监管 149c
仪器仪表制造业 231a
移动 208c
移动互联产业 178a
遗体和器官捐献 103c
艺术节获奖项目 300c
艺术培训 303a
艺术展览 301a
易制毒化学品管控 125a
《奕名开讲》 316a
因公出国(境)管理 113a
银企对接 107c
银行业 246b
印刷 309b
应急救援 155b
营业税 162b
营业税改征增值税 162b
拥军优属 135b
拥军支前 135a
永泰县 363a
永泰县行政服务中心投入
运行 365b
用海管理 168b
用海规划 168b
优抚安置 339a
邮电 29b
邮政 207a
邮政便民服务站 207b
邮政储蓄银行 257a
邮政改革 207c
邮政通信 207
邮政网 207a
邮政业务 207a
渔船检验 170c
渔船燃油补贴 170a
渔港建设 170b
渔平高速 199a
渔业保险 170a
渔业病害 170b
渔业惠民政策 170a
渔业监管 170a
渔业科技 170b
渔政渔监 170c
雨量 24c
元洪投资区 222b
园林管理 187b
园林绿化 186b
园区建设 220
远洋渔业 169c
云计算产业 178a
运输驾驶从业人员培训管理 201b

Z

灾害性天气 25a
再生资源回收体系 240c
暂扣留机动车辆停放服务
收费(表) 148
造价定额制定 195b
造林绿化 167b
造血干细胞捐献 103c
噪声变化(图) 191
噪声声源比例变化趋势(图) 191
渣土管理 188c 189b
招商银行 254b
招商引资 82bc 83a 242a
招生工作
成人高校 293c
普通高校 293c
小学 290c
研究生 293b
中学 292a
中职 292c
沼气 164b
侦查监督 122b
征兵工作 133a
征兵宣传 133a
征地补偿 183b
征迁纠纷诉前调解 120a
证券 29c
证券期货经营机构创新 259b
证券期货业 259b
证券期货业整治违法违规 259c
政策研究 54a
政法 117
政法委 117a
政风行风建设 43c
政府采购 77a
政府法制 75c
政府机构及负责人 32c
政府领导班子 31b
政府投资审计 156b
政府信息公开 72c
政府信息公开档案 57b
政府信息公开渠道 74b
政府信息化建设 210a
政府职能部门主要领导人事任免
名单(表) 65
政府职务工资国际比较项目
调查 142a
政府质量奖 151b
政务督查 71a
政协福州市第十二届委员会第一次
会议 84a
政协机构及负责人 34c
政协监督 85b
政协领导班子 31b
政协十二届常委会 84b
政协视察调研 85c
政协提案 85a
政治协商 84 85a
知识产权 277b
知识产权强县工程 278c

知识产权示范城市建设 277b
知识产权宣传培训 278b
执勤处置突发事件 137b
执行工作 119b
职工帮扶服务 97a
职工技能竞赛 96a
职工权益维护 96c
职务犯罪侦查和预防 121c
职业培训 337c
职业院校技能赛福州市获奖学生及
　　指导教师名单(表) 293
植物病虫害防控 167a
植物及其产品检验检疫 215a
质量技术监督 151a
质量认证 151a
致公党 91a
中等职业教育 292b
中共福州市委 41
中共十八大学习宣传贯彻 311b
中国(福州)智慧城市高峰论坛 71a
“中国·福州”门户网站群 210b
中国·海峡项目成果交易会福州市
　　专场签约仪式 69b
中国福州海西引智试验区 79a
中国人寿 261c
中国特色社会主义理论体系研究
　　基地立项课题(表) 284
“中国戏曲学院教学实践基地”
　　揭牌 299c
中国银行 251c
中国专利奖福州市获奖项目(表) 279
“中海繁华”轮入境 217a
中秋晚会 70a 299a
中秋晚会宣传 319b
“中山舰”文物展 306c
中信银行 253c
中学教育 291b
中医药事业 323b
中职技能竞赛 292c
中职重点专业建设 292c
种植业 166a
重大产业项目 140a
重点地段修建性详细规划 181c
重点项目建设
　电子信息产业 177b
　工业 173b
　公路 199a
　国有资产监督管理 146c
　化工 176c
　石化 231c
　医药 231b
重点项目完成情况 71b
重点行业(领域)整治 154c
朱紫坊规划 331b
朱紫坊项目 332c
逐年平均气温(图) 24
逐年日照时数(图) 24
逐年雨量(图) 24
逐月平均气温(图) 24
逐月日照时数(图) 24
逐月雨量(图) 24
主流媒体看福州 318a
住房保障 196b
住房公积金 197a
住户调查 142b
住宅销售价格月度环比涨跌
　　幅(图) 336
助残工程项目 104b
助学活动 103b
驻北京联络处 82a
驻沪办 82b
驻金融机构法律工作站 120b
驻深(广)办 83a
专利申请量与授权量(表) 278
专利行政执法 278b
专项调查 141c
专业技术人员管理 79c
专业文艺 299a
专用设备制造业 231a
资本市场建设 140c
资源 23a
资源产出率调查 142a
自然资源 23a
自主知识产权扶持 277c
自助加油推广 239b
宗教 48a **58a**
宗教事务管理 58b
综合经济管理 139
综合行政执法改革 77c
综治基层组织建设 118b
综治维稳 117c
走私冻品销毁 219a
“走转改” 313b 316a
组织工作 44c
“左海之声” 315b 316b
作风效能建设 51a
“做一个有道德的人”主题活动 289a